מִלּוֹן

אַנְגְּלִי־עִבְרִי
עִבְרִי־אַנְגְּלִי

הַמִּלּוֹן הַמְּשֻׁבָּח בְּיוֹתֵר בִּמְחִיר נָמוּךְ

מִלּוֹן חָדָשׁ זֶה נוֹעַד מֵעִקָּרוֹ לְשַׁמֵּשׁ נוֹשְׂאִים וּמִקְצָעוֹת מְרֻבִּים וּמְגֻוָּנִים כְּכָל הָאֶפְשָׁר. נוֹעַד הוּא לְתַלְמִידִים, לְמוֹרִים, לְתַיָּרִים, לְסִפְרִיּוֹת בַּיִת וּמִשְׂרָד. הַמִּלּוֹן מֵכִיל 30,000 עֲרָכִים בְּסֵדֶר אָלֶפְבֵּיתִי. יֵשׁ בּוֹ בֵּאוּר מַקִּיף אַךְ תַּמְצִיתִי שֶׁל הַדִּקְדּוּק, יַחַד עִם לוּחוֹת הַפְּעָלִים הַנֶּחֱשָׁלִים. נִמְצָאִים בּוֹ מַפְתְּחוֹת לַמִּבְטָא הַמְּקֻבָּל, לְרָאשֵׁי תֵּבוֹת, לְלוּחוֹת שֶׁל מִסְפָּרִים, מִדּוֹת, מִשְׁקָלוֹת, מַטְבְּעוֹת וּכְסָפִים, מוּנָחִים טֶכְנִיִּים מְעֻדְכָּנִים וְדֻגְמָאוֹת שֶׁל נִיבֵי הַלָּשׁוֹן וְשִׁמּוּשָׁם.

מִלּוֹן בֶּן יְהוּדָה זֶה, מִלּוֹן כִּיס אַנְגְּלִי־עִבְרִי, עִבְרִי־אַנְגְּלִי, מְקוֹרוֹ בְּמֶחְקָרִים וּבְכִתְבֵי יָד שֶׁל אֱלִיעֶזֶר בֶּן יְהוּדָה, אֲבִי הָעִבְרִית הַחֲדָשָׁה, וּבִמְיֻחָד, מִמִּלּוֹן הַלָּשׁוֹן הָעִבְרִית הַיְשָׁנָה וְהַחֲדָשָׁה שֶׁיָּצָא בִּשְׁמוֹנָה כְּרָכִים.

The English version of the above lines appears on the back cover.

BEN-YEHUDA'S

POCKET

ENGLISH-HEBREW HEBREW-ENGLISH

DICTIONARY

•

EHUD BEN-YEHUDA, *Editor*

DAVID WEINSTEIN, *Associate Editor*

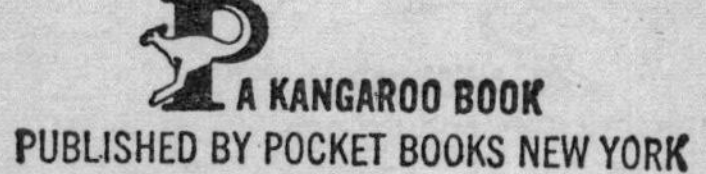

PUBLISHED BY POCKET BOOKS NEW YORK

מִלוֹן בֶּן־יְהוּדָה

מִלוֹן כִּיס

אַנְגְּלִי־עִבְרִי
עִבְרִי־אַנְגְּלִי

•

עוֹרֵךְ: אֵהוּד בֶּן־יְהוּדָה

עוֹרֵךְ חָבֵר: דָּוִד וַינְשְׁטַין

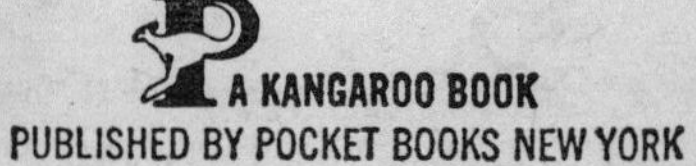

A KANGAROO BOOK
PUBLISHED BY POCKET BOOKS NEW YORK

Another *Original* publication of POCKET BOOKS

The system of indicating pronunciation is used by permission of the copyright owners of the *Merriam-Webster Pocket Dictionary*, copyright 1947, 1951 by G. & C. Merriam Co.

POCKET BOOKS, a Simon & Schuster division of GULF & WESTERN CORPORATION
1230 Avenue of the Americas, New York, N.Y. 10020

ISBN: 0-671-81399-4

First Pocket Books printing October, 1961

20th printing

Printed in the U.S.A.

אַנְגְּלִי־עִבְרִי

תֹּכֶן הָעִנְיָנִים

אַנְגְּלִי-עִבְרִי

עִבְרִי-אַנְגְּלִי

(רְאֵה בַּצַּד הַשֵּׁנִי שֶׁל הַסֵּפֶר)

מבוא

שאיפתנו בחבור מלון כיס עברי־אנגלי, אנגלי־עברי זה היתה להביא את לשוננו למליוני דובריה המשתמשים בה במדה פחות או יותר רבה, כמכשיר הבעה יומיומי, בבית, ברחוב, במשרד או בהתכתבות: אלה בארץ ישראל — כלשון המדינה ואלה בתפוצות — כלשון שניה.

רצינו להעלות את לשוננו לרמה בינלאומית גם בשטח המלונות הקטנה, כשמעל מדפי הספרים מתנוססים מלוני כיס בצבעיהם הלאומיים, רובם דו־לשוניים. על פי רוב השפה האחת שבהם היא אנגלית, מתורגמת לצרפתית, לגרמנית, לאיטלקית ולספרדית (ובקרוב גם לרוסית) — ולהפך, משפות אלה לאנגלית. והנה, סוף סוף, לאחר מאמץ של שנים רבות ויגע לא מעט, מופיעה גם לשון עבר העתיקה־חדשה, בצבעי מדינתה ועמה ישראל.

זו הפעם הראשונה שלשוננו מופיעה במאות אלפי ספסים, שוה בשוה עם יתר הלשונות החיות המדוברות בתבל. כמוהן משמשת העברית שפת אם ולשון הלמוד בפיות של מאות אלפי ילדים, בתי אב לאין ספור ומוסדות חינוך רבים, מגן הילדים ועד המכללה.

גם בחירת החומר נעשתה בהתחשבות עם קהל המשתמשים הרבגוני וצרכיו הרבים והשונים: התלמיד ומורהו, עקרת הבית והתייר, החנוני והספן, הנוט והפועל, העולה והיורד. כל אלה ורבים אחרים יפיקו תועלת ממלון כיס עברי־אנגלי, אנגלי־עברי זה, שיימצא למכירה כמעט בכל פנת רחוב בעולם, במחיר שוה לכל נפש, על גבי נייר משובח ובדפוס מאיר עינים, באותיות חדשות ומיוצרות באופן מיוחד למלון כיס זה.

כיתר המלונים העבריים, והעבריים־לועזיים, אשר יצאו לאור מזמן תחית לשוננו, כגדולים כקטנים, גם מלון כיס עברי־אנגלי, אנגלי־עברי זה מיוסד בעיקרו על "מלון הלשון העברית הישנה והחדשה" לאליעזר בן־יהודה, ירושלמי, ולעמיתיו — עורכיו הרבים. גם השתמשנו במלונים הנוספים הבאים:

אבן שושן: מלון חדש

אלקלעי: מלון אנגלי־עברי שלם

גור: מלון עברי

דאנבי־סגל: מלון אנגלי־עברי שמושי

יסטרוב: מלון תלמודי

מדן: מלון עברי

סגל: מלון עברי־אנגלי שמושי

קופמן: מלון אנגלי־עברי

ומן המלונים הלועזיים:

The Merriam-Webster Pocket Dictionary
Webster's New Collegiate Dictionary
Larousse's French-English, English-French Dictionary
Langenscheidt's German-English, English-German Dictionary

ובסוף דבר נודה למוציאים לאור, שלא חסכו עמל והוצאות, ולפועלי הדפוס אשר האריכו אפם עם עובדי המערכת ואשר הוציאו מתחת ידם עבודה כה יפה ונאה.

אב"י, ד"ו

ירושלים־תלפיות וניו יורק־בוסטון בשנת הבר־מצוה למדינת ישראל (1961)

ENGLISH PRONUNCIATION הַהִגּוּי הָאַנְגְּלִי

השפה האנגלית שייכת לענף המערבי של משפחת השפות ההדו־אירופיאיות האלפבית האנגלי, שלא כעברי, מכיל באותיותיו עצורים ותנועות. מספרו עולה ל – 26, וליותר מפי שנים מזה של העברי, אם נכלול בו את התנועות בהרכביהן השונים (גם דו־ותלת־תנועות).

כ־250 מליוני אדם הם דוברי אנגלית כשפת־אם, בהשואה לפחות ממֵאית המספר הזה לממללי שפת־עבר. הם מפוזרים בכל חלקי העולם ובקבוצים גדולים. על כן כמעט מן הנמנע לתת כללי בטוי והגוי, בפרט עקב החלוקים הנכרים אפילו בין האנגלית האמריקאית ועמיתה הבריטי, בלבדם. מכאן שנמנענו מלתת סמון מיוחד להטעמה, בפרט שטרם נמצאו תנועות ואותיות עבריות העלולות לסמן את השני ההברוני שבסמון המקובל.

ואשר לדקדוק האנגלי, כפי שיראה מן העמודים הבאים, הוא מן הפשוטים ביותר. אין בו נטית השם, למשל. הכרת המין בשמות קלה ביותר, כי כל הדומם – שמו ממין סתמי, החי – זכר או נקבה, וסמון הרבים נעשה בתוספת s, על־פי־רב (כמפרט, אמנם בצמצום, בדפים הבאים).

I. CONSONANTS א׳ הָעִצּוּרִים

אוֹת גְּדוֹלָה אוֹ רַבָּתִי*	אוֹת קְטַנָּה	הַשֵּׁם	הַבִּטּוּי	
B	b	בִּי	as in *bib*	כמו בַּיִת
C	c	סִי	as in *city*	כמו סֶדֶק
C	c	סִי	as in *can*	כמו קַנְקַן
Ch	ch	סִי־אֵטְשׁ	as in *chess*	אין בעברית
D	d	דִּי	as in *dead*	כמו דַּד
F	f	אֶף	as in *fiddle*	כמו הֶפְצֵר
G	g	גִּ׳י	as in *gag*	כמו גַּג
G	g	ג׳י	as in *gem*	אין בעברית
H	h	אֵטְשׁ	as in *Hebrew*	כמו הֶבֶל
J	j	גֵ׳י	as in *jet*	אין בעברית
K	k	קֵי	as in *kettle*	כמו קֶטֶל
L	l	אֶל	as in *lilt*	כמו לֵיל
M	m	אֶם	as in *male*	כמו מֶלֶךְ
N	n	אֶן	as in *nail*	כמו נֵדֶן
P	p	פִּי	as in *pet*	כמו פֶּתִי
Q(u)	q(u)	קְיוּ	as in *quick*	אין בעברית
R	r	אַר	as in *rim*	כמו רָם
S	s	אֶס	as in *sun*	כמו סַנְסַן
S	s	אֶס	as in *his*	כמו הִזְדַּמְּנוּת
S	s	אֶס	as in *vision*	אין בעברית
Sh	sh	אֶס־אֵטְשׁ	as in *shed*	כמו שֵׁד
T	t	טִי	as in *tip*	כמו טִפָּה
Th	th	טִי־אֵטְשׁ	as in *thin*	אין בעברית
V	v	וִי	as in *villain*	כמו וִילוֹן
W	w	דָּבֶּל־יוּ	as in *wish*	אין בעברית
X	x	אֶקְס	as in *index*	אין בעברית
X	x	אֶקְס	as in *exactly*	אין בעברית
Y	y	אוּאַי	as in *yet*	כמו יֶתֶר
Z	z	זִי	as in *Zoo*	כמו זה (זוּ)
	ng	אֶן־גִ׳י	as in *sung*	אין בעברית

* בשם (עצם) פרטי ובתחילת משפט

II. VOWELS ב׳ הַתְּנוּעוֹת

אוֹת גְּדוֹלָה אוֹ רַבָּתִי	אוֹת קְטַנָּה	הַשֵּׁם	הַבִּטּוּי		הַתְּנוּעָה הַמַּקְבִּילָה בְּעִבְרִית
A	a	אֵי	as in *hard*	כמו הַרְדָּמָה	ָ
A	a	אֵי	as in *hat*	כמו הֶגְיוֹנִי	ֶ
A	a	אֵי	as in *hall*	כמו הוֹד	וֹ
E	e	אִי	as in *bet*	כמו הֶרֶף	ֶ
Ea	ea	אִי־אֵי	as in *heat*	כמו הִתּוּל	ִ
Ea	ea	אִי־אֵי	as in *head*	כמו הֶרֶף	ֶ
Ee	ee	אִי־אִי, דָּבֶּל־אִי	as in *see*	כמו רְאִי	ִ
I	i	אַי	as in *like*	כמו אַיָּל	
I	i	אַי	as in *Israel*	כמו אִיזֶבֶל	אִי
I	i	אַי	as in *bird*	אין בעברית	
O	o	אוֹ	as in *hot*	כמו אוֹ	אָ
Oo	oo	דָּבֶּל־אוֹ	as in *shoot*	כמו חוּט	וּ, ֻ
U	u	יוּ	as in *bullet*	כמו אֻמְצָה	וּ, ֻ
U	u	יוּ	as in *hurt*	אין בעברית	

III. DIPHTHONGS ג׳ דוּ־תְּנוּעוֹת
TRIPHTHONGS תְּלַת־תְּנוּעוֹת

הָאוֹת	הַשֵּׁם	הַבִּטּוּי		הַתְּנוּעָה הַמַּקְבִּילָה בְּעִבְרִית
a(ay)	אֵי	as in *hay*	כמו הֵיאַךְ	ֵ
au	אֵי־יוּ	as in *sauce*	כמו מָשׁוֹשׁ	וֹ
e(ey)	אִי	as in *they*	כמו הֵידָד	ֵ
eau	אִי־אֵי־יוּ	as in *beauty*	כמו טְיוּטָה	יוּ
i(ai)	אַי	as in *mine*	כמו שַׁדַּי	ַ
oy	אוֹ־אוּאַי	as in *boy*	כמו גּוֹי	אוֹי
y(ai)	אוּאַי	as in *my*	כמו דַּי	אַי

א. תָּוִית מְיַדַּעַת אוֹ הֵא הַיְדִיעָה DEFINITE ARTICLES

ה — definite article, כמו הֵא הידיעה בעברית, אינו משתנה.
למשל :הילד—the boy, הילדה—the girl, המלכים—the kings.
בטוי ה־ the "דִ'" ـ רק בבואו לפני תנועה או לפני h דוממת, או כשהוא בפני עצמו, או מודגש במיוחד. ביתר המקרים מבטאים אותו "דְ'".
אין משתמשים בתוית the במובן הכללי, לפני:
א. שמות ברבוי
ב. שמות מופשטים (סתמיים)
ג. שמות צבעים
ד. שמות עצמים (לחם, אדמה, עץ, יין וכו')
ה. שמות לשון
ו. השמות: man, woman
למשל: כלבים—dogs, כעס—anger; אדם—red, לחם—bread, עברית—Hebrew.
אך צריך תמיד להשתמש בו, כשהמובן אינו כללי.
למשל: האיש שהנני רואה— the man that I see

ב. תָּוִית מְסַתֶּמֶת (כִּנּוּי סְתָמִי) INDEFINITE ARTICLES

ה—indefinite article הנו בעל שתי צורות: a, an
1. לפני עיצורים (ובכללם: w, h, y), ולפני כל תנועה או קבוצת תנועות שקולן: ye, you—משתמשים בצורה: a,
למשל: איש אחד—a man; אישה אחת—a lady; בית אחד—a house; שמוש אחד—a use.
2. לפני תנועה או לפני h אלמת, משתמשים בצורה: an,
למשל: תנור אחד—an oven; כבוד אחד—an honor
לתוית המסתמת הזו אין רבוי.

ג. הַשֵּׁם (שֵׁם הָעֶצֶם) THE NOUN

הרבוי נוצר על ידי תוספת האות s-בסוף היחיד, והיא מתבטאת,
למשל: book, books
היוצאים מן הכלל:

לשמות המסתיימים ב: o, s, x, z, sh מוסיפים: es-,

למשל: box, boxes; potato, potatoes

למלים המסתיימות ב: ch- מוסיפים: es-,

למשל: church, churches, אך אם ה: ch מתבטאת: k — מוסיפים: s- בלבד

למשל: monarch, monarchs.

למלים המסתיימות ב: y-, ואם קודמת לה תנועה, מוסיפים: s-,

למשל: boy, boys, אך אם קודם לה עיצור, מוסיפים: ies-,

למשל: fly, flies

מלים המסתיימות ב: fe- משתנות בסופן ל: ives-

למשל: knife, knives

ולכשהן מסתיימות ב: f- (והן 10 במספר): calf, elf, half, leaf, loaf, self, sheaf, shelf, thief, wolf—משתנה ה f- שבסוף המלים הנ"ל, ברבוי, ל: ves-, כדלקמן: calves, elves, sheaves, wolves, etc.

במלים הבאות שונים הרבים: man, men; woman, women; child, children; ox, oxen; foot, feet; tooth, teeth; goose, geese; mouse, mice; louse, lice.

והרי מלים שאינן משתנות ברבים: deer, salmon, sheep, trout, swine, grouse.

הַמִּין GENDER

רֹב השמות באנגלית הם מין זכר, לכשהם מכנים אדם או יצור גברי; כשהם נקביים—נקבה; ובכל יתר המקרים, כשאין הם לא זכר ולא נקבה — מין סתמי.

parent מתכוֵן לאב או לאם וברבים לשניהם גם יחד.

cousin יכול להיות דודן, גם דודנית.

מלים המסתיימות ב: er-, כמו: reader, כשמובן מלה זו: קַרְיָן—מין זכר; כשמובנה: קַרְיָנִית—מין נקבה; ולכשמובנה: קֶרָאוֹן (ספר קריאה)—מין סתמי.

היוצאים מן הכלל העקריים, הם:

baby, child, שהנם, בדרך כלל, מין סתמי, אם כי יש באלה זכר או נקבה

ship, engine, הנם, בדרך כלל, מין נקבה.

ניקוב השם נעשה בשלש דרכים:

1. במלה שונה: father, mother; brother, sister; boy, girl; son, daughter.
2. על ידי שם מרכב: milkman, milkmaid
3. על ידי שנוי הסיום ל: ess- או ל: ress-,

למשל: lion, lioness; prince, princess; actor, actress

ומנקבה לזכר: widow, widower

THE ADJECTIVE ד. שֵׁם הַתֹּאַר

ה—adjective אינו משתנה ביחס לזכר או לנקבה, ליחיד או לרבים, ובא לפני השם שהוא מתאר,

למשל: ילד(ה) טוב(ה) — a good boy, a good girl, אשה (נשים) יפה (יפות); a beautiful woman, beautiful women

ערך (ההשוואה) היתרון *comparison* וערך ההפלגה — *superlative* מתהוים בדרכים הבאות:

כשהתאר בן הברה אחת—על ידי תוספת הסיומת: er- או: est-,

למשל: small, smaller, (the) smallest

כשהתאר בעל שתי הברות או יותר — על ידי הקדמת תאר הפועל: more או: most,

למשל: beautiful, more (most) beautiful

רוב שמות התאר, בשעת השוואה או האדרה, מסתייעים בסופיות: er- או: est-,

למשל: broad, broader, broadest

אם ישנו בסופם של שמות התאר: y, מסתיימים הם בסופיות: ier ,-iest,

למשל: tidy, tidier, tidiest

התארים היוצאים מן הכלל וערכי הפלגתם ויתרונם, המה:

good (well), better, best; little, less, lesser, the least; far, farther (further), farthest (furthest); old, older (elder), oldest (eldest) much, more, most; bad (ill), worse, worst.

DEMONSTRATIVE AND POSSESSIVE ADJECTIVES

תֹּאַר הַשֵּׁם הַמְרַמֵּז וְהַקִּנְיָנִי

(*SEE ALSO* PRONOUNS)

(ע' שֵׁם הַגּוּף, כִּנּוּי)

איזה, כמה — נתרגם: any או some

למשל: I have some books

מובנו האמתי של any יהיה: איזשהו

למשל: I (he does not) read any book

אבל, במשפטים: will you have some wine (any grapes) — משמשים תארי שם אלה כתוית החלקית partitive article — במובן — קצת, אחדים.

מישהו יהיה: somebody; מישהם — some;

(אין) איש (אדם), הנם: anybody, nobody;

כלום, דבר מה — הם: something;
לא כלום, מובנו: nothing
הרבה, נתרגם: ביחיד — much וברבים — many
מצער (אחדים, מעט), הם, באנגלית: ביחיד — (a) little וברבים — (a) few

THE PRONOUN ה׳ שֵׁם הַגּוּף, כִּנּוּי

1. כִּנּוּי הַגּוּף, PERSONAL PRONOUNS (SUBJECT) נוֹשֵׂא

(סתמי) it ,(נקבה) she ,(זכר) I, you, he ;ברבים: we, you they
בכנוי: thou אין משתמשים אלא בתפלה בפניה לאלהים.

2. כִּנּוּי אִישִׁי PERSONAL PRONOUNS (OBJECT) מוּשָׂא

(סתמי) it ;(נקבה) her ;(זכר) me, you, him ;וברבים: us, you, them
ובפניה לקדוש ברוך הוא, יאמר: thee

3. כִּנּוּי הַקִּנְיָן POSSESSIVE PRONOUNS

(סתמי) ts ,(נקבה) hers ,(זכר) mine, yours, his ;וברבים: ours, yours, theirs
וכתאר — adjective:
(סתמי) its ,(נקבה) her ,(זכר) my your, his ;וברבים: our, your, their

4. כִּנּוּי הַיַּחַס RELATIVE PRONOUNS

(סתמי) itself,(נקבה) herself, ,(זכר) myself, yourself, himself,
ולרבים: ourselves, yourselves, themselves,
למשל: speak for yourself; she flatters herself

5. כִּנּוּי הָרוֹמֵז DEMONSTRATIVE PRONOUNS

this, that ;וברבים these, those; ואינם משתנים לזכר לנקבה ולסתמי ולא ביחיד וברבים.

למשל: האיש (האשה) המדבר(ת) the man (woman) that speaks;
הבית (הבתים) אשר אני רואה the house (houses) that I see
לכנוי הרומז הנוסף, ארבע צורות:
who, whom (לזכר, נקבה, יחיד ורבים);
whose (של קנין);
which (סתמי, יחיד ורבים).
למשל: האיש (האשה, הילדים) אשר בא (באה, באים) ואשר אני רוֹאה בא (באה, באים) the man (the woman, the children) who is (are) coming, and whom I see coming.
של מי העפרון (העפרונות) הזה (האלה) הנמצא (הנמצאים) על השלחן?
Whose is (are) this (these) pencil(s), which is (are) on the table?

ו. תֹּאַר הַפֹּעַל THE ADVERB

רוב תארי הפעל באנגלית נוצרים על ידי תוספת הסופית ly- לשם התאר
למשל: great, greatly; nice, nicely
היוצאים מן הכלל:
התארים המסתיימים ב: ble- מחליפים ה e- ל y-,
למשל: possible, possibly
ולמסתיימים ב: ic- מוסיפים הסיומת ally-
למשל: intrinsic, intrinsically
והמסתיימים ב: ue-, מפסידים ה e-,
למשל: true, truly.
והמסתיימים ב: y-, מתחלפת זו ב i-,
למשל: happy, happily
בתארי השם המסתיימים ב: ly-, משתמשים גם כתארי הפעל.

ז. הַפֹּעַל THE VERB

לפעלים האנגליים רק 3 סיומים:
s- לגוף שלישי, ליחיד של המחליט—indicative;
ed- לעבר ולבינוני—past tense and intermediate past—תמיד ללא שנוי;
ing- לבינוני הוה (נוכח)—present participle

למשל: (I) walk, (he) walks, (he) walked; walking
במלים בנות הברה אחת הנהפכות לפעל—עִצורן האחרון נכפל,
למשל: red, redder, (to) redden; stop, stopped, stopping
פעל המסתיים ב: y-, משתנה ל ied-,
למשל: study—studied
והרי לוח הפעלים האנגליים ה"בלתי רגילים" (החריגים)
ותמונות היסוד שלהם — בסדורם האלפביתי:

ENGLISH IRREGULAR VERBS הַפְּעָלִים הַחֲרִיגִים בְּאַנְגְּלִית

PRESENT—הֹוֶה	PAST—עָבָר	PAST PARTICIPLE—בֵּינוֹנִי עָבָר
abide	abode	abode
am, is, are	was, were	been
arise	arose	arisen
awake	awoke, awaked	awaked, awoke
bear	bore	born, borne
beat	beat	beaten, beat
become	became	become
beget	begot	begotten
begin	began	begun
bend	bent	bent
bereave	bereaved, bereft	bereaved, bereft
beseech	besought, beseeched	besought
beset	beset	beset
bet	bet, betted	bet, betted
bid	bade, bid	bidden, bid
bind	bound	bound
bite	bit	bitten
bleed	bled	bled
blow	blew	blown
break	broke	broken
breed	bred	bred
bring	brought	brought
build	built	built
burn	burned, burnt	burned, burnt
burst	burst	burst
buy	bought	bought

PRESENT—הֹוֶה	PAST—עָבָר	PAST PARTICIPLE—בֵּינוֹנִי עָבָר
can	could	—
cast	cast	cast
catch	caught	caught
chide	chid, chided	chid, chidden, chided
choose	chose	chosen
cleave	cleaved	cleaved
cling	clung	clung
clothe	clothed, clad	clothed, clad
come	came	come
cost	cost	cost
creep	crept	crept
crow	crew, crowed	crowed
cut	cut	cut
deal	dealt	dealt
dig	dug	dug
dip	dipped	dipped
do	did	done
draw	drew	drawn
dream	dreamed, dreamt	dreamed, dreamt
drink	drank	drunk
drive	drove	driven
dwell	dwelt	dwelt
eat	ate	eaten
fall	fell	fallen
feed	fed	fed
feel	felt	felt
fight	fought	fought
find	found	found
flee	fled	fled
fling	flung	flung
fly	flew	flown
forbear	forbore	forborne
forbid	forbade, forbad	forbidden
forget	forgot	forgotten
forgive	forgave	forgiven
forsake	forsook	forsaken
freeze	froze	frozen

PRESENT—הֹוֶה	PAST—עָבָר	PAST PARTICIPLE—בֵּינוֹנִי עָבָר
get	got	got, gotten
gild	gilded, gilt	gilded, gilt
gird	girt, girded	girt, girded
give	gave	given
go	went	gone
grind	ground	ground
grow	grew	grown
hang	hung	hung
have	had	had
hear	heard	heard
heave	heaved, hove	heaved, hove
help	helped	helped
hew	hewed	hewed, hewn
hide	hid	hidden, hid
hit	hit	hit
hold	held	held
hurt	hurt	hurt
keep	kept	kept
kneel	knelt, kneeled	knelt, kneeled
knit	knit, knitted	knit, knitted
know	knew	known
lade	laded	laded, laden
lay	laid	laid
lead	led	led
lean	leaned, leant	leaned, leant
leap	leaped, leapt	leaped, leapt
learn	learned, learnt	learned, learnt
leave	left	left
lend	lent	lent
let	let	let
lie	lay	lain
light	lighted, lit	lighted, lit
load	loaded	loaded, laden
lose	lost	lost
make	made	made
may	might	—
mean	meant	meant

PRESENT—הֹוֶה	PAST—עָבָר	PAST PARTICIPLE—בֵּינוֹנִי עָבָר
meet	met	met
mow	mowed	mowed, mown
ought	—	—
pay	paid	paid
pen	penned, pent	penned, pent
put	put	put
rap	rapped, rapt	rapped, rapt
read	read	read
rend	rent	rent
rid	rid	rid
ride	rode	ridden
ring	rang	rung
rise	rose	risen
rot	rotted	rotted
run	ran	run
saw	sawed	sawed, sawn
say	said	said
see	saw	seen
seek	sought	sought
sell	sold	sold
send	sent	sent
set	set	set
sew	sewed	sewed, sewn
shake	shook	shaken
shall	should	—
shave	shaved	shaved, shaven
shear	sheared	shorn
shed	shed	shed
shine	shone	shone
shoe	shod	shod
shoot	shot	shot
show	showed	shown
shred	shredded	shredded, shred
shrink	shrank, shrunk	shrunk
shut	shut	shut
sing	sang	sung
sink	sank	sunk

PRESENT—הֹוֶה	PAST—עָבָר	PAST PARTICIPLE—בֵּינוֹנִי עָבָר
sit	sat	sat
slay	slew	slain
sleep	slept	slept
slide	slid	slid
sling	slung	slung
slink	slunk	slunk
slit	slit, slitted	slit, slitted
smell	smelled, smelt	smelled, smelt
smite	smote	smitten
sow	sowed	sown, sowed
speak	spoke	spoken
speed	sped, speeded	sped, speeded
spell	spelled, spelt	spelled, spelt
spend	spent	spent
spill	spilled, spilt	spilled, spilt
spin	spun	spun
spit	spat, spit	spat, spit
split	split	split
spoil	spoiled, spoilt	spoiled, spoilt
spread	spread	spread
spring	sprang	sprung
stand	stood	stood
stave	staved, stove	staved, stove
stay	stayed	stayed
steal	stole	stolen
stick	stuck	stuck
sting	stung	stung
stink	stank, stunk	stunk
strew	strewed	(have) strewed, (be) strewn
stride	strode	stridden
strike	struck	struck
string	strung	strung
strive	strove, strived	striven, strived
swear	swore	sworn
sweat	sweat, sweated	sweat, sweated
sweep	swept	swept
swell	swelled	swelled, swollen

PRESENT—הֹוֶה	PAST—עָבָר	PAST PARTICIPLE—בֵּינוֹנִי עָבָר
swim	swam	swum
swing	swung	swung
take	took	taken
teach	taught	taught
tear	tore	torn
tell	told	told
think	thought	thought
thrive	throve, thrived	thrived, thriven
throw	threw	thrown
thrust	thrust	thrust
tread	trod	trodden, trod
wake	waked, woke	waked, woken
wax	waxed	waxed
wear	wore	worn
weave	wove	woven
weep	wept	wept
wet	wet, wetted	wet, wetted
will	would	—
win	won	won
wind	wound	wound
work	worked, wrought	worked, wrought
wreathe	wreathed	wreathed, wreathen
wring	wrung	wrung
write	wrote	written

CARDINAL NUMBERS הַמִּסְפָּר הַיְסוֹדִי

		FEMININE נְקֵבָה		MASCULINE זָכָר			
		נִסְמָךְ Construct	נִפְרָד Absolute	נִסְמָךְ Construct	נִפְרָד Absolute		
1	one	אַחַת־	אַחַת	אַחַד־	אֶחָד	1	א
2	two	שְׁתֵּי־	שְׁתַּיִם	שְׁנֵי־	שְׁנַיִם	2	ב
3	three	שְׁלֹשׁ־	שָׁלֹשׁ	שְׁלֹשֶׁת־	שְׁלֹשָׁה	3	ג
4	four	אַרְבַּע־	אַרְבַּע	אַרְבַּעַת	אַרְבָּעָה	4	ד
5	five	חֲמֵשׁ־	חָמֵשׁ	חֲמֵשֶׁת־	חֲמִשָּׁה	5	ה
6	six	שֵׁשׁ־	שֵׁשׁ	שֵׁשֶׁת־	שִׁשָּׁה	6	ו
7	seven	שְׁבַע־	שֶׁבַע	שִׁבְעַת־	שִׁבְעָה	7	ז
8	eight	שְׁמוֹנֶה־	שְׁמוֹנֶה	שְׁמוֹנַת־	שְׁמוֹנָה	8	ח
9	nine	תְּשַׁע־	תֵּשַׁע	תִּשְׁעַת־	תִּשְׁעָה	9	ט
10	ten	עֶשֶׂר־	עֶשֶׂר	עֲשֶׂרֶת־	עֲשָׂרָה	10	י
11	eleven		אַחַת־עֶשְׂרֵה		אַחַד־עָשָׂר	11	יא
12	twelve		שְׁתֵּים־עֶשְׂרֵה		שְׁנֵים־עָשָׂר	12	יב
13	thirteen		שְׁלֹשׁ־עֶשְׂרֵה		שְׁלֹשָׁה־עָשָׂר	13	יג
14	fourteen		אַרְבַּע־עֶשְׂרֵה		אַרְבָּעָה־עָשָׂר	14	יד
15	fifteen		חֲמֵשׁ־עֶשְׂרֵה		חֲמִשָּׁה־עָשָׂר	15	טו
16	sixteen		שֵׁשׁ־עֶשְׂרֵה		שִׁשָּׁה־עָשָׂר	16	טז
17	seventeen		שְׁבַע־עֶשְׂרֵה		שִׁבְעָה־עָשָׂר	17	יז

		FEMININE נְקֵבָה		MASCULINE זָכָר			
		נִסְמָךְ Construct	נִפְרָד Absolute	נִסְמָךְ Construct	נִפְרָד Absolute		
18	eighteen		שְׁמוֹנֶה־עֶשְׂרֵה		שְׁמוֹנָה־עָשָׂר	18	יח
19	nineteen		תְּשַׁע־עֶשְׂרֵה		תִּשְׁעָה־עָשָׂר	19	יט
20	twenty		עֶשְׂרִים		עֶשְׂרִים	20	כ
21	twenty-one		עֶשְׂרִים וְאַחַת		עֶשְׂרִים וְאֶחָד	21	כא
30	thirty				שְׁלֹשִׁים	30	ל
40	forty				אַרְבָּעִים	40	מ
50	fifty				חֲמִשִּׁים	50	נ
60	sixty				שִׁשִּׁים	60	ס
70	seventy				שִׁבְעִים	70	ע
80	eighty				שְׁמוֹנִים	80	פ
90	ninety				תִּשְׁעִים	90	צ
100	one hundred				מֵאָה	100	ק
101	one hundred and one				מֵאָה וְאֶחָד	101	קא
200	two hundred				מָאתַיִם	200	ר
1.000	one thousand				אֶלֶף	1.000	א'....
2.000	two thousand				אַלְפַּיִם	2.000	ב'....
1.000.000	one million				מִילְיוֹן	1.000.000	

ORDINAL NUMBERS הַמִּסְפָּר הַסִּדּוּרִי

		FEMININE נְקֵבָה	MASCULINE זָכָר
1st	first	רִאשׁוֹנָה	רִאשׁוֹן
2nd	second	שְׁנִיָּה, שֵׁנִית	שֵׁנִי
3rd	third	שְׁלִישִׁית	שְׁלִישִׁי
4th	fourth	רְבִיעִית	רְבִיעִי
5th	fifth	חֲמִישִׁית	חֲמִישִׁי
6th	sixth	שִׁשִּׁית	שִׁשִּׁי
7th	seventh	שְׁבִיעִית	שְׁבִיעִי
8th	eighth	שְׁמִינִית	שְׁמִינִי
9th	ninth	תְּשִׁיעִית	תְּשִׁיעִי
10th	tenth	עֲשִׂירִית	עֲשִׂירִי
11th	eleventh	הָאַחַת־עֶשְׂרֵה	הָאַחַד־עָשָׂר
12th	twelfth	הַשְּׁתֵּים־עֶשְׂרֵה	הַשְּׁנֵים־עָשָׂר
13th	thirteenth	הַשְּׁלשׁ־עֶשְׂרֵה	הַשְּׁלשָׁה־עָשָׂר
14th	fourteenth	הָאַרְבַּע־עֶשְׂרֵה	הָאַרְבָּעָה־עָשָׂר
15th	fifteenth	הַחֲמֵשׁ־עֶשְׂרֵה	הַחֲמִשָּׁה־עָשָׂר
16th	sixteenth	הַשֵּׁשׁ־עֶשְׂרֵה	הַשִּׁשָּׁה־עָשָׂר
17th	seventeenth	הַשְּׁבַע־עֶשְׂרֵה	הַשִּׁבְעָה־עָשָׂר
18th	eighteenth	הַשְּׁמוֹנֶה־עֶשְׂרֵה	הַשְּׁמוֹנָה־עָשָׂר
19th	nineteenth	הַתְּשַׁע־עֶשְׂרֵה	הַתִּשְׁעָה־עָשָׂר
20th	twentieth	הָעֶשְׂרִים	הָעֶשְׂרִים
21st	twenty-first	הָעֶשְׂרִים וְאַחַת	הָעֶשְׂרִים וְאֶחָד
30th	thirtieth	הַשְּׁלשִׁים	הַשְּׁלשִׁים
40th	fortieth	הָאַרְבָּעִים	הָאַרְבָּעִים
50th	fiftieth	הַחֲמִשִּׁים	הַחֲמִשִּׁים
60th	sixtieth	הַשִּׁשִּׁים	הַשִּׁשִּׁים
70th	seventieth	הַשִּׁבְעִים	הַשִּׁבְעִים
80th	eightieth	הַשְּׁמוֹנִים	הַשְּׁמוֹנִים
90th	ninetieth	הַתִּשְׁעִים	הַתִּשְׁעִים
100th	hundredth	הַמֵּאָה	הַמֵּאָה
1000th	thousandth	הָאֶלֶף	הָאֶלֶף
1000000th	millionth	הַמִּלְיוֹנִית	הַמִּלְיוֹנִי

INITIALS, ABBREVIATIONS AND PHRASES

רָאשֵׁי תֵּבוֹת וְקִצּוּרִים

א

aleph (letter); one; (one) thousand	א׳, אָלֶף; אֶחָד (אַחַת), 1; אֶלֶף, 1000
impossible; our ancestor Abraham; a married woman	א״א, אִי אֶפְשָׁר; אַבְרָהָם אָבִינוּ; אֵשֶׁת אִישׁ
alphabet	א״ב, אָלֶפְבֵּית
president of a court of justice	אב״ד, אַב בֵּית דִּין
our master and teacher	אַדְמוֹ״ר, אֲדוֹנֵנוּ מוֹרֵנוּ וְרַבֵּנוּ
the second Adar, the thirteenth month of Jewish leap year	אד״ש, אֲדָר שֵׁנִי
nations of the world	א״ה, אה״ע, אֻמּוֹת הָעוֹלָם
UN, United Nations	או״ם, אֻמּוֹת מְאֻחָדוֹת
(our brethren) the children of Israel	אחב״י, אַחֵינוּ בְּנֵי יִשְׂרָאֵל
P.M. in the afternoon	אחה״צ, אַחַר הַצָּהֳרַיִם
later (on), afterwards, subsequently	אח״כ, אַחַר כָּךְ, אַחֲרֵי כֵן
Eretz Israel, the land of Israel, Palestine	א״י, אֶרֶץ יִשְׂרָאֵל
God willing	אי״ה, אִם יִרְצֶה הַשֵּׁם
dear (honorable) sir	א.נ., אָדוֹן נִכְבָּד
associates, comrades	אנ״ש, אַנְשֵׁי שְׁלוֹמֵנוּ
infinity; no doubt	א״ס, אֵין סוֹף, אֵין סָפֵק
though, nevertheless, in spite of, after all	אע״פ, אעפ״כ, אַף עַל פִּי (כֵן)
there's no need	א״צ, אֵין צָרִיךְ
U.S.(A.), United States (of America)	ארה״ב, אַרְצוֹת הַבְּרִית
traveling expenses; the three necessities of hospitality	אֵשֶׁ״ל, אֲכִילָה שְׁתִיָּה וְלִינָה

ב

beth (letter); two	ב׳, בֵּית; שְׁנַיִם (שְׁתַּיִם), 2
ally, confederate	ב״ב, בֶּן בְּרִית
contemporary	ב״ג, בֶּן (בַּת) גִּיל
rational	ב״ד, בַּר דַּעַת, בֵּית דִּין
thank God	ב״ה, בְּעֶזְרַת (בָּרוּךְ) הַשֵּׁם

children of Israel	ב"י, בְּנֵי יִשְׂרָאֵל
synagogue, temple	ביהכ"נ, בֵּית (הַ)כְּנֶסֶת
the Temple	ביהמ"ק, בֵּית הַמִּקְדָּשׁ
factory	ביח"ר, בֵּית חֲרֹשֶׁת
bookshop	בימ"ס, בֵּית מִסְחַר סְפָרִים
Bilu, first pioneers of Israel (1882), who followed Eliezer Ben-Yehuda's appeal (1879)	בִּיל"וּ, בֵּית יַעֲקֹב לְכוּ וְנֵלְכָה
school	בי"ס (ביה"ס), בֵּית (הַ)סֵּפֶר
representative, proxy; w.c., toilet	ב"כ, בָּא כֹּחַ; בֵּית כִּסֵּא
total, sum, aggregate	בס"ה, בְּסַךְ הַכֹּל
(house) proprietor	בע"ב, בַּעַל בַּיִת
creditor; animals	בע"ח, בַּעַל חוֹב; בַּעֲלֵי חַיִּים
by heart; oral (-ly)	בע"פ, בְּעַל פֶּה
echo	ב"ק, בַּת קוֹל
U.S.S.R., Union of Soviet Socialist Republics	ברה"מ, בְּרִית הַמּוֹעָצוֹת

ג

gimel (letter); three	ג׳, גִּימֶל; שְׁלֹשָׁה (שָׁלֹשׁ), 3
madam(e), lady, Mrs.	גב׳, גְּבֶרֶת
also, as well	ג"כ, גַּם כֵּן
dear Madam(e) (lady, Mrs.)	ג.נ., גְּבֶרֶת נִכְבָּדָה
Eden; incest	ג"ע, גַּן עֵדֶן; גִּלּוּי עֲרָיוֹת
proselyte	ג"צ, גֵּר צֶדֶק

ד

daleth (letter); God; gentlemen; page, folio; four	ד׳, דָּלֶת; אֲדֹנָי; דַּף; אַרְבָּעָה; (אַרְבַּע), 4
another thing; good manners	ד"א, דָּבָר אַחֵר; דֶּרֶךְ אֶרֶץ
(the Book of) Chronicles; history	דבה"י, (סֵפֶר) דִּבְרֵי הַיָּמִים
controversy, litigation	דו"ד, דִּין וּדְבָרִים
report, account	דו"חַ, דִּין וְחֶשְׁבּוֹן
verbum sap. (verbum sat.), verbum sat sapienti est, a word to the wise is sufficient	ד"ל, דַּי לַמֵּבִין
e.g., for example	ד"מ, דֶּרֶךְ מָשָׁל

criminal law	ד"נ, דִּינֵי נְפָשׁוֹת
Dr., doctor	דר׳, ד"ר, רוֹפֵא, מְלוּמָּד (דּוֹקְטוֹר)
greeting(s), regards	ד"ש, דְּרִישַׁת שָׁלוֹם

ה

he (letter); God; sir (Mr.), gentleman; five	ה׳, הֵא; אֱלֹהִים, אֲדֹנָי; (הָ)אָדוֹן (הא׳); חֲמִשָּׁה (חָמֵשׁ), 5
Mrs., lady, madam(e)	הגב׳, הַגְּבֶרֶת
Messrs., messieurs; Mmes., mesdames	ה"ה, הָאֲדוֹנִים, הַגְּבָרוֹת; הָאֲדוֹנִים וְהַגְּבָרוֹת
the undersigned	הח"מ, הֶחָתוּם מַטָּה
the sacred	הי"ד, אֲדֹנָי יִקֹּם דָּמוֹ
his Excellency	ה"מ, הוֹד מַעֲלָתוֹ, הוֹד מַלְכוּתוֹ
the Zionist executive	הנה"צ, הַהַנְהָלָה הַצִּיּוֹנִית
the above-mentioned	הנ"ל, הַנִּזְכָּר (לְעֵיל) לְמַעְלָה
God, blessed be He	הקב"ה, הַקָּדוֹשׁ בָּרוּךְ הוּא

ו

vau (letter); six	ו׳, וָו; שִׁשָּׁה (שֵׁשׁ), 6
etc., and so forth	וגו׳, וְגוֹמֵר
etc., and the like	וכד׳, וְכַדּוֹמֶה
etc., and so forth	וכו׳, וְכָלֵהּ
v., vide; s., see	וע׳, וְעַיֵּן
executive committee	ועה"פ, וַעַד הַפּוֹעֵל
& Co., and Company	ושות׳, וְשֻׁתָּפָיו

ז

zayin (letter); m., masculine, male; seven	ז׳, זַיִן; זָכָר; שִׁבְעָה (שֶׁבַע), 7
that is to say, it means, namely, viz., videlicet	ז"א, זאת אוֹמֶרֶת
m. & f., masculine and feminine (male and female)	זו"נ, זָכָר וּנְקֵבָה
m. du., masculine dual	ז"ז, זָכָר זוּגִי
of blessed memory	ז"ל, זִכְרוֹנוֹ (זִכְרוֹנָהּ) לִבְרָכָה
payment due (bill)	ז"פ, זְמַן פֵּרָעוֹן
m. pl., masculine plural	ז"ר, (זְכָרִים) זָכָר (רִבּוּי) רַבִּים

ח

cheth (letter); part, volume (vol.); eight	ח׳, חֵית; חֵלֶק; שְׁמוֹנָה (שְׁמוֹנֶה), 8
Vol. I, Vol. II, etc.; first volume, second volume, etc.	ח״א, ח״ב (וכו׳); חֵלֶק רִאשׁוֹן, חֵלֶק שֵׁנִי (וכו׳)
God forbid (forfend)!	ח״ו, חַס וְשָׁלוֹם, חַס וְחָלִילָה (חָלִילָה וְחַס)
investigation	חו״ד, חֲקִירָה וּדְרִישָׁה
intermediate days	חוה״מ, חֹל הַמּוֹעֵד
intermediate days of Tabernacles	חוהמ״ס, חֹל הַמּוֹעֵד סֻכּוֹת
intermediate days of Passover	חוהמ״פ, חֹל הַמּוֹעֵד פֶּסַח
abroad (outside the land of Israel)	חו״ל, חוּץ (חוּצָה) לָאָרֶץ
God forbid (forfend)!	חו״ש, חַס וְשָׁלוֹם
our sages of blessed memory	חֲזַ״ל, חֲכָמֵינוּ זִכְרוֹנָם לִבְרָכָה
signature	ח״י, חֲתִימַת יָד
occupation force	חֵי״ם, חֵיל מִשְׁמָר
infantry	חֵי״ר, חֵיל רַגְלִים
undersigned	ח״מ, חָתוּם מַטָּה
WAC (Women's Army Corps)	ח״ן, חֵיל נָשִׁים

ט

teth (letter); nine	ט׳, טֵית; תִּשְׁעָה (תֵּשַׁע), 9
(fast of) Ninth of Ab (commemorating the destruction of first and second Temples)	ט״ב, ט׳ בְּאָב, תִּשְׁעָה בְּאָב
fifteen	ט״ו, 15
e. & o.e., errors and omissions excepted	טל״ח, טָעוּת לְעוֹלָם חוֹזֶרֶת

י

yodh (letter); ten	י׳, יוֹד; עֲשָׂרָה (עֶשֶׂר), 10
(the) Day of Atonement	יוה״כ (יו״כ), יוֹם הַכִּפּוּרִים, יוֹם כִּפּוּר
feast (holy) day, festival	יו״ט, יוֹם טוֹב
published, appears	יו״ל, יוֹצֵא לָאוֹר

chairman	יו"ר, יוֹשֵׁב רֹאשׁ
brandy, whisky, (potable) alcohol	יי"ש, יַיִן שָׂרָף
may his name (and memory) be blotted out (Ex. 17 : 14)	ימ"ש, יִמַּח שְׁמוֹ (וְזִכְרוֹ)
righteousness, good impulse	יצה"ט, יֵצֶר הַטּוֹב
iniquity, evil impulse, wickedness	יצה"ר, יֵצֶר הָרָע

כ

caph (letter); twenty	כ׳, כַּף, עֶשְׂרִים, 20
but; each one	כ"א, כִּי אִם; כָּל אֶחָד
each and every one, one by one, one and all	כאו"א, כָּל אֶחָד וְאֶחָד
the honorable, his Honor	כב׳, כְּבוֹד־, כְּבוֹדוֹ
Holy Scriptures	כה"ק, כִּתְבֵי הַקֹּדֶשׁ
happy New Year!	כוח"ט, כְּתִיבָה וַחֲתִימָה טוֹבָה
Ms., manuscript	כ"י, כְּתָב יָד
as, like, similarly	כיו"ב, כַּיּוֹצֵא בָּזֶה
Alliance Israélite Universelle	כי"ח, (חֶבְרַת) כָּל יִשְׂרָאֵל חֲבֵרִים
so much (so); thus, so, likewise	כ"כ, כָּל כָּךְ, כְּמוֹ כֵן
that is to say	כלו׳, כְּלוֹמַר
(as) above mentioned	כַּנַּ"ל, כַּנִּזְכָּר לְעֵיל

ל

lamedh (letter); thirty	ל׳, לָמֶד; שְׁלֹשִׁים, 30
A.M., anno mundi	לבה"ע, לִבְרִיאַת הָעוֹלָם
Lag Ba-Omer, thirty-third day of the Omer	לַ"ג (לַג) בָּעֹמֶר
it is absolutely untrue, it never happened	לַהֲדַ"ם, לֹא הָיוּ דְבָרִים מֵעוֹלָם
the third radical of the Hebrew verb	לה"פ, לָמֶד הַפֹּעַל (דִּקְדּוּק)
the Holy Tongue, the Hebrew language	לה"ק, לְשׁוֹן הַקֹּדֶשׁ (עִבְרִית)
gossip, calumny, evil talk, slander	לה"ר, לְשׁוֹן הָרָע
m., masculine gender	ל"ז, לְשׁוֹן זָכָר
inst., of this month	לח"ז, לְחֹדֶשׁ זֶה

ל״י, לָשׁוֹן יָחִיד; לִירָה יִשְׂרְאֵלִית	sing., singular number; I.L., Israel pound
לכה״פ, לְכָל הַפָּחוֹת	at least
לכ״ש, לֹא כָּל שֶׁכֵּן	all the more so
לַמּוֹכַ״ז, לַמּוֹסֵר כְּתָב זֶה	(to) bearer
ל״נ, לָשׁוֹן נְקֵבָה	f., feminine gender
לסה״נ, לִסְפִירַת הַנּוֹצְרִים (תַּאֲרִיךְ אֶזְרָחִי)	A.D., Anno Domini, C.E., Christian Era
לפה״צ, לִפְנֵי הַצָּהֳרַיִם	A.M., in the forenoon
לפסה״נ, לִפְנֵי סְפִירַת הַנּוֹצְרִים	B.C.E., Before Christian Era
ל״ר, לָשׁוֹן רַבִּים	pl., plural number

מ

מ׳, מֵם, מֵים; מֶטֶר; אַרְבָּעִים, 40	mem (letter); meter; forty,
מ״א, מְלָכִים א׳	First Book of Kings
מ״ב, מְלָכִים ב׳	Second Book of Kings
מ״ג, מִלַּת גּוּף	pron., pronoun
מַגָּ״ד, מְפַקֵּד גְּדוּד	C.O., commanding officer
מג״ד, מָגֵן דָּוִד	sexagon, Shield of David
מו״ל, מוֹצִיא לָאוֹר	publisher
מו״מ, מַשָּׂא וּמַתָּן	parley, negotiation, transaction, communication, intercourse
מו״ס, מוֹכֵר סְפָרִים	bookseller
מוצ״ש, מוֹצָאֵי שַׁבָּת	Saturday night, conclusion of the Sabbath
מ״ז, מִסְפָּר זוּגִי	du., dual number
מז״ט, מַזָּל טוֹב	good luck!, congratulations!
מ״ח, מִלַּת חִבּוּר	conj., conjunction
מַטְכַּ״ל, מַטֶּה כְּלָלִי	G.H.Q., General Headquarters
מ״י, מִסְפָּר יָחִיד; מִלַּת יַחַס	sing., singular; prep., preposition
מ״כ, מְפַקֵּד כִּתָּה; מַעֲלַת כְּבוֹדוֹ	section commander; his Eminence
מ״מ, מְמַלֵּא מָקוֹם; מְפַקֵּד מַחְלָקָה; מַרְאֵה מָקוֹם; מֶטֶר מְרֻבָּע, m2; מִילִימֶטֶר	deputy, substitute; commander of military section; reference, quotation; square meter; millimeter
ממ״מ, מִילִימֶטֶר מְעֻקָּב, mm3	cubic millimeter
ממ״ר, מִילִימֶטֶר מְרֻבָּע, mm2	square millimeter
מ״צ, מִשְׁטָרָה צְבָאִית	MP, military police

interj., interjection	מ"ק, מִלַּת קְרִיאָה
pl., plural number	מ"ר, מִסְפָּר רַבִּים
interrog., interrogation	מ"ש, מִלַּת שְׁאֵלָה

נ

nun (letter); f., feminine, female; fifty	נ', נוּן; נְקֵבָה; חֲמִשִּׁים, 50
the Latter Prophets	נ"א, נְבִיאִים אַחֲרוֹנִים
debt, something owed	נ"ח, נִשְׁאַר חַיָּב
vanguard, Pioneer Youth Organization (Israel)	נַחַ"ל, נֹעַר חֲלוּצִי לוֹחֵם
Prophets and Hagiographa	נַ"ךְ, נְבִיאִים כְּתוּבִים
lamed-aleph verbs	נל"א, נָחֵי לָמֶד אָלֶף (דִּקְדּוּק)
lamed-he (lamed-yod) verbs	נל"ה (ל"י), נָחֵי לָמֶד הֵא (לָמֶד יוֹד) (דִּקְדּוּק)
R.I.P., requiescat in pace, may he (she) rest in peace	נ"ע, נִשְׁמָתוֹ עֵדֶן
ayin-vav verbs	נע"ו. נָחֵי עַיִן וָו (דִּקְדּוּק)
ayin-yod verbs	נע"י, נָחֵי עַיִן יוֹד (דִּקְדּוּק)
pe-yod verbs	נפ"י, נָחֵי פֵּא יוֹד (דִּקְדּוּק)
f. pl., feminine plural; First (Former) Prophets	נ"ר, נְקֵבָה רִבּוּי, נְקֵבוֹת רַבּוֹת; נְבִיאִים רִאשׁוֹנִים

ס

samekh (letter); book; paragraph (¶); sixty	ס', סָמֶךְ: סֵפֶר: סָעִיף; שִׁשִּׁים, 60
agenda	סה"י, סֵדֶר הַיּוֹם
aggregate, total, sum	סה"כ, סַךְ הַכֹּל
finally, after all, at last	סו"ס, סוֹף סוֹף
good omen	ס"ט, סִימָן טוֹב
knife, fork, spoon	סַכּוּ"ם, סַכִּין כַּף וּמַזְלֵג
centimeter	ס"מ, סֶנְטִימֶטֶר
cubic centimeter	סמ"מ, סֶנְטִימֶטֶר מְעֻקָּב cm3
square centimeter	ס"מר, סֶנְטִימֶטֶר מְרֻבָּע, cm2
religious articles: holy books, phylacteries, mezuzoth	סְתָ"ם: סְפָרִים, תְּפִילִין, מְזוּזוֹת

ע

ע׳, עַיִן; עַיֵּן; עַמּוּד; שִׁבְעִים, 70	ayin (letter); s, see; v., vide; p., page; seventy
עאכו״כ, עַל אַחַת כַּמָּה וְכַמָּה	a fortiori, how much more so (in an argument from minor to major)
ע״ה, עָלָיו הַשָּׁלוֹם; עַם הָאָרֶץ; עֲשֶׂרֶת הַדְּבָרִים (הַדִּבְּרוֹת)	may he rest in peace; ignoramus; the Decalogue (the Ten Commandments)
ע״הק, עִיר הַקֹּדֶשׁ, יְרוּשָׁלַיִם	the Holy City, Jerusalem
עו״ד, עוֹרֵךְ דִּין	advocate, attorney, lawyer
עו״ש, עוֹבֵר וָשָׁב	current account
עי׳, עַיֵּן	v., vide; s., see
ע״י, עַל יְדֵי; עַל יַד	through, according to, by means of; near (by), at
עַכּו״ם, עוֹבֵד (עֲבוֹדַת) כּוֹכָבִים וּמַזָּלוֹת	idolator, idolatry
עכ״פ, עַל כָּל פָּנִים	at least, in any case, at any rate
עמ׳, עַמּוּד	p., page
ע״ש, עֶרֶב שַׁבָּת	Friday, Sabbath eve

פ

פ׳, פֵּא; פֶּרֶק; שְׁמוֹנִים, 80	pé (letter); chapter; eighty
פ״א, פַּעַם אַחַת; פֶּה אֶחָד	once; unanimously
פ״ה, פֹּעַל חוֹזֵר	refl. v., reflective verb
פ״י, פֹּעַל יוֹצֵא	v.t., verb transitive
פ״נ, פֹּה נָח (נִקְבַּר, נִטְמַן)	here rests in peace, here buried
פ״ע, פֹּעַל עוֹמֵד	v.i., verb intransitive
פעו״י, פֹּעַל עוֹמֵד וְיוֹצֵא	v.i. & t., verb intransitive and transitive
פס״ד, פְּסַק דִּין	sentence, judgment

צ

צ׳, צָדִי; צַד; תִּשְׁעִים, 90	sadhe (letter); page; ninety
צבע״ח, (חֶבְרַת) צַעַר בַּעֲלֵי חַיִּים	S.P.C.A., Society for Prevention of Cruelty to Animals
צַהַ״ל, צַהַל, צְבָא הֲגַנָּה לְיִשְׂרָאֵל	I.A., I.D.F., Israel Army, Israel Defense Force
צ״ל, צָרִיךְ לוֹמַר	say instead
צ״ע, צָרִיךְ עִיּוּן	further examination necessary, requires reconsideration

ק

ק׳, קוֹף; קִילוֹ (.kg); מֵאָה, 100	kof (letter); kilogram; one hundred
ק״ג, קִילוֹגְרַם (.kg)	kilogram
קד״ה, קִדּוּשׁ הַשֵּׁם	martyrdom
ק״מ, קִילוֹמֶטֶר (km)	kilometer
קמ״מ, קִילוֹמֶטֶר מְרֻבָּע (km2)	square kilometer
קק״ל, קֶרֶן קַיֶּמֶת לְיִשְׂרָאֵל	K.K., J.N.F., Jewish National Fund

ר

ר׳, רֵישׁ; רַבִּים; רַבִּי; מָאתַיִם, 200	resh (letter); pl., plural; rabbi; two hundred
ר״ב, רָצוּף בָּזֶה	here (to) with attached (enclosed), enclosure
רבש״ע, רִבּוֹנוֹ שֶׁל עוֹלָם	Lord of the Universe, God, O God!
ר״ה, רֹאשׁ הַשָּׁנָה	(the) New Year
ר״ז, רִבּוּי זוּגִי	pl. du., plural dual
רז״ל, רַבּוֹתֵינוּ זִכְרוֹנָם לִבְרָכָה	our sages, may their memory be blessed
ר״ח, רֹאשׁ חֹדֶשׁ	the new moon, the first of the month
רח׳, רְחוֹב	st., street; rd., road
ר״ל, רוֹצֶה לוֹמַר; רַחֲמָנָא לִצְּלָן	that is to say; God forbid (forfend)!
רַמַטְכַּ״ל, רֹאשׁ הַמַּטֶּה הַכְּלָלִי	CO, Commanding Officer, GHQ, General Headquarters; General of the Army (Israel)
רַסַ״ל, רַב סַמָּל	NCO, noncommissioned officer, sergeant
רַסַ״ג, רַב סַמָּל גְּדוּדִי	sergeant major
רַסַ״פ, רַב סַמָּל פְּלֻגָּתִי	petty officer (navy); corporal
רַסַ״ר, רַב סַמָּל רִאשׁוֹן	lance corporal
ר״ת, רָאשֵׁי תֵּבוֹת	abbr., abbreviations; initials

ש

ש׳, שִׁין; שָׁנָה; שְׁנַת־; שָׁעָה; שְׁלֹשׁ מֵאוֹת, 300	shin (letter); year, the year of; hour; three hundred
ש״א, שְׁמוּאֵל א׳	First Book of Samuel

Second Book of Samuel	ש״ב, שְׁמוּאֵל ב׳
pron., pronoun	ש״ג, שֵׁם גּוּף
Canticles, Song of Songs, The Song of Solomon	שה״ש, שִׁיר הַשִּׁירִים
(the) Responsa (the literature of)	שו״ת, שְׁאֵלוֹת וּתְשׁוּבוֹת
FBI (Israel), Intelligence, news service	ש״י, שֵׁרוּת יְדִיעוֹת
rent	שכ״ד, שְׂכַר דִּירָה
numeral	ש״מ, שֵׁם מִסְפָּר
n. fem., feminine noun	ש״נ, שֵׁם נְקֵבָה
the six orders (of Mishnah and Talmud); writer's honorarium	ש״ס, שִׁשָּׁה סְדָרִים (מִשְׁנָה וְתַלְמוּד); שְׂכַר סוֹפְרִים
n., noun	ש״ע, שֵׁם עֶצֶם
cantor; MP, military police(man)	שַ״ץ, ש״צ, שְׁלִיחַ צִבּוּר; שׁוֹטֵר צְבָאִי
adj., adjective	ש״ת, שֵׁם תֹּאַר

ת

tav (letter); translation; Targum (aramaic version of Scriptures); degree (academic); adjective; four hundred	ת׳, תָּו; תַּרְגּוּם; תֹּאַר; אַרְבַּע מֵאוֹת, 400
Tel Aviv; potatoes; P.S., postscript, N.B., nota bene	ת״א, תֵּל אָבִיב; תַּפּוּחֵי אֲדָמָה; תּוֹסֶפֶת אַחֲרוֹנָה
P.O.B., post-office box	ת״ד, תֵּבַת דֹּאַר
adv., adverb	תה״פ, תֹּאַר הַפֹּעַל
adj., adjective	תה״ש, תֹּאַר הַשֵּׁם
finis, finished, completed	ת״ו, תַּם וְנִשְׁלַם
scholar, learned man	ת״ח, תַּלְמִיד חָכָם
the (Hebrew) Bible: 1. Torah, 2. Prophets, 3. Hagiographia	תַּנַ״ךְ: א. תּוֹרָה, ב. נְבִיאִים, ג. כְּתוּבִים
may his soul be bound up in the bond of everlasting life	תנצב״ה, תְּהִי נַפְשׁוֹ צְרוּרָה בִּצְרוֹר הַחַיִּים
potato	תַּפּוּ״ד, תַּפּוּד, תַּפּוּחַ אֲדָמָה
orange	תַּפּוּ״ז, תַּפּוּז, תַּפּוּחַ זָהָב
A.M. (5)721, A.D. 1960/61	תשכ״א, התשכ״א
Talmud Torah (school), the study of the Law	ת״ת, תַּלְמוּד תּוֹרָה

A, a

A, a, ***n.*** אֵי, הָאוֹת הָרִאשׁוֹנָה בָּאָלֶף בֵּית הָאַנְגְּלִי; רִאשׁוֹן, א׳

a, an, ***indef. art.* & *adj.*** אֶחָד, אַחַת

A 1, A one מֻבְחָר, סוּג א, מִמַּדְרֵגָה רִאשׁוֹנָה

Aaron, ***n.*** אַהֲרֹן

Ab, ***n.*** אָב, מְנַחֵם אָב

aback, ***adv.*** אֲחוֹרַנִּית, לְאָחוֹר

abaft, ***adv.* & *prep.*** מֵאָחוֹר, לְאָחוֹר

abandon, ***n.*** הֶפְקֵרוּת, פְּרִיצוּת

abandon, ***v.t.*** עָזַב, נָטַשׁ, זָנַח, הִזְנִיחַ [זנח]

abandonment, ***n.*** נְטִישָׁה, עֲזִיבָה, הַפְקָרָה

abase, ***v.t.*** הִשְׁפִּיל [שפל], בִּזָּה

abasement, ***n.*** הַשְׁפָּלָה, בִּזּוּי

abash, ***v.t.*** בִּיֵּשׁ, הִכְלִים [כלם]

abashment, ***n.*** הַכְלָמָה, כְּלִמָּה

abate, ***v.t.* & *i.*** מִעֵט, הִפְחִית [פחת], גָּרַע, חִסֵּר

abatement, ***n.*** מִעוּט, הַפְחָתָה, גֵּרָעוֹן, חִסּוּר

abattoir, ***n.*** בֵּית מִטְבָּחַיִם

abbey, ***n.*** מִנְזָר

abbot, ***n.*** רֹאשׁ מִנְזָר

abbreviate, ***v.t.*** קִצֵּר, כָּתַב בְּרָאשֵׁי תֵּבוֹת

abbreviation, ***n.*** קִצּוּר, רָאשֵׁי תֵּבוֹת

ABC, ***n.*** אָלֶף בֵּית, אַלְפָבֵּיתָא

abdicate, ***v.t.* & *i.*** הִתְפַּטֵּר [פטר], הִסְתַּלֵּק [סלק]

abdication, ***n.*** הִתְפַּטְּרוּת, הִסְתַּלְּקוּת

abdomen, ***n.*** בֶּטֶן, כֶּרֶס, כָּרֵס, כָּרֵשׂ, גָּחוֹן, מֵעַיִם

abdominal, ***adj.*** בִּטְנִי, כְּרֵשִׁי כְּרֵסִי, גְּחוֹנִי, שֶׁל מֵעַיִם

abduct, ***v.t.*** גָּנַב נֶפֶשׁ, חָטַף אָדָם

abduction, ***n.*** גְּנֵבַת נֶפֶשׁ, חֲטִיפַת אִישׁ

abductor, ***n.*** גּוֹנֵב נֶפֶשׁ, חַטְפָן

abed, ***adv.*** בַּמִּטָּה, לְמִשְׁכָּב

Abel, ***n.*** הֶבֶל

aberration, ***n.*** סְטִיָּה, תְּעִיָּה, שְׁגִיאָה; חֵטְא, טֵרוּף הַדַּעַת

abet, ***v.t.*** הֵסִית [סות], שִׁסָּה

abetment, ***n.*** הֲסָתָה, שִׁסּוּי

abettor, ***n.*** מֵסִית

abeyance, ***n.*** צִפִּיָּה, דְּחִיָּה, אֵינוּת

abhor, ***v.t.*** תִּעֵב, שִׁקֵּץ, בָּחַל, מָאַס

abhorrence, ***n.*** בְּחִילָה, תּוֹעֵבָה, גֹּעַל, שִׁקּוּץ, מִאוּס

abhorrent, ***adj.*** נִתְעָב, מָאוּס, בָּזוּי

abide, ***v.i.*** נִשְׁאַר [שאר], גָּר [גור], שָׁכַן

abiding, ***adj.*** מַתְמִיד, קַיָּם, תָּדִיר

ability, ***n.*** יְכֹלֶת, כֹּשֶׁר, כִּשְׁרוֹן; כֹּחַ

abject, ***adj.* & *n.*** נִבְזֶה, שָׁפָל

abjection, ***n.*** בִּזָּיוֹן, שִׁפְלוּת, נִוּוּל

abjure, ***v.t.*** כָּפַר, כִּחֵשׁ, הִכְחִישׁ [כחש] בִּשְׁבוּעָה

ablaze, ***adj.* & *adv.*** בּוֹעֵר, דּוֹלֵק, לוֹהֵט, לָהוּט

able, ***adj.*** מֻכְשָׁר, מְסֻגָּל, בַּעַל יְכֹלֶת, חָרוּץ

abluent, ***adj.* & *n.*** מְטַהֵר, מְנַקֶּה

abnegate, ***v.t.*** כִּחֵשׁ, כָּפַר, וִתֵּר עַל, חִסֵּר נַפְשׁוֹ מִ־

abnegation, ***n.*** הַכְחָשָׁה, כְּפִירָה, וִתּוּר עַל, שְׁלִילָה

abnormal, ***adj.*** בִּלְתִּי רָגִיל, יוֹצֵא מִן הַכְּלָל, מְשֻׁנֶּה, לָקוּי

abnormality, ***n.*** אִי־רְגִילוּת, זָרוּת, לִקּוּי

aboard, ***adv.*** עַל, בְּ־, לְתוֹךְ

abode, *n.* מָעוֹן, דִּירָה, מְגוּרִים, מִשְׁכָּן
abolish, *v.t.* הִשְׁבִּית [שבת], בִּטֵּל, הֵפֵר [פור]
abolishment, *n.* בִּטּוּל, הֲפָרָה, הַשְׁבָּתָה
A-bomb. *n.* פְּצָצָה אָטוֹמִית
abominable, *adj.* נִתְעָב, נִמְאָס, מָאוּס, מְגֻנֶּה
abominate, *v.t.* שִׁקֵּץ, תִּעֵב, מָאַס
abomination, *n.* תּוֹעֵבָה, שִׁקּוּץ, פִּגּוּל
aboriginal, *adj.* קַדְמוֹן, קָדוּם, עַתִּיק
abort, *v.t.* הִפִּיל [נפל]
abortion, *n.* הַפָּלָה, נֵפֶל, הִתְפַּתְּחוּת שֶׁנֶּעֶצְרָה
abortive, *adj.* & *n.* שֶׁלֹּא הִצְלִיחַ, בִּלְתִּי מְפֻתָּח, נִפְלִי; סַם הַפָּלָה
abound, *v.i.* מָלֵא עַל גְּדוֹתָיו, שָׁפַע
about, *adv.* & *prep.* מִסָּבִיב, אֵצֶל; עַל דְּבַר, בְּנוֹגֵעַ לְ־; בְּעֵרֶךְ, כִּמְעַט
above, *adv.* & *prep.* לְמַעְלָה, מִמַּעַל; מֵעַל לְ־
above-mentioned הַנִּזְכָּר לְעֵיל
abreast, *adv.* בְּשׁוּרָה אַחַת, שְׁכֶם אֶחָד
abridge, *v.t.* קִצֵּר, הִמְעִיט [מעט] הִקְטִין [קטן], סִכֵּם
abridgment, *n.* קִצּוּר, תַּמְצִית, הַקְטָנָה, סִכּוּם
abroad, *adv.* בְּ(מִ)חוּץ לָאָרֶץ; בַּחוּץ
abrogate, *v.t.* הֵפֵר [פור], בִּטֵּל
abrogation, *n.* הֲפָרָה, בִּטּוּל
abrupt, *adj.* פִּתְאֹמִי, חָטוּף
abruptly, *adv.* בְּפֶתַע פִּתְאוֹם, בְּחִפָּזוֹן; לְלֹא קֶשֶׁר
abruptness, *n.* פִּתְאוֹמִיּוּת, חִפָּזוֹן;
abscess, *n.* מֻרְסָה, כִּיב
abscond, *v.t.* בָּרַח, הִתְחַמֵּק [חמק], נֶעְלַם [עלם]
absence, *n.* הֶעְדֵּר, חִסָּרוֹן, חֹסֶר, הִפָּקְדוּת
absent, *v.t.* נֶעְדַּר [עדר], נִפְקַד [פקד]
absent, *adj.* נֶעְדָּר, נִפְקָד, חָסֵר
absentee, *n.* נֶעְדָּר, נִפְקָד
absent-minded, *adj.* מְפֻזָּר
absolute, *adj.* מֻשְׁלָם, גָּמוּר, בִּלְתִּי מֻגְבָּל, מֻחְלָט, וַדָּאִי
absolutely, *adv.* לַחֲלוּטִין, בְּהֶחְלֵט, בְּוַדַּאי, בְּלִי סָפֵק
absolution, *n.* כַּפָּרָה, מְחִילָה, סְלִיחָה
absolutism, *n.* הֶחְלֵטִיּוּת
absolve, *v.t.* נִקָּה, טִהֵר, מָחַל, סָלַח, צִדֵּק, זִכָּה
absorb, *v.t.* סָפַג, קָלַט
absorbent, *adj.* בּוֹלֵעַ, סוֹפֵג, קוֹלֵט מוֹצֵץ
absorbing, *adj.* מְעַנְיֵן, מְלַבֵּב, מוֹשֵׁךְ
absorption, *n.* סְפִיגָה, קְלִיטָה; הִתְבּוֹלְלוּת, טְמִיעָה; הִתְרַכְּזוּת
absorptive, *adj.* סָפִיג
abstain, *v.i.* חָדַל, נִמְנַע [מנע], נָזַר
abstemious, *adj.* מְצַמְצֵם בְּמַאֲכָל וּבְמִשְׁתֶּה, מִסְתַּפֵּק
abstention, *n.* פְּרִישׁוּת, נְזִירוּת
abstinence, abstinency, *n.* פְּרִישׁוּת, נְזִירוּת, הִנָּזְרוּת
abstract, *adj.* מֻפְשָׁט, רוּחָנִי, עִיּוּנִי
abstract, *v.t.* הֵסִיר [סור], סִכֵּם, הִפְרִישׁ [פרש]
abstract, *n.* תַּמְצִית, קִצּוּר, סִכּוּם, מֻפְשָׁט
abstraction, *n.* פִּזּוּר נֶפֶשׁ; נְטִילָה; מֻשָּׂג מֻפְשָׁט, הַפְשָׁטָה
abstruse, *adj.* עָמֹק, סָתוּם, קָשֶׁה לְהָבִין
absurd, *adj.* טִפְּשִׁי, שְׁטוּתִי, אֱוִילִי מְגֻחָךְ, נֶגֶד הַשֵּׂכֶל
absurdity, *n.* שְׁטוּת, דִּבְרֵי הֶבֶל, הֶבֶל, טִפְּשׁוּת
abundance, *n.* שֶׁפַע, רֹב, שֹׂבַע

abundant, *adj.* רַב, מָלֵא, עָשִׁיר, שׁוֹפֵעַ

abundantly, *adv.* הַרְבֵּה, בְּשֶׁפַע, לְמַכְבִּיר

abuse, *v.t.* הִשְׁתַּמֵּשׁ [שמש] לְרָעָה, הִתְעוֹלֵל [עלל], חָרַף

abuse, *n.* שִׁמּוּשׁ לְרָעָה, הִתְעַלְּלוּת, חֵרוּף, גִּדּוּף

abusive, *adj.* מְחָרֵף, מְגַדֵּף, שֶׁל חֵרוּף וְגִדּוּף

abut, *v.t.* גָּבַל, הָיָה סָמוּךְ לְ־

abutment, *n.* מַשְׁעֵן, אֹמְנָה, מִשְׁעָן, סָמוֹךְ, סַעַד

abysm, *n.* תְּהוֹם

abysmal, *adj.* תְּהוֹמִי, עָמֹק כַּתְּהוֹם

abyss, *n.* אֲבַדּוֹן, תְּהוֹם, תֹּהוּ וָבֹהוּ

acacia, *n.* שִׁטָּה

academic, academical, *adj.* & *n.* מְלֻמָּד; אֲקָדֵמִי, עִיּוּנִי

academy, *n.* אֲקָדֶמְיָה, (בֵּית) מִדְרָשׁ, תַּרְבֵּץ

accede, *v.i.* עָלָה לַמְּלוּכָה, הִסְכִּים [סכם], נִכְנַס [כנס] לְמִשְׂרָה

accelerate, *v.t.* הֵחִישׁ [חוש], מִהֵר, נִחֵץ, הֵאִיץ [אוץ]

acceleration, *n.* הָאָצָה, תְּאוּצָה, מְהִירוּת, הֶחָשָׁה, נְחִיצָה, נַחַץ

accelerator, *n.* גּוֹרֵם מְהִירוּת, מֵחִישׁ, מְנַחֵץ; דַּוְשָׁה

accent, *n.* טַעַם, נְגִינָה, הַדְגָּשָׁה; מִבְטָא, הֲבָרָה

accent, *v.t.* הִטְעִים [טעם], הִדְגִּישׁ [דגש] הִתְוָה [תוה], נָתַן נְגִינָה

accentuate, *v.t.* הִטְעִים [טעם], הִדְגִּישׁ [דגש]

accentuation, *n.* הַטְעָמָה, הַדְגָּשָׁה

accept, *v.t.* קִבֵּל, נָטַל, לָקַח; הִסְכִּים [סכם]

acceptability, acceptableness, *n.* רְצוּת, רְצִיּוּת, הַסְכָּמָה

acceptable, *adj.* רָצוּי, מְקֻבָּל, מִתְקַבֵּל עַל הַדַּעַת

acceptance, *n.* קַבָּלָה בְּרָצוֹן; הַסְכָּמָה

access, *n.* כְּנִיסָה, גִּישָׁה, מָבוֹא, פֶּתַח

accessible, *adj.* נָגִישׁ

accession, *n.* גִּישָׁה, עֲלִיָּה; הַסְכָּמָה; רְכִישָׁה

accessories, *n. pl.* מַכְשִׁירִים, אַבְזָרִים

accessory, *adj.* & *n.* עוֹזֵר, מְסַיֵּעַ, נוֹסָף, צְדָדִי; שֻׁתָּף

accident, *n.* תְּאוּנָה, מִקְרֶה, אָסוֹן, שְׁגָגָה, פֶּגַע

accidental, *adj.* מִקְרִי, שֶׁבְּמִקְרֶה, אֲרָעִי; טָפֵל

accidentally, *adv.* בְּמִקְרֶה, בִּשְׁגָגָה, לֹא בְּכַוָּנָה

acclaim, *n.* מְחִיאַת כַּפַּיִם, קְרִיאַת הֵידָד, תְּרוּעָה

acclaim, *v.t.* הִלֵּל, מָחָא כַּף, קִבֵּל בִּתְשׁוּאוֹת

acclamation, *n.* תְּשׁוּאוֹת חֵן, מְחִיאַת כַּפַּיִם

acclimatize, *v.t.* & *i.* אִקְלֵם, הִרְגִּיל [רגל], סִגֵּל; הִתְאַקְלֵם, הִתְרַגֵּל [רגל], הִסְתַּגֵּל [סגל]

accolade, *n.* נְשִׁיקַת קִדּוּשִׁים, חִבּוּק אַבִּירִים, כִּתּוּף בְּחֶרֶב

accommodate, *v.t.* אִכְסֵן, סִגֵּל, הִתְאִים [תאם]; סִפֵּק צְרָכִים, גָּמַל חֶסֶד

accommodating, *adj.* נוֹחַ, מֵיטִיב, גּוֹמֵל חֶסֶד

accommodation, *n.* סִגּוּל, הַתְאָמָה; נוֹחוּת, רְוָחָה; מָעוֹן, דִּירָה

accompaniment, *n.* לִוּוּי, פִּוּוּם

accompanist, *n.* לַוַּאי

accompany, *v.t.* לִוָּה, פִּוֵּם

accomplice, *n.* שֻׁתָּף לַעֲבֵרָה

accomplish, *v.t.* מִלֵּא, קִיֵּם, בִּצֵּעַ, הִשְׁלִים, [שלם], גָּמַר

accomplishment, *n.* מִלּוּא, קִיּוּם, בִּצּוּעַ, הַשְׁלָמָה, גְּמִירָה

accord, *n.* הַסְכָּמָה, הַתְאָמָה; שָׁלוֹם

accord, *v.t.* נָתַן; הִסְכִּים [סכם], הִתְאִים [תאם]

accordant, *adj.* מַתְאִים, מַסְכִּים

accordingly, *adv.* לָכֵן, לְפִיכָךְ, בְּהַתְאָמָה לָזֶה

accordion, *n.* מַפּוּחוֹן

accordionist, *n.* מַפּוּחוֹנַאי

accost, *v.t.* פָּנָה בִּדְבָרִים אֶל, נִכְנַס [כנס] בְּשִׂיחָה עִם

account, *n.* חֶשְׁבּוֹן, דִּין וְחֶשְׁבּוֹן, דּו"חַ; חִשּׁוּב, סְפִירָה; תֵּאוּר, סִפּוּר

account, *v.t.* & *i.* חָשַׁב, נֶחְשַׁב [חשב], נָתַן דִּין וְחֶשְׁבּוֹן, דִּוַּח

accountant, *n.* חַשָּׁב, רוֹאֵה חֶשְׁבּוֹן, חֶשְׁבּוֹנַאי

accredit, *v.t.* יִחֵס לְ־, יִפָּה כֹּחַ, נָתַן אֵמוּן בְּ־, מִלֵּא יָד

accrue, *v.i.* הוֹסִיף [יסף] רִבִּית, צָמַח, הִצְטַבֵּר [צבר]

accumulate, *v.t.* & *i.* אָצַר, צָבַר, הִצְטַבֵּר [צבר], אָגַר, הֶעֱרִים [ערם], אָסַף

accumulation, *n.* צְבִירָה, אֲסִיפָה, אֲגִירָה, הִצְטַבְּרוּת

accumulator, *n.* מַצְבֵּר (לְחַשְׁמַל), סוֹלְלָה

accuracy, *n.* דִּיּוּק, דַּיְקָנוּת

accurate, *adj.* מְדֻיָּק, נָכוֹן

accurately, *adv.* בְּדִיּוּק

accursed, accurst, *adj.* אָרוּר, מְקֻלָּל

accusation, *n.* אִשּׁוּם, הַאֲשָׁמָה, קִטְרוּג, שִׂטְנָה, עֲלִילַת דְּבָרִים

accusative, *adj.* & *n.* פָּעוּל, יַחַס הַפָּעוּל

accuse, *v.t.* הֶאֱשִׁים [אשם], קִטְרֵג

accuser, *n.* מַאֲשִׁים, מְקַטְרֵג, קָטֵגוֹר

accustom, *v.t.* הִרְגִּיל [רגל]

accustomed, *adj.* רָגִיל, לָמוּד

ace, *n.* & *adj.* קְלָף (מִשְׂחָק); אַלּוּף טַיָּסִים; יְחִידָה; מִצְטַיֵּן; רִאשׁוֹן בְּמַעֲלָה, מֻפְלָא

acerbate, *v.t.* הֶחְמִיץ [חמץ]; הָפַךְ לְמַר, מֵרַר

acerbity, *n.* חֲמִיצוּת; מְרִירוּת; חֲרִיפוּת

acetic, *adj.* חָמְצִי

acetify, *v.t.* & *i.* הֶחְמִיץ [חמץ], הָפַךְ לְחֹמֶץ

acetous, *adj.* חָמִיץ

acetylene, *n.* (C_2H_2) פַּחְמִימָן

ache, *n.* כְּאֵב, מַכְאוֹב, מֵחוּשׁ

ache, *v.i.* כָּאַב, דָּאַב

achieve, *v.t.* הוֹצִיא [יצא] לְפֹעַל, קָנָה, רָכַשׁ, הִשִּׂיג [נשג]

achievement, *n.* הֶשֵּׂג, הַשְׁלָמָה, סִיּוּם; מִפְעָל; הוֹצָאָה אֶל הַפֹּעַל

achromatic, *adj.* חֲסַר צֶבַע

acid, *n.* חֻמְצָה

acidify, *v.t.* & *i.* הֶחְמִיץ [חמץ], חָמַץ, הָפַךְ לְחֻמְצָה

acidity, *n.* חֲמִיצוּת

acidulous, *adj.* חֲמַצְמַץ, חָמִיץ קְצָת

acknowledge, *v.t.* הוֹדָה [ידה], הִכִּיר [נכר]

acknowledgment, *n.* הוֹדָאָה, הוֹדָיָה, הַכָּרָה, הַכָּרַת טוֹבָה

acme, *n.* פִּסְגָּה, שִׂיא, תַּכְלִית הַשְּׁלֵמוּת

acne, *n.* חֲזָזִית

acorn, *n.* בַּלּוּט, פְּרִי הָאַלּוֹן

acoustic, *adj.* שְׁמִיעוּתִי, קוֹלִי, אֲקוּסְטִי

acoustics, *n.* חָכְמַת הַשֵּׁמַע, תּוֹרַת הַקּוֹל, שְׁמִיעוּת

acquaint, *v.t.* הוֹדִיעַ [ידע], הִקְנָה יְדִיעָה [קנה]; הִכִּיר [נכר] הִתְוַדֵּעַ

acquaintance, *n.* יְדִיעָה, הַכָּרָה; מַכִּיר, מַכָּר, יְדִיד

acquiesce, *v.i.* הוֹדָה [ידה] (בִּשְׁתִיקָה), הִסְכִּים [סכם]

acquiescence, *n.* הוֹדָאָה (בִּשְׁתִיקָה), הַסְכָּמָה, הַכְנָעָה

acquire, *v.t.* רָכַשׁ, קָנָה, נָחַל, הִשִּׂיג [נשג]

acquisition, *n.* רְכִישָׁה, הַשָּׂגָה, רְכוּשׁ, קִנְיָן

acquit, *v.t.* פָּטַר, זִכָּה, נִקָּה, סִלֵּק

acquittal, *n.* זִכּוּי, נִקּוּי, יְצִיאַת יְדֵי חוֹבָה

acre, *n.* אַקְר, מִדַּת שֶׁטַח לִמְדִידַת קַרְקָעוֹת: 4047 מ"מ, 4 דוּנָמִים

acrid, *adj.* חָרִיף, עַז, מַר

acridity, *n.* חֲרִיפוּת, עַזּוּת, מְרִירוּת

acrimonious, *adj.* מַר, מַר נֶפֶשׁ, עוֹקֵץ, מָלֵא מְרִירוּת

acrimony, *n.* חֲרִיפוּת, מְרִירוּת

acrobat, *n.* לוּלְיָן

acropolis, *n.* מְצוּדָה, עֹפֶל

across, *adv.* & *prep.* בְּעַד, דֶּרֶךְ, מֵעֵבֶר לְ־, לְעֵבֶר

acrostic, *n.* & *adj.* צֵרוּפָה; צֵרוּפִי

act, *n.* מַעֲשֶׂה, מִפְעָל, פְּעֻלָּה; חֹק, חֻקָּה, מִשְׁפָּט; מַעֲרָכָה (בְּמַחֲזֶה)

act, *v.t.* & *i.* עָשָׂה, פָּעַל, מִלֵּא תַּפְקִיד, הִתְנַהֵג, שִׂחֵק (בְּמַחֲזֶה)

acting, *adj.* עוֹשֶׂה, פּוֹעֵל, מְמַלֵּא תַּפְקִיד, מְשַׂחֵק, מִתְנַהֵג, זְמַנִּי

action, *n.* פְּעֻלָּה, מַעֲשֶׂה, תְּנוּעָה; תּוּבְעָנָה, מִשְׁפָּט; מִלְחָמָה, קְרָב

active, *adj.* פָּעִיל, עֵר

active participle בֵּינוֹנִי פּוֹעֵל

activity, *n.* פְּעִילוּת

actor, *n.* מְשַׂחֵק, שַׂחֲקָן

actress, *n.* מְשַׂחֶקֶת, שַׂחֲקָנִית

actual, *adj.* מַמָּשִׁי, אֲמִתִּי, מָצוּי, הֹוֶה

actuality, *n.* מַמָּשׁוּת, מְצִיאוּת, אֲמִתִּיּוּת

actually, *adv.* מַמָּשׁ, בֶּאֱמֶת, בְּעֶצֶם, לְמַעֲשֶׂה

actuate, *v.t.* הֵנִיעַ [נוע], הִפְעִיל [פעל], הִמְרִיץ [מרץ]

acuity, *n.* חַדּוּת, שְׁנִינוּת

acumen, *n.* חֲרִיפוּת, דַּקּוּת, שְׁנִינוּת

acute, *adj.* חַד, מְחֻדָּד; (זָוִית) חַדָּה; חָרִיף, שָׁנוּן; חוֹדֵר, (חֹלִי) עַז

acuteness, *n.* חַדּוּת, שְׁנִינוּת, עַזּוּת

A. D. לִסְפִירַת הַנּוֹצְרִים

adage, *n.* מָשָׁל, אִמְרָה

adagio, *n.* & *adj.* לְאַט; אִטִּיּוּת, מְתִינוּת

Adam, *n.* אָדָם

adamant, *adj.* & *n.* שָׁמִיר, קָשֶׁה (כְּצוּר)

adapt, *v.t.* הִתְאִים [תאם], סִגֵּל, חָפַת

adaptability, *n.* אֶפְשָׁרוּת הַהַתְאָמָה, כֹּשֶׁר הַהִסְתַּגְּלוּת, סְגִילוּת

adaptable, *adj.* סָגִיל, מִסְתַּגֵּל

adaptation, *n.* סִגּוּל, הִסְתַּגְּלוּת, הַתְאָמָה

add, *v.t.* חִבֵּר, הִתְחַבֵּר [חבר], סִכֵּם, הוֹסִיף [יסף], צֵרַף

adder, *n.* אֶפְעֶה, שְׁפִיפוֹן

addict, *v.t.* & *i.* הָיָה לָהוּט, הִתְמַסֵּר [מסר], הִתְמַכֵּר [מכר]; הִרְגִּיל [רגל]

addiction, *n.* מְסִירוּת, הִתְמַכְּרוּת

adding machine, *n.* מְכוֹנַת חִשּׁוּב

addition, *n.* חִבּוּר, צֵרוּף, הוֹסָפָה; הַשְׁלָמָה

additional, *adj.* נוֹסָף, מַשְׁלִים

additionally, *adv.* נוֹסָף עַל, וְעוֹד

addle, *adj.* רָקוּב, פָּגוּם, מְטֹרָף; רֵיק, טִפֵּשׁ, שׁוֹטֶה

addle, *v.t. & i.* בִּלְבֵּל, רָקַב, הִבְאִישׁ [באשׁ] הִסְרִיחַ [סרח]

address, *n.* מַעַן, כְּתֹבֶת; נְאוּם, הַרְצָאָה; הִתְנַהֲגוּת, נִמּוּס

address, *v.t.* פָּנָה אֶל, נָאַם, מִעֵן

addressee, *n.* מוּעָן

adduce, *v.t.* הֵבִיא [בוא] רְאָיָה, הֵבִיא עֵדוּת

adenoids, *n. pl.* שְׁקֵדִים (פְּקִיעִים, בַּלּוּטוֹת)

adept, *adj. & n.* מֻמְחֶה, חָרוּץ

adeptness, *n.* מֻמְחִיּוּת, חֲרִיצוּת

adequacy, *n.* סִפּוּק; הַתְאָמָה, הֲלִימוּת

adequate, *adj.* מַסְפִּיק; מַתְאִים, הוֹלֵם

adequately, *adv.* בְּמִדָּה מַסְפֶּקֶת

adhere, *v.t.* דָּבַק, נִדְבַּק [דבק], נִצְמַד [צמד], הִתְדַּבֵּק [דבק]

adherence, *n.* אֲחִיזָה, דְּבֵקוּת, הִתְחַבְּרוּת, מְסִירוּת

adherent, *adj. & n.* דָּבֵק, מְחֻבָּר, מְקֻשָּׁר; חָסִיד, אָדוּק

adhesion, *n.* דְּבֵקוּת; צְמִיגוּת, תַּאֲחִיזָה; אֲדִיקוּת, חֲסִידוּת

adhesive, *adj.& n.* מְדַבֵּק, דָּבֵק; צָמִיג; דֶּבֶק

adhesiveness, *n.* דְּבֵקוּת, צְמִיגוּת

adiantum, *n.* יוֹעֶזֶר, יוֹעֶזֶר שָׁחוֹר, שַׂעֲרוֹת שׁוּלַמִּית

adjacency, *n.* שְׁכֵנוּת, קִרְבָה, סְמִיכוּת

adjacent, *adj.* סָמוּךְ לְ־, קָרוֹב לְ־

adjective, *adj. & n.* נוֹסָף, נִסְפָּח; שֵׁם תֹּאַר, תֹּאַר הַשֵּׁם

adjoin, *v.t. & i.* הָיָה סָמוּךְ, הָיָה קָרוֹב; חִבֵּר, אִחֵד, הִתְחַבֵּר [חבר], הִצְטָרֵף [צרף]

adjourn, *v.t. & i.* סָגַר (יְשִׁיבָה), דָּחָה, נָעַל

adjournment, *n.* דְּחִיָּה, דִּחוּי, נְעִילָה

adjudge, *v.i.* חָרַץ מִשְׁפָּט, גָּזַר, פָּסַק דִּין, הִרְשִׁיעַ [רשע], חִיֵּב

adjudgment, *n.* פְּסַק דִּין, הַרְשָׁעָה, חִיּוּב

adjudication, *n.* שְׁפִיטָה, הַכְרָעָה

adjunct, *adj. & n.* טָפֵל; הוֹסָפָה, אַבְזָר; תֹּאַר

adjuration, *n.* הַשְׁבָּעָה, הַעְתָּרָה, הַפְצָרָה, הִתְחַנְּנוּת

adjure, *v.t.* הִשְׁבִּיעַ [שבע]; הִתְחַנֵּן [חנן], הֶעְתִּיר [עתר], הִפְצִיר [פצר]

adjust, *v.t.* סִדֵּר, תִּקֵּן, הִתְאִים [תאם], כִּוֵּן

adjustable, *adj.* תּוֹאֵם, שֶׁאֶפְשָׁר לְהַתְאִים, שֶׁאֶפְשָׁר לְכַוְּנוֹ, מִתְכַּוְנֵן

adjustment, *n.* תִּקּוּן, כִּוּוּן, כִּוְנוּן הֶתְאֵם

adjutant, *n.* שָׁלִישׁ, סֶגֶן

administer, *v.t.* נִהֵל, עָשָׂה (מִשְׁפָּט), נָתַן, סִפֵּק

administration, *n.* מִנְהָל, מִנְהָלָה, הַנְהָלָה, מֶמְשָׁלָה, פְּקִידוּת, אֲמַרְכָּלוּת

administrative, *adj.* מִנְהָלִי, הַנְהָלָתִי, מֶמְשַׁלְתִּי, אֲמַרְכָּלִי

administrator, *n.* מְנַהֵל, מִנְהֲלַאי, פָּקִיד, סוֹכֵן, אֲמַרְכַּל

admirable, *adj.* נִפְלָא, מְצֻיָּן, נַעֲרָץ

admiral, *n.* מְפַקֵּד צִי, אַדְמִירָל

admiralty, *n.* פִּקּוּד הַצִּי, סַפָּנוּת, אַדְמִירָלִיּוּת

admiration, *n.* הַעֲרָצָה

admire, *v.t.* הֶעֱרִיץ [ערץ], הוֹקִיר [יקר]

admirer, *n.* מַעֲרִיץ, מוֹקִיר
admissible, *adj.* רָאוּי, מִתְקַבֵּל עַל הַדַּעַת, מֻתָּר
admission, *n.* הַכְנָסָה, כְּנִיסָה; הוֹדָאָה
admit, *v.t.* הִכְנִיס, נָתַן לְהִכָּנֵס [כנס]; הוֹדָה [ידה]
admittance, *n.* הַכְנָסָה, כְּנִיסָה
admixture, *n.* תַּעֲרֹבֶת, מֶזֶג, מְזִיגָה, מְהִילָה
admonish, *v.t.* יִסֵּר, הוֹכִיחַ [יכח], הִזְהִיר [זהר], הִתְרָה [תרה]
admonition, *n.* יִסּוּר, תּוֹכָחָה, הַזְהָרָה, הַתְרָאָה
ado, *n.* עֵסֶק, טֹרַח, טִרְדָּה
adolescence, *n.* נֹעַר, נְעוּרִים, עֲלוּמִים
adolescent, *n.* נַעַר, בָּחוּר, עֶלֶם
Adonis, *n.* יְפֵהפֶה; דְּמוּמִית (פֶּרַח)
adopt, *v.t.* אִמֵּץ; סִגֵּל
adoptable, *adj.* בַּר אִמּוּץ, סְתַגְּלָנִי
adoption, *n.* אִמּוּץ, הִסְתַּגְּלוּת
adoptive, *adj.* מְאַמֵּץ, מְאֻמָּץ
adorable, *adj.* נַעֲרָץ, יָקָר, חָבִיב
adoration, *n.* אַהֲבָה, חִבָּה, הוֹקָרָה, הַעֲרָצָה; פֻּלְחָן
adore, *v.t.* הֶעֱרִיץ [ערץ], חִבֵּב, אִלֵּל
adorn, *v.t.* יִפָּה, קִשֵּׁט, עָדָה
adornment, *n.* יִפּוּי, קִשּׁוּט, הִדּוּר; עֲדִי
adrift, *adj.* & *adv.* צָף וְנִשָּׂא עַל גַּלֵּי הַיָּם, שׁוֹטֵט; בְּאֵין מַטָּרָה
adroit, *adj.* זָרִיז, מָהִיר, חָרוּץ
adroitly, *adv.* בִּזְרִיזוּת, בִּמְהִירוּת, בַּחֲרִיצוּת
adroitness, *n.* זְרִיזוּת, מְהִירוּת, חֲרִיצוּת
adulate, *v.t.* חָנַף, הֶחֱנִיף [חנף]
adulation, *n.* חֲנֻפָּה, חֲלַקְלַקּוֹת (לָשׁוֹן), הִתְרַפְּסוּת

adult, *adj.* & *n.* גָּדוֹל, שֶׁהִגִּיעַ לְפִרְקוֹ, אִישׁ, בּוֹגֵר, מְבֻגָּר
adulterate, *adj.* מְזֻיָּף, בָּלוּל, מְקֻלְקָל; זוֹנֶה
adulterate, *v.t.* זִיֵּף, קִלְקֵל, הִשְׁחִית [שחת] בָּלַל, פִּגֵּל
adulteration, *n.* זִיּוּף, בְּלִילָה, קִלְקוּל, פִּגּוּל
adulterer, adulteress, *n.* נוֹאֵף, נוֹאֶפֶת
adulterous, *adj.* נַאֲפוּפִי, שֶׁל זְנוּת
adultery, *n.* נִאוּף, זְנוּת, זְנוּנִים
advance, *n.* קִדְמָה, קִדּוּם, הִתְקַדְּמוּת; הַפְקָעַת שַׁעַר; הַלְוָאָה; עֲלִיָּה בְּדַרְגָּה; שִׁפּוּר
advance, *v.t.* & *i.* קִדֵּם, הִתְקַדֵּם [קדם]; שִׁלֵּם לְמַפְרֵעַ, הֶעֱלָה (בְּדַרְגָּה, בִּמְחִיר), הִלְוָה [לוה]; עָשָׂה חַיִל
advancement, *n.* קִדּוּם, קִדְמָה, הִתְקַדְּמוּת, הַעֲלָאָה
advantage, *n.* יִתְרוֹן, מַעֲלָה, תּוֹעֶלֶת
advantage, *v.t.* הָיָה יִתְרוֹן לְ, הֵפִיק [פוק] תּוֹעֶלֶת מִן
advantageous, *adj.* יִתְרוֹנִי, מוֹעִיל, נוֹחַ
adventure, *n.* הַעְפָּלָה, הַרְפַּתְקָה, מַעֲשֶׂה נוֹעָז
adventure, *v.t.* & *i.* עָמַד בְּסַכָּנָה הִסְתַּכֵּן [סכן], הֶעְפִּיל [עפל], הֵהִין [הין]
adventurer, *n.* מַעְפִּיל, הַרְפַּתְקָן, נוֹכֵל
adverb, *n.* תֹּאַר הַפֹּעַל
adversary, *n.* יָרִיב, שׂוֹנֵא, מִתְנַגֵּד; שָׂטָן
adverse, *adj.* מִתְנַגֵּד לְ־, שְׁלִילִי, נוֹגֵד רָע, מַזִּיק
adversity, *n.* צָרָה, אָסוֹן, אֵיד, רָעָה
advert, *v.i.* הֶרְאָה [ראה] עַל, רָמַז עַל
advertise, *v.t.* פִּרְסֵם, הִכְרִיז [כרז]

advertisement, *n.* מוֹדָעָה, פִּרְסוּם, כְּרָזָה, הַכְרָזָה
advice, *n.* עֵצָה, הוֹדָעָה
advisability, *n.* רְצִיּוּת, כְּדָאִיּוּת, יָאוּת
advisable, *adj.* רָצוּי, כְּדַאי
advise, *v.t.* & *i.* יָעַץ, הִתְיָעֵץ [יעץ], נָתַן עֵצָה, הוֹדִיעַ [ידע], הִזְהִיר [זהר]
adviser, *n.* יוֹעֵץ
advocacy, *n.* הַמְלָצָה, סַנֵּגוֹרְיָה
advocate, *n.* עוֹרֵךְ דִּין, סַנֵּגוֹר; מַמְלִיץ
advocate, *v.t.* הֵגֵן [גנן] עַל, הִמְלִיץ [מלץ] עַל, לִמֵּד זְכוּת, סִנֵּגֵר
aerate, *v.t.* אִוֵּר, אִוְרֵר
aeration, *n.* אִוּוּר, אִוְרוּר
aerial, *adj.* & *n.* אֲוִירִי, גָּבוֹהַּ; מְשׁוֹשָׁה
aerodrome, *n.* שְׂדֵה תְּעוּפָה, מִמְרָאָה
aeronaut, *n.* נַוָּט
aeronautics, *n.* טַיִס, תּוֹרַת הַתְּעוּפָה
aeroplane, *n.* אֲוִירוֹן, מָטוֹס
aesthete, aesthetic, *n.* יָפֶה, נָעִים
aesthetics, *n.* תּוֹרַת הַיֹּפִי
afar, *adv.* מֵרָחוֹק, הַרְחֵק
affable, *adj.* נִמּוּסִי, אָדִיב
affair, *n.* עֵסֶק, עִנְיָן, מִקְרֶה; הִתְאַהֲבוּת
affect, *v.t.* עָשָׂה רֹשֶׁם עַל; הֶעֱמִיד [עמד] פָּנִים; עוֹרֵר חֶמְלָה, אָהַב
affectation, *n.* הִתְגַּנְדְּרוּת, נִמּוּס מְלָאכוּתִי, הַעֲמָדַת פָּנִים
affection, *n.* חִבָּה, אַהֲבָה; הַרְגָּשָׁה, רֶגֶשׁ; מַחֲלָה, מֵחוֹשׁ
affectionate, *adj.* אוֹהֵב, מְחַבֵּב
affectionately, *adv.* בְּחִבָּה, בְּאַהֲבָה
affiance, *v.t.* אֵרַס, אֵרֵשׂ
affidavit, *n.* עֵדוּת, תְּעוּדָה בִּשְׁבוּעָה
affiliate, *v.t.* & *i.* חִבֵּר, אִמֵּץ בֵּן, אִחֵד, הִתְאַחֵד [אחד], הִתְחַבֵּר [חבר]
affiliation, *n.* חִבּוּר, קִשּׁוּר, קְבִיעַת אַבְהוּת, הִתְחַבְּרוּת
affinity, *n.* קִרְבָה, אַהֲבָה, חִבָּה
affirm, *v.t.* הֵעִיד [עוד], קִיֵּם, אִשֵּׁר
affirmation, *n.* קִיּוּם, אִשּׁוּר, חִיּוּב
affirmative, *adj.* & *n.* חִיּוּבִי, מְחַיֵּב
affix, *v.t.* צֵרַף, קָבַע, הִדְבִּיק [דבק], הִטְבִּיעַ [טבע], הוֹסִיף [יסף]
affixture, *n.* קְבִיעָה, (חוֹתֶמֶת), צֵרוּף, הַדְבָּקָה (בּוּל)
afflict, *v.t.* הִדְאִיב [דאב], צִעֵר, הֶעֱצִיב [עצב]
affliction, *n.* אֵיד, מְצוּקָה, צַעַר, צָרָה, דְּאָבָה, יָגוֹן
affluence, *n.* שֶׁפַע, עֹשֶׁר, נְהִירָה
affluent, *adj.* שׁוֹפֵעַ, עָשִׁיר, נוֹהֵר אֶל
affluent, *n.* נַחַל, יוּבַל
afford, *v.t.* יָכֹל, הִשִּׂיג [נשג], הִסְפִּיק [ספק], הִרְשָׁה [רשה] לְעַצְמוֹ
affray, *n.* מְהוּמָה, קְטָטָה
affront, *n.* הַעֲלָבָה, הַכְלָמָה
affront, *v.t.* עָלַב, הֶעֱלִיב [עלב], הִכְלִים [כלם], בִּיֵּשׁ, פָּגַע בִּכְבוֹד
afield, *adv.* בַּשָּׂדֶה, עַל פְּנֵי הַשָּׂדֶה
afire, *adj.* & *adv.* בּוֹעֵר
aflame, *adj.* & *adv.* לוֹהֵט
afloat, *adj.* & *adv.* צָף, שָׁט
afoot, *adj.* & *adv.* בָּרֶגֶל, רַגְלִי; בִּפְעֻלָּה
afore, *adv.* & *prep.* בָּרֹאשׁ, מִלְּפָנִים, מִקֹּדֶם
aforenamed, aforesaid, *adj.* הַקּוֹדֵם, הַנֶּאֱמַר לְמַעְלָה, הַנִּזְכָּר לְעֵיל, הנ״ל
afraid, *adj.* מְפַחֵד, יָרֵא, חוֹשֵׁשׁ
afresh, *adv.* שׁוּב, שֵׁנִית, מֵחָדָשׁ
African, *adj.* & *n.* אַפְרִיקָנִי
aft, *adv.* אֲחוֹרֵי הָאֳנִיָּה
after, *adj.*, *adv.*, *prep.* & *conj.* אַחַר, אַחֲרֵי כֵן, לְאַחַר מִכֵּן, עַל פִּי, בְּעִקְבוֹת, מֵאָחוֹר

after all סוֹף סוֹף, בְּכָל זֹאת, אַחֲרֵי כְּכְלוֹת הַכֹּל

aftermath, *n.* תּוֹצָאָה

afternoon, *n.* אַחַר הַצָּהֳרַיִם, מִנְחָה

afterward(s), *adv.* אַחַר כַּךְ, אַחֲרֵי כֵן

afterworld, *n.* הָעוֹלָם הַבָּא

again, *adv.* שׁוּב, שֵׁנִית, עוֹד פַּעַם יֶתֶר עַל כֵּן, מִצַּד שֵׁנִי

against, *prep.* נֶגֶד, לְעֻמַּת, נֹכַח

age, *n.* גִּיל; זִקְנָה, שֵׂיבָה; דּוֹר, תְּקוּפָה

age, *v.i.* & *t.* יָשַׁשׁ, הִזְדַּקֵּן, הִזְקִין [זקן]

aged, *adj.* זָקֵן, קָשִׁישׁ, בָּא בַּיָּמִים

agency, *n.* סוֹכְנוּת

agenda, *n. pl.* סֵדֶר הַיּוֹם

agent, *n.* סוֹכֵן, בָּא כֹּחַ, עָמִיל, גּוֹרֵם

agglomerate, *v.t.* & *i.* צָבַר, גָּבַב

aggrandize, *v.t.* הִגְדִּיל [גדל], הִפְרִיז [פרז]

aggravate, *v.t.* הֵרַע [רעע]; הִכְעִיס [כעס]; הִגְדִּיל [גדל], הִכְבִּיד [כבד]

aggravation, *n.* הַכְבָּדָה; הַכְעָסָה, הַחֲרָמָה, הֲרָעָה, עָגְמַת נֶפֶשׁ

aggregate, *v.t.* & *i.* אָסַף, צֵרַף, הִצְטַבֵּר [צבר]

aggregate, *adj.* & *n.* מְחֻבָּר, מְקֻבָּץ; קָהָל, חֶבְרָה, מִצְרָף, סַךְ הַכֹּל

aggression, *n.* תְּקִיפָה, תּוֹקְפָנוּת, הַתְקָפָה, הִתְנַפְּלוּת, הִשְׂתָּעֲרוּת, הִתְגָּרוּת

aggressive, *adj.* תַּקִּיף, תּוֹקְפָנִי, תּוֹקֵף, מַתְקִיף, מִתְגָּרֶה, מִשְׂתָּעֵר

aggressor, *n.* תּוֹקְפָן, מַתְקִיף, מִתְגָּרֶה, מִשְׂתָּעֵר, פּוֹלֵשׁ

aggrieve, *v.t.* הֶעֱצִיב [עצב], הִדְאִיב [דאב], צִעֵר

aghast, *adj.* תּוֹהֶה, תָּמֵהַּ, מֻכֵּה תִּמָּהוֹן

agile, *adj.* מָהִיר, זָרִיז

agility, *n.* מְהִירוּת, זְרִיזוּת

agitate, *v.t.* הֵנִיעַ [נוע], נִעְנַע, הֵעִיר, עוֹרֵר [עור], זִעְזַע, רָגַע (הַיָּם)

agitation, *n.* נִיעָה, זִיעָה, זִעְזוּעַ, הִתְרַגְּשׁוּת, מְבוּכָה

agitator, *n.* תַּעַמְלָן, סַכְסְכָן, מֵסִית; מַבְחֵשׁ

aglow, *adj.* & *adv.* לוֹהֵט, יוֹקֵד

agnail, *n.* יַבֶּלֶת, דַּחַס

agnostic, *n.* כּוֹפֵר

ago, *adj.* & *adv.* לִפְנֵי ..., לְפָנִים

agonize, *v.t.* & *i.* סָבַל יִסּוּרִים, הִצְטַעֵר [צער] הִתְעַנָּה [ענה]; הֵצֵר [צרר] עִנָּה, לָחַץ

agony, *n.* יִסּוּרִים, גְּסִיסָה

agrarian, *adj.* & *n.* חַקְלָאִי, קַרְקָעִי; חַקְלַאי, אִכָּר

agree, *v.t.* & *i.* הִסְכִּים [סכם]; הִתְאִים [תאם]

agreeable, *adj.* נָעִים, נֶחְמָד, מַתְאִים

agreeably, *adv.* בְּנֹעַם, בְּהַתְאָמָה

agreement, *n.* הֶסְכֵּם; בְּרִית, חוֹזֶה; הַתְאָמָה

agricultural, *adj.* חַקְלָאִי, שֶׁל עֲבוֹדַת הָאֲדָמָה

agriculture, *n.* חַקְלָאוּת, עֲבוֹדַת אֲדָמָה

agriculturist, *n.* חַקְלַאי, עוֹבֵד אֲדָמָה, אִכָּר

agrimony, *n.* אַבְגָּר

aground, *adj.* & *adv.* עַל שִׂרְטוֹן, גּוֹשֵׁשׁ

ague, *n.* קַדַּחַת הָאֲגַמִּים, רְעִידָה, צְמַרְמֹרֶת

ah, *interj.* אֲהָהּ

ahead, *adj.* & *adv.* קָדִימָה, בָּרֹאשׁ, הָלְאָה, לְפָנִים

aid, *n.* עֶזְרָה, סִיּוּעַ, סַעַד; עוֹזֵר, תּוֹמֵךְ

aid, *v.t.* עָזַר, סִיֵּעַ

aide-de-camp, *n.* שָׁלִישׁ (לְנָשִׂיא), סֶגֶן (לְשַׂר צָבָא)
ail, *v.t.* & *i.* כָּאַב; חָלָה; הָיָה חוֹלָנִי
ailment, *n.* חֳלִי, מֵחוּשׁ, מַכְאוֹב
aim, *n.* מַטָּרָה, תַּכְלִית; שְׁאִיפָה, מִכְוָן
aim, *v.i.* & *t.* כִּוֵּן אֶל, הִתְכַּוֵּן [כון]; שָׁאַף
aimless, *adj.* חֲסַר מַטָּרָה
air, *n.* אֲוִיר, אֲוִירָה, מַרְאֶה; לַחַן,
air, *v.t.* & *i.* אִוְרֵר; הִתְגָּאָה [גאה]
air bladder שַׁלְפּוּחִית (אֲוִיר)
air brake בֶּלֶם, מַעֲצוֹר (אֲוִיר)
air force אֲוִירִיָּה
air gun רוֹבֶה אֲוִיר
airing, *n.* אִוּוּר, אִוְרוּר; טִיּוּל
air mail, *n.* דֹּאַר אֲוִיר
airplane, *n.* אֲוִירוֹן, מָטוֹס
airport, *n.* נְמַל תְּעוּפָה
air raid הַתְקָפָה אֲוִירִית
airtight, *adj.* אָטִים
airy, *adj.* אֲוִירִי, שֶׁל הָאֲוִיר, פָּתוּחַ לָאֲוִיר, מָלֵא אֲוִיר; שִׁטְחִי, קַל דַּעַת
aisle, *n.* שׁוּרָה, שְׂדֵרָה, מַעֲבָר
ajar, *adj.* פָּתוּחַ לְמֶחֱצָה
akin, *adj.* דּוֹמֶה, קָרוֹב
alabaster, *adj.* & *n.* בַּהֲטִי; בַּהַט
alacrity, *n.* זְרִיזוּת, מְהִירוּת, עֵרוּת, שִׂמְחָה
alarm, *n.* חֲרָדָה, מוֹרָא, פַּחַד, אֵימָה, בֶּהָלָה; אַזְעָקָה
alarm, *v.t.* הִבְהִיל [בהל], הִפְחִיד [פחד]; הִזְעִיק [זעק]
alarm clock, *n.* שְׁעוֹן מְעוֹרֵר
alas, *interj.* אֲהָהּ, אֲבוֹי
alated, *adj.* מְכֻנָּף
albatross, *n.* קַלְנִית
albeit, *conj.* אָמְנָם, אַף כִּי
albino, *n.* לַוְקָן

album, *n.* תְּמוּנוֹן, אַגְרוֹן, מְאַסֵּף
albumin, -en *n.* חֶלְבּוֹן
albuminous, *adj.* חֶלְבּוֹנִי
alcohol, *n.* כֹּהַל, כֹּהֶל, אַלְכֹּהֶל, יַיִן שָׂרָף, יי״שׁ
alcoholic, *adj.* כָּהֳלִי
alcoholism, *n.* כַּהֶלֶת, כָּהֳלוּת
alcove, *n.* מִשְׁקָע (בַּקִּיר); קִיטוֹנֶת
alderman, *n.* חֲבֵר הָעִירִיָּה, זָקֵן
ale, *n.* שֵׁכָר
alert, *adj.* עֵר, זָרִיז, זָהִיר
alert, *v.t.* הִזְהִיר [זהר], הִזְעִיק [זעק]
alertness, *n.* עֵרָנוּת, זְרִיזוּת
alfalfa, *n.* אַסְפֶּסֶת
algebra, *n.* חָכְמַת הַשִּׁעוּר
alias, *n.* & *adv.* שֵׁם נוֹסָף; בְּכִנּוּי, הַמְּכֻנֶּה
alibi, *n.* אֲמַתְלָה, הִתְנַצְּלוּת
alien, *adj.* & *n.* נָכְרִי, זָר, שׁוֹנֶה
alienate, *v.t.* הִרְחִיק [רחק], הֵסֵב [סבב] לֵב
alienation, *n.* הַרְחָקָה, עִתּוּק, הֲסַבָּה; טֵרוּף דַּעַת; שִׁגָּעוֹן
alight, *adj.* בּוֹעֵר, דּוֹלֵק
alignment, *n.* הֵעָרְכוּת, עֲרִיכָה, סִדּוּר בְּשׁוּרָה, תְּוָי
alike, *adj.* & *adv.* דּוֹמֶה, שָׁוֶה, כְּאֶחָד
aliment, *n.* מָזוֹן, אֹכֶל; צָרְכֵי אֹכֶל נֶפֶשׁ
alimony, *n.* פַּרְנָסָה, מְזוֹנוֹת, פִּרְנוּס אִשָּׁה גְּרוּשָׁה
alive, *adj.* & *adv.* חַי, בַּחַיִּים, פָּעִיל
alkali, *n.* אַשְׁלָג
all, *adj.* & *adv.* כֹּל, כָּל, הַכֹּל
allay, *v.t.* הִרְגִּיעַ [רגע], הִשְׁקִיט [שקט], הֵקֵל [קלל]
allege, *v.t.* & *i.* טָעַן
allegiance, *n.* אֱמוּנָה, אֵמוּן, אֱמוּנִים

allegoric, allegorical, *adj.* מְשָׁלִי
allegory, *n.* מָשָׁל, מְשָׁלָה
allergy, *n.* גִּרְיוּת
alleviate, *v.t.* הֵקַל [קלל]
alleviation, *n.* הֲקַלָּה, הַרְוָחָה
alley, *n.* סִמְטָה, מִשְׁעוֹל
alliance, *n.* הִתְחַבְּרוּת, הִתְאַחֲדוּת, בְּרִית
alligator, *n.* תִּמְסָח
allocate, *v.t.* הִפְרִישׁ [פרש], הִגְבִּיל [גבל] מָקוֹם, חִלֵּק, הִקְצִיב [קצב]
allocation, *n.* חִלּוּק, קְבִיעַת מָקוֹם, הַקְצָבָה, קִצְבָּה
allot, *v.t.* קָצַב, הִפְרִישׁ [פרש] לְ־, חִלֵּק בְּגוֹרָל, הִקְצָה [קצה]
allotment, *n.* חִלּוּק; חֵלֶק
allow, *v.t.* הִרְשָׁה [רשה], נָתַן רְשׁוּת, הִנִּיחַ [נוח]
allowance, *n.* קִצְבָּה; הַרְשָׁאָה, הֲנָחָה
alloy, *v.t.* עִרְבֵּב, מָהַל, זִיֵּף, מִתֵּן, סִגְסֵג
alloy, *n.* תַּעֲרֹבֶת מַתָּכוֹת, מֶסֶג, נֶתֶךְ
all right, *adv.* טוֹב, בְּסֵדֶר
all-round, *adj.* כּוֹלֵל, מַקִּיף
allude, *v.i.* רָמַז, הִתְכַּוֵּן [כון] אֶל
allure, *v.t.* מָשַׁךְ לֵב, פִּתָּה, הִשִּׁיא [נשא]
allurement, *n.* מְשִׁיכָה, מְשִׁיכַת לֵב, פִּתּוּי
allusion, *n.* רֶמֶז, רְמִיזָה
allusive, *adj.* רוֹמֵז, שֶׁל רֶמֶז
ally, *v.t.* & *i.* חִבֵּר, אִחֵד, בָּא [בוא] בִּבְרִית, הִתְחַבֵּר, הִתְאַחֵד
ally, *n.* בֶּן בְּרִית, בַּעַל בְּרִית, תּוֹמֵךְ
almanac, *n.* יוֹדְעָן, לוּחַ שָׁנָה, סֵפֶר שָׁנָה
almighty, *adj.* & *n.* כֹּל יָכֹל, כַּבִּיר
The Almighty שַׁדַּי
almond, *n.* שָׁקֵד, לוּז
almoner, *n.* נָדִיב, נַדְבָן, נוֹתֵן צְדָקָה
almost, *adv.* כִּמְעַט
alms, *n.* נְדָבָה, צְדָקָה, חֲלוּקָה
aloft, *adv.* לְמַעְלָה, בַּמָּרוֹם
alone, *adj.* & *adv.* בּוֹדֵד, יָחִיד, לְבַד
along, *adv.* & *prep.* דֶּרֶךְ־, אֵצֶל־, נֹכַח־; יַחַד עִם־
alongside, *prep.* בְּצַד־, עַל יַד־, אֵצֶל־
aloof, *adj.* & *adv.* מֵרָחוֹק, מֻבְדָּל, מִתְבַּדֵּל, מֻפְרָשׁ, אָדִישׁ
aloud, *adv.* בְּקוֹל, בְּקוֹל רָם
alp, *n.* כֵּף, צוּק, שֵׁן סֶלַע
alphabet, *n.* אָלֶפְבֵּית, א״ב
already, *adv.* כְּבָר, מִכְּבָר, מוּכָן
also, *adv.* גַּם, אַף, מִלְּבַד זֹאת, חוּץ לָזֶה, כְּמוֹ כֵן
altar, *n.* מִזְבֵּחַ, בָּמָה
alter, *v.t.* & *i.* שִׁנָּה, הֵמִיר [מור], תִּקֵּן; הִשְׁתַּנָּה [שנה]
alteration, *n.* שִׁנּוּי, תִּקּוּן
alternate, *v.t.* & *i.*, *n.* בָּא בָּזֶה אַחַר זֶה, בָּא בְּסֵרוּגִים; סִדֵּר בְּסֵרוּגִים; תַּחֲלִיף, מְמַלֵּא מָקוֹם
alternative, *adj.* & *n.* בְּרֵירָה, בְּחִירָה, אֶפְשָׁרוּת
although, *conj.* אַף עַל פִּי, אַף (אִם) כִּי
altitude, *n.* גֹּבַהּ, רוּם
altogether, *adv.* לְגַמְרֵי, בִּכְלָל
altruism, *n.* זוּלָתָנוּת
altruist, *n.* זוּלָתָן, זָלִית
aluminum, *n.* חַמְרָן
alumnus, *n.* מְסַיֵּם, חָנִיךְ
always, *adv.* תָּמִיד, לְעוֹלָם
A.M., a.m. לִפְנֵי הַצָּהֳרַיִם
amalgam, *n.* תִּרְכֹּבֶת כַּסְפִּית, סַגְסֹגֶת
amalgamate, *v.t.* & *i.* עֵרַב, עִרְבֵּב, הִרְכִּיב [רכב], בָּלַל; הִתְבּוֹלֵל [בלל], הִתְמַזֵּג [מזג]

amalgamation, *n.* עֵרוּב, הַרְכָּבָה, בְּלִילָה; צֵרוּף, הִתְאַחֲדוּת
amass, *v.t.* צָבַר, אָסַף
amateur, *n.* חוֹבֵב, חוֹבְבָן, מַתְחִיל
amaze, *v.t.* הִפְלִיא [פלא], הִתְמִיהַּ [תמה]
amazement, *n.* הִשְׁתּוֹמְמוּת, תִּמָּהוֹן, תְּמִיהָה
Amazon, *n.* אֵשֶׁת מִלְחָמָה, גִּבֶּרֶתָּנִית
ambassador, *n.* שַׁגְרִיר, בָּא כֹּחַ
amber, *n.* עִנְבָּר
ambient, *adj.* מַקִּיף, סוֹבֵב
ambiguity, *n.* מַשְׁמָעוּת כְּפוּלָה
ambiguous, *adj.* כְּפוּל מַשְׁמָעוּת, סָתוּם, מְסֻפָּק
ambition, *n.* שְׁאִיפָה, שַׁאַפְתָּנוּת, יָמְרָנוּת
ambitious, *adj.* שְׁאַפְתָּן, יָמְרָן, חָרוּץ, בַּעַל שְׁאִיפוֹת, שׁוֹאֵף
amble, *v.i.* & *n.* טָפַף, הָלַךְ וְטָפַף; טְפִיפָה
ambulance, *n.* בֵּית חוֹלִים נַיָּד, מְכוֹנִית מָגֵן דָּוִד
ambulant, adj. נַיָּד
ambulatory, *adj.* & *n.* שֶׁל הֲלִיכָה, בִּזְמַן הֲלִיכָה; נוֹדֵד, עוֹבֵר; נַיָּד
ambuscade, *n.* מַאֲרָב
ambush, *n.* מַאֲרָב
ambush, *v.t.* & *i.* אָרַב, יָשַׁב בְּמַאֲרָב, צָדָה
ameliorate, *v.t.* & *i.* הִשְׁבִּיחַ [שבח], הֵטִיב [טוב], שִׁפֵּר
amelioration, *n.* הַשְׁבָּחָה, הֲטָבָה, שִׁפּוּר
ameliorator, *n.* מַשְׁבִּיחַ, מֵטִיב
amen, *n.*, *adv.* & *interj.* אָמֵן, בֶּאֱמֶת
amenable, *adj.* נִשְׁמָע, מְצַיֵּת, אַחֲרַאי
amend, *v.t.* תִּקֵּן, שִׁפֵּר, הֵטִיב [טוב], הִשְׁבִּיחַ [שבח]
amendment, *n.* תַּקָּנָה, תִּקּוּן, שִׁנּוּי חֹק, תּוֹסֶפֶת חֹק
amenity, *n.* נוֹחוּת, נְעִימוּת, עֲדִינוּת, אֲדִיבוּת
America, U.S.A., *n.* אֲמֵרִיקָה, אַרְצוֹת הַבְּרִית
Americanization, *n.* אִמְרוּק, הִתְאַמְרְקוּת
Americanize, *v.t.* אִמְרֵק, עָשָׂה לַאֲמֵרִיקָנִי
amethyst, *n.* אַחְלָמָה
amiability, *n.* חֲבִיבוּת, נְעִימוּת, סֵבֶר פָּנִים יָפוֹת
amiable, *adj.* נֶחְמָד, חָבִיב, אָהוּב
amicable, *adj.* יְדִידוּתִי
amidships, *adv.* בְּאֶמְצַע הָאֳנִיָּה
amidst, amid, *prep.* בְּאֶמְצַע־, בְּתוֹךְ־, בְּקֶרֶב־; מִתּוֹךְ־, בֵּין־
amiss, *adj.* & *adv.* בִּלְתִּי רָאוּי, לֹא כְּהֹגֶן
amity, *n.* יְדִידוּת, רֵעוּת
ammonia, *n.* נַשְׁדּוּר
ammoniac, *n.* & *adj.* אֹשֶׁק, מֶלַח נִשְׁדּוּר; נִשְׁדּוּרִי, מְנֻשְׁדָּר
ammunition, *n.* תַּחְמֹשֶׁת
amnesia, *n.* שִׁכָּחוֹן, שִׁכְחָה, נִשָּׁיוֹן
amnesty, *n.* חֲנִינָה, סְלִיחָה כְּלָלִית
amoeba, ameba, *n.* חִלּוּפִית
among, amongst, *prep.* בֵּין־, בְּתוֹךְ־, בְּקֶרֶב־
amorous, *adj.* מִתְאַהֵב
amorphism, *n.* חֹסֶר צוּרָה
amortization, *n.* בְּלַאי, פְּחַת הַשִּׁמּוּשׁ, סִלּוּק חוֹב; שְׁמִיטָה
amount, *n.* סְכוּם, עֵרֶךְ, מְחִיר, מִכְסָה
amount, *v.i.* עָלָה לְ־, הָיָה שָׁוֶה לְ־
amour, *n.* אַהֲבָה, אֲהָבִים, דּוֹדִים
amour-propre, *n.* אָנֹכִיּוּת, אַהֲבָה עַצְמִית

Amphibia, *n. pl.* דּוּחַיִּים
amphibian, amphibious, *adj.* כְּרָזִי, דּוּחַי, יַמִּי וְיַבַּשְׁתִּי
amphitheater, amphitheatre, *n.* זִירָה, חֲצִי גֹּרֶן עֲגֻלָּה, אַמְפִיתֵאַטְרוֹן
ample, *adj.* דַּי, מַסְפִּיק; רָחָב; גָּדוֹל
amplification, *n.* הַגְבָּרָה, הַגְבָּרַת קוֹל, הֶגְבֵּר
amplifier, *n.* מַגְבֵּר
amplify, *v.t. & i.* הִגְדִּיל [גדל], הִגְבִּיר [גבר] קוֹל; הִרְחִיב [רחב], הֶאֱרִיךְ [ארך]
amply, *adv.* בְּהַרְחָבָה, בְּרֶוַח, לְמַדַּי
amputate, *v.t.* קִטַּע, גִּדַּע, כָּרַת, גָּדַם (אֵבֶר)
amputation, *n.* קִטּוּעַ, גִּדּוּעַ, כְּרִיתַת (אֵבֶר)
amulet, *n.* קָמֵעַ
amuse, *v.t.* בִּדַּח, בִּדֵּר, שִׁעֲשַׁע
amusement, *n.* תַּעֲנוּג, שַׁעֲשׁוּעִים, בִּדּוּר
an, *indef. art. & adj.* אֶחָד, אַחַת
anal, *adj.* שֶׁל פִּי הַטַּבַּעַת
analogical, *adj.* הֶקֵּשִׁי, דּוֹמֶה, שֶׁל גְּזֵרָה שָׁוָה
analogous, *adj.* מַקְבִּיל, דּוֹמֶה
analogy, *n.* הֶקֵּשׁ, גְּזֵרָה שָׁוָה; הַתְאָמָה, הַקְבָּלָה, דִּמּוּי
analysis, *n.* נִתּוּחַ, בְּחִינָה
analyze, *v.t.* נִתַּח, בָּחַן
analyst, *n.* נַתְּחָן, בּוֹדֵק
anarch, *n.* רֹאשׁ הַמּוֹרְדִים, רֹאשׁ בִּרְיוֹנִים
anarchic, anarchical, *adj.* פָּרוּעַ, חֲסַר סֵדֶר, פּוֹרֵק עֹל
anarchism, *n.* תּוֹרַת הַחֹפֶשׁ הָאִישִׁי
anarchy, *n.* פְּרִיעַת חֹק, חֹסֶר סֵדֶר, פְּרִיקַת עֹל
Anastatica, *n.* כַּפַּת הַיַּרְדֵּן, שׁוֹשַׁנַּת יְרִיחוֹ
anathema, *n.* נִדּוּי, חֵרֶם, קְלָלָה
anathematize, *v.t. & i.* נִדָּה, קִלֵּל, אָרַר
anatomical, *adj.* שֶׁל מִבְנֵה הַגּוּף
anatomist, *n.* מְנַתֵּחַ
anatomize, *v.t.* נִתַּח
anatomy, *n.* תּוֹרַת מִבְנֵה הַגּוּף
ancestor, *n.* אָב, אָב קַדְמוֹן, אָב רִאשׁוֹן
ancestors, *n. pl.* אָבוֹת
ancestral, *adj.* שֶׁל הָאָבוֹת, יִחוּסִי
ancestry, *n.* יִחוּס מִשְׁפָּחָה, יְחָסִים, שַׁלְשֶׁלֶת הַיְחָסִים
anchor, *n.* עֹגֶן
anchor, *v.t. & i.* עָגַן, חִזֵּק
anchorage, *n.* עֲגִינָה, מַעֲגָן, דְּמֵי עֲגִינָה, עִגּוּן; מְקוֹם הִתְבּוֹדְדוּת
anchorite, anchoret, *n.* מִתְבּוֹדֵד, פָּרוּשׁ, נָזִיר
anchovy, *n.* טְרִית, עַפְיָן
ancient, *adj.* יָשָׁן נוֹשָׁן, קָדוּם, עַתִּיק
and, *conj.* וְ (וַ, וִ, וָ, וּ), גַּם, אַף
anecdote, *n.* מַעֲשִׂיָּה, סִפּוּר קַל, אַגָּדָה, בְּדִיחָה
anemia, anaemia, *n.* חֹסֶר דָּם, חִוָּרוֹן
anemone, *n.* כַּלָּנִית
anesthesia, anaesthesia, *n.* אַלְחוּשׁ
anesthetize, *v.t.* אִלְחֵשׁ
anew, *adv.* שׁוּב, שֵׁנִית עוֹד פַּעַם, מֵחָדָשׁ
angel, *n.* מַלְאָךְ, כְּרוּב, אָדָם נֶחְמָד
angelic, *adj.* מַלְאָכִי, כְּרוּבִי
anger, *n.* חָרוֹן, רֹגֶז, חֵמָה, זַעַם, כַּעַס
anger, *v.t.* הִכְעִיס [כעס], הִרְגִּיז [רגז]
angina, *n.* דַּלֶּקֶת הַגָּרוֹן, חַנֶּקֶת

angle, ***n.*** זָוִית, קֶרֶן, פִּנָּה; חַכָּה, קֶרֶס; נְקוּדַת מַבָּט
angle, ***v.t. & i.*** חִכָּה, צָד דָּגִים, דָּג [דוג] בְּחַכָּה
angler, ***n.*** דַּיָּג, מוֹשֵׁךְ בְּחַכָּה, חַכְּיָן
anglicism, ***n.*** סִגְנוֹן אַנְגְּלִי
anglicize, ***v.t. & i.*** אִנְגֵּל, דִּבֵּר כְּאַנְגְּלִי, הִתְנַהֵג [נהג] כְּאַנְגְּלִי; עָשָׂה לְאַנְגְּלִי
angling, ***n.*** דַּיִג, הַשְׁלָכַת חַכָּה
angrily, ***adv.*** בְּכַעַס, בְּרֹגֶז, בְּקֶצֶף
angry, ***adj.*** כּוֹעֵס, זוֹעֵם, קוֹצֵף
anguish, ***n.*** צַעַר, עֱנוּת, סֵבֶל, יִסּוּרִים
angular, ***adj.*** קַרְסִי, זָוִיתִי, חַד, כָּפוּף; מְכֹעָר
angularity, ***n.*** זָוִיתִיּוּת
angulate, ***adj.*** בְּצוּרַת זָוִית, מְזֻוֶּה
animadversion, ***n.*** נְזִיפָה, גְּעָרָה, תּוֹכֵחָה
animal, ***adj.*** חִיּוּנִי, שֶׁל חַי; בְּהֵמִי
animal, ***n.*** חַיָּה, בְּהֵמָה, נֶפֶשׁ חַיָּה, בַּעַל חַי
animalcule, ***n.*** חַיְדַּק
Animalia, ***n. pl.*** עוֹלַם הַחַי
animalism, ***n.*** בְּהֵמִיּוּת, חוּשִׁיּוּת, חִיּוּנִיּוּת, תַּאַוְתָנוּת
animality, ***n.*** חַיּוּת, בְּהֵמִיּוּת, עוֹלַם הַחַי
animalization, ***n.*** הַבְהָמָה, בִּהוּם, הֲפִיכָה לְחַיָּה
animalize, ***v.t.*** בִּהֵם, הָפַךְ לְחַיָּה
animate, ***adj.*** חָיֶה, מָהִיר, זָרִיז
animate, ***v.t.*** חִיָּה, עוֹרֵר [עור], הִלְהִיב [להב], עוֹדֵד [עוד]
animation, ***n.*** הַחְיָאָה, הַלְהָבָה, עֵרוּת
animosity, ***n.*** אֵיבָה, שִׂנְאָה
animus, ***n.*** רוּחַ, נֶפֶשׁ חַיָּה, מַחֲשָׁבָה; כַּעַס, חָרוֹן, שִׂנְאָה
ankle, ***n.*** קַרְסֹל, אֹפֶס
anklet, ***n.*** עֶכֶס, אֶצְעָדָה; גַּרְבִּית
annalist, ***n.*** כּוֹתֵב דִּבְרֵי הַיָּמִים
annals, ***n. pl.*** לוּחוֹת הַשָּׁנָה, דִּבְרֵי הַיָּמִים
anneal, ***v.t.*** לִבֵּן בָּאֵשׁ, רִכֵּךְ
annex, ***n.*** הוֹסָפָה, תּוֹסֶפֶת; אֲגַף לְבַיִת
annex, ***v.t.*** סִפַּח, חִבֵּר, אִחֵד, הוֹסִיף [יסף]
annexation, ***n.*** סִפּוּחַ (מְדִינִי), הִסְתַּפְּחוּת, חִבּוּר, צֵרוּף
annihilate, ***v.t.*** אִבֵּד, הִשְׁמִיד [שמד], הִכְחִיד [כחד], כִּלָּה
annihilation, ***n.*** אִבּוּד, הַכְחָדָה, הַשְׁמָדָה, כִּלָּיוֹן, כְּלָיָה
anniversary, ***n.*** יוֹם הוּלֶדֶת, יוֹם הַשָּׁנָה
annotation, ***n.*** כְּתִיבַת הֶעָרוֹת; הֶעָרָה
announce, ***v.t.*** הוֹדִיעַ [ידע], הִשְׁמִיעַ [שמע], בִּשֵּׂר, הִכְרִיז [כרז]
announcement, ***n.*** הוֹדָעָה, הַכְרָזָה
announcer, ***n.*** כַּרְיָן
annoy, ***v.t.*** הֵצִיק [צוק], הִטְרִיד [טרד], צִעֵר, קִנְטֵר, הִרְגִּיז [רגז]
annoyance, ***n.*** צַעַר, הַרְגָּזָה, טִרְדָּה, קִנְטוּר
annual, ***adj. & n.*** שְׁנָתִי, חַד שְׁנָתִי; שְׁנָתוֹן
annually, ***adv.*** שָׁנָה שָׁנָה, מִדֵּי שָׁנָה
annuity, ***n.*** תַּשְׁלוּם שְׁנָתִי, הַכְנָסָה שְׁנָתִית
annul, ***v.t.*** בִּטֵּל, הֵפֵר [פור], הִשְׁבִּית [שבת]
annular, ***adj.*** טַבַּעְתִּי, בְּצוּרַת טַבַּעַת
annulment, ***n.*** בִּטּוּל, הֲפָרָה, הַשְׁבָּתָה
annunciation, ***n.*** הַכְרָזָה, הוֹדָעָה, בְּשׂוֹרָה
anodyne, ***n.*** מַרְגִּיעַ, מֵקֵל כְּאֵב
anoint, ***v.t.*** מָשַׁח, סָךְ [סוך]
anomalous, ***adj.*** בִּלְתִּי רָגִיל, בִּלְתִּי טִבְעִי

anomaly, *n.* זָרוּת, יְצִיאָה מִן הַכְּלָל, נְטִיָּה מִן הַמְּקֻבָּל
anon, *adv.* תֵּיכֶף וּמִיָּד, בְּקָרוֹב
anonymity, *n.* עִלּוּם שֵׁם
anonymous, *adj.* עֲלוּם שֵׁם, אַלְמוֹנִי, סְתָמִי
another, *adj.* & *pron.* אַחֵר, עוֹד אֶחָד
answer, *n.* תְּשׁוּבָה, מַעֲנֶה; פִּתְרוֹן
answer, *v.t.* עָנָה, הֵשִׁיב [שוב], פָּתַר; הָיָה אַחֲרַאי
answerable, *adj.* אַחֲרַאי, בַּר תְּשׁוּבָה
ant, *n.* נְמָלָה
antagonism, *n.* הִתְנַגְּדוּת, הִתְנַגְּשׁוּת, נִגּוּד, שִׂנְאָה
antagonist, *n.* יָרִיב, מִתְנַגֵּד, שׂוֹנֵא, סוֹתֵר
antagonistic, *adj.* מִתְנַגֵּד, שׂוֹנֵא, סוֹתֵר
antagonize, *v.t.* הִתְנַגֵּד [נגד] לְ־, סָתַר
antecede, *v.t.* הָיָה לִפְנֵי, בָּא [בוא] לִפְנֵי, הָלַךְ לִפְנֵי
antecedence, *n.* קְדִימָה, בְּכוֹרָה
antecedent, *adj.* קוֹדֵם
antedate, *v.t.* הִקְדִּים [קדם]
antelope, *n.* תְּאוֹ
antenna, *n.* מָחוֹשׁ (בַּחֲרָקִים); מְשׁוֹשָׁה (רַדְיוֹ)
anterior, *adj.* קוֹדֵם, קַדְמִי, רִאשׁוֹן
anteroom, *n.* מָבוֹא, פְּרוֹזְדוֹר
anthem, *n.* הִמְנוֹן, מִזְמוֹר
anthology, *n.* קֹבֶץ סִפְרוּת נִבְחֶרֶת
anthracite, *n.* פֶּחָם קָשֶׁה
anthropology, *n.* תּוֹרַת הָאָדָם
anthropometry, *n.* מְדִידַת חֶלְקֵי הַגּוּף
anthropomorphic, *adj.* דּוֹמֶה לְאָדָם
anticipate, *v.t.* רָאָה מֵרֹאשׁ, חִכָּה לְ־, הִקְדִּים [קדם], קִדֵּם, יִחֵל
anticipation, *n.* רְאִיָּה מֵרֹאשׁ, צִפִּיָּה, יִחוּל
anticlimax, *n.* פִּסְגַּת נֶגֶד, סִיּוּם תָּפֵל
antidote, *n.* סַם שֶׁכְּנֶגֶד, סַם חַיִּים
antipathy, *n.* מְאִיסָה, שִׂנְאָה
antiquary, *n.* סוֹחֵר בְּעַתִּיקוֹת, חוֹקֵר עַתִּיקוֹת
antique, *n.* עַתִּיק
antiquity, *n.* קַדְמוֹנִיּוֹת, יְמֵי קֶדֶם
anti-Semite, *n.* נֶגֶד שֵׁמִי
anti-Semitism, *n.* נֶגֶד שֵׁמִיּוּת
antiseptic, *adj.* מְחַטֵּא
antithesis, *n.* סְתִירָה, הִפּוּךְ, נִגּוּד
antler, *n.* קֶרֶן הַצְּבִי
anus, *n.* טַבַּעַת, פִּי הַטַּבַּעַת
anvil, *n.* סַדָּן
anxiety, *n.* חֲשָׁשָׁה, דְּאָגָה, חֲרָדָה, פַּחַד; תְּשׁוּקָה
anxious, *adj.* חוֹשֵׁשׁ, דּוֹאֵג, חָרֵד; שׁוֹאֵף, מִשְׁתּוֹקֵק
any, *adj.* & *pron.* אֵיזֶה, אֵיזֶשֶׁהוּ, כָּלְשֶׁהוּ
anybody, *n.* & *pron.* מִישֶׁהוּ, כָּל אִישׁ, אֵיזֶה שֶׁהוּא
anyhow, *adv.* & *conj.* אֵיךְ שֶׁהוּא; בְּכָל אֹפֶן, עַל כָּל פָּנִים
anyone, *n.* & *pron.* מִישֶׁהוּ, אֵיזֶה שֶׁהוּא
anything, *n.* & *pron.* כְּלוּם, אֵיזֶה דָּבָר
anyway, *adv.* אֵיךְ שֶׁהוּא; בְּכֹל אֹפֶן
anywhere, *adv.* בְּכֹל מָקוֹם שֶׁהוּא
anywise, *adv.* בְּכֹל אֹפֶן
aorta, *n.* וָתִין, עוֹרֵק, אַב עוֹרְקִים
apart, *adv.* לְבַד, בִּפְנֵי עַצְמוֹ, הַצִּדָּה
apartment, *n.* דִּירָה, מָעוֹן
apathetic, apathetical, *adj.* אָדִישׁ
apathy, *n.* אֲדִישׁוּת
ape, *v.t.* חִקָּה, עָשָׂה מַעֲשֵׂה קוֹף

ape, *n.* קוֹף; חַקַּאי
aperient, *n.* מְשַׁלְשֵׁל (בִּרְפוּאָה), מְרַפֶּה (מֵעַיִם)
aperture, *n.* פֶּתַח
apex, *n.* רֹאשׁ, פִּסְגָּה, שִׂיא; חֹד
aphorism, *n.* אִמְרָה, מָשָׁל, פִּתְגָּם
apiary, *n.* כַּוֶּרֶת
apiculture, *n.* כַּוְּרָנוּת
apiece, *adv.* לְכָל אֶחָד, לְכָל אִישׁ
apocalypse, *n.* הִתְגַּלּוּת, חֲזוֹן הֶעָתִיד
Apocrypha, *n. pl.* כְּתוּבִים אַחֲרוֹנִים, כְּמוּסוֹת, גְּנוּזִים
apocryphal, *adj.* חִיצוֹנִי, גָּנוּז
apologetic, apologetical, *adj.* מִצְטַדֵּק
apologize, *v.t.* & *i.* הִצְטַדֵּק [צדק], בִּקֵּשׁ סְלִיחָה
apology, *n.* הִצְטַדְּקוּת, בַּקָּשַׁת סְלִיחָה
apoplexy, *n.* שָׁבָץ, שִׁתּוּק
apostasy, *n.* כְּפִירָה, הֲמָרַת דָּת
apostate, *n.* מוּמָר, כּוֹפֵר
apostle, *n.* שָׁלִיחַ, מְשֻׁלָּח
apostrophe, *n.* גֵּרֵשׁ, תָּג
apothecary, *n.* רוֹקֵחַ, רַקָּח
apotheosis, *n.* הַעֲרָצָה, הַקְדָּשָׁה, הַאֲלָהָה
appall, *v.t.* הִדְהִים [דהם], הִבְהִיל [בהל], הִבְעִית [בעת]
appalling, *adj.* מַדְהִים, אָיֹם, נוֹרָא
apparatus, *n.* מַכְשִׁיר, מִתְקָן
apparel, *n.* מַלְבּוּשׁ, לְבוּשׁ, בֶּגֶד
apparel, *v.t.* הִלְבִּישׁ [לבש]
apparent, *adj.* מוּבָן, בָּרוּר; נִדְמֶה; נִרְאֶה
apparently, *adv.* כַּנִּרְאֶה, לִכְאוֹרָה
apparition, *n.* הוֹפָעָה, תּוֹפָעָה; רוּחַ, שֵׁד
appeal, *n.* עִרְעוּר, קְבִלָנָה; בַּקָּשָׁה, קְרִיאָה
appeal, *v.i.* עִרְעֵר; הִתְחַנֵּן, בִּקֵּשׁ, פָּנָה אֶל
appear, *v.i.* הוֹפִיעַ [יפע], יָצָא לָאוֹר, נִרְאָה [ראה], נִדְמָה [דמה]
appearance, *n.* מַרְאֶה; צוּרָה; דְּמוּת; הוֹפָעָה
appease, *v.t.* הִרְגִּיעַ [רגע], הִשְׁקִיט [שקט], פִּיֵּס
appeasement, *n.* הַרְגָּעָה, פִּיּוּס
appellant, *n.* מְעַרְעֵר
appellate, *adj.* שׁוֹמֵעַ עִרְעוּרִים, דָּן בְּעִרְעוּרִים
appellation, *n.* כִּנּוּי; קְרִיאַת שֵׁם
append, *v.t.* הוֹסִיף [יסף], סִפַּח, צֵרַף
appendage, *n.* הוֹסָפָה, תּוֹסֶפֶת, יוֹתֶרֶת
appendicitis, *n.* דַּלֶּקֶת הַתּוֹסֶפְתָּן
appendix, *n.* תּוֹסֶפְתָּן, מְעִי עִוֵּר, מְעִי אָטוּם
appertain, *v.i.* הָיָה שַׁיָּךְ לְ־
appetite, *n.* תֵּאָבוֹן; תַּאֲוָה
appetizer, *n.* פַּרְפֶּרֶת
applaud, *v.t.* & *i.* מָחָא כַּף, הִלֵּל
applause, *n.* מְחִיאַת כַּפַּיִם, תְּשׁוּאוֹת חֵן
apple, *n.* תַּפּוּחַ
appliance, *n.* מַכְשִׁיר, כְּלִי; שִׁמּוּשׁ
applicable, *adj.* שִׁמּוּשִׁי; מַתְאִים, הוֹלֵם
applicant, *n.* מְבַקֵּשׁ, מְבַקֵּשׁ מִשְׂרָה
application, *n.* שִׁמּוּשׁ, פְּנִיָּה, נְתִינָה; שְׁקִידָה; בַּקָּשָׁה; תַּבְקִישׁ; תַּחְבֹּשֶׁת
applicator, *n.* מָטוֹשׁ
apply, *v.t.* & *i.* שָׂם [שים], נָתַן; שָׁקַד; בִּקֵּשׁ
appoint, *v.t.* & *i.* יִעֵד, קָבַע, מִנָּה, הִפְקִיד [פקד]
appointee, *n.* מְמֻנֶּה
appointment, *n.* יִעוּד, מִנּוּי, מִשְׂרָה; רֵאָיוֹן; צִיּוּד
apportion, *v.t.* חִלֵּק, מִנָּה, קָצַב

apportionment, *n.* חִלּוּק, מִנּוּן
appraisal, *n.* הַעֲרָכָה, שׁוּמָה, אֹמֶד, אֻמְדָּן
appraise, *v.t.* אָמַד, הֶעֱרִיךְ [ערך], שָׂם [שום]
appraiser, *n.* אוֹמֵד, מַעֲרִיךְ, שַׁמַּאי
appreciate, *v.t.* הוֹקִיר [יקר], הֶעֱרִיךְ [ערך]
appreciation, *n.* הוֹקָרָה, הַעֲרָכָה
appreciative, *adj.* מוֹקִיר, מַעֲרִיךְ
apprehend, *v.t.* & *i.* תָּפַשׂ, אָסַר; הִרְגִּישׁ [רגש]; דָּאַג; פָּחַד, חָשַׁשׁ
apprehension, *n.* תְּפִיסָה, אֲסִירָה; הַרְגָּשָׁה; חֲשָׁשׁ
apprehensive, *adj.* חוֹשֵׁשׁ, דּוֹאֵג, חָרֵד
apprentice, *n.* שׁוּלְיָה, טִירוֹן, מַתְחִיל, חָנִיךְ
approach, *v.t.* & *i.* הִתְקָרֵב [קרב], נִגַּשׁ
approach, *n.* הִתְקָרְבוּת; גִּישָׁה
approbate, *v.t.* אִשֵּׁר
approbation, *n.* אִשּׁוּר, הַרְשָׁאָה, יִפּוּי כֹּחַ
appropriate, *v.t.* לָקַח לְעַצְמוֹ, קָצַב
appropriate, *adj.* מַתְאִים, הָגוּן, רָאוּי
appropriately, *adv.* כְּהֹגֶן, בְּהַתְאָמָה
appropriation, *n.* קִנְיָן, רְכִישָׁה, הַשָּׂגָה; הַקְצָבָה, הַפְרָשָׁה
approve, *v.t.* אִשֵּׁר, קִיֵּם; הִסְכִּים [סכם]
approval, *n.* אִשּׁוּר; הַסְכָּמָה
approximate, *v.t.* & *i.*, *adj.* הִקְרִיב, הִתְקָרֵב [קרב], הִגִּיעַ [נגע] לְ־; בְּקֵרוּב לְ־, קָרוֹב
approximately, *adv.* בְּעֵרֶךְ, כִּמְעַט, בְּקֵרוּב
approximation, *n.* קֵרוּב, הִתְקָרְבוּת
appurtenant, *adj.* נִסְפָּח, נִלְוֶה, שַׁיָּךְ
apricot, *n.* מִשְׁמֵשׁ

April, *n.* אַפְּרִיל
a priori מֵרֹאשׁ, לְכַתְּחִלָּה
apron, *n.* סִנָּר
apropos, *adv.* דֶּרֶךְ אַגַּב, בְּנוֹגֵעַ לְ־
apt, *adj.* עָלוּל, נוֹטֶה; מַתְאִים, הוֹלֵם; מָהִיר
aptitude, *n.* נְטִיָּה; כִּשְׁרוֹן, מְהִירוּת
aqua, *n.* מַיִם
aquamarine, *n.* תַּרְשִׁישׁ, כְּרוּם (הַיָּם)
aquarelle, *n.* צִיּוּר מַיִם
aquarium, *n.* מִקְוֵחַי (בְּרֵכָה)
aquatic, *adj.* & *n.* חַי בְּמַיִם
aqueduct, *n.* אַמַּת מַיִם, תְּעָלָה
Arab, *adj.* & *n.* עֲרָבִי; בֶּן מִדְבָּר; נוֹדֵד
arabesque, *adj.* קִשּׁוּט עֲרָבִי
arable, *adj.* יַגָּב
Aramaic, *n.* & *adj.* אֲרַמִּי; אֲרָמִית
arbiter, *n.* שׁוֹפֵט, דַּיָּן, מְתַוֵּךְ
arbitrarily, *adv.* בְּעִוּוּת הַדִּין, בְּזָדוֹן, בִּשְׁרִירוּת לֵב
arbitrary, *adj.* שְׁרִירוּתִי; זְדוֹנִי, עָרִיץ
arbitration, *n.* פְּשָׁרָה, שְׁפִיטָה, תִּוּוּךְ, מִשְׁפַּט בּוֹרְרִים
arbitrator, *n.* מְפַשֵּׁר, מְתַוֵּךְ, בּוֹרֵר
arbor, *n.* אִילָן, עֵץ; סֹרֶג; מְסוּכָה
arboreal, *adj.* שֶׁל עֵצִים, עֵצִי
arboretum, *n.* מַשְׁתֵּלָה
arboriculture, *n.* גִּדּוּל עֵצִים
arc, *n.* קֶשֶׁת
arcade, *n.* אַבּוּל, מַקְמֹרֶת
arch, *n.* קֶשֶׁת, כִּפָּה
archaic, archaical, *adj.* עַתִּיק, קָדוּם, קַדְמוֹן
archbishop, *n.* הֶגְמוֹן, אַרְכִיבִּישׁוֹף
archenemy, *n.* אוֹיֵב בְּנֶפֶשׁ, שָׂטָן
archeology, archaeology, *n.* חַשְׁפָּנוּת, חֲקִירַת קַדְמוֹנִיּוֹת

archeologist, archaeologist, *n.* חַשְׁפָן, חוֹקֵר קַדְמוֹנִיּוֹת

archer, *n.* קַשָּׁת

archery, *n.* קַשָּׁתוּת

archipelago, *n.* קְבוּצַת אִיִּים, חֶבֶל אִיִּים

architect, *n.* אַדְרִיכָל, אַרְדִּיכָל

architecture, *n.* אַדְרִיכָלוּת, אַרְדִּיכָלוּת

archives, *n. pl.* אַחְמָת, גִּנְזַךְ

archway, *n.* אַבּוּל

arctic, *adj.* קָטְבִּי, צְפוֹנִי, אַרְקְטִי

ardent, *adj.* לוֹהֵט, בּוֹעֵר, נִלְהָב, יוֹקֵד

ardently, *adv.* בְּהִתְלַהֲבוּת

arduous, *adj.* קָשֶׁה, שֶׁדּוֹרֵשׁ מַאֲמָץ

area, *n.* שֶׁטַח, מִשְׁטָח

arena, *n.* זִירָה, אִצְטַדְיוֹן

argue, *v.t.* & *i.* הִתְוַכֵּחַ [וכח], טָעַן

argument, *n.* וִכּוּחַ, טַעֲנָה; רְאָיָה, טַעַם, נִמּוּק

argumentation, *n.* פִּלְפּוּל, וִכּוּחַ, מַשָּׂא וּמַתָּן

aria, *n.* לַחַן, נְעִימָה, מַנְגִּינָה

arid, *adj.* יָבֵשׁ, שָׁמֵם, חֲסַר מַיִם, חָרֵב, צְחִיחַ

aridity, *n.* יֹבֶשׁ, חֹרֶב, שְׁמָמָה, חֹסֶר מַיִם, צִיָּה

aright, *adv.* כָּרָאוּי, הֵיטֵב

arise, *v.i.* קָם [קום], עָמַד

aristocracy, *n.* אֲצִילוּת, אֲצוּלָה

aristocrat, *n.* שׁוֹעַ, אָצִיל, אֶפְרָתִי

arithmetic, *n.* חָכְמַת הַחֶשְׁבּוֹן

arithmetic, arithmetical, *adj.* חֶשְׁבּוֹנִי

ark, *n.* תֵּבָה, אָרוֹן

arm, *n.* זְרוֹעַ; אֲגַף; נֶשֶׁק

arm, *v.t.* & *i.* זִיֵּן, חִמֵּשׁ, בִּצֵּר; הִזְדַּיֵּן [זין]

armada, *n.* צִי אַדִּיר

armament, *n.* נֶשֶׁק, כְּלֵי זַיִן, חִמּוּשׁ

armature, *n.* זִיּוּן; מָגֵן; שִׁרְיוֹן; עֹגֶן; מוֹטוֹת בַּרְזֶל לְבִנְיָן

armchair, *n.* מֵסַב, כֻּרְסָה

armistice, *n.* שְׁבִיתַת נֶשֶׁק

armlet *n.* צָמִיד, אֶצְעָדָה; לְשׁוֹן יָם

armor, *n.* שִׁרְיוֹן; נֶשֶׁק; תַּחְמֹשֶׁת

armorer, *n.* נַשָּׁק

armory, *n.* בֵּית הַנֶּשֶׁק

armpit, *n.* בֵּית הַשֶּׁחִי

arms, *n. pl.* נֶשֶׁק

army, *n.* צָבָא, חַיִל

aroma, *n.* בֹּשֶׂם, רֵיחַ נִיחוֹחַ

aromatic, *adj.* רֵיחָנִי, בָּשְׂמִי

around, *adv.* & *prep.* סָבִיב, מִסָּבִיב; קָרוֹב לְ־, בְּעֵרֶךְ

arouse, *v.t.* עוֹרֵר [עור], הֵעִיר [עור], הֵקִיץ [קיץ]

arraign, *v.t.* הִזְמִין [זמן] לְדִין, הֶאֱשִׁים [אשם]

arraignment, *n.* הַעֲמָדָה לְמִשְׁפָּט, הַאֲשָׁמָה

arrange, *v.t.* & *i.* סִדֵּר, עָרַךְ, הֵכִין [כון], תִּקֵּן

arrangement, *n.* סִדּוּר, עֲרִיכָה, הֲכָנָה, תִּקּוּן

array, *n.* מַעֲרָכָה, סֵדֶר; מַלְבּוּשׁ, מַדִּים

array, *v.t.* עָרַךְ, סִדֵּר, הִלְבִּישׁ [לבש]

arrears, *n. pl.* חוֹב, חוֹב יָשָׁן

arrest, *n.* מַאֲסָר, מַעְצוֹר, עֲצִירָה; הַפְסָקָה

arrest, *v.t.* אָסַר, עָצַר; הִפְסִיק [פסק]; הֵסֵב [סבב] לֵב

arrival, *n.* בִּיאָה, הַגָּעָה; הַשָּׂגָה

arrive, *v.i.* בָּא [בוא], הִגִּיעַ [נגע]; הִשִּׂיג [נשג]

arrogance, *n.* חֻצְפָּה, רַהַב; גַּאֲוָה, יְהִירוּת

arrogant, *adj.* גַּאֶה, יָהִיר; מִתְחַצֵּף
arrogation, *n.* הֶעָזַת פָּנִים
arrow, *n.* חֵץ
arsenal, *n.* בֵּית הַנֶּשֶׁק
arsenic, *n.* זַרְנִיךְ, אַרְסָן
arson, *n.* הֶבְעֵר
art, *n.* אָמָּנוּת, מְלֶאכֶת מַחֲשֶׁבֶת; חֲרִיצוּת; עָרְמָה
arterial, *adj.* עוֹרְקִי, שֶׁל עוֹרְקִים
arteriosclerosis, *n.* הִסְתַּיְּדוּת הָעוֹרְקִים, הִתְעַבּוּת הָעוֹרְקִים
artery, *n.* עוֹרֵק; דֶּרֶךְ
artful, *adj.* עַרְמוּמִי, פִּקֵּחַ, חָרוּץ
artfully, *adv.* בְּעָרְמָה, בַּחֲרִיצוּת, בְּחָכְמָה
arthritis, *n.* דַּלֶּקֶת הַפְּרָקִים, שִׁגָּרוֹן
artichoke, *n.* חַרְשָׁף, קִנְרֵס, קִנָּר
article, *n.* מַאֲמָר; פֶּרֶק, סָעִיף; סְחוֹרָה, חֵפֶץ; תָּוִית (בְּדִקְדּוּק)
articular, *adj.* שֶׁל פֶּרֶק, פִּרְקִי
articulate, *adj.* עָשׂוּי פְּרָקִים; מְפֹרָשׁ, בָּרוּר
articulate, *v.t.* & *i.* חִבֵּר עַל יְדֵי פְּרָקִים; דִּבֵּר, בִּטֵּא
articulation, *n.* פֶּרֶק, מִפְרוּק, חִבּוּר הַפְּרָקִים; צַחוּת הַדִּבּוּר, עִצּוּר
artifice, *n.* תַּחְבּוּלָה, עָרְמָה
artificial, *adj.* מְלָאכוּתִי, בִּלְתִּי טִבְעִי
artificially, *adv.* בְּדֶרֶךְ מְלָאכוּתִית, שֶׁלֹּא כְּדֶרֶךְ הַטֶּבַע
artillery, *n.* תּוֹתְחָנוּת, חֵיל הַתּוֹתְחָנִים
artilleryman, *n.* תּוֹתְחָן
artisan, *n.* חָרָשׁ, אֻמָּן
artist, *n.* אָמָּן; צַיָּר
artistic, artistical, *adj.* אָמָּנוּתִי
artless, *adj.* תָּם, כֵּן; מְחֻסַּר כִּשָּׁרוֹן
as, *adv.* & *conj.* כְּמוֹ, כְּ־, כְּגוֹן; מִכֵּיוָן שֶׁ־
as follows כְּדִלְקַמָּן, כְּדִלְהַלָּן
asbestos, *n.* אֲמִיַנְטוֹן
ascend, *v.t.* עָלָה, טִפֵּס, הִתְרוֹמֵם [רום]
ascension, *n.* עֲלִיָּה, הִתְרוֹמְמוּת
ascertain, *v.t.* בֵּרֵר, חָקַר וּמָצָא, נוֹכַח [יכח]
asectic, *n.* & *adj.* פָּרוּשׁ, סַגְּפָן; נְזִירִי
ascribe, *v.t.* יִחֵס לְ־
aseptic, *adj.* חֲסַר רִקָּבוֹן
ash, *n.* אֵפֶר, רֶמֶץ; מֵילָה (עֵץ)
ash tray, *n.* מַאֲפֵרָה
ashamed, *adj.* נִכְלָם, מְבֻיָּשׁ, נֶעֱלָב
ashes, *n. pl.* אֵפֶר גּוּפַת הַמֵּת
ashore, *adv.* עַל הַחוֹף, אֶל הַחוֹף
Asiatic, *adj.* אַסְיָתִי, שֶׁל אַסְיָה
aside, *adv.* & *n.* הַצִּדָּה; שִׂיחַ מֻסְגָּר
ask, *v.t.* & *i.* שָׁאַל, בִּקֵּשׁ, הִזְמִין [זמן], דָּרַשׁ
askance, *adv.* מִן הַצַּד, בַּחֲשָׁד, בַּאֲלַכְסוֹן
askew, *adv.* בַּאֲלַכְסוֹן
aslant, *adv.* בְּשִׁפּוּעַ, בַּאֲלַכְסוֹן
asleep, *adv.* בְּשֵׁנָה, יָשֵׁן, נִרְדָּם
asparagus, *n.* הֶלְיוֹן
aspect, *n.* רְאִיָּה, רְאוּת, (נְקֻדַּת) מַבָּט
aspen, *n.* צַפְצָפָה, לִבְנֶה
asperity, *n.* גַּסּוּת, חֲרִיפוּת
aspersion, *n.* רְכִילוּת, דִּבָּה, הוֹצָאַת שֵׁם רָע, הַזָּיָה
asphalt, *n.* חֵמָר, כֹּפֶר, זֶפֶת
asphalt, *v.t.* זִפֵּת, כָּפַר, מָרַח (כִּסָּה) בְּחֵמָר
asphyxia, *n.* חֶנֶק, מַחֲנָק
asphyxiate, *v.t.* חָנַק, חִנֵּק
aspirant, *adj.* & *n.* שׁוֹאֵף, מִשְׁתּוֹקֵק; מֻעֲמָד לְמִשְׂרָה
aspirate, *adj.* מֻנְשָׁם, מֻדְגָּשׁ; מַפִּיק; גְּרוֹנִי

aspiration, *n.* נִשּׁוּם; תְּשׁוּקָה, שְׁאִיפָה
aspire, *v.t. & i.* הִשְׁתּוֹקֵק [שקק], שָׁאַף
ass, *n.* חֲמוֹר; שׁוֹטֶה, טִפֵּשׁ; עַכּוּז
assail, *v.t.* תָּקַף, הִתְנַפֵּל [נפל] עַל
assailant, *adj. & n.* מִתְנַפֵּל
assassin, *n.* רוֹצֵחַ, רַצְחָן, מַכֵּה נֶפֶשׁ, קַטָּל
assassinate, *v.t.* רָצַח, הָרַג, הִכָּה נֶפֶשׁ
assassination, *n.* רֶצַח, רְצִיחָה, קֶטֶל
assault, *n.* הִתְנַפְּלוּת, הַתְקָפָה, אֹנֶס
assault, *v.t. & i.* הִתְנַפֵּל [נפל], תָּקַף, אָנַס
assay, *v.t. & i.* בָּחַן (מַתָּכוֹת); נִסָּה
assemble, *v.t. & i.* אָסַף, קִבֵּץ, הִקְהִיל [קהל]; הִתְאַסֵּף [אסף], הִרְכִּיב [רכב]
assembly, *n.* כֶּנֶס, כִּנּוּס, וְעִידָה; מוֹעָצָה, בֵּית מְחוֹקְקִים; הַרְכָּבָה
assent, *v.i. & n.* הִסְכִּים [סכם], אִשֵּׁר; הַסְכָּמָה, אִשּׁוּר
assert, *v.t.* הִגִּיד [נגד] בְּבֵרוּר, טָעַן
assess, *v.t.* הֶעֱרִיךְ [ערך], קָבַע (מַס, עֹנֶשׁ)
assessment, *n.* שׁוּמָה
assessor *n.* שַׁמַּאי
assets, *n. pl.* רְכוּשׁ, נְכָסִים, הוֹן
assiduity, *n.* חֲרִיצוּת, שַׁקְדָנוּת
assiduous, *adj.* חָרוּץ, שַׁקְדָן, מַתְמִיד
assign, *v.t.* יָעַד, מִנָּה, הִפְקִיד [פקד]
assignment, *n.* מִנּוּי, הַפְקָדָה; תַּפְקִיד
assimilate, *v.t. & i.* הִתְבּוֹלֵל [בלל], נִטְמַע [טמע]
assimilation *n.* הִתְבּוֹלְלוּת, טְמִיעָה
assist, *v.t. & i.* סִיַּע, עָזַר
assistance, *n.* סַעַד, עֶזְרָה, סִיּוּעַ, תְּמִיכָה
assistant, *adj. & n.* עוֹזֵר, מְסַיֵּעַ, תּוֹמֵךְ

assizes, *n. pl.* בֵּית (דִּין) מִשְׁפָּט, מִשְׁבָּעִים
associate, *adj. & n.* שֻׁתָּף, חָבֵר, עָמִית
associate, *v.t. & i.* חִבֵּר, אִחֵד, שִׁתֵּף; הִתְחַבֵּר, הִתְאַחֵד, הִשְׁתַּתֵּף
association, *n.* אֲגֻדָּה, חֶבְרָה, שִׁתּוּף; חִבּוּר, הִתְחַבְּרוּת
assort, *v.t. & i.* מִיֵּן, סִדֵּר, חִלֵּף
assortment, *n.* מִבְחָר
assuage, *v.t.* הִרְגִּיעַ [רגע], הִשְׁקִיט [שקט]
assume, *v.t. & i.* קִבֵּל עַל עַצְמוֹ, סָבַר, הִנִּיחַ שֶׁ־
assumption, *n.* הַנָּחָה, סְבָרָה, הַשְׁעָרָה
assurance, *n.* הַבְטָחָה, בִּטּוּחַ
assure, *v.t.* הִבְטִיחַ [בטח], בִּטַּח
aster, *n.* כּוֹכָבִית (פֶּרַח)
asterisk, *n. & v.t.* כּוֹכָבוֹן, סִימָן כּוֹכָב; סִמֵּן בְּכוֹכָב
astern, *adv.* מֵאֲחוֹרֵי הָאֳנִיָּה
asteroid, *n. & adj.* כּוֹכָבִית, מַזָּל קָטָן; כּוֹכָבִי
asthma, *n.* קַצֶּרֶת
asthmatic, *adj.* חוֹלֶה בְּקַצֶּרֶת, שֶׁל קַצֶּרֶת
astonish, *v.t.* הִפְלִיא [פלא], הִתְמִיהַּ [תמה]
astonishment, *n.* תִּמָּהוֹן, בְּהִיָּה
astound, *v.t.* הִפְתִּיעַ [פתע]
astral, *adj.* מְכֻכָּב, כּוֹכָבִי
astray, *adj. & adv.* תּוֹעֶה
astride, *adv.* בְּפִשּׂוּק רַגְלַיִם, רָכוּב
astringent, *adj. & n.* מְכַוֵּץ; סַם (מְכַוֵּץ) עוֹצֵר
astrologer, *n.* הוֹבֵר, חוֹזֶה בַּכּוֹכָבִים
astrology, *n.* הֲבִירָה, חָכְמַת הַמַּזָּלוֹת

astronaut, *n.* כּוֹכְבָן (נוֹסֵעַ לַכּוֹכָבִים)
astronomer, *n.* תּוֹכֵן
astronomy, *n.* תְּכוּנָה, תּוֹרַת הַכּוֹכָבִים
astute, *adj.* פִּקֵּחַ, שָׁנוּן, עַרְמוּמִי
asunder, *adv.* לִקְרָעִים, לְבָדָד, לַחֲלָקִים
asylum, *n.* מוֹשָׁב, מַחֲסֶה, מִקְלָט, בֵּית חוֹלֵי רוּחַ
at, *prep.* בְּ־, אֵצֶל, לְ־, עִם, מִ־
at first בַּתְּחִלָּה
at last לְבַסּוֹף, סוֹף סוֹף
at least לְפָחוֹת
at once מִיָּד
atavism, *n.* תּוֹרָשָׁה, יְרוּשַּׁת אָבוֹת
atheism, *n.* כְּפִירָה, אֶפִּיקוֹרְסוּת, שְׁלִילַת אֱלֹהִים
atheist, *n.* כּוֹפֵר, אֶפִּיקוֹרוֹס
athirst, *adj.* צָמֵא
athlete, *n.* גִּבּוֹר, חָזָק, אַתְלֵט, לוּדָר
athletic, *adj.* רַב כֹּחַ, אַתְלֵטִי
atlas, *n.* מַפּוֹן, קֹבֶץ מַפּוֹת, מַפִּיָּה
atmosphere, *n.* אֲוִירָה, סְבִיבָה, רוּחַ, הַשְׁפָּעָה
atmospheric, *adj.* אֲוִירָתִי, שֶׁל הָאֲוִירָה
atoll, *n.* אִי אַלְמֻגִּים
atom, *n.* פְּרִיד, פְּרָד, אָטוֹם
atomic, *adj.* פְּרִידִי, אֲטוֹמִי
atomizer, *n.* מְאַיֵּד
atone, *v.t.* & *i.* כִּפֵּר; הִתְפַּיֵּס [פיס]
atonement, *n.* כַּפָּרָה, כִּפּוּר; הִתְפַּיְּסוּת
Day of Atonement יוֹם הַכִּפּוּרִים
atop, *adv.* & *prep.* בְּרֹאשׁ, לְמַעְלָה
atrocious, *adj.* אַכְזָר
atrocity, *n.* אַכְזָרִיּוּת
atrophy, *n.* הִתְנַוְּנוּת, אַלְוָן
attach, *v.t.* & *i.* חִבֵּר, צִמֵּד, הִדֵּק, סִפַּח, הִתְחַבֵּר [חבר], הִצְטָרֵף [צרף]; עִקֵּל נְכָסִים
attaché, *n.* נִסְפָּח (לַשַּׁגְרִירוּת אוֹ לִפְקִידוּת גְּבוֹהָה)
attachment, *n.* תּוֹסֶפֶת; חִבָּה, אַהֲבָה; עִקּוּל, עִקּוּל נְכָסִים, עִכּוּב רְכוּשׁ
attack, *n.* הִתְנַפְּלוּת, הַתְקָפָה, הֶתְקֵף, תְּקִיפָה
attack, *v.t.* & *i.* הִתְנַפֵּל [נפל] עַל, תָּקַף
attain, *v.t.* & *i.* הִשִּׂיג [נשג], הִגִּיעַ [נגע] לְ־
attainable, *adj.* שֶׁאֶפְשָׁר לְהַשִּׂיג
attainment, *n.* הַשָּׂגָה, הַגָּעָה;
attempt, *n.* הִשְׁתַּדְּלוּת, נִסָּיוֹן; הִתְנַקְּשׁוּת
attempt, *v.t.* הִשְׁתַּדֵּל [שדל], נִסָּה לְ־, הִתְנַקֵּשׁ [נקש] בְּחַיֵּי...
attend, *v.t.* & *i.* בִּקֵּר; שִׁמֵּשׁ, שֵׁרֵת; הִתְעַסֵּק [עסק], הִקְשִׁיב [קשב]
attendance, *n.* בִּקּוּר; שֵׁרוּת; נוֹכְחוּת; כְּבֻדָּה
attendant, *adj.* & *n.* מְשָׁרֵת, מְשַׁמֵּשׁ, מְלַוֶּה
attention, *n.* הַקְשָׁבָה, תְּשׂוּמֶת לֵב
attentive, *adj.* מַקְשִׁיב, שָׂם לֵב
attenuate, *adj.* דַּק, קָלוּשׁ
attenuate, *v.t.* & *i.* הֵדַק [דקק], הֵקַל [קלל], הִמְעִיט [מעט], הִפְחִית [פחת]
attest, *v.t.* & *i.* אִשֵּׁר, קִיֵּם, הֵעִיד [עוד]
attestation, *n.* אִשּׁוּר, קִיּוּם, הַעֲדָאָה, עֵדוּת
attic, *n.* עֲלִיָּה, עֲלִיַּת גַּג
attire, *n.* מַלְבּוּשׁ, לְבוּשׁ
attire, *v.t.* לָבַשׁ; הִלְבִּישׁ [לבש]
attitude, *n.* יַחַס, נְטִיָּה, עֶמְדָּה, גִּישָׁה, הַשְׁקָפָה
attorney, *n.* עוֹרֵךְ דִּין

attract, *v.t.* מָשַׁךְ, מָשַׁךְ לֵב

attraction, *n.* מְשִׁיכָה, חֵן, קֶסֶם

attractive, *adj.* מוֹשֵׁךְ, מוֹשֵׁךְ אֶת הַלֵּב

attractiveness, *n.* חֵן, נֹעַם, קֶסֶם

attribute, *n.* תְּכוּנָה

attribute, *v.t.* יִחֵס לְ־, תָּלָה בְּ־, חִיֵּב

attribution, *n.* יִחוּס

attune, *v.t.* כִּוֵּן (כְּלִי נְגִינָה), הִתְאִים [תאם]

auburn, *adj.* עַרְמוֹנִי

auction, *n.* מְכִירָה פֻּמְבִּית

auction, *v.t.* מָכַר בְּהַכְרָזָה, מָכַר בְּפֻמְבִּי

auctioneer, *n.* כָּרוֹז, מוֹכֵר בְּהַכְרָזָה, מַכְרִיז

auctioneer, *v.t.* מָכַר בְּפֻמְבִּי

audacious, *adj.* נוֹעָז, חָצוּף

audacity, *n.* עַזּוּת, חֻצְפָּה, עֹז נֶפֶשׁ

audible, *adj.* שָׁמִיעַ, נִשְׁמַע

audience, *n.* קְהַל שׁוֹמְעִים, אֲסֵפָה; הַקְשָׁבָה; רֵאָיוֹן רִשְׁמִי

audiovisual, *adj.* חֲזוּתִי־שְׁמִיעָתִי

audit, *n.* בְּדִיקַת חֶשְׁבּוֹנוֹת

audit, *v.t.* בָּדַק חֶשְׁבּוֹנוֹת

audition, *n.* שְׁמִיעָה, חוּשׁ הַשְּׁמִיעָה

auditor, *n.* שׁוֹמֵעַ, מַאֲזִין; בּוֹדֵק חֶשְׁבּוֹנוֹת, חַשָּׁב

auditorium, *n.* אוּלָם (הַצָּגוֹת, אֲסֵפוֹת), בֵּית עֲצֶרֶת

auditory, *adj.* שֶׁל שְׁמִיעָה, שִׁמְעִי

auger, *n.* מַקְדֵּחַ

aught, *n.* מַשֶּׁהוּ, כְּלוּם, מְאוּמָה, אֶפֶס

augment, *v.t.* & *i.* הִגְדִּיל [גדל], הִרְבָּה [רבה], הוֹסִיף [יסף]

augmentation, *n.* הוֹסָפָה, רִבּוּי; תּוֹסֶפֶת

augmentative, *adj.* מוֹסִיף, מַרְבֶּה

augur, *n.* מְנַחֵשׁ, מְנַבֵּא עֲתִידוֹת

augur, *v.t.* & *i.* נִחֵשׁ

august, *adj.* נִשָּׂא, נִשְׂגָּב, נַעֲלֶה

August, *n.* אַבְגּוּסְט

aunt, *n.* דּוֹדָה

au revoir לְהִתְרָאוֹת

auricle, *n.* תְּנוּךְ, בְּדַל; אֹזֶן הַלֵּב

aurora, *n.* אַיֶּלֶת הַשַּׁחַר, עַמּוּד הַשַּׁחַר

aurora australis הָאַיֶּלֶת הַדְּרוֹמִית

aurora borealis הָאַיֶּלֶת הַצְּפוֹנִית

auscultation, *n.* הַאֲזָנָה

auspices, *n. pl.* חָסוּת, הַשְׁגָּחָה

austere, *adj.* מַחְמִיר, מַקְפִּיד; פָּשׁוּט

austerity, *n.* חֻמְרָה, הַקְפָּדָה; צֶנַע

Australian, *adj.* אוֹסְטְרָלִי

Austrian, *adj.* אוֹסְטְרִי

authentic, authentical, *adj.* אָמִין, אֲמִתִּי, מְקוֹרִי

authenticate, *v.t.* אִמֵּת

authenticity, *n.* אֲמִינוּת, אֲמִתּוּת

author, *n.* מְחַבֵּר, סוֹפֵר

authoritative, *adj.* סַמְכוּתִי, מֻסְמָךְ

authority, *n.* סַמְכוּת; מָרוּת, שִׁלְטוֹן; מֻמְחֶה

authorization, *n.* הַרְשָׁאָה, אִשּׁוּר, יִפּוּי כֹּחַ

authorize, *v.t.* הִרְשָׁה [רשה], נָתַן רְשׁוּת, אִשֵּׁר

autobiographer, *n.* כּוֹתֵב תּוֹלְדוֹת עַצְמוֹ

autobiography, *n.* תּוֹלְדוֹת עַצְמוֹ

autocracy, *n.* מֶמְשֶׁלֶת יָחִיד, שִׁלְטוֹן יָחִיד, עָרִיצוּת

autograph, *n.* חֲתִימַת יָד

autograph, *v.t.* חָתַם בְּעֶצֶם יָדוֹ

automatic, *adj.* מֵנִיעַ עַצְמוֹ, פּוֹעֵל מֵאֵלָיו

automobile, *n.* מְכוֹנִית

autonomous, *adj.* עַצְמָאִי, עוֹמֵד בִּרְשׁוּת עַצְמוֹ
autonomy, *n.* עַצְמָאוּת, שִׁלְטוֹן עַצְמִי
autopsy, *n.* נְתִיחָה, נִתּוּחַ גּוּף מֵת
autumn, *n.* סְתָו, עֵת הָאָסִיף
autumnal, *adj.* סְתָוִי
auxiliary, *adj.* נוֹסָף, עוֹזֵר, מְסַיֵּעַ
auxiliary, *n.* סִיּוּעַ, עֵזֶר
auxiliary verb פֹּעַל עוֹזֵר
avail, *v.t. & i., n.* הוֹעִיל [יעל]; תּוֹעֶלֶת
available, *adj.* נִמְצָא, מוֹעִיל
avalanche, *n.* שִׁלְגּוֹן, גָּלֶשׁ
avarice, *n.* קַמְצָנוּת
avenge, *v.t. & i.* נָקַם, הִתְנַקֵּם [נקם] בְּ־
avenger, *n.* נוֹקֵם, מִתְנַקֵּם
avenue, *n.* שְׂדֵרָה; אֶמְצָעִי
average, *n.* בֵּינוֹנִי, מְמֻצָּע; נֵזֶק יַמִּי
average, *v.t.* מִצַּע
averse, *adj.* מְמָאֵן, מְסָרֵב, מוֹאֵס
aversion, *n.* תִּעוּב, גֹּעַל נֶפֶשׁ, בְּחִילָה, מְאִיסָה
avert, *v.t.* מָנַע, עִכֵּב, הִסִּיחַ [נסח] הַדַּעַת
aviary, *n.* כְּלוּב צִפֳּרִים
aviation, *n.* טַיִס, אֲוִירוֹנוּת, תְּעוּפָה
aviator, *n.* טַיָּס
avid, *adj.* שׁוֹאֵף, חוֹמֵד
avidity, *n.* חַמְדָנוּת, תְּשׁוּקָה, תַּאַוְתָנוּת
avocation, *n.* תַּחְבִּיב, אוּמָנוּת, מְלָאכָה, עֲבוֹדָה
avoid, *v.t. & i.* הִתְרַחֵק [רחק] מִן, נִמְנַע [מנע] מִן
avoidable, *adj.* שֶׁאֶפְשָׁר לְהִמָּנַע מִמֶּנּוּ
avoidance, *n.* הִתְרַחֲקוּת, הִמָּנְעוּת
avow, *v.t.* הוֹדָה [ידה], הִתְוַדָּה [ידה]
avowal, *n.* הוֹדָאָה, וִדּוּי, הִתְוַדּוּת
await, *v.t. & i.* חִכָּה, צִפָּה, הִמְתִּין [מתן]
awake, *v.t. & i.* הֵקִיץ [קוץ], הֵעִיר [עור], עוֹרֵר [עור], הִתְעוֹרֵר, [עור]
awake, *adj.* עֵר, נֵעוֹר
awaken, *v.t. & i.* הֵעִיר [עור], הִתְעוֹרֵר [עור]
awakening, *n.* יְקִיצָה, הִתְעוֹרְרוּת
award, *n.* פְּרָס, פְּסַק דִּין
award, *v.t. & i.* פָּסַק, זִכָּה בְּ־
aware, *adj.* יוֹדֵעַ, מַכִּיר
away, *adv. & interj.* רָחוֹק; הָלְאָה
awe, *n.* יִרְאָה, יִרְאַת כָּבוֹד, פַּחַד, אֵימָה
awe, *v.t.* הִפִּיל [נפל] פַּחַד, הִטִּיל [נטל] אֵימָה
awful, *adj.* אָיֹם, נוֹרָא
awfully, *adv.* בְּיִרְאָה; מְאֹד
awhile, *adv.* לְרֶגַע, זְמַן מָה
awkward, *adj.* חֲסַר מְהִירוּת, כָּבֵד, שְׁלוּמִיאֵלִי, גִּמְלוֹנִי
awkwardness, *n.* חֹסֶר מְהִירוּת, כְּבֵדוּת
awl, *n.* מַרְצֵעַ
awn, *n.* מֶלַע, זְקַן הַשִּׁבֹּלֶת
awning, *n.* גַּגּוֹן, גְּגוֹנָה, גְּגוֹנֶנֶת, סוֹכֵךְ
awry, *adj.* עָקֹם, מְעֻקָּל, מְעֻוָּת
ax, axe, *n.* גַּרְזֶן, קַרְדֹּם, כַּשִּׁיל
axial, *adj.* שֶׁל צִיר, צִירִי
axiom, *n.* אֲמִתָּה, מֻשְׂכָּל רִאשׁוֹן
axis, *n.* צִיר
axle, *n.* צִיר, סֶרֶן
ay, aye, *interj.* אוֹי, אֲבוֹי, אֲהָהּ
aye, ay, *adv.* כֵּן, הֵן, אָמְנָם
aye, ay, *adv. & n.* תָּמִיד, לְעוֹלָם
azure, *adj. & n.* תְּכֵלֶת הַשָּׁמַיִם, תְּכֵלֶת, תָּכֹל

B, b

B, b, *n.* בִּי, הָאוֹת הַשְּׁנִיָּה בָּאָלֶף בֵּית הָאַנְגְּלִי; שֵׁנִי, ב׳

baa, *n.* פְּעִיָּה, גְּעִיָּה

baa, *v.i.* פָּעָה, פִּעָה, גָּעָה

babble, *n.* פִּטְפּוּט, הֶבֶל, לַהַג

babble, *v.t. & i.* פִּטְפֵּט, גִּמְגֵּם, מִלְמֵל

babbler, *n.* פַּטְפְּטָן; כֶּלֶב צַיִד קוֹלָנִי

baboon, *n.* בַּבּוּן

baby, babe, *n.* תִּינוֹק, תִּינֹקֶת, עוֹלָל,

baby, *v.t.* פִּנֵּק, עִדֵּן, עִנֵּג

babyish, *adj.* תִּינוֹקִי, יַלְדוּתִי

baby sitter, *n.* שְׁמַרְטַף, שׁוֹמֶרֶת טַף

baccalaureate, *n.* בּוֹגֵר, בַּגְרוּת

bachelor, *n.* רַוָּק; בּוֹגֵר (תֹּאַר מִכְלָלָה)

back, *adj.* אֲחוֹרִי, יָשָׁן (חוֹב); חוֹזֵר

back, *n.* גַּב; אָחוֹר; טֶפַח (הַיָּד); מִסְעָד (הַכִּסֵּא); מָגֵן (כַּדּוּרֶגֶל)

back, *adv.* לְאָחוֹר, אֲחוֹרַנִּית; בַּחֲזָרָה

back, *v.t. & i.* הֵגֵן [גנן]; סִיֵּעַ; תָּמַךְ; סָג, נָסוֹג

backache, *n.* מֵחוֹשׁ גַּב

backbone, *n.* שִׁדְרָה; יְסוֹד

backer, *n.* תּוֹמֵךְ

backfall, *n.* נְסִיגַת אָחוֹר

background, *n.* יְסוֹד, רֶקַע, תַּדְרִיךְ

backing, *n.* תְּמִיכָה, עֵזֶר, סִיּוּעַ

backside, *n.* צַד אָחוֹר, יַשְׁבָן

backslide, *v.i.* נָסוֹג [סוג] אָחוֹר, הִתְקַלְקֵל [קלקל]

backward, *adj.* הָפוּךְ; נֶחְשָׁל, מְפַגֵּר

backward, backwards, *adv.* אֲחוֹרַנִּית, לְאָחוֹר

backwardness, *n.* פִּגָּרוֹן, נֶחְשָׁלוּת

bacon, *n.* קֹתֶל חֲזִיר

bacteria, *n. pl.* חַיְדַּקִים

bad, *adj.* רַע, גָּרוּעַ, מְקֻלְקָל

bad, *n.* רָעָה

badge, *n.* סֵמֶל, תָּג, טוֹטֶפֶת

badger, *n.* תַּחַשׁ, גִּירִית

badger, *v.t.* הִקְנִיט [קנט], הִרְגִּיז [רגז]

badly, *adv.* שֶׁלֹּא כְּהֹגֶן, שֶׁלֹּא כָּרָאוּי

badness, *n.* רָעָה, רֹעַ

baffle, *v.t. & n.* הֵבִיךְ [בוך]; מְבוּכָה

bag, *n.* שַׂקִּיק, שַׂק, אַרְנָק, תִּיק, תַּרְמִיל, חָרִיט, חֲפִיסָה

bag, *v.t. & i.* שָׂם [שום] בְּשַׂקִּיק; צָד [צוד]

bagel, *n.* כַּעַךְ

baggage, *n.* מִטְעָן, מַשָּׂא; מִזְוָדוֹת, חֲפָצִים; נַפְקָנִית, יַצְאָנִית

baggy, *adj.* נָפוּחַ, רָחָב

bagpipe, *n.* חֵמֶת חֲלִילִים

bail, *n.* עֵרָבוֹן, מַשְׁכּוֹן; דְּלִי סַפָּנִים

bail, *v.t. & i.* עָרַב, נֶעֱרַב [ערב]

bailiff, *n.* שׁוֹמֵר, סוֹכֵן

bait, *n.* פִּתָּיוֹן (לְדָגִים); מִסְפּוֹא (לְסוּסִים, לִבְהֵמוֹת); חֲנָיָה

bait, *v.t. & i.* פִּתָּה, שָׂם פִּתָּיוֹן; נָתַן מִסְפּוֹא (לְסוּסִים, לִבְהֵמוֹת), חָנָה

bake, *v.t. & i.* אָפָה, שָׂרַף (לְבֵנִים)

baker, *n.* אוֹפֶה, נַחְתּוֹם

bakery, *n.* מַאֲפִיָּה

balance, *n.* שִׁוּוּי מִשְׁקָל; מַאֲזָן; מֹאזְנַיִם; יִתְרָה, עֹדֶף

balance, *v.t. & i.* הָיָה בְּשִׁוּוּי מִשְׁקָל הִתְאַזֵּן [אזן], אִזֵּן, שָׁקַל, קִזֵּז, עִיֵּן

balance sheet מַאֲזָן

balance wheel גַּלְגַּל וִסּוּת

balcony, *n.* יָצִיעַ, גְּזוּזְטְרָה, גְּזוּזְטְרָה, דְּכָה

bald, *adj.* קֵרֵחַ, גִּבֵּחַ

baldness, *n.* קָרַחַת

bale, ***n.*** חֲבִילָה, צְרוֹר; צָרָה
bale, ***v.t.*** צָרַר, אָרַז, כָּרַךְ
baleful, ***adj.*** מַזִּיק; מָרוּד
balk, ***n.*** מִכְשׁוֹל, מָרִישׁ, קוֹרָה
balk, ***v.t. & i.*** עָמַד מִלֶּכֶת, נָטָה הַצִּדָּה
ball, ***n.*** כַּדּוּר; פְּקַעַת (שֶׁל צֶמֶר); דּוּלְלָה (שֶׁל חוּטִים); גַּלְגַּל (הָעַיִן); מָחוֹל (נֶשֶׁף רִקּוּדִים)
ballad, ***n.*** שִׁיר עֲמָמִי
ballast, ***n.*** זְבוּרִית, נֵטֶל, חָצָץ; יַצִּיבוּת
ballast, ***v.t.*** רִצֵּף; טָעַן; יִצֵּב
ballerina, ***n.*** רַקְדָנִית, מְחוֹלֶלֶת
ballet, ***n.*** מָחוֹל (אָמָּנוּתִי)
balloon, ***n.*** שַׁלְפּוּחִית; כַּדּוּר פּוֹרֵחַ
balloonist, ***n.*** מַפְרִיחַ כַּדּוּרִים
ballot, ***n.*** גּוֹרָל, פַּיִס; בְּחִירוֹת
ballot, ***v.t.*** בָּחַר בְּגוֹרָל; הִצְבִּיעַ [צבע] בְּעַד
balm, ***n.*** בֹּשֶׂם; צֳרִי
balmy, ***adj.*** רֵיחָנִי
balsam, ***n.*** נָטָף
baluster, ***n.*** מִסְעָד, מִשְׁעָן; בַּד שְׂבָכָה
balustrade, ***n.*** מַעֲקֶה
bamboo, ***n.*** חִזְרָן, בַּמְבּוּק
bamboozle, ***v.t. & i.*** הוֹנָה [ינה], תִּעְתַּע, רִמָּה
ban, ***n.*** חֵרֶם, אִסּוּר
ban, ***v.t.*** הֶחֱרִים [חרם], אָסַר
banal, ***adj.*** רָגִיל, יוֹם יוֹמִי, הֲמוֹנִי
banality, ***n.*** יוֹם יוֹמִיּוּת, הֲמוֹנִיּוּת; תִּפְלָה
banana, ***n.*** מוֹז, בָּנָנָה
band, ***n.*** אֶגֶד; חֶבֶל, רְצוּעָה; קֶשֶׁר; חֶבֶר; כְּנֻפְיָה; תִּזְמֹרֶת; לַהֲקָה
band, ***v.t. & i.*** אִחֵד, קָשַׁר; הִתְחַבֵּר [חבר], עִמֵּר
bandage, ***n.*** תַּחְבֹּשֶׁת, אֶגֶד
bandage, ***v.t.*** אָגַד, שָׂם תַּחְבֹּשֶׁת עַל; לָפַף, לִפֵּף
bandit, ***n.*** שׁוֹדֵד, גַּזְלָן
bandoleer, bandolier, ***n.*** פַּנְדָּה, חֲגוֹרַת כַּדּוּרִים
bane, ***n.*** הֶרֶס; רַעַל, אֶרֶס; מַגֵּפָה
baneful, ***adj.*** הַרְסָנִי; אַרְסִי; מֵמִית
bang, ***n.*** מַהֲלֻמָּה, דְּפִיקָה, רַעַשׁ
bang, ***v.t. & i.*** הָלַם, דָּפַק, רָעַשׁ, הִכָּה בְּכֹחַ, חָבַט
bangle, ***n.*** אֶצְעָדָה, עֶכֶס
banish, ***v.t.*** גֵּרֵשׁ, הִגְלָה [גלה]
banishment, ***n.*** גֵּרוּשׁ, גָּלוּת
banister, ***n.*** מִסְעָד, מִשְׁעָן; בַּד שְׂבָכָה
bank, ***n.*** שָׂפָה, גָּדָה (נָהָר); בַּנְק
bank, ***v.t. & i.*** סָכַר (מַיִם); הִפְקִיד [פקד] כֶּסֶף בְּבַנְק
bank bill, bank note, ***n.*** כֶּסֶף נְיָר, שְׁטָר בַּנְק
bankbook, ***n.*** פִּנְקַס הַבַּנְק
banker, ***n.*** בַּנְקַאי, בַּעַל בַּנְק, שֻׁלְחָנִי
banking, ***n.*** בַּנְקָאוּת, שֻׁלְחָנוּת
bankrupt, ***n.*** פּוֹשֵׁט רֶגֶל, שׁוֹמֵט
bankruptcy, ***n.*** פְּשִׁיטַת רֶגֶל, שֶׁבֶר, שְׁמִטָּה
banner, ***n.*** דֶּגֶל, נֵס
banns, bans, ***n. pl.*** הַכְרָזַת נִשּׂוּאִים, ־ין
banquet, ***n.*** כֵּרָה, סְעֻדָּה, מִשְׁתֶּה
banquet, ***v.t. & i.*** עָשָׂה מִשְׁתֶּה, כֵּרָה
banter, ***n.*** צְחוֹק, לָצוֹן, לֵיצָנוּת
banter, ***v.t.*** צָחַק, שָׂחַק, לִגְלֵג, הִתְלוֹצֵץ [ליץ]
bantling, ***n.*** תִּינוֹק, עוֹלָל
baptism, ***n.*** טְבִילָה
baptist, ***n.*** מַטְבִּיל
baptize, ***v.t.*** טָבַל, הִטְבִּיל, נִצֵּר
bar, ***n.*** מוֹט, בְּרִיחַ (דֶּלֶת); יָתֵד (נְגִינָה); מִסְבָּאָה, מִמְזָגָה; בֵּית דִּין

bar, *v.t.* חָסַם, נָעַל, סָגַר
barb, *n.* קֶרֶס, עֹקֶץ, קוֹץ מַלְעָן, זִיף, זָקָן
barbarian, *n.* פֶּרֶא אָדָם, אַכְזָר
barbaric, *adj.* בִּלְתִּי מְנֻמָּס, אַכְזָרִי
barbarism, *n.* פְּרָאוּת, אַכְזָרִיּוּת
barbarity, *n.* גַּסּוּת, בּוּרוּת
barbarous, *adj.* פְּרָאִי
barbecue, *n.* צְלִי (עַל גֶּחָלִים)
barbecue, *v.t.* צָלָה
barbed, *adj.* בַּעַל קֶרֶס, דּוֹקְרָנִי
barbed wire תַּיִל דּוֹקְרָנִי
barber, *n.* סַפָּר, גַּלָּב
barber, *v.t.* גִּלַּח
barbershop, *n.* מִסְפָּרָה
bard, *n.* פַּיְטָן, מְשׁוֹרֵר, מְזַמֵּר
bare, *adj.* עָרֹם, גָּלוּי, חָשׂוּף; רֵיק; יָחִיד
bare, *v.t.* עֵרָה, גִּלָּה, חָשַׂף
barefoot, barefooted, *adj.* & *adv.* יָחֵף
bareheaded, barehead, *adj.* & *adv.* גְּלוּי רֹאשׁ
bargain, *n.* מְצִיאָה, קְנִיָּה בְּזוֹל
bargain, *v.t.* & *i.* עָמַד עַל הַמְּחִיר, תִּגֵּר, הִתְמַקַּח [מקח]
barge, *n.* פּוֹרֶקֶת, אַרְבָּה
bark, *n.* קְלִפַּת הָעֵץ; נְבִיחָה; מִפְרָשִׂיָּה
bark, *v.t.* & *i.* נָבַח; קִלֵּף (עֵצִים)
barley, *n.* שְׂעוֹרָה
Bar Mitzvah בַּר מִצְוָה
barn, *n.* רֶפֶת; אָסָם, מַמְגּוּרָה
barometer, *n.* מַדְכֹּבֶד, מַדְאֲוִיר, מַדְלַחַץ
baron, *n.* בָּרוֹן, רוֹזֵן
barrack, *n.* צְרִיף
barrage, *n.* סֶכֶר; מַטָּח; מֶנַע; רִכּוּז יְרִיָּה
barrel, *n.* חָבִית; קָנֶה (שֶׁל רוֹבֶה) תֹּף (הָאֹזֶן)
barrel, *v.t.* שָׂם [שים] בְּחָבִית
barren, *adj.* עָקָר, סָרָק (בְּלִי פֵּרוֹת), צָחִיחַ, שָׁמֵם
barrenness, *n.* עֲקָרוּת, סְרָק, צְחִיחָה
barrette, *n.* מַכְבֵּנָה, מַסְרֵק קָטָן לַשְּׂעָרוֹת
barricade, *n.* מִתְרָס, מַעְצוֹר, סוֹלְלָה
barricade, *v.t.* חָסַם, הִתְרִיס [תרס]
barrier, *n.* מְחִצָּה, מַעְצוֹר
barrister, *n.* עוֹרֵךְ דִּין
barrow, *n.* חֲדוֹפָן, מְרִיצָה
bartender, *n.* מוֹזֵג
barter, *n.* חִלּוּף, חֲלִיפִין, הֲמָרָה, מִיר
barter, *v.t.* & *i.* עָשָׂה חֲלִיפִין, הֵמִיר, מִיֵּר
basalt, *n.* בַּזֶּלֶת
base, *adj.* נִבְזֶה, מָשְׁחָת, נִקְלֶה, שָׁפָל
base, *n.* בָּסִיס, יְסוֹד; עִקָּר; תּוֹשֶׁבֶת
base, *v.t.* יָסַד, בִּסֵּס
baseball, *n.* כַּדּוּר בָּסִיס
baseless, *adj.* מְחֻסַּר יְסוֹד, לְלֹא יְסוֹד
basement, *n.* מַרְתֵּף
baseness, *n.* שִׁפְלוּת
bashful, *adj.* בַּיְשָׁן, מִתְבַּיֵּשׁ
bashfulness, *n.* בַּיְשָׁנוּת, צְנִיעוּת
basic, *adj.* בְּסִיסִי, יְסוֹדִי
basin, *n.* אַגָּן, כִּיּוֹר, מִשְׁכְּלָה
basis, *n.* בָּסִיס, יְסוֹד, עִקָּר
bask, *v.i.* הִתְחַמֵּם בַּשֶּׁמֶשׁ
basket, *n.* סַל, טֶנֶא
bas-relief, *n.* תַּבְלִיט
bass, *n.* נְמֵרִית (דָּג); נְמוּךְ הַקּוֹל
bassinet, *n.* עֲרִיסָה; אַמְבָּט תִּינוֹקוֹת
basso, *n.* בַּטְנָן
bast, *n.* לֶכֶשׁ, חֶבֶל לֶכֶשׁ
bastard, *n.* מַמְזֵר
bastardy, *n.* מַמְזֵרוּת

baste, *v.t.* הִכְלִיב [כלב]; מָרַח שׁוּמָן עַל צְלִי בָּשָׂר
bastion, *n.* תַּבְנוּן
bat, *n.* עֲטַלֵּף; אַלָּה (לְמִשְׂחָקִים)
bat, *v.t.* & *i.* הִכָּה [נכה] בְּאַלָּה
batch, *n.* אֲצָוָה, קְבוּצָה, צְרוֹר
bath, *n.* אַמְבָּט, טְבִילָה
bathe, *v.t.* & *i.* אִמְבֵּט, הִתְאַמְבֵּט [אמבט]
bather, *n.* מִתְרַחֵץ, טוֹבֵל
bathtub, *n.* אַמְבָּט
baton, *n.* שַׁרְבִיט (הַמְנַצֵּחַ בְּתִזְמֹרֶת)
battalion, *n.* גְּדוּד
batter, *v.t.* & *i.*, *n.* נִפֵּץ, נָתַץ, פָּרַץ; בַּחַשׁ (עִיסָה); תַּבְחֹשֶׁת
battering-ram, *n.* אֵיל בַּרְזֶל
battery, *n.* סוֹלְלָה, סוֹלְלַת חַשְׁמַל, מַצְבֵּר; גֻּנְדָּה; מַעֲרֶכֶת; סִדְרָה
battle, *n.* קְרָב, מִלְחָמָה
battle, *v.i.* נִלְחַם, לָחַם, נֶאֱבַק [אבק], הִתְגּוֹשֵׁשׁ [גשש]
battlefield, *n.* שְׂדֵה־מִלְחָמָה, שְׂדֵה־קְרָב
battleship, *n.* אֳנִיַּת־קְרָב
bawdy, *adj.* שֶׁל זְנוּנִים
bawl, *n.* צְרִיחָה
bay, *n.* מִפְרָץ; נְבִיחָה (כֶּלֶב); עָר (דַּפְנָה)
bay, *adj.* & *n.* חוּם אֲדַמְדַּם, סוּס אֲדַמְדַּם
bay, *v.t.* & *i.* נָבַח
bayonet, *n.* כִּידוֹן
bayonet, *v.t.* דָּקַר בְּכִידוֹן
bazaar, bazar, *n.* שׁוּק, יָרִיד
be, *v.i.* הָיָה, חָל, הִתְקַיֵּם [קים]
beach, *n.*, *v.t.* & *i.* חוֹף, שָׂפָה (נָהָר, אֲגַם וְכוּ׳); חוֹלָה; הֶעֱלָה [עלה] (חָתַר) לַחוֹף
beacon, *n.* מִגְדַּלּוֹר; אַזְהָרָה
bead, *n.* חָרוּז, חֻלְיָה; אֶגֶל, בּוּעוֹת; קֶצֶף
beading, *n.* חֲרִיזָה, מַחֲרֹזֶת; הִתְקַצְּפוּת
beadle, *n.* שַׁמָּשׁ
beagle, *n.* כֶּלֶב צַיִד
beak, *n.* מַקּוֹר, חַרְטוֹם
beaker, *n.* גָּבִיעַ, כּוֹס
beam, *n.* מָרִישׁ, קוֹרָה; קֶרֶן אוֹר; יָצוּל (בְּמַחֲרֵשָׁה)
beam, *v.t.* & *i.* זָרַח, קָרַן, נָצַץ
beaming, *adj.* קוֹרֵן, מַבְרִיק, שָׂמֵחַ
bean, *n.* פּוֹל; שְׁעוּעִית
bear, *n.* דֹּב
bear, *v.t.* & *i.* נָשָׂא; סָבַל; יָלַד; הֵעִיד; נָתַן פְּרִי; לָחַץ
bearable, *adj.* שֶׁאֶפְשָׁר לְסָבְלוֹ
beard, *n.* זָקָן; מַלְעָן (בִּצְמָחִים)
bearded, *adj.* בַּעַל זָקָן
beardless, *adj.* מְחֻסַּר זָקָן
bearer, *n.* סַבָּל, נוֹשֵׂא, נוֹשֵׂא מִטָּה (שֶׁל מֵת); מוֹכֵ"ז
bearing, *n.* כִּוּוּן; לֵידָה; הִתְנַהֲגוּת; מֵסַב (בִּמְכוֹנוֹת)
beast, *n.* חַיָּה; פֶּרֶא
beastly, *adj.* חַיָּתִי, אַכְזָרִי
beat, *n.* מַכָּה, דְּפִיקָה, פְּעִימָה (לֵב), פְּעָמָה (נְגִינָה); אֵזוֹר
beat, *v.t.* & *i.* הִכָּה, הִלְקָה [לקה]; דָּפַק; נִצַּח; פָּעַם (לֵב); טָרַף (בֵּיצָה)
beaten, *adj.* מֻכֶּה, מְנֻצָּח; מְרֻדָּד, טָרוּף
beater, *n.* מַכֶּה; מַחְבֵּט; מַטְרֵף
beatitude, *n.* בְּרָכָה, נֹעַם
beau, *n.* גַּנְדְּרָן, אוֹהֵב (אִשָּׁה)
beauteous, *adj.* יְפֵהפֶה, נָאוֶה
beautiful, *adj.* יָפֶה, נָאוֶה
beautify, *v.t.* & *i.* קִשֵּׁט, יִפָּה, פֵּאֵר; הִתְיַפָּה [יפה]

beauty, *n.* יֹפִי, פְּאֵר, חֶמְדָּה, חֵן
beaver, *n.* בּוֹנֶה, בֵּבָר
becalm, *v.t.* הִרְגִּיעַ [רגע], הִשְׁקִיט [שקט]; הִדְמִים [דמם] (מִפְרָשִׂיָּה)
because, *adv. & conj.* כִּי, מִפְּנֵי שֶׁ־, מִכֵּיוָן שֶׁ־
beck, *n.* רְמִיזָה, רֶמֶז, נִעֲנוּעַ (יָד, רֹאשׁ); נַחַל
beckon, *v.t. & i.* רָמַז לְ־, נִעְנַע (בְּיָד, בְּרֹאשׁ), אוֹתֵת
becloud, *v.t. & i.* עִנֵּן, הֵעִיב [עוב], הֶאֱפִיל [אפל]
become, *v.t. & i.* הָיָה לְ־, נַעֲשָׂה [עשה]; הָיָה נָאֶה
becoming, *adj.* יָאֶה, מַתְאִים, הוֹלֵם, רָאוּי
bed, *n.* מִטָּה, מִשְׁכָּב; עֲרוּגָה; אָפִיק
bed, *v.t. & i.* הִשְׁכִּיב [שכב], שָׁכַב (עִם), שָׁתַל (בַּעֲרוּגָה), עָרַג
bedaub, *v.t.* לִכְלֵךְ, טִשְׁטֵשׁ
bedbug, *n.* פִּשְׁפֵּשׁ
bedding, *n.* צָרְכֵי הַמִּטָּה ;רֶבֶד
bedeck, *v.t.* עָדָה, קִשֵּׁט, פֵּאֵר
bedevil, *v.t.* הִתְעוֹלֵל [עלל]
bedlam, *n.* בֵּית מְשֻׁגָּעִים; מְבוּכָה, שָׁאוֹן, רַעַשׁ
bedpan, *n.* עֲבִיט מִטָּה
bedrid, bedridden, *adj.* חוֹלֶה, שׁוֹמֵר מִטָּתוֹ
bedroom, *n.* חֲדַר מִטּוֹת, חֲדַר שֵׁנָה
bedspread, *n.* צִפִּית
bee, *n.* דְּבוֹרָה
beech, *n.* אָשׁוּר
beechen, *adj.* אֲשׁוּרִי, שֶׁמֵּעֵץ הָאָשׁוּר
beechnut, *n.* בַּלּוּט אֲשׁוּרִים
beef, *n.* בְּשַׂר בָּקָר
beefsteak, *n.* אֻמְצָה
beehive, *n.* כַּוֶּרֶת
beer, *n.* בִּירָה, שֵׁכָר
beeswax, *n.* דּוֹנַג
beet, *n.* (often beetroot) לֶפֶת, סֶלֶק
beetle, *n.* חִפּוּשִׁית; מַכּוֹשׁ; פַּטִּישׁ
beetle, *v.i.* בָּלַט, הָיָה סָרוּחַ
befall, *v.t.* קָרָה, אֵרַע, הִתְרַחֵשׁ [רחש]
befit, *v.t. & i.* יָאָה, הָיָה נָאֶה
befitting, *adj.* יָאֶה, הוֹלֵם, מַתְאִים
befog, *v.t.* עִרְבֵּל, כִּסָּה בַּעֲרָפֶל, הֵעִיב [עוב]; בִּלְבֵּל
before, *adv.* תְּחִלָּה, רִאשׁוֹנָה, בָּרִאשׁוֹנָה
before, *prep. & conj.* לִפְנֵי, טֶרֶם, קֹדֶם; לִפְנֵי שֶׁ־, קֹדֶם שֶׁ־
beforehand, *adv.* מֵרֹאשׁ, לְמַפְרֵעַ
befoul, *v.t.* לִכְלֵךְ, טִנֵּף, זִהֵם
befriend, *v.t.* הָיָה רֵעַ, הָיָה יְדִיד, הִתְיַדֵּד [ידד]
beg, *v.t. & i.* בִּקֵּשׁ, פָּשַׁט יָד, חָזַר עַל הַפְּתָחִים; הִפְצִיר [פצר], הִתְחַנֵּן [חנן]
beget, *v.t.* הוֹלִיד [ילד]
beggar, *n.* מְבַקֵּשׁ, קַבְּצָן, פּוֹשֵׁט יָד
beggar, *v.t.* רוֹשֵׁשׁ [ריש]
beggary, *n.* עֲנִיּוּת, קַבְּצָנוּת
begin, *v.t. & i.* הִתְחִיל [תחל]
beginner, *n.* מַתְחִיל
beginning, *n.* הַתְחָלָה, רֵאשִׁית
begrime, *v.t.* לִכְלֵךְ, טִנֵּף, זִהֵם
begrudge, *v.t.* קִנֵּא בְּ־, הָיָה צַר עַיִן
beguile, *v.t.* הוֹנָה [ינה], רִמָּה; לִבֵּב, שִׁעֲשַׁע
behalf, *n.* תּוֹעֶלֶת
on behalf בְּעַד, בְּשֵׁם
behave, *v.t. & i.* הִתְנַהֵג [נהג]
behavior, *n.* נִמּוּס, דֶּרֶךְ אֶרֶץ, הִתְנַהֲגוּת
behead, *v.t.* הֵסִיר [סור] רֹאשׁ, כָּרַת רֹאשׁ, הִתִּיז [נתז] רֹאשׁ, עָרַף

behest, *n.* צַו, פְּקֻדָּה

behind, *adv.* אַחַר־, אַחֲרֵי־, מֵאַחֲרֵי־

behind, *prep.* אָחוֹר, לְאָחוֹר, מֵאָחוֹר

behindhand, *adj. & adv.* מְאֻחָר, מְפַגֵּר

behold, *v.t. & i.* רָאָה, הִתְבּוֹנֵן [בין] בְּ־, שָׁר [שור]

behold, *interj.* רְאֵה!, הַבֵּט!

beholder, *n.* חוֹזֶה, מִתְבּוֹנֵן, מִסְתַּכֵּל

behoof, *n.* שָׂכָר, רֶוַח, תּוֹעֶלֶת, טוֹבָה

being, *n.* הֱיוֹת, מְצִיאוּת יֵשׁוּת, יְקוּם

belabor, *v.t.* הִלְקָה [לקה]; הִשְׁקִיעַ [שקע] עֲבוֹדָה

belate, *v.t.* אִחֵר, עִכֵּב

belated, *adj.* מְאֻחָר

belay, *v.t.* חִזֵּק, כָּרַךְ (בָּאֳנִיָּה)

belch, *n.* גְּהוּק

belch, *v.t. & i.* גִּהֵק

beleaguer, *v.t.* צָר [צור], שָׂם [שים] מָצוֹר עַל, הִקִּיף [נקף]

belfry, *n.* מִגְדַּל פַּעֲמוֹנִים

Belgium, *n.* בֶּלְגְּיָה

belie, *v.t.* כִּזֵּב, הִכְזִיב [כזב]

belief, *n.* אֵמוּן, אֱמוּנָה; דָּת

believable, *adj.* נֶאֱמָן, מְהֵימָן

believe, *v.t. & i.* הֶאֱמִין [אמן]; חָשַׁב, סָבַר

believer, *n.* מַאֲמִין

belittle, *v.t.* הֵקֵל [קלל] בְּ, הִקְטִין [קטן]

bell, *n.* פַּעֲמוֹן, מְצִלָּה, זוֹג, צִלְצוּל

belladonna, *n.* חֵדֶק אַרְסִי

belle, *n.* יְפֵהפִיָּה

belles-lettres, *n. pl.* סִפֹּרֶת, סִפְרוּת יָפָה

bellhop, *n.* נַעַר, שָׁלִיחַ

bellicose, *adj.* שׁוֹאֵף מִלְחָמוֹת, אִישׁ מָדוֹן

bellied, *adj.* כַּרְסְתָן

belligerence, belligerency, *n.* עֲשִׂיַּת מִלְחָמָה, לוֹחֲמוּת

belligerent, *n.* עוֹשֶׂה מִלְחָמָה, (צַד) לוֹחֵם, נִלְחָם

bellow, *n.* גְּעִיָּה

bellow, *v.t. & i.* גָּעָה

bellows, *n. pl.* מַפּוּחַ

belly, *n.* בֶּטֶן, כֶּרֶס, גָּחוֹן

belly, *v.t. & i.* צָבָה, תָּפַח, הִתְנַפֵּחַ [נפח]

bellyache, *n.* כְּאֵב בֶּטֶן, עֲוִית

belong, *v.i.* הָיָה שַׁיָּךְ, הִשְׁתַּיֵּךְ [שיך]

belongings, *n. pl.* רְכוּשׁ, שַׁיָּכִים, כְּבֻדָּה

beloved, *adj.* אָהוּב

below, *adv.* לְמַטָּה, לְהַלָּן, מִלְּמַטָּה, מִתַּחַת

belt, *n.* חֲגוֹרָה, אַבְנֵט, אֵזוֹר

belt, *v.t.* חָגַר, אָזַר

bemoan, *v.t. & i.* הִתְאַבֵּל [אבל], סָפַד, בָּכָה

bench, *n.* סַפְסָל; בֵּית מִשְׁפָּט

bend, *v.t. & i.* כָּפַף, כָּרַע (בֶּרֶךְ); עִקֵּם; דָּרַךְ קֶשֶׁת

bend, *n.* כְּפִיפָה, עֲקִימָה

beneath, *adv. & prep.* תַּחַת, מִתַּחַת, מִלְּמַטָּה

benediction, *n.* בְּרָכָה

benefaction, *n.* חֶסֶד, גְּמִילוּת חֶסֶד

benefactor, *n.* מֵיטִיב, גּוֹמֵל חֶסֶד

benefice, *n.* נַחֲלָה, הַכְנָסָה

beneficial, *adj.* מוֹעִיל, מַכְנִיס רְוָחִים

beneficiary, *n.* יוֹרֵשׁ, נֶהֱנֶה

benefit, *n.* גְּמוּל, תַּגְמוּל, תּוֹעֶלֶת, רֶוַח

benefit, *v.t. & i.* הוֹעִיל [יעל], גָּמַל, זָכָה

benevolence, *n.* נְדִיבוּת, טוּב לֵב

benevolent, *adj.* נָדִיב, טוֹב לֵב

benign, *adj.* רַחוּם, נוֹחַ, נָעִים
benignant, *adj.* לְבָבִי, מְרַחֵם
benignity, *n.* עֲדִינוּת, נֹעַם, רַכּוּת, טָבוּת, טוּב
bent, *adj.* כָּפוּף
bent, *n.* תַּאֲוָה, יֵצֶר
benumb, *v.t.* הִקְהָה [קהה], אִבֵּן
benzene, *n.* בֶּנְזִין
bequeath, *v.t.* הוֹרִישׁ [ירש], צִוָּה
bequest, *n.* יְרֻשָּׁה, עִזָּבוֹן
berate, *v.t.* נָזַף קָשׁוֹת
bereave, *v.t.* שִׁכֵּל, גָּזַל
bereavement, *n.* שְׁכוֹל, אֲבֵדָה, גְּזֵלָה
beret, *n.* כֻּמְתָּה
berry, *n.* תּוּת, גַּרְגֵּר
berth, *n.* מִטָּה, מִשְׁכָּב; תָּא; מַעֲגָן
berth, *v.t.* & *i.* נָתַן תָּא; נָתַן מִטָּה; עָגַן
beseech, *v.t.* הִתְחַנֵּן [חנן]
beseem, *v.i.* הָלַם, יָאָה, הִתְאִים
beset, *v.t.* עִטֵּר, הִקִּיף [נקף]; הִרְגִּיז [רגז], הִפְרִיעַ [פרע] מְנוּחָה
beshrew, *n.* אָרַר, קִלֵּל
beside, *prep.* עַל יַד, אֵצֶל, כְּנֶגֶד
besides, *adv.* & *prep.* מִלְּבַד, חוּץ; גַּם, עוֹד, זוּלַת
besiege, *v.t.* כִּתֵּר, הִקִּיף [נקף], צָר [צור]
besmear, besmirch, *v.t.* לִכְלֵךְ, טִנֵּף, נִבֵּל
besom, *n.* & *v.t.* מַטְאֲטֵא; טֵאטֵא
bespeak, *v.t.* הִזְמִין [זמן], הִתְנָה [תנה]
best, *adj.* מֻבְחָר, הַטּוֹב בְּיוֹתֵר, הַמְעֻלֶּה
best, *n.* מֵיטָב, עִדִּית
best, *adv.* טוֹב מִכֹּל
bestial, *adj.* בַּהֲמִי, אַכְזָרִי, תַּאַוְתָנִי
bestiality, *n.* בַּהֲמִיּוּת
bestir, *v.t.* הֵנִיעַ [נוע], הִתְנוֹעֵעַ, זֵרֵז

best man, *n.* שׁוֹשְׁבִין
bestow, *v.t.* הֶעֱנִיק [ענק], נָתַן
bestowal, *n.* נְתִינָה, מַתָּנָה, הַעֲנָקָה
bestride, *v.t.* רָכַב עַל
bet, *n.* הִתְעָרְבוּת, הִמּוּר
bet, *v.t.* & *i.* הִתְעָרֵב [ערב], הִמְרָה [מרה]
betoken, *v.t.* רָמַז, הוֹרָה [ירה], בִּשֵּׂר, נִבָּא
betray, *v.t.* בָּגַד, גִּלָּה סוֹד
betrayal, *n.* בְּגִידָה, מַעַל, בֶּגֶד, גִּלּוּי סוֹד
betroth, *v.t.* אֵרַשׂ, אָרַס, קִדֵּשׁ אִשָּׁה
betrothal, *n.* אֵרוּסִים, כְּלוּלוֹת
betrothed, *adj.* אָרוּס
better, bettor, *n.* מִתְעָרֵב, מְהַמֵּר
better, *adj.* & *adv.* טוֹב יוֹתֵר, מוּטָב
better, *v.t.* & *i.* הֵטִיב [טוב], שִׁפֵּר, הִשְׁבִּיחַ [שבח]
betterment, *n.* הֲטָבָה, שִׁפּוּר, הַשְׁבָּחָה
between, betwixt, *adv.* & *prep.* בְּאֶמְצַע, בֵּין
bevel, *n.* מַזְוִית; זָוִית מְשֻׁפַּעַת
bevel, *v.t.* מָדַד זָוִיּוֹת, שִׁפַּע
beverage, *n.* מַשְׁקֶה, שִׁקּוּי
bevy, *n.* קְבוּצָה, סִיעָה, לַהֲקָה, מַחֲנֶה
bewail, *v.t.* & *i.* הִתְאַבֵּל [אבל], סָפַד, בָּכָה, הִתְיַפֵּחַ [יפח]
beware, *v.i.* נִזְהַר [זהר], נִשְׁמַר [שמר]
bewilder, *v.t.* בִּלְבֵּל, הֵבִיא בִּמְבוּכָה
bewilderment, *n.* בִּלְבּוּל, מְבוּכָה, עִרְבּוּבְיָה
bewitch, *v.t.* כִּשֵּׁף, הִקְסִים [קסם]
beyond, *adv.* מֵאֲחוֹרֵי, מֵעֵבֶר לְ־, הָלְאָה, מֵרָחוֹק
biannually, *adv.* פַּעֲמַיִם בַּשָּׁנָה
bias, *n.* מִשְׁפָּט קָדוּם, מַשּׂוֹא פָּנִים
bias, *v.t.* הִטָּה [נטה] לֵב, שִׁחֵד

bib, *n.* מַפִּית לְתִינוֹק
Bible, *n.* כִּתְבֵי הַקֹּדֶשׁ, תַּנַ"ךְ
Biblical, *adj.* תְּנָ"כִי
bibliographic, bibliographical, *adj.* סִפְרָאִי
bibliography, *n.* סִפְרָאוּת
bicarbonate, *n.* דּוּ־פַּחְמָה
biceps, *n.* קִבֹּרֶת
bicker, *v.i.* הִתְקוֹטֵט [קטט], רָב [ריב]
bicycle, *n.* & *v.i.* אוֹפַנַּיִם; אָפַן
bicyclist, *n.* אוֹפַנָּן
bid, *n.* מִצְוָה, הַצָּעָה, מִכְרָז
bid, *v.t.* & *i.* צִוָּה, הִצִּיעַ [יצע]
bidder, *n.* מְצַוֶּה, מַצִּיעַ
bide, *v.t.* & *i.* גָּר [גור], יָשַׁב, שָׁכַן; חִכָּה
biennial, *n.* דּוּ־שְׁנָתִי
bier, *n.* מִטַּת (אֲרוֹן) מֵתִים, קֶבֶר
big, *adj.* גָּדוֹל, רָחָב, מָלֵא, כַּבִּיר
bigamist, *n.* בַּעַל שְׁתֵּי נָשִׁים, נְשׂוּאָה לִשְׁנַיִם
bigamous, *adj.* שֶׁל נִשּׂוּאֵי כֶּפֶל
bigamy, *n.* נִשּׂוּאֵי כֶּפֶל
bigness, *n.* גֹּדֶל, גְּדֻלָּה, גַּדְלוּת
bigot, *n.* צָבוּעַ, מִתְחַסֵּד, עַקְשָׁן, קַנַּאי
bigoted, *adj.* קַנַּאי
bigotry, *n.* קַנָּאוּת, חֹסֶר סוֹבְלָנוּת
bike, *n.* אוֹפַנַּיִם
bilateral, *adj.* דּוּ־צְדָדִי, בַּעַל שְׁנֵי צְדָדִים
bile, *n.* מָרָה; מָרָה שְׁחוֹרָה
bilge, *n.* שִׁפּוּלַיִם, בֶּטֶן אֳנִיָּה, בֶּטֶן חָבִית
bilingual, *adj.* דּוּ־לְשׁוֹנִי
bilious, *adj.* מְרֵרָתִי, שֶׁל מַחֲלַת הַמָּרָה, כַּעֲסָנִי, רַגְזָנִי
bill, *n.* מַקּוֹר, חַרְטֹם; שְׁטָר, שְׁטָר חוֹב; חֶשְׁבּוֹן; גַּרְזֶן; חוֹד הָעֹגֶן
bill, *v.t.* & *i.* הוֹדִיעַ [ידע], הִכְרִיז [כרז]; הִתְנַשֵּׁק [נשק], הִתְעַלֵּס [עלס]
billboard, *n.* לוּחַ מוֹדָעוֹת; יְצוּעַ הָעֹגֶן
billet, *n.* פִּתְקָה, פִּתְקַת לִינָה, מְקוֹם לִינָה
billet, *v.t.* & *i.* אִכְסֵן, הִתְאַכְסֵן [אכסן]
billfold, *n.* אַרְנָק
billiards, *n.* כַּדּוּר מַטֶּה, בִּלְיַרְד
billion, *n.* בִּלְיוֹן
billow, *n.* מִשְׁבָּר (גַּל), נַחְשׁוֹל
bimonthly, *adj.* דּוּ־חָדְשִׁי
bin, *n.* מְגוּרָה, קֻפָּה
bind, *v.t.* & *i.* קָשַׁר, צָרַר; חָבַשׁ (פֶּצַע); כָּרַךְ (סֵפֶר)
binder, *n.* כּוֹרֵךְ סְפָרִים; מְאַלֵּם (בַּיָּד); מְאַלֶּמֶת
bindery, *n.* כְּרִיכִיָּה
binding, *n.* כְּרִיכָה (סְפָרִים); קִשּׁוּר; אִלּוּם
binoculars, *n. pl.* מִשְׁקֶפֶת
biography, *n.* תּוֹלְדוֹת חַיֵּי אָדָם
biographic, biographical, *adj.* תּוֹלְדִי
biologist, *n.* בָּקִי בְּתוֹרַת הַחַיִּים
biology, *n.* תּוֹרַת הַחַיִּים
bipartisan, *adj.* דּוּ־מִפְלַגְתִּי
birch, *n.* & *v.t.* עֵץ הַבְּתוּל, לִבְנֶה; שֵׁבֶט; יִסֵּר, שָׁבַט
bird, *n.* & *v.t.* צִפּוֹר, עוֹף; לָכַד צִפֳּרִים; זִהָה צִפֳּרִים
birth, *n.* לֵדָה; מוֹצָא, מָקוֹר
birth control, *n.* הַגְבָּלַת הַיְלָדָה
birthday, *n.* יוֹם הֻלֶּדֶת
birthmark, *n.* סִמָּן מִלֵּדָה
birthplace, *n.* מוֹלֶדֶת, מְכוֹרָה
birthright, *n.* בְּכוֹרָה
biscuit, *n.* נִקּוּד, בִּסְקְוִיט, רָקִיק
bisect, *v.t.* חָצָה, תִּוֵּךְ, נִתַּח

bisection, *n.* חֲצָיָה, מִצּוּעַ, נְתִיחָה
bisector, *n.* חוֹצֶה, נַתְּחָן
bisexual, *adj.* דּוּ־מִינִי
bishop, *n.* הֶגְמוֹן, בִּישׁוֹף
bismuth, *n.* מַרְקָשִׁית
bison, *n.* יַחְמוּר
bit, *n.* חֲתִיכָה, מִקְצָת; עַקְרָב שֶׁל רֶסֶן; שֵׁן שֶׁל כֵּלִים, חָף
bitch, *n.* כַּלְבָּה; זְאֵבָה; פְּרוּצָה
bite, *n.* נְשִׁיכָה; פֶּצַע; לְגִימָה
bite, *v.t. & i.* נָשַׁךְ, הִכִּישׁ [נכש]
bitter, *adj.* מַר, חָרִיף; מַר נֶפֶשׁ
bitterness, *n.* מְרִירוּת, חֲרִיפוּת
bitumen, *n.* חֵמָר, זֶפֶת, כֹּפֶר
bivouac, *n.* מַחֲנֶה (אֲרָעִי)
bivouac, *v.i.* חָנָה
biweekly, *adj. & n.* דּוּ־שָׁבוּעִי; דּוּ־שָׁבוּעוֹן
bizarre, *adj.* מְשֻׁנֶּה, מוּזָר
blab, *v.t. & i.* פִּטְפֵּט
black, *n.* שְׁחוֹר, שָׁחוֹר
black, *adj.* שָׁחוֹר, אָפֵל
blackbird, *n.* קִיכְלִי, טֶרֶד
blackboard, *n.* לוּחַ
blacken, *v.t.* הִשְׁחִיר [שחר], פִּחֵם
black list רְשִׁימָה שְׁחוֹרָה
blackmail, *n.* סַחְטָנוּת, אִיּוּם
blackmail, *v.t.* אִיֵּם, הוֹצִיא [יצא] דִּבָּה
black market, *n.* שׁוּק שָׁחוֹר
blackness, *n.* שְׁחוֹר, שַׁחֲרוּת
blackout, *n.* אִפּוּל, הַאֲפָלָה; אִבּוּד הַכָּרָה
blacksmith, *n.* נַפָּח, חָרַשׁ בַּרְזֶל
bladder, *n.* שַׁלְפּוּחִית (הַשֶּׁתֶן)
blade, *n.* סַכִּין גִּלּוּחַ, לַהַב (סַכִּין); עָלֶה (עֵשֶׂב)
blain, *n.* כִּיב, אֲבַעְבּוּעָה

blame, *n.* אַשְׁמָה, הַאֲשָׁמָה
blame, *v.t.* הֶאֱשִׁים [אשם]
blameless, *adj.* נָקִי, חַף מִפֶּשַׁע
blanch, *v.t. & i.* הִלְבִּין [לבן], חִוֵּר
bland, *adj.* אָדִיב, עָדִין, רַךְ
blandishment, *n.* חֲנִיפָה
blank, *adj.* לָבָן, חָלָק (בִּלְתִּי כָּתוּב); נִדְהַם, עָקָר, פָּשׁוּט
blank, *n.* חָלָל; נְיָר חָלָק
blanket, *n.* שְׂמִיכָה, מַעֲטֶה
blankness, *n.* רֵיקוּת; לֹבֶן; חֲלָקוּת
blare, *n., v.t. & i.* תְּרוּעָה, קוֹל חֲצוֹצְרָה; חִצְצֵר
blaspheme, *v.t. & i.* קִלֵּל, חֵרַף, גִּדֵּף
blasphemy, *n.* חֵרוּף, גִּדּוּף
blast, *n. & v.t.* צְפִירָה, הִתְפּוֹצְצוּת; תְּקִיעָה; פּוֹצֵץ
blatant, *adj.* הוֹמֶה, רוֹעֵשׁ
blaze, *n., v.t. & i.* אֵשׁ לֶהָבָה; הִתְפָּרְצוּת; לָהַט, בָּעַר; צִיֵּן שְׁבִיל
bleach, *v.t. & i.* לִבֵּן; הִדְהָה [דהה]
bleach, *n.* דִּהוּי, דְּהִיָּה
bleak *adj.* עָצוּב, קַר, רֵיק
blear, *adj.* טָרוּט, כֵּהֶה, עָמוּם
bleat, *v.i. & n.* גָּעָה, פָּעָה; גְּעִיָּה, פְּעִיָּה
bleed, *v.i.* שָׁתַת (אִבֵּד)דָּם
bleeding, *n.* דִּמּוּם
blemish, *n.* מוּם, פְּגָם
blemish, *v.t.* נִבֵּל, לִכְלֵךְ
blend, *n.* מִמְזָג, תַּעֲרֹבֶת
blend, *v.t. & i.* עִרְבֵּב, מָזַג; הִתְעַרְבֵּב [ערבב], הִתְמַזֵּג [מזג]
bless, *v.t.* בֵּרַךְ
blessed, blest, *adj.* בָּרוּךְ; מְבֹרָךְ
blessing, *n.* בְּרָכָה, אֹשֶׁר
blight, *n.* שִׁדָּפוֹן, כִּמְשׁוֹן, יֵרָקוֹן

blight, *v.t. & i.* שָׁדַף; הִשְׁתַּדֵּף [שדף]
blind, *adj.&n.* עִוֵּר, סוּמָא; וִילוֹן, תְּרִיס
blind, *v.t.* עִוֵּר, סִמֵּא
blinder, *n.* אֲפֵר (סְכֵי עֵינַיִם לַסּוּס)
blindfold, *v.t.* כִּסָּה (עֵינַיִם)
blindness, *n.* עִוָּרוֹן; קַלּוּת דַּעַת
blink, *n.* קְרִיצַת עַיִן
blink, *v.t. & i.* קָרַץ עַיִן
bliss, *n.* אֹשֶׁר, בְּרָכָה, תַּעֲנוּג
blissful, *adj.* מְאֻשָּׁר, עָרֵב
blister, *n.* אֲבַעְבּוּעָה
blister, *v.t. & i.* הוֹצִיא [יצא] אֲבַעְבּוּעָה
blithe, *adj.* שָׂמֵחַ, עַלִּיז
blithesome, *adj.* שָׂמֵחַ, עַלִּיז
blizzard, *n.* סְעָרַת שֶׁלֶג
bloat, *v.t. & i.* הִתְנַפֵּחַ [נפח], מִלֵּא (מַיִם, אֲוִיר), הִצְבָּה [צבה]; עִשֵּׁן (יִבֵּשׁ) דָּגִים
block, *n.* בּוּל עֵץ; מִכְשׁוֹל, מַעְצוֹר; אִמּוּם (נַעַל); רֹבַע (עִיר)
block, *v.t.* חָסַם, עִכֵּב; אִמֵּם (נַעַל)
blockade, *n.* מָצוֹר, הֶסְגֵּר
blockade, *v.t.* צָר, סָגַר, חָסַם
blockhead, *n.* טִפֵּשׁ, בַּעַר
blond, blonde, *adj.* צָהֹב, (שֵׂעָר)
blood, *n.* & *v.t.* דָּם; גֶּזַע, מוֹצָא; הִקִּיז [נקז] דָּם
blood clot, *n.* קְרִישׁ (חֲרָרַת) דָּם
blooded, *adj.* טוֹב הַגֶּזַע
bloodhound, *n.* כֶּלֶב (צַיִד) גַּשּׁוֹשׁ
blood pressure לַחַץ דָּם
bloodshed, *n.* שְׁפִיכַת דָּמִים
bloodsucker, *n.* עֲלוּקָה
bloody, *adj.* דָּמִי; אַכְזָר
bloom, *n.* צִיץ, פְּרִיחָה; אֵב
bloom, *v.i.* פָּרַח, הִפְרִיחַ [פרח], צָץ [צוץ]
blooming, *adj.* פּוֹרֵחַ; מַזְהִיר
blossom, *n.* פֶּרַח, נִצָּן
blot, *n.* כֶּתֶם; חֶרְפָּה
blot, *v.t.* כָּתַם; לִכְלֵךְ; סָפַג
blotch, *n.* כֶּתֶם
blotter, *n.* מַסְפֵּג
blouse, *n.* חֲלִיקָה, חֻלְצָה
blow, *n.* מַכָּה, אָסוֹן; תְּקִיעָה; פְּרִיחָה
blow, *v.i. & t.* נָשַׁב; תָּקַע (שׁוֹפָר); שָׁרַק (בְּמַשְׁרוֹקִית); נָפַח; גֵּרֵף (הָאַף) הִמְלִיט [מלט] בֵּיצִים (הַזְּבוּב); לִבְלֵב, פָּרַח
bludgeon, *n.* מַקֵּל עָבֶה
blue, *adj.* כָּחֹל, תָּכֹל; עָגוּם
blue, *n.* תְּכֵלֶת (שָׁמַיִם); כְּחֹל (יָם); כַּחַל (כְּבִיסָה)
bluebell, *n.* פַּעֲמוֹנִית כְּחֻלָּה
blueberry, *n.* אֻכְמָנִיָּה
blueprint, *n.* תָּכְנִית (תְּכֵלֶת), הֶעְתֵּק
bluet, *n.* דַּגְנִיָּה
bluish, *adj.* כְּחַלְחַל
bluff, *adj.* מְשֻׁפָּע, תָּלוּל; נִמְרָץ
bluff, *n.* שׁוּנִית (שֵׁן סֶלַע); אֲחִיזַת עֵינַיִם, הַטְעָיָה
bluff, *v.t.* רִמָּה, הִתְעָה [תעה]
blunder, *n.* שְׁגִיאָה, מִשְׁגֶּה, טָעוּת
blunder, *v.t. & i.* שָׁגָה, טָעָה
blunderbuss, *n.* שׁוֹטֶה, כְּסִיל
blunt, *adj.* קֵהֶה; שׁוֹטֶה, עַז פָּנִים
blunt, *v.t.* הִקְהָה [קהה], טִמְטֵם
bluntness, *n.* קֵהוּת, אֱוִילוּת
blur, *n.* טִשְׁטוּשׁ, עִמְעוּם
blur, *v.t.* טִשְׁטֵשׁ, עִמְעֵם
blurt, *v.t.* גִּלָּה מִתּוֹךְ פִּטְפּוּט
blush, *v.t. & i.* חִכְלֵל, הִתְאַדֵּם [אדם], הִסְתַּמֵּק [סמק]
blush, *n.* בּוּשָׁה; סֹמֶק

bluster, *n.* רֶגֶשׁ, סְעָרָה, רַהַב

bluster, *v.t.* & *i.* סָעַר, רָגַשׁ; הִתְמַרְמֵר

boa constrictor, *n.* נָחָשׁ בָּרִיחַ, חַנָּק

boar, *n.* חֲזִיר בָּר

board, *n.* קֶרֶשׁ; אֹכֶל; מְסִבָּה, מוֹעֵצָה, וַעַד

board, *v.t.* & *i.* נָתַן אֲרוּחָה; עָלָה עַל אֳנִיָּה אוֹ רַכֶּבֶת; כִּסָּה בִּקְרָשִׁים

boarder, *n.* מִתְאַכְסֵן בְּאֵשֶׁ״ל

boardinghouse, *n.* אֵשֶׁ״ל, פֶּנְסְיוֹן

boarding school *n,* פְּנִימִיָּה

boarish, *adj.* גַּס

boardwalk, *n.* טַיֶּלֶת קְרָשִׁים

boast, *n.* הִתְגָּאוּת, הִתְפָּאֲרוּת

boast, *v.t.* & *i.* הִתְגָּאָה [גאה], הִתְפָּאֵר [פאר], הִתְיַהֵר [יהר]

boaster, *n.* יָהִיר, מִתְפָּאֵר

boastful, *adj.* שַׁחְצָנִי, גַּאַוְתָן

boat, *n.* סִירָה, אֳנִיָּה, סְפִינָה

boat, *v.t.* & *i.* שָׁט [שוט] בְּסִירָה, הִפְלִיג [פלג] בְּסִירָה

boathouse, *n.* בֵּית סִירוֹת

boating, *n.* סִירָאוּת

boatman, boatsman, *n.* סִירַאי

bob, *n.* אֶשְׁכּוֹל; פִּתָּיוֹן; הֲנָעַת רֹאשׁ; מַכַּת־יָד; תִּסְפֹּרֶת קְצָרָה

bob, *v.t.* & *i.* נִדְנֵד; קִצֵּר שְׂעָרוֹת; צָד [צוד] דָּגִים

bobbin, *n.* אַשְׁוָה, פְּקַעַת חוּטִים

bobtail, *n.* קְצַר זָנָב

bobwhite, *n.* שְׂלָו אֲמֵרִיקָנִי

bode, *v.t.* & *i.* נִבָּא

bodement, *n.* נְבוּאָה, בְּשׂוֹרָה

bodice, *n.* חֲזִיָּה, מָחוֹךְ

bodily, *adj.* & *adv.* גּוּפָנִי, בְּגוּפוֹ

body, *n.* גּוּף, גְּוִיָּה; עֶצֶם; מֶרְכָּב (מְכוֹנִית); גֶּרֶם (הַשָּׁמַיִם)

bodyguard, *n.* שׁוֹמֵר, שׁוֹמֵר רֹאשׁ

bog, *n.* בִּצָּה

bogey, *n.* רוּחַ, שֵׁד

bogus, *adj.* מְזֻיָּף

boil, *n.* חַבּוּרָה

boil, *v.t.* רָתַח, בִּשֵּׁל, שָׁלַק (בֵּיצִים)

boiler, *n.* דּוּד

boisterous, *adj.* עַז, סוֹעֵר, קוֹלָנִי, צַעֲקָנִי

bold, *adj.* מַרְהִיב, מֵעֵז, חָצוּף

boldly, *adv.* בְּהֶעָזָה

boldness, *n.* עֹז, הֶעָזָה, חֻצְפָּה

bole, *n.* גֶּזַע שֶׁל עֵץ

boll, *n.* תַּרְמִיל (צֶמַח)

bolster, *n.* כַּר, כֶּסֶת

bolster, *v.t.* סָמַךְ

bolt, *n.* בְּרִיחַ, יָתֵד, אֶטֶב, חֵץ

bolt, *v.t.* & *i.* הִבְרִיחַ [ברח] (בְּרִיחַ הַדֶּלֶת); בָּרַח (סוּס), יָרָה (חֵץ)

bomb, *n.* פְּצָצָה, פָּגָז; מַרְסֵס

bomb, *v.t.* בָּזַק, הִפְצִיץ [פצץ], הִרְעִישׁ [רעש]

bombardment, *n.* הַפְצָצָה, הַפְגָּזָה, בַּרְעָשָׁה, הַתְקָפָה קָשָׁה

bombast, *n.* גִּבּוּב דְּבָרִים, סְרְבּוּל

bomber, *n.* מַפְצִיץ; רַמָּן

bombing, *n.* הַפְצָצָה

bona fide, *adj.* & *adv.* נֶאֱמָן

bond, *n.* קֶשֶׁר; שְׁבִיָּה (סֹהַר); שְׁטָר (אִגֶּרֶת) חוֹב; עֵרָבוֹן; הִתְקַשְּׁרוּת

bondage, *n.* עַבְדוּת, שֶׁבִי, הִשְׁתַּעְבְּדוּת

bone, *n.* עֶצֶם, גֶּרֶם

bone, *v.t.* הוֹצִיא [יצא] עֲצָמוֹת; נִקֵּר

bonfire, *n.* מְדוּרָה, מוֹקֵד, מַשּׂוּאָה

bonnet, *n.* מִצְנֶפֶת

bonus, *n.* הַעֲנָקָה, תּוֹסֶפֶת

booby, *n.* גֹּלֶם, כְּסִיל

boodle, *n.* שַׁלְמוֹן, שֹׁחַד

book, *n.* סֵפֶר
bookbinder, *n.* כּוֹרֵךְ
bookbinding, *n.* כְּרִיכָה
bookcase, *n.* כּוֹנָנִית, אֲרוֹן סְפָרִים
bookkeeper, *n.* עוֹרֵךְ חֶשְׁבּוֹן, פִּנְקְסָן
bookkeeping, *n.* עֲרִיכַת חֶשְׁבּוֹן, פִּנְקְסָנוּת
booklet, *n.* חוֹבֶרֶת, סֵפֶר קָטָן, סִפְרוֹן
bookmaker, *n.* מְחַבֵּר סְפָרִים; סוֹכֵן לְהִמּוּרִים
bookmark, *n.* סִימָנִיָּה
bookseller, *n.* מוֹכֵר סְפָרִים
bookshelf, *n.* מַדַּף סְפָרִים
bookstand, *n.* בִּיתָן סְפָרִים, דּוּכַן סְפָרִים
bookworm, *n.* מְקַק (בִּסְפָרִים); אוֹהֵב סְפָרִים
boom, *n.* עֲלִיָּה פִּתְאוֹמִית (מְחִירִים); שִׂגְשׂוּג; שָׁאוֹן; קוֹרָה, מוֹט, מָנוֹר
boom, *v.t. & i.* רָעַשׁ, זִמְזֵם; שִׂגְשֵׂג
boon, *adj.* מֵיטִיב, עַלִּיז
boon, *n.* טוֹבָה, בְּרָכָה
boor, *n.* בּוּר, בַּעַר
boorish, *adj.* גַּס, בּוּר
boot, *n.* נַעַל; מוּק, מַגָּף
boot, *v.t.* נָעַל מַגָּפַיִם
bootblack, *n.* מְצַחְצֵחַ נַעֲלַיִם
booth, *n.* סֻכָּה, בִּיתָן
bootlegger, *n.* מַבְרִיחַ מַשְׁקָאוֹת
booty, *n.* שָׁלָל, מַלְקוֹחַ, בִּזָּה
booze, *n.* מַשְׁקֶה חָרִיף, שֵׁכָר
border, *n.* גְּבוּל, תְּחוּם
border, *v.t.* גָּבַל, עָשָׂה שָׂפָה
bore, *n.* מְשַׁעֲמֵם; קֹטֶר, רֹחַב הַחוֹר (שֶׁל הָרוֹבֶה); מִשְׁבַּר גֵּאוּת הַיָּם
bore, *v.t. & i.* קָדַח, נָקַב; הִטְרִיד [טרד], שִׁעֲמֵם
boredom, *n.* שִׁעֲמוּם
borer, *n.* קַדָּח, מַקְדֵּחַ, מַרְצֵעַ, נוֹקֵב, נוֹבֵר
boric acid חֻמְצַת בֹּר
boring, *n. & adj.* קִדּוּחַ; מְשַׁעֲמֵם
born, *adj.* נוֹלָד
borough, *n.* שְׁכוּנָה, עֲיָרָה, חֵלֶק עִיר
borrow, *v.t.* שָׁאַל, לָוָה
borrower, *n.* שׁוֹאֵל, לֹוֶה
bosom, *adj.* קָרוֹב, אָהוּב
bosom, *n.* חֵיק, חָזֶה
boss, *n.* מְנַהֵל; מַשְׁגִּיחַ; אָדוֹן; בַּעַל בַּיִת; מַטְבַּעַת; גַּבְשׁוּשִׁית
boss, *v.t.* נִהֵל; הִדְרִיךְ [דרך], רָדָה; קִשֵּׁט בְּפִתּוּחִים
botanic, botanical *adj.* שֶׁל תּוֹרַת הַצְּמָחִים, צִמְחִי
botanist, *n.* צִמְחָאִי
botanize, *v.t.* אָסַף צְמָחִים
botany, *n.* צִמְחָאוּת, תּוֹרַת הַצְּמָחִים
botch, *n.* עֲבוֹדָה פְּשׁוּטָה, טְלַאי
botch, *v.t.* הִטְלִיא [טלא], הִשְׁחִית [שחת]
both, *adj., pron. & conj.* שְׁנֵיהֶם, שְׁתֵּיהֶן, יַחַד
bother, *n.* טְרָדָה, טֹרַח
bother, *v.t. & i.* הִטְרִיד [טרד], הִטְרִיחַ [טרח]
bottle, *n.* בַּקְבּוּק, קַנְקַן
bottle, *v.t.* מִלֵּא בַּקְבּוּקִים
bottleneck, *n., v.t. & i.* צַוַּאר בַּקְבּוּק (מַעֲצוֹר תְּנוּעָה); עָצַר תְּנוּעַת מְכוֹנִיּוֹת
bottom, *n.* יַשְׁבָן; שְׁמָרִים; קַעַר הָאֳנִיָּה; מְצֻלָּה; קַרְקָעִית, עֹמֶק, תַּחְתִּית
bottomless, *adj.* לְלֹא קַרְקָעִית, בְּלִי סוֹף
bough, *n.* עָנָף, סַרְעַפָּה

boulder, *n.* אֶבֶן כָּתֵף
boulevard, *n.* שְׂדֵרָה, שְׂדֵרַת עֵצִים
bounce, *v.t. & i.* קִפֵּץ
bounce, *n.* קְפִיצָה; הִתְפָּאֲרוּת
bound, *adj.* אָסוּר, קָשׁוּר; חַיָּב, מְחֻיָּב
bound, *n.* גְּבוּל
bound, *v.t. & i.* גָּבַל, הִגְבִּיל [גבל], קָצַב; נָתַר, קִפֵּץ
boundary, *n.* גְּבוּל, תְּחוּם
boundless, *adj.* בְּלִי גְּבוּל
bountiful, *adj.* נָדִיב, נִמְצָא בְּשֶׁפַע
bounty, *n.* נְדִיבוּת; חֶסֶד; מַתַּת, פְּרָס
bouquet, *n.* זֵר (פְּרָחִים); בֹּשֶׂם (הַיַּיִן)
bourn, bourne, *n.* מָחוֹז, מַטָּרָה; יוּבַל
bout, *n.* תִּגְרָה, הִתְחָרוּת, הַמְרָאָה
bow, *n.* הִשְׁתַּחֲוָיָה, הַרְכָּנַת רֹאשׁ; חַרְטוֹם אֳנִיָּה; קֶשֶׁת
bow tie עֲנִיבַת „פַּרְפַּר"
bow, *v.t. & i.* הִשְׁתַּחֲוָה [שחה], הִרְכִּין [רכן] רֹאשׁ; דָּרַךְ קֶשֶׁת; נִגֵּן בְּקֶשֶׁת
bowels, *n. pl.* מֵעַיִם, קְרָבַיִם
bower, *n.* סֻכָּה; עֹגֶן חַרְטוֹם
bowl, *n.* מִזְרָק, קְעָרָה
bowling, *n.* כַּדֹּרֶת
bowling alley מִשְׁעוֹל כַּדֹּרֶת
bowman, *n.* קַשָּׁת
box, *n.* תֵּבָה, קֻפְסָה, אַרְגָּז; תָּא; מַכַּת אֶגְרוֹף, סְטִירָה
box, *v.t. & i.* סָטַר, הִתְאַגְרֵף [אגרף]; שָׂם [שים] בְּתֵבָה
boxer, *n.* מִתְאַגְרֵף, אֶגְרוֹפָן
boxing, *n.* הִתְאַגְרְפוּת, אִגְרוּף; אֲרִיזָה בְּתֵבוֹת
boxing gloves כְּפָפוֹת אֶגְרוֹף
box office קֻפַּת כַּרְטִיסִים
boy, *n.* יֶלֶד, נַעַר; מְשָׁרֵת
boycott, *n.* חֵרֶם, הַחְרָמָה
boycott, *v.t.* הֶחֱרִים [חרם]
boyhood, *n.* יַלְדוּת, נְעוּרִים
boyish, *adj.* יַלְדוּתִי
boyishness, *n.* יַלְדוּתִיּוּת
brace, *n.* אֶדֶק; אֶגֶד; מַקְדֵּחַ; זוּג
brace, *v.t.* קָשַׁר; חִזֵּק; הִדֵּק; הִתְעוֹדֵד
bracelet, *n.* אֶצְעָדָה, צָמִיד
braces, *n. pl.* כְּתֵפִיּוֹת, מוֹשְׁכוֹת (שֶׁל מִכְנָסַיִם)
bracket, *n.* זִיז, מִשְׁעָן; סוֹגֵר, אָרִיחַ
bracket, *v.t.* סָגַר בַּחֲצָאֵי לְבֵנָה
brackets, *n. pl.* סוֹגְרַיִם, אֲרִיחַיִם
brackish, *adj.* מְמֻלָּח, מָלוּחַ; תָּפֵל
brad, *n.* מַסְמֵר
brag, *n.* הִתְפָּאֲרוּת
brag, *v.i.* הִתְפָּאֵר [פאר]
braid, *n.* מִקְלַעַת; צַמָּה
braid, *v.t.* שָׂרַג, קָלַע
Braille, *n.* כְּתָב עִוְרִים, כְּתָב בְּרַיִל
brain, *n.* מֹחַ; שֶׂכֶל, בִּינָה
brainless, *adj.* חֲסַר דַּעַת
brainy, *adj.* מֹחָן, שִׂכְלִי, שָׁנוּן
braise, *v.t.* צָלָה
brake, *n.* מַעֲצֵר, בֶּלֶם
brake, *v.t.* בִּלֵּם
brakeman, *n.* בַּלְמָן (בָּרַכֶּבֶת)
bramble, *n.* אָטָד, חוֹחַ
bran, *n.* סֻבִּין
branch, *n.* עָנָף; סְנִיף
branch, *v.t.* הִסְתַּעֵף [סעף]
brand, *n.* אוּד, אֵשׁ; אֵיכוּת; מִין; אוֹת קָלוֹן
brand, *v.t.* הִתְוָה [תוה], כָּוָה (בְּבַרְזֶל מְלֻבָּן)
brandish, *v.t.* נוֹפֵף [נוף] חֶרֶב
brandy, *n.* יֵין שָׂרָף, יֵי"שׁ
brass, *n.* נְחשֶׁת קָלָל
brass, *v.t.* צִפָּה נְחשֶׁת

brassière, *n.* חֲזִיָּה
brassy, *adj.* נְחָשְׁתִּי; חָצוּף, עַז פָּנִים
brat, *n.* יֶלֶד, עֲוִיל
brave, *adj.* אַמִּיץ, גִּבּוֹר, עַז
brave, *v.t.* הִתְגַּבֵּר [גבר] עַל, הָיָה אַמִּיץ
bravery, *n.* אֹמֶץ, גְּבוּרָה
bravo, *interj.* הֵידָד
brawl, *n.* רִיב, קְטָטָה
brawl, *v.i.* רָב [ריב]
brawn, *n.* חֹזֶק; בְּשַׂר חֲזִיר
bray, *n.* נְעִירָה (שֶׁל חֲמוֹר), נְהִיקָה
braze, *v.t.* צִפָּה בִּנְחֹשֶׁת
brazen, *adj.* נְחָשְׁתִּי; חָצוּף
brazier, *n.* אָח, כִּיּוֹר, כַּנּוֹן
breach, *n.* שֶׁבֶר, סֶדֶק, פֶּרֶץ
breach, *v.t.* שָׁבַר, בָּקַע, פָּרַץ
bread, *n.* לֶחֶם, כִּכַּר לֶחֶם, פַּת לֶחֶם
breadth, *n.* רֹחַב
break, *n.* שֶׁבֶר
break, *v.t.* שָׁבַר; פִּצַּח (אֱגוֹזִים); גָּרַם (עֲצָמוֹת); פָּרַס (לֶחֶם); חִלֵּל (שְׁבוּעָה); הֵפֵר [פרר] (חוֹק)
breakable, *adj.* שָׁבִיר, פָּרִיךְ
breakage, *n.* שִׁבָּרוֹן, שְׁבִירָה
breakdown, *n.* קִלְקוּל
breaker, *n.* מִשְׁבָּר (גַּל); מְאַלֵּף סוּסִים
breakfast, *n.* פַּת שַׁחֲרִית, אֲרֻחַת בֹּקֶר
breakfast, *v.t.* אָכַל אֲרֻחַת הַבֹּקֶר
breakwater, *n.* סֶכֶר, שׁוֹבֵר גַּלִּים
breast, *n.* חָזֶה, שַׁד
breast stroke, *n.* מְחִי (שְׂחִיַּת) חָזֶה
breath, *n.* נְשִׁימָה, הֶבֶל
breathe, *v.t.* & *i.* נָשַׁם
breathless, *adj.* קְצַר נְשִׁימָה, עָיֵף
breeches, *n. pl.* מִכְנְסֵי רְכִיבָה
breed, *n.* גִּדּוּל, תּוֹלָדָה, גֶּזַע
breed, *v.t.* & *i.* גִּדֵּל, יָלַד, נוֹלַד [ילד]
breeder, *n.* מְגַדֵּל
breeding, *n.* גִּדּוּל; נִמּוּס
breeze, *n.* רוּחַ קַל, רוּחַ חֲרִישִׁית, רוּחַ צַח; זְבוּב סוּסִים; קְטָטָה; אַשְׁפָּה
breezy, *adj.* אַוְרִירִי, רוּחִי; פָּזִיז
brethren, *n. pl.* אַחִים
breviary, *n.* סִדּוּר תְּפִלּוֹת (בַּכְּנֵסִיָּה הַקָּתוֹלִית)
brevity, *n.* קִצּוּר
brew, *v.t.* בִּשֵּׁל שֵׁכָר; חִבֵּל
brewer, *n.* סוֹדָנִי
brewery, *n.* סוֹדָנִיָּה
briar, *v.* brier
bribe, *n.* שֹׁחַד
bribe, *v.t.* & *i.* שִׁחֵד, נָתַן שֹׁחַד
bribery, *n.* שִׁחוּד, נְתִינַת שֹׁחַד
brick, *n.* לְבֵנָה, אָרִיחַ
bricklayer, *n.* בּוֹנֶה בִּלְבֵנִים
brickwork, *n.* בִּנְיַן לְבֵנִים
bride, *n.* כַּלָּה
bridegroom, *n.* חָתָן
bridesmaid, *n.* שׁוֹשְׁבִינָה
bridge, *n.* גֶּשֶׁר; גֶּשֶׁר הַסִּפּוּן (הַשִּׁנַּיִם); מִשְׂחַק קְלָפִים
bridge, *v.t.* גִּשֵּׁר, בָּנָה גֶּשֶׁר
bridle, *n.* מֶתֶג, רֶסֶן
bridle, *v.t.* מִתֵּג, עָצַר
brief, *adj.* קָצָר, מְצֻמְצָם
brief, *n.* תַּמְצִית, קִצּוּר, תַּדְרִיךְ, תַּקְצִיר
brief, *v.t.* קִצֵּר, תִּדְרֵךְ, תִּמְצֵת
briefly, *adv.* בְּקִצּוּר
brier, briar, *n.* קוֹץ, דַּרְדַּר, חוֹחַ, עֶצְבּוֹנִית
brigade, *n.* פְּלֻגָּה
brigadier, *n.* מְפַקֵּד
brigadier general, *n.* אַלּוּף
brigand, *n.* שׁוֹדֵד, גַּזְלָן, חַמְסָן, חָמוֹץ

brigandage, *n.* שֹׁד, גְּזֵלָה, חָמָס, לִסְטוּת

bright, *adj.* בָּהִיר, מַזְהִיר; פִּקֵּחַ

brighten, *v.t. & i.* הֵאִיר [אור]; הִזְהִיר [זהר]; זִכֵּךְ

brightness, *n.* זֹהַר, זִיו; חֲרִיפוּת (הַמַּחֲשָׁבָה)

brilliance, brilliancy, *n.* זֹהַר; חֲרִיפוּת

brilliant, *n.* יַהֲלוֹם

brilliant, *adj.* נוֹצֵץ, מַבְרִיק; חָרִיף

brim, *n.* שָׂפָה, אֹגֶן (כּוֹבַע)

brimful, *adj.* גָּדוּשׁ

brine, *n.* מֵי מֶלַח, צִיר

bring, *v.t.* הֵבִיא [בוא], הִגִּישׁ [נגש]

bring up גִּדֵּל, חִנֵּךְ

brink, *n.* שָׂפָה, גְּבוּל, קָצֶה, פִּי פַּחַת

briny, *adj.* מָלוּחַ

brisk, *adj.* מָהִיר, זָרִיז; פָּעִיל; פָּזִיז

briskly, *adv.* בִּזְרִיזוּת

briskness, *n.* זְרִיזוּת, מְהִירוּת, פְּעִילוּת

bristle, *n.* זִיף, שֵׂעָר (חֲזִיר)

bristle, *v.t. & i.* סָמַר, סִמֵּר

bristly, *adj.* זִיפִי

Britain, *n.* בְּרִיטַנְיָה, אַנְגְּלִיָּה

brittle, *adj.* שָׁבִיר, מִתְפּוֹרֵר, תָּחוּחַ

broach, *n.* קְדִיחָה; שַׁפּוּד; סִכָּה, פְּרִיפָה

broach, *v.t.* קָדַח; פָּתַח (בְּשִׂיחָה, בְּדִיּוּן)

broad, *adj.* רָחָב, נִרְחָב, מַקִּיף

broadcast, *v.t.* שִׁדֵּר

broadcast, *n.* שִׁדּוּר, מִשְׁדָּר

broaden, *v.i. & t.* הִרְחִיב, הִתְרַחֵב, [רחב]

broadly, *adv.* בְּהַרְחָבָה, בִּכְלָל, בְּרַחֲבוּת

broad-minded, *adj.* בַּעַל הַשְׁקָפָה רְחָבָה

broadside, *n.* צַד הָאֳנִיָּה; פְּנֵי אֳנִיָּה מִמַּעַל לַמַּיִם

brocade, *n.* רִקְמָה

broccoli, *n.* תְּרֶבְתָּר (מִין כְּרוּבִית)

brochure, *n.* חוֹבֶרֶת, קֻנְטְרֵס

broil, *n.* צְלִי, צְלִיָּה; מְרִיבָה

broil, *v.t.* צָלָה (עַל גֶּחָלִים); הִתְקוֹטֵט [קטט]

broiler, *n.* מַצְלֶה, צוֹלֶה; עוֹף לִצְלִיָּה; מְחַרְחֵר רִיב

brokage, brokerage, *n.* סַרְסוּרְיָה, דְּמֵי סַרְסָרוּת

broken, *adj.* שָׁבוּר; רָצוּץ, נִדְכָּא, אֻמְלָל

broker, *n.* סַרְסוּר, מְתַוֵּךְ

bromine, *n.* בְּרוֹם; בָּאְשָׁן

bronchitis, *n.* דַּלֶּקֶת הַסִּמְפּוֹנוֹת

bronze, *n.* אָרָד (בְּרוֹנְזָה)

bronze, *v.t.* צִפָּה בְּאָרָד

Bronze Age תְּקוּפַת הָאָרָד

brooch, *n.* סִכָּה, סִיךְ

brood, *n.* בְּרִיכָה (שֶׁל אֶפְרוֹחִים)

brood, *v.t. & i.* דָּגַר; שָׁקַע בְּמַחֲשָׁבוֹת

brooder, *n.* דּוֹגֵר, מַדְגֵּרָה; שָׁקוּעַ בְּמַחֲשָׁבוֹת

brook, *n.* נַחַל, יוּבַל, פֶּלֶג

broom, *n.* מַטְאֲטֵא; רֹתֶם

broom, *v.t.* טֵאטֵא

broomstick, *n.* מַקֵּל הַמַּטְאֲטֵא

broth, *n.* מָרָק

brothel, *n.* בֵּית זוֹנוֹת, קֻבָּה

brother, *n.* אָח; חָבֵר; עָמִית

brotherhood, *n.* אַחֲוָה; רֵעוּת; אֲגֻדָּה

brother-in-law, *n.* גִּיס

brotherly, *adv.* אַחֲוָתִי

brow, *n.* גַּבָּה, גַּבַּת עַיִן; מֵצַח

browbeat, *v.t.* דִּכָּא (בְּמַבָּט חַד)

brown, *adj. & n.* חוּם, שָׁחֹם

brown, *v.t.* & *i.* הִשְׁחִים [שחם]

brownie, browny, *n.* שֵׁד טוֹב, רוּחַ טוֹבָה; צוֹפָה צְעִירָה; עוּגִיַּת שׁוֹקוֹלָד־אֱגוֹזִים

brownish, *adj.* שְׁחַמְחַם

browse, *n.* קֶלַח, נֵצֶר

browse, *v.t.* רָעָה; קָרָא, דִּפְדֵּף

bruise, *n.* פֶּצַע, מַכָּה

bruise, *v.t.* פָּצַע, מָעַךְ

brunch, *n.* בְּקָצָה, שַׁחְצָה

brunette, *adj.* & *n.* שְׁחַרְחֹר, שְׁחַרְחֹרֶת

brunt, *n.* תֹּקֶף, תְּקָפָה

brush, *n.* מִבְרֶשֶׁת, מִשְׂעֶרֶת; מִכְחוֹל; רְחִיפָה (נְגִיעָה קַלָּה)

brush, *v.t.* הִבְרִישׁ [ברש]; נָגַע (קַל), רָחַף; צָבַע

brusque, *adj.* נִמְהָר

brutal, *adj.* אַכְזָרִי

brutality, *n.* אַכְזָרִיּוּת

brutally, *adv.* בְּאַכְזָרִיּוּת

brute, *n.* חַיָּה; אַכְזָר; שׁוֹטֶה

brutish, *adj.* בְּהֵמִי, פֶּרֶא

brutishness, *n.* פִּרְאוּת, גַּסּוּת

bubble, *n.* בַּעְבּוּעַ

bubble, *v.t.* & *i.* בִּעְבֵּעַ

bubble gum לַעַס בּוּעוֹת

buccaneer, *n.* שׁוֹדֵד הַיָּם

buck, *n.* זָכָר; אַיָּל, תַּיִשׁ; אַרְנָב; שָׁפָן; תְּאוֹ; כּוּשִׁי; מֵי כְּבִיסָה; דּוֹלָר; עָלִיל (שֻׁלְחָן נַגָּרִים)

buck, *v.t.* & *i.* קָפַץ, דָּהַר; כִּבֵּס; הִתְנַגֵּד [נגד]

bucket, *n.* דְּלִי

bucket, *v.t.* דָּלָה

buckle, *n.* פְּרִיפָה; אַבְזָם, חֶבֶט, בַּת נֶפֶשׁ

buckle, *v.t.* & *i.* פָּרַף; חָגַר, אִבְזֵם; הִתְאַבֵּק [אבק]; הִתְעַקֵּם [עקם]

buckshot, *n.* כַּדּוּרֵי צַיִד (לִצְבִי)

buckskin, *n.* עוֹר צְבִי

buckwheat, *n.* כֻּסֶּמֶת

bud, *n.* נִצָּן, צִיץ

bud, *v.i.* הֵנֵץ [נצץ], פָּרַח

buddy, *n.* חָבֵר

budge, *v.t.* & *i.* זָז, הֵזִיז [זוז], נָע, הֵנִיעַ [נוע]

budget, *n.* & *v.t.* תַּקְצִיב; תִּקְצֵב

buff, *n.* עוֹר רְאֵם; מְעִיל צְבָאִי; גָּוֶן צָהֹב; גַּלְגַּל לְטוּשׁ; מַכָּה

buffalo, *n.* שׁוֹר הַבָּר

buffer, *n.* מַלְטֶשֶׁת; סוֹפֵג הֶלֶם

buffet, *n.* מִזְנוֹן; מַכַּת יָד

buffoon, *n.* לֵץ, בַּדְּחָן

buffoonery, *n.* לֵצָנוּת, בַּדְּחָנוּת

bug, *n.* חֶרֶק; פִּשְׁפֵּשׁ

buggy, *n.* & *adj.* עֲגָלָה; מְטֹרָף

bugle, *n.* חֲצוֹצְרָה

bugler, *n.* מְחַצְצֵר, חֲצוֹצְרָן

build, *n.* מִבְנֶה

build, *v.t.* & *i.* בָּנָה; בִּסֵּס, יָסַד

builder, *n.* בַּנַּאי, בּוֹנֶה

building, *n.* בְּנִיָּה, בִּנְיָן

bulb, *n.* נוּרָה, אַגָּס; פְּקַעַת

bulge, *n.* בְּלִיטָה

bulge, *v.i.* בָּלַט, יָצָא (עֵינַיִם מֵחוֹרֵיהֶן)

bulk, *n.* גּוּף, גּוּשׁ, נֶפַח, עִקָּר

bulky, *adj.* עָבֶה, גַּס

bull, *n.* פַּר, שׁוֹר, בֶּן בָּקָר, אַבִּיר

bulldog, *n.* כֶּלֶב הַשְּׁוָרִים, כֶּלֶב חֲרוּמַף

bulldozer, *n.* דַּחְפּוֹר

bullet, *n.* קָלִיעַ, כַּדּוּר

bulletin, *n.* עָלוֹן, הוֹדָעָה רִשְׁמִית

bulletproof, *adj.* חֲסִין מִקְלִיעִים

bullfight, bullfighting, *n.* מִלְחֶמֶת שְׁוָרִים

bullfinch, ***n.*** תַּמָּה
bullion, ***n.*** מְטִיל זָהָב, כֶּסֶף וְכוּ׳
bullock, ***n.*** שׁוֹר, פַּר בֶּן בָּקָר
bull's-eye, ***n.*** מֶרְכַּז הַמַּטָּרָה
bully, ***n.*** אַלָּם, מֵצִיק
bully, ***v.t. & i.*** הֵעִיק [עוק], אִיֵּם
bulrush, ***n.*** סוּף, אַגְמוֹן
bulwark, ***n.*** מִבְצָר, סוֹלְלָה, דָּיֵק
bumblebee, ***n.*** דְּבוֹרָה
bump, ***n.*** גַּבְנֹן; מַכָּה; חַבּוּרָה; הִתְנַגְּשׁוּת
bump, ***v.t. & i.*** נָגַף, הִכָּה; הִתְנַגֵּשׁ [נגש]
bumper, ***n.*** כּוֹס מְלֵאָה; מָגֵן (לִמְכוֹנִית), פָּגוֹשׁ (מִפְּנֵי נְגִישָׁה)
bumpkin, ***n.*** בּוּר; כַּפְרִי
bun, bunn ***n.*** עוּגָה, כַּעַךְ, לַחְמָנִיָּה מְתוּקָה
bunch, ***n.*** אֲגֻדָּה; אֶשְׁכּוֹל; זֵר, צְרוֹר; דַּבֶּשֶׁת, חֲטוֹטֶרֶת
bunch, ***v.t.*** אָגַד, צָרַר
bundle, ***n.*** חֲבִילָה, צְרוֹר, מַקְנִית
bundle, ***v.t.*** אָרַז, צָרַר
bungalow, ***n.*** מְעוֹן קַיִץ, זְבוּל פַּרְוָרִי
bungle, ***v.t. & i.*** קִלְקֵל, שִׁבֵּשׁ
bunion, ***n.*** יַבֶּלֶת; מָצוֹף
bunk, ***n. & v.i.*** דַּרְגָּשׁ; שְׁטֻיּוֹת; לָן [לון]
bunker, ***n.*** מִפְחָם
bunny, ***n.*** אַרְנֶבֶת, שְׁפַנּוֹן
bunt, ***n.*** שַׂק הַמִּכְמֹרֶת, הָאֶמְצָעִי שֶׁל מִפְרָשׂ (מְרֻבָּע); פַּחְמוֹן
bunt, ***v.i.*** נִמְלָא [מלא] רוּחַ, הִתְנַפֵּחַ [נפח]
bunting, ***n.*** דֶּגֶל, קִשּׁוּט בִּדְגָלִים; דִּגְלוֹנֵי אֳנִיָּה
buoy, ***n.*** מָצוֹף, מְצוּפָה
buoy, ***v.t.*** הֵצִיף [צוף], צִיֵּן בְּמָצוֹף
buoyancy, ***n.*** כֹּחַ הַצִּיפָה, תְּצוּפָה, צִיפוּת; עַלִּיזוּת
buoyant, ***adj.*** צָף; שָׂמֵחַ
bur, burr, ***n.*** קוֹץ, דַּרְדַּר; קְלִפָּה קָשָׁה; גִּרְגּוּר הָ"r"; חִסְפּוּס; מַקְדֵּחַ שִׁנַּיִם; הֶרֶת, לַבְלָב
burden, ***n.*** מַשָּׂא, מַעֲמָסָה, מִטְעָן; מוּעָקָה; פִּזְמוֹן
burden, ***v.t.*** הֶעֱמִיס [עמס], הִטְרִיחַ [טרח]; הִכְבִּיד [כבד]
burdensome, ***adj.*** כָּבֵד, מֵעִיק, מַטְרִיחַ
bureau, ***n.*** לִשְׁכָּה, מִשְׂרָד; שִׁדָּה, אֲרוֹן מְגֵרוֹת; שֻׁלְחַן כְּתִיבָה
bureaucracy, ***n.*** פְּקִידוּת, שִׁלְטוֹן הַפְּקִידִים
burgess, ***n.*** אֶזְרָח (שֶׁל עִיר)
burglar, ***n.*** גַּנָּב
burial, burying, ***n.*** קְבוּרָה
burlesque, ***n.*** הֶפְרֵז, גַּחְכִית
burly, ***adj.*** מְגֻשָּׁם
burn, ***v.t. & i.*** שָׂרַף, הִבְעִיר [בער]; בָּעַר, קָדַח, נִקְדַּח (חָלָב); נֶחֱרַךְ (תַּבְשִׁיל); נִשְׁזַף [שזף]
burn, ***n.*** כְּוִיָּה, צָרֶבֶת; שְׂרֵפָה; פֶּלֶג, יוּבַל
burner, ***n.*** מַבְעִיר; מַבְעֵר
burnish, ***v.t.*** מָרַט, לָטַשׁ, צִחְצַח, הִבְרִיק [ברק]
burp, ***n., v.t. & i.*** גִּהוּק; גִּהֵק
burrow, ***n.*** מְחִלָּה, מְאוּרָה
burrow, ***v.t. & i.*** חָפַר, נָבַר
burst, ***n.*** פֶּרֶץ, נֶפֶץ, הִתְפָּרְצוּת
burst, ***v.t. & i.*** נִפֵּץ; נִבְקַע [בקע], נִשְׁבַּר [שבר], הִתְפּוֹצֵץ [פצץ]
bury, ***v.t.*** קָבַר, טָמַן, הִסְתִּיר [סתר]
bus, ***n.*** (מְכוֹנִית) צִבּוּרִית
bush, ***n.*** שִׂיחַ, חִישָׁה
bush, ***v.t.*** הֶעֱלָה [עלה] שִׂיחִים
bushel, ***n.*** בּוּשֶׁל (בארה"ב: 35.24 לִיטְרִים, בְּאַנְגְּלִיָּה: 36.37)

busily, *adv.* בַּחֲרִיצוּת

business, *n.* עֵסֶק; מִסְחָר; עִנְיָן

businesslike, *adj.* עִסְקִי, מַעֲשִׂי

bust, *n., v.t. & i.* בֵּית חָזֶה; פֶּסֶל; שִׁבֵּר, פִּצֵּץ

bustle, *v.i.* נֶחְפַּז [חפז], אָץ [אוץ]

busy, *adj.* עָסוּק, טָרוּד

busy, *v.t. & i.* עָסַק, הִתְעַסֵּק [עסק]

but, *adv.* אַךְ, רַק

but, *prep.* אֶלָּא, מִלְּבַד, זוּלַת

but, *conj.* אֲבָל, אוּלָם

butcher, *n.* קַצָּב

butcher, *v.t.* שָׁחַט, הָרַג

butchery, *n.* שְׁחִיטָה, הֶרֶג; אִטְלִיז

butler, *n.* מְשָׁרֵת, שַׁמָּשׁ

butt, *n.* בָּדָל; נְגִיחָה, נְגִיפָה; סוֹף, קָצֶה (סִיגָרָה); קַת (רוֹבֶה); עַכּוּז; חָבִית (יַיִן, בִּירָה)

butt, *v.t.* נָגַח, הִכָּה

butter, *n.* חֶמְאָה; נַגְחָן, נַגָּח

butter, *v.t.* מָרַח בְּחֶמְאָה

buttercup, *n.* תִּיאָה (הַצֶּמַח), נוּרִית (הַפֶּרַח)

butterfly, *n.* פַּרְפַּר

buttocks, *n. pl.* יַשְׁבָן, אָחוֹר, אֲחוֹרַיִם, שֵׁת, עַכּוּז

button, *n.* כַּפְתּוֹר; נִצָּן

button, *v.t.* כִּפְתֵּר, פָּרַף, רָכַס

buttonhole, *n.* לוּלָאָה, אֶבֶק, אִבְקָה

buttress, *n.* אַיִל (חוֹמָה); מִשְׁעָן, מִסְעָד, מִתְמָךְ

buttress, *v.t.* סָעַד, סָמַךְ, תָּמַךְ בְּ־

buxom, *adj.* בָּרִיא, שָׁמֵן

buy, *v.t.* קָנָה; שִׁחֵד

buyer, *n.* קוֹנֶה, לָקוֹחַ

buzz, *n.* זִמְזוּם, הֶמְיָה

buzz, *v.t. & i.* זִמְזֵם, הָמָה

buzzard, *n.* עַקָּב, אַיָּה

by, *adv. & prep.* לְ־, לְפִי, עַל, עַל יַד, אֵצֶל

by-and-by בְּעוֹד זְמַן מָה

by the way דֶּרֶךְ אַגַּב

bygone, *adj. & n.* עָבָר

bypass, *n. & v.t.* מַעֲבָר; עָקַף מְכוֹנִית

by-product, *n.* מוּצָר לְוַאי, תּוֹצֶרֶת נוֹסֶפֶת

bystander, *n.* עוֹמֵד מִן הַצַּד, מִתְבּוֹנֵן

byword, *n.* פִּתְגָּם, מָשָׁל, שְׁנִינָה

C, c

C, c, *n.* סִי, ס, שׂ; כּ, ק; הָאוֹת הַשְּׁלִישִׁית בָּאָלֶף בֵּית הָאַנְגְּלִי; שְׁלִישִׁי, ג׳

cab, *n.* עֲגָלָה; מוֹנִית

cabala, *n.* קַבָּלָה

cabalism, *n.* תּוֹרַת הַקַּבָּלָה

cabalist, *n.* מְקֻבָּל

cabalistic, *adj.* קַבָּלִי

cabaret, *n.* מוֹעֲדוֹן לַיְלָה, מִסְבָּאָה

cabbage, *n.* כְּרוּב

cabin, *n.* תָּא

cabinet, *n.* חֲדַר עֲבוֹדָה; תֵּבָה; וְזָרָה, מִשְׂרָד (הַחוּץ, הַפְּנִים וְכוּ׳)

cabinetmaker, *n.* נַגָּר, רָהִיטָן

cable, *n.* כֶּבֶל; מִבְרָק עֵבֶר יַמִּי

cable, *v.t. & i.* כִּבֵּל; הִבְרִיק [ברק], שָׁלַח מִבְרָק

cablegram, *n.* מִבְרָק יַמִּי

cabman, ***n.*** עֶגְלוֹן; נֶהָג מוֹנִית
cacao, ***n.*** קָקָאוֹ
cache, ***n.*** סְלִיק, מַטְמֶנֶת נֶשֶׁק
cackle, ***n.*** קִרְקוּר (תַּרְנְגֹלֶת), גַּעְגּוּעַ (אֲוָז)
cackle, ***v.i.*** קִרְקֵר, גִּעְגַּע
cactus, ***n.*** צַבָּר, צָבָר
cad, ***n.*** רָשָׁע, נָבָל, בֶּן בְּלִיַּעַל
cadaver, ***n.*** חָלָל, נְבֵלָה, פֶּגֶר, גְּוִיָּה
cadaverous, ***adj.*** פִּגְרִי, שֶׁל נְבֵלָה
cadence, ***n.*** קֶצֶב, תֵּנַח, לַחַן, נְגִינָה, עֲלִיָּה וִירִידָה (קוֹל)
cadet, ***n.*** צָעִיר (בֵּן, אָח); פֶּרַח (קְצוּנָה, כְּהֻנָּה), צוֹעֵר, חֲנִיךְ צָבָא
café, ***n.*** בֵּית קָהֳוָה, קָהֳוָאָה
cafeteria, ***n.*** מִסְעָדָה (בְּשֵׁרוּת עַצְמִי)
cage, ***n.*** כְּלוּב, סוּגָר
cage, ***v.t.*** שָׂם [שים] בִּכְלוּב, אָסַר
cairn, ***n.*** גַּל אֲבָנִים
caitiff, ***n.*** מוּג לֵב, נִבְזֶה
cajole, ***v.t.*** הֶחֱנִיף [חנף], פִּתָּה
cajolement, ***n.*** חֲנֻפָּה, פִּתּוּי
cake, ***n.*** חֲרָרָה, עוּגָה, תּוּפִין; חֲתִיכָה (סַבּוֹן)
cake, ***v.t. & i.*** גִּבֵּשׁ, הִתְגַּבֵּשׁ [גבש], הִתְקָרֵשׁ [קרש]; עָג [עוג]
calamity, ***n.*** אָסוֹן, אֵיד, שֵׁאת
calamitous, ***adj.*** שֶׁל אָסוֹן, רַע
calcination, ***n.*** שְׂרֵפָה לְאֵפֶר, לִבּוּן
calcium, ***n.*** סִידָן
calculate, ***v.t. & i.*** חִשֵּׁב, שִׁעֵר, אָמַד
calculation, ***n.*** חִשּׁוּב, חֶשְׁבּוֹן, תַּחֲשִׁיב
calculator, ***n.*** מְחַשֵּׁב, חַשְׁבָּן, חַשָּׁב
calculus, ***n.*** תּוֹרַת הַחִשּׁוּב
caldron, cauldron, ***n.*** קַלַּחַת, דּוּד, יוֹרָה
calendar, ***n.*** לוּחַ
calender, ***v.t.*** גִּהֵץ
calf, ***n.*** עֵגֶל, בֶּן בָּקָר
caliber, ***n.*** קֹטֶב; גֹּדֶל; קֹטֶר; יְכֹלֶת
calipers, ***n. pl.*** מַדְעֹבִי
calk, caulk, ***v.t.*** הֶחֱזִיק [חזק] בִּדְקֵי אֳנִיָּה, סָתַם
call, ***n.*** קְרִיאָה; בִּקּוּר
call, ***v.t.*** קָרָא; הִקְהִיל [קהל]; כִּנָּה; זָעַק
calligraphy, ***n.*** כְּתִיבָה תַּמָּה
callous, ***adj.*** קָשֶׁה, קְשֵׁה לֵב
callow, ***adj.*** רַךְ, עָרֹם, חֲסַר נוֹצוֹת
callus, ***n.*** יַבֶּלֶת
calm, ***adj.*** שׁוֹקֵט, שָׁלֵו, נִרְגָּע
calm, ***n.*** שֶׁקֶט, שַׁלְוָה, דּוּמִיָּה, מְנוּחָה
calm, ***v.t.*** הִשְׁקִיט [שקט], מִתֵּק (יָם)
calm, ***v.i.*** שָׁקַט, שָׁתַק, הִתְמַתֵּק [מתק]
calmly, ***adv.*** בְּשֶׁקֶט, בִּמְנוּחָה
calmness, ***n.*** שֶׁקֶט; יִשּׁוּב הַדַּעַת; רְגִיעָה (יָם)
calorie, ***n.*** אַבְחֹם, קָלוֹרְיָה, חֳמִית
calorimeter, ***n.*** מַדְחֳמִית
calumniate, ***v.i.*** הוֹצִיא [יצא] דִּבָּה, הֶעֱלִיל [עלל]
calumnious, ***adj.*** מוֹצִיא לַעַז, מַעֲלִיל
calumny, ***n.*** רְכִילוּת, דִּבָּה, לְשׁוֹן הָרָע
calve, ***v.t. & i.*** מִלֵּט עֵגֶל, פִּלֵּט
calyx, ***n.*** כּוֹס; גָּבִיעַ (פֶּרַח)
cam, ***n.*** פִּקָּה (בִּמְכוֹנוֹת)
camber, ***n.*** קִמּוּר, כִּפָּה
camel, ***n.*** גָּמָל ז׳, נָאקָה, נ׳
camera, ***n.*** מַצְלֵמָה; חֶדֶר אָפֵל; לִשְׁכַּת הַשּׁוֹפְטִים
camomile, chamomile, ***n.*** בַּבּוֹנָג
camouflage, ***n.*** הַסְוָאָה
camouflage, ***v.t.*** הִסְוָה [סוה]
camp, ***n.*** מַחֲנֶה, אֳהָלִיָּה
camp, ***v.i.*** חָנָה, יָשַׁב בְּמַחֲנֶה
campaign, ***n.*** מַעֲרָכָה, מַגְבִּית, מִלְחֶמֶת בְּחִירוֹת

camper, *n.* חוֹנֶה
campfire, *n.* מְדוּרָה
camphor, *n.* מוֹר, כֹּפֶר
campus, *n.* חֲצַר הַמִּכְלָלָה
can, *n.* פַּחִית
can, *v.t.* שָׂם [שים] בְּפַחִית, שִׁמֵּר
can, *v.i.* יָכֹל, יָדַע
canal, *n.* תְּעָלָה, בִּיב
canalization, *n.* תִּעוּל, בִּיּוּב
canalize, *v.t.* תִּעֵל, בִּיֵּב
canard, *n.* אֲחִיזַת עֵינַיִם, תַּרְמִית, בְּדוּתָה
canary, *n.* כַּנָּרִית
cancel, *v.t.* בִּטֵּל, מָחַק; חִתֵּם (בּוּלִים)
cancellation, *n.* בִּטּוּל, מְחִיקָה; חִתּוּם (בּוּלִים)
cancer, *n.* סַרְטָן
candelabrum, *n.* נִבְרֶשֶׁת, מְנוֹרָה
candid, *adj.* גְּלוּי לֵב, יָשָׁר
candidacy, *n.* מֻעֲמָדוּת
candidate, *n.* מֻעֲמָד
candidly, *adv.* בְּתֹם לֵבָב
candle, *n.* נֵר
candlestick, *n.* פָּמוֹט
candor, candour, *n.* גְּלוּי לֵב
candy, *n.* סֻכָּרִיָּה, מַמְתַּקִּים
cane, *n.* קָנֶה, מַקֵּל
cane, *v.t.* הִכָּה בְּמַקֵּל, הִלְקָה [לקה]
cane sugar סֻכַּר קָנִים
canine, *adj.* כַּלְבִּי
Canis, *n.* כֶּלֶב
canister, *n.* קֻפְסָה, תֵּבָה
canker, *v.t.* הֵמְאִיר [מאר]
canker, *v.i.* נֶאֱלַח [אלח]
cankerworm, *n.* אִכּוּל, יֶלֶק
canned, *adj.* כָּבוּשׁ, מְשֻׁמָּר
cannibal, *n.* אוֹכֵל אָדָם
cannibalism, *n.* אֲכִילַת אָדָם
cannon, *n.* תּוֹתָח

cannonade, *n.* הַפְגָּזָה
cannonball, *n.* כַּדּוּר תּוֹתָח, פָּגָז
cannoneer, *n.* תּוֹתְחָן
canoe, *n.* סִירָה קַלָּה, דּוּגִית, בּוּצִית
canoe, *v.i.* שָׁט בְּדוּגִית
canoeist, *n.* בַּעַל דּוּגִית
canon, *n.* חֹק, מִשְׁפָּט, דָּת; כֹּמֶר
canonical, *adj.* חֻקִּי; דָּתִי
canonization, *n.* קִדּוּשׁ, הַקְדָּשָׁה
canonize, *v.t.* כָּתַב לְחַיֵּי עוֹלָם
canopy, *n.* חֻפָּה
canopy, *v.t.* כִּסָּה בְּחֻפָּה
cant, *n.* הִתְאוֹנְנוּת, הִתְיַפְּחוּת, צְבִיעוּת
cant, *v.t.* דִּבֵּר בִּצְבִיעוּת
cant, *v.i.* הִטָּה, כָּפָה
cantaloupe, *n.* אֲבַטִּיחַ צָהֹב
cantankerous, *adj.* מִתְרַעֵם, מִתְלוֹנֵן
cantata, *n.* פִּזּוּמָה
canteen, *n.* שֶׁקֶם; מֵימִיָּה
canter, *n.* רִיצָה קַלָּה, דְּהִירָה
canter, *v.t.* הֵרִיץ [רוץ] רִיצָה קַלָּה, הִדְהִיר [דהר]
canter, *v.i.* רָץ רִיצָה קַלָּה, דָּהַר
canticle, *n.* שִׁיר
Canticles, *n. pl.* שִׁיר הַשִּׁירִים
canton, *n.* מָחוֹז, גָּלִיל
canton, *v.t.* חִלֵּק לִמְחוֹזוֹת
cantonal, *adj.* מְחוֹזִי
cantor, *n.* חַזָּן
canvas, *n.* מַשְׁתִּית (בַּד לְרִקְמָה); אֲרִיג מִפְרָשִׂים; יְרִיעָה (צִיּוּר)
canvass, *n.* בִּקֹּרֶת, חֲקִירָה, אֲסִיפַת קוֹלוֹת
canvass, *v.t. & i.* בָּחַן, בָּדַק, חִזֵּר אַחֲרֵי קוֹלוֹת (בִּבְחִירוֹת)
canyon, *n.* עָרוּץ, נָקִיק
cap, *n.* כִּפָּה, כֻּמְתָּה, כּוֹבַע; כִּסּוּי, מִכְסֶה; פִּקָּה

cap, *v.t.* כִּסָּה, הִלְבִּישׁ [לבש] כִּפָּה
capability, *n.* יְכֹלֶת; כִּשְׁרוֹן
capable, *n.* מֻכְשָׁר, עָלוּל, יָכֹל
capably, *adv.* בְּכִשְׁרוֹן
capacious, *adj.* נִרְחָב, מְרֻוָּח
capacity, *n.* הֲכָלָה, קִבּוּל; כִּשְׁרוֹן
תַּפְקִיד
cape, *n.* קֶפֶשׁ, שִׁכְמִיָּה; שֵׁן סֶלַע, צוּק
caper, *n.* פִּזּוּז, קִרְטוּעַ; צָלָף (שִׂיחַ)
caper, *v.i.* קִרְטֵעַ, פִּזֵּז, דָּץ [דוץ]
caperberry, *n.* אֲבִיּוֹנָה
capillary, *n.* & *adj.* שְׂעָרָה, נִימָה;
שָׂעִיר, נִימִי
capital, *adj.* רָאשִׁי, גָּדוֹל
capital, *n.* כּוֹתֶרֶת; בִּירָה; הוֹן,
רְכוּשׁ, מָמוֹן
capitalism, *n.* רְכוּשָׁנוּת
capitalist, *n.* רְכוּשָׁן
capitulate, *v.i.* נִכְנַע [כנע], נִמְסַר
[מסר]
capitulation, *n.* הִכָּנְעוּת, כְּנִיעָה
capon, *n.* תַּרְנְגוֹל מְסֹרָס
caprice, *n.* צִבְיוֹן
capricious, *adj.* צִבְיוֹנִי
capsize, *n.* הֲפִיכָה, הִתְהַפְּכוּת (סִירָה)
capsize, *v.t.* הָפַךְ, הִתְהַפֵּךְ (סִירָה)
capsize, *v.i.* נֶהֱפַךְ [הפך]
capsule, *n.* תַּרְמִיל, הֶלְקֵט, נַרְתִּיק,
כְּמוּסָה (לִרְפוּאָה)
captain, *n.* סֶרֶן; רַב חוֹבֵל, קַבַּרְנִיט
caption, *n.* כּוֹתֶרֶת
captivate, *v.t.* כִּשֵּׁף, לָקַח לֵב
captivation, *n.* שְׁבִיָּה, לְכִידַת לֵב
captive, *n.* אָסִיר, שָׁבוּי
captivity, *n.* שְׁבִי, שְׁבוּת
captor, *n.* שׁוֹבֶה
capture, *n.* לְכִידָה
car, *n.* מְכוֹנִית; מֶרְכָּבָה (בָּרַכֶּבֶת)

caramel, *n.* סֻכָּר שָׂרוּף, סֻכָּרִיָּה
carat, *n.* קֶרֶט
caravan, *n.* אוֹרְחָה, שַׁיָּרָה
carbine, *n.* קַרְבִּין, רוֹבֶה קָצָר וְקַל
carbohydrate, *n.* פַּחְמֵימָה
carbon, *n.* פַּחְמָן
carbon dioxide דּוּ־תַּחְמֹצֶת הַפַּחְמָן
carbuncle, *n.* כַּדְכֹּד
carburetor, carburettor, *n.* מְאַיֵּד
carcass, *n.* פֶּגֶר, נְבֵלָה
card, *n.* קְלָף, כַּרְטִיס; מַקְרֵדָה
card, *v.t.* סָרַק (פִּשְׁתָּן), נִפֵּץ (צֶמֶר);
נָתַן קְלָפִים; קֵרֵד
cardboard, *n.* נְיֹרֶת, קַרְטוֹן
cardiac, *adj.* שֶׁל הַלֵּב
cardinal, *adj.* רָאשִׁי, עִקָּרִי
cardinal, *n.* חַשְׁמָן; אַדְמוֹן (צִפּוֹר)
care, *n.* דְּאָגָה; זְהִירוּת; טִפּוּל
care, *v.i.* דָּאַג, טִפֵּל
careen, *v.t.* & *i.* נָטָה עַל צִדּוֹ
career, *n.* תַּכְלִיתָנוּת, מִקְצוֹעַ, מִשְׂרָה
careful, *adj.* זָהִיר, נִשְׁמָר
carefully, *adv.* בִּזְהִירוּת, בְּדַיְּקָנוּת
carefulness, *n.* זְהִירוּת, דַּיְּקָנוּת
careless, *adj.* בִּלְתִּי זָהִיר, פָּזִיז
carelessness, *n.* רַשְׁלָנוּת, אִי זְהִירוּת
caress, *n.* לְטִיפָה
caress, *v.t.* לִטֵּף
cargo, *n.* מִטְעָן, מַשָּׂא
caricature, *n.* תְּמוּנָה מֻגְזֶמֶת, מִפְלֶצֶת
caricature, *v.t.* צִיֵּר תְּמוּנָה מֻגְזֶמֶת
caricaturist, *n.* צַיַּר תְּמוּנוֹת מֻגְזָמוֹת
גַּחֲכָן
caries, *n.* עַשֶּׁשֶׁת, רִקָּבוֹן (עֲצָמוֹת)
carmine, *n.* אַרְגָּמָן, שָׁנִי, תּוֹלָע
carnal, *adj.* בְּשָׂרִי, חוּשִׁי, תַּאַוְתָנִי
carnation, *n.* צִפֹּרֶן (פֶּרַח)
carnival, *n.* עַדְלִידָע, קַרְנָבָל

carnivorous, *adj.* אוֹכֵל בָּשָׂר

carob, *n.* חָרוּב

carol, *n.* מִזְמוֹר, שִׁיר הַמּוֹלָד

carotid, *n.* עוֹרֵק הָרֹאשׁ

carouse, *n.* מִשְׁתֶּה

carouse, *v.t. & i.* סָבָא, שָׁכַר

carp, *n.* שִׁבּוּט (דָּג)

carp, *v.i.* הִטִּיל [נטל] דֹּפִי

carpenter, *n.*, *v.t. & i.* נַגָּר; נִגֵּר

carpentry, *n.* נַגָּרוּת

carpet, *n.* שָׁטִיחַ, מַרְבַד

carpet, *v.t.* כִּסָּה בִּשְׁטִיחִים

carriage, *n.* עֲגָלָה, מֶרְכָּבָה; הוֹבָלָה, נְשִׂיאָה; הִתְנַהֲגוּת

carrier, *n.* סַבָּל; נוֹשֵׂא (מַעֲבִיר) מַחֲלָה

carrion, *n.* נְבֵלָה

carrot, *n.* גֶּזֶר

carry, *v.t. & i.* נָשָׂא, הֵבִיא [בוא] הִסִּיעַ [נסע]

cart, *n.* עֲגָלָה

cart, *v.t.* נָשָׂא בַּעֲגָלָה

cartage, *n.* שְׂכַר עֲגָלָה

cartilage, *n.* חַסְחוּס, סְחוּס

cartilaginous, *adj.* סְחוּסִי

carton, *n.* נְיָרֶת, קַרְטוֹן

cartoon, *n.* צִיּוּר הִתּוּלִי

cartoonist, *n.* צַיָּר הִתּוּלִי

cartridge, *n.* תַּחְמִישׁ, כַּדּוּר

carve, *v.t. & i.* גִּלֵּף, חָקַק, חָרַת

carver, *n.* חַטָּב, גַּלָּף

carving, *n.* כִּיּוּר, פִּתּוּחַ, חִטּוּב

cascade, *n.* אֶשֶׁד, אֲשֵׁדָה

cascade, *v.t.* נָפַל, זָרַם, סָחַף

case, *n.* מִשְׁפָּט; מִקְרֶה, מְאֹרָע; עֻבְדָּה; מַחֲלָה; תִּיק; אַרְגָּז; אָרוֹן

casein, *n.* גְּבִינִין

casement, *n.* מַלְבֵּן, מִסְגֶּרֶת (חַלּוֹן)

cash, *n.* פֶּרֶט, מְזֻמָּנִים; מָעוֹת; אֲגוֹרָה

cash, *v.t.* פָּרַט, מִזְמֵן

cashier, *n.* גִּזְבָּר, קֻפַּאי

casing, *n.* תִּיק, מִשְׁבֶּצֶת

cask, *n.* חָבִיוֹנָה, חָבִית

casket, *n.* קֻפְסָה; אֲרוֹן מֵתִים

casque, *n.* קַסְדָּה, כּוֹבַע מַתֶּכֶת

casserole, *n.* אִלְפָּס, קַלַּחַת

cassock, *n.* מְעִיל הַכְּמָרִים

cast, *n.* הַשְׁלָכָה; צוּרָה, מַרְאֶה; דֶּפֶס, יְצִיקָה; קְבוּצַת שַׂחְקָנִים

cast, *v.i.* זָרַק, הִשְׁלִיךְ [שלך], יָצַק

castanets, *n. pl.* עַרְמוֹנִיּוֹת

castaway, *n.* נִדָּח

caste, *n.* כַּת, כִּתָּה, מַעֲמָד

castigate, *v.t.* הוֹכִיחַ [יכח], יִסֵּר

castigation, *n.* יִסּוּר, עֲנִישָׁה

casting, *n.* הַשְׁלָכָה; יְצִיקָה; הַגְרָלָה

cast iron, *n.* יַצֶּקֶת, בַּרְזֶל יָצוּק

castle, *n.* צְרִיחַ (שַׁחְמָט); טִירָה, מִגְדָּל, בִּירָנִית

castle, *v.t.* הִצְרִיחַ [צרח]

castoff, *adj.* מָאוּס, נָטוּשׁ

castor oil שֶׁמֶן קִיק

castor-oil plant קִיקָיוֹן

castrate, *n.* סָרִיס, עָקָר

castrate, *v.t.* סֵרֵס, עִקֵּר

castration, *n.* עִקּוּר, סֵרוּס

casual, *adj.* מִקְרִי, אֲרָעִי

casualty, *n.* מִקְרֶה; אָסוֹן; פָּצוּעַ; תְּאוּנָה

casuist, *n.* חָרִיף, פַּלְפְּלָן, מְפַלְפֵּל

casuistry, *n.* פִּלְפּוּל

cat, *n.* חָתוּל

cataclysm, *n.* אָסוֹן, מַהְפֵּכָה, מַבּוּל, שֶׁטֶף

catacomb, *n.* מְעָרַת כּוּכִים, מְעָרַת קְבָרִים

catalog, *n.* רְשִׁימָה (סְפָרִים וְכוּ'), קָטָלוֹג

catalog, *v.t.* הֵכִין [כון] רְשִׁימָה, קַטְלֵג
catamount, *n.* חֲתוּל הַבָּר
cataract, *n.* אֶשֶׁד, מַפַּל מַיִם; יָרוֹד, חַרְדְּלִית; תְּבַלּוּל; חִלָּזוֹן (בָּעַיִן)
catarrh, *n.* נַזֶּלֶת
catastrophe, *n.* אָסוֹן, שׁוֹאָה, חֻרְבָּן
catch, *n.* תְּפִיסָה, צֵיד דָּגִים; בְּרִיחַ (בְּמַנְעוּל)
catch, *v.t.* תָּפַס, הֶחֱזִיק [חזק]; אָחַז (אֵשׁ); הִשִּׂיג [נשג]; נִדְבַּק [דבק] (בְּמַחֲלָה); צָד [צוד], דָּג [דוג]; הִצְטַנֵּן [צנן]
catcher, *n.* תּוֹפֵס
catchup, catsup, ketchup, *n.* רֹטֶב עַגְבָנִיּוֹת
categorical, *adj.* סוּגִי; מֻחְלָט, וַדָּאִי, נִמְרָץ
category, *n.* סוּג (עֶלְיוֹן), מַעֲמָד, מַדְרֵגָה, מַחְלָקָה
cater, *v.t.* הִסְפִּיק [ספק] מָזוֹן
caterer, *n.* סַפָּק מָזוֹן
caterpillar, *n.* זַחַל
catfish, *n.* שְׁפַמְנוּן
catgut, *n.* מֵיתָר, כְּלֵי מֵיתָרִים
cathartic, *adj.* & *n.* מְשַׁלְשֵׁל
cathedral, *n.* כְּנֵסִיָּה
catheter, *n.* אַבּוּב
catholic, *adj.* & *n.* כְּלָלִי, עוֹלָמִי, קָתוֹלִי
catsup, *v.* catchup
cattle, *n.* בָּקָר, בְּהֵמָה, אֶלֶף, מִקְנֶה
cattleman, *n.* בּוֹקֵר, בַּקָּר
caudal, *adj.* זְנָבִי
caudate, *adj.* בַּעַל זָנָב
cauldron, *v.* caldron
cauliflower, *n.* כְּרוּבִית
caulk, *v.* calk
causal, *adj.* סִבָּתִי, עִלָּתִי, גּוֹרֵם, מִקְרִי, פָּשׁוּט (לְבוּשׁ)
causality, *n.* סִבָּתִיּוּת
causally, *adv.* בְּתוֹר סִבָּה
causation, *n.* גְּרִימָה
cause, *n.* סִבָּה, טַעַם, עִלָּה, עִנְיָן, מִשְׁפָּט
cause, *v.t.* גָּרַם, הֵסֵב [סבב], הֵבִיא [בוא] לִידֵי
causeless, *adj.* חֲסַר סִבָּה, חֲסַר טַעַם
causerie, *n.* שִׂיחָה
caustic, *adj.* מְאַכֵּל; צוֹרֵב; חוֹתֵךְ; חַד
caustically, *adv.* בַּעֲקִיצָה
cauterize, *v.t.* כָּוָה, כִּוָּה, הִצְרִיב [צרב]
caution, *n.* זְהִירוּת; הַזְהָרָה, הַתְרָאָה
caution, *v.t.* הִזְהִיר [זהר], הִתְרָה [תרה]
cautious, *adj.* מָתוּן, זָהִיר, נִזְהָר
cautiously, *adv.* בִּזְהִירוּת
cautiousness, *n.* זְהִירוּת, מְתִינוּת
cavalcade, *n.* אוֹרְחַת פָּרָשִׁים
cavalier, *n.* אַבִּיר, צְבָא, רוֹכֵב
cavalry, *n.* חֵיל פָּרָשִׁים, צְבָא רוֹכְבִים
cave, *n.* מְעָרָה, כּוּךְ, חוֹחַ
cave, *v.t.* & *i.* כָּרָה; הִתְמוֹטֵט [מוט]
cavern, *n.* נִקְרָה, חָלָל
cavernous, *adj.* מָלֵא נְקָרוֹת, חָלוּל
caviar, caviare, *n.* שַׁחְלָה, אֶשְׁכּוֹל, סְגוֹל
cavil, *n.* גִּנּוּי, דֹּפִי
cavil, *v.t.* בִּקֵּשׁ עֲלִילוֹת, הִתְגּוֹלֵל [גלל] עַל
cavity, *n.* חָלָל, חוֹר; רֵיקָנוּת; מְחִלָּה
caw, *n.* קִרְקוּר
caw, *v.t.* & *i.* קִרְקֵר
cease, *v.t.* & *i.* פָּסַק, כָּלָה, חָדַל
ceaseless, *adj.* בִּלְתִּי פּוֹסֵק
ceaselessly, *adv.* בְּלִי הֶרֶף
cedar, *n.* אֶרֶז

cede, *v.t.* וִתֵּר
ceil, *v.t.* סִפֵּן
ceiling, *n.* תִּקְרָה, סִפּוּן
celebrant, *n.* חוֹגֵג
celebrate, *v.t.* & *i.* חָגַג, הִלֵּל, שִׁבַּח
celebrated, *adj.* מְפֻרְסָם
celebration, *n.* חֲגִיגָה
celebrity, *n.* אִישׁ מְפֻרְסָם, מְהֻלָּל
celerity, *n.* מְהִירוּת, חִפָּזוֹן
celery, *n.* כַּרְפַּס
celestial, *adj.* שְׁמֵימִי, נֶאֱצָל
celibacy, *n.* פְּרִישׁוּת, רַוָּקוּת
celibate, *n.* פָּרוּשׁ, רַוָּק
cell, *n.* תָּא
cellar, *n.* מַרְתֵּף, יֶקֶב
cellular, *adj.* תָּאִי
cellule, *n.* תָּאוֹן
celluloid, *n.* צִיבִית
cellulose, *n.* תָּאִית
cement, *n.* מֶלֶט
cement, *v.t.* מִלֵּט, טָח [טוח]
cemetery, *n.* בֵּית קְבָרוֹת, בֵּית חַיִּים
censer, *n.* מִקְטֶרֶת, מַחְתָּה
censor, *n.* בַּדָּק, מְבַקֵּר, נַקְרָן
censorial, *adj.* בִּקָּרְתִּי
censorship, *n.* בִּדֹּקֶת
censure, *n.* נְזִיפָה, גִּנּוּי
censure, *v.t.* גִּנָּה, נָזַף
census, *n.* מִפְקָד
cent, *n.* סֶנְט
centenarian, *n.* בֶּן מֵאָה שָׁנָה
centenary, *n.* מֵאוֹן, מֵאָה שָׁנִים
center, centre, *n.* מֶרְכָּז, אֶמְצַע, טַבּוּר
center, centre, *v.t.* רִכֵּז
center, centre, *v.i.* הִתְרַכֵּז [רכז]
centigrade, *adj.* בַּעַל מֵאָה מַעֲלוֹת
centigram, centigramme, *n.* מֵאִית הַגְּרַם, סַנְטִיגְרַם
centimeter, centimetre, *n.* מֵאִית הַמֶּטֶר, סַנְטִימֶטֶר
centipede, *n.* נַדָּל
central, *adj.* מֶרְכָּזִי, אֶמְצָעִי
centralization, *n.* רִכּוּז, מִרְכּוּז
centralize, *v.t.* & *i.* רִכֵּז, מִרְכֵּז, הִתְרַכֵּז [רכז]
centralizer, *n.* רַכָּז, מְרַכֵּז
centrifugal, *adj.* בּוֹרֵחַ מֶרְכָּז
century, *n.* מֵאָה (שָׁנָה)
ceramics, *n.* קַדָּרוּת
cere, *v.t.* דִּנֵּג
cereal, *adj.* דַּגְנִי, זֵרְעוֹנִי
cerebral, *adj.* מֹחִי, מֹחָנִי
ceremonial, *adj.* טִכְסִי, מִנְהָגִי
ceremonial, *n.* סֵדֶר הַטְּכָסִים
ceremony, *n.* טֶכֶס, טֶקֶס, מִנְהָג
certain, *adj.* בָּטוּחַ, וַדַּאי, בָּרוּר; פְּלוֹנִי
certainly, *adv.* בְּוַדַּאי, בְּלִי סָפֵק
certainty, *n.* וַדָּאוּת
certificate, *n.* תְּעוּדָה, אִשּׁוּר
certified, *adj.* מְאֻשָּׁר
certify, *v.t.* אִשֵּׁר
certitude, *n.* וַדָּאוּת
cessation, *n.* הֶפְסֵק, הַפְסָקָה, חֶדֶל, חִדָּלוֹן, הֲפוּגָה, בִּטּוּל
cession, *n.* וִתּוּר, מְסִירָה
cesspool, cesspit, *n.* בִּיב (בּוֹר) שֻׁפְכִים
chafe, *n.* חִכּוּךְ, שִׁפְשׁוּף
chafe, *v.t.* & *i.* הִתְרַגֵּשׁ [רגש], הִקְנִיט [קנט]
chaff, *n.* לֵיצָנוּת; מוֹץ, פְּסֹלֶת
chaff, *v.t.* & *i.* לִגְלֵג, הִתְלוֹצֵץ [ליץ]
chaffer, *n.* תַּגְּרָנוּת; לַגְלְגָן, מִתְלוֹצֵץ
chaffer, *v.i.* הִתְוַכֵּחַ [וכח] עַל הַמְּחִיר, עָמַד עַל הַמִּקָּח
chagrin, *n.* צַעַר, עָגְמַת נֶפֶשׁ

chagrin, *v.t.* צִעֵר

chain, *n.* שַׁרְשֶׁרֶת, שַׁלְשֶׁלֶת, כֶּבֶל, זֵק, עֲבוֹת

chain, *v.t.* שָׁלַל, אָסַר בְּזִקִּים, כָּבַל

chair, *n.* כִּסֵּא

chair, *v.t.* הוֹשִׁיב [ישב]; שִׁמֵּשׁ יוֹשֵׁב רֹאשׁ

chairman, *n.* יוֹשֵׁב רֹאשׁ

chaise, *n.* מֶרְכָּבָה

chalice, *n.* כּוֹס, גָּבִיעַ

chalk, *n.* גִּיר, קִרְטוֹן

chalk, *v.t.* כָּתַב בְּגִיר, קִרְטֵם

challenge, *n.* הִתְגָּרוּת, תִּגְרִית, אֶתְגָּר, הַתְרָסָה, הַזְמָנָה לְדוּ־קְרָב; סַפְקָנוּת

challenge, *v.t.* הִתְגָּרָה [גרה], תִּגֵּר, הִתְרִיס [תרס] כְּנֶגֶד

challenger, *n.* תִּגְרָן

chamber, *n.* חֶדֶר, לִשְׁכָּה

chameleon, *n.* זִקִּית

chamfer, *n.* חָרִיץ

chamois, *n.* יָעֵל

chamomile, *v.* camomile

champagne, *n.* יֵין תּוֹסֵס, יַיִן קוֹצֵף

champion, *n.* מְנַצֵּחַ, גִּבּוֹר, אַלּוּף

champion, *v.t.* תָּמַךְ, הֵגֵן [גנן], הֵמְלִיץ [מלץ]

championship, *n.* אַלִּיפוּת, נִצָּחוֹן, רָאשׁוּת

chance, *n.* אֶפְשָׁרוּת, מִקְרֶה, הִזְדַּמְּנוּת

chance, *v.i.* קָרָה

chancellor, *n.* שַׂר; דַּיָּן; נְשִׂיא מִכְלָלָה

chandelier, *n.* נִבְרֶשֶׁת

change, *n.* חֲלִיפִין, חִלּוּף, הֲמָרָה, שִׁנּוּי; פֶּרֶט, מָעוֹת; הִשְׁתַּנּוּת

change, *v.t.* & *i.* שִׁנָּה, הָפַךְ, חִלֵּף, הִתְחַלֵּף [חלף]

changeable, *adj.* מִשְׁתַּנֶּה

channel, *n.* תְּעָלָה

channel, *v.t.* תִּעֵל; כִּוֵּן, הִכְוִין [כון]

chant, *n.* זֶמֶר, זִמְרָה, מִזְמוֹר, נִגּוּן

chant, *v.i.* & *t.* זִמֵּר, רִנֵּן, שָׁר [שיר], קוֹנֵן [קין]

chaos, *n.* תֹּהוּ וָבֹהוּ, מְבוּכָה

chap, *n.* בָּחוּר

chap, *v.t.*&*i.* פִּלַּח, בָּקַע; נִסְדַּק [סדק]

chapel, *n.* בֵּית תְּפִלָּה

chaperon, *n.* חוֹסֶה, מֵגֵן, בַּת לְוַאי

chaperon, *v.t.* חָסָה

chaplain, *n.* רַב (כֹּמֶר) צְבָאִי

chapter, *n.* פֶּרֶק, סְנִיף; בָּבָא, בָּבָה

char, *v.t.* & *i.* חָרַךְ, גָּחַל, הָיָה לְפֶחָם

character, *n.* תְּכוּנָה, טֶבַע, אֹפִי; טִיב; אוֹת

characteristic, *adj.* אָפְיָנִי

characteristic, *n.* תְּכוּנָה, טִיב

characterization, *n.* אִפְיוּן

characterize, *v.t.* אִפְיֵן, תֵּאֵר

characterless, *adj.* מְחֻסַּר אֹפִי

charcoal, *adj.* פֶּחָם (עֵץ)

charge, *n.* מַשָּׂא, מִטְעָן; דְּאָגָה; חוֹבָה; הִשְׂתָּעֲרוּת, זְקִיפָה לְחֶשְׁבּוֹן

charge, *v.t.* & *i.* הֶעֱמִיס [עמס]; הֶאֱשִׁים [אשם]; הִשְׂתָּעֵר [שער] קָבַע מְחִיר, זָקַף לְחֶשְׁבּוֹן

charger, *n.* קְעָרָה; אֲגַרְטֵל; סוּס מִלְחָמָה

charily, *adv.* בִּזְהִירוּת

chariot, *n.* רֶכֶב, מֶרְכָּבָה

charioteer, *n.* רַכָּב, קָרָר; מַזָּל עֶגְלוֹן

charitable, *adj.* צַדְקָן, נְדִיב לֵב

charity, *n.* צְדָקָה, נְדָבָה, חֶסֶד

charlatan, *n.* נוֹכֵל, רַמַּאי, יִדְּעוֹנִי

charm, *n.* חֵן; קֶסֶם, חֶבֶר, כְּשָׁפִים; קָמֵעַ

charm, *v.t.* לִבֵּב; קָסַם, כִּשֵּׁף, לָחַשׁ

charmer, *n.* קוֹסֵם, חוֹבֵר, מְלַחֵשׁ; יִדְּעוֹנִי
charming, *adj.* מַקְסִים, נֶחְמָד; לוֹחֵשׁ
chart, *n.* מַפָּה, לוּחַ, תַּרְשִׁים
chart, *v.t.* רָשַׁם, לִוַּח
chart, *v.i.* עָשָׂה מַפָּה, מִפָּה
charter, *n.* אִשּׁוּר, כְּתַב זְכוּיוֹת
charter, *v.t.* אִשֵּׁר, שָׂכַר
chary, *adj.* חַסְכָן, מְקַמֵּץ; מָתוּן; זָהִיר
chase, *n.* רְדִיפָה, צַיִד
chase, *v.t. & i.* רָדַף, הִדִּיחַ [נדח]
chase, *v.t.* פִּתַּח, חָקַק
chasm, *n.* תְּהוֹם, נִקְרָה
chassis, *n.* מֶרְכָּב
chaste, *adj.* צָנוּעַ, בַּיְשָׁן, תָּם
chasten, *v.t.* הוֹכִיחַ [יכח], יִסֵּר, טִהֵר
chasteness, *n.* צְנִיעוּת, תֹּם
chastise, *v.t.* עָנַשׁ, יִסֵּר
chastisement, *n.* עֲנִישָׁה, יִסּוּר, מַלְקוּת
chastity, *n.* טָהֳרַת הַמִּין, צְנִיעוּת
chat, *n.* שִׂיחָה
chat, *v.i.* שׂוֹחַח, הֵשִׂיחַ [שיח]
chattels, *n. pl.* מִטַּלְטְלִין
chatter, *n.* פִּטְפּוּט
chatter, *v.t. & i.* פִּטְפֵּט, צִפְצֵף
chatterer, *n.* פַּטְּט, פַּטְפְּטָן
chauffeur, *n.* נֶהָג
chauvinism, *n.* קַנָּאוּת, קִיצוֹנִיּוּת
chauvinist, *n.* קַנַּאי
cheap, *adj.* זוֹל; נִקְלֶה
cheapen, *v.t.* הֵזִיל [זול]
cheaply, *adv.* בְּזוֹל
cheapness, *n.* זוֹל, זוֹלוּת
cheat, *n.* הוֹנָאָה, תַּרְמִית; רַמַּאי
cheat, *v.t. & i.* הוֹנָה, [ינה], רִמָּה
cheater, *n.* נוֹכֵל, רַמַּאי
check, cheque, *n.* הַמְחָאָה; עִכּוּב, סִימָן, בַּקָּרָה; מְבַדֵּק
check, *v.t.* עִכֵּב, סִמֵּן, בָּדַק, אִיֵּם
checker, chequer, *n.* בּוֹלֵם, עוֹצֵר
checker, chequer, *v.t.* שִׁבֵּץ
checkerboard, *n.* לוּחַ שַׁחְמָט
checkmate, *n.* שַׁחְמָט!
checkmate, *v.t.* נָתַן מָט, לָכַד (אֶת הַמֶּלֶךְ בְּשַׁחְמָט)
cheek, *n.* לְחִי, לֶחִי, לֶסֶת; חֻצְפָּה
cheeky, *adj.* עַז פָּנִים
cheep, *n.* צִפְצוּף, צִיּוּץ
cheep, *v.t. & i.* צִפְצֵף, צִיֵּץ
cheer, *n.* שִׂמְחָה; הֵידָד; בְּדִיחוּת
cheer, *v.t. & i.* שִׂמַּח; מָחָא כַּף; הֵרִיעַ [רוע]; עוֹדֵד [עוד]
cheerful, *adj.* שָׂמֵחַ
cheerfully, *adv.* בְּשִׂמְחָה
cheerless, *adj.* קוֹדֵר, עָצוּב, נוּגֶה
cheese, *n.* גְּבִינָה
cheesecake, *n.* עֻגַּת גְּבִינָה
chef, *n.* טַבָּח רָאשִׁי
chemical, *adj.* כִּימִי
chemist, *n.* כִּימַאי; רוֹקֵחַ
chemistry, *n.* כִּימְיָה
cheque, *v.* check
chequer, *v.* checker
cherish, *v.t.* חִשֵּׁב, הוֹקִיר [יקר], פִּנֵּק
cherry, *n.* דֻּבְדְּבָן; דֻּבְדְּבָנִיָּה
cherub, *n.* כְּרוּב, מַלְאָךְ; אִשָּׁה יָפָה
cherubic, *adj.* כְּרוּבִי, מַלְאָכִי
cherubim, *n. pl.* כְּרוּבִים
chess, *n.* שַׁחְמָט, אִשְׁקוּקָה
chest, *n.* חָזֶה; אַרְגָּז; תֵּבָה; אָרוֹן
chestnut, *adj.* עַרְמוֹנִי
chestnut, *n.* עַרְמוֹן
chevy, *n.* צַיִד, קוֹל צַיָּדִים

chew, *n.* לְעִיסָה, גֵּרָה
chew, *v.i.* לָעַס, כָּסַס
chewing gum צֶמֶג לְעִיסָה, לַעַס
chicanery, *n.* רַמָּאוּת, מִרְמָה, אֲחִיזַת עֵינַיִם
chick, *n.* אֶפְרוֹחַ, גּוֹזָל
chicken, *n.* תַּרְנְגוֹל, תַּרְנְגֹלֶת, פַּרְגִּית
chicken pox, *n.* אֲבַעְבּוּעוֹת רוּחַ
chick-pea, *n.* חִמְּצָה
chicory, *n.* עֹלֶשׁ
chide, *v.t. & i.* הוֹכִיחַ [יכח], גָּעַר, נָזַף
chief, *adj.* רָאשִׁי, עִקָּרִי
chief, *n.* רֹאשׁ, מְנַהֵל, עִקָּר
chiefly, *adv.* בְּיִחוּד, בְּעִקָּר
chieftain, *n.* רֹאשׁ שֵׁבֶט
chiffon, *n.* מַלְמָלָה, מֶשִׁי רַךְ
chilblain, *n.* אֲבַעְבּוּעוֹת חֹרֶף
child, *n.* יֶלֶד, יַלְדָּה, בֵּן, בַּת
childbirth, *n.* לֵדָה, חֶבְלֵי לֵדָה
childhood, *n.* יַלְדוּת
childish, *adj.* יַלְדוּתִי
childishness, *n.* יַלְדוּתִיּוּת
childless, *adj.* שַׁכּוּל, עֲרִירִי, עֲקָרָה
childlike, *adj.* יַלְדוּתִי, דּוֹמֶה לְיֶלֶד
children, *n. pl.* יְלָדִים, טְפָלִים, טַף
Children of Israel בְּנֵי יִשְׂרָאֵל
chill, *adj.* קָרִיר
chill, *n.* צִנָּה, קֹר, צְמַרְמֹרֶת
chill, *v.t.* קֵרֵר, צִנֵּן
chilly, *adj.* קָרִיר, צוֹנֵן
chime, *n.* צִלְצוּל פַּעֲמוֹנִים
chime, *v.t. & i.* צִלְצֵל בְּפַעֲמוֹנִים
chimera, *n.* מִפְלֶצֶת, תַּעְתּוּעַ
chimerical, *adj.* דִּמְיוֹנִי; מְתַעְתֵּעַ
chimney, *n.* מַעֲשֵׁנָה, אֲרֻבָּה
chimpanzee, *n.* קוֹף הָאָדָם, שִׁמְפַּנְזֶה
chin, *n.* סַנְטֵר
china, *n.* חַרְסִינָה
chinaware, *n.* כְּלֵי חֶרֶס
Chinese, *adj. & n.* סִינִי, בֶּן סִין, סִינִית (לָשׁוֹן)
chink, *n.* צִלְצוּל; סֶדֶק
chink, *v.i.* סָתַם סְדָקִים, נִסְדַּק [סדק]
chink, *v.t. & i.* קִשְׁקֵשׁ, צִלְצֵל
chip, *n.* קֵיסָם, שָׁבָב
chip, *v.t. & i.* סִתֵּת, שִׁבֵּב, בִּקַּע
chipper, *n.* זָרִיז, נִמְרָץ
chipper, *v.t.* צִפְצֵף
chiropodist, *n.* רוֹפֵא יַבָּלוֹת
chirp, *n.* צִפְצוּף
chisel, *n.* אִזְמֵל, חֶרֶט, מַפְסֶלֶת
chisel, *v.t. & i.* גִּלֵּף, חָטַב, חָצַב, חָרַת; הוֹנָה [ינה], רִמָּה
chiseler, chiseller, *n.* רַמַּאי, מְרַמֶּה, נוֹכֵל
chitchat, *n.* שִׂיחַת חֻלִּין
chiton, *n.* חָלוּק
chivalrous, *adj.* אָדִיב
chivalry, *n.* אֲדִיבוּת
chlorine, *n.* כְּלוֹר
chlorophyll, chlorophyl, *n.* יַרְקוֹן
chocolate, *n.* שׁוֹקוֹלָד
choice, *adj.* מֻבְחָר, מְשֻׁבָּח
choice, *n.* מִבְחָר, בְּרֵרָה, בְּחִירָה
choir, *n.* מַקְהֵלָה
choke, *v.t. & i.* חָנַק, נֶחֱנַק [חנק]
cholera, *n.* חֹלִירַע
choose, *v.t. & i.* בָּחַר, בֵּרֵר, אָבָה
chop, *n.* נֵתַח, חֲתִיכָה; צֵלָע, צַלְעִית
chop, *v.t. & i.* חָטַב, קִטַּע, קִצֵּץ
choppy, *adj.* סוֹעֵר, גּוֹעֵשׁ
choral, *adj.* שֶׁל מַקְהֵלָה
chord, *n.* מֵיתָר, חוּט
chord, *v.t.* שָׂם [שים] חוּטִים (מֵיתָרִים)
chore, *n.* מְשִׂימָה

chorus, *n.* מַקְהֵלָה
chrestomathy, *n.* מִבְחַר הַסִּפְרוּת
Christ, *n.* יֵשׁוּ הַנּוֹצְרִי
christen, *v.t.* הִטְבִּיל [טבל], קָרָא שֵׁם
Christendom, *n.* הָעוֹלָם הַנּוֹצְרִי
Christian, *adj.* & *n.* נוֹצְרִי
Christianity, *n.* נַצְרוּת
Christianize, *v.t.* נִצֵּר
Christmas, *n.* חַג הַמּוֹלָד הַנּוֹצְרִי
Christmas tree אַשּׁוּחַ
chromatic, *adj.* צִבְעוֹנִי, שֶׁל חֲצָאֵי צְלִילִים
chromium, *n.* כְּרוֹם
chronic, *adj.* מְמֻשָּׁךְ
chronicle, *n.* דִּבְרֵי הַיָּמִים
chronicle, *v.t.* כָּתַב בְּסֵפֶר דִּבְרֵי הַיָּמִים
Chronicles, *n. pl.* סֵפֶר דִּבְרֵי הַיָּמִים (בַּתַּנַ"ךְ)
chronology, *n.* סֵדֶר הַדּוֹרוֹת
chronometer, *n.* מַדְזְמַן
chrysalis, *n.* גֹּלֶם
chrysanthemum, *n.* חַרְצִית
chubby, *adj.* מְסֻרְבָּל
chuck, *v.t.* הִשְׁלִיךְ [שלך]
chuckle, *n.* צְחוֹק (עָצוּר)
chuckle, *v.i.* צָחַק (בְּקִרְבּוֹ)
chum, *n.* חָבֵר, יְדִיד
chum, *v.i.* הָיָה חָבֵר, גָּר [גור] עִם חָבֵר
chump, *n.* שׁוֹטֶה, הֶדְיוֹט, חֲסַר שֵׂכֶל
church, *n.* כְּנֵסִיָּה
churchman, *n.* כֹּמֶר
churl, *n.* בּוּר, הֶדְיוֹט
churlish, *adj.* הֶדְיוֹטִי
churlishness, *n.* בַּעֲרוּת, הֶדְיוֹטוּת
churn, *n.* מַחְבֵּצָה
churn, *v.t.& i.* חִבֵּץ, חָמַר; הִתְגָּעֵשׁ [געש]
chute, *n.* מַגְלֵשָׁה, מַזְחֵלָה
cicada, *n.* צְלָצַל, צְרָצַר, צַרְצוּר
cicatrice, cicatrix, *n.* צַלֶּקֶת, שָׂרֶטֶת
cider, *n.* יֵין תַּפּוּחִים
cigar, *n.* סִיגָרָה
cigarette, *n.* סִיגַרְיָה
cincture, *n.* חֲגוֹרָה, אַבְנֵט
cinder, *n.* רֶמֶץ, אֵפֶר
cinema, *n.* קוֹלְנוֹעַ, רְאִינוֹעַ
cinematograph, *n.* מְכוֹנַת (מַצְלֵמַת) קוֹלְנוֹעַ
cinnamon, *n.* קִנָּמוֹן
cipher, cypher *n.* אֶפֶס; סִפְרָה; צֹפֶן, כְּתַב סְתָרִים; מִשְׁלֶבֶת
cipher, *v.i.* & *t.* חִשֵּׁב; צָפַן, כָּתַב בִּכְתַב סְתָרִים
circa, *adv.* בְּעֵרֶךְ
circle, *n.* עִגּוּל, גֹּרֶן, מָחוֹז, חוּג
circle, *v.t.* חָג, [חוג], סִבֵּב, כִּתֵּר
circle, *v.i.* סָבַב, הִסְתּוֹבֵב [סבב]
circuit, *n.* סִבּוּב, הֶקֵּף, מַעְגַּל זֶרֶם, גְּלִילָה
circuitous, *adj.* עִגּוּלִי, עָקִיף
circular, *adj.* עָגֹל, מִסְתּוֹבֵב
circular, *n.* חוֹזֵר, מִכְתָּב חוֹזֵר
circulate, *v.t.* הֵפִיץ [פוץ]
circulate, *v.i.* סָבַב
circulation, *n.* הֲפָצָה, הִסְתּוֹבְבוּת סִבּוּב, מַחֲזוֹר; תְּפוּצָה
circulator, *n.* מֵפִיץ
circumcise, *v.t.* מָהַל, מָל [מול]
circumciser, *n.* מוֹהֵל
circumcision, *n.* מְהִילָה, בְּרִית מִילָה
circumference, *n.* הֶקֵּף, מַעְגָּל
circumnavigation, *n.* הַקָּפַת הָאָרֶץ (בָּאֳנִיָּה)
circumscribe, *v.t.* הִגְדִּיר [גדר], תָּחַם
circumscription, *n.* הַגְבָּלָה

circumspect, *adj.* זָהִיר, פִּקֵּחַ
circumstance, *n.* אֹפֶן, מַצָּב, מִקְרֶה, סִבָּה, נְסִבָּה
circumstances, *n. pl.* תְּנָאִים, נְסִבּוֹת
circumstantial, *adj.* נְסִבָּתִי, עֲקִיף, מִקְרִי
circumvent, *v.t.* עָקַף, הוֹנָה [ינה], תִּחְבֵּל
circus, *n.* קִרְקָס, זִירָה; רְחָבָה, כִּכָּר
cistern, *n.* בּוֹר, בְּאֵר, גֵּב
citadel, *n.* מִבְצָר, מְצוּדָה
citation, *n.* סַעַד, הַזְכָּרָה; הוֹעָדָה
cite, *v.t.* הֵבִיא [בוא], תָּבַע (לְדִין); שִׁבַּח, הִזְכִּיר [זכר] לְטוֹבָה
citric acid חֻמְצַת לִימוֹן
citron, *n.* אֶתְרוֹג, פְּרִי עֵץ הָדָר
citizen, *n.* אֶזְרָח, עִירוֹנִי
citizenship, *n.* אֶזְרָחוּת
city, *n.* עִיר, קִרְיָה
civic, *adj.* אֶזְרָחִי, עִירוֹנִי
civics, *n.* תּוֹרַת הָאֶזְרָחוּת
civil, *adj.* אָדִיב, מְנֻמָּס; אֶזְרָחִי
civilian, *n.* אֶזְרָחָן
civility, *n.* אֲדִיבוּת
civilization, *n.* תַּרְבּוּת
civilize, *v.t.* תִּרְבֵּת
clad, *adj.* לָבוּשׁ
claim, *n.* זְכוּת; דְּרִישָׁה, תְּבִיעָה
claim, *v.t.* & *i.* דָּרַשׁ, תָּבַע
claimant, *n.* תּוֹבֵעַ, דּוֹרֵשׁ
clairvoyant, *n.* מְנַחֵשׁ
clamber, *v.i.* טִפֵּס
clamor, clamour, *n.* הֲמֻלָּה, מְהוּמָה
clamor, clamour, *v.t.* & *i.* צָעַק
clamorous, clamourous, *adj.* צַעֲקָנִי
clamp, *n.* מַלְחֶצֶת, כְּלִיבָה; מְהַדֵּק, אֶטֶב
clamp, *v.t.* לָחַץ, הִדֵּק

clan, *n.* שֵׁבֶט, מִשְׁפָּחָה
clandestine, *adj.* חֲשָׁאִי, נִסְתָּר
clang, *n.* צִלְצוּל
clank, *n.* קִשְׁקוּשׁ
clannish, *adj.* שִׁבְטִי, מִשְׁפַּחְתִּי
clap, *n.* מְחִיאָה
clap, *v.t.* & *i.* מָחָא כַּף, תָּקַע יָד
clapper, *n.* עִנְבָּל; מַכּוֹשׁ
claret, *n.* יַיִן אָדֹם
clarification, *n.* זִכּוּךְ; בֵּרוּר, הִתְלַבְּנוּת
clarify, *v.t.* בֵּרֵר, הִסְבִּיר [סבר]
clarify, *v.i.* הִתְבַּהֵר [בהר], הִתְבָּרֵר [ברר]
clarinet, *n.* חָלִיל
clarion, *n.* קֶרֶן
clarity, *n.* בְּרִירוּת, בְּהִירוּת
clash, *n.* הִתְנַגְּשׁוּת
clash, *v.t.* & *i.* הִתְנַגֵּשׁ [נגש]
clasp, *n.* אֶטֶב, מַכְבֵּנָה (לְשֵׂעָר); מְהַדֵּק (לִנְיָרוֹת, לִכְבָסִים); מַנְעוּל (לְתַכְשִׁיטִים); לְחִיצָה (יָדַיִם)
clasp, *v.t.* הִדֵּק, חָבַק; לָחַץ (יָדַיִם)
class, *n.* מַעֲמָד; כִּתָּה, מַחְלָקָה; סוּג
classic, classical, *adj.* מוֹפְתִּי
classic, *n.* מוֹפֵת
classification, *n.* מִיּוּן, סִוּוּג, סִדּוּר
classify, *v.t.* מִיֵּן, סִוֵּג, סִדֵּר
classmate, *n.* בֶּן מַחְלָקָה, בֶּן כִּתָּה
clatter, *n.* שָׁאוֹן, פִּטְפּוּט; חֲרִיקָה
clatter, *v.t.* הִקִּישׁ [נקש]
clatter, *v.i.* קִשְׁקֵשׁ
clause, *n.* קֶטַע, סָעִיף
clavicle, *n.* בְּרִיחַ, עֶצֶם הַבְּרִיחַ
claw, *n.* צִפֹּרֶן; שְׂרִיטָה
claw, *v.t.* טָרַף בְּצִפָּרְנַיִם, סָרַט
clay, *n.* חֹמֶר, חֵמָר, חַרְסִית
clean, *adj.* נָקִי, זַךְ, צַח

clean, *v.t.* נִקָּה, טִהֵר, לִבֵּן
cleaner, *n.* מְנַקֶּה
cleanness, cleanliness, *n.* נִקָּיוֹן, טֹהַר
cleanse, *v.t.* טִהֵר, חִטֵּא
clear, *adj.* בָּהִיר, צַח; מוּבָן, בָּרוּר; צָלוּל (יַיִן)
clear, *v.t.* זִכֵּךְ, סִנֵּן, בֵּרֵר
clear, *v.i.* סִלֵּק חֶשְׁבּוֹן, שִׁלֵּם; הִפְלִיג [פלג]; הִזְדַּכֵּךְ [זכך] (יַיִן); הִתְפַּזֵּר [פזר] (עֲנָנִים)
clearance, *n.* הֲסָרָה, הַרְחָקָה; סִלּוּק חֶשְׁבּוֹנוֹת; מִרְוָח; מְכִירָה כְּלָלִית
clearing, *n.* פִּנּוּי; פְּרִיקַת מַשָּׂא; הַסְבָּרָה; קָרַחַת יַעַר
clearinghouse, *n.* לִשְׁכַּת סִלּוּקִין
clearly, *adv.* בְּפֵרוּשׁ, בַּעֲלִיל; בָּרוּר, בִּבְהִירוּת
clearness, *n.* בְּהִירוּת, צְלִילוּת
cleat, *n.* טְרִיז, יָתֵד; שְׁלַבִּית, מַאֲחָז; אֶדֶן (סוּלְיוֹת)
cleavage, *n.* בְּקִיעָה, פִּלּוּחַ
cleave, *v.t.* סָדַק, בָּקַע, פִּלֵּג, פָּלַח
cleave, *v.i.* נִדְבַּק [דבק], דָּבַק; נִבְקַע [בקע], נִסְדַּק [סדק]
cleaver, *n.* חוֹטֵב, פּוֹלֵחַ; קוֹפִיץ
clef, *n.* מַפְתֵּחַ תָּוִים
cleft, *n.* נָקִיק, חָגוּ; טֶרֶשׁ; שֶׁסַע
clemency, *n.* חֲנִינָה, רִתְיוֹן, רַכּוּת
clement, *adj.* רַחוּם, חַנּוּן, מְרַתֶּה, מוֹחֵל
clergy, *n.* כְּהֻנָּה
clergyman, *n.* כֹּהֵן
clerical, *adj.* שֶׁל כְּהֻנָּה, שֶׁל מַזְכִּיר
clerk, *n.* לַבְלָר, מַזְכִּיר
clever, *adj.* מֻכְשָׁר, פִּקֵּחַ, נָבוֹן, חָכָם
cleverly, *adv.* בְּחָכְמָה
cleverness, *n.* תְּבוּנָה
clew, *v.* clue

cliché, *n.* גְּלוּפָה
click, *n.* נְקִישָׁה
client, *n.* לָקוֹחַ, קוֹנֶה
clientele, *n.* לְקוֹחוֹת
cliff, *n.* שֵׁנָן, שְׁנִית, חוֹחַ
climate, *n.* אַקְלִים, מֶזֶג אֲוִיר
climatic, *adj.* אַקְלִימִי
climax, *n.* פִּסְגָּה; מַשְׁבֵּר
climb, *v.t.* & *i.* טִפֵּס, עָלָה; נָסַק (מָטוֹס)
climber, *n.* טַפְסָן, מְטַפֵּס (צֶמַח)
clinch, *v.t.* קָפַץ, סָגַר בְּכֹחַ, אָחַז, הֵדֵק (שִׁנַּיִם), קָמַץ (יָד); קִיֵּם; כָּפַף (מַסְמֵר); חִזֵּק
cling, *v.i.* אָחַז, דָּבַק, נִדְבַּק [דבק]
clinic, *n.* מִרְפָּאָה
clinical, *adj.* קְלִינִי
clink, *n.* קִשְׁקוּשׁ
clink, *v.t.* & *i.* קִשְׁקֵשׁ
clinker, *n.* קַשְׁקְשָׁן
clip, *n.* אֶטֶב, מְהַדֵּק; מַטְעֵן (כַּדּוּרִים); גְּזִיזָה
clip, *v.t.* & *i.* גָּזַז, כָּסַם; הֵדֵק; גָּזַר; קָצַץ (מַטְבְּעוֹת)
clipper, *n.* גּוֹזֵז, מַגְזֵזָה; מִפְרָשִׂית; מָטוֹס גָּדוֹל
clipping, *n.* גֶּזֶר (גְּזַר עִתּוֹן וְכוּ׳)
clique, *n.* כְּנוּפְיָה, חֲבוּרָה
clitoris, *n.* דַּגְדְּגָן
cloak, *n.* מְעִיל, אַדֶּרֶת, גְּלִימָה, קֶפֶשׁ
cloak, *v.t.* הִלְבִּישׁ [לבש] אַדֶּרֶת
cloak, *v.i.* לָבַשׁ אַדֶּרֶת
clock, *n.* שָׁעוֹן
clockwork, *n.* מְכוֹנַת הַשָּׁעוֹן
clod, *n.* רֶגֶב, גּוּשׁ
clog, *n.* נַעַל עֵץ, קַבְקָב; מַעֲצוֹר
clog, *v.t.* & *i.* חָסַם, עִכֵּב; סָתַם, הִסְתַּתֵּם [סתם], נִדְבַּק [דבק]

cloister, *n.* מִנְזָר; סֵתֶר

cloister, *v.t.* סָגַר בְּמִנְזָר

cloistral, *adj.* מִנְזָרִי

close, *adj.* סָגוּר, נָעוּל; צָפוּף; קָרוֹב, דּוֹמֶה; מַחֲנִיק (אֲוִיר); קַמְצָן

close, *n.* גְּמַר, סוֹף, רַחֲבַת מִנְזָר

close, *v.t.* סָגַר, עָצַם, גָּמַר, בָּלַם

close, *v.i.* נִסְגַּר [סגר], נִנְעַל [נעל], הִתְחַבֵּר [חבר]

closeness, *n.* צְפִיפוּת, דֹּחַק

closet, *n.* אֲרוֹן (בְּגָדִים) קִיר, חָדָר; חֶדֶר מְיֻחָד, חֲדַר מוֹעָצָה

closet, *v.t.* סָגַר

closure, *n.* סְגִירָה, סְתִימָה, סוֹף

clot, *n.* עַבְטִיט (דָּם קָרוּשׁ), חֲרָרַת דָּם; גּוּשׁ

clot, *v.i. & t.* קָרַשׁ, קָפָא; נִקְרַשׁ [קרשׁ], נִקְפָּא [קפא]

cloth, *n.* אָרִיג, אֶרֶג, בַּד; מַטְלִית

clothe, *v.t.* הִלְבִּישׁ [לבשׁ], עָטָה

clothes, *n. pl.* בְּגָדִים, מַלְבּוּשִׁים

clothier, *n.* מוֹכֵר בְּגָדִים

clothing, *n.* מַלְבּוּשׁ, לְבוּשׁ

cloud, *n.* עָב, עָנָן, נָשִׂיא, חָזִיז

cloud, *v.t. & i.* הִתְעַנֵּן [ענן], הִתְכַּסָּה [כסה] בַּעֲנָנִים, הִתְקַדֵּר [קדר]; הֶאֱפִיל [אפל]; הֵעִיב [עוב], הֶחֱשִׁיךְ [חשך]

cloudburst, *n.* שֶׁבֶר נְשִׂיאִים

cloudless, *adj.* בָּהִיר

cloudlet, *n.* עֲנָנָה

cloudy, *adj.* מְעֻנָּן

clout, *n.* מַטְלִית, סְחָבָה; מַטָּרָה; מַכָּה, סְטִירַת לֶחִי

clout, *v.t.* הִכָּה [נכה], סָטַר

clove, *n.* קַרְפוֹל (תַּבְלִין)

clover, *n.* שִׁלְשׁוֹן, תִּלְתָּן

clown, *n.* בַּדָּח, בַּדְחָן, גַּחְכָן, לֵץ

cloy, *v.t.* הִשְׂבִּיעַ [שבע], הָיָה לְזָרָא

club, *n.* אַלָּה; מוֹעֲדוֹן

club, *v.t.* הִכָּה [נכה] בְּאַלָּה

cluck, *n.* קִרְקוּר

cluck, *v.i.* קִרְקֵר

clue, clew, *n.* פְּקַעַת חוּטִים; קְצֵה מִפְרָשׂ; רֶמֶז, סִימָן; מַפְתֵּחַ (לְפִתְרוֹן)

clump, *n.* קְבוּצַת עֵצִים; גּוּשׁ; סֻלְיָה נוֹסֶפֶת; פְּסִיעָה גַּסָּה

clump, *v.i.* הָלַךְ בִּכְבֵדוּת

clumsy, *adj.* מְסֻרְבָּל, מְגֻשָּׁם

cluster, *n.* אֶשְׁכֹּל

cluster, *v.i.* צָמַח בְּאֶשְׁכֹּלוֹת; הִתְקַהֵל [קהל]

clutch, *n.* אֲחִיזָה, תְּפִיסָה; צִפֹּרֶן; מַצְמֵד, מַזְוֵג; בְּרִיכַת אֶפְרוֹחִים

clutch, *v.t. & i.* אָחַז, תָּפַשׂ; דָּגַר

clutter, *n.* מְבוּכָה

clyster, *n.* חֹקֶן

coach, *n.* עֲגָלָה, מֶרְכָּבָה; מְאַמֵּן

coach, *v.t. & i.* לִמֵּד, הֵכִין [כון], אִמֵּן; הִתְחַנֵּךְ [חנך]

coachman, *n.* עֶגְלוֹן

coagulate, *v.t.* הִקְפִּיא [קפא], הִקְרִישׁ [קרשׁ]

coagulate, *v.i.* קָרַשׁ

coagulation, *n.* קְרִישָׁה, הַקְרָשָׁה

coal, *n.* פֶּחָם

coal, *v.t.* סִפֵּק פֶּחָם

coal, *v.i.* הִצְטַיֵּד [צוד] בְּפֶחָם

coalesce, *v.i.* הִתְמַזֵּג [מזג], הִתְאַחֵד [אחד]

coalescence, *n.* אִחוּד, חִבּוּר

coalition, *n.* הִתְחַבְּרוּת

coal oil נֵפְט, שֶׁמֶן פְּחָמִים

coal tar זֶפֶת פְּחָמִים, עִטְרָן

coarse, *adj.* גַּס, עָבֶה

coarsely, *adv.* בְּגַסּוּת

coarseness, *n.* גַּסּוּת
coast, *n.* חוֹף, שְׂפַת הַיָּם
coast, *v.i.* שָׁט [שוט] קָרוֹב לַחוֹף, גָּלַשׁ
coastal, *adj.* חוֹפָנִי
coaster, *n.* סְפִינַת חוֹף
coast guard שׁוֹמְרֵי חוֹף
coat, *n.* מְעִיל, בֶּגֶד; שִׁכְבָה
coat, *v.t.* כִּסָּה (בְּצֶבַע), מָרַח
coax, *v.t.* שִׁדֵּל
cob, *n.* אֶשְׁבּוֹל, שִׁבֹּלֶת הַתִּירָס; בַּרְבּוּר; עַכָּבִישׁ
cobalt, *n.* זָרְנִיךְ, קֹבֶלֶת, שֵׁדָן
cobble, *v.t.* & *i.* תִּקֵּן נַעֲלַיִם
cobbler, *n.* סַנְדְּלָר, רַצְעָן
cobra, *n.* פֶּתֶן
cobweb, *n.* קוּרֵי עַכָּבִישׁ
cochineal, *n.* זְהוֹרִית
cochlea, *n.* שַׁבְּלוּל (הָאֹזֶן)
cock, *n.* תַּרְנְגוֹל, שֶׂכְוִי, גֶּבֶר; הֹלֶם (רוֹבֶה); בֶּרֶז
cock, *v.t.* הֵרִים [רום], זָקַף; דָּרַךְ
cockatoo, *n.* תֻּכִּי
cockeye, *n.* עַיִן פּוֹזֶלֶת
cockle, *n.* שַׁבְּלוּל
cockroach, *n.* חִפּוּשִׁית הַבַּיִת, יְבוּסִי
cocktail, *n.* מַשְׁקֶה כָּהֳלִי, פַּרְפֶּרֶת
cocky, *adj.* גֵּא, גַּאֶה, מִתְרַבְרֵב
coconut, *n.* אֱגוֹז הֹדּוּ, נַרְגִּיל
cocoon, *n.* פְּקַעַת
cod, codfish, *n.* אִלְתִּית, חֲמוֹר הַיָּם
coddle, *n.* מְפֻנָּק
code, *n.* כְּתָב סְתָרִים; חֹק; סֵפֶר חֻקִּים, צֹפֶן
codger, *n.* קַמְצָן, כִּילַי
codicil, *n.* נִסְפָּח לַצַּוָּאָה
codification, *n.* קְבִיעַת חֻקִּים
codify, *v.t.* עָרַךְ חֻקִּים
coeducation, *n.* חִנּוּךְ מְעֹרָב
coefficient, *n.* מָנָה, מְקַדֵּם, כּוֹפֵל
coerce, *v.t.* הִכְרִיחַ [כרח] כָּפָה
coercion, *n.* הַכְרָחָה, אִלּוּץ, כְּפִיָּה
coercive, *adj.* מַכְרִיחַ, כּוֹפֶה
coeval, *adj.* בֶּן דּוֹר, בֶּן זְמַנֵּנוּ
coexist, *v.i.* חָיָה עִם, הִתְקַיֵּם [קים] בּוֹ בִּזְמַן
coexistence, *n.* דּוּ־קִיּוּם
coffee, *n.* קַהֲוָה, קָפֶה
coffee shop קַהֲוָאָה, בֵּית קָפֶה
coffin, *n.* אֲרוֹן מֵתִים
cog, *n.* שֵׁן (בְּגַלְגַּל)
cog, *v.t.* קָבַע שֵׁן; רִמָּה
cogent, *adj.* מְשַׁכְנֵעַ, מַכְרִיעַ
cogitate, *v.t.* & *i.* הִרְהֵר, הָגָה, הִתְעַשֵּׁת [עשת]
cogitation, *n.* הִרְהוּר
cognate, *adj.* דּוֹמֶה, בֶּן גֶּזַע, קָרוֹב
cognition, *n.* יְדִיעָה, דַּעַת
cognizance, *n.* הֲבָנָה, הַכָּרָה
cognizant, *adj.* יוֹדֵעַ, מַכִּיר
cohabitation, *n.* בְּעִילָה, הִזְדַּוְּגוּת, בִּיאָה, גִּישָׁה, עוֹנָה
cohere, *v.i.* דָּבַק
coherence, *n.* עֲקֵבִיּוּת, חִבּוּר, קֶשֶׁר
coherent, *adj.* עֲקֵבִי, קָשִׁיר, לָכִיד, מְחֻבָּר, הֶגְיוֹנִי
cohesion, *n.* אַחְדוּת, אִחוּד, הִתְלַכְּדוּת, קְשִׁירוּת, תַּאֲחִיזָה
cohesive, *adj.* מִתְדַּבֵּק, מִתְלַכֵּד
coiffure, *n.* תִּסְפֹּרֶת, תִּסְרֹקֶת
coil, *n.* לְפִיתָה, פְּקַעַת, סְלִיל, קְפִיץ
coil, *v.t.* גָּלַל, כָּרַךְ
coil, *v.i.* נִלְפַּת [לפת]
coin, *n.* מַטְבֵּעַ
coin, *v.t.* טָבַע, הִטְבִּיעַ [טבע]; חִדֵּשׁ מִלִּים, מִנֵּחַ
coinage, *n.* הַטְבָּעָה, טְבִיעָה

coiner, *n.* מַטְבִּיעַ, מַנִּיחַ
coincide, *v.i.* הִסְכִּים [סכם], הִתְאִים [תאם]
coincidence, *n.* תְּחוּלָה, הַסְכָּמָה, הַתְאָמָה
coincident, *adj.* מַתְאִים, דּוֹמֶה
coition, coitus, *n.* תַּשְׁמִישׁ הַמִּטָּה, הִזְדַּוְּגוּת, מִשְׁגָּל, בִּיאָה, גִּישָׁה
coke, *n.* קוֹקְס, פַּחְמֵי אֶבֶן שְׂרוּפִים
cold, *n.* קָרָה, קֹר, צִנָּה, הִצְטַנְּנוּת
cold, *adj.* קַר, צוֹנֵן
coldblooded, *adj.* אַכְזָרִי, חֲסַר לֵב
coldhearted, *adj.* חֲסַר רֶגֶשׁ
coldness, *n.* קֹר
coleslaw, *n.* מְלִיחַ כְּרוּב
colic, *n.* עֲוִית מֵעַיִם, כְּאֵב בֶּטֶן
collaborate, *v.i.* שִׁתֵּף פְּעֻלָּה, עָבַד יַחַד עִם
collaboration, *n.* שִׁתּוּף פְּעֻלָּה
collaborator, *n.* מְסַיֵּעַ, עוֹזֵר; בּוֹגֵד
collapse, *n.* מַיִט, הִתְמוֹטְטוּת, הֶרֶס, שֶׁבֶר
collapse, *v.i. & t.* הִתְמוֹטֵט [מוט], כָּשַׁל; הִתְעַלֵּף [עלף]; הִתְקַפֵּל [קפל]
collapsible, *adj.* מִתְקַפֵּל
collar, *n.* צַוָּארוֹן, עָנָק
collar, *v.t.* תָּפַשׂ אָדָם בְּעָרְפּוֹ
collate, *v.t.* עָרַךְ; אָסַף; אָכַל, לָעַס
collateral, *adj.* צְדָדִי, נוֹסָף, מַקְבִּיל
collation, *n.* אֲכִילָה קַלָּה; תֵּאוּם, הִתְיָעֲצוּת
colleague, *n.* חָבֵר, רֵעַ
collect, *v.t.* אָסַף, קִבֵּץ, לִקֵּט, כִּנֵּס
collect, *v.i.* הִתְאַסֵּף [אסף], הִתְקַבֵּץ [קבץ]
collection, *n.* גְּבִיָּה, מַאֲסָף, קִבּוּץ, אֹסֶף
collective, *adj.* מְשֻׁתָּף, קִבּוּצִי
collective, *n.* קִבּוּץ
collector, *n.* מְאַסֵּף, גּוֹבֶה
college, *n.* מִכְלָלָה
collegian, *n.* מִכְלָלַאי, תַּלְמִיד מִכְלָלָה
collegiate, *adj.* שֶׁל מִכְלָלָה
collide, *v.i.* הִתְנַגֵּשׁ [נגש]
collie, *n.* כֶּלֶב רוֹעִים
collier, *n.* כּוֹרֵה פֶּחָם
colliery, *n.* מִכְרֵה פֶּחָם
collision, *n.* הִתְנַגְּשׁוּת
colloquial, *adj.* מְדֻבָּר
colloquy, *n.* דּוּ־שִׂיחַ, וִכּוּחַ
collusion, *n.* קֶשֶׁר, מֶרֶד, קְנוּנְיָה
colon, *n.* נְקֻדָּתַיִם (:)
colonel, *n.* אַלּוּף מִשְׁנֶה
colonial, *adj.* מוֹשָׁבְתִּי
colonist, *n.* מִתְיַשֵּׁב
colonization, *n.* יִשּׁוּב, הִתְיַשְּׁבוּת
colonize, *v.t. & i.* יִשֵּׁב, הִתְיַשֵּׁב [ישב]
colonnade, *n.* שְׂדֵרַת עַמּוּדִים, סְטָו
colony, *n.* מוֹשָׁבָה
color, colour, *n.* צֶבַע, גַּוָּן; אֹדֶם
color, colour, *v.t.* צָבַע, גִּוֵּן
color, colour, *v.i.* הִתְאַדֵּם [אדם]
coloration, colouration, *n.* צְבִיעָה, צִבּוּעַ; רַבְגּוֹנִיּוּת
colored, coloured, *adj.* צָבוּעַ; כּוּשִׁי; מְזֻיָּף
colorful, colourful, *adj.* צִבְעוֹנִי, חַי, סַסְגּוֹנִי
colorless, colourless, *adj.* חֲסַר צֶבַע, חֲסַר אֹפִי
colors, colours, *n. pl.* דֶּגֶל, נֵס
colossal, *adj.* עֲנָקִי
colossus, *n.* עֲנָק, פֶּסֶל עֲנָק
colt, *n.* סְיָח
columba, *n.* יוֹנָה

columbary, *n.* שׁוֹבָךְ

columbine, *adj.* יוֹנִי

column, *n.* עַמּוּד, טוּר

columnar, *adj.* עַמּוּדִי

columnist, *n.* טוּרָן (בְּעִתּוֹן)

coma, *n.* תַּרְדֵּמָה, אַלְחוּשׁ

comb, *n.* מַסְרֵק; מַגְרֵדָה; כַּרְבֹּלֶת

comb, *v.t.* & *i.* סָרַק, הִסְתָּרֵק [סרק]; נִפֵּץ; חִפֵּשׂ; הִתְנַפֵּץ [נפץ] (הַגַּל)

combat, *n.* קְרָב, דּוּ־קְרָב, הִתְגּוֹשְׁשׁוּת

combat, *v.t.* & *i.* נִלְחַם [לחם], הִתְגּוֹשֵׁשׁ [גשש]

combatant, *adj.* לוֹחֵם, נִלְחָם, מִתְגּוֹשֵׁשׁ

comber, *n.* סוֹרֵק

combination, *n.* תִּרְכֹּבֶת, הַרְכָּבָה, צֵרוּף; מִצְרֶפֶת

combine, *n.* מַקְצֵרְדָּשׁ; אִגּוּד

combine, *v.t.* אִחֵד, צֵרֵף

combine, *v.i.* הִתְאַחֵד [אחד], הִצְטָרֵף [צרף]

combustible, *adj.* אָכָל, בָּעִיר

combustion, *n.* בְּעִירָה, שֵׂרוּף, אִכּוּל

come, *v.i.* בָּא [בוא], אָתָה

come about קָרָה

come across הִסְכִּים; פָּגַשׁ

come back חָזַר, שָׁב [שוב]

come by הִשִּׂיג [נשג]

comedian, *n.* בַּדְחָן

comedy, *n.* מַהֲתֵלָה, קוֹמֶדְיָה

come in נִכְנַס [כנס]

comeliness, *n.* חֵן, נוֹי

comely, *adj.* מַתְאִים, הוֹלֵם; חִנָּנִי

come near קָרַב

come of age הִתְבַּגֵּר [בגר]

come out יָצָא

comestible, *adj.* רָאוּי לַאֲכִילָה, אָכִיל

comestibles, *n. pl.* מַאֲכָלִים; אֹכֶל

comet, *n.* שָׁבִיט (כּוֹכָב)

come to pass קָרָה

comfit, *n.* מַמְתָּק, פַּרְפֶּרֶת

comfort, *n.* נוֹחִיּוּת; נֶחָמָה, תַּנְחוּמִים

comfort, *v.t.* נִחֵם, אִמֵּץ

comfortable, *adj.* נוֹחַ

comforter, *n.* מְנַחֵם

comfortless, *adj.* לְלֹא נֶחָמָה

comic, *n.* מַצְחִיק

comical, *adj.* הִתּוּלִי

coming, *n.* בִּיאָה

comity, *n.* נְדִיבוּת, נֹעַם

comma, *n.* פְּסִיק (,)

command, *n.* פְּקֻדָּה, צַו; שְׁלִיטָה; חֲלִישָׁה עַל; מִפְקָדָה

command, *v.t.* & *i.* פָּקַד, צִוָּה; חָלַשׁ עַל

commandant, *n.* מְפַקֵּד

commandeer, *v.t.* גִּיֵּס לַצָּבָא

commander, *n.* שַׂר צָבָא

commandment, *n.* צָו, צִוּוּי, מִצְוָה, דָּבָר, דִּבֵּר, דִּבְּרָה

the Ten Commandments, *n. pl.* עֲשֶׂרֶת הַדְּבָרִים, עֲשֶׂרֶת הַדִּבְּרוֹת

commemorate, *v.t.* הִזְכִּיר [זכר]; חָגַג

commemoration, *n.* אַזְכָּרָה, הַזְכָּרָה, חֲגִיגָה

commence, *v.i.* הִתְחִיל [חלל]; סִיֵּם (מִכְלָלָה)

commencement, *n.* הַתְחָלָה; סִיּוּם (לִמּוּדִים)

commend, *v.t.* שִׁבֵּחַ, קִלֵּס

commendable, *adj.* רָאוּי

commendation, *n.* שֶׁבַח, תְּהִלָּה

commensurate, *adj.* שְׁוֵה־מִדָּה, שָׁקוּל

comment, *n.* הֶעָרָה; בֵּאוּר

comment, *v.i.* פֵּרֵשׁ, בֵּאֵר; הֵעִיר [עור]

commentary, *n.* פֵּרוּשׁ, בֵּאוּר
commentator, *n.* פַּרְשָׁן, מְפָרֵשׁ
commerce, *n.* מִסְחָר
commercial, *adj.* מִסְחָרִי
commercially, *adv.* בְּדֶרֶךְ הַמִּסְחָר
commercialize, *v.t.* מִסְחֵר, הָפַךְ מִסְחָרִי
commiserate, *v.t.* רִחֵם, חָמַל
commiseration, *n.* חֶמְלָה, רַחֲמָנוּת
commissary, *n.* חֲנוּת שֶׁקֶ"ם; סוֹכֵן, עָמִיל
commission, *n.* מִשְׁלַחַת, וַעֲדָה, עֲמִילוּת, עֲמָלָה
commission, *v.t.* יִפָּה כֹּחַ, הִזְמִין [זמן], מִנָּה, גִּיֵּס
commissioner, *n.* נְצִיב
commit, *v.t.* עָשָׂה; הִפְקִיד [פקד]; סִכֵּן, סִבֵּךְ
committal, commitment, *n.* הִתְחַיְּבוּת
committee, *n.* וַעַד, וַעֲדָה
commode, *n.* שִׁדָּה, קַמְטָר
commodious, *adj.* נוֹחַ, מְרֻוָּח
commodities, *n. pl.* מִצְרָכִים מִסְחָרִיִּים
commodity, *n.* נוֹחִיּוּת; רֶוַח; סְחוֹרָה
commodore, *n.* רַב חוֹבֵל
common, *adj.* מְשֻׁתָּף; שָׁכִיחַ, צִבּוּרִי; רָגִיל, פָּשׁוּט; הֲדָדִי; הֲמוֹנִי; כְּלָלִי
commonalty, *n.* הֲמוֹן הָעָם
commoner, *n.* בֶּן הֶהָמוֹן; הֶדְיוֹט; צִיר, נִבְחָר
common law חֹק הַמְּדִינָה
commonly, *adv.* כְּרָגִיל
common noun שֵׁם עֶצֶם כְּלָלִי
commonplace, *adj.* בֵּינוֹנִי, שִׁטְחִי
commons, *n. pl.* הֲמוֹן הָעָם
common sense הַשֵּׂכֶל הַיָּשָׁר, הִגָּיוֹן
commonweal, *n.* טוֹבַת הַכְּלָל

commonwealth, *n.* קְהִלִּיָּה
commotion, *n.* זִיעַ, זַעֲזוּעַ, מְהוּמָה
commune, *n.* קְבוּצָה
commune, *v.t.* דִּבֵּר עִם
communicable, *adj.* נִמְסָר, מְדַבֵּר; מְדַבֵּק
communicant, *n.* & *adj.* מוֹדִיעַ, מִשְׁתַּתֵּף
communicate, *v.t.* מָסַר, גִּלָּה, הוֹדִיעַ [ידע]
communication, *n.* הוֹדָעָה, תִּשְׁדֹּרֶת, הִתְקַשְּׁרוּת, תִּקְשֹׁרֶת, תַּחְבּוּרָה; הִתְכַּתְּבוּת, חֲלִיפַת מִכְתָּבִים
communicative, *adj.* דַּבְּרָנִי
communion, *n.* אַחֲוָה, מַשָּׂא וּמַתָּן; הִתְיַחֲדוּת
communiqué, *n.* הוֹדָעָה רִשְׁמִית
communism, *n.* שִׁתְּפָנוּת
communist, *n.* שִׁתְּפָן
communistic, *adj.* שִׁתְּפָנִי
community, *n.* קְהִלָּה, עֵדָה, צִבּוּר; שֻׁתָּפוּת
commutation, *n.* חִלּוּף, תְּמוּרָה; הַמְתָּקַת דִּין
commutator, *n.* מְשַׁנֶּה (זֶרֶם חַשְׁמַל)
commute, *v.t.* נָסַע יוֹם יוֹם; הֶחֱלִיף [חלף]; הִמְתִּיק [מתק] (דִּין)
commuter, *n.* נוֹסֵעַ קָבוּעַ, מַחֲלִיף זֶרֶם
compact, *adj.* צָפוּף, לָכוּד, מְעֻבֶּה
compact, *n.* אֲמָנָה, בְּרִית, קְנוּנְיָה; תַּמְרוּקָה (לְאַבְקָה)
compact, *v.t.* הִדֵּק, אִחֵד, צִפֵּף
companion, *n.* חָבֵר, עָמִית, שֻׁתָּף
companionship, *n.* יְדִידוּת, חֲבֵרוּת, הִתְאַגְּדוּת
company, *n.* חֶבְרָה; חֶבֶר; לַהֲקָה
comparable, *adj.* מַשְׁוֶה, מִשְׁתַּוֶּה, דּוֹמֶה לְ־

comparative, *adj.* & *n.* יַחֲסִי; עֵרֶךְ הַיִּתְרוֹן

compare, *v.t.* & *i.* הִשְׁוָה [שוה], דִּמָּה; הִשְׁתַּוָּה [שוה]

comparison, *n.* הַשְׁוָאָה, דִּמְיוֹן; מָשָׁל

compartment, *n.* חֶדֶר; תָּא, מַחְלָקָה

compass, *n.* מָחוֹג, מְחוּגָה; מַצְפֵּן; הֶקֵּף

compass, *v.t.* סוֹבֵב [סבב]; הֵקִיף [קוף]; כִּתֵּר; זָמַם

compassion, *n.* חֶמְלָה, רַחֲמָנוּת; נִחוּם

compassionate, *adj.* מְרַחֵם, רַחוּם

compatibility, *n.* הִשְׁתַּווּת; נָאוּת, הַתְאָמָה

compatible, *adj.* יָאֶה; מַתְאִים

compatriot, *n.* עָמִית, בֶּן אֶרֶץ

compel, *v.t.* הִכְרִיחַ [כרח], כָּפָה

compensate, *v.t.* & *i.* תִּגְמֵל, גָּמַל, פִּצָּה; קִזֵּז; שִׁלֵּם; פִּיֵּס

compensation, *n.* פִּצּוּי; תַּגְמוּל; הֲטָבָה; שִׁלּוּם, שִׁלּוּמִים; קִזּוּז

compete, *v.i.* הִתְחָרָה [חרה]

competence, competency, *n.* יְכֹלֶת; סַמְכוּת; כִּשָּׁרוֹן

competent, *adj.* מֻכְשָׁר; מְסֻגָּל; מַתְאִים

competition, *n.* תַּחֲרוּת, הִתְחָרוּת

competitive, *adj.* תַּחֲרוּתִי, הִתְחָרוּתִי

competitor, *n.* מִתְחָרֶה

compilation, *n.* אִסּוּף, אֹסֶף, מַאֲסָף; חִבּוּר

compile, *v.t.* אָסַף, לִקֵּט, חִבֵּר

compiler, *n.* מְחַבֵּר; אוֹסֵף, מְלַקֵּט

complacence, complacency, *n.* נַחַת, שַׁאֲנַנּוּת

complacent, *adj.* שְׂבַע רָצוֹן, נוֹחַ, שַׁאֲנָן

complain, *v.i.* הִתְאוֹנֵן [אנן], קָבַל; הִתְרַעֵם [רעם]

complainant, *n.* מִתְאוֹנֵן, מִתְלוֹנֵן

complaint, *n.* תְּלוּנָה, הִתְאוֹנְנוּת

complaisance, *n.* אֲדִיבוּת, נֹעַם, נִמּוּסִיּוּת

complaisant, *adj.* אָדִיב, נָעִים, נִמּוּסִי

complement, *n.* הַשְׁלָמָה, מַשְׁלִים

complement, *v.t.* הִשְׁלִים [שלם]

complementary, *adj.* מַשְׁלִים

complete, *adj.* גָּמוּר; תָּמִים; שָׁלֵם; מָלֵא

complete, *v.t.* גָּמַר; הִשְׁלִים [שלם]; מִלֵּא; כִּלָּה

completely, *adv.* בִּשְׁלֵמוּת; כָּלִיל

completeness, *n.* שְׁלֵמוּת; תַּמּוּת

completion, *n.* גְּמַר, גְּמִירָה; הַשְׁלָמָה

complex, *adj.* מְסֻבָּךְ, מֻרְכָּב

complex, *n.* תַּסְבִּיךְ; תַּצְמִיד

complexion, *n.* צֶבַע הַפָּנִים; תֹּאַר, מַרְאֶה

complexity, *n.* תִּסְבֹּכֶת

compliance, compliancy, *n.* הֵעָנוּת, הַסְכָּמָה

compliant, *adj.* מִתְרַצֶּה, מַסְכִּים

complicate, *v.t.* סִבֵּךְ

complicated, *adj.* קָשֶׁה, מְסֻבָּךְ

complication, *n.* קֹשִׁי, סִבּוּךְ, הִסְתַּבְּכוּת

complicity, *n.* הִשְׁתַּתְּפוּת בַּעֲבֵרָה

compliment, *n.* מַחְמָאָה, שֶׁבַח, תְּהִלָּה

compliment, *v.t.* הִלֵּל, שִׁבֵּחַ, בֵּרַךְ

complimentary, *adj.* לְלֹא תְּמוּרָה, בְּכָבוֹד

comply, *v.i.* נַעֲנָה [ענה], עָשָׂה רְצוֹן, מִלֵּא בַּקָּשָׁה

component, *n.* רְכִיב

comport, *v.t.* & *i.* הִתְנַהֵג [נהג], נֵאוֹת [אות]

comportment, *n.* הִתְנַהֲגוּת

compose, *v.t.* & *i.* כָּתַב; אָרַג; חִבֵּר; הִלְחִין [לחן]
composed, *adj.* שָׁלֵו, מָתוּן; מֻרְכָּב
composedly, *adv.* בְּיִשּׁוּב הַדַּעַת, בְּשֶׁקֶט
composer, *n.* מַלְחִין, מְחַבֵּר (נְגִינוֹת)
composite, *adj.* & *n.* מֻרְכָּב; צֵרוּף, תַּסְבִּיךְ
composition, *n.* חִבּוּר; הַלְחָנָה; סִדּוּר; תִּרְכֹּבֶת
compositor, *n.* סַדָּר; מְחַבֵּר; מַלְחִין
compost, *n.* בָּלְפוֹר
composure, *n.* מְתִינוּת; שֶׁקֶט; יִשּׁוּב הַדַּעַת
compote, *n.* לִפְתָּן, מְתִיקָה
compound, *adj.* מֻרְכָּב
compound, *n.* מִגְרָשׁ וּבִנְיָנָיו; תִּרְכֹּבֶת, הַרְכָּבָה; תַּעֲרֹבֶת, מִלָּה מֻרְכֶּבֶת
compound, *v.t.* & *i.* עִרְבֵּב ;הִרְכִּיב [רכב]; הִתְפַּשֵּׁר [פשר]; הִכְפִּיל [כפל] רִבִּית; הִתְרַבָּה [רבה]
compound interest רִבִּית דְּרִבִּית
comprehend, *v.t.* כָּלַל; הֵבִין [בין], תָּפַס, הִשִּׂיג [נשג]
comprehensible, *adj.* מוּבָן, קַל לְהָבִין
comprehension, *n.* הֲבָנָה
comprehensive, *adj.* מֵבִין; מַקִּיף
compress, *n.* תַּחְבֹּשֶׁת, רְטִיָּה
compression, *n.* דְּחִיפוּת, לְחִיצָה, צְפִיפָה, דְּחִיסָה
compressor, *n.* מַדְחֵס, דַּחֲסָן
comprise, comprize, *v.t.* כָּלַל, נִכְלַל [כלל], הֵכִיל [כול], הֶחֱזִיק [חזק] בְּקִרְבּוֹ
compromise, *n.* פְּשָׁרָה, וִתּוּר, וַתְּרָן
compromise, *v.t.* פִּשֵּׁר, הִתְפַּשֵּׁר [פשר]; סִכֵּן
comptroller, *n.* מְפַקֵּחַ; מְבַקֵּר; מַשְׁגִּיחַ

compulsion, *n.* אִלּוּץ; הֶכְרֵחַ; כְּפִיָּה; אֹנֶס
compulsive, *adj.* אוֹנֵס; מַכְרִיחַ; כּוֹפֶה
compulsory, *adj.* הֶכְרֵחִי; שֶׁל חוֹבָה
compunction, *n.* חֲרָטָה, מוּסַר כְּלָיוֹת
computation, *n.* חֲשִׁיבָה, אֻמְדָּן
compute, *v.t.* חִשֵּׁב
comrade, *n.* חָבֵר, יְדִיד
comradeship, *n.* רֵעוּת, יְדִידוּת
con, *adv.* כְּנֶגֶד
con, *v.t.* שִׁנֵּן, לָמַד עַל פֶּה
concatenate, *v.t.* שִׁרְשֵׁר
concatenation, *n.* שִׁרְשׁוּר
concave, *adj.* שְׁקַעֲרוּרִי,קָעוּר
concavity, *n.* שְׁקַעֲרוּרִית
conceal, *v.t.* הִסְתִּיר [סתר], הִצְפִּין [צפן], הִטְמִין [טמן]
concealment, *n.* מִסְתָּר, הַצְפָּנָה, הַעְלָמָה, הַכְמָנָה, הֶעְלֵם
concede, *v.t.* וִתֵּר, הוֹדָה [ידה]
conceit, *n.* גַּאֲוָה, יְהִירוּת, יָהֳרָה, זְחוּת
conceited, *adj.* יָהִיר, גַּאַוְתָן
conceivable, *adj.* עוֹלֶה עַל הַדַּעַת
conceive, *v.t.* & *i.* חָשַׁב; דִּמָּה; הֵבִין [בין]; הָרָה, הִתְעַבֵּר [עבר], חִבֵּל, יָחַם
concentrate, *v.t.* & *i.* רִכֵּז, הִתְרַכֵּז [רכז]; צִמְצֵם
concentrate, *n.* תַּרְכִּיז
concentration, *n.* רִכּוּז, הִתְרַכְּזוּת
concentric, concentrical, *adj.* מְשֻׁתָּף; מֶרְכָּז
concept, *n.* מֻשָּׂג; רַעֲיוֹן
conception, *n.* הֲבָנָה; הַשָּׂגָה; תְּפִיסָה; עִבּוּר, הִתְעַבְּרוּת, הֵרָיוֹן
concern, *n.* דְּאָגָה; חֲשָׁשׁ; מִפְעָל; עֵסֶק, יַחַס

concerning, *prep.* בְּנוֹגֵעַ לְ־, עַל אוֹדוֹת, לְגַבֵּי

concert, *n.* הֶסְכֵּם; נֶשֶׁף; מַנְגִּינָה

concert, *v.t.* הִסְכִּים [סכם]; זָמַם

concession, *n.* וִתּוּר; זִכָּיוֹן

concessionaire, *n.* זִכְיוֹנַאי, בַּעַל זִכָּיוֹן

conciliate, *v.t.* פִּיֵּס, פִּשֵּׁר

conciliation, *n.* פִּיּוּס, הַשְׁלָמָה

conciliator, *n.* מְפַיֵּס

concise, *adj.* מְקֻצָּר; תַּמְצִיתִי

conciseness, *n.* קִצּוּר; תַּמְצִית

conclude, *v.t.* & *i.* גָּמַר, סִיֵּם; כִּלָּה; הֶחֱלִיט [חלט], הִסִּיק [נסק]

conclusion, *n.* הַחְלָטָה; תּוֹצָאָה; מַסְקָנָה; סִיּוּם

conclusive, *adj.* מֻחְלָט

conclusively, *adv.* בְּהֶחְלֵט

concoct, *v.t.* עִכֵּל; הֵכִין [כון]; מָזַג; חִבֵּל; בָּדָה (סִפּוּר), הִמְצִיא [מצא]

concoction, *n.* בִּשּׁוּל; בְּדוּת; זְמָם

concomitance, concomitancy, *n.* לְוַאי; צְמִידוּת

concomitant, *n.* מְלַוֶּה, בֶּן לְוַאי, נִסְפָּח

concord, *n.* הֶסְכֵּם

concordance, *n.* הֶתְאֵם

concordant, *adj.* מַסְכִּים; מַתְאִים

concordat, *n.* אֲמָנָה, בְּרִית

concourse, *n.* רִחְבָה; פְּגִישָׁה; אֲסֵפָה

concrete, *adj.* מַמָּשִׁי, מוּחָשִׁי, מַעֲשִׂי

concrete, *n.* מַעֲזִיבָה; עַרְבֹּלֶת (בֵּטוֹן)

concrete, *v.t.* חִבֵּר; עִרְבֵּל

concrete, *v.i.* הִתְאַחֵד [אחד]; הִתְעַרְבֵּל [ערבל]

concubinage, *n.* פִּילַגְשׁוּת

concubine, *n.* פִּילֶגֶשׁ

concupiscence, *n.* אֲבִיּוֹנָה, תַּאֲוַת הַמִּין

concupiscent, concupiscible, *adj.* חַמְדָנִי, מִתְאַוֶּה

concur, *v.i.* הִסְכִּים [סכם], הִתְאִים [תאם]

concurrence, *n.* הַסְכָּמָה, הַתְאָמָה

concurrent, *adj.* מַתְאִים, מַסְכִּים; מִתְאַחֵד; מַשִּׁיק

concussion, *n.* זִעְזוּעַ, חַלְחָלָה

condemn, *v.t.* הִרְשִׁיעַ [רשע], הֶאֱשִׁים [אשם], חִיֵּב; גִּנָּה, פָּסַל

condemnation, *n.* הַרְשָׁעָה, הַאֲשָׁמָה, חִיּוּב; גִּנּוּי, פְּסִילוּת

condensation, *n.* דְּחִיסָה; עִבּוּי, הִתְאַבְּכוּת, הִתְעַבּוּת

condense, *v.t.* צִמְצֵם; עִבָּה; גִּבֵּשׁ; רִכֵּז, תִּמְצֵת, קִצֵּר, צִמְצֵם

condense, *v.i.* הִתְעַבֵּה [עבה], הִצְטַמְצֵם [צמצם]

condenser, *n.* מְרַכֵּז, מְעַבֶּה, מְצַמְצֵם

condescend, *v.i.* הוֹאִיל [יאל], הִשְׁתַּפֵּל [שפל], מָחַל עַל כְּבוֹדוֹ

condescension, *n.* מְחִילָה, וִתָּרוֹן, הִשְׁתַּפְּלוּת

condiment, *n.* תֶּבֶל, לֶפֶת, בַּג, פַּת בַּג, כֵּדֶו (כִּדְוֵי לֶחֶם), חֲרוֹסֶת

condition, *n.* תְּנַאי; מַצָּב

condition, *v.t.* הִתְנָה [תנה]; הֵכִין, תִּקֵּן, מִזֵּג (אֲוִיר)

conditional, *adj.* תָּלוּי; תְּנָאִי, מֻתְנֶה

condole, *v.i.* נִחֵם

condolence, *n.* תַּנְחוּמִים

condone, *v.t.* מָחַל, סָלַח

conduce, *v.i.* הוֹעִיל [יעל], הֵבִיא [בוא] לִידֵי

conducive, *adj.* מֵבִיא לִידֵי, מוֹעִיל

conduct, *n.* הַנְהָגָה, הִתְנַהֲגוּת

conduct, *v.t.* & *i.* נָהַג; נִהֵל; נִצֵּחַ עַל; הִתְנַהֵג [נהג], הוֹבִיל [יבל]

conduction, *n.* הוֹבָלָה, הוֹלָכָה

conductive, *adj.* מוֹבִיל, מַעֲבִיר

conductivity, *n.* הוֹבָלָה, הַעֲבָרָה, מוֹלִיכוּת
conductor, *n.* מַנְהִיג, נַהָג; מוֹבִיל; מַעֲבִיר; מְנַצֵּחַ; כַּרְטִיסָן
conduit, *n.* צִנּוֹר
cone, *n.* חָרוּט, חַדּוּדִית; צְנוֹבָר; גָּבִיעַ (לְגְלִידָה)
confabulation, *n.* שִׂיחָה
confection, *n.* מִרְקַחַת
confectioner, *n.* רוֹקֵחַ
confederacy, confederation, *n.* הִתְאַחֲדוּת, בְּרִית
confederate, *adj.* & *n.* מְאֻחָה, בֶּן בְּרִית
confederate, *v.i.* הִתְחַבֵּר [חבר]
confer, *v.t.* & *i.* הִתְיָעֵץ [יעץ]; הֶעֱנִיק [ענק]
conference, *n.* יְשִׁיבָה, וְעִידָה
confess, *v.t.* & *i.* הוֹדָה [ידה], הִתְוַדָּה [ידה]
confession, *n.* וִדּוּי, הוֹדָיָה
confessor, *n.* מִתְוַדֶּה
confide, *v.t.* & *i.* בָּטַח, הֶאֱמִין [אמן] בְּ־; גִּלָּה סוֹד לְ־
confidence, *n.* אֵמוּן, בִּטָּחוֹן
confident, *adj.* מַאֲמִין, בּוֹטֵחַ
confidential, *adj.* חֲשָׁאִי, סוֹדִי
confidentially, *adv.* בְּסוֹד
confidently, *adv.* מִתּוֹךְ אֵמוּן
confine, *v.t.* הִגְדִּיר [גדר]; צִמְצֵם; יִחֵד
confinement, *n.* אֲסִירָה; לֵדָה
confirm, *v.t.* אִשֵּׁר, קִיֵּם
confirmation, *n.* אִשּׁוּר, אֲשָׁרָה, קִיּוּם; בַּר (בַּת) מִצְוָה
confirmative, confirmatory, *adj.* מְאַשֵּׁר, מְקַיֵּם
confiscate, *v.t.* הֶחֱרִים [חרם] רְכוּשׁ
confiscation, *n.* הַחֲרָמָה
conflagration, *n.* שְׂרֵפָה, דְּלֵקָה
conflict, *n.* סִכְסוּךְ, מִלְחָמָה
conflux, *n.* מִשְׁפָּךְ
conform, *v.t.* הִתְאִים [תאם], הִסְכִּים [סכם]
conformable, *adj.* מַתְאִים, הוֹלֵם
conformation, *n.* צוּרָה, מִבְנֶה, סֵדֶר
conformity, *n.* דְּמוּת, שִׁוּוּי, הִסְתַּגְּלוּת, הַתְאָמָה
confound, *v.t.* בִּלְבֵּל, עִרְבֵּב, שִׁמֵּם, הִכְלִים [כלם]
confront, *v.t.* עִמֵּת, עָמַד, הֶעֱמִיד [עמד] בִּפְנֵי
confuse, *v.t.* בִּלְבֵּל, הֵבִיךְ [בוך], עִרְבֵּב
confusion, *n.* מְבוּכָה, מְהוּמָה, בִּלְבּוּל
confutation, *n.* הַכְחָשָׁה, הֲזָמָה
confute, *v.t.* הִכְחִישׁ [כחש], סָתַר דִּבְרֵי, הִפְרִיךְ [פרך]
congeal, *v.t.* & *i.* קָרַשׁ, הִקְרִישׁ [קרש], קָפָא, הִקְפִּיא [קפא], הִתְקָרֵשׁ [קרש], הִגְלִיד [גלד]
congenial, *adj.* מַתְאִים, אָהוּד
congenital, *adj.* לֵדָתִי, שֶׁמִּלֵּדָה, מֵרֶחֶם
congest, *v.t.* & *i.* עָרַם, צָבַר, מִלֵּא יוֹתֵר מִדַּי, הִגְדִּישׁ [גדש]
congestion, *n.* צְפִיפוּת, דֹּחַק, מְלֵאוּת, גֹּדֶשׁ (דָּם)
conglomerate, *adj.* צָבוּר, מְגֻבָּב
conglomerate, *n.* אֹסֶף, גִּבּוּב
conglomeration, *n.* קִבּוּץ, כִּנּוּס, אֹסֶף
congratulate, *v.t.* בֵּרֵךְ
congratulation, *n.* בְּרָכָה
congregate, *v.t.* & *i.* הִקְהִיל, הִתְקַהֵל [קהל], אָסַף

congregate, *v.i.* הִתְאַסֵּף [אסף], נִקְהַל, הִתְקַהֵל [קהל]
congregation, *n.* קְהִלָּה, עֵדָה, צִבּוּר, קְהַל מִתְפַּלְּלִים
congregational, *adj.* עֲדָתִי, צִבּוּרִי
congress, *n.* כְּנֵסָה, כְּנֵסִיָּה, כֶּנֶס, כִּנּוּס בֵּית נִבְחָרִים; מִשְׁגָּל
congressional, *adj.* כְּנֵסִיָּתִי, צִבּוּרִי
congruence, congruency, *n.* הַתְאָמָה
congruent, *adj.* מַתְאִים, עִקְבִי
congruity, *n.* הֶתְאֵם, עִקְבִיּוּת
congruous, *adj.* מַתְאִים, עָקִיב
conic, conical, *adj.* חֲרוּטִי
conifer, *n.* מַחְטָן, עֵץ מַחַט
conjectural, *adj.* מְשֹׁעָר, שֶׁל אֻמְדָּנָה
conjecture, *n.* אֹמֶד, אֻמְדָּנָה, הַשְׁעָרָה סְבָרָה
conjecture, *v.t.* & *i.* שִׁעֵר, אָמַד, סָבַר
conjoin, *v.t.* אִחֵד, חִבֵּר
conjoin, *v.i.* הִתְאַחֵד [אחד], הִתְחַבֵּר [חבר]
conjoint, *adj.* מְאֻחָד, מְשֻׁתָּף
conjugal, *adj.* זוּגִי, שֶׁל נִשּׂוּאִים
conjugate, *adj.* & *n.* מְצֹרָף, מִלָּה נִגְזֶרֶת
conjugate, *v.t.* נָטָה פֹּעַל
conjugate, *v.i.* הִזְדַּוֵּג [זוג]
conjugation, *n.* בִּנְיָן, גִּזְרָה, נְטִיַּת הַפֹּעַל
conjunction, *n.* צֵרוּף, חִבּוּר; מִלַּת הַחִבּוּר, קֶשֶׁר
conjunctivitis, *n.* דַּלֶּקֶת הַלַּחְמִית
conjunctive, *adj.* מְחַבֵּר, מְאַחֵד
conjure, *v.t.* & *i.* הִשְׁבִּיעַ [שבע]; לָחַשׁ, קָסַם, כִּשֵּׁף
conjurer, conjuror, *n.* לוֹחֵשׁ, מְכַשֵּׁף, בַּעַל אוֹב; מַשְׁבִּיעַ
connect, *v.t.* & *i.* חִבֵּר, קִשֵּׁר, הִתְחַבֵּר [חבר], הִתְקַשֵּׁר [קשר]
connection, *n.* קֶשֶׁר, חִבּוּר, שַׁיָּכוּת, יַחַס
connective, *adj.* מְקַשֵּׁר, מְחַבֵּר, חִבּוּרִי
connivance, *n.* הֶסְכֵּם חֲשָׁאִי, הַעְלָמַת עַיִן
connive, *v.i.* הֶעֱלִים [עלם] עַיִן
connoisseur, *n.* מֻמְחֶה, בָּקִי, יַדְעָן
connotation, *n.* הַגְדָּרָה, רֶמֶז, מַסְקָנָה
connubial, *adj.* שֶׁל נִשּׂוּאִים
conquer, *v.t.* כָּבַשׁ, לָכַד, הִכְנִיעַ [כנע], נִצַּח
conqueror, *n.* גִּבּוֹר, מְנַצֵּחַ, כּוֹבֵשׁ, לוֹכֵד
conquest, *n.* כִּבּוּשׁ, לְכִידָה, נִצָּחוֹן
consanguinity, *n.* קִרְבַת דָּם, שַׁאֲרָה
conscience, *n.* יַדְעוּת, מַצְפּוּן, הַכָּרָה פְּנִימִית
conscienceless, *adj.* לְלֹא מַצְפּוּן, חֲסַר יַדְעוּת
conscientious, *adj.* בַּעַל מַצְפּוּן, יָשָׁר
conscious, *adj.* בַּעַל הַכָּרָה, תּוֹדָעִי, עֵרָנִי
consciously, *adv.* בְּכַוָּנָה, בִּידִיעָה, בְּהַכָּרָה
consciousness, *n.* הַכָּרָה, שֵׂכֶל, יְדִיעָה
conscript, *adj.* מְגֻיָּס
conscript, *n.* טִירוֹן (צָבָא), מְגֻיָּס
conscript, *v.t.* רָשַׁם (לְצָבָא), גִּיֵּס
conscription, *n.* גִּיּוּס
consecrate, *v.t.* & *adj.* הִקְדִּישׁ [קדש], קִדֵּשׁ; מְקֻדָּשׁ
consecration, *n.* הַקְדָּשָׁה, הִתְקַדְּשׁוּת
consecutive, *adj.* רָצוּף, תָּכוּף
consent, *n.* הֶסְכֵּם, הַסְכָּמָה
consent, *v.i.* אָבָה, הִסְכִּים [סכם] רָצָה, הוֹאִיל [יאל]
consequence, *n.* תּוֹצָאָה, מַסְקָנָה, עֵקֶב

consequent, *adj.* יוֹצֵא מִכֵּךְ, עוֹקֵב (בָּא, רוֹדֵף) אַחֲרֵי

consequential, *adj.* עָקִיב, מַסְקָנִי

consequently, *adv.* הִלְכָּךְ, עֵקֶב זֶה

conservation, *n.* שִׁמּוּר, שְׁמִירָה, קִיּוּם

conservatism, *n.* שַׁמְרָנוּת

conservative, *adj.* מְשַׁמֵּר, שַׁמְרָנִי

conservator, *n.* שַׁמְרָן, מְשַׁמֵּר

conservatory, *n.* בֵּית מִדְרָשׁ לְזִמְרָה

conserve, *v.t.* שָׁמַר, שִׁמֵּר, חָשַׂךְ

consider, *v.t.* & *i.* הִתְבּוֹנֵן [בין] הִסְתַּכֵּל [סכל], חָשַׁב, חִשֵּׁב, הִתְחַשֵּׁב [חשב]

considerable, *adj.* רַב עֵרֶךְ, נִכָּר

considerably, *adv.* בְּכַמּוּת הֲגוּנָה, בְּמִדָּה רַבָּה

considerate, *adj.* מִתְחַשֵּׁב, נִזְהָר, מָתוּן

consideration, *n.* הִתְחַשְּׁבוּת, הִתְבּוֹנְנוּת, עִיּוּן, הוֹקָרָה; תְּמוּרָה

consign, *v.t.* מָסַר, שָׁלַח (סְחוֹרָה), הִפְקִיד [פקד]

consignee, *n.* מְקַבֵּל, שְׁגִיר

consignment, *n.* סְחוֹרָה בַּעֲמִילוּת, מִשְׁגּוֹר

consignor, *n.* שׁוֹגֵר, מְשַׁלֵּחַ, שׁוֹלֵחַ, מוֹסֵר, מַפְקִיד

consist, *v.i.* הֵכִיל [כול], הָיָה מֻרְכָּב מִ־

consistency, consistence, *n.* עֲקִיבוּת, עִקְבִיּוּת; סמֶךְ; יַצִּבוּת; מִתְיַשְּׁבוּת

consistent, *adj.* עָקִיב; יָצִיב; אָשׁוּן; מִתְיַשֵּׁב עִם

consistently, *adv.* בַּעֲקִיבוּת, בְּהַתְאָמָה עִם

consistory, *n.* מוֹעָצָה

consolation, *n.* נֶחָמָה, תַּנְחוּמִים

consolatory, *adj.* מְנַחֵם, מְעוֹדֵד

console, *n.* זִיזִית, סִפְּחָה

console, *v.t.* נִחֵם

consolidate, *v.t.* חִבֵּר, אִחֵד; חִזֵּק; גִּבֵּשׁ, מִצֵּק; יִצֵּב

consolidate, *v.i.* הִתְחַבֵּר [חבר] הִתְאַסֵּף [אסף], הִתְגַּבֵּשׁ [גבש], הִתְמַצֵּק [מצק]

consolidation, *n.* אִחוּד, חִזּוּק, הִתְאַחְדוּת, מִזּוּג, הִתְגַּבְּשׁוּת, יִצּוּב, בִּסּוּס

consommé, *n.* מְרַק בָּשָׂר

consonance, consonancy, *n.* אַחְדוּת, הַתְאָמָה; לִכּוּד קוֹלוֹת, מְזִיג צְלִילִים

consonant, *n.* אוֹת נָעָה, אוֹת מִבְטָאָה; עִצּוּר

consort, *n.* שֻׁתָּף; חָבֵר; בַּעַל; אִשָּׁה; אֳנִיַּת לְוָי

consort, *v.t.* הִתְחַבֵּר [חבר], נִתְלַוָּה [לוה] אֶל

conspicuous, *adj.* בּוֹלֵט, בָּרוּר, חָשׁוּב, גָּלוּי

conspicuously, *adv.* בְּגָלוּי, כְּבוֹלֵט

conspiracy, *n.* קֶשֶׁר, מֶרֶד, הִתְנַקְּשׁוּת

conspirator, *n.* זוֹמֵם, מוֹרֵד, מִתְנַקֵּשׁ

conspire, *v.t.* & *i.* מָרַד, זָמַם, הִתְקַשֵּׁר [קשר]

constable, *n.* שׁוֹטֵר, בַּלָּשׁ

constabulary, *adj.* & *n.* מִשְׁטַרְתִּי; מִשְׁטָרָה

constancy, *n.* קְבִיעוּת, תְּמִידוּת, נֶאֱמָנוּת

constant, *adj.* קָבוּעַ, תְּמִידִי, תָּדִיר

constant, *n.* מִסְפָּר קַיָּם

constantly, *adv.* תָּדִיר, תָּמִיד, בִּתְמִידוּת

constellation, *n.* מַזָּל, קְבוּצַת כּוֹכָבִים

consternation, *n.* מְבוּכָה, תִּמָּהוֹן, בֶּהָלָה

constipation, *n.* אֲמִיצוּת, עֲצִירוּת

constituency, *n.* קְהַל בּוֹחֲרִים
constituent, *adj.* & *n.* בּוֹחֵר, עִקָּר, עִקָּרִי, יְסוֹד, יְסוֹדִי, מְכוֹנֵן
constitute, *v.t.* יָסַד, קָבַע, כּוֹנֵן [כון]
constitution, *n.* חֻקָּה, תְּחֻקָּה, תַּקָּנוֹן; מִבְנֶה (גּוּף), מַעֲרֶכֶת, הַרְכָּבָה
constitutional, *adj.* חֻקִּי, חֻקָּתִי; מַעַרְכְתִּי, מִבְנִי
constitutionality, *n.* חֻקָּתִיּוּת
constrain, *v.t.* הִכְרִיחַ [כרח], כָּפָה; עָצַר
constraint, *n.* הֶכְרֵחַ, אֹנֶס, עֲצִירָה, מְנִיעָה
constrict, *v.t.* צִמְצֵם, הִדֵּק, כִּוֵּץ
constriction, *n.* הִצְטַמְצְמוּת, הִדּוּק, כִּוּוּץ, הִתְכַּוְּצוּת
constrictor, *n.* (נָחָשׁ) בָּרִיחַ
construct, *v.t.* בָּנָה
construction, *n.* מִבְנֶה, בִּנְיָן, בְּנִיָּה; פֵּרוּשׁ, בֵּאוּר
constructive, *adj.* בּוֹנֶה
constructor, *n.* בּוֹנֶה
construe, *v.t.* תִּרְגֵּם, פֵּרַשׁ, בֵּאֵר
consul, *n.* קוֹנְסוּל
consult, *v.t.* & *i.* הִתְיַעֵץ [יעץ], נוֹעַץ
consultant, consulter, *n.* יוֹעֵץ
consultation, *n.* הִתְיָעֲצוּת
consume, *v.t.* & *i.* אִכֵּל, בָּעַר, כָּלָה; אָכַל; הִתְאַכֵּל [אכל]
consumer, *n.* אוֹכֵל; צָרְכָן
consummate, *adj.* מְשֻׁכְלָל, גָּמוּר
consummate, *v.t.* הִשְׁלִים [שלם], גָּמַר
consummation, *n.* הִתְמַלְּאוּת, הִתְגַּשְּׁמוּת
consumption, *n.* שַׁחֶפֶת, כִּלָּיוֹן, רָזוֹן
consumptive, *adj.* מְשֻׁחָף
contact, *n.* מַגָּע, נְגִיעָה; קֶשֶׁר; תִּשְׁלֹבֶת
contact, *v.t.* & *i.* נָגַע, פָּגַע, הִפְגִּיעַ [פגע]; הִתְקַשֵּׁר [קשר]
contagion, *n.* הִתְדַּבְּקוּת
contagious, *adj.* מִדַּבֵּק
contain, *v.t.* הֶחֱזִיק [חזק], הֵכִיל [כול]
contain, *v.i.* הִתְאַפֵּק
container, *n.* מֵיכָל, כְּלִי קִבּוּל
contaminate, *v.t.* סֵאֵב, טִנֵּף, זִהֵם
contamination, *n.* סֵאָבוֹן, זִהוּם
contemn, *v.t.* בָּזָה, נָאַף
contemplate, *v.t.* & *i.* הִתְבּוֹנֵן [בין] הָגָה, חָשַׁב; הִרְהֵר; הִתְכַּוֵּן [כון]
contemplation, *n.* הִתְבּוֹנְנוּת, מַחֲשָׁבָה
contemplative, *adj.* מִתְבּוֹנֵן, חוֹשֵׁב, מְהַרְהֵר
contemporaneous, *adj.* בֶּן דּוֹר
contemporary, *adj.* בֶּן זְמָן
contempt, *n.* בּוּז, בִּזּוּי, שְׁאָט נֶפֶשׁ
contemptible, *adj.* נִבְזֶה, בָּזוּי
contemptuous, *adj.* מְבַזֶּה
contend, *v.t.* & *i.* טָעַן, דָּן [דון], רָב [ריב] הִתְחָרָה [חרה]
contender, *n.* יָרִיב
content, *adj.* מְרֻצֶּה, שְׂבַע רָצוֹן
content, *n.* שִׂמְחָה, נַחַת רוּחַ; תֹּכֶן
contentedly, *adv.* בְּרָצוֹן
contention, *n.* מָדוֹן, מְרִיבָה, קְטָטָה, וִכּוּחַ
contentious, *adj.* מִתְקוֹטֵט, מְחַרְחֵר רִיב
contentment, *n.* שַׁלְוָה, שִׂמְחָה, מְנוּחָה; הִסְתַּפְּקוּת
contents, *n. pl.* תֹּכֶן הָעִנְיָנִים; נֶפַח, תְּכוּלָה
contest, *n.* תַּחֲרוּת, הִתְחָרוּת; תִּגְרָה, רִיב, הִתְמוֹדְדוּת
contest, *v.t.* & *i.* הִתְנַצֵּחַ [נצח], רָב [ריב] עִרְעֵר; הִתְחָרָה [חרה], הִתְמוֹדֵד [מדד]

contestant, contester, *n.* נִלְחָם, טוֹעֵן, מְעַרְעֵר
context, *n.* הֶקְשֵׁר
contiguous, *adj.* נוֹגֵעַ, הַבָּא בְּמַגָּע, סָמוּךְ
continence, continency, *n.* הִתְאַפְּקוּת, כְּבִישַׁת הַיֵּצֶר
continent, *adj.* מַבְלִיג, מִתְאַפֵּק, מוֹשֵׁל בְּרוּחוֹ
continent, *n.* יַבָּשָׁה, יַבֶּשֶׁת
contingency, *n.* מִקְרֶה, אֶפְשָׁרוּת
contingent, *adj.* אֶפְשָׁרִי, מִקְרִי
continual, *adj.* תְּמִידִי, מַתְמִיד, נִמְשָׁךְ
continually, *adv.* בְּלִי הֶפְסֵק, תָּמִיד
continuance, *n.* הֶמְשֵׁךְ, תְּמִידוּת
continuation, *n.* הַמְשָׁכָה, הַאֲרָכָה
continue, *v.t.* הִמְשִׁיךְ [משך], הוֹסִיף [יסף]
continue, *v.i.* נִשְׁאַר [שאר], עָמַד, הָיָה
continuity, *n.* הַתְמָדָה, הֶמְשֵׁכִיּוּת, רְצִיפוּת
continuous, *adj.* נִמְשָׁךְ, מִתְמַשֵּׁךְ
continuously, *adv.* בְּהֶמְשֵׁךְ
contort, *v.t.* עִקֵּם, עִוָּה
contortion, *n.* עִקּוּם, הַעֲוָיָה, עֲוָיָה
contour, *n.* מִתְאָר
contraband, *n.* הַבְרָחַת מֶכֶס, סְחוֹרָה אֲסוּרָה
contraceptive, *n.* כְּלִיל, כּוֹבָעוֹן, אֶמְצָעִי לִמְנִיעַת הֵרָיוֹן
contract, *n.* חוֹזֶה
contract, *v.t.* צִמְצֵם, כִּוֵּץ
contract, *v.i.* הִתְכַּוֵּץ [כוץ]; הִתְנָה [תנה], עָשָׂה חוֹזֶה
contraction, *n.* הִצְטַמְצְמוּת, הִתְכַּוְּצוּת
contractor, *n.* קַבְּלָן
contradict, *v.t.* הִכְחִישׁ [כחש], הֵזֵם [זמם], סָתַר
contradiction, *n.* נִגּוּד, הֲזָמָה, סְתִירָה, הַכְחָשָׁה
contradictory, *adj.* סוֹתֵר, מִתְנַגֵּד
contrariwise, *adv.* לְהֶפֶךְ, אַדְרַבָּה
contrary, *adj.* מִתְנַגֵּד, סוֹתֵר, הֲפַכְפַּךְ
contrast, *n.* הַשְׁוָאָה, הֶבְדֵּל, הֶפֶךְ
contrast, *v.t.* הִשְׁוָה [שוה]
contravene, *v.t.* הֵפֵר [פור] חֹק
contribute, *v.t.* תָּרַם, נָדַב
contribution, *n.* תְּרוּמָה, נְדָבָה
contributor, *n.* תּוֹרֵם
contributory, *adj.* שֶׁל תְּרוּמָה
contrite, *adj.* עָנָו, שְׁפַל רוּחַ, נִכְנָע
contrition, *n.* נֹחַם
contrivance, *n.* הַמְצָאָה, תַּחְבּוּלָה
contrive, *v.t.* תִּחְבֵּל, הִמְצִיא [מצא], זָמַם, חִבֵּל
contriver, *n.* מַמְצִיא, תַּחְבְּלָן
control, *n.* תַּבְחִין, בִּקֹּרֶת, בַּקָּרָה, פִּקּוּחַ, הַשְׁגָּחָה, שִׁלְטוֹן
control, *v.t.* שָׁלַט, מָשַׁל, עָצַר, בִּקֵּר, פִּקַּח
controller, *n.* בַּדָּק, מְבַקֵּר, מְפַקֵּחַ, מוֹשֵׁל, מַשְׁגִּיחַ
controversial, *adj.* וִכּוּחִי, שָׁנוּי בְּמַחְלֹקֶת
controversy, *n.* וִכּוּחַ, מַחֲלֹקֶת, רִיב, קְטָטָה
controvert, *v.t.* סָתַר, הִכְחִישׁ [כחש], הִתְוַכֵּחַ [וכח]
contumacious, contumelious, *adj.* עַז פָּנִים, חָצוּף, עַקְשָׁן, סוֹרֵר
contumacy, *n.* מַרְדּוּת, עַקְשָׁנוּת, הִתְעַקְשׁוּת
contusion, *n.* הֲטָחָה, חֲבָלָה, פְּצִיעָה
conundrum, *n.* חִידָה
convalesce, *v.i.* הִבְרִיא [ברא], שָׁב [שוב] לְאֵיתָנוֹ, הֶחֱלִים [חלם]

convalescence, *n.* הַחְלָמָה, הַבְרָאָה

convalescent, *adj.* & *n.* מַחֲלִים, מַבְרִיא

convene, *v.t.* הִקְהִיל [קהל], כָּנַס, כִּנֵּס

convene, *v.i.* נִקְהַל [קהל], נֶאֱסַף [אסף], הִתְכַּנֵּס [כנס]

convenience, *n.* נוֹחוּת

convenient, *adj.* נוֹחַ, רָצוּי

conveniently, *adv.* בְּנוֹחִיּוּת

convent, *n.* מִנְזָר

convention, *n.* אֲסֵפָה, וְעִידָה, כֶּנֶס, כִּנּוּס; הֶסְכֵּם

conventional, *adj.* מֻסְכָּם, מְקֻבָּל

conventual, *adj.* מִנְזָרִי

converge, *v.i.* הִתְקָרֵב [קרב], נִפְגַּשׁ [פגש], הִתְכַּנֵּס [כנס] אֶל

conversation, *n.* שִׂיחָה, שִׂיחַת רֵעִים

conversational, *adj.* שֶׁל שִׂיחָה, מְדַבֵּר

converse, *n.* הִפּוּךְ

converse, *v.i.* שָׂח [שיח], שׂוֹחֵחַ [שיח] דִּבֵּר

conversion, *n.* הֲמָרָה, חִלּוּף, הִפּוּךְ; שְׁמָד

convert, *n.* מְשֻׁמָּד, מוּמָר, גֵּר

convert, *v.t.* & *i.* הָפַךְ, הֵמִיר [מור]; שִׁמֵּד; הִשְׁתַּנָּה

converter, convertor, *n.* מַחֲלִיף, מֵמִיר

convertible, *adj.* & *n.* מִתְחַלֵּף, מִשְׁתַּנֶּה; מְכוֹנִית עִם גַּג מִתְקַפֵּל

convex, *adj.* קָמוּר, גַּבְנוּנִי

convexity, *n.* קְמִירוּת, גַּבְנוּנִיּוּת

convey, *v.t.* הוֹבִיל [יבל]; הוֹדִיעַ [ידע]; הֶעֱבִיר [עבר]

conveyance, *n.* הוֹבָלָה; הוֹדָעָה; הַעֲבָרָה, כְּלִי (רֶכֶב), תּוֹבָלָה

conveyer, conveyor, *n.* מַעֲבִיר; מוֹלִיךְ, מוֹבִיל

convict, *n.* אָסִיר, אָשֵׁם

convict, *v.t.* הִרְשִׁיעַ [רשע], חִיֵּב

conviction, *n.* הַרְשָׁעָה, חִיּוּב בְּדִין; הַכָּרָה פְּנִימִית, שִׁכְנוּעַ

convince, *v.t.* הוֹכִיחַ [יכח], שִׁכְנֵעַ

convivial, *adj.* עַלִּיז, שָׂמֵחַ, חֲגִיגִי

conviviality, *n.* חֶדְוָה, שִׂמְחָה

convocation, *n.* סִיּוּם; עֲצֶרֶת, אֲסֵפָה

convoke, *v.t.* כִּנֵּס, הִקְהִיל [קהל]

convolution, *n.* פִּתּוּל

convoy, *n.* שַׁיָּרָה

convoy, *v.t.* לִוָּה וְהֵגֵן [גנן]

convulsion, *n.* פִּרְפּוּר, כְּוִיצָה, עֲוִית, חַלְחָלָה, חִלְחוּל

cony, *n.* שָׁפָן

coo, *v.i.* & *n.* הָמָה, הָגָה; הֶמְיַת יוֹנִים

cook, *n.* טַבָּח, מְבַשֵּׁל

cook, *v.t.* & *i.* טָבַח, בִּשֵּׁל, הִתְבַּשֵּׁל [בשל]

cookbook, *n.* טַבְחוֹן

cooker, *n.* כְּלִי בִּשּׁוּל; כּוּפָה, תַּנּוּר; מַרְחֶשֶׁת, סִיר; מְזַיֵּף חֶשְׁבּוֹנוֹת

cookery, *n.* בִּשּׁוּל, טֶבַח, טַבְחָה

cooky, cookie, *n.* עוּגִית

cool, *adj.* קַר, קָרִיר; אָדִישׁ

cool, *v.t.* צִנֵּן, קֵרֵר

cool, *v.i.* הִתְקָרֵר [קרר], הִצְטַנֵּן [צנן]

cooler, *n.* מְצַנֵּן, מְקָרֵר

coolie, *n.* סַבָּל

coolly, *adv.* בִּקְרִירוּת, בַּאֲדִישׁוּת

coolness, *n.* קְרִירוּת, צִנָּה; אֲדִישׁוּת

coop, *n.* לוּל; חֲבִית

coop, *v.t.* סָגַר, שָׂם [שים] בְּלוּל

cooper, *n.* חַבְתָּן

cooperage, *n.* חַבְתָּנוּת

co-operate, *v.i.* שִׁתֵּף פְּעֻלָּה, פָּעַל יַחַד, סִיֵּעַ

co-operation, *n.* שִׁתּוּפִיּוּת, שִׁתּוּף פְּעֻלָּה

co-operative, *adj.* שִׁתּוּפִי, מְשֻׁתָּף

co-operative, *n.* צַרְכָנִיָּה, חֲנוּת (אֲגֻדָּה) שִׁתּוּפִית

co-operator, *n.* מְסַיֵּעַ, מִשְׁתַּתֵּף

co-ordinate, *adj.* שָׁוֶה, שָׁקוּל

co-ordinate, *v.t.* הִשְׁוָה [שוה], הִתְאִים [תאם]

co-ordination, *n.* הַשְׁוָאָה, הַתְאָמָה, סִדּוּר

coot, *n.* גִּירִית

cop, *n.* שׁוֹטֵר

cope, *v.i.* יָכֹל לְ־, הִתְגַּבֵּר [גבר] עַל

copious, *adj.* גָּדוּשׁ, רָחָב, רַב

copiously, *adv.* בְּשֶׁפַע

copper, *n.* נְחֹשֶׁת

coppery, *adj.* נְחָשְׁתִּי

coppice, *n.* חֹרֶשׁ שִׂיחִים

copulate, *v.i.* הִזְדַּוֵּג [זוג]

copulation, *n.* הִזְדַּוְּגוּת, תַּשְׁמִישׁ, הַרְבָּעָה, גִּישָׁה, תַּפְקִיד

copy, *n.* פַּתְשֶׁגֶן, הֶעְתֵּק; הַעְתָּקָה, חִקּוּי; טֹפֶס; כְּתַב יָד, חֹמֶר הַדְפָּסָה

copy, *v.t. & i.* הֶעֱתִיק [עתק], חִקָּה

copyist, *n.* מַעְתִּיק

copyright, *n.* כָּל הַזְּכֻיּוֹת שְׁמוּרוֹת

coquet, *n.* גַּנְדְּרָן

coquet, coquette, *v.i.* הִתְגַּנְדֵּר [גנדר]

coquetry, *n.* אֲהַבְהָבִים, הִתְגַּנְדְּרוּת

coquette, *n.* אֲהַבְהֶבֶת, גַּנְדְּרָנִית

coral, *n.* אַלְמֹג, אַלְגֹּם

cord, *n.* מֵיתָר; חוּט; פְּתִיל

cord, *v.t.* קָשַׁר

cordage, *n.* חֲבָלִים, חַבְלֵי סְפִינָה

cordial, *adj.* לְבָבִי

cordiality, *n.* לְבָבִיּוּת, יְדִידוּת

corduroys, *n. pl.* מִכְנְסֵי (אָרִיג צְלָעִי) קְטִיפָה

core, *n.* לֵב; מֶרְכָּז; עִקָּר; תּוֹךְ

core, *v.t.* הוֹצִיא [יצא] הַתּוֹךְ

cork, *n.* פֶּקֶק, פְּקָק; שַׁעַם

cork, *v.t.* פָּקַק, סָתַם

corkscrew, *n.* מַחְלֵץ

cormorant, *n.* שָׁלָךְ, קַקְנַאי (עוֹף)

corn, *n.* תִּירָס; תְּבוּאָה, בָּר, דָּגָן; שֶׁבֶר; יַבֶּלֶת

cornea, *n.* קַרְנִית (הָעַיִן)

corner, *n.* פִּנָּה, זָוִית; קֶרֶן; קָצֶה; כָּנָף

corner, *v.t. & i.* זִוָּה

corners, *n. pl.* כְּנָפוֹת

cornerstone, *n.* אֶבֶן הַפִּנָּה

cornet, *n.* קֶרֶן (כְּלִי נְגִינָה)

cornice, *n.* כַּרְכֹּב

corolla, *n.* כּוֹתֶרֶת, עֲלֵי הַכּוֹתֶרֶת

corollary, *n.* תּוֹצָאָה, מַסְקָנָה

corona, *n.* עֲטָרָה, זֵר, כֶּתֶר

coronation, *n.* הַכְתָּרָה

coroner, *n.* חוֹקֵר (סִבּוֹת מָוֶת)

coronet, *n.* צְפִירָה; זֵר, כֶּתֶר

corporal, *n.* רַב טוּרַאי

corporal, *adj.* גּוּפָנִי, גַּשְׁמִי

corporate, *adj.* מְשֻׁתָּף, קִבּוּצִי

corporation, *n.* שֻׁתָּפוּת, חֶבְרָה חֻקִּית

corporeal, *adj.* גּוּפָנִי, גַּשְׁמִי, חָמְרִי

corps, *n.* פְּלֻגָּה, גְּדוּד; סֶגֶל

corpse, *n.* גּוּפָה, גְּוִיָּה, גּוּפַת מֵת; נְבֵלָה

corpulence, corpulency, *n.* גֹּדֶל, שְׁמַנְמַנּוּת, פִּימָה

corpulent, *adj.* שָׁמֵן, דָּשֵׁן

corpuscle, *n.* גּוּפִיף; כַּדּוּרִית (דָּם)

corral, *n.* גְּדֵרָה, דִּיר

correct, *adj.* מְדֻיָּק; מְתֻקָּן; נָכוֹן; יָשָׁר

correct, *v.t.* תִּקֵּן, הִגִּיהַּ [נגה]; יִסֵּר

correction, *n.* תִּקּוּן; תּוֹכֵחָה; יִסּוּר; הַגָּהָה

corrective, *adj.* מְתַקֵּן

correctly, *adv.* כַּהֲלָכָה, כָּרָאוּי

corrector, *n.* מַגִּיהַּ, מְתַקֵּן

correctness, *n.* ישֶׁר, דִּיּוּק
correlation, *n.* מִתְאָם
correspond, *v.i.* הִתְכַּתֵּב [כתב]
correspondence, *n.* תִּכְתֹּבֶת, הִתְכַּתְּבוּת, חִלּוּף מִכְתָּבִים; הֶתְאֵם; כַּתָּבָה
correspondent, *n.* דּוֹמֶה, מַתְאִים; כַּתָּב; מִתְכַּתֵּב
corridor, *n.* מָבוֹא, מִסְדְּרוֹן, פְּרוֹזְדוֹר
corroborate, *v.t.* חִזֵּק, אִמֵּת, אִשֵּׁר
corroboration, *n.* חִזּוּק, אִמּוּת, אִשּׁוּר
corrode, *v.t.* אָכַל (חֲלוּדָה), אִכֵּל
corrode, *v.i.* הֶחֱלִיד [חלד]
corrosion, *n.* אִכּוּל
corrosive, *adj.* מְכַלֶּה, מְאַכֵּל
corrugate, *v.t.* & *i.* קָמַט, קִמֵּט
corrugated, *adj.* מְקֻמָּט, גַּלִּי
corrugation, *n.* קִמּוּט, קְמִיטָה
corrupt, *adj.* מְקֻלְקָל, מָשְׁחָת, בִּלְתִּי מוּסָרִי
corrupt, *v.t.* קִלְקֵל, הִשְׁחִית [שחת]; שִׁחֵד, עִוֵּת
corrupt, *v.i.* הִתְקַלְקֵל, [קלקל], נִשְׁחַת [שחת]
corrupter, *n.* מְקַלְקֵל, מַשְׁחִית
corruption, *n.* שֹׁחַד, הַשְׁחָתָה, שְׁחִיתוּת; אִי מוּסָרִיּוּת, קִלְקוּל, קַלְקָלָה
corsage, *n.* חֲזִיָּה; פִּרְחָה
corsair, *n.* שׁוֹדֵד יָם, סְפִינַת שׁוֹדְדִים
corset, *n.* מָחוֹךְ
cortege, cortège, *n.* סִיעָה; בְּנֵי לְוָיָה
cortex, *n.* שִׁיפָה
corvette, corvet, *n.* אֳנִיַּת מִלְחָמָה
cosmetic, *n.* & *adj.* תַּמְרוּק, יִפּוּי; מְיַפֶּה
cosmic, *adj.* תֵּבְלִי, עוֹלָמִי
cosmopolitan, *adj.* & *n.* עוֹלָמִי; אֶזְרַח הָעוֹלָם
cosmos, *n.* תֵּבֵל, עוֹלָם

cost, *n.* שֹׁוִי, מְחִיר, דָּמִים, הוֹצָאָה
cost, *v.i.* שָׁוָה, עָלָה (בִּמְחִיר)
costliness, *n.* יֹקֶר
costly, *adj.* בְּיֹקֶר, יָקָר
costume, *n.* תִּלְבֹּשֶׁת, חֲלִיפָה
costumer, *n.* עוֹשֶׂה (מוֹכֵר) חֲלִיפוֹת
cosy, *v.* cozy
cot, *n.* מִטָּה (קְטַנָּה) מִתְקַפֶּלֶת
cote, *n.* דִּיר, מִכְלָה, לוּל, שׁוֹבָךְ
cottage, *n.* בַּיִת קָטָן, סֻכָּה, צְרִיף
cottage cheese גְּבִינָה לְבָנָה
cotton (wool), *n.* צֶמֶר גֶּפֶן, כֻּתְנָה
couch, *n.* סַפָּה
cough, *n.* שִׁעוּל
cough, *v.t.* & *i.* שִׁעֵל, הִשְׁתַּעֵל [שעל]
council, *n.* מוֹעָצָה
councilor, councillor, *n.* חָבֵר הַמּוֹעָצָה
counsel, *n.* עֵצָה; הִתְיָעֲצוּת; יוֹעֵץ; עוֹרֵךְ דִּין; מְזִמָּה
counsel, *v.t.* עָץ [עוץ], יָעַץ; הִזְהִיר [זהר]
counselor, counsellor, *n.* יוֹעֵץ
count, *n.* מִנְיָן, סְפִירָה; סְכוּם; אָצִיל; אַלּוּף
count, *v.t.* מָנָה, סָפַר
count, *v.i.* נִשְׁעַן [שען] עַל, בָּטַח בְּ־, סָמַךְ עַל, הִסְתַּמֵּךְ [סמך]
countenance, *n.* מַרְאֶה; תֹּאַר; הֶסְכֵּם; עֵזֶר
countenance, *v.t.* סִיֵּעַ, עוֹדֵד [עוד], אִמֵּץ
counter, *adj.* נֶגְדִּי
counter, *n.* מַנַּאי (בִּמְכוֹנָה), סוֹפֵר, מוֹנֶה; חֶשְׁבּוֹנִיָּה; דֶּלְפֵּק
counter, *adv.* כְּנֶגֶד, לְהֶפֶךְ, בְּנִגּוּד
counter, *v.i.* נִגֵּד
counteract, *v.t.* הִתְנַגֵּד, סָתַר; הֵפֵר [פור]

counterattack, *n.* הַתְקָפַת נֶגֶד
counterbalance, *v.t.* הִכְרִיעַ [כרע]; שָׁקַל (כְּנֶגֶד)
counterbalance, *n.* הֶכְרֵעַ, מִשְׁקָל (אִזּוּן) שֶׁכְּנֶגֶד
counterespionage, *n.* רִגּוּל נֶגְדִּי
counterfeit, *adj.* מְחֻקֶּה; מְזֻיָּף
counterfeit, *n.* זִיּוּף; חִקּוּי; הֶעְתֵּק
counterfeit, *v.t.* חִקָּה; זִיֵּף
counterfeiter, *n.* זַיְּפָן; מְחַקֶּה
countermand, *v.t.* הֵפֵר [פור], הִתְנַגֵּד [נגד]
counteroffensive, *n.* הַתְקָפַת נֶגֶד
counterpart, *n.* חֵלֶק מִשְׁנֶה, מַקְבִּיל, מַשְׁלִים
counterpoint, *n.* פִּזּוּם, פִּזְמוֹן; הִפּוּךְ
counterpoise, *n.* שִׁוּוּי מִשְׁקָל; הַכְרָעָה
counterrevolution, *n.* מַהְפֵּכָה נֶגְדִּית
countersignature, *n.* חֲתִימָה נוֹסֶפֶת
countersign, *v.t.* אִשֵּׁר חֲתִימָה, הוֹסִיף [יסף] חֲתִימָה
counterweight, *n.* מִשְׁקָל נֶגְדִּי, הֶכְרֵעַ
countess, *n.* אֲצִילָה
countless, *adj.* לְאֵין מִסְפָּר
country, *n.* אֶרֶץ, מְדִינָה; מִחוּץ לָעִיר
countryman, *n.* בֶּן אֶרֶץ
countryside, *n.* מְקוֹם קַיִט, מְקוֹם נֹפֶשׁ, קַיְטָנָה
county, *n.* מָחוֹז
coup, *n.* פְּעֻלַּת פֶּתַע: הֲפִיכָה; מַכָּה נִצַּחַת
couple, *n.* זוּג, צֶמֶד
couple, *v.t.* זִוֵּג, חִבֵּר, קִשֵּׁר
couple, *v.i.* הִזְדַּוֵּג [זוג], הִתְחַבֵּר [חבר]
couplet, *n.* בַּיִת, חָרוּז
coupling, *n.* זִוּוּג, חִבּוּר, קִשּׁוּר; מַצְמֵד; הִזְדַּוְּגוּת
coupon, *n.* שׁוֹבֵר, תְּלוּשׁ

courage, *n.* אֹמֶץ, אֹמֶץ לֵב, עֹז רוּחַ, גְּבוּרָה
courageous, *adj.* אַמִּיץ, אִישׁ חַיִל
courageously, *adv.* בְּאֹמֶץ לֵב
courier, *n.* שָׁלִיחַ, רָץ, בַּלְדָּר
course, *n.* מַהֲלָךְ; מֵרוּץ; סִדְרָה; מָנָה; שִׁעוּר; כִּוּוּן; וֶסֶת; מַסְלוּל; נִדְבָּךְ
course, *v.t.* & *i.* שָׁטַף, עָבַר, רָדַף (צֵדָה)
courser, *n.* סוּס מָהִיר
court, *n.* חָצֵר, חֲצַר מַלְכוּת; בֵּית מִשְׁפָּט
court, *v.t.* חִזֵּר; בִּקֵּשׁ, הִפְצִיר [פצר]
courteous, *adj.* אָדִיב
courteously, *adv.* בַּאֲדִיבוּת
courtesan, *n.* יַצְאָנִית, זוֹנָה; חַצְרָן
courtesy, *n.* אֲדִיבוּת; קִדָּה
court-martial, *n.* בֵּית דִּין צְבָאִי
courtship, *n.* חִזּוּר (אַחַר אִשָּׁה), חַזְּרָנוּת
courtyard, *n.* חָצֵר
cousin, *n.* דּוֹדָן, דּוֹדָנִית
cove, *n.* מִפְרָצִית (מִפְרָץ קָטָן); מַחֲסֶה
covenant, *n.* בְּרִית, הֶסְכֵּם, אֲמָנָה, חָזוּת
covenant, *v.t.* & *i.* כָּרַת בְּרִית
cover, *n.* מִכְסֶה, מַעֲטֶה, צִפּוּי, כִּסּוּי; כְּרִיכָה; עֲרֵבוּת
cover, *v.t.* כִּסָּה, הֶעֱלָה [עלה], צִפָּה, סִכֵּךְ
coverlet, *n.* שְׂמִיכָה, מִכְסֶה
covert, *adj.* מְכֻסֶּה; נִסְתָּר; סוֹדִי
covert, *n.* מַאֲרָב, אֶרֶב, מַחְבּוֹא
covet, *v.t.* & *i.* אִוָּה, חָמַד, הִתְחַשֵּׁק [חשק], הִתְאַוָּה [אוה]
covetous, *adj.* מִתְאַוֶּה, חוֹשֵׁק
covetousness, *n.* חֶמְדָּה, חֵשֶׁק, תְּשׁוּקָה, תַּאֲוָה

covey, *n.* בְּרִיכָה, חֲבוּרָה שֶׁל צִפֳּרִים
cow, *n.* פָּרָה
cow, *v.t.* הִתְיָרֵא [ירא], פִּחֵד, הֵבִיא [בוא] מֹרֶךְ בַּלֵּב
coward, *n.* פַּחְדָן, מוּג לֵב
cowardice, *n.* פַּחְדָנוּת, יִרְאָה
cowardly, *adv.* בְּמֹרֶךְ לֵב, בְּפַחַד
cowboy, *n.* בַּקָּר
cower, *v.i.* קָרַס (מִפַּחַד), חָרַד, רָעַד
cowhide, *n.* עוֹר פָּרָה
cowl, *n.* בַּרְדָס
coxcomb, *n.* גַּנְדְּרָן, מִתְיַפֶּה
coxswain, *n.* הַגַּאי (מְפַקֵּד) סִירָה
coy, *adj.* בַּיְשָׁן, עָנָו
coyote, *n.* זְאֵב עֲרָבוֹת
coyness, *n.* בַּיְשָׁנוּת, עֲנָוָה
cozen, *v.t.* & *i.* רִמָּה
cozy, cosy, cosey, *adj.* & *n.* מְרֻוָּח, מָלֵא נוֹחִיּוּת; מַטְמֵן
crab, *n.* (מַזָּל) סַרְטָן; זַעְפָּן
crab apple חֻזְרָר, עֻזְרָר, עֻזְרָד
crabbed, *adj.* זָעֵף, סַר וְזָעֵף
crack, *n.* סֶדֶק, נֶפֶץ; נָקִיק
crack, *v.t.* & *i.* בָּקַע, סִדֵּק, פִּצַּח, נִסְדַּק [סדק], הִתְבַּקַּע [בקע], נִבְקַע
cracker, *n.* רָקִיק, מַצִּיָּה, פַּכְסָם; מְפַצֵּחַ; זִקּוּק (דִּי נוּר)
crackers, *n. pl.* רְקִיקִים
cradle, *n.* עֲרִיסָה
cradle, *v.t.* נִעְנַע בָּעֲרִיסָה, יִשֵּׁן
cradle, *v.i.* שָׁכַב בַּעֲרִיסָה
craft, *n.* אוּמָנוּת; עָרְמָה, תַּחְבּוּלָה; אֳנִיָּה קְטַנָּה, (כְּלָל) אֳנִיּוֹת, מְטוֹסִים
craftiness, *n.* עַרְמוּמִיּוּת
craftsman, *n.* אוּמָן; בַּעַל מְלָאכָה, מֻמְחֶה, בַּעַל מִקְצוֹעַ
craftsmanship, *n.* מִקְצוֹעִיּוּת, אוּמָנוּת, מֻמְחִיּוּת

crafty, *adj.* זָרִיז; נוֹכֵל, עָקֹב, עַרְמוּמִי
crag, *n.* צוּק
cram, *v.t.* & *i.* לָעַט, פִּטֵּם, זָלַל; הִתְמַלֵּא [מלא] (יְדִיעוֹת); דָּחֵס, הִתְדַּחֵס [דחס]
cramp, *n.* כִּוִּיצָה, שֶׁבֶץ; מַלְחֶצֶת, צְבָת
cramp, *v.t.* הִתְכַּוֵּץ [כוץ]; לָחַץ, חִזֵּק
cranberry, *n.* כְּרוּכִית
crane, *n.* עָגוּר, עֲגוּרָן, כְּרוּכִיָּה; מָנוֹף, מַדְלֶה
crane, *v.t.* & *i.* עִגֵּר, הֵנִיף [נוף], הֶעֱלָה [עלה]; הִסֵּס
cranial, *adj.* גֻּלְגָּלְתִּי, קַרְקַפְתִּי
cranium, *n.* גֻּלְגֹּלֶת, קַרְקֶפֶת
crank, *n.* אַרְכֻּבָּה, יָדִית
crank, *v.t.* הִתְנִיעַ [נוע], סוֹבֵב הַיָּדִית, אִרְכֵּב
crankshaft, *n.* גַּלְכֻּבָּה, גַּל אַרְכֻּבָּה
cranky, *adj.* נִרְגָּז
cranny, *n.* סֶדֶק, בְּקִיעַ
crape, *v.* crepe,
crash, *n.* נֶפֶץ, הִתְנַגְּשׁוּת, הִתְרַסְּקוּת
crash, *v.t.* & *i.* שִׁבֵּר, נִפֵּץ, הִתְנַפֵּץ [נפץ], הִתְרַסֵּק [רסק], הִתְנַגֵּשׁ [נגש]
crass, *adj.* טִפֵּשׁ, גַּס
crate, *n.* & *v.t.* אַרְגָּז, תֵּבָה, סַל (גָּדוֹל); אָרַז (בְּתֵבוֹת)
crater, *n.* לוֹעַ, לֹעַ
cravat, *n.* עֲנִיבָה
crave, *v.t.* & *i.* הִשְׁתּוֹקֵק [שקק], הִתְחַנֵּן [חנן], הִתְאַוָּה [אוה]
craving, *n.* תְּשׁוּקָה, כֹּסֶף, גַּעְגּוּעִים
crawl, *n.* זְחִילָה; שְׂחִיַּת חֲתִירָה; מַאֲגוֹר יַמִּי
crawl, *v.i.* זָחַל
crayfish, crawfish, *n.* סַרְטַן הַמַּיִם
crayon, *n.* גִּיר, חֶרֶט

craze, craziness, *n.* שִׁגָּעוֹן, בֻּלְמוּס
craze, *v.t. & i.* הִשְׁתַּגֵּעַ [שגע]
crazily, *adv.* בְּשִׁגָּעוֹן
crazy, *adj.* מְשֻׁגָּע, מְטֹרָף
creak, *n.* חֲרִיקָה, צְרִימָה
creak, *v.i.* חָרַק, צָרַם
cream, *n.* זִבְדָּה, שַׁמֶּנֶת; עִדִּית; מִשְׁחָה
cream, *v.t.* עָשָׂה שַׁמֶּנֶת, לָקַח הַמֻּבְחָר
crease, *n.* קִפּוּל, קֶמֶט
crease, *v.t. & i.* קִפֵּל, קָמַט, קִמֵּט, הִתְקַמֵּט [קמט]
create, *v.t.* בָּרָא, יָצַר
creation, *n.* בְּרִיאָה, יְצִירָה
creative, *adj.* בּוֹרֵא, יוֹצֵר
creator, *n.* בּוֹרֵא, יוֹצֵר
creature, *n.* יְצוּר, בְּרִיאָה
credence, *n.* אֵמוּן, אֱמוּנָה
credential, *n.* אִשּׁוּר
credentials, *n. pl.* כְּתַב הַאֲמָנָה
credibility, *n.* מְהֵימָנוּת, כֵּנוּת; אֹמֶן, אֵמוּן
credible, *adj.* נֶאֱמָן, מְהֵימָן
credit, *n.* אַשְׁרַאי; הַקָּפָה; תְּהִלָּה; כָּבוֹד
credit, *v.t.* הֵקִיף [קוף], זָקַף (עַל חֶשְׁבּוֹן)
creditor, *n.* נוֹשֶׁה, מַלְוֶה
credo, creed, *n.* אֱמוּנָה, עִקָּר
creek, *n.* פֶּלֶג
creep, *v.i.* זָחַל, רָמַשׂ, הִתְרַפֵּס [רפס], הִתְגַּנֵּב [גנב]
creepy, *adj.* זַחְלָנִי
cremate, *v.t.* שָׂרַף לְאֵפֶר (גּוּפָה)
cremation, *n.* שְׂרֵפַת גּוּפָה
crematorium, crematory, *n.* מִשְׂרָפָה
crepe, crape, *n.* סַלְסָלָה (אֲרִיג מֶשִׁי)
crescent, *n.* סַהַר, שַׂהֲרוֹן
cress, *n.* שַׁחַל
crest, *n.* כַּרְבֹּלֶת; בְּלוֹרִית; זֵר; רֶכֶס; שֶׁלֶט (אַבִּירִים); קְצֵה הַגַּל
crevasse, *n.* חָרִיץ
crew, *n.* צֶוֶת (מַלָּחִים, וְכוּ')
crib, *n.* עֶרֶשׂ, עֲרִיסָה
crick, *n.* עֲוִית, שֶׁבֶץ
cricket, *n.* צְרָצַר
crier, *n.* כָּרוֹז, מַכְרִיז, צַעֲקָן
crime, *n.* חֵטְא, פֶּשַׁע, עֲבֵרָה
criminal, *adj.* עֲבַרְיָן, חוֹטֵא, פּוֹשֵׁעַ
criminality, *n.* תַּפְשׁוּעָה, עֲבַרְיָנוּת
criminologist, *n.* בָּקִי בְּתוֹרַת הַחֲטָאִים
criminology, *n.* תּוֹרַת הַחֲטָאִים
crimp, *n.* קֶמֶט
crimp, *v.t.* קָמַט, כִּוֵּץ
crimson, *adj.* אֲדַמְדַּם, חַכְלִילִי
crimson, *n.* אֹדֶם, אַרְגָּמָן, שָׁנִי
crimson, *v.t.* צָבַע בְּצֶבַע שָׁנִי, תִּלַּע
crimson, *v.i.* הִתְאַדֵּם [אדם], תֻּלַּע
cringe, *n.* הִתְרַפְּסוּת, חֹנֶף
cringe, *v.i.* הִתְרַפֵּס [רפס], הֶחֱנִיף [חנף]
crinkle, *n.* קִפּוּל, קֶמֶט
crinkle, *v.t.* קִפֵּל, קִמֵּט, כִּוֵּץ
crinkle, *v.i.* הִתְקַמֵּט [קמט], הִתְכַּוֵּץ [כוץ]
cripple, *n.* קִטֵּעַ, נָכֶה, בַּעַל מוּם, מוּמָם
cripple, *v.t.* קָטַע, עָשָׂה לְבַעַל מוּם, הוּמַם [מום], הִטִּיל [נטל] מוּם
crisis, *n.* מַשְׁבֵּר
crisp, *adj.* מְסֻלְסָל, מְתֻלְתָּל; שָׁבִיר; פָּרִיךְ, פָּרִיר; חַד (שֵׂכֶל), עַלִּיז
crisp, *v.t. & i.* סִלְסֵל, תִּלְתֵּל; פּוֹרֵר, פָּרַךְ, הִתְפָּרֵךְ [פרך]
crisscross, *n. & adj.* שְׁתִי וָעֵרֶב, תַּשְׁבֵּץ
criterion, *n.* קְנֵה מִדָּה, בֹּחַן, תַּבְחִין
critic, *n.* מְבַקֵּר, בּוֹחֵן

critical, *adj.* מַשְׁבֵּרִי; מְסֻכָּן; מַכְרִיעַ, בִּקָּרְתִּי

criticism, *n.* בִּקֹּרֶת, גִּנּוּי

criticize, criticise, *v.t.* & *i.* בִּקֵּר, גִּנָּה

critique, *n.* בִּקֹּרֶת, נִתּוּחַ

croak, *n.* קִרְקוּר

croak, *v.t.* קִרְקֵר

crochet, *n.* מַסְרֵגָה, צִנּוֹרָה

crochet, *v.t.* צִנֵּר, סֵרַג

crockery, *n.* כְּלֵי חֶרֶשׂ

crocodile, *n.* תַּנִּין, תִּמְסָח

crocus, *n.* חֲבַצֶּלֶת, כַּרְכֹּם

croft, *n.* שָׂדֶה, מִגְרָשׁ

crofter, *n.* אִכָּר זָעִיר

crone, *n.* זְקֵנָה בָּלָה

crony, *n.* חָבֵר, יְדִיד

crook, *n.* עִקּוּם; מַקֵּל כָּפוּף, שֵׁבֶט; גַּנָּב, גַּזְלָן

crook, *v.t.* & *i.* עִקֵּם, כָּפַף, הִתְעַקֵּם [עקם], נִכְפַּף [כפף]

crooked, *adj.* עָקֹם; בִּלְתִּי יָשָׁר

croon, *v.t.* שׁוֹרֵר [שיר]; זִמְזֵם

crooner, *n.* מְזַמְזֵם

crop, *n.* יְבוּל; זֶפֶק; שֶׁלַח

crop, *v.t.* זָרַע; קָצַר, קָנַב, קִצֵּץ

cropper, *n.* קוֹצֵר

croquet, *n.* מִשְׂחָק בְּכַדּוּרֵי עֵץ

croquette, *n.* קְצִיצָה, לְבִיבָה

cross, *adj.* צוֹלֵב; זָעֵף, נִרְגָּז, סַר

cross, *n.* צְלָב

cross, *v.t.* & *i.* שִׂכֵּל; שִׁלֵּב (יָדַיִם); עָבַר, חָצָה; מָחַק; הִכְלִיא [כלא]; הִכְעִיס [כעס]; צָלַב, הִצְטַלֵּב [צלב]; הִתְעָרֵב [ערב]; רָגַז, נִרְגַּז

crossbar, *n.* כָּפִיס

crossbow, *n.* קֶשֶׁת מַצְלִיבָה

crossbreed, *n.* כִּלְאַיִם, הַכְלָאָה

crossbreed, *v.t.* הִרְכִּיב [רכב], הִכְלִיא [כלא]

crosscut, *adj.*, *n.*, *v.t.* & *i.* חֶתֶךְ רֹחַב, חָתַךְ

cross-examination, *n.* חֲקִירַת עֵדִים

cross-examine, *v.t.* חָקַר

cross-eye, *n.* פְּזִילָה

crossing, *n.* מַעֲבָר, עִבּוּר, סְתִירָה

crosspiece, *n.* יָצוּל; מַשְׁקוֹף

crossroad, *n.* מִסְעָף

crosswise, *adv.* בַּאֲלַכְסוֹן, לְרֹחַב

crossword puzzle תַּשְׁבֵּצוֹן

crotch, *n.* מִפְשָׂעָה; מִפְגָּשׁ; זָוִית

crouch, *v.t.* & *i.*, *n.* כָּרַע, קָרַס, הִתְרַפֵּס [רפס], רָבַץ; הַרְכָּנָה, הִתְכּוֹפְפוּת

croup, *n.* קָרֶמֶת, אַסְכָּרָה; אֲחוֹרֵי הַסּוּס

crow, *n.* קְרִיאַת הַתַּרְנְגוֹל; עוֹרֵב; מָנוֹף

crow, *v.i.* קָרָא, הִתְפָּאֵר [פאר]

crowbar, *n.* כֵּילָף, מַפֵּץ, קִילוֹן

crowd, *n.* הָמוֹן, אֲסַפְסוּף, דֹּחַק

crowd, *v.t.* & *i.* דָּחַק, מִלֵּא; הִתְקַהֵל [קהל], הִצְטוֹפֵף [צפף], נִדְחַק [דחק]

crown, *n.* כֶּתֶר, עֲטָרָה, זֵר, כּוֹתֶרֶת; אָמִיר (עֵץ)

crown, *v.t.* הִכְתִּיר [כתר], עָטַר

crucial, *adj.* מַכְרִיעַ

crucible, *n.* מַצְרֵף, כּוּר, עֲלִיל

crucifix, *n.* צֶלֶב

crucifixion, *n.* צְלִיבָה

crucify, *v.t.* צָלַב, עִנָּה

crude, *adj.* גָּלְמִי, בִּלְתִּי מְעֻבָּד; גַּס; תָּפֵל

crudeness, crudity, *n.* גַּסּוּת; תְּפֵלוּת

cruel, *adj.* אַכְזָר, אַכְזָרִי

cruelly, *adv.* בְּאַכְזָרִיּוּת

cruelty, ***n.*** אַכְזָרִיּוּת
cruet, ***n.*** בַּקְבּוּק קָטָן, צִנְצֶנֶת
cruise, ***n.*** טִיּוּל (עַל הַיָּם)
cruise, ***v.i.*** שׁוֹטֵט [שׁוט]
cruiser, ***n.*** אֳנִיַּת מִלְחָמָה, אֳנִיַּת מֵרוֹץ
crumb, ***n.*** פֵּרוּר, פָּתִית
crumb, ***v.t.*** פּוֹרֵר [פרר], פָּתַת, פָּרַךְ
crumble, ***v.i.*** הִתְפּוֹרֵר [פרר], הִתְמוֹטֵט [מוט]
crumbly, ***adj.*** פָּרִיר
crumple, ***v.t. & i.*** קִמֵּט, הִתְקַמֵּט [קמט]
crunch, ***n.*** כִּרְסוּם
crunch, ***v.t. & i.*** כִּרְסֵם, כָּסַס
crusade, ***n. & v.i.*** מַסַּע צְלָב; הִתְקִיף [תקף] בְּקַנָּאוּת
crusader, ***n.*** צַלְבָּן, (נוֹשֵׂא הַצְּלָב)
cruse, ***n.*** פַּךְ, צַפַּחַת
crush, ***n.*** מְעִיכָה, לַחַץ, דֹּחַק; תְּשׁוּקָה
crush, ***v.t.*** מָעַךְ; לָחַץ; נִפֵּץ; דִּכֵּא; טָחַן
crush, ***v.i.*** פּוֹרֵר [פרר]; הִשְׁמִיד [שמד]; כִּלָּה
crust, ***n.*** קְרוּם (הַלֶּחֶם); גֶּלֶד
crust, ***v.t. & i.*** קָרַם; הִגְלִיד [גלד]
crutch, ***n.*** מִשְׁעֶנֶת; קַב
crutches, ***n. pl.*** קַבַּיִם
crux, ***n.*** עִקָּר
cry, ***n.*** בֶּכִי, בְּכִיָּה; צְעָקָה; קְרִיאָה
cry, ***v.i. & t.*** בָּכָה, יִבֵּב; קָרָא; צָעַק
crypt, ***n.*** כּוּךְ, מְעָרָה
cryptic, cryptical, ***adj.*** בִּלְתִּי מוּבָן, טָמִיר
crystal, ***n.*** בְּדֹלַח, גָּבִישׁ, אֶלְגָּבִישׁ
crystalline, ***adj.*** בְּדָלְחִי, גְּבִישִׁי, צַח
crystallization, ***n.*** גִּבּוּשׁ, הִתְגַּבְּשׁוּת
crystallize, ***v.t.*** גִּבֵּשׁ
crystallize, ***v.i.*** הִתְגַּבֵּשׁ [גבש]
cub, ***n.*** גּוּר
cube, ***n.*** קֻבִּיָּה
cubic, cubical, ***adj.*** מְעֻקָּב
cubism, ***n.*** צִיּוּר נֶפַח
cuckoo, ***n.*** קוּקִיָּה
cucumber, ***n.*** קִשּׁוּא, מְלָפְפוֹן
cud, ***n.*** גֵּרָה
cuddle, ***n.*** חִבּוּק, לִטּוּף
cuddle, ***v.t.*** חִבֵּק, לִטֵּף
cuddle, ***v.i.*** הִתְחַבֵּק [חבק]
cue, ***n.*** זָנָב; כָּנָף; רֶמֶז; תּוֹר; מַטֶּה (בִּלְיַרְד)
cuff, ***n.*** יָדָה; חֵפֶת; שַׁרְווּלִית
cuirass, ***n.*** מָגֵן, שִׁרְיוֹן, צִנָּה
cuirassier, ***n.*** צַנָּן, נוֹשֵׂא צִנָּה
cuisine, ***n.*** בִּשּׁוּל, שִׁיטַת בִּשּׁוּל
culinary, ***adj.*** אָכִיל
cull, ***v.t.*** בָּחַר, לָקַט
culminate, ***v.i.*** הִגִּיעַ [נגע]; נִגְמַר [גמר]
culmination, ***n.*** פִּסְגָּה, שִׂיא; סִיּוּם
culpable, ***adj.*** אָשֵׁם, חַיָּב
culprit, ***n.*** אָשֵׁם, נֶאֱשָׁם, פּוֹשֵׁעַ
cult, ***n.*** הַעֲרָצָה, הַאֲלָהָה, פֻּלְחָן
cultivate, ***v.t.*** עִבֵּד הָאֲדָמָה, גִּדֵּל; נִכֵּשׁ, תִּחֵחַ
cultivation, ***n.*** עִבּוּד אֲדָמָה, גִּדּוּל; נִכּוּשׁ, תִּחוּחַ
cultivator, ***n.*** אִכָּר, עוֹבֵד אֲדָמָה; מְנַכֵּשׁ, מְתַחֵחַ; מַתְחֵחָה
cultural, cultured, ***adj.*** תַּרְבּוּתִי
culture, ***n.*** תַּרְבּוּת
cumber, ***n.*** תְּעוּקָה, הַכְבָּדָה
cumbersome, ***adj.*** מַכְבִּיד, מֵעִיק
cumbrous, ***adj.*** מֵצִיק, מַפְרִיעַ
cumulation, ***n.*** עֲרֵמָה, צְבִירָה, אֲסִיפָה
cumulative, ***adj.*** נֶעֱרָם, נִצְבָּר
cuneiform, ***adj. & n.*** (שֶׁל) כְּתָב הַיְתֵדוֹת
cunning, ***adj.*** עָקֹב, עַרְמוּמִי
cunning, ***n.*** תַּרְמִית, עַרְמוּמִיּוּת

cup, *n. & v.t.* סֵפֶל, גָּבִיעַ; מַשְׁקַע הַשַּׁד (בְּחָזִיָּה); מִלֵּא; הִקִּיז [נקז] (דָּם)
cupbearer, *n.* מַשְׁקֶה, שַׂר מַשְׁקִים
cupboard, *n.* מִזְנוֹן; אֲרוֹן כֵּלִים; קַמְטָר; חָדָר
cupful, *n.* מְלֹא הַסֵּפֶל
cupidity, *n.* תַּאֲוָה, חֵשֶׁק, חֶמְדָּה
cupola, *n.* כִּפָּה
cur, *n.* כֶּלֶב כִּלְאַיִם, נִבְזֶה
curable, *adj.* רָפִיא, שֶׁאֶפְשָׁר לְרַפֵּא
curacy, *n.* גַּלָּחוּת
curate, *n.* כֹּמֶר, גַּלָּח
curator, *n.* מְנַהֵל בֵּית נְכוֹת, מְפַקֵּחַ, מַשְׁגִּיחַ
curb, *n.* מֶתֶג; מַעֲצוֹר; שְׂפַת הַמִּדְרָכָה
curb, *v.t.* עָצַר, בָּלַם, רִסֵּן; הֶחֱרִיא [חרא] (כֶּלֶב)
curd, *n.* חָלָב נִקְרָשׁ, חֹבֶץ, קוּם
curdle, *v.t. & i.* קָפָא, קָרַשׁ, הִקְרִישׁ [קרש]
cure, *n.* רְפוּאָה, תְּרוּפָה, מַרְפֵּא; שִׁמּוּר
cure, *v.t. & i.* רִפֵּא, תִּקֵּן; עִשֵּׁן, שִׁמֵּר; הִבְרִיא [ברא], הִתְרַפֵּא [רפא]
cureless, *adj.* שֶׁאֵין לוֹ רְפוּאָה
curettage, *n.* גְּרִידָה
curfew, *n.* עֹצֶר; כִּבּוּי אוֹרוֹת
curio, *n.* יְקַר הַמְּצִיאוּת, דָּבָר עַתִּיק
curiosity, *n.* סַקְרָנוּת
curious, *adj.* סַקְרָנִי
curl, *n.* סִלְסוּל, תַּלְתַּל, קְוֻצָּה
curl, *v.t. & i.* סִלְסֵל, תִּלְתֵּל, פִּתֵּל; הִסְתַּלְסֵל [סלסל]
curly, *adj.* מְסֻלְסָל, מְתֻלְתָּל
currants, *n. pl.* דֻּמְדְּמָנִיּוֹת, עִנְבֵי שׁוּעָל; צִמּוּקִים שְׁחוֹרִים
currency, *n.* כֶּסֶף, שְׁטַר כֶּסֶף, מָמוֹן, מָעוֹת, מַטְבֵּעַ
current, *adj.* מְקֻבָּל; נָפוֹץ; שׁוֹטֵף, זוֹרֵם
current, *n.* זֶרֶם, שִׁבֹּלֶת, מַהֲלָךְ
currently, *adv.* כָּרָגִיל, לְפִי שָׁעָה
curriculum, *n.* תָּכְנִית לִמּוּדִים
curry, *v.t.* קִרְצֵף (סוּס), עִבֵּד (עוֹר); הֶחֱנִיף [חנף]
currycomb, *n.* קַרְצֶפֶת, מַגְרֶדֶת (מַסְרֵק סוּסִים)
curse, *n.* קְלָלָה, אָלָה; שְׁבוּעָה
curse, *v.t. & i.* אָרַר, קִלֵּל, אָלָה
cursed, *adj.* מְקֻלָּל, אָרוּר
cursive, *adj. & n.* כְּתָב שׁוֹטֵף, אוֹת מְשֻׁטָּה; מְשִׁיט
cursory, *adj.* שִׁטְחִי, פָּזִיז
curt, *adj.* פַּסְקָנִי; מְקֻצָּר
curtail, *v.t.* קִצֵּר, מִעֵט, קִפֵּחַ
curtailment, *n.* קִצּוּר, קִפּוּחַ, הַפְחָתָה
curtain, *n. & v.t.* וִילוֹן, מָסָךְ, פָּרֹכֶת; וִלֵּן
curtly, *adv.* בְּקִצּוּר
curtsy, curtsey, *n. & v.t.* קִדָּה; קִדֵּד
curvature, *n.* קֶשֶׁת; כְּפִיפָה; עֲקִימָה
curve, *n.* קֶשֶׁת, כְּפִיפָה, עַקְמוּמִית, עֹקֶם, עֲקָמָה
curve, *v.t. & i.* כָּפַף, עִקֵּל, הִתְכּוֹפֵף [כפף]
curvet, *n.* דְּהִירָה, דַּהֲרָה
cushion, *n.* כַּר, כֶּסֶת; סָמוֹךְ, מַרְדַּעַת
cushion, *v.t.* הוֹשִׁיב [ישב] עַל כַּר
cusp, *n.* עֹקֶץ
custard, *n.* חֲבִיצָה, רַפְרֶפֶת
custodian, *n.* מַשְׁגִּיחַ, מְמֻנֶּה, מְפַקֵּחַ
custody, *n.* הַשְׁגָּחָה; כְּלִיאָה
custom, *n.* מֶכֶס; מִנְהָג, הֶרְגֵּל; נִמּוּס
customary, *adj.* נָהוּג, מְקֻבָּל
customer, *n.* קוֹנֶה, לָקוֹחַ
customhouse, *n.* בֵּית הַמֶּכֶס
custom made לְפִי הַזְמָנָה

cut, *n.* חֶתֶךְ, פֶּצַע; חֲתִיכָה, נֶתַח; גִּזְרָה (לְבוּשׁ)
cut, *v.t.* & *i.* חָתַךְ, כָּרַת, גָּזַז, חָטַב; גָּזַר
cute, *adj.* מְלַבֵּב, נֶחְמָד
cuticle, *n.* עוֹר (קַרְנִי), קְרוּם, קְרוּמִית
cutlery, *n.* סַכִּינִים, סַכּוּ"ם; סַכִּינָאוּת
cutlet, *n.* צַלְעִית, צֵלָע, קְצִיצָה
cutout, *n.* מַפְסֵק, שַׁסְתּוֹם
cutter, *n.* גַּזָּר; מִפְרָשִׂית, סִירָה חַדְתָּרְנִית
cutthroat, *n.* רוֹצֵחַ
cyclamen, *n.* רַקֶּפֶת
cycle, *n.* מַחְזוֹר, תְּקוּפָה; אוֹפַנַּיִם
cycle, *v.i.* סָבַב; אָפַן
cyclic, cyclical, *adj.* חוּגִי, מַחֲזוֹרִי
cyclist, *n.* אוֹפַנָּן
cyclone, *n.* סְעָרָה
cyclopedia, cyclopaedia, *n.* מַחֲזוֹר
cylinder, *n.* אִצְטְוָנָה; עַמּוּד; גָּלִיל
cylindric, cylindrical, *adj.* גְּלִילִי
cymbals, *n.pl.* צֶלְצְלִים (צֶלְצָל)
cynic, *n.* לַעֲגָן, נוֹשֵׁךְ
cynical, *adj.* כַּלְבִּי, בָּז, לוֹעֵג
cynicism, *n.* כַּלְבִּיּוּת, לַעַג, לִגְלוּג
cynosure, *n.* תַּלְפִּיּוֹת, מֶרְכַּז הַהִתְעַנְיְנוּת
cypress, *n.* בְּרוֹשׁ
cyst, *n.* כִּיס, שַׁלְחוּף, כִּיסוֹן

D, d

D, d, *n.* דִּי, הָאוֹת הָרְבִיעִית בָּאָלֶף בֵּית הָאַנְגְּלִי; רְבִיעִי, ד׳
dab, *n.* נְגִיעָה (קַלָּה); פּוּטִית, דָּג מֹשֶׁה רַבֵּנוּ
dab, *v.t.* נָגַע, מָשַׁח
dabble, *v.t.* & *i.* שִׁכְשֵׁךְ; עָשָׂה בְּשִׁטְחִיּוּת
dace, *n.* קַרְפְּיוֹן
dad, daddy, *n.* אַבָּא
daffodil, *n.* עִירוֹן, נַרְקִיס זָהָב
daft, *adj.* שׁוֹטֶה, טִפֵּשׁ, מְשֻׁגָּע
dagger, *n.* חֲנִית, פִּגְיוֹן
dahlia, *n.* דָּלִיָּה
daily, *n.* עִתּוֹן יוֹמִי
daily, *adv.* יוֹם יוֹם
daintiness, *n.* נְעִימוּת, עֲדִינוּת, רַכּוּת
dainty, *adj.* & *n.* עָדִין, נָעִים
dairy, *n.* מַחְלָבָה
dairyman, dairymaid, *n.* חוֹלֵב, חוֹלֶבֶת; חַלְבָּן, חַלְבָּנִית
dais, *n.* בָּמָה, בִּימָה
daisy, *n.* מַרְגָּנִית, קַחְוָן
dale, *n.* עֵמֶק
dalliance, *n.* בִּלּוּי זְמָן; הִתְפַּנְקוּת
dally, *v.i.* בִּטֵּל זְמָן, שִׁעֲשַׁע, הִתְמַהְמֵהַּ
dam, *n.* סֶכֶר
dam, *v.t.* סָכַר; עָצַר, עִכֵּב
damage, *n.* נֶזֶק; הֶפְסֵד
damage, *v.t.* & *i.* הִזִּיק [נזק]; הִפְסִיד [פסד]; נִזַּק, הִתְקַלְקֵל [קלקל]
damask, *n.* בַּד; פְּלָדָה
dame, *n.* אִשָּׁה, גְּבֶרֶת
damn, *v.t.* & *i.* קִלֵּל, אָרַר; חִיֵּב
damnation, *n.* קְלָלָה; הַרְשָׁעָה
damp, *adj.* רָטֹב; לַח; טָחוּב
damp, dampness, *n.* לַחוּת, טַחַב
damp, dampen, *v.t.* הִרְטִיב [רטב], לִחְלַח
damsel, *n.* נַעֲרָה, עַלְמָה
damson, *n.* שָׁזִיף (קָטָן)

dance, ***n.*** רִקּוּד, רְקִידָה, מָחוֹל, נֶשֶׁף רִקּוּדִים
dance, ***v.t. & i.*** רָקַד, חִגֵּג, חָל, הִתְחוֹלֵל [חול]
dancer, ***n.*** רַקְדָן, מְחוֹלֵל
dandelion, ***n.*** שֵׁן הָאַרְיֵה
dander, ***n.*** זַעַם; קַשְׂקֶשֶׂת
dandle, ***v.t.*** שִׁעְשַׁע
dandruff, ***n.*** סֻבֵּי רֹאשׁ, קַשְׂקֶשֶׂת, יַלֶּפֶת
dandy, ***n.*** גַּנְדְּרָן
danger, ***n.*** סַכָּנָה
dangerous, ***adj.*** מְסֻכָּן
dangle, ***v.t.*** דִּלְדֵּל
dangle, ***v.i.*** הִתְדַּלְדֵּל, הִדַּלְדֵּל [דלדל]
dank, ***adj.*** רָטֹב, לַח
dapper, ***adj.*** נָקִי, מְקֻשָּׁט
dapple, ***n.*** מְנֻמָּר
dapple, ***v.t.*** נִמֵּר
dare, ***n.*** הֶעָזָה
dare, ***v.t. & i.*** הֵעֵז [עזז], הֵעֵז פָּנִים, הִרְהִיב [רהב] עֹז
daredevil, ***n.*** עַז (רוּחַ) נֶפֶשׁ, רַהַבְתָּן
daring, ***n.*** עַזּוּת נֶפֶשׁ, רַהֲבָה, אֹמֶץ, הֶעָזָה
daring, ***adj.*** אַמִּיץ, נוֹעָז
dark, ***adj.*** חָשֵׁךְ, אָפֵל, קוֹדֵר; כֵּהֶה, עָמוּם, אָמֵשׁ
dark, ***n.*** חֹשֶׁךְ, אֹפֶל
darken, ***v.t. & i.*** הֶחֱשִׁיךְ [חשך], הֶאֱפִיל [אפל], קָדַר, הִקְדִּיר [קדר], הִתְקַדֵּר [קדר]
darkness, ***n.*** חֲשֵׁכָה, חֹשֶׁךְ, אֲפֵלָה
darling, ***adj. & n.*** יַקִּיר, אָהוּב, חָבִיב, נֶחְמָד
darn, darning, ***n.*** תִּקּוּן גַּרְבַּיִם, טְלַאי, הַטְלָאָה
darn, ***v.t.*** תִּקֵּן גַּרְבַּיִם, הִטְלִיא [טלא]
darnel, ***n.*** זוּן
darner, ***n.*** מְתַקֵּן גַּרְבַּיִם
dart, ***n.*** שֵׁךְ, חֵץ; תְּנוּעָה מְהִירָה
dart, ***v.t. & i.*** מִהֵר, הֵחִישׁ [חוש] אָץ [אוץ], דָּהַר
dash, ***n.*** מַקָּף (־); מַכָּה; מִקְצָת (טִפָּה)
dash, ***v.t. & i.*** שִׁבֵּר, רָצַץ; רָץ [רוץ], מִהֵר, דָּהַר; הִסְתָּעֵר [סער], הִשְׂתָּעֵר [שער], גָּח [גיח]
dashboard, ***n.*** לוּחַ מַחֲוָנִים
dashing, ***adj.*** חַי, עֵר, מִתְפָּאֵר
dastard, ***n.*** פַּחְדָן, מוּג לֵב
dastardly, ***adj.*** כְּמוּג לֵב
data, ***n. pl.*** נְתוּנִים, פְּרָטִים, עֻבְדּוֹת
date, ***n.*** דֶּקֶל, תָּמָר; תַּאֲרִיךְ; יִעוּד, פְּגִישָׁה, רֵאָיוֹן
date, ***v.t.*** צִיֵּן תַּאֲרִיךְ; קָבַע פְּגִישָׁה (רֵאָיוֹן)
daub, ***n.*** כֶּתֶם; תְּמוּנָה זוֹלָה
daub, ***v.t. & i.*** מָרַח (צְבָעִים); הִכְתִּים [כתם]
daughter, ***n.*** בַּת
daughter-in-law, ***n.*** כַּלָּה
daunt, ***v.t.*** אִיֵּם, הִפְחִיד [פחד]
dauntless, ***adj.*** אַמִּיץ
davenport, ***n.*** מִכְתָּבָה; סַפָּה־מִטָּה
davit, ***n.*** מַדְלֶה (סִירוֹת)
dawdle, ***v.i.*** בִּלָּה זְמַן, בִּזְבֵּז, פִּגֵּר, אֵחַר
dawn, ***n.*** שַׁחַר
dawn, ***v.i.*** עָלָה הַשַּׁחַר; הִתְחִיל [תחל] לְהָבִין
day, ***n.*** יוֹם
daze, ***n.*** סַנְוֵרִים, עִוָּרוֹן
daze, ***v.t.*** סִנְוֵר, עִוֵּר
dazzle, ***n.*** תִּמָּהוֹן; סַנְוֵרִים
dazzle, ***v.t. & i.*** סִנְוֵר, הִכָּה בְּסַנְוֵרִים
dead, ***adj.*** מֵת
dead, ***n.*** מֵת, מֵתִים

deaden, *v.t. & i.* הִקְהָה [קהה], הִכְהָה [כהה]
deadline, *n.* גְּבוּל לֹא יַעֲבֹר; שָׁעָה אַחֲרוֹנָה
deadly, *adj.* מֵמִית, אַכְזָרִי
Dead Sea יַם הַמֶּלַח
deaf, *adj.* חֵרֵשׁ
deafen, *v.t.* חֵרֵשׁ, הֶחֱרִישׁ [חרשׁ]
deafness, *n.* חֵרְשׁוּת
deal, *n.* עֵסֶק, עִסְקָה; חִלּוּק (קְלָפִים); מָנָה
deal, *v.t. & i.* הִתְעַסֵּק [עסק], סָחַר; חִלֵּק (קְלָפִים); נָהַג, הִתְנַהֵג [נהג]
dealer, *n.* תַּגָּר, סוֹחֵר; מְחַלֵּק קְלָפִים
dealing, *n.* מִסְחָר; עֵסֶק
dean, *n.* דֵּיקָן, נְשִׂיא מִכְלָלָה
dear, *adj. & n.* אָהוּב, יָקָר, חָבִיב
dearly, *adv.* בְּאַהֲבָה; בְּיֹקֶר
dearness, *n.* יֹקֶר
dearth, *n.* מַחְסוֹר, רָעָב
death, *n.* מָוֶת, מִיתָה, תְּמוּתָה, פְּטִירָה
deathbed, *n.* מִטַּת מָוֶת
deathblow, *n.* מַכַּת מָוֶת
deathless, *adj.* נִצְחִי
deathly, *adj. & adv.* כַּמֵּת, מֵמִית
death rate שִׁעוּר הַתְּמוּתָה
debacle, *n.* מַפָּלָה, תְּבוּסָה
debar, *v.t.* מָנַע, עָצַר
debark, *v.t. & i.* יָצָא מֵאֳנִיָּה, עָלָה לַיַּבָּשָׁה
debase, *v.t.* הִשְׁפִּיל [שפל]
debasement, *n.* הַשְׁפָּלָה
debatable, *adj.* תָּלוּי, מֻטָּל בְּסָפֵק
debate, *n.* וִכּוּחַ
debate, *v.t. & i.* הִתְוַכֵּחַ [וכח]
debater, *n.* מִתְוַכֵּחַ
debauch, *v.t. & i.* הִשְׁחִית [שחת], הִתְהוֹלֵל [הלל]
debauchery, *n.* שְׁחִיתוּת, שַׁחִיתוּת הַמִּדּוֹת, הוֹלֵלוּת
debilitate, *v.t.* הֶחֱלִישׁ [חלשׁ]
debility, *n.* חֻלְשָׁה, תְּשִׁישׁוּת
debit, *n.* חוֹב, חוֹבָה
debit, *v.t.* חִיֵּב
debonair, debonaire, *adj.* עַלִּיז
debris, *n.* הֶרֶס, מַפֹּלֶת, חֻרְבָּה
debt, *n.* חוֹב, חוֹבָה
debtor, *n.* חַיָּב, לֹוֶה
debut, *n.* הוֹפָעָה רִאשׁוֹנָה
debutante, *n.* מַתְחִילָה, טִירוֹנִית
decade, *n.* עִשּׂוֹר, עֶשֶׂר שָׁנִים
decadence, decadency, *n.* הִתְנַוְּנוּת
decadent, *n.* מִתְנַוֵּן
Decalogue, Decalog, *n.* עֲשֶׂרֶת הַדְּבָרִים, עֲשֶׂרֶת הַדִּבְּרוֹת
decamp, *v.i.* בָּרַח, נָס [נוס]
decant, *v.t.* יָצַק, מָזַג
decanter, *n.* בַּקְבּוּק
decapitate, *v.t.* כָּרַת רֹאשׁ, הִתִּיז [נתז]
decapitation, *n.* כְּרִיתַת רֹאשׁ, עֲרִיפָה
decay, *n.* רִקָּבוֹן, עִפּוּשׁ, בָּאְשָׁה
decay, *v.t. & i.* רָקַב, בָּאַשׁ, הִתְעַפֵּשׁ [עפשׁ]; הִשְׁחִית [שחת]
decease, *n.* מָוֶת, מִיתָה
decease, *v.i.* נִפְטַר [פטר], מֵת [מות]
deceit, *n.* מִרְמָה, רַמָּאוּת
deceitful, *adj.* רַמַּאי
deceitfulness, *n.* תַּרְמִית, רַמָּאוּת
deceive, *v.t.* רִמָּה, הִתְעָה [תעה]; בָּגַד
deceiver, *n.* רַמַּאי
decelerate, *v.t. & i.* הֵאֵט [אטט]
December, *n.* דֶּצֶמְבֶּר
decency, *n.* נִמּוּסִיּוּת, הֲגִינוּת
decent, *adj.* הָגוּן, נָכוֹן, מַתְאִים
decently, *adv.* בִּצְנִיעוּת, בְּדֶרֶךְ אֶרֶץ

decentralization, *n.* בִּזּוּר
decentralize, *v.t.* בִּזֵּר
deception, *n.* אוֹנָאָה, תַּרְמִית, אַכְזָבָה
deceptive, *adj.* מַתְעֶה, מְרַמֶּה, מְאַכְזֵב
decide, *v.t.* & *i.* הֶחֱלִיט [חלט], דָּן [דין], הִכְרִיעַ [כרע]
decidedly, *adv.* בְּהֶחְלֵט
deciduous, *adj.* נָשִׁיר (עֵץ)
decimal, *adj.* עֶשְׂרוֹנִי
decimate, *v.t.* הָרַג, הֵמִית [מות], הִשְׁמִיד [שמד] רַבִּים
decipher, *v.t.* פָּתַר, בֵּאֵר, פִּעְנַח
decision, *n.* הַחְלָטָה, הַכְרָעָה
decisive, *adj.* מֻחְלָט
decisively, *adv.* לְגַמְרֵי
deck, *n.* סִפּוּן אֳנִיָּה; חֲבִילָה (קְלָפִים)
deck, *v.t.* קִשֵּׁט, עָדָה
declaim, *v.t.* הִקְרִיא [קרא]
declamation, *n.* הַקְרָאָה
declaration, *n.* הַצְהָרָה, הַכְרָזָה
declarative, *adj.* מַצְהִיר, מַכְרִיז, מוֹדִיעַ
declare, *v.t.* אָמַר, הִכְרִיז [כרז], הוֹדִיעַ [ידע], הִצְהִיר [צהר]
declension, *n.* מִדְרוֹן; נְטִיָּה (דִּקְדּוּק)
declination, *n.* הַטָּיָה, יְרִידָה
decline, *n.* יְרִידָה, דִּלְדּוּל, הִתְמַעֲטוּת
decline, *v.t.* & *i.* יָרַד, נָטָה; סֵרַב, מֵאֵן
declivity, *n.* מוֹרָד, מִדְרוֹן, שִׁפּוּעַ
decompose, *v.t.* & *i.* פֵּרַק; הִתְפָּרֵק [פרק]; נִרְקַב [רקב], רָקַב, נָמַק [מקק]; הִפְרִיד [פרד]
decomposition, *n.* פֵּרוּק, רִקָּבוֹן, הַפְרָדָה
decorate, *v.t.* עִטֵּר, קִשֵּׁט, יִפָּה
decoration, *n.* תִּפְאוֹרָה, קִשּׁוּט, יִפּוּי; אוֹת (כָּבוֹד) הִצְטַיְּנוּת
decorative, *adj.* מְקֻשָּׁט, קִשּׁוּטִי
decorator, *n.* מְקַשֵּׁט, קַשְּׁטָן (דִּירָה); תַּפְאוּרָן (בָּמָה)
decorous, *adj.* צָנוּעַ, אָדִיב, נָאֶה
decoy, *v.t.* פִּתָּה, דִּמָּה
decoy, *n.* דֻּמֶּה
decrease, *n.* מִעוּט, הַמְעָטָה, פְּחָת
decrease, *v.t.* & *i.* הִתְמַעֵט [מעט]; מִעֵט, הֶחְסִיר [חסר], הִפְחִית [פחת]
decree, *n.* פְּקֻדָּה, צַו, גְּזֵרָה, חֹק
decree, *v.t.* & *i.* חָרַץ, פָּסַק, צִוָּה, חָקַק
decrepit, *adj.* יָשִׁישׁ, חָלָשׁ, יָגֵעַ
decrepitude, *n.* זִקְנָה, חֻלְשַׁת זִקְנָה, אֲפִיסַת כֹּחוֹת
decry, *v.t.* גִּנָּה
dedicate, *v.t.* הִקְדִּישׁ [קדש], חָנַךְ
dedication, *n.* הַקְדָּשָׁה, חֲנֻכָּה
dedicator, *n.* מַקְדִּישׁ, חוֹנֵךְ
deduce, *v.t.* הִסִּיק [נסק]
deduct, *v.t.* חִסֵּר, גָּרַע, נִכָּה, הִפְחִית [פחת]
deduction, *n.* נִכּוּי, חִסּוּר; מַסְקָנָה
deductive, *adj.* מְנַכֶּה, מַפְחִית; מַסִּיק
deem, *v.t.* & *i.* סָבַר, חָשַׁב
deed, *n.* פְּעֻלָּה, מִפְעָל, מַעֲשֶׂה; שְׁטָר
deep, *adj.* עָמֹק, סָתוּם
deep, *n.* עֹמֶק, תְּהוֹם
deepen, *v.t.* & *i.* הֶעֱמִיק [עמק], עָמַק
deepfreeze, *n.* & *v.t.* מַקְפָּאוֹן; הִתְקַפָּא [קפא]
deer, *n.* צְבִי, אַיָּל
deface, *v.t.* מָחַק, הִשְׁחִית [שחת], הֵפֵר [פרר]
defalcate, *v.t.* & *i.* מָעַל בִּכְסָפִים
defalcation, *n.* מְעִילָה בִּכְסָפִים
defamation, *n.* דִּבָּה, הוֹצָאַת שֵׁם רָע, הַשְׁמָצָה

defamatory, *adj.* מוֹצִיא דִּבָּה, מְגַדֵּף, מַשְׁמִיץ

defame, *v.t.* הוֹצִיא [יצא] דִּבָּה, גִּדֵּף, שִׁמֵּץ, הֶאֱשִׁים [אשם]

default, *n.* מוּם, זִלְזוּל; הִשְׁתַּמְּטוּת

default, *v.i.* הִשְׁתַּמֵּט [שמט]

defaulter, *n.* חוֹטֵא; מִשְׁתַּמֵּט

defeat, *n.* מַפָּלָה, תְּבוּסָה

defeat, *v.t.* נִצַּח, הִכָּה, הִפִּיל [נפל], הֵבִיס [בוס]

defeatist, *n.* תְּבוּסָן

defecate, *v.t. & i.* יָצָא, עָשָׂה צְרָכִים, הִפְרִישׁ [פרש] (צוֹאָה), הֶחֱרִיא [חרא]

defect, *n.* מוּם, פְּגָם, חִסָּרוֹן, מִגְרַעַת

defection, *n.* מְעִילָה, בְּגִידָה; בְּרִיחָה

defective, *adj.* פָּגוּם, לָקוּי, בַּעַל מוּם

defend, *v.t.* הֵגֵן [גנן]; הִצְדִּיק [צדק]

defendant, *n.* נֶאֱשָׁם, נִתְבָּע; מֵגֵן

defender, *n.* (אִישׁ) מָגֵן; טוֹעֵן

defense, defence, *n.* הֲגָנָה, סַנֵּגוֹרְיָה, טֵעוּן

defenseless, defenceless, *adj.* מְחֻסַּר הֲגָנָה, מְחֻסַּר סַנֵּגוֹרְיָה

defensive, *adj.* מֵגֵן

defer, *v.t. & i.* דָּחָה, עִכֵּב; נִכְנַע [כנע]

deference, *n.* כָּבוֹד, הַכְנָעָה; צִיּוּת

deferentially, *adv.* בְּכָבוֹד

deferment, *n.* דְּחִיָּה

defiance, *n.* הִתְקוֹמְמוּת, חֻצְפָּה, הַתְרָסָה

defiant, *adj.* מִתְקוֹמֵם, חָצוּף, מַתְרִיס

defiantly, *adv.* בְּחֻצְפָּה

deficiency, deficience, *n.* פְּגָם, גֵּרָעוֹן, מַחְסוֹר

deficient, *adj.* זָעוּם, חָסֵר, חָסִיר, פָּגוּם

deficit, *n.* גֵּרָעוֹן בְּכֶסֶף

defile, *n.* מַעֲבָר; הִזְדַּנְּבוּת

defile, *v.t.* טִמֵּא, חִלֵּל, זִהֵם, הִזְדַּנֵּב [זנב]

defilement, *n.* הַבְזָיָה, חִלּוּל, טֻמְאָה

define, *v.t.* הִגְדִּיר [גדר], הִגְבִּיל [גבל]

definite, *adj.* מְסֻיָּם, בָּרוּר, מְדֻיָּק, מֻגְבָּל, מְיֻדָּע

definite article ה׳ הַיְדִיעָה, תָּוִית מְיַדַּעַת

definitely, *adv.* בְּהֶחְלֵט

definition, *n.* הַגְדָּרָה

definitive, *adj.* מֻחְלָט, מְסֻיָּם, מֻגְבָּל

deflate, *v.t. & i.* הֵרִיק [ריק], הֵדֵק, כִּוֵּץ; הוֹרִיד [ירד] (שְׁוִי הַמַּטְבֵּעַ)

deflect, *v.t. & i.* הִטָּה [נטה]

deflection, deflexion, *n.* הַטָּיָה; כֶּפֶף

deforest, *v.t.* בֵּרֵא

deform, *v.t.* הוּמַם [מום], כִּעֵר, קִלְקֵל

deformation, *n.* קִלְקוּל, הַטָּלַת מוּם

deformity, *n.* מוּם, כִּעוּר

defraud, *v.t.* הוֹנָה [ינה], רִמָּה

defray, *v.t.* שִׁלֵּם (הוֹצָאוֹת)

defrayment, *n.* תַּשְׁלוּם, סִלּוּק

defrost, *v.t.* הִפְשִׁיר [פשר]

defroster, *n.* מַפְשֵׁר

deft, *adj.* זָרִיז

deftly, *adv.* בִּזְרִיזוּת

deftness, *n.* זְרִיזוּת

defunct, *adj. & n.* מֵת, נִפְטָר

defy, *v.t.* הִתְנַגֵּד [נגד] לְ־

degenerate, *adj. & n.* מֻשְׁחָת, מְנֻוָּנֶה, יָרוּד

degenerate, *v.i.* הִשְׁחִית [שחת], הִתְנַוֵּנָה [נונה]

degeneration, degeneracy, *n.* יְרִידָה, הִתְנַוְּנוּת, שְׁחִיתוּת הַמִּדּוֹת

degradation, *n.* הוֹרָדָה בְּדַרְגָּה; חֶרְפָּה, קָלוֹן, הַשְׁפָּלָה

degrade, ***v.i.*** הוֹרִיד [ירד] בְּדַרְגָּה,
בִּזָּה, מִעֵט, הִשְׁפִּיל [שפל]

degree, ***n.*** מַעֲלָה, דַּרְגָּה; תֹּאַר
(מִכְלָלָה); עֵרֶךְ; אֵיכוּת

by degrees בְּהַדְרָגָה

to a degree בְּמִדַּת מַה

dehydration, ***n.*** יִבּוּשׁ, צִמּוּם
(יְרָקוֹת וְכוּ׳), אַל מִיּוּם

deification, ***n.*** הַאֲלָהָה

deify, ***v.t.*** הֶאֱלִיהַּ [אלה]

deign, ***v.t.*** **&** ***i.*** הוֹאִיל [יאל], הִרְשָׁה
[רשה]

deity, ***n.*** אֱלֹהוּת

dejected, ***adj.*** נוּגֶה, עָצוּב

dejectedly, ***adv.*** בְּעֶצֶב

dejection, ***n.*** יָגוֹן, עַצְבוּת

delay, ***n.*** עִכּוּב; שְׁהִיָּה, אִחוּר

delay, ***v.t.*** **&** ***i.*** עִכֵּב; שָׁהָה, אָחַר,
הִתְמַהְמַהּ [מהמה], הִשְׁהָה [שהה]

delectable, ***adj.*** מְעַנֵּג, מוֹצֵא חֵן

delegate, ***n.*** צִיר, נָצִיג, בָּא כֹּחַ

delegate, ***v.t.*** שָׁלַח בְּתוֹר נָצִיג;
נָתַן כֹּחַ וְהַרְשָׁאָה

delegation, delegacy, ***n.*** מִשְׁלַחַת

delete, ***v.t.*** מָחָה, מָחַק

deletion, ***n.*** מְחִיקָה

deliberate, ***v.t.*** **&** ***i.*** חָשַׁב, שָׁקַל
בְּדַעַת, הִתְיָעֵץ [יעץ]

deliberation, ***n.*** עִיּוּן, שִׁקּוּל דַּעַת;
מְתִינוּת

deliberative, ***adj.*** מָתוּן

delicacy, ***n.*** עֲדִינוּת, רֹךְ

delicate, ***adj.*** נָעִים, טָעִים, עָדִין

delicately, ***adv.*** בְּרֹךְ

delicatessen, ***n.*** (חֲנוּת) מַטְעַמִּים,
מַעֲדַנִּים

delicious, ***adj.*** טָעִים

delight, ***n.*** תַּעֲנוּג, שִׂמְחָה, נֹעַם, חֶמֶד

delight, ***v.t.*** **&** ***i.*** עִנֵּג, שִׂמַּח, שִׁעֲשַׁע;
הִתְעַנֵּג [ענג]

delightful, ***adj.*** מְעַנֵּג

delightfully, ***adv.*** בְּתַעֲנוּג

delineate, ***v.t.*** שִׂרְטֵט, רָשַׁם, תֵּאֵר

delineation, ***n.*** שִׂרְטוּט, רְשִׁימָה, תֵּאוּר

delinquency, ***n.*** חֵטְא, פְּשִׁיעָה,
עֲבֵרָה; חַטָּאוֹת נְעוּרִים; הִתְרַשְּׁלוּת

delinquent, ***adj.*** **&** ***n.*** פּוֹשֵׁעַ, מִתְרַשֵּׁל,
עֲבַרְיָן

deliquesce, ***v.i.*** נָמַס [מסס],
הִתְמוֹסֵס [מסס]

deliquescent, ***adj.*** נָמֵס, מִתְמַסְמֵס

delirious, ***adj.*** מְטֹרָף, מְשֻׁגָּע

delirium, ***n.*** טֵרָפוֹן, טֵרוּף דַּעַת

deliver, ***v.t.*** הִצִּיל [נצל], פָּדָה; הִרְצָה
[רצה]; מָסַר; הִסְגִּיר [סגר];
יִלֵּד, מִלֵּט

deliverance, ***n.*** שִׁחְרוּר, הַצָּלָה,
יְשׁוּעָה; מְסִירָה

deliverer, ***n.*** מַצִּיל, מוֹשִׁיעַ; מוֹסֵר

delivery, ***n.*** הַצָּלָה, יְשׁוּעָה; מְסִירָה;
לֵדָה; חֲלֻקָּה (מִכְתָּבִים)

dell, ***n.*** גַּיְא, עֵמֶק

delude, ***v.t.*** הִשִּׁיא [נשא], רִמָּה,
הִתְעָה [תעה]

deluge, ***n.*** **&** ***v.t.*** מַבּוּל, שִׁטָּפוֹן;
הֵצִיף [צוף] מַיִם

delusion, ***n.*** דִּמְיוֹן שָׁוְא, מִרְמָה,
הוֹנָאָה, הַתְעָיָה, תַּעְתּוּעַ

delusive, ***adj.*** מַתְעֶה, מְרַמֶּה

de luxe, ***n.*** מְפֹאָר, מְהֻדָּר

delve, ***v.t.*** **&** ***i.*** הִתְעַמֵּק [עמק],
חָקַר, כָּרָה

demagogue, demagog, ***n.*** מַטִּיף הֲמוֹנִי,
מַלְהִיב

demand, ***n.*** דְּרִישָׁה, תְּבִיעָה; בִּקּוּשׁ

demand, ***v.t.*** **&** ***i.*** דָּרַשׁ, תָּבַע, בִּקֵּשׁ

demarcation, *n.* תְּחוּם, גְּבִילָה
demean, *v.t.* & *i.* הִשְׁפִּיל [שפל]; הִתְבַּזָּה [בזה]; הִתְנַהֵג [נהג]
demeanor, demeanour, *n.* נִמּוּס, הִתְנַהֲגוּת
demented, *adj.* מְטֹרָף, מְשֻׁגָּע
demerit, *n.* צִיּוּן רַע (לְתַלְמִיד), מִגְרַעַת, חִסָּרוֹן
demigod, *n.* אֱלִיל, אֲרִיאֵל
demilitarize, *v.t.* פֵּרַז
demise, *n.* הוֹרָשָׁה, הַעֲבָרָה; מִיתָה, מָוֶת
demise, *v.t.* הִנְחִיל [נחל], הוֹרִישׁ [ירש]
demitasse, *n.* סִפְלוֹן
demobilization, *n.* שִׁחְרוּר כְּלָלִי מִן הַצָּבָא
demobilize, *v.t.* שִׁחְרֵר מִן הַצָּבָא
democracy, *n.* עַמוֹנִיּוּת, דֵּמוֹקְרַטְיָה
democrat, *n.* עַמוֹנַאי, דֵּמוֹקְרָט
democratic, *adj.* עֲמָמִי, דֵּמוֹקְרָטִי
demolish, *v.t.* הֶחֱרִיב [חרב], הָרַס, כִּלָּה
demolition, *n.* הֲרִיסָה, הֶרֶס, חֻרְבָּן
demon, *n.* שֵׁד, רוּחַ
demoniac, demoniacal, *adj.* שֵׁדִי, מֵזִיק
demonstrate, *v.t.* & *i.* הִצִּיג [יצג], הֶרְאָה [ראה], הוֹכִיחַ [יכח]; הִפְגִּין [פגן]
demonstration, *n.* הַצָּגָה, הוֹכָחָה; הַפְגָּנָה
demonstrative, *adj.* מוֹכִיחַ; מַפְגִּין; מַדְגִּישׁ, רוֹמֵז (דִּקְדּוּק)
demonstrator, *n.* מוֹכִיחַ, מַרְאֶה; מַפְגִּין, מַדְגִּים
demoralization, *n.* הַשְׁחָתַת הַמִּדּוֹת
demoralize, *v.t.* הִשְׁחִית [שחת] אֶת הַמִּדּוֹת, הֵמֵס [מסס] לֵב
demote, *v.t.* הוֹרִיד [ירד] בְּדַרְגָּה
demur, *n.* עִרְעוּר, פִּקְפּוּק
demur, *v.i.* עִרְעֵר, טָעַן, פִּקְפֵּק
demure, *adj.* מָתוּן, רְצִינִי, מִצְטַנֵּעַ
demurely, *adv.* בִּרְצִינוּת
demurrage, *n.* עִכּוּב, הַשְׁהָיָה; דְּמֵי הַשְׁהָיָה
den, *n.* מְאוּרָה, גֹּב
denature, *v.t.* פִּגֵּל
denial, *n.* הַכְחָשָׁה, סֵרוּב, מֵאוּן
denizen, *n.* & *v.t.* תּוֹשָׁב; אִכְלֵס
denominate, *v.t.* נָקַב בְּשֵׁם, כִּנָּה
denomination, *n.* כִּנּוּי, נְקִיבַת שֵׁם; כִּתָּה; קְהִילָה
denominational, *adj.* כִּתָּתִי, קְהִילָתִי
denominator, *n.* מְכַנֶּה
denote, *v.t.* סִמֵּן, צִיֵּן
denouement, *n.* הַתָּרָה
denounce, *v.t.* גִּנָּה, הִלְשִׁין [לשן]
dense, *adj.* מְעֻבֶּה, צָפוּף, סָמִיךְ
density, *n.* עִבּוּי, צְפִיפוּת, סְמִיכוּת
dent, *n.* שֵׁן; שְׁקִיעָה, שֶׁקַע, מִשְׁקָע, גֻּמָּה
dent, *v.t.* עָשָׂה שֶׁקַע, עָשָׂה גֻּמָּה
dental, *adj.* שִׁנִּי, שֶׁל שִׁנַּיִם
dentifrice, *n.* מִשְׁחַת (אַבְקַת, תַּרְחִיץ) שִׁנַּיִם
dentist, *n.* רוֹפֵא שִׁנַּיִם, שַׁנָּן
denture, *n.* (טוּר) שִׁנַּיִם מְלָאכוּתִיּוֹת
denudation, *n.* עִרְטוּל, חֲשִׂיפָה
denude, *v.t.* עָרַם, עִרְטֵל, הֶעֱרָה [ערה]
denunciation, *n.* הַאֲשָׁמָה, הַלְשָׁנָה, גִּנּוּי
deny, *v.t.* & *i.* הִכְחִישׁ [כחש]
deodorant, *adj.* & *n.* מֵפִיג (מַרְחִיק) רֵיחַ רָע
deodorize, *v.t.* הֵפִיג [פוג] רֵיחַ רָע
depart, *v.t.* & *i.* עָזַב, יָצָא; נִפְרַד [פרד]; נָסַע; מֵת

department, *n.* סְנִיף; מַחְלָקָה
department store, *n.* חֲנוּת כָּל בָּהּ
departure, *n.* עֲזִיבָה, נְסִיעָה, יְצִיאָה, פְּרִידָה; מִיתָה
depend, *v.i.* תָּלָה, סָמַךְ, נִשְׁעַן
dependence, *n.* תְּלוּת, תְּלִיָּה, סְמִיכָה, אֵמוּן
dependent, *adj.* תָּלוּי, סוֹמֵךְ
depict, *v.t.* תֵּאֵר
depiction, *n.* תֵּאוּר
depilation, *n.* הֲשָׁרַת שֵׂעָר
deplete, *v.t.* הֵרִיק [ריק]
depletion, *n.* הֲרָקָה
deplorable, *adj.* מִסְכֵּן, אֻמְלָל
deplore, *v.t.* הִצְטַעֵר [צער] (עַל)
deploy, *v.t.* & *i.* הֶעֱמִיד [עמד] בְּמַעֲרָכָה; פָּרַס (דֶּגֶל), הִתְפָּרֵס [פרס]
deponent, *adj.* & *n.* מֵעִיד, עֵד
depopulate, *v.t.* הִשְׁמִיד [שמד] תּוֹשָׁבִים
depopulation, *n.* הַשְׁמָדַת (הִתְמַעֲטוּת) אֻכְלוּסִים
deport, *v.t.* שִׁלַּח, גֵּרַשׁ; הִתְנַהֵג [נהג]
deportation, *n.* הַגְלָיָה
deportment, *n.* הִתְנַהֲגוּת, נִמּוּס
depose, *v.t.* & *i.* הוֹרִיד [ירד], הֵסִיר, [סור] הִרְחִיק [רחק]; הֵעִיד [עוד]
deposit, *n.* פִּקָּדוֹן; מַשְׁכּוֹן, עֵרָבוֹן; מִשְׁקָע (שְׁמָרִים); דְּמֵי קְדִימָה; רֹבֶד, שִׁכְבָה
deposit, *v.t.* & *i.* שָׂם [שים], הֵנִיחַ [נוח], הִפְקִיד [פקד]; שָׁקַע
deposition, *n.* הַפְקָדָה; הַעֲדָאָה; הַדָּחָה; מִרְבָּד
depositor, *n.* מַפְקִיד
depository, *n.* אוֹצָר; נִפְקָד
depot, *n.* תַּחֲנָה (רַכֶּבֶת); מַחְסָן; קֶלֶט
depravation, *n.* קִלְקוּל, הַשְׁחָתָה
deprave, *v.t.* קִלְקֵל, הִשְׁחִית [שחת]
depravity, *n.* פְּרִיצוּת, תַּרְבּוּת רָעָה, שְׁחִיתוּת הַמִּדּוֹת
deprecate, *v.t.* הִבִּיעַ [נבע] צַעַר, קָבַל
deprecation, *n.* קְבִילָה, הַבָּעַת צַעַר
depreciate, *v.t.* & *i.* הִפְחִית [פחת], הוּזַל [זול], יָרַד (מְחִיר)
depreciation, *n.* פְּחָת, יְרִידַת (עֵרֶךְ) מְחִיר
depredate, *v.t.* בָּזַז, עָשַׁק
depredation, *n.* בִּזָּה, עֹשֶׁק
depress, *v.t.* הֵעִיק [עוק], הֶעֱצִיב [עצב], הִשְׁפִּיל [שפל]
depression, *n.* יְרִידָה; שֶׁקַע; עַצְּבוּת; שֵׁפֶל, מַשְׁבֵּר (כַּלְכָּלִי)
deprivation, deprival, *n.* קִפּוּחַ, שְׁלִילָה, חִסּוּר
deprive, *v.t.* קִפַּח, שָׁלַל, מָנַע
depth, *n.* עֹמֶק, מְצוּלָה, תְּהוֹם
deputation, *n.* מַלְאָכוּת, הַרְשָׁאָה; מִשְׁלַחַת
depute, *v.t.* שָׁלַח, מִנָּה כִּסְגָן
deputize, *v.t.* יִפָּה כֹּחַ
deputy, *n.* צִיר, סְגָן
derail, *v.i.* הוֹרִיד מִמְּסִילַת הַבַּרְזֶל, יָרַד מִמְּסִילַת הַבַּרְזֶל
derailment, *n.* הוֹרָדָה (יְרִידָה) מִמְּסִילַת הַבַּרְזֶל
derange, *v.t.* בִּלְבֵּל, עִרְבֵּב, הִפְרִיעַ [פרע]
derangement, *n.* מְבוּכָה, בִּלְבּוּל
derelict, *adj.* & *n.* נָטוּשׁ, נֶעֱזָב, בִּלְתִּי נֶאֱמָן; חֵפֶץ נָטוּשׁ; חֵלֶךְ
dereliction, *n.* נְטִישָׁה, הַזְנָחָה, עֲזִיבָה, הַפְקָרָה
deride, *v.t.* לָעַג, לִגְלֵג, עָשָׂה צְחוֹק מִ־
derision, *n.* צְחוֹק, לַעַג
derisive, *adj.* לוֹעֵג, מְהַתֵּל

derivation, *n.* מָקוֹר, הִתְפַּתְּחוּת, הַגְזָרָה
derivative, *adj.* & *n.* מִסְתָּעֵף, נִגְזָר; תּוֹלָדָה, נִגְזֶרֶת
derive, *v.t.* & *i.* הֵפִיק [פוק], הוֹצִיא [יצא], גָּזַר; הִסְתָּעֵף [סעף] מִ־
dermatologist, *n.* מֻמְחֶה לְמַחֲלוֹת עוֹר
derogation, *n.* קִפּוּחַ, הַפְחָתַת עֵרֶךְ, הַשְׁפָּלָה
derogatory, *adj.* מְבַזֶּה
derrick, *n.* מָנוֹף, עֲגוּרָן; מִגְדַּל קִדּוּחַ
descant, *v.i.* הֶאֱרִיךְ [ארך] בְּדִבּוּר
descend, *v.i.* יָרַד, נָחַת
descendant, *adj.* & *n.* צֶאֱצָא, יוֹצֵא חֲלָצַיִם
descent, *n.* מוֹרָד, יְרִידָה; מוֹצָא
describe, *v.t.* תֵּאֵר
description, *n.* תֵּאוּר
descriptive, *adj.* מְתָאֵר, תֵּאוּרִי
descry, *v.t.* הִכִּיר [נכר], רָאָה
desecrate, *v.t.* חִלֵּל
desecration, *n.* חִלּוּל
desegregation, *n.* בִּטּוּל הַהַפְרָדָה הַגִּזְעִית
desert, *n.* מִדְבָּר, יְשִׁימוֹן
desert, *v.t.* & *i.* עָזַב, זָנַח, נָטַשׁ, בָּרַח, עָרַק
deserter, *n.* עָרִיק
desertion, *n.* בְּרִיחָה, עֲזִיבָה, נְטִישָׁה, עֲרִיקָה
deserve, *v.t.* & *i.* הָיָה רָאוּי, זָכָה
deserving, *adj.* זַכַּאי
desiccate, *v.t.* & *i.* יִבֵּשׁ, הִתְיַבֵּשׁ [יבש]
design, *n.* צִיּוּר; רִשּׁוּם; מַחֲשָׁבָה; כַּוָּנָה
design, *v.t.* & *i.* שִׂרְטֵט, רָשַׁם; חָשַׁב, זָמַם
designate, *v.i.* מִנָּה, סִמֵּן, נָקַב בְּשֵׁם
designation, *n.* כִּנּוּי, מִנּוּי
designer, *n.* רַשָּׁם, שַׂרְטָט, מְשַׂרְטֵט, צַיָּר
designing, *adj.* מְתַכְנֵן; נוֹכֵל
designing, *n.* רְשִׁימָה, צִיּוּר; תְּכִינָה; הִתְנַכְּלוּת
desirable, *adj.* רָצוּי, נֶחְמָד
desire, *v.t.* & *i.* חָפֵץ, רָצָה, אָבָה, תָּאַב, חָמַד; הִשְׁתּוֹקֵק [שקק], הִתְאַוָּה [אוה] לְ־
desire, *n.* חֵפֶץ, רָצוֹן, תַּאֲוָה, חֶמְדָּה, מִשְׁאָלָה
desirous, *adj.* חוֹמֵד, חוֹשֵׁק, מִתְאַוֶּה
desist, *v.i.* חָדַל, הִרְפָּה [רפה]
desk, *n.* מַכְתֵּבָה; שֻׁלְחָן (כְּתִיבָה)
desolate, *adj.* חָרֵב, שָׁמֵם, נָטוּשׁ; אֻמְלָל
desolate, *v.t.* הֶחֱרִיב [חרב]; אִמְלֵל
desolation, *n.* שְׁמָמָה, צִיָּה; תּוּגָה, צַעַר
despair, *n.* יֵאוּשׁ, מַפַּח נֶפֶשׁ
despair, *v.t.* & *i.* הִתְיָאֵשׁ [יאש]
despatch, *v.* dispatch
desperado, *n.* שׁוֹדֵד, עֲבַרְיָן, בִּרְיוֹן
desperate, *adj.* מִתְיָאֵשׁ, נוֹאָשׁ, עַז נֶפֶשׁ, מְסֻכָּן
desperately, *adv.* בְּיֵאוּשׁ, בְּאֵין תִּקְוָה
desperation, *n.* יֵאוּשׁ, הֶעָזָה
despicable, *adj.* בָּזוּי, נִתְעָב, מָאוּס
despise, *v.t.* בָּזָה, תִּעֵב, זִלְזֵל
despiser, *n.* בָּז
despite, *n.* גֹּעַל, בּוּז
despite, *prep.* לַמְרוֹת
despoil, *v.t.* שָׁלַל, בָּזַז, גָּזַל
despoiler, *n.* גַּזְלָן, עוֹשֵׁק
despond, *v.i.* הִתְיָאֵשׁ [יאש]
despondence, despondency, *n.* יֵאוּשׁ, דִּכָּאוֹן, עַגְמַת (מַפַּח) נֶפֶשׁ

despondent, *adj.* מְדֻכָּא, מְדֻכְדָּךְ
despot, *n.* עָרִיץ, אַכְזָר
despotic, despotical, *adj.* עָרִיץ, אַכְזָר
despotism, *n.* עָרִיצוּת, אַכְזָרִיּוּת, שְׁרִירוּת לֵב
dessert, *n.* קִנּוּחַ סְעֻדָּה, פַּרְפֶּרֶת, לִפְתָּן
destination, *n.* מַטָּרָה, תַּכְלִית, מְחוֹז חֵפֶץ, יַעַד, יִעוּד
destine, *v.t.* מִנָּה, יָעַד
destiny, *n.* גּוֹרָל, מַזָּל, יִעוּד
destitute, *adj.* רָשׁ, מִסְכֵּן
destitution, *n.* רֵישׁ, מִסְכֵּנוּת, מַחְסוֹר
destroy, *v.t.* הָרַס, כִּלָּה, הִשְׁחִית [שחת], הִשְׁמִיד [שמד]
destroyer, *n.* מַשְׁחִית; מַשְׁחֶתֶת (אֳנִיָּה)
destructible, *adj.* נִשְׁחָת
destruction, *n.* חֻרְבָּן, הֶרֶס, הַשְׁחָתָה, הַשְׁמָדָה
destructive, *adj.* מַשְׁמִיד, הוֹרֵס, הַרְסָנִי, מְכַלֶּה, מֵמִית
desultory, *adj.* פּוֹסֵחַ, מְדַלֵּג, מְסָרֵג, מִקְרִי
detach, *v.t.* פֵּרַק, הִפְרִיד [פרד], הִתִּיר [נתר], נִתֵּק
detachable, *adj.* פָּרִיק, פָּרִיד, נָתִיק
detachment, *n.* הַפְרָדָה; גְּדוּד צָבָא, עֻצְבָּה
detail, *n.* פְּרָט, פֶּרֶט; פְּלֻגָּה
detail, *v.t.* פָּרַט, תֵּאֵר
detailed, *adj.* מְפֹרָט
detain, *v.t.* עִכֵּב, הִשְׁהָה [שהה], אָסַר, עָצַר
detainment, *n.* מַעֲצָר, מַעְצוֹר, עִכּוּב
detect, *v.t.* גִּלָּה, מָצָא
detection, *n.* גִּלּוּי
detective, *n.* & *adj.* בַּלָּשׁ, שׁוֹטֵר חֶרֶשׁ; בַּלָּשִׁי

detector, *n.* מְגַלֶּה, בָּחוֹן, גַּלַּאי
detention, *n.* חֲבִישָׁה, כְּלִיאָה, מַעֲצָר
deter, *v.t.* הִפְחִיד [פחד], עִכֵּב
detergent, *n.* מְנַקֶּה, תְּמִיסַת (אַבְקַת) נִקּוּי, כֶּבֶס
deteriorate, *v.t.* & *i.* קִלְקֵל; הִתְקַלְקֵל, הָלַךְ וָרַע
deterioration, *n.* קִלְקוּל, הֲרָעָה
determinable, *adj.* מֻגְדָּר
determination, *n.* הַחְלָטָה; עַקְשָׁנוּת; הַגְדָּרָה, קְבִיעָה
determine, *v.t.* הֶחֱלִיט [חלט], הִגְדִּיר [גדר], קָבַע
deterrent, *adj.* & *n.* מוֹנֵעַ; (גּוֹרֵם) מַרְתִּיעַ
detest, *v.t.* שָׂנֵא, מָאַס
detestable, *adj.* שָׂנוּא, מָאוּס, נִמְאָס, בָּזוּי
detestation, *n.* שִׂנְאָה, גֹּעַל
dethrone, *v.t.* הוֹרִיד [ירד] מִכִּסֵּא הַמְּלוּכָה
dethronement, *n.* הוֹרָדָה מִכִּסֵּא הַמְּלוּכָה
detonate, *v.t.* & *i.* נִפֵּץ, פּוֹצֵץ [פצץ]; הִתְפּוֹצֵץ
detonation, *n.* נֶפֶץ, הִתְפּוֹצְצוּת
detonator, *n.* פַּצָּץ
detour, *n.* עֲקִיפָה, עֲקִיפַת דֶּרֶךְ
detract, *v.t.* & *i.* גָּרַע, חִסֵּר
detraction, *n.* הַקְטָנָה, הַלְשָׁנָה, עֶלְבּוֹן
detriment, *n.* רָעָה, נֶזֶק, הֶפְסֵד
detrimental, *adj.* מַזִּיק
Deuteronomy, *n.* (סֵפֶר) דְּבָרִים
devaluation, *n.* יִרּוּד, הַפְחָתַת עֵרֶךְ הַמַּטְבֵּעַ
devastate, *v.t.* הֵשַׁם, הֵשִׁים [שמם]
devastation, *n.* שְׁמָמָה, יְשִׁימוֹן
develop, *v.t.* & *i.* פִּתַּח, הִתְפַּתַּח

developer, *n.* מְפַתֵּחַ (בְּצִלּוּם)
development, *n.* פִּתּוּחַ, הִתְפַּתְּחוּת
deviate, *v.i.* תָּעָה, נָטָה, נָטָה הַצִּדָּה
deviation, *n.* נְטִיָּה, סְטִיָּה, מִשְׁגֶּה
device, *n.* תַּחְבּוּלָה, הַמְצָאָה, מְזִמָּה; מִתְקָן, הֶתְקֵן, מַכְשִׁיר
devil, *n.* שָׂטָן, שֵׁד, יֵצֶר הָרָע; מַקְרֵעַ (מְכוֹנַת קְרִיעָה)
devilish, *adj.* שְׂטָנִי
devilment, *n.* הִשְׁתּוֹבְבוּת
devilry, deviltry, *n.* שֵׁדִיּוּת, רָעָה
devious, *adj.* עֲקַלְקַל
devise, *n.* יְרֻשָּׁה
devise, *v.t.* בָּדָא, הִמְצִיא [מצא], זָמַם; הוֹרִישׁ [ירש]
devoid, *adj.* חָסֵר, רֵיק
devolve, *v.t.* & *i.* מָסַר, הֶעֱבִיר [עבר], נִמְסַר [מסר]
devote, *v.t.* הִקְדִּישׁ [קדש], הִתְמַסֵּר [מסר]
devoted, *adj.* מָסוּר, מֻקְדָּשׁ
devotee, *n.* נֶאֱמָן, קַנַּאי
devotion, *n.* מְסִירוּת; חֲסִידוּת, אֵמוּן
devour, *v.t.* אָכַל, טָרַף, בָּלַע, חָסַל
devourer, *n.* אַכְלָן, בַּלְעָן
devout, *adj.* אָדוּק, חָסִיד, חָרֵד
dew, *n.* & *v.t.* טַל; טִלֵּל, הִטְלִיל [טלל]
dewy, *adj.* טָלוּל
dexterity, *n.* חֲרִיצוּת, זְרִיזוּת, מְיֻמָּנוּת
dexterous, dextrous, *adj.* חָרוּץ, זָרִיז, מְיֻמָּן
diabetes, *n.* סֻכֶּרֶת
diabetic, *adj.* & *n.* חוֹלֵה סֻכָּר
diabolic, diabolical, *adj.* שֵׁדִי
diadem, *n.* כֶּתֶר, עֲטָרָה
diagnose, *v.t.* אִבְחֵן, בָּחַן (מַחֲלָה)
diagnosis, *n.* אִבְחוּן, אַבְחָנָה
diagnostic, *adj.* אַבְחָנִי
diagnostician, *n.* אַבְחָן, מְאַבְחֶנֶת
diagonal, *adj.* & *n.* אֲלַכְסוֹנִי; אֲלַכְסוֹן
diagonally, *adv.* בַּאֲלַכְסוֹן
diagram, *n.* תַּרְשִׁים, שִׂרְטוּט
dial, *v.t.* & *n.* חִיֵּג; חוּגָה; מַצְפֵּן כּוֹרִים
dialect, *n.* מִבְטָא, נִיב
dialectic, dialectical, *adj.* מִבְטָאִי, נִיבִי
dialing, *n.* חִיּוּג
dialogue, dialog, *n.* דּוּ־שִׂיחַ
diameter, *n.* קֹטֶר
diametrical, *adj.* קָטְרִי
diamond, *n.* יַהֲלֹם
diapason, *n.* מִגְבּוֹל, קוֹלָן, מַזְלֵג קוֹל
diaper, *n.* חִתּוּל, חוֹתֶלֶת
diaphaneity, *n.* שְׁקִיפוּת
diaphanous, *adj.* שָׁקוּף
diaphragm, *n.* סַרְעֶפֶת, טַרְפֵּשׁ, תָּפִית
diarrhea, diarrhoea, *n.* שִׁלְשׁוּל
diary, *n.* יוֹמָן
diaspora, *n.* נְפוֹצָה, תְּפוּצָה
dibble, *n.* דֶּקֶר, מַנְבֵּט
dice, *n.* (pl. of *die*) *v.t.* & *i.* קֻבִּיּוֹת; חָתַךְ לְ־ (בְּ); שִׂחֵק (קֻשֵּׁט) קֻבִּיּוֹת
dicker, *v.t.* & *i.* הִתְוַכֵּחַ [וכח], עָמַד עַל הַמִּקַּח, תִּגֵּר, הִתְמַקֵּחַ [מקח]
Dictaphone, *n.* מְכוֹנַת הַכְתָּבָה
dictate, *n.* פְּקֻדָּה, גְּזֵרָה
dictate, *v.t.* & *i.* פָּקַד, צִוָּה; הִכְתִּיב [כתב]
dictation, *n.* הַכְתָּבָה, תַּכְתִּיב
dictator, *n.* שַׁלִּיט, רוֹדָן; מַכְתִּיב
dictatorial, *adj.* שַׁלִּיטִי, רוֹדָנִי
dictatorship, *n.* שִׁלְטוֹן, רוֹדָנוּת
diction, *n.* לָשׁוֹן, סִגְנוֹן, מִדְבָּר
dictionary, *n.* מִלּוֹן
didactic, didactical, *adj.* לִמּוּדִי, מַשְׂכִּיל

die, *n.* קֻבִּיָּה; מַטְבַּעַת
die, *v.i.* מֵת [מות], נִפְטַר, יָצְאָה נִשְׁמָתוֹ, גָּוַע, שָׁבַק (חַיִּים); דָּעַךְ (לֶהָבָה); הִשְׁתּוֹקֵק [שקק]
diet, *n.* בִּרְיָה, בָּרוּת, מָזוֹן, תְּזוּנָה, אֲכִילָה קַלָּה
diet, *v.t. & i.* בָּרָה, נִזּוֹן (הֻזַּן) [זון],
dietetic, dietetical, *adj.* בִּרְיִי, מְזוֹנִי, תְּזוּנָתִי
dietetics, *n.* בִּרְיוּת, (תּוֹרַת הַ)תְּזוּנָה
dietitian, dietician, *n.* בָּרַאי, תְּזוּנַאי
differ, *v.i.* נִבְדַּל [בדל], הָיָה שׁוֹנֶה מִ־; חָלַק עַל
difference, *n.* הֶבְדֵּל, שִׁנּוּי, שֹׁנִי; מַחְלֹקֶת; הֶפְרֵשׁ
different, *adj.* שׁוֹנֶה, נִבְדָּל
differentiate, *v.t.* הִבְדִּיל [בדל], הִפְלָה [פלה]
differentiation, *n.* הַבְדָּלָה; בִּדּוּל
differently, *adv.* אַחֶרֶת
difficult, *adj.* קָשֶׁה
difficulty, *n.* קֹשִׁי
diffidence, *n.* אִי בִּטָּחוֹן, עֲנָוָה, בַּיְשָׁנוּת
diffident, *adj.* עָנָו, בַּיְשָׁן, צָנוּעַ
diffuse, *adj.* נָפוֹץ, מְפֻזָּר
diffuse, *v.t.* הֵפִיץ [פוץ], פִּזֵּר
diffusion, *n.* הֲפָצָה, הִתְרַחֲבוּת; הִשְׁתַּפְּכוּת, דִּיּוּת
dig, *v.t.* חָפַר, עָדַר, כָּרָה, חִטֵּט, נָעַץ
digest, *n.* תַּמְצִית, קִצּוּר
digest, *v.t. & i.* עִכֵּל, הִתְעַכֵּל [עכל]; תִּמְצֵת
digestible, *adj.* מִתְעַכֵּל
digestion, *n.* עִכּוּל
digestive, *adj.* עִכּוּלִי
digger, *n.* חוֹפֵר, כּוֹרֶה; מַחְפֵּר
digit, *n.* אֶצְבַּע; יְחִידָה, סִפְרָה
dignified, *adj.* מְכֻבָּד
dignify, *v.t.* כִּבֵּד, רוֹמֵם [רום]
dignitary, *n.* בַּעַל מִשְׂרָה שֶׁל כָּבוֹד, אִישׁ מְכֻבָּד, נִכְבָּד
dignity, *n.* כָּבוֹד, אֲצִילוּת, הַדְרַת פָּנִים
digress, *v.i.* נָטָה הַצִּדָּה
digression, *n.* נְטִיָּה, נְסִיגָה
dike, dyke, *n.* דָּיֵק, סוֹלְלָה, תְּעָלָה, סֶכֶר
dilapidated, *adj.* נֶהֱרָס, נֶחֱרָב
dilapidation, *n.* הֶרֶס, חֻרְבָּן
dilate, *v.t. & i.* הִרְחִיב [רחב], הִגְדִּיל
dilatation, *n.* הִתְרַחֲבוּת
dilation, *n.* הַרְחָבָה, הַגְדָּלָה
dilatory, *adj.* אִטִּי, דּוֹחֶה
dilemma, *n.* מִסְפָּק, בְּעָיָה, בְּרֵרָה
dilettante, *n.* חוֹבְבָן, שִׁטְחִי
diligence, *n.* חֲרִיצוּת, הַתְמָדָה, שְׁקִידָה
diligent, *adj.* חָרוּץ, מַתְמִיד, שַׁקְדָן
diligently, *adv.* בַּחֲרִיצוּת
dill, *n.* שֶׁבֶת; שָׁמִיר
dillydally, *v.i.* הִתְמַהְמֵהַּ [מהמה]
dilute, *v.t.* מָהַל (מַשְׁקֶה), הִדְלִיל [דלל], הִקְלִישׁ [קלש]
dilution, *n.* מְהִילָה, הַדְלָלָה, הַקְלָשָׁה
dim, *adj.* כֵּהֶה, עָמוּם; מְעֻרְפָּל
dim, *v.t. & i.* הִכְהָה [כהה], עִמֵּם, הֶחֱשִׁיךְ [חשך]; כָּהָה
dime, *n.* מַטְבֵּעַ אֲמֵרִיקָאִי, עֲשָׂרָה סֶנְטִים
dimension, *n.* מִדָּה, שִׁעוּר, מֵמַד, גֹּדֶל
dimensional, *adj.* מְמַדִּי
diminish, *v.t. & i.* הִפְחִית [פחת], הִמְעִיט [מעט], הִתְמַעֵט [מעט]
diminution, *n.* הַקְטָנָה, פְּחָת; הִתְמַעֲטוּת
diminutive, *adj. & n.* מַקְטִין, מְמַעֵט
dimness, *n.* כֵּהוּת, אַפְלוּלִיּוּת

dim-out, *n.* עִמּוּם (אוֹרוֹת)
dimple, *n.* גֻּמַּת חֵן (בַּלֶּחִי)
dimple, *v.t. & i.* עָשָׂה גֻּמּוֹת
din, *n., v.t. & i.* שָׁאוֹן; שָׁאַן, רָעַשׁ
dine, *v.t. & i.* סָעַד, אָכַל; נָתַן אֲרֻחָה, הֶאֱכִיל [אכל]
diner, *n.* מֶרְכֶּבֶת הָאֹכֶל
dinette, *n.* חֲדַרוֹן אֹכֶל
dinghy, *n.* סִירָה, סִירַת דּוּגָה
dingle, *n.* גַּיְא
dingy, *adj.* מְלֻכְלָךְ, אָפֵל
dining room חֲדַר הָאֹכֶל
dinner, *n.* אֲרֻחָה, סְעֻדָּה, אֲרֻחַת (הָעֶרֶב) הַצָּהֳרַיִם
dint, *n.* מַכָּה, כֹּחַ
diocese, *n.* בִּישׁוֹפוּת, מְחוֹז הַבִּישׁוֹף
dip, *n.* טְבִילָה, הַטְבָּלָה; מוֹרָד
dip, *v.t. & i.* טָבַל; נִטְבַּל; שָׁקַע
diphtheria, diphtheritis, *n.* אַסְכָּרָה
diphthong, *n.* דּוּ־קוֹל, דּוּ־תְּנוּעָה
diploma, *n.* תְּעוּדָה, תְּעוּדַת סִיּוּם
diplomacy, *n.* מְדִינָאוּת
diplomat, *n.* מְדִינַאי
dipper, *n.* טוֹבֵל; טַבְלָן (עוֹף); תַּרְוָד, מַצֶּקֶת; מַזָּל, הַדֹּב (הַקָּטָן) הַגָּדוֹל
dire, direful, *adj.* נוֹרָא, מַפְחִיד
direct, *adj.* יָשִׁיר יָשָׁר, מְפֹרָשׁ, בָּרוּר
direct, *v.t. & i.* כִּוֵּן, הִפְנָה [פנה], נִהֵל, הִדְרִיךְ [דרך], צִוָּה
directly, *adv.* יָשָׁר, תֵּכֶף וּמִיָּד
direction, *n.* כִּוּוּן, הַדְרָכָה, נִהוּל
director, *n.* מְנַהֵל
directorate, *n.* מִנְהָלָה
directory, *n.* מַדְרִיךְ
dirge, *n.* קִינָה
dirk, *n.* פִּגְיוֹן
dirt, *n.* לִכְלוּךְ, רֶפֶשׁ, זֻהֲמָה; אֲדָמָה, עָפָר; רְכִילוּת

dirty, *adj.* מְלֻכְלָךְ, נִרְפָּשׁ,; נִבְזֶה, נִתְעָב
dirty, *v.t. & i.* לִכְלֵךְ, טִנֵּף, הִתְלַכְלֵךְ [לכלך]
disability, *n.* מוּם, חֻלְשָׁה, תְּשִׁישׁוּת, נָכוּת, לִקּוּי
disable, *v.t.* הֶחֱלִישׁ [חלש], הוּמַם, עָשָׂה לְבַעַל מוּם, שָׁלַל אֶת הַיְכֹלֶת
disadvantage, *n.* הֶזֵּק, גְּרִיעוּת, חִסָּרוֹן
disadvantageous, *adj.* בִּלְתִּי נוֹחַ
disagree, *v.i.* הָיָה שׁוֹנֶה, חָלַק עַל, רָב [ריב], נִבְדַּל [בדל]
disagreeable, *adj.* בִּלְתִּי נָעִים
disagreement, *n.* אִי הַסְכָּמָה, אִי הַתְאָמָה
disallow, *v.t. & i.* אָסַר, הֵנִיא [נוא]
disappear, *v.t.* נֶעֱלַם [עלם], עָבַר, חָלַף
disappearance, *n.* הֵעָלְמוּת
disappoint, *v.t.* הִכְזִיב [כזב], כִּזֵּב
disappointing, *adj.* מְאַכְזֵב
disappointment, *n.* מַפַּח נֶפֶשׁ, אַכְזָבָה
disapprobation, disapproval, *n.* גִּנּוּי, אִי הַסְכָּמָה
disapprove, *v.t.* גִּנָּה
disarm, *v.t. & i.* פֵּרַק נֶשֶׁק, הִתְפָּרֵק [פרק] מִנִּשְׁקוֹ
disarmament, *n.* פֵּרוּק נֶשֶׁק
disarrange, *v.t.* בִּלְבֵּל
disarrangement, *n.* אִי סֵדֶר
disaster, *n.* אָסוֹן, צָרָה, שׁוֹאָה
disastrous, *adj.* אָיֹם, נוֹרָא
disavow, *v.t.* נִכֵּר, כִּחֵשׁ
disband, *v.t. & i.* פֵּרַק גְּדוּד, פִּזֵּר
disbelief, *n.* אִי אֵמוּן
disbelieve, *v.t. & i.* כָּפַר
disbeliever, *n.* כּוֹפֵר
disburse, *v.t.* שִׁלֵּם, הוֹצִיא [יצא] כֶּסֶף

disbursement, *n.* הוֹצָאָה, תַּשְׁלוּמִים

disc, *v.* disk

disc ard, *v.t.* & *i.* הִשְׁלִיךְ [שלך], הִרְחִיק [רחק]

discern, *v.t.* הִכִּיר [נכר], רָאָה, הִבְחִין [בחן], הִבְדִּיל [בדל]

discernment, *n.* הַכָּרָה, רְאִיָּה, שִׁפּוּט, הַבְחָנָה

discharge, *n.* פְּרִיקָה; פִּטּוּרִים, שִׁחְרוּר; יְרִיָּה

discharge, *v.t.* פָּרַק; פִּטֵּר; שִׁחְרֵר; יָרָה (רוֹבֶה)

disciple, *n.* תַּלְמִיד

discipline, *n.* מִשְׁמַעַת

discipline, *v.t.* לִמֵּד; מִשְׁמֵעַ

disclaim, *v.t.* הִכְחִישׁ [כחש] (תְּבִיעָה)

disclose, *v.t.* גִּלָּה, הוֹדִיעַ [ידע]

disclosure, *n.* גִּלּוּי, הוֹדָעָה

discolor, discolour, *v.t.* & *i.* טִשְׁטֵשׁ, שִׁנָּה צֶבַע

discoloration, discolouration, *n.* דְּהִיָּה, שִׁנּוּי צֶבַע

discomfit, *v.t.* נָגַף (בְּמִלְחָמָה), הֵבִיס [בוס]

discomfiture, *n.* יֵאוּשׁ, תְּבוּסָה, מְבוּכָה

discomfort, *n.* אִי נוֹחִיּוּת

discomfort, *v.t.* גָּרַם אִי נוֹחִיּוּת

disconcert, *v.t.* הִרְגִּיז [רגז], בִּלְבֵּל

disconnect, *v.t.* הִפְרִיד [פרד], הִבְדִּיל [בדל], נִתֵּק (קֶשֶׁר)

disconsolate, *adj.* עָצוּב

discontent, discontentment, *n.* אִי רָצוֹן

discontinuance, discontinuation, *n.* אִי הַמְשָׁכָה, הֶפְסֵק

discontinue, *v.t.* הִפְסִיק [פסק], חָדַל מִ־

discord, *n.* אִי הַסְכָּמָה, רִיב, מָדוֹן

discordant, *adj.* צוֹרֵם (אֶת הָאֹזֶן); סוֹתֵר

discount, *n.* נִכָּיוֹן, נִכּוּי, הֲנָחָה

discount, *v.t.* & *i.* נִכָּה (רִבִּית), הִמְעִיט [מעט] (הַמְּחִיר); פִּקְפֵּק (בַּאֲמִתּוּת)

discourage, *v.t.* רִפָּה יְדֵי־, דָּחָה, יֵאֵשׁ

discouragement, *n.* רִפְיוֹן יָדַיִם, יֵאוּשׁ, דְּחִיָּה

discourse, *n.* נְאוּם, הַרְצָאָה

discourse, *v.t.* & *i.* הִרְצָה [רצה], שָׂח [שיח]

discourteous, *adj.* בִּלְתִּי (מְנֻמָּס) אָדִיב, גַּס

discourtesy, *n.* גַּסּוּת, אִי אֲדִיבוּת

discover, *v.t.* גִּלָּה, הִמְצִיא [מצא]

discovery, *n.* חִדּוּשׁ, תַּגְלִית

discredit, *n.* אִי אֵמוּן, שֵׁם רָע, שִׁמְצָה

discredit, *v.t.* הִבִּיעַ [נבע] אִי אֵמוּן, חִלֵּל שֵׁם, הִשְׁמִיץ [שמץ]

discreet, *adj.* זָהִיר, שׁוֹמֵר סוֹד

discreetly, *adv.* בִּזְהִירוּת, בַּחֲשַׁאי

discrepancy, *n.* סְתִירָה, נִגּוּד

discrete, *adj.* פָּרוּשׁ

discretion, *n.* שִׁקּוּל דַּעַת, חָכְמָה, בִּינָה, כֹּחַ שִׁפּוּט

discretionary, discretional, *adj.* לְפִי שִׁקּוּל דַּעַת

discriminate, *v.t.* & *i.* הִפְלָה [פלה]

discrimination, *n.* הַבְחָנָה, הַפְלָיָה

discuss, *v.t.* הִתְוַכֵּחַ [וכח], דָּן [דון], שָׂח [שיח]

discussion, *n.* וִכּוּחַ, שִׂיחָה, פִּלְפּוּל

disdain, *n.* בּוּז

disdain, *v.t.* בָּזָה, תִּעֵב

disdainful, *adj.* בָּז, מְתָעֵב

disease, *n.* מַחֲלָה, חֳלִי

diseased, *adj.* חוֹלֶה, חוֹלָנִי

disembark, *v.t.* & *i.* יָצָא מֵאֳנִיָּה, הוֹרִיד [ירד] מֵאֳנִיָּה, פֵּרַק (מִטְעָן)

disembarkation, *n.* יְצִיאָה מֵאֳנִיָּה, הוֹרָדָה (פְּרִיקָה) מֵאֳנִיָּה

disenchant, *v.t.* הֵסִיר [סור] קֶסֶם

disengage, *v.t.* שִׁחְרֵר, הִתִּיר [נתר]

disengagement, *n.* שִׁחְרוּר, הַתָּרָה

disentangle, *v.t.* הוֹצִיא [יצא] מִסְּבָךְ

disfavor, disfavour, *n.* אִי רָצוֹן

disfiguration, *n.* קִלְקוּל צוּרָה

disfigure, *v.t.* קִלְקֵל צוּרָה

disgorge, *v.t. & i.* הֵקִיא [קיא], שָׁפַךְ, הִשְׁתַּפֵּךְ [שפך]

disgrace, *n.* חֶרְפָּה, גְּנַאי, כְּלִימָה

disgrace, *v.t.* חֵרֵף, בִּיֵּשׁ

disgraceful, *adj.* מְגֻנֶּה, נִבְזֶה

disguise, *n.* הִתְנַכְּרוּת; מַסְוֶה; הִתְחַפְּשׂוּת

disguise, *v.t.* הִסְתִּיר [סתר] , תִּחְפֵּשׂ

disgust, *n.* גֹּעַל נֶפֶשׁ, בְּחִילָה

disgust, *v.t.* עוֹרֵר [עור] גֹּעַל נֶפֶשׁ

dish, *n.* קְעָרָה, צַלַּחַת; מַאֲכָל

dish, *v.t.* חִלֵּק (מָנוֹת), הִגִּישׁ [נגש] בְּצַלַּחַת

dishcloth, *n.* מַטְלִית

dishearten, *v.t.* רִפָּה יְדֵי־

dishevel, *v.t.* פָּרַע אוֹ סָתַר (שֵׂעָר)

dishonest, *adj.* בִּלְתִּי יָשָׁר, לֹא יָשָׁר

dishonesty, *n.* אִי יֹשֶׁר, רַמָּאוּת, מַעַל

dishonor, dishonour, *n.* חֶרְפָּה, בִּזָּיוֹן, אִי כָּבוֹד

dishonor, dishonour, *v.t.* הִכְלִים [כלם], בִּיֵּשׁ, בִּזָּה; חִלֵּל (לֹא קִיֵּם חֲתִימָה, שְׁטָר, תַּשְׁלוּם); אִנֵּס

dishonorable, dishonourable, *adj.* מְגֻנֶּה, מַחְפִּיר

dishwasher, *n.* מַרְחֶצֶת (כֵּלִים)

disillusion, *v.t.* הִשְׁלָה [שלה], קִוָּה לַשָּׁוְא, שִׁחְרֵר מֵהֲזָיָה, הִתְפַּקֵּחַ [פקח]

disinclination, *n.* אִי (רָצוֹן) נְטִיָּה

disinfect, *v.t.* טִהֵר, חִטֵּא

disinfectant, *n.* מְחַטֵּא

disinfection, *n.* טִהוּר, חִטּוּי

disinherit, *v.t.* בִּטֵּל יְרוּשָׁה

disintegrate, *v.t. & i.* פּוֹרֵר, הִתְפּוֹרֵר [פרר]

disintegration, *n.* הִתְפּוֹרְרוּת

disinter, *v.t.* הוֹצִיא [יצא] מִקֶּבֶר

disinterment, *n.* הוֹצָאָה מִקֶּבֶר

disinterested, *adj.* בִּלְתִּי מְעֻנְיָן

disjoin, *v.t.* הִפְרִיד [פרד], הִתְפָּרֵק [פרק]

disjoint, *v.t.* פֵּרֵד, פֵּרֵק, נִתֵּק

disjointed, *adj.* מְפֹרָד, מְנֻתָּק

disk, disc, *n.* תַּקְלִיט, פְּנֵי הָעִגּוּל, צַלַּחַת, אַגָּן

disk jockey, *n.* תַּקְלִיטָן

dislike, *n.* שִׂנְאָה, מְאִיסָה

dislike, *v.t.* שָׂנָא, מָאַס

dislocate, *v.t.* הֶעְתִּיק (מֵהַמָּקוֹם), נָקַע (אֵבֶר)

dislocation, *n.* נְקִיעָה, עֲתִיקָה

dislodge, *v.t.* גֵּרַשׁ, נִשֵּׁל

disloyal, *adj.* בִּלְתִּי נֶאֱמָן, בּוֹגֵד

disloyalty, *n.* בֶּגֶד, בְּגִידָה

dismal, *adj.* עָגוּם, עָצֵב

dismantle, *v.t.* הֵסִיר רְהִיטִים, הֵסִיר [סור] חֲלָקִים; פֵּרֵק (פְּצָצָה)

dismay, *n.* בֶּהָלָה

dismay, *v.t.* הִפְחִיד [פחד], הִבְהִיל [בהל]

dismember, *v.t.* הִפְרִיד [פרד], קָרַע, גָּזַר, אִבֵּר

dismemberment, *n.* אִבּוּר

dismiss, *v.t.* פִּטֵּר, שִׁלַּח; הִתְפַּזֵּר! (פְּקוּדָה)

dismissal, *n.* פִּטּוּר, פִּטּוּרִים, שִׁלּוּחַ

dismount, *v.t.* & *i.* יָרַד, הוֹרִיד [ירד] (מֵעַל סוּס); רֵדוּ! (פְּקוּדָה לְרוֹכְבִים)

disobedience, *n.* אִי מִשְׁמַעַת, אִי צִיּוּת, מְרִי, מֶרִי

disobedient, *adj.* מַמְרֶה, שֶׁאֵינוֹ מַקְשִׁיב

disobey, *v.t.* הִמְרָה [מרה]

disorder, *n.* מְהוּמָה, אִי סֵדֶר

disorder, *v.t.* בִּלְבֵּל, סִכְסֵךְ

disorderly, *adj.* פָּרוּעַ

disorganize, *v.t.* גָּרַם אִי סֵדֶר, בִּלְבֵּל, עִרְעֵר

disown, *v.t.* הִכְחִישׁ [כחש], זָנַח, בִּטֵּל יְרוּשָׁה

disparage, *v.t.* זִלְזֵל

disparagement, *n.* זִלְזוּל, פְּגִיעָה בִּכְבוֹד

disparity, *n.* אִי שִׁוְיוֹן, הֶבְדֵּל, פַּעַר

dispassionate, *adj.* קַר רוּחַ, מָתוּן, בִּלְתִּי מְשֻׁחָד

dispatch, despatch, *n.* מִשְׁלוֹחַ; אִגֶּרֶת, מִבְרָק; הֲמָתָה; מְהִירוּת

dispatch, *v.t.* גָּמַר בִּמְהִירוּת, שָׁלַח, סִלֵּק; הֵמִית [מות]

dispel, *v.t.* פִּזֵּר, גֵּרֵשׁ

dispensary, *n.* מִרְפָּאָה, בֵּית רְפוּאוֹת

dispensation, *n.* חִלּוּק, מַתְּנַת יָהּ, הֶתֵּר, שִׁחְרוּר (מֵחוֹבָה)

dispense, *v.t.* חִלֵּק, בִּטֵּל, הִתִּיר [נתר], הִרְקִיחַ [רקח] (רְפוּאוֹת)

dispenser, *n.* רוֹקֵחַ

disperse, *v.t.* & *i.* זָרָה, פִּזֵּר, הֵפִיץ [פוץ]; הִתְפַּזֵּר [פזר]

dispersion, *n.* פִּזּוּר, תְּפוּצָה, נְפוֹצָה

dispirit, *v.t.* הֵמֵס [מסס] לֵב, דִּכְדֵּךְ,

displace, *v.t.* שָׂם [שים] לֹא בִּמְקוֹמוֹ, סִלֵּק, הוֹרִיד [ירד], עָקַר מִמְּקוֹמוֹ

displaced person, D.P., *n.* עָקוּר

displacement, *n.* מַעְתָּק; הֶדְחֵק; תְּפוּסָה (נֶפַח)

display, *n.* רַאֲוָה, הַצָּגָה, תְּצוּגָה, תַּעֲרוּכָה

display, *v.t.* הִצִּיג [יצג]

displease, *v.t.* & *i.* הִכְעִיס [כעס], הָיָה רַע בְּעֵינָיו, הָיָה לְמֹרַת רוּחַ

displeasure, *n.* מֹרַת רוּחַ

disport, *n.* שַׁעֲשׁוּעַ, מִשְׂחָק

disport, *v.t.* & *i.* שִׁעֲשַׁע, הִשְׁתַּעֲשֵׁעַ [שעשע] בִּדֵּר, הִתְבַּדֵּר [בדר]

disposal, *n.* סִדּוּר, פִּקּוּחַ, רְשׁוּת

dispose, *v.t.* סִדֵּר, הִשְׁתַּמֵּשׁ [שמש], מָכַר

disposition, *n.* מֶזֶג; נְטִיָּה; הֶסְדֵּר

dispossess, *v.t.* הוֹרִיד [ירד] מִנְּכָסִים, נִשֵּׁל

dispraise, *v.t.* & *n.* גִּנָּה; גְּנוּת

disproof, *n.* הַכְחָשָׁה, הֲזָמָה

disproportion, *n.* אִי הַתְאָמָה

disprove, *v.t.* הִכְחִישׁ [כחש]

disputant, *n.* בַּעַל דִּין, מִתְוַכֵּחַ

dispute, *n.* מַחֲלֹקֶת, רִיב, וִכּוּחַ

dispute, *v.t.* & *i.* הִכְחִישׁ [כחש], חָלַק, רָב [ריב], הִתְוַכֵּחַ [וכח], הִתְדַּיֵּן [דין]

disqualification, *n.* פְּסָלוּת

disqualify, *v.t.* פָּסַל, שָׁלַל זְכוּת

disquiet, *v.t.* & *n.* הִפְרִיעַ [פרע] מְנוּחָה, הִדְרִיךְ [דרך] מְנוּחָה; אִי שֶׁקֶט

disquieting, *adj.* מַפְרִיעַ, מַדְאִיג

disquietude, *n.* חֹסֶר מְנוּחָה

disregard, *n.* הִתְעַלְּמוּת, הַעֲלָמַת עַיִן, בִּטּוּל, זִלְזוּל

disregard, *v.t.* הֶעְלִים [עלם] עַיִן, זִלְזֵל

disrepute, *n.* שֵׁם רָע

disrespect, *n.* אִי כָּבוֹד

disrespect, *v.t.* פָּגַע בִּכְבוֹד

disrespectful, *adj.* מְזַלְזֵל, שֶׁאֵינוֹ מְכַבֵּד
disrobe, *v.t.* & *i.* פָּשַׁט, הִתְפַּשֵּׁט [פשט], הִפְשִׁיט [פשט] בְּגָדִים
disrupt, *v.t.* & *i.* קָרַע, שָׁבַר; נִקְרַע, נִשְׁבַּר; שִׁבֵּשׁ (תְּנוּעָה)
disruption, *n.* קֶרַע, קְרִיעָה, שֶׁבֶר
dissatisfaction, *n.* אִי שְׂבִיעַת רָצוֹן, תַּרְעֹמֶת
dissatisfy, *v.t.* גָּרַם אִי שְׂבִיעַת רָצוֹן
dissect, *v.t.* נִתַּח, בִּתֵּר
dissection, *n.* נִתּוּחַ, בִּתּוּר
disseminate, *v.t.* זָרַע, זָרָה, פִּזֵּר הֵפִיץ [פוץ]
dissemination, *n.* זְרִיעָה, פִּזּוּר, הֲפָצָה
dissension, *n.* מַצָּה, מְרִיבָה, מַחֲלֹקֶת
dissent, *v.t.* חָלַק עַל־, הִתְנַגֵּד [נגד] לְ־
dissenter, dissentient, *n.* מִתְנַגֵּד, חוֹלֵק
dissertation, *n.* מֶחְקָר, חִבּוּר מַדָּעִי
dissever, *v.t.* חָתַךְ, חִלֵּק, נִתֵּק, קָרַע
dissimilar, *adj.* שׁוֹנֶה
dissimulation, *n.* הִתְחַפְּשׂוּת, צְבִיעוּת
dissipate, *v.t.* & *i.* בִּזְבֵּז, פִּזֵּר, הִתְהוֹלֵל [הלל]
dissipation, *n.* בִּזְבּוּז, פִּזּוּר; הוֹלְלוּת
dissociate, *v.t.* & *i.* הִתְרַחֵק [רחק] מִ־, הוֹצִיא [יצא] עַצְמוֹ מִ־, הִפְרִיד [פרד]
dissolute, *adj.* & *n.* שׁוֹבָב, הוֹלֵל, תַּאַוְתָן
dissolution, *n.* הֲמָסָה, הִמַּסּוּת; הֲפָרָה, בִּטּוּל, פֵּרוּק, הִתְפָּרְקוּת, פִּזּוּר
dissolve, *v.t.* & *i.* מוֹסֵס [מסס], הֵמֵס [מסס], הֵפֵר [פרר] (חוֹזֶה), הִתִּיר [נתר] (קֶשֶׁר), פֵּרֵק (חֶבְרָה), פִּזֵּר, הִתְפַּזֵּר [פזר] (יְשִׁיבָה, כְּנֶסֶת)

dissonance, *n.* אִי הַתְאָמָה, צְרִימָה
dissonant, *adj.* צוֹרֵם; נוֹגֵד
dissuade, *v.t.* יָעַץ נֶגֶד־, הוֹצִיא [יצא] מִלֵּב, מָנַע
distaff, *n.* פֶּלֶךְ, כִּישׁוֹר; אִשָּׁה
distance, *n.* מֶרְחָק, מַהֲלָךְ, דֶּרֶךְ
distant, *adj.* רָחוֹק
distantly, *adv.* הַרְחֵק, מֵרָחוֹק
distaste, *n.* בְּחִילָה, גֹּעַל, גֹּעַל נֶפֶשׁ
distaste, *v.t.* מָאַס, בָּחַל
distasteful, *adj.* בִּלְתִּי עָרֵב, גָּעֳלִי, חֲסַר טַעַם
distemper, *n.* רֹגֶז, טֵרוּף; מַחֲלַת כְּלַבְלָבִים
distend, *v.t.* & *i.* נִפַּח, הִרְחִיב [רחב]; הִתְנַפֵּחַ [נפח], הִתְמַתַּח [מתח] הִתְאָרֵךְ [ארך]
distention, distension, *n.* הִתְפַּשְּׁטוּת, הַרְחָבָה, הִתְנַפְּחוּת, הִתְמַתְּחוּת
distill, distil, *v.t.* & *i.* זִקֵּק, טִפְטֵף, זָלַף
distillation, *n.* זִקּוּק
distiller, *n.* זַקָּק, מְזַקֵּק
distillery, *n.* בֵּית זִקּוּק
distinct, *adj.* מֻבְהָק, בָּרוּר; שׁוֹנֶה, נִבְדָּל
distinction, *n.* הִצְטַיְּנוּת; הֶבְדֵּל, הַפְלָיָה
distinctive, *adj.* אָפְיָנִי, שׁוֹנֶה, נִבְדָּל
distinctness, *n.* אָפְיָנוּת, בְּהִירוּת
distinguish, *v.t.* & *i.* הִבְדִּיל [בדל] בֵּין־, הִפְלָה [פלה], הִבְחִין [בחן]
distinguished, *adj.* מֻבְהָק, מְצֻיָּן
distort, *v.t.* עִקֵּם, עִוֵּת, סֵרֵס, סִלֵּף
distortion, *n.* עִקּוּם, עִוּוּת, סֵרוּס, סִלּוּף
distract, *v.t.* הִפְרִיעַ [פרע], הִסִּיחַ [נסח] דַּעַת, הֵבִיךְ [בוך]

distraction, *n.* מְבוּכָה, הַסָּחַת הַדַּעַת, פִּזּוּר הַנֶּפֶשׁ
distraught, *adj.* נָבוֹךְ
distress, *n.* דֹּחַק, צָרָה, מְצוּקָה, אֶבְיוֹנוּת
distress, *v.t.* צִעֵר, הֵצִיק [צוק], הֵעִיק [עוק]
distressful, *adj.* דָּחוּק, עָנִי
distribute, *v.t.* חִלֵּק, הֵפִיץ [פוץ]
distribution, *n.* חֲלֻקָּה, חִלּוּק, הֲפָצָה, תְּפוּצָה
distributor, distributer, *n.* מֵפִיץ, מְחַלֵּק
district, *n.* מָחוֹז, גָּלִיל, חֶבֶל, פֶּלֶךְ
distrust, *n.* אִי אֵמוּן, חֲשָׁד
distrust, *v.t.* חָשַׁד בְּ־, הֵטִיל [נטל] סָפֵק בְּ־
distrustful, *adj.* חוֹשֵׁד
disturb, *v.t.* הִפְרִיעַ [פרע], בִּלְבֵּל
disturbance, *n.* הַפְרָעָה, מְהוּמָה, פְּרִיעָה
disturber, *n.* מַפְרִיעַ
disunion, *n.* פֵּרוּד, הַבְדָּלָה, הִתְבַּדְּלוּת, פְּרִישָׁה, אַל אִחוּד
disunite, *v.t.* הִפְרִיד [פרד]
disuse, *n.* אִי שִׁמּוּשׁ
disuse, *v.t.* חָדַל מִלְּהִשְׁתַּמֵּשׁ
ditch, *n.* עָרוּץ, תְּעָלָה
ditto, *n.* אוֹתוֹ דָּבָר, הַנִּזְכָּר לְעֵיל, הנ"ל
ditty, *n.* שִׁירוֹן
diurnal, *adj.* יוֹמִי, יוֹמְיוֹמִי
divan, *n.* סַפָּה
dive, diving, *n.* צְלִילָה
dive, *v.i.* צָלַל
diver, *n.* אֲמוּדַאי, צוֹלֵל; טַבְלָן (עוֹף)
diverge, *v.i.* הִפְרִיד [פרד] הָיָה שׁוֹנֶה, הִתְרַחֵק [רחק], סָר [סור]
divergence, divergency, *n.* הִסְתָּעֲפוּת, מֶרְחָק
divergent, *adj.* שׁוֹנֶה, מִתְרַחֵק, מִתְחַלֵּק
divers, *adj.* אֲחָדִים; שׁוֹנֶה, מִתְחַלֵּף
diverse, *adj.* שׁוֹנֶה, בִּלְתִּי דּוֹמֶה, רַב (צוּרוֹת) צְדָדִי
diversification, *n.* שִׁנּוּי, הִשְׁתַּנּוּת, שִׁנּוּי
diversify, *v.t.* שִׁנָּה, עָשָׂה שִׁנּוּיִים
diversion, *n.* הַפְנָיָה, הַטָּיָה; בִּדּוּר, שִׁנּוּי, שַׁעֲשׁוּעִים
diversity, *n.* שִׁנּוּי, שׁוֹנוּת
divert, *v.t.* הֵסִיחַ [נסח] דַּעַת, פִּנָּה לֵב; הִפְנָה [פנה], הִטָּה [נטה]; בִּדֵּר
divest, *v.t.* הִפְשִׁיט [פשט], שָׁלַל מִ־
divide, *v.t.* & *i.* חִלֵּק, הִפְרִיד [פרד], בָּקַע, פִּלֵּג, הִתְפַּלֵּג [פלג], הִתְחַלֵּק [חלק]
dividend, *n.* מְחֻלָּק; רֶוַח נֶחְלָק (מִמְּנָיוֹת)
divider, divisor, *n.* מְחַלֵּק
divination, *n.* נִחוּשׁ, כְּשָׁפִים, הַגָּדַת עֲתִידוֹת
divine, *adj.* & *n.* קָדוֹשׁ, אֱלֹהִי, דָּתִי; כֹּהֵן
divine, *v.t.* & *i.* נִחֵשׁ, שִׁעֵר, שָׁאַל בָּאוֹב
diviner, *n.* מַגִּיד עֲתִידוֹת, אוֹב, מְכַשֵּׁף, מְנַחֵשׁ, קוֹסֵם
divinity, *n.* אֱלֹהוּת
divisible, *adj.* מִתְחַלֵּק
division, *n.* חִלּוּק, חֲלֻקָּה; נִגּוּד; פִּלּוּג; פְּלוּגָה (צָבָא)
divisor, *v.* divider
divorce, *n.* גֵּט; גֵּרוּשִׁים, סֵפֶר כְּרִיתוּת
divorce, *v.t.* נָתַן (גֵּט) סֵפֶר כְּרִיתוּת, גֵּרֵשׁ

divorcé(e), *n.* גָּרוּשׁ, גְּרוּשָׁה
divulge, *v.t.* גִּלָּה, הוֹדִיעַ [ידע] (סוֹד)
dizziness, *n.* סְחַרְחֹרֶת
dizzy, *adj.* סְחַרְחַר, מְסַחְרֵר
do, *n.* דּוֹ (הַצְּלִיל הָרִאשׁוֹן בְּסוּלָּם הַנְּגִינָה)
do, *v.t. & i.* עָשָׂה, גָּמַר; הוֹנָה [ינה]
docile, *adj.* נוֹחַ, צַיְּתָן, מַקְשִׁיב, לָמִיד
docility, *n.* נוֹחוּת, רַכּוּת, צִיּוּת
dock, *n.* מִסְפָּנָה, רָצִיף; תָּא (סַפְסַל) הַנֶּאֱשָׁמִים; גֶּדֶם הַזָּנָב
dock, *v.t.* הִסְפִּין [ספן] קָטַע (זָנָב)
docket, *n.* רְשִׁימָה, קִצּוּר
doctor, *n.* רוֹפֵא, מְלֻמָּד
doctorate, *n.* תֹּאַר (מְלֻמָּד) דּוֹקְטוֹר
doctrine, *n.* תּוֹרָה, שִׁיטָה, עִקָּר, דֵּעָה
document, *n.* תְּעוּדָה, מִסְמָךְ
document, *v.t.* תִּעֵד, מִסְמֵךְ
documentary, *adj.* שֶׁל תְּעוּדוֹת
dodge, *n.* הִתְחַמְּקוּת, עָרְמָה
dodge, *v.t. & i.* הִתְחַמֵּל [חמק], הִשְׁתַּמֵּט [שמט], הֶעֱרִים [ערם]
doe, *n.* צְבִיָּה, אַיָּלָה
doeskin, *n.* עוֹר צְבִי
doff, *v.t.* פָּשַׁט, הֵסִיר [סור]
dog, *n.* כֶּלֶב; אַבְרֵק; בֶּן בְּלִיַּעַל
dogfish, *n.* גַּלְדָּן
dogged, *adj.* עַקְשָׁן
dogma, *n.* אֱמוּנָה, עִקָּר
dogmatic, dogmatical, *adj.* עִקָּרִי
doily, *n.* מַפִּית
doldrums, *n. pl.* שִׁעֲמוּם, שִׁמָּמוֹן
dole, *n.* נְדָבָה, קִצְבָּה; דְּמֵי אַבְטָלָה
dole, *v.t.* חִלֵּק, נָתַן צְדָקָה
doleful, *adj.* מְדֻכָּא
doll, *n.* בֻּבָּה
dollar, *n.* דּוֹלָר, מַטְבֵּעַ (אוֹ שְׁטַר), כֶּסֶף אַמֵרִיקָנִי בֶּן מֵאָה סֶנְט

dolly, *n.* בֻּבִּית, בֻּבָּה קְטַנָּה; גַּלְגְּלֹנֶת
dolor, dolour, *n.* מַכְאוֹב, עֶצֶב, אֵבֶל
dolorous, dolourous, *adj.* מַכְאִיב, עָצוּב
dolphin, *n.* שִׁבּוּט
dolt, *n.* טִפֵּשׁ, שׁוֹטֶה, "חֲמוֹר"
domain, *n.* אֲחֻזָּה; מָרוּת; תְּחוּם
dome, *n.* כִּפָּה
domestic, *adj. & n.* בֵּיתִי; מְשָׁרֶת
domesticate, *v.t.* בִּיֵּת, אִלֵּף
domicile, *n.* מְקוֹם מְגוּרִים, בַּיִת
domicile, *v.t.* שִׁכֵּן, דִּיֵּר, הוֹשִׁיב [ישב]
dominant, *adj.* שׁוֹלֵט, שׂוֹרֵר
dominate, *v.t. & i.* שָׁלַט, שָׂרַר, מָשַׁל, הִשְׁתַּלֵּט [שלט]
domination, *n.* שְׁלִיטָה, שְׂרָרָה
domineer, *v.i.* הִשְׂתָּרֵר [שרר]
dominion, *n.* מֶמְשָׁלָה, שְׁלִיטָה, מְלוּכָה
domino, *n.* פְּתִיגִיל
dominoes, *n. pl.* פִּסְפָּסִים (מִשְׂחָק)
don, *n.* דּוֹן; דַּקָּן; תַּלְמִיד חָכָם
don, *v.t.* לָבַשׁ, עָטָה
donate, *v.t.* נִדֵּב
donation, *n.* מַתָּנָה, נְדָבָה, שַׁי, מִנְחָה
donkey, *n.* חֲמוֹר; עַקְשָׁן, טִפֵּשׁ, שׁוֹטֶה
donor, *n.* מְנַדֵּב, נַדְבָן
doom, *n.* אֲבַדּוֹן, כִּלָּיוֹן, גְּזַר דִּין, גּוֹרָל
doom, *v.t.* גָּזַר (דִּין), חָרַץ (מִשְׁפָּט), חִיֵּב
door, *n.* דֶּלֶת, פֶּתַח
doorkeeper, *n.* שׁוֹעֵר
doorpost, *n.* מְזוּזָה
doorway, *n.* מָבוֹא, פֶּתַח
dope, *n. & v.t.* חֲשִׁישׁ, סַם מְשַׁכֵּר; שׁוֹטֶה; הֵמֵם
dormant, *n.* מִתְנַמְנֵם, יָשֵׁן, נִרְדָּם, רָדוּם
dormer, *n.* חֲדַר מִטּוֹת; גַּמְלוֹנִית (צֹהַר גַּג)

dormitory, *n.* פְּנִימִיָּה
dormouse, *n.* מְכַרְסֵם, עַכְבָּר קָטָן
dorsal, *adj.* גַּבִּי, שֶׁל הַגַּב
dose, *n., v.t. & i.* כַּמּוּת, מָנָה; מִנֵּן
dot, *n. & v.t.* נְקֻדָּה; נָדָן; נִקֵּד
dotage, *n.* זִקְנָה; טִפְּשׁוּת, חֹסֶר דַּעַת
dotard, *n.* מְטֹרָף, טִפְּשִׁי
dote, *v.t.* תָּשַׁשׁ
double, *adj.* כָּפוּל, פִּי שְׁנַיִם, זוּגִי
double, *n., adv.* בֶּן זוּג, מִשְׁנֶה; כִּפְלַיִם
double, *v.t. & i.* כָּפַל, נִכְפַּל [כפל], הִכְפִּיל [כפל]
doubt, *n.* פִּקְפּוּק, סָפֵק, חֲשָׁשׁ
doubt, *v.t. & i.* פִּקְפֵּק, הִסֵּס, הָיָה מְסֻפָּק
doubtful, *adj.* מְסֻפָּק, מְפַקְפֵּק
doubtfully, *adv.* בְּסָפֵק
doubtless, *adj.* בְּלִי סָפֵק, בְּוַדַּאי
dough, *n.* בָּצֵק, עִסָּה; מְזֻמָּנִים
doughnut, *n.* סֻפְגָּנִיָּה
doughty, *adj.* אַמִּיץ
douse, dowse, *v.t. & i.* כִּבָּה; הִרְטִיב [רטב]; הִשְׁלִיךְ [שלך] (הַמַּיְמָה)
dove, *n.* תּוֹר, יוֹנָה; תָּמִים, צָנוּעַ
dovecot, dovecote, *n.* שׁוֹבָךְ
dovetail, *n. & v.t.* שָׁלָב; שִׁלֵּב
dowager, *n.* אַלְמָנָה, יוֹרֶשֶׁת
dowdy, *adj. & n.* מְלֻכְלֶכֶת; לִכְלוּכִית
dowel, *n. & v.t.* יָתֵד; חִזֵּק בְּיָתֵד
dower, dowry, *n.* נְדֻנְיָה, מַתָּנָה
down, *n.* נוֹצָה, מוֹךְ
down, *adv.* לְמַטָּה, מַטָּה
down, *v.t.* הוֹרִיד [ירד], הִשְׁפִּיל [שפל]
downcast, *adj.* נִדְכֶּה
downfall, *n.* מַפָּלָה, תְּבוּסָה, כִּשָּׁלוֹן
downhearted, *adj.* נְכֵא, נוּגֶה
downpour, *n.* גִּשְׁמֵי זַעַף
downright, *adj.* יָשָׁר, מֻחְלָט
downright, *adv.* בְּפֵרוּשׁ, לְגַמְרֵי
downstairs, *adv.* בַּקּוֹמָה הַתַּחְתּוֹנָה
downtown, *adv.* לְמוֹרַד הָעִיר
downy, *adj.* מוֹכִי, רַךְ
dowry, dowse, *v.* dower, douse
doze, *n. & v.i.* תְּנוּמָה; הִתְנַמְנֵם [נמנם]
dozen, *n.* תְּרֵיסַר
drab, *n. & v.i.* מְזֹהָם, מְטֻנָּף; זוֹנָה, זַנַּאי; זָנָה
draft, draught, *n.* קִצּוּר, שִׂרְטוּט, תַּרְשִׁים; טְיוּטָה; גִּיּוּס; מִטְעָן; (מְשִׁיכַת) שָׁלָל (דָּגִים); רוּחַ פְּרָצִים; שְׁתִיָּה; הַמְחָאָה, שְׁטָר; שֹׁקַע
drag, *n.* מְשִׁיכָה, גְּרִירָה, סְחִיבָה; מְצִיצָה (סִיגָרִיָּה); מַשְׂדֵּדָה
drag, *v.t. & i.* גָּרַר, סָחַב
dragnet, *n.* מִכְמֹרֶת
dragon, *n.* דְּרָקוֹן; כַּעֲסָן
dragoon, *n. & v.t.* פָּרָשׁ; רָדַף, הִכְנִיעַ [כנע], הִכְרִיחַ [כרח]
drain, *n.* תְּעָלָה, מַרְזֵב
drain, *v.t. & i.* נִקָּז, יִבֵּשׁ, מִצָּה, מָצַץ
drainage, *n.* בִּיּוּב, נִקּוּז, יִבּוּשׁ
drainer, *n.* מְנַקֵּז, מְיַבֵּשׁ
drake, *n.* בַּרְוָז (זָכָר)
dram, *n.* מִשְׁקָל; כּוֹסִית יַיִן, לְגִימַת יַי"שׁ
drama, *n.* חִזָּיוֹן, מַחֲזֶה, מַעֲנָמָה
dramatic, dramatical, *adj.* חֶזְיוֹנִי
dramatist, *n.* מַחֲזַאי
dramatize, *v.t.* הִמְחִיז [מחז]
drape, *v.t.* רִבֵּד, וִלֵּן
draper, *n.* סוֹחֵר אֲרִיגִים
drapery, *n.* אֲרִיגִים
drastic, *adj.* מַחֲמִיר, קָשֶׁה, נִמְרָץ, חָזָק
draught, *v.* draft
draughts, *n. pl.* מִשְׂחַק הַנְּשִׂיאָה, נַרְדְּשִׁיר

draw, *n.* מְשִׁיכָה; שְׁאִיבָה; גּוֹרָל
draw, *v.t. & i.* מָשַׁךְ, סָחַב; שָׁאַב, דָּלָה; סָפַג; צִיֵּר
drawback, *n.* מִכְשׁוֹל; עִכּוּב; הֶפְסֵד
drawer, *n.* מוֹשֵׁךְ; מְשַׁרְטֵט; מְגֵרָה; שׁוֹאֵב
drawing, *n.* מְשִׁיכָה; שְׁאִיבָה; צִיּוּר
drawl, *v.t. & i.* דִּבֵּר לְאַט וּבַעֲצַלְתַּיִם
dray, *n.* עֲגָלַת מַשָּׂא
drayman, *n.* עֶגְלוֹן
dread, *v.t. & i.* פָּחַד, חָרַד, יָרֵא, הִתְיָרֵא [ירא]
dread, *n.* פַּחַד, יִרְאָה, אֵימָה
dreadful, *adj.* מַפְחִיד, אָיֹם, נוֹרָא
dreadfully, *adv.* בְּפַחַד, בְּיִרְאָה
dreadnought, dreadnaught, *n.* אֳנִיַּת מַקְלָעִים
dream, *n.* חֲלוֹם, חִזָּיוֹן, הֲזָיָה
dream, *v.t. & i.* חָלַם, רָאָה בַּחֲלוֹם
dreamer, *n.* חוֹלֵם
dreamily, *adv.* כְּבַחֲלוֹם
dreamland, *n.* אֶרֶץ פְּלָאִים
dreamy, *adj.* בַּעַל חֲלוֹמוֹת, חוֹלֵם
drear, dreary, *adj.* נִדְכֶּה, נוּגֶה
dredge, *v.t.* נִקָּה (יָם), קָדַח
dregs, *n. pl.* פְּסֹלֶת, שְׁמָרִים
drench, *v.t. & n.* הִשְׁרָה [שרה], הִשְׁקָה [שקה], הִרְוָה [רוה]; הַרְטָבָה
dress, *n.* שִׂמְלָה, חֲלִיפָה, מַלְבּוּשׁ
dress, *v.t. & i.* לָבַשׁ, הִתְלַבֵּשׁ (הִלְבִּישׁ) [לבש]; עָרַךְ (שֻׁלְחָן); הֵכִין [כון] לְבִשּׁוּל; קִשֵּׁט; עִבֵּד (עוֹר); חָבַשׁ (פֶּצַע)
dresser, *n.* שִׁדָּה
dressmaker, *n.* תּוֹפֶרֶת
dribble, *v.t. & i., n.* טִפְטֵף, עָרַף; הוֹרִיד [ירד] רִיר; טִפָּה, טִפְטוּף; רִיר
drier, dryer, *n.* מְיַבֵּשׁ
drift, *n.* נְטִיָּה; מִסְחָף
drift, *v.t. & i.* סָחַף, נִסְחַף [סחף], זָרַם, צָבַר (שֶׁלֶג), הִצְטַבֵּר [צבר]; נָע [נוע] לְלֹא כִּוּוּן
driftwood, *n.* עֵץ סַחַף
drill, *n.* מַקְדֵּחַ; תַּרְגִּיל, תִּרְגּוּל; מַזְרֵעָה; זְרִיעָה בְּשׁוּרוֹת
drill, *v.t. & i.* קָדַח, נָקַב; תִּרְגֵּל (צָבָא), הִתְאַמֵּן [אמן]; זָרַע בְּשׁוּרוֹת
drink, *n.* מַשְׁקֶה, שְׁתִיָּה
drink, *v.t. & i.* שָׁתָה, הִשְׁתַּכֵּר [שכר]
drinker, *n.* שַׁתְיָן
drip, *n. & v.i.* דֶּלֶף; טִפְטֵף, דָּלַף
drive, *n.* נְסִיעָה, דֶּרֶךְ; מַגְבִּית
drive, *v.t. & i.* דָּחַף, דָּפַק; נָהַג (מְכוֹנִית), הוֹלִיךְ [הלך] (בְּהֵמוֹת); שִׁקַּע (מַסְמֵר, בֹּרֶג)
drivel, *n.* רוֹק, רִיר; הֶבֶל
drivel, *v.t.* הוֹרִיד [ירד] רִיר; הֶהְבִּיל [הבל] (דִּבֵּר הֶבֶל)
driveler, driveller, *n.* מוֹרִיד רִיר; טִפֵּשׁ
driver, *n.* נַהָג, נֶהָג
drizzle, *n.* רְבִיבִים, גֶּשֶׁם דַּק
drizzle, *v.i.* רָעַף, יָרַד גֶּשֶׁם דַּק
droll, *adj.* מַצְחִיק, מְשֻׁנֶּה, מוּזָר
dromedary, *n.* גָּמָל, בֶּכֶר
drone, *n.* זְכַר הַדְּבוֹרִים; עַצְלָן; זִמְזוּם
drone, *v.i.* זִמְזֵם; הָלַךְ בָּטֵל
droop, *n.* נְבִילָה, קְמִילָה, כְּפִיפָה
droop, *v.i. & t.* נָפַל; שָׁחַח; נָבַל, קָמַל
drop, *n.* טִפָּה, נֵטֶף, אֵגֶל (טַל); נְפִילָה; לֵדָה, וָלָד; חָרָךְ
drop, *v.t. & i.* הִפִּיל [נפל], נָפַל; טִפְטֵף, הִזִּיל [נזל]; יָלַד; שִׁלְשֵׁל; צָנַח
dropper, *n.* אֶדֶק, טַפְטֶפֶת

dropsy, *n.* מַיֶּמֶת
dross, *n.* סִיג, בְּדִיל
drought, drouth, *n.* בַּצֹּרֶת, יֹבֶשׁ, צִיָּה, צִמָּאוֹן, חֹרֶב, חֲרָבוֹן
drove, *n.* הָמוֹן, עֵדֶר, מִקְנֶה
drown, *v.t.* & *i.* הִטְבִּיעַ [טבע]; טָבַע
drowning, *n.* טְבִיעָה
drowse, *n.* תְּנוּמָה
drowse, *v.i.* הִתְנַמְנֵם [נמנם]
drowsiness, *n.* שֵׁנָה, תַּרְדֵּמָה, הִתְנַמְנְמוּת
drowsy, *adj.* נִרְדָּם, מִתְנַמְנֵם
drudge, *n.* עוֹבֵד עֲבוֹדָה קָשָׁה
drudge, *v.i.* עָבַד קָשֶׁה
drudgery, *n.* עֲבוֹדַת פֶּרֶךְ
drug, *n.* סַם, רְפוּאָה, תְּרוּפָה
drug, *v.t.* & *i.* שָׁתָה סַמִּים, הִקְהָה [קהה] (חוּשִׁים)
druggist, *n.* רוֹקֵחַ
drugstore, *n.* בֵּית מִרְקַחַת
drum, *n.* תֹּף
drum, *v.t.* & *i.* תָּפַף, תּוֹפֵף, תִּפֵּף
drummer, *n.* תַּפָּף, מְתוֹפֵף
drunk, *adj.*, **drunkard**, *n.* שִׁכּוֹר
drunken, *adj.* שִׁכּוֹר, שָׁכוּר, סוֹבֵא
drunkenness, *n.* שִׁכָּרוֹן, שִׁכְרוּת
dry, *adj.* יָבֵשׁ; נָגוּב; חָרֵב; צָמֵא; חֲסַר עִנְיָן; בִּלְתִּי אָדִיב
dry, *v.t.* & *i.* יִבֵּשׁ, נִגֵּב, הוֹבִישׁ [יבש], הִתְיַבֵּשׁ [יבש]
dryer, *v.* drier
dryness, *n.* יֹבֶשׁ, חֹרֶב
dual, *adj.* כָּפוּל, זוּגִי
dual, *n.* מִסְפָּר (שֵׁם) זוּגִי
dualism, duality, *n.* כְּפִילוּת, שְׁנִיּוּת
dub, *v.t.* כִּנָּה; מָרַח
dubious, *adj.* מְסֻפָּק
dubiously, *adv.* בְּסָפֵק

duchess, *n.* דֻּכָּסִית
duck, *n.* בַּרְוָז
duck, *v.t.* & *i.* צָלַל, טָבַל בַּמַּיִם; הִתְכּוֹפֵף [כפף]; הִשְׁתַּמֵּט [שמט]
duckling, *n.* בַּרְוָזוֹן
duct, *n.* שְׁבִיל, בִּיב
ductile, *adj.* גָּמִישׁ
dude, *n.* גַּנְדְּרָן
dudgeon, *n.* זַעַם, חֵמָה
duds, *n. pl.* מַלְבּוּשִׁים
due, *adj.* מַגִּיעַ, רָאוּי
due, *n.* מַס, חוֹב
duel, *n.* מִלְחֶמֶת שְׁנַיִם, דּוּ קְרָב
duel, *v.i.* לָחַם מִלְחֶמֶת שְׁנַיִם
duelist, duellist, *n.* לוֹחֵם מִלְחֶמֶת שְׁנַיִם
dues, *n. pl.* דְּמֵי חָבֵר
duet, *n.* צִמְדָּה, שִׁיר שֶׁל שְׁנַיִם
duke, *n.* דֻּכָּס
dull, *adj.* קֵהֶה; דֵּהֶה; טִפְּשִׁי; מְשַׁעֲמֵם; מְעֻנָּן
dull, *v.t.* & *i.* הִקְהָה [קהה], טִמְטֵם
dullard, *n.* כְּסִיל, שׁוֹטֶה
dullness, *n.* קֵהוּת, טִפְּשׁוּת
dumb, *adj.* אִלֵּם; דּוֹמֵם
dumfound, dumbfound, *v.t.* הִדְהִים [דהם]
dummy, *adj.* דּוֹמֵם, מְלָאכוּתִי
dummy, *n.* גֹּלֶם, שַׁתְקָן; דֻּגְמָן, דֶּמֶה
dump, *n.* אַשְׁפָּה; מַחְסָן (עֲרָאִי)
dump, *v.t.* הִשְׁלִיךְ [שלך], הֵרִיק [ריק]
dun, *adj.* & *n.* חוּם אֲפַרְפַּר; נוֹשֶׁה
dunce, *n.* הֶדְיוֹט, טִפֵּשׁ, כְּסִיל
dune, *n.* חוֹלָה
dung, *n.* דֹּמֶן, זֶבֶל, אַשְׁפָּה
dungarees, *n. pl.* מִכְנְסֵי עֲבוֹדָה
dungeon, *n.* בֵּית סֹהַר
dunghill, *n.* מַדְמֵנָה
dupe, *n.* & *v.t.* פֶּתִי; רִמָּה

duplex, ***n.*** **&** ***adj.*** כִּפְלָה, מַכְפֵּלָה
duplicate, ***n.*** הֶעְתֵּק
duplicate, ***v.t.*** הִכְפִּיל [כפל], שִׁכְפֵּל
duplicator. ***n.*** מַכְפֶּלֶת
duplication, ***n.*** חִקּוּי, כְּפִילָה, הַכְפָּלָה, שִׁכְפּוּל
duplicity, ***n.*** שְׁנִיּוּת, עָקְבָה, מִרְמָה
durability, ***n.*** הִתְקַיְּמוּת, קִיּוּם
durable, ***adj.*** מִתְקַיֵּם, נִמְשָׁךְ
duration, ***n.*** הֶמְשֵׁךְ, קִיּוּם
duress, ***n.*** מְצוּקָה, כְּלִיאָה
during, ***prep.*** בְּמֶשֶׁךְ, מֶשֶׁךְ
dusk, ***n.*** חֲשֵׁכָה, בֵּין הַשְּׁמָשׁוֹת, בֵּין הָעַרְבַּיִם
dusky, ***adj.*** אַפְלוּלִי
dust, ***n.*** אָבָק, עָפָר, שַׁחַק
dust, ***v.t.*** **&** ***i.*** אִבֵּק; הֵסִיר [סור] אָבָק, כִּסָּה בְּאָבָק, הִתְכַּסָּה [כסה] בְּאָבָק, הִתְאַבֵּק [אבק]
dusty, ***adj.*** אָבִיק, אֲבָקִי, מְאֻבָּק
Dutch, ***adj.*** **&** ***n.*** הוֹלַנְדִּי, הוֹלַנְדִּית
dutiable, ***adj.*** חָב מֶכֶס, טָעוּן מַס
dutiful, ***adj.*** מַקְשִׁיב, מְצַיֵּת
duty, ***n.*** חוֹבָה, תַּפְקִיד, מַס, מֶכֶס
dwarf, ***n.*** גַּמָּד, נַנָּס
dwarf, ***v.t.*** **&** ***i.*** גִּמֵּד, נִנֵּס, הִתְגַּמֵּד [גמד], הִתְנַנֵּס [ננס]
dwell, ***v.i.*** שָׁכַן, גָּר [גור], דָּר [דור]
dweller, ***n.*** תּוֹשָׁב, דָּר
dwelling, ***n.*** מָעוֹן, מִשְׁכָּן, דִּירָה
dwindle, ***v.i.*** הִתְמַעֵט [מעט], הִתְנַוְנָה [נונה]
dye, ***n.*** צֶבַע
dye, ***v.t.*** צָבַע
dyer, ***n.*** צוֹבֵעַ, צַבָּע
dyeing, ***n.*** צְבִיעָה
dyestuff, ***n.*** צִבְעָן
dying, ***adj.*** גּוֹסֵס, גּוֹוֵעַ, מֵת
dyke, ***v.*** dike
dynamic, dynamical, ***adj.*** פָּעִיל, בַּעַל מֶרֶץ, שֶׁל כֹּחוֹת
dynamite, ***n.*** חֹמֶר נֶפֶץ, כֹּחִית
dynamite, ***v.t.*** נִפֵּץ (טָעַן) בְּחֹמֶר נֶפֶץ
dynamo, ***n.*** דִּינָמוֹ
dynastic, ***adj.*** שׁוֹשַׁלְתִּי
dynasty, ***n.*** שׁוֹשֶׁלֶת
dysentery, ***n.*** בּוֹרְדָם, שִׁלְשׁוּל דָּם
dyspepsia, ***n.*** פְּרַעְכּוּל, עִכּוּל קָשֶׁה

E, e

E, e, ***n.*** אִי, הָאוֹת הַחֲמִישִׁית בָּאָלֶף־בֵּית הָאַנְגְּלִי; חֲמִישִׁי, ה׳
each, ***adj.*** **&** ***pron.*** כָּל, כָּל אֶחָד
eager, ***adj.*** נִכְסָף, מִשְׁתּוֹקֵק, נִלְהָב, לָהוּט
eagerly, ***adv.*** בְּהִתְלַהֲבוּת
eagerness, ***n.*** הִתְלַהֲבוּת, חֵשֶׁק
eagle, ***n.*** נֶשֶׁר, עָזְנִיָּה
ear, ***n.*** אֹזֶן; שִׁבֹּלֶת
eardrum, ***n.*** תֹּף הָאֹזֶן
early, ***adj.*** מֻקְדָּם, קָדוּם, מַשְׁכִּים
early, ***adv.*** בְּהַשְׁכָּמָה, בְּהֶקְדֵּם
earmark, ***n.*** צִיּוּן, סִימָן
earmark, ***v.t.*** סִמֵּן, צִיֵּן
earn, ***v.t.*** הִשְׂתַּכֵּר [שכר], הִרְוִיחַ [רוח]
earnest, ***adj., n.*** רְצִינִי; רְצִינוּת
earnings, ***n. pl.*** הַכְנָסָה, רְוָחִים
earring, ***n.*** עָגִיל, נֶזֶם הָאֹזֶן, נְטִיפָה, חֲלִי, לַחַשׁ

earth, *n.* אֶרֶץ, כַּדּוּר הָאָרֶץ, אֲדָמָה, יַבָּשָׁה, עָפָר
earthen, *adj.* אַרְצִי, חַרְסִי
earthenware, *n.* כְּלֵי חֶרֶס
earthly, *adj.* אַרְצִי, חָמְרִי
earthquake, *n.* רְעִידַת אֲדָמָה, רַעַשׁ
earthworm, *n.* שִׁלְשׁוּל
ease, *n.* שַׁלְוָה, נַחַת, רְוָחָה
ease, *v.t.* הֵקֵל [קלל] (כְּאֵב), הֵנִיחַ [נוח] (דַּעַת)
easel, *n.* כַּנָּה, אֲתוֹנֶת
easily, *adv.* בְּקַלּוּת, עַל נְקַלָּה
easiness, *n.* קַלּוּת, נַחַת
east, *n.* מִזְרָח, קֶדֶם
Easter, *n.* פֶּסַח; פַּסְחָא
easterly, *adj.* מִזְרָחִי, קָדִים
eastward, eastwards, *adv.* מִזְרָחָה
easy, *adj.* קַל, נוֹחַ
eat, *v.t.* & *i.* אָכַל, סָעַד; אִכֵּל, הִתְאַכֵּל [אכל]
eatable, *adj.* אָכִיל, רָאוּי לַאֲכִילָה
eatables, *n. pl.* אֳכָלִים
eater, *n.* אוֹכֵל, אַכְלָן
eavesdrop, *v.i.* צִיֵּת, הִקְשִׁיב [קשב] בְּסֵתֶר
eavesdropper, *n.* מַקְשִׁיב בְּסֵתֶר, צַיְתָן
ebb, *n.* שֶׁפֶל הַמַּיִם (בַּיָּם), הִתְמַעֲטוּת
ebb, *v.i.* הִשְׁתַּפֵּל [שפל], מָעַט, נִתְמַעֵט [מעט]
ebonite, *n.* אֶבֶן הָבְנֶה
ebony, *n.* הָבְנֶה
ebullition, *n.* תְּסִיסָה, רְתִיחָה
eccentric, *adj.* & *n.* יוֹצֵא מֶרְכָּז; מְשֻׁנֶּה, יוֹצֵא דֹּפֶן
eccentricity, *n.* יְצִיאַת מֶרְכָּז; יְצִיאַת דֹּפֶן, זָרוּת
Ecclesiastes, *n.* קֹהֶלֶת
ecclesiastic, *n.* כֹּהֵן, כֹּמֶר
ecclesiastical, *adj.* כְּנֵסִיָּתִי, רוּחָנִי
echo, *n.*, *v.t.* & *i.* בַּת קוֹל, הֵד; הִדְהֵד
eclipse, *n.* לִקּוּי (חַמָּה, לְבָנָה)
eclipse, *v.t.* & *i.* לָקְתָה [לקה] (חַמָּה, לְבָנָה), הֶאְפִּיל [אפל], הֶחֱשִׁיךְ [חשך]
economic, economical, *adj.* כַּלְכָּלִי; חַסְכָנִי
economically, *adv.* בְּחִסָּכוֹן
economist, *n.* כַּלְכְּלָן, חַסְכָן
economize, *v.t.* & *i.* חָסַךְ
economy, *n.* כַּלְכָּלָה, חִסָּכוֹן, חַסְכָנוּת
ecstasy, *n.* תַּעֲנוּג; הִתְלַהֲבוּת; הִתְרַגְּשׁוּת
ecstatic, *adj.* מִתְפָּעֵל; מִתְלַהֵב
ecstatically, *adv.* בְּהִתְפָּעֲלוּת; בְּהִתְלַהֲבוּת
eczema, *n.* חֲזָזִית
eddy, *n.*, *v.t.* & *i.* שִׁבֹּלֶת (בַּנָּהָר, בַּיָּם), מְעַרְבֹּלֶת; עִרְבֵּל
Eden, *n.* עֵדֶן
edge, *n.* קָצֶה, שָׂפָה; לִזְבֵּז; חֹד; שׁוּנִית
edge, *v.t.* & *i.* חִדֵּד, שִׁנֵּן; עָשָׂה שָׂפָה; הִתְקַדֵּם [קדם] לְאַט לְאַט
edible, *adj.* & *n.* אָכִיל; מַאֲכָל
edict, *n.* גְּזֵרָה, צָו
edification, *n.* חִנּוּךְ, לִמּוּד
edifice, *n.* בִּנְיָן
edify, *v.t.* לִמֵּד, חִנֵּךְ
edit, *v.t.* עָרַךְ
edition, *n.* הוֹצָאָה, מַהֲדוּרָה
editor, *n.* עוֹרֵךְ
editorial, *n.* מַאֲמָר רָאשִׁי
educate, *v.t.* חִנֵּךְ, הוֹרָה [ירה]
education, *n.* חִנּוּךְ, לִמּוּד, אִמּוּן
educational, *adj.* חִנּוּכִי
educator, *n.* אוֹמֵן, מוֹרֶה, מְחַנֵּךְ
eel, *n.* צְלוֹפָח (דָּג)
eerie, eery, *adj.* סוֹדִי; מַפְחִיד; נִסְתָּר

efface, *v.t.* מָחָה, מָחַק; הִכְחִיד [כחד]
effect, *n.* תּוֹצָאָה, מְסֻבָּב, תַּכְלִית; רֹשֶׁם, כַּוָּנָה
effect, effectuate, *v.t.* גָּרַם, הוֹצִיא [יצא] לְפֹעַל, פָּעַל, סִבֵּב, יָעַל
effective, *adj.* יָעִיל
effects, *n. pl.* חֲפָצִים
effeminacy, *n.* נָשִׁיּוּת, נְקֵבוּת
effeminate, *adj.* נָשִׁי, נְקֵבִי
effervesce, *v.i.* תָּסַס
effervescence, effervescency, *n.* תְּסִיסָה, קְצִיפָה
effervescent, *adj.* תּוֹסֵס
effete, *adj.* עָיֵף; חַלָּשׁ; עָקָר
efficacious, *adj.* יָעִיל, מֻכְשָׁר, פָּעִיל
efficacy, *n.* מֶרֶץ, כֹּשֶׁר, יְעִילוּת
efficiency, *n.* יְעִילוּת, חֲרִיצוּת, זְרִיזוּת
efficient, *adj.* יָעִיל, זָרִיז, נִמְרָץ
efficiently, *adv.* בִּיעִילוּת, בְּמֶרֶץ
effigy, *n.* דְּמוּת, צֶלֶם
effluence, *n.* שֶׁפֶךְ, הִשְׁתַּפְּכוּת
effort, *n.* הִשְׁתַּדְּלוּת, מַאֲמָץ
effrontery, *n.* עַזּוּת (פָּנִים) מֵצַח, חֻצְפָּה
effulgence, *n.* זִיו, זְרִיחָה, זֹהַר
effulgent, *adj.* קוֹרֵן, מַבְהִיק
effusion, *n.* הֲגָרָה, שְׁפִיכָה, הִשְׁתַּפְּכוּת
effusive, *adj.* מִשְׁתַּפֵּךְ, נִגָּר; רַגְשָׁנִי
egg, *n.* בֵּיצָה
eggplant, *n.* חָצִיל
ego, *n.* אָנֹכִי, אֲנִי
egoism, egotism, *n.* אָנֹכִיּוּת
egoist, egotist, *n.* אָנֹכִיָּן, אָנֹכִיִּי
egress, *n.* יְצִיאָה, מוֹצָא
Egypt, *n.* מִצְרַיִם
eight, *n.* שְׁמוֹנָה, שְׁמוֹנֶה
eighteen, *n.* שְׁמוֹנָה עָשָׂר, שְׁמוֹנֶה עֶשְׂרֵה
eighteenth, *adj.* הַשְּׁמוֹנָה עָשָׂר, הַשְּׁמוֹנֶה עֶשְׂרֵה
eighth, *adj. & n.* שְׁמִינִי, שְׁמִינִית
eighty, *n.* שְׁמוֹנִים
either, *adj. & pron.* כָּל אֶחָד, הָאֶחָד (מִשְּׁנַיִם)
either, *conj.* אוֹ, אִם
ejaculate, *v.t.* קָרָא, צָוַח
eject, *v.t.* הוֹצִיא [יצא], הִשְׁלִיךְ [שלך], גֵּרַשׁ; שִׁחֵת (זֶרַע)
ejection, *n.* הוֹצָאָה, גֵּרוּשׁ, הַשְׁלָכָה; שְׁחוּת, קֶרִי
eke, *v.t.* סִפֵּק (בְּדֹחַק); הֶאֱרִיךְ [ארך], הִגְדִּיל [גדל]
elaborate, *adj.* מְשֻׁפָּר, מֻרְכָּב, מְשֻׁכְלָל, מְעֻבָּד
elaborate, *v.t.* שִׁכְלֵל, עִבֵּד
elaboration, *n.* שִׁכְלוּל, שִׁפּוּר
elapse, *v.i.* חָלַף, עָבַר
elastic, *adj.* גָּמִישׁ, קְפִיצִי
elasticity, *n.* גְּמִישׁוּת, קְפִיצִיּוּת
elate, *v.t.* שִׂמַּח
elation, *n.* חֶדְוָה, גִּיל
elbow, *n.* מַרְפֵּק, אַצִּיל
elbow, *v.t. & i.* דָּחָה הַצִּדָּה, עָשָׂה (לְעַצְמוֹ) מָקוֹם
elder, *adj. & n.* בְּכוֹר, זָקֵן; סַמְבּוּק
elderly, *adj.* קְצָת זָקֵן
eldest, *adj.* הַזָּקֵן בְּיוֹתֵר; בְּכוֹר
elect, *adj. & n.* נִבְחָר; בָּחִיר
elect, *v.t.* בָּחַר, מִנָּה
election, *n.* בְּחִירָה, בִּכּוּר
elections, *n. pl.* בְּחִירוֹת
elective, *adj.* נִבְחָר
elector, *n.* מַצְבִּיעַ, בּוֹחֵר
electorate, *n.* בּוֹרְרוּת, כְּלַל הַבּוֹחֲרִים
electric, electrical, *adj.* חַשְׁמַלִּי
electrically, *adv.* עַל יְדֵי חַשְׁמַל
electrician, *n.* חַשְׁמַלַּאי; חַשְׁמְלָן

electricity, ***n.*** חַשְׁמַל

electrification, ***n.*** הִתְחַשְׁמְלוּת, חִשְׁמוּל

electrify, ***v.t.*** חִשְׁמֵל

electrocute, ***v.t.*** הֵמִית [מות] בְּחַשְׁמַל

electrocution, ***n.*** מִיתַת חַשְׁמַל

electrolysis, ***n.*** הַפְרָדָה (הֲמַסָּה) חַשְׁמַלִּית

electron, ***n.*** אֶלֶקְטְרוֹן, חַשְׁמַלִּיָּה

elegance, ***n.*** שַׁפִּירוּת

elegant, ***adj.*** שַׁפִּיר, מְפֹאָר, נֶהְדָּר

elegy, ***n.*** הֶסְפֵּד, קִינָה

element, ***n.*** יְסוֹד

elementary, ***adj.*** יְסוֹדִי; פָּשׁוּט

elephant, ***n.*** פִּיל

elephantine, ***adj.*** פִּילִי

elevate, ***v.t.*** הֵרִים [רום], הִגְבִּיהַּ [גבה], רוֹמֵם, שִׂגֵּב

elevation, ***n.*** הַגְדָּלָה; גֹּבַהּ; שִׂיא; הַעֲלָאָה

elevator, ***n.*** מַעֲלִית

eleven, ***adj. & n.*** אַחַד עָשָׂר, אַחַת עֶשְׂרֵה

eleventh, ***adj.*** הָאַחַד עָשָׂר, הָאַחַת עֶשְׂרֵה

elf, ***n.*** שֵׁד, רוּחַ

elfin, ***adj. & n.*** יֶלֶד שׁוֹבָב, שֵׁדִי

elfish, ***adj.*** שׁוֹבָב עָרוּם

elicit, ***v.t.*** הוֹצִיא [יצא] מִ־, גִּלָּה

elide, ***v.t.*** הִבְלִיעַ [בלע], הִשְׁמִיט [שמט] (הֲבָרָה)

eligible, ***adj.*** רָאוּי לְהִבָּחֵר, רָצוּי

eliminate, ***v.t.*** הוֹצִיא [יצא], הִרְחִיק [רחק], גֵּרֵשׁ

elimination, ***n.*** הַרְחָקָה, הַשְׁמָטָה

elixir, ***n.*** סַם חַיִּים

elk, ***n.*** אֵיל הַקּוֹרֵא

ell, ***n.*** אַמָּה

ellipse, ***n.*** סְגַלְגַּל, עִגּוּל (מָאֳרָךְ) בֵּיצִי

ellipsis, ***n.*** הַבְלָעָה, הַשְׁמָטָה (שֶׁל אוֹת אוֹ מִלָּה)

elliptic, ***adj.*** סְגַלְגַּל, עָגֹל־מָאֳרָךְ

elm, ***n.*** בּוּקִיצָה

elocution, ***n.*** הַטָּפָה, דַּבְּרָנוּת

elongate, ***v.t.*** הֶאֱרִיךְ [ארך]

elongation, ***n.*** הַאֲרָכָה

elope, ***v.i.*** בָּרַח עִם אֲהוּבָה

elopement, ***n.*** בְּרִיחַת נֶאֱהָבִים

eloquence, ***n.*** צַחוּת (הַדִּבּוּר)

eloquent, ***adj.*** צַח לָשׁוֹן, נִמְלָץ

else, ***adj. & adv.*** אַחֵר, בְּדֶרֶךְ אַחֶרֶת

elsewhere, ***adv.*** בְּמָקוֹם אַחֵר

elucidate, ***v.t.*** בֵּאֵר, הִבְהִיר [בהר]

elucidation, ***n.*** בֵּאוּר, הֶאָרָה, הַבְהָרָה

elude, ***v.t.*** הִתְחַמֵּק [חמק], הִשְׁתַּמֵּט [שמט], נִמְלַט [מלט]

elusive, ***adj.*** מִתְחַמֵּק, מוֹלִיךְ שׁוֹלָל

emaciate, ***v.t. & i.*** רָזָה; כָּחַשׁ

emaciation, ***n.*** רָזוֹן

emanate, ***v.i.*** יָצָא, נָבַע

emanation, ***n.*** יְצִיאָה, שֶׁפֶךְ, שֶׁפַע

emancipate, ***v.t.*** נָתַן שִׁוּוּי זְכֻיּוֹת, שִׁחְרֵר

emancipation, ***n.*** דְּרוֹר, שִׁוּוּי זְכֻיּוֹת

emancipator, ***n.*** מְשַׁחְרֵר

emasculate, ***v.t.*** סֵרֵס; הֶחֱלִישׁ [חלש]

embalm, ***v.t.*** חָנַט

embalmer, ***n.*** חוֹנֵט

embankment, ***n.*** דָּיֵק, סֶכֶר, מַחְסוֹם

embargo, ***n.*** אִסּוּר, עִכּוּב (מִשְׁלוֹחַ)

embark, ***v.t. & i.*** הֶעֱלָה (עָלָה) עַל אֳנִיָּה, הִפְלִיג [פלג]; הִתְחִיל [תחל]

embarkation, ***n.*** הַפְלָגָה

embarrass, ***v.t.*** הֵבִיא [בוא] בִּמְבוּכָה; הֵבִיךְ [בוך]

embarrassment, ***n.*** מְבוּכָה

embassy, ***n.*** שַׁגְרִירוּת, צִירוּת

embattle, *v.t.* עָרַךְ לִקְרָב
embed, *v.t.* הִשְׁכִּיב [שכב], שִׁבֵּץ
embellish, *v.t.* יִפָּה
embellishment, *n.* יִפּוּי
embers, *n. pl.* רֶמֶץ
embezzle, *v.t.* מָעַל בִּכְסָפִים
embezzlement, *n.* מְעִילָה בִּכְסָפִים
embitter, *v.t.* מֵרַר, הִכְעִיס [כעס]
emblazon, *v.t.* קִשֵּׁט
emblem, *n.* סֵמֶל, אוֹת
emblematic, *adj.* סִמְלִי
embodiment, *n.* גִּשּׁוּם, הַגְשָׁמָה, הִתְגַּשְּׁמוּת
embody, *v.t.* הִגְשִׁים [גשם], לִכֵּד, הֵכִיל [כול]
embody, *v.i.* הִתְלַכֵּד [לכד], הִתְחַבֵּר [חבר]
embolden, *v.t.* עוֹדֵד [עוד], אִמֵּץ
embosom, *v.t.* טָמַן בְּחֵיקוֹ, הוֹקִיר [יקר]; שָׁמַר
emboss, *v.t.* הִטְבִּיעַ [טבע] צוּרָה
embower, *v.t.* סוֹכֵךְ [סכך], שָׂם [שים] בְּסֻכָּה
embower, *v.i.* הֵסֵךְ [סכך]; יָשַׁב בְּסֻכָּה
embrace, *n.* חֲבִיקָה, חִבּוּק, גִּפּוּף
embrace, *v.t.* & *i.* חִבֵּק, גִּפֵּף; הֵכִיל [כול]; הִתְחַבֵּק [חבק]
embroider, *v.t.* רָקַם
embroidery, *n.* רֶקֶם, רִקְמָה
embroil, *v.t.* סִכְסֵךְ; עוֹרֵר רִיב
embryo, *n.* עֻבָּר, שָׁלִיל
embryologist, *n.* מֻמְחֶה בְּתוֹלְדוֹת הָעֻבָּר
embryology, *n.* תּוֹרַת הָעֻבָּר
embryonic, *adj.* עֻבָּרִי, שְׁלִילִי, בִּלְתִּי־מְפֻתָּח
emend, *v.t.* תִּקֵּן, הִגִּיהַּ [נגה]
emendation, *n.* תִּקּוּן, הֲטָבָה, הַגָּהָה
emerald, *n.* בָּרֶקֶת
emerge, *v.i.* יָצָא, עָלָה, הוֹפִיעַ [יפע], נִגְלָה [גלה]
emergence, *n.* הוֹפָעָה, עֲלִיָּה
emergency, *n.* שְׁעַת חֵרוּם, דְּחָק, הֶכְרֵחַ
emery, *n.* שָׁמִיר
emetic, *n.* סַם הֲקָאָה
emigrant, *n.* מְהַגֵּר
emigrate, *v.i.* הִגֵּר
emigration, *n.* הֲגִירָה, הִגּוּר
eminence, eminency, *n.* רוֹמְמוּת; הִתְרוֹמְמוּת, הִתְנַשְּׂאוּת, חֲשִׁיבוּת; הוֹד, רוֹם, מַעֲלָה
eminent, *adj.* רָם, נִכְבָּד
emissary, *n.* שָׁלִיחַ, צִיר
emission, *n.* הוֹצָאָה, שִׁלּוּחַ
emit, *v.t.* הוֹצִיא [יצא]; הֵפִיץ [פוץ]
emolument, *n.* הַכְנָסָה, מַשְׂכֹּרֶת
emotion, *n.* רֶגֶשׁ, הַרְגָּשָׁה, הִתְרַגְּשׁוּת
emotional, *adj.* רַגְשָׁנִי, רִגְשִׁי
emperor, *n.* מֶלֶךְ, קֵיסָר
emphasis, *n.* הַדְגָּשָׁה, הַבְלָטָה, הַטְעָמָה
emphasize, *v.t.* הִדְגִּישׁ [דגש], הִטְעִים [טעם]
emphatic, *adj.* בּוֹלֵט, מֻדְגָּשׁ, וַדַּאי
empire, *n.* מַמְלָכָה
empiric, empirical, *adj.* נִסְיוֹנִי
employ, *n.* עֵסֶק, שִׁמּוּשׁ
employ, *v.t.* הֶעֱבִיד [עבד], הֶעֱסִיק [עסק], הִשְׁתַּמֵּשׁ [שמש] בְּ־
employee, *n.* שָׂכִיר, פּוֹעֵל, פָּקִיד
employer, *n.* מַעֲבִיד, מַעֲסִיק
employment, *n.* עֲבוֹדָה, מַעֲשֶׂה, מְלָאכָה, הַעֲסָקָה
emporium, *n.* מֶרְכָּז מִסְחָרִי, שׁוּק; חֲנוּת כָּל־בָּהּ

empower, *v.t.* יִפָּה כֹּחַ, הִרְשָׁה [רשה]
empress, *n.* מַלְכָּה
emptiness, *n.* רֵיקָנוּת, חָלָל, תֹּהוּ
empty, *adj.* רֵיק, בּוּר; רָעֵב
empty, *v.t.* & *i.* הֵרִיק [ריק], שָׁפַךְ, פִּנָּה, רוֹקֵן, נִתְרוֹקֵן [רוקן]
emulate, *v.t.* הִתְחָרָה [חרה]
emulation, *n.* הִתְחָרוּת, תַּחֲרוּת
emulsion, *n.* תַּחֲלִיב
enable, *v.t.* נָתַן הַיְכֹלֶת, הִרְשָׁה, [רשה], אִפְשֵׁר
enact, *v.t.* חָקַק, הִצִּיג [יצג], מִלֵּא תַּפְקִיד
enactment, *n.* חֻקָּה, תַּקָּנָה
enamel, *n.*, *v.t.* אֵימָל ;אִמֵּל
enamor, enamour, *v.t.* הִתְאַהֵב [אהב]
encamp, *v.i.* חָנָה
encampment, *n.* חֲנִיָּה, מַחֲנֶה, אָהֳלִיָּה
encase, *v.t.* נִרְתֵּק; צִפָּה, כִּסָּה
enchain, *v.t.* כָּבַל, אָסַר בַּאֲזִקִּים
enchant, *v.t.* לִבֵּב, קָסַם
enchantment, *n.* כִּשּׁוּף, נַחַשׁ, הִתְלַהֲבוּת
enchantress, *n.* מְלַבֶּבֶת, קוֹסֶמֶת
encircle, *v.t.* הִקִּיף [נקף], כִּתֵּר, עִטֵּר, סָבַב
enclose, inclose, *v.t.* שָׂם [שים] בְּ־, צֵרֵף, רָצַף לְ־; גָּדַר
enclosure, *n.* הֶקֵּף, עֲזָרָה; גְּדֵרָה, מִכְלָאָה, בָּצְרָה, טִירָה
encomium, *n.* שֶׁבַח, תְּהִלָּה
encompass, *v.t.* אָפַף, סָבַב, כִּתֵּר
encore, *n.*, *adv.* & *interj.* הַדְרָן
encounter, *n.* פְּגִישָׁה; הִתְנַגְּשׁוּת
encounter, *v.t.* & *i.* פָּגַשׁ, הִתְנַגֵּשׁ [נגש]
encourage, *v.t.* עוֹדֵד [עוד], אִמֵּץ לֵב
encouragement, *n.* אִמּוּץ, חִזּוּק
encroach, *v.i.* הִסִּיג [נסג] גְּבוּל
encroachment, *n.* הַסָּגַת גְּבוּל
encrust, *v.t.* & *i.* צִפָּה, כִּסָּה
encumber, *v.t.* הִכְבִּיד [כבד], הֶעֱמִיס [עמס]
encumbrance, *n.* הַכְבָּדָה, מַעֲמָסָה
encyclical, *adj.* & *n.* כְּלָלִי, (מִכְתָּב) חוֹזֵר
encyclopedia, encyclopaedia, *n.* אִגְרוֹן, מַחֲזוֹר, אֶנְצִיקְלוֹפֶּדְיָה
end, *n.* תַּכְלִית; סוֹף, קֵץ, סִיּוּם
end, *v.t.* גָּמַר, הִשְׁלִים [שלם], כִּלָּה, סִיֵּם
endanger, *v.t.* סִכֵּן
endear, *v.t.* חִבֵּב
endearment, *n.* אַהֲבָה, חִבָּה, חִבּוּב
endeavor, endeavour, *n.* הִתְאַמְּצוּת, הִשְׁתַּדְּלוּת
endeavor, endeavour, *v.t.* & *i.* הִתְאַמֵּץ [אמץ], הִשְׁתַּדֵּל [שדל]
ending, *n.* סִיּוּם, גְּמָר, תּוֹצָאָה
endive, *n.* עֹלֶשׁ (סָרִי)
endless, *adj.* שֶׁאֵין לוֹ סוֹף, אַל סוֹפִי
endlessly, *adv.* לְאֵין סוֹף
endorse, indorse, *v.t.* אִשֵּׁר, קִיֵּם
endorsement, indorsement, *n.* אִשּׁוּר, קִיּוּם
endow, *v.t.* הֶעֱנִיק, [ענק]; חָנַן (בְּכִשְׁרוֹן)
endowment, *n.* הַעֲנָקָה, זֶבֶד; כִּשְׁרוֹן
endurable, *adj.* שֶׁאֶפְשָׁר לִסְבֹּל
endurance, *n.* סַבְלָנוּת, הַתְמָדָה, קִיּוּם
endure, *v.t.* & *i.* סָבַל, נָשָׂא; הִתְקַיֵּם [קום]
enema, *n.* חֹקֶן
enemy, *n.* אוֹיֵב, שׂוֹנֵא, צַר
energetic, *adj.* בַּעַל מֶרֶץ, נִמְרָץ
energetically, *adv.* בְּמֶרֶץ
energize, *v.t.* & *i.* הִמְרִיץ [מרץ]
energy, *n.* מֶרֶץ, כֹּחַ

enervate, *v.t.* עִצְבֵּן, הֶחֱלִישׁ [חלש]
enfeeble, *v.t.* רִפָּה, נֶחֱלַשׁ [חלש]
enfold, *v.* infold
enforce, *v.t.* הוֹצִיא [יצא] לְפֹעַל, הִכְרִיחַ [כרח], כָּפָה, אִלֵּץ
enforcement, *n.* אֹנֶס, הֶכְרֵחַ
enfranchise, *v.t.* נָתַן זְכוּת בְּחִירוֹת, שִׁחְרֵר
enfranchisement, *n.* גְּאֻלָּה, פְּדוּת
engage, *v.t.* & *i.* הֶעֱסִיק [עסק]; עָרַב; אָרַס
engagement, *n.* עֵסֶק; הִתְקַשְּׁרוּת; אֵרוּסִים
engender, *v.t.* & *i.* הוֹלִיד [ילד]; יָצַר; נוֹלַד [ילד], יָלַד
engine, *n.* מָנוֹעַ, מְכוֹנָה
engineer, *n.* מְהַנְדֵּס; מְכוֹנַאי, מְכוֹנֵן; קַטָּרַאי
engineer, *v.t.* הִנְדֵּס, כּוֹנֵן [כון], בָּנָה
England, *n.* אַנְגְּלִיָּה
English, *adj.* & *n.* אַנְגְּלִי, אַנְגְּלִית
engraft, *v.t.* הִרְכִּיב [רכב]
engrave, *v.t.* חָרַת, גִּלֵּף, חָקַק
engraver, *n.* גַּלָּף, חוֹרֵת, חָקָק, חוֹרֵט
engraving, *n.* גְּלִיפָה, פִּתּוּחַ, חֲקִיקָה
engross, *v.t.* כָּתַב (בְּאוֹתִיּוֹת גְּדוֹלוֹת); מִלֵּא (לֵב, זְמַן)
engulf, *v.t.* בָּלַע
enhance, *v.t.* גִּדֵּל, הִגְדִּיל [גדל], הִרְבָּה [רבה]
enhancement, *n.* הֲרָמָה; הַגְזָמָה, רִבּוּי, גְּדִילָה
enigma, *n.* חִידָה, בְּעָיָה
enigmatic, enigmatical, *adj.* סָתוּם, בִּלְתִּי מוּבָן
enjoin, *v.t.* אָסַר, צִוָּה עַל
enjoy, *v.t.* שָׂמַח, נֶהֱנָה, [הנה], הִתְעַנֵּג [ענג], הִשְׁתַּעְשַׁע [שעשע]
enjoyment, *n.* תַּעֲנוּג, הֲנָאָה
enkindle, *v.t.* הִדְלִיק [דלק], הִבְעִיר [בער], הִצִּית [יצת]; הֶחֱרָה [חרה] (אַף); הֵסִית [סות]
enlarge, *v.t.* & *i.* הִרְחִיב [רחב], הִגְדִּיל [גדל], הֶאֱרִיךְ [ארך]
enlargement, *n.* הַרְחָבָה, הַגְדָּלָה
enlighten, *v.t.* הִסְבִּיר [סבר], הֵאִיר [אור] עֵינֵי, הֵבִין [בין], הֶחְכִּים [חכם]
enlightenment, *n.* הַסְבָּרָה, הַשְׂכָּלָה
enlist, *v.t.* & *i.* הִתְנַדֵּב [נדב] לַצָּבָא
enlistment, *n.* הַרְשָׁמָה, הִסְתַּפְּחוּת
enliven, *v.t.* נָפַח רוּחַ חַיִּים בְּ־; עוֹרֵר
enmity, *n.* שִׂנְאָה, אֵיבָה
ennoble, *v.t.* רוֹמֵם [רום], גִּדֵּל
ennui, *n.* שִׁעֲמוּם, לֵאוּת
enormity, *n.* גֹּדֶל, עֹצֶם; זָדוֹן
enormous, *adj.* גָּדוֹל, כַּבִּיר, עָצוּם
enough, *adj.* & *adv.* מַסְפִּיק; לְמַדַּי
enough, *n.* דַּי, סִפּוּק
enquire, *v.* inquire
enrage, *v.t.* הִכְעִיס [כעס], הִקְצִיף [קצף]
enrapture, *v.t.* לִבֵּב, שִׂמַּח
enrich, *v.t.* הֶעֱשִׁיר [עשר]
enrichment, *n.* הַעֲשָׁרָה
enroll, *v.t.* הִרְשִׁים [רשם]
enrollment, *n.* הַרְשָׁמָה
enshrine, *v.t.* הִקְדִּישׁ [קדש]
enshroud, *v.t.* עָטַף בְּתַכְרִיכִים
ensign, *n.* דֶּגֶל, נֵס; דַּגְלָן, דַּגָּל
enslave, *v.t.* שִׁעְבֵּד, הִשְׁתַּעְבֵּד [עבד]
enslavement, *n.* שִׁעְבּוּד
ensnare, *v.t.* לָכַד בַּפַּח
ensue, *v.i.* בָּא [בוא] אַחֲרֵי
ensure, *v.* insure
entail, *v.t.* גָּרַר אַחֲרָיו; גָּרַם

entangle, *v.t.* בִּלְבֵּל, סִבֵּךְ, סִכְסֵךְ
entanglement, *n.* סִבּוּךְ, בִּלְבּוּל
enter, *v.t.* & *t.* ;נִכְנַס [כנס], בָּא; [בוא]
רָשַׁם, פִּנְקֵס
enterprise, *n.* הֶעָזָה; יָזְמָה, עֵסֶק
entertain, *v.t.* & *i.* ,בִּדְחֵן, בִּדַּח, בִּדֵּר
שִׁעְשַׁע, הִשְׁתַּעְשַׁע [שעשע]; אֵרַח
entertainer, *n.* בַּדְחָן
entertainment, *n.* ,בִּדּוּחַ, שַׁעֲשׁוּעַ
בִּדּוּר
enthrall, enthral, *v.t.* שִׁעְבֵּד
enthrone, *v.t.* הִמְלִיךְ [מלך], הִכְתִּיר
[כתר]
enthuse, *v.t.* & *i.* הִלְהִיב, הִתְלַהֵב [להב]
enthusiasm, *n.* הִתְלַהֲבוּת
enthusiast, *n.* מִתְלַהֵב
enthusiastic, *adj.* נִלְהָב
entice, *v.t.* פִּתָּה, הִסִּית [סות]
enticement, *n.* פִּתּוּי, הֲסָתָה
entire, *adj.* שָׁלֵם, כָּלִיל, מָלֵא, כָּל כֻּלּוֹ
entirely, *adv.* לְגַמְרֵי
entirety, *n.* הַכֹּל, שְׁלֵמוּת
entitle, *v.t.* כִּנָּה, קָרָא שֵׁם; נָתַן זְכוּת
entity, *n.* הֲוָיָה; מְצִיאוּת
entomb, *v.t.* קָבַר, קִבֵּר
entombment, *n.* קְבוּרָה, קִבּוּר
entomologist, *n.* חוֹקֵר חֲרָקִים
entomology, *n.* חָכְמַת הַחֲרָקִים
entrails, *n. pl.* קְרָבַיִם
entrance, *n.* כְּנִיסָה, פֶּתַח, מָבוֹא
entrance, *v.t.* קָסַם, הִלְהִיב [להב]
entrant, *n.* נִכְנָס, בָּא
entrap, *v.t.* לָכַד בַּפַּח
entreat, *v.t.* הִפְצִיר [פצר], הִתְחַנֵּן [חנן]
entreaty, *n.* הַפְצָרָה, בַּקָּשָׁה, תַּחֲנוּן
entree, entrée, *n.* מָבוֹא, כְּנִיסָה; מָנָה
רִאשׁוֹנָה, פַּרְפְּרָאוֹת
entrust, *v.* intrust

entry, *n.* כְּנִיסָה; פִּנְקוּס; עֵרֶךְ (בְּמִלּוֹן)
entwine, *v.t.* כָּרַךְ, שֵׁרַג, סִבֵּךְ
enumerate, *v.t.* סָפַר, מָנָה, סִפְרֵר
enumeration, *n.* סְפִירָה, מִנְיָן, סִפְרוּר
enunciate, *v.t.* בִּטֵּא, דִּבֵּר
enunciation, *n.* ,הַבָּעָה, נִיב, בִּטּוּי
מִבְטָא
envelop, *v.t.* ,כִּסָּה, הֶעֱטָה [עטה]
עָטַף, עִטֵּף
envelope, envelop, *n.* מַעֲטָפָה
envelopment, *n.* עִטּוּף, עֲטִיפָה
envenom, *v.t.* הִרְעִיל [רעל]
enviable, *adj.* מְעוֹרֵר קִנְאָה
envious, *adj.* מְקַנֵּא, חוֹמֵד
environment, *n.* סְבִיבָה
envisage. *v.t.* חָשַׁב, עָמַד בִּפְנֵי, אָמַר
לַעֲשׂוֹת
envoy, *n.* שָׁלִיחַ, צִיר
envy, *n.* קִנְאָה
envy, *v.t.* & *i.* קִנֵּא, הִתְקַנֵּא [קנא]
epaulet, epaulette, *n.* כְּתֵפָה
ephemeral, *adj.* בֶּן יוֹם, חוֹלֵף
epic, *adj.* אֶפִּי, נִשְׂגָּב
epic, *n.* שִׁיר (עֲלִילָה) גִּבּוֹרִים
epicure, *n.* רוֹדֵף תַּעֲנוּגִים
epidemic, *adj.* & *n.* מַגֵּפָתִי; מַגֵּפָה
epidermis, *n.* עוֹר עֶלְיוֹן
epigram, *n.* מִכְתָּם
epigrammatic, *adj.* מִכְתָּמִי
epilepsy, *n.* כִּפְיוֹן, נְפִילוּת
epileptic, *n.* נִכְפֶּה
epilogue, *n.* ;סִיּוּם, נְעִילָה; הַפְטָרָה
חֲתִימָה, מַחְתָּם
episcopacy, *n.* בִּישׁוֹפוּת
episode, *n.* מִקְרֶה, מְאֹרָע
epistle, *n.* מִכְתָּב, אִגֶּרֶת
epistolary, *adj.* מִכְתָּבִי, אִגַּרְתִּי
epitaph, *n.* כְּתֹבֶת מַצֵּבָה

epithet, *n.* תֹּאַר
epitome, *n.* תַּמְצִית, קִצּוּר, סִכּוּם
epitomize, *v.t.* תִּמְצֵת, קִצֵּר, סִכֵּם
epoch, *n.* תְּקוּפָה
epochal, *adj.* תְּקוּפָתִי, שֶׁל תְּקוּפָה
equability, *n.* בִּקְבִיעוּת
equable, *adj.* קָבוּעַ
equal, *adj.* שָׁוֶה, שָׁקוּל, מְעֻיָּן
equal, *v.t.* שָׁוָה, הִשְׁתַּוָּה [שוה], דָּמָה
equality, *n.* שִׁוְיוֹן
equalize, *v.t.* הִשְׁוָה [שוה]
equalizer, *n.* מַשְׁוֶה
equanimity, *n.* מְתִינוּת, יִשּׁוּב הַדַּעַת
equate, *v.t.* הִשְׁוָה, הִשְׁתַּוָּה [שוה]
equation, *n.* מִשְׁוָאָה
equator, *n.* קַו הַמַּשְׁוֶה
equatorial, *adj.* שֶׁל קַו הַמַּשְׁוֶה
equestrian, *n.* & *adj.* רוֹכֵב, פָּרָשׁ; שֶׁל פָּרָשִׁים
equidistant, *adj.* שְׁוֵה מֶרְחָק
equilateral, *adj.* שְׁוֵה צְלָעוֹת
equilibrium, *n.* שִׁוּוּי מִשְׁקָל, אִזּוּן
equinox, *n.* תְּקוּפָה, שִׁוְיוֹן יוֹם וָלַיְלָה
autumnal equinox תְּקוּפַת תִּשְׁרִי
vernal equinox תְּקוּפַת נִיסָן
equip, *v.t.* סִפֵּק, זִיֵּן, הֵכִין [כון]
equipment, *n.* אַסְפָּקָה, זִיּוּן
equitable, *adj.* יָשָׁר, צוֹדֵק
equity, *n.* יֹשֶׁר, צֶדֶק
equivalent, *adj.* שָׁקוּל, מְעֻיָּן
equivalent, *n.* שִׁוִי
equivocal, *adj.* כְּפוּל מַשְׁמָעוּת, מְסֻפָּק
era, *n.* תַּאֲרִיךְ, סְפִירָה, תְּקוּפָה
eradicate, *v.t.* עָקַר, שֵׁרֵשׁ
erase, *v.t.* מָחַק
eraser, *n.* מוֹחֵק
erasure, *n.* מְחִיקָה
ere, *prep.* & *conj.* טֶרֶם, לִפְנֵי
erect, *adj.* זָקוּף, יָשָׁר
erect, *v.t.* כּוֹנֵן [כון], הֵקִים [קום], בָּנָה, יִסֵּד
erection, *n.* הֲקָמָה, עֲמִידָה; קִשּׁוּי, זְקִיפָה
eremite, *n.* מִתְבּוֹדֵד, פָּרוּשׁ, נָזִיר
ermine, *n.* חֹלֶד הָרִים
erode, *v.t.* חָלַד, אִכֵּל; נִסְחַף [סחף]
erosion, *n.* סַחַף, סְחוֹפֶת, הַחְלָדָה
erotic, *adj.* עַגְבָנִי, תְּאַוְמִינִי
err, *v.t.* & *i.* תָּעָה, שָׁגָה, הִתְעָה [תעה], הִשְׁגָּה [שגה], הֶחֱטִיא [חטא]
errand, *n.* שְׁלִיחוּת
errant, *adj.* נוֹדֵד, תּוֹעֶה, שׁוֹגֶה
erroneous, *adj.* מְשֻׁבָּשׁ, מֻטְעֶה
error, *n.* שִׁבּוּשׁ, שְׁגָגָה, מִשְׁגֶּה, טָעוּת
erst, erstwhile, *adv.* לְפָנִים
erudite, *adj.* בָּקִי, מְלֻמָּד
erudition, *n.* לַמְדָנוּת, בְּקִיאוּת, יַדְעָנוּת
eruption, *n.* הִתְפָּרְצוּת, פְּרִיחָה, סַפַּחַת
eruptive, *adj.* מִתְפָּרֵץ
erysipelas, *n.* שׁוֹשַׁנָּה, וֶרֶדֶת, סַמֶּקֶת
escalator, *n.* מַדְרֵגוֹת נוֹעַ
escapade, *n.* מְשׁוּבָה, בְּרִיחָה
escape, *n.* מָנוֹס, מִפְלָט
escape, *v.t.* & *i.* בָּרַח, נָס [נוס], נִמְלַט [מלט], הִסְתַּלֵּק [סלק]
eschew, *v.t.* נִמְנַע [מנע] (מִן), הִשְׁתַּמֵּט [שמט]
escort, *n.* מְלַוֶּה, שׁוֹמֵר, לִוּוּי
escort, *v.t.* לִוָּה
escutcheon, *n.* צִנָּה, מָגֵן, שֶׁלֶט
esophagus, oesophagus, *n.* וֶשֶׁט, בֵּית הַבְּלִיעָה
esoteric, *adj.* סוֹדִי, נִסְתָּר
especial, *adj.* מְיֻחָד, עִקָּרִי

especially, *adv.* בִּמְיֻחָד, בְּיִחוּד
espionage, *n.* רִגּוּל
espousal, *n.* כְּלוּלוֹת, נִשּׂוּאִים, חֲתֻנָּה; הִתְמַסְּרוּת
espouse, *v.t.* נָשָׂא, נִשָּׂא, הִשִּׂיא [נשא]; הֵגֵן [גנן] עַל (רַעְיוֹן)
esprit, *n.* רוּחַ, שֵׂכֶל; חֲרִיפוּת
espy, *v.t.* רָאָה, גִּלָּה; תָּר [תור], רִגֵּל
esquire, *n.* אָדוֹן, מַר
essay, *n.* מַסָּה; נִסָּיוֹן
essay, *v.t.* נִסָּה
essence, *n.* תַּמְצִית, עִקָּר; מַהוּת
essential, *adj.* עִקָּרִי, מַהוּתִי
essentially, *adv.* בְּעִקָּר, בְּעֶצֶם מַהוּתוֹ
establish, *v.t.* הֵקִים [קום], קִיֵּם, יָסַד, כּוֹנֵן [כון]
establishment, *n.* מוֹסָד, מָכוֹן; קִיּוּם
estate, *n.* מַעֲמָד, מַצָּב; נְכָסִים, נַחֲלָה
esteem, *n.* כָּבוֹד, הוֹקָרָה
esteem, *v.t.* כִּבֵּד, הוֹקִיר [יקר]
estimate, estimation, *n.* הַעֲרָכָה, אֻמְדָּן, אֹמֶד, שׁוּמָה
estimate, *v.t.* אָמַד, הֶעֱרִיךְ [ערך], שָׂם [שום]
estrange, *v.t.* הִרְחִיק [רחק], הִפְרִיד [פרד] בֵּין, הֵסִיר [סור] לִבּוֹ מֵאַחֲרֵי; הָלַךְ עִמּוֹ בְּקֶרִי
estrangement, *n.* הִתְנַכְּרוּת הִתְרַחֲקוּת; קֶרִי
estuary, *n.* מוֹצָא (שֶׁל נָהָר לַיָּם)
etch, *v.t. & i.* חָרַט, קִעְקַע
etching, *n.* תַּחֲרִיט, חֲרִיטָה, קַעֲקַע
eternal, *adj.* נִצְחִי, עוֹלָמִי
eternally, *adv.* לָנֶצַח, לְעוֹלָם, לָעַד
eternity, *n.* נֶצַח, נִצְחִיּוּת
ether, *n.* אֲוִיר עֶלְיוֹן, אֶתֶר
ethereal, *adj.* אֲוִירִי, שְׁמֵימִי
ethical, *adj.* מוּסָרִי, מִדּוֹתִי
ethics, *n. pl.* מוּסָר, מִדּוֹת
ethnologist, *n.* חוֹקֵר חַיֵּי עַמִּים
ethnology, *n.* תּוֹרַת הָעַמִּים
etiquette, *n.* נִמּוּס, דֶּרֶךְ אֶרֶץ
étude, *n.* תַּרְגִּיל (בִּנְגִינָה)
etymological, *adj.* גִּזְרוֹנִי
etymology, *n.* גִּזְרוֹנוּת, חֵקֶר מִלִּים
Eucharist, *n.* סְעֻדַּת יֵשׁוּ
eulogize, *v.t.* שִׁבַּח, הִלֵּל
eulogy, *n.* שֶׁבַח, קִלּוּס; הֶסְפֵּד
eunuch, *n.* סָרִיס
euphemism, *n.* לָשׁוֹן נְקִיָּה
euphony, *n.* נְעִימָה, נְעִימוּת הַצִּלְצוּל
Europe, *n.* אֵירוֹפָּה
evacuate, *v.t.* הֵרִיק [ריק], יָצָא, עָזַב
evacuation, *n.* יְצִיאָה, עֲזִיבָה, הֲרָקָה
evade, *v.t. & i.* הִשְׁתַּמֵּט [שמט], הִתְחַמֵּק [חמק]; נִצַּל, נִמְלַט [מלט]
evaluate, *v.t.* הֶעֱרִיךְ [ערך]
evangelic, evangelical, *adj.* שֶׁל (הַבְּרִית הַחֲדָשָׁה) תּוֹרַת יֵשׁוּ, אֶוַנְגֶּלִי
evaporate, *v.t. & i.* אִיֵּד, אָיַד, הִתְאַיֵּד [איד], הִתְאַדָּה [אדה], הִתְנַדֵּף [נדף]
evaporation, *n.* הִתְאַיְּדוּת; הִתְאַדּוּת
evasion, *n.* הַעֲרָמָה, נְסִיגָה, הִתְחַמְּקוּת
evasive, *adj.* מִתְחַמֵּק, מִשְׁתַּמֵּט
eve, *n.* עֶרֶב
even, *adj.* שָׁוֶה, דּוֹמֶה, שָׁקוּל, מְעֻיָּן
even, *adv., v.t. & i.* אֲפִילוּ, אַף; הִשְׁוָה [שוה], הִשְׁתַּוָּה [שוה]
evening, *n.* עֶרֶב, לַיְלָה
event, *n.* מְאֹרָע, מִקְרֶה, אֵרוּעַ
eventual, *adj.* אֶפְשָׁרִי
eventually, *adv.* לְבַסּוֹף, סוֹף סוֹף
ever, *adv.* תָּמִיד, בְּכָל אֹפֶן, בִּכְלָל
evermore, *adv.* תָּמִיד, לָנֶצַח
every, *adj.* כָּל

everybody, everyone, *n.* כָּל אִישׁ, כָּל אֶחָד, הַכֹּל
everyday, *adj.* יוֹמְיוֹמִי
everything, *n.* הַכֹּל, כָּל דָּבָר
everywhere, *adv.* בְּכָל מָקוֹם
evict, *v.t.* גֵּרֵשׁ, הוֹצִיא [יצא] בְּכֹחַ
eviction, *n.* הוֹצָאָה, גֵּרוּשׁ
evidence, *n.* עֵדוּת, רְאָיָה, הוֹכָחָה
evident, *adj.* מְפֹרָשׁ, בָּרוּר, בּוֹלֵט
evidently, *adv.* כְּנִרְאֶה
evil, *adj.* & *n.* רַע; רֹעַ, רָעָה, פֶּגַע
evil eye עַיִן הָרַע
evince, *v.t.* הֶרְאָה [ראה]
evoke, *v.t.* הֶעֱלָה [עלה] (מֵת), עוֹרֵר [עור]
evolution, *n.* הִתְפַּתְּחוּת, תּוֹרַת הַהִתְפַּתְּחוּת
evolutionary, *adj.* הִתְפַּתְּחוּתִי
evolve, *v.t.* & *i.* פִּתַּח, הִתְפַּתַּח [פתח]
ewe, *n.* רְחֵלָה, כִּבְשָׂה
ewer, *n.* קִיתוֹן, כַּד
exact, *adj.* נָכוֹן, מְדֻיָּק, בָּרוּר
exact, *v.t.* דָּרַשׁ, תָּבַע
exacter, *n.* תָּבְעָן, נוֹשֶׁה
exaction, *n.* תְּבִיעָה יְתֵרָה, לְחִיצָה, נְגִישָׂה
exactitude, *n.* דַּיְּקָנוּת
exactly, *adv.* בְּדִיּוּק
exactness, *n.* דִּיּוּק
exaggerate, *v.t.* הִגְזִים [גזם], הִפְלִיג [פלג], הִפְרִיז [פרז]
exaggeration, *n.* גֻּזְמָה, הַגְזָמָה, הַפְרָזָה
exalt, *v.t.* הֵרִים [רום], רוֹמֵם [רום], שִׂגֵּב, קִלֵּס
exaltation, *n.* שֶׂגֶב, הִתְרוֹמְמוּת
examination, *n.* מִבְחָן, בְּחִינָה, בְּדִיקָה, חֲקִירָה
examine, *v.t.* בָּחַן, בָּדַק, חָקַר, עִיֵּן

examiner, *n.* חוֹקֵר, בּוֹחֵן, בּוֹדֵק
example, *n.* דֻּגְמָה, מָשָׁל, דִּמְיוֹן
exasperate, *v.t.* הִכְעִיס [כעס], הִרְגִּיז [רגז]
exasperation, *n.* הַכְעָסָה, הַרְגָּזָה
excavate, *v.t.* חָפַר, כָּרָה
exceed, *v.t.* & *i.* עָלָה עַל; גָּדַשׁ אֶת הַסְּאָה, הִפְרִיז [פרז] עַל הַמִּדָּה, עָבַר (מִדָּה, מְהִירוּת)
exceeding, *adj.* גָּדוֹל, מְרֻבֶּה
exceedingly, *adv.* הַרְבֵּה, הַרְבֵּה מְאֹד, עַד מְאֹד
excel, *v.t.* & *i.* הִצְטַיֵּן [צין]
excellence, *n.* הִצְטַיְּנוּת
excellency, *n.* הִצְטַיְּנוּת; הוֹד מַעֲלָתוֹ (כִּנּוּי כָּבוֹד)
excellent, *adj.* מְצֻיָּן, נִפְלָא
except, *v.t.* & *i.* הוֹצִיא [יצא] מֵהַכְּלָל, חָלַק עַל, הִתְנַגֵּד [נגד] לְ־
except, *prep.* זוּלַת, מִלְּבַד
exception, *n.* חָרִיג, יוֹצֵא מִן הַכְּלָל; הִתְנַגְּדוּת
exceptional, *adj.* יוֹצֵא מִן הַכְּלָל, יָקַר הַמְּצִיאוּת, בִּלְתִּי רָגִיל
excerpt, *n.* קֶטַע
excess, *n.* יִתְרוֹן, עֹדֶף; רֹב, קִיצוֹנִיּוּת, שֶׁפַע, יֶתֶר
excessive, *adj.* נִפְרָז, מְיֻתָּר
exchange, *n.* חִלּוּף, תְּמוּרָה; מְחִיר, שַׁעֲרוּר; מִשְׁעָרָה
exchange, *v.t.* & *i.* הֶחֱלִיף, הֵמִיר
exchequer, *n.* אוֹצַר הַמְּדִינָה
excise, *n.* & *v.t.* מֶכֶס (מַס) עֲקִיפִין, בְּלוֹ; כָּרַת, קִצֵּעַ; הֵרִים [רום] מֶכֶס, הֵטִיל [נטל] בְּלוֹ
excite, *v.t.* גֵּרָה, עוֹרֵר [עור], הִרְגִּיז [רגז]
excitement, *n.* הִתְרַגְּשׁוּת, גֵּרוּי, הַרְגָּזָה

exclaim, *v.t.* קָרָא, צָעַק
exclamation, *n.* קְרִיאָה, צְעָקָה
exclamation point סִימַן קְרִיאָה (!)
exclude, *v.t.* הוֹצִיא [יצא] מִן הַכְּלָל
exclusion, *n.* הוֹצָאָה מִן הַכְּלָל
exclusive, *adj.* בִּלְעָדִי, יִחוּדִי
excommunicate, *v.t.* הֶחֱרִים [חרם]
excommunication, *n.* הַחֲרָמָה, חֵרֶם
excrement, *n.* פֶּרֶשׁ, רְעִי, צוֹאָה, גָּלָל (שֶׁל בְּהֵמוֹת), חִרְיוֹנִים, דִּבְיוֹנִים
excrete, *v.t.* הוֹצִיא [יצא], הִפְרִישׁ [פרש], הִתְרִיז [תרז]
excruciating, *adj.* מַכְאִיב, מְעַנֶּה
exculpate, *v.t.* נִקָּה, זִכָּה, הִצְדִּיק [צדק]
excursion, *n.* טִיּוּל
excursionist, *n.* טַיָּל
excuse, *n.* מְחִילָה, סְלִיחָה; אֲמַתְלָה, תּוֹאֲנָה, סִבָּה
excuse, *v.t.* מָחַל, סָלַח, הִצְדִּיק [צדק], הִצְטַדֵּק [צדק]
execrable, *adj.* נִמְאָס, נִבְזֶה, נִתְעָב
execrate, *v.t.* שָׂנֵא, אָרַר, קִלֵּל
execute, *v.t. & i.* פָּעַל, הוֹצִיא [יצא] לַפֹּעַל; הוֹצִיא [יצא] לְהֶרֶג
execution, *n.* הוֹצָאָה לְהֶרֶג, הֲמָתָה (שֶׁל בֵּית דִּין); הוֹצָאָה לַפֹּעַל
executioner, *n.* תַּלְיָן, טַבָּח
executive, *adj. & n.* מוֹצִיא לַפֹּעַל; וַעַד פּוֹעֵל
exegesis, *n.* פֵּרוּשׁ (הַתַּנַ"ךְ), בֵּאוּר
exemplary, *adj.* מוֹפְתִי, לְמוֹפֵת
exemplification, *n.* הַדְגָּמָה
exemplify, *v.t.* הִדְגִּים [דגם], עָשָׂה הֶעְתֵּקִים
exempt, *adj. & v.t.* פָּטוּר; שִׁחְרֵר, פָּטַר
exemption, *n.* שִׁחְרוּר, פִּטּוּר

exercise, *n.* אִמּוּן; תַּרְגִּיל, תִּרְגּוּל, שִׁעוּר; הִתְעַמְּלוּת
exercise, *v.t. & i.* הִשְׁתַּמֵּשׁ [שמש] בְּ־; תִּרְגֵּל; הִתְרַגֵּל [רגל]; עִמֵּל, הִתְעַמֵּל [עמל]
exert, *v.t.* פָּעַל, הִתְאַמֵּץ [אמץ]; הִתְיַגֵּעַ [יגע]
exertion, *n.* הִתְאַמְּצוּת, עָמָל
exhalation, *n.* נְשִׁיפָה, הִתְאַדּוּת, הִתְנַדְּפוּת; נֹהַר
exhale, *v.t. & i.* נָשַׁף, הִתְנַדֵּף [נדף]
exhaust, *n.* מוֹצָא, פְּלִיטָה; מִפְלָט (מְכוֹנִית)
exhaust, *v.t.* הֵרִיק [ריק], הִלְאָה [לאה]; פָּלַט (אֵדִים)
exhaustion, *n.* הֲרָקָה; עֲיֵפוּת, לֵאוּת; הַפְלָטָה
exhaustive, *adj.* מְמַצֶּה
exhibit, *n.* מֻצָּג, רַאֲוָה
exhibit, *v.t.* הֶרְאָה [ראה], הִצִּיג [יצג]
exhibition, *n.* הַצָּגָה, תַּעֲרוּכָה
exhilarate, *v.t.* שִׂמַּח, חִדָּה
exhilaration, *n.* הַצְהָלָה, הַרְנָנַת לֵב
exhort, *v.t. & i.* הוֹכִיחַ [יכח], יִסֵּר, יָעַץ
exhortation, *n.* זֵרוּז, הֲאָצָה; הַזְהָרָה
exhumation, *n.* הוֹצָאָה מֵעָפָר (מֵת)
exhume, *v.t.* הוֹצִיא מֵהַקֶּבֶר
exigency, *n.* צֹרֶךְ, דֹּחַק
exigent, *adj.* מֵאִיץ, דּוֹחֵק
exile, *n.* גּוֹלָה, גָּלוּת
exile, *v.t.* הִגְלָה
exist, *v.i.* נִמְצָא [מצא], הִתְקַיֵּם [קים], הָיָה, חָיָה
existence, *n.* חַיִּים, יֵשׁוּת, קִיּוּם, מְצִיאוּת
existent, *adj.* קַיָּם, נִמְצָא
exit, *n.* מוֹצָא, יְצִיאָה

exodus, *n.* יְצִיאָה
Exodus, *n.* (סֵפֶר) שְׁמוֹת
exonerate, *v.t.* זִכָּה, הִצְדִּיק [צדק] בַּדִּין
exorbitant, *adj.* נִפְרָז, מֻפְלָג, רַב
exorcise, exorcize, *v.t.* גֵּרֵשׁ שֵׁדִים
exotic, *adj.* נָכְרִי, חִיצוֹנִי
expand, *v.t. & i.* פָּשַׁט, הִתְפַּשֵּׁט [פשט], הִשְׂתָּרַע [שרע], שָׁטַח, הִשְׁתַּטַּח [שטח]
expander, *n.* מַרְחִיב
expanse, *n.* מֶרְחָב, שֶׁטַח
expansion, *n.* הִתְפַּשְּׁטוּת, הִתְרַחֲבוּת
expatriate, *v.t.* הִגְלָה [גלה]
expatriation, *n.* הַגְלָיָה, גֵּרוּשׁ, שִׁלּוּחַ
expect, *v.t.* חִכָּה, יִחֵל, קִוָּה, צִפָּה
expectancy, *n.* חִכּוּי, תּוֹחֶלֶת, שֵׂבֶר, סֵבֶר, צִפִּיָּה
expectant, *adj.* מְיַחֵל, מְחַכֶּה
expectation, *n.* תִּקְוָה, צִפִּיָּה, תּוֹחֶלֶת
expectorate, *v.t.* יָרַק, רָקַק
expectoration, *n.* רֹק, כִּיחַ
expediency, *n.* הַתְאָמָה, כְּדָאִיּוּת
expedient, *adj.* מַתְאִים, מוֹעִיל
expedite, *v.t.* הֵקֵל [קלל], מִהֵר
expedition, *n.* מְהִירוּת, פְּזִיזוּת; מִשְׁלַחַת
expel, *v.t.* גֵּרֵשׁ, הוֹצִיא [יצא]
expend, *v.t.* הוֹצִיא [יצא] (כֶּסֶף), בִּלָּה
expenditure, *n.* הוֹצָאָה
expense, *n.* הוֹצָאָה
expensive, *adj.* יָקָר
expensively, *adv.* בְּיֹקֶר
experience, *n.* נִסָּיוֹן, הַרְפַּתְקָה
experience, *v.t.* לָמַד, הִתְנַסָּה [נסה]
experienced, *adj.* מְנֻסֶּה
experiment, *n.* מִבְחָן, נִסָּיוֹן
experiment, *v.i.* עָשָׂה נִסְיוֹנוֹת, נִסָּה
experimental, *adj.* נִסְיוֹנִי
experimentation, *n.* נִסּוּי, הִתְנַסּוּת
expert, *n.* מֻמְחֶה, יַדְעָן
expertness, *n.* מֻמְחִיּוּת, בְּקִיאוּת
expiate, *v.t.* רִצָּה, כִּפֵּר
expiation, *n.* כִּפּוּר, רִצּוּי
expiration, *n.* סוֹף; נְשִׁימָה, הוֹצָאַת רוּחַ, יְצִיאַת נְשָׁמָה
expire, *v.t. & i.* נָשַׁם, שָׁאַף רוּחַ; מֵת, כָּבָה
explain, *v.t.* פֵּרַשׁ, בֵּאֵר, תֵּרֵץ
explanation, *n.* בֵּאוּר, הַסְבָּרָה
explanatory, *adj.* מְבָאֵר, מְפָרֵשׁ
explicit, *adj.* מְפֹרָשׁ, בָּרוּר
explicitly, *adv.* בְּפֵרוּשׁ
explode, *v.t. & i.* פּוֹצֵץ, הִתְפּוֹצֵץ [פצץ]
exploit, *n.* עֲלִילָה, מַעֲשֵׂה גְּבוּרָה
exploit, *v.t.* נִצֵּל, הֵפִיק [פוק] תּוֹעֶלֶת
exploitation, *n.* נִצּוּל
explore, *v.t.* חָקַר, חִפֵּשׂ, רִגֵּל
explorer, *n.* תַּיָּר, חוֹקֵר, מְחַפֵּשׂ
explosion, *n.* הִתְפּוֹצְצוּת
explosive, *n. & adj.* חֹמֶר נֶפֶץ; נָכוֹן לְהִתְפּוֹצֵץ, פַּצִּיץ
exponent, *n.* מַעֲרִיךְ (אַלְגֶּבְּרָה); מְבָאֵר, מְפָרֵשׁ
export, exportation, *n.* יִצּוּא
export, *v.t.* יִצֵּא
exporter, *n.* יְצוּאָן
expose, *v.t.* גִּלָּה, פִּרְסֵם, הִצִּיג [יצג], בֵּאֵר
exposition, *n.* הֶסְבֵּר; תַּעֲרוּכָה
expostulate, *v.t.* הִתְאוֹנֵן [אנן], הִתְוַכַּח [וכח] עִם
expostulation, *n.* קֻבְלָנָה, תְּלוּנָה
exposure, *n.* הוֹקָעָה; מַחֲשׂוֹף; הִגָּלוּת, הִתְגַּלּוּת

expound, *v.t.* פֵּרֵשׁ, בֵּאֵר, הִסְבִּיר [סבר]
expounder, *n.* מְבָאֵר, מְפָרֵשׁ, מַסְבִּיר
express, *adj.* & *n.* מְפֹרָשׁ, מְיֻחָד; דָּחוּף; מַסָּע מָהִיר
express, *v.t.* הִבִּיעַ [נבע], חִוָּה, בִּטֵּא; סָחַט
expression, *n.* הַבָּעָה, בִּטּוּי; סְחִיטָה
expressly, *adv.* בִּמְפֹרָשׁ
expropriate, *v.t.* הִפְקִיעַ [פקע] (נְכָסִים)
expulsion, *n.* גֵּרוּשׁ
expurgate, *v.t.* טִהֵר, נִקָּה (סֵפֶר)
exquisite, *adj.* מְצֻיָּן, נִבְחָר; נַעֲלֶה, מְעֻלֶּה
extant, *adj.* נִמְצָא, קַיָּם
extemporaneous, *adj.* לְלֹא הֲכָנָה
extend, *v.t.* & *i.* הוֹשִׁיט [ישט] (יָד), הִתְרַחֵב [רחב], הִתְמַתַּח [מתח], מָתַח, הוֹסִיף [יסף], הִשְׂתָּרֵעַ [שרע]
extension, *n.* הַאֲרָכָה, הַרְחָבָה, מְתִיחָה
extensive, *adj.* נִרְחָב, כּוֹלֵל, מַקִּיף
extensively, *adv.* בַּאֲרִיכוּת
extenuate, *v.t.* הֵקֵל [קלל], הִקְטִין [קטן]
extenuation, *n.* הֲקַלָּה, הַקְטָנָה
exterior, *adj.* חִיצוֹנִי
exterior, *n.* חִיצוֹנִיּוּת
exterminate, *v.t.* הִשְׁמִיד [שמד], הִכְרִית [כרת], כִּלָּה
extermination, *n.* הַשְׁמָדָה
external, *adj.* חִיצוֹנִי
extinct, *adj.* נִכְחָד, נִשְׁכָּח, כָּבוּי
extinction, *n.* כִּבּוּי, הַשְׁמָדָה
extinguish, *v.t.* כִּבָּה, הֶאֱפִיל [אפל], כִּלָּה
extinguisher, *n.* מַטְפֶּה, מְכַבֶּה
extirpate, *v.t.* עָקַר, שֵׁרֵשׁ, הִכְרִית [כרת]
extirpation, *n.* הַשְׁמָדָה, כְּרִיתָה
extol, *v.t.* קִלֵּס, שִׁבַּח, הִלֵּל
extort, *v.t.* הוֹצִיא [יצא] בְּכֹחַ (אוֹ עַל יְדֵי אִיּוּם), עָשַׁק, חָמַס
extortion, *n.* עֹשֶׁק
extortioner, *n.* עוֹשֵׁק
extra, *adj.*, *n.* & *adv.* נוֹסָף; בִּלְתִּי רָגִיל; בְּיִחוּד, מְיֻחָד
extract, *n.* תַּמְצִית; מִיץ
extract, *v.t.* עָקַר (שֵׁן), הוֹצִיא [יצא], הֵפִיק [פוק]
extraction, *n.* עֲקִירָה, הוֹצָאָה; מִצּוּי; גֶּזַע (מוֹצָא)
extradite, *v.t.* הִסְגִּיר [סגר] (פּוֹשֵׁעַ)
extradition, *n.* הַסְגָּרָה
extraneous, *adj.* זָר, חִיצוֹנִי; טָפֵל
extraordinary, *adj.* יוֹצֵא מִן הַכְּלָל, בִּלְתִּי רָגִיל
extravagance, *n.* בִּזְבּוּז, מוֹתָרוֹת
extravagant, *adj.* מְבַזְבֵּז, נִפְרָז, מֻפְלָג
extreme, *adj.* קִיצוֹנִי; אַחֲרוֹן
extreme, *n.* קָצֶה, קִיצוֹן
extremely, *adv.* (הַרְבֵּה) מְאֹד
extremist, *n.* קִיצוֹנִי
extremity, *n.* קָצֶה; גְּבוּל; קְצֵה הָאֵבֶר (כָּנָף; רֶגֶל; יָד)
extricate, *v.t.* שִׁחְרֵר מִסְּבָךְ, חִלֵּץ
exuberance, *n.* שֶׁפַע, מַרְבִּית, רֹב
exuberant, *adj.* מִתְרַבֶּה, מְשַׂגְשֵׂג
exudation, *n.* הֲזָעָה, דִּיּוּת
exude, *v.t.* & *i.* נָטַף, דִּיֵּת, הֵזִיעַ [זוע]
exult, *v.i.* צָהַל, עָלַז, שָׂמַח
exultant, *adj.* עַלִּיז, שָׂמֵחַ
exultation, *n.* חֶדְוָה, דִּיצָה, שָׂשׂוֹן, שִׂמְחָה

eye, n. עַיִן; מַרְאֶה; בִּינָה; קוּף מַחַט; הִתְבּוֹנְנוּת; רְאִיָּה
eye, v.t. הִבִּיט [נבט], הִתְבּוֹנֵן [בין] נָתַן עַיִן, עִיֵּן
eyeball, n. גַּלְגַּל הָעַיִן
eyebrow, n. גַּבָּה, גַּבַּת עַיִן, גָּבִין
eyeglasses, n. pl. מִשְׁקָפַיִם
eyelid, n. עַפְעַף, שְׁמוּרָה
eyelash, n. רִיס
eyelet, n. לוּלָאָה, קוּף
eyesight, n. רְאִיָּה; הַבָּטָה

F, f

F, f, n. אֶף, הָאוֹת הַשִּׁשִּׁית בָּאָלֶף־בֵּית הָאַנְגְּלִי, שִׁשָּׁה, ו׳
fable n. בְּדָיָה, מַעֲשִׂיָּה, אַגָּדָה
fable, v.t. & i. בָּדָא, סִפֵּר
fabric, n. אֶרֶג, אָרִיג; בִּנְיָן
fabricate, v.t. יָצַר; בָּדָא, בָּדָה
fabrication, n. יְצִירָה, בְּדִיָּה, בְּדָיָה
fabulous, adj. בָּדוּי, דִּמְיוֹנִי; כּוֹזֵב; עָצוּם
façade, n. חֲזִית (פְּנֵי בִּנְיָן)
face, n. פָּנִים, פַּרְצוּף, קְלַסְתֵּר פָּנִים; אֹמֶץ
face, v.t. & i. עָמַד בִּפְנֵי, עָמַד פָּנִים אֶל פָּנִים; הִתְנַגֵּד [נגד]; כִּסָּה, צִפָּה
facetious, adj. עַלִּיז, מְחֻדָּד מְבַדֵּחַ, הִתּוּלִי
facial, adj. שֶׁל פָּנִים
facile, adj. קַל
facilitate, v.t. הֵקֵל [קלל]
facilities, n. pl. נוֹחִיּוֹת
facility, n. קַלּוּת; נוֹחִיּוּת, נוֹחוּת
facing, n. פְּנִיָּה, צִפּוּי, חֲזִית
facsimile, n. הֶעְתֵּק, הַעְתָּקָה, פַּתְשֶׁגֶן, דְּמוּת
fact, n. עֻבְדָּה, אֲמִתּוּת
faction, n. פְּלֻגָּה, מִפְלָגָה; רִיב, מַחֲלֹקֶת
factitious, adj. מְלָאכוּתִי
factor, n. מַכְפִּיל (בְּחֶשְׁבּוֹן); גּוֹרֵם, פּוֹעֵל; סוֹכֵן, עָמִיל
factory, n. בֵּית חֲרֹשֶׁת
faculty, n. חֶבֶר הַמּוֹרִים, מַחֲלָקָה (בְּמִכְלָלָה),; יְכֹלֶת, בִּינָה
fad, n. אָפְנָה, מִנְהָג, שִׁגָּעוֹן
fade, v.i. דָּהָה, נָבַל, קָמַל, בָּלָה, כָּהָה
fag, v.t. & i. עָבַד קָשֶׁה, יָעַף, הִתְיַגֵּעַ [יגע], הֶלְאָה, הֶעֱבִיד [עבד]
fagot, faggot, n. חֲבִילָה, צְרוֹר
fail, v.t. & i. הִכְזִיב [כזב], כָּשַׁל, חָסַר, אָזַל; פָּשַׁט רֶגֶל
failure, n. כִּשָּׁלוֹן, אִי הַצְלָחָה, מַפָּלָה; פְּשִׁיטַת רֶגֶל; הַזְנָחָה
faint, adj. מִתְעַלֵּף; חַלָּשׁ, פַּחְדָן, חִוֵּר
faint, v.i. הִתְעַלֵּף [עלף]; עָיֵף
faintness, n. רִפְיוֹן, חַלָּשׁוּת, תְּשִׁישׁוּת; פַּחְדָּנוּת; חִוָּרוֹן
fair, adj. צוֹדֵק; מַתְאִים; בֵּינוֹנִי; נֶחְמָד
fair. n. יָרִיד, שׁוּק
fair, adv. יָפֶה, נָאֶה
fairly, adv. יָפֶה, נָאֶה; בְּצֶדֶק, בְּיֹשֶׁר
fairness, n. צֶדֶק, יֹשֶׁר
fairy, n. פֵּיָה, קוֹסֶמֶת, מַקְסִימָה
fairyland, n. אֶרֶץ הַקְּסָמִים
fairy tale מַעֲשִׂיָּה, אַגָּדָה
faith, n. אֵמוּן, אֱמוּנָה, אֱמֶת
faithful, adj. נֶאֱמָן

faithless, *adj.* חֲסַר אֱמוּנָה, בּוֹגֵד; סוֹטָה, סוֹטֶה
fake, *n.* גְּנֵבַת דַּעַת, אֲחִיזַת עֵינַיִם, תַּרְמִית, מִרְמָה
fake, *v.t.* גָּנַב דַּעַת, אָחַז עֵינַיִם
falcon, *n.* בַּז
falconer, *n.* בַּזְיָר
falconry, *n.* בַּזְיָרוּת
fall, *v.t.* & *i.* נָפַל, יָרַד
fall, *n.* נְפִילָה, יְרִידָה; מַפָּל, אֶשֶׁד; מַפָּלָה; סְתָו
fallacious, *adj.* מַתְעֶה, מַטְעֶה; מְרַמֶּה
fallacy, *n.* טָעוּת, מִרְמָה, הַטְעָיָה
fallow, *n.* בּוּר, שְׂדֵה בּוּר מְלָאכוּתִי
false, *adj.* מְזֻיָּף, כּוֹזֵב, מְרַמֶּה
falsification, *n.* זִיּוּף
falsify, *v.t.* זִיֵּף
falsity, *n.* שִׁקְרוּת
falter, *v.i.* & *t.* פִּקְפֵּק, גִּמְגֵּם
fame, *n.* תִּפְאֶרֶת, שֵׁמַע, שֵׁם טוֹב, פִּרְסוּם
famed, *adj.* מְפֻרְסָם, מְהֻלָּל
familiar, *adj.* & *n.* רָגִיל, יְדִיד, מַכִּיר
familiarity, *n.* יְדִידוּת, קִרְבָה
familiarize, *v.t.* הִרְגִּיל [רגל]; יִדַּע
family, *n.* מִשְׁפָּחָה, גֶּזַע
famine, *n.* רָעָב
famish, *v.t.* & *i.* הֵמִית [מות], מֵת (בְּרָעָב)
famous, *adj.* נוֹדָע, דָּגוּל, מְפוּרְסָם
fan, *n.* מְנִיפָה, מְאַוְרֵר, אַוְרָר; מַעֲרִיץ
fan, *v.t.* הֵנִיף [נוף] (בִּמְנִיפָה), לִבָּה (אֵשׁ), זָרָה (תְּבוּאָה)
fanatic, fanatical, *adj.* & *n.* קַנַּאי
fanaticism, *n.* קַנָּאוּת
fanciful, *adj.* דִּמְיוֹנִי
fancy, *adj.* יָפֶה, דִּמְיוֹנִי
fancy, *n.* דִּמְיוֹן; רָצוֹן מְיֻחָד, נְטִיָּה, מִשְׁאָלָה
fancy, *v.t.* & *i.* דִּמָּה, שִׁעֵר; חָפֵץ
fang, *n.* שֵׁן חַיָּה, שֵׁן נָחָשׁ, שֵׁן כֶּלֶב
fantastic, fantastical, *adj.* נִפְלָא, מֻפְלָא, דִּמְיוֹנִי
fantasy, phantasy, *n.* דִּמְיוֹן, הֲזָיָה, בְּדַי; חִבּוּר נְגִינִי
far, *adj.* רָחוֹק
far, *adv.* מֵרָחוֹק
faraway, *adj.* רָחוֹק, פְּזוּר נֶפֶשׁ, מְפֻזָּר
far-between, *adj.* נָדִיר, שֶׁאֵינוֹ שָׁכִיחַ
farce, *n.* חִזָּיוֹן מַצְחִיק, מִצְחָק
farcical, *adj.* מְגֻחָךְ, מַצְחִיק
fare, *n.* נְסִיעָה, מְחִיר נְסִיעָה; מַאֲכָלִים
fare, *v.i.* נִמְצָא (בְּמַצָּב), הָיָה, נָסַע, אָכַל וְשָׁתָה; קָרָה
farewell, *interj.* & *n.* שָׁלוֹם!; פְּרִידָה
farina, *n.* קֶמַח, עֲמִילָן
farm, *n.* חַוָּה, אֲחֻזָּה, מֶשֶׁק
farm, *v.t.* אִכֵּר, עָבַד אֲדָמָה
farmer, *n.* אִכָּר, חַקְלַאי
farmhouse, *n.* בֵּית (הָאִכָּר) הַחַוָּה
farming, *n.* אִכָּרוּת, חַקְלָאוּת
farmstead, *n.* מֶשֶׁק הָאִכָּר
farmyard, *n.* חֲצַר הַחַוָּה
farsighted, *adj.* רְחוֹק רְאוּת; חוֹזֶה מֵרֹאשׁ
farther, *adj.* & *adv.* נוֹסָף; יוֹתֵר רָחוֹק; הָלְאָה, וְעוֹד
farthermost, farthest, *adj.* & *adv.* הָרָחוֹק בְּיוֹתֵר
farthing, *n.* פְּרוּטָה (אַנְגְּלִית)
fascinate, *v.t.* & *i.* לָכַד בְּחַבְלֵי קֶסֶם, הִקְסִים [קסם]; לִבֵּב
fascination, *n.* הַקְסָמָה, מִקְסָם
fashion, *n.* אֹפֶן; אָפְנָה; צוּרָה, דֶּרֶךְ
fashion, *v.t.* הָיָה לְאָפְנָה, נָתַן צוּרָה, יָצַר, הִתְאִים [תאם]
fashionable, *adj.* שֶׁלְּפִי הָאָפְנָה

fast, *adj.* סָגוּר, מְהֻדָּק; מָהִיר, פָּזִיז; מָסוּר, נֶאֱמָן
fast, *n.* תַּעֲנִית, צוֹם
fast, *adv.* בִּמְהִירוּת
fast, *v.i.* הִתְעַנָּה [ענה], צָם [צום]
fasten, *v.t. & i.* סָגַר, נָעַל, הֵגִיף [גוף], חִזֵּק, חִבֵּר, הִדְבִּיק [דבק], הֶחֱזִיק [חזק]; נִדְבַּק [דבק] בְּ־
fastening, *n.* קִשּׁוּר, הִדּוּק, סְגִירָה, נְעִילָה
fastidious, *adj.* אֲנִין הַדַּעַת, מְפֻנָּק, נוֹקְדָן
fastness, *n.* מְהִירוּת; מְצוּדָה; בִּטָּחוֹן
fat, *adj.* שָׁמֵן; דָּשֵׁן; כָּבֵד; עָשִׁיר
fat, *n.* שֻׁמָּן, שֹׁמֶן, שֶׁמֶן, חֵלֶב
fatal, *adj.* מֵבִיא מָוֶת, גּוֹרָלִי, אֲסוֹנִי
fatalism, *n.* גּוֹרָלִיּוּת
fatalist, *n.* מַאֲמִין בְּגוֹרָלִיּוּת
fatality, *n.* גּוֹרָל; (מִקְרֵה) מָוֶת; אָסוֹן
fate, *n.* גּוֹרָל, מַזָּל; גְּזֵרָה, מָנָה; מִיתָה
fateful, *adj.* גּוֹרָלִי
father, *n.* אָב, אַבָּא; מוֹלִיד; מַמְצִיא
father, *v.t.* הָיָה אָב לְ־
fatherhood, *n.* אָבוּת, אַבְהוּת
father-in-law, *n.* חוֹתֵן, חָם
fatherland, *n.* אֶרֶץ אָבוֹת, מְכוֹרָה
fatherless, *adj.* יָתוֹם
fatherlike, fatherly, *adv.* אַבְהִי
fathom, *v.t.* חָקַר, בָּא [בוא] עַד חֵקֶר
fathomless, *adj.* עָמֹק, עַד אֵין חֵקֶר
fatigue, *n.* עֲיֵפוּת, יְגִיעָה, לֵאוּת
fatigue, *v.t.* הֶלְאָה [לאה], יִגַּע
fatness, *n.* שֹׁמֶן, שְׁמֵנוּת
fatten, *v.t.* הִשְׁמִין [שמן], פִּטֵּם; טִיֵּב
fatten, *v.i.* דָּשַׁן, שָׁמַן
fatty, *adj.* שַׁמְנוּנִי
fatuous, *adj.* טִפְּשִׁי, חֲסַר דַּעַת
faucet, *n.* בֶּרֶז, דַּד, מֵינֶקֶת
fault, *n.* לִקּוּי, מוּם, חִסָּרוֹן; אָשָׁם; קִלְקוּל
faultless, *adj.* שָׁלֵם, צָרוּף, חֲסַר מוּם
faulty, *adj.* לָקוּי, פָּגוּם
fauna, *n.* הַחַי; חַיּוֹת, בַּעֲלֵי חַיִּים
favor, favour, *n.* טוֹבָה, סַעַד, חֶסֶד
favor, favour, *v.t.* תָּמַךְ, נָשָׂא פָּנִים, עָשָׂה חֶסֶד
favorable, favourable, *adj.* מְקֻבָּל, רָצוּי
favorably, favourably, *adv.* בְּרָצוֹן
favorite, favourite, *n.* אָהוּב, חָבִיב, נִבְחָר
favoritism, favouritism, *n.* הַעֲדָפָה, מַשּׂוֹא פָּנִים, נְשִׂיאַת פָּנִים
fawn, *n.* עֹפֶר, יַחְמוּר צָעִיר
fay, *n.* פֵּיָה, שֵׁדָה, מַקְסִימָה
fealty, *n.* נֶאֱמָנוּת, אֵמוּן
fear, *n.* פַּחַד, יִרְאָה, חִתָּה
fear, *v.t. & i.* פָּחַד, יָרֵא, חָשַׁשׁ
fearful, *adj.* דָּחִיל, אָיֹם, נוֹרָא, מַפְחִיד
fearfully, *adv.* בְּיִרְאָה
fearless, *adj.* בְּלִי חַת
fearsome, *adj.* מַחֲרִיד, אָיֹם
feasibility, *n.* אֶפְשָׁרוּת
feasible, *adj.* אֶפְשָׁרִי
feast, *n.* חַג, מִשְׁתֶּה, כֵּרָה
feast, *v.t. & i.* חָגַג, אָכַל וְשָׁתָה, כָּרָה, שִׁעֲשַׁע
feat, *n.* מִפְעָל
feather, *n.* נוֹצָה, אֶבְרָה
feather, *v.t. & i.* כִּסָּה נוֹצוֹת, קִשֵּׁט בְּנוֹצוֹת, הִתְכַּסָּה [כסה] נוֹצוֹת
feathery, *adj.* נוֹצִי
feature, *n.* אֲרֶשֶׁת (קְלַסְתֵּר) פָּנִים, שִׂרְטוּט, אֹפִי; תּוֹסֶפֶת; סֶרֶט רָאשִׁי
featureless, *adj.* חֲסַר אֲרֶשֶׁת פָּנִים
febrile, *adj.* קַדַּחְתָּנִי

February, ***n.*** פֶּבְּרוּאַר (הַחֹדֶשׁ הַשֵּׁנִי בַּשָּׁנָה הָאֶזְרָחִית)
feces, ***n.*** חֲרָאִים, צוֹאָה, גְּלָלִים רְעִי, צְפִיעִים, לִשְׁלֶשֶׁת (עוֹפוֹת); פְּסֹלֶת, שְׁמָרִים
fecund, ***adj.*** פּוֹרֶה
fecundate, ***v.t.*** הִפְרָה [פרה], עִבֵּר
fecundity, ***n.*** פְּרִיָּה וּרְבִיָּה, פִּרְיָה וּרְבִיָּה
federal, ***adj.*** מְאֻחָד, מְאֻגָּד, שֶׁל בְּרִית
federalism, ***n.*** הִתְאַחֲדוּת, אַחְדוּת
federation, ***n.*** הִסְתַּדְּרוּת
fee, ***n.*** תַּשְׁלוּם, שָׂכָר, אַגְרָה
fee, ***v.t.*** שִׁלֵּם שָׂכָר
feeble, ***adj.*** & ***n.*** חַלָּשׁ, רָפֶה, תָּשׁוּשׁ
feebleness, ***n.*** תְּשִׁישׁוּת
feed, ***n.*** מַאֲכָל, סְעֻדָּה, מִשְׁתֶּה; מִרְעֶה
feed, ***v.t.*** & ***i.*** הֶאֱכִיל [אכל], זָן [זון], פִּרְנֵס; אָכַל, הִתְפַּרְנֵס [פרנס]; הִכְנִיס [כנס] (בִּמְכוֹנָה)
feeder, ***n.*** מַאֲכִיל, מַלְעִיט; מְכַלְכֵּל
feel, ***n.*** חוּשׁ, חוּשׁ הַמִּשּׁוּשׁ, תְּחוּשָׁה
feel, ***v.t.*** הִרְגִּישׁ [רגש], מִשֵּׁשׁ, מִשְׁמֵשׁ, גִּשֵּׁשׁ
feeler, ***n.*** מַרְגִּישׁ; זִיז; מְרַגֵּל
feeling, ***n.*** הַרְגָּשָׁה, תְּחוּשָׁה, רֶגֶשׁ, מִשּׁוּשׁ
feet, ***n. pl.*** רַגְלַיִם
feign, ***v.t.*** & ***i.*** הֶעֱמִיד [עמד] פָּנִים, הִתְחַפֵּשׂ [חפש], עָשָׂה עַצְמוֹ כְּאִלּוּ
feint, ***n.*** תַּחְבּוּלָה, תּוֹאֲנָה
felicitate, ***v.t.*** אִשֵּׁר, בֵּרֵךְ
felicitation, ***n.*** בְּרָכָה, בִּרְכַּת מַזָּל טוֹב
felicity, ***n.*** אֹשֶׁר, בְּרָכָה, הַצְלָחָה
feline, ***adj.*** חֲתוּלִי; עָרוּם
fell, ***adj.*** אַכְזָרִי, אָיֹם, מֵמִית; עַז
fell, ***n.*** עוֹר
fell, ***v.t.*** כָּרַת, חָטַב, הִפִּיל [נפל] (עֵץ)
fellow, ***n.*** עָמִית, רֵעַ, חָבֵר; אִישׁ; מַדְעָן; פּוֹחֵז; בֶּן זוּג
fellowship, ***n.*** חֲבֵרוּת, שֻׁתָּפוּת, רֵעוּת; תְּמִיכָה
felly, ***n.*** חִשּׁוּק (שֶׁל גַּלְגַּל)
felon, ***n.*** עֲבַרְיָן, חוֹטֵא, פּוֹשֵׁעַ, נִשְׁחָת; חַבּוּרָה
felony, ***n.*** עֲבֵרָה, עָווֹן (פְּלִילִי)
felt, ***n.*** לֶבֶד, נֶמֶט
female, ***adj.*** & ***n.*** נְקֵבִי; נְקֵבָה, אִשָּׁה
feminine, ***adj.*** נָשִׁי
femur, ***n.*** קוּלִית, עֶצֶם הַיָּרֵךְ
fen, ***n.*** בִּצָּה
fence, ***n.*** גֶּדֶר, גָּדֵר, סְיָג
fence, ***v.t.*** & ***i.*** גָּדַר, סִיֵּג; סִיֵּף, הִסְתַּיֵּף [סיף]
fencer, ***n.*** סַיָּף
fencing, ***n.*** גְּדִירָה, סִיּוּג; סִיּוּף
fend, ***v.t.*** הִרְחִיק [רחק], הֵשִׁיב [שוב] (אָחוֹר), סָכַךְ, הֵגֵן [גנן]
fender, ***n.*** שְׂבָכָה, שִׂבְכַת תַּנּוּר; כָּנָף (מְכוֹנִית)
fennel, ***n.*** שׁוּט, גּוּפָן, שֻׁמָּר
ferment, ***n.*** תְּסִיסָה, שְׂאוֹר שֶׁבְּעִסָּה; מְהוּמָה
ferment, ***v.i.*** & ***t.*** תָּסַס, הִתְנַעֵשׁ [נעש], הֵסִית [סות]
fermentation, ***n.*** חִמּוּץ, תְּסִיסָה
fern, ***n.*** שָׁרָךְ
ferocious, ***adj.*** אַכְזָרִי
ferocity, ***n.*** אַכְזָרִיּוּת
ferret, ***n.*** & ***v.t.*** נַבְרָן; נָבַר, חִטֵּט, גִּלָּה
ferrous, ***adj.*** בַּרְזִלִּי
ferrule, ***n.*** חָח
ferry, ***n.*** מַעְבֹּרֶת; גֶּשֶׁר נָע
ferry, ***v.t.*** & ***i.*** הֶעֱבִיר [עבר] בְּמַעְבֹּרֶת; עָבַר בְּמַעְבֹּרֶת
ferryboat, ***n.*** מַעְבֹּרֶת, רַפְסוֹדָה

fertile, *adj.* פּוֹרֶה
fertility, *n.* פּוֹרִיּוּת, פְּרִיָּה, פִּרְיוֹן
fertilize, *v.t.* הִפְרָה [פרה], עִבֵּר; זִבֵּל
fertilizer, *n.* זֶבֶל; זַבָּל
fervency, *n.* חֹם, הִתְלַהֲבוּת
fervent, *adj.* נִלְהָב, חַם
fervently, *adv.* בְּהִתְלַהֲבוּת
fervid, *adj.* קוֹדֵחַ, לוֹהֵט
fervor, fervour, *n.* קִנְאָה, לַהַט
festal, *adj.* שָׂמֵחַ, עַלִּיז
fester, *v.i.* & *t.* מִגֵּל, הִתְמַגֵּל [מגל], רָקַב, נָמַק
festival, *n.* חַג, חֲגִיגָה, מוֹעֵד
festive, *adj.* שָׂמֵחַ, חֲגִיגִי
festivity, *n.* חֲגִיגוּת, חֶדְוָה, גִּילָה
festoon, *n.* זֵר (מְקֻלַּעַת) פְּרָחִים; לוֹיָה
fetch, *v.t.* & *i.* הִשִּׂיג [נשג] (מְחִיר), הֵבִיא [בוא]
fetid, *adj.* מַבְאִישׁ, מַסְרִיחַ
fetish, fetich, *n.* תֶּרֶף (תְּרָפִים), אֱלִיל, קָמִיעַ
fetters, *n. pl.* זִיקִים, אֲזִקִּים, כְּבָלִים; עַבְדוּת
fetter, *v.t.* כָּפַת, עָקַד, אָסַר בַּאֲזִקִּים, אָסַר בִּכְבָלִים
fettle, *n.* מַצָּב, נְכוֹנוּת
fetus, foetus, *n.* עֻבָּר
feud, *n.* שִׂנְאָה, קְטָטָה, רִיב (מִשְׁפָּחוֹת, אַחִים)
fever, *n.* אֲבַבִית, חַמָּה, קַדַּחַת, חֹם צְמַרְמֹרֶת
feverish, *adj.* קַדַּחְתָּנִי
few, *adj.* מְעַטִּים, אֲחָדִים
fiancé(e), *n.* חָתָן, כַּלָּה, אָרוּס, אֲרוּסָה
fiasco, *n.* כִּשָּׁלוֹן, תְּבוּסָה
fiat, *n.* גְּזֵרָה; יְהִי
fib, *n.* בְּדָיָה, כָּזָב, כִּזָּבוֹן, צִ׳זְבַּת
fibber, fibster, *n.* בַּדַּאי, כַּזְּבָן
fiber, fibre, *n.* סִיב, צִיב, לִיף
fibrous, *adj.* סִיבִי, לִיפִי
fickle, *adj.* הֲפַכְפַּךְ, פְּתַלְתֹּל
fickleness, *n.* הֲפַכְפְּכָנוּת
fiction, *n.* בְּדָיָה, סִפּוּר דִּמְיוֹנִי, סִפֹּרֶת
fictional, fictitious, *adj.* בָּדוּי
fiddle, *n.* כִּנּוֹר
fiddle, *v.t.* & *i.* כִּנֵּר, נִגֵּן בְּכִנּוֹר; בִּטֵּל זְמָן, עָסַק בִּדְבָרִים בְּטֵלִים
fiddler, *n.* כַּנָּר; בַּטְלָן
fidelity, *n.* אֵמוּן, נֶאֱמָנוּת, יֹשֶׁר
fidget, *n.* עַצְבָּנוּת, תְּזָזִית
fidget, *v.t.* & *i.* הָיָה עַצְבָּנִי, הִתְנוֹעֵעַ [נוע]
field, *n.* שָׂדֶה, שְׂדֵמָה
fiend, *n.* שֵׁד, שָׂטָן
fierce, *adj.* עַז, אַכְזָרִי
fiery, *adj.* לוֹהֵט, נִלְהָב
fife, *n.* חָלִיל, מַשְׁרוֹקִית
fifteen, *adj.* & *n.* חֲמִשָּׁה עָשָׂר, חֲמֵשׁ עֶשְׂרֵה
fifteenth, *adj.* הַחֲמִשָּׁה עָשָׂר, הַחֲמֵשׁ עֶשְׂרֵה
fifth, *adj.* חֲמִישִׁי, חֲמִישִׁית
fifthly, *adv.* חֲמִישִׁית
fiftieth, *adj.* הַחֲמִשִּׁים
fifty, *adj.* & *n.* חֲמִשִּׁים
fig, *n.* תְּאֵנָה
fight, *n.* הֵאָבְקוּת, קְרָב, מִלְחָמָה
fight, *v.t.* & *i.* לָחַם, נִלְחַם [לחם], רָב, הִתְגּוֹשֵׁשׁ [גשש]
fighter, *n.* מִתְגּוֹשֵׁשׁ, לוֹחֵם
figurative, *adj.* מֻשְׁאָל
figuratively, *adv.* בְּהַשְׁאָלָה
figure, *n.* דְּמוּת, צוּרָה; אִישִׁיּוּת; סִפְרָה
figure, *v.t.* & *i.* דִּמָּה, שִׁעֵר, חִשֵּׁב; הָיָה חָשׁוּב

filament, *n.* נִימָה, חוּט (בְּאַגָּס חַשְׁמַלִּי, בְּנוּרָה); זִיר (בְּפֶרַח)
filbert, *n.* אִלְסָר
filch, *v.t.* גָּנַב, סָחַב
file, *n.* תִּיק, תִּיקִיָּה; שׁוּרָה; פְּצִירָה, מַסָּר, שׁוֹפִין
file, *v.t. & i.* פָּצַר, שָׁף [שוף]; תִּיֵּק, סִדֵּר (בְּתִיק), טָר [טור], הָלַךְ בְּשׁוּרָה, עָבַר בְּשׁוּרָה
filial, *adj.* שֶׁל בֵּן, שֶׁל בַּת, כְּבֵן, דּוֹמֶה לְבַת
filibuster, *n.* נְאוּם אֵין סוֹף; לְסְטִים
filigree, *n.* תַּחֲרִים בְּכֶסֶף וּבְזָהָב
fill, *n.* שֹׂבַע, סִפּוּק, רְוָיָה
fill, *v.t. & i.* מִלֵּא; נִמְלָא [מלא]
filler, *n.* מְמַלְאָן, מִלּוּא, מִלּוּי
fillet, *n.* שָׁבִיס, סֶרֶט; בָּשָׂר (דָּג) לְלֹא עֲצָמוֹת
filling, *n.* מִלּוּי, סְתִימָה (לְשִׁנַּיִם)
filly, *n.* סְיָחָה
film, *n.* קוּר; שִׁכְבָה; סֶרֶט (שֶׁל מַצְלֵמָה, רְאִינוֹעַ, קוֹלְנוֹעַ)
film, *v.t. & i.* קָרַם; צִלֵּם, הִסְרִיט [סרט]
film strip סִרְטוֹן
filter, *n.* מְסַנֵּן, מְסַנֶּנֶת
filter, *v.t. & i.* סִנֵּן, פִּכְפֵּךְ
filth, *n.* חֶלְאָה, טִנֹּפֶת, זֻהֲמָה, זֹהַם
filthy, *adj.* מְלֻכְלָךְ, מְזֹהָם, מְטֻנָּף
filtration, *n.* סִנּוּן
fin, *n.* סְנַפִּיר
final, *adj.* סוֹפִי, מֻחְלָט
finale, *n.* נְעִילָה (בִּנְגִינָה)
finality, *n.* צְמִיתוּת, הֶחְלֵט
finally, *adv.* לְבַסּוֹף, לְסוֹף
finance, *n.* כְּסָפִים, עִנְיְנֵי כְּסָפִים, מָמוֹנוּת
finance, *v.t.* מִמֵּן
financial, *adj.* מָמוֹנִי, כַּסְפִּי
financier, *n.* מָמוֹנַאי
finch, *n.* פְּרוּשׁ (צִפּוֹר)
find, *n.* מְצִיאָה, תַּגְלִית
find, *v.t.* מָצָא, גִּלָּה
finder, *n.* מוֹצֵא
finding, *n.* מְצִיאָה; פְּסַק דִּין
fine, *adj.* דַּק, עָדִין, חַד; בְּסֵדֶר, נָאֶה, טוֹב
fine, *n.* קְנָס, עֹנֶשׁ
fine, *v.t.* קָנַס, עָנַשׁ; צָרַף
fine arts הָאוּמָנֻיּוֹת הַיָּפוֹת
finger, *n.* אֶצְבַּע (בֹּהֶן, אֲגוּדָל; אֶצְבַּע; אַמָּה, אֶצְבַּע צְרֵדָה; קְמִיצָה; זֶרֶת)
finger, *v.t. & i.* נָגַע; נִגְנַע בְּאֶצְבָּעוֹת; מִשֵּׁשׁ, מִשְׁמֵשׁ; גָּנַב, סָחַב; פָּרַט, נִגֵּן
finical, *adj.* קַפְּדָן
finish, *n.* גְּמָר, גֶּמֶר, סִיּוּם
finish, *v.t.* גָּמַר, כִּלָּה, אָפַס, חָדַל
finite, *adj.* סוֹפִי
fir, *n.* אֹרֶן, צְנוֹבָר, אַשּׁוּחַ
fire, *n.* אֵשׁ, דְּלֵקָה, מְדוּרָה, שְׂרֵפָה; יְרִיָּה; הִתְלַהֲבוּת, רֶגֶשׁ
fire, *v.t. & i.* שָׂרַף, הִבְעִיר [בער], הִדְלִיק [דלק], הִצִּית [יצת], הִסִּיק [נסק]; יָרָה; פִּטֵּר; הִלְהִיב [להב]
fire, *v.i.* בָּעַר, הִתְלַהֵט [להט], הִתְלַהֵב [להב]
fire alarm אַזְעָקַת אֵשׁ
firearm, *n.* כְּלִי נֶשֶׁק (רוֹבֶה, אֶקְדָּח)
firebrand, *n.* אוּד
firecraker, *n.* פִּצְצַת שָׁוְא
fire engine מְכוֹנִית כַּבָּאִים
fire escape מוֹצָא מִדְּלֵקָה
fire extinguisher מַטְפֵּה
firefly, *n.* גַּחֲלִית
fireman, *n.* כַּבַּאי

fireplace, *n.* אָח, מוֹקֵד
fireproof, *adj.* עוֹמֵד בִּפְנֵי אֵשׁ
firewood, *n.* עֲצֵי הַסָּקָה, עֲצֵי דֶּלֶק
fireworks, *n. pl.* זִקּוּקִין דִּי־נוּר (דִּנּוּר)
firm, *adj.* יַצִּיב, קַיָּם, חָזָק, תַּקִּיף, קָשֶׁה
firm, *n.* בֵּית עֵסֶק
firmament, *n.* רָקִיעַ, שָׁמַיִם
firmly, *adv.* בְּתֹקֶף; בְּחָזְקָה
firmness, *n.* תַּקִּיפוּת, שְׁרִירוּת
first, *adj.* רִאשׁוֹן
first, *n.* רֵאשִׁית, הַתְחָלָה
first, *adv.* רֵאשִׁית, בְּרֵאשִׁית, תְּחִילָּה
first aid עֶזְרָה רִאשׁוֹנָה
first-born, *adj. & n.* רֵאשִׁית אוֹן, בְּכוֹר
first-class, *adj.* מֻבְחָר, מַדְרֵגָה רִאשׁוֹנָה; מַחְלָקָה (כִּתָּה) רִאשׁוֹנָה
first-rate, *adj.* מִן הַמֻּבְחָר
fiscal, *adj.* כַּסְפִּי, כַּלְכָּלִי
fish, *n.* דָּג, דָּגָה
fish, *v.t. & i.* דָּג [דוג], חִכָּה, חָרַם, צָד [צוד], דָּגִים; הוֹצִיא [יצא], מָשָׁה, דָּלָה; חִזֵּק; בִּקֵּשׁ מַחְמָאָה
fisher, fisherman, *n.* חָרָם, דַּיָּג
fishery, *n.* דַּיִג, דּוּגָה
fishhook, *n.* אַגְמוֹן, קֶרֶס
fishing, *n.* דַּיִג, דִּיּוּג, דִּיגָה, חָרָם, חִכּוּי
fishwife, *n.* מוֹכֶרֶת דָּגִים
fission, *n.* סְדִיקָה, סִדּוּק
fissure, *n.* סֶדֶק, חָרִיץ בָּקִיעַ, שֶׁסַע
fist, *n.* אֶגְרוֹף
fisticuff, *n.* מַכַּת אֶגְרוֹף
fistula, *n.* שְׁפוֹפֶרֶת מְצִיצָה
fit, *adj.* מַתְאִים, רָאוּי, יָאֶה, הוֹלֵם
fit, *n.* הַתְאָמָה, הַתְקָנָה
fit, *v.t. & i.* הִתְאִים [תאם], הָיָה רָאוּי, כִּוֵּן, הָלַם
fitness, *n.* כֹּשֶׁר, הֶכְשֵׁר

five, *adj. & n.* חֲמִשָּׁה, חָמֵשׁ
fivefold, *adj. & adv.* כָּפוּל חָמֵשׁ, פִּי חֲמִשָּׁה
fix, *n.* מַצָּב קָשֶׁה, מְבוּכָה
fix, *v.t. & i.* תִּקֵּן, כּוֹנֵן [כון], קָבַע; שִׁחֵד; נָעַץ (מַבָּט)
fixation, *n.* קְבִיעָה; נְעִיצַת מַבָּט
fixedness, *n.* קִיּוּם
fixture, *n.* קְבִיעָה, תִּקּוּן, רָהִיט קָבוּעַ
fizzle, *n.* כִּשָּׁלוֹן; הִתְרַגְּשׁוּת; תְּסִיסָה
fizzle, *v.i.* כָּשַׁל, נִכְשַׁל [כשל]; תָּסַס
flabby, *adj.* רָפֶה, רַךְ, חֲסַר שְׁרִירִים
flaccid, *adj.* רָפֶה, רַךְ
flag, *n.* דֶּגֶל, נֵס; מַרְצֶפֶת
flag, *v.t. & i.* הִדְגִּיל [דגל]; רִצֵּף; עָיֵף, רָפָה, נִלְאָה [לאה]
flagrant, *adj.* גָּלוּי; מַחְפִּיר, מֵבִישׁ
flair, *n.* חוּשׁ הָרֵיחַ
flake, *n.* פְּתוֹת, פְּתִית
flake, *v.t.* פָּתַת, פִּתֵּת
flame, *n.* לֶהָבָה, שַׁלְהֶבֶת; אַהֲבָה
flame, *v.t. & i.* הִלְהִיב [להב], שִׁלְהֵב, הִתְלַהֵט [להט], הִדְלִיק [דלק]
flamingo, *n.* שְׁקִיטָן
flange, *n.* אֹגֶן, מְאַגֵּן
flank, *n.* אֲגַף; צַד (בְּהֵמָה)
flank, *v.t. & i.* אִגֵּף, תָּקַף, הֵגֵן
flannel, *n.* אֲרִיג צֶמֶר
flannelette, *n.* צִמֹּרֶת
flap, *n.* דַּשׁ, כָּנָף (בֶּגֶד); תְּנוּךְ (אֹזֶן); סְטִירָה
flap, *v.t. & i.* נוֹפֵף [נוף], נִפְנֵף, הִשְׁתַּרְבֵּב [שרבב]; הִכָּה (כָּנָף); סָטַר
flapper, *n.* סוֹטֵר; אֶפְרוֹחַ; נַעֲרָה
flare, *n.* הִתְלַקְּחוּת
flare, *v.i.* הִתְלַהֵט [להט]; הִתְאַנֵּף [אנף]
flash, *n.* הַבְרָקָה; בָּזָק; הֶרֶף עַיִן

flash, *v.t. & i.* הֵהֵל, הֵאִיר [אור], בָּרַק, הִבְרִיק [ברק]
flask, *n.* פַּךְ, בַּקְבּוּק, צְלוֹחִית
flat, *adj.* חָלָק; נָמוּךְ; שָׁטוּחַ; תָּפֵל
flat, *n.* דִּירָה; כַּף (רֶגֶל); פַּס (יָד); שֶׁטַח, מִישׁוֹר; אֲגַם; קַת
flatten, *v.t. & i.* שָׁטַח, הִיְשִׁיר [ישר]; נַעֲשָׂה [עשה] תָּפֵל
flatter, *v.t.* הֶחֱנִיף [חנף], דִּבֵּר חֲלָקוֹת, הֶחֱלִיק [חלק] לָשׁוֹן
flatterer, *n.* מַחֲנִיף, חוֹנֵף
flattery, *n.* חֹנֶף, חֲנֻפָּה, חֲלַקְלַקּוֹת
flaunt, *v.i.* הִתְגַּנְדֵּר [גנדר], הִתְיַהֵר [יהר], הִתְפָּאֵר [פאר]
flavor, flavour, *n.* טַעַם, בֹּשֶׂם
flavor, flavour, *v.t.* תִּבֵּל, בִּשֵּׂם
flaw, *n.* פְּגָם, פְּגִימָה, חִסָּרוֹן, לִקּוּי
flawless, *adj.* תָּמִים, לְלֹא מוּם אוֹ פְּגָם
flax, *n.* כִּתָּן, פִּשְׁתָּן
flay, *v.t.* סָרַק (בְּשַׂר אָדָם); הִפְשִׁיט [פשט] (עוֹר)
flea, *n.* פַּרְעוֹשׁ
fleck, *n.* רְבָב, כֶּתֶם
fleck, *v.t.* נִמֵּר
flection, flexion, *n.* הַטָּיָה, נְטִיָּה (דִּקְדּוּק)
fledgling, fledgeling, *n.* אֶפְרוֹחַ, גּוֹזָל
flee, *v.t. & i.* בָּרַח, נָס [נוס]
fleece, *n.* צֶמֶר; גִּזָּה; עֲנָנָה
fleece, *v.t.* גָּזַז; עָשַׁק, גָּזַל, רִמָּה
fleecy, *adj.* גִּזִּי, צַמְרִיר
fleer, *n.* (הַ)עֲוָיַת לַעַג, מַבָּט שֶׁל בִּטּוּל
fleer, *v.i.* לִגְלֵג, הִתְלוֹצֵץ [ליץ]
fleet, *adj.* מָהִיר
fleet, *n.* אֳנִי, צִי; יוּבַל
flesh, *n.* בָּשָׂר, שְׁאֵר בָּשָׂר
fleshly, *adj.* דֶּרֶךְ בְּשָׂרִים, תַּאַוְתָנִי; בְּשָׂרִי, גּוּפִי
flex, *v.t.* עִקֵּם, כָּפַף
flexibility, *n.* גְּמִישׁוּת
flexible, *n.* גָּמִישׁ
flexure, *n.* עִקּוּם, עִוּוּת; נְטִיָּה, הַטָּיָה
flicker, *n.* הִבְהוּב, רִפְרוּף
flicker, *v.i.* הִבְהֵב, רִפְרֵף
flier, flyer, *n.* עָף; טַיָּס, מְעוֹפֵף
flight, *n.* נִיסָה, מְנוּסָה; טִיסָה
flighty, *adj.* קַל דַּעַת; בַּעַל דִּמְיוֹן מֻפְרָז
flimsy, *adj.* קָלוּשׁ, קַל, רָפֶה
flinch, *v.i.* פִּקְפֵּק, הִסֵּס
fling, *n.* מְשׁוּבָה; זְרִיקָה; הִתּוּל
fling, *v.t. & i.* הִשְׁלִיךְ [שלך], זָרַק, רָמָה, יָרָה
flint, *n.* צוּר, אֶבֶן אֵשׁ
flinty, *adj.* שֶׁל צוּר; עִקֵּשׁ
flip, *n.* סְטִירָה
flip, *v.t.* סָטַר
flippancy, *n.* חֻצְפָּה, פְּזִיזוּת, שִׁטְחִיּוּת, לַהַג
flippant, *adj.* קַל דַּעַת, נִמְהָר, פָּזִיז, שִׁטְחִי
flirt, flirtation, *n.* אֲהַבְהָב, אֲהַבְהָבִים
flirt, *v.t. & i.* אֲהַבְהֵב, הִתְנַפְנֵף [נפנף]
flit, *v.i.* עָבַר; חָלַף; הִתְעוֹפֵף [עוף]
float, *n.* רַפְסוֹדָה; צָף; פְּקָק חַכָּה
float, *v.t. & i.* הֵצִיף [צוף], הֵשִׁיט [שוט] צָף [צוף]
floater, *n.* צָף, מָצוֹף
flock, *n.* עֵדֶר, קְהִילָה, מַחֲנֶה, קְבוּצָה
flock, *v.i.* הִתְאַסֵּף [אסף], נִקְהַל [קהל], נָהַר, הִתְקַבֵּץ [קבץ]
floe, *n.* שִׁכְבַת קֶרַח, צָף
flog, *v.t.* שִׁרְבֵּט, הִלְקָה [לקה]
flood, *n.* מַבּוּל, שִׁטָּפוֹן; גֵּאוּת הַיָּם
flood, *v.t.* שָׁטַף, הֵצִיף [צוף]
floor, *n.* קַרְקַע, רִצְפָּה; קוֹמָה, דְּיוֹטָה; רְשׁוּת הַדִּבּוּר

floor, *v.t.* רָצַף; הִפִּיל [נפל] מִגֵּר, הִכָּה

flooring, *n.* חָמְרֵי רִצּוּף

flop, *v.i.* הִתְנַפְנֵף [נפנף]; נָפַל (אַרְצָה); נִכְשַׁל [כשל]

flora, *n.* הַצּוֹמֵחַ, מַמְלֶכֶת הַצְּמָחִים

floral, *adj.* פִּרְחִי

florist, *n.* פִּרְחָן, מוֹכֵר (מְגַדֵּל) פְּרָחִים

florid, *adj.* מָלֵא פְּרָחִים; מְלִיצִי

florin, *n.* מַטְבֵּעַ (הוֹלַנְדִּי, אַנְגְּלִי)

floss, *n.* מֶשִׁי (חַי) נָא

flotilla, *n.* אֲנִיּוֹן, צִי קָטָן

flotsam, *n.* שְׁבָרִים שָׁטִים

flounce, *v.i.* הִתְנַדְנֵד [נדנד]

flounder, *n.* סַנְדָּל, דָּג מֹשֶׁה רַבֵּנוּ

flounder, *v.i.* הִתְנַהֵל [נהל] בִּכְבֵדוּת, פִּרְפֵּר, פִּרְכֵּס

flour, *n.* קֶמַח, סֹלֶת

flourish, *n.* קִשּׁוּט; הֲנָפָה (חֶרֶב)

flourish, *v.t.* & *i.* נָב; [נוב]; פָּרַח; הִצְלִיחַ [צלח], עָשָׂה חַיִל

floury, *adj.* קִמְחִי

flout, *n.* לִגְלוּג

flout, *v.t.* לִגְלֵג, בָּז [בוז]

flow, *n.* זֶרֶם; גֵּאוּת (הַיָּם); שֶׁפֶךְ; שֶׁטֶף (דִּבּוּר)

flow, *v.t.* & *i.* זָרַם, נָזַל, שָׁפַע, גָּאָה (הַיָּם), נָבַע, הִתְנַפְנֵף [נפנף]

flower, *n.* פֶּרַח; עִטּוּר, קִשּׁוּט; מִבְחָר

flower, *v.t.* & *i.* פָּרַח; קִשֵּׁט (בִּפְרָחִים)

flowery, *adj.* מְכֻסֶּה פְּרָחִים; נִמְלָץ (דִּבּוּר, סִגְנוֹן)

flowerpot, *n.* עֲצִיץ (פְּרָחִים)

flu, influenza, *n.* שַׁפַּעַת

fluctuate, *v.i.* הִתְנוֹעֵעַ [נוע]; עָלָה וְיָרַד (מְחִיר)

flue, *n.* מַעֲבָר (בָּאֲרֻבָּה, בְּמַעֲשֵׁנָה)

fluency, *n.* אִשְׁגָּרָה, שִׁגְרָה, הֶרְגֵּל; נְזִילוּת; שֶׁטֶף (דִּבּוּר)

fluent, *adj.* שָׁגוּר, שׁוֹטֵף, שִׁטְפִי

fluff, *n.* מוֹכִית

fluffy, *adj.* מוֹכִי

fluid, *adj.* נוֹזְלִי

fluid, *n.* נוֹזֵל, נוֹזְלִים

flunk, *n.* כִּשָּׁלוֹן

flunk, *v.i.* נִכְשַׁל [כשל] (בִּבְחִינָה)

flunky, flunkey, *n.* מְשָׁרֵת, שַׁמָּשׁ; חוֹנֵף

fluoresce, *v.i.* הִקְרִין [קרן]; הִתְגַּוֵּן [גון]

fluorescence, *n.* הִתְגַּוְּנוּת; קְרִינָה

flurry, *n.* הִתְרַגְּשׁוּת, שָׁאוֹן; סוּפָה

flurry, *v.t.* בִּלְבֵּל, הִבְהִיל [בהל]

flush, *n.* אֹדֶם (פָּנִים); שֶׁפַע; הִתְעוֹפְפוּת (פִּתְאוֹמִית); פְּרִיחָה; צְמַרְמֹרֶת; סִדְרַת קְלָפִים בַּיָּד

flush, *v.t.* & *i.* הִתְאַדֵּם, הֶאֱדִים [אדם], הִסְמִיק [סמק]; נִכְלַם [כלם]; יִשֵּׁר (דְּפוּס); הִדִּיחַ [נדח] (אַגַּן בֵּית כִּסֵּא)

flush, *adj.* סָמוּק, אָדֹם; פּוֹרֵחַ; נִמְצָא בְּשֶׁפַע (כֶּסֶף); מַקְבִּיל, יָשָׁר (סִדּוּר דְּפוּס); מָלֵא (יַד קְלָפִים)

fluster, *v.t.* & *n.* הִרְגִּיז [רגז], בִּלְבֵּל, חִמֵּם, הִמְהִיר [מהר]; הִתְרַגְּשׁוּת; חֹם; מְהוּר

flute, *n.* & *v.t.* חָלִיל, אַבּוּב; חִלֵּל

flutist, *n.* חֲלִילָן

flutter, *v.t.* & *i.* רִפְרֵף, פִּרְפֵּר; רִחֵף

flutter, *n.* רִפְרוּף, רִחוּף

flux, *n.* זוֹב, זִיבָה; זְרִימָה; גֵּאוּת (יָם)

fly, *n.* יְעָף, מָעוּף, טִיסָה; זְבוּב

fly, *v.t.* & *i.* עָף, עוֹפֵף, הִתְעוֹפֵף [עוף], טָס [טוס]

flyer, *v.* flier

foal, *n.* סְיָח

foal, *v.i.* הִמְלִיט [מלט], יָלַד (סוּסִים)

foam, *n.* קֶצֶף, אַדְוָה (קֶצֶף גַּלֵּי הַיָּם)

foam, *v.t.* & *i.* הִקְצִיף [קצף], קָצַף, הֶעֱלָה קֶצֶף (אַדְוָה)
focal, *adj.* מֶרְכָּזִי, מוֹקְדִי
focus, *n.* & *v.t.* מוֹקֵד; מִרְכֵּז, רִכֵּז, מִקֵּד
fodder, *n.* מִסְפּוֹא
foe, *n.* אוֹיֵב, שׂוֹנֵא, צַר
foetus, fetus, *n.* עֻבָּר
fog, *n.*, *v.t.* & *i.* עֲרָפֵל; עִרְפֵּל, הִתְעַרְפֵּל [ערפל]; הֶאֱפִיל [אפל]
foggy, *adj.* מְעֻרְפָּל
foible, *n.* חֻלְשָׁה, מוּם, פְּנִימָה
foil, *n.* רְדִיד, גִּלָּיוֹן (עָלֶה)
foil, *v.t.* סִכֵּל, הֵפֵר [פרר]
fold, *n.* גְּדֵרָה, דִּיר, מִכְלָה; עֵדָה; קֶמֶט; קִפּוּל, קֶפֶל
fold, *v.t.* קִפֵּל; כָּפַל; קִמֵּט; חִבֵּק; כָּלָא
folder, *n.* מְקַפֵּל; מַעֲטָפָה, עֲטִיפָה, כְּרִיכָה
foliage, *n.* עַלְוָה
folk, *n.* אֲנָשִׁים, בְּנֵי אָדָם, לְאֹם, קְרוֹבִים
folklore, *n.* מִנְהֲגֵי הֲמוֹן הָעָם
follow, *v.t.* & *i.* עָקַב, הָלַךְ אַחֲרֵי
follower, *n.* הוֹלֵךְ (בְּעִקְבוֹת), תַּלְמִיד, מַעֲרִיץ, חָסִיד
folly, *n.* טִפְּשׁוּת, שְׁטוּת, שִׁגָּעוֹן, עָוֶל
foment, *v.t.* הִלְהִיב [להב] (לְמְהוּמוֹת), הֵסִית [סות], הֵחֵם [חמם]
fomentation, *n.* חִמּוּם, עוֹרְרוּת
fond, *adj.* אוֹהֵב
fondle, *v.t.* & *i.* אָהַב, חִבֵּב, לִטֵּף
fondness, *n.* חִבָּה
font, *n.* כִּיּוֹר (לִטְבִילָה); יַצֶּקֶת (דְּפוּס)
food, *n.* אֹכֶל, מַאֲכָל, מָזוֹן
fool, *n.* כְּסִיל, פֶּתִי, שׁוֹטֶה
fool, *v.t.* שִׁטָּה; הֵתֵל [תלל], הִתֵּל; הוֹנָה [ינה], רִמָּה
foolery, *n.* טִפְּשׁוּת
foolhardiness, *n.* פַּחֲזוּת
foolish, *adj.* מַצְחִיק, נִבְעָר
foolishness, *n.* טִפְּשׁוּת
foot, *n.* רֶגֶל, כַּף הָרֶגֶל; שַׁעַל; בָּסִיס, מַרְגְּלוֹת
foot, *v.t.* & *i.* צָעַד, הָלַךְ בָּרֶגֶל; בָּעַט
football, *n.* כַּדּוּרֶגֶל
footfall, *n.* פְּסִיעָה, צַעַד
foothold, *n.* עֶמְדָּה; מִדְרָךְ (כַּף רֶגֶל)
footing, *n.* מַעֲמָד, עָקֵב, הֲלִיכָה, יְסוֹד
footlights, *n. pl.* אוֹרוֹת הַכֶּבֶשׁ
footnote, *n.* הֶעָרָה, רַגְלָן
footpad, *n.* שׁוֹדֵד, גַּזְלָן
footprint, *n.* עִקְבָה
footsore, *n.* כְּאֵב רַגְלַיִם
footstep, *n.* צַעַד, אָשׁוּר, עָקֵב
footstool, *n.* הֲדוֹם
fop, *n.* גַּנְדְּרָן
for, *prep.* בְּ־, לְ־, בְּעַד, בִּגְלַל, בִּשְׁבִיל
for, *conj.* כִּי, יַעַן כִּי, כִּי אֲשֶׁר, הֱיוֹת וְ־, כֵּיוָן שֶׁ־
forage, *n.* מִסְפּוֹא
foray, *v.t.* בָּזַז
forbear, *v.t.* & *i.* חָס, [חוס], הֶאֱרִיךְ [ארך] רוּחַ, הִתְאַפֵּק [אפק]
forbid, *v.t.* אָסַר
force, *n.* כֹּחַ, הַכְרָחָה; פְּלֻגָּה
force, *v.t.* & *i.* הִכְרִיחַ [כרח], הִתְאַמֵּץ, [אמץ], אִלֵּץ, אָנַס
forceful, *adj.* נִמְרָץ, חָזָק
forceps, *n.* מֶלְקָחַיִם, צְבָת
ford, *n.* מַעֲבָר, מַעְבָּרָה
ford, *v.t.* עָבַר, חָצָה נָהָר בְּרֶגֶל
fore, *adj.* קוֹדֵם, קִדְמִי, קַדְמוֹן
fore, *adv.* & *prep.* נֹכַח, בִּפְנֵי

forearm, *n.* קָנֶה, אַמָּה
forebear, forbear, *n.* אָב קַדְמוֹן
forebode, *v.t. & i.* הִרְגִּישׁ, [רגש], הִגִּיד [נגד] מֵרֹאשׁ, נִבֵּא
forecast, *n.* חִזּוּי
foreclose, *v.t.* שָׁלַל זְכוּת (מַשְׁכַּנְתָּה)
foreclosure, *n.* שְׁלִילַת זְכוּת
forefather, *n.* אָב קַדְמוֹן
forefinger, *n.* אֶצְבַּע
forefoot, *n.* רֶגֶל קִדְמִית (בְּהֵמָה)
forefront, *n.* רֹאשׁ וְרִאשׁוֹן, רִאשׁוֹן לַכֹּל
forego, forgo, *v.t. & i.* וִתֵּר, מָחַל עַל, הֵנִיחַ [נוח], מָנַע (עַצְמוֹ) מִ־
foregone, *adj.* קוֹדֵם, נֶחֱרָץ מֵרֹאשׁ
foreground, *n.* פָּנִים, חָזִית
forehead, *n.* מֵצַח
foreign, *adj.* נָכְרִי, זָר
foreigner, *n.* נָכְרִי, זָר; לוֹעֵז
forelock, *n.* תַּלְתַּל
foreman, *n.* מַשְׁגִּיחַ (עֲבוֹדָה), פּוֹעֵל רָאשִׁי
foremast, *n.* תֹּרֶן קִדְמִי
foremost, *adj.* חָשׁוּב בְּיוֹתֵר
forerun, *v.t.* קָדַם
forerunner, *n.* מְבַשֵּׂר
foresail, *n.* מִפְרָשׂ רָאשִׁי
foresee, *v.t.* רָאָה מֵרֹאשׁ
foresight, *n.* רְאִיָּה מֵרֹאשׁ, זְהִירוּת
foreskin, *n.* עָרְלָה
forest, *n.* יַעַר, חֳרְשָׁה, חֹרֶשׁ
forest, *v.t.* יִעֵר
forestall, *v.t.* קִדֵּם (פְּנֵי רָעָה)
forester, *n.* יַעֲרָן
forestry, *n.* יִעוּר
foretaste, *v.t.* טָעַם מֵרֹאשׁ
foretell, *v.t.* הִגִּיד [נגד] מֵרֹאשׁ, נִבֵּא
forethought, *n.* מַחֲשָׁבָה תְּחִלָּה
foretoken, *n.* אוֹת, מוֹפֵת

forever, *adv.* לָנֶצַח, לְעוֹלָם
forewarn, *v.t.* הִתְרָה [תרה], הִזְהִיר [זהר]
foreword, *n.* הַקְדָּמָה, מָבוֹא
forfeit, *adj.* אָבֵד, הִפְסִיד [פסד]
forfeit, *n. & v.t.* קְנָס; אִבֵּד זְכוּת
forfeiture, *n.* אִבּוּד, הֶפְסֵד, קְנָס, כֹּפֶר
forgather, *v.i.* נֶאֱסַף [אסף], הִתְאַסֵּף
forge, *n.* מַפָּחָה
forge, *v.t. & i.* חִשֵּׁל, יָצַר; הֵאִיץ [אוץ], זִיֵּף
forger, *n.* זַיְּפָן
forgery, *n.* זִיּוּף
forget, *v.t.* שָׁכַח, נָשָׁה
forgetful, *adj.* שַׁכְחָנִי
forgetfulness, *n.* שַׁכְחָנוּת, שִׁכְחָה, נְשִׁיָּה
forget-me-not, *n.* זְכָרִינִי (פֶּרַח)
forgettable, *adj.* שָׁכוּחַ, נָשִׁיּ
forgive, *v.t. & i.* מָחַל, סָלַח
forgiveness, *n.* מְחִילָה, סְלִיחָה
forgo, *v.* forego
fork, *n.* מַזְלֵג; קִלְשׁוֹן (לִתְבוּאָה); הִסְתָּעֲפוּת
fork, *v.t. & i.* הִקְלִישׁ [קלש], הֵרִים [רום] בְּקִלְשׁוֹן; הִסְתָּעֵף [סעף]
forlorn, *adj.* נוֹאָשׁ, נֶעֱזָב, אוֹבֵד
form, *n.* צוּרָה, תַּבְנִית, דְּמוּת, אֹפֶן, מִין; סִדּוּר (דְּפוּס)
form, *v.t. & i.* צָר [צור], נָתַן צוּרָה, הִלְבִּישׁ [לבש] צוּרָה; עָרַךְ, יָצַר, בָּרָא; אִלֵּף, לִמֵּד
formal, *adj.* רִשְׁמִי, טִקְסִי, צוּרָתִי
formalism, *n.* צוּרִיּוּת, נַקְדָנוּת
formality, *n.* חִיצוֹנִיּוּת; רִשְׁמִיּוּת
formally, *adv.* בְּאֹפֶן רִשְׁמִי
formation, *n.* הֲוָיָה, יְצִירָה, תְּצוּרָה, בְּרִיאָה

formative, *adj.* יוֹצֵר; מְקַבֵּל צוּרָה

former, *adj.* צָר, מְהַוֶּה; קוֹדֵם, הנ"ל (הַנִּזְכָּר לְעֵיל)

formerly, *adv.* מִקֹּדֶם, לְפָנִים

formidable, *adj.* כַּבִּיר, אַדִּיר, נוֹרָא

formless, *adj.* אָטוּם, חֲסַר צוּרָה

formula, *n.* טֹפֶס, נֻסְחָה

formulate, *v.t.* נָתַן צוּרָה, נִסַּח

fornicate, *v.i.* זָנָה, נִאֵף, שִׁמֵּשׁ

fornication, *n.* נִאוּף, זְנוּת

forsake, *v.t.* נָטַשׁ, זָנַח

forswear, *v.t. & i.* כִּחֵשׁ, הִכְחִישׁ [כחש]; נִשְׁבַּע [שבע] (לַשֶּׁקֶר)

fort, *n.* מִבְצָר, מְצוּדָה

forth, *adv.* הָלְאָה

forthcoming, *adj. & n.* הוֹלֵךְ (מְמַשְׁמֵשׁ) וּבָא

forthright, *adj.* יָשָׁר

forthwith, *adv.* מִיָּד, תֵּכֶף וּמִיָּד

fortieth, *adj.* הָאַרְבָּעִים

fortification, *n.* בִּצּוּר, מִבְצָר

fortify, *v.t.* בִּצֵּר; עוֹדֵד, קִיֵּם, שִׂגֵּב

fortitude, *n.* אֹמֶץ רוּחַ

fortnight, *n.* שְׁבוּעַיִם

fortnightly, *adj.* דּוּ שְׁבוּעִי

fortnightly, *adv.* אַחַת לִשְׁבוּעַיִם, פַּעַם בִּשְׁבוּעַיִם

fortress, *n.* מִבְצָר, מִשְׂגָּב, מָעוֹז

fortuitous, *adj.* מִקְרִי, אֲרָעִי

fortuity, *n.* מִקְרֶה, עֲרַאי, מִקְרִיּוּת

fortunate, *adj.* מְאֻשָּׁר, מֻצְלָח, בַּר מַזָּל

fortunately, *adv.* לְאָשְׁרוֹ, לְמַזָּלוֹ

fortune, *n.* מַזָּל, גּוֹרָל; מִקְרֶה; רְכוּשׁ, עֹשֶׁר, הוֹן

fortuneteller, *n.* יִדְּעוֹנִי

forty, *adj. & n.* אַרְבָּעִים

forum, *n.* דּוּכָן, בָּמָה (מִפְגָּשׁ) לְוִכּוּחַ חָפְשִׁי

forward, *adj.* קָדוּם, זָרִיז

forward, forwards, *adv.* קָדִימָה, הָלְאָה

fossil, *n. & adj.* אֶבֶן; מְאֻבָּן

fossilize, *v.t. & i.* אִבֵּן; הִתְאַבֵּן [אבן]

foster, *v.t.* כִּלְכֵּל; אִמֵּץ, גִּדֵּל

foster child יֶלֶד מְאֻמָּץ

foul *adj.* מָאוּס, זָהוּם, מְגֻנֶּה, שָׁפָל

foul, *v.t. & i.* לִכְלֵךְ, טִנֵּף; נִטַּנֵּף [טנף], הִתְלַכְלֵךְ [לכלך]

foulness, *n.* לִכְלוּךְ, תּוֹעֵבָה

found, *v.t.* יִסֵּד, בִּסֵּס; כּוֹנֵן [כון], הִשְׁתִּית [שתת]; יָצַק, הִתִּיךְ [נתך]

foundation, *n.* יְסוֹד; בָּסִיס; אָשְׁיָה, מַשְׁתִּית, שָׁת; קֶרֶן (מוֹסָד)

founder, *n.* מְיַסֵּד; יוֹצֵק, מַתִּיךְ

founder, *v.t. & i.* טִבַּע; הָמַם

foundling, *n.* אֲסוּפִי

foundry, *n.* בֵּית יְצִיקָה

fount, *n.* עַיִן, מַעְיָן; יַצֶּקֶת (דְּפוּס)

fountain, *n.* מִזְרָקָה

fountain pen עֵט נוֹבֵעַ, נִבְעוֹן

four, *adj. & n.* אַרְבַּע, אַרְבָּעָה

fourfold, *adj.* אַרְבַּעַת מוֹנִים, פִּי אַרְבָּעָה, אַרְבַּעְתַּיִם

fourscore, *adj.* שְׁמוֹנִים

foursquare, *adj.* מְרֻבָּע; צוֹדֵק

fourteen, *adj. & n.* אַרְבַּע עֶשְׂרֵה, אַרְבָּעָה עָשָׂר

fourteenth, *adj.* הָאַרְבָּעָה עָשָׂר, הָאַרְבַּע עֶשְׂרֵה

fourth, *adj. & n.* רְבִיעִי; רֶבַע

fowl, *n.* עוֹף, בְּשַׂר עוֹף

fowl, *v.i.* צָד [צוד] עוֹפוֹת

fox, *n.* שׁוּעָל

foxglove, *n.* אֶצְבָּעִית (פֶּרַח)

foxy, *adj.* שׁוּעָלִי, עָרוּם

foyer, *n.* מִסְדְּרוֹן, פְּרוֹזְדוֹר

fraction, *n.* שֶׁבֶר; תִּשְׁבֹּרֶת, קֶטַע
fractional, *adj.* זָעִיר, תִּשְׁבָּרְתִּי
fracture, *n.* שֶׁבֶר, סְדִיקָה
fracture, *v.t.* שִׁבֵּר
fragile, *adj.* שָׁבִיר, פָּרִיךְ
fragility, *n.* שְׁבִירוּת, פְּרִיכוּת
fragment, *n.* קֶטַע, בֶּזֶק, שְׁבָב, שֶׁבֶר
fragmentary, *adj.* קִטְעִי, מְקֻטָּע
fragrance, *n.* נִיחוֹחַ, רֵיחָנִיּוּת, בַּשְׂמִיּוּת
fragrant, *adj.* נִיחוֹחִי, בָּשְׂמִי, רֵיחָנִי
frail, *adj.* חַלָּשׁ, תָּשׁוּשׁ, רַךְ
frailty, *n.* חֻלְשָׁה, חַלָּשׁוּת, תְּשִׁישׁוּת
frame, *n.* מִסְגֶּרֶת, מַלְבֵּן, שֶׁלֶד
frame, *v.t.* עִצֵּב, הֵכִין [כון]; הִתְקִין [תקן] מִסְגֶּרֶת, מִסְגֵּר, הִסְגִּיר [סגר]; זָמַם, הִצְמִיד [צמד] פֶּשַׁע לְאַחֵר
framework, *n.* שֶׁלֶד
France, *n.* צָרְפַת
franchise, *n.* דְּרוֹר, שִׁחְרוּר; זְכוּת הַצְבָּעָה
frank, *adj.* אֲמִתִּי, כֵּן, יָשָׁר, גָּלוּי, גְּלוּי לֵב
frankfurter, frankforter, *n.* נַקְנִיקִית
frankincense, *n.* לְבוֹנָה
frankly, *adv.* בֶּאֱמֶת, בְּיֹשֶׁר לֵב
frankness, *n.* תְּמִימוּת, יֹשֶׁר, אֲמִתִּיּוּת, כֵּנוּת
frantic, *adj.* מִתְרַגֵּז, מְטֹרָף
fraternal, *adj.* אַחֲוָתִי
fraternity, *n.* אַחֲוָה, מִסְדָּר
fraternize, *v.i.* הִתְאַחֲוָה [אחוה], הִתְרוֹעֵעַ [רעע]
fratricide, *n.* הֲרִיגַת אָח
fraud, *n.* רַמָּאוּת, מִרְמָה, הוֹנָאָה, מַעַל
fraudulent, *adj.* מִרְמָה
fraught, *adj.* עָמוּס, טָעוּן; מָלֵא
fray, *n.* מָדוֹן, רִיב, מַצָּה
fray, *v.t. & i.* מָהָה, בָּלָה, בִּלָּה; חִכֵּךְ; הִפְחִיד [פחד]
freak, *n.* מִפְלֶצֶת
freakish, *adj.* מוּזָר, מְשֻׁנֶּה
freckle, *n.* עַדְשָׁה, נֶמֶשׁ, בַּהֶרֶת, נִמּוּר
freckle, *v.t. & i.* כִּסָּה נְמָשִׁים, הִתְכַּסָּה [כסה] נְמָשִׁים (עֲדָשִׁים)
free, *adj. & adv.* חָפְשִׁי, פָּנוּי, מֻתָּר; פַּזְרָנִי; חִנָּם
freedom, *n.* חֹפֶשׁ, חֵרוּת, דְּרוֹר
free will בְּחִירָה חָפְשִׁית; רְצִיָּה
Freemasonry, *n.* בַּנָּאוּת חָפְשִׁית
freeze, *v.i. & t.* קָפָא, גָּלַד; הִקְפִּיא [קפא], הִגְלִיד[גלד]
freight, *n.* מַשָּׂא, מִטְעָן
freight, *v.t.* טָעַן
freighter, *n.* סְפִינַת מַשָּׂא
French, *adj. & n.* צָרְפַתִּי; צָרְפַתִּית
frenzy, *n.* חֵמָה, טֵרוּף, הִתְרַגְּשׁוּת
frequency, *n.* תְּדִירוּת, תְּכִיפוּת, בִּקּוּר
frequent, *adj.* תָּדִיר, שָׁכִיחַ, תָּכוּף, רָגִיל
frequent, *v.t.* בִּקֵּר תָּדִיר
frequently, *adv.* לְעִתִּים קְרוֹבוֹת
fresh, *adj.* טָרִי, רַעֲנָן; חָצוּף, שַׁחֲצָנִי
freshen, *v.t. & i.* גָּבַר, הִתְחַזֵּק [חזק], נִשְׁרָה [שרה], רִעֲנֵן, הֶחֱיָה [חיה]
freshman, *n.* תַּלְמִיד) טִירוֹן)
freshness, *n.* טְרִיּוּת, אֵב, רַעֲנַנּוּת
fret, *n.* רֹגֶז, הִתְרַגְּשׁוּת
fret, *v.t. & i.* אָכַל, רָגַז, קָצַף; שָׁף [שוף], אִכֵּל; נֶאֱכַל [אכל], הִתְמַרְמֵר [מרמר], הִתְגָּעֵשׁ [געש], הִתְאוֹנֵן [אנן]
fretful, *adj.* זוֹעֵף, מִתְרַגֵּז
friable, *adj.* מִתְפּוֹרֵר
friar, *n.* נָזִיר

friary, *n.* מִנְזָר
friction, *n.* שִׁפְשׁוּף, חֲפִיפָה, חִכּוּךְ; סִכְסוּךְ, חִלּוּקֵי דֵעוֹת
Friday, *n.* יוֹם שִׁשִּׁי
fried, *adj.* מְטֻגָּן
friend, *n.* יְדִיד, רֵעַ, עָמִית, חָבֵר
friendless, *adj.* חֲסַר יְדִיד
friendliness, *n.* יְדִידוּת
friendly, *adj.* יְדִידִי, יְדִידוּתִי
friendly, *adv.* בִּידִידוּת
friendship, *n.* יְדִידוּת, אַהֲבָה
frigate, *n.* אֳנִיַּת מִלְחָמָה, סְפִינַת קְרָב
fright, *n.* אֵימָה, בֶּהָלָה, יִרְאָה, פַּחַד, חִתָּה, בְּעָתָה, חֲרָדָה
frighten, *v.t.* הִבְהִיל [בהל], יָרֵא, הִפְחִיד [פחד], הִבְעִית [בעת], הֵחַת [חתת]
frightful, *adj.* מַבְהִיל, מַפְחִיד, אָיֹם
frigid, *adj.* קַר מְאֹד, קַר הַמֶּזֶג (אֹפִי)
frigidity, *n.* קֹר, קָרָה, צִנָּה
frill, *n.* מְלָל, פִּיף, צִיצָה, גְּדִיל
fringe, *n.* אִמְרָה, מִפְרַחַת
fringe, *v.t.* עָשָׂה אִמְרוֹת
frippery, *n.* בְּגָדִים (חֳמָרִים) יְשָׁנִים, גְּרוּטָאוֹת
frisk, *n.* דִּלּוּג
frisk, *v.i.* קִרְטֵעַ
frisky, *adj.* פָּזִיז, עַלִּיז
fritter, *n.* כִּיסָן, חָרִיט, (מַאֲפֶה מְמוּלָּא)
fritter, *v.t.* בִּזְבֵּז, פֵּרַר
frivolity, *n.* הֶבֶל, קַטְנוּת, פַּחֲזוּת
frivolous, *adj.* קַטְנוּנִי, רֵיק, קַל רֹאשׁ, פּוֹחֵז
frizzle, *v.t.* סִלְסֵל
fro, *adv.* to and fro הָלֹךְ וָשׁוֹב, אָנֶה וָאָנָה
frock, *n.* שִׂמְלָה; מְעִיל, זִיג
frog, *n.* צְפַרְדֵּעַ
frolic, *adj.* מִשְׁתּוֹבֵב, עַלִּיז
frolic, *n.* שָׂשׂוֹן, עֲלִיצוּת
frolic, *v.i.* צִחֵק
frolicsome, *adj.* שָׂמֵחַ, מָלֵא מְשׁוּבָה
from, *prep.* מֵ־, מִ־, מִן, מֵאֵת
front, *n.* פָּנִים; מֵצַח; חֲזִית (מִלְחָמָה), הֶעָזָה, חֻצְפָּה
front, *v.i.* פָּנָה, הִשְׁקִיף [שקף]
frontage, *n.* חֲזִית, פְּנֵי בִּנְיָן
frontal, *adj.* מִצְחִי
frontier, *n.* גְּבוּל, מֶצֶר
frost, *n.* כְּפוֹר, קִפָּאוֹן
frosty, *adj.* כְּפוֹרִי, קָפוּא; אָדִישׁ, קַר רוּחַ
froth, *n.*, *v.t.* & *i.* קֶצֶף; הִתְקַצֵּף [קצף]
frown, *n.* קֶמֶט מֵצַח, מַבָּט זַעַם, זַעַף
frown, *v.i.* קָמַט אֶת הַמֵּצַח, הִבִּיט [נבט] בְּזַעַם, קָדַר
frowzy, frowsy, *adj.* מְלֻכְלָךְ, פָּרוּעַ
frozen, *adj.* קָפוּא, נִגְלָד
frugal, *adj.* חַסְכָנִי, דַּל
frugality, *n.* חִסָּכוֹן, דַּלּוּת
fruit, *n.* פְּרִי, פֵּרוֹת
fruitage, *n.* יְבוּל, תְּנוּבָה
fruitful, *adj.* פּוֹרֶה, עוֹשֶׂה (נוֹשֵׂא) פְּרִי
fruition, *n.* הִתְגַּשְּׁמוּת, עֲשִׂיַּת פְּרִי
frustrate, *v.t.* הֵפֵר [פרר], הִכְזִיב [כזב]
frustration, *n.* מַפַּח נֶפֶשׁ, אַכְזָבָה
fry, *v.t.* & *i.* טִגֵּן, טֻגַּן; הִכְעִיס [כעס], הִרְגִּיז [רגז]
frying pan מַחֲבַת, מַרְחֶשֶׁת
fuddle, *v.t.* & *i.* שִׁכֵּר, הִשְׁתַּכֵּר [שכר]
fudge, *n.* שְׁטֻיּוֹת; מִשְׁקְלָדָה
fuel, *n.* דֶּלֶק, הֶסֵּק
fugitive, *adj.* פָּלִיט, בּוֹרֵחַ

fulfill, fulfil, *v.t.* קִיֵּם, מִלֵּא, הִגְשִׁים [נשם]

fulfillment, fulfilment, *n.* הִתְקַיְּמוּת, מִלּוּי, הִתְגַּשְּׁמוּת

full, *adj.* מָלֵא, גָּדוּשׁ, שָׂבֵעַ, רָוֶה

full, *adv.* בִּמְלֹאו, לְגַמְרֵי

fullness, *n.* מְלוֹא, גֹּדֶשׁ, שְׁלֵמוּת

fulminate, *v.t.* & *i.* נִפֵּץ, פּוֹצֵץ [פצץ]

fumble, *v.t.* & *i.* מִשֵּׁשׁ; גִּמְגֵּם

fume, *n.* עָשָׁן; רֹגֶז

fume, *v.t.* & *i.* עִשֵּׁן, הֶעֱלָה [עלה] עָשָׁן; אִדָּה, הִתְאַדָּה; חָרָה אַפּוֹ, קָצַף

fumigate, *v.t.* קִטֵּר, עִשֵּׁן

fumigation, *n.* עִשּׁוּן

fun, *n.* לָצוֹן, צְחוֹק, עֹנֶג

function, *n.* תַּפְקִיד, מִשְׂרָה, פְּעֻלָּה, תִּפְקוּד; טֶקֶס

function, *v.i.* תִּפְקֵד, נָשָׂא מִשְׂרָה, פָּעַל

functional, *adj.* תַּפְקִידִי, פִּקּוּדִי

functionary, *n.* פָּקִיד, פְּקִידוֹן

fund, *n.* קֶרֶן, אֶמְצָעִים

fundamental, *adj.* יְסוֹדִי, עִקָּרִי

funeral, *adj.* שֶׁל לְוָיָה, אָבֵל

funeral, *n.* לְוָיָה, קְבוּרָה

fungus, fungi (*pl.*), *n.* פִּטְרִיָּה, סְפוֹג

funk, *n.* פַּחַד, מֹרֶךְ לֵב, הִתְכַּוְּצוּת מִבֶּהָלָה

funnel, *n.* מַשְׁפֵּךְ

funny, *adj.* בַּדְּחָנִי

fur, *n.* פַּרְוָה, אַדֶּרֶת

furbish, *v.t.* צִחְצַח, חִדֵּשׁ, מֵרַט, לָטַשׁ

furious, *adj.* מִתְקַצֵּף, מִתְרַגֵּז

furl, *v.t.* קִפֵּל וְקָשַׁר (דֶּגֶל, מִפְרָשׂ)

furlough, *n.* חֻפְשָׁה צְבָאִית

furlough, *v.t.* נָתַן חֻפְשָׁה צְבָאִית

furnace, *n.* כִּבְשָׁן, כּוּר

furnish, *v.t.* רִהֵט, סִפֵּק, הִמְצִיא [מצא] לְ־

furniture, *n.* רָהִיט, רָהִיטִים

furor, *n.* חָרוֹן, זַעַם, עֶבְרָה

furrier, *n.* פַּרְוָן

furrow, *n.* מַעֲנִית, גְּדוּד, חָרִיץ, תֶּלֶם

furrow, *v.t.* תִּלֵּם, הִתְלִים [תלם], חָרַשׁ

further, *adj.* יוֹתֵר רָחוֹק, נוֹסָף

further, *adv.* הָלְאָה, שׁוּב, מִלְּבַד זֶה, גַּם (אַף)

further, *v.t.* דָּחַף, קִדֵּם, סִיַּע, עָזַר, הוֹעִיל [יעל] לְ־

furtherance, *n.* קִדּוּם

furthermore, *adv.* & *conj.* יָתֵר עַל כֵּן, עוֹד זֹאת

furthermost, furthest, *adj.* הָרָחוֹק בְּיוֹתֵר

furtive, *adj.* עָרֹם, (מַבָּט) גָּנוּב

fury, *n.* זַעַם, חֵמָה, כַּעַס, חָרוֹן, חֲרוֹן אַף

furze, *n.* רֹתֶם

fuse, fuze, *n.* נַפָּץ; מַבְטֵחַ, בִּטָּחוֹן חַשְׁמַל

fuse, fuze, *v.t.* & *i.* הִתִּיךְ [נתך], הֻתַּךְ, מִזֵּג, הִתְמַזֵּג [מזג]

fuselage, *n.* שֶׁלֶד שֶׁל אֲוִירוֹן

fusillade, *n.* יְרִיּוֹת תְּכוּפוֹת

fusion, *n.* הַתָּכָה, הִתּוּךְ, חִבּוּר, צֵרוּף, הִתְמַזְּגוּת

fuss, *n.* הֲמֻלָּה, מְבוּכַת שָׁוְא

futile, *adj.* חֲסַר תּוֹעֶלֶת, לַשָּׁוְא, בְּחִנָּם, אַפְסִי

futility, *n.* הֶבֶל, אַפְסוּת, חֹסֶר תּוֹעֶלֶת

future, *adj.* עֲתִידִי

future, *n.* עָתִיד

fuze, *v.* fuse

fuzz, *n.* מוֹךְ

G, g

G, g, *n.* ג׳י, הָאוֹת הַשְּׁבִיעִית בָּאָלֶף בֵּית הָאַנְגְּלִי; שְׁבִיעִי, ז׳

gab, gabble, *n.* פִּטְפּוּט, שִׂיחָה בְּטֵלָה

gabardine, gaberdine, *n.* אָרִיג צַמְרִי; מְעִיל, מְעִיל (אָרֹךְ) עֶלְיוֹן

gabble, *v.i.* פִּטְפֵּט

gable, *n.* גַּמְלוֹן (גַּג)

gad, *v.i.* שׁוֹטֵט [שוט], הָלַךְ בָּטֵל, שָׁט [שוט], נָע וָנָד

gadfly, *n.* זְבוּב סוּסִים

gadget, *n.* מַכְשִׁיר

gag, *n.* מַחְסוֹם זְמָם, סְתִימָה

gag, *v.t. & i.* סָתַם, הִסְתַּתֵּם [סתם] (פֶּה), הִשְׁתִּיק [שתק], הֶהֱסָה [הסה], הִסָּה; גָּרַם רְצוֹן הֲקָאָה

gaiety, gayety, *n.* עַלִּיזוּת, שִׂמְחָה

gaily, gayly, *adv.* בְּשִׂמְחָה, בְּחֶדְוָה

gain, *n.* רֶוַח; שָׂכָר; זְכִיָּה

gain, *v.t. & i.* הִרְוִיחַ [רוח], הִשְׂתַּכֵּר [שכר]; הִתְקַדֵּם [קדם], הִשִּׂיג [נשג], רָכַשׁ

gainer, *n.* מַרְוִיחַ

gainful, *adj.* מַכְנִיס רֶוַח; מוֹעִיל

gainsay, *v.t.* הִכְחִישׁ [כחש], הִתְנַגֵּד [נגד] לְ־

gainsayer, *n.* מִתְנַגֵּד

gait, *n.* הִלּוּךְ

gala, *adj.* חֲגִיגִי

galaxy, *n.* שְׁבִיל הֶחָלָב; אֲסֵפָה נֶהְדָּרָה, קְבוּצַת הוֹד

gale, *n.* נַחְשׁוֹל; סוּפָה

Galilean, *adj. & n.* גְּלִילִי

Galilee, *n.* גָּלִיל

gall, *n.* מְרֵרָה, מָרָה; רֹאשׁ, לַעֲנָה

gall, *v.t. & i.* חִכֵּךְ (עוֹר); הִרְגִּיז [רגז]; כָּעַס, זָעַף; מֵרַר, הִתְמַרְמֵר [מרמר]

gallant, *adj.* אָדִיב, אַבִּיר, אַמִּיץ לֵב

gallery, *n.* יָצִיעַ, גְּזֻרָה; אוּלָם (מוֹסָד) לְתַצּוּגוֹת אֳמָנוּתִיּוֹת

galley, *n.* סְפִינָה חַד מִכְסִית, מִפְרָשִׂית, סִירַת מְשׁוֹטִים; מִסְדָּרָה (דְּפוּס)

galley proof הַגָּהָה רִאשׁוֹנָה

gallon, *n.* גַּלּוֹן (4.543 לִיטְרִים)

gallop, *n.* דְּהָרָה

gallop, *v.t. & i.* דָּהַר; הִדְהִיר [דהר]

galloper, *n.* דַּהֲרָן

gallows, *n.* עֵץ תְּלִיָּה

galore, *adv.* לְמַכְבִּיר, בְּשֶׁפַע, לָרֹב

galoshes, *n. pl.* עַרְדָּלַיִם

galvanize, *v.t.* גִּלְוֵן

gamble, *v.t. & i.* שִׂחֵק בְּמַזָּל (בִּקְלָפִים, בְּקֻבִּיָּה וְכוּ׳)

gambler, *n.* קֻבְיוּסְטוּס, מְשַׂחֵק (בִּקְלָפִים, בְּקֻבִּיָּה), קַלְפָן

gambol, *n.* קִרְטוּעַ, רְקִידָה

gambol, *v.i.* קִרְטַע, פִּרְכֵּס

game, *n.* מִשְׂחָק; צֵידָה, צַיִד; גִּילָה

game, *v.i.* שִׂחֵק

gamesome, *adj.* עַלִּיז; שַׂחֲקָנִי

gamester, *n.* מְשַׂחֵק

gammon, *n.* קֹתֶל

gander, *n.* אַוָּז

gang, *n.* חֲבוּרָה, כְּנֻפְיָה

ganglion, *n.* חַרְצָב; צֹמֶת עֲצָבִים

gangrene, *n.* מֶקֶק, חִרְחוּר

gangrene, *v.i.* נָמַק, הִתְנַמֵּק [מקק]

gangster, *n.* שׁוֹדֵד, מַנְהִיג כְּנֻפְיָה

gangway, *n.* מַעֲבָר, דֶּרֶךְ; סֻלַּם אֳנִיָּה

gaol, *v.* jail

gap, *n.* פִּרְצָה, נְקִיק
gape, *n.* פְּעִירַת פֶּה, פִּהוּק
gape, *v.t. & i.* עָשָׂה פֶּרֶץ, פָּעַר, פִּהֵק
garage, *n.* מוּסָךְ, תַּחֲנִית
garb, *n.* מַלְבּוּשׁ, לְבוּשׁ
garb, *v.t.* הִלְבִּישׁ [לבש]
garbage, *n.* אַשְׁפָּה, זֶבֶל
garble, *v.t.* נִפָּה; עִקֵּם, קִלְקֵל
garden, *n.* גַּן, גִּנָּה, בֻּסְתָּן
garden, *v.t.* עָבַד בְּגַן
gardener, *n.* גַּנָּן, בֻּסְתְּנַאי
gardenia, *n.* גַּרְדֵּנִית
gardening, *n.* גַּנָּנוּת
gargle, *v.t.* עִרְעֵר, גִּרְגֵּר
gargle, *n.* גִּרְגּוּר, עִרְעוּר
garish, *adj.* מַבְהִיק, נִפְתָּל, הֲפַכְפַּךְ
garland, *n.* זֵר פְּרָחִים, נֵזֶר, לוֹיָה
garlic, *n.* שׁוּם
garment, *n.* בֶּגֶד, שִׂמְלָה, מַלְבּוּשׁ, כְּסוּת
garner, *v.t. & n.* אָסַף, צָבַר, אָצַר; אָסָם
garnish, *v.t. & n.* יִפָּה, קִשֵּׁט; קִשּׁוּט
garret, *n.* עֲלִיָּה, עֲלִיַּת הַגַּג, חֲדַר עֲלִיָּה
garrison, *n.* מִשְׁמָר, חֵיל הַמִּשְׁמָר, מֻצָּב, מַצָּבָה
garrison, *v.t.* מִשְׁמֵר
garrulity, *n.* פַּטְפְּטָנוּת, אַרְכָנוּת
garrulous, *adj.* פַּטְפְּטָנִי, אַרְכָנִי
garter, *n.* בִּירִית, חֶבֶק
garter, *v.t.* קָשַׁר בְּבִירִית
gas, *n.* גַּז
gaseous, *adj.* גַּזִּי
gash, *n.* שָׂרֶטֶת; גְּדוּדָה
gash, *v.t.* שָׂרַט, פָּצַע; גָּדַד
gasket, *n.* אֶטֶם
gasoline, gasolene, *n.* גַּזּוֹלִין, דֶּלֶק, בֶּנְזִין
gasp, *n.* הִתְנַשְּׁמוּת, פְּעִירַת פֶּה
gasp, *v.i.* שָׁאַף (נָשַׁם) בִּכְבֵדוּת
gastric, *adj.* שֶׁל הַקֵּבָה
gastronomy, *n.* יְדִיעַת (תּוֹרַת) הָאֹכֶל
gate, *n.* שַׁעַר, מָבוֹא
gatepost, *n.* מְזוּזָה
gather, *v.t. & i.* אָסַף, הִתְאַסֵּף [אסף], קִבֵּץ, הִקְהִיל [קהל], כִּנֵּס
gathering, *n.* אֲסִיפָה, כִּנּוּס; אֲסֵפָה, עֲצֶרֶת
gaud, *n.* עֲדִי; פְּתִיגִיל
gaudy, *adj.* מַבְהִיק
gauge, gage, *n.* מַכְשִׁיר מְדִידָה; (קְנֵה) מִדָּה
gauge, gage, *v.t.* מָדַד; הִשְׁוָה [שוה] מִדּוֹת
gaunt, *adj.* צָנוּם, כָּחוּשׁ, רָזֶה, דַּק
gauntlet, *n.* מַגּוֹל מְזֻיָּן
gauze, *n.* מַלְמָלָה, חוּר
gauzy, *adj.* חוּרִי, מַלְמָלִי
gavel, *n.* הַלְמוּת, מַקֶּבֶת, קֻרְנָס, פַּטִּישׁ יוֹשֵׁב רֹאשׁ
gawk, *n.* שׁוֹטֶה, הֶדְיוֹט
gawky, *adj.* טִפְּשִׁי, דֻּבִּי, מְגֻשָּׁם
gay, *adj.* עַלִּיז, שָׂמֵחַ
gayety, gaiety, *n.* עַלִּיזוּת, שִׂמְחָה
gayly, gaily, *adv.* בְּשִׂמְחָה, בְּחֶדְוָה
gaze, *n.* הַבָּטָה, מַבָּט, הֲצָצָה
gaze, *v.t.* הִבִּיט [נבט], הִסְתַּכֵּל [סכל], חָזָה; הִשְׁתָּאָה [שאה]
gazelle, *n.* אַיָּלָה
gazette, *n.* עִתּוֹן רִשְׁמִי
gazette, *v.t.* פִּרְסֵם
gazetteer, *n.* מוֹדִיעַ רִשְׁמִי, עִתּוֹנַאי
gear, *n.* כֵּלִים; רִתְמָה; סַבֶּבֶת (גַּלְגַּל מְשֻׁנָּן)
gear, *v.t.* הִכְשִׁיר [כשר], תִּקֵּן, רָתַם; שִׁלֵּב
gearing, *n.* שִׁלּוּב, תִּשְׁלֹבֶת

gears, *n. pl.* גַּלְגַּלִּים מְשֻׁנָּנִים; חֲפָצִים, מַכְשִׁירִים
gee, *v.t.* & *i.* זָז [זוז], הֵימִין [ימן] (סוּסִים)
geese, *n. pl.* אַוָּזִים
Gehenna, *n.* גֵּיהִנּוֹם, תֹּפֶת, תָּפְתֶּה
geisha, *n,* רַקְדָנִית יַפָּנִית
gelatin, gelatine, *n.* מִקְפָּא, קְרִישָׁה
gem, *n.* תַּכְשִׁיט, אֶבֶן טוֹבָה
gendarme, *n.* שׁוֹטֵר
gender, *n.* מִין (דִּקְדּוּק)
genealogy, *n.* תּוֹלְדוֹת, יִחוּס
general, *adj.* כְּלָלִי, כּוֹלֵל, רָגִיל
general, *n.* רַב אַלּוּף, שַׂר צָבָא
generalissimo, *n.* שַׂר צְבָאוֹת, מַצְבִּיא
generality, *n.* כְּלָלִיּוּת, רֹב
generalization, *n.* תַּכְלִיל, כִּלּוּל, הַכְלָלָה
generalize, *v.t.* כָּלַל, הִכְלִיל [כלל]
generally, *adv.* עַל פִּי רֹב, בִּכְלָל
generate, *v.t.* הוֹלִיד [ילד]; יָצַר
generation, *n.* רְבִיָּה, יְצִירָה; דּוֹר
generative, *adj.* מוֹלִיד, שֶׁל פְּרִיָּה וּרְבִיָּה, פּוֹרֶה
generator, *n.* מוֹלִיד, אָב; מְחוֹלֵל
generic, *adj.* כְּלָלִי, מִינִי, סוּגִי
generosity, *n.* נְדִיבוּת, נַדְבָנוּת
generous, *adj.* נָדִיב
genesis, *n.* יְצִירָה; מוֹצָא, הִתְהַוּוּת
Genesis, *n.* (סֵפֶר) בְּרֵאשִׁית
genetics, *n. pl.* יְדִיעַת הַיְצִירָה וְהַהִתְפַּתְּחוּת
genetic, *adj.* תּוֹלָדִי, הִתְהַוּוּתִי
genial, *adj.* נוֹחַ, נָעִים, מְשַׂמֵּחַ, שָׂמֵחַ
genital, *adj.* מִינִי
genitals, *n. pl.* אֶבְרֵי הַמִּין, עֶרְוָה, עֶרְיָה, מְבוּשִׁים, חֶרְפָּה
genitive, *adj.* & *n.* יַחַס הַקִּנְיָן, יַחַס הַשַּׁיָּכוּת

genius, *n.* גָּאוֹן; גְּאוֹנוּת; כִּשְׁרוֹן; רוּחַ (טוֹב) רַע
genteel, *adj.* אָדִיב, נִמּוּסִי
gentian, *n.* יִרוֹאָר
gentile, *adj.* & *n.* גּוֹי, נָכְרִי, עָרֵל
gentility, *n.* אֲדִיבוּת
gentle, *adj.* עָדִין, רַךְ, אָצִיל, אֶפְרָתִי
gentlefolk, gentlefolks, *n. pl.* אֶפְרָתִים, אֲדִיבִים, עֲדִינִים
gentleman, *n.* אָדוֹן, אָדִיב, אֶפְרָתִי, רָזִיף
gentleness, *n.* רַכּוּת, חֲבִיבוּת, נֹעַם
gentlewoman, *n.* אֶפְרָתִית, אֲדוֹנָה, גְּבֶרֶת, גְּבִירָה, עֲדִינָה
gentry, *n.* נְשׂוּאֵי פָּנִים, דָּרֵי מַעְלָה
genuine, *adj.* אֲמִתִּי; טִבְעִי; מְקוֹרִי
geographer, *n.* חוֹקֵר כְּתִיבַת הָאָרֶץ
geographic, geographical, *adj.* שֶׁל כְּתִיבַת הָאָרֶץ
geography, *n.* כְּתִיבַת הָאָרֶץ
geologist, *n.* חוֹקֵר יְדִיעַת הָאֲדָמָה
geology, *n.* יְדִיעַת הָאֲדָמָה, חֵקֶר הָאָרֶץ
geometric, geometrical, *adj.* הַנְדָּסִי, תִּשְׁבָּרְתִּי
geometry, *n.* תִּשְׁבֹּרֶת, הַנְדָּסָה
geranium, *n.* מַקּוֹר הַחֲסִידָה
germ, *n.* חַיְדַּק, נָבֶג, נֶבֶט, חֲנָט, עֻבָּר
German, *adj.* & *n.* גֶּרְמָנִי, אַשְׁכְּנַזִּי
germicide, *n.* מְכַלֵּה חַיְדַּקִּים
germinate, *v.t.* & *i.* נָבַט, הִצְמִיחַ [צמח]
germination, *n.* נְבִיטָה, צְמִיחָה
gerund, *n.* שֵׁם הַפֹּעַל
gestation, *n.* הֵרָיוֹן
gesticulate, *v.i.* הֶחֱוָה, [חוה], דִּבֵּר בִּרְמָזִים, עָשָׂה תְּנוּעוֹת
gesticulation, *n.* עֲוָיָה, הַעֲוָיַת פָּנִים

gesture, *n.* מַחֲוֶה, רְמִיזָה, תְּנוּעָה
gesture, *v.i.* עָשָׂה תְּנוּעוֹת
get, *v.t. & i.* קִבֵּל, לָקַח, קָנָה, נָחַל, הִשִּׂיג [נשג]
get away הִתְחַמֵּק [חמק], נִמְלַט [מלט]
get into נִכְנַס [כנס]
get out יָצָא
get together הִתְאַסֵּף [אסף]
gewgaw, *n.* מִשְׂחָק, צַעֲצוּעַ
ghastly, *adj.* אָיֹם, מַבְעִית, נוֹרָא
ghost, *n.* רוּחַ (הַמֵּת), שֵׁד
ghostly, *adj.* רוּחִי, רוּחָנִי
G.I. חַיָּל בַּצָּבָא הָאֲמֵרִיקָאִי
giant, *n.* עֲנָק, נָפִיל, כִּפֵּחַ
gibber, *v.i.* גִּמְגֵּם, לִמְלֵם
gibberish, *adj. & n.* מְגֻמְגָּם; לִמְלוּם, גִּמְגּוּם, קָשֶׁה הֲבָנָה
gibbet, *n.* עֵץ תְּלִיָּה
gibbet, *v.t.* תָּלָה עַל עֵץ
gibe, jibe, *n.* לַעַג, מַהֲתַלָּה
gibe, jibe, *v.i.* לִגְלֵג, הִתֵּל; הִתְנוֹעֵעַ [נוע]
giblets, *n. pl.* קְרָבִים, אֵיבָרִים פְּנִימִיִּים (שֶׁל עוֹף)
giddiness, *n.* סְחַרְחֹרֶת (רֹאשׁ)
giddy, *adj.* סְחַרְחַר, מְבֻלְבָּל
gift, *n.* מַתָּן, מַתָּנָה, מִנְחָה, שַׁי, תְּשׁוּרָה, דּוֹרוֹן
gifted, *adj.* בַּעַל כִּשְׁרוֹנוֹת, מְחוֹנָן
gig, *n.* דּוּגִית; צִלְצָל
gigantic, *adj.* עֲנָקִי, גְּבַהּ קוֹמָה
giggle, *n.* חִיּוּךְ, גִּחוּךְ, צְחוֹק
giggle, *v.i.* חִיֵּךְ, גִּחֵךְ, צָחַק
gild, *v.* guild
gild, *v.t.* הִזְהִיב [זהב]
gilding, *n.* הַזְהָבָה
gill, *n.* זִים, אָגִיד; מִדָּה: 118 גְּרַמִּים
gilt, *adj.* מוּפָז, מְזֻהָב
gimlet, *n.* מַקְדֵּחַ יָד
gin, *n.* רֶשֶׁת, חַכָּה, פַּח; עַרְעֶרֶת (מַשְׁקֶה חָרִיף)
gin, *v.t.* לָכַד בְּפַח, חָבַט, נִקָּה מִזְּרָעִים
ginger *n.* זַנְגְּבִיל
ginger, ale, ginger beer זַנְגְּבִילָה
gingerbread, *n.* לֶחֶם זַנְגְּבִיל
gingerly, *adj.* מָתוּן, זָהִיר
gingham, *n.* מִטְרִיָּה
gipsy, *v.* gypsy
giraffe, *n.* זֶמֶר, גָּמָל נְמֵרִי
gird, *v.t. & i.* חָגַר, אָזַר, שִׁנֵּס, הִקִּיף [נקף]
girder, *n.* כָּפִיס
girdle, *n.* מֵזַח, אֵזוֹר, אַבְנֵט, חֲגוֹרָה
girdle, *v.t.* חָגַר, עָטַר, סָבַב, הִקִּיף [נקף]
girl, *n.* נַעֲרָה, יַלְדָּה, רִיבָה, בְּתוּלָה, בַּחוּרָה; עוֹזֶרֶת, מְשָׁרֶתֶת
girlhood, *n.* נַעֲרוּת, יְמֵי בְּתוּלִים
girth, *n.* חֶבֶק
gist, *n.* עִקָּר, תַּמְצִית, תֹּכֶן
give, *v.t.* נָתַן, יָהַב
give away גִּלָּה (סוֹד); חִלֵּק
give back הֵשִׁיב [שוב], הֶחֱזִיר [חזר]
give birth יָלְדָה [ילד]
give ground נָסוֹג [נסג]
give up הִתְיָאֵשׁ [יאש], הִסְגִּיר [סגר]
give way וִתֵּר
giver, *n.* נוֹתֵן, נַדְבָן
gizzard, *n.* קֵבַת עוֹף
glacial *adj.* קַרְחִי
glacier, *n.* קַרְחוֹן
glad, *adj.* מְרֻצֶּה, שָׂמֵחַ
gladden,, *v.t. & i.* שִׂמַּח, שָׂשׂ [שיש]
glade, *n.* קָרְחָה (בַּיַּעַר)
gladiola, gladiolus, *n.* סַיְפָן

gladly, *adv.* בְּשִׂמְחָה
gladness, *n.* שִׂמְחָה
glamour, glamor, *n.* מִקְסָם
glamorous, glamourous, *adj.* מַזְהִיר
glance, *n.* מַבָּט, הַבָּטָה, סְקִירָה
glance, *v.t.* & *i.* סָקַר, הֵעִיף [עוף] עַיִן
gland, *n.* בַּלּוּט, בַּלּוּטָה, שָׁקֵד
glandular, *adj.* בַּלּוּטִי
glare, *n.* זֹהַר, בָּרָק; סִנְווּר
glare, *v.i.* הִבִּיט [נבט], הִזְהִיר [זהר], הִבְרִיק [ברק]; סִנְוֵר
glass, *n.* זְכוּכִית; מַרְאָה; כּוֹס
glassware, *n.* כְּלֵי זְכוּכִית
glassy, *adj.* זְכוּכִי
glaucoma, *n.* בַּרְקִית
glaze, *n.* זִגּוּג
glaze, *v.t.* זִגֵּג, הִסְגִּיר [סגר] זְכוּכִית
gleam, *n.* אוֹר, זֹהַר, זִיו, נִצְנוּץ
gleam, *v.i.* הֵאִיר [אור], הִזְהִיר [זהר]
glean, *n.* לֶקֶט
glean, *v.t.* & *i.* לִקֵּט
gleaner, *n.* מְלַקֵּט
glee, *n.* שִׂמְחָה, מָשׂוֹשׂ, צָהֳלָה
gleeful, *adj.* צָהֵל, עַלִּיז, שָׂשׂ
glen, *n.* גַּיְא, מְצוּלָה
glib, *adj.* מָהִיר, חֲלַקְלַק
glide, *n.* רִחוּף, הַחֲלָקָה; דְּאִיָּה, גְּלִישָׁה
glide, *v.i.* רִחֵף, הֶחֱלִיק [חלק], דָּאָה
glimmer, *n.* אוֹר רָפֶה; הִבְהוּב (אֵשׁ)
glimmer, *v.i.* עָמַם; הִבְהֵב
glimpse, *n.* קֶרֶן אוֹר, מְעוּף עַיִן
glimpse, *v.i.* & *t.* נִצְנֵץ; נִרְאָה [ראה] (עַיִן) לִפְרָקִים
glint, *v.t.* & *i.* הִבְהִיק [בהק], נִצְנֵץ
glint, *n.* נִצְנוּץ, הַבְהָקָה
glisten, *n.* צִחְצוּחַ
glisten, *v.i.* הִבְרִיק [ברק], הִזְהִיר [זהר], נִצְנֵץ [נצץ]

glitter, *n.* זִיו, זֹהַר
glitter, *v.i.* נִצְנֵץ, הִבְהִיק [בהק]
gloaming, *n.* בֵּין (הַשְּׁמָשׁוֹת) הָעַרְבַּיִם
gloat, *v.i.* הִסְתַּכֵּל [סכל] בְּתַאֲוָה, הִבִּיט [נבט] בִּתְשׁוּקָה
globe, *n.* כַּדּוּר, כַּדּוּר הָאָרֶץ
globule, *n.* כַּדּוּרִית, גַּרְעִין
gloom, *n.* אֲפֵלָה, חַשְׁכוּת, קַדְרוּת; עִצָּבוֹן, תּוּגָה, צַעַר
gloomy, *adj.* אָפֵל, קוֹדֵר; עָצוּב
glorification, *n.* הִדּוּר, תְּהִלָּה, הַעֲרָצָה
glorify, *v.t.* הֶאֱדִיר [אדר], הִלֵּל, שִׁבַּח, פֵּאֵר
glorious, *adj.* מְפֹאָר, מְהֻלָּל, נֶאְדָּר
glory, *n.* פְּאֵר, תִּפְאֶרֶת, הוֹד, תְּהִלָּה
gloss, *n.* פֵּרוּשׁ, הֶעָרָה
gloss, *v.t.* & *i.* מֵרַט; מָחַל; בֵּאֵר
glossary, *n.* מִלִּית, בֵּאוּר מִלִּים
glossy, *adj.* נוֹצֵץ, מַבְרִיק
glove, *n.* כְּפָפָה, כְּסָיָה
glow, *n.* לֶהָבָה; הִתְלַהֲבוּת; לַחַשׁ (גֶּחָלִים); אֹדֶם
glow, *v.i.* בָּעַר, לָחַשׁ, לָהַט
glower, *n.* & *v.i.* מַבָּט זוֹעֵם; זָעַף
glowworm, *n.* גַּחֲלִית
glucose, *n.* סֻכַּר עֲנָבִים
glue, *n.* דֶּבֶק
glue, *v.t.* הִדְבִּיק [דבק]
gluey, *adj.* דִּבְקִי
glum, *adj.* נֶעְכָּר, עָגוּם
glut, *n.* עֹדֶף, שֹׂבַע, שֶׁפַע, רְוָיָה
glut, *v.t.* מִלֵּא, הִשְׂבִּיעַ [שבע]
glutton, *n.* בַּלְעָן, זוֹלֵל, גַּרְגְּרָן
gluttonous, *adj.* בַּלְעָנִי
gluttony, *n.* בַּלְעוּת, גַּרְגְּרָנוּת
glycerin, glycerine, *n.* מִתְקִית
gnarl, *n.* נְהִימָה
gnash, *v.t.* חָרַק שִׁנַּיִם

gnat, *n.* בַּקָּה, יַבְחוּשׁ
gnaw, *v.t.* & *i.* כִּרְסֵם
gnome, *n.* נַנָּס; פִּתְגָּם
go, *v.i.* הָלַךְ; הִתְאִים [תאם]; נָסַע
go away הָלַךְ לוֹ, הִסְתַּלֵּק [סלק]
go back חָזַר, שָׁב [שוב]
go down יָרַד, טָבַע, שָׁקַע
go in נִכְנַס [כנס]
go out יָצָא; דָּעַךְ
goad, *n.* דָּרְבָן, מַלְמֵד
goad, *v.t.* הִמְרִיץ [מרץ], הֵאִיץ [אוץ]
goal, *n.* מַטָּרָה, תַּכְלִית; שַׁעַר כַּדּוּרֶגֶל
goat, *n.* תַּיִשׁ, צָפִיר, עַתּוּד
goat, *n. f.* עֵז, שְׂעִירָה
gobble, *v.t.* & *i.* אָכַל, בָּלַע; אִדֵּר (תַּרְנְגוֹל הֹדּוּ)
gobbler, *n.* תַּרְנְגוֹל הֹדּוּ
goblet, *n.* גָּבִיעַ
go-between, *n.* מְתַוֵּךְ, סַרְסוּר, אִישׁ בֵּינַיִם, שַׁדְּכָן
goblin, *n.* רְפָאִים
god, *n.* אֵל, אֱלִיל
God, *n.* אֱלֹהַּ, אֱלֹהִים, אֵל, הַקָּדוֹשׁ בָּרוּךְ הוּא (הקב"ה), הַשֵּׁם, ה', יָהּ, יְהֹוָה, אֶהְיֶה (אֲשֶׁר אֶהְיֶה)
God forbid חָלִילָה, חַס וְחָלִילָה, חַס וְשָׁלוֹם
God willing אִם יִרְצֶה הַשֵּׁם (אי"ה), בָּרוּךְ הַשֵּׁם (ב"ה)
thank God תּוֹדָה לָאֵל
goddess, *n.* אֱלִילָה, אֵלָה
godfather, *n.* סַנְדָּק
godhead, *n.* אֱלֹהוּת
godlike, *adj.* אֱלֹהִי, דּוֹמֶה לֶאֱלֹהִים
godmother, *n.* סַנְדָּקִית
godsend, *n.* חֶסֶד אֱלֹהִים
godship, *n.* אֱלֹהוּת
godly, *adj.* אֱלֹהִי, קָדוֹשׁ
Godspeed, *n.* בִּרְכַּת אֱלֹהִים, „צֵאתְךָ לְשָׁלוֹם", „עֲלֵה וְהַצְלַח"
goggle, *v.i.* פָּזַל
gold, *n.* זָהָב, חָרוּץ, כֶּתֶם, פָּז
golden, *adj.* זָהוּב
goldfish, *n.* דַּג זָהָב
goldsmith, *n.* צוֹרֵף, זֶהָבִי
golf, *n.* כַּדּוּרְאַלָּה, גּוֹלְף
gondola, *n.* סִירִית, גּוֹנְדוֹלָה
gong, *n.* תֹּף, מִצְלוֹל
gonorrhea, gonorrhoea, *n.* זִיבָה
good, *adj.* & *n.* יָשָׁר, טוֹב, מוֹעִיל, רָאוּי; חֶסֶד
good-by, good-bye, *n.* & *interj.* שָׁלוֹם
goodness, *n.* טוּב, חֶסֶד
goods, *n. pl.* רְכוּשׁ, קִנְיָה, סְחוֹרָה
goody, *n.* מִתְחַסֵּד; מַמְתָּק
good will, *n.* רָצוֹן טוֹב; שֵׁם (לְקוּחוֹת)
goose, *n.* אַוָּזָה
gooseberry, *n.* עַכָּבִית
gore, *v.t.* נָגַח, נִגַּח; דָּקַר
gorge, *n.* גָּרוֹן; גַּיְא
gorge, *v.t.* הִלְעִיט [לעט], בָּלַע
gorgeous, *adj.* נֶהְדָּר, כְּלִיל יֹפִי
gorilla, *n.* קוֹף אָדָם, גּוֹרִילָה
gory, *adj.* דָּמוּם
gosling, *n.* אַוָּזוֹן
gospel, *n.* בְּשׂוֹרָה, תּוֹרָה, אֱמוּנָה
gossip, *n.* פִּטְפּוּט, לְשׁוֹן הָרָע, רְכִילוּת, רַכְלְתָנוּת
gossip, *v.i.* רִכֵּל, הִלְעִיז [לעז]
Gothic, *adj.* גּוֹתִי, פְּרָאִי, גַּס
gouge, *n.* חֶרֶט מְקֻעָר
gourd, *n.* דְּלַעַת
gourmand, *n.* אַכְלָן
gourmet, *n.* טִיבְאַכְלָן
gout, *n.* צִנִּית

govern, *v.t.* מָשַׁל, שָׁלַט, נִהֵל

governess, *n.* אוֹמֶנֶת

government, *n.* מֶמְשָׁלָה, שִׁלְטוֹן

governor, *n.* מוֹשֵׁל, נְצִיב, שַׁלִּיט

gown, *n.* שִׂמְלָה

grab, *n.* חֲטִיפָה, תְּפִישָׂה, אֲחִיזָה

grab, *v.t.* & *i.* חָטַף, תָּפַשׂ, אָסַר

grace, *n.* חֶסֶד, חֵן, חֲנִינָה, גְּמוּל; בִּרְכַּת הַמָּזוֹן

grace, *v.t.* חָנַן, פֵּאֵר

graceful, *adj.* חִנָּנִי, מְלֵא חֵן

graceless, *adj.* חֲסַר חֵן

gracious, *adj.* נָדִיב, טוֹב לֵב

graciousness, *n.* חֶסֶד, טוּב לֵב

grade, *n.* דַּרְגָּה; שִׁפּוּעַ; כִּתָּה; דֶּרֶג; צִיּוּן

grade, *v.t.* יִשֵּׁר, פִּלֵּס, הִדְרִיג [דרג], חִלֵּק; נָתַן צִיּוּן, צִיֵּן

gradient, *n.* מוֹרָד

gradual, *adj.* הַדְרָגִי, דָּרוּג, מְדֻרָּג

graduate, *n.* מְסַיֵּם

graduate, *v.i.* סִיֵּם

graduation, *n.* סִיּוּם; מַחֲזוֹר; הַדְרָגָה, דֵּרוּג

graft, *n.* יִחוּר; שֹׁחַד

graft, *v.t.* & *i.* הִרְכִּיב [רכב]; שִׁחֵד

grain, *n.* גַּרְעִין; דָּגָן, תְּבוּאָה, בָּר

gram, *n.* גְּרַם

grammar, *n.* דִּקְדּוּק

grammarian, *n.* מְדַקְדֵּק

grammatical, *adj.* דִּקְדּוּקִי

granary, *n.* אַמְבָּר, אָסָם, מְגוּרָה

grand, *adj.* גָּדוֹל, מְפֹאָר, נֶהְדָּר

granddaughter, *n.* נֶכְדָּה

grandeur, *n.* רוֹמֵמוּת, גְּדֻלָּה

grandfather, *n.* סָב, סַבָּא, אָב זָקֵן

grandmother, *n.* סָבָה, סַבְתָּא, אֵם זְקֵנָה

grandson, *n.* נֶכֶד

grange, *n.* חַוָּה, מֶשֶׁק

granite, *n.* שַׁחַם

grant, *n.* הַעֲנָקָה, תְּמִיכָה, מַתָּנָה, הֲנָחָה

grant, *v.t.* נָתַן, הֵנִיחַ [נוח], הוֹדָה [ידה]

granular, *adj.* מְגֻרְעָן, מְחֻסְפָּס

granulate, *v.t.* & *i.* גִּרְעֵן, פֵּרֵר

granulation, *n.* גִּרְעוּן

granule, *n.* גַּרְגֵּר, פֵּרוּר

grape, *n.* עֵנָב

grapefruit, *n.* אֶשְׁכּוֹלִית

grapevine, *n.* גֶּפֶן

graphite, *n.* אֲבָר

grapnel, *n.* עֹגֶן קָטָן

grapple, *n.* הִתְגּוֹשְׁשׁוּת, נַפְתּוּלִים

grapple, *v.t.* & *i.* אָחַז, תָּפַשׂ; נֶאֱבַק [אבק]

grasp, *v.t.* & *i.* תָּפַס, הֵבִין [בין], הִשִּׂיג [נשג]

grasp, *n.* תְּפִיסָה, הֲבָנָה, הַשָּׂגָה

grass, *n.* עֵשֶׂב, דֶּשֶׁא

grasshopper, *n.* חָגָב, אַרְבֶּה, חַרְגּוֹל

grassy, *adj.* עִשְׂבִּי

grate, *n.* מִכְבָּר, סָרִיג, שְׂבָכָה

grate, *v.t.* & *i.* שִׁפְשֵׁף, גָּרַד, הִרְגִּיז [רגז]

grateful, *adj.* אֲסִיר תּוֹדָה

gratefulness, *n.* הַכָּרַת טוֹבָה

gratification, *n.* נַחַת רוּחַ, רִצּוּי, גְּמוּל; הַעֲנָקָה

gratify, *v.t.* גָּמַל, נָתַן שָׂכָר; מִלֵּא תַּאֲוָתוֹ, הִשְׂבִּיעַ [שבע] רָצוֹן־

grating, *n.* בַּרְזִלֵּי הַמִּכְבָּר

gratis, *adv.* חִנָּם, לְלֹא תַּשְׁלוּם

gratitude, *n.* הַכָּרַת תּוֹדָה

gratuitous, *adj.* נִתָּן חִנָּם, מְיֻתָּר

gratuity, *n.* מַתָּת, מַתָּנָה, שַׁי, תְּשׁוּרָה
grave, *adj.* רְצִינִי
grave, *n.* קֶבֶר, אַשְׁמָן
grave, *v.t.* חָרַת, גִּלֵּף, פִּתַּח, פָּסַל
gravedigger, *n.* קַבְּרָן
gravel, *n.* חָצָץ
gravely, *adv.* בִּרְצִינוּת
graven, *adj.* חָרוּת, חָקוּק
gravestone, *n.* נֶפֶשׁ, מַצֵּבָה
graveyard, *n.* בֵּית קְבָרוֹת, מִקְבָּרָה
gravitate, *v.t.* נִמְשַׁךְ [משך]
gravitation, *n.* הִמָּשְׁכוּת, כֹּחַ הַמְשִׁיכָה, כֹּחַ הַכֹּבֶד
gravity, *n.* מְשִׁיכַת הָאָרֶץ; רְצִינוּת
gravy, *n.* רֹטֶב, צִיר, זָמִית
gray, grey, *adj.* & *n.* אָפֹר, אָמֹץ; שָׂב
graybeard, greybeard, *n.* זָקֵן, אִישׁ שֵׂיבָה
graze, *v.t.* & *i.* רָעָה; נָגַע נְגִיעָה קַלָּה
grazing, *n.* רְעִי, רְעִיָּה, מִרְעֶה
grease, *n.* שֶׁמֶן, חֵלֶב; שֶׁמֶן סִיכָה
grease, *v.t.* שִׁמֵּן, הֵסִיךְ [סוך]; שִׁחֵד
greasy, *adj.* שָׁמֵן, שַׁמְנוּנִי
great, *adj.* גָּדוֹל, כַּבִּיר, נַעֲלֶה, חָשׁוּב, מְפֻרְסָם
great-grandchild, *n.* נִין
greatly, *adv.* הַרְבֵּה, בְּמִדָּה מְרֻבָּה
greatness, *n.* גֹּדֶל, גְּדֻלָּה
Grecian, *adj.* יְוָנִי
greed, *n.* תַּאֲוָה, אַהֲבַת בֶּצַע, קַמְּצָנוּת
greedy, *adj.* מִתְאַוֶּה, קַמְצָן
Greek, *adj.* & *n.* יְוָנִי, יְוָנִית
green, *adj.* יָרֹק
green, *n.* יֶרֶק
green, *v.t.* & *i.* צָבַע יָרֹק, עָשָׂה יָרֹק; הוֹרִיק [ירק]; דָּשָׁא
greenback, *n.* דּוֹלָר, שְׁטָר „יָרֹק"
greenhorn, *n.* „יָרֹק", בִּלְתִּי מְנֻסֶּה
greenhouse, *n.* חֲמָמָה
greenish, *adj.* יְרַקְרַק
greet, *v.t.* & *i.* דָּרַשׁ בִּשְׁלוֹם, קִבֵּל פְּנֵי אִישׁ בְּבִרְכַּת שָׁלוֹם
greeting, *n.* דְּרִישַׁת (פְּרִיסַת) שָׁלוֹם
grenade, *n.* פְּצָצַת יָד, רִמּוֹן יָד
grey, *v.* gray
grid, *n.* סְבָכָה (לְחַלּוֹן)
griddle, *n.* מַחֲבַת, מַרְחֶשֶׁת
griddlecake, *n.* רְדִידָה, חֲמִיטָה
gridiron, *n.* מִשְׁפָּדָה
grief, *n.* יָגוֹן, תּוּגָה, צַעַר, עָגְמַת נֶפֶשׁ
grievance, *n.* תְּלוּנָה, קֻבְלָנָה
grieve, *v.t.* עָצַב, צִעֵר
grieve, *v.i.* עָגַם, הִתְאַבֵּל [אבל]
grievous, *adj.* מַדְאִיב, מְצַעֵר
grill, *n.* צָלִי (עַל גֶּחָלִים)
grill, *v.t.* & *i.* צָלָה; נִצְלָה [צלה]
grim, *adj.* מַחֲרִיד, זוֹעֵם, נוֹאָשׁ
grimace, *n.* הַעֲוָיָה
grimace, *v.i.* עִוָּה
grime, *n.* לִכְלוּךְ, פִּיחַ
grimy, *adj.* מְלֻכְלָךְ
grin, *v.t.* חִיֵּךְ, צָחַק
grin, *n.* חִיּוּךְ רָחָב, צְחוֹק, צְחוֹק לַעַג
grind, *n.* טְחִינָה, שִׁפְשׁוּף, מְרוּט; שְׁחִיקָה
grind, *v.t.* & *i.* טָחַן, דָּקַק, שָׁחַק, כָּתַשׁ; הִשְׁחִיז [שחז], שָׁף [שוף]; חָרַק (שִׁנַּיִם)
grinder, *n.* שֵׁן טוֹחֶנֶת; מַשְׁחִיז
grindstone, *n.* אֶבֶן מַשְׁחֶזֶת, מַשְׁחֵזָה
grip, *n.* תְּפִיסָה, לְחִיצָה, לְחִיצַת יָד; יָדִית; שַׁפַּעַת
grip, *v.t.* & *i.* תָּפַס, הֶחֱזִיק [חזק]
gripe, *n.* תְּפִיסָה, לְחִיצָה
grippe, *n.* שַׁפַּעַת
grisly, *adj.* אָיֹם, נוֹרָא

grist, *n.* גֶּרֶשׁ

gristle, *n.* סָחוּס, חַסְחוּס

grit, *n.* חוֹל גַּס; אֶבֶן חוֹל; אֹמֶץ (רוּחַ)

grits, *n. pl.* גְּרִיסִים; דַּיְסָה

grizzly, *adj.* אָפֹר, אַפְרוּרִי

groan, *n.* אֲנָחָה, נְאָקָה, הֶמְיָה

groan, *v.t.* & *i.* נֶאֱנַח [אנח], גָּנַח, הָמָה

grocer, *n.* בַּעַל מַכֹּלֶת

grocery, *n.* מַכֹּלֶת, חֲנוּת מַכֹּלֶת

grog, *n.* מַשְׁקֶה חָרִיף, יַי"שׁ

groggy, *adj.* שִׁכּוֹר; מִתְנוֹעֵעַ

groin, *n.* מִפְשָׂעָה; זָוִית קַשְׁתִּית

groom, *n.* סַיָּס; שׁוֹשְׁבִין; חָתָן

groom, *v.t.* טִפֵּל; נִקָּה (סוּסִים)

groove, *n.* חָרִיץ, חֶרֶץ, תֶּלֶם

groove, *v.t.* חָרַץ, עָשָׂה חָרִיץ בְּ־

grope, *v.t.* & *i.* מִשֵּׁשׁ, גִּשֵּׁשׁ

gross, *n.* תְּרֵיסַר תְּרֵיסָרִים; סַךְ הַכֹּל

gross, *adj.* גָּדוֹל, עָצוּם, עָבֶה, גַּס; נָגִיעַ; תַּאַוְתָנִי; טִפְּשִׁי

grotesque, *adj.* מוּזָר, מְשֻׁנֶּה

grotto, *n.* נִקְרָה, נָקִיק, נַחַר

grouch, *n.* זְעוּם פָּנִים

grouch, *v.i.* רָטַן

ground, *n.* קַרְקַע; אֲדָמָה, אֶרֶץ; נִמּוּק; יְסוֹד, סֶמֶךְ; מִגְרָשׁ (מִשְׂחָקִים)

ground, *v.t.* & *i.* יִסֵּד, בִּסֵּס; עָלָה עַל שִׂרְטוֹן; חִבֵּר לָאֲדָמָה

groundless, *adj.* חֲסַר יְסוֹד

group, *n.* לַהֲקָה, קְבוּצָה, פְּלֻגָּה

group, *v.t.* הִתְגּוֹדֵד [גדד]

grouse, *n.* קַטָּעָה, תַּרְחוֹל

grove, *n.* חֻרְשָׁה, מַטָּע; פַּרְדֵּס

grovel, *v.i.* הִתְרַפֵּס [רפס], זָחַל

grow, *v.t.* & *i.* גִּדֵּל, הִצְמִיחַ [צמח]; גָּדַל, צָמַח, רָבָה

growl, *n.* נְהִימָה, הִתְמַרְמְרוּת

growl, *v.i.* נָהַם, הִתְלוֹנֵן [לין]

growth, *n.* גִּדּוּל, צְמִיחָה

grub, *n.* זַחַל (גֹּלֶם); מָזוֹן

grub, *v.t.* & *i.* חָפַר, עָמַל; אָכַל, הֶאֱכִיל [אכל]

grudge, *n.* טִינָה, קִנְאָה

grudge, *v.t.* הָיָה צַר עַיִן, נָטַר, קִנֵּא

gruel, *n.* מִקְפָּא, דַּיְסָה

gruesome, *adj.* מַבְהִיל, אָיֹם

gruff, *adj.* זוֹעֵם, גַּס, קָשֶׁה

grumble, *n.* רִטּוּן, הִתְמַרְמְרוּת

grumble, *v.i.* רָטַן, הִתְאוֹנֵן [אנן]

grumpy, *adj.* מִתְמַרְמֵר, זוֹעֵם, מִתְלוֹנֵן

grunt, *n.* אֲנָקָה, נְאָקָה, צְרִיחָה

grunt, *v.i.* נָאַק, אָנַק; צָרַח

guano, *n.* דִּבְיוֹנִים

guarantee, guaranty, *n.* עֲרֻבָּה, עֵרָבוֹן

guarantee, *v.t.* עָרַב

guard, *n.* (חֵיל) מִשְׁמָר, נוֹטֵר, שׁוֹמֵר

guard, *v.t.* & *i.* שָׁמַר, נָטַר, נָצַר; נִשְׁמַר [שמר], נִזְהַר [זהר]

guardian, *n.* מַשְׁגִּיחַ, אֶפִּיטְרוֹפּוֹס

guerdon, *n.* שָׂכָר, גְּמוּל, פְּרָס

guerrilla, guerilla, *n.* הִתְגָּרוּת

guess, *n.* סְבָרָה, נִחוּשׁ, הַשְׁעָרָה

guess, *v.t.* & *i.* נִחֵשׁ, סָבַר, חָשַׁב

guest, *n.* אוֹרֵחַ, קָרוּא

guffaw, *n.* צְחוֹק עַז (קוֹלָנִי)

guidance, *n.* הַדְרָכָה, הַנְהָגָה

guide, *n.* מַדְרִיךְ, מוֹרֶה דֶרֶךְ, מַנְהִיג

guide, *v.t.* הִדְרִיךְ [דרך], חִנֵּךְ, נָחָה

guidebook, *n.* מַדְרִיךְ

guild, gild, *n.* אַחֲוָה, הִתְאַחֲדוּת, חֶבְרָה

guile, *n.* הוֹנָאָה, עָרְמָה

guileful, *adj.* כּוֹזֵב

guileless, *adj.* זַךְ, תָּם

guillotine, *n.* מַעֲרֶפֶת, גַּרְדּוֹם, מַכְרֵתָה

guillotine, *v.t.* עָרַף, כָּרַת (רֹאשׁ)

guilt, *n.* אַשְׁמָה, עֲבֵרָה, רִשְׁעָה

guiltiness, *n.* עָוֹן, אָוֶן, רֶשַׁע, פֶּשַׁע

guilty, *adj.* אָשֵׁם, חַיָּב

guinea pig, *n.* חֲזִיר יָם

guise, *n.* מַרְאֶה, דְּמוּת, מַסְוֶה, מַסֵּכָה

guitar, *n.* קַתְרוֹס

gulch, *n.* בְּקִיעַ הָרִים, גַּיְא

gulf, *n.* מִפְרָץ, לְשׁוֹן יָם

gull, *n.* שַׁחַף

gull, *v.t.* רִמָּה

gullet, *n.* וֶשֶׁט, בֵּית הַבְּלִיעָה

gullible, *adj.* נוֹחַ לְהַאֲמִין, מַאֲמִין לַכֹּל

gully, *n.* עָרוּץ, תְּעָלָה מְלָאכוּתִית

gulp, *n.* לֶגֶם, לְגִימָה גְּדוֹלָה, עִלּוּעַ

gulp, *v.t.* גָּמַע, לָגַם, עִלַּע

gum, *n.* צֶמֶג; שְׂרָף; לַעַס

gum, *v.t.* צָמַג; הִדְבִּיק [דבק]

gummy, *adj.* צָמִיג, דָּבִיק

gumption, *n.* תְּבוּנָה

gums, *n. pl.* חֲנִיכַיִם, חִנְכַּיִם

gun, *n.* רוֹבֶה, קְנֵה רוֹבֶה; תּוֹתָח

gun, *v.t.* יָרָה

gunboat, *n.* סִירַת תּוֹתָחִים

gunfire, *n.* אֵשׁ תּוֹתָחִים

gunman, *n.* שׁוֹדֵד מְזֻיָּן

gunner, *n.* תּוֹתְחָן, מְקַלְעָן

gunnery, *n.* תּוֹתְחָנוּת

gunpowder, *n.* בָּרֶד, אֲבַק שְׂרֵפָה

gunshot, *n.* טְוָח (מְטַחֲוֵה) רוֹבֶה

gunsmith, *n.* נַשָּׁק

gurgle, *n.* גִּרְגּוּר

gurgle, *v.i.* גִּרְגֵּר

gush, *v.t. & i.* נָבַע; נָמוֹג [מוג] (דְּמָעוֹת)

gush, *n.* מַבּוּעַ, שֶׁטֶף

gust, *n.* טַעַם; זִנּוּק; סוּפַת פִּתְאוֹם, רוּחַ תְּזָזִית

gut, *v.t.* רִטֵּשׁ (בֶּטֶן), שָׁפַךְ (הוֹצִיא) מֵעַיִם

guts, *n. pl.* מֵעַיִם, קְרָבַיִם; הֶעָזָה, אֹמֶץ (רוּחַ)

gutter, *n.* סִילוֹן; בִּיב, תְּעָלָה; מַזְחִילָה

guttural, *adj.* מִבְטָא גְּרוֹנִי

guy, *n.* בַּרְנַשׁ

guy, *v.t.* עָשָׂה לִצְחוֹק, הִתְלוֹצֵץ [ליץ]

guzzle, *v.i.* זָלַל

gymnasium, *n.* מִדְרָשָׁה, בֵּית סֵפֶר תִּיכוֹנִי; אוּלָם הִתְעַמְּלוּת

gymnast, *n.* מִתְעַמֵּל

gymnastics, *n. pl.* הִתְעַמְּלוּת

gynecology, gynaecology, *n.* יְדִיעַת מַחֲלוֹת נָשִׁים

gypsum, *n.* גֶּבֶס

gypsy, gipsy, *n.* צוֹעֲנִי, צוֹעֲנִית

gyrate, *v.i.* הִסְתּוֹבֵב [סבב], הִתְגַּלְגֵּל [גלגל]

gyration, *n.* הִסְתּוֹבְבוּת

gyve, *n. (pl.)* סַד, אֲזִקִּים

gyve, *v.t.* שָׂם [שים] בַּסַּד, אָסַר (בַּאֲזִקִּים)

H, h

H, h, *n.* אֵיטְשׁ, הָאוֹת הַשְּׁמִינִית בָּאָלֶף בֵּית הָאַנְגְּלִי; שְׁמִינִי, ח׳

haberdasher, *n.* סִדְקִי (סִדְקָן)

haberdashery, *n.* סִדְקִית

habit, *n.* מִנְהָג, הֶרְגֵּל; לְבוּשׁ, מַלְבּוּשׁ

habitable, *adj.* רָאוּי לִמְגוּרִים

habitant, *n.* תּוֹשָׁב, דַּיָּר

habitat, *n.* מָעוֹן, מָגוֹר, מִשְׁכָּן, מָדוֹר

habitation, *n.* בַּיִת, דִּירָה

habitual, *adj.* רָגִיל, הֶרְגֵּלִי

habituate, *v.t.* הִרְגִּיל [רגל]

hack, *v.t. & i.* קִצֵּץ, קָרַע לִגְזָרִים

hack, hackney, *n.* סוּס עֲבוֹדָה, כִּרְכָּרָה
hackle, *n.* נוֹצָה אֲרֻכָּה (בְּצַוַּאר הָעוֹף)
haddock, *n.* חֲמוֹר יָם
Hades, *n.* שְׁאוֹל, גֵּיהִנּוֹם
haemorrhoids, *v.* **hemorrhoids**
haemorrhage, *v.* **hemorrhage**
haft, *n.* נִצָּב, יָדִית
hag, *n.* אִשָּׁה מְכֹעֶרֶת, מְכַשֵּׁפָה, זְקֵנָה בָּלָה
haggard, *adj.* דַּל, רַע הַמַּרְאֶה
haggle, *n.* תִּגּוּר, תִּגְרָה
haggle, *v.i.* תִּגֵּר, עָמַד עַל הַמִּקָּח
Hagiographa, *n.pl.* כְּתוּבִים, דִּבְרֵי קֹדֶשׁ
hail, *n.* בָּרָד
hail, *v.t.* & *i.* בֵּרַךְ בְּשָׁלוֹם; בָּרַד
hailstone, *n.* אֶבֶן הַבָּרָד, אֶלְגָּבִישׁ, חֲנָמַל
hailstorm, *n.* סוּפַת בָּרָד
hair, *n.* שְׂעָרוֹת, שַׂעֲרָה, שֵׂעָר, נִימָה
haircut, *n.* תִּסְפֹּרֶת
hairdresser, *n.* סַפָּר, סַפֶּרֶת
hairpin, *n.* מַכְבֵּנָה, סִכַּת רֹאשׁ
hairy, *adj.* שָׂעִיר
hake, *n.* דַּג הַזְּוָ
halcyon, *adj.* שָׁלֵו, שׁוֹקֵט
hale, *adj.* בָּרִיא, שָׁלֵם
half, *n.* חֲצִי, מֶחֱצָה, מַחֲצִית
halibut, *n.* פּוּטִית
hall, *n.* אוּלָם; מָבוֹא, מִסְדְּרוֹן
hallelujah, halleluiah, *n.* הַלְלוּיָהּ
hallow, *v.t.* קִדֵּשׁ, הִקְדִּישׁ [קדש]
hallucination, *n.* חֲזוֹן תַּעְתּוּעִים, דִּמְיוֹן כּוֹזֵב, דִּמְיוֹן שָׁוְא שֶׁל זֹהַר
halo, *n.* הִלָּה, עֲטָרָה
halt, *n.* צְלִיעָה, פְּסִיחָה; הַפְסָקָה, מְקוֹם עֲמִידָה
halt, *v.t.* & *i.* עָמַד מִלֶּכֶת, נָח [נוח]; פָּסַח, צָלַע; מָעַד

halter, *n.* אַפְסָר; חֶבֶל תְּלִיָּה
halve, *v.t.* חִצָּה, חָצָה, חִלֵּק לִשְׁנַיִם
ham, *n.* עַרְקֹב, שׁוֹק חֲזִיר, אַרְכֻּבָּה
hamburger, *n.* קְצִיצָה, בָּשָׂר קָצוּץ
hamlet, *n.* כְּפָר קָטָן
hammer, *n.* פַּטִּישׁ, מַקֶּבֶת, הַלְמוּת, קֻרְנָס
hammer, *v.t.* & *i.* הִכָּה בְּפַטִּישׁ, רִדֵּד, הָלַם
hammock, *n.* עַרְסָל
hamper, *n.* סַלְסִלָּה, סַל נְצָרִים
hamper, *v.t.* עִכֵּב, עָצַר
hamstring, *n.* & *v.t.* גִּיד הַבֶּרֶךְ; עִקֵּר (סוּס, פַּר)
hand, *n.* יָד; כַּף; מָחוֹג (שָׁעוֹן); מִשְׂחָק (קְלָפִים)
  at hand קָרוֹב
hand, *v.t.* מָסַר, נָתַן, הִסְגִּיר [סגר]
handbill, *n.* מוֹדָעִית, מוֹדַעַת יָד
handcuffs, *n. pl.* אֲזִקִּים, נְחֻשְׁתַּיִם
handcuff, *v.t.* אָסַר בַּאֲזִקִּים
handful, *n.* חֹפֶן, מְלֹא הַיָּד
handicap, *n.* מִכְשׁוֹל, פּוּקָה, קֹשִׁי
handicraft, *n.* אֻמָּנוּת, מְלֶאכֶת יָד
handkerchief, *n.* מִמְחָטָה, מִטְפַּחַת
handle, *n.* יָדִית, אֹחֶז, אֹזֶן, קַת (רוֹבֶה)
handle, *v.t.* נָגַע; טִפֵּל בְּ־, מִשֵּׁשׁ; הִתְעַסֵּק [עסק]
handsome, *adj.* יָפֶה, נָאֶה, שַׁפִּיר
handwork, *n.* מְלֶאכֶת יָד
handwriting, *n.* כְּתַב יָד
handy, *adj.* מוֹעִיל, שִׁמּוּשִׁי
hang, *n.* תְּלִיָּה, צְלִיבָה
hang, *v.t.* & *i.* תָּלָה, הָיָה תָּלוּי, צָלַב
hangar, *n.* מוּסָךְ, מוּסַךְ לִמְטוֹסִים
hanger, *n.* תַּלְיָן; מַתְלֶה, תְּלִי, קֹלֶב
hangman, *n.* תַּלְיָן, טַבָּח
hang-over, *n.* & *adj.* הִתְפַּכְּחוּת

hank, *n.* פְּקַעַת
hanker, *v.i.* הִשְׁתּוֹקֵק [שקק], הִתְאַוָּה [אוה]
hansom, *n.* מֶרְכָּבָה
hap, *n.* מְאֹרָע, מִקְרֶה
haphazard, *n., adj. & adv.* מִקְרֶה, הִזְדַּמְּנוּת; אֲרָעִי; בְּמִקְרֶה
haphtarah, *n.* הַפְטָרָה
hapless, *adj.* מִסְכֵּן, אֻמְלָל
haply, *adv.* בְּמִקְרֶה
happen, *v.i.* קָרָה, אֻנָּה, הָיָה, נִהְיָה [היה]
happily, *adv.* בְּדֶרֶךְ (נֵס) מַזָּל, לְאָשְׁרוֹ
happiness, *n.* אֹשֶׁר, הַצְלָחָה
happy, *adj.* מְאֻשָּׁר, שָׂמֵחַ
harangue, *n.* נְאוּם נִלְהָב
harass, *v.t.* הֵצִיק [צוק], הִרְגִּיז [רגז]; עִיֵּף, מוֹטֵט [מוט], הִלְאָה [לאה]
harbinger, *n.* מַכְרִיז, כָּרוֹז, מְבַשֵּׂר
harbor, harbour, *n.* נָמָל, נָמֵל
harbor, harbour, *v.t. & i.* נָתַן מַחְסֶה, אִכְסֵן, צָפַן בְּלִבּוֹ, טָמַן בְּחֻבּוֹ
harborage, harbourage, *n.* נָמָל, מַעֲגָנָה
hard, *adj. & adv.* קָשֶׁה; חָזָק; בְּקֹשִׁי
harden *v.t.* הִקְשָׁה [קשה], חִזֵּק, חִסֵּם
harden, *v.i.* הִתְקַשָּׁה [קשה] הָיָה קָשֶׁה, הִתְאַכְזֵר [אכזר]
hardhearted, *adj.* קְשֵׁה לֵב, קָשֶׁה
hardihood, *n.* גְּבוּרָה, אֹמֶץ; חֻצְפָּה, עַזּוּת (פָּנִים)
hardness, *n.* קַשְׁיוּת; גַּסּוּת
hardship, *n.* עָמָל, יְגִיעָה, דַּחֲקוּת, קֹשִׁי
hardware, *n.* כְּלֵי (מַכְשִׁירֵי) בַּרְזֶל
hardy, *adj.* עַז, חָזָק
hare, *n.* אַרְנָב, אַרְנֶבֶת
harebell, *n.* פַּעֲמוֹנִית
harem, *n.* הַרְמוֹן
hark, *v.i.* הִקְשִׁיב [קשב], שָׁמַע
harken, hearken, *v.i.* הִקְשִׁיב [קשב], שָׁמַע
harlequin, *n.* לֵיצָן, מוּקְיוֹן
harlot, *n.* זוֹנָה, קְדֵשָׁה
harm, *n.* רָעָה; נֶזֶק
harm, *v.t.* הֵרַע [רעע], הִזִּיק [נזק]
harmful, *adj.* רַע, מַזִּיק
harmless, *adj.* בִּלְתִּי מַזִּיק; חַף, תָּמִים
harmonic, *adj.* מַתְאִים
harmonica, *n.* מַפּוּחִית
harmonize, *v.t.* הִתְאִים [תאם], הִסְכִּים [סכם]
harmony, *n.* הַתְאָמָה, הֶסְכֵּם, אַחְדּוּת
harness, *n. & v.t.* רִתְמָה; רָתַם
harp, *n.* נֶבֶל, נֵבֶל
harper, harpist, *n.* פּוֹרֵט בְּנֵבֶל
harpoon, *n.* רֹמַח דַּיָּגִים, צִלְצָל
harpoon, *v.t.* דָּג (צָד) בְּצִלְצָל
harpsichord, *n.* פְּסַנְתֵּרִיּוֹן
harrow, *n.* מַשְׂדֵּדָה
harrow, *v.t.* שִׂדֵּד; הֵעִיק [עוק], הֵצִיק [צוק]
harry, *v.t. & i.* בָּזַז, שָׁסָה; הִקְנִיט [קנט], קִנְטֵר
harsh, *adj.* גַּס; מַחְמִיר, אַכְזָרִי
harshness, *n.* גַּסּוּת, אַכְזָרִיּוּת
hart, *n.* אַיָּל
harvest, *n.* אָסִיף, קָצִיר, בָּצִיר (עֲנָבִים), גְּדִירָה (תְּמָרִים), מָסִיק (זֵיתִים), קְצִיעָה (תְּאֵנִים)
harvest, *v.t.* קָצַר, אָסַף, בָּצַר, גָּדַר, מָסַק, קָצַע
harvester, *n.* קוֹצֵר, מְאַסֵּף, בּוֹצֵר, גּוֹדֵר, מוֹסֵק, קַצָּע; קַצַּרְדָּשׁ
hash, *n. & v.t.* פְּרִימָה; קִצֵּץ, פֵּרֵם
hassock, *n.* הֲדוֹם
haste, *n.* מְהִירוּת; חִפָּזוֹן, פְּזִיזוּת

hasten, *v.t. & i.* מַהֵר, הֵחִישׁ [חושׁ], הֵאִיץ [אוץ]; חָשׁ [חושׁ], אָץ [אוץ]
hastily, *adv.* בִּמְהִירוּת, חִישׁ
hasty, *adj.* נִמְהָר, בָּהוּל, נֶחְפָּז
hat, *n.* כּוֹבַע, מִגְבַּעַת
hatch, *n.* בְּרִיכָה; פֶּתַח־אֳנִיָּה
hatch, *v.t.* דָּגַר, הִדְגִּיר [דגר]; זָמַם; נִבְקַע [בקע]; נִדְגַּר [דגר]
hatchery, *n.* מַדְגֵּרָה
hatchet, *n.* קַרְדֹּם, גַּרְזֶן
hate, *n.* אֵיבָה, שִׂנְאָה, טִינָה
hateful, *adj.* נִמְאָס, בָּזוּי
hater, *n.* שׂוֹנֵא, אוֹיֵב
hatred, *n.* שִׂנְאָה, אֵיבָה
hatter, *n.* כּוֹבָעָן
haughtiness, *n.* רָמוּת, יְהִירוּת, רַהַב, גַּאַוְתָנוּת
haughty, *adj.* יָהִיר, גֵּא
haul, *n.* מְשִׁיכָה, גְּרִירָה, סְחִיבָה, הַעֲלָאָה
haul, *v.t.* מָשַׁךְ, סָחַב, גָּרַר
haunch, *n.* יָרֵךְ, מֹתֶן
haunt, *n.* מָקוֹם מְבֻקָּר
haunt, *v.t.* בִּקֵּר בִּקְבִיעוּת
have, *v.t.* הָיָה לְ־
haven, *n.* נָמָל; מִבְטָח, מִקְלָט
haversack, *n.* תַּרְמִיל, יַלְקוּט, אַמְתַּחַת
havoc, *n.* הֶרֶס, הַשְׁמָדָה
hawk, *n.* אַיָּה, נֵץ; כִּעְכּוּעַ
hawk, *v.t. & i.* כִּעְכַּע; רָכַל; פֵּרַח (נֵץ)
hawker, *n.* רוֹכֵל; מַפְרִיחַ נֵצִים (צַיָּד)
hawthorn, *n.* אָטָד
hay, *n.* חָצִיר, מִסְפּוֹא יָבֵשׁ
haycock, *n.* עֲרֵמַת חָצִיר
hazard, *n.* מְאֹרָע, מִקְרֶה; סִכּוּן
hazard, *v.t.* סִכֵּן
hazardous, *adj.* מְסֻכָּן
haze, *n.* עֲרָפֶל
hazel, hazelnut, *n.* אִלְסָר
hazy, *adj.* מְעֻרְפָּל, עַרְפִּלִי, אֵדִי
he, *pron.* הוּא
head, *adj.* רִאשׁוֹן, עִקָּרִי, רָאשִׁי
head, *n.* רֹאשׁ; גֻּלְגֹּלֶת
head, *v.t. & i.* יָשַׁב (עָמַד בְּ) רֹאשׁ, נִהֵל
headache, *n.* מֵחוֹשׁ (כְּאֵב) רֹאשׁ
headlight, *n.* פָּנָס (קִדְמִי) חֲזִית
headline, *n.* כּוֹתֶרֶת
headmaster, *n.* מְנַהֵל בֵּית סֵפֶר
headquarters, *n.* מִפְקָדָה, מַטֶּה
headsman, *n.* תַּלְיָן, טַבָּח
headstrong, *adj.* עַקְשָׁנִי
headway, *n.* הִתְקַדְּמוּת
heady, *adj.* פָּזִיז, נֶחְפָּז, נִמְהָר; מְשַׁכֵּר
heal, *v.t. & i.* נִרְפָּא [רפא], רִפֵּא, הִתְרַפֵּא [רפא]
healer, *n.* מְרַפֵּא
healing, *n.* רִפּוּי
health, *n.* בְּרִיאוּת, קַו הַבְּרִיאוּת
healthy, *adj.* בָּרִיא, שָׁלֵם, חָזָק
heap, *n.* עֲרֵמָה, גַּל, עֹמֶר, תֵּל
heap, *v.t.* צָבַר, עָרַם, גִּבֵּב, גָּדַשׁ, הִכְבִּיר [כבר]
hear, *v.t. & i.* הֶאֱזִין [אזן], הִקְשִׁיב [קשב], שָׁמַע, נִשְׁמַע [שמע]
hearing, *n.* שְׁמִיעָה, חוּשׁ הַשְּׁמִיעָה; חֲקִירָה וּדְרִישָׁה
hearken, harken, *v.i.* הִקְשִׁיב [קשב], שָׁמַע
hearsay, *n.* שְׁמוּעָה
hearse, *n.* מִטָּה, אֲרוֹן מֵתִים
heart, *n.* לֵב, לִבָּה, לֵבָב
heartache, *n.* צַעַר, כְּאֵב לֵב
heartbeat, *n.* דֹּפֶק לֵב
heartbreak, *n.* שִׁבְרוֹן לֵב
heartbroken, *adj.* שְׁבוּר לֵב
heartburn, *n.* צָרֶבֶת
heartfelt, *adj.* לְבָבִי

hearth, *n.* אָח, מוֹקֵד
heartiness, *n.* לְבָבִיּוּת
heartless, *adj.* אַכְזָרִי
heat, *n.* חֹם, חַמָּה, חֲמִימוּת, שָׁרָב
heat, *v.t. & i.* הֵחֵם [חמם], הִתְחַמֵּם [חמם]; לִבֵּן; הִסִּיק [נסק]
heater, *n.* מְחַמֵּם
heath, *n.* עַרְעָר
heathen, *n.* עַכּוּ"ם: עוֹבֵד כּוֹכָבִים וּמַזָּלוֹת, עוֹבֵד אֱלִילִים
heather, *n.* אַבְרָשׁ
heave, *n.* הֲרָמָה, הַשְׁלָכָה, הִתְרוֹמְמוּת
heave, *v.t. & i.* רָנַע, הִשְׁלִיךְ [שלך], הֵנִיף [נוף], הִתְרוֹמֵם [רום], הִתְנָעֵשׁ [נעש], הִתְעַמֵּל [עמל]; הֵקִיא [קיא]
heaven, *n.* שָׁמַיִם, רָקִיעַ, שַׁחַק
heavenly, *adj.* שְׁמֵימִי; אֱלֹהִי, נִפְלָא
heavily, *adv.* בִּכְבֵדוּת, בְּקשִׁי
heaviness, *n.* כֹּבֶד, מִשְׁקָל, כְּבֵדוּת
heavy, *adj.* כָּבֵד, חָמוּר, סָמִיךְ
Hebraic, *adj.* עִבְרִי
Hebraize, *v.t. & i.* עִבְרֵר, הִתְעַבְרֵר [עברר]
Hebrew, *n. & adj.* עִבְרִי, עִבְרִית, לְשׁוֹן הַקֹּדֶשׁ
heckle, *v.t.* הִטְרִיד [טרד] בִּשְׁאֵלוֹת,
hectic, *adj. & n.* קוֹדֵחַ, מְכַלֶּה; שֶׁל מֶזֶג הַגּוּף; עַז, עִזּוּזִי; קַדַּחַת חוֹזֶרֶת
hedge, *n.* סְיָג, מְסוּכָה
hedge, *v.t.* גָּדַר, כִּתֵּר
hedgehog, *n.* קִפּוֹד
heed, *n. & v.t.* תְּשׂוּמֶת לֵב, הַקְשָׁבָה; שָׂם [שים] לֵב, הִקְשִׁיב [קשב]
heedful, *adj.* זָהִיר, מִתְחַשֵּׁב
heedless, *adj.* בִּלְתִּי זָהִיר, מְזַלְזֵל
heel, *n.* עָקֵב
heel, *v.t. & i.* נָטָה; הִטָּה [נטה] (אֳנִיָּה); תָּפַר (עָקֵב)

hegira, hejira, *n.* (שְׁנַת הַ) מְנוּסָה, (סְפִירַת הַשָּׁנִים הַמֻּסְלְמִית)
heifer, *n.* עֶגְלַת בָּקָר
height, hight, *n.* גֹּבַהּ, שִׂיא, מָרוֹם
heighten, *v.t.* הִגְבִּיהַּ [גבה], רוֹמֵם [רום], הִגְבִּיר [גבר], הִשְׁבִּיחַ [שבח]
heinous, *adj.* נִבְזֶה, מָאוּס; עָצוּם; אָיֹם
heir, *n.* יוֹרֵשׁ
heiress, *n.* יוֹרֶשֶׁת
heirloom, *n.* יְרֻשָּׁה, תּוֹרָשָׁה
helicopter, *n.* מַסּוֹק
hell, *n.* שְׁאוֹל, גֵּיהִנּוֹם, תָּפְתֶּה
hello, *n.* הָלוֹ (בִּרְכַּת שָׁלוֹם)
helm, *n.* הֶגֶה
helmet, *n.* קַסְדָּה, כּוֹבַע פְּלָדָה
helmsman, *n.* נַוָּט
helot, *n.* עֶבֶד
helotry, *n.* עַבְדוּת
help, *n.* עֵזֶר, עֶזְרָה, יְשׁוּעָה, סִיּוּעַ, תְּמִיכָה; תְּרוּפָה; שֵׁרוּת; מְשָׁרֵת
help, *v.t. & i.* עָזַר, סִיֵּעַ; תָּמַךְ; שֵׁרֵת; רִפֵּא; חִלֵּק מָנוֹת (אֹכֶל)
helper, *n.* מוֹשִׁיעַ, עוֹזֵר
helpful, *adj.* עוֹזֵר, מוֹעִיל; מְרַפֵּא
helpless, *adj.* חֲסַר עֵזֶר, מִסְכֵּן, אֻמְלָל; אֵין אוֹנִים, רָפֶה
helpmate, *n.* עֵזֶר כְּנֶגֶד, אִשָּׁה; עוֹזֵר
helve, *n.* יָדִית, נִצָּב, קַת
hem, *n.* אִמְרָה, מְלָל
hem, *v.t. & i.* עָשָׂה אִמְרָה (מְלָל), מִלֵּל, כִּחְכֵּחַ, גִּמְגֵּם
hemisphere, *n.* חֲצִי כַּדּוּר הָאָרֶץ
hemlock, *n.* עֵשֶׂב אַרְסִי; רוֹשׁ אַשּׁוּחַ
hemorrhage, haemorrhage, *n.* דִּמּוּם
hemorrhoids, haemorrhoids, *n. pl.* טְחוֹרִים, תַּחְתּוֹנִיּוֹת, עֳפָלִים
hemp, *n.* קַנָּבוֹס
hemstitch, *n.* חֲצִי (פֶּלֶג) חָרוּז

hen, ***n.*** תַּרְנְגֹלֶת

hence, ***adv.*** מֵעַתָּה; לָכֵן, לְפִיכָךְ

henceforth, henceforward, ***adv.*** מֵעַתָּה וְהָלְאָה, מִכָּאן וְאֵילָךְ (וּלְהַבָּא)

henchman, ***n.*** מְשָׁרֵת, שַׁמָּשׁ; חָסִיד

hen coop, hen house לוּל

henna, ***n.*** יַחְנוּן

henpeck, ***v.t.*** קִנְטֵר

her, ***pron.*** שֶׁלָּהּ, אוֹתָהּ

herald, ***n.*** כָּרוֹז, שָׁלִיחַ, מְבַשֵּׂר

herb, ***n.*** עֵשֶׂב, צֶמַח

herbaceous, ***adj.*** עִשְׂבִּי, מְכֻסֶּה עֵשֶׂב

herd, ***n.*** עֵדֶר, מִקְנֶה

herd, ***v.i.*** הָיָה לְעֵדֶר, הִתְאַסֵּף [אסף]

herdsman, herder, ***n.*** בּוֹקֵר, נוֹקֵד

here, ***adv.*** כָּאן, פֹּה

hereafter, ***n.*** עוֹלָם הַבָּא

hereafter, ***adv.*** מֵעַתָּה וְהָלְאָה

hereby, ***adv.*** בָּזֶה, עַל יְדֵי זֶה

hereditary, ***n.*** יְרֻשִּׁי, עוֹבֵר בִּירֻשָּׁה

heredity, ***n.*** מוֹרָשָׁה, יְרֻשָּׁה, תּוֹרָשָׁה

herein, hereon, ***adv.*** בָּזֶה

hereof, ***adv.*** מִזֶּה

heresy, ***n.*** כְּפִירָה

heretic, ***adj.*** כּוֹפֵר

heretofore, ***adv.*** לִפְנֵי כֵן

herewith, ***adv.*** בָּזֶה, בְּזֹאת

heritage, ***n.*** יְרֻשָּׁה

hermaphrodite, ***n.*** דּוּ־מִינִי, אַנְדְּרוֹגִינוֹס

hermetic, ***adj.*** סָגוּר וּמְסֻגָּר

hermit, ***n.*** פָּרוּשׁ, נָזִיר, מִתְבּוֹדֵד, הֲרָרִי

hermitage, ***n.*** מִנְזָר, בֵּית הַפָּרוּשׁ

hero, ***n.*** גִּבּוֹר

heroic, ***adj.*** גִּבּוֹרִי

heroine, ***n.*** גִּבּוֹרָה

heroism, ***n.*** גְּבוּרָה

heron, ***n.*** אֲנָפָה

herring, ***n.*** דָּג מָלוּחַ

hesitate, ***v.i.*** הִסֵּס

hesitation, ***n.*** הִסּוּס

heterodox, ***adj.*** כּוֹפֵר, מִין, אֶפִּיקוֹרוֹס

heterodoxy, ***n.*** כְּפִירָה, מִינוּת, אֶפִּיקוֹרְסוּת

heterogeneous, ***adj.*** מֻרְכָּב, רַבְגּוֹנִי

hew, ***v.t.*** חָטַב, כָּרַת, חָצַב, חָקַק, פָּסַל, סִתֵּת

hexagon, ***n.*** מְשֻׁשֶּׁה

Hexateuch, ***n.*** שֵׁשֶׁת הַסְּפָרִים (חֻמָּשׁ וְסֵפֶר יְהוֹשֻׁעַ)

heyday, ***n.*** שִׂיא, פִּסְגָּה

hibernate, ***v.i.*** חָרַף

hiccup, hiccough, ***n.*** שִׁהוּק

hickory, ***n.*** אֱגוֹזָה אֲמֵרִיקָאִית

hidden, ***adj.*** טָמוּן

hide, ***n.*** עוֹר, שֶׁלַח

hide, ***v.t. & i.*** הִסְתִּיר [סתר], הֶחְבִּיא [חבא], הִצְפִּין [צפן], הִטְמִין [טמן], הִסְתַּתֵּר [סתר], הִתְחַבֵּא [חבא]

hideous, ***adj.*** מְכֹעָר, אָיֹם, נִתְעָב, גֹּעֲלִי

hideousness, ***n.*** כִּעוּר

hie, ***v.t. & i.*** מִהֵר, הֵחִישׁ [חוש] הֵאִיץ [אוץ]

hierarchy, ***n.*** שִׁלְטוֹן הַכְּהֻנָּה

hieroglyph, hieroglyphic, ***n.*** כְּתָב (חֲשָׁאִים) חַרְטֻמִּים

high, ***adj.*** גָּבֹהַּ, רָם; נַעֲלֶה, נִשָּׂא, נִשְׂגָּב; יָהִיר; תַּקִּיף; שִׁכּוֹר

high, ***n. & adv.*** גֹּבַהּ; מָרוֹם; לְמַעְלָה

highland, ***n.*** רָמָה

high school מִדְרָשָׁה, בֵּית סֵפֶר תִּיכוֹן

highway, ***n.*** כְּבִישׁ

highwayman, ***n.*** שׁוֹדֵד דְּרָכִים

hike, ***n.*** טִיּוּל, הֲלִיכָה; עֲלִיָּה (מְחִיר)

hike, ***v.t.*** טִיֵּל; הֶעֱלָה [עלה] (מְחִיר)

hilarious, ***adj.*** צוֹהֵל, עַלִּיז

hilarity, ***n.*** צָהֳלָה, מָשׂוֹשׂ, חֶדְוָה

hill, *n.* גִּבְעָה, תֵּל
hillock, *n.* גַּבְשׁוּשִׁית
hilt, *n.* נִצָּב, קַת
hilly, *adj.* הֲרָרִי
him, *pron.* אוֹתוֹ
himself, *pron.* (הוּא) בְּעַצְמוֹ (בְּגוּפוֹ)
hin, *n.* הִין (6.810 לִיטְרִים)
hind, hinder, *adj.* אֲחוֹרִי, אֲחוֹרַנִּי
hind, *n.* אַיָּלָה, צְבִיָּה; אִכָּר שָׂכִיר
hinder, *v.t. & i.* עִכֵּב, מָנַע
hindrance, *n.* מִכְשׁוֹל, הַפְרָעָה
hinge, *n.* צִיר
hinge, *v.t. & i.* עָשָׂה (סָבַב עַל) צִיר
hint, *n.* רֶמֶז
hint, *v.t. & i.* רָמַז, רִמֵּז, נִרְמַז [רמז]
hip, *n.* יָרֵךְ
hippodrome, *n.* זִירַת סוּסִים
hippopotamus, *n.* בְּהֵמוֹת, סוּס הַיְאוֹר
hire, *n. & v.t.* שָׂכָר, מַשְׂכֹּרֶת, שְׂכִירוּת, מְחִיר; שָׂכַר
hireling, *n.* שָׂכִיר
his, *pron.* שֶׁלּוֹ
hiss, *v.t. & i.* שָׁרַק, רָטַן
historian, *n.* כּוֹתֵב דִּבְרֵי הַיָּמִים
historical, *adj.* שֶׁל דִּבְרֵי הַיָּמִים, הִסְטוֹרִי
history, *n.* דִּבְרֵי הַיָּמִים; תּוֹלָדוֹת
hit, *n.* מַכָּה, סְטִירָה; פְּגִיעָה; הַצְלָחָה
hit, *v.t. & i.* הִכָּה, הִתְנַגֵּשׁ [נגש]; נָגַע; קָלַע, פָּגַע
hitch, *n.* מִכְשׁוֹל, נֶגֶף; קֶשֶׁר; נְסִיעַת חִנָּם
hitch, *v.t. & i.* קָשַׁר, חִבֵּר, הֵזִיז [זוז]
hither, *adv.* הֵנָּה, הֲלוֹם, לְכָאן
hitherto, *adv.* עַד, עַד עַתָּה
hive, *n.* כַּוֶּרֶת
hives, *n.* אַסְכָּרָה; חָרֶלֶת
hoar, *adj.* לְבַנְבַּן, אָפֹר, שָׂב
hoard, *n.* אוֹצָר, מַחְסָן נִסְתָּר
hoard, *v.t. & i.* גָּנַז, אָגַר, הִצְנִיעַ [צנע]
hoarfrost, *n.* כְּפוֹר
hoarse, *adj.* צָרוּד
hoary, *adj.* לְבַנְבַּן, אָפֹר, שָׂב
hoax, *n.* תַּרְמִית, כָּזָב, תַּעְתּוּעַ
hoax, *v.t.* הוֹנָה [ינה], רִמָּה, תִּעְתַּע
hobble, *v.t. & i.* צָלַע; אָסַר, כָּבַל
hobby, *n.* תַּחְבִּיב; סְיָח, סוּס
hobgoblin, *n.* רוּחַ, שֵׁד, מִפְלֶצֶת
hobo, *n.* אוֹרֵחַ פּוֹרֵחַ, נוֹדֵד
hock, *n.* קַרְסֹל הַסּוּס; יַיִן לָבָן
hockey, *n.* הוֹקִי
hocus-pocus, *n.* אֲחִיזַת עֵינַיִם, גְּנֵבַת דַּעַת
hod, *n.* אֵבוּס הַבַּנַּאי, עֲרֵבָה
hoe, *n.* מַעְדֵּר, מַכּוֹשׁ
hoe, *v.t. & i.* עָדַר, עִדֵּר, עָזַק, נִכֵּשׁ
hog, *n.* חֲזִיר; גַּרְגְּרָן
hoggish, *adj.* חֲזִירִי, גַּס, כִּילַי
hoist, *n.* הֲנָפָה, הֲרָמָה
hoist, *v.t.* הֵנִיף [נוף], הֵרִים [רום]
hold, *n.* אֲחִיזָה; סַפְנָה, תַּחְתִּית אֳנִיָּה
hold, *v.t. & i.* אָחַז, עָצַר; סָבַר, דָּבַק, הֶחֱזִיק [חזק]
holder, *n.* מַחֲזִיק
holding, *n.* הַשְׁפָּעָה; תֹּקֶף; רְכוּשׁ
hole, *n.* חוֹר, נֶקֶב
holiday, holyday, *n.* חַג, מוֹעֵד, יוֹם טוֹב
holiness, *n.* קֹדֶשׁ, קְדֻשָּׁה
Holland, *n.* הוֹלַנְד
hollow, *adj.* חָלוּל, נָבוּב; כּוֹזֵב
hollow, *n.* חָלָל; בּוֹר
hollowness, *n.* נְבִיבוּת, רֵיקוּת; תַּרְמִית
holly, *n.* אֶדֶר
hollyhock, *n.* הַרְאָנָה, הַרְאָנַת אֲגַמִּים
holocaust, *n.* טֶבַח, הֶרֶג רַב
holster, *n.* נַרְתִּיק אֶקְדָּח
holy, *adj. & n.* קָדוֹשׁ; מִקְדָּשׁ

holyday, holiday, *n.* חַג, מוֹעֵד, יוֹם טוֹב
Holy Land אֶרֶץ (הַקֹּדֶשׁ) יִשְׂרָאֵל
homage, *n.* הַעֲרָצָה
home, *n.* בַּיִת, דִּירָה
home, *adv.* בַּבַּיִת, הַבַּיְתָה
homeland, *n.* מוֹלֶדֶת, אֶרֶץ מוֹלֶדֶת
homeless, *adj.* לְלֹא בַּיִת
homely, *adj.* מְכֹעָר; פָּשׁוּט; בֵּיתִי
homemade, *adj.* בֵּיתִי, עָשׂוּי בַּבַּיִת
homesick, *adj.* מִתְגַּעְגֵּעַ
homesickness, *n.* גַּעֲגוּעִים
homestead, *n.* נַחֲלָה
homeward, *adv.* הַבַּיְתָה
homicidal, *adj.* קַטְלָנִי
homicide, *n.* רֶצַח
homily, *n.* דְּרוּשׁ, דְּרָשָׁה
hominy, *n.* נָזִיד, דַּיְסָה
homo, *n.* אָדָם
homogeneous, *adj.* חַדְגּוֹנִי
homonym, *n.* מִלָּה מְשֻׁתֶּפֶת
hone, *v.i.* הִשְׁחִיז [שחז], לָטַשׁ
honest, *adj.* יָשָׁר, כֵּן, נֶאֱמָן
honestly, *adv.* בֶּאֱמֶת
honesty, *n.* אֲמִתִּיּוּת, יֹשֶׁר, יַשְׁרוּת, כֵּנוּת, נֶאֱמָנוּת
honey, *n.* דְּבַשׁ, נֹפֶת; מֹתֶק
honeybee, *n.* דְּבוֹרָה
honeycomb, *n.* יַעְרָה, יַעֲרַת דְּבַשׁ
honeycomb, *v.t.* מִלֵּא (נְקָבִים) תָּאִים; חֵרֵר, נִקֵּב
honeydew melon, *n.* אֲבַטִּיחַ דִּבְשִׁי
honeymoon, *n.* יֶרַח הַדְּבַשׁ
honor, honour, *n.* & *v.t.* כָּבוֹד; כִּבֵּד; שִׁלֵּם (שְׁטָר) בִּזְמַנּוֹ
honorable, honourable, *adj.* נִכְבָּד, מְכֻבָּד
honorarium, *n.* שָׂכָר, שְׂכַר שֵׁרוּת
honorary, *adj.* שֶׁל כָּבוֹד, נִכְבָּד

hood, *n.* בַּרְדָּס; נָבָל; חֲפִיפָה (מְכוֹנִית)
hoodlum, *n.* עַוָּל, נָבָל
hoof, *n.* פַּרְסָה, טֶלֶף
hook, *n.* וָו, אַגְמוֹן, חַכָּה, קֶרֶס
hook, *v.t.* צָד, חִכָּה; רָכַס; תָּפַשׂ בְּוָו
hookworm, *n.* תּוֹלַעַת חַכָּה
hoop, *n.* & *v.t.* חִשּׁוּק גַּלְגַּל; חִשֵּׁק
hoot, *v.i.* שָׁרַק עַל, צָעַק, צִפְצֵף
hop, *n.* כְּשׁוּת; קְפִיצָה, נְתִירָה
hop, *v.i.* & *t.* דִּלֵּג, קִפֵּץ, נִתֵּר פִּזֵּז; צָלַע, פָּסַח
hope, *n.* תִּקְוָה, תּוֹחֶלֶת, יָהָב
hope, *v.t.* & *i.* קִוָּה, יִחֵל, צִפָּה
hopeful, *adj.* מְקַוֶּה, מְיַחֵל, מְצַפֶּה
hopeless, *adj.* חֲסַר תִּקְוָה, נוֹאָשׁ
hopper, *n.* חָגָב; אַגָּנָה (מַשְׁפֵּךְ חִטִּים)
horde, *n.* הָמוֹן, אֲסַפְסוּף
horizon, *n.* אֹפֶק
horizontal, *adj.* אָפְקִי, מְאֻזָּן
horn, *n.* קֶרֶן, יוֹבֵל; שׁוֹפָר; חֲצוֹצְרָה
horn, *v.t.* נִגַּח
hornet, *n.* צִרְעָה
horoscope, *n.* מַזָּל (לֵדָה)
horrible, *adj.* מְכֹעָר, מַחֲרִיד, אָיֹם, נוֹרָא
horrid, *adj.* מַפְחִיד, מַבְהִיל, מַבְחִיל
horrify, *v.t.* הֶחֱרִיד [חרד], הִבְעִית [בעת], הִפְחִיד [פחד]
horror, *n.* בֶּהָלָה, זְוָעָה, אֵימָה
hors d'oeuvre פַּרְפְּרָאוֹת
horse, *n.* סוּס, רֶכֶשׁ, אַבִּיר, רַמָּךְ
horseman, *n.* פָּרָשׁ, רַכָּב
horsepower, *n.* כֹּחַ סוּס
horseradish, *n.* חֲזֶרֶת
horseshoe, *n.* פַּרְסַת בַּרְזֶל
horticultural, *adj.* גַּנָּנִי
horticulture, *n.* גַּנָּנוּת
horticulturist, *n.* גַּנָּן

hosanna, *interj.* & *n.* הוֹשַׁעְנָא
hose, *n.* צִנּוֹר; גֶּרֶב
hosiery, *n.* גַּרְבַּיִם
hospice, *n.* אַכְסַנְיָה, פֻּנְדָּק, בֵּית מָלוֹן
hospitable, *adj.* מַכְנִיס אוֹרְחִים
hospital, *n.* בֵּית חוֹלִים
hospitality, *n.* אֵרוּחַ, הַאֲרָחָה, הַכְנָסַת אוֹרְחִים
host, *n.* צָבָא רַב, מַעֲרָכָה כְּבֵדָה; בַּעַל בַּיִת, מְאָרֵחַ; פֻּנְדְּקִי; דַּיָּל לֶחֶם קָדוֹשׁ (אֵצֶל הַנּוֹצְרִים)
hostage, *n.* (בֶּן) תַּעֲרוּבָה (תַּעֲרוּבוֹת)
hostel, hostelry, *n.* אַכְסַנְיָה, פְּנִימִיָּה
hostess, *n.* בַּעֲלַת בַּיִת, מְאָרַחַת, דַּיֶּלֶת
hostile, *adj.* אוֹיֵב, אוֹיְבִי, שׂוֹנֵא, מִתְנַגֵּד
hostility, *n.* אֵיבָה, הִתְנַגְּדוּת
hot, *adj.* חַם; תַּאַוְתָנִי; חָרִיף, חַד
hotbed, *n.* מִנְבָּטָה
hotel, *n.* מָלוֹן, בֵּית מָלוֹן, אַכְסַנְיָה
hotheaded, *adj.* נִמְהָר, פָּזִיז, רַתְחָן
hothouse, *n.* חֲמָמָה
hound, *n.* & *v.t.* כֶּלֶב צַיָּד; רָדַף, שִׁסָּה
hour, *n.* שָׁעָה; מוֹעֵד, זְמָן
house, *n.* בַּיִת, מָעוֹן
house, *v.t.* אִכְסֵן, הוֹשִׁיב [ישב] בְּבַיִת
household, *n.* כְּבוּדָה, הַנְהָלַת בַּיִת
housekeeper, *n.* סוֹכֵן בַּיִת
housemaid, *n.* עוֹזֶרֶת, מְשָׁרֶתֶת, שִׁפְחָה
housewarming, *n.* חֲנֻכַּת בַּיִת
housewife, *n.* בַּעֲלַת בַּיִת
housework, *n.* עֲבוֹדַת בַּיִת
hovel, *n.* צְרִיף רָעוּעַ
hover, *v.i.* רִחֵף, הִסֵּס, שָׁהָה
how, *adv.* אֵיךְ, אֵיכָה, אֵיכָכָה, כֵּיצַד, הָא כֵּיצַד, הָכֵיצַד
however, howsoever, *adv.* בְּכָל אֹפֶן, מִכָּל מָקוֹם, עַל כָּל פָּנִים
however, *conj.* אַף עַל פִּי כֵן, עִם כָּל זֹאת, בְּכָל זֹאת
howitzer, *n.* תּוֹתַח־שָׂדֶה
howl, *n.* יְלָלָה, יְלֵל
howl, *v.t.* & *i.* יִלֵּל, צָוַח
hub, *n.* חִשּׁוּר (אוֹפַן); מֶרְכָּז; טַבּוּר
hubbub, *n.* מְהוּמָה, הֲמֻלָּה
huckleberry, *n.* אֻכְמָנִית
huckster, *n.* סִדְקִי, רוֹכֵל
huddle, *v.t.* & *i.* אָסַף, צָבַר בְּעִרְבּוּבְיָה; נִדְחַק זֶה אֵצֶל זֶה
hue, *n.* זְעָקָה; צֶבַע, גָּוֶן
hue and cry זְעָקָה וּרְדִיפָה (אַחֲרֵי פּוֹשֵׁעַ)
huff, *n.* חֵמָה, זַעַם, חֲרִי אַף; גַּאַוְתָן, יָהִיר
hug, *n.* חִבּוּק, גִּפּוּף
hug, *v.t.* חִבֵּק, גִּפֵּף
huge, *adj.* עָצוּם, עֲנָקִי
hulk, *n.* (שֶׁלֶד) סְפִינָה גְּדוֹלָה וִישָׁנָה; אָדָם מְגֻשָּׁם אוֹ דָּבָר גַּס
hull, *n.* שֶׁלֶד אֳנִיָּה, קְלִפָּה, מִכְסֶה, תַּרְמִיל
hull, *v.t.* קִלֵּף; פָּגַע בָּאֳנִיָּה בְּקָלִיעַ
hum, *v.t.* & *i.* זִמְזֵם; רִנֵּן
hum, humming, *n.* זִמְזוּם; רְנָנָה, רִנּוּן בִּשְׂפָתַיִם סְגוּרוֹת
human, *adj.* & *n.* אֱנוֹשִׁי; אֱנוֹשׁ, בְּרִיָּה
humane, *adj.* אֱנוֹשִׁי, טוֹב לֵב, רַחוּם
humanely, *adv.* בְּחֶסֶד, בְּרַחֲמִים
humanitarian, *n.* אוֹהֵב (אָדָם) בְּרִיּוֹת
humanities, *n. pl.* מַדָּעֵי הָרוּחַ
humanity, *n.* אֱנוֹשִׁיּוּת; טוּב לֵב; הַמִּין הָאֱנוֹשִׁי, אַהֲבַת הַבְּרִיּוֹת
humanize, *v.t.* אִנֵּשׁ
humankind, *n.* הַמִּין הָאֱנוֹשִׁי
humble, *adj.* & *v.t.* צָנוּעַ, עָנָו, נֶחְבָּא אֶל הַכֵּלִים; הִדְבִּיר, דִּכָּא, הִשְׁפִּיל

humbug, *n.* תַּעְתּוּעַ, רַמָּאוּת, הוֹנָאָה; כַּזְבָן, רַמַּאי

humbug, *v.t.* תִּעְתַּע, הוֹלִיךְ [הלך] שׁוֹלָל, רִמָּה, הוֹנָה

humdrum, *adj.* מְשַׁעֲמֵם

humid, *adj.* לַח, טָחוּב, רָטֹב

humidity, *n.* לַחוּת, רְטִיבוּת

humiliate, *v.t.* עָלַב, הֶעֱלִיב [עלב]; הִשְׁפִּיל [שפל], בִּזָּה

humiliation, *n.* עֶלְבּוֹן, הַשְׁפָּלָה

humility, *n.* עֲנָוְתָנוּת, הַכְנָעָה

hummingbird, *n.* כְּרוּם

hummock, *n.* גִּדּוּד, תְּלוּלִית, גַּבְשׁוּשִׁית

humor, humour, *n.* לֵחַ, חֵלֶט; בְּדִיחוּת

humorist, humourist, *n.* לֵץ, נַּחְכָּן

humorous, humourous, *adj.* הִתּוּלִי

hump, *n.* דַּבֶּשֶׁת; חֲטוֹטֶרֶת

humus, *n.* עִדִּית, דֶּשֶׁן, תְּחוּחִית

hundred, *adj.* & *n.* מֵאָה, ק׳

hundredfold, *adj.* & *n.* פִּי מֵאָה

hundredth, *adj.* & *n.* הַמֵּאָה; מֵאִית

Hungary, *n.* הוּנְגַרְיָה

hunger, *n.* רָעָב, רְעָבוֹן, כָּפָן; תְּשׁוּקָה

hunger, *v.i.* & *t.* רָעַב, כָּפַן; הִרְעִיב [רעב]; עָרַג

hungry, *adj.* רָעֵב

hunt, *n.* & *v.t.* צַיִד; צֵיֵּד

hunter, *n.* צַיָּד

hunting, *n.* חִפּוּשׂ; צַיִד

hurdle, *n.* חַיִץ

hurl, *n.* הַשְׁלָכָה, זְרִיקָה

hurl, *v.t.* הִשְׁלִיךְ [שלך], זָרַק

hurrah, *interj.* הֶאָח, הֵידָד

hurrah, *v.i.* קָרָא (הֶאָח) הֵידָד

hurricane, *n.* סוּפָה, סַעַר, סְעָרָה

hurry, *n.* חִפָּזוֹן, מְהִירוּת

hurry, *v.t.* & *i.* הֶחְפִּיז [חפז], הֵחִישׁ [חוש], מִהֵר, אָץ [אוץ]

hurt, *n.* פְּגִיעָה, עֶלְבּוֹן; פֶּצַע; מַכְאוֹב

hurt, *v.t.* הִכְאִיב [כאב]; פָּצַע; נָגַף; הִזִּיק [נזק]; הֶעֱלִיב [עלב]

husband, *n.* אִישׁ, בַּעַל, בֶּן זוּג

husband, *v.t.* חָשַׂךְ, נִהֵל בְּחִסָּכוֹן

husbandman, *n.* חַקְלַאי, אִכָּר

husbandry, *n.* אִכָּרוּת, חַקְלָאוּת

hush, *n.* דְּמָמָה, דּוּמִיָּה

hush, *v.t.* הֶהֱסָה [הסה], הִשְׁתִּיק [שתק]

husk, *n.* קְלִפָּה; מוֹץ

husk, *v.t.* מָלַל, קָלַף, קִלֵּף

hustle, *n.* דְּחִיפָה; מֶרֶץ

hustle, *v.t.* עָבַד בְּמֶרֶץ; דָּחַף, דָּחַק

husky, *adj.* צָרוּד, נִחָר; חָזָק

hut, *n.* צְרִיף; מְלוּנָה

hutch, *n.* תֵּבָה, אַרְגָּז, קֻפְסָה

hyacinth, *n.* יַקִּנְתּוֹן, יָקֶנֶת

hybrid, *n.* בֶּן כִּלְאַיִם

hybridization, *n.* הַכְלָאָה

hybridize, *v.t.* הִכְלִיא [כלא]

hydrant, *n.* בֶּרֶז שְׂרֵפָה

hydraulic, *adj.* שֶׁל תּוֹרַת (כֹּחַ) הַמַּיִם

hydrogen, *n.* אַבְמַיִם, מֵימָן

hydrometer, *n.* מַדְמַיִם

hydrophobia, *n.* כַּלֶּבֶת

hyena, hyaena, *n.* צָבוֹעַ

hygiene, *n.* גֵּהוּת, תּוֹרַת הַבְּרִיאוּת

hygienic, *adj.* גֵּהוּתִי

hymen, *n.* (קְרוּם) בְּתוּלִים, כְּלוּלוֹת

hymn, *n.* פִּיּוּט, מִזְמוֹר, תְּהִלָּה

hyphen, *n.* מַקָּף (־)

hyphenated, *adj.* מְקֻפָּף

hypnotize, *v.t.* יִשֵּׁן, שִׁעְבֵּד (רָצוֹן), הִרְדִּים [רדם]

hypochondriac, *n.* בַּעַל מָרָה שְׁחוֹרָה

hypocrisy, *n.* צְבִיעוּת

hypocrite, *n.* צָבוּעַ

hypothesis, *n.* הַנָּחָה, הַשְׁעָרָה
hypothetical, *adj.* הַנָּחִי, הַשְׁעָרִי
hysteria, *n.* עַצְבָּנוּת, נִרְגָּשׁוּת
hysterical, *adj.* רִגּוּשִׁי

I, i

I, i, *n.* אַי, הָאוֹת הַתְּשִׁיעִית בָּאָלֶף־בֵּית הָאַנְגְּלִי; תְּשִׁיעִי, ט׳
I, *pron.* אֲנִי, אָנֹכִי
ice, *n.* קֶרַח, גְּלִיד
ice, *v.t.* הִקְפִּיא [קפא], הִגְלִיד [גלד]
iceberg, *n.* קַרְחוֹן
icebox, *n.* אֲרוֹן קֵרוּר, מְקָרֵר
ice cream גְּלִידָה
iceman, *n.* קַרְחָן
icing, *n.* סִכְּרוּר (עוּגוֹת)
icon, *n.* אִיקוֹנִין, תְּמוּנָה, צֶלֶם, פֶּסֶל
idea, *n.* רַעְיוֹן, מֻשָּׂג, דֵּעָה
ideal, *adj.* דִּמְיוֹנִי, מוֹפְתִי, רַעְיוֹנִי
ideal, *n.* שְׁאִיפָה, מַשְׂאַת נֶפֶשׁ
idealist, *n.* שְׁאַפְתָּן, הוֹזֶה
idealistic, *adj.* שְׁאַפְנִי, שְׁאַפְתָּנִי
idealism, *n.* שְׁאַפְתָּנוּת, שַׁאֲפָנוּת
idem, id. אוֹתוֹ, אוֹתָהּ
identical, *adj.* דּוֹמֶה, זֵהֶה
identification, *n.* זִהוּי
identify, *v.t.* דִּמָּה, זִהָה, הִכִּיר [נכר]
identity, *n.* זֶהוּת; שִׁוְיוֹן
idiom, *n.* נִיב, בִּטּוּי
idiot, *n.* פֶּתִי, כְּסִיל, טִפֵּשׁ
idiotic, *adj.* טִפְּשִׁי
idle, *adj.* & *v.t.* בָּטֵל; בָּטַל, הָלַךְ בָּטֵל
idleness, *n.* בַּטָּלָה, רֵיקוּת, עַצְלוּת
idler, *n.* בַּטְלָן
idol, *n.* אֱלִיל, שִׁקּוּץ, תֶּרֶף, פֶּסֶל
idolater, *n.* עוֹבֵד אֱלִילִים
idolatry, *n.* עֲבוֹדָה זָרָה, עֲבוֹדַת אֱלִילִים, עַכּוּ״ם
idolize, *v.t.* הֶעֱרִיץ [ערץ], הֶאֱלִיהַּ [אלה]
idyl, idyll, *n.* שִׁיר רוֹעִים, אִידִלְיָה
if, *conj.* אִם, לוּ, אִלּוּ
ignite, *v.t.* & *i.* הִצִּית [יצת]; הִתְלַקֵּחַ [לקח]
ignition, *n.* הַצָּתָה
ignoble, *adj.* נִקְלֶה, שָׁפָל
ignominy, *n.* חֶרְפָּה, בִּזָּיוֹן, קָלוֹן
ignorance, *n.* בּוּרוּת, עַם הָאֲרָצוּת
ignorant, *adj.* & *n.* בּוּר, נִבְעָר (מִדַּעַת), עַם הָאָרֶץ
ignore, *v.t.* הִתְעַלֵּם [עלם] מִ־, הִתְנַכֵּר [נכר]
ill, *adj.* חוֹלֶה; רַע
ill, *n.* מַחֲלָה, חֳלִי; צָרָה
illegal, *adj.* בִּלְתִּי חֻקִּי
illegible, *adj.* אַל קָרִיא, שֶׁאֵין לְקָרְאוֹ
illegitimate, *adj.* פָּסוּל; מַמְזֵר
illiberal, *adj.* שֶׁאֵינוֹ חָפְשִׁי, קַמְצָנִי
illicit, *adj.* אָסוּר
illiteracy, *n.* בּוּרוּת
illiterate, *adj.* & *n.* בּוּר, עַם הָאָרֶץ
ill-mannered, *adj.* בִּלְתִּי נִימוּסִי, גַּס
illness, *n.* מַחֲלָה
illogical, *adj.* בִּלְתִּי הֶגְיוֹנִי
ill-tempered, *adj.* מֵרִיב; זוֹעֵף
illtreat, *v.t.* הִתְנַהֵג [נהג] בְּאַכְזָרִיּוּת
illuminate, *v.t.* & *i.* הֵאִיר [אור], הֵפִיץ [פוץ] אוֹר, פֵּרֵשׁ
illumination, *n.* הֶאָרָה, תְּאוּרָה
illusion, *n.* הֲזָיָה, דִּמְיוֹן

illusive, *adj.* מַתְעֶה, מַטְעֶה
illustrate, *v.i.* הִדְגִּים [דגם], קִשֵּׁט בְּצִיּוּרִים
illustration, *n.* צִיּוּר, דֻּגְמָה, בֵּאוּר
illustrator, *n.* מְצַיֵּר
illustrious, *adj.* מְהֻלָּל, נוֹדָע, מְפֻרְסָם
image, *n.* צוּרָה, דְּמוּת, צֶלֶם, תֹּאַר
imaginable, *adj.* תָּאִיר, תֵּאוּרִי
imaginary, *adj.* דִּמְיוֹנִי, מְדֻמֶּה
imagination, *n.* דִּמְיוֹן, דִּמּוּי, הֲזָיָה
imaginative, *adj.* בַּעַל דִּמְיוֹן
imagine, *v.t.* & *i.* דִּמָּה, שִׁעֵר, תֵּאֵר בְּנַפְשׁוֹ, צִיֵּר לְעַצְמוֹ
imbecile, *adj.* & *n.* שׁוֹטֶה, כְּסִיל
imbecility, *n.* שְׁטוּת
imbibe, *v.t.* סָבָא, גָּמַע
imbue, *v.t.* טִבֵּל, הִשְׁרָה [שרה], צָבַע (צֶבַע עָמֹק)
imitate, *v.t.* חִקָּה, זִיֵּף
imitation, *n.* חִקּוּי, זִיּוּף
imitator, *n.* מְחַקֶּה
immaculate, *adj.* חַף, טָהוֹר, נָקִי
immaterial, *adj.* בִּלְתִּי חָמְרִי, בִּלְתִּי גַּשְׁמִי, בִּלְתִּי חָשׁוּב
immature, *adj.* בִּלְתִּי בָּשֵׁל, בִּלְתִּי גָּמֵל, בִּלְתִּי מְבֻגָּר
immaturity, *n.* בֹּסֶר; אִי בַּגְרוּת
immediate, *adj.* תָּכוּף
immediately, *adv.* מִיָּד, תֵּכֶף וּמִיָּד
immense, *adj.* עָצוּם, רַב מְאֹד
immensely, *adv.* מְאֹד, עָצוּם
immensity, *n.* גֹּדֶל, עֹצֶם; עָצְמָה
immerse, *v.t.* טָבַל, הִטְבִּיל, [טבל] הִשְׁקִיעַ [שקע], הִתְעַמֵּק [עמק]
immersion, *n.* הַטְבָּלָה, הַשְׁקָעָה, שִׁקּוּעַ
immigrant, *adj.* & *n.* מְהַגֵּר, עוֹלֶה
immigrate, *v.i.* הִגֵּר, עָלָה
immigration, *n.* הֲגִירָה, עֲלִיָּה

imminent, *adj.* קָרוֹב, מְמַשְׁמֵשׁ וּבָא
immobile, *adj.* שֶׁאֵינוֹ נָע; אֵיתָן
immobility, *n.* חֹסֶר תְּנוּעָה
immoderate, *adj.* מֻפְרָז
immodest, *adj.* בִּלְתִּי עָנָו, בִּלְתִּי צָנוּעַ
immoral, *adj.* בִּלְתִּי מוּסָרִי
immorality, *n.* אִי מוּסָרִיּוּת, פְּרִיצוּת
immortal, *adj.* בֶּן אַלְמָוֶת, נִצְחִי
immortality, *n.* אַלְמָוֶת
immovable, *adj.* קָבוּעַ, מוּצָק; שֶׁאֵינוֹ מַרְגִּישׁ
immune, *adj.* מְחֻסָּן
immunity, *n.* חִסּוּן, חֹסֶן; חֲסִינוּת
immunize, *v.t.* חִסֵּן, הִתְחַסֵּן [חסן]
imp, *n.* בֶּן שֵׁדִים; רוּחַ; יֶלֶד שׁוֹבָב
impact, *n.* הִתְנַגְּשׁוּת
impair, *v.t.* & *i.* הִזִּיק [נזק], קִלְקֵל, רִפָּה, הוֹרַע [רעע]
impairment, *n.* הַשְׁחָתָה, הֶפְסֵד
impart, *v.t.* נָתַן, מָסַר
impartial, *adj.* יָשָׁר, צוֹדֵק, שֶׁאֵינוֹ נוֹשֵׂא פָּנִים, כָּל צְדָדִי
impartiality, *n.* אַל צְדָדִיּוּת
impassible, *adj.* חֲסַר רֶגֶשׁ
impassioned, *adj.* נִלְהָב, נִרְגָּשׁ
impassive, *adj.* קַר רוּחַ
impatience, *n.* אִי סַבְלָנוּת, קֹצֶר רוּחַ
impatient, *adj.* קְצַר רוּחַ
impeach, *v.t.* הֶאֱשִׁים [אשם], גִּנָּה
impeccable, *adj.* לְלֹא (פְּגַם) חֵטְא
impede, *v.t.* עִכֵּב, מָנַע
impediment, *n.* מִכְשׁוֹל, מַעְצוֹר
impel, *v.t.* הִמְרִיץ [מרץ], הֵאִיץ [אוץ]
impending, *adj.* תָּלוּי (וְעוֹמֵד), קָרוֹב (לָבוֹא)
impenetrable, *adj.* בִּלְתִּי חָדִיר
impenitent, *adj.* עֲרַל (קְשֵׁה) לֵב
imperative, *adj.* הֶכְרֵחִי, מְצֻוֶּה

imperative, *n.* צָו, פְּקֻדָּה; צִוּוּי
imperceptible, *adj.* אַלְתְּחוּשִׁי, בִּלְתִּי מוּחָשׁ
imperfect, *adj.* פָּגוּם, לָקוּי
imperfect, *n.* עָבָר בִּלְתִּי נִשְׁלָם (דִּקְדּוּק)
imperfection, *n.* פְּגָם, אִי שְׁלֵמוּת
imperial, *adj.* מַלְכוּתִי, מַמְלַכְתִּי
imperialism, *n.* מַמְלַכְתִּיּוּת, הִשְׁתַּלְּטוּת (עַל עַמִּים)
imperil, *v.t.* סִכֵּן
imperious, *adj.* מֵאִיץ, נוֹגֵשׂ; הֶכְרָחִי
imperishable, *adj.* בִּלְתִּי נִשְׁחַת, נִשְׁמָר
impermeable, *adj.* אָטִים, בִּלְתִּי חָדִיר
impersonal, *adj.* לֹא אִישִׁי, סְתָמִי
impersonate, *v.t.* הִתְרָאָה [ראה] כְּאַחֵר, חִקָּה
impertinence, *n.* עַזּוּת פָּנִים, חֻצְפָּה
impertinent, *adj.* חָצוּף, עַז פָּנִים
imperturbable, *adj.* מָתוּן, שָׁלֵו
impervious, *adj.* בִּלְתִּי חָדִיר
impetuous, *adj.* רַגְשָׁנִי, פָּזִיז, נִמְהָר
impetus, *n.* מֵנִיעַ, גּוֹרֵם, כֹּחַ דְּחִיפָה
impiety, *n.* חֹסֶר יִרְאָה, חֹסֶר כָּבוֹד
impinge, *v.i.* הִתְנַגֵּף [נגף], הִתְנַגֵּשׁ בְּ־
impious, *adj.* בִּלְתִּי דָּתִי, חֲסַר יִרְאָה
implacable, *adj.* אִי מְרֻגָּע, אִי פַּשְׁרָנִי
implant, *v.t.* שָׁתַל, נָטַע, הִשְׁרִישׁ [שרש] (בַּלֵּב)
implausible, *adj.* בִּלְתִּי מוּבָן
implement, *n.* מַכְשִׁיר, כְּלִי
implement, *v.t.* בִּצַּע, הוֹצִיא [יצא] לַפֹּעַל
implicate, *v.t.* סִבֵּךְ, מָשַׁךְ לְתוֹךְ, הִסְתַּבֵּךְ [סבך]
implication, *n.* מַסְקָנָה, הִסְתַּבְּכוּת
implicit, *adj.* מוּבָן, מָלֵא, גָּמוּר
implore, *v.t.* הִתְחַנֵּן [חנן], בִּקֵּשׁ
imply, *v.t.* כָּלַל, סָבַר, רָמַז

impolite, *adj.* לֹא מְנֻמָּס, גַּס
impoliteness, *n.* אִי אֲדִיבוּת
impolitic, *adj.* בְּלֹא חָכְמָה
imponderable, *adj.* חֲסַר מִשְׁקָל
import, importation, *n.* יְבוּא, יִבּוּא
import, *v.t.* & *i.* יִבֵּא; סִמֵּן; סָבַר, רָמַז; הָיָה חָשׁוּב
importance, *n.* חֲשִׁיבוּת
important, *adj.* חָשׁוּב, נִכְבָּד
importer, *n.* יְבוּאָן
importune, *v.t.* הִפְצִיר [פצר] בְּ־, הֵצִיק [צוק] לְ־
impose, *v.t.* & *i.* שָׂם [שים] עַל, נָתַן עַל; עָשָׂה רֹשֶׁם; הִכְבִּיד [כבד]
imposition, *n.* תְּבִיעָה (בִּלְתִּי צוֹדֶקֶת), הַעֲמָסָה, הַטָּלָה
impossibility, *n.* אִי אֶפְשָׁרוּת
impossible, *adj.* בִּלְתִּי אֶפְשָׁרִי
impost, *n.* מַס, מֶכֶס
impostor, *n.* רַמַּאי, צָבוּעַ
imposture, *n.* הוֹנָאָה, תַּרְמִית
impotence, *n.* אִי יְכֹלֶת, חֻלְשָׁה; הֲפָרַת הָאֲבִיּוֹנָה, חֹסֶר אוֹן
impotent, *adj.* חָלָשׁ, אֵין אוֹנִים; מוּפָר הָאֲבִיּוֹנָה
impoverish, *v.t.* רוֹשֵׁשׁ
impoverishment, *n.* דַּלּוּת, דִּלְדּוּל, הִתְרוֹשְׁשׁוּת, אֶבְיוֹנוּת
impracticable, *adj.* בִּלְתִּי מַעֲשִׂי
imprecate, *v.t.* קִלֵּל, אָלָה, אָרַר, קָבַב
imprecation, *n.* קְלָלָה, אָלָה, תַּאֲלָה
impregnable, *adj.* עָמִיד, בִּלְתִּי נִכְבָּשׁ
impregnate, *v.t.* עִבֵּר, הִפְרָה [פרה]
impregnation, *n.* עִבּוּר, הַפְרָיָה
impresario, *n.* אֲמַרְגָּן
impress, *n.* טְבִיעָה, רֹשֶׁם, מֻשָּׂג
impress, *v.t.* טָבַע (מַטְבֵּעַ); הִשְׁפִּיעַ [שפע], עָשָׂה רֹשֶׁם

impression, *n.* רֹשֶׁם, טְבִיעָה; הַדְפָּסָה; שֶׁקַע

impressive, *adj.* עוֹשֶׂה רֹשֶׁם

impressment, *n.* תְּפִיסָה

imprint, *n.* סִימָן, חוֹתָם, טְבִיעָה

imprint, *v.t.* הִדְפִּיס [דפס]; שִׁנֵּן (לְזִכָּרוֹן)

imprison, *v.t.* כָּלָא, אָסַר, חָבַשׁ

imprisonment, *n.* כְּלִיאָה, מַאֲסָר

improbability, *n.* אִי סְבִירוּת

improbable, *adj.* לֹא יִתָּכֵן

impromptu, *adv.* לְפֶתַע, בְּפֶתַע, בְּלִי הֲכָנָה קוֹדֶמֶת, בְּהֶסַּח הַדַּעַת

improper, *adj.* בִּלְתִּי הוֹגֵן

impropriety, *n.* תִּפְלָה

improve, *v.t.* & *i.* שִׁבַּח, הִשְׁבִּיחַ [שבח], טִיֵּב, הִתְקַדֵּם [קדם]

improvement, *n.* הֲטָבָה, טִיּוּב, הַשְׁבָּחָה, הִתְקַדְּמוּת

improvidence, *n.* אִי זְהִירוּת, רַשְׁלָנוּת

improvisation, *n.* אִלְתּוּר

improvise, *v.t.* & *i.* אִלְתֵּר

imprudence, *n.* אִי זְהִירוּת, רַשְׁלָנוּת

imprudent, *adj.* שֶׁאֵינוֹ זָהִיר, רַשְׁלָנִי

impudence, *n.* עַזּוּת פָּנִים, חֻצְפָּה

impudent, *adj.* חָצוּף, עַז פָּנִים

impulse, *n.* דַּחַף, דְּחִיפָה רִגְעִית

impulsion, *n.* דְּחִיפָה, כֹּחַ מְעַשֶּׂה

impulsive, *adj.* רַגְשָׁנִי, פָּזִיז

impunity, *n.* חֹסֶר עֹנֶשׁ

impure, *adj.* טָמֵא, זָהוּם, לֹא נָקִי, מְגֹאָל

impurity, *n.* טֻמְאָה, זֻהֲמָה, טִנּוּף

impute, *v.t.* יִחֵס לְ־, חִשֵּׁב

in, *prep.* & *adv.* בְּ־, בְּתוֹךְ, בְּקֶרֶב, מִבִּפְנִים

inability, *n.* אִי יְכֹלֶת

inaccessible, *adj.* אַל נָגִישׁ

inaccuracy, *n.* טָעוּת, אִי דִּיּוּק

inaccurate, *adj.* בִּלְתִּי מְדֻיָּק

inaction, inactivity, *n.* אִי פְּעֻלָּה

inactive, *adj.* בִּלְתִּי פָּעִיל

inadequate, *adj.* בִּלְתִּי (מַסְפִּיק) מַתְאִים

inadmissible, *adj.* אִי רָשׁוּי, בִּלְתִּי מְקֻבָּל

inadvertent, *adj.* בִּלְתִּי זָהִיר, רַשְׁלָנִי

inadvisable, *adj.* לֹא כְּדַאי, לֹא יָעוּץ

inalienable, *adj.* נִמְנַע הַהַרְחָקָה

inane, *n.* רֵיק, אַפְסִי, אַל שִׂכְלִי

inanimate, *adj.* דּוֹמֵם, מֵת, חֲסַר חַיִּים

inappropriate, *adj.* בִּלְתִּי מַתְאִים

inaptitude, *adj.* אִי הַתְאָמָה, אִי כִּשְׁרוֹן

inarticulate, *adj.* אַל דִּבּוּרִי

inartistic, *adj.* בִּלְתִּי אָמָּנוּתִי

inasmuch, *adv.* מִכֵּיוָן שֶׁ־

inattention, *n.* אִי (הַקְשָׁבָה) תְּשׂוּמֶת לֵב

inattentive, *adj.* בִּלְתִּי מַקְשִׁיב, רַשְׁלָנִי

inaudible, *adj.* אַל שִׁמְעִי, שֶׁאֵינוֹ נִשְׁמָע

inaugurate, *v.t.* חָנַךְ, חִנֵּךְ

inauguration, *n.* חֲנֻכָּה, הַקְדָּשָׁה

inboard, *adj.* & *adv.* בְּיַרְכְּתֵי הָאֳנִיָּה

inborn, *adj.* שֶׁמִּלֵּדָה, טִבְעִי

incalculable, *adj.* אַל חָשִׁיב, שֶׁאֵין לְחַשֵּׁב

incandescence, *n.* לַהַט, הִתְלַבְּנוּת

incandescent, *adj.* לוֹהֵט, מִתְלַבֵּן

incantation, *n.* כִּשּׁוּף, לַחַשׁ

incapable, *adj.* חֲסַר יְכֹלֶת, בִּלְתִּי (מְסֻגָּל) מֻכְשָׁר

incapacity, *n.* אִי יְכֹלֶת, אִי כִּשְׁרוֹן

incarcerate, *v.t.* חָבַשׁ, אָסַר

incarnate, *v.t.* הִגְשִׁים [גשם], הִלְבִּישׁ [לבש] בָּשָׂר

incase, *v.t.* תִּיֵּק, נִרְתֵּק

incautious, *adj.* אִי זָהִיר

incendiary, *adj.* & *n.* מֵצִית, מַבְעִיר

incense, *n.* & *v.t.* קְטֹרֶת; הִקְטִיר [קטר]; הִכְעִיס [כעס]
incentive, *adj.* מְעוֹדֵד
inception, *n.* הַתְחָלָה, תְּחִלָּה
incessant, *adj.* בִּלְתִּי מַפְסִיק, נִמְשָׁךְ
incest, *n.* בְּעִילַת (אֲסוּרִים) שְׁאֵרִים
inch, *n.* אִינְטְשׁ, 2.54 סֶנְטִימֶטְרִים
incident, *n.* תַּקְרִית, מִקְרֶה, מְאֹרָע
incidental, *adj.* מִקְרִי, טָפֵל
incidentally, *adv.* בְּמִקְרֶה, אַגַּב (אוֹרְחָא)
incinerate, *v.t.* שָׂרַף (לְאֵפֶר)
incinerator, *n.* מִשְׂרֶפֶת
incipient, *adj.* הַתְחָלִי, רֵאשִׁיתִי
incise, *v.t.* חָתַךְ, שָׂרַט, חָקַק, חָרַת
incision, *n.* חֶתֶךְ, שְׂרִיטָה, גְּדִידָה
incisor, *n.* שֵׁן חוֹתֶכֶת
incite, *v.t.* הֵסִית [סות]
incitement, *n.* הֲסָתָה
incivility, *n.* אִי אֲדִיבוּת
inclement, *adj.* אַכְזָרִי; סוֹעֵר
inclination, *n.* נְטִיָּה, הַטָּיָה, יֵצֶר
incline, *n.* מִדְרוֹן, שִׁפּוּעַ
incline, *v.t.* & *i.* נָטָה; הִטָּה [נטה]
inclose, enclose, *v.t.* גָּדַר; צֵרַף
include, *v.t.* הֵכִיל [כול], כָּלַל
inclusive, *adj.* כּוֹלֵל, וְעַד בִּכְלָל
incognito, *adj.* & *adv.* בְּעִלּוּם שֵׁם
incoherence, *n.* חֹסֶר קֶשֶׁר, עִלְּגוּת
incoherent, *adj.* חֲסַר קֶשֶׁר, עִלֵּג
incombustible, *adj.* לֹא (בָּעִיר) אָכָל
income, *n.* הַכְנָסָה; הַגָּעָה, בִּיאָה
income tax מַס הַכְנָסָה
incommode, *v.t.* הִפְרִיעַ [פרע], הִטְרִיחַ [טרח], הִכְבִּיד [כבד]
incomparable, *adj.* בִּלְתִּי דָמוּי, שֶׁאֵין דּוֹמֶה לוֹ
incompatible, *adj.* בִּלְתִּי מַתְאִים
incompetent, *adj.* בִּלְתִּי מֻכְשָׁר
incomplete, *adj.* לֹא שָׁלֵם
incomprehensible, *adj.* בִּלְתִּי מוּבָן
inconceivable, *adj.* לֹא עוֹלֶה עַל הַדַּעַת, אִי אֶפְשָׁרִי, שֶׁאֵין לְהָנִיחַ
inconclusive, *adj.* בִּלְתִּי (מַכְרִיעַ) מוֹכִיחַ
incongruous, *adj.* בִּלְתִּי מַתְאִים
inconsequent, *adj.* בִּלְתִּי עָקִיב
inconsiderate, *adj.* שֶׁאֵינוֹ מִתְחַשֵּׁב
inconsistency, *n.* אִי עִקְבִיּוּת
inconsistent, *adj.* בִּלְתִּי עָקִיב
inconsolable, *adj.* בִּלְתִּי מִתְנַחֵם
inconspicuous, *adj.* בִּלְתִּי (מֻרְגָּשׁ) נִכָּר
inconstant, *adj.* בִּלְתִּי יַצִּיב, קַל דַּעַת
incontinent, *adj.* בִּלְתִּי מִתְאַפֵּק
incontrollable, *adj.* בִּלְתִּי מְרֻסָּן, לֹא שׁוֹלֵט בְּרוּחוֹ
inconvenience, *n.* אִי נוֹחוּת
inconvenient, *adj.* לֹא נוֹחַ
inconvertible, *adj.* בִּלְתִּי מִשְׁתַּנֶּה
incorporate, *adj.* כָּלוּל, מְחֻבָּר, מְאֻגָּד, מְשֻׁתָּף; רוּחָנִי
incorporate, *v.t.* & *i.* אִחֵד, צֵרַף, חִבֵּר, כָּלַל, הִתְאַגֵּד [אגד], הִתְחַבֵּר [חבר] (לְחֶבְרָה מִסְחָרִית)
incorrect, *adj.* מֻטְעֶה, מְשֻׁבָּשׁ
incorrigible, *adj.* מְשֻׁחָת, בִּלְתִּי מְתֻקָּן
incorruptible, *adj.* בִּלְתִּי מָשְׁחָת, בִּלְתִּי מְשֹׁחָד
increase, *n.* תּוֹסֶפֶת, הִתְרַבּוּת, גִּדּוּל
increase, *v.t.* & *i.* הוֹסִיף [יסף], רִבָּה, הִתְרַבָּה [רבה], הִרְבָּה [רבה]
incredible, *adj.* לֹא יֵאָמֵן כִּי יְסֻפַּר
incredulity, *n.* אִי אֱמוּנָה
increment, *n.* גִּדּוּל, תּוֹסֶפֶת
incriminate, *v.t.* הֶאֱשִׁים [אשם]
incrustation, *n.* הַקְרָמָה

incubate, *v.t.* & *i.* דָּגַר הִדְגִּיר [דגר], רָבַץ עַל בֵּיצִים
incubation, *n.* תִּדְגֹּרֶת, בְּרִיכָה, דְּגִירָה
incubator, *n.* מַדְגֵּרָה, מִדְגָּרָה
inculcate, *v.t.* הִכְנִיס [כנס] בְּמוֹחוֹ
inculcation, *n.* הוֹרָאָה, לִמּוּד
inculpate, *v.t.* הֶאֱשִׁים [אשם]
incumbent, *adj.* מוּטָל עַל, שׁוֹמֵה עַל
incur, *v.t.* גָּרַם לְ־, עָשָׂה, הִתְחַיֵּב [חיב]
incurable, *adj.* בִּלְתִּי נִרְפָּא
incurious, *adj.* שֶׁאֵינוֹ סַקְרָן
incursion, *n.* הִתְנַפְּלוּת, פְּשִׁיטָה
indebted, *adj.* חַיָּב, אֲסִיר תּוֹדָה
indebtedness, *n.* הִתְחַיְּבוּת, חוֹב, תּוֹדָה
indecency, *n.* חֹסֶר הֲגִינוּת, פְּרִיצוּת
indecent, *adj.* בִּלְתִּי צָנוּעַ, פָּרוּץ
indecision, *n.* הִסּוּס, אִי הַחְלָטָה
indecorous, *adj.* בִּלְתִּי נִמּוּסִי, גַּס
indeed, *adv.* בֶּאֱמֶת, אָמְנָם
indefatigable, *adj.* בִּלְתִּי נִלְאֶה
indefensible, *adj.* נִמְנַע הַהֲגַנָּה
indefinable, *adj.* בִּלְתִּי מֻגְדָּר
indefinite, *adj.* בִּלְתִּי (מֻגְדָּר) מְדֻיָּק
indefinite article תָּוִית מְסַתֶּמֶת
indelible, *adj.* בִּלְתִּי נִמְחָק
indelicacy, *n.* חֹסֶר (דֶּרֶךְ אֶרֶץ) נִמּוּס
indelicate, *adj.* לֹא צָנוּעַ, גַּס
indemnify, *v.t.* שִׁלֵּם (דְּמֵי) נֵזֶק
indemnity, *n.* פִּצּוּי, שִׁלּוּמִים
indent, *v.t.* שִׁנֵּן, פִּגֵּם
indentation, indention, *n.* שִׁנִּית, גּוּמָה
independence, *n.* עַצְמָאוּת
Independence Day יוֹם הָעַצְמָאוּת
independent, *adj.* עַצְמָאִי, בִּלְתִּי תָּלוּי
indescribable, *adj.* בִּלְתִּי מִתֹּאָר
indestructible, *adj.* בִּלְתִּי נֶהֱרָס
indeterminate, *adj.* לֹא בָּרוּר, סָתוּם

index, *n.* מַרְאֵה מָקוֹם, מַפְתֵּחַ (סֵפֶר); מַדָּד, מַחֲוָן, מָחוֹג; מַעֲרִיךְ
index finger אֶצְבַּע
India, *n.* הֹדּוּ
indicate, *v.t.* הֶרְאָה [ראה], הִצְבִּיעַ [צבע], סִמֵּן
indication, *n.* סִימָן, הֶכֵּר; הוֹרָאָה
indicative, *adj.* מַרְאֶה, רוֹמֵז, מַצְבִּיעַ
indict, *v.t.* הֶאֱשִׁים [אשם]
indictment, *n.* אִשּׁוּם, הַאֲשָׁמָה
indifference, *n.* אֲדִישׁוּת
indifferent, *adj.* אָדִישׁ, קַר רוּחַ
indigence, *n.* מִסְכֵּנוּת, עֹנִי
indigent, *adj.* רָשׁ, מָךְ, עָנִי, דַּל
indigestion, *n.* אִי עִכּוּל, קִלְקוּל קֵבָה
indignant, *adj.* כּוֹעֵס, מִתְמַרְמֵר
indignation, *n.* הִתְמַרְמְרוּת, כַּעַס
indignity, *n.* עֶלְבּוֹן, פְּגִיעָה בְּכָבוֹד
indirect, *adj.* בִּלְתִּי יָשִׁיר, עָקִיף
indiscreet, *adj.* לֹא חָכָם, אִי זָהִיר
indiscriminate, *adj.* בִּלְתִּי מַפְלֶה
indispensable, *adj.* נָחוּץ, הֶכְרֵחִי
indisposed, *adj.* חוֹלֶה קְצָת; מְמָאֵן
indisposition, *n.* חֳלִי, מֵחוּשׁ; מֵאוּן
indisputable, *adj.* מוּבָן מֵאֵלָיו
indistinct, *adj.* מְעֻרְפָּל, לֹא בָּרוּר
indite, *v.t.* כָּתַב, חִבֵּר (מִכְתָּב)
individual, *adj.* & *n.* אִישׁ, אִישִׁי, פְּרָט, פְּרָטִי, יָחִיד, יְחִידִי
individuality, *n.* אִישִׁיּוּת, עַצְמִיּוּת
indivisibility, *n.* אִי הִתְחַלְּקוּת
indivisible, *adj.* בִּלְתִּי מִתְחַלֵּק
indoctrinate, *v.t.* שִׁנֵּן, לִמֵּד; עִקְרֵן
indolent, *adj.* נִרְפֶּה, עָצֵל; בִּלְתִּי מַכְאִיב
indomitable, *adj.* שֶׁאֵינוֹ מְקַבֵּל מָרוּת
indoor, *adj.* פְּנִים הַבַּיִת
indoors, *adv.* בַּבַּיִת

indorse, endorse, *v.t.* קִיֵּם, אִשֵּׁר
indorsement, endorsement, *n.* קִיּוּם, אִשּׁוּר
indubitable, *adj.* בִּלְתִּי מְסֻפָּק, בָּטוּחַ
induce, *v.t.* פִּתָּה, שִׁדֵּל
inducement, *n.* פִּתּוּי, שִׁדּוּל
induct, *v.t.* הִכְנִיס [כנס]; גִּיֵּס
induction, *n.* הַכְנָסָה; גִּיּוּס; הַקְדָּמָה, מָבוֹא; הַשְׁרָאָה
indulge, *v.t. & i.* פִּנֵּק, עִדֵּן; הִתְמַכֵּר [מכר] לְ־, לֹא שָׁלַט בְּרוּחוֹ
indulgence, *n.* פִּנּוּק, עִדּוּן; הִתְמַכְּרוּת; רַתְיָנוּת, סַלְחָנוּת
indulgent, *adj.* מְפֻנָּק, מְעֻדָּן
industrial, *adj.* תַּעֲשִׂיָּתִי
industrialist, *n.* תַּעֲשִׂיָּן
industrialization, *n.* תִּעוּשׁ
industrious, *adj.* שַׁקְדָן, מַתְמִיד, חָרוּץ
industry, *n.* חֲרשֶׁת, תַּעֲשִׂיָּה; שְׁקִידָה
inebriate, *n. & adj.* שִׁכּוֹר; שָׁכוּר, מְבֻסָּם
inebriate, *v.t.* שִׁכֵּר
inedible, *adj.* בַּל אָכִיל, שֶׁאֵינוֹ נֶאֱכָל
ineffable, *adj.* שֶׁאֵין לְבַטֵּא
ineffective, *adj.* לְלֹא רשֶׁם, חֲסַר פְּעוּלָה, בִּלְתִּי מוֹעִיל
inefficiency, *n.* חֹסֶר יְעִילוּת
inefficient, *adj.* בִּלְתִּי יָעִיל
inelegant, *adj.* בִּלְתִּי (שַׁפִּיר) נִמּוּסִי
ineloquent, *adj.* כְּבַד פֶּה
inept, *adj.* בִּלְתִּי מַתְאִים
inequality, *n.* אִי שִׁוְיוֹן
inequity, *n.* אִי (צֶדֶק) ישֶׁר
inert, *adj.* לֹא פָּעִיל, מְפַגֵּר
inessential, *adj.* לֹא חָשׁוּב, לֹא נִצְרָךְ
inestimable, *adj.* לְאֵין עֶרֶךְ, אֵין עֲרֹךְ
inevitable, *adj.* בִּלְתִּי נִמְנַע, הֶכְרֵחִי
inexact, *adj.* בִּלְתִּי מְדֻיָּק
inexcusable, *adj.* בִּלְתִּי נִמְחָל
inexhaustible, *adj.* שֶׁאֵינוֹ פּוֹסֵק
inexorable, *adj.* בִּלְתִּי נֶעְתָּר, שֶׁאֵינוֹ נַעֲנֶה
inexpedient, *adj.* שֶׁאֵינוֹ כְּדַי, חֲסַר תּוֹעֶלֶת, בִּלְתִּי מוֹעִיל
inexpensive, *adj.* לֹא יָקָר, זוֹל
inexperience, *n.* חֹסֶר נִסָּיוֹן
inexperienced, *adj.* בִּלְתִּי מְנֻסֶּה
inexpert, *adj.* שֶׁאֵינוֹ מֻמְחֶה
inexpiable, *adj.* לֹא יְכֻפַּר
inexplicable *adj.* בִּלְתִּי מְבֹאָר
inexplicit, *adj.* בִּלְתִּי בָּרוּר
inexpressible, *adj.* אַל מֻבָּע
inextinguishable, *adj.* לֹא יְכֻבֶּה
inextricable, *adj.* בִּלְתִּי נָתִיר, סָתוּם
infallible, *adj.* אַל שׁוֹגֵג, שֶׁאֵינוֹ טוֹעֶה
infamous, *adj.* בַּעַל שֵׁם רַע, בָּזוּי
infamy, *n.* בִּזָּיוֹן, כְּלִימָה, שַׁעֲרוּרִיָּה
infancy, *n.* תִּינוֹקוּת, יַלְדוּת
infant, *n.* תִּינוֹק, תִּינֹקֶת, עוֹלָל, וָלָד
infantile, *adj.* תִּינוֹקִי, יַלְדוּתִי
infantry, *n.* חֵיל רַגְלִים
infantryman, *n.* רַגְלִי
infatuate, *v.t.* הִקְסִים [קסם]
infatuation, *n.* הַקְסָמָה, שִׁגָּעוֹן, הִתְאַהֲבוּת
infeasible, *adj.* בִּלְתִּי מַעֲשִׂי
infect, *v.t.* הִדְבִּיק [דבק] (מַחֲלָה), אָלַח
infection, *n.* הִדַּבְּקוּת, אֶלַח
infer, *v.t.* בָּא [בוא] לִידֵי מַסְקָנָה
inference, *n.* הֶקֵּשׁ
inferior, *adj. & n.* פָּחוּת, נוֹפֵל
inferiority, *n.* נְחִיתוּת, פְּחִיתוּת, קַטְנוּת
inferiority complex תִּסְבִּיךְ נְחִיתוּת
infernal, *adj.* שֶׁל אֲבַדּוֹן, שְׁאוֹלִי
inferno, *n.* שְׁאוֹל
infertile, *adj.* בִּלְתִּי פּוֹרֶה

infertility, *n.* עֲקָרוּת
infest, *v.t.* פָּשַׁט עַל; שָׁרַץ
infidel, *adj.* & *n.* כּוֹפֵר; שֶׁאֵינוֹ מַאֲמִין
infidelity, *n.* כְּפִירָה, בְּגִידָה
infiltrate, *v.t.* & *i.* סִנֵּן, הִסְתַּנֵּן [סנן]
infiltration, *n.* הִסְתַּנְּנוּת
infinite, *adj.* אֵין סוֹפִי, סוֹפִי
infinitely, *adv.* לְאֵין שִׁעוּר
infinitesimal, *adj.* קָטָן בְּתַכְלִית הַקַּטְנוּת
infinitive, *adj.* & *n.* שֵׁם הַפֹּעַל, מָקוֹר (בְּדִקְדּוּק)
infinity, *n.* אֵין סוֹף
infirm, *adj.* רָפֶה, תְּשׁוּשׁ כֹּחַ, חַלָּשׁ
infirmary, *n.* מִרְפָּאָה
infirmity, *n.* חֻלְשָׁה, תְּשִׁישׁוּת, נְכוּת
inflame, *v.t.* & *i.* הִדְלִיק [דלק], הִלְהִיב [להב], הֵסִית [סות], הִקְצִיף [קצף]; הִשְׁתַּלְהֵב [שלהב], הִתְלַהֵב [להב], הִתְלַקַּח [לקח]
inflammable, *n.* דָּלִיק, שָׂרִיף
inflammation, *n.* דַּלֶּקֶת
inflate, *v.t.* נִפַּח
inflation, *n.* נִפּוּחַ, הִתְנַפְּחוּת, יְרִידַת עֵרֶךְ הַכֶּסֶף
inflect, *v.t.* נָטָה, הִטָּה [נטה] (בְּדִקְדּוּק)
inflection, inflexion, *n.* נְטִיָּה, הַטָּיָה, (בְּדִקְדּוּק)
inflexible, *adj.* אִי גָּמִישׁ, שֶׁאֵינוֹ נִכְפָּף, עִקֵּשׁ
inflict, *v.t.* הֵטִיל [נטל], הֵבִיא [בוא] עַל, גָּרַם לְ־
influence, *n.* הַשְׁפָּעָה
influence, *v.t.* הִשְׁפִּיעַ [שפע]
influenza (often flu), *n.* שַׁפַּעַת
influx, *n.* שֶׁפַע, זֶרֶם
infold, enfold, *v.t.* עָטַף, סָגַר, חָבַק
inform, *v.t.* & *i.* הוֹדִיעַ [ידע], הִגִּיד [נגד] לְ־, הִלְשִׁין [לשן]
informal, *adj.* בִּלְתִּי רִשְׁמִי
informant, *n.* מוֹדִיעַ; מַלְשִׁין
information, *n.* הוֹדָעָה, יְדִיעָה
informer, *n.* מוֹדִיעַ; מָסוֹר, מוֹסֵר, מַלְשִׁין
infraction, *n.* הֲפָרָה
infrequent, *adj.* נָדִיר, בִּלְתִּי שָׁכִיחַ
infringe, *v.t.* הֵפֵר (חֹק), עָבַר עַל חֹק; הִסִּיג [נסג] גְּבוּל
infringement, *n.* עֲבֵרָה, הֲפָרָה; הַסָּגַת גְּבוּל
infuriate, *v.t.* הִקְצִיף [קצף], הִכְעִיס [כעס], שִׁגַּע
infuse, *v.t.* הִשְׁרָה [שרה]; יָצַק
infusion, *n.* שְׁרִיָּה, הַשְׁרָאָה; יְצִיקָה, שְׁלִיקָה
ingenious, *adj.* חָרִיף (שֵׂכֶל), מֻכְשָׁר
ingenuity, *n.* חֲרִיפוּת, שְׁנִינוּת, פִּקְחוּת
ingenuous, *adj.* תָּמִים, תָּם
inglorious, *adj.* מַחְפִּיר, מֵבִישׁ, דִּרְאוֹנִי
ingot, *n.* מְטִיל מַתֶּכֶת
ingratitude, *n.* כְּפִיַּת טוֹבָה
ingredient, *n.* סַמְמָן, סַמָּן, רְכִיב, מַרְכִּיב
ingress, *n.* כְּנִיסָה, מָבוֹא
inhabit, *v.t.* & *i.* יָשַׁב (בְּאֶרֶץ), שָׁכַן, גָּר
inhabitant, *n.* תּוֹשָׁב, שָׁכֵן, דַּיָּר
inhalation, *n.* הַנְשָׁמָה, שְׁאִיפָה
inhale, *v.t.* נָשַׁם, שָׁאַף
inherent, *adj.* תּוֹכִי, פְּנִימִי, טִבְעִי
inherit, *v.t.* & *i.* נָחַל, יָרַשׁ
inheritance, *n.* יְרֻשָּׁה, מוֹרָשָׁה
inhibit, *v.t.* עִכֵּב, אָסַר, עָצַר
inhibition, *n.* עִכּוּב, עַכָּבָה
inhospitable, *adj.* שֶׁאֵינוֹ מַאֲרֵחַ

inhuman, *adj.* בִּלְתִּי אֱנוֹשִׁי
inimical, *adj.* אוֹיֵב, שׂוֹנֵא, מִתְנַגֵּד
inimitable, *adj.* בִּלְתִּי מְחֻקֶּה, שֶׁאִי אֶפְשָׁר לְחַקּוֹת
iniquity, *n.* אָוֶן, עַוְלָה
initial, *adj.* תְּחִלִּי, רִאשׁוֹן
initials, *n. pl.* רָאשֵׁי תֵּבוֹת, ר"ת
initiation, *n.* חֲנֻכָּה
initiative, *adj.* & *n.* מַתְחִיל, יוֹזֵם; יָזְמָה, הַתְחָלָה
initiate, *v.t.* יָזַם, זָמַם, הִתְחִיל [תחל]
inject, *v.t.* הִזְרִיק [זרק]
injection, *n.* זְרִיקָה
injunction, *n.* צַו, אַזְהָרָה, הַזְהָרָה
injure, *v.t.* הִזִּיק [נזק], פָּצַע
injurious, *adj.* מַזִּיק
injury, *n.* נֵזֶק, פְּצִיעָה, פְּגָם
injustice, *n.* אִי צֶדֶק, עָוֶל
ink, *n.* & *v.t.* דְּיוֹ; דִּיֵּת
inkstand, inkwell, *n.* דְּיוֹתָה, קֶסֶת
inland, *n.* פְּנִים הָאָרֶץ
inlay, *v.t.* & *n.* שִׁבֵּץ; תַּשְׁבֵּץ
inlet, *n.* מִפְרָצוֹן, מִפְרָץ קָטָן
inmate, *n.* דַּיָּר, שָׁכֵן, אֻשְׁפִּיז
inmost, *adj.* תּוֹךְ תּוֹכִי
inn, *n.* אַכְסַנְיָה, פֻּנְדָּק
innate, *adj.* שֶׁמִּלֵּדָה, טִבְעִי
inner, *adj.* תּוֹכִי, פְּנִימִי
innermost, *adj.* פְּנִים פְּנִימִי, תּוֹךְ תּוֹכִי
innkeeper, *n.* אַכְסָנַאי, פֻּנְדְּקַאי
innocence, *n.* תֹּם, תְּמִימוּת
innocent, *adj.* תָּם, תָּמִים, נָקִי, חַף
innocuous, *adj.* שֶׁאֵינוֹ מַזִּיק
innovate, *v.t.* חִדֵּשׁ
innovation, *n.* חִדּוּשׁ
innuendo, *n.* רְמִיזָה
innumerable, *adj.* בְּלֹא מִסְפָּר, שֶׁאִי אֶפְשָׁר לִסְפֹּר

inoculate, *v.t.* הִרְכִּיב [רכב]
inoculation, *n.* הַרְכָּבָה
inoffensive, *adj.* שֶׁאֵינוֹ (עוֹלֵב) מַזִּיק
inoperative, *adj.* אִי פָּעִיל
inopportune, *adj.* שֶׁלֹּא (בְּעִתּוֹ) בִּזְמַנּוֹ
inordinate, *adj.* מֻפְרָז
inquest, *n.* מַחְקֹרֶת, חֲקִירַת מָוֶת
inquire, enquire, *v.t.* & *i.* חָקַר וְדָרַשׁ, שָׁאַל
inquiry, *n.* חֲקִירָה, דְּרִישָׁה
inquisition, *n.* חֲקִירָה דָּתִית עוֹיֶנֶת
inquisitive, *adj.* סַקְרָנִי
inroad, *n.* פְּלִישָׁה, חֲדִירָה
insane, *adj.* מְשֻׁגָּע, חֲסַר דַּעַת, מְטֹרָף
insanity, *n.* טֵרוּף הַדַּעַת; שִׁגָּעוֹן
insatiable, *adj.* בִּלְתִּי שָׂבֵעַ, שֶׁאֵין לְהַשְׂבִּיעוֹ, אַלְשָׂבוּעַ
inscribe, *v.t.* כָּתַב, רָשַׁם, הִקְדִּישׁ [קדש] לְ־
inscription, *n.* חֲקִיקָה, חֲרִיתָה; כְּתֹבֶת
inscrutable, *adj.* סוֹדִי, נִמְנַע הַהֲבָנָה
insect, *n.* חֶרֶק, שֶׁרֶץ, רֶמֶשׂ
insecticide, *n.* סַם שְׁרָצִים
insecure, *adj.* לֹא בָּטוּחַ
insecurity, *n.* אִי בִּטָּחוֹן
insensate, *adj.* חֲסַר רֶגֶשׁ
insensibility, *n.* חֹסֶר רֶגֶשׁ
insensitive, *adj.* חֲסַר (רֶגֶשׁ) תְּחוּשָׁה
inseparable, *adj.* בִּלְתִּי נִפְרָד
insert, *v.t.* הִכְנִיס [כנס], הֶחְדִּיר [חדר]
insertion, *n.* הַכְנָסָה; הַחְדָּרָה
inside, *adj.* & *adv.* פְּנִימִי, פְּנִימָה
insidious, *adj.* מַתְעֶה, עַקְמוּמִי
insight, *n.* הֲבָנָה פְּנִימִית, חוּשׁ פְּנִימִי
insignia, *n. pl.* סֵמֶל, סִימָן
insignificance, *n.* חֹסֶר עֵרֶךְ, אִי חֲשִׁיבוּת

insignificant, *adj.* חֲסַר עֵרֶךְ, בִּלְתִּי חָשׁוּב

insincere, *adj.* צָבוּעַ, כּוֹזֵב, לֹא יָשָׁר

insinuate, *v.t.* & *i.* רָמַז

insinuation, *n.* רְמִיזָה (לְרָעָה)

insipid, *adj.* תָּפֵל, חֲסַר טַעַם

insipience, *n.* חֹסֶר טַעַם, תִּפְלָה

insist, *v.i.* עָמַד (עַל דַּעְתּוֹ), דָּרַשׁ (בְּתֹקֶף)

insistence, *n.* הִתְעַקְּשׁוּת

insistent, *adj.* עַקְשָׁן, קְשֵׁה־עֹרֶף

insolence, *n.* עַזּוּת, חֻצְפָּה

insoluble, *adj.* לֹא פָּתִיר, בִּלְתִּי נָמֵס

insolvency, *n.* פְּשִׁיטַת רֶגֶל

insolvent, *adj.* פּוֹשֵׁט רֶגֶל

insomnia, *n.* נְדוּדִים, נְדִידַת שֵׁנָה, חֹסֶר שֵׁנָה, אָרָק

inspect, *v.t.* בִּקֵּר, פִּקַּח

inspection, *n.* בְּדִיקָה, פִּקּוּחַ

inspector, *n.* בּוֹחֵן, מְפַקֵּחַ

inspiration, *n.* הַשְׁרָאָה, הַאֲצָלָה

inspire, *v.t.* & *i.* נָשַׁם; הֶאֱצִיל [אצל], הִשְׁרָה [שרה]; הִלְהִיב [להב]

instability, *n.* אִי יַצִּיבוּת, פַּקְפְּקָנוּת

install, instal, *v.t.* קָבַע, הִתְקִין [תקן], הֶעֱמִיד [עמד]

installation, *n.* מִתְקָן; הַתְקָנָה

installment, instalment, *n.* פֵּרָעוֹן לְשִׁעוּרִין, שִׁעוּר, הֶמְשֵׁךְ (סִפּוּר)

instance, *n.* מָשָׁל, דֻּגְמָה

instant, *n.* רֶגַע, הֶרֶף עַיִן

instantaneous, *adj.* כְּהֶרֶף עַיִן, רִגְעִי

instantly, *adv.* כְּרֶגַע, מִיָּד, תֵּכֶף וּמִיָּד

instead, *adv.* בִּמְקוֹם, תַּחַת

instep, *n.* קִמּוּר הָרֶגֶל

instigate, *v.t.* הֵסִית [סות]

instigation, *n.* הֲסָתָה

instigator, *n.* מֵסִית

instill, instil, *v.t.* טִפְטֵף, הִטִּיף [נטף]; הִכְנִיס [כנס], הֶחְדִּיר [חדר]

instinct, *n.* חוּשׁ טִבְעִי, חוּשׁ, יֵצֶר, נְטִיָּה טִבְעִית

instinctive, *adj.* יִצְרִי, חוּשִׁי, רִגְשִׁי

institute, *n.* & *v.t.* מוֹסָד; חֹק (מִשְׁפָּט); יִסֵּד; הֵחֵל [חלל] (בְּמִשְׁפָּט)

institution, *n.* מוֹסָד, אֲגֻדָּה; תִּקּוּן

instruct, *v.t.* לִמֵּד, חִנֵּךְ, הוֹרָה [ירה]

instruction, *n.* לִמּוּד, הוֹרָאָה

instructor, *n.* מְלַמֵּד, מוֹרֶה

instrument, *n.* מַכְשִׁיר, כְּלִי; כְּלִי נְגִינָה; גּוֹרֵם; אֶמְצָעִי; מִסְמָךְ

insubordinate, *adj.* בִּלְתִּי נִכְנָע, סוֹרֵר, מַמְרֶה

insubordination, *n.* מַרְדוּת, מְרִי, אִי צִיּוּת

insubstantial, *adj.* אִי מַמָּשִׁי, לְלֹא יְסוֹד

insufferable, *adj.* גָּדוֹל מִנְּשֹׂא, אִי אֶפְשָׁר לִסְבֹּל

insufficient, *adj.* בִּלְתִּי מַסְפִּיק

insular, *adj.* אִיִּי, שֶׁל אִי; מֻגְבָּל בְּדֵעוֹת

insulate, *v.t.* בּוֹדֵד

insulation, *n.* בִּדּוּד

insulator, *n.* מְבַדֵּד

insult, *n.* עֶלְבּוֹן, חֵרוּף, גִּדּוּף

insult, *v.t.* הֶעֱלִיב [עלב], פָּגַע בְּכָבוֹד

insupportable, *adj.* קָשֶׁה מִנְּשֹׂא

insurance, *n.* בִּטּוּחַ, אַחֲרָיוּת

insure, ensure, *v.t.* בִּטַּח, הִבְטִיחַ [בטח]

insured, *adj.* מְבֻטָּח

insurgence, *n.* מֶרֶד, הִתְקוֹמְמוּת

insurgent, *n.* מוֹרֵד, מִתְקוֹמֵם

insurmountable, *adj.* בִּלְתִּי עָבִיר

insurrection, *n.* מֶרֶד, מְרִידָה

intact, *adj.* שָׁלֵם, כָּלִיל

intake, *n.* הַכְנָסָה; אֲסִיפָה
intangible, *adj.* נִמְנָע הַמִּמּוּשׁ, שֶׁאֵין בּוֹ מַמָּשׁ, לֹא מַמָּשִׁי
integer, *n.* יְחִידָה (סִפְרָה) שְׁלֵמָה, מִסְפָּר שָׁלֵם
integral, *adj.* שָׁלֵם
integrate, *v.t.* הִשְׁלִים [שלם], אִחֵד
integration, *n.* הַשְׁלָמָה, אִחוּד
integrity, *n.* יֹשֶׁר, שְׁלֵמוּת
intellect, *n.* שֵׂכֶל, דַּעַת, בִּינָה, תְּבוּנָה
intellectual, *adj.* מַשְׂכִּיל
intelligence, *n.* חָכְמָה, הַשְׂכָּלָה
intelligent, *adj.* חָכָם, מַשְׂכִּיל
intelligible, *adj.* מוּבָן
intemperance, *n.* אִי הִתְאַפְּקוּת, אִי הַבְלָגָה; סְבִיאָה
intend, *v.t.* הִתְכַּוֵּן [כון], סָבַר, הָיָה בְּדַעְתּוֹ
intendant, *n.* מַשְׁגִּיחַ
intense, *adj.* כַּבִּיר, קִיצוֹנִי
intensify, *v.t.* הֶעֱצִים [עצם], הִגְדִּיל [גדל]
intensity, *n.* עָצְמָה, חֹזֶק
intensive, *adj.* מַגְבִּיר, מַגְדִּיל, מְחַזֵּק, מַדְגִּישׁ (דִּקְדּוּק)
intent, intention, *n.* רָצוֹן, פְּנִיָּה, כַּוָּנָה
intentional, *adj.* מֵזִיד, שֶׁבְּכַוָּנָה, שֶׁבִּצְדִיָּה
inter, *v.t.* קָבַר
interaction, *n.* פְּעֻלָּה הֲדָדִית
intercede, *v.i.* הִשְׁתַּדֵּל [שדל] בְּעַד, תִּוֵּךְ בֵּין
intercept, *v.t.* תָּפַשׂ בַּדֶּרֶךְ, עָצַר, הִפְסִיק [פסק]
intercession, *n.* תִּוּוּךְ, הִשְׁתַּדְּלוּת
interchange, *v.t.* הֶחֱלִיף [חלף], הֵמִיר [מור]
intercollegiate, *adj.* בֵּינְמִכְלָלְתִּי

intercourse, *n.* מַשָּׂא וּמַתָּן, מַגָּע וּמַשָּׂא; בְּעִילָה, תַּשְׁמִישׁ, בִּיאָה, הִזְדַּוְּגוּת, שְׁכִיבָה עִם
interdict, *v.t.* אָסַר
interdiction, *n.* אִסּוּר
interest, *n.* עִנְיָן, חֵלֶק בְּ־; רִבִּית
interest, *v.t.* עִנְיֵן
interfere, *v.i.* הִתְעָרֵב בְּ־
interference, *n.* הִתְעָרְבוּת
interim, *adv.* בֵּינָתַיִם
interior, *adj.* & *n.* פְּנִימִי; פְּנִים
interjection, *n.* קְרִיאָה, מִלַּת קְרִיאָה
interlace, *v.t.* & *i.* שָׁזַר, הִשְׁתַּזֵּר [שזר]
interlock, *v.t.* & *i.* חִבֵּר, סָגַר יַחַד
interloper, *n.* אוֹרֵחַ לֹא מֻזְמָן, נִכְנָס לְלֹא רְשׁוּת
interlude, *n.* מִשְׂחָק בֵּינַיִם
interlunar, *adj.* בֵּין יַרְחִי
intermarriage, *n.* נִשּׂוּאֵי תַּעֲרֹבֶת
intermediary, *adj.* & *n.* סַרְסוּר, מְתַוֵּךְ, אִישׁ־בֵּינַיִם
intermediate, *adj.* אֶמְצָעִי; בֵּינוֹנִי
interment, *n.* קְבוּרָה
interminable, *adj.* בִּלְתִּי מֻגְבָּל, אֵין סוֹפִי
intermingle, *v.t.* & *i.* עִרְבֵּב, בִּלְבֵּל
intermission, *n.* הַפְסָקָה, הֲפוּגָה
intermit, *v.t.* & *i.* הִפְסִיק [פסק]; נִפְסַק [פסק]
intermittent, *adj.* סָרוּג, מְסֹרָג
intermixture, *n.* בְּלִיל
internal, *adj.* פְּנִימִי
international, *adj.* בֵּינְלְאֻמִּי
internationalize, *v.t.* בִּנְאֵם
interpolate, *v.t.* בִּיֵּן
interpolation, *n.* בִּיּוּן
interpose, *v.t.* & *i.* הִפְסִיק [פסק] בֵּין, חָצַץ בֵּין, פִּשֵּׁר

interpret, *v.t.* בֵּאֵר, פֵּרַשׁ, תִּרְגֵּם

interpretation, *n.* בֵּאוּר, תִּרְגּוּם, פֶּשֶׁר

interpreter, *n.* מְתֻרְגְּמָן, תֻּרְגְּמָן

interrogate, *v.t.* חָקַר

interrogation, *n.* חֲקִירָה וּדְרִישָׁה

interrogative, *n.* שׁוֹאֵל, חוֹקֵר וְדוֹרֵשׁ

interrupt, *v.t.* הִפְסִיק

interruption, *n.* הַפְסָקָה

intersect, *v.t.* הִצְטַלֵּב [צלב]

intersection, *n.* מַצְלֵבָה, פָּרָשַׁת דְּרָכִים

intersperse, *v.t.* הֵפִיץ [פוץ], פִּזֵּר

intertwine, *v.t.* & *i.* שָׁזַר, פָּתַל

interurban, *adj.* בֵּין עִירוֹנִי

interval, *n.* רֶוַח, הֶפְסֵק, שָׁהוּת

intervene, *v.i.* הִתְעָרֵב [ערב], עָמַד בֵּין, חָצַץ בֵּין

intervention, *n.* הִתְעָרְבוּת

interview, *n.* רַאֲיוֹן

intestines, *n. pl.* (בְּנֵי) מֵעַיִם, קְרָבַיִם

intimacy, *n.* קִרְבָה, יְחָסִים קְרוֹבִים

intimate, *adj.* מְקֹרָב, יְדִידוּתִי

intimation, *n.* רֶמֶז, רְמִיזָה

intimidate, *v.t.* הִפְחִיד [פחד], אִיֵּם

intimidation, *n.* הַפְחָדָה, אִיּוּם

into, *prep.* לְתוֹךְ, אֶל

intolerable, *adj.* שֶׁאִי אֶפְשָׁר לִסְבֹּל, גָּדוֹל מִנְּשׂא

intolerance, *n.* אִי סוֹבְלָנוּת

intolerant, *adj.* שֶׁאֵינוֹ סוֹבְלָנִי

intonation, *n.* הַטְעָמָה

intoxicant, *n.* מְשַׁכֵּר

intoxicate, *v.t.* שִׁכֵּר

intoxication, *n.* שִׁכּוּר, שִׁכָּרוֹן, שִׁכְרוּת

intractable, *adj.* מַמְרֶה, שׁוֹבָב

intransitive, *adj.* (פֹּעַל) עוֹמֵד (דִּקְדּוּק)

intravenous, *adj.* תּוֹךְ וְרִידִי

intrench, *v.t.* הִתְחַפֵּר [חפר]

intrepid, *adj.* אַמִּיץ לֵב

intricacy, *n.* הִסְתַּבְּכוּת

intricate, *adj.* מְסֻבָּךְ

intrigue, *v.t.* & *i.* סִכְסֵךְ, זָמַם

intrigue, *n.* סִכְסוּךְ, תַּחְבּוּלָה

intrinsic, intrinsical, *adj.* תּוֹכִי, טָבוּעַ, פְּנִימִי, טִבְעִי

introduce, *v.t.* הִצִּיג [יצג]

introduction, *n.* הַצָּגָה; הַקְדָּמָה, מָבוֹא

introspection, *n.* הִסְתַּכְּלוּת עַצְמִית, הִסְתַּכְּלוּת פְּנִימִית

intrude, *v.t.* & *i.* נִכְנַס [כנס] לְלֹא רְשׁוּת

intrusion, *n.* כְּנִיסָה לְלֹא רְשׁוּת

intrusive, *n.* נִכְנָס, נִדְחָק

intrust, entrust, *v.t.* הִפְקִיד [פקד]

intuition, *adj.* חוּשׁ פְּנִימִי

inundate, *v.t.* הֵצִיף [צוף], שָׁטַף

inundation, *n.* שִׁטָּפוֹן, הֲצָפָה, מַבּוּל

inure, *v.t.* הִרְגִּיל [רגל]

invade, *v.t.* פָּלַשׁ

invader, *n.* פּוֹלֵשׁ

invalid, *adj.* בְּלִי עֵרֶךְ, בָּטֵל וּמְבֻטָּל

invalid, *n.* נָכֶה, בַּעַל מוּם

invalidate, *v.t.* בִּטֵּל עֵרֶךְ

invaluable, *adj.* חָשׁוּב, שֶׁלֹּא יֵעָרֵךְ

invariable, *adj.* בִּלְתִּי מִשְׁתַּנֶּה, קָבוּעַ

invasion, *n.* פְּלִישָׁה, חֲדִירָה

invent, *v.t.* הִמְצִיא [מצא]

invention, *n.* הַמְצָאָה, אַמְצָאָה

inventive, *adj.* & *n.* מַמְצִיא

inventory, *n.* פְּרָטָה, כְּלָל הַחֲפָצִים

inverse, *adj.* הָפוּךְ, נֶגְדִּי

invert, *v.t.* הָפַךְ

invert, inverted, *adj.* מְהֻפָּךְ

invest, *v.t.* & *i.* הִשְׁקִיעַ [שקע]

investigate, *v.t.* חָקַר וְדָרַשׁ

investigation, *n.* חֲקִירָה וּדְרִישָׁה

investigator, *n.* חוֹקֵר, בּוֹדֵק
investment, *n.* הַשְׁקָעָה; הַלְבָּשָׁה
investor, *n.* מַשְׁקִיעַ
inveterate, *adj.* יָשָׁן נוֹשָׁן; מְשֹׁרָשׁ
invidious, *adj.* מַרְגִּיז, מַכְעִיס; מְקַנֵּא
invigorate, *v.t.* אִמֵּץ, חִזֵּק; הֶחֱלִיץ [חלץ]
invisible, *adj.* שֶׁאֵינוֹ נִרְאֶה
invitation, *n.* הַזְמָנָה
invite, *v.t.* הִזְמִין [זמן]
invoice, *n.* חֶשְׁבּוֹן
invoke, *v.t.* הִתְחַנֵּן [חנן]
involuntary, *adj.* בִּלְתִּי רְצוֹנִי, שֶׁבְּעַל כָּרְחוֹ
involve, *v.t.* סִבֵּךְ בְּ־, מָשַׁךְ לְתוֹךְ, הִסְתַּבֵּךְ [סבך]
invulnerable, *adj.* בִּלְתִּי נִפְגָּע
inward, *adj.* פְּנִימִי
inwrought, *adj.* מְקֻשָּׁט, עָדוּי
iodine, *n.* יוֹד
Iran, *n.* פָּרַס, אִירָן
irascibility, *n.* רַתְחָנוּת
irate, *adj.* כּוֹעֵס
ire, *n.* קֶצֶף, חָרוֹן
ireful, *adj.* מָלֵא חֵמָה
Ireland, *n.* אִירְלַנְדִּיָּה
iridescent, *adj.* צִבְעוֹנִי, מְגֻוָּן
iris, *n.* קֶשֶׁת; קַשְׁתִּית (בָּעַיִן); דִּגְלִית, חֲלַפִּית (פֶּרַח)
Irish, *adj.* אִירִי
irk, *v.t.* הֶלְאָה [לאה], הִטְרִיחַ [טרח]
irksome, *adj.* מַטְרִיד, מְשַׁעֲמֵם
iron, *adj.* בַּרְזִילִי
iron, *n.* בַּרְזֶל; מַגְהֵץ
iron, *v.t.* גִּהֵץ
ironical, ironic, *adj.* לוֹעֵג, מְלַגְלֵג
ironing, *n.* גִּהוּץ
irony, *n.* הִתּוּל, שְׁנִינָה
irradiate, *v.t. & i.* הִקְרִין [קרן], נָגַהּ, נָצַץ
irradiation, *n.* הַקְרָנָה
irrational, *adj.* בִּלְתִּי שִׂכְלִי
irreconcilable, *adj.* שֶׁאֵין לְהַשְׁלִים עִמּוֹ
irrecoverable, *adj.* שֶׁאֵין לְהָשִׁיב
irredeemable, *adj.* שֶׁאֵין לִפְדּוֹת
irrefutable, *adj.* שֶׁאֵין לִסְתּוֹר
irregular, *adj.* יוֹצֵא מִן הַכְּלָל, בִּלְתִּי חֻקִּי, מְסֻטֶּה
irregularity, *n.* מִסְטֶה
irrelevant, *adj.* בִּלְתִּי שַׁיָּךְ
irreligious, *adj.* אִי דָתִי
irremediable, *adj.* בִּלְתִּי נִרְפָּא, נִמְנַע הָרְפוּאָה
irreparable, *adj.* שֶׁאֵין לְתַקְּנוֹ
irreproachable, *adj.* תָּמִים, נְקִי מִדֹּפִי
irresistible, *adj.* שֶׁאֵין לַעֲמוֹד בְּפָנָיו; מְלַבֵּב
irresolute, *adj.* מְהַסֵּס, מְפַקְפֵּק
irrespective, *adj.* שֶׁאֵינוֹ מִתְחַשֵּׁב בְּ־
irresponsible, *adj.* בִּלְתִּי אַחֲרַאי
irresponsive, *adj.* שֶׁאֵינוֹ נַעֲנֶה
irretrievable, *adj.* אָבֵד, שֶׁאֵין לְהָשִׁיב
irreverence, *n.* חֹסֶר כָּבוֹד
irreverent, *adj.* מְחֻסַּר רֶגֶשׁ כָּבוֹד
irrevocable, *adj.* שֶׁאֵין לְהָשִׁיב
irrigate, *v.t.* הִשְׁקָה [שקה], הִרְטִיב [רטב]
irrigation, *n.* הַשְׁקָאָה, הַשְׁקָיָה
irritable, *adj.* רַגְזָן
irritate, *v.t.* הִרְגִּיז [רגז], הִכְעִיס [כעס]
irritation, *n.* הַרְגָּזָה, הַכְעָסָה
irruption, *n.* הִתְפָּרְצוּת
Isaiah, *n.* (סֵפֶר) יְשַׁעְיָה
Islam, *n.* אִסְלַאם (תּוֹרַת מֻחַמַּד)
island, isle, *n.* אִי

islet, *n.* אִיּוֹן
isolate, *v.t.* הִבְדִּיל [בדל], הִפְרִיד [פרד], הִסְגִּיר [סגר]
isolation, *n.* הַפְרָשָׁה, הַבְדָּלָה; בִּדּוּד; הֶסְגֵּר
Israel, *n.* יִשְׂרָאֵל; מְדִינַת יִשְׂרָאֵל
Israeli, *n. & adj.* יִשְׂרְאֵלִי, אֶזְרַח מְדִינַת יִשְׂרָאֵל
Israelite, *n. & adj.* יְהוּדִי, יִשְׂרְאֵלִי
issue, *n.* יְצִיאָה, מוֹצָא; צֶאֱצָא, פְּרִי בֶּטֶן; הוֹצָאָה; תְּנוּבָה; הַדְפָּסָה; גִּלָּיוֹן, חוֹבֶרֶת; וִכּוּחַ, שְׁאֵלָה; זְרִימָה
issue, *v.t. & i.* הוֹצִיא [יצא] (לְאוֹר); נוֹלַד [ילד]; נָבַע
isthmus, *n.* מְצַר יָם
it, *pron.* הוּא, הִיא; אוֹתוֹ, אוֹתָהּ
Italian, *n. & adj.* אִיטַלְקִי, אִיטַלְקִית
italics, *n.* אוֹתִיּוֹת מֻטּוֹת
itch, *n. & v.t.* גֵּרוּי; חָכַךְ
itchy, *adj.* גֵּרִי
item, *n.* פְּרָט
itemize, *v.t.* פֵּרֵט
iterate, *v.t.* חָזַר (עַל)
itinerary, *n.* מַסָּעוֹן
its, *adj. & pron.* שֶׁלּוֹ, שֶׁלָּהּ
itself, *pron.* הוּא עַצְמוֹ, הִיא עַצְמָהּ
ivory, *n.* שֵׁן, שֶׁנְהָב
ivy, *n.* קִיסוֹס

J, j

J, j, *n.* גֵ׳י, הָאוֹת הָעֲשִׂירִית בָּאָלֶף־בֵּית הָאַנְגְּלִי; עֲשִׂירִי, י׳
jab, *n., v.t. & i.* דְּקִירָה; דָּקַר
jabber, *v.i.* פִּטְפֵּט
jack, *n.* מַגְבֵּהַּ, מָנוֹף; שֵׁם מְקֻצָּר שֶׁל יַעֲקֹב אוֹ יוֹחָנָן; מַלָּח; חַיָּל (קְלָף בְּמִשְׂחָק); דִּגְלוֹן; נֹאד
jack, *v.t.* הִגְבִּיהַּ [גבה], הֵנִיף [נוף], הֵרִים [רום]
jackal, *n.* תַּן
jackass, *n.* חֲמוֹר; טִפֵּשׁ, כְּסִיל
jacket, *n.* מְעִילוֹן, מָתְנִיָּה
jackknife, *n.* אוֹלָר
jack rabbit אַרְנָב, אַרְנֶבֶת
Jacob, *n.* יַעֲקֹב, יִשְׂרָאֵל
jade, *n.* סוּסָה תְּשׁוּשָׁה; יַצְאָנִית; יָרְקוֹן (אֶבֶן טוֹבָה)
jag, *n.* בְּלִיטָה, צוּק, שֵׁן סֶלַע
jagged, *adj.* פָּצוּר, מְשֻׁנָּן
jail, gaol, *n.* כֶּלֶא, בֵּית סֹהַר
jailer, *n.* אַסָּר, כַּלָּאִי
jam, *n.* רִבָּה, מִרְקַחַת
jam, jamb, *n.* דֹּחַק, צְפִיפוּת; מַעֲצוֹר
jam, jamb, *v.t.* לָחַץ, דָּחַק; עָצַר
jamb, jambe, *n.* מְזוּזָה
jangle, *n.* סִכְסוּךְ; קִשְׁקוּשׁ
jangle, *v.t. & i.* קִשְׁקֵשׁ; הִתְקַשְׁקֵשׁ [קשקש]
janitor, *n.* שׁוֹעֵר, שַׁמָּשׁ
January, *n.* יָנוּאָר
Japan, *n.* יַפָּן
Japanese, *n. & adj.* יַפָּנִי; יַפָּנִית
jape, *v.t. & i.* בִּדַּח, לָעַג
jar, *n.* צִנְצֶנֶת; כַּד
jar, *n.* זַעֲזוּעַ
jar, *v.t. & i.* הִזְדַּעְזֵעַ [זעזע], נִעְנַע
jargon, *n.* זִ׳רְגּוֹן, לְשׁוֹן תַּעֲרֹבֶת, אִידִית
jasmine, jessamine, *n.* יַסְמִין
jasper, *n.* יָשְׁפֵה
jaundice, *n.* צַהֶבֶת, יֵרָקוֹן

jaunt, *n.* טִיּוּל, נְסִיעָה קְצָרָה, הִתְשׁוֹטְטוּת
jaunt, *v.i.* טִיֵּל, שׁוֹטֵט [שוט]
jaunty, *adj.* נָאֶה, טוֹב לֵב, עַלִּיז, צוֹהֵל
javelin, *n.* כִּידוֹן
jaw, *n.* לֶסֶת
jealous, *adj.* מְקַנֵּא, מִתְקַנֵּא
jealousy, *n.* קִנְאָה, צָרוּת עַיִן
jeer, *n., v.t. & i.* לַעַג; לִגְלֵג
Jehovah, *n.* יַהוה, יְהוָֹה
jejune, *adj.* חֲסַר (עִנְיָן), טַעַם יָבֵשׁ
jelly, *n.* קָרִישׁ, מִקְפָּא
jellyfish, *n.* דַּג הַמִּקְפָּא
jeopardize, *v.t.* סִכֵּן
Jeremiah, *n.* (סֵפֶר) יִרְמְיָה
jerk, *n.* פִּרְכּוּס, פִּרְפּוּר; נִיעַ, זִיעַ; אָדָם נִבְזֶה
jerkin, *n.* מְעִילוֹן, מָתְנִיָּה
jersey, *n.* פַּקֶּרֶס, מֵיזָע
Jerusalem, *n.* יְרוּשָׁלַיִם
jessamine, jasmine, *n,* יַסְמִין
jest, *n.* לָצוֹן, צְחוֹק
jest, *v.t. & i.* הֵתֵל [תלל], הִתְלוֹצֵץ [ליץ]
jester, *n.* לֵצָן
Jesus, *n.* יֵשׁוּ הַנּוֹצְרִי
jet, *n.* סִילוֹן
jetty, *n.* מֵזַח, מַעֲגָן
Jew, *n.* יְהוּדִי
jewel, *n.* תַּכְשִׁיט, אֶבֶן חֵן
jewel, *v.t.* קִשֵּׁט
jeweler, jeweller, *n.* צוֹרֵף, זֶהָבִי
jewelry, jewellry, *n.* חֶלְיָה, עֲדִי
Jewess, *n.* יְהוּדִיָּה
Jewish, *adj.* יְהוּדִי; יְהוּדִית
Jewry, *n.* כְּלַל יִשְׂרָאֵל, כְּנֶסֶת יִשְׂרָאֵל
jib, *n.* מִפְרָשׂ; יַד הַמַּדְלֶה
jibe, *v.* gibe
jiffy, *n.* הֶרֶף עַיִן
jig, *n.* חַכָּה; חִנְגָּה, לַחַן עֵר
jilt, *n.* נְטִישַׁת אָהוּב
jilt, *v.t. & i.* נָטַשׁ אֲהוּבָתוֹ
jingle, *n. & v.i.* צִלְצוּל; צִלְצֵל
job, *n.* עֲבוֹדָה, מִשְׂרָה, עֵסֶק
jockey, *n.* פָּרָשׁ (רַכָּב) מִתְחָרֶה
jocose, jocular, *adj.* מְבַדֵּחַ, לֵצָנִי, מְהַתֵּל
jocund, *adj.* עַלִּיז, שָׂמֵחַ
jog, *v.t. & i.* דָּחַף; עוֹרֵר [עור]
jog, *n.* הֲדִיפָה; תְּנוּעָה אִטִּית
join, *v.t. & i.* הִתְחַבֵּר [חבר], דָּבַק, הִסְתַּפֵּחַ [ספח]
joiner, *n.* מְהַדֵּק; נַגָּר
joint, *adj.* מְשֻׁתָּף, מְחֻבָּר
joint, *n.* אַרְכּוּבָה, פֶּרֶק, חֻלְיָה
joist, *n.* עָנָק, קוֹרָה
joke, *n.* בְּדִיחָה, הֲלָצָה
joke, *v.t. & i.* הִתְלוֹצֵץ [ליץ], הֵתֵל [תלל]
joker, *n.* לֵצָן; (גַּם קְלָף בְּמִשְׂחָק)
jolly, *adj.* שָׂמֵחַ, עַלִּיז
jolt, *n.* דְּחִיפָה
jolt, *v.t. & i.* נִדְנֵד, הִתְנַדְנֵד [נדנד]
jostle, *v.t. & i.* דָּחַף, דָּחַק אִישׁ אֶת רֵעֵהוּ
jot, *n.* נְקֻדָּה
jot, *v.t.* רָשַׁם בְּקִצּוּר
journal, *n.* עִתּוֹן; יוֹמָן
journalism, *n.* עִתּוֹנָאוּת
journalist, *n.* עִתּוֹנַאי
journey, *n.* נְסִיעָה; מַהֲלָךְ
journey, *v.i.* נָסַע
journeyman, *n.* שׁוּלְיָה
jovial, *adj.* עַלִּיז
joy, *n.* שִׂמְחָה, גִּילָה
joy, *v.t. & i.* שָׂשׂ [שיש], גָּל [גיל], חָדָה
joyful, *adj.* שָׂמֵחַ

joyless, *adj.* נוּגֶה, עָצוּב
joyous, *adj.* שָׂמֵחַ, מְשַׂמֵּחַ
jubilant, *adj.* צָהֵל
jubilee, *n.* יוֹבֵל, שְׁנַת הַחֲמִשִּׁים
Judaism, *n.* יַהֲדוּת
Judaize, *v.i.* & *t.* הִתְיַהֵד [יהד], יִהֵד
judge, *n.* שׁוֹפֵט, פָּלִיל, דַּיָּן; מֵבִין, בָּקִי
judge, *v.t.* & *i.* דָּן [דון], שָׁפַט
Judges, *n.* (סֵפֶר) שׁוֹפְטִים
judgment, judgement, *n.* פְּסַק, פְּסָק, דִּין; מִשְׁפָּט; תְּבוּנָה, הֲבָנָה; סְבָרָה
judicial, judiciary, *adj.* מִשְׁפָּטִי; מָתוּן
judiciously, *adv.* בְּיִשּׁוּב הַדַּעַת
jug, *n.* כַּד
juggle, *v.t.* & *i.* תִּעְתַּע, אָחַז עֵינַיִם
juggler, *n.* מְתַעְתֵּעַ, מְאַחֵז עֵינַיִם
jugular, *adj.* וְרִידִי
jugular vein וָרִיד
juice, *n.* מִיץ, עָסִיס
juicy, *adj.* מִיצִי, עֲסִיסִי
July, *n.* יוּלִי
jumble, *n.* תַּעֲרֹבֶת, בְּלִיל
jumble, *v.t.* & *i.* עִרְבֵּב, הִתְעַרְבֵּב [ערבב], סִכְסֵךְ, הִסְתַּכְסֵךְ [סכסך]
jump, *n.* קְפִיצָה, דִּלּוּג
jump, *v.t.* & *i.* קָפַץ, דִּלֵּג
junction, *n.* צֹמֶת, קֶשֶׁר, חִבּוּר
juncture, *n.* צֹמֶת
June, *n.* יוּנִי
jungle, *n.* יַעַר (עַד) עָבֹת
junior, *adj.* צָעִיר, קָטָן
junk, *n.* גְּרוּטָאוֹת
jurisdiction, *n.* שִׁלְטוֹן
jurisprudence, *n.* מִשְׁפְּטָנוּת
jurist, *n.* מִשְׁפְּטָן
juror, *n.* מֻשְׁבָּע
jury, *n.* חֶבֶר מֻשְׁבָּעִים
just, *adj.* צַדִּיק, יָשָׁר; נָכוֹן, מְדֻיָּק
just, *adv.* זֶה עַתָּה, אַךְ; בְּדִיּוּק; בְּקשִׁי
justice, *n.* צֶדֶק; מִשְׁפָּט; שׁוֹפֵט
justification, *n.* הַצְדָּקָה; הִתְנַצְּלוּת
justify, *v.t.* צִדֵּק, הִצְדִּיק [צדק]
justly, *adv.* בְּצֶדֶק
jut, *v.t.* & *i.* בָּלַט
jute, *n.* סִיבֵי יוּטָה, יוּטָה
juvenile, *adj.* & *n.* צָעִיר; תִּשְׁחֹרֶת, קַטִּין
juxtaposition, *n.* קִרְבָה, סְמִיכוּת, מִצְרָנוּת

K, k

K, k, *n.* קֵי, הָאוֹת הָאַחַת עֶשְׂרֵה בָּאָלֶף בֵּית הָאַנְגְּלִי
kangaroo, *n.* כִּיסוֹנִי, קֶנְגּוּרוּ
keel, *n.* קַרְקָעִית, תַּחְתִּית
keen, *adj.* חַד, שָׁנוּן, עֵרָנִי
keenness, *n.* חַדּוּת
keep, *n.* מִחְיָה, פַּרְנָסָה
keep, *v.t.* & *i.* הֶחֱזִיק [חזק], שָׁמַר, פִּרְנֵס
keg, *n.* גָּרָב (חָבִית מִחֶרֶס)
kennel, *n.* מְלוּנַת כֶּלֶב, מְאוּרַת כֶּלֶב
kerchief, *n.* מִטְפַּחַת, מִמְחָטָה
kernel, *n.* גַּרְעִין; עִקָּר
kerosene, *n.* שֶׁמֶן אֲדָמָה, נֵפְט
ketchup, *v.* catchup
kettle, *n.* קֻמְקוּם, דּוּד, קַלַּחַת
key, *n.* מַפְתֵּחַ; מַכּוֹשׁ, מַנְעֲנֵעַ; גֹּבַהּ הַקּוֹל
key, *v.t.* נָעַל
khaki, *adj.* חָקִי
kick, *n.* בְּעִיטָה, הֶדֶף; הִתְנַגְּדוּת; חִיל־גִּיל

kick, *v.t.* & *i.* בָּעַט; הִתְנַגֵּד [נגד] לְ־
kid, *n.* גְּדִי; יֶלֶד
kid, *v.t.* & *i.* הִתְלוֹצֵץ [ליץ], לָעַג
kidnap, *v.t.* חָטַף (אָדָם)
kidnaper, *n.* חוֹטֵף (אָדָם)
kidney, *n.* כִּלְיָה
kill, *v.t.* הָרַג, מוֹתֵת [מות], קָטַל
killer, *n.* רוֹצֵחַ, הָרָג; לִוְיָתָן
kilogram, kilogramme, *n.* קִילוֹגְרַם
kilometer, kilometre, *n.* קִילוֹמֶטֶר
kilowatt, *n.* קִילוֹוָאט
kimono, *n.* קִימוֹנוֹ (מְעִיל בַּיִת יַפָּנִי)
kin, *n.* קָרוֹב, שְׁאֵר בָּשָׂר
kind, *n.* מִין, סוּג, זַן
kind, kindhearted, *adj.* מֵטִיב, טוֹב לֵב, נוֹחַ
kindergarten, *n.* גַּן יְלָדִים
kindle, *v.t.* & *i.* דָּלַק, הִדְלִיק [דלק], הִצִּית [יצת], בָּעַר
kindling, *n.* הַדְלָקָה, הַצָּתָה
kindly, *adv.* בְּטוּב לֵב, בְּטוּבוֹ
kindness, *n.* טוּב לֵב
kindred, *adj.* קָרוֹב, שְׁאֵר בָּשָׂר
kindred, *n.* קִרְבָה, שַׁאֲרָה
king, *n.* מֶלֶךְ
kingdom, *n.* מַלְכוּת
kingly, *adj.* מַלְכוּתִי
kink, *n.* כֶּפֶף, עִקּוּם
kiss, *n.* נְשִׁיקָה
kiss, *v.t.* & *i.* נָשַׁק, נִשֵּׁק, הִתְנַשֵּׁק [נשק]
kit, *n.* תַּרְמִיל, יַלְקוּט, צִקְלוֹן; חֲתַלְתּוּל; כִּנּוֹר קָטָן
kitchen, *n.* מִטְבָּח, בֵּית תַּבְשִׁיל
kitchenette, kitchenet, *n.* מִטְבָּחוֹן
kite, *n.* בַּז, אַיָּה; עֲפִיפוֹן
kitten, kitty, *n.* חֲתַלְתּוּל
knack, *n.* כִּשְׁרוֹן, חָרִיצוּת לְדָבָר
knapsack, *n.* יַלְקוּט, תַּרְמִיל גַּב
knave, *n.* נוֹכֵל, רַמַּאי
knavery, *n.* נוֹכְלוּת, עָקְבָה
knead, *v.t.* לָשׁ [לוש], גִּבֵּל
knee, *n.* בֶּרֶךְ, אַרְכּוּבָה
kneel, *v.i.* כָּרַע, בָּרַךְ
knell, *n.* צִלְצוּל
knife, *n.* סַכִּין, מַאֲכֶלֶת
knife, *v.t.* דָּקַר בְּסַכִּין
knight, *n.* אַבִּיר, פָּרָשׁ
knighthood, *n.* אַבִּירוּת
knit, *v.t.* סָרַג
knitting, *n.* סְרִיגָה
knob, *n.* כַּפְתּוֹר; גֻּלָּה
knock, *n.* דְּפִיקָה, מַכָּה
knock, *v.t.* & *i.* דָּפַק, הִכָּה [נכה]
knockout, *n.* הִמּוּם, הַפָּלָה
knoll, *n.* גִּבְעָה
knot, *n.* קֶשֶׁר
knot, *v.t.* & *i.* קָשַׁר
know, *v.t.* & *i.* יָדַע, הִכִּיר [נכר], הֵבִין [בין]
knowledge, *n.* יְדִיעָה, דֵּעָה, חָכְמָה, הַשְׂכָּלָה
knuckle, *n.* פֶּרֶק הָאֶצְבַּע
Koran, *n.* קֻרְאָן

L, l

L, l, *n.* אֶל, הָאוֹת הַשְּׁתֵּים עֶשְׂרֵה בָּאָלֶף בֵּית הָאַנְגְּלִי
label, *n.* פֶּתֶק, תָּו
label, *v.t.* שָׂם [שים] תָּו, הִדְבִּיק [דבק] פֶּתֶק
labial, *adj.* שְׂפָתִי

labor, labour, *n.* עֲבוֹדָה, מְלָאכָה; עָמָל; צִירִים, חֶבְלֵי לֵדָה; (מַעֲמַד הַ)פּוֹעֲלִים, (הָ)עוֹבְדִים

labor, labour, *v.t. & i.* עָבַד, עָמַל יָגַע, טָרַח; הִתְעַמֵּל [עמל], הִתְיַגֵּעַ [יגע]; הִתְנוֹדֵד [נוד] (אֳנִיָּה)

laboratory, *n.* מַעְבָּדָה

Labor Day יוֹם הָעֲבוֹדָה

laborer, *n.* עוֹבֵד, עָמֵל, פּוֹעֵל

laborious, *adj.* מְיַגֵּעַ, מְעַיֵּף; חָרוּץ

labyrinth, *n.* מָבוֹךְ

lace, *n.* שְׂרוֹךְ (נַעַל); תַּחְרִים

lace, *v.t.* שָׁנַץ, רָקַם

laceration, *n.* שְׂרִיטָה, פְּצִיעָה

lachrymal, *adj.* דִּמְעִי, שֶׁל דְּמָעוֹת

lack, *n.* חֹסֶר, מַחְסוֹר, הֶעְדֵּר

lack, *v.t. & i.* חָסַר

laconic, *adj.* מְצֻמְצָם, קָצָר

lacquer, *n.* בָּרֶקֶת, לַכָּה

lad, *n.* נַעַר, בָּחוּר, עֶלֶם

ladder, *n.* סֻלָּם

lading, *n.* טְעִינָה, הַעֲמָסָה; מִטְעָן, מַשָּׂא

Ladino, *n.* סְפָרַדִּית־יְהוּדִית, לָדִינוֹ

ladle, *n.* תַּרְוָד, בַּחֲשָׁה

lady, *n.* גְּבִירָה, גְּבֶרֶת

lag, *n. & v.i.* פִּגּוּר; הִתְמַהְמֵהַּ [מהמה], פִּגֵּר, הִתְעַכֵּב [עכב]

lagoon, *n.* מִקְוֵה מַיִם, בְּרֵכָה, אֲגַם

lair, *n.* מַרְבֵּץ; אֶרֶב

laity, *n.* הֲמוֹן הָעָם

lake, *n.* אֲגַם

lamb, *n.* טָלֶה, שֶׂה, כֶּבֶשׂ

lambkin, *n.* טַלְיָה

lame, *adj.* פִּסֵּחַ, חִגֵּר, נְכֵה רַגְלַיִם

lameness, *n.* פִּסְחוּת, חִגְּרוּת, צְלִיעָה

lament, *n.* קִינָה, שִׁיר אֵבֶל, נְהִי, מִסְפֵּד

lament, *v.t.* אָלָה, אָנָה, הִתְאַבֵּל [אבל] קוֹנֵן [קין], סָפַד

lamentation, *n.* קִינָה, נֹהַּ, נְהִי, הֶסְפֵּד

Lamentations, *n. pl.* קִינוֹת, מְגִלַּת אֵיכָה

lamenter, *n.* מְקוֹנֵן

laminate, *adj.* עָשׂוּי שְׁכָבוֹת

laminate, *v.t. & i.* חִלֵּק לִשְׁכָבוֹת, הִתְחַלֵּק [חלק] לִשְׁכָבוֹת

lamp, *n.* מְנוֹרָה, עֲשָׁשִׁית

lampoon, *n.* שְׁנִינָה, כְּתָב פְּלַסְתֵּר

lampshade, *n.* גֻּלָּה, סִכּוּךְ, מְצִלָּה

lance, *n.* רֹמַח, שֶׁלַח

lancer, *n.* רַמָּח, נוֹשֵׂא שֶׁלַח

lancet, *n.* אִזְמֵל

land, *n.* אֲדָמָה, יַבָּשָׁה, קַרְקַע, אֶרֶץ

landlady, *n.* בַּעֲלַת בַּיִת

landing, *n.* יְרִידָה (מֵאֳנִיָּה), עֲלִיָּה (לַיַּבָּשָׁה), נְחִיתָה (מֵאֲוִירוֹן)

landlord, *n.* בַּעַל בַּיִת

landscape, *n.* נוֹף

landslide, *n.* מַפַּל אֲדָמָה; נִצָּחוֹן

lane, *n.* מִשְׁעוֹל

language, *n.* לָשׁוֹן, שָׂפָה; סִגְנוֹן

languid, *adj.* תָּשׁוּשׁ, חַלָּשׁ

languish, *v.i.* תָּשַׁשׁ, נֶחֱלַשׁ [חלש], כָּמַהּ, לָהָה

languor, *n.* תְּשִׁישׁוּת, נִמְנוּם, רֶגֶשׁ חֻלְשָׁה

lank, *adj.* כָּחוּשׁ, דַּק

lantern, *n.* פָּנָס

lap, *n.* חֵיק, חֹצֶן; לְקִיקָה

lap, *v.t.* לָקַק

lapel, *n.* דַּשׁ; אוּנָּה

lapse, *n.* שִׁכְחָה, שְׁגִיאָה, בִּטּוּל

lapse, *v.i.* עָבַר (זְמַן), שָׁגָה, בָּטַל

lapwing, *n.* אַבְטִיט, קִיוִית

larboard, *n.* שְׂמֹאל אֳנִיָּה

larceny, *n.* גְּנֵבָה

larch, *n.* לֶגֶשׁ
lard, *n.* שֻׁמַּן חֲזִיר
larder, *n.* מִזָוֶה
large, *adj.* גָּדוֹל, רָחָב
largeness, *n.* גֹּדֶל, רֹחַב
lark, *n.* עֶפְרוֹנִי, חוּגָה, זַרְעִית
larva, *n.* זַחַל
laryngitis, *n.* דַּלֶּקֶת הַגָּרוֹן
larynx, *n.* גַּרְגֶּרֶת, גָּרוֹן
lascivious, *adj.* תַּאַוְתָנִי
lash, *n.* מַגְלֵב, שׁוֹט, שֵׁבֶט; עַפְעַף
lash, *v.t.* & *i.* הִלְקָה [לקה], הִצְלִיף [צלף], רָצַע
lass, *n.* עַלְמָה, בַּחוּרָה
lassie, *n.* יַלְדָּה
lassitude, *n.* לֵאוּת, עֲיֵפוּת, רִפְיוֹן
lasso, *n.* פְּלָצוּר
lasso, *v.t.* לָכַד בִּפְלָצוּר
last, *n.* אִמּוּם
last, *adj.* אַחֲרוֹן, סוֹפִי
last, *v.i.* נִמְשַׁךְ [משך], הִתְקַיֵּם [קים]
lasting, *adj.* קַיָּם, מִתְקַיֵּם, נִמְשָׁךְ
latch, *n.* בְּרִיחַ
latch, *v.t.* נָעַל, סָגַר
late, *adj.* מְאֻחָר, מְפַגֵּר
lately, *adv.* מִקָּרוֹב
latent, *adj.* נִסְתָּר, נִצְפָּן, צָפוּן
lateral, *adj.* צְדָדִי
lathe, *n.* מַחֲרֵטָה
lather, *n.* קֶצֶף
lather, *v.t.* הִקְצִיף [קצף], כִּסָּה בְּקֶצֶף
Latin, *adj.* & *n.* לַטִּינִית, רוֹמִית; לַטִּינִי
latitude, *n.* קַו־רֹחַב
latrine, *n.* מַחֲרָאָה, בֵּית (כִּסֵּא) שִׁמּוּשׁ
latter, *adj.* שֵׁנִי, אַחֲרוֹן
lattice, *n.* סְבָכָה
laud, *v.t.* הִלֵּל, שִׁבַּח
laudation, *n.* הִלּוּל, שֶׁבַח
laugh, *n.* צְחוֹק, שְׂחוֹק, לִגְלוּג
laugh, *v.t.* & *i.* צָחַק, עָשָׂה צְחוֹק מִ־; לִגְלֵג
laughable, *adj.* מַצְחִיק
laughter, *n.* צְחוֹק, שְׂחוֹק
launching, *n.* הַשָּׁקָה
launder, *v.t.* כִּבֵּס
laundry, *n.* מַכְבֵּסָה, מִכְבָּסָה
laureate, *adj.* מֻכְתָּר
laurel, *n.* עָר, דַּפְנָה
lava, *n.* לַבָּה, תִּיכָה
lavatory, *n.* בֵּית שִׁמּוּשׁ; חֲדַר רַחְצָה
lavender, *n.* אֲזוֹבִיוֹן
lavish, *v.t.* נָתַן בְּשֶׁפַע, פִּזֵּר; בִּזְבֵּז
law, *n.* מִשְׁפָּט, חֹק, תּוֹרָה, דִּין
lawful, *adj.* חֻקִּי, מִשְׁפָּטִי; מֻתָּר
lawgiver, lawmaker, *n.* מְחוֹקֵק
lawlessness, *n.* הֶפְקֵר, פְּרִיצוּת
lawn, *n.* מִדְשָׁאָה
lawsuit, *n.* מִשְׁפָּט
lawyer, *n.* עוֹרֵךְ דִּין
lax, *adj.* מְרֻשָּׁל, רָפֶה, קַל
laxity, *n.* רַשְׁלָנוּת, קַלּוּת
laxative, *n.* רַפֶּף, סַם מְשַׁלְשֵׁל
lay, *adj.* & *n.* חִלּוֹנִי; פִּיּוּט; לַחַן
lay, *v.t.* & *i.* שָׂם [שים], הֵנִיחַ [נוח], הִשְׁכִּיב [שכב], הֵטִיל [נטל]
layer, *n.* שִׁכְבָה, נִדְבָּךְ, מִרְבָּג
layoff, *n.* פִּטּוּרִים, שִׁלּוּחַ (פּוֹעֲלִים)
lazily, *adv.* בַּעֲצַלְתַּיִם
laziness, *n.* עַצְלוּת
lazy, *adj.* עָצֵל
lead, *n.* אֲבָר, עוֹפֶרֶת
lead, *v.t.* & *i.* צִפָּה (מִלֵּא) בְּעוֹפֶרֶת
lead, *v.t.* & *i.* הִנְהִיג [נהג], הוֹלִיךְ [הלך]; עָמַד בְּרֹאשׁ
lead, *n.* נִהוּל, הַנְהָגָה; הַתְחָלָה; תַּפְקִיד רָאשִׁי

leader, *n.* מַנְהִיג
leadership, *n.* הַנְהָגָה
leaf, *n.* טֶרֶף, עָלֶה; דַּף
leaflet, *n.* חוֹבֶרֶת; עַלְעָל
league, *n.* אֲגֻדָּה, בְּרִית, חֶבֶר; 2.4—4.6 מִילִין
leak, leakage, *n.* דֶּלֶף
leak, *v.t.* דָּלַף
leaky, *adj.* דּוֹלֵף
lean, *v.t. & i.* נִשְׁעַן [שען], נִסְמַךְ [סמך]; נָטָה; הִטָּה [נטה], סָמַךְ
lean, *adj.* כָּחוּשׁ, רָזֶה, צָנוּם
leanness, *n.* רָזוֹן
leap, *n.* קְפִיצָה, זְנִיקָה
leap, *v.i.* קָפַץ, זִנֵּק
leap year שָׁנָה מְעֻבֶּרֶת
learn, *v.t. & i.* לָמַד, נוֹדַע [ידע] לְ־
learned, *adj.* מְלֻמָּד, מַשְׂכִּיל, בֶּן תּוֹרָה
learning, *n.* לִמּוּד
lease, *v.t.* חָכַר, הֶחְכִּיר [חכר]
lease, *n.* שְׂכִירוּת, שְׂכִירָה, חֲכִירָה, שְׁטָר חֲכִירָה
leash, *n.* רְצוּעָה
least, *adj.* הַפָּחוּת (הַקָּטָן) בְּיוֹתֵר
least, *adv.* פָּחוֹת מִכֹּל, לְפָחוֹת
leather, *n.* עוֹר
leave, *n.* פְּרִידָה, חֹפֶשׁ
leave, *v.t. & i.* עָזַב, יָצָא, הִשְׁאִיר [שאר]; הוֹרִישׁ [ירש]; נָסַע; הִסְתַּלֵּק [סלק]
leaven, *n.* חָמֵץ, שְׂאוֹר
leaven, *v.t.* הֶחְמִיץ [חמץ]
lecture, *n.* הַרְצָאָה, נְאוּם
lecture, *v.t. & i.* יִסֵּר; הִרְצָה [רצה]
lecturer, *n.* מַרְצֶה
ledge, *n.* זִיז
ledger, *n.* סֵפֶר חֶשְׁבּוֹנוֹת, פִּנְקָס
leech, *n.* עֲלוּקָה

leek, *n.* כְּרֵשָׁה
leer, *v.i.* פָּזַל
lees, *n. pl.* שְׁמָרִים
leeway, *n.* דֶּרֶךְ שֶׁכְּנֶגֶד הָרוּחַ; יוֹתֵר זְמָן (מָקוֹם)
left, *adj. & n.* שְׂמָאלִי; שְׂמֹאל
lefthanded, *adj.* אִטֵּר, אִטֵּר יַד יְמִינוֹ
leftist, *n. & adj.* שְׂמָאלִי
leg, *n.* רֶגֶל
legacy, *n.* מוֹרָשָׁה
legal, *adj.* חֻקִּי
legality, *n.* חֻקִּיּוּת
legalize, *v.t.* הִכְשִׁיר [כשר]; קִיֵּם, אִשֵּׁר
legate, *n.* צִיר
legatee, *n.* יוֹרֵשׁ
legation, *n.* צִירוּת
legend, *n.* אַגָּדָה
legendary, *adj.* אַגָּדִי
legging, *n.* רַגְלִיָּה, כִּסּוּי רֶגֶל
legible, *adj.* קָרִיא, בָּרוּר (כְּתָב)
legion, *n.* גְּדוּד, לִגְיוֹן
legislate, *v.i.* חָקַק
legislation, *n.* תְּחֻקָּה, תְּחִקָּה
legislative, *adj.* תְּחִקָּתִי
legislator, *n.* מְחוֹקֵק
legislature, *n.* בֵּית מְחוֹקְקִים
legitimacy, *n.* כֹּשֶׁר, חֻקִּיּוּת
legitimate, *adj.* כָּשֵׁר, חֻקִּי
legume, *n.* קִטְנִית, פְּרִי תַּרְמִילִי
leisure, *n.* נוֹחִיּוּת; פְּנַאי
leisurely, *adj. & adv.* מְיֻשָּׁב, אִטִּי; בִּמְתִינוּת
lemon, *n.* לִימוֹן
lemonade, *n.* לִימוֹנִית, לִימוֹנָדָה
lend, *v.t. & i.* הִשְׁאִיל [שאל], הִלְוָה [לוה]
lender, *n.* מַלְוֶה

length, *n.* אֹרֶךְ
at length בַּאֲרִיכוּת
lengthen, *v.t.* הֶאֱרִיךְ [ארך]
lengthy, *adj.* אָרִיךְ
leniency, *n.* רַכּוּת, רַחֲמִים
lenient, *adj.* מֵקֵל, נוֹחַ
lens, *n.* עֲדָשָׁה
Lent, *n.* יְמֵי הַצּוֹם לִפְנֵי פַּסְחָא, לֶנְט
lentils, *n. pl.* עֲדָשִׁים
leopard, *n.* נָמֵר
leper, *n.* מְצֹרָע
leprosy, *n.* צָרַעַת, שְׁחִין
less, *adj.* פָּחוֹת
lessee, *n.* שׂוֹכֵר, חוֹכֵר, אָרִיס
lessen, *v.t.* & *i.* הִפְחִית [פחת], הִתְמַעֵט [מעט], פָּחַת, חִסֵּר
lesson, *n.* שִׁעוּר
lessor, *n.* מַחְכִּיר, מַשְׂכִּיר
lest, *conj.* פֶּן, לְבִלְתִּי
let, *n.* מִכְשׁוֹל, מַעְצוֹר
let, *v.t.* & *i.* נָתַן, הִשְׂכִּיר [שכר], הִרְשָׁה [רשה]
lethal, *adj.* מֵמִית
lethargic, lethargical, *adj.* יָשֵׁן, מִתְנַמְנֵם
lethargy, *n.* תַּרְדֵּמָה עֲמֻקָּה
letter, *n.* אוֹת; מִכְתָּב, אִגֶּרֶת
lettuce, *n.* חַסָּה
level, *adj.* שָׁוֶה
level, *n.* רָמָה; מִישׁוֹר; מִשְׁטָח
level, *v.t.* & *i.* שִׁוָּה, הִשְׁוָה [שוה], יִשֵּׁר
lever, *n.* מָנוֹף, מוֹט
leverage, *n.* הֲנָפָה, תְּנוּפָה; הֶסֵּט
leviathan, *n.* לִוְיָתָן
levity, *n.* קַלּוּת רֹאשׁ, קַלּוּת דַּעַת
levy, *n.* מַס, מֶכֶס
lewd, *adj.* נוֹאֵף, זוֹנֶה, תַּאַוְתָנִי
lewdness, *n.* נִאוּף
lexicography, *n.* מִלּוֹנוּת

liability, *n.* אַחֲרָיוּת, הִתְחַיְּבוּת
liable, *adj.* עָלוּל, אַחֲרַאי
liaison, *n.* קֶשֶׁר; חִבּוּק, הִתְקַשְּׁרוּת, יַחַס שֶׁל אֲהָבִים
liar, *n.* כַּזְבָן, שַׁקְרָן
libel, *n.* דִּבָּה, לַעַז, הַשְׁמָצָה
libel, *v.t.* הִשְׁמִיץ [שמץ]; הוֹצִיא [יצא] דִּבָּה
liberal, *adj.* נָדִיב, חָפְשִׁי בְּדֵעוֹת
liberal arts, *n.* מַדָּעֵי הָרוּחַ
liberality, *n.* נְדִיבוּת, וַתְּרָנוּת
liberate, *v.t.* שִׁחְרֵר
liberation, *n.* שִׁחְרוּר
liberator, *n.* גּוֹאֵל, מְשַׁחְרֵר
libertine, *n.* תַּאַוְתָן, פָּרוּץ
liberty, *n.* דְּרוֹר, חֵרוּת
librarian, *n.* סַפְרָן
library, *n.* סִפְרִיָּה
lice, *n. pl.* כִּנִּים
license, licence, *n.* רִשָּׁיוֹן, רְשׁוּת; פְּרִיצוּת; חֹפֶשׁ
license, licence, *v.t.* נָתַן רִשָּׁיוֹן
licentious, *adj.* מֻפְקָר
lichen, *n.* כָּרִיךְ (צֶמַח); חֲזָזִית
lick, *n.* לְחִיכָה, לְקִיקָה
lick, *v.t.* & *i.* לִחֵךְ, לִקֵּק; הִכָּה [נכה], נִצַּח
lid, *n.* מִכְסֶה; עַפְעַף (עַיִן)
lie, *n.* כָּזָב, שֶׁקֶר
lie, *v.i.* כִּזֵּב, שִׁקֵּר; שָׁכַב, נָח [נוח]
lief, *adv.* בְּרָצוֹן
lien, *n.* מַשְׁכַּנְתָּה, שִׁעְבּוּד נְכָסִים (קַרְקָעוֹת)
lieu, *n.* מָקוֹם
lieutenant, *n.* סֶגֶן
life, *n.* חַיִּים; חֶלֶד; תּוֹלְדוֹת חַיִּים
lifeboat, *n.* סִירַת הַצָּלָה
lifetime, *n.* יְמֵי חַיִּים

lift, *n.* הֲרָמָה, סַעַד; מַעֲלִית
lift, *v.t.* הֵרִים [רום], הֶעֱלָה [עלה]
ligament, *n.* מֵיתַר פְּרָקִים
light, *adj.* בָּהִיר, מֵאִיר; קַל, קַל דַּעַת
light, *n.* אוֹר, מָאוֹר; אֵשׁ
light, *v.t.* & *i.* דָּלַק, הִדְלִיק [דלק], הִבְעִיר [בער], בָּעַר; הֵאִיר [אור]
lighten, *v.t.* הֵקֵל [קלל]
lighter, *n.* סִירָה פּוֹרֶקֶת; מַצִּית
lighthouse, *n.* מִגְדַּלּוֹר
lightly, *adv.* בְּקַלּוּת
lightness, *n.* קַלּוּת
lightning, *n.* בָּרָק, חָזִיז
like, *adj.* & *adv.* דּוֹמֶה, שָׁוֶה; כְּמוֹ
like, *v.t.* אָהַב, מָצָא חֵן
likeable, *adj.* חָבִיב
likelihood, *n.* אֶפְשָׁרוּת
likely, *adj.* & *adv.* אֶפְשָׁרִי; כַּנִּרְאֶה
liken, *v.t.* דִּמָּה, הִשְׁוָה [שוה]
likeness, *n.* שִׁוְיוֹן, דְּמוּת, דִּמְיוֹן, צֶלֶם
likewise, *adv.* כְּמוֹ כֵן, גַּם כֵּן
lilac, *n.* אֲבִיבִית, לִילָךְ
lily, *n.* חֲבַצֶּלֶת
limb, *n.* אֵבֶר; כָּנָף; רֶגֶל, זְרוֹעַ
limber, *adj.* גָּמִישׁ
lime, *n.* & *v.t.* שִׂיד, סִיד; סִיֵּד
lime tree תִּרְזָה (עֵץ)
limelight, *n.* אוֹר סִידָן; מָקוֹם מְפֻרְסָם
limestone, *n.* גִּיר, אֶבֶן סִיד
limit, *n.* גְּבוּל, קֵץ
limit, *v.t.* הִגְבִּיל [גבל]
limitation, *n.* הַגְבָּלָה, תְּחוּם
limitless, *adj.* בִּלְתִּי מֻגְבָּל, לְלֹא גְּבוּל
limp, *n.* & *v.i.* צְלִיעָה; צָלַע
limpid, *adj.* בָּהִיר, זַךְ
line, *n.* שׁוּרָה, חֶבֶל, קַו
line, *v.t.* שִׂרְטֵט; עָשָׂה בִּטְנָה, מִלֵּא; עָרַךְ שׁוּרוֹת

lineage, *n.* יִחוּס
lineal, *adj.* קַוִּי; עוֹבֵר בִּירֻשָּׁה
linear, *adj.* קַוִּי, יָשָׁר
linen, *n.* בַּד, לְבָנִים, פִּשְׁתָּן
liner, *n.* אֳנִיָּה, אֳנִיַּת נוֹסְעִים
linger, *v.i.* הִתְמַהְמֵהַּ [מהמה], שָׁהָה
lingerie, *n.* לְבָנִים
linguist, *n.* בַּלְשָׁן
liniment, *n.* מִשְׁחָה
lining, *n.* בִּטְנָה
link, *n.* חֻלְיָה, פֶּרֶק, קֶשֶׁר
link, *v.t.* חִבֵּר, קִשֵּׁר
linoleum, *n.* שַׁעֲמָנִית, לִינוֹל
linseed, *n.* זֶרַע פִּשְׁתִּים
lint, *n.* פִּשְׁתָּן
lintel, *n.* מַשְׁקוֹף
lion, *n.* אַרְיֵה, לָבִיא, לַיִשׁ, שַׁחַל; מַזָּל אַרְיֵה
lioness, *n.* לְבִיאָה
lip, *n.* שָׂפָה
liquefy, *v.t.* הֵמֵס [מסס], הִתִּיךְ [נתך]
liquid, *adj.* נוֹזֵל
liquidate, *v.t.* פָּרַע (חוֹבוֹת), חִסֵּל
liquor, *n.* מַשְׁקֶה חָרִיף, שֵׁכָר, יי״ש
lisp, *v.t.* & *i.* שִׁנְשֵׁן; גִּמְגֵּם
list, *n.* רְשִׁימָה
list, *v.t.* & *i.* רָשַׁם בִּרְשִׁימָה; נָטְתָה [נטה] אֳנִיָּה
listen, *v.i.* הֶאֱזִין [אזן], הִקְשִׁיב [קשב], שָׁמַע
listener, *n.* שׁוֹמֵעַ, מַאֲזִין, מַקְשִׁיב
listless, *adj.* אִי פָּעִיל, אָדִישׁ, קַר רוּחַ
litany, *n.* תְּפִלָּה
liter, litre, *n.* לִיטֶר
literacy, *n.* דַּעַת קְרֹא וּכְתֹב
literal, *adj.* מִלּוּלִי, מְדֻיָּק
literally, *adv.* אוֹת בְּאוֹת
literary, *adj.* סִפְרוּתִי

literate, *adj.* מַשְׂכִּיל
literature, *n.* סִפְרוּת
lithe, *adj.* גָּמִישׁ, כָּפִיף
lithograph, *n.* דְּפוּס אֶבֶן, לִיתוֹגְרַפְיָה
litigation, *n.* מִשְׁפָּט; רִיב
litter, *n.* אַלֻנְקָה; אַשְׁפָּה; גּוּרִים
little, *adj.* קָטָן, מְעַט, פָּעוּט
little, *adv.* קִמְעָה, מְעַט, קְצָת
liturgy, *n.* סֵדֶר תְּפִלּוֹת, פֻּלְחָן
live, *v.t. & i.* חָיָה; גָּר [גור], דָּר [דור]; הִתְפַּרְנֵס [פרנס]
live, *adj.* חַי; פָּעִיל; בּוֹעֵר
livelihood, *n.* מִחְיָה, פַּרְנָסָה, כַּלְכָּלָה
liveliness, *n.* עֵרָנוּת, זְרִיזוּת
lively, *adj.* עֵרָנִי, זָרִיז
liver, *n.* כָּבֵד
livery, *n.* מַדִּים, בִּגְדֵי שְׂרָד
livestock, *n.* בְּהֵמוֹת, מִקְנֶה, צֹאן וּבָקָר
livid, *adj.* כְּחַלְחַל
living, *n.* חַיִּים; מִחְיָה, הַכְנָסָה
lizard, *n.* לְטָאָה
load, *n.* מִטְעָן, עֹמֶס, נֵטֶל, מַשָּׂא
load, *v.t. & i.* הֶעֱמִיס [עמס], טָעַן
loadstar, lodestar *n.* כּוֹכָב מַדְרִיךְ
loadstone, lodestone, *n.* אֶבֶן שׁוֹאֶבֶת
loaf, *n.* כִּכָּר
loaf, *v.i.* הָלַךְ בָּטֵל, בִּטֵּל זְמָן
loafer, *n.* בַּטְלָן
loam, *n.* טִיט, חֹמֶר
loan, *n.* מִלְוָה, הַלְוָאָה
loan, *v.t. & i.* הִלְוָה [לוה], הִשְׁאִיל [שאל]
loath, *adj.* מְמָאֵן, מִתְעַב
loathe, *v.t. & i.* שָׂנֵא, מָאַס, גָּעַל
loathsome, *adj.* נִתְעָב, נִמְאָס
lobby, *n.* טְרַקְלִין, אוּלָם הַמְתָּנָה; מִסְדְּרוֹן, פְּרוֹזְדוֹר
lobby, *v.t.* שִׁדֵּל (צִירִים)
lobe, *n.* תְּנוּךְ, בְּדַל (אֹזֶן); אֻנָּה
lobster, *n.* סַרְטַן יָם
local, *adj.* מְקוֹמִי
local, *n.* מָקוֹם
locality, *n.* סְבִיבָה
localize, *v.t.* מִקֵּם
locate, *v.t.* מָצָא מְקוֹם מְגוּרֵי־, מָצָא
location, *n.* קְבִיעַת מָקוֹם, מָקוֹם
lock, *n.* מַנְעוּל; תַּלְתַּל
lock, *v.t. & i.* נָעַל; נִסְגַּר [סגר]
locker, *n.* אָרוֹן
lockjaw, *n.* צַפֶּדֶת
lockout, *n.* הַשְׁבָּתָה
locksmith, *n.* מַסְגֵּר
lockup, *n.* מַאֲסָר; בֵּית כֶּלֶא (סֹהַר)
locomotion, *n.* תְּנוּעָה, תַּעֲבוּרָה
locomotive, *n. & adj.* קַטָּר; נָע
locust, *n.* אַרְבֶּה, חָגָב, גָּזָם
lode, *n.* עַפְרָה, מַחְצָב
lodestar, *v.* loadstar
lodestone, *v.* loadstone
lodge, *n.* מְלוּנָה, שׁוֹמֵרָה, מְקוֹם (אוּלָם) אֲסֵפוֹת שֶׁל מִסְדָּרִים
lodge, *v.t.* הֵלִין [לון], אִכְסֵן, דָּר [דור]
lodger, *n.* דַּיָּר
lodging, *n.* מָדוֹר, דִּירָה, מִשְׁכָּן
loft, *n.* עֲלִיָּה
lofty, *adj.* גָּבוֹהַּ, נִשָּׂא, נַעֲלֶה
log, *n.* בּוּל עֵץ, קוֹרָה; יוֹמָן (רַב חוֹבֵל)
log, *v.t.* כָּרַת עֵצִים
logarithm, *n.* מַעֲרִיךְ הַחֶזְקָה
loggerhead, *n.* בַּעַר, בּוּר
logic, *n.* הִגָּיוֹן, סְבָרָה, חָכְמַת הַהִגָּיוֹן
logical, *adj.* הֶגְיוֹנִי
logician, *n.* בַּעַל הִגָּיוֹן

loins, *n. pl.* יְרֵכַיִם, מָתְנַיִם, חֲלָצַיִם
loiter, *v.i.* שָׁהָה, בִּטֵּל זְמַן, הִתְמַהְמֵהַּ [מהמה]
loll, *v.i.* יָשַׁב נַחַ, שָׁכַב בַּעֲצַלְתַּיִם
lone, lonely, *adj.* עֲרִירִי, בּוֹדֵד, גַּלְמוּד
loneliness, *n.* בְּדִידוּת
lonesome, *adj.* נֶעֱזָב (לְנַפְשׁוֹ)
long, *adj.* אָרֹךְ
long, *v.i.* הִשְׁתּוֹקֵק [שקק], הִתְגַּעְגֵּעַ [געגע]
longevity, *n.* אֹרֶךְ (אֲרִיכוּת) יָמִים
longing, *n.* גַּעְגּוּעִים, כִּסּוּף, כִּסּוּפִים
longitude, *n.* קַו־אֹרֶךְ
longshoreman, *n.* סַוָּר
look, *n.* מַרְאֶה, מַבָּט
look, *v.t. & i.* הִתְבּוֹנֵן [בין] הִבִּיט [נבט], רָאָה, צָפָה, הִסְתַּכֵּל [סכל]
looking glass מַרְאָה, רְאִי
loom, *n.* נוֹל, מָנוֹר
loom, *v.i.* הוֹפִיעַ [יפע], נִרְאָה [ראה] מֵרָחוֹק
loop, *n. & v.t.* עֲנִיבָה, לוּלָאָה; עָנַב
loophole, *n.* פְּתִיחָה; חוֹר (בְּקִיר); מָנוֹס
loose, *adj.* רָפֶה; פָּרוּץ; מְחֻלְחָל
loose, *v.t.* הִתִּיר [נתר]
loosen, *v.t.* שִׁלְשֵׁל, רִפָּה
looseness, *n.* רִפְיוֹן; שִׁלְשׁוּל; פְּרִיצוּת
loot, *n.* מַלְקוֹחַ, שָׁלָל, בִּזָּה
loot, *v.t.* בָּזַז, שָׁלַל
lop, *v.t.* גָּדַע, קָטַע
loquacious, *adj.* פַּטְפְּטָנִי
Lord, *n.* אֱלֹהִים, הַקָּדוֹשׁ בָּרוּךְ הוּא
lord, *n.* גְּבִיר, אָדוֹן, אִישׁ
lordship, *n.* אַדְנוּת
lore, *n.* לֶקַח, גִּרְסָא, לִמּוּד
lorgnette, *n.* מִשְׁקֶפֶת

lorn, *adj.* גַּלְמוּד, עָזוּב
lorry, *n.* מְכוֹנִית מַשָּׂא, מַשָּׂאִית
lose, *v.t. & i.* אִבֵּד, הִפְסִיד [פסד]; יָצָא חַיָּב, נֻצַּח
loss, *n.* אֲבֵדָה; הֶפְסֵד; מִיתָה
lot, *n.* מִגְרָשׁ; מַזָּל, מָנָה, גּוֹרָל; רֹב
lousy, *adj.* מָלֵא כִּנִּים; שָׁפָל, נִתְעָב
lotion, *n.* מִשְׁחָה, נוֹזֵל רְחִיצָה
lottery, *n.* הַגְרָלָה
loud, *adj.* רוֹעֵשׁ; בָּהִיר; גַּס
loudly, *adv.* בְּקוֹל רָם
lounge, *n.* אוּלָם (חֲדַר) מַרְגּוֹעַ
lounge, *v.i.* בִּלָּה בִּנְוֹחִיּוּת
louse, *n.* כִּנָּה
lout, *n.* טִפֵּשׁ, שׁוֹטֶה, בַּעַר
lovable, *adj.* חָבִיב, נֶחְמָד
love, *n.* אַהֲבָה, חִבָּה
love, *v.t. & i.* אָהַב, חִבֵּב
loveless, *adj.* חֲסַר אַהֲבָה
loveliness, *n.* חֶמְדָּה
lovely, *adj. & adv.* אָהוּב, נֶחְמָד, חִנָּנִי
lover, *n.* אָהוּב, דּוֹד
lovesick, *adj.* מְאֹהָב, חוֹלֵה אַהֲבָה
low, *adj.* נָמוּךְ, עָמֹק, מְעַט, שָׁפָל; חָשֵׁךְ
low, *adv.* לְמַטָּה
lower, *v.t.* הוֹרִיד [ירד], הִשְׁפִּיל [שפל]
lowland, *n.* שְׁפֵלָה
lowliness, *n.* עֲנִיּוּת; שִׁפְלוּת
lowly, *adj.* צָנוּעַ, עָנָו, שָׁפָל
loyal, *adj.* נֶאֱמָן
loyalty, *n.* נֶאֱמָנוּת
lozenges, *n. pl.* סֻכָּרִיּוֹת לַגָּרוֹן
lubber, *n.* גֹּלֶם
lubricant, *n.* שֶׁמֶן, חֹמֶר סִיכָה
lubricate, *v.t.* מָשַׁח (מָרַח) בְּשֶׁמֶן, סָךְ [סוך], שִׁמֵּן, הֶחֱלִיק [חלק]
lubrication, *n.* סִיכָה, מְשִׁיחָה, מְרִיחָה (בְּשֶׁמֶן), שִׁמּוּן

lucent, *adj.* מֵאִיר, מַזְהִיר
lucerne, lucern, *n.* אַסְפֶּסֶת
lucid, *adj.* מוּבָן, בָּרוּר; זַךְ, בָּהִיר
Lucifer, *n.* אַיֶּלֶת הַשַּׁחַר, כּוֹכַב נֹגַהּ
luck, *n.* מַזָּל, גַּד, הַצְלָחָה
luckily, *adv.* לְאָשְׁרוֹ, בְּמַזָּל
lucky, *adj.* מַצְלִיחַ, בַּר מַזָּל
lucrative, *adj.* מַכְנִיס רֶוַח
ludicrous, *adj.* מְגֻחָךְ
luff, *v.i.* & *n.* פָּנָה לְצַד הָרוּחַ; צַד הָרוּחַ
lug, *v.t.* & *n.* סָחַב; אֹזֶן (הַכְּלִי)
luggage, *n.* מִטְעָן, חֲפָצִים, מִזְוָדוֹת
lugubrious, *adj.* עָצוּב, נוּגֶה
lukewarm, *adj.* חָמִים; פּוֹשֵׁר; אָדִישׁ
lull, *v.t.* & *n.* יִשֵּׁן; הִרְגִּיעַ [רגע]; שֶׁקֶט
lullaby, *n.* שִׁיר עֶרֶשׂ
lumbago, *n.* מַתְּנֶת
lumber, *n.* גְּרוּטָאוֹת; עֵצִים, עֵצָה
lumber, *v.i.* הִתְנַהֵל [נהל] בִּכְבֵדוּת; כָּרַת עֵצִים
luminary, *n.* מָאוֹר, מֵאִיר עֵינַיִם
luminous, *adj.* מֵאִיר, נוֹצֵץ
lump, *n.* רֶגֶב
lunacy, *n.* שִׁגָּעוֹן
lunar, *adj.* יַרְחִי
lunatic, *adj.* סַהֲרוּרִי, מְטֹרָף
lunch, luncheon, *n.* אֲרוּחַת צָהֳרַיִם
lunch, *v.i.* אָכַל אֲרוּחַת הַצָּהֳרַיִם
lung, *n.* רֵאָה

lunge, *v.t.* & *i.* דָּחַף, בִּתֵּק (חֶרֶב); נִדְחַף [דחף] קָדִימָה
lunge, *n.* בִּתּוּק חֶרֶב, דְּחִיפָה
lurch, *n.* נִעֲנוּעַ; מְבוּכָה, מַצָּב קָשֶׁה
lure, *n.* מְשִׁיכָה, פִּתּוּי
lure, *v.t.* מָשַׁךְ (לֵב), פִּתָּה
lurk, *v.i.* אָרַב
luscious, *adj.* טָעִים, נֶחְמָד
lush, *adj.* עֲסִיסִי
lust, *n.* חֵשֶׁק, תַּאֲוָה
lust, *v.i.* אִוָּה, חָמַד
luster, lustre, *n.* זִיו, נֹגַהּ; נִבְרֶשֶׁת; תְּקוּפַת חָמֵשׁ שָׁנִים
lustrous, *adj.* מַבְרִיק, מַבְהִיק
lusty, *adj.* בָּרִיא, חָזָק
lute, *n.* עוּד
luxuriance, *n.* שֶׁפַע
luxurious, *adj.* עָשִׁיר, בַּעַל מוֹתָרוֹת
luxury, *n.* מוֹתָרוֹת, עֶדְנָה
lye, *n.* אֵפֶר
lying, *n.* שְׁכִיבָה, רְבִיצָה; כַּחַשׁ, רְמִיָּה
lying-in, *n.* לֵדָה, שְׁכִיבַת יוֹלֶדֶת
lymph, *n.* לֵחָה לְבָנָה, לִבְנָה
lymphatic, *adj.* אִטִּי, מְחֻלְחָל
lynch, *v.t.* עָנַשׁ כְּפִי דִּין הֶהָמוֹן
lynx, *n.* חֻלְדַּת הַבָּר
lyre, *n.* נֵבֶל
lyric, lyrical, *adj.* הֶגְיוֹנִי, שִׁירִי, לִירִי
lyric, *n.* הָגִיג, שִׁירַת הִגָּיוֹן

M, m

M, m, *n.* אֶם, הָאוֹת הַשְּׁלֹשׁ עֶשְׂרֵה בָּאָלֶף בֵּית הָאַנְגְּלִי
ma'am, madam, *n.* גְּבֶרֶת, גְּבִרְתִּי
macadam, *n.* כְּבִישׁ
macadamize, *v.t.* כָּבַשׁ, סָלַל כְּבִישׁ
macaroni, *n.* אִטְרִיּוֹת; גַּנְדְּרָן

macaroon, *n.* שְׁקֵדוֹן
macaw, *n.* תֻּכִּי
mace, *n.* שַׁרְבִיט, אַלָּה
machinate, *v.t.* זָמַם
machination, *n.* מְזִמָּה
machinator, *n.* תַּחְבְּלָן, תַּכְסִיסָן

machine, *n.* מְכוֹנָה
machine gun מְכוֹנַת יְרִיָּה
machinist, *n.* מְכוֹנַאי
mackerel, *n.* כּוּפִיָּה
mackintosh, *n.* מְעִיל גֶּשֶׁם, גִּשְׁמוֹן
mad, *adj.* מְשֻׁגָּע; מִתְרַגֵּז; שִׁגְעוֹנִי
madam, ma'am, *n.* גְּבֶרֶת, גְּבִרְתִּי
madcap, *n.* פּוֹחֵז, פֶּרֶא
madden, *v.t.* & *i.* שִׁגַּע; הִשְׁתַּגַּע [שגע]
made-up, *adj.* בָּדוּי; מְפֻרְכָּס, מְאֻפָּר
madhouse, *n.* בֵּית מְשֻׁגָּעִים
madman, *n.* מְשֻׁגָּע
madness, *n.* שִׁגָּעוֹן, טֵרוּף
madrigal, *n.* שִׁיר אַהֲבָה
magazine, *n.* מַחְסָן, מַמְגּוּרָה, קֹבֶץ; תְּקוּפוֹן; מַחְסָנִית
maggot, *n.* תּוֹלָע, גֹּלֶם
magic, *n.* קֶסֶם, חֶבֶר, כִּשּׁוּף
magician, mage, *n.* חַרְטֹם, מְכַשֵּׁף
magistrate, *n.* שׁוֹפֵט
magnanimity, *n.* נְדִיבוּת, רֹחַב לֵב
magnanimous, *adj.* נָדִיב
magnate, *n.* שׁוֹעַ, אָצִיל, עָשִׁיר, אַדִּיר
magnet, *n.* אֶבֶן (זוֹחֶלֶת) שׁוֹאֶבֶת
magnetic, *adj.* שָׁאִיב, מוֹשֵׁךְ
magnificence, *n.* הָדָר, פְּאֵר, יְפִי, הוֹד
magnificent, *adj.* נֶהְדָּר, הָדוּר, מְפֹאָר
magnifier, *n.* מַגְדִּיל
magnify, *v.t.* הִגְדִּיל [גדל]; הִלֵּל
magnitude, *n.* גְּדֻלָּה; שִׁעוּר
magpie, *n.* לִבְנִי, עוֹרֵב צִבְעוֹנִי
mahogany, *n.* תּוֹלַעְנָה
maid, *n.* מְשָׁרֶתֶת, עוֹזֶרֶת, בַּחוּרָה
maiden, *adj.* רִאשׁוֹן, חָדָשׁ, טָהוֹר
maiden, *n.* בְּתוּלָה, עַלְמָה
maidenhood, *n.* בְּתוּלִים
mail, *n.* שִׁרְיוֹן; דֹּאַר, מִכְתָּבִים
mail, *v.t.* שִׁרְיֵן; דִּוֵּאר, שָׁלַח בַּדֹּאַר
mailman, *n.* דַּוָּאר, דַּוָּר
maim, *v.t.* הוּמַם [מום], קִטַּע
main, *adj.* רָאשִׁי, עִקָּרִי
main, *n.* עִקָּר; גְּבוּרָה
mainly, *adv.* בְּיִחוּד, בְּעִקָּר
mainstay, *n.* מִשְׁעָן, מְפַרְנֵס
maintain, *v.t.* הֶחֱזִיק [חזק] בְּ־; כִּלְכֵּל; טָעַן שֶׁ־
maintenance, *n.* תְּמִיכָה, מִחְיָה
maize, *n.* תִּירָס
majestic, majestical, *adj.* מַלְכוּתִי, נִשְׂגָּב, נֶהְדָּר
majesty, *n.* הוֹד מַלְכוּת
major, *adj.* בַּגִּיר, בָּכִיר, רָאשִׁי, עִקָּרִי
major, *n.* רַב סֶרֶן
majority, *n.* רֹב (דֵּעוֹת); בַּגִּירוּת
make, *n.* אֹפִי, טֶבַע, מִין, תּוֹצֶרֶת
make, *v.t.* & *i.* עָשָׂה, בָּרָא, יָצַר
maker, *n.* עוֹשֶׂה
make-up, *n.* אִפּוּר
maladjustment, *n.* הִסְתַּגְּלוּת גְּרוּעָה
maladministration, *n.* נִהוּל גָּרוּעַ
malady, *n.* מַחֲלָה, מַדְוֶה
malapert, *adj.* שַׁחֲצָנִי, חָצוּף
malaria, *n.* קַדַּחַת
malcontent, *adj.* בִּלְתִּי מְרֻצֶּה
male, *adj.* גַּבְרִי; זְכָרִי, זַכְרוּתִי
male, *n.* גֶּבֶר, זָכָר
malediction, *n.* אָלָה, קְלָלָה
malefactor, *n.* עֲבַרְיָן, חוֹטֵא
malevolence, *n.* רֶשַׁע, זָדוֹן
malevolent, *adj.* רַע לֵב, זְדוֹנִי
malfeasance, *n.* תַּעֲלוּל, מַעֲשֶׂה רַע
malice, *n.* זָדוֹן, מַשְׂטֵמָה
malicious, *adj.* זְדוֹנִי, שׂוֹטֵם
malign, *adj.* מַמְאִיר, מַשְׁחִית, מַזִּיק, קָשֶׁה, רַע לֵב

malign, *v.t.* הָלַךְ רָכִיל
malignant, *adj.* מַמְאִיר, רָשָׁע, מַזִּיק
malignity, *n.* רֹעַ לֵב
mallard, *n.* בַּרְוַז הַבָּר
mallet, *n.* מַקֶּבֶת, פַּטִּישׁ
malnutrition, *n.* תְּזוּנָה גְּרוּעָה
malodor, malodour, *n.* רֵיחַ רַע, סִרְחוֹן
malodorous, *adj.* מַסְרִיחַ, בּוֹאֵשׁ
malt, *n.* לֶתֶת, חֲמִירָה
maltreat, *v.t.* הִתְנַהֵג [נהג] בְּאַכְזָרִיּוּת
mamma, mama, *n.* אֵם, אִמָּא, אַמָּא
mammal, *n.* יוֹנֵק
mammon, *n.* מָמוֹן, בֶּצַע, כֶּסֶף
mammoth, *n.* מַמּוּתָה
man, *n.* גֶּבֶר, אִישׁ, אֱנוֹשׁ, (בֶּן) אָדָם
man, *v.t.* הֶעֱמִיד [עמד] חֵיל מַצָּב
manacles, *n. pl.* אֲזִקִּים, כְּבָלִים
manage, *v.t. & i.* כִּלְכֵּל, נִהֵל
management, *n.* נִהוּל
manager, *n.* מְנַהֵל
mandate, *n.* מִמְנוּת; פְּקֻדָּה; הַרְשָׁאָה
mandible, *n.* לֶסֶת
mandrake, *n.* יַבְרוּחַ, דוּדָאִים
mane, *n.* רַעֲמָה
maneuver, manoeuvre, *n.* תִּמְרוֹן, מֵרוֹן, אִמּוּנִים; תַּחְבּוּלָה
manful, *adj.* אַמִּיץ לֵב
mange, *n.* אִכּוּל
manger, *n.* אֵבוּס
mangle, *n.* מַעֲגִילָה, זִירָה, מַגְהֵץ חַשְׁמַלִּי; מַסְחֵט לַלְּבָנִים
mangle, *v.t.* הִטִּיל [נטל] מוּם בְּ־, הִשְׁחִית [שחת], טָרַף; זֵיֵּר, גִּהֵץ, הֶחֱלִיק [חלק] (לְבָנִים)
manhandle, *v.t.* הִשְׁתַּמֵּשׁ [שמש] בְּכֹחַ
manhood, *n.* גַּבְרוּת, בַּגְרוּת, אֹמֶץ
mania, *n.* רוּחַ תְּזָזִית; שִׁגָּעוֹן, תְּשׁוּקָה
maniac, *n. & adj.* מִתְהוֹלֵל, מְטֹרָף

manicure, *n.* עִדּוּן (מְעַדֵּן) יָדַיִם
manifest, *adj.* בָּרוּר, יָדוּעַ
manifest, *n. & v.t.* שְׁטַר מִטְעָן; גִּלָּה
manifestation, *n.* פִּרְסוּם, הַפְגָּנָה
manifesto, *n.* הַצְהָרָה (שֶׁל מִטְעָן)
manifold, *adj.* מְרֻבֶּה, רַב מִינִי
manikin, mannequin, *n.* גַּמָּד, נַנָּס; מִדְגָּם, דֻּגְמָן, דֻּגְמָנִית
manipulate, *v.t. & i.* נִהֵל; פָּעַל בְּיָדַיִם; זִיֵּף; מִשֵּׁשׁ
mankind, *n.* אֱנוֹשׁ; אֱנוֹשׁוּת
manliness, *n.* גַּבְרוּת
manna, *n.* מָן
manner, *n.* אֹרַח, אֹפֶן, מִנְהָג, נִמּוּס, דֶּרֶךְ אֶרֶץ
man-of-war, *n.* אֳנִיַּת מִלְחָמָה
manor, *n.* אֲחֻזָּה
manservant, *n.* מְשָׁרֵת, עֶבֶד, שַׁמָּשׁ
mansion, *n.* אַרְמוֹן
manslaughter, *n.* רֶצַח בִּשְׁגָגָה
mantel, mantelpiece, *n.* מַדַּף הָאָח
mantle, *n.* מְעִיל, מַעֲטֶה
mantle, *v.t. & i.* עָטַף; הִתְאַדֵּם [אדם]
manual, *adj.* שֶׁל יָד, שִׁמּוּשִׁי
manual, *n.* סֵפֶר שִׁמּוּשִׁי
manufactory, *n.* בֵּית חֲרֹשֶׁת
manufacture, *n.* חֲרֹשֶׁת, תַּעֲשִׂיָּה
manufacture, *v.t.* תִּעֵשׂ, חָרַשׁ, יָצַר
manufacturer, *n.* תַּעֲשִׂיָּן, חֲרָשְׁתָּן
manure, *n.* דֹּמֶן, זֶבֶל, דֶּשֶׁן
manure, *v.t.* זִבֵּל, טִיֵּב
manuscript, MS., *n.* כְּתַב יָד, כ״י
many, *adj. & n.* רַבִּים, הַרְבֵּה
map, *n.* מַפָּה
maple, *n.* גַּלְמוּשׁ
maple sirup שְׂרַף הַגַּלְמוּשׁ
mar, *v.t.* הִשְׁחִית [שחת], הֵפֵר [פרר]
marauder, *n.* שׁוֹדֵד

marble, *n.* שַׁיִשׁ
marbles, *n. pl.* שֵׁשִׁים
March, *n.* מֶרְץ
march, *n.* צְעִידָה, הֲלִיכָה, תַּהֲלוּכָה
march, *v.t. & i.* צָעַד, הִצְעִיד [צעד]
mare, *n.* סוּסָה
margarine, *n.* חֶמְאִית, חֶמְאָה מְלָאכוּתִית, מַרְגָּרִינָה
margin, *n.* שׁוּלַיִם
marigold, *n.* מְרִיָּמֶת (פֶּרַח)
marijuana, *n.* חֲשִׁישׁ
marinate, *v.t.* כָּבַשׁ (בָּשָׂר, דָּגִים)
marine, *adj.* יַמִּי
marine, *n.* צִי, אֳנִי
mariner, *n.* סַפָּן, מַלָּח
marital, *adj.* שֶׁל נִשּׂוּאִים, שֶׁל כְּלוּלוֹת
maritime, *adj.* יַמִּי
mark, *n.* מַטָּרָה, צִיּוּן, סִימָן, חוֹתָם
mark, *v.t. & i.* סִמֵּן, צִיֵּן, תֵּאֵר
market, mart, *n.* שׁוּק
market, *v.t.* סָחַר, קָנָה וּמָכַר
marksman, *n.* קַלָּע
marmalade, *n.* אוֹם, רִבָּה
maroon, *n.* חוּם, עַרְמוֹנִי
marquee, *n.* אֹהֶל גָּדוֹל
marriage, *n.* חֲתֻנָּה, נִשּׂוּאִים, כְּלוּלוֹת
married, *adj.* נָשׂוּי, נְשׂוּאָה
marrow, *n.* לֶשֶׁד, לְשַׁד עֲצָמוֹת
marry, *v.t. & i.* הִשִּׂיא [נשא]; נִשְּׂאָה [נשא] (אִשָּׁה)
Mars, *n.* מַאְדִּים (מַזָּל)
marsh, *n.* בִּצָּה
marshal, *n.* טַפְסָר; מַצְבִּיא
marshal, *v.t.* סִדֵּר; הִנְהִיג [נהג]
marshy, *adj.* בִּצָּתִי
mart, *v.* market
marten, *n.* נְמִיָּה
martial, *adj.* צְבָאִי, מִלְחַמְתִּי
martin, *n.* סְנוּנִית
martyr, *n.* מְעֻנֶּה, קָדוֹשׁ
martyrdom, *n.* קִדּוּשׁ הַשֵּׁם; עִנּוּיִים
marvel, *n.* פְּלִיאָה
marvel, *v.t. & i.* תָּמַהּ, הִתְפַּלֵּא [פלא]
marvelous, marvellous, *adj.* מֻפְלָא
mascot, *n.* סְגֻלָּה, מֵבִיא מַזָּל
masculine, *adj. & n.* זָכָר, גַּבְרִי; מִין זָכָר (דִּקְדּוּק)
masculinity, *n.* זַכְרוּת
mash, *n. & v.t.* בְּלִיל; בָּלַל
mask, *n.* מַסֵּכָה, מַסְוֶה
mask, *v.t. & i.* הִסְוָה [סוה], הִתְחַפֵּשׂ [חפש]
mason, *n.* בַּנַּאי; בּוֹנֶה חָפְשִׁי
masonry, *n.* בַּנָּאוּת; בַּנָּאוּת חָפְשִׁית
Masora, Masorah, *n.* מָסוֹרָה
masquerade, *n.* חַג מַסֵּכוֹת; עַדְלָיָדַע
mass, *n.* כַּמּוּת גְּדוֹלָה, גּוּשׁ, הֲמוֹן הָעָם
mass, *v.t. & i.* הִתְאַסֵּף [אסף], אָסַף, צָבַר, הִצְטַבֵּר [צבר], נִקְהַל [קהל]
massacre, *n.* טֶבַח, הֲרֵגָה
massacre, *v.t.* רָצַח, קָטַל
massage, *n.* מִשּׁוּי
massage, *v.t.* מָשָׁה, מִשָּׁה
masseur, *n.* מַשַּׁאי
massive, *adj.* מוּצָק, אָטוּם; אֵיתָן
mast, *n.* תֹּרֶן
master, *n.* אָדוֹן, בַּעַל, בָּקִי, מוֹרֶה, אָמָּן, מֻמְחֶה, יַדְעָן, רַב
master, *v.t.* שָׁלַט, הֵבִין [בין], יָדַע
masticate, *v.t.* כָּסַס, לָעַס
mastication, *n.* כְּסִיסָה, לְעִיסָה
masturbate, *v.t.* אוֹנֵן
masturbation, *n.* אוֹנָנוּת
mat, *adj.* כֵּהֶה, לֹא מַבְרִיק
mat, *n.* מַחְצֶלֶת, שָׁטִיחַ
matador, *n.* לוֹדֵר, לוֹחֵם בִּשְׁוָרִים

match, *n.* חָבֵר, תְּיוֹם; שִׁדּוּךְ; הִתְחָרוּת; מַדְלֵק, גַּפְרוּר

match, *v.t. & i.* הִשְׁוָה [שוה], הָיָה דּוֹמֶה, דָּמָה; זִוֵּג

matchmaker, *n.* שַׁדְּכָן

mate, *n.* בֶּן זוּג, בַּת זוּג, עָמִית

mate, *v.t. & i.* זִוֵּג, הִזְדַּוֵּג [זוג]; הִתְחַבֵּר [חבר]

material, *adj. & n.* חָמְרִי, גּוּפָנִי, גַּשְׁמִי; חָשׁוּב; חֹמֶר

materialism, *n.* חָמְרִיּוּת

materialist, *n.* חָמְרָן

materialize, *v.t.* חִמְרֵן, הִגְשִׁים [גשם]

maternal, *adj.* אִמָּהִי

maternity, *n.* אִמָּהוּת

mathematical, *adj.* חֶשְׁבּוֹנִי, מָתֵמָטִי

mathematician, *n.* חַשְׁבָּן, מָתֵמָטִיקַאי

mathematics, *n.* תּוֹרַת הַחֶשְׁבּוֹן

mating, *n.* הִזְדַּוְּגוּת

matriculate, *v.t.* נִרְשַׁם [רשם] לַמִּכְלָלָה

matriculation, *n.* תְּעוּדַת בַּגְרוּת

matrimony, *n.* חֲתֻנָּה, נִשּׂוּאִים, כְּלוּלוֹת

matrix, *n.* אִמָּה, אֵם הַדְּפוּס

matron, *n.* מְנַהֶלֶת

matter, *n.* חֹמֶר, גּוּף, עִנְיָן

matter, *v.i.* הָיָה חָשׁוּב

matter-of-fact, *adj.* עִנְיָנִי, רָגִיל

mattock, *n.* מַעְדֵּר

mattress, *n.* מִזְרָן

mature, *adj.* בָּשֵׁל, מְבֻגָּר

mature, *v.t. & i.* בָּשַׁל, הִבְשִׁיל [בשל], בָּגַר, הִתְבַּגֵּר [בגר]

maturity, *n.* הִתְבַּשְּׁלוּת, הִתְבַּכְּרוּת, בַּגְרוּת

maudlin, *adj.* בַּכְיָנִי; מְבֻסָּם

maul, mall, *n.* קֻרְנָס, פַּטִּישׁ כָּבֵד

mausoleum, *n.* כּוּךְ, נֶפֶשׁ, יָד, מַצֶּבֶת זִכָּרוֹן, קֶבֶר נֶהְדָּר

mauve, *n.* סֶגֹל בָּהִיר

maw, *n.* קֵבָה

mawkish, *adj.* רַגְשָׁנִי בְּיוֹתֵר; מַבְחִיל

maxim, *n.* אִמְרָה, כְּלָל

maximum, *n.* יַתִּירוּת, מַכְּסִימוּם

May, *n.* מַאי

may, *v.i.* יָכֹל, הָיָה (אֶפְשָׁר), מֻתָּר לְ־

maybe, *adv.* אוּלַי, אֶפְשָׁר

mayor, *n.* מַרְעִיר, רֹאשׁ הָעִירִיָּה

maze, *n.* מָבוֹךְ; סְבַךְ, מְבוּכָה

me, *pron.* אוֹתִי

mead, *n.* תֶּמֶד, צוּף

meadow, *n.* אָפָר, מִרְעֶה

meager, meagre, *adj.* כָּחוּשׁ, רָזֶה

meal, *n.* אֲרוּחָה, סְעוּדָה; קֶמַח

mealtime, *n.* שְׁעַת אֲרוּחָה, שְׁעַת סְעוּדָה

mealy, *adj.* קִמְחִי; מַחֲנִיף

mean, *adj.* נִקְלֶה, מִסְכֵּן, שָׁפָל; מְמֻצָּע

mean, *n.* תָּוֶךְ, אֶמְצַע, אֶמְצָעוּת

mean, *v.t. & i.* כִּוֵּן לְ־, חָשַׁב, סִמֵּן, הִתְכַּוֵּן [כון], אָמַר, סָבַר

meander, *n.* עֲקַלְקַל

meander, *v.i.* הִתְפַּתֵּל [פתל]

meaning, *n.* כַּוָּנָה; מוּבָן, מַשְׁמָעוּת,

means, *n. pl.* אֶמְצָעִים, רְכוּשׁ

meantime, meanwhile, *adv.* בֵּינְתַיִם

measles, *n.* אֲדֶמֶת, חַצֶּבֶת

measurable, *adj.* מָדִיד

measure, *n.* (קְנֵה) מִדָּה; צַעַד

measure, *v.t. & i.* מָדַד, נִמַּדַּד [מדד]

measurement, *n.* מְדִידָה, מֵמַד

meat, *n.* בָּשָׂר

meaty, *adj.* בְּשָׂרִי; עֲשִׁיר הַתֹּכֶן

mechanic, *n.* מְכוֹנָן, מְכוֹנַאי

mechanics, *n.* מְכוֹנָאוּת; פְּרָטִים

mechanism, *n* מַנְגְּנוֹן

mechanize, *v.t.* מִכֵּן

mechanization, *n.* מִכּוּן

medal, *n.* אוֹת (כָּבוֹד) הִצְטַיְּנוּת

meddle, *v.i.* הִתְעָרֵב [ערב]

meddler, *n.* מִתְעָרֵב

medial, *adj.* שָׁכִיחַ, בֵּינוֹנִי, אֶמְצָעִי

median, *adj.* מְמֻצָּע, אֶמְצָעִי, בֵּינוֹנִי

mediate, *v.t.* תִּוֵּךְ, פִּשֵּׁר

mediation, *n.* תִּוּוּךְ, פְּשָׁרָה

mediator, *n.* מְתַוֵּךְ

medical, *adj.* מְרַפֵּא

medicament, *n.* רְפוּאָה

medicate, *v.t.* רִפֵּא

medicinal, *adj.* רְפוּאִי

medicine, *n.* חָכְמַת הָרְפוּאָה, רְפוּאָה

medieval, mediaeval, *adj.* שֶׁל יְמֵי הַבֵּינַיִם

mediocre, *adj.* בֵּינוֹנִי

mediocrity, *n.* בֵּנוֹנִיּוּת

meditate, *v.t.* & *i.* הִרְהֵר, הָגָה

meditation, *n.* עִיּוּן, הִרְהוּר, הָגוּת

meditative, *adj.* הֶגְיוֹנִי

medium, *n.* אֶמְצַע, אֶמְצָעִי, תָּוֶךְ

medley, *n.* תַּעֲרֹבֶת, עֵרֶב

meed, *n.* פְּרָס, שָׂכָר

meek, *adj.* עָנָו, צָנוּעַ

meekness, *n.* עֲנָוָה

meet, *adj.* הוֹלֵם, מַתְאִים

meet, *v.t.* & *i.* קִדֵּם, נִפְגַּשׁ [פגש], פָּגַשׁ, הִתְאַסֵּף [אסף], סִלֵּק (חוֹב)

meeting, *n.* אֲסֵפָה, פְּגִישָׁה

megaphone, *n.* רַמְקוֹל

melancholy, *n.* מָרָה שְׁחוֹרָה, עֶצֶב

mellow, *adj.* רַךְ, בָּשֵׁל, נָעִים, מְבֻסָּם

melodious, *adj.* נִגּוּנִי, לַחְנִי

melodrama, *n.* מִפְגָּעָה

melody, *n.* לַחַן, נִגּוּן

melon, *n.* אֲבַטִּיחַ צָהֹב, מֵילוֹן

melt, *v.t.* & *i.* הֵמֵס [מסס], נָתַךְ, נִתַּךְ, נָמַס [מסס]

member, *n.* אֵבֶר; חָבֵר

membership, *n.* חַבְרוּת, חֶבְרָתִיּוּת

membrane, *n.* קְרוּם

memento, *n.* מַזְכֶּרֶת

memoir, *n.* זִכְרוֹן דְּבָרִים

memoirs, *n. pl.* זִכְרוֹנוֹת

memorandum, *n.* תַּזְכִּיר

memorial, *n.* זֵכֶר

memorize, *v.t.* זָכַר, חָזַר בְּעַל פֶּה

memory, *n.* זִכָּרוֹן; זֵכֶר; מַזְכֶּרֶת

menace, *n.* & *v.t.* אִיּוּם; אִיֵּם

mend, *n.* תִּקּוּן

mend, *v.t.* תִּקֵּן, הִטְלִיא [טלא]

mendacious, *adj.* שַׁקְרָנִי

mendacity, *n.* שֶׁקֶר, כָּזָב; שַׁקְרָנוּת

mender, *n.* מְתַקֵּן

mendicant, *n.* פּוֹשֵׁט יָד, קַבְּצָן

menial, *adj.* & *n.* מְשָׁרֵת, מִתְרַפֵּס

meningitis, *n.* שַׁבְתָּה, דַּלֶּקֶת קְרוּם הַמֹּחַ

menopause, *n.* הַפְסָקַת הַוֶּסֶת

menses, *n. pl.* עֶדְנָה, דֶּרֶךְ (אֹרַח) נָשִׁים, וֶסֶת

menstruate, *v.i.* וִסֵּת, פָּרַס נִדָּה

mensuration, *n.* (חָכְמַת) (הַ)מְדִידָה

mental, *adj.* שִׂכְלִי

mentality, *n.* שִׂכְלִיּוּת

mention, *n.* הַזְכָּרָה, זֵכֶר

mention, *v.t.* הִזְכִּיר [זכר]

mentor, *n.* יוֹעֵץ, מַדְרִיךְ

menu, *n.* תַּפְרִיט

mephitic, *adj.* מַבְאִישׁ; אַרְסִי

mercantile, *adj.* מִסְחָרִי

mercenary, *adj.* אוֹהֵב בֶּצַע, תַּגְרָנִי

merchandise, *n.* סְחוֹרָה, מַעֲרָב, רְכֻלָּה

merchant, *n.* סוֹחֵר, כְּנַעֲנִי, תַּגָּר

merchantman, *n.* אֳנִיַּת סוֹחֵר

merciful, *adj.* חַנּוּן, רַחוּם
merciless, *adj.* אִי חַנּוּן, אַכְזָרִי
mercurial, *adj.* שֶׁל כַּסְפִּית; מָהִיר
mercury, *n.* כַּסְפִּית, כֶּסֶף חַי
mercy, *n.* חֶמְלָה, רַחֲמִים
mere, *adj.* לְבַדּוֹ, רַק זֶה
merely, *adv.* בִּלְבַד, אַךְ
meretricious, *adj.* מְפֻקָּר, פָּרִיץ
merge, *v.t. & i.* הִתְמַזֵּג [מזג], הִתְאַחֵד [אחד]
merger, *n.* הִתְאַחֲדוּת, הִתְמַזְּגוּת
meridian, *n.* קַו הָאֹרֶךְ; שִׂיא, גֹּבַהּ
merit, *n.* זְכוּת, עֵרֶךְ
merit, *v.t.* זָכָה, הָיָה רָאוּי
meritorious, *adj.* רָאוּי, מְשֻׁבָּח
mermaid, *n.* בַּת (גַּלִּים) הַיָּם
merrily, *adv.* בְּגִיל, בְּשִׂמְחָה
merriment, *n.* גִּיל, שִׂמְחָה
merry, *adj.* עַלִּיז, צָהֵל
merry-go-round, *n.* סְחַרְחֵרָה
mesh, *n.*, *v.t. & i.* רֶשֶׁת; נִלְכַּד [לכד], הִסְתַּבֵּךְ [סבך] בְּרֶשֶׁת
meshy, *adj.* רִשְׁתִּי
mesmerize, *v.t.* הִרְדִּים [רדם]; לִבֵּב
mess, *n.* מָנַת (חֲדַר הָ) אֹכֶל, תַּבְשִׁיל; בִּלְבּוּל
mess, *v.t. & i.* סִפֵּק מָזוֹן; בִּלְבֵּל; לִכְלֵךְ; אָכַל בְּצַוְתָּא
message, *n.* יְדִיעָה, שְׁלִיחוּת
messenger, *n.* רָץ, שָׁלִיחַ, מְבַשֵּׂר
metabolism, *n.* שִׁנּוּי הַחֳמָרִים (בַּגּוּף)
metal, *n.* מַתֶּכֶת
metallic, *adj.* מַתַּכְתִּי
metallurgy, *n.* תּוֹרַת הַמַּתָּכוֹת
metamorphosis, *n.* גִּלְגּוּל, חֲלִיפַת (שִׁנּוּי) צוּרָה
metaphor, *n.* הַשְׁאָלָה, מְלִיצָה
metaphorical, metaphoric, *adj.* מְלִיצִי, מֻשְׁאָל, מֵטָפוֹרִי
metaphysical, *adj.* שֶׁל אַחַר הַטֶּבַע
mete, *n. & v.t.* גְּבוּל; מָדַד, חִלֵּק
meteor, *n.* אֶלְגָּבִישׁ, כּוֹכָב נוֹפֵל, זִיק
meteoric, *adj.* זִיקִי, מֵטֵאוֹרִי
meteorology, *n.* תּוֹרַת מֶזֶג הָאֲוִיר
meter, metre, *n.* מֶטֶר
meter, *n.* מוֹנֶה, מוֹדֵד
method, *n.* שִׁיטָה
methodical, *adj.* שִׁיטָתִי
meticulous, *adj.* קַפְּדָן, קַפְּדָנִי
metric, *adj.* מֶטְרִי
metropolis, *n.* עִיר (רַבָּתִי) בִּירָה
metropolitan, *adj.* רַבָּתִי
mettle, *n.* הִתְלַהֲבוּת, אֹמֶץ לֵב, תְּכוּנָה
mew, *v.t.* כָּלָא; הִשִּׁיר [נשר] (נוֹצוֹת); יִלֵּל (חָתוּל)
mezzanine, *n.* קוֹמָה אֶמְצָעִית
mica, *n.* נָצִיץ
microbe, *n.* חַיְדַּק
microphone, *n.* רַמְקוֹל
microscope, *n.* רְאִידָק, (זְכוּכִית) מַגְדֶּלֶת
microscopic, *adj.* זַעֲרוּרִי, מִקְרוֹסְקוֹפִּי
mid, *adj.* בֵּינוֹנִי
midday, *n.* צָהֳרַיִם
middle, *adj.* תִּיכוֹן, אֶמְצָעִי
middle, *n.* אֶמְצַע; תּוֹךְ, חֵצִי
middleman, *n.* מְתַוֵּךְ, סַרְסוּר
midge, *n.* יַבְחוּשׁ, בַּקָּה
midget, *n.* נַנָּס, גַּמָּד
midnight, *n.* חֲצוֹת, חֲצוֹת לַיְלָה
midriff, *n.* סַרְעֶפֶת, טַרְפֵּשׂ
midshipman, *n.* פֶּרַח (חֲנִיךְ) יַמָּאוּת
midst, *n.* אֶמְצַע, קֶרֶב
midsummer, *n.* אֶמְצַע הַקַּיִץ
midway, *adj. & adv.* בְּאֶמְצַע הַדֶּרֶךְ

midwife, *n.* מְיַלֶּדֶת, חֲכָמָה
midwifery, *n.* יִלּוּד, מְיַלְּדוּת
mien, *n.* מַרְאֶה פָּנִים
might, *n.* עָצְמָה, כֹּחַ, עֱזוּז, תֹּקֶף, חַיִל, אוֹן, אֱיָל
mighty, *adj.* אַדִּיר, חָזָק, אַבִּיר
mighty, *adv.* מְאֹד
migrant, *adj.* נָע וָנָד, נוֹדֵד
migration, *n.* נְדִידָה, הֲגִירָה
migratory, *adj.* נוֹדֵד
mild, *adj.* רַךְ, עָדִין, נוֹחַ
mildew, *n.* יֵרָקוֹן
mildness, *n.* רֹךְ
mile, *n.* מִיל: 1.609 קִילוֹמֶטֶר
milieu, *n.* סְבִיבָה, חוּג
militant, *adj.* תּוֹקְפָנִי
militarism, *n.* צְבָאִיּוּת
military, *adj.* צְבָאִי
military, *n.* חַיִל, צָבָא
militia, *n.* חֵיל אֶזְרָחִים, חֵיל נוֹטְרִים
milk, *n.* חָלָב
milk, *v.t.* & *i.* חָלַב, הֶחֱלִיב [חלב]
milkmaid, *n.* חוֹלֶבֶת, חַלְבָּנִית
milkman, *n.* חוֹלֵב, חַלְבָּן
Milky Way שְׁבִיל (נְתִיב) הֶחָלָב
mill, *n.* טַחֲנָה, בֵּית רֵחַיִם
mill, *v.t.* טָחַן
millennium, *n.* אַלְפוֹן, אֶלֶף שָׁנִים
miller, *n.* טוֹחֵן; מַטְחֵן
millet, *n.* דֹּחַן, דּוּרָה
milliner, *n.* כּוֹבָעָנִית
millinery, *n.* כּוֹבָעָנוּת
million, *n.* מִלְיוֹן
millionaire, *n.* מִלְיוֹנֵר
millstone, *n.* אֶבֶן רֵחַיִם (פֶּלַח רֶכֶב; שֶׁכֶב, פֶּלַח תַּחְתִּית)
mime, *n.* חִקּוּי, מִשְׂחָק חִקּוּי
mimic, *v.t.* חִקָּה

mince, *v.t.* & *i.* פָּרַם, קִצֵּץ בָּשָׂר; טָפַף
mind, *n.* שֵׂכֶל, דֵּעָה, מַחֲשָׁבָה
mind, *v.t.* & *i.* שָׂם [שים] לֵב, נִשְׁמַר [שמר], הִקְשִׁיב [קשב]
mindful, *adj.* נִזְהָר, מַקְשִׁיב
mine, *n.* מִכְרֶה; מוֹקֵשׁ
mine, *pron.* שֶׁלִּי
mine, *v.t.* & *i.* כָּרָה, עָבַד בְּמִכְרֶה; מִקֵּשׁ, מֻקַּשׁ
miner, *n.* כּוֹרֶה; מוֹקְשַׁאי
mineral, *n.* & *adj.* מַחְצָב; מַעְדָּנִי
mingle, *v.t.* הִתְעָרֵב [ערב]
miniature, *adj.* זָעִיר
miniature, *n.* זְעִירִית, זְעֵירָה
minimal, *adj.* פָּחוּת, הַקָּטָן בְּיוֹתֵר
minimize, *v.t.* הִפְחִית [פחת]
minimum, *adj.* & *n.* מוּעָט שֶׁבְּמוּעָט; הַחֵלֶק הַקָּטָן בְּיוֹתֵר
mining, *n.* כְּרִיָּה; מִקּוּשׁ
minister, *n.* וָזִיר, שַׂר, כֹּהֵן, כֹּמֶר
minister, *v.t.* & *i.* כִּהֵן, שֵׁרֵת
ministry, *n.* מִשְׂרָד, וְזָרָה, רַבָּנוּת, כְּהֻנָּה
mink, *n.* (פַּרְוַת) חָרְפָּן, חֻלְדַּת הָאֲגַם
minnow, *n.* בֶּן שִׁבּוּט
minor, *adj.* קָטָן, פָּחוּת; קַל עֵרֶךְ, טָפֵל
minor, *n.* קַטִּין; מִינוֹר (מוּסִיקָה)
minority, *n.* מִעוּט; קַטְנוּת
minstrel, *n.* מְזַמֵּר, פַּיְטָן
mint, *n.* מִטְבָּעָה; נַעְנַע
mint, *v.t.* הִטְבִּיעַ [טבע]
minuet, *n.* רִקּוּד בְּקֶצֶב אִטִּי, מֵנוּאֶט
minus, *adj.* & *n.* פָּחוּת; סִימַן הַהַפְחָתָה (−), חֶסְרוֹן, פְּגָם, לִקּוּי
minute, *adj.* פָּעוּט, מְדַיֵּק
minute, *n.* דַּקָּה, רֶגַע
minutely, *adj.* בִּפְרוֹטְרוֹט
minutes, *n. pl.* פְּרָטֵי כֹּל

minx, *n.* נַעֲרָה חֲצוּפָה
miracle, *n.* פֶּלֶא, נֵס
miraculous, *adj.* מֻפְלָא, פִּלְאִי
mirage, *n.* מִקְסַם שָׁוְא, מִירָז׳
mire, *n.* טִיט, רֶפֶשׁ, יָוֵן
mire, *v.t.* & *i.* טִנֵּף, שָׁקַע בְּרֶפֶשׁ
mirror, *n.* מַרְאָה, רְאִי
mirror, *v.t.* הֶרְאָה [ראה] כִּבְרְאִי
mirth, *n.* שִׂמְחָה, עֲלִיצוּת
misadventure, *n.* אָסוֹן, מִקְרֶה רָע
misanthrope, *n.* שׂוֹנֵא אָדָם
misapply, *v.t.* הִשְׁתַּמֵּשׁ [שמש] בְּאֹפֶן רַע
misapprehend, *v.t.* טָעָה
misapprehension, *n.* טָעוּת
misappropriate, *v.t.* מָעַל
misbehave, *v.i.* נָהַג שֶׁלֹּא כְּהֹגֶן
misbehavior, misbehaviour, *n.* הִתְנַהֲגוּת רָעָה
misbelieve, *v.i.* הֶאֱמִין [אמן] בַּשָּׁוְא
miscalculate, *v.t.* & *i.* טָעָה בְּחֶשְׁבּוֹן
miscalculation, *n.* חֶשְׁבּוֹן שָׁוְא
miscarriage, *n.* נֵפֶל, הַפָּלָה; הִתְנַהֲגוּת רָעָה
miscarry, *v.i.* תָּעָה בַּדֶּרֶךְ; הִפִּילָה [נפל] (וָלָד)
miscellaneous, *adj.* שׁוֹנִים; מְעֹרָב
mischance, *n.* מַזָּל רַע, צָרָה
mischief, *n.* תַּעֲלוּל, הֶזֵּק, קַלְקָלָה
mischievous, *adj.* מַשְׁחִית, מְחַבֵּל, מַזִּיק
misconceive, *v.t.* & *i.* טָעָה בַּהֲבָנָה
misconception, *n.* מֻשָּׂג כּוֹזֵב
misconduct, *n.* הִתְנַהֲגוּת פְּרוּעָה
misconstrue, *v.t.* בֵּאֵר שֶׁלֹּא כְּהֹגֶן
miscount, *v.t.* & *i.* טָעָה בְּחֶשְׁבּוֹן
miscreant, *n.* נָבָל, עַוָּל
misdeed, *n.* מַעֲשֶׂה רָע
misdemeanor, misdemeanour, *n.* הִתְנַהֲגוּת פְּרוּעָה, תַּעֲלוּל
misdirect, *v.t.* הִשְׁגָּה [שגה]
misdirection, *n.* הַשְׁגָּיָה
miser, *n.* קַמְצָן, כִּילַי
miserable, *adj.* אֻמְלָל, מִסְכֵּן
misery, *n.* עֹנִי, מְצוּקָה
misfit, *n.* אִי הַתְאָמָה, אִי (סִגּוּל) הִסְתַּגְּלוּת; אָדָם בִּלְתִּי מְסֻגָּל
misfortune, *n.* אָסוֹן, שֶׁבֶר, צָרָה
misgive, *v.t.* & *i.* הֵטִיל [נטל] סָפֵק
misgiving, *n.* חֲשָׁשׁ, סָפֵק
misguide, *v.t.* הוֹלִיךְ [הלך] שׁוֹלָל
mishap, *n.* אָסוֹן, נֶכֶר
Mishnah, Mishna, *n.* מִשְׁנָה
misinformation, *n.* (מְסִירַת) יְדִיעוֹת שָׁוְא
misinterpret, *v.t.* & *i.* בֵּאֵר שֶׁלֹּא כְּהֹגֶן
misjudge, *v.t.* & *i.* טָעָה בְּמִשְׁפָּט, שָׁפַט שֶׁלֹּא בְּצֶדֶק
misjudgment, misjudgement, *n.* עִוּוּת דִּין
mislay, *v.t.* הֵנִּיחַ [נוח] שֶׁלֹּא בִּמְקוֹמוֹ, אִבֵּד
mislead, *v.t.* הִטְעָה [טעה], הִתְעָה [תעה]
mislike, *n.* & *v.t.* מְאִיסָה; מָאַס
mismanage, *v.t.* & *i.* נִהֵל שֶׁלֹּא כְּהֹגֶן
misplace, *v.t.* שָׂם [שים] שֶׁלֹּא בִּמְקוֹמוֹ
misprint, *n.* טָעוּת דְּפוּס
misprint, *v.t.* הִדְפִּיס [דפס] בְּטָעוּת
mispronounce, *v.t.* & *i.* בִּטֵּא שֶׁלֹּא כְּהֹגֶן
mispronunciation, *n.* בִּטּוּי שֶׁלֹּא כְּהֹגֶן
misread, *v.t.* קָרָא שֶׁלֹּא כְּהֹגֶן
misrepresent, *v.t.* נָתַן תֵּאוּר בִּלְתִּי נָכוֹן
misrepresentation, *n.* תֵּאוּר מְזֻיָּף
miss, *n.* גְּבֶרֶת (לֹא נְשׂוּאָה), עַלְמָה

miss, ***n.*** הַחְטָאַת הַמַּטָּרָה

miss, ***v.t. & i.*** פָּקַד, חָסַר, הֶחֱטִיא [חטא] (מַטָּרָה); עָבַר (מוֹעֵד); הִרְגִּישׁ [רגש] בְּחֶסְרוֹן

misshape, ***v.t.*** נָתַן צוּרָה לֹא נְכוֹנָה

missile, ***n.*** טִיל, קָלִיעַ

mission, ***n.*** יִעוּד, שְׁלִיחוּת, מִשְׁלַחַת, תַּפְקִיד

missionary, ***n.*** שָׁלִיחַ, שְׁלִיחַ דָּתִי

missive, ***n. & adj.*** מִכְתָּב, אִגֶּרֶת; שָׁלוּחַ, מָסוּר

misspell, ***v.t.*** טָעָה בִּכְתִיב

misstate, ***v.t.*** מָסַר יְדִיעוֹת שָׁוְא

misstatement, ***n.*** הוֹדָעַת שָׁוְא

misstep, ***n.*** צַעַד שָׁוְא, מִשְׁגֶּה

mist, ***n.*** עֲלָטָה, עֲרָפֶל

mistake, ***n.*** שְׁגִיאָה, טָעוּת, שִׁבּוּשׁ

mistake, ***v.t. & i.*** שָׁגָה, טָעָה, הִשְׁתַּבֵּשׁ [שבש]

Mister, Mr., ***n.*** אָדוֹן, מַר

mistletoe, ***n.*** דִּבְקוֹן

mistreat, ***v.t.*** הִשְׁתַּמֵּשׁ [שמש] בְּדָבָר לְרָעָתוֹ, צִעֵר

mistress, ***n.*** אֲהוּבָה, פִּילֶגֶשׁ, שֵׁגָל

mistress, Mrs., ***n.*** גְּבֶרֶת, מָרָה

mistrust, ***n.*** חֲשָׁד

mistrust, ***v.t. & i.*** חָשַׁד

misunderstanding, ***n.*** אִי הֲבָנָה

misuse, ***v.t.*** הִשְׁתַּמֵּשׁ [שמש] בְּדָבָר שֶׁלֹּא כְּהֹגֶן

mite, ***n.*** קַרְצִית

miter, mitre, ***n.*** מִצְנֶפֶת

mitigate, ***v.t.*** הֵקֵל [קלל], שִׁכֵּךְ, הִמְתִּיק [מתק] דִּין

mitigation, ***n.*** הֲקַלָּה, הַמְתָּקַת דִּין

mitten, ***n.*** כְּפָפָה, כְּסָיָה (לְלֹא אִצְבּוּעַ אֶלָּא לַאֲגוּדָל)

mix, ***n.*** תַּעֲרֹבֶת

mix, ***v.t. & i.*** הִתְעָרֵב [ערב], עִרְבֵּב, עִרְבֵּל, בָּחַשׁ, הִתְמַזֵּג [מזג], נִטְמַע [טמע]

mixer, ***n.*** מְעַרְבֵּל, בּוֹלֵל, מְעָרֵב

mixture, ***n.*** עֵרוּב, מֶזֶג, עִרְבּוּב, עִרְבּוּל, תַּעֲרֹבֶת

moan, ***n.*** הֶמְיָה, אֲנָקָה

moan, ***v.i.*** נֶאֱנַח [אנח], נֶאֱנַק [אנק]

moat, ***n. & v.t.*** תְּעָלָה; תִּעֵל

mob, ***n. & v.t.*** הָמוֹן, אֲסַפְסוּף; הִתְקַהֵל [קהל], הִתְנַפֵּל [נפל] עַל

mobile, ***adj.*** נָע, מִתְנוֹעֵעַ; נַיָּד, מוּנָד

mobility, ***n.*** נַיָּדוּת, נְדִידָה, תְּנוּעָה

mobilization, ***n.*** חִיּוּל, גִּיּוּס

mobilize, ***v.t. & i.*** גִּיֵּס, חִיֵּל, הִתְגַּיֵּס [גיס]

moccasin, ***n.*** נַעַל עוֹר הַצְּבִי; נָחָשׁ אַרְסִי

mock, ***adj.*** מְגֻחָךְ, מְדֻמֶּה, מְזֻיָּף

mock, ***n. & v.t.*** לַעַג; לִגְלֵג, הִתֵּל, הֵתֵל [תלל], לָעַג, צָחַק

mocker, ***n.*** לֵצָן, לַגְלְגָן

mockery, ***n.*** מַהֲתַלָּה, לַעַג, לִגְלוּג

mode, ***n.*** אֹרַח, מִנְהָג, אֹפֶן, אָפְנָה

model, ***adj.*** מוֹפְתִי

model, ***n.*** מוֹפֵת, דֻּגְמָה, תַּבְנִית

model, ***v.t. & i.*** כִּיֵּר, עִצֵּב, צִיֵּר

moderate, ***adj.*** מָתוּן, בֵּינוֹנִי, מְמֻצָּע

moderate, ***v.t. & i.*** מִתֵּן, הִתְמַתֵּן [מתן]; הִפְחִית [פחת], הִגְבִּיל [גבל]

moderation, ***n.*** מְתִינוּת, הִסְתַּפְּקוּת

moderator, ***n.*** מְמַתֵּן

modern, ***adj.*** חֲדִישׁ

modernize, ***v.t.*** חִדֵּשׁ

modest, ***adj.*** עָנָו, צָנוּעַ

modesty, ***n.*** עֲנָוָה, צְנִיעוּת

modification, ***n.*** שִׁנּוּי, הַגְבָּלָה

modify, ***v.t.*** שִׁנָּה, הִגְבִּיל [גבל]

modiste, *n.* תּוֹפֶרֶת
modulate, *v.t.* & *i.* סִלְסֵל (קוֹל)
modulation, *n.* סִלְסוּל, שִׁנּוּי הַקּוֹל
Mohammedan, *n.* & *adj.* מֻחַמָּדִי
moil, *v.i.* עָמַל, יָגַע; לִכְלֵךְ
moil, *n.* עָמָל, יְגִיעָה; כֶּתֶם
moist, *adj.* לַח, רָטֹב, טָחוּב
moisten, *v.t.* לִחְלֵחַ, הִרְטִיב [רטב], לָתֵת (תְּבוּאָה)
moisture, *n.* רְטִיבוּת, לֶחֶת, טַחַב
molar, *adj.* טוֹחֵן
molar, *n.* שֵׁן טוֹחֶנֶת
molasses, *n.* פְּסֹלֶת סֻכָּר
mold, mould, *n.* & *v.t.* אִמּוּם, יְצִירָה, דְּפוּס, טֶפֶס; יָצַר, עִצֵּב, יָצַק
mold, mould, *n.* & *v.i.* קוֹמָנִית, עֹבֶשׁ, עִפּוּשׁ, עָפָר, חֹמֶר; עָבַשׁ, הִתְעַפֵּשׁ [עפש]
molder, moulder, *v.t.* הִרְקִיב [רקב], הִתְפּוֹרֵר [פרר]
mole, *n.* חֹלֶד, אָשׁוּת, חֲפַרְפֶּרֶת; בַּהֶרֶת, כֶּתֶם
molecular, *adj.* פְּרֻדָּתִי
molecule, *n.* פְּרֻדָּה
molest, *v.t.* הִפְרִיעַ [פרע], קִנְטֵר
molestation, *n.* קִנְטוּר, הַקְנָטָה
mollify, *v.t.* רִכֵּךְ
mollusk, mollusc, *n.* רַכּוּכִית
mollycoddle, *v.t.* & *i.* פִּנֵּק, הִתְפַּנֵּק [פנק]
molt, moult, *v.t.* הִשִּׁיר [נשר] (שֵׂעָר, נוֹצוֹת), הֶחֱלִיף [חלף] (עוֹר)
moment, *n.* רֶגַע, הֶרֶף עַיִן; חֲשִׁיבוּת
momentary, *adj.* רִגְעִי
momentous, *adj.* חָשׁוּב מְאֹד
momentum, *n.* תְּנוּפָה
monarch, *n.* מֶלֶךְ, קֵיסָר
monarchy, *n.* מַלְכוּת, מַמְלָכָה
monastery, *n.* מִנְזָר
Monday, *n.* יוֹם שֵׁנִי, יוֹם ב׳
monetary, *adj.* מָמוֹנִי
money, *n.* כֶּסֶף, מָמוֹן, דָּמִים, מָעוֹת
money order הַמְחָאַת כֶּסֶף
monger, *n.* רוֹכֵל, תַּגָּר
mongrel, *adj.* בֶּן כִּלְאַיִם, שַׁעַטְנֵז, מְעֹרָב הַגְּזָעִים; כֶּלֶב רְחוֹב
monition, *n.* הַתְרָאָה
monitor, *n.* מַדְרִיךְ, מַשְׁגִּיחַ; יוֹעֵץ; מַתְרָה
monk, *n.* נָזִיר
monkey, *n.* קוֹף
monkey, *v.t.* & *i.* חִקָּה
monkey wrench מַפְתֵּחַ אַנְגְּלִי
monocle, *n.* מִשְׁקָף
monogamous, *adj.* חַד זוּגִי
monogamy, *n.* חַד זוּגִיּוּת
monogram, *n.* רִקְמַת שֵׁם
monologue, *n.* חַד שִׂיחַ
monopolize, *v.t.* לָקַח בְּמוֹנוֹפּוֹלִין
monopoly, *n.* זְכוּת יָחִיד, חַד מֶכֶר, חַד מִמְכָּר, הִשְׁתַּלְּטוּת יָחִיד
monosyllabic, *adj.* חַד הֲבָרָתִי
monotheism, *n.* אֱמוּנָה בְּאֵל אֶחָד, חַד אֱלֹהוּת
monotonous, *adj.* חַד צְלִילִי; חַדְגּוֹנִי
monotony, *n.* חַד צְלִילִיּוּת, חַדְגּוֹנִיּוּת
monsoon, *n.* רוּחַ עוֹנָתִית הַמְּבִיאָה יְמוֹת הַגְּשָׁמִים
monster, *n.* מִפְלֶצֶת
monstrosity, *n.* תִּפְלֶצֶת, מִפְלֶצֶת
monstrous, *adj.* מַבְהִיל
month, *n.* חֹדֶשׁ, יֶרַח
monthly, *adj.* חָדְשִׁי
monthly, *adv.* בְּכָל (פַּעַם בְּ) חֹדֶשׁ
monument, *n.* מַצֵּבָה, נֶפֶשׁ, יָד
monumental, *adj.* שֶׁל מַצֵּבָה, נִצְחִי

moo, *n.* גְּעִיָּה

moo, *v.i.* גָּעָה

mood, *n.* מַצַּב רוּחַ, מִנְהָג

moody, *adj.* קוֹדֵר, סָר וְזָעֵף, מִצְּבְרָח

moon, *n.* לְבָנָה, יָרֵחַ, סַהַר; חֹדֶשׁ

moonlight, *n.* זַהַר, אוֹר לְבָנָה

moor, *v.t.* קָשַׁר (אֳנִיָּה)

moorage, *n.* עִגּוּן

mop, *n.* סְחָבָה, סְמַרְטוּט; עֲוָיָה

mop, *v.t.* נִגֵּב בִּסְמַרְטוּט

mope, *v.i.* יָשַׁב מַשְׁמִים, הִתְעַצֵּב [עצב]

moral, *adj.* & *n.* מוּסָרִי; מוּסָר; נִמְשָׁל

morale, *n.* מַצָּב מוּסָרִי

morality, *n.* מוּסָר, מוּסָרִיּוּת

moralize, *v.i.* הִטִּיף [נטף] מוּסָר

morass, *n.* בִּצָּה, טִיט

moratorium, *n.* אַרְכָּה חֻקִּית

morbid, *adj.* חוֹלָנִי, מְדֻכָּא

more, *adj.* & *adv.* יוֹתֵר, נוֹסָף, עוֹד

moreover, *adv.* עוֹד זֹאת, יָתֵר עַל כֵּן

morgue, *n.* חֲדַר הַמֵּתִים

moribund, *adj.* גּוֹסֵס

morning, morn, *n.* בֹּקֶר, שַׁחַר

morose, *adj.* קוֹדֵר, נוּגֶה

morphine, morphin, *n.* פִּרְגִּית, מוֹרְפְיוּם

morrow, *n.* מָחֳרָת

Morse code כְּתָב מוֹרְס

morsel, *n.* פְּרוּסָה

mortal, *adj.* & *n.* אֱנוֹשׁ, אֱנוֹשִׁי, בֶּן תְּמוּתָה; מֵמִית, מָוְתִי

mortality, *n.* תְּמוּתָה

mortar, *n.* טִיחַ, טִיט, מֶלֶט, חֹמֶר; מַכְתֵּשׁ, מְדוֹכָה

mortgage, *n.* מַשְׁכַּנְתָּה

mortgage, *v.t.* מִשְׁכֵּן

mortification, *n.* הֲמָתָה; סִגּוּף; פְּגִיעָה, עֶלְבּוֹן

mortify, *v.t.* & *i.* סִגֵּף, הִסְתַּגֵּף [סגף]; הֶעֱלִיב [עלב], פָּגַע

mortise, mortice, *n.* שֶׁקַע, פּוֹתָה

mortuary, *n.* חֲדַר הַמֵּתִים

mosaic, *n.* מַשְׂכִּית, פְּסֵיפָס, תַּשְׁבֵּץ

mosque, mosk, *n.* מִסְגָּד

mosquito, *n.* יַתּוּשׁ

moss, *n.* חֲזָזִית, טְחָבִית

most, *adj.* בְּיוֹתֵר

most, *adv.* לְכָל הַיּוֹתֵר, לָרֹב

mostly, *adv.* בְּעִקָּר, עַל פִּי רֹב

mote, *n.* קִיסָם

moth, *n.* עָשׁ, סָס

mother, *n.* אֵם, הוֹרָה

motherhood, *n.* אִמָּהוּת

mother-in-law, *n.* חוֹתֶנֶת, חָמוֹת

motherland, *n.* (אֶרֶץ) מוֹלֶדֶת

motherless, *adj.* יָתוֹם (מֵהָאֵם)

mother-of-pearl, *n.* צֶדֶף

Mother's Day יוֹם הָאֵם

motif, *n.* רַעֲיוֹן מֶרְכָּזִי

motion, *n.* תְּנוּעָה

motion, *v.t.* & *i.* רָמַז; הִצִּיעַ [יצע]; סִמֵּן בִּתְנוּעָה

motion picture סֶרֶט (רְאִינוֹעַ) קוֹלְנוֹעַ

motivation, *n.* הַנְמָקָה

motive, *adj.* & *n.* מֵנִיעַ, סִבָּה, טַעַם, גּוֹרֵם

motley, *adj.* & *n.* מְגֻוָּן, מְנֻמָּר; כְּתֹנֶת פַּסִּים

motor, *n.* מָנוֹעַ

motorboat, *n.* סִירַת נוֹעַ

motorcar, *n.* מְכוֹנִית

motorcycle, *n.* אוֹפַנּוֹעַ

motorcyclist, *n.* אוֹפַנּוֹעָן

mottle, *v.t.* נִמֵּר

motto, *n.* סִיסְמָה

mould, *v.* mold

moulder, *v.* molder

moult, *v.* molt

mound, *n.* תֵּל, סוֹלְלָה

mount, *n.* גִּבְעָה

mount, *v.t.* & *i.* הֶעֱלָה [עלה], רָכַב, הִרְכִּיב [רכב], הִצִּיג [יצג]

mountain, *n.* הַר, הָרֶר

mountaineer, *n.* הֲרָרִי, מְטַפֵּס עַל הָרִים

mountainous, *adj.* הֲרָרִי

mourn, *v.i.* & *t.* אָנָה, הִתְאַבֵּל [אבל]

mourner, *n.* אָבֵל, מִתְאַבֵּל, סַפָּד

mourning, *n.* אֵבֶל, אֲנִינָה, מִסְפֵּד

mouse, *n.* עַכְבָּר

mouse, *v.t.* & *i.* לָכַד עַכְבָּרִים

moustache, *v.* mustache

mouth, *n.* פֶּה; פְּתִיחָה, פֶּתַח; קוֹל

mouthful, *n.* מְלֹא הַפֶּה, לְגִימָה

mouthpiece, *n.* פּוּמִית, פִּיָּה; מְצוּפִית

movable, moveable, *adj.* מְטַלְטֵל, נַיָּד

move, *v.t.* & *i.* הֵזִיז [זיז], הֵנִיעַ [נוע], הִתְנוֹעֵעַ [נוע]; הִתְנִיעַ [תנע]; הֶעֱבִיר [עבר], טִלְטֵל; רָחַשׁ (שְׂפָתַיִם); הִלַּךְ (מֵעַיִם); עוֹרֵר [עור], נָגַע (לֵב); הִצִּיעַ (יצע); הֶחֱלִיף [חלף] (דִּירָה); הִתְקַדֵּם [קדם]; הֵסִית [סות]

move, *n.* תְּנוּעָה, הִלּוּךְ; צַעַד, צְעִידָה

movement, *n.* תְּנוּעָה, נִיעַ, נִיד; רְחִישָׁה; מַתְנֵעַ (שָׁעוֹן); תְּנִיעָה (נְגִינָה)

movies, *n. pl.* רְאִינוֹעַ, קוֹלְנוֹעַ, סֶרֶט

movie camera צַלְמָנוֹעַ

mow, *v.t.* & *i.* קָצַר; עָרַם (תְּבוּאָה); עִוָּה, הֶעֱוָה (פָּנִים)

mower, *n.* קוֹצֵר; מַקְצֵרָה

Mr., *n.* מַר, אָדוֹן

Mrs., *n.* מָרָה, גְּבֶרֶת

much, *adj.* & *adv.* רַב; הַרְבֵּה, מְאֹד

muck, *n.* זֶבֶל; רָקָב; חָרָא

mucous, *adj.* רִירִי

mucus, *n.* רִיר; לֵחָה

mud, *n.* בֹּץ, טִיט, רֶפֶשׁ

muddle, *n.* מְבוּכָה

muddle, *v.t.* בִּלְבֵּל, דָּלַח, עָכַר

muddy, *adj.* רִפְשִׁי, דָּלוּחַ, מְרֻפָּשׁ

muff, *n.* חֻבָּה

muffin, *n.* לַחְמָנִית

muffle, *v.t.* הֶעֱטָה [עטה], כִּסָּה (פָּנִים), מִעֵךְ (קוֹל)

mufti, *n.* מֻפְתִּי, כֹּהֵן מֻסְלְמִי; לְבוּשׁ אֶזְרָחִי

mug, *n.* סֵפֶל

muggy, *adj.* לַח וְחַם

mulatto, *n.* בֶּן תַּעֲרוֹבוֹת (לָבָן וְכוּשִׁי)

mulberry, *n.* תּוּת

mulct, *n.* & *v.t.* כֹּפֶר, קְנָס; קָנַס

mule, *n.* פֶּרֶד, פִּרְדָּה

muleteer, *n.* נוֹהֵג פֶּרֶד

mullet, *n.* שִׁבּוּט (דָּג)

multifarious, *adj.* רַבְגּוֹנִי, מְגֻוָּן מִמִּינִים שׁוֹנִים, טָלוּא

multiform, *adj.* רַב צוּרָתִי

multiple, *adj.* כָּפוּל

multiplication, *n.* הַכְפָּלָה, כֶּפֶל

multiplier, *n.* כּוֹפֵל, מַכְפִּיל

multiply, *v.t.* & *i.* רָבָה, הִפְרָה [פרה], הִרְבָּה [רבה], הִכְפִּיל [כפל]

mum, *adj.* דּוֹמֵם

mumble, *n.* רִטּוּן, מִלְמוּל

mumble, *v.t.* & *i.* רָטַן, מִלְמֵל

mummer, *n.* מְשַׂחֵק מַסֵּכוֹת

mummify, *v.t.* חָנַט

mummy, *n.* חָנוּט

mumps, *n.* חַזֶּרֶת

munch, *v.t.* & *i.* כִּרְסֵם, כָּסַס, לָעַס

mundane, *adj.* אַרְצִי
municipal, *adj.* עִירוֹנִי
municipality, *n.* עִירִיָּה
munificence, *n.* נַדְּבָנוּת
munificent, *adj.* נַדְּבָן
munition, *n.* תַּחְמֹשֶׁת
mural, *adj.* כָּתְלִי
murder, *n.* רֶצַח
murder, *v.t.* רָצַח, קָטַל, הִכָּה [נכה] נֶפֶשׁ
murderer, *n.* רוֹצֵחַ, קַטְלָן
murderous, *adj.* רַצְחָנִי, קַטְלָנִי
murk, *n.* עֲלָטָה, אֲפֵלָה
murky, *adj.* אַפְלוּלִי
murmur, *n.* לַחַשׁ
murmur, *v.t.* & *i.* לָחַשׁ, לִחֵשׁ; הִתְלוֹנֵן [לין], הִתְרַעֵם [רעם]
murrain, *n.* מַגֵּפָה, דֶּבֶר (בִּבְהֵמוֹת)
muscle, *n.* שְׁרִיר, עָצָל, עַכְבָּר
muscular, *adj.* שְׁרִירִי, חָסִין
muse, *n.* בַּת שִׁיר, רוּחַ הַשִּׁירָה
muse, *v.t.* & *i.* הִרְהֵר, הִתְבּוֹנֵן [בין]
museum, *n.* בֵּית נְכוֹת
mush, *n.* פִּרְמָה
mushroom, *n.* פִּטְרִיָּה
music, *n.* נְגִינָה, מוּסִיקָה
musical, *adj.* נְגִינָתִי, מוּסִיקָלִי
musician, *n.* מְנַגֵּן, מוּסִיקַאי
musket, *n.* קָנֶה רוֹבֶה
muskrat, *n.* עַכְבְּרוֹשׁ הַמֶּשֶׁק
muslin, *n.* מַלְמֵלָה
muss, *v.t.* & *n.* עִרְבֵּב; מְהוּמָה, מְבוּכָה
mussel, *n.* חִלָּזוֹן
Mussulman, *n.* מֻסְלְמִי
must, *v.i.* הָיָה מֻכְרָח, הָיָה מְחֻיָּב
mustache, moustache, *n.* שָׂפָם
mustard, *n.* חַרְדָּל
muster, *n.* הַקְהָלָה, הַקְהָלַת הַחַיָּלִים
muster, *v.t.* & *i.* הִתְאַסֵּף [אסף], נִזְעַק [זעק] הִצְבִּיא [צבא]
musty, *adj.* מְעֻפָּשׁ, מָהוּהַּ
mutate, *v.t.* & *i.* הֶחֱלִיף [חלף], שִׁנָּה, הִשְׁתַּנָּה [שנה]
mutation, *n.* תְּמוּרָה, הִתְחַלְּפוּת
mute, *adj.* דּוֹמֵם, אִלֵּם, שׁוֹתֵק
mutilate, *v.t.* גָּדַם, קִטַּע, חִבֵּל, הִשְׁחִית [שחת]
mutilation, *n.* קִטּוּעַ, סֵרוּס
mutineer, *n.* מוֹרֵד
mutineer, mutiny, *v.i.* מָרַד, הִתְקוֹמֵם [קום]
mutiny, *n.* קֶשֶׁר, הִתְקוֹמְמוּת
mutter, *v.t.* & *i.* נִרְגַּן [רגן], מִלְמֵל
mutton, *n.* בְּשַׂר כֶּבֶשׂ
mutual, *adj.* הֲדָדִי, מְשֻׁתָּף
muzzle, *n.* מַחְסוֹם, זָמָם; פִּי רוֹבֶה
muzzle, *v.t.* חָסַם, זָמַם
my, *pron.* שֶׁלִּי
myopia, *n.* קֹצֶר רְאִיָּה
myopic, *adj.* קְצַר רְאוּת
myriad, *n.* רְבָבָה
myrrh, *n.* מֹר, לוֹט
myrtle, *n.* הֲדַס
myself, *pron.* אֲנִי, אָנֹכִי, אֲנִי בְּעַצְמִי
mysterious, *adj.* טָמִיר, נֶעֱלָם, רָזִי, סוֹדִי
mystery, *n.* רָז, לָט, תַּעֲלוּמָה
mystic, mystical, *adj.* כָּמוּס, נִסְתָּר, קַבָּלִי
mystic, *n.* מְקֻבָּל
mysticism, *n.* קַבָּלָה
myth, *n.* אַגָּדָה
mythic, mythical, *adj.* אַגָּדִי
mythology, *n.* אַגָּדוֹת (עַם) אֱלִילִים

N, n

N, n, ***n.*** אֶן, הָאוֹת הָאַרְבַּע עֶשְׂרֵה בָּאָלֶף בֵּית הָאַנְגְּלִי
nab, ***v.t.*** תָּפַשׂ
nacre, ***n.*** צֶדֶף, צִדְפַּת־הַפְּנִינִים
nadir, ***n.*** נְקֻדַּת הָאֲנָךְ
nag, ***n.*** סְיָח
nag, ***v.t. & i.*** הִתְרַעֵם [רעם], הִקְנִיט [קנט]
nail, ***n.*** מַסְמֵר; צִפֹּרֶן
nail, ***v.t.*** סִמֵּר, מִסְמֵר, תָּקַע מַסְמְרִים
naive, ***adj.*** תָּמִים, יַלְדוּתִי
naked, ***adj.*** עָרֹם, חָשׂוּף; פָּשׁוּט
name, ***n.*** שֵׁם, כִּנּוּי, חֲנִיכָה
name, ***v.t.*** קָרָא בְּשֵׁם, כִּנָּה
nameless, ***adj.*** לְלֹא שֵׁם, בֶּן בְּלִי שֵׁם
namely, ***adv.*** כְּלוֹמַר, הַיְנוּ
namesake, ***n.*** בֶּן שֵׁם
nap, ***n.*** תְּנוּמָה; שְׂעָרִיּוֹת (בִּצְמָחִים, אָרִיג)
nap, ***v.i.*** נִמְנֵם, הִתְנַמְנֵם [נמנם]
nape, ***n.*** עֹרֶף, מַפְרֶקֶת
naphtha, ***n.*** שֶׁמֶן אֲדָמָה, נֵפְט
napkin, ***n.*** מַפִּית
narcissus, ***n.*** נַרְקִיס
narcotic, ***adj. & n.*** מַרְדִּים, מְאַלְחֵשׁ
nares, ***n. pl.*** נְחִירַיִם
narrate, ***v.t.*** סִפֵּר
narration, ***n.*** סִפּוּר, הַגָּדָה
narrative, ***n. & adj.*** סִפּוּר; סִפּוּרִי
narrator, ***n.*** קַרְיָן, מְסַפֵּר
narrow, ***adj.*** צַר, דָּחוּק; מֻגְבָּל
narrow-minded, ***adj.*** צַר מֹחַ, מֻגְבָּל
narrowness, ***n.*** צָרוּת; מֻגְבָּלוּת
nasal, ***adj.*** אַפִּי, חָטְמִי
nascency, ***n.*** לֵדָה
nascent, ***adj.*** נוֹלָד, מִתְהַוֶּה
nasturtium, ***n.*** כַּרְמוּל
nasty, ***adj.*** מְזֹהָם, גַּס, מָאוּס
natal, ***adj.*** לֵדָתִי, שֶׁמִּלֵּדָה
nation, ***n.*** לְאֹם, עַם, גּוֹי, אֻמָּה
national, ***adj.*** לְאֻמִּי
nationalism, nationality, ***n.*** לְאֻמִּיּוּת
nationalization, ***n.*** הַלְאָמָה
nationalize, ***v.t.*** הִלְאִים [לאם]
native, ***adj.*** לֵדָתִי, אֶזְרָחִי
native, ***n.*** יְלִיד הָאָרֶץ, אֶזְרָח
nativity, ***n.*** לֵדָה
natural, ***adj.*** טִבְעִי, אֲמִתִּי, פָּשׁוּט
naturalism, ***n.*** טִבְעִיּוּת
naturalist, ***n.*** טִבְעָתָן; חוֹקֵר הַטֶּבַע
naturalization, ***n.*** אִזְרוּחַ; הִסְתַּגְּלוּת, אִקְלוּם
naturalize, ***v.t.*** אִזְרַח; אִקְלֵם, סִגֵּל
naturally, ***adv.*** בְּאֹפֶן טִבְעִי, מוּבָן מֵאֵלָיו
nature, ***n.*** טֶבַע, אֹפִי; טִיב, מִין, סוּג; תְּכוּנָה
naught, ***n.*** אֶפֶס, אַיִן, לֹא כְלוּם
naughty, ***adj.*** שׁוֹבָב, סוֹרֵר
nausea, ***n.*** בְּחִילָה, גֹּעַל נֶפֶשׁ, קֶבֶס
nauseate, ***v.t. & i.*** בָּחַל, חָשׁ גֹּעַל, קִבֵּס
nautical, ***adj.*** יַמִּי, שֶׁל (סַפָּנִים) סַפָּנוּת
naval, ***adj.*** יַמִּי
navel, ***n.*** טַבּוּר
navigate, ***v.t. & i.*** הִפְלִיג [פלג]; נִוֵּט
navigation, ***n.*** הַפְלָגָה; סַפָּנוּת; נִוּוּט
navigator, ***n.*** סַפָּן; נַוָּט
navy, ***n.*** צִי, יַמִּיָּה
nay, ***adv.*** לֹא, לָאו; אֲבָל
near, ***adj., adv. & prep.*** עַל יַד, קָרוֹב, אֵצֶל

near, *v.t. & i.* קָרַב, הִתְקָרֵב [קרב]
nearly, *adv.* כִּמְעַט
nearness, *n.* קִרְבָה
nearsighted, *adj.* קְצַר (רְאִיָּה) רְאוּת
nearsightedness, *n.* קֹצֶר (רְאִיָּה) רְאוּת
neat, *adj.* מְסֻדָּר, נָקִי
nebulous, nebulose, *adj.* מְעֻרְפָּל, עַרְפִּלִּי
necessary, *adj.* נָחוּץ, הֶכְרֵחִי
necessitate, *v.t.* הִצְרִיךְ [צרך], הִכְרִיחַ [כרח]
necessity, *n.* צֹרֶךְ, נְחִיצוּת, הֶכְרֵחִיּוּת
neck, *n.* צַוָּאר, עֹרֶף
necklace, *n.* עֲנָק, שַׁרְשֶׁרֶת
necktie, *n.* עֲנִיבָה, מִקְשֶׁרֶת
necromancer, *n.* יִדְּעוֹנִי, (בַּעַל) אוֹב, מְכַשֵּׁף
nectar, *n.* צוּף
nee, née, *adj.* נוֹלְדָה
need, *n.* צֹרֶךְ, מַחְסוֹר, דֹּחַק
need, *v.t. & i.* צָרַךְ, חָסַר, הִצְטָרֵךְ [צרך], הָיָה נָחוּץ, הָיָה צָרִיךְ
needful, *adj.* נָחוּץ, נִצְרָךְ
needle, *n.* מַחַט
needless, *adj.* לְלֹא צֹרֶךְ, לְלֹא תּוֹעֶלֶת
needlework, *n.* מְלֶאכֶת מַחַט
needy, *adj.* אֶבְיוֹן, רָשׁ, קְשֵׁה יוֹם
nefarious, *adj.* נִבְזֶה, נִתְעָב
negate, *v.t.* שָׁלַל
negation, *n.* שְׁלִילָה
negative, *adj.* שְׁלִילִי, מְסָרֵב
negative, *n.* שְׁלִילִית (בְּצִלּוּם), מִשְׁלָל
neglect, *n. & v.t.* רַשְׁלָנוּת, הִתְרַשְּׁלוּת, זִלְזוּל, הַזְנָחָה; הִתְרַשֵּׁל [רשל], זִלְזֵל בְּ־, עָזַב, הִזְנִיחַ [זנח]
neglectful, *adj.* מְרֻשָּׁל, מְזַנֵּחַ
negligee, *n.* חֶשְׂפָּה
negligence, *n.* הִתְרַשְּׁלוּת
negotiate, *v.t. & i.* נָשָׂא וְנָתַן, תִּוֵּךְ
negotiation, *n.* מַשָּׂא וּמַתָּן, תִּוּוּךְ
negotiator, *n.* תַּוָּךְ, סַרְסוּר, מְתַוֵּךְ
negress, *n.* כּוּשִׁית
negro, *n.* כּוּשִׁי
neigh, *n.* צַהַל, צָהֳלָה (שֶׁל סוּסִים)
neigh, *v.i.* צָהַל (סוּס)
neighbor, neighbour, *n.* שָׁכֵן
neighborhood, neighbourhood, *n.* סְבִיבָה, שְׁכֵנוּת
neither, *adj. & pron.* לֹא זֶה, גַּם זֶה לֹא
Neo-Hebraic, *adj. & n.* (שֶׁל) עִבְרִית חֲדָשָׁה
neon, *n.* אֲדוֹן, אוֹר הֶבֶל, נֵאוֹן
nephew, *n.* אַחְיָן
nepotism, *n.* הַעֲדָפַת קְרוֹבִים
nerve, *n.* עָצָב; עֹז, אֹמֶץ לֵב
nerve, *v.t.* אִמֵּץ
nervous, *adj.* עַצְבָּנִי, רָגִישׁ
nervousness, *n.* עַצְבָּנוּת, רַגְשָׁנוּת
nest, *n. & v.i.* קֵן; קִנֵּן
nestle, *v.t. & i.* קִנֵּן; חָסָה, הִתְרַפֵּק [רפק]; נִכְנַף [כנף] בְּ־
net, *n.* נָקִי (מִשְׁקָל, מְחִיר וכו׳)
net, *n.* רֶשֶׁת, חֵרֶם, מִכְמֹרֶת
net, *v.t. & i.* רִשֵּׁת, עָשָׂה רֶשֶׁת, רָשַׁת; חָרַם, לָכַד בְּרֶשֶׁת (בְּחֵרֶם)
nether, *adj.* תַּחְתּוֹן
netting, *n.* רִשּׁוּת; רְשָׁתוֹת
nettle, *n.* סִרְפָּד
network, *n.* מִקְלַעַת, הִצְטַלְּבוּת
neuralgia, *n.* כְּאֵב עֲצַבִּים
neurologist, *n.* רוֹפֵא עֲצַבִּים
neurosis, *n.* עַצְבָּנוּת חוֹלָנִית
neurotic, *adj.* עַצְבָּנִי
neuter, *adj. & n.* (מִין) סְתָמִי
neutral, *adj. & n.* חָיוּד, לַעֲלָן

neutrality, *n.* חִיּוּד, לַעֲלָנוּת

never, *adv.* לְעוֹלָם, מֵעוֹלָם לֹא

nevertheless, *adv.* אַף עַל פִּי כֵן, בְּכָל זֹאת

new, *adj.* חָדָשׁ

newly, *adv.* מֵחָדָשׁ

newness, *n.* חִדּוּשׁ

news, *n.* חֲדָשָׁה, חֲדָשׁוֹת

newsboy, *n.* מוֹכֵר עִתּוֹנִים

newspaper, *n.* עִתּוֹן

New Testament הַבְּרִית הַחֲדָשָׁה

New Year רֹאשׁ הַשָּׁנָה

next, *adj.* & *adv.* הַבָּא אַחַר, סָמוּךְ

nib, *n.* חַרְטוֹם; צִפֹּרֶן (עֵט); יָדִית הַחֶרְמֵשׁ

nibble, *n.*, *v.t.* & *i.* כִּרְסוּם; חִטּוּט; כִּרְסֵם, כִּסְכֵּס; חִטְחֵט

nice, *adj.* יָפֶה, נָאֶה

nicely, *adv.* הֵיטֵב, כְּהֹגֶן

nicety, *n.* קַפְּדָנוּת, דִּיּוּק; מַעֲדָן

niche, *n.* מִשְׁקָע, שֶׁקַע

nick, *n.* חָרִיץ, פְּגִימָה; רֶגַע הַזְּמָן

nick, *v.t.* עָשָׂה (חֲרִיצִים) בִּזְמַנּוֹ; רִמָּה

nickel, *n.* נִיקֶל; חֲמִשָּׁה סֶנְטִים

nickname, *n.* חֲנִיכָה, שֵׁם לְוַי, כִּנּוּי

niece, *n.* אַחְיָנִית

niggard, *adj.* קַמְצָן

niggardliness, *n.* קַמְצָנוּת

nigh, *adj.* & *adv.* כִּמְעַט, קָרוֹב

night, *n.* לַיְלָה, לַיִל, לֵיל, חֲשֵׁכָה; מָוֶת; בּוּרוּת

nightgown, nightshirt, *n.* חָלוּק לַיְלָה

nightingale, *n.* זָמִיר

nightly, *adj.* & *adv.* לֵילִי; בְּכָל לַיְלָה

nightmare, *n.* סִיּוּט

nihilism, *n.* אַפְסָנוּת

nihilist, *n.* אַפְסָנִי

nil, *n.* אֶפֶס, אַיִן

nimble, *adj.* מָהִיר, זָרִיז

nimbus, *n.* הִלָּה

Nimrod, *n.* נִמְרוֹד; צַיָּד

nine, *adj.* & *n.* תִּשְׁעָה, תֵּשַׁע

ninefold, *adv.* & *adj.* פִּי (תֵּשַׁע) תִּשְׁעָה, תִּשְׁעָתַיִם; כָּפוּל (תֵּשַׁע) תִּשְׁעָה

nineteen, *adj.* & *n.* תִּשְׁעָה עָשָׂר, תְּשַׁע עֶשְׂרֵה

nineteenth, *adj.* הַתִּשְׁעָה עָשָׂר, הַתְּשַׁע עֶשְׂרֵה

ninetieth, *adj.* הַתִּשְׁעִים

ninety, *adj.* & *n.* תִּשְׁעִים

ninth, *adj.* & *n.* תְּשִׁיעִי, תְּשִׁיעִית; חֵלֶק תְּשִׁיעִי, תְּשִׁיעִית

nip, *n.* צְבִיטָה; גְּמִיעָה; שִׁדָּפוֹן

nip, *v.t.* צָבַט, גָּמַע; שָׁדַף

nippers, *n. pl.* מִצְבָּטַיִם, מַשָּׁכַיִם

nipple, *n.* פִּטְמָה, דַּד, פִּי הַשַּׁד; עַיִן

nit, *n.* טָפוּי, בֵּיצַת (חֲרָקִים) כִּנָּה

niter, nitre, *n.* מְלַחַת

nitrate, *n.* חַנְקָה

nitric, *adj.* חַנְקָנִי

nitrogen, *n.* אַבְחָנֶק, חַנְקָן

no, *n.* & *adv.* לֹא, לָאו; אַיִן, אֵין

nobility, *n.* אֲצִילוּת, עֲדִינוּת

noble, *adj.* אֶפְרָתִי, אָצִיל, עָדִין

nobly, *adv.* בְּרוּחַ נְדִיבָה

nobody, *n.* אַף אֶחָד, אִישׁ

nocturnal, *adj.* לֵילִי

nocturne, *n.* נִשְׁפִּית, נְגִינַת לַיִל

nod, *n.* נִעְנוּעַ רֹאשׁ

nod, *v.t.* & *i.* הֵנִיעַ [נוע] בָּרֹאשׁ; רָמַז

node, *n.* קֶשֶׁר, כַּפְתּוֹר; תִּסְבֹּכֶת; מִסְעָף

noise, *n.* רַעַשׁ, שָׁאוֹן, הֲמֻלָּה

noiseless, *adj.* דּוֹמֵם, שָׁקֵט

noisy, *adj.* מַרְעִישׁ, רוֹעֵשׁ

nomad, *n.* נוֹדֵד, נָע וָנָד

nomadic, ***adj.*** נוֹדֵד
nomenclature, ***n.*** שֵׁמוֹת, מֻנָּחִים
nominal, ***adj.*** שֵׁמִי
nominate, ***v.t.*** מִנָּה, הִצִּיעַ [יצע], הֶעֱמִיד [עמד]
nomination, ***n.*** מֻעֲמָדוּת, הַעֲמָדָה, מִנּוּי
nominative, ***adj.*** יַחַס הַנּוֹשֵׂא
nominee, ***n.*** מֻעֲמָד
nonage, ***n.*** קַטְנוּת, מִעוּט
nonce, ***n.*** הֹוֶה
nonchalance, ***n.*** אֲדִישׁוּת, שִׁוְיוֹן נֶפֶשׁ
nonchalant, ***adj.*** אָדִישׁ, קַר רוּחַ, שְׁוֵה נֶפֶשׁ
noncommital, ***adj.*** סָתוּם
noncommissioned, ***adj.*** בִּלְתִּי מֻרְשֶׁה, לְלֹא דַּרְגַּת קְצֻנָּה
nonconductor, ***n.*** בִּלְתִּי מוֹלִיךְ
nonconformity, ***n.*** אִי הַסְכָּמָה
nondescript, ***adj.*** אַל צִיּוּרִי, בִּלְתִּי מְצֻיָּר
none, ***pron.*** אַף אֶחָד, שׁוּם דָּבָר
nonentity, ***n.*** הֶעְדֵּר, אֲפִיסָה
nonessential, ***adj.*** בִּלְתִּי הֶכְרֵחִי, לֹא (חָשׁוּב) נָחוּץ בְּיוֹתֵר
nonexistence, ***n.*** אִי מְצִיאוּת
nonmetal, ***n.*** אַל מַתֶּכֶת
nonpareil, ***adj.*** מְיֻחָד בְּמִינוֹ
nonpartisan, ***adj.*** אַל מִפְלַגְתִּי
nonpayment, ***n.*** אִי תַּשְׁלוּם
nonplus, ***v.t.*** בִּלְבֵּל
nonresident, ***adj.*** זָר, לֹא תּוֹשָׁב
nonresistence, ***n.*** אִי הִתְנַגְּדוּת
nonsense, ***n.*** הֶבֶל, שְׁטוּת
nonstop, ***adj. & adv.*** לְלֹא הַפְסָקָה
nonunion, ***adj.*** אַל הִסְתַּדְּרוּתִי, שֶׁאֵינוֹ שַׁיָּךְ לַהִסְתַּדְּרוּת (הָעוֹבְדִים)
noodle, ***n.*** אִטְרִיָּה; טִפֵּשׁ

nook, ***n.*** פִּנָּה
noon, ***n.*** צָהֳרַיִם; גֹּבַהּ
noontime, ***n.*** שְׁעַת הַצָּהֳרַיִם
noose, ***n.*** קֶשֶׁר, עֲנִיבָה; מַלְכֹּדֶת
noose, ***v.t.*** לָכַד בְּמַלְכֹּדֶת
nor, ***conj.*** אַף לֹא, גַּם לֹא
norm, ***n.*** כְּלָל, מוֹפֵת, מְמֻצָּע
normal, ***adj.*** רָגִיל, שָׁכִיחַ, מְמֻצָּע
north, ***adj., adv. & n.*** צְפוֹנִי, צָפוֹנָה; צָפוֹן
northeast, ***adj., adv. & n.*** צְפוֹן מִזְרָח; צְפוֹנִי מִזְרָחִי; צְפוֹנִית מִזְרָחִית
northeastern, ***adj.*** צְפוֹנִי מִזְרָחִי
northerly, ***adj. & adv.*** צְפוֹנִי; צָפוֹנָה
North Pole הַקֹּטֶב הַצְּפוֹנִי
northwest, ***adj., adv. & n.*** צְפוֹן מַעֲרָב; צְפוֹנִי מַעֲרָבִי; צְפוֹנִית מַעֲרָבִית
nose, ***n.*** אַף, חֹטֶם
nose, ***v.t.*** הֵרִיחַ [ריח]
nosebleed, ***n.*** דִּמְאַף
nostalgia, ***n.*** גַּעְגּוּעִים
nostril, ***n.*** נְחִיר
nostrum, ***n.*** רְפוּאוֹת שָׁוְא
nosy, ***adj.*** סַקְרָנִי
not, ***adv.*** לֹא, בַּל, אַל, אַיִן
notable, ***adj.*** נוֹדָע; נִכְבָּד
notably, ***adv.*** בְּיִחוּד
notary, ***n.*** נוֹטַרְיוֹן, סוֹפֵר הַקָּהָל
notation, ***n.*** צִיּוּן
notch, ***n.*** חָרִיץ, פְּגִימָה
notch, ***v.t.*** חָרַץ
note, ***n.*** תָּו, קוֹל; צִיּוּן, סִימָן; הֶעָרָה; חֲשִׁיבוּת, עֵרֶךְ; פִּתְקָה; שְׁטָר (חוֹב); רְשִׁימָה, תִּזְכֹּרֶת
note, ***v.t.*** רָשַׁם, צִיֵּן, הִתְבּוֹנֵן [בין]; שָׂם [שים] לֵב
notebook, ***n.*** מַחְבֶּרֶת, פִּנְקָס

nothing, *n.* מְאוּמָה; לֹא כְלוּם
nothingness, *n.* אַפְסוּת, תֹּהוּ
notice, *n.* שִׂימַת לֵב, הַזְהָרָה, מוֹדָעָה
notice, *v.t.* הִרְגִּישׁ [רגש], הִתְבּוֹנֵן [בין], רָאָה
notification, *n.* הוֹדָעָה
notify, *v.t.* הוֹדִיעַ [ידע]
notion, *n.* מֻשָּׂג, דֵּעָה
notoriety, *n.* פִּרְסוּם (לִגְנַאי)
notorious, *adj.* מְפֻרְסָם (לִגְנַאי)
notwithstanding, *adv.* & *conj.* בְּכָל זֹאת
nought, naught, *adj.* & *n.* אַפְסִי, לְלֹא עֵרֶךְ; אֶפֶס, בְּלִימָה, אַיִן, לֹא כְלוּם
noun, *n.* שֵׁם, שֵׁם עֶצֶם
nourish, *v.t.* & *i.* הֵזִין [זון], כִּלְכֵּל, חִיָּה, הִבְרָה [ברה], הֶאֱכִיל [אכל]
nourishment, *n.* מָזוֹן, טֶרֶף, אֹכֶל, מִחְיָה
novel, *adj.* חָדָשׁ, זָר, מוּזָר
novel, *n.* סִפּוּר, נוֹבֶלָּה, רוֹמָן
novelist, *n.* סוֹפֵר, מְסַפֵּר
novelty, *n.* חִדּוּשׁ, חֲדָשָׁה
November, *n.* נוֹבֶמְבֶּר
novice, *n.* טִירוֹן, מַתְחִיל
now, *adv.* כָּעֵת, עַתָּה, עַכְשָׁו
nowadays, *adv.* בְּיָמֵינוּ
nowhere, *adv.* בְּשׁוּם מָקוֹם
nowise, *adv.* בְּשׁוּם פָּנִים
noxious, *adj.* מַזִּיק, מַשְׁחִית, רַע
nozzle, *n.* זַרְבּוּבִית; אָסוּךְ
nuance, *n.* גָּוֶן
nuclear, *adj.* גַּרְעִינִי, יְסוֹדִי, תַּמְצִיתִי
nucleus, *n.* גַּרְעִין, יְסוֹד, תַּמְצִית
nude, *adj.* חָשׂוּף, עָרֹם
nudge, *n.* נְגִיעָה, דְּחִיפָה קַלָּה
nudity, nudeness, *n.* מַעֲרֻמִּים, מַעַר, מַחְשׂוֹף, עֶרְוָה, עֶרְיָה
nuisance, *n.* מִטְרָד, רִגּוּז
null, *adj.* אַפְסִי, מְאֻפָּס
nullification, *n.* הֲפָרָה, בִּטּוּל
nullify, *v.t.* אִפֵּס, בִּטֵּל
nullity, *n.* אַפְסוּת
numb, *adj.* אַלְחוּשִׁי
number, *n.* מִסְפָּר, סִפְרָה; מִנְיָן
number, *v.t.* מָנָה, סָפַר, סִפְרֵר, מִסְפֵּר
Numbers, *n.* (סֵפֶר) בַּמִּדְבָּר
numeral, *adj.* & *n.* מִסְפָּרִי; סִפְרָה, מִסְפָּר
numerator, *n.* מוֹנֶה, מְסַפְרֵר, מְמַסְפֵּר
numerical, *adj.* מִסְפָּרִי
numerous, *adj.* מְרֻבֶּה, שַׂגִּיא
nun, *n.* נְזִירָה
nunnery, *n.* מִנְזָר (נָשִׁים)
nuptial, *adj.* & *n. pl.* שֶׁל כְּלוּלוֹת; כְּלוּלוֹת, נִשּׂוּאִים
nurse, *n.* מֵינֶקֶת; חוֹבֶשֶׁת, אָחוֹת
nurse, *v.t.* הֵינִיקָה [ינק]; טִפֵּל (בְּחוֹלֶה), אָמַן, גִּדֵּל
nursery, *n.* בֵּית תִּינוֹקוֹת; מַשְׁתֵּלָה
nurture, *v.t.* הֵזִין [זון], גִּדֵּל
nut, *n.* אֹם (שֶׁל בֹּרֶג); אֱגוֹז; טִפֵּשׁ, פֶּתִי
nutcracker, *n.* מַפְצֵחַ
nutmeg, *n.* אֱגוֹזָן
nutriment, *n.* מָזוֹן, אֹכֶל
nutrition, *n.* תְּזוּנָה
nutritious, nutritive, *adj.* זָן, מֵזִין
nutshell, *n.* קְלִפַּת אֱגוֹז
nutty, *adj.* אֱגוֹזִי; מְשֻׁגָּע
nuzzle, *v.t.* & *i.* נָבַר, חִטֵּט, הִתְרַפֵּק [רפק]
nylon, *n.* נַיְלוֹן, זְהוֹרִית
nymph, *n.* בַּת גַּלִּים, נִימְפָה

O, o

O, o, *n.* אוֹ, הָאוֹת הַחֲמֵשׁ עֶשְׂרֵה בְּאָלֶף בֵּית הָאַנְגְּלִי; אֶפֶס; עִגּוּל
oaf, *n.* גֹּלֶם, בּוּר
oak, *n.* אַלּוֹן
oakum, *n.* נְעֹרֶת, חֹסֶן
oar, *n.* & *v.t.* מָשׁוֹט; חָתַר
oarlock, *n.* עֵין הַמָּשׁוֹט
oarsman, *n.* שַׁיָּט
oasis, *n.* נָוֶה, נְאוֹת מִדְבָּר
oat, *n.* שִׁבֹּלֶת שׁוּעָל
oath, *n.* נֶדֶר, שְׁבוּעָה; אָלָה
oatmeal, *n.* דַּיְסַת (קֶמַח) שִׁבֹּלֶת שׁוּעָל
obduracy, *n.* עַקְשָׁנוּת
obdurate, *adj.* עַקְשָׁן
obedience, *n.* מִשְׁמַעַת, צַיְּתָנוּת, יְקָהָה
obedient, *adj.* צַיְּתָן, מְמֻשְׁמָע
obeisance, *n.* הִשְׁתַּחֲוָיָה, כְּרִיעַת בֶּרֶךְ
obelisk, *n.* חֲדוּדִית, מַצֶּבֶת מַחַט
obese, *adj.* שָׁמֵן (גּוּף)
obesity, *n.* הַשְׁמָנָה
obey, *v.t.* & *i.* צִיֵּת, שָׁמַע בְּקוֹל
obituary, *adj.* שֶׁל מָוֶת
object, *n.* חֵפֶץ, דָּבָר; תַּכְלִית, מַטָּרָה
object, *v.t.* & *i.* הִתְנַגֵּד [נגד] לְ־
objection, *n.* הִתְנַגְּדוּת
objective, *adj.* & *n.* חִיצוֹנִי, עִנְיָנִי; יַחַס הַפָּעוּל (דִּקְדּוּק)
objector, *n.* מִתְנַגֵּד
oblation, *n.* מִנְחָה, קָרְבָּן
obligate, *v.t.* חִיֵּב
obligation, *n.* הִתְחַיְּבוּת
obligatory, *adj.* הֶכְרֵחִי
oblige, *v.t.* עָשָׂה חֶסֶד; אִלֵּץ, הִכְרִיחַ [כרח]
oblique, *adj.* אֲלַכְסוֹנִי, מְשֻׁפָּע
obliterate, *v.t.* מָחָה, מָחַק
obliteration, *n.* מְחִיקָה, טִשְׁטוּשׁ
oblivion, *n.* שִׁכְחָה, נְשִׁיָּה
oblivious, *adj.* מֵסִיחַ דַּעְתּוֹ מִן, שׁוֹכֵחַ
oblong, *adj.* מָאֳרָךְ
obloquy, *n.* רְכִילוּת, תּוֹכָחָה, נְזִיפָה
obnoxious, *adj.* נִתְעָב, מַבְחִיל
obscene, *adj.* גַּס, מְגֻנֶּה, זְנוּנִי
obscenity, *n.* נִבּוּל פֶּה, גַּסּוּת, פְּרִיצוּת
obscure, *adj.* אָפֵל, סָתוּם
obscure, *v.t.* הֶחְשִׁיךְ [חשך]
obscurity, *n.* אֲפֵלָה, חֹשֶׁךְ
obsequies, *n. pl.* לְוָיָה, הַלְוָיָה
obsequious, *adj.* צַיְּתָן, נִכְנָע, עַבְדוּתִי
observable, *adj.* בּוֹלֵט, נִכָּר
observance, *n.* שִׂימַת לֵב
observant, *adj.* מִתְבּוֹנֵן, זָהִיר
observation, *n.* הֶעָרָה; תַּצְפִּית; הִסְתַּכְּלוּת
observatory, *n.* מִצְפֵּה כּוֹכָבִים
observe, *v.t.* & *i.* הִסְתַּכֵּל [סכל]
obsession, *n.* דִּבּוּק
obsolescent, *adj.* עוֹבֵר בָּטֵל
obsolete, *adj.* יָשָׁן, יָשָׁן נוֹשָׁן
obsoleteness, *n.* יַשְׁנוּת, יֹשֶׁן, עַתִּיקוּת
obstacle, *n.* מִכְשׁוֹל
obstetrician, *n.* מְיַלֵּד
obstetrics, *n. pl.* תּוֹרַת (חָכְמַת) הַיִּלּוּד
obstinacy, *n.* עַקְשָׁנוּת
obstinate, *adj.* עַקְשָׁן
obstruct, *v.t.* שָׂם מִכְשׁוֹל, סָתַם, עִכֵּב
obstruction, *n.* מִכְשׁוֹל, עִכּוּב, חֲסִימָה
obtain, *v.t.* הִשִּׂיג [נשג]
obtainment, *n.* הַשָּׂגָה
obtrude, *v.t.* הִבְלִיט [בלט], בִּלֵּט

obtrusion, *n.* הַבְלָטָה עַצְמִית

obtrusive, *adj.* מֵעִיז, מִתְבַּלֵּט

obtuse, *adj.* אָטוּם, קֵהֶה; מְטֻמְטָם

obviate, *v.t.* קִדֵּם, הֵסִיר [סור]

obvious, *adj.* בָּרוּר, מוּבָן

occasion, *n.* הִזְדַּמְּנוּת

occasion, *v.t.* הֵבִיא [בוא] לִידֵי, גָּרַם

occasional, *adj.* אֲרָעִי, מִקְרִי

occasionally, *adv.* לִפְעָמִים, לִפְרָקִים

occident, *n.* מַעֲרָב, יָם

occult, *adj.* סָמוּי, טָמִיר, נִסְתָּר, נֶעְלָם

occupant, *n.* דַּיָּר

occupation, *n.* מִשְׁלַח יָד, מִקְצוֹעַ

occupy, *v.t.* & *i.* כָּבַשׁ, לָכַד, דָּר [דור], הִתְעַסֵּק [עסק]

occur, *v.i.* אָרַע, קָרָה, חָל [חול], הִתְרַחֵשׁ [רחש]

occurrence, *n.* מִקְרֶה, מְאֹרָע, הִתְרַחֲשׁוּת

ocean, *n.* יָם, אוֹקְיָנוּס

oceanic, *adj.* יַמִּי

octagon, *n.* מְתֻמָּן

octave, *n.* שְׁמִינִיָּה (בִּנְגִינָה)

October, *n.* אוֹקְטוֹבֶּר

octogenarian, *adj.* & *n.* בֶּן שְׁמוֹנִים (שָׁנָה)

octopus, *n.* דַּג הַשֵּׁד (מְתֻמָּן הָרַגְלַיִם)

ocular, *adj.* רְאִיּוּתִי, שֶׁל עַיִן

oculist, *n.* רוֹפֵא עֵינַיִם

odd, *adj.* מְשֻׁנֶּה, מוּזָר; נִפְרָד, נוֹתָר, עוֹדֵף

odds, *n. pl.* אִי שִׁוְיוֹן; יִתְרוֹן; סִכּוּיִים; רִיב, סִכְסוּךְ

ode, *n.* שִׁיר תְּהִלָּה

odious, *adj.* נִתְעָב, שָׂנוּא

odor, odour, *n.* רֵיחַ, בֹּשֶׂם

odorless, *adj.* חֲסַר רֵיחַ

odorous, odourous, *adj.* רֵיחָנִי

Oedipus complex תַּסְבִּיךְ אֶדִיפּוּס

of, *prep.* שֶׁל, מִתּוֹךְ

off, *prep.*, *adj.* & *adv.* מִן; מֵעַל; רָחוֹק; מֵרָחוֹק, מִנֶּגֶד

offal, *n.* מַפָּל; פְּסֹלֶת; אַשְׁפָּה

offend, *v.t.* & *i.* חָטָא, עָלַב, הִכְעִיס [כעס]

offender, *n.* מְבַיֵּשׁ, מַכְעִיס, מֵזִיק

offense, offence, *n.* עֲבֵרָה; עֶלְבּוֹן; הַתְקָפָה

offensive, *adj.* & *n.* עוֹלֵב, מַבְחִיל; הַתְקָפָה, תְּקִיפָה

offer, *n.*, *v.t.* & *i.* הַצָּעָה; הִצִּיעַ [יצע], הִקְרִיב [קרב]

offering, *n.* תְּרוּמָה, מַתָּנָה, קָרְבָּן

offhand, *adv.* כִּלְאַחַר יָד, דֶּרֶךְ אַגַּב מִיָּד, לְלֹא (הִסּוּס) עִיּוּן

office, *n.* מִשְׂרָד; מִשְׂרָה

officer, *n.* פָּקִיד, קָצִין

official, *adj.* & *n.* רִשְׁמִי; פָּקִיד

officiate, *v.i.* כִּהֵן

officious, *adj.* מִתְעָרֵב בְּעִנְיְנֵי אֲחֵרִים

offing, *n.* מֶרְחָק מִן הַחוֹף

offset, *n.* הַדְפָּסַת צִלּוּם; סְכוּם נֶגְדִּי

offspring, *n.* וָלָד, זֶרַע, צֶאֱצָא

often, *adv.* פְּעָמִים רַבּוֹת, לְעִתִּים קְרוֹבוֹת

ogle, *n.*, *v.t.* & *i.* קְרִיצַת עַיִן; שִׁקֵּר עֵינַיִם

ogre, *n.* מִפְלֶצֶת, עֲנָק

oil, *n.* שֶׁמֶן; נֵפְט

oil, *v.t.* סָךְ [סוך], שִׁמֵּן

oilcloth, *n.* דּוֹנַגִּית, בַּד מְדֻנָּג

oily, *adj.* שַׁמְנוּנִי; מְחַנֵּף

ointment, *n.* מִשְׁחָה

old, *adj.* יָשָׁן, עַתִּיק, קָדוּם; זָקֵן

old age זִקְנָה, שֵׂיבָה

Old Glory דֶּגֶל אַרְצוֹת הַבְּרִית

Old Testament תַּנַ"ךְ
oleander, ***n.*** הַרְדּוּף
olfactory, ***adj.*** שֶׁל הֲרָחָה
olive, ***n.*** זַיִת
omelet, omelette, ***n.*** חֲבִתָּה
omen, ***n.*** אוֹת, מוֹפֵת
ominous, ***adj.*** מְבַשֵּׂר רַע
omission, ***n.*** הַשְׁמָטָה
omit, ***v.t.*** הִשְׁמִיט [שמט], עָזַב
omnibus, ***n.*** מְכוֹנִית צִבּוּרִית
omnipotent, ***adj.*** כֹּל יָכוֹל
omnivorous, ***adj.*** אוֹכֵל כֹּל
on, ***adv.*** קָדִימָה, הָלְאָה
on, ***prep.*** עַל, עֲלֵי, עַל פְּנֵי־
onanism, ***n.*** מַעֲשֵׂה אוֹנָן, אוֹנָנוּת
once, ***adv.*** פַּעַם, פַּעַם אַחַת, לְפָנִים
one, ***adj.*** אֶחָד, אַחַת; יָחִיד, יָדוּעַ; פְּלוֹנִי (אַלְמוֹנִי), פַּלְמוֹנִי
oneness, ***n.*** אַחְדּוּת
onerous, ***adj.*** מַכְבִּיד, מַלְאֶה, מַטְרִיד
oneself, ***pron.*** עַצְמוֹ
one-sided, ***adj.*** חַד צְדָדִי
onion, ***n.*** בָּצָל
onlooker, ***n.*** מִסְתַּכֵּל, מִתְבּוֹנֵן
only, ***adv.*** אַךְ, רַק, בִּלְבַד
only, ***adj.*** יָחִיד, יְחִידִי, לְבַדּוֹ
onomatopoeia, ***n.*** נִיב צִיּוּרִי
onrush, ***n.*** הִשְׁתָּעֲרוּת
onslaught, ***n.*** הִתְנַפְּלוּת
onus, ***n.*** מַעֲמָסָה; חוֹבָה; אַחֲרָיוּת
onward, onwards, ***adv.*** הָלְאָה
onyx, ***n.*** שֹׁהַם
ooze, ***v.i.*** נָזַל, טִפְטֵף
opal, ***n.*** לֶשֶׁם
opaque, ***adj.*** אָטוּם, עָכוּר
open, ***adj.*** פָּתוּחַ, גָּלוּי, פָּנוּי
open, ***v.t. & i.*** פָּתַח, פָּקַח, פָּצָה, פָּשַׂק; הִתְחִיל [תחל]; גִּלָּה, נִפְתַּח [פתח]
opener, ***n.*** פּוֹתְחַן
opening, ***n.*** פְּתִיחָה; הִזְדַּמְּנוּת
opera, ***n.*** אוֹפֵּרָה
operate, ***v.t. & i.*** עָשָׂה, פָּעַל; הִפְעִיל [פעל]; נִתַּח
operation, ***n.*** פְּעֻלָּה; נִתּוּחַ
operative, ***adj.*** פּוֹעֵל, מְבַצֵּעַ
operator, ***n.*** נֶהָג, מַפְעִיל, פּוֹעֵל; מְנַתֵּחַ
operetta, ***n.*** אוֹפֵּרִית, אוֹפֵּרֶטָּה
ophthalmology, ***n.*** יְדִיעַת הָעֵינַיִם
opine, ***v.i.*** חָשַׁב, הָיָה סָבוּר
opinion, ***n.*** דֵּעָה, סְבָרָה, חַוַּת דַּעַת
opium, ***n.*** רֹאשׁ, אוֹפְיוֹן, אוֹפְיוּם, פִּרְגּוֹן
opponent, ***n.*** מִתְנַגֵּד, יָרִיב
opportune, ***adj.*** מַתְאִים, בָּא בְּעִתּוֹ
opportunity, ***n.*** הִזְדַּמְּנוּת, שְׁעַת כֹּשֶׁר
oppose, ***v.t. & i.*** הִתְנַגֵּד [נגד]
opposite, ***adj. & n.*** נֶגְדִּי, סוֹתֵר; נִגּוּד
opposition, ***n.*** הִתְנַגְּדוּת, תְּנוּאָה, סְתִירָה
oppress, ***v.t.*** דִּכָּא, נָגַשׂ, לָחַץ, הֵצֵר [צרר]
oppression, ***n.*** דִּכּוּי, נְגִישָׂה, שִׁעְבּוּד
oppressive, ***adj.*** מְדַכֵּא
oppressor, ***n.*** מְדַכֵּא, מֵעִיק, לוֹחֵץ, נוֹגֵשׂ
opprobrious, ***adj.*** עוֹלֵב, מַכְלִים
opprobrium, ***n.*** דֵּרָאוֹן, חֶרְפָּה, תּוֹעֵבָה
optical, ***adj.*** שֶׁל הָעַיִן, שֶׁל הָרְאִיָּה
optician, ***n.*** מִשְׁקְפָן
optics, ***n.*** תּוֹרַת הָאוֹר וְהָרְאִיָּה
optimism, ***n.*** אֱמוּנָה בְּטוּב הָעוֹלָם
optimist, ***n.*** בַּעַל בִּטָּחוֹן
optimistic, ***adj.*** מַאֲמִין, בּוֹטֵחַ
option, ***n.*** זְכוּת (הַבְרֵרָה) הַבְּחִירָה
optional, ***adj.*** שֶׁל זְכוּת הַבְּחִירָה
opulence, ***n.*** עֹשֶׁר, הוֹן
opulent, ***adj.*** אָמִיד; עָצוּם

or, *conj.* אוֹ
oracle, *n.* דְּבַר אֱלֹהִים; דְּבִיר
oracles, *n. pl.* אוּרִים וְתֻמִּים
oracular, *adj.* נְבוּאִי
oral, *adj.* שֶׁל פֶּה, שֶׁבְּעַל פֶּה
orange, *n.* תַּפּוּחַ זָהָב, תַּפּוּז
orangeade, *n.* מֵי תַּפּוּזִים
orange juice מִיץ תַּפּוּחֵי זָהָב
oration, *n.* דְּרָשָׁה, נְאוּם
orator, *n.* נוֹאֵם, מַטִּיף
oratory, *n.* דַּבְּרָנוּת
orb, *n.* כַּדּוּר, גַּלְגַּל, עִגּוּל; גֶּרֶם שְׁמֵימִי; עַיִן
orbicular, *adj.* עִגּוּלִי, כַּדּוּרִי
orbit, *n.* מְסִלַּת הַמַּזָּלוֹת; אֲרֻבַּת הָעַיִן
orchard, *n.* פַּרְדֵּס, בֻּסְתָּן
orchestra, *n.* תִּזְמֹרֶת
orchestral, *adj.* תִּזְמָרְתִּי
orchestrate, *v.t.* תִּזְמֵר
orchestration, *n.* תִּזְמוּר
orchid, *n.* סַחְלָב
ordain, *v.t.* סָמַךְ, מִנָּה; הִתְקִין [תקן]
ordeal, *n.* מַסָּה, נִסָּיוֹן (מִבְחָן) קָשֶׁה
order, *n.* סֵדֶר; הַזְמָנָה; צָו, פְּקוּדָה; מִשְׁטוּר, מִסְדָּר
order, *v.t. & i.* סִדֵּר; מִשְׁטֵר; צִוָּה, גָּזַר; הִזְמִין [זמן]
orderly, *adj.* מְסֻדָּר; שִׁטָּתִי; מְמֻשְׁטָר, כַּמִּשְׁפָּט
orderly, *n.* שָׁלִיחַ, רָץ
orderly, *adv.* בְּסֵדֶר
ordinal, *adj.* סוֹדֵר (מִסְפָּר), סִדּוּרִי
ordinance, *n.* גְּזֵרָה, צָו, תַּקָּנָה
ordinary, *adj.* מָצוּי, רָגִיל
ordination, *n.* סְמִיכָה
ordure, *n.* דֹּמֶן, זֶבֶל
ore, *n.* בֶּצֶר, עַפְרָה (זָהָב, בַּרְזֶל וכו׳)
organ, *n.* אֵבֶר; עוּגָב; מַגְרֵפָה
organic, *adj.* אֵבָרִי; שֶׁל חַי, חִיּוּתִי
organism, *n.* מַנְגָּנוֹן
organist, *n.* עוּגָבַאי
organization, *n.* הִסְתַּדְּרוּת, אִרְגּוּן
organize, *v.t.* אִרְגֵּן, סִדֵּר, יִסֵּד
orgasm, *n.* שִׂיא הָאֲבִיוֹנָה, מַרְגָּשָׁה
orgy, *n.* שִׁכְרוּת, הוֹלֵלוּת
orient, *n.* מִזְרָח, קֶדֶם
oriental, *adj.* מִזְרָחִי
orientation, *n.* הִתְמַצְּאוּת, כִּוּוּן הָרוּחוֹת
orifice, *n.* פֶּה, פְּתִיחָה
origin, *n.* מוֹצָא, מָקוֹר, מְכוֹרָה
original, *adj. & n.* מְקוֹרִי; מָקוֹר
originality, *n.* מְקוֹרִיּוּת
originate, *v.t. & i.* הִתְחִיל [תחל], בָּרָא, הֵחֵל [חלל]
originator, *n.* מַמְצִיא, מְחַדֵּשׁ
ornament, *n.* תַּכְשִׁיט, קִשּׁוּט, עֲדִי
ornament, *v.t.* הֶעֱדָה [עדה], קִשֵּׁט
ornamental, *adj.* קִשּׁוּטִי, מְיַפֶּה
ornate, *adj.* מְקֻשָּׁט
ornithology, *n.* חֲקִירַת עוֹפוֹת
orphan, *n. & v.t.* יָתוֹם; יִתֵּם
orphanage, *n.* בֵּית יְתוֹמִים
orthodox, *adj.* אָדוּק, חָרֵד
orthographic, orthographical, *adj.* שֶׁל כְּתִיב נָכוֹן
orthography, *n.* כְּתִיב
oscillate, *v.t. & i.* הִתְנוֹעֵעַ [נוע]; הֵנִיעַ [נוע], הִרְעִיד [רעד]
oscillation, *n.* הַרְעָדָה, נִעְנוּעַ
oscillator, *n.* מַרְעִיד, נָע
osseous, *adj.* גַּרְמִי
ossification, *n.* הַגְרָמָה, הִתְגָּרְמוּת, הִתְקַשּׁוּת (לְעֶצֶם)
ossify, *v.t. & i.* גָּרַם, הִגְרִים [גרם], הִתְקַשָּׁה (הִקְשָׁה) [קשה] (לְעֶצֶם)

ostensible, *adj.* נִרְאֶה, גָּלוּי, בּוֹלֵט
ostentation, *n.* יְהִירוּת, הִתְהַדְּרוּת
ostentatious, *adj.* יָהִיר, מִתְהַדֵּר
ostler, *n.* אָרְוָן
ostracism, *n.* חֵרֶם, נִדּוּי
ostracize, *v.t.* הֶחֱרִים [חרם]
ostrich, *n.* נַעֲמָה, יָעֵן, בַּת יַעֲנָה
other, *adj.* & *n.* אַחֵר, נוֹסָף
otherwise, *adv.* אַחֶרֶת
otter, *n.* כֶּלֶב הַנָּהָר
ottoman, *n.* סַפָּה מְרֻפֶּדֶת, הֲדוֹם מְרֻפָּד, שְׁרַפְרָף
ought, *v.* הָיָה (צָרִיךְ) מֻכְרָח, הָיָה רָאוּי
ounce, *n.* אוּנְקִיָּה: 28.35 גְּרָמִים
our, *adj.*, ours, *pron.* שֶׁלָּנוּ
ourselves, *pron.* אָנוּ, אֲנַחְנוּ; אוֹתָנוּ, (בְּ)עַצְמֵנוּ
oust, *v.t.* גֵּרֵשׁ, הוֹצִיא [יצא] הַחוּצָה
out, *adv.* הַחוּצָה, מִחוּץ, בַּחוּץ, לַחוּץ
outbalance, *v.t.* הִכְרִיעַ [כרע]
outbid, *v.t.* הִצִּיעַ [יצע] יוֹתֵר
outbreak, *n.* הִתְפָּרְצוּת
outburst, *n.* פֶּרֶץ
outcast, *adj.* נִדָּח, מֻחְרָם
outcast, *n.* מְנֻדֶּה
outcome, *n.* תּוֹצָאָה
outcrop, *v.i.* צָמַח
outcry, *n.* זְעָקָה, שַׁוְעָה
outdo, *v.t.* עָלָה עַל
outdoor, *adj.* מִחוּץ לַבַּיִת
outer, *adj.* חִיצוֹנִי
outfit, *n.* צִיּוּד, צֵידָה, תִּלְבֹּשֶׁת
outgoing, *adj.* יוֹצֵא
outing, *n.* יְצִיאָה; טִיּוּל
outlandish, *adj.* מְשֻׁנֶּה, מוּזָר
outlast, *v.t.* אָרַךְ (יוֹתֵר); שָׂרַד; הֶאֱרִיךְ [ארך] יָמִים (אַחֲרֵי)
outlaw, *n.* נִדָּח, מֻפְקָר, גַּזְלָן, שׁוֹדֵד
outlaw, *v.t.* הִפְקִיר [פקר]; אָסַר
outlay, *v.t.* הוֹצִיא [יצא] כֶּסֶף
outlet, *n.* מוֹצָא; שׁוּק
outline, *n.* רָאשֵׁי פְּרָקִים, תֵּאוּר, תַּרְשִׁים
outline, *v.t.* תֵּאֵר, רָשַׁם
outlive, *v.t.* & *i.* הֶאֱרִיךְ [ארך] יָמִים
outlook, *n.* סִכּוּי; נוֹף; מִצְפֶּה
outlying, *adj.* מֵעֵבֶר לִגְבוּלִים, מֻפְרָשׁ
outmaneuver, outmanoeuvre, *v.t.* הָיָה יִתְרוֹן לְ־, עָבַר עַל
outnumber, *v.t.* עָלָה בְּמִסְפָּר עַל
outpost, *n.* מַצָּבָה, חֵיל מַצָּב
outpour, *n.* שְׁפִיכוּת
output, *n.* תּוֹצֶרֶת
outrage, *n.* שַׁעֲרוּרִיָּה, עַוְלָה, נְבָלָה
outrage, *v.t.* שִׁעֲרֵר, עִוֵּל, אִנֵּס
outrageous, *adj.* מַחְפִּיר; נִתְעָב; מַבְהִיל; מְגֻנֶּה
outright, *adv.* & *adj.* לִגְמְרֵי; מִיָּד; יָשָׁר
outrun, *v.t.* עָבַר אֶת (בִּמְרוּצָה)
outset, *n.* הַתְחָלָה, רֵאשִׁית
outshine, *v.t.* עָלָה עַל, הִצְטַיֵּן [צין]; הִבְהִיק [בהק] יוֹתֵר, הִזְדַּהֵר [זהר]
outside, *adv.* בַּחוּץ, הַחוּצָה
outside, *adj.* & *n.* צְדָדִי, חִיצוֹנִי; חוּץ
outsider, *n.* זָר
outskirts, *n. pl.* עִבּוּר, פַּרְבָּר, פַּרְוָר
outspoken, *adj.* אֲמִתִּי, גְּלוּי לֵב
outspread, *v.t.* & *i.* פִּזֵּר, הִתְפַּזֵּר [פזר]
outstanding, *adj.* מְצֻיָּן, נִכָּר, בּוֹלֵט
outstretch, *v.t.* פָּשַׁט (יָד)
outwards, *adv.* כְּלַפֵּי חוּץ
outweigh, *v.t.* הִכְרִיעַ [כרע] (בְּמִשְׁקָל)
outwit, *v.i.* חָכַם מְ־, רִמָּה, הִתְחַכֵּם [חכם] עַל־
oval, *adj.* סְגַלְגַּל (עָגֹל מֳאֳרָךְ), בֵּיצִי
ovary, *n.* שַׁחֲלָה
ovation, *n.* תְּרוּעָה, מְחִיאַת כַּפַּיִם

oven, *n.* תַּנּוּר, כִּבְשָׁן

over, *adv.* לְמַעְלָה מִ־, יוֹתֵר מִדַּי; „עָבַר" (בְּאַלְחוּטָאוּת)

over, *prep.* עַל, מֵעַל לְ־, נוֹסָף

overalls, *n. pl.* סַרְבָּלִים

overawe, *v.t.* הִטִּיל [נטל] פַּחַד

overbearing, *adj.* מְדַכֵּא, רוֹדֵף, מֵעִיק

overboard, *adv.* הַמַּיְמָה (מֵאֳנִיָּה)

overcast, *adj.* מְעֻנָּן, מְכֻסֶּה עֲנָנִים

overcharge, *n.* מְחִיר מֻפְרָז

overcharge, *v.t.* & *i.* דָּרַשׁ מְחִיר מֻפְרָז, הֶעֱמִיס [עמס] יוֹתֵר מִדַּי

overcloud, *v.t.* & *i.* הֵעִיב [עוב], הִקְדִּיר [קדר], הֶחְשִׁיךְ [חשך]

overcoat, *n.* בֶּגֶד, מְעִיל

overcome, *v.t.* & *i.* יָכֹל לְ־, הִתְגַּבֵּר עַל

overdo, *v.t.* הִפְרִיז [פרז] עַל הַמִּדָּה

overdraw, *v.t.* הִגְזִים [גזם]; הוֹצִיא [יצא] יוֹתֵר כֶּסֶף מִן הַיֵּשׁ בְּעַיִן

overdue, *adj.* שֶׁהִגִּיעַ זְמַנּוֹ

overflow, *n.* שֶׁטֶף

overflow, *v.t.* & *i.* עָבַר (מִלֵּא) עַל גְּדוֹתָיו; הִשְׁתַּפֵּךְ [שפך]

overgrow, *v.t.* & *i.* כִּסָּה בִּצְמָחִים, גָּדַל יוֹתֵר מִדַּי

overhang, *v.t.* & *i.* תָּלָה מִמַּעַל, נִשְׁקַף [שקף]

overhaul, *v.t.* הִדְבִּיק [דבק] (אֳנִיָּה), הִשִּׂיג [נשג]; בָּדַק, תִּקֵּן, שִׁפֵּץ

overhead, *adv.* & *adj.* מִמַּעַל; שֶׁמִּלְמַעְלָה

overhear, *v.t.* שָׁמַע דֶּרֶךְ אַגַּב

overland, *adj.* עַל פְּנֵי הַיַּבָּשָׁה

overlap, *v.t.* & *i.* פָּשַׁט עַל פְּנֵי חֵלֶק

overlay, *v.t.* צִפָּה, כִּסָּה

overload, *v.t.* הֶעֱמִיס [עמס] יוֹתֵר מִדַּי

overlook, *v.t.* הִשְׁקִיף [שקף] עַל; הֶעְלִים [עלם] עַיִן, סָלַח, שָׁכַח

overmuch, *adj.* רַב מִדַּי

overnight, *adv.* & *n.* מֶשֶׁךְ הַלַּיְלָה; אֶמֶשׁ

overpower, *v.t.* הִתְגַּבֵּר [גבר] עַל, גָּבַר עַל, הִכְרִיעַ [כרע], הִכְנִיעַ [כנע]

overproduction, *n.* תּוֹצֶרֶת יְתֵרָה

overreach, *v.t.* רִמָּה, הֶעֱרִים [ערם]

override, *v.t.* רָמַס; בִּטֵּל

overrule, *v.t.* בִּטֵּל, הֶחֱלִיט [חלט] נֶגֶד

overrun, *v.t.* & *i.* הִתְפַּשֵּׁט [פשט] עַל, עָבַר אֶת הַמַּטָּרָה (אֶת הַגְּבוּל, עַל גְּדוֹתָיו)

overseas, *adv.* מֵעֵבֶר לַיָּם, בִּמְדִינוֹת הַיָּם

oversee, *v.t.* & *i.* הֶעְלִים [עלם] עַיִן; הִשְׁגִּיחַ [שגח]

overshoe, *n.* מַגָּף, עַרְדָּל

overshoot, *v.t.* הֶחֱטִיא [חטא] אֶת הַמַּטָּרָה

oversight, *n.* הַעֲלָמַת עַיִן, שִׁכְחָה, טָעוּת; הַשְׁגָּחָה

oversize, *n.* מִדָּה גְּדוֹלָה מִדַּי

oversleep, *v.i.* אֵחַר בַּשֵּׁנָה

overstate, *v.t.* הִגְזִים [גזם]

overstep, *v.t.* & *i.* עָבַר עַל, פָּשַׁע

overt, *adj.* גָּלוּי

overtake, *v.t.* הִדְבִּיק [דבק], הִשִּׂיג [נשג]

overthrow, *v.t.* מִגֵּר, נִצַּח, הִפִּיל [נפל]

overtime, *n.* עֹדֶף זְמָן, זְמַן עֲבוֹדָה נוֹסָף

overture, *n.* פְּתִיחָה (בִּנְגִינָה), הַקְדָּמָה

overturn, *v.t.* & *i.* הָפַךְ

overweight, *n.* עֹדֶף מִשְׁקָל

overwhelm, *v.t.* הִכְנִיעַ [כנע]

overwork, *n.* עֲבוֹדָה יְתֵרָה

overwork, *v.t.* & *i.* עָבַד יוֹתֵר מִדַּי, הֶעֱבִיד [עבד] יוֹתֵר

ovum, *n.* בֵּיצָה
owe, *v.t. & i.* חָב, [חוב], הָיָה חַיָּב
owl, *n.* יַנְשׁוּף, לִילִית, כּוֹס, תִּנְשֶׁמֶת
own, *adj.* שֶׁל עַצְמוֹ
own, *v.t.* הָיָה (שַׁיָּךְ) לְ־; הוֹדָה [ידה]
owner, *n.* בַּעַל
ownership, *n.* בַּעֲלוּת

ox, *n.* שׁוֹר
oxide, oxid, *n* תַּחְמֹצֶת
oxidize, *v.t. & i.* חִמְצֵן, הִתְחַמְצֵן [חמצן]
oxygen, *n.* חַמְצָן, אַבְחֶמֶץ
oyster, *n.* צִדְפָּה
ozone, *n.* חַמְצָן (יַמִּי) רֵיחָנִי

P, p

P, p, *n.* פִּי, הָאוֹת הַשֵּׁשׁ עֶשְׂרֵה בָּאָלֶף בֵּית הָאַנְגְּלִי
pace, *n. & v.i.* צַעַד, פְּסִיעָה; צָעַד
pacific, *adj.* מַשְׁלִים, שָׁקֵט, מַרְגִּיעַ
pacificate, *v.t.* הִשְׁלִים [שלם], הִרְגִּיעַ [רגע]
pacification, *n.* הַשְׁלָטַת (שֶׁקֶט) שָׁלוֹם
pacifism, *n.* אַהֲבַת הַשָּׁלוֹם, שְׁלוֹמָנוּת
pacifist, *n.* שְׁלוֹמָן, אוֹהֵב שָׁלוֹם
pacify, *v.t.* עָשָׂה שָׁלוֹם, פִּיֵּס
pack, *n.* צְרוֹר; חֲבִילָה; כְּנֻפְיָה, לַהֲקָה, עֵדָה
pack, *v.t.* אָרַז, צָרַר; הֶעֱמִיס [עמס]
package, *n.* חֲבִילָה, צְרוֹר
packer, *n.* אוֹרֵז
packet, *n.* חֲפִיסָה
packing, *n.* אֲרִיזָה
packsaddle, *n.* מַרְדַּעַת
pact, *n.* בְּרִית, אֲמָנָה
pad, *n.* לוּחַ כְּתִיבָה; כַּר; רֶפֶד
pad, *v.t.* רִפֵּד
padding, *n.* רִפּוּד
paddle, *n., v.t. & i.* מָשׁוֹט; חָתַר
paddock, *n.* גְּדֵרָה, דִּיר
padlock, *n.* מַנְעוּל תָּלוּי
padre, *n.* כֹּמֶר
pagan, *adj.* אֱלִילִי

pagan, *n.* עוֹבֵד אֱלִילִים
paganism, *n.* עֲבוֹדַת אֱלִילִים, אֱלִילִיּוּת
page, *n.* נַעַר; עַמּוּד, דַּף
pageant, *n.* תַּהֲלוּכָה
pail, *n.* דְּלִי
pailful, *adj.* מְלֹא הַדְּלִי
pain, *n.* כְּאֵב, מֵחוּשׁ, מַכְאוֹב; צִיר, חֵבֶל
pain, *v.t.* הִכְאִיב [כאב]; צִעֵר, הֶעֱצִיב [עצב]
painful, *adj.* מַכְאִיב; מְצַעֵר
painless, *adj.* חֲסַר כְּאֵב
painstaking, *adj.* מִתְאַמֵּץ; חָרוּץ
paint, *n.* צֶבַע
paint, *v.t. & i.* צָבַע; צִיֵּר; תֵּאֵר; כִּחֵל; פִּרְכֵּס (פָּנִים)
painter, *n.* צַבָּע; צַיָּר
painting, *n.* צִיּוּר; תְּמוּנָה; צְבִיעָה; פִּרְכּוּס (פָּנִים)
pair, *n.* זוּג, צֶמֶד
pair, *v.t. & i.* זִוֵּג, הִזְדַּוֵּג [זוג]
pajamas, pyjamas, *n. pl.* בִּגְדֵי שֵׁנָה
pal, *n.* חָבֵר, רֵעַ, יְדִיד, עָמִית
palace, *n.* הֵיכָל, אַרְמוֹן
palatable, *adj.* עָרֵב
palatal, *adj.* חִכִּי
palate, *n.* חֵךְ
palatial, *adj.* אַרְמוֹנִי, מְפֹאָר

palaver, *n.* שִׂיחָה; פַּטְפְּטָנוּת, פִּטְפּוּט
pale, *adj.*, *v.i.* & *t.* חִוֵּר, לְבַנְבַּן; חָוַר, הִלְבִּין [לבן]; גָּדֵר
paleness, *n.* חִוָּרוֹן
Palestine, *n.* אֶרֶץ יִשְׂרָאֵל
palette, *n.* לוּחַ הַצְּבָעִים (שֶׁל הַצַּיָּר)
palfrey, *n.* סוּס רְכִיבָה קָטָן (לְנָשִׁים)
palisade, *n.* חִפּוּף, מֻצָּב
pallbearer, *n.* נוֹשֵׂא מִטַּת הַמֵּת
pallet, *n.* מִטָּה דַּלָּה; כַּף יוֹצְרִים
palliate, *v.t.* הֵקֵל [קלל] (כְּאֵב), הִמְתִּיק [מתק] (דִּין)
pallid, *adj.* חִוֵּר, לְבַנְבַּן
pallor, *n.* חִוָּרוֹן
palm, *n.* כַּף (פַּס) יָד; תָּמָר, דֶּקֶל
palm, *v.t.* נָגַע בְּ־, מִשְׁמֵשׁ; לָחַץ יָד; שִׁחֵד, רִמָּה
palmist, *n.* קוֹרֵא (מְנַחֵשׁ) יָד
palpability, *n.* מַמָּשׁוּת, מוּחָשִׁיּוּת
palpable, *adj.* מַמָּשִׁי, מוּחָשִׁי
palpitate, *v.i.* דָּפַק, נָקַף
palpitation, *n.* דְּפִיקַת (נְקִיפַת) הַלֵּב
palsy, *n.* & *v.t.* שִׁתּוּק; שִׁתֵּק
palter, *v.i.* הֶעֱרִים [ערם]
paltry, *adj.* קַל עֵרֶךְ
pamper, *v.t.* פִּנֵּק; הִלְעִיט [לעט], פִּטֵּם
pamphlet, *n.* חוֹבֶרֶת
pamphleteer, *n.* & *v.i.* כּוֹתֵב חוֹבֶרֶת; כָּתַב חוֹבֶרֶת
pan, *n.* מַחֲבַת, אִלְפָּס
pancake, *n.* לְבִיבָה, חֲמִיטָה
pancreas, *n.* לַבְלָב
pandemonium, *n.* מְהוּמָה
pander, *v.i.* סִרְסֵר
pane, *n.* שִׁמְשָׁה, זְגוּגִית
panegyric, *n.* תְּהִלָּה, שִׁיר שֶׁבַח
panel, *n.* לוּחַ, קֶרֶשׁ; מַלְבֵּן; חִפּוּי; קְבוּצַת (רְשִׁימַת) שׁוֹפְטִים; סָפִין

pang, *n.* צִיר (חֶבֶל לֵדָה), מַכְאוֹב
panhandle, *n.* יְדִית הָאִלְפָּס
panic, *adj.* & *n.* (שֶׁל) בֶּהָלָה
panic-stricken, *adj.* מֻכֵּה פַּחַד
panorama, *n.* נוֹף, מַרְאֶה כְּלָלִי
pansy, *n.* אַמְנוֹן וְתָמָר, סַרְעֶפֶת
pant, *v.i.* נָשַׁם בִּמְהִירוּת; דָּפַק (הַלֵּב) בְּחָזְקָה, עָרַג, הִתְאַוָּה [אוה]
pantaloons, *n. pl.* מִכְנָסַיִם, תַּחְתּוֹנִים
panther, *n.* בַּרְדְּלָס
pantomime, *n.* מִשְׂחָק בְּלֹא מִלִּים, מָעוּנִית, חִקּוּי כֹּל
pantry, *n.* מִסְכֶּנֶת
pants, *n. pl.* מִכְנָסַיִם, תַּחְתּוֹנִים
pap, *n.* דַּיְסָה, מִקְפָּה, מִקְפִּית
papa, *n.* אַבָּא
papal, *adj.* אַפִּיפְיוֹרִי
paper, *n.* נְיָר; עִתּוֹן; חִבּוּר
paprika, paprica, *n.* פִּלְפֵּל אָדוֹם
papyrus, *n.* גֹּמֶא, אָחוּ
par, *n.* שִׁוְיוֹן
parable, *n.* מָשָׁל
parabola, *n.* תִּקְבֹּלֶת
parachute, *n.*, *v.t.* & *i.* מַצְנֵחַ; הִצְנִיחַ [צנח]
parachutist, *n.* צַנְחָן
parade, *n.*, *v.t.* & *i.* תַּהֲלוּכָה; עָרַךְ תַּהֲלוּכָה, עָבַר בַּסָּךְ
paradise, *n.* עֵדֶן, גַּן עֵדֶן
paradox, *n.* הִפּוּךְ, הִפּוּכוֹ שֶׁל דָּבָר
paraffin, *n.* שֶׁמֶן מַחְצָבִי
paragon, *n.* סֵמֶל, מוֹפֵת, דֻּגְמָה
paragraph, *n.* פִּסְקָה, סָעִיף (§)
parallel, *adj.* מַקְבִּיל, שָׁוֶה, דּוֹמֶה
parallel, *n.* קַו מַקְבִּיל
parallelism, *n.* הַקְבָּלָה
parallelogram, *n.* מַקְבִּילִית, מַקְבִּילוֹן
paralysis, *n.* שָׁבָץ, שִׁתּוּק

paralytic, *adj.* מְשֻׁתָּק
paralyze, *v.t.* שִׁתֵּק
paramount, *adj.* הַגָּדוֹל (הַגָּבֹהַּ) בְּיוֹתֵר, רִאשׁוֹן בְּמַעֲלָה
paramour, *n.* אָהוּב, אֲהוּבָה, פִּילֶגֶשׁ
parapet, *n.* מַעֲקֶה
paraphernalia, *n. pl.* אֲבְזָרִים, דְּבָרִים אִישִׁיִּים; פְּתִיגִיל
paraphrase, *n.* עִבּוּד, תַּרְגּוּם חָפְשִׁי
parasite, *n.* טַפִּיל
parasitic, parasitical, *adj.* טַפִּילִי
parasol, *n.* סוֹכֵךְ, שִׁמְשִׁיָּה, מִטְרִיָּה
parboil, *v.t.* בִּשֵּׁל בְּמִקְצָת
parcel, *n.* & *v.t.* חֲבִילָה, צְרוֹר; חִלֵּק
parcel post, *n.* דֹּאַר חֲבִילוֹת
parch, *v.t.* & *i.* יָבַשׁ, יִבֵּשׁ, חָרַךְ, נִחַר (גָּרוֹן)
parchment, *n.* קְלָף, גְּוִיל
pardon, *n.* חֲנִינָה, מְחִילָה, סְלִיחָה
pardon, *v.t.* מָחַל, סָלַח; חָנַן
pare, *v.t.* קִלֵּף
parent, *n.* אָב; הוֹרֶה; אֵם; הוֹרָה
parentage, parenthood, *n.* מָקוֹר; אַבְהוּת; אִמָּהוּת
parenthesis, *n.* סוֹגְרַיִם, חֲצָאֵי לְבָנָה
pariah, *n.* מְנֻדֶּה
parish, *n.* קְהִלָּה, עֵדָה, נָפָה
parishioner, *n.* חָבֵר לִקְהִלָּה
parity, *n.* שִׁוְיוֹן, שִׁוּוּי
park, *n.* בִּיתָן, גַּן טִיּוּל, גַּן עִירוֹנִי
park, *v.t.* הֶחֱנָה [חנה] (מְכוֹנִית)
parking, *n.* חֲנִיָּה, חֲנָיָה
parkway, *n.* כְּבִישׁ שְׂדֵרוֹת, מְסִלָּה רָאשִׁית
parlance, *n.* דִּבּוּר, אֹפֶן הַדִּבּוּר
parley, *n.* מַשָּׂא וּמַתָּן, שִׂיחָה
parley, *v.i.* נָשָׂא וְנָתַן
parliament, *n.* מִרְשׁוֹן, בֵּית מֻרְשִׁים, כְּנֶסֶת
parliamentarian, *n.* מֻרְשֶׁה, חָבֵר כְּנֶסֶת
parlor, *n.* אוּלָם
parochial, *adj.* קְהִלָּתִי; צַר אֹפֶק
parody, *n.* חִקּוּי, שְׂחוֹק, שְׁנִינָה
parole, *n.* הֵן צֶדֶק; אִמְרָה; שִׁבֹּלֶת
paroxysm, *n.* תְּקִיפָה
parquet, *n.* רִצְפַּת עֵץ
parricide, *n.* רְצִיחַת אָב (אֵם); הוֹרֵג אָב (אֵם)
parrot, *n.* & *v.t.* תֻּכִּי; חִקָּה כְּתֻכִּי
parry, *n.* דְּחִיָּה, נְסִיגָה
parry, *v.t.* הָדַף, דָּחָה
parsimonious, *adj.* חַסְכָנִי, קַמְצָנִי
parsimony, *n.* קַמְצָנוּת, חַסְכָנוּת
parsley, *n.* נֵץ חָלָב, כַּרְפַּס
parsnip, *n.* תְּרוּבְתוֹר
parson, *n.* כֹּהֵן, גַּלָּח, כֹּמֶר
part, *n.* חֵלֶק, גֶּזֶר, קֶטַע; תַּפְקִיד
part, *v.t.* & *i.* חִלֵּק, הִפְרִיד [פרד]; נִפְטַר [פטר], נִפְרַד [פרד]
partake, *v.i.* הִשְׁתַּתֵּף [שתף] בְּ־, לָקַח חֵלֶק בְּ־
partial, *adj.* מַעְדִּיף, נוֹשֵׂא פָּנִים; חֶלְקִי
partiality, *n.* הַעֲדָפָה, נְשִׂיאַת פָּנִים
participant, *n.* מִשְׁתַּתֵּף
participation, *n.* הִשְׁתַּתְּפוּת
participle, *n.* שֵׁם הַפְּעֻלָּה, בֵּינוֹנִי (דִּקְדּוּק)
particle, *n.* גּוּשִׁישׁ; מִלַּת הַטַּעַם (דִּקְדּוּק)
particular, *adj.* פְּרָטִי, מְיֻחָד; קַפְּדָן
particular, *n.* פְּרָט
particularize, *v.t.* & *i.* פָּרַט, פֵּרַט
partisan, *adj.* & *n.* מִפְלַגְתִּי; לוֹחֵם סֵתֶר
partisanship, *n.* לְחִימַת יְחִידִים; מִפְלַגְתִּיּוּת
partition, *n.* חֲלֻקָּה; מְחִיצָה

partition, *v.t.* חַלֵּק; חָצַץ
partner, *n.* שֻׁתָּף, חָבֵר לְדָבָר
partnership, *n.* שֻׁתָּפוּת
partridge, *n.* קוֹרֵא, חָגְלָה, תַּרְנְגוֹל בַּר
parturition, *n.* לֵדָה
party, *n.* מִפְלָגָה, סִיעָה; צַד; חֶבְרָה; נֶשֶׁף; מְסִבָּה
pass, *n.* מַעֲבָר; רִשָּׁיוֹן; עֲמִידָה (בִּבְחִינָה)
pass, *v.t.* & *i.* עָבַר, הִסְתַּלֵּק [סלק], הָיָה, קָרָה; הִתְקַבֵּל [קבל]; הֶעֱבִיר [עבר]; חָרַץ (מִשְׁפָּט); אִשֵּׁר; בִּלָּה (זְמַן); עָמַד (בִּבְחִינָה)
passable, *adj.* עָבִיר; בֵּינוֹנִי
passage, *n.* מִסְדְּרוֹן; נְסִיעָה; מַעֲבָר; פִּסְקָה
passenger, *n.* נוֹסֵעַ
passion, *n.* יֵצֶר, חֵשֶׁק, תַּאֲוָה, תְּשׁוּקָה; סֵבֶל; חֵמָה, כַּעַס; רֶגֶשׁ
passionate, *adj.* מִתְאַוֶּה, חוֹשֵׁק, חוֹמֵד, רַגְשָׁנִי
passive, *adj.* סָבִיל, אָדִישׁ
Passover, *n.* פֶּסַח
passport, *n.* דַּרְכִּיָּה, דַּרְכּוֹן
password, *n.* סִיסְמָה, אוֹת, סִימַן הֶכֵּר, שִׁבֹּלֶת
past, *adj.* & *n.* (זְמָן) עָבָר; שֶׁעָבַר
paste, *n.* & *v.t.* דֶּבֶק, טִפּוּל; דִּבֵּק, הִדְבִּיק [דבק], טָפַל
pasteboard, *n.* נְיֹרֶת
pastel, *n.* דֶּבֶק צְבָעִים, צִבְעוֹנִית
pasteurize, *v.t.* חִטֵּא (פִּסְטֵר)
pastime, *n.* שַׁעֲשׁוּעִים
pastor, *n.* כֹּמֶר, כֹּהֵן; רוֹעֵה הָעֵדָה
pastoral, *adj.* & *n.* רוֹעִי; שֶׁל כֹּהֵן; שִׁיר רוֹעִים
pastry, *n.* מַאֲפֶה, עוּגוֹת, תּוּפִינִים
pasturage, *n.* מִרְעֶה, אָפָר

pasture, *n.* דֹּבֶר, מִרְעֶה
pasture, *v.t.* רָעָה, הִרְעָה [רעה]
pat, *n.* לְטִיפָה
pat, *v.t.* לִטֵּף
patch, *n.* טְלַאי
patch, *v.t.* הִטְלִיא [טלא], תִּקֵּן
pate, *n.* גֻּלַּת הָרֹאשׁ, מֹחַ
patent, *n.* & *v.t.* זְכוּת יָחִיד; זִכָּה
paternal, *adj.* אַבְהִי
paternity, *n.* אַבְהוּת
path, *n.* שְׁבִיל, מִשְׁעוֹל
pathetic, pathetical, *adj.* נוֹגֵעַ עַד הַלֵּב, מַעֲצִיב
pathological, *adj.* חוֹלָנִי
pathos, *n.* הִתְלַהֲבוּת; רֶגֶשׁ צַעַר
pathway, *n.* נָתִיב
patience, *n.* סַבְלָנוּת
patient, *adj.* סַבְלָן
patient, *n.* חוֹלֶה
patriarch, *n.* אָב קַדְמוֹן, אָב רִאשׁוֹן
patriarchs, *n.pl.* (הָ)אָבוֹת
patrimony, *n.* מוֹרָשָׁה, נַחֲלַת אָבוֹת
patriot, *n.* מוֹלַדְתָּן, אוֹהֵב אַרְצוֹ
patriotic, *adj.* מוֹלַדְתִּי קַנַּאי, לְאֻמִּי
patriotism, *n.* אַהֲבַת הַמּוֹלֶדֶת, מוֹלַדְתִּיּוּת, לְאֻמִּיּוּת, קַנָּאוּת
patrol, *n.* מִשְׁמָר, מִשְׁמֶרֶת
patrol, *v.t.* & *i.* שִׁמֵּר, מִשְׁמֵר
patrolman, *n.* אִישׁ מִשְׁמָר, שׁוֹטֵר
patron, *n.* מְסַיֵּעַ, תּוֹמֵךְ, חוֹסֶה
patronage, *n.* חָסוּת
patronize, *v.t.* תָּמַךְ
patter, *n.*, *v.t.* & *i.* פִּטְפּוּט; מִלְמֵל
pattern, *n.* דֻּגְמָה, תַּבְנִית
paunch, *n.* בֶּטֶן, קֵבָה
pauper, *n.* קַבְּצָן, אֶבְיוֹן, רָשׁ
pauperism, *n.* קַבְּצָנוּת, אֶבְיוֹנוּת
pauperize, *v.t.* רוֹשֵׁשׁ, דִּלְדֵּל

pause, *n.* שְׁהִיָּה, הַפְסָקָה
pause, *v.i.* שָׁהָה, הִפְסִיק [פסק]
pave, *v.t.* רִצֵּף, סָלַל
pavement, *n.* מִדְרָכָה, מַרְצֶפֶת
pavilion, *n.* בֵּיתָן
paw, *n.* רֶגֶל (הַחַי)
pawn, *n.* עֵרָבוֹן, חֲבוֹל, מַשְׁכּוֹן; חַיָּל (בְּשַׁחְמָט)
pawn, *v.t.* מִשְׁכֵּן, חָבַל, הֶעֱבִיט [עבט]
pawnbroker, *n.* מַלְוֶה בְּמַשְׁכּוֹן
pawnshop, *n.* מַעְבָּטָה, בֵּית מַשְׁכּוֹנוֹת
pay, *n.* תַּשְׁלוּם, שָׂכָר, מַשְׂכֹּרֶת
pay, *v.t. & i.* שִׁלֵּם, פָּרַע; הוֹעִיל [יעל]
payment, *n.* תַּשְׁלוּם
pea, *n.* אֲפוּנָה
peace, *n.* שָׁלוֹם, מְנוּחָה, שַׁלְוָה
peaceably, *adv.* בְּ(דֶרֶךְ) שָׁלוֹם
peaceful, *adj.* שְׁלוֹמִי, שָׁלֵו, שׁוֹקֵט
peach, *n.* אֲפַרְסֵק
peacock, *n.* טַוָּס
peak, *n.* רֹאשׁ הַר, צוּק, שֵׁן סֶלַע; מִצְחָה (שֶׁל כּוֹבַע)
peal, *n.* צִלְצוּל פַּעֲמוֹנִים
peal, *v.i.* צִלְצֵל
peanut, *n.* בֹּטֶן, אֱגוֹז אֲדָמָה
pear, *n.* אַגָּס
pearl, *n.* מַרְגָּלִית, פְּנִינָה, דַּר
peasant, *n.* אִכָּר, חַקְלַאי, עוֹבֵד אֲדָמָה
peasantry, *n.* אִכָּרוּת, אִכָּרִים
peat, *n.* כָּבוּל
pebble, *n.* צְרוֹר, חָצָץ, חַלּוּק
peck, *n.* נְקִירָה, פֶּק, פִּיק (רֶבַע בּוּשֶׁל)
peck, *v.t.* נִקֵּר, הִקִּישׁ [נקש] בְּמַקּוֹר
peculation, *n.* מְעִילָה
peculiar, *adj.* אָפְיָנִי, מְשֻׁנֶּה
peculiarity, *n.* זָרוּת
pecuniary, *adj.* כַּסְפִּי, מָמוֹנִי
pedagogic, *adj.* חִנּוּכִי

pedagogue, pedagog, *n.* מְחַנֵּךְ
pedagogy, *n.* חִנּוּךְ, תּוֹרַת הַהוֹרָאָה
pedal, *adj.* שֶׁל הָרֶגֶל
pedal, *n. & v.t.* דַּוְשָׁה; דִּוֵּשׁ
pedant, *n.* נַקְדָן, דַּיְקָן, קַפְּדָן
pedantic, *adj.* נַקְדָנִי, דַּיְקָנִי, קַפְּדָנִי
pedantry, *n.* דַּיְקָנוּת, קַפְּדָנוּת
peddle, *v.t. & i.* רָכַל
peddler, *n.* רוֹכֵל
pedestal, *n.* תּוֹשֶׁבֶת, אֶדֶן, בָּסִיס
pedestrian, *adj. & n.* הוֹלֵךְ בְּרֶגֶל
pedigree, *n.* שַׁלְשֶׁלֶת יֻחֲסִין, יִחוּס, יַחַשׂ
peek, *n.* סְקִירָה, מַבָּט
peek, *v.i.* סָקַר, הֵצִיץ [ציץ]
peel, *n.* מַרְדֶּה (אוֹפִים); קְלִפָּה
peel, *v.t. & i.* פִּקֵּל (בְּצָלִים), קִלֵּף, הִתְקַלֵּף [קלף]
peep, *n.* מַבָּט, הֲצָצָה; צִיּוּץ; צִפְצוּף
peep, *v.i.* הֵצִיץ [ציץ]; צִפְצֵף
peer, *v.i.* הִתְבּוֹנֵן [בין]
peevish, *adj.* נִרְגָּז
peg, *n.* יָתֵד; וָו (מֵעֵץ), תְּלִי; מַשְׁקֶה חָרִיף; מַדְרֵגָה, מַעֲלָה
peg, *v.t.* תָּקַע, קָבַע; עָמַל
pelican, *n.* שַׂקְנַאי
pellagra, *n.* דַּלֶּקֶת הָעוֹר
pellet, *n.* כַּדּוּרִית
pell-mell, pellmell, *adv.* בְּעִרְבּוּבְיָה
pelt, *n.* עוֹר, פַּרְוָה
pelvic, *adj.* שֶׁל אַגַּן הַיְרֵכַיִם
pelvis, *n.* אַגַּן הַיְרֵכַיִם
pen, *n.* מִכְלָא, דִּיר
pen, *v.t.* כָּלָא בְּמִכְלָא, כָּנַס לְדִיר
pen, *n. & v.t.* עֵט; כָּתַב
penal, *adj.* שֶׁל עֹנֶשׁ
penalize, *v.t.* עָנַשׁ
penalty, *n.* עֹנֶשׁ
penance, *n.* תְּשׁוּבָה, חֲרָטָה

pence, *n.* אֲגוֹרוֹת (אַנְגְּלִיּוֹת), פְּרוּטוֹת
penchant, *n.* נְטִיָּה
pencil, *n.* עִפָּרוֹן, אַבְרוֹן
pendant, *n.* נְטִיפָה
pendulous, *adj.* תָּלוּי וּמִתְנַעְנֵעַ
pendulum, *n.* מְטֻלְטֶלֶת, מְטֻטֶּלֶת
penetrable, *adj.* חָדִיר
penetrate, *v.t. & i.* חָדַר
penetration, *n.* חֲדִירָה
peninsula, *n.* חֲצִי אִי
penis, *n.* זְמוֹרָה, גִּיד, אֵבֶר, אַמָּה, וָטִיב, שַׁמָּשׁ
penitence, *n.* תְּשׁוּבָה, חֲרָטָה
penitent, *adj. & n.* מִתְחָרֵט, חוֹזֵר בִּתְשׁוּבָה
penitentiary, *n.* כֶּלֶא, בֵּית (סֹהַר) אֲסוּרִים
penknife, *n.* אוֹלָר
pennant, *n.* דִּגְלוֹן
penniless, *adj.* חֲסַר פְּרוּטָה, אֶבְיוֹן
penny, *n.* פְּרוּטָה, אֲגוֹרָה (אַנְגְּלִית)
pension, *n.* קִצְבָּה
pension, *v.t.* נָתַן (קָבַע) קִצְבָּה
pensive, *adj.* שָׁקוּעַ בְּמַחֲשָׁבוֹת
pentagon, *n.* מְחֻמָּשׁ (מְשֻׁכְלָל)
Pentecost, *n.* שָׁבוּעוֹת
penthouse, *n.* דִּירַת (עֲלִיַּת) גַּג
penurious, *adj.* קַמְּצָנִי
penury, *n.* דַּלּוּת
people, *n.* עַם, לְאֹם, גּוֹי, אֻמָּה, אֲנָשִׁים
people, *v.t.* יִשֵּׁב, מִלֵּא (אֶרֶץ) תּוֹשָׁבִים
pepper, *n.* פִּלְפֵּל
peppermint, *n.* נַעֲנַע
peppery, *adj.* מְפֻלְפָּל, חָרִיף
pepsin, *n.* מִיץ עִכּוּל
perambulate, *v.t. & i.* הָלַךְ, טִיֵּל, עָבַר בְּ־
perambulation, *n.* הֲלִיכָה, טִיּוּל
perambulator, *n.* מְטַיֵּל; עֲגָלַת יְלָדִים
perceive, *v.t.* חָשׁ [חוש], הִרְגִּישׁ [רגש]; בָּן [בין]
per cent, per centum, *n.* מֵאִית, אָחוּז, אָחוּז לְמֵאָה (%)
percentage, *n.* אֲחוּזִים (לְמֵאָה)
percept, *n.* מוּחָשׁ
perceptibility, *n.* חִישָׁה
perception, *n.* הַרְגָּשָׁה, בִּינָה, הַשְׁקָפָה, תְּחוּשָׁה, הַמְחָשָׁה, תְּפִיסָה
perceptive, *adj.* מַרְגִּישׁ, מַשִּׂיג, תּוֹפֵס
perch, *n.* מוֹט, בַּד עוֹפוֹת, נִמְרָה (דָּג)
perch, *v.i.* יָשַׁב עַל מוֹט
perchance, *adv.* אוּלַי
percolate, *v.t. & i.* סִנֵּן, הִסְתַּנֵּן [סנן]
percolator, *n.* מְסַנֶּנֶת, מַסְנֵן
percussion, *n.* תְּפִיפָה, זַעֲזוּעַ
perdition, *n.* כְּלָיָה, אֲבַדּוֹן, חֻרְבָּן
peregrination, *n.* נְדוּדִים
peremptory, *adj.* מֻכְרָע, מֻחְלָט; עַקְשָׁנִי
perennial, *adj.* רַב שְׁנָתִי; תְּמִידִי; אֵיתָן
perfect, *adj.* שָׁלֵם, לְלֹא מוּם, מְשֻׁכְלָל
perfect, *n.* עָבָר (דִּקְדּוּק)
perfect, *v.t.* שִׁכְלֵל
perfection, *n.* שִׁכְלוּל
perfidious, *adj.* בּוֹגֵד
perfidy, *n.* בְּגִידָה
perforate, *v.t.* נִקֵּב, חָרַר, קָדַח
perforation, *n.* חוֹר, נֶקֶב; נְקִיבָה
perforce, *adv.* בְּחָזְקָה
perform, *v.t. & i.* עָשָׂה, פָּעַל, בִּצַּע, הִצִּיג [יצג]
performance, *n.* בִּצּוּעַ; הַצָּגָה
performer, *n.* מְבַצֵּעַ; מַצִּיג
perfume, *n. & v.t.* בֹּשֶׂם, זֶלַח; בִּשֵּׂם
perfumery, *n.* מִבְשָׂמָה
perfunctory, *adj.* רַשְׁלָנִי
perhaps, *adv.* אוּלַי, אֶפְשָׁר

peril, *n.* & *v.t.* סַכָּנָה; סִכֵּן
perilous, *adj.* מְסֻכָּן
perimeter, *n.* הֶקֵּף
period, *n.* תְּקוּפָה, עִדָּן, עֵת; נְקֻדָּה(.), סוֹף פָּסוּק
periodic, *adj.* עִתִּי
periodical, *n.* עִתּוֹן, בִּטָּאוֹן
periphery, *n.* הֶקֵּף
periscope, *n.* צוֹפֶה כֹּל
perish, *v.t.* אָבַד, סָפָה, נָבַל
perishable, *adj.* שָׁחִית
peritonitis, *n.* צַפֶּקֶת
periwig, *n.* פֵּאָה נָכְרִית
periwinkle, *n.* חֶלְזוֹן הָאַרְגָּמָן; חוֹפָנִית
perjure, *v.t.* נִשְׁבַּע [שבע] לַשֶּׁקֶר
perjury, *n.* שְׁבוּעַת שֶׁקֶר
perk, *v.t.* & *i.* הִתְיָהֵר [יהר]; יִפָּה
perky, *adj.* שׁוֹבָב, חָצוּף
permanence, *n.* תְּמִידוּת
permanency, *n.* קְבִיעוּת
permanent, *adj.* תְּמִידִי
permeation, *n.* חֲדִירָה
permissible, *adj.* מֻתָּר
permission, *n.* רְשׁוּת, הַתָּרָה
permit, *n.* רִשָּׁיוֹן
permit, *v.t.* הִתִּיר [נתר], הִרְשָׁה [רשה]
permutation, *n.* תְּמוּרָה
pernicious, *adj.* מַזִּיק
perpendicular, *adj.* זָקוּף, אֲנָכִי
perpetrate, *v.t.* עָבַר (עָשָׂה) עֲבֵרָה, חָטָא
perpetual, *adj.* תְּמִידִי, נִצְחִי
perpetuate, *v.t.* הִנְצִיחַ [נצח]
perpetuation, *n.* הַנְצָחָה
perpetuity, *n.* נִצְחִיּוּת, תְּמִידוּת, עַד
perplex, *v.t.* בִּלְבֵּל, הִדְהִים [דהם]
perplexity, *n.* מְבוּכָה, שִׁגּוּשׁ
perquisite, *n.* תּוֹסֶפֶת שָׂכָר; הַכְנָסָה; הַעֲנָקָה

persecute, *v.t.* רָדַף
persecution, *n.* רְדִיפָה
persecutor, *n.* רוֹדֵף
perseverance, *n.* הַתְמָדָה
persevere, *v.i.* הִתְמִיד [תמד]
persiflage, *n.* לַעַג, פִּטְפּוּט
persist, *v.i.* הִתְמִיד [תמד] בְּ־, עָמַד (בְּ־) עַל דַּעְתּוֹ
persistence, *n.* עַקְשָׁנוּת
persistent, *adj.* עַקְשָׁנִי, שׁוֹקֵד
person, *n.* אִישׁ, גּוּף, אָדָם, בֶּן אָדָם
first person מְדַבֵּר, גּוּף רִאשׁוֹן
second person נוֹכֵחַ, גּוּף שֵׁנִי
third person נִסְתָּר, גּוּף שְׁלִישִׁי
personage, *n.* אָדָם חָשׁוּב
personal, *adj.* פְּרָטִי, אִישִׁי
personality, *n.* אִישִׁיּוּת
personification, *n.* הִתְגַּשְּׁמוּת, גִּשּׁוּם
personify, *v.t.* גִּשֵּׁם, הִלְבִּישׁ [לבש] צוּרָה
personnel, *n.* צֶוֶת, סֶגֶל, חֶבֶר הָעוֹבְדִים
perspective, *n.* סִכּוּי; מֶרְחָק מְסֻיָּם
perspicacity, *n.* חַדּוּת, חֲרִיפוּת (שֵׂכֶל)
perspicuous, *adj.* מוּבָן, בָּרוּר, בָּהִיר
perspiration, *n.* הֲזָעָה
perspire, *v.i.* הֵזִיעַ [זוע]
persuade, *v.t.* & *i.* שִׁכְנַע, הִשְׁתַּכְנַע [כנע]
persuasion, *n.* הִשְׁתַּכְנְעוּת, שִׁכְנוּעַ
persuasive, *adj.* מְשַׁכְנֵעַ
pert, *adj.* עַז פָּנִים, חָצוּף
pertain, *v.i.* הִתְיַחֵס [יחס]
pertinacious, *adj.* קְשֵׁה עֹרֶף, עַקְשָׁן
pertinacity, *n.* עַקְשָׁנוּת, קְשִׁי עֹרֶף
pertinence, pertinency, *n.* הַתְאָמָה, שַׁיָּכוּת
pertinent, *adj.* מַתְאִים, שַׁיָּךְ (לָעִנְיָן)
perturb, *v.t.* הִדְאִיג [דאג], הִרְגִּיז [רגז], הִפְרִיעַ [פרע], הֵבִיךְ [בוך]

perturbation, *n.* מְבוּכָה, הִתְרַגְּשׁוּת
perusal, *n.* עִיּוּן, קְרִיאָה
peruse, *v.t.* קָרָא, סָקַר
pervade, *v.t.* חָדַר
perverse, *adj.* מְסֻלָּף, מְעֻקָּל, מְעֻוָּת
perversion, *n.* סִלּוּף, סֵרוּס, עִוּוּת
perversity, *n.* עִקְּשׁוּת, סֶלֶף, שְׁחִיתוּת
pervert, *n.* מָשְׁחָת
pervert, *v.t.* הִשְׁחִית [שחת] (מִדּוֹת), עִוֵּת (דִּין), הָפַךְ (סִלֵּף) דְּבָרִים
pessimism, *n.* יֵאוּשׁ
pessimist, *n.* יַאוּשָׁן, רוֹאֶה שְׁחוֹרוֹת
pessimistic, *adj.* מִתְיָאֵשׁ, סַפְקָנִי
pest, *n.* דֶּבֶר
pester, *v.t.* הִטְרִיד [טרד]
pestiferous, *adj.* מֵצִיק, מְיַגֵּעַ
pestilence, *n.* מַגֵּפָה
pestle, *n.* עֱלִי
pet, *n.* מַחְמָד; שַׁעֲשׁוּעַ; חַיַּת בַּיִת
pet, *v.t.* פִּנֵּק, שִׁעֲשַׁע
petal, *n.* עַלְעַל כּוֹתֶרֶת
petition, *n.* בַּקָּשָׁה (כְּלָלִית), עֲצוּמָה
petition, *v.t.* & *i.* בִּקֵּשׁ, הִפְצִיר [פצר]
petrifaction, *n.* הִתְאַבְּנוּת
petrify, *v.t.* & *i.* אִבֵּן, הִתְאַבֵּן [אבן]
petrol, *n.* בֶּנְזִין
petroleum, *n.* שֶׁמֶן אֲדָמָה, נֵפְט
petticoat, *n.* תַּחְתּוֹנָה, חֲצָאִית; אִשָּׁה
pettiness, *n.* קַטְנוּת
petty, *adj.* פָּעוּט; פָּחוּת
petulant, *adj.* קְצַר רוּחַ, רַגְזָנִי
pew, *n.* מוֹשָׁב (בִּכְנֵסִיָּה), סַפְסָל
pewter, *n.* מֶסֶג, נֶתֶךְ (תַּעֲרֹבֶת בְּדִיל וְעוֹפֶרֶת)
phantasm, *n.* הֲזָיָה, דִּמְיוֹן שָׁוְא
phantasy, *v.* fantasy
phantom, *n.* רוּחַ הַמֵּת; מִפְלֶצֶת
Pharisee, *n.* פְּרוּשִׁי

pharmacist, *n.* רוֹקֵחַ
pharmacy, *n.* בֵּית מִרְקַחַת
phase, *n.* תְּקוּפָה; צוּרָה
pheasant, *n.* פַּסְיוֹן
phenomenal, *adj.* שֶׁל מַרְאֶה; בִּלְתִּי רָגִיל, יוֹצֵא מִן הַכְּלָל
phenomenon, *n.* מַרְאֶה, תּוֹפָעָה
phial, *n.* דַּבְצָל
philander, *v.i.* חִזֵּר אַחֲרֵי אִשָּׁה
philanderer, *n.* מְחַזֵּר
philanthropist, *n.* נָדִיב, נַדְּבָן
philanthropy, *n.* נַדְּבָנוּת, אַהֲבַת אֲנָשִׁים, צְדָקָה
philharmonic, *adj.* אוֹהֵב נְגִינָה
philologist, *n.* בַּלְשָׁן
philology, *n.* בַּלְשָׁנוּת
philosopher, *n.* פִּילוֹסוֹף
philosophical, *adj.* פִּילוֹסוֹפִי
philosophy, *n.* פִּילוֹסוֹפְיָה, חֶשְׁבּוֹן
philter, philtre, *n.* שִׁקּוּי אַהֲבָה
phlegm, *n.* כִּיחַ, רִיר; אֲדִישׁוּת, קוֹר רוּחַ
phlegmatic, *adj.* אָדִישׁ, קַר רוּחַ
phobia, *n.* בַּעַת
phone, *n.* שַׂח רָחוֹק, טֶלֶפוֹן
phonetic, *n.* הֶבְרוֹנִי, מִבְטָאִי, קוֹלִי
phonograph, *n.* מָקוֹל
phosphate, *n.* זַרְחָה
phosphoric, *adj.* זַרְחָנִי
phosphorous, *adj.* זַרְחִי
phosphorus, *n.* זַרְחָן
photograph, *n.* תַּצְלוּם, צִלּוּם
photograph, *v.t.* צִלֵּם
photographer, *n.* צַלָּם
photography, *n.* כְּתַב אוֹר, צִלּוּם
photostat, *n.* הֶעְתֵּק צִלּוּמִי
phrase, *n.* מִבְטָא, בִּטּוּי, נִיב
phrase, *v.t.* בִּטֵּא בְּמִלִּים

phraseology, *n.* לָשׁוֹן, סִגְנוֹן
phrenology, *n.* מְדִידַת (הַגֻּלְגֹּלֶת) הַקָּדְקֹד
physic, *n.* & *v.t.* מְשַׁלְשֵׁל; רְפוּאָה; חָכְמַת הָרְפוּאָה; רִפֵּא; שִׁלְשֵׁל
physical, *adj.* גּוּפָנִי, חָמְרִי
physician, *n.* רוֹפֵא
physicist, *n.* טִבְעָתָן
physics, *n.* חָכְמַת הַטֶּבַע
physiognomy, *n.* חָכְמַת הַפַּרְצוּף
physiological, *adj.* שֶׁל תַּהֲלִיכֵי הַגּוּף הַחַי, מִטֶּבַע הַחַי
physiology, *n.* טֶבַע בַּעֲלֵי הַחַיִּים
physique, *n.* מִבְנֵה הַגּוּף
pianissimo, *adj.* בְּשֶׁקֶט מֻחְלָט (בִּנְגִינָה)
pianist, *n.* פְּסַנְתְּרָן, פְּסַנְתְּרָנִית
piano, pianoforte, *n.* פְּסַנְתֵּר
piazza, *n.* כִּכָּר, רְחָבָה; מִרְפֶּסֶת
piccolo, *n.* חֲלִילִית
pick, *n.* מַעְדֵּר, נֶקֶר; בְּחִירָה
pick, *v.t.* & *i.* קָטַף; בָּחַר; עָדַר; נִקֵּר
picket, *n.* מִשְׁמֶרֶת
picket, *v.t.* מִשְׁמֵר [שמר], הֶעֱמִיד [עמד] מִשְׁמֶרֶת
picking, *n.* נְקִירָה; קָטִיף, קְטִיפָה
pickle, *n.* & *v.t.* (מְלָפְפוֹן) כָּבוּשׁ; כָּבַשׁ
pickpocket, *n.* כַּיָּס
pickup, *v.t.* הֵרִים [רום]
picnic, *n.* סְבֹלֶת, טִוּוּיג
pictorial, *adj.* צִיּוּרִי
picture, *n.* תְּמוּנָה; סֶרֶט, קוֹלְנוֹעַ
picture, *v.t.* צִיֵּר, תֵּאֵר
picturesque, *adj.* יְפֵה נוֹף
pie, *n.* כִּיסָן; נַקָּר (עוֹף)
piece, *n.* חֲתִיכָה, נֵתַח (בָּשָׂר), פְּרוּסָה (לֶחֶם), שֶׁבֶר, גֶּזֶר (עֵץ)
piece, *v.t.* & *i.* אִחָה, הִתְאַחָה [אחה]
piecework, *n.* עֲבוֹדָה בְּקַבְּלָנוּת

pier, *n.* מַעֲגָן
pierce, *v.t.* & *i.* נָקַב, דָּקַר
piety, *n.* יִרְאָה, חֲסִידוּת
pig, *n.* חֲזִיר
pigeon, *n.* יוֹנָה
pigeonhole, *n.* תָּא, מְגוּרָה
pigeonhole, *v.t.* חִלֵּק (שָׂם) בְּתָאִים
pigment, *n.* צִבְעָן
pike, *n.* כִּידוֹן, רֹמַח; אַבְרוֹמָה (דָּג)
pile, *n.* עֲרֵמָה, סֹרֶר
pile, *v.t.* צָבַר, עָרַם
piles, *n. pl.* טְחוֹרִים, תַּחְתּוֹנִיּוֹת
pilfer, *v.t.* סָחַב, גָּנַב
pilgrim, *n.* עוֹלֶה רֶגֶל
pilgrimage, *n.* עֲלִיָּה לְרֶגֶל
pill, *n.* גְּלוּלָה
pillage, *n.* בִּזָּה, שֹׁד
pillage, *v.t.* בָּזַז
pillar, *n.* עַמּוּד
pillion, *n.* (כַּר) הָאֻכָּף; מוֹשָׁב אֲחוֹרִי (בְּאוֹפַנּוֹעַ)
pillory, *n.* עַמּוּד קָלוֹן
pillow, *n.* כֶּסֶת, כַּר
pillowcase, *n.* צִפִּית, צִפִּיָּה
pilot, *n.* & *v.t.* נַוָּט; נִוֵּט
pimp, *n.* סַרְסוּר זְנוּת
pimple, *n.* חָטָט, חֲטֶטֶת
pin, *n.* סִכָּה, רְכִיסָה, פְּרִיפָה
pin, *v.t.* פָּרַף, רָכַס, חִבֵּר (בְּסִכָּה)
pinafore, *n.* פַּרְגּוֹד (סִנַּר) יְלָדִים
pincers, *n. pl.* מֶלְקָחַיִם; מַלְקֶט
pinch, *v.t.* & *i.* צָבַט
pinch, *n.* צְבִיטָה; קֹרֶט
pincushion, *n.* כַּר סִכּוֹת
pine, *n.* אֹרֶן
pine, *v.i.* דָּאַב
pineapple, *n.* קֶשֶׁת
pinfold, *n.* מִכְלָה

pinion, ***n.*** גַּלְגַּל שִׁנַּיִם, סַבֶּבֶת; כָּנָף; קָצֶה (נוֹצָה) אֶבְרָה

pinion, ***v.t.*** כָּפַת, עָקַד (קָשַׁר) כְּנָפַיִם

pink, ***adj.*** וָרֹד

pink, ***n.*** צִפֹּרֶן; מְעִיל צַיַּד אָדֹם

pinnace, ***n.*** סִירַת מִפְרָשִׂים וּמְשׁוֹטִים

pinnacle, ***n.*** מִגְדַּל מַשְׂכִּית; פִּסְגָּה

pint, ***n.*** פַּיְנְט, 0.567 לִיטֶר

pioneer, ***n.*** חָלוּץ

pioneer, ***v.t. & i.*** הָיָה חָלוּץ

pious, ***adj.*** אָדוּק, חָרֵד

pip, ***n.*** חַרְצָן

pipe, ***n.*** צִנּוֹר; מִקְטֶרֶת; אַבּוּב

pipe, ***v.t. & i.*** חִלֵּל; הֶעֱבִיר [עבר] דֶּרֶךְ צִנּוֹרוֹת

piper, ***n.*** מְחַלֵּל; צַנָּר

piquant, ***adj.*** חַד, חָרִיף; מְסַקְרֵן

pique, ***n.*** טִינָה, תַּרְעֹמֶת

piracy, ***n.*** שֹׁד יַמִּי; גְּנֵבָה סִפְרוּתִית

pirate, ***n.*** שׁוֹדֵד יָם; פּוֹגֵעַ בִּזְכוּת שְׁמוּרָה

pirouette, ***n.*** רִקּוּד סְחַרְחוֹר

pistil, ***n.*** עֱלִי

pistol, ***n.*** אֶקְדָּח

piston, ***n.*** בֻּכְנָה

pit, ***n.*** גַּלְעִין, חַרְצָן; שׁוּחָה, מִכְרֶה בּוֹר, שַׁחַת, גּוּמָץ, גּוּמָה

pitch, ***n.*** זֶפֶת, כֹּפֶר; קוֹל יְסוֹדִי; מַעֲלֶה

pitch, ***v.t.*** זִפֵּת, כָּפַר

pitch, ***v.t. & i.*** נָטָה, הֶאֱהִיל [אהל]; הִשְׁלִיךְ [שלך], קָלַע, זָרַק; הִשְׁמִיעַ [שמע] קוֹל

pitcher, ***n.*** כַּד; קוֹלֵעַ

pitchfork, ***n.*** קִלְשׁוֹן

piteous, ***adj.*** עָלוּב, אֻמְלָל, מִסְכֵּן

pith, ***n.*** עִקָּר, עָצְמָה

pithy, ***adj.*** עַז, נִמְרָץ

pitiful, ***adj.*** מִסְכֵּן, מְעוֹרֵר חֶמְלָה, עָלוּב

pitiless, ***adj.*** שֶׁאֵינוֹ חוֹמֵל, אַכְזָרִי

pity, ***n.*** חֶמְלָה, רַחֲמִים

pity, ***v.t. & i.*** רִחֵם, חָמַל, חָס [חוס]

pivot, ***n.*** צִיר, סֶרֶן

pivot, ***v.t. & i.*** סָבַב עַל סֶרֶן

placable, ***adj.*** וַתְּרָנִי

placard, ***n.*** מוֹדָעָה

placate, ***v.t.*** פִּיֵּס, רִצָּה, וִתֵּר

place, ***n.*** מָקוֹם; מַעֲמָד; מִשְׂרָה

place, ***v.t.*** שָׂם [שים], הִנִּיחַ [נוח], הֶעֱמִיד [עמד]

placid, ***adj.*** שָׁלֵו, שׁוֹקֵט

placidity, ***n.*** שַׁלְוָה, נַחַת

plagiarism, ***n.*** גְּנֵבָה סִפְרוּתִית

plague, ***n.*** מַכָּה, דֶּבֶר, מַגֵּפָה

plague, ***v.t.*** הִדְבִּיק [דבק] (נֶגֶף, מַחֲלָה), עִנָּה, נָגַף; הִטְרִיד [טרד]

plaid, ***adj. & n.*** (אָרִיג) מְשֻׁבָּץ

plain, ***n.*** מִישׁוֹר, עֲרָבָה

plain, ***adj.*** מוּבָן, פָּשׁוּט, בָּרוּר, יָשָׁר

plainness, ***n.*** פַּשְׁטוּת

plaint, ***n.*** תְּלוּנָה, נְהִי, קִינָה

plaintiff, ***n.*** תּוֹבֵעַ, מַאֲשִׁים

plait, ***v.t.*** קִפֵּל, סָרַג, קִלַּע

plan, ***n.*** תָּכְנִית, תַּרְשִׁים, תַּבְנִית, עֶשְׁתּוֹן, זְמָם, הַצָּעָה

plan, ***v.t. & i.*** תִּכְנֵן, זָמַם, חָרַשׁ, הֵשִׁית [שית]

plane, plane tree, ***n.*** דֹּלֶב, עַרְמוֹן

plane, ***n.*** שֶׁטַח, מִישׁוֹר

plane, ***adj.*** שָׁטוּחַ

plane, ***n. & v.t.*** מַקְצוּעָה; הִקְצִיעַ [קצע], הֶחֱלִיק [חלק], שִׁפָּה, שִׁעַע

planet, ***n.*** כּוֹכַב לֶכֶת, מַזָּל

plank, ***n.*** דַּף, לוּחַ, קֶרֶשׁ

plank, ***v.t.*** כִּסָּה בִּקְרָשִׁים

plant, *n.* צֶמַח, שָׁתִיל; בֵּית חֲרֹשֶׁת, כְּלֵי תַּעֲשִׂיָּה
plant, *v.t. & i.* נָטַע, שָׁתַל, זָרַע; יִסֵּד
plantation, *n.* מַטָּע
planter, *n.* נוֹטֵעַ, שַׁתְלָן
plaque, *n.* לוּחַ
plash, *n., v.t. & i.* שִׁכְשׁוּךְ; הִשְׁתַּכְשֵׁךְ [שכשך]
plasma, *n.* לֵחַ הַדָּם, חֹמֶר הַתָּא
plaster, *n.* טִיחַ; רְטִיָּה
plaster, *v.t.* הֵטִיחַ [טוח], טָח
plasterer, *n.* טַיָּח
plastic, *adj.* גָּמִישׁ, פְּלַסְטִי
plat, *n.* מִגְרָשׁ
plate, *n.* קְעָרָה, צַלַּחַת; רִקּוּעַ
plate, *v.t.* רִקַּע; צִפָּה
plateau, *n.* רָמָה, מִישׁוֹר
platform, *n.* בָּמָה, בִּימָה, דּוּכָן
platinum, *n.* כֶּתֶם, כַּתְמָן, פְּלָטִינָה
platitude, *n.* שִׁטְחִיּוּת, רְגִילוּת, הֶעָרָה שִׁטְחִית
platoon, *n.* פְּלֻגָּה, גְּדוּד
platter, *n.* קְעָרָה, פִּנְכָּה
plaudit, *n.* מְחִיאַת כַּפַּיִם
plausible, *adj.* אֶפְשָׁרִי, מִתְקַבֵּל עַל הַדַּעַת
play, *n.* מִשְׂחָק, שְׂחוֹק, שַׁעֲשׁוּעַ; מַחֲזֶה
play, *v.t. & i.* שִׂחֵק; נִגֵּן; הִשְׁתַּעֲשַׁע [שעשע]
player, *n.* מְשַׂחֵק, שַׂחְקָן
playful, *adj.* שָׂשׂ, מִשְׁתַּעֲשֵׁעַ, מְשַׂחֵק
playground, *n.* מִגְרַשׁ מִשְׂחָקִים
plaything, *n.* שַׁעֲשׁוּעַ, צַעֲצוּעַ, מִשְׂחָק
playwright, *n.* מַחֲזַאי
plea, *n.* טַעֲנָה, בַּקָּשָׁה, הִתְנַצְּלוּת
plead, *v.t. & i.* טָעַן, בִּקֵּשׁ, הִצְטַדֵּק [צדק]; סִנְגֵּר
pleader, *n.* טוֹעֵן
pleasant, *adj.* נָעִים, נֶחְמָד
pleasantness, *n.* נֹעַם
pleasantry, *n.* צְחוֹק, הֲלָצָה
please, *v.t. & i.* הֵנָה, הִשְׂבִּיעַ [שבע] רָצוֹן; מָצָא חֵן בְּעֵינֵי
please, pray, *interj.* אָנָּא, אָנָּה, בְּבַקָּשָׁה, ־נָא
pleasurable, *adj.* נוֹחַ, נָעִים, עָרֵב
pleasure, *n.* תַּעֲנוּג, הֲנָאָה
pleat, *v.t. & n.* סָרַג, קָלַע, קִפֵּל; קֶמֶט
plebiscite, *n.* מִשְׁאַל עָם
pledge, *n. & v.t.* הַבְטָחָה; מַשְׁכּוֹן, עֵרָבוֹן, עֲבוֹט; הִבְטִיחַ [בטח]; עָבַט, חָבַל, מִשְׁכֵּן
plenary, *adj.* מָלֵא, שָׁלֵם
plenipotentiary, *n.* מְיֻפֵּה כֹּחַ, מֻרְשֶׁה
plenitude, *n.* שֶׁפַע
plentiful, *adj.* רַב, מְרֻבֶּה
plenty, *n.* שֶׁפַע, רְוָיָה, שֹׂבַע
pliability, *n.* גְּמִישׁוּת
pliable, *adj.* גָּמִישׁ, נִכְפָּף
pliant, *adj.* גָּמִישׁ, כָּפִיף
plicate, *adj.* קָמוּט
pliers, *n. pl.* צְבָת, מֶלְקָחַיִם
plight, *n.* הַבְטָחָה; מַצָּב קָשֶׁה
plight, *v.t.* הִבְטִיחַ [בטח], אָרַס
plinth, *n.* מַסָּד, תּוֹשֶׁבֶת
plod, *v.i.* עָמַל, הָלַךְ בִּכְבֵדוּת
plodder, *n.* יָגֵעַ
plot, *n., v.t. & i.* קֶשֶׁר, מֶרֶד; עֲלִילָה (בְּסִפּוּר); מִגְרָשׁ; זָמַם, קָשַׁר, חָרַשׁ
plotter, *n.* חוֹבֵל תַּחְבּוּלוֹת
plover, *n.* שְׂרוֹנִי, גִּשְׁמִי
plow, plough, *n. & v.t.* מַחֲרֵשָׁה; חָרַשׁ
plowshare, ploughshare, *n.* אֵת
pluck, *n.* קְטִיפָה; מְרִיטָה; אֹמֶץ לֵב; אֲבָרִים פְּנִימִיִּים (שֶׁל חַיָּה)

pluck, *v.t.* קָטַף (פֶּרַח); מָרַט (נוֹצָה); תָּלַשׁ (עֲשָׂבִים); אָרָה (פֵּרוֹת); מָסַק (זֵיתִים); מָשַׁךְ, סָחַב
plug, *n.* פְּקָק, מַסְתֵּם, מְגוּפָה, סֶכֶר
plug, *v.t.* פָּקַק, סָתַם
plum, *n.* שָׁזִיף
plumage, *n.* נוֹצוֹת
plumb, *adj.* מְאֻנָּךְ
plumb, *n.* אֲנָךְ, אֶבֶן הַבְּדִיל
plumb, *v.t.* אִנֵּךְ
plumber, *n.* שְׁרַבְרָב
plumbing, *n.* שְׁרַבְרָבוּת
plume, *n.* נוֹצָה
plume, *v.t.* הִתְקַשֵּׁט [קשט] בְּנוֹצוֹת; הִתְנָאָה [נאה], הִתְיַהֵר [יהר]
plummet, *n.* אֲנָךְ, מִשְׁקֹלֶת
plump, *adj., v.t. & i.* שְׁמַנְמַן; הִשְׁמִין [שמן], הִשְׁתַּמֵּן [שמן]
plunder, *n.* מְשִׁסָּה, בַּז, שָׁלָל
plunder, *v.t.* שִׁסָּה, בָּזַז, גָּזַל
plunderer, *n.* שׁוֹדֵד
plunge, *v.t. & i.* שָׁקַע, צָלַל, הִשְׁלִיךְ [שלך] הַמַּיְמָה, טָבַל
plunge, *n.* קְפִיצָה הַמַּיְמָה, טְבִילָה
plural, *n. & adj.* רַבִּים, רִבּוּי, מִסְפַּר רַבִּים (דִּקְדּוּק); שֶׁל רַבִּים, רַב
plurality, *n.* רֹב, רִבּוּי
plus, *n.* וְעוֹד, פְּלוּס (+)
plush, *n.* קְטִיפָה
plutocrat, *n.* עָשִׁיר, תַּקִּיף
ply, *v.t. & i.* כָּפַף, קִפֵּל; עָבַד (בְּמִקְצוֹעַ); תָּפַשׂ; (עֵט וְכוּ׳); טָרַח, קִלַּע
pneumatic, *adj.* אַוִּירִי (לַחַץ)
pneumonia, *n.* דַּלֶּקֶת הָרֵאָה
poach, *v.t. & i.* צָד [צוד] לְלֹא רְשׁוּת, שָׁלַק (בֵּיצִים לְלֹא קְלִפָּה)
poacher, *n.* נִכְנָס בְּלִי רְשׁוּת, גַּנָּב צַיִד

pock, *n.* אֲבַעְבֻּעָה
pocket, *n. & v.t.* כִּיס; שָׂם [שים] בַּכִּיס; לָקַח (בְּעָרְמָה) בִּגְנֵבָה
pocketbook, *n.* אַרְנָק
pocketknife, *n.* אוֹלָר
pock-marked, *adj.* מְגֻמָּם, מְצֻלָּק
pod, *n. & v.i.* תַּרְמִיל (קִטְנִיּוֹת); תִּרְמֵל
podagra, *n.* צִנִּית
poem, *n.* פִּיּוּט, שִׁיר
poesy, *n.* שִׁירָה
poet, *n.* מְשׁוֹרֵר, פַּיְטָן
poetic, poetical, *adj.* שִׁירִי
poetry, *n.* שִׁירָה
poignancy, *n.* חֲרִיפוּת, חַדּוּת
poignant, *adj.* חָרִיף; עוֹקֵץ
point, *n. & v.t.* דָּגֵשׁ; עֹקֶץ; נְקֻדָּה; עֶצֶם (הָעִנְיָן); תַּכְלִית; נִקֵּד, חִדֵּד; הִצְבִּיעַ [צבע], הֶרְאָה [ראה] עַל; כִּוֵּן
pointer, *n.* מַחֲוֶה, חֹטֶר, מְכַוֵּן; כֶּלֶב צַיִד
poise, *n. & v.t.* מְתִינוּת, הִתְנַהֲגוּת; מִשְׁקָל, שִׁוּוּי; יִצֵּב, הָיָה בְּשִׁוּוּי מִשְׁקָל
poison, *n.* סַם, רַעַל, אֶרֶס, רוֹשׁ
poison, *v.t.* סִמֵּם, הִרְעִיל [רעל]
poisonous, *adj.* אַרְסִי, מַרְעִיל, מְסַמֵּם
poke, *v.t. & i.* תָּחַב, דָּחַף, נָעַץ, חָתָה
poker, *n.* מַחְתָּה, שַׁפּוּד
polar, *adj.* קָטְבִּי, שֶׁל הַקֹּטֶב
pole, *n.* קֹטֶב; מוֹט, בַּד
polemic, *adj. & n.* וִכּוּחִי; (בַּר) פְּלֻגְתָּה
police, *n. & v.t.* מִשְׁטָרָה; מִשְׁטֵר [שטר]
policeman, *n.* שׁוֹטֵר
policy, *n.* תְּעוּדַת בִּטּוּחַ; שִׁיטָה; תַּכְסִיס
Polish, *adj. & n.* פּוֹלָנִי; פּוֹלָנִית
polish, *n. & v.t.* מֵרוּט, צִחְצוּחַ; מֹרֶט; מִשְׁחַת נְעָלַיִם; מֵרַט, צִחְצַח, הִבְרִיק [ברק]

polite, *adj.* אָדִיב, מְנֻמָּס
politeness, *n.* אֲדִיבוּת, נִמּוּס
politic, *adj.* מְחֻכָּם, מְדִינִי
political, *adj.* מְדִינִי
politician, *n.* מְדִינַאי
politics, *n.* מְדִינִיּוּת
poll, *n., v.t. & i.* בְּחִירוֹת; קָדְקֹד; רְשִׁימַת בּוֹחֲרִים; כָּרַת (רֹאשׁ עֵץ); קָצַץ (קַרְנַיִם); גָּזַם (עֲנָפִים); הִצְבִּיעַ [צבע] (בְּחִירוֹת); שִׁלֵּם מַס גֻּלְגֹּלֶת
pollen, *n.* אֲבָק (שֶׁל פֶּרַח)
pollination, *n.* הַאֲבָקָה
pollute, *v.t.* זִהֵם, טִנֵּף
pollution, *n.* זֻהֲמָה, חֶלְאָה; מִקְרֵה לַיְלָה, קֶרִי
poltroon, *n.* מוּג לֵב
polygamy, *n.* רִבּוּי נָשִׁים לְגֶבֶר אֶחָד
polyglot, *n.* בַּלְּשָׁן
polygon, *n.* רַב זָוִיּוֹת, רַב צְלָעוֹת, פּוֹלִיגוֹן, רַבְצַלְעוֹן
polygonal, *adj.* מְרֻבֶּה זָוִיּוֹת
polyp, *n.* נָדָל; גִּדּוּל בְּאַף
polytechnic, *adj.* שֶׁל אֻמָּנִיּוֹת רַבּוֹת
polytheism, *n.* אֱמוּנָה בְּאֵלִים רַבִּים
polytheist, *n.* מַאֲמִין בְּאֵלִים רַבִּים
pomade, *n.* מִשְׁחָה, מִשְׁחַת בְּשָׂמִים
pomegranate, *n.* רִמּוֹן
pommel, *v.t.* חָבַט, מָחַץ
pomp, *n.* תִּפְאֶרֶת
pompous, *adj.* מְפֹאָר
pond, *n.* בְּרֵכָה
ponder, *v.t. & i.* חִשֵּׁב, הִרְהֵר
ponderous, *adj.* כְּבַד מִשְׁקָל
poniard, *n. & v.t.* פִּגְיוֹן; דָּקַר בְּפִגְיוֹן
pontiff, *n.* אַפִּיפְיוֹר, הֶגְמוֹן
pontoon, *n.* סִירַת גֶּשֶׁר
pony, *n.* סוּסוֹן ;סְיָח, סוּס צָעִיר
poodle, *n.* (כֶּלֶב) צַמְרוֹן

pool, *n.* מִקְוֶה, בְּרֵכָה; קֶרֶן כְּלָלִית
poop, *n.* אֲחוֹרֵי הָאֳנִיָּה, מִכְסֶה
poor, *adj.* גָּרוּעַ, קַל עֵרֶךְ; עָנִי, רָשׁ
pop, *n.* קוֹל (יְרִיָּה), נֶפֶץ קַל; מַשְׁקֶה תּוֹסֵס
popcorn, *n.* קְלִי תִּירָס
pope, *n.* אַפִּיפְיוֹר
poplar, *n.* צַפְצָפָה
poppy, *n.* פֶּרֶג
populace, *n.* אֲסַפְסוּף, הָמוֹן
popular, *n.* עֲמָמִי, הֲמוֹנִי; מְפֻרְסָם, חָבִיב, חֶבְרָתִי
popularity, *n.* עֲמָמִיּוּת; פִּרְסוּם
popularize, *v.t.* עָשָׂה עֲמָמִי, עִמֵּם
populate, *v.t. & i.* יִשֵּׁב, אִכְלֵס
population, *n.* יִשּׁוּב, אֻכְלוֹסִיָּה, אֻכְלוֹסִים, תּוֹשָׁבִים
populous, *adj.* מְיֻשָּׁב, רַב אֻכְלוֹסִים
porcelain, *n.* חַרְסִינָה
porch, *n.* מִרְפֶּסֶת
porcupine, *n.* קִפּוֹד, דַּרְבָּן
pore, *n.* נַקְבּוּבִית; תָּא, נֶבֶג
pore, *v.i.* קָרָא בְּעִיּוּן, לָמַד בְּעִיּוּן, חָשַׁב
pork, *n.* בְּשַׂר חֲזִיר
pornography, *n.* נִבּוּל עֵט, פִּרְסוּמֵי זְנוּנִים, כִּתְבֵי תַּזְנוּת
porous, *adj.* נַקְבּוּבִי, סְפוֹגִי, נִבְגִּי
porpoise, *n.* שִׁבּוּט
porridge, *n.* דַּיְסָה
port, *n.* נָמָל, נָמֵל; שְׂמֹאל הָאֳנִיָּה; פֶּתַח; נְשִׂיאָה; יַיִן אָדֹם (מָתוֹק)
portable, *adj.* יָבִיל, מִטַּלְטֵל
portal, *n.* כְּנִיסָה, שַׁעַר
portcullis, *n.* דֶּלֶת מַחֲלִיקָה
portend, *v.t.* נִבֵּא
portent, *n.* אוֹת (רַע), סִימָן (רַע)
porter, *n.* סַבָּל, כַּתָּף
portfolio, *n.* חֲפִיסָה, תִּיק; מִשְׂרַת שַׂר

portion, *n.* & *v.t.* חֵלֶק, מָנָה; חִלֵּק, מִנֵּן

portmanteau, *n.* מִזְוָדָה גְּדוֹלָה

portrait, *n.* תְּמוּנָה, דְּמוּת, תַּצְלוּם

portray, *v.t.* תֵּאֵר, צִיֵּר

portrayal, *n.* תֵּאוּר, צִיּוּר

Portuguese, *adj.* & *n.* פָּרְטוּגָלִי, פָּרְטוּגָלִית

pose, *v.t.* & *i.* הֶעֱמִיד [עמד] פָּנִים, דִּוְמֵר, נִרְאָה [ראה] כְּ־, הִנִּיחַ [נוח]

position, *n.* עֶמְדָה; מַצָּב; מִשְׂרָה

positive, *adj.* מֻחְלָט, חִיּוּבִי

positively, *adv.* בְּפֵרוּשׁ, בְּחִיּוּב, בְּהֶחְלֵט, אֶל נָכוֹן

possess, *v.t.* הֶחֱזִיק [חזק], הָיָה לְ־

possession, *n.* קִנְיָן, אֲחֻזָּה

possessor, *n.* בַּעַל

possibility, *n.* יְכֹלֶת, אֶפְשָׁרוּת

possible, *adj.* אֶפְשָׁרִי

possibly, *adv.* אֶפְשָׁר, אוּלַי

post, *n.* מִשְׁמָר; מִשְׂרָה; דֹּאַר

post, *v.t.* הֶעֱמִיד [עמד], הִצִּיג [יצג], דִּוְאֵר, שִׁלַּח (דֹּאַר); הִדְבִּיק [דבק] (מוֹדָעָה)

postage stamp בּוּל דֹּאַר

post card, postcard, *n.* גְּלוּיָה

poster, *n.* מוֹדָעָה, תַּמְרוּר

posterior, *adj.* מְאֻחָר; אֲחוֹרִי

posteriors, *n. pl.* יַשְׁבָן, שֵׁת, עַכּוּז, אֲחוֹרַיִם

posterity, *n.* צֶאֱצָאִים, זֶרַע, בָּנִים, הַדּוֹרוֹת הַבָּאִים

postgraduate, *adj.* שֶׁלְּאַחַר סִיּוּם הַמִּכְלָלָה

posthaste, *n.* מְהִירוּת

posthaste, *adv.* בִּמְהִירוּת

posthumous, *adj.* שֶׁלְּאַחַר הַמָּוֶת

postman, *n.* דַּוָּר, דַּוָּאר

post office (בֵּית) דֹּאַר

postpone, *v.t.* דָּחָה

postponement, *n.* דִּחוּי

postscript, P.S., *n.* תּוֹסֶפֶת אַחֲרוֹנָה, ת״א

postulate, *v.t.* בִּקֵּשׁ, הֵנִיחַ [נוח]

posture, *n.* מַצָּב, מַעֲמַד הַגּוּף, תְּנוּחָה

postwar, *adj.* שֶׁלְּאַחַר הַמִּלְחָמָה

posy, *n.* סִיסְמָה; פִּתְגָּם; זֵר

pot, *n.* קְדֵרָה, סִיר; עָצִיץ; חוֹר עָמֹק; סְכוּם כֶּסֶף הָגוּן

potash, *n.* אַשְׁלָג

potation, *n.* שְׁתִיָּה, שִׁקּוּי

potato, *n.* תַּפּוּחַ אֲדָמָה

potency, potence, *n.* אוֹן, כֹּחַ, עֹז, עָצְמָה

potent, *adj.* אַדִּיר, חָזָק

potentate, *n.* שַׁלִּיט, תַּקִּיף

potential, *adj.* אֶפְשָׁרִי, שֶׁבְּכֹחַ, כֹּחָנִי

potentiality, *n.* אֶפְשָׁרוּת, יְכֹלֶת; כֹּחָנוּת

pother, *n.* רִגְשָׁה

potion, *n.* שִׁקּוּי, מַשְׁקֶה

potpourri, *n.* תַּעֲרֹבֶת (נְגִינָה) סִפְרוּתִית

potsherd, *n.* שֶׁבֶר כְּלִי חֶרֶס

pottage, *n.* מְרַק יְרָקוֹת

potter, *n.* קַדָּר, יוֹצֵר, כַּדָּד

pottery, *n.* קַדָּרוּת; כְּלֵי חֶרֶס

pouch, *n.* שַׂקִּיק, חֲפִיסָה, כְּרֹכֶת

poultice, *n.* תַּחְבֹּשֶׁת

poultry, *n.* עוֹפוֹת בַּיִת

pounce, *v.i.* עָט [עוט], טָשׂ [טוש] (עַל); שָׂרַט (חָתוּל)

pound, *n.* לִטְרָה; לִירָה; מִכְלָאָה

pound, *v.t.* כָּתַשׁ, חָבַט, גָּרַס, כָּתַת, דָּךְ [דוך]; כָּלָא

pour, *v.t.* & *i.* שָׁפַךְ, הִשְׁתַּפֵּךְ [שפך], יָצַק; יָרַד בְּחֹזֶק, שָׁטַף (גֶּשֶׁם), נִתַּךְ; נִגַּר, מָזַג; זָלַג (דְּמָעוֹת), דָּמַע

pout, *n.* כַּעַס, רֹגֶז; שְׂפָתַיִם בּוֹלְטוֹת
pout, *v.i.* הִפְטִיר [פטר] בְּשָׂפָה, עִקֵּם פֶּה
poverty, *n.* דַּלּוּת, עֲנִיּוּת, רֵישׁ
powder, *n.* אָבָק, אֲבָקָה
powder, *v.t.* אִבֵּק; שָׁחַק
powdery, *adj.* אֲבָקִי
power, *n.* כֹּחַ, עָצְמָה; מַעֲצָמָה
powerful, *adj.* חָזָק, אַדִּיר
powerless, *adj.* אֵין אוֹנִים, חַלָּשׁ
pox, *n.* אֲבַעְבּוּעוֹת
practicability, *n.* מַעֲשִׂיּוּת, אֶפְשָׁרוּת
practicable, *adj.* מַעֲשִׂי
practical, *adj.* מַעֲשִׂי, שִׁמּוּשִׁי
practicality, *n.* מַעֲשִׂיּוּת, שִׁמּוּשִׁיּוּת
practice, *n.* תִּרְגּוּל, הֶרְגֵּל, אִמּוּן, שִׁנּוּן; מִנְהָג; מִקְצוֹעַ; שִׁיטָה
practice, practise, *v.t.* & *i.* הִתְרַגֵּל [רגל], הִתְעַסֵּק [עסק]; הִתְאַמֵּן [אמן] בְּ־
practiced, practised, *adj.* מְנֻסֶּה, מְאֻמָּן
prairie, *n.* עֲרָבָה
praise, *n.* תְּהִלָּה, שֶׁבַח
praise, *v.t.* הִלֵּל, שִׁבַּח
praiseworthy, *adj.* רָאוּי לִתְהִלָּה
prance, *n.* & *v.i.* דְּהָרָה; דָּהַר
prank, *n.* לָצוֹן, צְחוֹק, לֵיצָנוּת
prate, prattle, *v.t.* & *i.* פִּטְפֵּט
pray, *v.t.* & *i.* הִתְחַנֵּן [חנן], הִתְפַּלֵּל [פלל]
pray, *v.* please
prayer, *n.* תְּפִלָּה, בַּקָּשָׁה
prayer book סִדּוּר
preach, *v.t.* & *i.* הִטִּיף [נטף], דָּרַשׁ
preacher, *n.* מַטִּיף, דַּרְשָׁן
preaching, *n.* הַטָּפָה, דְּרָשָׁה
preamble, *n.* מָבוֹא, הַקְדָּמָה
prearrange, *v.t.* סִדֵּר מֵרֹאשׁ

precarious, *adj.* בִּלְתִּי בָּטוּחַ
precaution, *n.* זְהִירוּת, הַזְהָרָה
precede, *v.t.* & *i.* קָדַם לְ־, הִקְדִּים [קדם]
precedence, precedency, *n.* קְדִימָה, זְכוּת קְדִימָה
precedent, *n.* תַּקְדִּים
precept, *n.* תּוֹרָה, צַו, תְּעוּדָה, פְּקֻדָּה
preceptor, *n.* רַב, מְלַמֵּד
precinct, *n.* מָחוֹז
precious, *adj.* יָקָר
precipice, *n.* מוֹרָד, שִׁפּוּעַ
precipitancy, *n.* חִפָּזוֹן
precipitate, *adj.* מְבֹהָל, נוֹפֵל
precipitate, *v.t.* הִשְׁלִיךְ [שלך], הֵחִישׁ [חוש], הֵאִיץ [אוץ]
precipitation, *n.* בְּהִילוּת; נְפִילָה; מָטָר; מְהִירוּת
precipitous, *adj.* נוֹפֵל; תָּלוּל; נִמְהָר; מְבֹהָל
precise, *adj.* מְדֻיָּק
precisely, *adv.* בְּדִיּוּק
precision, *n.* דִּיּוּק
preclude, *v.t.* הוֹצִיא [יצא] (מִכְּלָל), מָנַע מֵרֹאשׁ
preclusion, *n.* מְנִיעָה, הוֹצָאָה
precocious, *adj.* בָּשֵׁל (בּוֹגֵר) לִפְנֵי הַזְּמַן
precocity, *n.* בְּשֵׁלוּת מְהִירָה, בַּגְרוּת מֻקְדֶּמֶת
preconceive, *v.t.* הִשִּׂיג [נשג] מֵרֹאשׁ
precondemn, *v.t.* הִרְשִׁיעַ [רשע] מֵרֹאשׁ
precursor, *n.* מְבַשֵּׂר
predate, *v.t.* הִקְדִּים [קדם] תַּאֲרִיךְ
predatory, *adj.* שׁוֹדֵד, חוֹמֵס
predecessor, *n.* קוֹדֵם
predestinate, *v.t.* עִתֵּד
predicament, *n.* מְבוּכָה, מַצָּב קָשֶׁה

predicate, *adj.* & *n.* נָשׂוּא (דִּקְדּוּק), יַחֲסָה
predicate, *v.t.* יָסַד, בִּסֵּס, יִחֵס לְ־
predict, *v.t.* & *i.* הִגִּיד מֵרֹאשׁ, נִבָּא
prediction, *n.* נְבוּאָה, בְּשׂוֹרָה
predilection, *n.* נְטִיָּה
predispose, *v.t.* הִכְשִׁיר [כשר]
predisposition, *n.* מִשְׁפָּט קָדוּם
predominance, predominancy, *n.* שִׁלְטוֹן, הַכְרָעָה, יֶתֶר תֹּקֶף, יִתְרוֹן
predominant, *adj.* שׁוֹלֵט, מַכְרִיעַ
predominate, *v.i.* הָיָה רַב, שָׁלַט
pre-eminent, *adj.* נַעֲלֶה, דָּגוּל
prefabricated, *adj.* מוּכָן (תֹּעַשׂ) מֵרֹאשׁ
preface, *n.* הַקְדָּמָה
preface, *v.t.* & *i.* כָּתַב מָבוֹא
prefect, praefect, *n.* מְנַהֵל, מְמֻנֶּה
prefer, *v.t.* בָּחַר בְּ־, בִּכֵּר
preferable, *adj.* עָדִיף
preference, *n.* עֲדִיפוּת, הַעֲדָפָה
prefix, *n.* תְּחִלִּית, קִדֹּמֶת (דִּקְדּוּק)
pregnancy, *n.* הֵרָיוֹן, עִבּוּר
pregnant, *adj.* הָרָה, מְעֻבֶּרֶת; פּוֹרֶה
prejudice, *n.* דֵּעָה קְדוּמָה, מִשְׁפָּט קָדוּם
prelate, *n.* הֶגְמוֹן
preliminary, *adj.* מְבוֹאִי
preliminary, *n.* מָבוֹא
prelude, *n.* הַקְדָּמָה
premature, *adj.* בַּכִּיר; פַּג
premeditate, *v.t.* זָמַם (חָשַׁב) מֵרֹאשׁ
premeditation, *n.* צְדִיָּה, זָדוֹן; מַחֲשָׁבָה תְּחִלָּה
premier, *n.* רֹאשׁ הַמֶּמְשָׁלָה
première, *n.* הַצָּגַת בְּכוֹרָה
premise, premiss, *n.* הַנָּחָה
premise, *v.t.* & *i.* הִנִּיחַ [נוח]
premium, *n.* פְּרָס, תַּשְׁלוּם, גְּמוּל, שָׂכָר
premonition, *n.* הַתְרָאָה
premonitory, *adj.* מַתְרֶה
prenatal, *adj.* שֶׁלִּפְנֵי הַלֵּדָה
preoccupied, *adj.* שָׁקוּעַ בְּמַחֲשָׁבוֹת, מְפֻזָּר
preoccupy, *v.t.* טָרַד; הֶעֱסִיק [עסק] (הַדַּעַת)
preparation, *n.* הַכְשָׁרָה, הֲכָנָה
prepare, *v.t.* & *i.* הִכְשִׁיר [כשר], הִתְכּוֹנֵן [כון], הֵכִין [כון]
prepay, *v.t.* שִׁלֵּם לְמַפְרֵעַ (מֵרֹאשׁ)
preponderance, preponderancy, *n.* יִתְרוֹן, הַכְרָעָה
preposition, *n.* מִלַּת הַיַּחַס (דִּקְדּוּק)
preposterous, *adj.* אֱוִילִי, שְׁטוּתִי, טִפְּשִׁי
prerequisite, *adj.* דָּרוּשׁ מֵרֹאשׁ
prerogative, *n.* זְכוּת בִּלְעֲדִית
presage, *n.* סִימָן
presage, *v.t.* נִבָּא
prescribe, *v.t.* & *i.* כָּתַב תְּרוּפָה; צִוָּה
prescription, *n.* תְּרוּפָה; צַו
presence, *n.* מְצִיאוּת, יֵשׁוּת, מַעֲמָד
present, *adj.* נוֹכֵחַ, נִמְצָא; הוֶֹה (דִּקְדּוּק)
present, *n.* מַתָּנָה, שַׁי, תְּשׁוּרָה, דּוֹרוֹן
present, *v.t.* & *i.* הִצִּיג [נצג], נָתַן מַתָּנָה
presentation, *n.* הַצָּגָה; נְתִינַת מַתָּנָה
presentiment, *n.* הַרְגָּשָׁה מֻקְדֶּמֶת
presently, *adv.* תֵּכֶף, עוֹד מְעַט
preservative, *adj.* & *n.* מְשַׁמֵּר; חֹמֶר שִׁמּוּר
preservation, *n.* שְׁמִירָה, שִׁמּוּר, קִיּוּם
preserve, *v.t.* & *i.* חִיָּה, שָׁמַר, שִׁמֵּר, הֵגֵן [גנן]
preside, *v.i.* יָשַׁב רֹאשׁ
presidency, *n.* נְשִׂיאוּת
president, *n.* נָשִׂיא, יוֹשֵׁב רֹאשׁ
press, *v.t.* & *i.* לָחַץ; דָּחַק; סָחַט; הֵצֵר [צרר], הֵעִיק [עוק]; מִהֵר, אִלֵּץ; גִּהֵץ; דָּרַךְ (עֲנָבִים וְכוּ׳)

press, *n.* דְּפוּס; עִתּוֹנוּת; מַכְבֵּשׁ; מַעֲגִילָה; בַּד, גַּת (לְזֵיתִים, לַעֲנָבִים)
pressure, *n.* לַחַץ, עָקָה; דֹּחַק; כְּפִיָּה
prestige, *n.* הַשְׁפָּעָה, סַמְכוּת, כָּבוֹד
presumable, *adj.* מִתְקַבֵּל עַל הַדַּעַת
presumably, *adv.* כַּנִּרְאֶה
presume, *v.t.* & *i.* שִׁעֵר, סָבַר
presumption, *n.* הַשְׁעָרָה, סְבָרָה
presumptuous, *adj.* גְּבַהּ לֵב, גַּס רוּחַ, עַז פָּנִים
presumptuousness, *n.* גַּסּוּת (גֹּבַהּ) רוּחַ, זָדוֹן (לֵב), גַּאֲוָה
presupposition, *n.* הַנָּחָה קוֹדֶמֶת
pretend, *v.t.* & *i.* חִפָּא, עָשָׂה כְּאִילוּ
pretender, *n.* מִתְחַפֵּשׂ, תּוֹבֵעַ, תַּבְעָן
pretense, pretence, *n.* אֲמַתְלָה; טַעֲנָה, תּוֹאֲנָה, תְּבִיעָה
pretension, *n.* יָמְרָה, פִּתְחוֹן פֶּה
pretext, *n.* אֲמַתְלָה, עִלָּה
prettily, *adv.* יָפֶה, הֵיטֵב
prettiness, *n.* יֹפִי, יָפְיוּת
pretty, *adj.* יָפֶה, נָאֶה
pretty, *adv.* לְמַדַּי
prevail, *v.i.* יָכֹל לְ־, הִתְגַּבֵּר [גבר] עַל, הִשְׁפִּיעַ [שפע] עַל
prevalent, *adj.* שַׁלִּיט; נָפוֹץ
prevaricate, *v.i.* דִּבֵּר דְּבָרִים בְּנֵי שְׁנֵי פָּנִים, סִלֵּף
prevent, *v.t.* מָנַע
prevention, *n.* מְנִיעָה
preview, *v.t.* רָאָה מֵרֹאשׁ
previous, *adj.* קוֹדֵם
previously, *adv.* מִקֹּדֶם, קֹדֶם לָכֵן
prey, *n.* טֶרֶף, שָׁלָל
prey, *v.t.* טָרַף, הֵצִיק [צוק]
price, *n.* מְחִיר
price, *v.t.* הֶעֱרִיךְ [ערך], קָצַב מְחִיר
priceless, *adj.* לֹא יְסֻלֶּא בְּפָז

prick, prickle, *n.* עֹקֶץ, חֹד
prick, prickle, *v.t.* & *i.* נָקַב, עָקַץ, זָקַף
prickly, *adj.* מָלֵא צְנִינִים, עוֹקֵץ, מַמְאִיר
pride, *n.* גַּאֲוָה, רַהַב, יָהֳרָה
pride, *v.t.* הִתְגָּאָה [גאה], הִתְיַהֵר [יהר]
prideful, *adj.* גֵּא
priest, *n.* כֹּהֵן, גַּלָּח, כֹּמֶר
priesthood, *n.* כְּהֻנָּה
prim, *adj.* מִתְגַּנְדֵּר, מִתְהַדֵּר
primacy, *n.* רִאשׁוֹנִיּוּת
primarily, *adv.* לְכַתְּחִלָּה, קֹדֶם כֹּל
primary, *adj.* רָאשִׁי, עִקָּרִי; עֲמָמִי, יְסוֹדִי (בֵּית סֵפֶר)
prime, *n.* מֵיטָב, מִבְחָר; שַׁחַר; עֲלוּמִים; סִפְרָה בִּלְתִּי מִתְחַלֶּקֶת
prime, *v.t.* צָבַע (שִׁכְבָה רִאשׁוֹנָה); מִלֵּא (אֲבַק שְׂרֵפָה); יִדַּע, נָתַן יְדִיעוֹת נְחוּצוֹת
primer, *n.* אַלְפּוֹן
primeval, *adj.* קַדְמוֹן
primitive, *adj.* רִאשׁוֹנִי, רֵאשִׁיתִי
primp, *v.t.* & *i.* הִתְקַשֵּׁט [קשט] בְּגַנְדְּרָנוּת יְתֵרָה
primrose, *n.* בְּכוֹר אָבִיב (פֶּרַח)
prince, *n.* נָסִיךְ, אַלּוּף
princess, *n.* נְסִיכָה
principal, *adj.* & *n.* רָאשִׁי; מְנַהֵל; קֶרֶן (כֶּסֶף)
principle, *n.* עִקָּרוֹן ; כְּלָל; יְסוֹד
print, *v.t.* & *i.* הִדְפִּיס [דפס], כָּתַב בְּאוֹתִיּוֹת מְרֻבָּעוֹת (כְּתָב מְרֻבָּע)
print, *n.* (אוֹתִיּוֹת) דְּפוּס, כְּתָב מְרֻבָּע
printer, *n.* מַדְפִּיס
printing, *n.* דְּפוּס, הַדְפָּסָה
prior, *adj.* & *n.* קוֹדֵם; רֹאשׁ מִנְזָר
priority, *n.* בְּכוֹרָה, דִּין קְדִימָה
prism, *n.* מִנְסָרָה

prison, *n.* סֹהַר, בֵּית סֹהַר, כֶּלֶא
prisoner, *n.* אָסִיר; שָׁבוּי
privacy, *n.* פְּרָטִיּוּת
private, *adj.* פְּרָטִי, אִישִׁי
private, *n.* חַיָּל
privation, *n.* מַחְסוֹר, עֹנִי
privately, *adv.* בְּאֹפֶן פְּרָטִי
privilege, *n.* & *v.t.* זְכוּת (מְיֻחֶדֶת) יֶתֶר, יִתְרוֹן; נָתַן זְכוּת מְיֻחֶדֶת, זִכָּה
privy, *adj.* פְּרָטִי, סוֹדִי, חֲשָׁאִי
privy, *n.* יוֹדֵעַ סוֹד; בֵּית כִּסֵּא
prize, *n.* שָׁלָל; פְּרָס
prize, *v.t.* לָקַח שָׁלָל; הֶעֱרִיךְ [ערך], הוֹקִיר [יקר]
prize fighter, *n.* אֶגְרוֹפָן, מִתְאַגְרֵף
pro, *n.*, *adv.* & *prep.* מְחַיֵּב; הֵן; בְּעַד
probability, *n.* אֶפְשָׁרִיּוּת, אֶפְשָׁרוּת
probable, *adj.* אֶפְשָׁרִי
probably, *adv.* יִתָּכֵן
probation, *n.* בֵּרוּר; מִבְחָן; הוֹכָחָה
probationer, *n.* נִבְחָן
probe, *v.t.* בָּדַק, בָּחַן; נִסָּה
problem, *n.* בְּעָיָה, שְׁאֵלָה
problematical, problematic, *adj.* מְסֻפָּק
procedure, *n.* מִנְהָג, מַהֲלָךְ, נֹהַל
proceed, *v.i.* עָשָׂה מִשְׁפָּט, הָלַךְ, עָשָׂה, הוֹסִיף [יסף], הִמְשִׁיךְ [משך]
process, *n.* מַהֲלָךְ; שִׁיטָה; פְּעֻלָּה; מִשְׁפָּט
procession, *n.* תַּהֲלוּכָה
proclaim, *v.t.* הִכְרִיז [כרז], פִּרְסֵם
proclamation, *n.* הַכְרָזָה, הַצְהָרָה, גִּלּוּי דַּעַת
proclivity, *n.* כִּשְׁרוֹן
procrastinate, *v.t.* & *i.* הִשְׁהָה [שהה], דָּחָה, נִדְחָה [דחה]
procrastination, *n.* דְּחִיָּה, שְׁהִיָּה, אִחוּר
procrastinator, *n.* מִתְמַהְמֵהַּ
procreate, *v.t.* הוֹלִיד [ילד]
procreation, *n.* הוֹלָדָה, תּוֹלָדָה
proctor, *n.* סוֹכֵן, מְפַקֵּחַ
procure, *v.t.* & *i.* הִשִּׂיג [נשג], קִבֵּל; סִרְסֵר (זְנוּת)
prod, *v.t.* & *n.* דָּחַק, הֵאִיץ [אוץ]; מַלְמָד
prodigal, *adj.* נָדִיב, פַּזְרָן, בַּזְבְּזָן
prodigious, *adj.* עֲנָקִי, עָצוּם
prodigy, *n.* פֶּלֶא; עִלּוּי
produce, *n.*, *v.t.* & *i.* תּוֹצֶרֶת, תְּנוּבָה; יִצֵּר, עָשָׂה; הֵבִיא [בוא], הֶרְאָה [ראה]; הִצִּיג [יצג], בִּיֵּם; נָשָׂא פְּרִי; יָלַד, הוֹלִיד [ילד]; חוֹלֵל
producer, *n.* מְיַצֵּר, מוֹלִיד; מַסְרִיט; מְבַיֵּם
product, *n.* תּוֹצֶרֶת, פְּרִי, יְבוּל, מוּצָר
production, *n.* יְצִירָה; תַּעֲשִׂיָּה; הַסְרָטָה; בִּיּוּם; הִוָּצְרוּת
productive, *adj.* פּוֹרֶה, יוֹצֵר, יוֹצְרָנִי
productivity, *n.* יוֹצְרָנִיּוּת
profanation, *n.* חִלּוּל
profane, *adj.* & *v.t.* חִלּוֹנִי; חִלֵּל
profess, *v.t.* & *i.* הִכְרִיז [כרז], הִתְוַדָּה [ידה], הוֹדִיעַ [ידע]; הֶאֱמִין [אמן] בְּ־; הֶעֱמִיד [עמד] פָּנִים
profession, *n.* מִקְצוֹעַ, הוֹדָאָה, הִתְוַדּוּת
professional, *adj.* מִקְצוֹעִי
professor, *n.* מוֹדֶה בְּדָת; פְּרוֹפֶסוֹר
proffer, *n.* & *v.t.* הַצָּעָה; הִצִּיעַ [יצע]
proficiency, *n.* יַדְעָנוּת, הִתְמַחוּת
proficient, *adj.* מֻבְהָק, מֻמְחֶה
profile, *n.* צְדוּדִית, מַחְתָּךְ
profit, *n.* רֶוַח, תּוֹעֶלֶת, הֲנָאָה
profit, *v.t.* & *i.* הִרְוִיחַ [רוח], נֶהֱנָה [הנה], הֵפִיק [פוק] תּוֹעֶלֶת

profitable, *adj.* מוֹעִיל, מֵבִיא תּוֹעֶלֶת
profiteer, *n.* מַפְקִיעַ שְׁעָרִים
profligate, *adj. & n.* מֻפְקָר; הוֹלֵל
profound, *adj.* עָמֹק
profundity, *n.* עֹמֶק; עַמְקוּת
profuse, *adj.* נָדִיב, מַפְרִיז, וַתְּרָן
profusion, *n.* שֶׁפַע, נְדִיבוּת
progeny, *n.* צֶאֱצָאִים
prognosis, *n.* נְבוּאָה (קְבִיעָה) מֵרֹאשׁ
prognosticate, *v.t. & i.* נִבָּא
program, programme, *n.* תָּכְנִית
progress, *n.* הִתְקַדְּמוּת, קִדְמָה, שִׂגְשׂוּג
progress, *v.i.* הִתְקַדֵּם [קדם], שִׂגְשֵׂג
progression, *n.* מַהֲלָךְ
progressive, *adj.* מִתְקַדֵּם
prohibit, *v.t.* אָסַר
prohibition, *n.* אִסּוּר
prohibitive, *adj.* אוֹסֵר
project, *n.* מִבְצָע, תָּכְנִית
project, *v.t. & i.* זָרַק; עָרַךְ הַצָּעָה; בָּלַט
projectile, *n.* קָלַע, פָּגָז
projection, *n.* בְּלִיטָה; זְרִיקָה; קְלִיעָה
projector, *n.* זַרְקוֹר; צַלְמָנוֹעַ
proletarian, *adj. & n.* עָמֵל (חֲסַר כֹּל)
proletariat, *n.* מַעֲמָד הָעֲמֵלִים חַסְרֵי כֹּל
prolific, *adj.* פּוֹרֶה
prolix, *adj.* אַרְכָּן
prologue, *n.* פְּתִיחָה, רֵאשִׁית דָּבָר
prolong, prolongate, *v.t.* הֶאֱרִיךְ [ארך], הִמְשִׁיךְ [משך]
prolongation, *n.* הַאֲרָכָה, הַמְשָׁכָה
promenade, *n.* טִיּוּל; טַיֶּלֶת
prominence, *n,* חֲשִׁיבוּת; הִתְבַּלְּטוּת
prominent, *adj.* בּוֹלֵט; חָשׁוּב
promiscuity, *n.* פְּרִיצוּת; כִּלְאַיִם
promiscuous, *adj.* מְעֹרָב, פָּרוּץ

promise, *n.* הַבְטָחָה
promise, *v.t. & i.* הִבְטִיחַ [בטח]
promissory, *adj.* מַבְטִיחַ
promissory note שְׁטָר חוֹב
promote, *v.t. & i.* קִדֵּם, הֶעֱלָה [עלה]
promoter, *n.* מְעוֹרֵר, לַחֲשָׁן, מְדַרְבֵּן
promotion, *n.* הַעֲלָאָה, קִדּוּם, טִפּוּחַ, עוֹדְדוּת
prompt, *adj.* מוּכָן, דַּיְקָן
prompt, *v.t.* זֵרֵז, הֵסִית [סות]
promptitude, *n.* דַּיְקָנוּת
promptly, *adv.* בְּדִיּוּק
promptness, *n.* מְהִירוּת, זְרִיזוּת
promulgate, *v.t.* פִּרְסֵם, הוֹדִיעַ [ידע]
prone, *adj.* מֻטָּל עַל כְּרֵסוֹ, נוֹטֶה, עָלוּל
prong, *n.* חַדּוּד
pronoun, *n.* שֵׁם הַגּוּף, כִּנּוּי (דִּקְדּוּק)
pronounce, *v.t.* בִּטֵּא, הִבִּיעַ [נבע], חָרַץ (מִשְׁפָּט)
pronunciation, *n.* מִבְטָא, בִּטּוּי, הֲבָרָה
proof, *n.* רְאָיָה, הוֹכָחָה; נִסּוּי; הַגָּהָה; תְּכוּלַת הַכֹּהַל בְּמַשְׁקֶה מְשַׁכֵּר
proofreader, *n.* מַגִּיהַּ
prop, *n. & v.t.* מִשְׁעָן; תָּמַךְ, סִמֵּךְ
propaganda, *n.* תַּעֲמוּלָה
propagate, *v.t. & i.* הִרְבָּה [רבה], הוֹלִיד [ילד]; פָּרָה וְרָבָה; הֵפִיץ [פוץ]
propagation, *n.* פְּרִיָּה וּרְבִיָּה; הֲפָצָה
propel, *v.t.* דָּחַף, הֵנִיעַ [נוע]
propeller, *n.* מַדְחֵף
propensity, *n.* תְּשׁוּקָה, נְטִיָּה
proper, *adj.* רָאוּי, הָגוּן, נָכוֹן, מַתְאִים; פְּרָטִי, מְיֻחָד
properly, *adv.* כָּרָאוּי
property, *n.* תְּכוּנָה, טֶבַע; רְכוּשׁ, נְכָסִים, אֲחֻזָּה

prophecy, *n.* נְבוּאָה
prophesy, *v.t. & i.* נִבָּא, הִתְנַבֵּא [נבא]
prophet, *n.* נָבִיא, חוֹזֶה
Prophets, the נְבִיאִים
prophetic, prophetical, *adj.* נְבוּאִי
prophylactic, *adj.* מוֹנֵעַ מַחֲלָה
propitious, *adj.* נָעִים, רָצוּי, נוֹחַ
proportion, *n.* יַחַס, מִדָּה
proportion, *v.t.* הִתְאִים [תאם], חִלֵּק
proposal, *n.* הַצָּעָה
propose, *v.t. & i.* הִצִּיעַ [יצע], חָשַׁב, הִתְכַּוֵּן [כון]; דִּבֵּר בְּאִשָּׁה
proposition, *n.* הַצָּעָה; הַנָּחָה; שְׁאֵלָה; מִשְׁפָּט
propound, *v.t.* הִצִּיעַ [יצע] לִפְנֵי
proprietor, *n.* בַּעַל (בַּיִת)
proprietorship, *n.* בַּעֲלוּת
propriety, *n.* הֲגִינוּת, אֲדִיבוּת
propulsion, *n.* דְּחִיפָה
prosaic, *adj.* לֹא שִׁירִי; מָצוּי; מְשַׁעֲמֵם, רָגִיל, פָּשׁוּט
proscribe, *v.t.* אָסַר, הֶחֱרִים [חרם], הִגְלָה [גלה]
proscription, *n.* נִדּוּי, גֵּרוּשׁ, שְׁלִילַת זְכֻיּוֹת
prose, *n.* סִפְרוּת בְּלֹא מִשְׁקָל (חֲרוּזִים), לָשׁוֹן רְגִילָה
prosecute, *v.t. & i.* תָּבַע לְדִין, רָדַף
prosecution, *n.* תְּבִיעָה לְדִין
prosecutor, *n.* קָטֵגוֹר, מַרְשִׁיעַ
proselyte, *n.* גֵּר, גֵּר צֶדֶק
proselytize, *v.t.* גִּיֵּר
prospect, *n.* סִכּוּי, תִּקְוָה
prospect, *v.t.* חִפֵּשׂ (זָהָב וְכוּ׳)
prospective, *adj.* מְקֻוֶּה, נִכְסָף, מְצֻפֶּה
prospector, *n.* מְחַפֵּשׂ
prospectus, *n.* תַּסְכִּית, תָּכְנִיָּה
prosper, *v.t. & i.* הִצְלִיחַ [צלח], עָשָׂה (חַיִל) הוֹן, שִׂגְשֵׂג
prosperity, *n.* שֶׁפַע, שִׂפְעָה, שִׂגְשׂוּג
prosperous, *adj.* מַצְלִיחַ, עָשִׁיר, מֻצְלָח, מְשַׂגְשֵׂג; שׁוֹפֵעַ
prostitute, *n.* זוֹנָה, קְדֵשָׁה, יַצְאָנִית
prostitute, *v.t.* זָנָה, זִנָּה
prostitution, *n.* זְנוּת, זְנוּנִים
prostrate, *v.t.* מִגֵּר; הִשְׁלִיךְ [שלך] אַרְצָה; כָּשַׁל כֹּחַ
prostrate, *adj.* אֵין אוֹנִים מִשְׁתַּטֵּחַ, מֻטָּל אַרְצָה
prostration, *n.* קִדָּה, חֲלוּשָׁה, נְפִילַת אַפַּיִם, אֲפִיסַת כֹּחוֹת, דִּכְדּוּךְ
prosy, *adj.* מְשַׁעֲמֵם, מְיַגֵּעַ
protagonist, *n.* גִּבּוֹר (בְּמַחֲזֶה)
protect, *v.t.* הֵגֵן [גנן], גּוֹנֵן
protection, *n.* הֲגָנָּה, מָגֵן, מַחְסֶה
protector, *n.* מָגֵן
protégé, protégée, *n.* חָסוּי, חֲסוּיָה
protein, *n.* חֶלְבּוֹן
protest, *n., v.t. & i.* מְחָאָה; מָחָה, מִחָה, עִרְעֵר
Protestant, *n.* מִתְנַגֵּד לַכְּנֵסִיָּה הָרוֹמִית
protocol, *n.* פְּרָטֵי כֹּל; טֶכֶס (נֹהַג) רִשְׁמִי (מְדִינִי)
protoplasm, *n.* אַבְחֹמֶר
prototype, *n.* דֻּגְמָה רִאשׁוֹנָה
protract, *v.t.* הֶאֱרִיךְ [ארך]
protraction, *n.* הַאֲרָכָה, הִתְמַהְמְהוּת
protrude, *v.i.* בָּלַט
protrusion, *n.* בְּלִיטָה, הִתְבַּלְּטוּת
protuberance, *n.* קֶשֶׁר; חָט; פִּיקָה
proud, *adj.* גֵּא, יָהִיר
prove, *v.t. & i.* הוֹכִיחַ [יכח], אִמֵּת; הֶרְאָה [ראה]
provender, *n.* תֶּבֶן, מִסְפּוֹא
proverb, *n.* מָשָׁל, פִּתְגָּם

Proverbs, *n. pl.* (סֵפֶר) מִשְׁלֵי

provide, *v.t. & i.* סִפֵּק, כִּלְכֵּל, הֵכִין [כון]; הִמְצִיא [מצא]; הִתְנָה [תנה]

providence, *n.* זְהִירוּת, חִסָּכוֹן

Providence, *n.* הַשְׁגָּחָה (עֶלְיוֹנָה), אֱלֹהִים

province, *n.* גָּלִיל, מָחוֹז

provincial, *adj.* קַרְתָּנִי, קַטְנוּנִי

provision, *n.* אַסְפָּקָה, צֵידָה

provisional, *adj.* אַרְעִי, זְמַנִּי

proviso, *n.* תְּנַאי

provocation, *n.* הֲסָתָה

provocative, *adj.* מֵסִית

provoke, *v.t.* עוֹרֵר [עור], הֵסִית [סות]

provost, *n.* נְגִיד מִכְלָלָה; מְפַקֵּד מִשְׁטָרָה צְבָאִית; שׁוֹפֵט

prow, *n.* חַרְטוֹם אֳנִיָּה

prowess, *n.* גְּבוּרָה, אֹמֶץ

prowl, *v.i.* שׁוֹטֵט [שוט], הִתְגַּנֵּב [גנב]

proximity, *n.* קִרְבָה

proxy, *n.* בָּא כֹחַ, מֻרְשֶׁה

prude, *n.* קַפְּדָן, מִתְחַסֵּד, צָנוּעַ; מַצְנִיעַ לֶכֶת

prudence, *n.* זְהִירוּת

prudent, *adj.* זָהִיר, מָתוּן

prudish, *adj.* מִתְחַסֵּד, צָנוּעַ

prune, *n.* אֲחוֹן, אַחְוָנִית, שָׁזִיף

prune, *v.t.* זָמַר (עֵצִים)

prurience, pruriency, *n.* תְּשׁוּקָה, תַּאַוְתָנוּת

pry, *v.t. & i.* אָרַב, עִיֵּן, הִתְבּוֹנֵן [בין]

psalm, *n.* מִזְמוֹר

Psalms, *n. pl.*, **Psalter**, *n.* תְּהִלִּים

pseudonym, *n.* שֵׁם עֵט, שֵׁם בָּדוּי

psyche, *n.* נֶפֶשׁ הָאָדָם

psychiatry, *n.* תּוֹרַת מַחֲלוֹת הַנֶּפֶשׁ

psychic, psychical, *adj.* נַפְשִׁי

psychological, psychologic, *adj.* נַפְשִׁי

psychologist, *n.* מֻמְחֶה בְּתוֹרַת הַנֶּפֶשׁ

psychology, *n.* תּוֹרַת הַנֶּפֶשׁ

psychopath, *n.* חוֹלֵה (רוּחַ) נֶפֶשׁ

psychopathy, *n.* מַחֲלַת (רוּחַ) נֶפֶשׁ

pub, *n.* מִסְבָּאָה

puberty, *n.* בַּגְרוּת מִינִית; צֶמֶל

pubescence, *n.* הִתְבַּגְּרוּת; כֹּחַל

public, *adj. & n.* צִבּוּרִי; צִבּוּר, קָהָל

publication, *n.* פִּרְסוּם

public house מִסְבָּאָה, בֵּית (מַרְזֵחַ) יַיִן

publicity, *n.* פִּרְסוּם, פִּרְסֹמֶת

public school בֵּית סֵפֶר עֲמָמִי

publish *v.t.* פִּרְסֵם, הוֹצִיא [יצא] לָאוֹר

publisher, *n.* מוֹצִיא לָאוֹר, מו״ל

pucker, *v.t. & i.* הִתְכַּוֵּץ [כוץ]; קָמַץ

pudding, *n.* חֲבִיצָה

puddle, *n.* שְׁלוּלִית, גֵּב

pudenda, *n. pl.* מָעוֹר, עֶרְוָה, מְבוּשִׁים

puerile, *adj.* יַלְדוּתִי

puerility, *n.* יַלְדוּת

puff, *v.t. & i.* נָשַׁב, הִפִּיחַ [נפח], עִשֵּׁן, הִתְנַפֵּחַ [נפח]

pugilism, *n.* אֶגְרוֹפָנוּת

pugilist, *n.* אֶגְרוֹפָן

pugnacious, *adj.* שׁוֹאֵף קְרָבוֹת, אוֹהֵב מִלְחָמָה

puissance, *n.* עָצְמָה; מַעֲצָמָה

puke, *v.i.* הֵקִיא [קיא]

pull, *n.* מְשִׁיכָה; הַשְׁפָּעָה

pull, *v.t. & i.* מָשַׁךְ, סָחַב, עָקַר, תָּלַשׁ; חָתַר (בְּמָשׁוֹט)

pullet, *n.* פַּרְגִּית, תַּרְנְגֹלֶת צְעִירָה

pulley, *n.* גַּלְגִּלָּה

pulp, *n.* בְּשַׂר הַפְּרִי; בְּלִילָה; רְבִיכָה; מִקְפָּא

pulpit, *n.* דּוּכָן, בִּימָה

pulsate, *v.i.* נָקַף, דָּפַק (לֵב)

pulsation, ***n.*** נְקִיפָה, דְּפִיקָה (לֵב)
pulse, ***n.*** נְקִיפָה, דֹּפֶק
pulverize, ***v.t. & i.*** שָׁחַק, כָּתַת, דִּקְדֵּק, סָחַן
pumice, ***n.*** אֶבֶן סְפוֹג
pump, ***n.*** מַשְׁאֵבָה
pump, ***v.t.*** שָׁאַב
pumpkin, ***n.*** דְּלַעַת
pun, ***n.*** מִשְׂחַק מִלִּים, לָשׁוֹן נוֹפֵל עַל לָשׁוֹן
punch, ***v.t.*** חָרַר, נִקֵּב; אִגְרֵף
punch, ***n.*** מַכַּת אֶגְרוֹף; מַקֵּב; שִׁקּוּי יַיִן וּפֵרוֹת
punctilious, ***adj.*** דַּיְקָנִי, קַפְּדָנִי
punctual, ***adj.*** מְדֻיָּק, דַּיְקָן
punctuality, ***n.*** דַּיְקָנוּת, דִּיּוּק
punctually, ***adv.*** בְּדִיּוּק
punctuate, ***v.t.*** נִקֵּד
punctuation, ***n.*** נִקּוּד, סִימָנֵי פִּסּוּק
puncture, ***n.*** תֶּקֶר, נְקִירָה, נֶקֶר
puncture, ***v.t.*** נָקַר, דָּקַר
pungency, ***n.*** חֲרִיפוּת
pungent, ***adj.*** חָרִיף, חַד
punish, ***v.t.*** עָנַשׁ
punishment, ***n.*** עֹנֶשׁ
punitive, ***adj.*** שֶׁל עֳנָשִׁים
punt, ***n.*** סִירַת מוֹטוֹת; בְּעִיטָה (כַּדּוּרֶגֶל)
punt, ***v.t. & i.*** חָתַר בְּמוֹט; בָּעַט (כַּדּוּרֶגֶל)
puny, ***adj.*** רָפֶה, חַלָּשׁ, פָּחוּת, פָּעוּט
pup, ***n.*** גּוּר (כְּלָבִים)
pupa, ***n.*** גֹּלֶם
pupil, ***n.*** אִישׁוֹן, בָּבָה; חָנִיךְ, תַּלְמִיד
puppet, ***n.*** בֻּבָּה
puppy, ***n.*** כְּלַבְלָב
purblind, ***adj.*** קְצַר רְאִיָּה; חֲסַר בִּינָה
purchase, ***n.*** קְנִיָּה; מִקָּחָה
purchase, ***v.t.*** קָנָה, רָכַשׁ, הִשִּׂיג (נשג); הֵרִים [רום] (בְּמָנוֹף)
purchaser, ***n.*** קוֹנֶה
pure, ***adj.*** טָהוֹר, נָקִי, זַךְ, צַח; בַּר לֵבָב
purée, ***n.*** דַּיְסָה
purely, ***adv.*** אַךְ וְרַק, לַחֲלוּטִין
pureness, ***n.*** טֹהַר נִקָּיוֹן, בֹּר (לֵבָב), זֹךְ
purgative, ***adj.*** מְשַׁלְשֵׁל
purgatory, ***n.*** גֵּיהִנּוֹם, תָּפְתֶּה, שְׁאוֹל
purge, ***n.*** מְשַׁלְשֵׁל; טִהוּר
purge, ***v.t. & i.*** שִׁלְשֵׁל; טִהֵר
purification, ***n.*** טִהוּר, נִקּוּי, טָהֳרָה
purify, ***v.t.*** טִהֵר; זִכֵּךְ; צֵרַף, זִקֵּק
purism, ***n.*** טַהֲרָנוּת (בַּלָּשׁוֹן)
purity, ***n.*** טָהֳרָה, נִקָּיוֹן, זַכּוּת
purloin, ***v.t.*** גָּנַב
purple, ***adj.*** אַרְגְּמָנִי
purple, ***n.*** אַרְגָּמָן, אַרְגְּוָן
purport, ***n.*** מוּבָן, כַּוָּנָה
purpose, ***n.*** תַּכְלִית, מַטָּרָה
purr, pur, ***n.*** רִנְרוּן (חָתוּל)
purr, pur, ***v.t. & i.*** רִנְרֵן
purse, ***n.*** אַרְנָק, חָרִיט; פְּרָס, גְּמֻלָּה
purse, ***v.t.*** שָׂם [שים] בְּאַרְנָק; קָמַט, כִּוֵּץ
purser, ***n.*** גִּזְבָּר בָּאֳנִיָּה
pursue, ***v.t. & i.*** רָדַף; הִתְמִיד [תמד], הִמְשִׁיךְ [משך], עִקֵּב
pursuit, ***n.*** רְדִיפָה; מִשְׁלַח יָד, עֵסֶק
purvey, ***v.t. & i.*** סִפֵּק
purveyance, ***n.*** אַסְפָּקָה, סִפּוּק
purveyor, ***n.*** סַפָּק
pus, ***n.*** מֻגְלָה
push, ***n., v.t. & i.*** דְּחִיפָה; דָּחַף, הָדַף; הֵאִיץ [אוץ], הֵחִישׁ [חוש]; נִדְחַק [דחק]
pusillanimity, ***n.*** מֹרֶךְ לֵב, פַּחְדָּנוּת
pusillanimous, ***adj.*** מוּג (רַךְ) לֵב, פַּחְדָן
puss, pussy, ***n.*** חָתוּל, חֲתוּלָה

put, *v.t.* שָׂם [שים], שָׁת [שית], נָתַן, שָׁפַת (סִיר), הִנִּיחַ [נוח], הִשְׁכִּיב [שכב]
put in הִכְנִיס [כנס]; בָּא [בוא]
put off דָּחָה; פָּשַׁט
put on לָבַשׁ, נָעַל
put out גֵּרַשׁ, הוֹצִיא [יצא]; הִרְגִּיז [רגז]; כִּבָּה; נִקֵּר
put through בִּצַּע
putrefaction, *n.* מַק, רִקָּבוֹן
putrefy, *v.t.* & *i.* רָקַב, הִרְקִיב [רקב]
putrid, *adj.* מַבְאִישׁ
putty, *n.* & *v.t.* מֶרֶק, טְפֹלֶת, טֶפֶל; טָפַל
puzzle, *n.* חִידָה, מְבוּכָה
puzzle, *v.t.* & *i.* הִפְלִיא [פלא], חָד [חוד]; הָיָה נָבוֹךְ
pygmy, *n.* & *adj.* גַּמָּד, נַנָּס; אֶצְבְּעוֹנִי
pyjamas, *v.* pajamas
pylon, *n.* שַׁעַר
pyramid, *n.* הָרָם, חַדּוּדִית
pyre, *n.* מִשְׂרֶפֶת, מְדוּרָה
pyromania, *n.* שִׁטּוּחַ בָּאֵשׁ, שִׁגָּעוֹן הַצָּתָה
python, *n.* פֶּתֶן

Q, q

Q, q, *n.* קְיוּ, הָאוֹת הַשְּׁבַע עֶשְׂרֵה בָּאָלֶף בֵּית הָאַנְגְּלִי
quack, *n.* קִרְקוּר; רַמַּאי; רוֹפֵא אֱלִיל
quack, *v.t.* קִרְקֵר; רִמָּה
quackery, *n.* מִרְמָה, תַּרְמִית, רַמָּאוּת
quadrangle, *n.* מְרֻבָּע
quadrant, *n.* רְבִיעַ, רֶבַע הָעִגּוּל (הַמַּעְגָּל)
quadrate, *v.t.* & *i.* רִבֵּעַ; הִתְאִים [תאם], הִקְבִּיל [קבל]
quadrennial, *adj.* בֶּן (שֶׁל) אַרְבַּע שָׁנִים, אַחַת לְאַרְבַּע שָׁנִים
quadrilateral, *adj.* מְרֻבָּע, מְרֻבַּע הַצְּלָעוֹת
quadruped, *adj.* & *n.* בַּעַל אַרְבַּע רַגְלַיִם, הוֹלֵךְ עַל אַרְבַּע
quadruple, *adj.* & *adv.* כָּפוּל אַרְבָּעָה, אַרְבַּעְתַּיִם, פִּי אַרְבָּעָה
quadruple, *v.t.* & *i.* הִכְפִּיל [כפל] פִּי אַרְבָּעָה
quaff, *n.* לְגִימָה
quaff, *v.t.* & *i.* גָּמַע
quagmire, *n.* בִּצָּה, אֶרֶץ הַבֹּץ
quail, *n.* שְׂלָו, סְלָו
quaint, *adj.* מוּזָר, יָשָׁן
quake, *n.* רְעִידָה, רַעַד, רַעַשׁ, חֲרָדָה
quake, *v.t.* רָעַד, רָעַשׁ, הִתְגָּעֵשׁ [געש]
qualification, *n.* תְּכוּנָה; מִדָּה; תְּנַאי
qualify, *v.t.* אִיֵּךְ, הִכְשִׁיר [כשר]; אִפְיֵן
qualitative, *adj.* אֵיכוּתִי
quality, *n.* אֵיכוּת, מִין, סוּג
qualm, *n.* מוּסַר כְּלָיוֹת, בְּחִילָה
quandry, *n.* מְבוּכָה, פִּקְפּוּק
quantitative, *adj.* כַּמּוּתִי, סְכוּמִי
quantity, *n.* כַּמּוּת, סְכוּם
quarantine, *n.* & *v.t.* הֶסְגֵּר; הִסְגִּיר [סגר]
quarrel, *n.* & *v.i.* רִיב, מְרִיבָה, קְטָטָה, מָדוֹן, מַחֲלֹקֶת; רָב [ריב], הִתְקוֹטֵט [קטט]
quarrelsome, *adj.* יָרִיב, אִישׁ מָדוֹן
quarry, *n.* & *v.t.* מַחְצָבָה; חָצַב אֲבָנִים

quart, *n.* רְבִיעִית, קְוַרְט (שְׁנֵי פִּינְטִים)
quarter, *n.* רֶבַע; רֹבַע; שְׁכוּנָה
quarter, *v.t.* & *i.* חִלֵּק לְאַרְבָּעָה; הִשְׁכִּין [שכן], אִכְסֵן
quarterly, *n.* & *adj.* רִבְעוֹן; שֶׁל רֶבַע
quarterly, *adv.* פַּעַם בִּשְׁלשָׁה חֳדָשִׁים
quartermaster, *n.* אַפְסְנַאי
quartet, quartette, *n.* רְבִיעִיָּה
quarto, *n.* תַּבְנִית רָבוּעַ (4°)
quartz, *n.* חַלָּמִישׁ
quash, *v.t.* בִּטֵּל, שָׂם [שים] קֵץ
quaver, *n.* רֶטֶט, סִלְסוּל
quaver, *v.t.* רָעַד, סִלְסֵל
quay, *n.* רָצִיף
queasy, *adj.* בּוֹחֵל
queen, *n.* מַלְכָּה
queer, *adj.* מְשֻׁנֶּה, מוּזָר
quell, *v.t.* הִכְרִיעַ [כרע], הִכְנִיעַ [כנע], הִשְׁקִיט [שקט]
quench, *v.t.* כִּבָּה; שָׁבַר (צָמָא)
querulous, *adj.* קוֹבֵל, מִתְלוֹנֵן
query, *n.* שְׁאֵלָה; סִימַן שְׁאֵלָה
query, *v.t.* שָׁאַל, חָקַר; הֵטִיל [נטל] סָפֵק
quest, *n.* בַּקָּשָׁה, מִשְׁאָלָה, חֲקִירָה, חִפּוּשׂ
quest, *v.t.* & *i.* שִׁחֵר, בִּקֵּשׁ, חִפֵּשׂ
question, *n.* שְׁאֵלָה, קֻשְׁיָה, בְּעָיָה
question, *v.t.* & *i.* שָׁאַל, חָקַר, הִרְהֵר
question mark סִימַן שְׁאֵלָה (?)
questionnaire, *n.* שְׁאֵלוֹן
queue, *n.* תּוֹר, שׁוּרָה
quibble, *n.* פִּלְפּוּל
quibble, *v.i.* הִתְפַּלְפֵּל [פלפל]
quick, *adj.* זָרִיז, מָהִיר
quick, *adv.* חִישׁ, מַהֵר, מְהֵרָה
quicken, *v.t.* & *i.* הֶחֱיָה [חיה], מִהֵר, הֵחִישׁ [חיש], זֵרֵז
quickly, *adv.* מַהֵר, מְהֵרָה
quickness, *n.* זְרִיזוּת, מְהִירוּת
quicksilver, *n.* כַּסְפִּית, כֶּסֶף חַי
quiesce, *v.i.* הֶחֱרִישׁ [חרש]
quiescence, *n.* שַׁלְוָה
quiescent, *adj.* נִרְגָּע; נִבְלָע (דִּקְדּוּק)
quiet, *n.* שֶׁקֶט
quiet, *v.t.* & *i.* הִשְׁתִּיק [שתק], הִשְׁקִיט [שקט], הִרְגִּיעַ [רגע]
quietly, *adv.* בִּמְנוּחָה, בְּשֶׁקֶט
quietude, *n.* מְנוּחָה, דְּמָמָה
quietus, *n.* סוֹף, מָוֶת
quill, *n.* נוֹצָה, מוֹךְ
quilt, *n.* שְׂמִיכָה
quince, *n.* חַבּוּשׁ
quinine, *n.* כִּינִין
quinsy, *n.* אַסְכָּרָה
quintessence, *n.* תַּמְצִית
quintet, quintette, *n.* חֲמִישִׁיָּה
quintuple, *adj.* כָּפוּל חָמֵשׁ, פִּי חָמֵשׁ
quintuplet, *n.* חֲמִישִׁיָּה
quip, *n.* לִגְלוּג, עֲקִיצָה
quit, *v.t.* עָזַב, נָטַשׁ
quit, *adj.* מְפֻטָּר, מְשֻׁחְרָר
quite, *adv.* לְגַמְרֵי, בְּהֶחְלֵט
quitter, *n.* מִשְׁתַּמֵּט, רַךְ לֵב
quiver, *n.* רַעַד, פִּרְפּוּר
quiver, *v.i.* רָעַד, הִזְדַּעְזַע [זעזע]
quiver, *n.* תְּלִי, אַשְׁפָּה
quixotic, *adj.* דִּמְיוֹנִי, קִישׁוֹטִי
quiz, *n.* חִידוֹן; מִבְחָן; צְחוֹק
quiz, *v.t.* בָּחַן; לִגְלֵג
quorum, *n.* מִנְיָן
quota, *n.* מִכְסָה
quotation, *n.* הֲבָאָה, מַרְאֵה מָקוֹם, מוּבָאָה, סַעַד, צִיטָטָה
quote, *n.* & *v.t.* הֵבִיא [בא] סַעַד, צִטֵּט
quotient, *n.* חֵלֶק, מָנָה

R, r

R, r, ***n.*** אַר, הָאוֹת הַשְּׁמוֹנֶה עֶשְׂרֵה בָּאָלֶף־בֵּית הָאַנְגְּלִי

rabbi, ***n.*** רַב

rabbinical, rabbinic, ***adj.*** רַבָּנִי

rabbit, ***n.*** שָׁפָן

rabble, ***n.*** אֲסַפְסוּף

rabid, ***adj.*** מִתְאַנֵּף, מִתְגָּעֵשׁ

rabies, ***n.*** כַּלֶּבֶת

race, ***n.*** גֶּזַע

race, ***n.*** הִתְחָרוּת, מֵרוּץ

race, ***v.t. & i.*** רָץ [רוץ]; הִתְחָרָה [חרה], הֵרִיץ [רוץ]

racial, ***adj.*** גִּזְעִי

rack, ***n.*** קֹלֶב; דְּפוּפָה; פַּס שִׁנַּיִם (בִּמְכוֹנָה); סַד

racket, ***n.*** כַּף, מַחְבֵּט; הֲמֻלָּה; רַמָּאוּת

racketeer, ***n.*** רַמַּאי, שׁוֹדֵד

racy, ***adj.*** חָרִיף, חַד

radar, ***n.*** מַכָּ"ם, מַכְשִׁירֵי כִּוּוּן וּמֶרְחָק

radiance, radiancy, ***n.*** זֹהַר

radiant, ***adj.*** מַזְהִיר, מַקְרִין

radiate, ***v.t. & i.*** הִקְרִין [קרן]

radiation, ***n.*** הַקְרָנָה

radiator, ***n.*** מַקְרֵן

radical, ***adj.*** יְסוֹדִי; קִיצוֹנִי; שָׁרְשִׁי

radical, ***n.*** קִיצוֹנִי; שֹׁרֶשׁ, אוֹת שָׁרְשִׁית (דִּקְדּוּק); סִימַן הַשֹּׁרֶשׁ (√‾)

radicalism, ***n.*** קִיצוֹנִיּוּת

radio, ***n.*** רַדְיוֹ, אַלְחוּט

radioactive, ***adj.*** פְּעִיל הַקְרָנָה

radiogram, ***n.*** מִבְרָק אַלְחוּטִי

radiology, ***n.*** תּוֹרַת הַהַקְרָנָה

radiotelegraph, ***n.*** מִבְרָק אַלְחוּטִי

radiotherapy, ***n.*** רִפּוּי בְּאוֹרִית

radish, ***n.*** צְנוֹן, צְנוֹנִית

radium, ***n.*** אוֹרִית

radius, ***n.*** מָחוֹג, חֲצִי קֹטֶר, קֶרֶן; תְּחוּם; עֶצֶם (בְּאַמַּת הַיָּד), הַקָּנֶה הַגָּדוֹל

radix, ***n.*** שֹׁרֶשׁ

raffle, ***n.*** הַגְרָלָה; גּוֹרָל, פַּיִס, פּוּר

raffle, ***v.t.*** הִגְרִיל [גרל], הִפִּיל [נפל] גּוֹרָל

raft, ***n.*** דֹּבְרָה, רַפְסוֹדָה

rafter, ***n.*** אֲצִילָה, כָּפִיס, קוֹרַת גַּג

rag, ***n.*** סְמַרְטוּט, בְּלָאָה, סְחָבָה

ragamuffin, ***n.*** (בַּעַל) לְבוּשׁ בְּלָאִים, רֵיקָא, פּוֹחֵז, בְּלִיַּעַל

rage, ***n.*** חָרוֹן, כַּעַס, חֳרִי אַף

rage, ***v.i.*** זָעַף, הִתְקַצֵּף [קצף], הִתְגָּעֵשׁ [געש]

ragged, ***adj.*** בָּלוּי, לָבוּשׁ בְּלָאוֹת

raid, ***n.*** פְּשִׁיטָה, הִתְנַפְּלוּת

raid, ***v.t.*** פָּשַׁט עַל

rail, ***n.*** מַעֲקֶה, גָּדֵר, שְׂבָכָה, סָרִיג; פַּס בַּרְזֶל

rail, ***v.t. & i.*** גִּדֵּף, לָעַג; סָרַג; שָׁלַח בִּמְסִלַּת בַּרְזֶל

railing, ***n.*** מַעֲקֶה; פַּסֵּי בַּרְזֶל

railroad, railway, ***n.*** מְסִלַּת בַּרְזֶל

raiment, ***n.*** לְבוּשׁ, מַלְבּוּשׁ

rain, ***n.*** גֶּשֶׁם, מָטָר, יוֹרֶה (גֶּשֶׁם רִאשׁוֹן), מַלְקוֹשׁ (גֶּשֶׁם אַחֲרוֹן)

rain, ***v.t. & i.*** הִגְשִׁים [גשם], הִמְטִיר [מטר]

rainbow, ***n.*** קֶשֶׁת

raincoat, ***n.*** מְעִיל גֶּשֶׁם

raindrop, ***n.*** אֵגֶל, טִפַּת גֶּשֶׁם

rainfall, ***n.*** רְבִיעָה, יְרִידַת גְּשָׁמִים

rainy, ***adj.*** גָּשׁוּם, סַגְרִירִי

raise, *v.t.* הֵרִים [רום], הֶעֱלָה [עלה] (מְחִירִים); הֵנִיף [נוף] (דֶּגֶל); דָּלָה (מַיִם); זָקַף (רֹאשׁ); הֵקִים [קום] הִגְבִּיהַּ [גבה]; הֵעִיף [עוף] (עַיִן); גִּדֵּל (יְלָדִים); הִצְמִיחַ [צמח]; רִבָּה (מִקְנֶה); הִשִּׂיג [נשג] (כְּסָפִים); עוֹרֵר [עור] (תִּקְוָה, שְׁאֵלָה)

raise, *n.* הֲרָמָה; הוֹסָפָה, תּוֹסֶפֶת

raisin, *n.* צִמּוּק

rake, *n.* מַפְקָר; מַגְרֵפָה; מַחְתָּה

rake, *v.t.* & *i.* הִתְפַּקֵּר [פקר]; גָּרַף, אָסַף; חָתָה

rally, *n.* מִפְגָּשׁ; הִתְעוֹרְרוּת, הִתְאַמְּצוּת; הִתְאוֹשְׁשׁוּת, הִתְעוֹדְדוּת

rally, *v.t.* & *i.* הִתְאַחֵד [אחד] (מֵחָדָשׁ), הִתְעוֹרֵר [עור]; קִבֵּץ; הִתְאוֹשֵׁשׁ [אשש], הִתְעוֹדֵד [עדד]

ram, *n.* רְאֵם; עַתּוּד; אַיִל; מַזַּל טָלֶה

ram, *v.t.* נָגַח; תָּקַע, אִיֵּל, תָּחַב, דָּחַף

ramble, *n.* הִתְשׁוֹטְטוּת, הִשְׂתָּרְכוּת

ramble, *v.i.* שׁוֹטֵט [שוט], נָדַד

rambler, *n.* מְשׁוֹטֵט, נוֹדֵד

ramification, *n.* הִסְתָּעֲפוּת, הִתְפַּצְּלוּת; עֳפִי, עָנָף

ramify, *v.t.* & *i.* הִסְתָּעֵף [סעף], הִתְפַּצֵּל [פצל]

ramp, *n.* שִׁפּוּעַ, מַעֲבָר מִדְרוֹנִי; סוֹלְלָה

ramp, *v.i.* זִנֵּק; טִפֵּס (צֶמַח); עָמַד עַל רַגְלָיו (לַיִשׁ)

rampage, *n.* הִתְנַהֲגוּת פְּרוּעָה

rampant, *adj.* פָּרוּעַ, עוֹבֵר גְּבוּל

rampart, *n.* סוֹלְלָה, דָּיֵק

ramshackle, *adj.* רָעוּעַ

ranch, *n.* חַוָּה

rancid, *adj.* מְקֻלְקָל, נֶאֱלָח

rancor, rancour, *n.* אֵיבָה, שִׂטְנָה

random, *adj.* מִקְרִי, לְלֹא מַטָּרָה

random, *n.* הִזְדַּמְּנוּת, מִקְרֶה

range, *n.* שׁוּרָה, שַׁלְשֶׁלֶת (הָרִים); מִרְעֶה; מַעֲרָכָה; סֵדֶר; כִּירָה

range, *v.t.* & *i.* סִדֵּר, מִיֵּן; הִתְיַצֵּב [יצב] בְּמַעֲרָכָה; הִתְפַּשֵּׁט [פשט], הִשְׂתָּרַע [שרע]

rank, *adj.* סָרוּחַ, נִבְאָשׁ; פָּרוּעַ; נֶאֱלָח

rank, *n.* שׁוּרָה, דַּרְגָּה, תּוֹר (חַיָּלִים)

rank, *v.t.* & *i.* הֶעֱמִיד [עמד] בְּשׁוּרָה

ransack, *n.* מְשִׁסָּה

ransack, *v.t.* & *i.* בָּזַז, שָׁלַל

ransom, *n.* כֹּפֶר, פִּדְיוֹן

ransom, *v.t.* נָתַן כֹּפֶר

rant, *v.i.* צָרַח, צָוַח

rap, *n.* דְּפִיקָה

rap, *v.t.* & *i.* דָּפַק, הִתְדַּפֵּק [דפק]

rapacious, *adj.* חַמְסָנִי, גַּזְלָנִי; לָהוּט, חַמְדָּן

rape, *n.* אֹנֶס; לֶפֶת

rape, *v.t.* אָנַס

rapid, *adj.* & *n.* מָהִיר; אֲשֵׁדָה

rapidity, *n.* מְהִירוּת

rapture, *n.* אֹשֶׁר

rare, *adj.* נָדִיר, יְקַר הַמְּצִיאוּת; נָא, צָלוּי לְמֶחֱצָה

rarefy, *v.t.* & *i.* הִתְקַלֵּשׁ [קלש], דִּקֵּק

rarely, *adv.* לְעִתִּים רְחוֹקוֹת

rarity, *n.* נְדִירוּת

rascal, *n.* נָבָל

rash, *adj.* נִמְהָר, פָּזִיז

rash, *n.* תִּפְרַחַת (עוֹר)

rasp, *n.* מְשִׁיפָה

rasp, *v.t.* & *i.* גֵּרֵד, שָׁף [שוף]

raspberry, *n.* פֶּטֶל, תּוּת

rat, *n.* עַכְבְּרוֹשׁ, חֻלְדָּה

rate, *n.* מְחִיר, עֵרֶךְ; שִׁעוּר, קֶצֶב

rate, *v.t.* & *i.* נָזַף; אָמַד; הֶעֱרִיךְ [ערך]

rather, *adv.* לְהֶפֶךְ, מוּטָב שֶׁ־; מְאֹד, בְּמִדָּה יְדוּעָה
ratification, *n.* אִשּׁוּר, קִיּוּם
ratify, *v.t.* אִשֵּׁר, קִיֵּם
rating, *n.* הַעֲרָכָה; מַדְרֵגָה; גְּעָרָה
ratio, *n.* עֵרֶךְ, יַחַס
ration, *n.* מָנָה
ration, *v.t.* קָצַב, חִלֵּק
rational, *adj.* שִׂכְלִי, שִׂכְלְתָנִי
rationalism, *n.* שִׂכְלְתָנוּת
rationalize, *v.t.* שָׂכַל, הִשְׂכִּיל [שכל]
rattle, *n.* רַעֲשָׁן, רַעַשׁ; קִשְׁקוּשׁ, קַשְׁקָשָׁה
rattle, *v.t.* & *i.* קִשְׁקֵשׁ, דִּבֵּר מַהֵר; הֵבִיךְ [בוך]
rattlesnake, *n.* עֶכֶס, עֶכֶן
raucous, *adj.* צָרוּד, נִחָר
ravage, *n.* חֻרְבָּן, שׁוֹאָה
ravage, *v.t.* הֶחֱרִיב [חרב] הִשְׁחִית [שחת]
rave, *v.i.* הִשְׁתּוֹלֵל [שלל], דִּבֵּר מִתּוֹךְ הֲזָיָה (שִׁגָּעוֹן), הִשְׁתַּגֵּעַ [שגע]; הִתְמַרְמֵר [מרמר]
ravel, *n.* סְבַךְ (חוּטִים), תִּסְבֹּכֶת
ravel, *v.t.* & *i.* סִבֵּךְ, הִסְתַּבֵּךְ [סבך]
raven, *n.* עוֹרֵב
ravenous, *adj.* זוֹלֵל, גַּרְגְּרָן
ravine, *n.* גַּיְא
ravish, *v.t.* אָנַס; לִבֵּב, קָסַם
ravishment, *n.* קְסִימָה, לִבּוּב; אִנּוּס
raw, *adj.* סַגְרִירִי (אֲוִיר); חַי (בָּשָׂר), בִּלְתִּי מְבֻשָּׁל; גָּלְמִי; גַּס (חֹמֶר); בִּלְתִּי מְחֻנָּךְ
ray, *n.* קֶרֶן אוֹר; שֶׁמֶץ
rayon, *n.* זְהוֹרִית
raze, *v.t.* עִרָה; מָחָה, מָחַק
razor, *n.* מַגְלֵחַ, מְכוֹנַת (תַּעַר) גִּלּוּחַ, מוֹרָה

reach, *v.t.* & *i.* הִגִּיעַ [נגע], הִשִּׂיג [נשג]; הוֹשִׁיט [ישט] יָד
react, *v.i.* הֵגִיב [גוב], הִתְפָּעֵל [פעל]
reaction, *n.* תְּגוּבָה, פְּעֻלָּה (הַשְׁפָּעָה) חוֹזֶרֶת, נְסִיגָה
reactionary, *adj.* & *n.* נָסוֹג אָחוֹר
read, *v.t.* & *i.* קָרָא, הִקְרִיא [קרא]
reader, *n.* קוֹרֵא, מִקְרָאָה
readily, *adv.* בְּרָצוֹן, בְּחֵפֶץ לֵב; מִיָּד, בִּמְהִירוּת
readiness, *n.* נְכוֹנוּת
reading, *n.* קְרִיאָה, הַקְרָאָה
readjust, *v.t.* סִגֵּל שֵׁנִית
readjustment, *n.* הִסְתַּגְּלוּת, סִגּוּל מֵחָדָשׁ
ready, *adj.* מוּכָן, מְזֻמָּן
reagent, *n.* מַפְעִיל, מְעוֹרֵר
real, *adj.* אֲמִתִּי, מַמָּשִׁי
real estate, *n.* נִכְסֵי דְלָא נָיְדֵי, מְקַרְקְעִים
realistic, *adj.* מְצִיאוּתִי, מַמָּשִׁי
reality, *n.* מְצִיאוּת, מַמָּשׁוּת
realization, *n.* הִתְגַּשְּׁמוּת
realize, *v.t.* הִגְשִׁים [גשם], הִשִּׂיג [נשג]
really, *adv.* בֶּאֱמֶת
realm, *n.* מַמְלָכָה; תְּחוּם
realty, *n.* נִכְסֵי דְלָא נָיְדֵי
ream, *n.* חֲבִילַת נְיָר, רִים
ream, *v.t.* קִדֵּד
reamer, *n.* מַקְדֵּד
reap, *v.t.* קָצַר, אָסַף
reaper, *n.* קוֹצֵר; מַקְצֵרָה
reappear, *v.i.* הוֹפִיעַ [יפע] שׁוּב
rear, *adj.* אֲחוֹרִי, אֲחוֹרַנִּי
rear, *n.*, *v.t.* & *i.* אָחוֹר; רוֹמֵם [רום]; גִּדֵּל, רִבָּה, חִנֵּךְ; הִתְרוֹמֵם [רום] (סוּס), עָמַד עַל רַגְלָיו הָאֲחוֹרִיּוֹת
rearm, *v.t.* זִיֵּן, הִזְדַּיֵּן [זין] מֵחָדָשׁ
reason, *n.* בִּינָה; טַעַם, סִבָּה; דַּעַת

reason, *v.t.* & *i.* חָשַׁב, הִתְוַכֵּחַ [וכח]
reasonable, *adj.* צוֹדֵק, שִׂכְלִי
reassure, *v.t.* הִבְטִיחַ [בטח] מֵחָדָשׁ
rebate, *n.* הֲנָחָה
rebate, *v.t.* הוֹרִיד [ירד] מֵהַמְּחִיר
rebel, *adj.*, *n.* & *v.i.* מוֹרֵד; מָרַד
rebellion, *n.* מֶרֶד, הִתְקוֹמְמוּת
rebellious, *adj.* מוֹרֵד
rebirth, *n.* תְּחִיָּה
rebound, *n.* & *v.i.* הֵד, בַּת קוֹל; קְפִיצָה אָחוֹרָה; הִדְהֵר; קָפַץ לְאָחוֹר
rebuff, *n.* דְּחִיפָה, סֵרוּב
rebuild, *v.t.* בָּנָה שֵׁנִית
rebuke, *n.* & *v.t.* נְזִיפָה, גְּעָרָה; גָּעַר
rebut, *v.t.* & *i.* הֵזֵם [זמם], סָתַר
rebuttal, *n.* הֲזָמָה
recalcitrant, *adj.* מַמְרֶה
recall, *v.t.* הִזְכִּיר [זכר]; נִזְכַּר [זכר], הֵשִׁיב [שוב], הֶחֱזִיר [חזר]
recall, *n.* הַחֲזָרָה, הֲשָׁבָה
recantation, *n.* חֲרָטָה
recapitulate, *v.t.* סִכֵּם
recapitulation, *n.* סִכּוּם
recapture, *v.t.* חָזַר וְלָכַד
recast, *v.t.* יָצַק שֵׁנִית
recede, *v.i.* נָסוֹג, נִרְתַּע [רתע]
receipt, *n.* קַבָּלָה
receive, *v.t.* קִבֵּל
recent, *adj.* חָדָשׁ, בָּא מִקָּרוֹב
receptacle, *n.* כְּלִי, בֵּית קִבּוּל
reception, *n.* קַבָּלַת פָּנִים
receptivity, *n.* קַבְּלוֹן, תְּפִיסָה
recess, *n.* הַפְסָקָה; מִשְׁקָע; מַחֲבוֹא
recipe, *n.* תְּרוּפָה; מִרְשָׁם; פִּרְטָה
recipient, *adj.* & *n.* מְקַבֵּל
reciprocal, *adj.* הֲדָדִי
reciprocate, *v.t.* & *i.* גָּמַל, הֵשִׁיב [שוב]

reciprocation, reciprocity, *n.* הֲדָדִיּוּת
recital, *n.* מֵיפָע
recitation, *n.* הַקְרָאָה
recite, *v.t.* & *i.* סִפֵּר, אָמַר בְּעַל פֶּה, הִקְרִיא [קרא]
reckless, *adj.* נִמְהָר, אִי זָהִיר, פָּזִיז
reckon, *v.t.* & *i.* חָשַׁב, הִתְחַשֵּׁב [חשב], סָמַךְ עַל
reclaim, *v.t.* תָּבַע בַּחֲזָרָה, הִשְׁבִּיחַ [שבח]
reclamation, *n.* דְּרִישָׁה בַּחֲזָרָה; טִיּוּב
recline, *v.t.* & *i.* הִטָּה [נטה], הֵסֵב [סבב], שָׁכַב
recluse, *adj.* & *n.* בּוֹדֵד, מִתְבּוֹדֵד
recognition, *n.* הַכָּרָה, הוֹדָאָה
recognize, *v.t.* & *i.* הִכִּיר [נכר], הוֹדָה [ידה]
recoil, *n.* הַרְתָּעָה
recoil, *v.t.* & *i.* נִרְתַּע [רתע]
recollect, *v.t.* & *i.* זָכַר; נִזְכַּר [זכר]
recollection, *n.* זִכָּרוֹן
recommence, *v.t.* & *i.* הִתְחִיל [תחל] שׁוּב
recommend, *v.t.* הִמְלִיץ [מלץ], יָעַץ
recommendation, *n.* הַמְלָצָה, עֵצָה
recompense, *n.* תַּגְמוּל, גְּמוּל
recompense, *v.t.* & *i.* גָּמַל
reconcile, *v.t.* הִשְׁלִים [שלם], פִּשֵּׁר
reconciliation, *n.* הִתְפַּשְּׁרוּת, הַשְׁלָמָה
recondition, *v.t.* חִדֵּשׁ
reconnaissance, reconnoissance, *n.* סִיּוּר, רִגּוּל
reconquer, *v.t.* כָּבַשׁ שֵׁנִית
reconsider, *v.t.* חָשַׁב שֵׁנִית
reconstruct, *v.t.* חָזַר וּבָנָה
reconstruction, *n.* בְּנִיָּה מְחֻדֶּשֶׁת
reconvene, *v.t.* & *i.* הִתְכַּנֵּס [כנס] שֵׁנִית, כָּנַס שֵׁנִית

record, *n.* זִכְרוֹן דְּבָרִים, רְשִׁימָה; תַּקְלִיט
record, *v.t.* רָשַׁם, הִקְלִיט [קלט]
recorder, *n.* מַזְכִּיר, רוֹשֵׁם; מַקְלִיט
record player מָקוֹל
recount, *v.t.* סִפֵּר בִּפְרוֹטְרוֹט; מָנָה שֵׁנִית
recoup, *v.t.* שִׁלֵּם (קִבֵּל) פִּצּוּיִים
recourse, *n.* מִפְלָט
recover, *v.t. & i.* הֵשִׁיב [שוב], רָכַשׁ שֵׁנִית; הִתְרַפֵּא [רפא], הִבְרִיא [ברא]; כִּסָּה (רִפֵּד) שֵׁנִית
recovery, *n.* הֲשָׁבַת אֲבֵדָה; הַבְרָאָה, הַחְלָמָה
recreate, *v.t.* שָׁב [שוב] וְיָצַר; שִׁעֲשַׁע
recreation, *n.* יְצִירָה מֵחָדָשׁ; מַרְגּוֹעַ; שַׁעֲשׁוּעַ
recriminate, *v.t. & i.* הֶאֱשִׁים [אשם] אֶת הַמַּאֲשִׁים
recrimination, *n.* הַאֲשָׁמָה נֶגְדִּית, הַאֲשָׁמַת הַמַּאֲשִׁים
recruit, *n.* טִירוֹן (צבא)
recruit, *v.t. & i.* גִּיֵּס, הֵרִים [רום] צָבָא; סָעַד לִבּוֹ; הִבְרִיא [ברא]; שָׁב [שוב] וְהִצְטַיֵּד [ציד]
rectangle, *n.* מְרֻבָּע, מַלְבֵּן
rectangular, *adj.* מְרֻבָּע, יְשַׁר זָוִית
rectification, *n.* יִשּׁוּר; תִּקּוּן; זִקּוּק, צְרִיפָה
rectify, *v.t.* תִּקֵּן; זִקֵּק, זִכֵּךְ
rectitude, *n.* יֹשֶׁר, תֹּם
rector, *n.* נָגִיד, נְגִיד מִכְלָלָה
rectum, *n.* חַלְחֹלֶת
recumbent, *adj.* שׁוֹכֵב
recuperate, *v.t. & i.* הִבְרִיא [ברא], הֶחֱלִים [חלם], שָׁב [שוב] לְאֵיתָנוֹ
recuperation, *n.* הַבְרָאָה, הַחְלָמָה
recur, *v.i.* שָׁב [שוב] וְחָזַר; נִשְׁנָה [שנה]; נִזְכַּר [זכר]
recurrence, *n.* שִׁיבָה, חֲזָרָה
red, *adj.* אָדֹם
red cross, *n.* הַצְּלָב הָאָדֹם
redden, *v.t. & i.* אִדֵּם, הִתְאַדֵּם [אדם], הִסְמִיק [סמק] הִסְתַּמֵּק [סמק]
reddish, *adj.* אֲדַמְדַּם, אַדְמוֹנִי
redeem, *v.t.* גָּאַל, מִלֵּא (הַבְטָחָה), פָּרַע (חוֹב)
redeemer, *n.* גּוֹאֵל, פּוֹדֶה, מוֹשִׁיעַ
redemption, *n.* גְּאֻלָּה, פִּדְיוֹן
redevelop, *v.t. & i.* פִּתַּח שֵׁנִית, הִתְפַּתֵּחַ [פתח] שֵׁנִית
redness, *n.* אֹדֶם, סֹמֶק, סִקְרָה
redolent, *adj.* רֵיחָנִי, נִיחוֹחִי
redouble, *v.t. & i.* גָּדַל, רָבָה, הוֹסִיף [יסף], הִגְדִּיל [גדל]
redoubt, *n.* סוֹלְלָה
redress, *n.* פִּצּוּי; תִּקּוּן מְעֻוָּת
reduce, *v.t.* הִקְטִין [קטן], הִמְעִיט [מעט], הִפְחִית [פחת]
reduction, *n.* הֲנָחָה (מִמְּחִיר), הַפְחָתָה
redundant, *adj.* עוֹדֵף, מְיֻתָּר
re-echo, *n.* בַּת הֵד
re-echo, *v.t. & i.* הֵדֵּד (הִדְהֵד) שֵׁנִית
reed, *n.* סוּף, קָנֶה, אַגְמוֹן; אַבּוּב
reef, *n.* שֵׁן (צוּק) יָם
reek, *n.* בָּאְשָׁה, סִרְחוֹן; עָשָׁן, הֶבֶל
reek, *v.i.* בָּאַשׁ, הִסְרִיחַ [סרח]; הֶהְבִּיל [הבל]
reel, *n.* סְלִיל, אַשְׁוָה
reel, *v.t. & i.* הִסְלִיל [סלל], כָּרַךְ (עַל סְלִיל); הִתְמוֹטֵט [מוט]
re-elect, *v.t.* בָּחַר שׁוּב
re-enter, *v.t. & i.* נִכְנַס [כנס] שׁוּב; הִכְנִיס [כנס] שׁוּב
re-establish, *v.t.* הֵקִים [קום] שׁוּב, יִסֵּד שׁוּב

refer, *v.t. & i.* יַחֵס, הִתְיַחֵס [יחס] לְ, הִפְנָה [פנה]
referee, *n.* בּוֹרֵר
reference, *n.* עִיּוּן; עִנְיָן, יַחַס; הַמְלָצָה
referendum, *n.* מִשְׁאַל עָם
refill, *v.t.* מִלֵּא שׁוּב
refine, *v.t. & i.* זִקֵּק, סִנֵּן, הִסְתַּנֵּן [סנן]
refinement, *n.* זִקּוּק; עֲדִינוּת
refinery, *n.* בֵּית זִקּוּק
refit, *v.t. & i.* הִתְקִין [תקן] שׁוּב
reflect, *v.t. & i.* הִקְרִין [קרן] (אֲחוֹרָה); חָשַׁב; בִּיֵּשׁ; הִשְׁתַּקֵּף [שקף]
reflection, reflexion, *n.* הַקְרָנָה; הִרְהוּר; עִיּוּן; הַאֲשָׁמָה; הִשְׁתַּקְּפוּת
reflector, *n.* מַחֲזִירוֹר, מַקְרִין
reflex, *n.* בָּבוּאָה; תְּנוּעָה שֶׁלֹּא מֵרָצוֹן
reforest, *v.t.* יִעֵר שׁוּב
reform, *v.t. & i.* תִּקֵּן; הִשְׁתַּנָּה [שנה] לְטוֹבָה, הֵיטִיב [יטב] דַּרְכּוֹ
reformation, *n.* תִּקּוּן; שִׁנּוּי עֲרָכִין; תִּקּוּן (חִדּוּשׁ) הַדָּת
reformatory, *n.* בֵּית אֲסוּרִים לַעֲבַרְיָנִים צְעִירִים
reformer, *n.* מְתַקֵּן
refraction, *n.* תִּשְׁבֹּרֶת
refractory, *adj.* סוֹרֵר, סוֹרֵר וּמוֹרֶה
refrain, *n.* חוֹזֶרֶת (שִׁיר)
refrain, *v.t. & i.* מָנַע, הִתְאַפֵּק [אפק]
refresh, *v.t. & i.* הֶחֱיָה [חיה], הִרְוָה [רוה]
refreshment, *n.* תִּקְרֹבֶת
refrigerate, *v.t.* קֵרֵר
refrigeration, *n.* קֵרוּר
refrigerator, *n.* מְקָרֵר
refuge, *n.* מִקְלָט
refugee, *n.* פָּלִיט
refulgent, *adj.* מַבְרִיק, מַזְהִיר
refund, *n.* כֶּסֶף מוּשָׁב
refund, *v.t.* הֶחֱזִיר [חזר] כֶּסֶף
refusal, *n.* סֵרוּב, מֵאוּן
refuse, *n.* פְּסֹלֶת, זֶבֶל
refuse, *v.t. & i.* סֵרַב, מֵאֵן
refutation, *n.* דְּחִיָּה, הֲזָמָה
refute, *v.t.* הִכְחִישׁ [כחש]
regain, *v.t.* רָכַשׁ שׁוּב
regal, *adj.* מַלְכוּתִי; מְפֹאָר
regale, *v.t. & i.* שִׁעֲשַׁע, הֶאֱכִיל [אכל] וְהִשְׁקָה [שקה], אָכַל וְשָׁתָה
regalia, *n. pl.* גְּנוּנֵי (סִימָנֵי) מְלָכִים; תִּלְבֹּשֶׁת הוֹד
regard, *n.* כָּבוֹד, חִבָּה; יַחַס; דְּרִישַׁת (פְּרִיסַת) שָׁלוֹם; מַבָּט
regard, *v.t. & i.* חָשַׁב לְ־, הִתְבּוֹנֵן [בין], כִּבֵּד, שָׂם [שים] לֵב
regenerate, *adj.* מְחֻדָּשׁ
regeneration, *n.* הִתְחַדְּשׁוּת
regent, *n.* עוֹצֵר, שַׁלִּיט
regild, *v.t.* הִזְהִיב [זהב] שׁוּב
regime, *n.* שִׁלְטוֹן; מִנְהָלָה
regiment, *n.* גְּדוּד
region, *n.* אֵזוֹר; מָחוֹז
regional, *adj.* גְּלִילִי, מְחוֹזִי
register, *n.* רְשִׁימָה
register, *v.t.* רָשַׁם, נִרְשַׁם [רשם]; שָׁלַח (בַּדֹּאַר) בְּאַחֲרָיוּת
registered, *adj.* רָשׁוּם
registrar, *n.* רַשָּׁם, דַּפְתְּרָן
registration, *n.* רִשּׁוּם, הַרְשָׁמָה
registry, *n.* מְקוֹם הָרִשּׁוּם
regress, regression, *n.* נְסִיגָה לְאָחוֹר
regret, *n.* דַּאֲבוֹן; חֲרָטָה; צַעַר
regret, *v.t.* הִתְחָרֵט [חרט], הִצְטָעֵר [צער]
regretful, *adj.* מִצְטָעֵר
regular, *adj.* קָבוּעַ, רָגִיל, תַּקִּין
regularity, *n.* קְבִיעוּת

regulate, *v.t.* וִסֵּת, כִּוֵּן, סִדֵּר, הִסְדִּיר [סדר]

regulation, *n.* הֶסְדֵּר, וִסּוּת, סִדּוּר; חֹק; תַּקָּנָה

regulator, *n.* וַסָּת

regurgitate, *v.t.* & *i.* הֶעֱלָה [עלה] גֵּרָה, הֵקִיא [קיא]

rehabilitate, *v.t.* הֵשִׁיב [שוב] (כְּבוֹד אָדָם) לְקַדְמוּתוֹ

rehabilitation, *n.* הֲשָׁבַת כְּבוֹד אָדָם

rehearsal, *n.* שִׁנּוּן, חֲזָרָה

rehearse, *v.t.* שִׁנֵּן, חָזַר

reign, *n.* שִׁלְטוֹן, מְלוּכָה, מַלְכוּת

reign, *v.i.* מָלַךְ, מָשַׁל, שָׁלַט

reimburse, *v.t.* הֵשִׁיב [שוב], הֶחֱזִיר [חזר] (כֶּסֶף, וְכוּ'), שִׁלֵּם בַּחֲזָרָה

reimbursement, *n.* תַּשְׁלוּם, הֲשָׁבַת מָמוֹן

rein, *n.* מוֹשְׁכָה (לְסוּס)

rein, *v.t.* & *i.* נָהַג בְּמוֹשְׁכוֹת

reincarnation, *n.* תְּחִיָּה, תְּחִיַּת הַנֶּפֶשׁ

reindeer, *n.* הָאַיָּל הַבֵּיתִי

reinforce, *v.t.* חִזֵּק

reins, *n. pl.* כְּלָיוֹת

reinstate, *v.t.* הֵשִׁיב [שוב] לְמַצָּבוֹ הַקּוֹדֵם, הֶחֱזִיר [חזר] לִמְקוֹמוֹ (מִשְׂרָתוֹ)

reinsure, *v.t.* בִּטַּח שׁוּב

reiterate, *v.t.* שָׁנָה, חָזַר עַל

reiteration, *n.* חֲזָרָה, שִׁנּוּן

reject, *v.t.* דָּחָה, פָּסַל, מֵאֵן

rejection, *n.* דְּחִיָּה, סֵרוּב, מֵאוּן

rejoice, *v.t.* & *i.* שִׂמַּח, שָׂמַח, שָׂשׂ [שיש], חָדָה

rejoicing, *n.* שָׂשׂוֹן, גִּילָה, שִׂמְחָה, דִּיצָה, חֶדְוָה

rejoin, *v.t.* & *i.* הִתְחַבֵּר [חבר] שׁוּב, הִצְטָרֵף [צרף] שׁוּב; הֵשִׁיב [שוב], עָנָה (בְּדִין)

rejoinder, *n.* מַעֲנֶה

rejuvenate, *v.t.* חִדֵּשׁ נְעוּרִים

rekindle, *v.t.* & *i.* הִבְעִיר [בער] שׁוּב, הִלְהִיב [להב] שׁוּב

relapse, *n.* נְסִיגָה, שִׁיבָה, הִשָּׁנוּת (חֳלִי)

relapse, *v.i.* חָזַר, שָׁב [שוב] חֳלִי

relate, *v.t.* & *i.* הִגִּיד [נגד], סִפֵּר, יִחֵס; הִתְיַחֵס [יחס]

relation, *n.* שַׁיָּכוּת, יַחַס; שְׁאֵר בָּשָׂר, קִרְבָה (מִשְׁפָּחָה)

relationship, *n.* קִרְבָה, יַחַס, שַׁיָּכוּת

relative, *adj.* & *n.* יַחֲסִי; קָרוֹב, שְׁאֵר בָּשָׂר; כִּנּוּי שֵׁם

relatively, *adv.* בְּאֹפֶן יַחֲסִי

relativity, *n.* יַחֲסוּת

relax, *v.t.* & *i.* הִשְׁקִיט [שקט] (עֲצַבִּים), הֵקֵל [קלל], הִסִּיחַ [נסח] דַּעַת, נָח [נוח]

relaxation, *n.* מְנוּחָה (נַפְשִׁית), שֶׁקֶט, נֹפֶשׁ, הִנָּפְשׁוּת

relay, *v.t.* & *i.* הֶעֱבִיר [עבר], הֶחֱלִיף [חלף]; הֵנִיחַ [נוח] שׁוּב

release, *n.* פִּטּוּר; דְּרוֹר; שִׁחְרוּר

release, *v.t.* הִתִּיר [נתר]; שִׁחְרֵר

relegate, *v.t.* מָסַר; שִׁלַּח; הִגְלָה [גלה]

relentless, *adj.* אַכְזָרִי מְאֹד

relevance, relevancy, *n.* שַׁיָּכוּת, קֶשֶׁר

relevant, *adj.* שַׁיָּךְ

reliability, *n.* מְהֵימָנוּת, נֶאֱמָנוּת, הִסְתַּמְּכוּת

reliable, *adj.* מְהֵימָן, נֶאֱמָן, בֶּן סֶמֶךְ

reliance, *n.* בִּטָּחוֹן, אֵמוּן

relic, *n.* שָׂרִיד, מַזְכֶּרֶת

relict, *n.* אַלְמָנָה

relief, *n.* רְוָחָה, יֶשַׁע, סַעַד; תַּבְלִיט

relieve, *v.t.* מִלֵּא מָקוֹם, הֵקֵל [קלל] (כְּאֵב)

religion, *n.* דָּת, אֱמוּנָה

religious, *adj.* דָּתִי, אָדוּק, מַאֲמִין
relinquish, *v.t.* עָזַב, נָטַשׁ
relish, *n.* תַּבְלִין, תְּבָלִים; טַעַם
relish, *v.t.* & *i.* תִּבֵּל; הִתְעַנֵּג [ענג]
reluctance, *n.* אִי רָצוֹן
rely, *v.i.* בָּטַח, סָמַךְ, נִסְמַךְ [סמך]
remain, *v.i.* נִשְׁאַר [שאר], נוֹתַר [יתר]
remainder, *n.* שְׁאָר, שְׁאֵרִית, נוֹתָר
remains, *n. pl.* שְׂרִידִים
remand, *v.t.* עָצַר (אָדָם)
remark, *n.* & *v.t.* הֶעָרָה; הֵעִיר [עור]
remarkable, *adj.* מְצֻיָּן, נִפְלָא
remedy, *n.* & *v.t.* רְפוּאָה, תְּעָלָה, תְּרוּפָה; תַּקָּנָה; רִפֵּא; תִּקֵּן
remember, *v.t.* & *i.* זָכַר; נִזְכַּר [זכר]; דָּרַשׁ בִּשְׁלוֹמוֹ
remembrance, *n.* זֵכֶר; זִכָּרוֹן; מַזְכֶּרֶת
remind, *v.t.* הִזְכִּיר [זכר]
reminiscences, *n. pl.* זִכְרוֹנוֹת
reminiscent, *adj.* מַזְכִּיר
remiss, *adj.* מְפַגֵּר, רַשְׁלָנִי
remission, *n.* כַּפָּרָה, פְּטוּר
remit, *v.t.* & *i.* יָרַד (חֹם), מָסַר (כֶּסֶף)
remnant, *n.* נוֹתָר, שְׁאֵרִית, פְּלֵטָה
remodel, *v.t.* חִדֵּשׁ אֶת פְּנֵי־
remonstrance, *n.* נְזִיפָה, תּוֹכֵחָה
remonstrate, *v.t.* מִחָה
remorse, *n.* חֲרָטָה, מוּסַר כְּלָיוֹת
remorseful, *adj.* מִתְחָרֵט
remote, *adj.* רָחוֹק; נִדָּח
removal, *n.* סִלּוּק, הֲסָרָה; הַעֲבָרָה
remove, *v.t.* & *i.* הֵסִיר [סור], הִרְחִיק [רחק], סִלֵּק, פִּנָּה; הֶעְתִּיק [עתק]
remunerate, *v.t.* שִׁלֵּם שָׂכָר
remuneration, *n.* גְּמוּל
renaissance, *n.* תְּחִיָּה
rend, *v.t.* & *i.* נִקְרַע [קרע], קָרַע; נִבְקַע [בקע], נִתְקָרַע [קרע]
render, *v.t.* נָתַן, הֵשִׁיב [שוב], מָסַר
rendezvous, *n.* יַעַד, רֵאָיוֹן, פְּגִישָׁה
rendezvous, *v.i.* רִאְיֵן, הִתְוַעֵד [ועד]
rendition, *n.* הַסְבָּרָה
renegade, *n.* מוּמָר
renew, *v.t.* & *i.* חִדֵּשׁ, הִתְחַדֵּשׁ [חדש]
renewal, *n.* חִדּוּשׁ, הִתְחַדְּשׁוּת
renounce, *v.t.* & *i.* וִתֵּר, הֵפֵר
renovate, *v.t.* חִדֵּשׁ
renovation, *n.* חִדּוּשׁ, הִתְחַדְּשׁוּת
renovator, *n.* מְחַדֵּשׁ
renown, *n.* שֵׁמַע, פִּרְסוּם
rent, *n.* שְׂכִירוּת; קֶרַע; סֶדֶק
rent, *v.t.* & *i.* הִשְׂכִּיר [שכר], הֶחְכִּיר [חכר]; נִשְׂכַּר [שכר]
rental, *n.* חֲכִירָה
renunciation, *n.* וִתּוּר
reopen, *v.t.* & *i.* פָּתַח שׁוּב
reorganize, *v.t.* & *i.* אִרְגֵּן (הִתְאַרְגֵּן [ארגן], הִסְתַּדֵּר [סדר]) מֵחָדָשׁ
repair, *n.* תִּקּוּן, בֶּדֶק (בַּיִת)
repair, *v.t.* תִּקֵּן
reparation, *n.* פִּצּוּי
repartee, *n.* תְּשׁוּבָה (נִמְרָצָה) כַּהֲלָכָה
repast, *n.* אֲרֻחָה, סְעֻדָּה, כֵּרָה, מִשְׁתֶּה
repay, *v.t.* & *i.* הֵשִׁיב [שוב] גְּמוּל, שִׁלֵּם שׁוּב
repeal, *n.* & *v.t.* בִּטּוּל; בִּטֵּל
repeat, *n.* הַדְרָן
repeat, *v.t.* & *i.* שָׁנָה, חָזַר עַל
repeatedly, *adv.* שׁוּב, לֹא פַּעַם
repel, *v.t.* & *i.* הָדַף, הֵשִׁיב [שוב] אָחוֹר
repellant, *adj.* דּוֹחֶה, מַבְחִיל
repent, *v.t.* & *i.* הִתְחָרֵט [חרט]; חָזַר בִּתְשׁוּבָה
repentance, *n.* חֲרָטָה, חֲזָרָה בִּתְשׁוּבָה
repentant, *adj.* מִתְחָרֵט, בַּעַל תְּשׁוּבָה

repercussion, *n.* הַרְתָּעָה, הֵד
repetition, *n.* חֲזָרָה, הִשָּׁנוּת
repine, *v.t. & i.* הִתְרַעֵם [רעם], קָבַל
replace, *v.t.* מִלֵּא מָקוֹם, הֶחֱלִיף [חלף]; הֵשִׁיב [שוב] לִמְקוֹמוֹ
replacement, *n.* חִלּוּף מָקוֹם, תְּמוּרָה; הֲשָׁבָה, הַחֲזָרָה
replenish, *v.t.* מִלֵּא מֵחָדָשׁ
replenishment, *n.* מִלּוּי (מִלּוּא) מֵחָדָשׁ
replete, *adj.* מָלֵא וְגָדוּשׁ, מָלֵא וּמְמֻלָּא
replica, *n.* הֶעְתֵּק
reply, *n.* מַעֲנֶה, תְּשׁוּבָה
reply, *v.t. & i.* עָנָה, הֵשִׁיב [שוב]
report, *n.* שְׁמוּעָה, דּוּ"חַ, דִּין וְחֶשְׁבּוֹן
report, *v.t. & i.* הוֹדִיעַ [ידע]; דִּוַּח, נָתַן דִּין וְחֶשְׁבּוֹן, סִפֵּר
reporter, *n.* עִתּוֹנַאי; מוֹדִיעַ
repose, *n.* שֵׁנָה, מְנוּחָה, דּוּמִיָּה
repose, *v.t. & i.* הֵנִיחַ [נוח]; נָח, שָׁכַב, הִשְׁכִּיב [שכב]
repository, *n.* גִּנְזָךְ, אוֹצָר
reprehend, *v.t.* גִּנָּה, נָזַף
reprehension, *n.* הַאֲשָׁמָה, תּוֹכֵחָה, נְזִיפָה
represent, *v.t.* יִצֵּג, הָיָה בָּא כֹּחַ, תֵּאֵר, צִיֵּר
representation, *n.* בָּאוּת כֹּחַ, יַצִּיגוּת, תֵּאוּר, הַצָּגָה, חִזָּיוֹן
representative, *adj. & n.* מֻרְשֶׁה, בָּא כֹּחַ, מְיַפֵּה כֹּחַ
repress, *v.t.* הִשְׁקִיט [שקט] (מֶרֶד), דִּכֵּא, הִכְנִיעַ [כנע]
repression, *n.* דִּכּוּי, הַדְבָּרָה
repressive, *adj.* מְדַכֵּא; מְעַכֵּב
reprieve, *n.* רְוָחָה, הַרְוָחָה
reprieve, *v.t.* נָתַן רְוָחָה
reprimand, *n. & v.t.* נְזִיפָה; נָזַף
reprint, *n.* הֶטְפֵּס
reprint, *v.t.* הִדְפִּיס [דפס] שׁוּב, הִטְפִּיס [טפס]
reprisal, *n.* נְקִימָה
reproach, *n.* תּוֹכֵחָה, תּוֹכָחָה, גְּעָרָה
reproach, *v.t.* הוֹכִיחַ [יכח], חִסֵּד
reprobate, *n.* חַטָּא, עַוָּל
reprobation, *n.* הַאֲשָׁמָה, גִּנּוּי
reproduce, *v.t.* הוֹלִיד [ילד]; הֶעְתִּיק [עתק]
reproduction, *n.* הַעְתָּקָה; הוֹלָדָה; פְּרִיָּה וּרְבִיָּה
reproof, *n.* מוּסָר, תּוֹכָחָה, גְּעָרָה
reproval, *n.* גִּנּוּי, נְזִיפָה, תּוֹכָחָה
reprove, *v.t.* הוֹכִיחַ [יכח], גָּעַר בְּ־
reptile, *n.* רַחַשׁ, רֶמֶשׂ, שֶׁרֶץ
republic, *n.* קְהִלִּיָּה
repudiate, *v.t.* כִּחֵשׁ, מָאַס; גֵּרֵשׁ (אִשָּׁה, בַּעַל)
repudiation, *n.* הַכְחָשָׁה; שְׁמִטָּה (חוֹב); גֵּרוּשׁ, הִתְגָּרְשׁוּת
repugnance, *n.* גֹּעַל
repugnant, *adj.* דּוֹחֶה
repulse, *n.* הֲדִיפָה
repulse, *v.t.* הָדַף, הֵשִׁיב [שוב] אָחוֹר
repulsion, *n.* דְּחִיָּה, מַשְׂטֵמָה
repulsive, *adj.* דּוֹחֶה (לְאָחוֹר); מַבְחִיל, מְעוֹרֵר גֹּעַל
reputable, *adj.* נִכְבָּד, חָשׁוּב
reputation, repute, *n.* שֵׁמַע, הַעֲרָכָה, שֵׁם (טוֹב, רַע)
request, *n.* דְּרִישָׁה, בַּקָּשָׁה
request, *v.t.* דָּרַשׁ, בִּקֵּשׁ
requiem, *n.* תְּפִלַּת אַשְׁכָּבָה, הַזְכָּרַת נְשָׁמוֹת
require, *v.t.* בִּקֵּשׁ, תָּבַע, דָּרַשׁ
requirement, *n.* צֹרֶךְ; דְּרִישָׁה; תְּנַאי
requisite, *adj.* נָחוּץ, הֶכְרֵחִי
requisite, *n.* הֶכְרֵחַ

requisition, *n.* תְּבִיעָה, הַחֲרָמָה
requisition, *v.t.* הֶחֱרִים [חרם]
requital, *n.* גְּמוּל, שִׁלּוּם; מִדָּה כְּנֶגֶד מִדָּה
requite, *v.t.* נָקַם
rescind, *v.t.* בִּטֵּל
rescission, *n.* בִּטּוּל
rescript, *n.* צַו
rescue, *n.* הַצָּלָה
rescue, *v.t.* הִצִּיל [נצל]
research, *n.* חֲקִירָה
resemblance, *n.* דִּמְיוֹן
resemble, *v.t.* & *i.* דָּמָה
resent, *v.t.* & *i.* הִתְרַעֵם [רעם]
resentful, *adj.* מִתְרַעֵם
resentment, *n.* תַּרְעֹמֶת, אֵיבָה, טִינָה
reservation, *n.* הַעְלָמָה; הַזְמָנָה
reserve, *v.t.* אָגַר, שָׁמַר, הֶחֱזִיק [חזק] (זְכוּת)
reserve, *n.* אוֹצָר; חֵיל מִלּוּאִים
reservoir, *n.* אָשׁוּחַ; בְּרֵכָה, מִקְוֵה מַיִם
reside, *v.i.* דָּר [דור], גָּר [גור], שָׁכַן
residence, *n.* זְבוּל, דִּירָה, מָעוֹן, מִשְׁכָּן, מְגוּרִים
resident, *n.* תּוֹשָׁב, דַּיָּר, דָּיוֹר
residential, *adj.* דִּיוּרִי
residual, *adj.* & *n.* עוֹדֵף, נוֹתָר
residue, *n.* שְׁאֵרִית, יִתְרָה
resign, *v.t.* & *i.* וִתֵּר; הִתְפַּטֵּר [פטר]
resignation, *n.* הַכְנָעָה; הִתְפַּטְּרוּת
resilience, resiliency, *n.* גְּמִישׁוּת
resilient, *adj.* גָּמִישׁ
resin, *n.* שְׂרָף
resist, *v.t.* & *i.* הִתְנַגֵּד [נגד]
resistance, *n.* תְּנֻגֹּדֶת, הִתְנַגְּדוּת
resistant, *adj.* מִתְקוֹמֵם, מִתְנַגֵּד
resolute, *adj.* תַּקִּיף
resolution, *n.* תַּקִּיפוּת; הַחְלָטָה

resolve, *v.t.* הֶחֱלִיט [חלט]
resonance, *n.* תְּהוּדָה
resonant, *adj.* מְהַדְהֵד
resort, *n.* תַּחְבּוּלָה, אֶמְצָעִי; קִיְטָנָה
resound, *v.i.* & *t.* הִשְׁמִיעַ [שמע] הֵדִים, הִדְהֵד, הִתְפַּשֵּׁט [פשט]
resource, *n.* מוֹצָא; עֵזֶר; עֹשֶׁר; תַּחְבּוּלָה
resources, *n. pl.* אֶמְצָעִים
resourceful, *adj.* בַּעַל תַּחְבּוּלוֹת, בַּעַל אֶמְצָעִים
respect, *n.* & *v.t.* כָּבוֹד; כִּבֵּד
respectable, *adj.* נִכְבָּד, מְכֻבָּד
respectful, *adj.* מַכִּיר פָּנִים, אָדִיב
respectfully, *adv.* בְּכָבוֹד
respective, *adj.* שׁוֹנֶה; מְיֻחָד
respiration, *n.* נְשִׁימָה
respiratory, *adj.* נְשִׁימִי
respire, *v.t.* & *i.* נָשַׁם
respite, *n.* הַרְוָחָה
resplendent, *adj.* מַזְהִיר
respond, *v.t.* & *i.* עָנָה, הֵשִׁיב [שוב]
respondent, *adj.* & *n.* מֵשִׁיב; נִתְבָּע
response, *n.* תְּשׁוּבָה, מַעֲנֶה
responsibility, *n.* אַחֲרָיוּת
responsible, *adj.* אַחֲרַאי
responsive, *adv.* מִתְפָּעֵל, מֵשִׁיב
rest, *n.* מְנוּחָה; מָוֶת; עוֹדֵף
rest, *v.t.* & *i.* נָח [נוח], שָׁבַת; הֵנִיחַ [נוח]; בִּסֵּס; נִשְׁעַן [שען] עַל
restaurant, *n.* מִסְעָדָה
restful, *adj.* מַרְגִּיעַ, שָׁלֵו
restitution, *n.* הֲשָׁבָה, פִּצּוּי
restive, *adj.* מוֹרֵד, עַקְשָׁנִי
restless, *adj.* סוֹעֵר, נִפְעָם, נִרְגָּז
restorative, *n.* מֵשִׁיב לִתְחִיָּה, מְחַזֵּק
restore, *v.t.* הֵשִׁיב [שוב] לְקַדְמוּתוֹ
restrain, *v.t.* עָצַר, מָנַע, גָּרַע; כָּלָא

restraint, *n.* עִכּוּב, מַעְצוֹר
restrict, *v.t.* הִגְבִּיל [גבל], צִמְצֵם
restriction, *n.* הַגְבָּלָה, צִמְצוּם, מַעְצוֹר
result, *n.* תּוֹצָאָה, תּוֹלָדָה
result, *v.i.* צָמַח מִ־, יָצָא מִ־, נוֹלַד [ילד]; נִגְמַר [גמר] בְּ־
resume, *v.t.* הִתְחִיל [תחל] שׁוּב; שָׁב [שוב] לְ־, חָזַר לְ־
résumé, *n.* סִכּוּם, קִצּוּר
resurgence, *n.* תְּחִיָּה
resurrection, *n.* תְּחִיַּת הַמֵּתִים, תְּחִיָּה
resuscitate, *v.t.* הֶחֱיָה [חיה], חִיָּה, הֵשִׁיב [שוב] נֶפֶשׁ
retail, *n.* קִמְעוֹנוּת
retail, *v.t.* מָכַר בְּקִמְעוֹנוּת
retailer, *n.* קִמְעוֹנַאי
retain, *v.t.* הֶחֱזִיק [חזק], שָׁמַר, עִכֵּב
retainer, *n.* דְּמֵי קְדִימָה, מִפְרָעָה
retaliate, *v.t.* הֵשִׁיב [שוב] גְּמוּל
retaliation, *n.* נְקִימָה, הִתְנַקְּמוּת
retaliatory, *adj.* נוֹקֵם
retard, *n.* אִחוּר
retard, *v.t.* אִחֵר, עִכֵּב
reticence, *n.* שַׁתְקָנוּת
reticent, *adj.* שַׁתְקָנִי
retina, *n.* רִשְׁתִּית (בְּעַיִן)
retinue, *n.* עֲבֻדָּה, בְּנֵי לְוָיָה
retire, *v.t.* & *i.* פָּרַשׁ, הִסְתַּלֵּק [סלק], הִתְפַּטֵּר [פטר]; שָׁכַב לִישׁוֹן; נָסוֹג [סוג]
retirement, *n.* פְּרִישָׁה, נְסִיגָה; מְנוּחָה
retort, *n.*, *v.t.* & *i.* מַעֲנֶה חָרִיף; הֵשִׁיב [שוב] מַעֲנֶה חָרִיף
retouch, *v.t.* דִּיֵּת
retrace, *v.t.* בָּדַק שֵׁנִית
retract, *v.t.* & *i.* חָזַר בּוֹ
retraction, *n.* הֲשָׁבָה
retreat, *n.* נְסִיגָה, מִפְלָט
retreat, *v.i.* נָסוֹג [סוג]
retrench, *v.t.* & *i.* צִמְצֵם, הִפְחִית [פחת]
retribution, *n.* שִׁלּוּם, גְּמוּל
retrieve, *v.t.* מָצָא וְהֵבִיא [בוא] (צַיִד); תִּקֵּן
retriever, *n.* עִקְבָתָן (כֶּלֶב צַיִד)
retrograde, *adj.* נָסוֹג
retrogression, *n.* נְסִיגָה
retrospect, *v.i.* הִסְתַּכֵּל [סכל] בֶּעָבָר (לְאָחוֹר)
return, *n.* חֲזָרָה; הַחֲזָרָה, הֲשָׁבָה
return, *v.t.* & *i.* הֵשִׁיב [שוב], הֶחֱזִיר [חזר]; שָׁב [שוב], חָזַר
reunion, *n.* הִתְאַסְּפוּת, הִתְאַחֲדוּת
reunite, *v.i.* הִתְחַבֵּר [חבר] שׁוּב, הִתְאַחֵד [אחד]
reveal, *v.t.* גִּלָּה, נִגְלָה [גלה]
revel, *v.i.* הִתְעַנֵּג [ענג] עַל, הִתְעַלֵּס [עלס] בְּ־
revelation, *n.* גִּלּוּי, הִתְגַּלּוּת
revelry, *n.* הוֹלֵלוּת
revenge, *n.*, *v.t.* & *i.* נְקָמָה, נָקָם; נָקַם, נִקֵּם, הִתְנַקֵּם [נקם]
revenue, *n.* הַכְנָסָה
reverberate, *v.i.* הֵדֵּד, הִדְהֵד; הִקְרִין [קרן], הִשְׁתַּקֵּף [שקף]
revere, *v.t.* כִּבֵּד, הֶעֱרִיץ [ערץ]
reverence, *n.* כָּבוֹד, הַעֲרָצָה, קִדָּה
reverend, *adj.* & *n.* נִכְבָּד, נַעֲרָץ; רַב, כֹּהֵן
reverent, *adj.* מְכַבֵּד, מַעֲרִיץ
reverie, revery, *n.* הֲזָיָה
reversal, *n.* הִפּוּךְ
reverse, *n.*, *v.t.* & *i.* הֶפֶךְ; תְּבוּסָה; הַצַּד הַשֵּׁנִי; אָסוֹן, צָרָה; הָפַךְ, הִפֵּךְ, הִתְהַפֵּךְ [הפך]
reversible, *adj.* בַּר הִפּוּךְ

reversion, *n.* חֲזָרָה, הֲשָׁבָה

revert, *v.i.* הֶחֱזִיר [חזר] שׁוּב; הִפֵּךְ

review, *n.* & *v.t.* תִּסְקֹרֶת; מִסְקָר; חֲזָרָה; בִּקֹּרֶת, סִקֹּרֶת; בִּטָּאוֹן; סָקַר

revile, *v.t.* & *i.* גִּדֵּף

revilement, *n.* חֵרוּף

revise, *v.t.* הִגִּיהַּ [נגה], תִּקֵּן

revision, *n.* הַגָּהָה

revival, *n.* תְּחִיָּה

revive, revivify, *v.t.* הֶחֱיָה [חיה]

revocation, *n.* הֲפָרָה

revoke, *v.t.* הֵשִׁיב [שוב], בִּטֵּל

revolt, *n.* מֶרֶד, קֶשֶׁר

revolt, *v.i.* מָרַד, בָּחַל, הִתְקוֹמֵם [קום]

revolution, *n.* מַהְפֵּכָה; סִבּוּב

revolutionary, *adj.* & *n.* מַהְפְּכָנִי; מַהְפְּכָן

revolve, *v.t.* & *i.* סָבַב, סִבֵּב, הִסְתּוֹבֵב [סבב]

revolver, *n.* אֶקְדָּח

revulsion, *n.* מְנִיעָה, עֲקִירָה

reward, *n.* תַּגְמוּל

reward, *v.t.* & *i.* נָתַן שָׂכָר, גָּמַל

rewrite, *v.t.* כָּתַב שׁוּב

rhapsody, *n.* שִׁגָּיוֹן

rhetoric, *n.* נְאִימָה, מְלִיצָה

rhetorical, *adj.* נְאִימִי, מְלִיצִי

rheumatic, *adj.* שִׁגְרוֹנִי

rheumatism, *n.* שִׁגָּרוֹן

rhinoceros, *n.* קַרְנַף

rhubarb, *n.* רִבָּס, חָמִיץ

rhyme, rime, *n.* חָרוּז

rhyme, *v.t.* & *i.* חָרַז

rhythm, *n.* קֶצֶב, מִשְׁקָל

rhythmic, *adj.* קָצוּב

rib, *n.* צֵלָע

ribald, *adj.* נָבָל

ribbon, *n.* רַהַט, סֶרֶט

rice, *n.* אֹרֶז

rich, *adj.* עָשִׁיר

riches, *n. pl.* עֹשֶׁר

richness, *n.* עֲשִׁירוּת

rick, *n.* עֲרֵמָה

rickets, *n.* רַכִּית, רַכֶּכֶת

rickety, *adj.* מֻכֵּה רַכִּית; רָעוּעַ

rid, *v.t.* פָּטַר, נִפְטַר [פטר]

riddance, *n.* פִּטּוּר

riddle, *n.* חִידָה; כְּבָרָה

riddle, *v.t.* & *i.* חָד [חוד] חִידָה; כָּבַר, נִפָּה

ride, *v.t.* & *i.* רָכַב; נָסַע

ride, *n.* רְכִיבָה; נְסִיעָה; טִיּוּל

rider, *n.* רוֹכֵב

ridge, *n.* תֶּלֶם; רֶכֶס

ridge, *v.t.* & *i.* הִתְלִים [תלם]; רָגַע (יָם)

ridicule, *n.* לַעַג, לִגְלוּג

ridicule, *v.t.* לָעַג, לִגְלֵג

ridiculous, *adj.* מְגֻחָךְ

rife, *adj.* שׁוֹפֵעַ; מְקֻבָּל, רָגִיל

rifle, *n.* רוֹבֶה

rifle, *v.t.* גָּזַל, שָׁדַד; חָרַץ (רוֹבֶה)

rift, *n.* בְּקִיעַ, סֶדֶק

rig, *n.* מִפְרָשׂ; אַבְזָרִים; מַכְשִׁיר; לְבוּשׁ

rig, *v.t.* הִלְבִּישׁ [לבש]; תִּקֵּן; פֵּרַשׂ (מִפְרָשׂ); זִיֵּף

rigging, *n.* חִבֵּל, אַבְזָרֵי אֳנִיָּה (חֲבָלִים, מִפְרָשִׂים וְכוּ׳)

right, *adj.* יְמָנִי; נָכוֹן; צוֹדֵק; יָשָׁר

right, *n.* יָמִין; צֶדֶק, יֹשֶׁר; מִשְׁפָּט; זְכוּת

right, *v.t.* & *i.* זָקַף, הִזְדַּקֵּף [זקף], יִשֵּׁר; תִּקֵּן

right, *adv.* בְּצֶדֶק, כְּהֹגֶן

righteous, *adj.* תָּם; צוֹדֵק

rightful, *adj.* צוֹדֵק, בַּעַל חֲזָקָה

right-hand, right-handed, *adj.* יְמָנִי, יְמִינִי

rightly, *adv.* בְּצֶדֶק

rigid, *adj.* קָשֶׁה; קַפְּדָנִי

rigidity, *n.* קַפְּדָנוּת, עַקְשָׁנוּת, הַחְמָרָה יְתֵרָה

rigor, *n.* קַשְׁיוּת; קַפְּדָנוּת

rigorous, *adj.* קָשֶׁה; קַפְּדָנִי

rill, *n.* אָפִיק

rim, *n.* מִסְגֶּרֶת; חִשּׁוּק

rim, *v.t.* הִסְגִּיר [סגר], חָשַׁק

rime, *v.* rhyme

rind, *n.* קְלִפָּה, קְרוּם

ring, *n.* צִלְצוּל; טַבַּעַת; עִגּוּל; זִירָה; כְּנֻפְיָה

ring, *v.t.* & *i.* צִלְצֵל; כִּתֵּר

ringleader, *n.* רֹאשׁ כְּנֻפְיָה

ringlet, *n.* טַבַּעַת קְטַנָּה; תַּלְתַּל

rink, *n.* חֲלַקְלַקָּה

rinse, *v.t.* שָׁטַף, הֵדִיחַ [נדח], הִגְעִיל [געל]

riot, *n.* מְהוּמָה; חִנְגָּה

riot, *v.t.* & *i.* הֵקִים [קום] מְהוּמָה; הִתְהוֹלֵל [הלל]

rip, *n.* קֶרַע

rip, *v.t.* & *i.* קָרַע; נִקְרַע [קרע]

ripe, *adj.* בָּשֵׁל, בּוֹגֵר

ripen, *v.t.* & *i.* הִבְשִׁיל, גָּמַל

ripple, *n.* אַדְוָה

rise, *n.* & *v.i.* עֲלִיָּה, זְרִיחָה; קָם [קום], עָלָה; עָמַד; זָרַח; מָרַד; חָמַץ

risk, *n.* & *v.t.* סִכּוּן; סִכֵּן

risky, *adj.* מְסֻכָּן

rite, *n.* טֶקֶס

ritual, *n.* פֻּלְחָן

rival, *adj.* & *n.* מִתְחָרֶה; צָרָה

rivalry, *n.* תַּחֲרוּת

rive, *v.t.* & *i.* נִבְקַע [בקע]; נִקְרַע [קרע]; בָּקַע, קָרַע

river, *n.* נָהָר, נַחַל

riverside, *n.* שְׂפַת נָהָר

rivet, *n.* & *v.t.* מַסְמֶרֶת; סִמְרֵר

rivulet, *n.* יוּבַל

roach, *n.* יְבוּסִי, מַקָּק

road, *n.* דֶּרֶךְ, כְּבִישׁ

roadblock, *n.* חֲסִימָה

roam, *v.i.* שׁוֹטֵט

roar, *n.* שְׁאָגָה, נְהִימָה

roar, *v.t.* שָׁאַג, נָהַם

roast, *n.* צָלִי

roast beef אֶשְׁפָּר

roast, *v.t.* & *i.* צָלָה, נִצְלָה [צלה]

rob, *v.t.* גָּזַל, שָׁדַד, חָמַס

robber, *n.* שׁוֹדֵד, גַּזְלָן

robbery, *n.* שֹׁד, גְּזֵלָה

robe, *n.* שִׂמְלָה, גְּלִימָה

robe, *v.t.* & *i.* לָבַשׁ; הִלְבִּישׁ [לבש]

robin, *n.* אַדְמוֹן

robust, *adj.* חָסֹן, חָזָק

rock, *n.* צוּר, סֶלַע

rock, *v.t.* & *i.* נִעְנַע, הִתְנַעְנֵעַ [נענע]

rocket, *n.* סִילוֹן, טִיל

rocking chair נַדְנֵדָה

rocky, *adj.* סַלְעִי

rod, *n.* זְמוֹרָה, מוֹט, מַקֵּל, קָנֶה (מִדָּה)

rodent, *adj.* & *n.* מְכַרְסֵם

rodeo, *n.* רוֹדֵיאוֹ (תַּחֲרוּת בּוֹקְרִים)

roe, *n.* אַיָּלָה; אֶשְׁכּוֹל (שַׁחֲלַת) בֵּיצֵי דָּגִים

roebuck, *n.* אַיָּל

rogue, *n.* נוֹכֵל, רַמַּאי

roguish, *adj.* מִשְׁתּוֹבֵב

role, *n.* תַּפְקִיד

roll, *n.* לַחְמָנִיָּה; גִּלְגּוּל; גַּלְגַּל; סְלִיל, גְּלִיל; רְשִׁימָה; כֶּרֶךְ; גָּוִיל

roll, *v.t.* & *i.* גִּלְגֵּל; כָּרַךְ; עִגֵּל, הִסְתּוֹבֵב [סבב], הִתְגַּלְגֵּל [גלגל]

roll call מִפְקָד

roller, n. מַעֲגִילָה
Roman, *adj.* & *n.* רוֹמִי, רוֹמַאי
romance, *n.* זֶמֶר עֲמָמִי
romantic, *adj.* רַגְשָׁן, רַגְשָׁנִי, מְאֹהָב
romanticism, *n.* רוֹמַנְטִיזְם
romp, *n.* & *v.i.* הוֹלֵלוּת; הִתְהוֹלֵל [הלל]
rood, *n.* צְלָב; מִדָּה (¼ אַקְר)
roof, *n.* & *v.t.* גַּג; עָשָׂה גַּג
roofless, *adj.* לְלֹא גַּג
rook, *n.* צְרִיחַ (שַׁחְמָט); רַמַּאי
rook, *v.t.* & *i.* הוֹנָה [ינה], רִמָּה
room, *n.* חֶדֶר; מָקוֹם; רֶוַח
room, *v.i.* דָּר [דור] בְּחֶדֶר
roomy, *adj.* מְרֻוָּח
roost, *n.*&*v.i.* לוּל; יָשַׁב עַל מוֹט (עוֹף)
rooster, *n.* תַּרְנְגוֹל
root, *n.* שֹׁרֶשׁ, מָקוֹר
root, *v.t.* & *i.* הִשְׁרִישׁ [שרש], שֵׁרֵשׁ
rope, *n.* חֶבֶל; עֲנִיבַת תְּלִיָּה
rope, *v.t.* & *i.* קָשַׁר (עָצַר) בְּחֶבֶל; גָּדַר, חָסַם (בְּחֶבֶל); לָכַד בִּפְלָצוּר
rosary, *n.* מַחֲרֹזֶת; עֲרוּגַת שׁוֹשַׁנִּים
rose, *n.* וֶרֶד, שׁוֹשַׁנָּה
rosin, *n.* שְׂרָף, נֶטֶף אֵלָה
rostrum, *n.* דּוּכָן; בָּמָה
rosy, *adj.* וָרֹד
rot, *n.* רִקָּבוֹן; פִּטְפּוּט
rot, *v.t.* & *i.* רָקַב, נִרְקַב [רקב]
rotary, *adj.* סוֹבֵב, סִבּוּבִי
rotate, *v.t.* & *i.* סָבַב, הִסְתּוֹבֵב [סבב]
rotation, *n.* הִסְתּוֹבְבוּת; חִלּוּף (זְרָעִים)
rote, *n.* שִׁנּוּן מִלִּים בְּעַל פֶּה
rotten, *adj.* נִרְקָב
rotund, *adj.* עָגֹל
rouge, *n.* סִקְרָה (פּוּךְ), אֹדֶם שְׂפָתַיִם
rouge, *v.t.* & *i.* פִּרְכֵּס, הִתְפַּרְכֵּס [פרכס]; סָקַר, נִסְקַר [סקר]

rough, *adj.* מְחֻסְפָּס; גַּס; סוֹעֵר (יָם)
roughness, *n.* חִסְפּוּס; גַּסּוּת, פְּרָאוּת
round, *adj.* & *adv.* עָגֹל; מִסָּבִיב
round, *n.* סִבּוּב; עִגּוּל
round, *v.t.* עִגֵּל, סִבֵּב
roundabout, *adj* & *n.* עָקִיף; עֲקַלְקַל, סְחַרְחֵרָה
roundish, *adj.* עֲגַלְגַּל
roundness, *n.* עֲגוּלִיּוּת
rouse, *v.t.* הֵעִיר [עור], עוֹרֵר [עור]
rout, *n.* מְבוּכָה; נְגִיפָה וּבְרִיחָה (צָבָא)
rout, *v.t.* & *i.* הִכָּה [נכה] וְנָגַף (בַּצָּבָא), הֵפִיץ [פוץ] (אוֹיֵב)
route, *n.* דֶּרֶךְ, מַהֲלָךְ
route, *v.t.* הִדְרִיךְ [דרך]
routine, *n.* שִׁגְרָה
rove, *v.i.* שׁוֹטֵט [שוט], הִשְׁחִיל [שחל]
row, *n.* רִיב, מְהוּמָה; שׁוּרָה, תּוֹר, טוּר
row, *v.t.* & *i.* שָׁט [שוט], חָתַר בְּמָשׁוֹט
rowboat, *n.* סִירָה
rowing, *n.* שַׁיִט, חֲתִירָה
royal, *adj.* מַלְכוּתִי
royalist, *n.* מְלוּכָן
royalty, *n.* מַלְכוּת; שְׂכַר סוֹפְרִים
rub, *n.* חִכּוּךְ; מְחִיקָה; שִׁפְשׁוּף
rub, *v.t.* & *i.* שִׁפְשֵׁף, סָךְ [סוך], חִכֵּךְ
rubber, *n.* צֶמֶג; מוֹחֵק
rubbish, *n.* אַשְׁפָּה; שְׁטוּת
rubble, *n.* מַפֹּלֶת, חָצָץ
rubric, *n.* אֹדֶם; כּוֹתֶרֶת בְּעַמּוּד (בְּאוֹתִיּוֹת אֲדֻמּוֹת)
ruby, *n.* אֹדֶם, כַּדְכֹּד
rudder, *n.* הֶגֶה
rude, *adj.* גַּס, חָצוּף
rudiment, *n.* הַתְחָלָה; נֵבֶט
rudimentary, *adj.* שָׁרְשִׁי, הַתְחָלִי
rue, *n.* חֲרָטָה
rue, *v.t.* & *i.* הִתְחָרֵט [חרט]

rueful, *adj.* עָצוּב
ruff, *n.* צַוָּארוֹן קָלוּעַ
ruffian, *n.* עַוָּל, פָּרִיץ, בּוּר
ruffle, *n.* & *v.t.* מַלְמָלַת קְמָטִים; קָמֵט, קִפֵּל, בִּלְבֵּל
rug, *n.* שָׁטִיחַ; שְׂמִיכָה
rugged, *adj.* מְחֻסְפָּס, גַּס; סוֹעֵר
ruin, *n.* חֻרְבָּן, חָרְבָּה, הֶרֶס; שֶׁבֶר
ruin, *v.t.* & *i.* הָרַס, הֶחֱרִיב [חרב]; רוֹשֵׁשׁ
ruination, *n.* הֲרִיסָה; רִישׁ, רִישׁוּת
rule, *n.*, *v.t.* & *i.* כְּלָל; חֹק; שִׁלְטוֹן; מָשַׁל; הֶחֱלִיט [חלט]; קִוְקֵו
ruler, *n.* שַׁלִּיט; סַרְגֵּל
rum, *n.* רוּם (יי״ש)
rumble, *n.* שָׁאוֹן; כִּסֵּא מִתְקַפֵּל (בִּמְכוֹנִית)
ruminant, *adj.* & *n.* מַעֲלֵה גֵּרָה
ruminate, *v.t.* & *i.* הֶעֱלָה [עלה] גֵּרָה
rummage, *v.t.* & *i.* מִשְׁמֵשׁ, מִשֵּׁשׁ, חִפֵּשׂ
rumor, rumour, *n.* & *v.t.* שְׁמוּעָה, לַעַז; הֵפִיץ [פוץ] שְׁמוּעָה
rump, *n.* (בְּשַׂר) אֲחוֹרַיִם (שֶׁל בַּעֲלֵי חַיִּים); אַלְיָה
rumple, *n.* *v.t.* & *i.* קֶמֶט, קֵפֶל (שֵׂעָר); קָמַט, קִפֵּל; פָּרַע
rumpus, *n.* סִכְסוּךְ, קְטָטָה
run, *n.*, *v.t.* & *i.* רִיצָה; מֵרוֹץ; נַחַל; מַהֲלָךְ; קְרִיעָה (גֶּרֶב); הֵרִיץ [רוץ]; רָץ [רוץ]; נָזַל, דָּלַף; הִלֵּךְ; נִהֵל
run after רָדַף
run away בָּרַח, נָס [נוס], נִמְלַט [מלט]
runner, *n.* רָץ
running, *n.* רִיצָה; נְזִילָה
rung, *n.* שָׁלָב, חָוָק
runt, *n.* גַּמֶּדֶת (חַיָּה); נַנָּס
runway, *n.* מַסְלוּל
rupture, *n.* שְׁבִירָה; שֶׁבֶר
rupture, *v.t.* & *i.* שִׁבֵּר; נִשְׁבַּר [שבר]
rural, *n.* כַּפְרִי
ruse, *n.* תַּחְבּוּלָה
rush, *n.*, *v.t.* & *i.* פְּזִיזוּת, חִפָּזוֹן, מְרוּצָה, דֹּחַק; סוּף, אַגְמוֹן; אָץ, [אוץ]; מִהֵר, הֵאִיץ [אוץ], הֵחִישׁ [חוש]
rusk, *n.* צְנִים
russet, *adj.* אַדְמוֹנִי, חוּם
Russian, *adj.* & *n.* רוּסִי, רוּסִית
rust, *n.*, *v.t.* & *i.* חֲלֻדָּה; הֶחֱלִיד [חלד]
rustic, *adj.* & *n.* כַּפְרִי
rustle, *n.* אִוְשָׁה, רִשְׁרוּשׁ
rustle, *v.i.* אִוֵּשׁ, רִשְׁרֵשׁ
rusty, *adj.* חָלוּד, חָלִיד
rut, *n.* יִחוּם, תַּאֲנָה
rut, *v.i.* יִחֵם, הִתְיַחֵם [יחם]
ruthless, *adj.* אַכְזָרִי, לְלֹא חֶמְלָה
rye, *n.* שִׁפּוֹן

S, s

S, s, *n.* אֶס, הָאוֹת הַתְּשַׁע עֶשְׂרֵה בָּאָלֶף בֵּית הָאַנְגְּלִי
Sabbath, *n.* שַׁבָּת
Sabbatic, Sabbatical, *adj.* שֶׁל שַׁבָּת
sabbatical year שַׁבָּתוֹן
saber, sabre, *n.* סַיִף, חֶרֶב
sable, *n.* נְמִיָּה; צֶבַע שָׁחוֹר; חֲרָדוֹת (בִּגְדֵי אֵבֶל)
sabotage, *n.* & *v.t.* חַבָּלָה; חִבֵּל
sac, *n.* שַׂק

saccharine, *adj.* & *n.* מָתוֹק; סָכָרִין
sack, *n.* שַׂק; בִּזָּה, שָׁלָל
sack, *v.t.* בָּזַז, שָׁדַד; שָׂם [שים] בַּשַּׂק; פִּטֵּר
sacrament, *n.* סְעֻדַּת הַקֹּדֶשׁ (לַנּוֹצְרִים)
sacramental, *adj.* שֶׁל קְדֻשָּׁה
sacred, *adj.* קָדוֹשׁ
sacredness, *n.* קְדֻשָּׁה, קֹדֶשׁ
sacrifice, *n.* קָרְבָּן, זֶבַח
sacrifice, *v.t.* & *i.* הִקְרִיב [קרב], זָבַח
sacrilege, *n.* חִלּוּל הַקֹּדֶשׁ
sacrilegious, *adj.* מְחַלֵּל הַקֹּדֶשׁ
sad, *adj.* עָצוּב, נוּגֶה
sadden, *v.t.* & *i.* הֶעֱצִיב [עצב], הִתְעַצֵּב [עצב]
saddle, *n.* & *v.t.* אֻכָּף, עָבִיט (לְגָמָל), מַרְדַּעַת; אִכֵּף
saddler, *n.* אֻשְׁכָּף, כָּרָר
Sadducee, *n.* צְדוּקִי
sadiron, *n.* מַגְהֵץ
sadly, *adv.* בְּעֶצֶב, מִתּוֹךְ יָגוֹן
sadness, *n.* תּוּגָה, יָגוֹן, עֶצֶב
safe, *n.* & *adj.* כַּסֶּפֶת, קֻפָּה; בָּטוּחַ
safeguard, *v.t.* & *n.* שָׁמַר; שְׁמִירָה
safely, *adv.* בְּבִטְחָה, בְּשָׁלוֹם
safety, *n.* בִּטָּחוֹן, בִּטְחָה
safety razor מְכוֹנַת גִּלּוּחַ
safety valve שַׁסְתּוֹם בִּטְחָה
saffron, *n.* כַּרְכֹּם
sag, *v.i.* שָׁקַע, הָיָה מֻטֶּה בָּאֶמְצַע
saga, *n.* אַגָּדָה, מַעֲשִׂיָּה
sagacious, *adj.* מְחֻכָּם
sagacity, *n.* פִּקְחוּת
sage, *adj.* & *n.* חָכָם, פִּקֵּחַ
sage, *n.* מַרְוָה (צֶמַח)
sail, *n.* מִפְרָשׂ
sail, *v.i.* שָׁט [שוט], הִפְלִיג [פלג]
sailboat, *n.* מִפְרָשִׂית
sailing, *n.* הַפְלָגָה
sailor, *n.* מַלָּח, סַפָּן, חוֹבֵל
saint, *n.* & *v.t.* קָדוֹשׁ; עָשָׂה לְקָדוֹשׁ
saintly, *adv.* כְּקָדוֹשׁ
sake, *n.* סִבָּה, תַּכְלִית
salad, *n.* מְלִיחַ, סָלָט
salamander, *n.* לְהָבִית
salary, *n.* מַשְׂכֹּרֶת
sale, *n.* מְכִירָה
salesman, *n.* מוֹכֵר, זַבָּן
salesmanship, *n.* זַבָּנוּת
salient, *adj.* בּוֹלֵט
saline, *adj.* מִלְחִי
saliva, *n.* רִיר
salivate, *v.t.* רָר [ריר]
sallow, *adj.* חִוֵּר
sally, *n.* הֲגָחָה, תְּקִיפָה
sally, *v.i.* הֵגִיחַ [גיח]
salmon, *n.* אִלְתִּית, סַלְמוֹן
salon, *n.* אוּלָם, טְרַקְלִין, סָלוֹן
saloon, *n.* מִסְבָּאָה
salt, *n.* & *v.t.* מֶלַח; הִמְלִיחַ [מלח]
saltless, *adj.* תָּפֵל, חֲסַר מֶלַח
saltpeter, saltpetre, *n.* מִלְחַת
salty, *adj.* מָלוּחַ
salubrity, *n.* הַבְרָאָה
salutary, *adj.* מַבְרִיא
salutation, *n.* בִּרְכַּת שָׁלוֹם
salute, *n.*, *v.t.* & *i.* הַצְדָּעָה; בֵּרַךְ בְּשָׁלוֹם; הִצְדִּיעַ [צדע]
salvation, *n.* תְּשׁוּעָה, יְשׁוּעָה, הַצָּלָה
salve, *n.* מִשְׁחָה, רִקּוּחַ
salve, salvage, *v.t.* הִצִּיל [נצל]
same, *adj.* & *pron.* אוֹתוֹ, עַצְמוֹ; שָׁוֶה
sameness, *n.* זֵהוּת
sample, *n.* דֻּגְמָה
sample, *v.t.* לָקַח דֻּגְמָה, טָעַם

Samson, *n.* שִׁמְשׁוֹן

Samuel, *n.* (סֵפֶר) שְׁמוּאֵל

sanatorium, *n.* מִבְרָאָה

sanctification, *n.* קִדּוּשׁ

sanctify, *v.t.* קִדֵּשׁ

sanctimonious, *adj.* מִתְחַסֵּד, צָבוּעַ

sanction, *n.* & *v.t.* אִשּׁוּר; אִשֵּׁר

sanctuary, *n.* מִקְדָּשׁ, מִשְׁכָּן; מִפְלָט, מִקְלָט

sand, *n.* & *v.t.* חוֹל; פִּזֵּר (כִּסָּה) חוֹל

sandal, *n.* סַנְדָּל

sandpaper, *n.* נְיָר חוֹל

sandwich, *n.* כָּרִיךְ

sane, *adj.* בְּרִיא הַשֵּׂכֶל

sanguinary, *adj.* דָּמִי, מָלֵא דָּמִים; צְמֵא דָם

sanitarium, *n.* מִבְרָאָה

sanitary, *adj.* תַּבְרוּאִי

sanitation, *n.* תַּבְרוּאָה

sanity, *n.* צְלִילוּת הַדַּעַת

sap, *n., v.t.* & *i.* לֵחַ; חָתַר (מִתַּחַת); הִתִּישׁ [תשש] (כֹּחַ)

sapience, *n.* דַּעַת

sapling, *n.* נֶטַע

sapphire, *n.* סַפִּיר

sarcasm, *n.* עוֹקְצָנוּת, שְׁנִינָה

sarcastic, *adj.* עוֹקְצָנִי, לוֹעֵג; שָׁנוּן

sarcophagus, *n.* אָרוֹן (מֵתִים)

sardine, *n.* טָרִית

sardonic, *adj.* לִגְלְגָנִי, בָּז

sash, *n.* סֶרֶט; חֲגוֹרָה, אַבְנֵט; מִסְגֶּרֶת

satanic, satanical, *adj.* שְׂטָנִי

satchel, *n.* יַלְקוּט

sate, satiate, *v.t.* הִשְׂבִּיעַ [שבע]

sateen, *n.* סָטִין, אַטְלַס

satellite, *n.* לַוְיָן

satiation, satiety, *n.* שֹׂבַע, שָׂבְעָה

satire, *n.* מַהֲתַלָּה

satiric, satirical, *adj.* הִתּוּלִי

satirize, *v.t.* לָעַג לְ־

satisfaction, *n.* הַשְׂבָּעַת (שְׂבִיעַת) רָצוֹן; פִּצּוּי

satisfactory, *adj.* מַשְׂבִּיעַ רָצוֹן, מַסְפִּיק

satisfy, *v.t.* & *i.* הִשְׂבִּיעַ [שבע] רָצוֹן

saturate, *v.t.* הִרְוָה [רוה]

saturation, *n.* רְוִיָּה

Saturday, *n.* שַׁבָּת, יוֹם הַשְּׁבִיעִי

satyr, *n.* שָׂעִיר; נוֹאֵף

sauce, *n.* רֹטֶב, מִיץ, צִיר

sauce, *v.t.* תִּבֵּל בְּרֹטֶב ;הִתְנַהֵג [נהג] בְּחֻצְפָּה

saucepan, *n.* מַרְחֶשֶׁת, אִלְפָּס

saucer, *n.* תַּחְתִּית, קַעֲרִית

saucy, *adj.* שַׁחֲצָנִי, עַז פָּנִים

sauerkraut, *n.* כְּרוּב כָּבוּשׁ

saunter, *n.* & *v.i.* טִיּוּל מָתוּן; טִיֵּל

sausage, *n.* נַקְנִיק

savage, *adj.* & *n.* פֶּרֶא, פְּרָאִי

savagery, *n.* פְּרָאוּת

save, *v.t.* הִצִּיל [נצל], הוֹשִׁיעַ [ישע]; חָסַךְ, קִמֵּץ

save, *prep.* חוּץ מִן, לְבַד

saver, savior, saviour, *n.* גּוֹאֵל, מוֹשִׁיעַ

saving, *n.* חִסָּכוֹן; הַצָּלָה

Savior, Saviour, *n.* הַגּוֹאֵל, הַמָּשִׁיחַ

savor, savour, *n.* טַעַם, רֵיחַ

savor, savour, *v.t.* & *i.* טָעַם, תִּבֵּל

savory, savoury, *adj.* טָעִים, רֵיחָנִי

saw, *n.* מַסּוֹר, מַשּׂוֹר

saw, *v.t.* & *i.* נָסַר, הִתְנַסֵּר [נסר]

sawdust, *n.* נְסֹרֶת

sawmill, *n.* מִנְסָרָה

saxophone, *n.* סַקְסוֹפוֹן

say, *v.t.* & *i.* אָמַר, דִּבֵּר

saying, *n.* אִמְרָה, אֲמִירָה, מָשָׁל, פִּתְגָּם

scab, *n.* שְׁחִין, גֶּלֶד
scabbard, *n.* נְדָן, תַּעַר
scaffold, *n.* גַּרְדּוֹם; פִּגּוּם
scald, *n.* & *v.t.* צְרִיבָה, כְּוִיָּה; כָּוָה, צָרַב, שָׁלַק, הִגְלִישׁ [גלש] (חָלָב), מָלַג, שָׁטַף בְּרוֹתְחִים
scale, *n.* & *v.t.* קַשְׂקֶשֶׂת; מֹאזְנַיִם, פֶּלֶס; סֻלָּם (בִּנְגִינָה); מַעֲלָה, מַדְרֵגָה; הֵסִיר [סור] קַשְׂקְשֵׂי הַדָּג; שָׁקַל; עָלָה, טִפֵּס
scallion, *n.* בָּצָל יָרוֹק, בְּצַלְצוּל אַשְׁקְלוֹן
scallop, *n.* רַכִּיכָה; קוֹנְכִית
scalp, *n.* & *v.t.* קַרְקֶפֶת; קִרְקֵף
scalpel, *n.* אִזְמֵל
scaly, *adj.* בַּעַל קַשְׂקַשּׂוֹת, קַשְׂקַשִּׂי
scamp, *n.* עַוָּל, נָבָל
scamper, *v.i.* רָץ [רוץ] בִּמְהִירוּת
scan, *v.t.* & *i.* הִסְתַּכֵּל [סכל], עִיֵּן
scandal, *n.* שַׁעֲרוּרִיָּה
scandalize, *v.t.* שִׁעֲרֵר
scandalous, *adj.* שַׁעֲרוּרִי
scant, *adj.* מְצֻמְצָם, מֻגְבָּל
scapegoat, *n.* שָׂעִיר לַעֲזָאזֵל
scapegrace, *n.* בַּטְלָן
scar, *n.* צַלֶּקֶת
scarce, *adj.* יְקַר הַמְּצִיאוּת, נָדִיר
scarcely, *adv.* בְּקשִׁי, כִּמְעַט שֶׁלֹּא
scarcity, *n.* מַחְסוֹר, נְדִירוּת
scare, *n.* & *v.t.* פַּחַד, בֶּהָלָה; הִפְחִיד [פחד], הִבְהִיל [בהל]
scarecrow, *n.* דַּחְלִיל
scarf, *n.* רְדִיד, סוּדָר
scarlet, *adj.* & *n.* תּוֹלַעְנִי, סַסְגּוֹנִי; שָׁנִי, תּוֹלַעַת
scarlet fever, scarlatina, *n.* שָׁנִית
scatter, *v.t.* & *i.* פִּזֵּר, הֵפִיץ [נפץ]; הִתְפַּזֵּר [פזר]
scavenger, *n.* זַבָּל, מְנַקֵּה רְחוֹבוֹת, אַשְׁפְּתָן
scenario, *n.* עֲלִילָה
scene, *n.* מַחֲזֶה; מְסִבָּה
scenery, *n.* נוֹף; קְלָעִים (בִּימָה)
scent, *n.* רֵיחַ, הֲרָחָה
scent, *v.t.* & *i.* הֵרִיחַ [ריח], בִּשֵּׂם
scepter, sceptre, *n.* שַׁרְבִיט
sceptic, *v.* skeptic
scepticism, *v.* skepticism
schedule, *n.* & *v.t.* רְשִׁימָה, תָּכְנִית, לוּחַ זְמַנִּים; עָשָׂה רְשִׁימָה, קָבַע זְמַנִּים, תִּכְנֵן
scheme, schema, *n.*, *v.t.* & *i.* תָּכְנִית, תַּרְשִׁים, תַּחְבּוּלָה; זָמַם
schemer, *n.* זוֹמֵם
schism, *n.* מַחֲלֹקֶת, פֵּרוּד
scholar, *n.* לַמְדָן, מְלֻמָּד, (תַּלְמִיד) חָכָם
scholarly, *adj.* לָמִיד, לִמּוּדִי, לַמְדָנִי, מְלֻמָּד
scholarship, *n.* חָכְמָה, הִתְלַמְּדוּת; מִלְגָּה
scholastic, *adj.* & *n.* שֶׁל חָכְמָה, שֶׁל בֵּית סֵפֶר, לִמּוּדִי
school, *n.* & *v.t.* בֵּית סֵפֶר; לִמֵּד, חִנֵּךְ
schoolboy, *n.* תַּלְמִיד
schoolteacher, *n.* מוֹרֶה, מוֹרָה
schooner, *n.* אֳנִיַּת מִפְרָשׂ, מִפְרָשִׂית
science, *n.* מַדָּע
scientific, *adj.* מַדָּעִי
scientist, *n.* מַדְּעָן
scintillate, *v.i.* נָצַץ, נִצְנֵץ
scintillation, *n.* הִתְנוֹצְצוּת
scion, *n.* נֵצֶר, חֹטֶר
scissors, *n. pl.* מִסְפָּרַיִם
scoff, *n.*, *v.t.* & *i.* לַעַג, לִגְלוּג; לִגְלֵג
scold, *n.*, *v.t.* & *i.* גְּעָרָה; גָּעַר

scoop, *n.* מַבְחֵשׁ, בַּחֲשָׁה; תַּרְוָד; יָעֶה; חֲדָשָׁה מַרְעִישָׁה (בְּעִתּוֹן)
scoop, *v.t.* חָשַׂף, דָּלָה, הֶעֱלָה [עלה], הוֹצִיא [יצא], הִשִּׂיג [נשג] (חֲדָשׁוֹת)
scoot, *v.i.* נָס [נוס], רָץ [רוץ]
scooter, *n.* גַּלְגִּלַּיִם
scope, *n.* הֶקֵּף, מֶרְחָב
scorch, *v.t.* & *i.* שָׂדַף, חָרַךְ; נֶחֱרַךְ [חרך], נִכְוָה [כוה]
score, *n.* חֶשְׁבּוֹן; עֶשְׂרִים; חוֹב; תָּוִים
score, *v.t.* & *i.* חִשְׁבֵּן, מָנָה; חָרַץ; רָשַׁם
scorn, *n.* & *v.t.* בּוּז, לִגְלוּג; בִּזָּה, לָעַג
scorpion, *n.* עַקְרָב
Scotch, *adj.* & *n.* שׁוֹטְלַנְדִי, שׁוֹטְלַנְדִית; יַי״שׁ, וִיסְקִי
scoundrel, *n.* בֶּן בְּלִיַּעַל, נָבָל
scour, *v.t.* & *i.* נִקָּה, שִׁפְשֵׁף
scourge, *n.* עֹנֶשׁ; פַּרְגּוֹל, שׁוֹט
scourge, *v.t.* הִלְקָה [לקה] רָצַע
scout, *n.* צוֹפֶה; מְרַגֵּל
scout, *v.t.* & *i.* תָּר [תור], רִגֵּל; לָעַג
scowl, *v.i.* & *n.* קִמֵּט מֵצַח, הִרְעִים [רעם] פָּנִים; מַבָּט (קוֹדֵר) זוֹעֵם
scrabble, *n.* גֵּרוּד, חִכּוּךְ, שְׂרִיטָה
scrabble, *v.t.* & *i.* גֵּרֵד, חָכַךְ, שָׂרַט
scramble, *n.* & *v.t.* הִתְחַבְּטוּת; מָרַס (טָרַף) בֵּיצִים
scrap, *n.* נְשֹׁרֶת, פְּסֹלֶת; קְטָטָה
scrape, *n.* גֵּרוּד, חִכּוּךְ
scrape, *v.t.* & *i.* גֵּרַד, חָכַךְ
scraper, *n.* מְגָרֵד, מַחְטֵט, מַגְרֶדֶת
scratch, *n.* סְרִיטָה, שְׂרִיטָה, שָׂרֶטֶת
scratch, *v.t.* & *i.* גֵּרֵד, הִתְגָּרֵד [גרד]; שָׂרַט, נִשְׂרַט [שרט], סָרַט, נִסְרַט [סרט]
scrawl, *n.*, *v.t.* & *i.* כְּתִיבָה גְּרוּעָה; כָּתַב כְּתִיבָה גְּרוּעָה; תִּוָּה
scream, *n.* צְעָקָה, צְוָחָה, צְרִיחָה
scream, *v.t.* & *i.* צָעַק, צָוַח, צָרַח
screech, *n.*, *v.t.* & *i.* צְעָקָה, צְוָחָה; צִרְצוּר, חֲרִיקָה; צָרַח, צָעַק; חָרַק, צִרְצֵר
screen, *n.* מָסָךְ, בַּד
screen, *v.t.* סָכַךְ, נִפָּה, הִצְפִּין [צפן]
screw, *n.* & *v.t.* בֹּרֶג; בָּרַג
screw driver, screwdriver, *n.* מַבְרֵג, סַבֹּרֶג
scribble, *n.*, *v.t.* & *i.* כְּתִיבָה גְּרוּעָה; כָּתַב כְּתִיבָה גְּרוּעָה, תִּוָּה
scribe, *n.* מַזְכִּיר, סוֹפֵר, לַבְלָר
scrimp, *n.*, *v.t.* & *i.* קַמְצָן; קִמֵּץ, צִמְצֵם
scrip, *n.* תְּעוּדָה
script, *n.* כְּתָב; נֹסַח
scripture, *n.* מִקְרָא
Scriptures, *n. pl.* כִּתְבֵי הַקֹּדֶשׁ, תַּנַ״ךְ
scroll, *n.* מְגִלָּה
scrub, *n.*, *v.t.* & *i.* סְבַךְ, חֹרֶשׁ; שִׁפְשׁוּף; עוֹבֵד עֲבוֹדָה שְׁחוֹרָה; נִקָּה, שִׁפְשֵׁף
scruple, *n.* & *v.i.* מִצְעָר, שֶׁמֶץ, קֹרְטוֹב; גֵּרָה; הַכָּרָה פְּנִימִית; פִּקְפּוּק, הִסּוּס; מַצְפּוּן; פִּקְפֵּק, הִסֵּס
scrupulous, *adj.* מַצְפּוּנִי; זָהִיר, דַּיְקָן
scrutinize, *v.t.* חָקַר וְדָרַשׁ, בָּחַן וּבָדַק
scrutiny, *n.* בְּדִיקָה
scud, *n.* & *v.i.* נְשִׂיאִים, עָבִים; רָץ [רוץ] (שָׁט [שוט]) בִּמְהִירוּת
scuffle, *n.* & *v.i.* מַצָּה; נִצָּה
scull, *n.* מָשׁוֹט קָצָר
scull, *v.t.* & *i.* חָתַר בְּמָשׁוֹט קָצָר
scullery, *n.* חֲדַר הֲדָחָה (לְיַד הַמִּטְבָּח)
sculptor, *n.* חַטָּב, פַּסָּל, גַּלָּף
sculpture, *n.* פִּסּוּל, חִטּוּב, גִּלּוּף, כִּיּוּר
sculpture, *v.t.* פָּסַל, חָטַב, כִּיֵּר
scum, *n.* קֶצֶף, חֶלְאָה

scum, *v.i.* הֵסִיר [סור] קֶצֶף
scurrilous, *adj.* גַּס, מְנַבֵּל פִּיו
scurvy, *n.* צַפְדִּינָה, גָּרָב
scuttle, *v.t.* טִבַּע (אֳנִיָּה)
scythe, *n.* מַגָּל, חֶרְמֵשׁ
sea, *n.* יָם
seaboard, *n.* שְׂפַת הַיָּם
seacoast, *n.* חוֹף יָם
seagull, *n.* שַׁחַף
seal, *n.* סְתִימָה, חוֹתֶמֶת; כֶּלֶב יָם
seal, *v.t.* סָתַם; חָתַם
sea level גֹּבַהּ (פְּנֵי) הַיָּם
seam, *n.* תֶּפֶר, אִמְרָה
seam, *v.t.* & *i.* אִחָה, תָּפַר, אִמֵּר
seaman, *n.* סַפָּן, מַלָּח, חוֹבֵל
seamstress, sempstress, *n.* תּוֹפֶרֶת
seaport, *n.* עִיר נָמָל
sear, *v.t.* שָׁדַף, הִכְוָה [כוה]
search, *n.*, *v.t.* & *i.* חִפּוּשׂ; חִפֵּשׂ
searchlight, *n.* זַרְקוֹר
seashore, *n.* חוֹף הַיָּם
seasickness, *n.* חֳלִי יָם, קֶבֶס
seaside, *n.* שְׂפַת (חוֹף) הַיָּם
season, *n.* עוֹנָה, תְּקוּפָה
season, *v.t.* & *i.* תִּבֵּל; הִרְגִּיל [רגל], הִתְרַגֵּל [רגל]; יִבֵּשׁ (עֵצִים)
seasonable, seasonal, *adj.* בְּעִתּוֹ; זְמַנִּי, מַתְאִים
seasoning, *n.* תְּבָלִים; תִּבּוּל
seat, *n.* מְקוֹם יְשִׁיבָה, מוֹשָׁב; כִּסֵּא
seat, *v.t.* הוֹשִׁיב [ישב]
seaweed, *n.* חִילָף, אַצָּה
secede, *v.i.* פָּרַשׁ, נִבְדַּל [בדל]
secession, *n.* הִתְבַּדְּלוּת, הִתְפָּרְדוּת
seclude, *v.t.* הִתְבּוֹדֵד
seclusion, *n.* הִתְבּוֹדְדוּת
second, *adj.* & *n.* שֵׁנִי, מִשְׁנֶה; שְׁנִיָּה
second, *v.t.* תָּמַךְ

secondary, *adj.* מִשְׁנִי
secondary school בֵּית סֵפֶר תִּיכוֹן
secondhand, *adj.* מְשֻׁמָּשׁ
secondly, *adv.* שֵׁנִית
secrecy, *n.* סֵתֶר, חֶבְיוֹן, סוֹדִיּוּת
secret, *n.* & *adj.* סוֹד; סוֹדִי, חֲשָׁאִי
secretariat, secretariate, *n.* מַזְכִּירוּת
secretary, *n.* מַזְכִּיר
secrete, *v.t.* הֶחְבִּיא [חבא], הִטְמִין [טמן]; הִפְרִישׁ [פרש]
secretion, *n.* הַצְפָּנָה; הַפְרָשָׁה; הֲרָרָה
secretive, *adj.* שׁוֹמֵר סוֹד; שַׁתְקָנִי; מֵרִיר
secretly, *adj.* חֶרֶשׁ, בְּסוֹד
secret service בּוֹלֶשֶׁת
sect, *n.* כַּת, כִּתָּה
sectarian, *adj.* כִּתָּתִי
section, *n.* גִּזְרָה; חֵלֶק; פֶּרֶק, סָעִיף; סִדְרָה, מִשְׁנָה; סִיעָה; סְנִיף
sector, *n.* מָחוֹז, קֶטַע
secular, *adj.* חִלּוֹנִי
secularism, secularity, *n.* חִלּוֹנִיּוּת
secure, *adj.* בָּטוּחַ
secure, *v.t.* אִבְטַח
security, *n.* בִּטָּחוֹן, אַבְטָחָה, בִּטְחָה, עֲרֵבוּת, מַשְׁכּוֹן
sedan, *n.* אַפִּרְיוֹן
sedate, *adj.* נִרְגָּע, מְיֻשָּׁב
sedative, *adj.* & *n.* מַרְגִּיעַ, מַשְׁקִיט
sedentary, *adj.* מְיֻשָּׁב
sedge, *n.* חִילָף, חֵלֶף
sediment, *n.* שְׁמָרִים; מִשְׁקָע
sedimentary, *adj.* מִשְׁקָעִי
sedition, *n.* מְרִי, מֶרֶד
seditious, *adj.* מוֹרֵד
seduce, *v.t.* פִּתָּה
seducer, *n.* מְפַתֶּה
seduction, *n.* פִּתּוּי

seductive, *adj.* מֵסִית, מַדִּיחַ
sedulous, *adj.* חָרוּץ, שַׁקְדָנִי
see, *v.t.* & *i.* רָאָה, חָזָה, הֵבִין [בין]
seed, *n.* זֶרַע
seed, *v.t.* & *i.* זָרַע, הִזְרִיעַ [זרע]
seeder, *n.* זוֹרֵעַ, מַזְרֵעָה
seedless, *adj.* חֲסַר זְרָעִים
seedling, *n.* שָׁתִיל
seeing, *n.* & *conj.* רְאִיָּה, רְאוּת; הוֹאִיל וְ־
seek, *v.t.* & *i.* חִפֵּשׂ, דָּרַשׁ
seeker, *n.* מְחַפֵּשׂ
seem, *v.i.* נִדְמֶה [דמה], נִרְאָה [ראה]
seemly, *adj.* יָאֶה, הָגוּן; מַתְאִים
seep, *v.i.* נָטַף, טִפְטֵף
seer, *n.* חוֹזֶה, נָבִיא
seesaw, *n.* נַדְנֵדָה
seethe, *v.t.* הִרְתִּיחַ [רתח]
segment, *n.* פֶּלַח, קֶטַע
segregate, *v.t.* הִפְרִיד [פרד], הִפְרִישׁ [פרש]
segregation, *n.* בִּדּוּל
seine, *n.* מִכְמֹרֶת
seismic, seismical, *adj.* שֶׁל רְעִידַת (תְּנוּדַת) הָאֲדָמָה, רַעֲשִׁי
seismograph, *n.* רְשַׁמְרַעַשׁ
seize, *v.t.* & *i.* חָטַף, תָּפַס, אָחַז, טָרַף
seizure, *n.* תְּפִיסָה
seldom, *adv.* לְעִתִּים רְחוֹקוֹת
select, *adj.* נִבְחָר, מֻבְחָר, מְעֻלֶּה
select, *v.t.* בָּחַר, בָּרַר
selection, *n.* בְּחִירָה, בְּרֵרָה, מִבְחָר
selective, *adj.* בָּחִיר, שֶׁל בְּחִירָה
selector, *n.* בּוֹחֵר, בּוֹרֵר
self, *adj.* & *n.* עַצְמוֹ, אוֹתוֹ; גּוּף, עֶצֶם, נֶפֶשׁ
self-assurance, *n.* בִּטָּחוֹן עַצְמִי
self-control, *n.* שְׁלִיטָה עַצְמִית
self-defense, *n.* הֲגַנָּה עַצְמִית
self-destruction, *n.* אִבּוּד עַצְמוֹ
self-esteem, *n.* כִּבּוּד עַצְמוֹ
self-evident, *adj.* מוּבָן מֵאֵלָיו
self-government, *n.* שִׁלְטוֹן עַצְמִי
selfish, *adj.* אָנֹכִיִּי
selfless, *adj.* שֶׁאֵינוֹ דּוֹאֵג לְעַצְמוֹ
self-respect, *n.* כָּבוֹד עַצְמִי
self-sacrifice, *n.* הַקְרָבָה עַצְמִית
selfsame, *adj.* הוּא בְּעַצְמוֹ
sell, *v.t.* & *i.* מָכַר, זִבֵּן; נִמְכַּר [מכר], הִזְדַּבֵּן [זבן]
seller, *n.* מוֹכֵר, זַבָּן
semantics, *n.* תּוֹרַת הַמַּשְׁמָעוּת (מִלִּים)
semaphore, *n.* אִתּוּת, מַחֲוָן, אִתּוּתוֹר
semblance, *n.* דְּמוּת, דִּמְיוֹן
semester, *n.* זְמָן
semiannual, *adj.* חֲצִי שְׁנָתִי
semen, *n.* (שִׁכְבַת) זֶרַע
semicircle, *n.* חֲצִי עִגּוּל, חֲצִי גֹּרֶן
semicolon, *n.* נְקֻדָּה וּפְסִיק (;)
seminary, *n.* בֵּית מִדְרָשׁ, סֵמִינַרְיוֹן
semiofficial, *adj.* חֲצִי רִשְׁמִי
Semite, *n.* & *adj.* שֵׁמִי
sempstress, *v.* seamstress
senate, *n.* בֵּית הַמְחוֹקְקִים, סֵנָט
send, *v.t.* & *i.* שָׁלַח, נִשְׁלַח [שלח]
sender, *n.* שׁוֹלֵחַ
senile, *adj.* תָּשׁוּשׁ, שֶׁל זִקְנָה
senility, *n.* זִקְנָה
senior, *adj.* & *n.* בְּכוֹר, רִאשׁוֹן
seniority, *n.* בְּכוֹרָה
sensation, *n.* הַרְגָּשָׁה, תְּחוּשָׁה
sensational, *adj.* מַפְלִיא; חוּשִׁי
sense, *n.* חוּשׁ, רֶגֶשׁ; מוּבָן; שֵׂכֶל
senseless, *adj.* חֲסַר רֶגֶשׁ; טִפְּשִׁי
sensibility, *n.* רְגִישׁוּת

sensible, *adj.* מוּחָשׁ, נָבוֹן
sensibly, *adv.* בְּחָכְמָה, בְּבִינָה
sensitive, *adj.* רָגִישׁ, רַגְשָׁנִי
sensory, *adj.* חוּשָׁנִי
sensual, *adj.* חוּשָׁנִי; תַּאֲוָנִי
sensuality, *n.* חוּשָׁנִיּוּת
sensuous, *adj.* חוּשִׁי, תַּאַוְתָנִי
sentence, *n.* מִשְׁפָּט, מַאֲמָר; גְּזַר דִּין, פְּסַק דִּין
sentence, *v.t.* הוֹצִיא [יצא] מִשְׁפָּט, חִיֵּב, הִרְשִׁיעַ [רשע]
sententious, *adj.* פִּתְגָּמִי; נִמְרָץ
sentient, *adj.* בַּעַל הַרְגָּשָׁה, מַרְגִּישׁ
sentiment, *n.* רֶגֶשׁ, הַרְגָּשָׁה דַקָּה
sentimental, *adj.* רַגְשָׁנִי
sentimentality, *n.* רִגְשִׁיּוּת
sentinel, sentry, *n.* שׁוֹמֵר, שַׁמָּר, אִישׁ מִשְׁמָר
separable, *adj.* בַּר הַפְרָדָה
separate, *adj.* מֻפְרָד, מֻבְדָּל
separate, *v.t.* & *i.* הִפְרִיד [פרד], הִבְדִּיל [בדל] הִתְבַּדֵּל [בדל]
separately, *adv.* לְחוּד
separation, *n.* הַפְרָדָה, הִתְפָּרְדוּת; גֵּט
separator, *n.* מַפְרֵדָה; מַבְדִּיל, מַפְרִיד
September, *n.* סֶפְּטֶמְבֶּר
septic, *adj.* מַרְקִיב, שֶׁל רִקָּבוֹן
sepulcher, sepulchre, *n.* כּוּךְ, קֶבֶר
sepulcher, sepulchre, *v.t.* קָבַר
sepulture, *n.* קְבוּרָה
sequel, *n.* הֶמְשֵׁךְ; תּוֹצָאָה
sequence, *n.* רְצִיפוּת; תּוֹלָדָה
sequester, sequestrate, *v.t.* הִפְקִיעַ [פקע], עִקֵּל, הֶחֱרִים [חרם]
sequestration, *n.* תְּפִיסַת נְכָסִים, עִקּוּל
seraglio, *n.* הַרְמוֹן, אַרְמוֹן הַשֻּׁלְטָן
sere, *adj.* נוֹבֵל, קָמֵל
serenade, *n.* רַמְשִׁית

serene, *adj.* צַח, בָּהִיר; שׁוֹקֵט
serenity, *n.* שֶׁקֶט, מְנוּחָה, שַׁלְוָה
serf, *n.* עֶבֶד
serfdom, *n.* עַבְדוּת
sergeant, *n.* סַמָּל
serial, *adj.* שֶׁל סִדְרָה
serial, series, *n.* סִדְרָה
serious, *adj.* רְצִינִי, מְיֻשָּׁב
seriousness, *n.* רְצִינוּת
sermon, *n.* דְּרָשָׁה
sermonize, *v.t.* & *i.* הִטִּיף [נטף], דָּרַשׁ
serpent, *n.* נָחָשׁ, שְׁפִיפוֹן
serpentine, *adj.* פְּתַלְתֹּל, מְעֻקָּל
serum, *n.* נַסְיוּב
servant, *n.* מְשָׁרֵת, עֶבֶד
serve, *v.t.* & *i.* שֵׁרֵת, שִׁמֵּשׁ
service, *n.* שֵׁרוּת; תְּפִלָּה; צָבָא
servile, *adj.* עַבְדוּתִי
servility, *n.* עַבְדוּת, שִׁעְבּוּד
servitor, *n.* מְשָׁרֵת
servitude, *n.* עַבְדוּת, שִׁפְלוּת
sesame, *n.* שֻׁמְשׁוּם
session, *n.* יְשִׁיבָה, אֲסֵפָה
set, *n.* שְׁקִיעָה; כִּוּוּן; קְבוּצָה; מַקְלֵט; סֵדֶר, סִדְרָה, מַעֲרֶכֶת כֵּלִים, טֶקֶס
set, *v.t.* & *i.* הוֹשִׁיב [ישב], שָׂם [שים], שָׁפַת; עָרַךְ (שֻׁלְחָן) קָבַע, כּוֹנֵן [כון]; שָׁקַע; שָׁתַל
  set aside הִשְׁלִיךְ [שלך] הַצִּדָּה, דָּחָה; הִפְרִישׁ [פרש], בִּטֵּל
  set back עִכֵּב
  set off קִשֵּׁט; פּוֹצֵץ [פצץ]
  set sail הִפְלִיג [פלג]
  set up יִסֵּד, כּוֹנֵן [כון]
setting, *n.* מַצָּע; מִשְׁבֶּצֶת
settle, *v.t.* & *i.* יָשַׁב; שִׁכֵּן, שָׁכַן; הִתְיַשֵּׁב [ישב], שָׁקַע (שְׁמָרִים); סִלֵּק, פָּרַע; הִשְׁתַּקַּע [שקע]; הִתְפַּשֵּׁר [פשר]

settlement, *n.* מוֹשָׁבָה; פְּשָׁרָה; יִשּׁוּב
settler, *n.* מִתְיַשֵּׁב
seven, *adj.* & *n.* שִׁבְעָה, שֶׁבַע
sevenfold, *adj.* & *adv.* שִׁבְעָתַיִם, פִּי (כָּפוּל) שִׁבְעָה (שֶׁבַע); שִׁבְעַת מוֹנִים
seventeen, *adj.* & *n.* שִׁבְעָה עָשָׂר, שְׁבַע עֶשְׂרֵה
seventeenth, *adj.* & *n.* הַשִּׁבְעָה עָשָׂר, הַשְּׁבַע עֶשְׂרֵה
seventieth, *adj.* הַשִּׁבְעִים
seventy, *adj.* & *n.* שִׁבְעִים
sever, *v.t.* & *i.* הִפְסִיק [פסק]; פָּרַד, הִפְרִיד [פרד]; חָתַךְ
several, *adj.* אֲחָדִים, כַּמָּה
severally, *adv.* לְבַד, כָּל אֶחָד בִּפְנֵי עַצְמוֹ; לְחוּד
severance, *n.* הַפְרָדָה, הַתָּרָה (קֶשֶׁר), קְצִיצָה, קְטִיעָה
severe, *adj.* מַחְמִיר, מַקְפִּיד, קָשֶׁה; מַמְאִיר, אָנוּשׁ
severely, *adv.* קָשׁוֹת
severity, *n.* קַפְּדָנוּת, הַחְמָרָה, אַכְזָרִיּוּת, רְצִינוּת
sew, *v.t.* & *i.* תָּפַר, חִיֵּט
sewer, *n.* תּוֹפֵר, חַיָּט
sewer, *n.* בִּיב
sewerage, *n.* בִּיּוּב
sewing machine מְכוֹנַת תְּפִירָה
sex, *n.* מִין
sexless, *n.* טֻמְטוּם
sextet, sextette, *n.* שִׁשִּׁיָּה
sexton, *n.* שַׁמָּשׁ, חַזָּן
sexual, *adj.* מִינִי
sexual intercourse תַּשְׁמִישׁ, בְּעִילָה, הִזְדַּוְּגוּת, מִשְׁגָּל, עוֹנָה, יְדִיעָה
sexuality, *n.* מִינִיּוּת
shabby, *adj.* מְכֹעָר, בָּלוּי

shackle, *v.t.* כָּבַל, אָסַר בַּאֲזִקִּים (בִּכְבָלִים)
shackles, *n. pl.* נְחֻשְׁתַּיִם, אֲזִקִּים, כְּבָלִים
shade, shadow, *n.* צֵל
shade, shadow, *v.t.* אִפְלֵל, הֵצֵל [צלל]
shady, *adj.* חָשׁוּךְ, מוּצָל; חָשׁוּד, לֹא מְכֻבָּד
shaft, *n.* חֵץ; מַחְפֹּרֶת; גַּל, טַלְטַל (בִּמְכוֹנָה); מוֹט, יָצוּל
shaggy, *adj.* שָׂעִיר; מְחֻסְפָּס
shake, *n.*, *v.t.* & *i.* זַעֲזוּעַ, נִעֲנוּעַ; זִעְזַע, חִלְחֵל, נִעְנַע, הִתְנַעְנַע [נענע], נִעֵר, הִזְדַּעְזַע [זעזע], רָעַד; נוֹפֵף [נוף]; תָּקַע (לָחַץ) יָד; טֵרַף (מַשְׁקָאוֹת)
shaky, *adj.* מִתְנַעְנֵעַ, רוֹפֵף, מִתְמוֹטֵט
shall, *v.* פֹּעַל עֵזֶר לְצַיֵּן אֶת הֶעָתִיד (גּוּף רִאשׁוֹן)
shallow, *adj.* לֹא עָמֹק, רָדוּד; שִׁטְחִי
sham, *n.* תַּרְמִית, זִיּוּף
sham, *v.t.* & *i.* הֶעֱמִיד [עמד] פָּנִים, הִתְרָאָה [ראה] כְּ־
shamble, *n.* מִטְבָּחַיִם, מִטְבֵּחַ
shame, *n.* חֶרְפָּה, בּוּשָׁה, כְּלִימָה; בַּיְשָׁנוּת
shame, *v.t.* בִּיֵּשׁ, הוֹבִישׁ [בושׁ], הִכְלִים [כלם]
shampoo, *n.* חֲפִיפָה; סַבֶּנֶת
shampoo, *v.t.* חָפַף, סִבֵּן אֶת הָרֹאשׁ
shamrock, *n.* תִּלְתָּן
shank, *n.* שׁוֹק
shanty, *n.* צְרִיף
shape, *n.* דְּמוּת, צוּרָה
shape, *v.t.* & *i.* צָר [צור]; יָצַר; עִצֵּב; קִבֵּל צוּרָה
shapeless, *adj.* גָּלְמִי, חֲסַר צוּרָה
shapely, *adj.* יְפֵה צוּרָה, יְפַת תֹּאַר

share, *n.* מְנָיָה; חֵלֶק, מָנָה; אֵת (מַחֲרֵשָׁה)

share, *v.t. & i.* חִלֵּק; הִשְׁתַּתֵּף [שתף]

sharecropper, *n.* אָרִיס

shareholder, *n.* בַּעַל מְנָיָה

sharer, *n.* מִשְׁתַּתֵּף

shark, *n.* כָּרִישׁ

sharp, *adj.* חָרִיף, שָׁנוּן, חַד, מְחֻדָּד

sharpen, *v.t. & i.* הִשְׁחִיז [שחז], חִדֵּד, הִתְחַדֵּד [חדד], לָטַשׁ

sharpener, *n.* מַשְׁחִיז; מַשְׁחֵזָה

sharpness, *n.* חֹד, חַדּוּת; חֲרִיפוּת

shatter, *v.t. & i.* נִפֵּץ, שִׁבֵּר; הִשְׁתַּבֵּר [שבר]

shave, *n.* תִּגְלַחַת, גִּלּוּחַ

shave, *v.t. & i.* גִּלַּח, הִתְגַּלַּח [גלח]

shaving, *n.* גִּלּוּחַ; שִׁיפָה

shawl, *n.* רְדִיד, מִטְפַּחַת

she, *pron.* הִיא

sheaf, *n. & v.t.* אֲלֻמָּה, עֹמֶר; אִלֵּם, עִמֵּר

shear, *v.t. & i.* גָּזַז, סִפֵּר

shearer, *n.* גּוֹזֵז

shears, *n. pl.* מִסְפָּרַיִם

sheath, *n.* תַּעַר, תִּיק

shed, *n.* צְרִיף

shed, *v.t. & i.* נָשַׁר, הִשְׁלִיךְ [שלך] (עָלִים); זָלַג (דְּמָעוֹת); שָׁפַךְ (דָּם); הֵפִיץ [נפץ] (אוֹר); פָּשַׁט עוֹרוֹ

sheen, *n.* זֹהַר, בָּרָק

sheep, *n.* צֹאן; כֶּבֶשׂ

sheepfold, *n.* דִּיר, מִכְלָה

sheer, *adj.* מֻחְלָט; זַךְ; דַּק; שָׁקוּף; תָּלוּל

sheet, *n.* סָדִין; גִּלָּיוֹן; לוּחַ (בַּרְזֶל)

shelf, *n.* כּוֹנָנִית, מַדָּף

shell, *n.* קְלִפָּה; תַּרְמִיל; כַּדּוּר; פָּגָז

shell, *v.t. & i.* קִלֵּף; בָּזַק, הִפְגִּיז [פגז]

shellac, *n.* לַכָּה

shellfish, *n.* רַכִּיכָה; סַרְטָן

shelter, *n.* מַחֲסֶה

shepherd, *n.* רוֹעֶה צֹאן

sherbet, *n.* שֶׁרְבֶּת, גְּלִידָה

sheriff, *n.* פְּקִיד הַמִּשְׁטָרָה הַמְּחוֹזִית

sherry, *n.* יֵין חֶרֶס, שֶׁרִי

shibboleth, *n.* סִיסְמָה, סִימַן הֶכֵּר, שִׁבֹּלֶת–סִבֹּלֶת

shield, *n. & v.t.* מָגֵן, שֶׁלֶט; הֵגֵן [גנן]

shift, *n.* שִׁנּוּי, הַחֲלָפָה; אֶמְצָעִי, תַּחְבּוּלָה; קְבוּצַת עוֹבְדִים

shift, *v.t. & i.* הֶעֱבִיר [עבר]; שִׁנָּה; הֶחֱלִיף [חלף] (סַבֶּבֶת)

shilling, *n.* מַטְבֵּעַ אַנְגְּלִי, שִׁילִינְג

shimmer, *n. & v.i.* נֹגַהּ; נִצְנֵץ

shimmery, *adj.* מְנַצְנֵץ

shin, *n. & v.t.* שׁוֹק; טִפֵּס

shine, *n. & v.i.* זְרִיחָה, זֹהַר; צִחְצוּחַ; זָרַח, הִבְרִיק [ברק]; צִחְצַח (נַעֲלַיִם)

shingle, *n. & v.t.* רַעַף; רִעֵף

shiny, *adj.* מֵאִיר, מַבְרִיק, מְצֻחְצָח

ship, *n.* אֳנִיָּה, סְפִינָה

ship, *v.t. & i.* שָׁלַח (סְחוֹרוֹת)

shipment, *n.* מִשְׁלוֹחַ (סְחוֹרוֹת)

shipper, *n.* שׁוֹלֵחַ סְחוֹרוֹת

shipping, *n.* מִשְׁלוֹחַ (סְחוֹרוֹת)

shipwreck, *n.* שֶׁבֶר (אֳנִיָּה); תְּבוּסָה; הֶרֶס

shipyard, *n.* מִסְפָּנָה

shire, *n.* מָחוֹז (בְּאַנְגְּלִיָּה)

shirk, *v.t.* הִשְׁתַּמֵּט [שמט]

shirt, *n.* כֻּתֹּנֶת, חָלוּק

shiver, *n., v.t. & i.* רְעָדָה, צְמַרְמֹרֶת; רָעַד

shoal, *n.* מַיִם רְדוּדִים; עֵדָה (דָּגִים)

shock, *n.* הֶדֶף, בֶּהָלָה

shock, *v.t.* הָדַף, עָלַב, הֶחֱרִיד [חרד]

shocking, *adj.* מְזַעֲזֵעַ, מַבְהִיל
shoe, *n.* נַעַל
shoe, *v.t.* נָעַל, הִנְעִיל [נעל]
shoehorn, *n.* כַּף נַעַל
shoelace, *n.* שְׂרוֹךְ נַעַל
shoemaker, *n.* רַצְעָן, סַנְדְּלָר
shoot, *n.* אֵב, נֵצֶר; שְׁלוּחָה, זְמוֹרָה
shoot, *v.t. & i.* יָרָה; הִשְׁלִיךְ [שלך]; צִלֵּם, הִסְרִיט [סרט] (סֶרֶט); הִצְמִיחַ [צמח]; עָבַר בִּמְהִירוּת
shooting star כּוֹכָב נוֹפֵל
shop, *n.* חֲנוּת; בֵּית מְלָאכָה
shop, *v.i.* קָנָה (בִּקֵּר) בַּחֲנֻיּוֹת
shopkeeper, *n.* חֶנְוָנִי, זַבָּן
shopper, *n.* קוֹנֶה
shopwindow, *n.* חַלּוֹן רַאֲוָה
shore, *n.* חוֹף, גָּדָה; מִשְׁעָן
short, *adj.* קָצָר; פָּחוּת; נִצְרָךְ
short, *n.* תַּמְצִית; קִצּוּר
shortage, *n.* מַחְסוֹר; גֵּרָעוֹן
short circuit קֶצֶר (חַשְׁמַל)
shorten, *v.t.* קִצֵּר; הִמְעִיט [מעט]
shortening, *n.* קִצּוּר; שֻׁמָּן
shorthand, *n.* קַצְרָנוּת, כְּתַבְצָר
shortly, *adv.* בְּקָרוֹב; בִּקְצָרָה
shortness, *n.* קֹצֶר
shorts, *n. pl.* מִכְנָסַיִם קְצָרִים
shortsighted, *adj.* קְצַר רְאוּת
shot, *n.* יְרִי, טְוָח; זְרִיקָה
shoulder, *n. & v.t.* כָּתֵף, שֶׁכֶם; כִּתֵּף; נָשָׂא; קִבֵּל עָלָיו אַחֲרָיוּת
shoulder blade שִׁכְמָה, עֶצֶם הַשִּׁכְמָה
shout, *n.* צְעָקָה, זְעָקָה
shout, *v.t. & i.* צָעַק, זָעַק
shove, *n., v.t. & i.* דְּחִיפָה; דָּחַף
shovel, *n. & v.t.* מַגְרֵפָה, יָעֶה, אֵת; גָּרַף, הֵרִים [רום], חָפַר, חָתָה
show, *n.* הַצָּגָה; תַּעֲרוּכָה; מַחֲזֶה

show, *v.t. & i.* הֶרְאָה [ראה], הִצִּיג [נצג]
shower, *n., v.t. & i.* מִקְלַחַת; גֶּשֶׁם קַל; הִתְקַלֵּחַ [קלח]; הִמְטִיר [מטר]
shrapnel, *n.* רְסִיס, קֶלַע פָּגָז
shred, *n.* גֶּזֶר, חֲתִיכָה, קֶרַע
shred, *v.t.* קָרַע, חָתַךְ, גָּזַר
shrew, *n.* מִרְשַׁעַת; חַדָּף
shrewd, *adj.* פִּקֵּחַ
shrewdness, *n.* עַרְמוּמִית; פִּקְחוּת
shriek, *n.* צְוָחָה, צְרִיחָה
shriek, *v.t. & i.* צָוַח, צָרַח
shrike, *n.* חַנְקָן
shrill, *adj.* חַד (קוֹל)
shrill, *v.i.* צִרְצֵר
shrimp, *n.* קְרוּמִית, חֲסִילוֹן; גַּמָּד
shrine, *n.* מִקְדָּשׁ; קֶבֶר קָדוֹשׁ; מִשְׁכָּן
shrink, *v.t. & i.* כִּוֵּץ, הִתְכַּוֵּץ [כוץ]
shrinkage, *n.* הִתְכַּוְּצוּת
shrivel, *v.t. & i.* צָמַק, הִצְטַמֵּק [צמק]
shroud, *v.t.* עָטַף בְּתַכְרִיכִים
shrouds, *n. pl.* תַּכְרִיכִים
shrub, *n.* שִׂיחַ
shrug, *v.t. & i.* הֵנִיעַ [נוע] (מָשַׁךְ) כְּתֵפַיִם
shudder, *n.* צְמַרְמֹרֶת; חֲרָדָה; חַלְחָלָה
shudder, *v.i.* הִזְדַּעְזַע [זעזע], רָעַד
shuffle, *v.t. & i., n.* נִגְרַר [גרר]; עִרְבֵּב (קְלָפִים); עִרְבּוּב, תַּחְבּוּלָה
shun, *v.t.* סָר [סור] מִן; הִתְחַמֵּק [חמק]; הִתְרַחֵק [רחק]
shunt, *n. & v.t.* הַטָּיָה, הַפְנָיָה (רַכֶּבֶת); מֶתֶג; הֶעֱבִיר [עבר], הִפְנָה [פנה] הַצִּדָּה
shut, *v.t. & i.* סָגַר, נִסְגַּר [סגר]; נָעַל; קָפַץ (יָד); כָּלָא; עָצַם (עֵינַיִם); סָתַם (פֶּה); אָטַם (אֹזֶן)

shutter, *n.* תְּרִיס
shuttle, *n.* בַּכְיָר, אֶרֶג, כִּרְכָּר
shuttle, *v.t. & i.* הָלַךְ וְחָזַר
shy, *adj.* בַּיְשָׁן; צָנוּעַ
sibyl, *n.* חוֹזָה, נְבִיאָה
sick, *adj.* חוֹלֶה, מִתְגַּעְגֵּעַ
sicken, *v.t. & i.* חָלָה; הֶחֱלָה [חלה]; עוֹרֵר [עור] גֹּעַל נֶפֶשׁ
sickle, *n.* מַגָּל
sickly, *adv.* חוֹלָנִי
sickness, *n.* חֳלִי, מַחֲלָה
side, *n.* צַד, עֵבֶר
side, *v.i.* צִדֵּד עִם, נָטָה אַחֲרֵי
sidelong, *adj.* צְדָדִי
sidetrack, *v.t.* הֶעֱבִיר [עבר], הִפְנָה [פנה]
sidewalk, *n.* מִדְרָכָה
sideways, sidewise, *adv.* הַצִּדָּה
sidle, *v.i.* קָרַב מִן הַצַּד
siege, *n. & v.t.* מָצוֹר; צָר [צור]
siesta, *n.* שְׁנַת צָהֳרַיִם
sieve, *n.* כְּבָרָה, נָפָה
sift, *v.t. & i.* נִפָּה, עִרְבֵּל
sigh, *n., v.t. & i.* אֲנָחָה; נֶאֱנַח [אנח]
sight, *n.* מַרְאֶה, מַבָּט; כַּוֶּנֶת (רוֹבֶה)
sight, *v.t.* רָאָה; כִּוֵּן
sightless, *adj.* עִוֵּר
sightly, *adj.* נָאֶה
sightseeing, *n,* תִּיּוּר, סִיּוּר
sign, *n.* סִימָן, אוֹת; שֶׁלֶט; רֶמֶז; מַזָּל
sign, *v.t. & i.* חָתַם; רָמַז
signal, *n.* אוֹת, סִימָן
signal, *v.t. & i.* אִתֵּת, אוֹתֵת
signaling, signalling, *n.* אִתּוּת
signatory, *n.* חוֹתֵם
signature, *n.* חֲתִימָה
significance, *n.* חֲשִׁיבוּת, עֵרֶךְ
significant, *adj.* חָשׁוּב, רַב עֵרֶךְ
signification, *n.* מַשְׁמָעוּת
signify, *v.t. & i.* סִמֵּן; הִבִּיעַ [נבע]; הוֹרָה [ירה], הֶרְאָה [ראה]
signpost, *n.* צִיּוּן, תַּמְרוּר
silage, *n.* תַּחֲמִיץ
silence, *n.* דּוּמִיָּה, דְּמָמָה; שְׁתִיקָה
silence, *v.t.* הִשְׁתִּיק [שתק]; הֵדַם [דמם]
silent, *adj.* דּוֹמֵם; שׁוֹתֵק
silently, *adv.* בִּשְׁתִיקָה; בִּדְמָמָה
silex, *n.* חַלָּמִישׁ
silhouette, *n.* בָּבוּאָה, צְלָלִית
silk, *n.* מֶשִׁי
silkworm, *n.* תּוֹלַעַת מֶשִׁי
sill, *n.* סַף
silly, *adj.* טִפְּשִׁי
silo, *n.* מְגוּרָה, אָסָם
silt, *n., v.t. & i.* טִיט; סָתַם בְּטִיט
silver, *n.* כֶּסֶף
silver, *v.t.* הִכְסִיף [כסף]
silver, silvery, *adj.* כַּסְפִּי
silversmith, *n.* כַּסָּף, צוֹרֵף
silverware, *n.* כְּלֵי כֶסֶף
similar, *adj.* דּוֹמֶה
similarity, *n.* דִּמְיוֹן
simmer, *v.i.* רָתַח לְאַט
simper, *n.* חִיּוּךְ מְלָאכוּתִי
simper, *v.i.* חִיֵּךְ, גִּחֵךְ, הִצְטַחֵק [צחק]
simple, *adj.* פָּשׁוּט, תָּם; פֶּתִי, שׁוֹטֶה
simpleton, *n.* תָּם, טִפֵּשׁ, פֶּתִי
simplicity, *n.* עֲנָוָה; פַּשְׁטוּת; תְּמִימוּת
simplify, *v.t.* עָשָׂה פָּשׁוּט, הֵקֵל [קלל]
simply, *adv.* בְּפַשְׁטוּת
simplification, *n.* פֶּשֶׁט
simulate, *v.t.* הִתְחַפֵּשׂ [חפש]
simulation, *n.* הִתְחַפְּשׂוּת
simultaneous, *adj.* בּוֹ בִּזְמַן
simultaneously, *adv.* בְּעֵת וּבְעוֹנָה אַחַת

sin, *n.* עֲבֵרָה, חֵטְא, עָוֹן, פֶּשַׁע
sin, *v.i.* חָטָא
since, *adv. & prep.* מֵאָז, לְמִן; בֵּינְתַיִם
since, *conj.* מִכֵּיוָן שֶׁ־, יַעַן, הוֹאִיל וְ־
sincere, *adj.* כֵּן, נֶאֱמָן
sincerely, *adv.* בְּתָמִים, בֶּאֱמֶת
sincerity, *n.* כֵּנוּת, יֹשֶׁר
sinecure, *n.* נִכְסֵי כְּנֵסִיָּה; קִצְבַּת כֹּמֶר; מִשְׂרָה בְּלֹא עֲבוֹדָה
sinew, *n.* גִּיד
sinful, *adj.* חוֹטֵא, פּוֹשֵׁעַ
sing, *v.i.* שָׁר [שיר], זִמֵּר
singe, *v.t.* חָרַךְ (שֵׂעָר)
singer, *n.* זַמָּר
single, *adj.* אֶחָד, יְחִידִי, יָחִיד; רַוָּק
single, *v.t. & i.* בֵּרֵר, בָּחַר
singular, *adj. & n.* אֶחָד, יָחִיד, מְיֻחָד; יוֹצֵא מִן הַכְּלָל; מִסְפָּר יָחִיד
singularity, *n.* יְחִידוּת, עַצְמִיּוּת
sinister, *adj.* שְׂמָאלִי; רַע, מָשְׁחָת, לֹא יָשָׁר; נוֹרָא
sink, *n.* כִּיּוֹר, אַגַּן רַחְצָה
sink, *v.t.* הִשְׁקִיעַ [שקע], טִבַּע
sink, *v.i.* יָרַד, טָבַע, שָׁקַע
sinless, *adj.* חַף מִפֶּשַׁע
sinner, *n.* רָשָׁע, פּוֹשֵׁעַ, חוֹטֵא
sinuous, *adj* מִתְפַּתֵּל, עֲקַלָּתוֹן
sinus, *n.* גַּת (בָּאַף, בַּמֹּחַ)
sip, *n.* לְגִימָה, גְּמִיעָה
sip, *v.t. & i.* גָּמַע, גִּמֵּא, לָגַם
siphon, *n.* גִּשְׁתָּה, מֵינֶקֶת
siphon, *v.t. & i.* גִּשֵּׁת
sir, *n.* אָדוֹן, מַר
sire, *n.* אָב, מֶלֶךְ, אָדוֹן; אֲדוֹנִי הַמֶּלֶךְ
sire, *v.t.* הוֹלִיד [ילד]
siren, *n.* צוֹפָר
sirloin, *n.* בְּשַׂר מֹתֶן
sirup, syrup, *n.* שֶׁרֶב, עָסִיס

sister, *n.* אָחוֹת
sister-in-law, *n.* גִּיסָה, יְבָמָה
sit, *v.t. & i.* יָשַׁב, רָכַב עַל; דָּגַר
site, *n.* מָקוֹם, אֲתַר
sitting, *n.* יְשִׁיבָה; דְּגִירָה
situate, *adj.* קָבוּעַ, נִמְצָא, יוֹשֵׁב, מוּנָח
situation, *n.* מַצָּב, מַעֲמָד; סְבִיבָה; מִשְׂרָה
six, *adj. & n.* שִׁשָּׁה, שֵׁשׁ
sixfold, *adj. & adv.* שִׁשְׁתַּיִם, פִּי שִׁשָּׁה, כָּפוּל שִׁשָּׁה, שֵׁשֶׁת מוֹנִים
sixteen, *n.* שִׁשָּׁה עָשָׂר, שֵׁשׁ עֶשְׂרֵה
sixteenth, *adj. & n.* הַשִּׁשָּׁה עָשָׂר הַשֵּׁשׁ עֶשְׂרֵה
sixth, *adj. & n.* שִׁשִּׁי, שִׁשִּׁית
sixtieth, *adj. & n.* הַשִּׁשִּׁים
sixty, *adj. & n.* שִׁשִּׁים
size, *n.* גֹּדֶל
size, *v.t.* מָדַד, הֶעֱרִיךְ [ערך]
sizzle, *n.* לְחִישָׁה, רְחִישָׁה
sizzle, *v.i.* רָחַשׁ, לָחַשׁ
skate, *v.i.* הִתְגַּלְגֵּל [גלגל]; הֶחֱלִיק [חלק]
skates, *n. pl.* גַּלְגִּלִּיּוֹת; מַחֲלִיקַיִם
skater, *n.* מַחֲלִיק (עַל קֶרַח), מִתְגַּלְגֵּל
skein, *n.* צְנִיפָה, אַשְׁוָה, סְלִיל, פְּקַעַת
skeleton, *n.* שֶׁלֶד
skeptic, sceptic, *n.* סַפְקָן, פַּקְפְּקָן
skepticism, scepticism, *n.* סַפְקָנוּת, פַּקְפְּקָנוּת
sketch, *n.* תַּרְשִׁים; צִיּוּר; תֵּאוּר, מִתְוָה
sketch, *v.t.* צִיֵּר; רָשַׁם, תִּוָּה
skewer, *n.* שִׁפּוּד
ski, *v.i.* גָּלַשׁ
skis, *n. pl.* מִגְלָשַׁיִם
skid, *v.i.* הִתְחַלֵּק [חלק], נִמְעַד [מעד]
skier, *n.* גַּלָּשׁ
skiff, *n.* אַרְבָּה

skill, *n.* אָמָּנוּת, יְדִיעָה, מֻמְחִיּוּת

skilled, *adj.* מֻמְחֶה, מְאֻמָּן

skillet, *n.* מַחֲבַת

skillful, skilful, *adj.* מֻכְשָׁר, מְאֻמָּן, מְנֻסֶּה

skim, *v.t.* & *i.* הֵסִיר [סור] אֶת הַקֶּצֶף (קְרוּם, זְבְדָה, שַׁמֶּנֶת), קִפָּה; דִּפְדֵּף (סֵפֶר), רִפְרֵף

skim milk חָלָב רָזֶה

skimp, *v.i.* קִמֵּץ

skimpy, *adj.* צַר עַיִן, כֵּלַי

skin, *n.* שֶׁלַח, גֶּלֶד, עוֹר; קְלִפָּה

skin, *v.t.* & *i.* הִפְשִׁיט [פשט] (עוֹר); קָרַם; הִגְלִיד [גלד]

skinny, *adj.* כָּחוּשׁ, רָזֶה

skip, *n.* דִּלּוּג

skip, *v.t.* & *i.* עָבַר, דִּלֵּג

skipper, *n.* רַב חוֹבֵל

skirmish, *n.* תִּגְרָה

skirmish, *v.i.* הִתְגָּרָה [גרה]

skirt, *n.* שִׂמְלָה, חֲצָאִית; שָׂפָה, גְּבוּל

skirt, *v.t.* גָּבַל בְּ־, הָיָה סָמוּךְ; סִבֵּב

skit, *n.* הַצָּגָה קַלָּה, תֵּאוּר מַצְחִיק

skittish, *adj.* עֵר, קַל דַּעַת; פַּחְדָן

skulk, *v.i.* הִתְחַבֵּא [חבא]

skull, *n.* גֻּלְגֹּלֶת, קַרְקֶפֶת, קָדְקֹד

skunk, *n.* בַּאֲשָׁן

sky, *n.* שָׁמַיִם, רָקִיעַ, מָרוֹם, מְרוֹמִים

skyscraper, *n.* מְגָרֵד שְׁחָקִים

slab, *n.* לוּחַ, טַבְלָה

slack, *adj.* עַצְלָנִי, נִרְפֶּה, רַשְׁלָנִי

slacken, *v.t.* & *i.* רִפָּה, דִּלְדֵּל

slackness, *n.* רִפְיוֹן, רַשְׁלָנוּת

slacks, *n. pl.* מִכְנָסַיִם

slag, *n.* סִיג, סִיגִים, פְּסֹלֶת

slake, *v.t.* שָׁבַר (צָמָא); הִשְׁקִיט [שקט], הֵקֵל [קלל] (כְּאֵב); כִּבָּה, מִחָה (סִיד)

slam, *n.*, *v.t.* & *i.* דְּפִיקָה, חֲבָטָה קָשָׁה; בִּקֹּרֶת חֲרִיפָה; סָגַר בְּכֹחַ (דֶּלֶת), חָבַט בְּרַעַשׁ; בִּקֵּר בַּחֲרִיפוּת

slander, *n.* & *v.t.* דִּבָּה, הַשְׁמָצָה; הוֹצִיא [יצא] דִּבָּה; הִלְשִׁין [לשן]

slanderous, *adj.* מַשְׁמִיץ, הוֹלֵךְ רָכִיל

slang, *n.* דִּבּוּר הֲמוֹנִי, עָגָה

slant, *n.* שִׁפּוּעַ

slant, *v.t.* & *i.* נָטָה, הִשְׁתַּפַּע [שפע]

slap, *n.* & *v.t.* סְטִירָה; סָטַר

slash, *n.* חֲתָךְ, שָׂרֶטֶת, שְׂרִיטָה, חֵרֶק

slash, *v.t.* & *i.* חָתַךְ, שָׂרַט, חֵרַק, קָרַע

slat, *n.* פַּס, קָנֶה (שֶׁל עֵץ אוֹ מַתֶּכֶת)

slate, *n.* שֶׁרֶד, חֶרֶט, מַכְתֵּב, צִפְחָה, לוּחַ צִפְחָה; רְשִׁימַת מֻעֲמָדִים (בִּבְחִירוֹת)

slaughter, *n.* טֶבַח, שְׁחִיטָה, הֶרֶג

slaughter, *v.t.* טָבַח, שָׁחַט

slaughterer, *n.* טַבָּח, שׁוֹחֵט

slaughterhouse, *n.* (בֵּית) מִטְבָּחַיִם

slave, *n.* & *v.i.* עֶבֶד; עָבַד בְּפֶרֶךְ

slavery, *n.* עַבְדוּת, עֲבוֹדַת פֶּרֶךְ

slaw, *n.* כְּרוּב סָלַט

slay, *v.t.* הָרַג, קָטַל, הֵמִית [מות]

slayer, *n.* רוֹצֵחַ, קַטְלָן

sleazy, *adj.* רוֹפֵף, דַּק

sled, sledge, *n.* מִזְחֶלֶת, מִגְרָרָה

sledge, sledge hammer, *n.* כֵּילָף

sleek, *adj.* חָלָק; עָרוּם

sleep, *n.* שֵׁנָה, תַּרְדֵּמָה; מָוֶת

sleep, *v.i.* יָשֵׁן, נִרְדַּם [רדם]

sleeper, *n.* יָשֵׁן; אֶדֶן; רַכֶּבֶת שֵׁנָה

sleeplessness, *n.* אִי שֵׁנָה, תְּעוּרָה

sleepwalker, *n.* סַהֲרוּרִי

sleepy, *adj.* יָשֵׁן, רָדִים; מְיַשֵּׁן

sleet, *n.* & *v.i.* שְׁלוּגִית (גֶּשֶׁם וְשֶׁלֶג מְעוֹרָבִים); יָרְדָה שְׁלוּגִית

sleeve, *n.* שַׁרְווּל

sleigh, *n.* מִזְחֶלֶת, מִגְרָרָה

slender, *adj.* דַּק, כָּחוּשׁ

sleuth, *n.* בַּלָּשׁ

slice, *n.* חֲתִיכָה (גְּבִינָה), פְּרוּסָה (לֶחֶם), נֵתַח (בָּשָׂר), פֶּלַח (אֲבַטִּיחַ, תַּפּוּז)

slice, *v.t.* חָתַךְ, נִתַּח, פָּרַס, פִּלַּח

slick, *adj.* & *n.* עָרוּם, רַמַּאי, מַחֲלִיק לָשׁוֹן

slicker, *n.* מְעִיל גֶּשֶׁם; עָרוּם; רַבּוּתָן

slide, *n.*, *v.t.* & *i.* חֲלַקְלַקָּה, גְּלִישָׁה; שְׁקוּפִית (לְפָנַס קֶסֶם); גָּלַשׁ; הֶחֱלִיק [חלק]

slight, *adj.*, *n.* & *v.t.* רָזֶה, דַּק; קַל עֵרֶךְ; זִלְזוּל; זִלְזֵל, בִּזָּה

slightly, *adv.* מְעַט, קְצָת

slim, *adj.* רָזֶה, דַּק, מוּעָט

slime, *n.* יָוֵן, בֹּץ, טִיט

sling, *n.* & *v.t.* מִקְלַעַת, קֶלַע; קִלֵּעַ

slink, *v.t.* & *i.* צָפַן, הִתְגַּנֵּב [גנב]

slip, *n.*, *v.t.* & *i.* מְעִידָה; נֵצֶר, חֹטֶר; מִשְׁגֶּה; תַּחְתּוֹנִית; הִתְחַלֵּק [חלק], מָעַד, נִשְׁמַט [שמט]; שָׁגָה

slippers, *n. pl.* נַעֲלֵי בַּיִת

slippery, *adj.* חֲלַקְלַק; מַמְעִיד; עַרְמוּמִי

slit, *n.* סֶדֶק, בְּקִיעַ, חָרִיץ, שֶׁסַע

slit, *v.t.* סִדֵּק, בָּקַע, שִׁסַּע

slither, *v.i.* הֶחֱלִיק [חלק]

sliver, *n.* בְּקַעַת, שְׁבָב, גֶּזֶר עֵץ

sloe, *n.* דַּרְדַּר, קוֹץ

slogan, *n.* סִיסְמָה, מֵימְרָה

sloop, *n.* אֲנִיַּת מִפְרָשׂ (יְחִידַת הַתֹּרֶן)

slope, *n.* מִדְרוֹן, שִׁפּוּעַ, מוֹרָד

slope, *v.t.* & *i.* הִטָּה [נטה] בַּאֲלַכְסוֹן, שִׁפַּע, הִשְׁתַּפַּע [שפע]

sloppy, *adj.* רַשְׁלָנִי, נִרְפָּשׁ

slot, *n.* סֶדֶק, חָרִיץ

sloth, *n.* עַצְלוּת; בַּטָּלָה

slouchy, *adj.* מְדֻלְדָּל

slough, *v.t.* & *i.* הִשְׁלִיךְ [שלך], הִשִּׁיר [נשר]; נִפְרַד [פרד]

slough, *n.* בִּצָּה; קְרוּם פֶּצַע, גֶּלֶד, עוֹר; אַכְזָבָה

slovenly, *adj.* מְלֻכְלָךְ, רַשְׁלָנִי, מֻזְנָח

slow, *adj.* אִטִּי

slow, *adv.* לְאַט

slow, *v.t.* & *i.* הֵאֵט [אטט]

slowly, *adv.* לְאַט לְאַט

slowness, *n.* אִטִּיּוּת

sludge, *n.* בֹּץ, רֶפֶשׁ

slug, *n.* כַּדּוּר (לִכְלֵי יְרִיָּה); שַׁבְּלוּל, חִלָּזוֹן

sluggard, *n.* נִרְפֶּה, בַּטְלָן, עַצְלָן, עָצֵל

sluice, *n.* & *v.t.* סֶכֶר; הִשְׁקָה [שקה]

slum, *n.* שְׁכוּנַת עֹנִי, מְגוּרִים מְרוּדִים

slumber, *n.* נִים, נִמְנוּם, תְּנוּמָה

slumber, *v.i.* נִמְנֵם

slump, *n.* & *v.i.* יְרִידָה, נְפִילָה; יָרַד (מְחִיר)

slur, *n.* כֶּתֶם; פְּגִיעָה בְּכָבוֹד; סִימַן אִחוּד בִּנְגִינָה

slur, *v.t.* & *i.* אָלַח, הִכְתִּים [כתם]; הוֹצִיא [יצא] לַעַז; הֶעֱלִיב [עלב]

slush, *n.* רֶפֶשׁ, בֹּץ שַׁלְגִּי

sly, *adj.* נוֹכֵל, עִקֵּשׁ, עָרוּם

slyly, *adv.* בְּעָרְמָה

smack, *n.*, *v.t.* & *i.* טַעַם; שֶׁמֶץ; סְטִירָה; נְשִׁיקָה; דּוּגִית; הִצְלִיף [צלף], סָטַר; נָשַׁק

small, *adj.* קָטָן, פָּעוּט, מוּעָט, זָעִיר

smallness, *n.* קֹטֶן, קַטְנוּת, זְעִירוּת

smallpox, *n.* אֲבַעְבּוּעוֹת

smart, *adj.* חָכָם, פִּקֵּחַ; חָרוּץ

smartness, *n.* חָכְמָה, פִּקְחוּת, חֲרִיפוּת

smash, *n.* נִפּוּץ, מַכָּה; פְּשִׁיטַת רֶגֶל

smash, *v.t.* & *i.* נִפֵּץ, הִכָּה [נכה]; שִׁבֵּר; פָּשַׁט רֶגֶל
smattering, *n.* יְדִיעָה שִׁטְחִית
smear, *n.* כֶּתֶם, רְבָב, לִכְלוּךְ
smear, *v.t.* הִכְתִּים [כתם], לִכְלֵךְ; הִשְׁמִיץ [שמץ], נִבֵּל; טִיֵּט, טָפַל
smell, *n.* רֵיחַ, חוּשׁ הָרֵיחַ
smell, *v.t.* & *i.* הֵרִיחַ [ריח]
smelt, *v.t.* הִתִּיךְ [נתך], צָרַף
smelter, *n.* צוֹרֵף
smile, *n.* חִיּוּךְ, בַּת צְחוֹק
smile, *v.t.* & *i.* חִיֵּךְ
smirch, *n.* לִכְלוּךְ, כֶּתֶם
smirch, *v.t.* נִבֵּל, גִּוֵּל, הִשְׁמִיץ [שמץ]
smirk, *n.* & *v.i.* גִּחוּךְ; גִּחֵךְ
smite, *v.t.* & *i.* הִכָּה [נכה]
smith, *n.* נַפָּח
smithy, *n.* מַפָּחָה, נַפָּחִיָּה
smock, *n.* מַעֲטֶפֶת
smoke, *n.*, *v.t.* & *i.* עָשָׁן; עָשַׁן, עִשֵּׁן
smoker, *n.* מְעַשֵּׁן, עַשְׁנָן
smokestack, *n.* מַעֲשֵׁנָה, אֲרֻבָּה
smoking, *n.* עִשּׁוּן
smoky, *adj.* עָשֵׁן, מְעֻשָּׁן
smooth, *adj.* חָלָק, חֲלַקְלַק
smooth, smoothen, *v.t.* הֶחֱלִיק [חלק]
smoothness, *n.* חֲלַקְלַקּוּת
smother, *v.t.* חָנַק; כִּבָּה (אֵשׁ)
smudge, *n.* כֶּתֶם, לִכְלוּךְ, רְבָב
smug, *adj.* נָאֶה, גֵּאֶה
smuggle, *v.t.* & *i.* הִבְרִיחַ [ברח] מֶכֶס, הִכְנִיס [כנס] בִּגְנֵבָה
smuggler, *n.* מַבְרִיחַ מֶכֶס
smut, *n.* & *v.i.* לִכְלוּךְ; הִתְלַכְלֵךְ [לכלך]
smutty, *adj.* מְלֻכְלָךְ
snack, *n.* מַטְעָם
snaffle, *n.* & *v.t.* מֶתֶג; מִתֵּג

snag, *n.* שֵׁן בּוֹלֶטֶת; זִיז עָנָף; קֹשִׁי
snail, *n.* חִלָּזוֹן
snake, *n.* נָחָשׁ
snap, *n.*, *v.t.* & *i.* נִתּוּק, שְׁבִירָה; חֲטִיפָה, פְּרִיכָה; תַּצְלוּם (רִגְעִי); נִתֵּק, שִׁבֵּר, נִתַּק, נִשְׁבַּר (פִּתְאֹם); הֵשִׁיב [שוב] בְּכַעַס; הִצְלִיף [צלף] (אֶצְבָּעוֹת)
snapdragon, *n.* לֹעַ אֲרִי
snappy, *adj.* זָרִיז, מָהִיר; רַתְחָנִי
snapshot, *n.* תַּצְלוּם רִגְעִי
snare, *n.* מַלְכֹּדֶת, פַּח, מוֹקֵשׁ
snare, *v.t.* לָכַד בְּפַח
snarl, *n.* תַּרְעֹמֶת, רִטּוּן
snarl, *v.t.* & *i.* סִבֵּךְ, הִסְתַּבֵּךְ [סבך]
snatch, *n.* & *v.t.* חֲטִיפָה; חָטַף
sneak, *v.i.* הִתְגַּנֵּב [גנב]; הִתְחַמֵּק [חמק], הִתְרַפֵּס [רפס]
sneer, *n.* לַעַג, לִגְלוּג
sneer, *v.i.* לָעַג, לִגְלֵג
sneeze, *n.* עִטּוּשׁ
sneeze, *v.i.* עִטֵּשׁ, הִתְעַטֵּשׁ [עטש]
sniff, *n.* הֲרָחָה
sniff, *v.t.* & *i.* הֵרִיחַ [ריח]; שָׁאַף (רוּחַ)
sniffle, *n.* & *v.i.* נַזֶּלֶת; נָזַל
snigger, *n.* צְחוֹק, גִּחוּךְ
snigger, *v.i.* גִּחֵךְ, חִיֵּךְ
snip, *n.* & *v.t.* גְּזִיז, חֲתִיכָה; גָּזַז
snipe, *n.* חַרְטוֹמָן
snipe, *v.t.* & *i.* צִלֵּף, הִצְלִיף [צלף], יָרָה מִמַּאֲרָב
sniper, *n.* צַלָּף
snitch, *v.t.* הָלַךְ רָכִיל
snivel, *n.* נַחַר, נַחֲרָה; נַזֶּלֶת
snivel, *v.i.* נָזַל; יִבֵּב
snob, *n.* רַבְרְבָן
snobbishness, *n.* רַבְרְבָנוּת
snooze, *n.* נִמְנוּם, תְּנוּמָה, שֵׁנָה קַלָּה

snooze, *v.i.* נִמְנֵם, הִתְנַמְנֵם [נמנם]
snore, *n.* & *v.i.* נְחִירָה; נָחַר
snort, *n.*, *v.t.* & *i.* נַחַר, נַחֲרַת סוּס; נָחַר
snout, *n.* חֹטֶם חַיָּה (חֲזִיר)
snow, *n.* שֶׁלֶג
snow, *v.t.* & *i.* הִשְׁלִיג [שלג], יָרַד שֶׁלֶג
snowball, *n.* כַּדּוּר שֶׁלֶג
snowflake, *n.* פְּתוֹת שֶׁלֶג
snowy, *adj.* מַשְׁלִיג
snub, *n.* פְּגִיעָה בְּכָבוֹד, זִלְזוּל
snub, *v.t.* דָּחָה (בְּאֹפֶן גַּס)
snuff, *v.t.* & *i.* הֵרִיחַ [ריח] טַבַּק, שָׁאַף; מָחַט (נֵר)
snug, *adj.* מִתְרַפֵּק; צַר וְחָמִים
snuggle, *v.t.* & *i.* הִתְרַפֵּק [רפק] עַל
so, *adv.* & *conj.* כַּךְ, כָּכָה, וּבְכֵן, לָכֵן; בִּתְנַאי, אִם
soak, *n.* שְׁרִיָּה
soak, *v.t.* & *i.* שָׁרָה, הִרְטִיב [רטב], סָפַג
soap, *n.* & *v.t.* בֹּרִית, סַבּוֹן; סִבֵּן
soar, *v.i.* הִמְרִיא [מרא], הִתְנַשֵּׂא [נשא]
sob, *n.* הִתְיַפְּחוּת
sob, *v.t.* & *i.* בָּכָה, הִתְיַפַּח [יפח]
sobbing, *n.* יִבּוּב, יְלָלָה
sober, *adj.*, *v.t.* & *i.* רְצִינִי, מָתוּן, פִּכֵּחַ; הֵפִיג [פוג], פִּכַּח, הִתְפַּכַּח [פכח]
soberness, sobriety, *n.* פִּכְּחוּת, פִּכָּחוֹן
soberly, *adv.* בְּפִכְּחוּת
so-called, *adj.* הַמְּכֻנֶּה
sociable, *adj.* חַבְרוּתִי
social, *adj.* חֶבְרָתִי, צִבּוּרִי
socialism, *n.* שִׁתְּפָנוּת
socialist, *n.* שִׁתְּפָנִי
society, *n.* חֶבְרָה
sociologic, sociological, *adj.* שֶׁל תּוֹרַת הַחֶבְרָה
sock, *n.* גֶּרֶב
socket, *n.* צִיר; שֶׁקַע
sod, *n.* עִשְׂבָּה
soda, *n.* נֶתֶר, פַּחֲמַת הַנַּתְרָן; גַּזּוֹז
sodden, *adj.* מְבֻשָּׁל, סָפוּג
sodium, *n.* נַתְרָן
sodomy, *n.* סְדוֹמִיּוּת, מַעֲשֵׂה סְדוֹם
sofa, *n.* סַפָּה
soft, *adj.* רַךְ, נוֹחַ
soften, *v.t.* & *i.* רִכֵּךְ, הִתְרַכֵּךְ [רכך]
softly, *adv.* בְּרַכּוּת, לְאַט
softness, *n.* רֹךְ, רַכּוּת
soggy, *adj.* לַח
soil, *n.* אֲדָמָה, עָפָר
soil, *v.t.* & *i.* לִכְלֵךְ, הִתְלַכְלֵךְ [לכלך]
sojourn, *n.* & *v.i.* מְגוּרִים; גָּר [גור]
solace, *n.* & *v.t.* נֶחָמָה; נִחֵם
solar, *adj.* שִׁמְשִׁי
solder, *n.* הַלְחָמָה
solder, *v.t.* הִלְחִים [לחם], חִבֵּר
soldier, *n.* חַיָּל, אִישׁ צָבָא
soldiery, *n.* צָבָא, חַיִל
sole, *adj.* יְחִידִי
sole, *n.* & *v.t.* סֻלְיָה; גִּלְדָּה, כַּף (רֶגֶל); סַנְדָּל, דַּג משֶׁה רַבֵּנוּ; הִרְכִּיב [רכב] סֻלְיָה
solecism, *n.* שִׁבּוּשׁ דִּקְדּוּקִי, מִשְׁגֶּה; הֲפָרַת מִנְהָג
solely, *adv.* לְבַד, רַק
solemn, *adj.* חֲגִיגִי, רְצִינִי
solemnity, *n.* חֲגִיגִיּוּת, רְצִינוּת
solemnize, *v.t.* חָגַג
solicit, *v.t.* בִּקֵּשׁ, תָּבַע, הִפְצִיר [פצר]
solicitation, *n.* בַּקָּשָׁה, הַפְצָרָה, הַעְתָּרָה
solicitor, *n.* מְבַקֵּשׁ; עוֹרֵךְ דִּין
solicitous, *adj.* דּוֹאֵג, מִשְׁתַּדֵּל
solicitude, *n.* דְּאָגָה, אִי מְנוּחָה
solid, *adj.* מוּצָק; אָטוּם

solid, *n.* גּוּף מוּצָק; אֶטֶם
solidarity, *n.* אַחְדּוּת
solidification, *n.* הִתְקַשּׁוּת, הַצָּקָה
solidify, *v.t.* & *i.* עָשָׂה מוּצָק, גִּבֵּשׁ, הִתְגַּבֵּשׁ [גבש], הִתְעַבָּה [עבה]
solidity, *n.* מוּצָקוּת; חֹזֶק
soliloquy, *n.* שִׂיחַת יָחִיד
solitary, *adj.* & *n.* יְחִידִי, בּוֹדֵד, גַּלְמוּד, עֲרִירִי
solitude, *n.* בְּדִידוּת
solo, *n.* שִׁירַת יָחִיד
solstice, *n.* תְּקוּפַת הַחַמָּה, תְּקוּפָה
solubility, *n.* הִמַּסּוּת, תְּמִסָּה
soluble, *adj.* נָמֵס
solution, *n.* הַפְרָדָה; הַתָּרָה; פִּתְרוֹן; תְּמִסָּה, פֵּשֶׁר
solve, *v.t.* פָּתַר, פֵּרַשׁ; מָצָא (חִידָה)
solvent, *adj.* & *n.* מֵסִיס; בַּר (בַּעַל) פֵּרָעוֹן
somber, sombre, *adj.* כֵּהֶה, קוֹדֵר, נוּגֶה
some, *adj.* & *pron.* מְעַט, אֲחָדִים
somebody, *pron.* מִישֶׁהוּ, מִי שֶׁהוּא, פְּלוֹנִי
somehow, *adv.* אֵיךְ שֶׁהוּא, בְּאֵיזֶה אֹפֶן שֶׁהוּא
someone, *n.* & *pron.* מִי שֶׁהוּא, מִישֶׁהוּ
somersault, *n.* קְפִיצָה וְהִתְהַפְּכוּת, הִתְגַּלְגְּלוּת, הִזְדַּקְּרוּת
somersault, *v.i.* הִתְהַפֵּךְ [הפך], הִתְגַּלְגֵּל [גלגל], הִזְדַּקֵּר [זקר]
something, *n.* כְּלוּם, דְּבַר מָה, מַשֶּׁהוּ
sometimes, *adv.* לִפְעָמִים, מִזְּמַן לִזְמַן, לְעִתִּים
somewhat, *adv.* קְצָת
somewhere, *adv.* אֵיפֹה שֶׁהוּא, בְּאֵיזֶה מָקוֹם
somnambulist, *n.* סַהֲרוּרִי, מֻכֵּה יָרֵחַ
somnolent, *adj.* מְנַמְנֵם
son, *n.* בֵּן
sonata, *n.* נֶגֶן, יְצִירָה לִנְגִינָה
song, *n.* שִׁיר, זֶמֶר, מִזְמוֹר, רִנָּה; פְּרוּטָה
songster, *n.* זַמָּר, מְזַמֵּר; זַמֶּרֶת
son-in-law, *n.* חָתָן
sonnet, *n.* שִׁיר זָהָב, חֲרוּזָה
sonorous, *adj.* צְלִילִי, מְצַלְצֵל, קוֹלָנִי, קוֹלִי
soon, *adv.* בְּקָרוֹב, מַהֵר, מִיָּד
soot, *n.* פִּיחַ
soothe, *v.t.* הִשְׁקִיט [שקט], פִּיֵּס
soothsayer, *n.* מְנַחֵשׁ, יִדְּעוֹנִי
sooty, *adj.* מְפֻיָּח
sop, *v.t.* & *i.* שָׁרָה, סָפַג, הָיָה רָטֹב כֻּלּוֹ
sophism, *n.* פִּלְפּוּל, חִדּוּת
sophisticated, *adj.* מְחֻכָּם, נָבוֹן, מְפֻלְפָּל
sophomore, *n.* תַּלְמִיד בְּכִתָּה ב׳ (בְּבֵית סֵפֶר גָּבֹהַּ, בְּמִכְלָלָה)
soporific, *adj.* מְיַשֵּׁן, מַרְדִּים, מַקְהֶה הַחוּשִׁים
soprano, *n.* קוֹל) עֲלָמוֹת, סוֹפְּרָנוֹ
sorcerer, *n.* מְכַשֵּׁף, קוֹסֵם, מָגוּשׁ
sorcery, *n.* כִּשּׁוּף, קֶסֶם
sordid, *adj.* בָּזוּי, נִבְזֶה, צַיְקָן
sore, *adj.* זוֹעֵם, מְצַעֵר; מַכְאִיב
sore, *n.* כְּאֵב; פֶּצַע; חַבּוּרָה, צַעַר
sorority, *n.* חֶבְרַת בַּחוּרוֹת (בְּמִכְלָלָה)
sorrel, *adj.* & *n.* שָׁרֹק, אֲדַמְדַּם־חוּם; חַמְצִיץ (צֶמַח)
sorrow, *n.* צַעַר, יָגוֹן, מַכְאוֹב, אֵבֶל
sorrow, *v.i.* הִצְטַעֵר [צער], הִתְאַבֵּל [אבל]
sorry, *adj.* חוֹמֵל, מִצְטָעֵר, מִתְחָרֵט
sort, *n.* מִין, טִיב, אֹפֶן

sort, *v.t. & i.* מִיֵּן; הִתְחַבֵּר [חבר]; הָלַם
sortie, *n.* הֲגָחָה
sot, *n.* שִׁכּוֹר, הֲלוּם יַיִן
sough, *n. & v.i.* אִוְשָׁה; רִשְׁרוּשׁ; אָוַשׁ, רִשְׁרֵשׁ, הִתְרַשְׁרֵשׁ [רשרש]
soul, *n.* נֶפֶשׁ, רוּחַ, נְשָׁמָה, בֶּן אָדָם
sound, *n.* צְלִיל; הֲבָרָה; זִים; מֵצַר יָם
sound, *adj.* בָּרִיא, שָׁלֵם
sound, *v.t. & i.* הִשְׁמִיעַ [שמע] (נָתַן) קוֹל; חִצְרֵר, צִלְצֵל; מָדַד עֹמֶק; בָּדַק, בָּחַן
soundless, *adj.* דּוֹמֵם, מַחְשֶׁה, שׁוֹתֵק, חֲסַר קוֹל
soundness, *n.* שְׁלֵמוּת; מְתֹם
soup, *n.* מָרָק
sour, *adj.* חָמוּץ
sour, *v.i.* חָמַץ, הֶחֱמִיץ [חמץ]
source, *n.* מַעְיָן, מָקוֹר, מוֹצָא
sourness, *n.* חֲמִיצוּת
souse, *n.* צִיר; שְׁרִיָּה; כְּבִישָׁה
souse, *v.t. & i.* כָּבַשׁ בְּצִיר (שִׁמֵּר)
south, *n.* דָּרוֹם, נֶגֶב
south, *adj.* דְּרוֹמִי
south, *adv.* דָּרוֹמָה, נֶגְבָּה
south, *v.i.* הִדְרִים [דרם]
southeast, *adj. & n.* דְּרוֹמִית מִזְרָחִית; דְּרוֹם־מִזְרָח
southerly, *adj.* דְּרוֹמִי, נֶגְבִּי
southward, southwards, *adv.* הַנֶּגְבָּה, דָּרוֹמָה
southwest, *adj. & n.* דְּרוֹמִית־מַעֲרָבִית; דְּרוֹם־מַעֲרָב
souvenir, *n.* מַזְכֶּרֶת
sovereign, *adj. & n.* רִבּוֹנִי; לִירָה שְׁטֶרְלִינְג (זָהָב)
sovereignty, *n.* רִבּוֹנוּת
soviet, *n.* מוֹעֵצָה רוּסִית
sow, *n.* חֲזִירָה
sow, *v.t. & i.* זָרַע
spa, *n.* מַעְיָן מַחְצָבִי
space, *n.* מָקוֹם, רֶוַח, מֶרְחָק
space, *v.t.* רָוַח
spacious, *adj.* מְרֻוָּח, נִרְחָב, רְחַב יָדַיִם
spade, *n.* אֵת, מָרָה
spade, *v.t.* חָפַר בְּאֵת, הָפַךְ אֲדָמָה
spaghetti, *n.* אִטְרִיּוֹת
span, *n.* טֶפַח; זֶרֶת, מִדָּה; זְמַן מְגֻבָּל; צֶמֶד (בָּקָר, סוּסִים וְכוּ׳); חֱלֶד
span, *v.t.* מָדַד; גִּשֵּׁר, עָבַר מֵעַל
spangle, *n. & v.i.* נָצִיץ; נָצַץ, נִצְנֵץ
Spaniard, *n.* סְפָרַדִּי, בֶּן סְפָרַד
spaniel, *n.* כֶּלֶב צַיִד
spank, *v.t. & i.* הִכָּה בְּכַף הַיָּד (בַּאֲחוֹרַיִם), סָטַר, הִרְבִּיץ [רבץ] (לְיֶלֶד); הָלַךְ מַהֵר
spar, *n.* תֹּרֶן; פַּצֶּלֶת
spare, *adj.* עוֹדֵף, יָתֵר; פָּנוּי, רָזֶה
spare, *v.t. & i.* חָמַל עַל, חָשַׂךְ, הִשְׁאִיר [שאר] בַּחַיִּים
sparingly, *adv.* בְּחִסָּכוֹן, בְּקִמּוּץ
spark, *n.* זִק, נִיצוֹץ, שְׁבִיב
sparkle, *v.t. & i.* נָצַץ, נִצְנֵץ, הִבְרִיק [ברק]
spark plug נֵר הַצָּתָה, מַצֵּת
sparrow, *n.* דְּרוֹר, אַנְקוֹר
sparse, *adj.* דָּלִיל, מְפֻזָּר וּמְפֹרָד
spasm, *n.* חַלְחָלָה, עֲוִית
spasmodic, *adj.* עֲוִיתִי
spate, *n.* מַבּוּל, זֶרֶם מַיִם
spatter, *n.* הַתָּזָה
spatter, *v.t. & i.* הִתִּיז [נתז]
spawn, *n.* בֵּיצֵי דָגִים
spawn, *v.t. & i.* הִטִּיל [נטל] בֵּיצִים, שָׁרַץ
speak, *v.i.* דִּבֵּר, מִלֵּל

speaker, *n.* דּוֹבֵר; נוֹאֵם, דַּרְשָׁן
speaking, *n.* דִּבּוּר, מִלּוּל
spear, *n.* כִּידוֹן
spear, *v.t.* דָּקַר בְּכִידוֹן
special, *adj.* מְיֻחָד, נָדִיר, יוֹצֵא מִן הַכְּלָל
specialist, *n.* מֻמְחֶה, בַּעַל מִקְצוֹעַ
specialize, *v.i.* הִתְמַחָה [מחה]
specially, *adv.* בִּפְרָט, בְּיִחוּד
specie, *n.* מַטְבֵּעַ (זָהָב)
species, *n.* סוּג, מִין
specific, *adj.* מְיֻחָד
specification, *n.* פֵּרוּשׁ, פֵּרוּט
specify, *v.t.* פֵּרַט
specimen, *n.* דֻּגְמָה
specious, *adj.* נָכוֹן, לִכְאוֹרָה
speck, *n.* כֶּתֶם
speck, *v.t.* הִכְתִּים [כתם]
speckle, *n.* רְבָב, כֶּתֶם (קָטָן)
speckle, *v.t.* הִכְתִּים [כתם], נִמֵּר
spectacle, *n.* מַרְאֶה, חִזָּיוֹן
spectacles, *n. pl.* מִשְׁקָפַיִם
spectacular, *adj.* נֶהְדָּר
spectator, *n.* צוֹפֶה, עֵד רְאִיָּה
specter, spectre, *n.* רוּחַ מֵת, רָפָא
spectrum, *n.* תַּחֲזִית
speculate, *v.i.* הִרְהֵר, סִפְסֵר
speculation, *n.* סַפְסָרוּת; עִיּוּן
speculative, *adj.* עִיּוּנִי; סַפְסָרִי
speculator, *n.* סַפְסָר
speech, *n.* לָשׁוֹן; דִּבּוּר; נְאוּם; הַרְצָאָה
speechless, *adj.* אִלֵּם; נְטוּל כֹּחַ הַדִּבּוּר
speed, *n.* מְהִירוּת; הִלּוּךְ; תְּאוּצָה
speed, *v.i.* מִהֵר, אָץ [אוץ]
speedily, *adv.* חִישׁ, בִּמְהִירוּת
speedy, *adj.* זָרִיז, מָהִיר
spell, *n.* לַחַשׁ, חֶבֶר, קֶסֶם, כִּשּׁוּף
spell, *v.t. & i.* אִיֵּת; כִּשֵּׁף
spellbound, *adj.* מְקֻסָּם, מְכֻשָּׁף
speller, *n.* מְאַיֵּת; סֵפֶר כְּתִיב
spelling, *n.* כְּתִיב, אִיּוּת
spend, *v.t. & i.* הוֹצִיא [יצא] (כֶּסֶף); בִּלָּה (זְמַן); כִּלָּה (כֹּחוֹת)
spendthrift, *n.* פַּזְרָן, בַּזְבְּזָן
sperm, *n.* זֶרַע, תָּא
spew, *v.t. & i.* הֵקִיא [קיא]
sphere, *n.* גַּלְגַּל; כַּדּוּר; מַזָּל; חוּג
spherical, *adj.* כַּדּוּרִי, עֲגַלְגַּל
sphinx, *n.* אָדָם חִידָה, בַּעַל תַּעֲלוּמוֹת
spice, *n.* תֶּבֶל, בֹּשֶׂם
spice, *v.t.* תִּבֵּל, בִּשֵּׂם
spices, *n. pl.* תְּבָלִים, תַּבְלִין
spicy, *adj.* מְתֻבָּל
spider, *n.* עַכָּבִישׁ
spigot, *n.* יָתֵד; דַּד; בֶּרֶז
spike, *n.* מַסְמֵר, יָתֵד; שִׁבֹּלֶת, מְלִילָה
spill, *n., v.t. & i.* שֶׁפֶךְ, שְׁפִיכָה; נְגִירָה; שָׁבָב, קֵיסָם; שָׁפַךְ, נִשְׁפַּךְ [שפך]; הִגִּיר [נגר]
spin, *n., v.t. & i.* טְוִיָּה; סִבּוּב; סָבַב, הִסְתּוֹבֵב [סבב]; טָוָה
spinach, *n.* תֶּרֶד
spinal, *adj.* שֶׁל חוּט (עַמּוּד) הַשִּׁדְרָה
spindle, *n.* פֶּלֶךְ, כִּישׁוֹר
spine, *n.* עַמּוּד הַשִּׁדְרָה; קוֹץ; עֹקֶץ
spinner, *n.* טוֹוֶה, טַוַּאי
spinning, *n.* טְוִיָּה
spinning wheel אוֹפַן כִּישׁוֹר
spinster, *n.* רַוָּקָה (זְקֵנָה)
spiral, *adj.* בָּרְגִי, חֶלְזוֹנִי, לוּלְיָנִי
spire, *n.* רֹאשׁ מִגְדָּל; חִלָּזוֹן
spirit, *n. & v.t.* רוּחַ; נְשָׁמָה; כַּוָּנָה; כֹּהַל; דֶּלֶק; עוֹדֵד, הִלְהִיב [להב]; חָטַף
spirited, *adj.* עַלִּיז, נִמְרָץ

spiritual, *adj.* רוּחָנִי
spirt, *v.* spurt
spit, *n.* & *v.t.* שַׁפּוּד; שַׁפֵּד
spit, *n.*, *v.t.* & *i.* רֹק; יָרַק, רָקַק
spite, *n.* & *v.t.* קִנְטוּר; קִנְטֵר, הִרְגִּיז [רגז]; הִכְעִיס [כעס]
spittle, *n.* רִיר, רֹק
spittoon, *n.* מַרְקָקָה
splash, *n.*, *v.t.* & *i.* נֶתֶז; הִתִּיז [נתז]
spleen, *n.* טְחוֹל; כַּעַס; מָרָה שְׁחוֹרָה
splendid, *adj.* מְצֻיָּן, נֶהְדָּר
splendor, splendour, *n.* תִּפְאֶרֶת, הוֹד, הֶדֶר, הָדָר
splice, *v.t.* חִבֵּר, אִחֵד
splint, *n.* גְּשִׁישׁ
splinter, *n.* קֵיסָם, שָׁבָב
splinter, *v.t.* בִּקַּע, בָּקַע
split, *adj.* שָׁסוּעַ, מְבֻקָּע
split, *n.*, *v.t.* & *i.* סֶדֶק, בְּקִיעַ, שֶׁסַע; מַחֲלֹקֶת; פֵּרוּד; סָדַק; חִלֵּק; גָּזַר, נִבְקַע [בקע], שָׁסַע, בִּקַּע
spoil, *n.*, *v.t.* & *i.* שָׁלָל, בַּז, מַלְקוֹחַ; בָּזַז, שָׁלַל; הִשְׁחִית [שחת], קִלְקֵל
spoilage, *n.* קִלְקוּל, הַשְׁחָתָה
spoke, *n.* חִשּׁוּר
spoliation, *n.* גְּזֵלָה, חֲטִיפָה
sponge, *n.* סְפוֹג
sponge, *v.t.* & *i.* סִפֵּג; רָחַץ, הִתְרַחֵץ [רחץ] בִּסְפוֹג
spongy, *adj.* סְפוֹגִי
sponsor, *n.* אַחְרַאי; תּוֹמֵךְ
spontaneity, *n.* דְּחִיפָה פְּנִימִית
spontaneous, *adj.* מִתּוֹךְ דְּחִיפָה פְּנִימִית, בָּא מֵאֵלָיו
spool, *n.* סְלִיל; אַשְׁוָה
spoon, *n.* כַּף
spoon, *v.t.* הֶעֱלָה [עלה] בְּכַף
spoonful, *n.* מְלֹא כַף
sporadic, *adj.* בּוֹדֵד, מְפֻזָּר
spore, *n.* נֶבֶג, תָּא
sport, *n.* סְפּוֹרְט, מִשְׂחָק, שַׁעֲשׁוּעַ; לִגְלוּג
spot, *n.*, *v.t.* & *i.* מָקוֹם; כֶּתֶם; כָּתַם, טִנֵּף, נִמֵּר; הִכִּיר [נכר], מָצָא
spotless, *adj.* חֲסַר כֶּתֶם (דֹּפִי)
spotted, *adj.* בָּרֹד, מְנֻמָּר, כָּתוּם
spouse, *n.* בַּעַל, אִשָּׁה, נָשׂוּא, נְשׂוּאָה
spout, *n.* זַרְבּוּבִית
spout, *v.i.* הִשְׁתַּפֵּךְ [שפך]
sprain, *n.* & *v.t.* נֶקַע, נְקִיעָה; נָקַע
sprawl, *v.i.* הִשְׁתַּטֵּחַ [שטח], נָהַר, הִסְתָּרֵחַ [סרח]
spray, *n.* זְרִיָּה, רְסוּס
spray, *v.t.* רִסֵּס, הִתִּיז [נתז]
spread, *n.*, *v.t.* & *i.* הִתְפַּשְּׁטוּת; מַפָּה; מַצָּע; מִכְסֶה; מִמְרָח; פָּרַשׂ; הֵפִיץ [נפץ]; הִתְפַּשֵּׁט [פשט]; מָרַח (חֶמְאָה); פָּשַׂק (רַגְלַיִם)
spree, *n.* הִלּוּלָה
sprig, *n.* נֵצֶר
sprightly, *adj.* עַלִּיז, זָרִיז
spring, *n.*, *v.t.* & *i.* אָבִיב; מַבּוּעַ, עַיִן, מַעְיָן; קְפִיץ; קִפֵּץ; נָבַע; צָמַח, חָרַג
sprinkle, *v.t.* & *i.* זִלַּח, הִרְבִּיץ [רבץ]
sprinkler, *n.* זַלָּח; מַמְטֵרָה
sprinkling, *n.* זְלִיחָה, הַמְטָרָה
sprint, *n.* מְרוּצָה
sprite, *n.* שֵׁד, רוּחַ
sprout, *n.* נֶבֶט, צֶמַח
sprout, *v.i.* צָמַח, נָבַט
spruce, *n.* תַּרְנִית
spry, *adj.* קַל, זָרִיז
spume, *n.* קֶצֶף
spunk, *n.* אֹמֶץ לֵב
spunky, *adj.* אַמִּיץ לֵב
spur, *n.* & *v.t.* דָּרְבָן; דִּרְבֵּן
spurious, *adj.* מְזֻיָּף, כּוֹזֵב

spurn, *v.t.* בָּעַט בְּ, דָּחָה, מָאַס
spurt, spirt, *n.* שְׁפִיכָה, זֶרֶם
spurt, spirt, *v.t. & i.* קִלַּח, זִנֵּק, זָרַק
sputter, *v.t. & i.* דָּקַק; דִּבֵּר בִּמְהִירוּת
spy, *n.* מְרַגֵּל
spy, *v.t. & i.* רִגֵּל, תָּר [תור]
squab, *n.* תַּסִיל, גּוֹזָל
squabble, *n. & v.i.* רִיב; רָב [ריב]
squad, *n.* חֶבֶר, סֶגֶל, צֶוֶת
squadron, *n.* טַיֶּסֶת
squalid, *adj.* מְגֹאָל, מְטֻנָּף
squall, *n.* נַחְשׁוֹל; סוּפָה; יְלָלָה
squally, *adj.* סוֹעֵר
squander, *v.t. & i.* בִּזְבֵּז, פִּזֵּר
square, *n., v.t. & i.* רִבּוּעַ; (עֵרֶךְ)
מְרֻבָּע; מַלְבֵּן; זָוִיתוֹן, מַזְוִית; כִּכָּר;
רִבֵּעַ; סִלֵּק (חֶשְׁבּוֹן); פָּרַע (חוֹב)
square, adj. מְרֻבָּע; נָכוֹן, יָשָׁר
square root שֹׁרֶשׁ מְרֻבָּע ($\sqrt{\ }$)
squash, *n.* דְּלַעַת, קִשּׁוּא
squash, *v.t.* מָעַךְ
squat, *v.i.* רָבַץ, יָשַׁב שָׁפוּף
squatter, *n.* אָרִיס
squeak, *n., v.t. & i.* חֲרִיקָה; חָרַק
squeal, *n. & v.i.* צְרִיחָה; צָרַח, צָוַח
squeamish, *adj.* בַּחֲרָן, נַקְרָן
squeeze, *n.* סְחִיטָה; לְחִיצָה; דֹּחַק
squeeze, *v.t.* סָחַט; לָחַץ; דָּחַק
squeezer, *n.* מַסְחֵט
squelch, *v.t.* הֶהֱסָה [הסה], הָמַם
squib, *n.* לַעַג
squill, *n.* חָצָב
squint, *n.* פְּזִילָה
squint, *v.t. & i.* מִצְמֵץ, פָּזַל
squire, *n.* נוֹשֵׂא כֵּלִים שֶׁל אַבִּיר,
אָצִיל, בַּעַל נְכָסִים, תֹּאַר כָּבוֹד
squirm, *v.i.* הִתְפַּתֵּל [פתל]
squirrel, *n.* סְנָאִי

squirt, *n.* הַזָּיָה, הַתָּזָה
squirt, *v.t.* הִזָּה [נזה], הִתִּיז [נתז]
stab, *n.* דְּקִירָה
stab, *v.t. & i.* נָחַר, דָּקַר
stability, *n.* אֵיתָנוּת, קִיּוּם, קְבִיעוּת
stabilize, *v.t.* כּוֹנֵן [כון], יִצֵּב, יִשֵּׁר,
שִׁוָּה, עָשָׂה קָבוּעַ
stable, *n.* אֻרְוָה, רֶפֶת
stable, *adj.* אֵיתָן, קָבוּעַ
staccato, *adj.* מְקֻטָּע (בִּנְגִינָה)
stack, *n.* עֲרֵמָה, גָּדִישׁ
stack, *v.t.* עָרַם, גָּדַשׁ
stadium, *n.* רִיס, אִצְטַדְיוֹן
staff, *n.* מַטֶּה, מַקֵּל; פְּקִידוּת
stag, *n.* אַיָּל
stage, *n.* בָּמָה; תַּחֲנָה; דַּרְגָּה
stage, *v.t.* הִצִּיג [נצג]
stagger, *v.i.* הִתְמוֹטֵט [מוט], מָעַד
stagnant, *adj.* עוֹמֵד, שׁוֹקֵט (עַל
שְׁמָרָיו)
stagnate, *v.i.* חָדַל (עָמַד) מִזּוֹל,
הֻקְפָּא [קפא], נֶאֱלַח [אלח]
stain, *n., v.t. & i.* כֶּתֶם; לִכְלֵךְ; כָּתַם;
נִכְתַּם [כתם]
stair, *n.* מַדְרֵגָה
staircase, stairway, *n.* (חֲדַר) מַדְרֵגוֹת
stake, *n. & v.t.* יָתֵד; עֵרָבוֹן,
הִתְעָרְבוּת; תָּמַךְ; חִזֵּק; סִכֵּן;
הִתְעָרֵב [ערב]
stale, *adj.* יָשָׁן, בָּלֶה, קָשֶׁה (לֶחֶם)
stalemate, *n.* בֵּין הַמְּצָרִים, נְקֻדַּת
קִפָּאוֹן
stalk, *n.* קָנֶה, קֶלַח, גִּבְעוֹל, הֹצֶן
stall, *n.* אֻרְוָה
stall, *v.t. & i.* שָׂם [שים] בְּאֻרְוָה;
נִתְקַע [תקע]
stallion, *n.* סוּס, הֹצֶן
stalwart, *adj.* חָזָק, עַז, תַּקִּיף, אַמִּיץ

stamen, *n.* אַבְקָן
stamina, *n.* כֹּחַ הַקִּיּוּם, חִיּוּנִיּוּת
stammer, *n.* גִּמְגּוּם
stammer, *v.t.* & *i.* גִּמְגֵּם, לִמְלֵם
stammerer, *n.* עִלֵּג, כְּבַד (פֶּה) לָשׁוֹן
stamp, *n.* חוֹתָם, חוֹתֶמֶת; בּוּל; תָּו
stamp, *v.t.* & *i.* רָקַע; דָּרַךְ; בָּטַשׁ; טָבַע, חָתַם; הִדְבִּיק [דבק] בּוּל
stampede, *n.* מְנוּסָה מִבֹהֶלֶת (חַיּוֹת)
stampede, *v.t.* & *i.* נָס [נוס] בְּבֶהָלָה
stanch, staunch, *adj.* & *n.* נֶאֱמָן, בַּר סֶמֶךְ, בַּעַל דֵּעָה
stanch, staunch, *v.t.* & *i.* עָצַר, נֶעֱצַר [עצר]
stand, *n.* עַמּוּד; דּוּכָן; עֶמְדָּה
stand, *v.t.* & *i.* עָמַד, קָם [קום], סָבַל
stand by הָיָה נָכוֹן (מוּכָן) עָמַד לִימִין, תָּמַךְ, הֵגֵן [גנן]
stand for סִמֵּל, הִצִּיג [יצג]
stand out בָּלַט, הִצְטַיֵּן [צין]
standard, *adj.* רַגִּיל, קָבוּעַ
standard, *n.* נֵס, דֶּגֶל; קְנֵה מִדָּה, תֶּקֶן
standardization, *n.* תִּקְנוּן
standardize, *v.t.* תִּקְנֵן, קָבַע תֶּקֶן
standing, *n.* עֲמִידָה; מַעֲמָד
standpoint, *n.* נְקֻדַּת מַבָּט
standstill, *n.* הַפְסָקָה, קִפָּאוֹן
stanza, *n.* בַּיִת (בְּשִׁיר)
staple, *n.* תּוֹצֶרֶת עִקָּרִית; מִצְרָךְ; פּוֹתָה
star, *n.*, *v.t.* & *i.* כּוֹכָב; מַזָּל; סִימָן; שַׂחְקָן רָאשִׁי; סִמֵּן בְּכוֹכָב; קִשֵּׁט בְּכוֹכָבִים; שִׂחֵק תַּפְקִיד רָאשִׁי; הִצְטַיֵּן [צין]
starboard, *n.* יְמִין אֳנִיָּה
starfish, *n.* כּוֹכַב יָם
starch, *n.* & *v.t.* עֲמִילָן; עִמְלֵן
stare, *v.t.* & *i.* לָטַשׁ עֵינַיִם, הִשְׁתָּאָה [שאה]
stark, *adj.* אַלִּים, עָרֹם; מֻחְלָט
starling, *n.* זַרְזִיר
Star-Spangled Bannner, The הַהִמְנוֹן הַלְּאֻמִּי שֶׁל אַרְצוֹת הַבְּרִית
start, *n.* הַתְחָלָה; חִיל, רֶטֶט
start, *v.t.* & *i.* הִתְחִיל [תחל], יָצָא; הִתְחַלְחֵל [חלחל]; סָלַד
startle, *v.t.* & *i.* נִרְתַּע [רתע]; הֶחֱרִיד [חרד]
starvation, *n.* רָעָב, כָּפָן
starve, *v.t.* & *i.* רָעַב, הִרְעִיב [רעב]
state, *n.* מַצָּב; מְדִינָה; רָשׁוּת
state, *v.t.* אָמַר; הִבִּיעַ [נבע]
stately, *adj.* מְפֹאָר, נֶהְדָּר
statement, *n.* גִּלּוּי דַּעַת, אַחֲוָה
stateroom, *n.* תָּא (בָּאֳנִיָּה, בְּרַכֶּבֶת)
statesman, *n.* מְדִינַאי
static, statical, *adj.* נָח; מִשְׁקָלִי
station, *n.* מַעֲמָד; תַּחֲנָה
station, *v.t.* הֶעֱמִיד [עמד]; שָׁת [שית]
stationary, *adj.* קָבוּעַ
stationery, *n.* (חֲנוּת) מִצְרְכֵי כְּתִיבָה, נְיַר מִכְתָּבִים
statistics, *n. pl.* נִסְכֶּמֶת, מִסְפָּרִים, לִוּוּחַ
statuary, *n.* פַּסָּל, פְּסָלִים
statue, *n.* פֶּסֶל, מַצֵּבָה
stature, *n.* קוֹמָה, גֹּבַהּ
status, *n.* מַצָּב, חֲזָקָה
status quo הַמַּצָּב הַקַּיָּם
statute, *n.* חֹק, חֻקָּה
statutory, *adj.* חֻקִּי, חֻקָּתִי
staunch, *v.* stanch
stave, *n.* בַּד; אַלָּה; חָוָק; בַּיִת (בְּשִׁיר)
stave, *v.t.* שָׁבַר, שִׁבֵּר, פָּרַץ (פֶּרֶץ); הִרְחִיק [רחק], דָּחָה
stay, *n.* שְׁהִיָּה; מְנִיעָה; סֶמֶךְ, מִשְׁעָן

stay, *v.t. & i.* תָּמַךְ; מָנַע, עִכֵּב; הִשְׁקִיט [שקט]; נִשְׁאַר [שאר], דָּר [דור] הִתְגּוֹרֵר [גור], הִתְאָרֵחַ [ארח]
stead, *n.* יִתְרוֹן, תּוֹעֶלֶת; מָקוֹם
steadfast, *adj.* תַּקִּיף, מֻחְלָט
steadfastness, *n.* אֱמוּנָה
steadily, *adv.* בִּקְבִיעוּת
steadiness, *n.* תְּמִידוּת, קְבִיעוּת, יַצִּיבוּת, בְּטִיחוּת
steady, *adj.* תְּמִידִי, בָּטוּחַ, קָבוּעַ, יַצִּיב
steady, *v.t.* יִצֵּב, כּוֹנֵן [כון], כִּוֵּן, חִזֵּק
steak, *n.* אֻמְצָה
steal, *v.t. & i.* גָּנַב, הִתְגַּנֵּב [גנב]
stealthy, *adj.* עָרוּם
steam, *n.* אֵדִים, קִיטוֹר; כֹּחַ, מֶרֶץ
steam, *v.t. & i.* אִדָּה, הִתְאַדָּה [אדה]; הִתְנוֹעֵעַ [נוע] (הִפְלִיג [פלג]) בְּכֹחַ הַקִּיטוֹר; בִּשֵּׁל בְּאֵדִים
steam engine קַטָּר, מְנוֹעַ קִיטוֹר
steamer, steamship, *n.* אֳנִיַּת קִיטוֹר
steamy, *adj.* אֵדִי, מְאֻדֶּה
steed, *n.* אַבִּיר, הֶצֶן, סוּס
steel, *n.* פְּלָדָה
steep, *adj.* תָּלוּל, מְשֻׁפָּע
steep, *n.* מוֹרָד, מִדְרוֹן, שִׁפּוּעַ
steep, *v.t.* שָׁרָה
steepen, *v.i.* הִשְׁתַּפֵּעַ [שפע]
steeple, *n.* מִגְדָּל
steer, *n.* שׁוֹר
steer, *v.t. & i.* נִהֵג, הִדְרִיךְ [דרך]
steerage, *n.* נַוָּטוּת, נְהִיגַת אֳנִיָּה; סִפּוּנִית, כִּתָּה זוֹלָה (רְבִיעִית) בָּאֳנִיָּה
steersman, *n.* הַגַּאי, נַוָּט
stem, *n.* שֹׁרֶשׁ; גֶּזַע; קָנֶה
stem, *v.t.* עִכֵּב
stench, *n.* בָּאְשָׁה, צַחֲנָה, סִרְחוֹן
stencil, *n.* שַׁעֲוָנִיָּה

stenographer, *n.* קַצְרָן, קַצְרָנִית
stenography, *n.* קַצְרָנוּת
step, *n.* צַעַד, פְּסִיעָה, מַדְרֵגָה; שָׁלָב
step, *v.t. & i.* צָעַד, דָּרַךְ, פָּסַע
stepbrother, *n.* אָח חוֹרֵג
stepchild, *n.* יֶלֶד חוֹרֵג
stepdaughter, *n.* בַּת חוֹרֶגֶת
stepfather, *n.* אָב חוֹרֵג
stepladder, *n.* סֻלָּם מִטַּלְטֵל
stepmother, *n.* אֵם חוֹרֶגֶת
steppe, *n.* עֲרָבָה
stepsister, *n.* אָחוֹת חוֹרֶגֶת
stepson, *n.* בֵּן חוֹרֵג
stereoscope, *n.* רְאִיגוּף
stereotype, *n.* אִמָּה (אִמָּהוֹת דְּפוּס)
sterile, *adj.* עָקָר, מְעֻקָּר
sterility, *n.* עֲקָרוּת
sterilization, *n.* הַעֲקָרָה; סֵרוּס; טִהוּר, חִטּוּי
sterilize, *v.t.* חִטֵּא, טִהֵר; עִקֵּר
sterilizer, *n.* מְעַקֵּר, מְחַטֵּא
sterling, *n. & adj.* תֶּקֶן (צְרִיפַת) כֶּסֶף (0.500) זָהָב (0.9166), כֶּסֶף (זָהָב) טָהוֹר (בְּכֵלִים וְכוּ') רַב עֵרֶךְ, אֲמִתִּי
stern, *adj.* תַּקִּיף, קַפְּדָנִי
stern, *n.* אֲחוֹרֵי הָאֳנִיָּה
sternum, *n.* עֶצֶם הֶחָזֶה
stethoscope, *n.* מַסְכֵּת
stevedore, *n.* סַוָּר
stew, *n., v.t. & i.* תַּרְבִּיךְ; רִבֵּךְ
steward, *n.* מְנַהֵל מֶשֶׁק בַּיִת; מֶלְצַר (אֳנִיָּה)
stewpan, *n.* מַרְחֶשֶׁת
stich, *n.* חָרוּז
stick, *n.* מַקֵּל, שֵׁבֶט
stick, *v.t. & i.* תָּחַב; הִדְבִּיק [דבק]; נִדְבַּק [דבק]

sticky, *adj.* צָמִיג, דָּבִיק
stiff, *adj.* אָשׁוּן, לֹא גָּמִישׁ, קָשֶׁה
stiffen, *v.t.* & *i.* הִקְשָׁה, הִתְקַשָּׁה [קשה]
stiff-necked, *adj.* קְשֵׁה עֹרֶף
stiffness, *n.* קַשְׁיוּת, קְשִׁי עֹרֶף
stifle, *v.t.* & *i.* כִּבָּה; חָנַק, נֶחֱנַק [חנק]
stigma, *n.* הוֹקָעָה, אוֹת קָלוֹן, כֶּתֶם; צִנּוֹר הָאַבְקָנִים
stigmatic, *adj.* מוֹקִיעַ, נִכְתָּם
stigmatize, *v.t.* הוֹקִיעַ [יקע], הִכְתִּים [כתם]
still, *adj.* דּוֹמֵם; מַחֲשֶׁה; שׁוֹתֵק; שׁוֹקֵט
still, *n.* דְּמָמָה; מִזְקֶקֶת, מַזְקֵקָה
still, *adv.* עוֹד, עֲדַיִן, בְּכָל זֹאת
stillborn, *adj.* נוֹלָד מֵת
still life טֶבַע דּוֹמֵם (בְּצִיּוּר)
stillness, *n.* דּוּמִיָּה; חֲשַׁאי
stilts, *n. pl.* קַבַּיִם
stimulant, *adj.* & *n.* מְגָרֶה; מְעוֹרֵר
stimulate, *v.t.* גֵּרָה, עוֹרֵר [עור]
stimulation, *n.* הִתְעוֹרְרוּת, גֵּרוּי
stimulus, *n.* גֵּרוּי
sting, *n.* עֹקֶץ; עֲקִיצָה
sting, *v.t.* & *i.* עָקַץ; הִכִּישׁ [נכש], הִכְאִיב [כאב]
stinginess, *n.* קַמְצָנוּת
stingy, *adj.* קַמְצָן, צַיְקָן
stink, *n.* & *v.t.* צַחַן, סִרְחוֹן; הִבְאִישׁ [באש], הִסְרִיחַ [סרח]
stint, *n.*, *v.t.* & *i.* מְשִׂימָה, הַגְבָּלָה, שִׁעוּר; צִמְצֵם, חָדַל
stipend, *n.* מִלְוָה, פְּרָס, תְּמִיכָה
stipulate, *v.t.* הִתְנָה [תנה]
stipulation, *n.* תְּנַאי; הַתְנָיָה
stir, *n.*, *v.t.* & *i.* תְּנוּעָה, זִיעַ; רִגְשָׁה; חִרְחֵר, זָז [זוז], נָע [נוע], הֵנִיעַ [נוע]
stirring, *adj.* תְּנוּדָה, תְּנוּעָה
stirrup, *n.* אַרְכּוֹף

stitch, *n.* תֶּפֶר, שֶׁלֶל
stitch, *v.t.* & *i.* תִּפֵּר, שָׁלַל, כִּלֵּב
stoat, *n.* חֹלֶד אֵירוֹפָּאִי
stock, *n.* בּוּל עֵץ, גֹּלֶם, שׁוֹטֶה; גֶּזַע; מְלַאי; בָּקָר; מְנָיָה
stockade, *n.* חִפּוּף
stockbroker, *n.* סוֹכֵן מְנָיוֹת
stock exchange מִשְׁעָרָה, בֻּרְסָה
stockholder, *n.* בַּעַל מְנָיוֹת
stocking, *n.* גֶּרֶב
stocky, *adj.* גּוּץ וְעָבֶה; חָזָק
stockyard, *n.* מִכְלָאַת בְּהֵמוֹת
stoic, *adj.* & *n.* סַבְלָן; אֶרֶךְ (רוּחַ) אַפַּיִם
stoke, *v.t.* & *i.* סִפֵּק פֶּחָם לִמְכוֹנָה
stolid, *adj.* אֱוִילִי, טִפְּשִׁי; לֹא מִתְרַגֵּז
stomach, *n.* & *v.t.* קֵבָה; סָבַל
stone, *n.* אֶבֶן; גַּרְעִין, חַרְצָן; חַצֶּצֶת
stone, *v.t.* רָגַם, סָקַל, רִצֵּף
stonecutter, *n.* סַתָּת, חַצָּב
stony, *adj.* טַרְשִׁי, אַבְנִי, אַבְנוּנִי
stool, *n.* הֲדוֹם; סַפְסָל; יְצִיאָה (מֵעַיִם)
stoop, *n.* הִתְכּוֹפְפוּת; מִרְפֶּסֶת
stoop, *v.i.* כָּפַף, שָׁחָה, הִשְׁפִּיל [שפל]
stop, *n.* סְתִימָה; עֲמִידָה; הַפְסָקָה; תַּחֲנָה
stop, *v.t.* & *i.* הִפְסִיק [פסק]; עָצַר; עִכֵּב; פָּקַק; חָדַל; עָמַד (מְלֶּכֶת)
stoppage, *n.* מַעְצוֹר
stopper, *n.* מַסְתֵּם, פְּקָק, מְגוּפָה
storage, *n.* אִחְסוּן, אַחְסָנָה
store, *n.* חֲנוּת, מַחְסָן
store, *v.t.* אִחְסֵן, שָׂם [שים] בְּמַחְסָן, שָׁמַר
storehouse, *n.* מַחְסָן, אַמְבָּר
storekeeper, *n.* חֶנְוָנִי
storey, *v.* story
stork, *n.* חֲסִידָה

storm, *n.* סְעָרָה, סַעַר, סוּפָה
storm, *v.t. & i.* סָעַר, הִסְתָּעֵר [סער], גָּעַשׁ, הִתְגָּעֵשׁ [געש]
story, *n.* סִפּוּר, מַעֲשִׂיָּה
story, storey, *n.* דְּיוֹטָה, קוֹמָה, עֲלִיָּה
storyteller, *n.* מְסַפֵּר
stout, *adj.* מוּצָק, מְגֻשָּׁם, שָׁמֵן, עָבֶה
stove, *n.* כִּירָה, תַּנּוּר
stow, *v.t.* הֵנִיחַ [נוח] בִּצְפִיפוּת, אִחְסֵן, הִסְתִּיר [סתר]
stowaway, *n.* סִמְיוֹן, נוֹסֵעַ סָמוּי, מִסְתַּתֵּר
straddle, *v.t. & i.* הָלַךְ (עָמַד) בְּפִשּׂוּק רַגְלַיִם
straggle, *v.i.* הָלַךְ בָּטֵל, שׁוֹטֵט
straight, *adj.* יָשָׁר, נָכֹחַ
straighten, *v.t.* יִשֵּׁר, תִּקֵּן
straightforward, *adj.* גְּלוּי לֵב, יָשָׁר
straightway, *adv.* תֵּכֶף וּמִיָּד
strain, *n.* כְּפִיָּה; מְתִיחָה; נְקִיעָה; נְעִימָה (לַחַן); גֶּזַע; שֹׁרֶשׁ
strain, *v.t. & i.* נָקַע; סִנֵּן; הִתְאַמֵּץ [אמץ]; מָתַח
strainer, *n.* מְסַנֶּנֶת
strait, *n.* מֵצַר, לָשׁוֹן (בְּרִיחַ, מֵצַר) יָם; מְצוּקָה
straiten, *v.t.* הֵצֵר [צרר], הֵצִיק [צוק]; צִמְצֵם
strait jacket מְעִיל לְחוֹלֵי רוּחַ
strand, *n.* חוֹף; גְּדִיל, סִיב, פְּתִיל; מַחֲרֹזֶת
strand, *v.t. & i.* הֶעֱלָה [עלה] עַל חוֹף (שִׂרְטוֹן); הִשְׁאִיר [שאר] (נִשְׁאַר) בִּמְצוּקָה
strange, *adj.* זָר, מוּזָר, תָּמוּהַּ, אָדִישׁ
strangeness, *n.* זָרוּת
stranger, *n.* נָכְרִי, זָר; לוֹעֵז
strangle, strangulate, *v.t.* חָנַק
strangulation, *n.* שִׁנּוּק, חֲנִיקָה, תַּשְׁנוּק, חֶנֶק
strap, *n. & v.t.* רְצוּעָה; קָשַׁר בִּרְצוּעָה, רָצַע, הִלְקָה [לקה] בִּרְצוּעָה, פִּרְגֵּל; הִשְׁחִיז [שחז] (תַּעַר) בִּרְצוּעָה
stratagem, *n.* תַּכְסִיס, תַּחְבּוּלָה, הַעֲרָמָה
strategic, strategical, *adj.* תַּכְסִיסִי
strategy, strategics, *n.* תַּכְסִיסָנוּת
stratify, *v.t. & i.* סִדֵּר בִּשְׁכָבוֹת
stratum, *n.* שִׁכְבָה
straw, *n.* קַשׁ
strawberry, *n.* תּוּת גִּנָּה, תּוּת שָׂדֶה
stray, *n.* תּוֹעֶה
stray, *v.i.* תָּעָה, טָעָה, שָׁגָה
streak, *n.* קַו, רְצוּעָה; תְּכוּנָה, אֹפִי
stream, *n.* זֶרֶם, נַחַל, פֶּלֶג, יוּבַל
stream, *v.i.* זָרַם; זָלַג
streamer, *n.* דֶּגֶל, נֵס, סֶרֶט
streamlined, *adj.* מְחֻדָּשׁ, מְעֻדְכָּן
street, *n.* רְחוֹב
streetcar, *n.* חַשְׁמַלִּית, קָרוֹן
strength, *n.* אוֹן, בֶּצֶר, כֹּחַ, חֹזֶק, עָצְמָה
strengthen, *v.t. & i.* חִזֵּק, אִמֵּץ, בִּצֵּר, הִתְחַזֵּק [חזק]
strenuous, *adj.* מִרְצִי, קָשֶׁה, תַּקִּיף, אַמִּיץ; נִלְהָב
stress, *n.* הַדְגָּשָׁה; לַחַץ, מְצוּקָה
stress, *v.t.* הִדְגִּישׁ [דגש]; לָחַץ
stretch, *n.* זְמַן; מֶרְחָק; מְתִיחָה
stretch, *v.t. & i.* מָתַח, פָּשַׁט, הוֹשִׁיט [ישט], הִתְמַתַּח [מתח]
stretcher, *n.* אֲלֻנְקָה
strew, *v.t.* פִּזֵּר, זָרָה
strict, *adj.* חָמוּר, מְדַקְדֵּק, מַקְפִּיד
strictly, *adv.* בְּעֶצֶם, בְּדִיּוּק
strictness, *n.* הַקְפָּדָה
stride, *n.* פְּסִיעָה גַּסָּה
stride, *v.i.* פָּסַע פְּסִיעוֹת גַּסּוֹת

strident, *adj.* צוֹרֵם

strife, *n.* מָדוֹן, רִיב, קְטָטָה, סִכְסוּךְ

strike, *n.* מַכָּה; שְׁבִיתָה

strike, *v.t. & i.* הִכָּה [נכה], קָפַח (שֶׁמֶשׁ); צִלְצֵל (פַּעֲמוֹן, שָׁעוֹן); פָּעַם, פָּגַע; הִפְלִיא [פלא]; שָׁבַת (פּוֹעֲלִים); נִצְנֵץ (רַעְיוֹן); הִצִּית [יצת] (גַּפְרוּר), גִּלָּה, מָצָא (נֵפְט); טָבַע (מַטְבְּעוֹת); הִכִּישׁ [נכש]

striker, *n.* שׁוֹבֵת

striking, *adj.* בּוֹלֵט, נִפְלָא

string, *n.* פְּתִיל; מֵיתָר; מַחֲרֹזֶת

string, *v.t.* קָשַׁר; מָתַח מֵיתָרִים; חָרַז, הִשְׁחִיל [שחל]

stringent, *adj.* מַחְמִיר; דָּחוּק; מְשַׁכְנֵעַ

strip, *n.* פַּס, סֶרֶט

strip, *v.t. & i.* הִפְשִׁיט [פשט], הִתְפַּשֵּׁט [פשט], עִרְטֵל

stripe, *n.* רְצוּעָה, סֶרֶט

stripe, *v.t.* רָצַע, הִלְקָה [לקה]

striped, *adj.* עָקֹד

strive, *v.i.* הִשְׁתַּדֵּל [שדל], הִתְאַמֵּץ [אמץ]; נִלְחַם [לחם]; הִתְחָרָה [חרה]

stroke, *n.* מַהֲלֻמָּה, מַכָּה; לְטִיפָה

stroke, *v.t.* לִטֵּף, הֶחֱלִיק [חלק]

stroll, *n.* טִיּוּל

stroll, *v.t. & i.* טִיֵּל, הִתְהַלֵּךְ [הלך]

stroller, *n.* טַיָּל, טַיְלָן

strong, *adj.* רַב, עָצוּם, חָרִיף, חָזָק

stronghold, *n.* בִּצָּרוֹן, מְצוּדָה, מִבְצָר

strop, *n.* רְצוּעַת הַשְׁחָזָה

strop, *v.t.* הִשְׁחִיז [שחז]

structural, *adj.* בִּנְיָנִי

structure, *n.* בִּנְיָן, מִבְנֶה

struggle, *n.* נַפְתּוּלִים, הֵאָבְקוּת, הִתְלַבְּטוּת

struggle, *v.i.* נֶאֱבַק [אבק]; פִּרְפֵּר

strumpet, *n.* זוֹנָה, יַצְאָנִית

strut, *n.* צַעַד גַּאַוְתָנִי

strut, *v.i.* צָעַד בְּגַאֲוָה

stub, *n.* גֶּדֶם; סַדָּן (עֵץ); שׁוֹבֵר, תֹּרֶף (בְּפִנְקַס הַמְחָאוֹת, קַבָּלוֹת)

stubble, *n.* גִּבְבָה, קַשׁ

stubborn, *adj.* עַקְשָׁנִי, קְשֵׁה עֹרֶף

stubbornness, *n.* עַקְשָׁנוּת, קְשִׁי עֹרֶף

stubby, *adj.* גּוּץ וְעָבֶה

stucco, *n.* כִּיּוּר, טִיחַ קִירוֹת

stucco, *v.t.* כִּיֵּר, טָח [טוח] קִירוֹת

stuck-up, *adj.* יָהִיר, גַּאַוְתָן

stud, *n. & v.t.* מַסְמֵר (סִיךְ) בּוֹלֵט; כַּפְתּוֹר (יָדִיּוֹת); בְּלִיטָה; מִלֵּא (שִׁבֵּץ) בְּלִיטוֹת

student, *n.* חוֹקֵר, תַּלְמִיד

studio, *n.* לִמּוּדִיָּה, אֻלְפָּן

studious, *adj.* שׁוֹקֵד

study, *n.* לִמּוּד, מֶחְקָר, עִיּוּן

study, *v.t. & i.* לָמַד, חָקַר, עִיֵּן

stuff, *n.* דָּבָר, חֹמֶר; אֶרֶג; גּוּף

stuff, *v.t. & i.* זָלַל, מִלֵּא, אָבַס, פִּטֵּם

stuffing, *n.* מִלּוּי; פִּטּוּם

stuffy, *adj.* מַחֲנִיק, מְחֻסַּר אֲוִיר

stultify, *v.t.* סִכֵּל, בִּטֵּל

stumble, *n.* מִכְשׁוֹל, תַּקָּלָה

stumble, *v.t. & i.* נִכְשַׁל, הִכְשִׁיל [כשל]; נִגַּף

stumbling block מִכְשׁוֹל, אֶבֶן נֶגֶף, תַּקָּלָה

stump, *n., v.t. & i.* גֶּדֶם, סַדָּן, כֹּרֶת; דּוּכַן נוֹאֲמִים; גָּדַע, גִּדֵּם; סִיֵּר וְנָאַם

stun, *n.* מַהֲלֻמָּה, תִּמָּהוֹן

stun, *v.t.* הָלַם, הִתְמִיהַּ [תמה]

stunning, *adj.* תַּאֲוָה לָעֵינַיִם, יָפֶה, מַרְהִיב עַיִן

stunt, *n.* פֶּלֶא, רַבּוּתָה; עֲצִירַת גִּדּוּל

stupefaction, *n.* תִּמָּהוֹן, תַּדְהֵמָה

stupefy, *v.t.* הֵמַם, הִכָּה [נכה] בְּתִמָּהוֹן

stupendous, *adj.* מַפְלִיא, נִפְלָא
stupid, *adj.* שׁוֹטֶה, טִפֵּשׁ, כְּסִיל
stupidity, *n.* טִפְּשׁוּת
stupor, *n.* תַּדְהֵמָה
sturdy, *adj.* אֵיתָן, חָזָק, מוּצָק
sturgeon, *n.* חִדְקָן, אַסְפָּן
stutter, *n.* גִּמְגּוּם, לְמְלוּם
stutter, *v.t. & i.* גִּמְגֵּם, לִמְלֵם
stutterer, *n.* מְגַמְגֵּם, לַמְלְמָן
sty, *n.* שְׂעוֹרָה (בָּעַיִן); דִּיר חֲזִירִים
style, *n. & v.t.* סִגְנוֹן, אָפְנָה; כִּנָּה, קָרָא
stylish, *adj.* לְפִי הָאָפְנָה
stylist, *n.* מְסַגְנֵן
stylus, *n.* חֶרֶט
suave, *adj.* נָעִים, מַסְבִּיר פָּנִים
suavity, *n.* נְעִימוּת, סֵבֶר פָּנִים יָפוֹת
subaltern, *adj. & n.* מִשְׁנֶה, סֶגֶן
subcommittee, *n.* וַעֲדַת מִשְׁנֶה
subconscious, *adj. & n.* תַּת הַכָּרָתִי; תַּת יָדַע, תַּת הַכָּרָה
subcontractor, *n.* קַבְּלָן מִשְׁנֶה
subdivide, *v.t. & i.* חִלֵּק שׁוּב
subdivision, *n.* חֲלֻקָּה מִשְׁנִית
subdue, *v.t.* הִכְנִיעַ [כנע], נִצַּח; הִנְמִיךְ [נמך]; הִדְבִּיר [דבר]
subject, *adj. & n.* נוֹשֵׂא, עִנְיָן; נָתִין; כָּפוּף לְ־, מְשֻׁעְבָּד; עָלוּל לְ־
subject, *v.t.* שִׁעְבֵּד, הִכְנִיעַ [כנע]
subjection, *n.* הַכְנָעָה, שִׁעְבּוּד
subjective, *adj.* נוֹשְׂאִי; פְּנִימִי, נַפְשִׁי
subjugate, *v.t.* שִׁעְבֵּד
subjugation, *n.* שִׁעְבּוּד
subjunctive, *n.* דֶּרֶךְ הָאִוּוּי
sublet, *v.t. & i.* הִשְׂכִּיר [שכר] לְשֵׁנִי
sublime, *adj.* נִשְׂגָּב
submarine, *n. & adj.* צוֹלֶלֶת, צוֹלְלָה; תַּת יַמִּי
submerge, *v.t. & i.* צָלַל, טִבַּע
submergence, submersion, *n.* טְבִיעָה, טְבִילָה, הַטְבָּעָה, צְלִילָה
submission, *n.* כְּנִיעָה; צִיּוּת
submissive, *adj.* נִכְנָע; שְׁפַל רוּחַ
submit, *v.i.* נִכְנַע [כנע], טָעַן; הִצִּיעַ [יצע]
subnormal, *adj.* תַּת (תָּקִין) רָגִיל
subordinate, *adj. & n.* כָּפוּף לְ־, פְּחוּת עֵרֶךְ; סְגָן, מִשְׁנֶה
subordinate, *v.t.* שִׁעְבֵּד; הוֹרִיד [ירד] בְּדַרְגָּה, שָׂם [שים] תַּחַת מָרוּת
subordination, *n.* כְּנִיעוּת; צִיּוּת, קַבָּלַת מָרוּת
suborn, *v.t.* הֵסִית [נסת], הִדִּיחַ [נדח]
subpoena, subpena, *n.* הַזְמָנָה לְדִין
subscribe, *v.t. & i.* חָתַם; הִתְחַיֵּב [חיב]
subscriber, *n.* חוֹתֵם
subscription, *n.* חֲתִימָה; הִתְחַיְּבוּת
subsequent, *adj.* מִתְאַחֵר
subservient, *adj.* מְשֻׁעְבָּד, נִכְנָע
subside, *v.i.* שָׁקַע, צָלַל (שְׁמָרִים); שָׁכַךְ (רוּחַ); הוּקַל [קלל] (כְּאֵב); שָׁקַט (יָם)
subsidiary, *adj.* מְסַיֵּעַ, צְדָדִי
subsidize, *v.t.* תָּמַךְ, נָתַן תְּמִיכָה
subsidy, *n.* תְּמִיכָה
subsist, *v.t. & i.* פִּרְנֵס, הִתְפַּרְנֵס [פרנס], כִּלְכֵּל, הִתְקַיֵּם [קום]
subsistence, *n.* מִחְיָה, פַּרְנָסָה, קִיּוּם
substance, *n.* חֹמֶר, גּוּף; תֹּכֶן; רְכוּשׁ
substantial, *adj.* מַמָּשִׁי; אָמִיד
substantial, *n.* עִקָּר
substantially, *adv.* בְּעִקָּר
substantiate, *v.t.* אִמֵּת
substantiation, *n.* הוֹכָחָה
substantive, *adj. & n.* מַהוּתִי; שֵׁם עֶצֶם
substitute, *n.* תְּמוּרָה; מְמַלֵּא מָקוֹם

substitute, *v.t.* הֵמִיר [מור]; מִלֵּא מָקוֹם
substitution, *n.* תַּחֲלִיף, חִלּוּף, תְּמוּרָה
substructure, *n.* יְסוֹד, אֹטֶם
subterfuge, *n.* תּוֹאֲנָה, אֲמַתְלָה; הוֹנָאָה
subterranean, *adj.* תַּת קַרְקָעִי
subtle, *adj.* מְפֻלְפָּל, פִּקְחִי, דַּק
subtlety, *n.* חָכְמָה, שְׁנִינוּת, דַּקּוּת
subtract, *v.t.* נִכָּה, חִסֵּר
subtraction, *n.* חִסּוּר, פְּעֻלַּת הַחִסּוּר
suburb, *n.* שְׁכוּנָה, פַּרְוָר
suburban, *adj.* פַּרְוָרִי
subvention, *n.* סִיּוּעַ, תְּמִיכָה
subversion, *n.* הֲפִיכָה, הֲפִיכַת מִשְׁטָר
subversive, *adj.* הוֹפֵךְ; מַשְׁחִית
subvert, *v.t.* הִשְׁחִית [שחת], הָפַךְ
subway, *n.* תַּחְתִּית
succeed, *v.t. & i.* בָּא [בוא] אַחֲרֵי, יָרַשׁ; הִצְלִיחַ [צלח]
success, *n.* הַצְלָחָה
successful, *adj.* מֻצְלָח
succession, *n.* רְצִיפוּת, תְּכִיפוּת; שׁוּרָה; יְרוּשָּׁה
successor, *n.* יוֹרֵשׁ, מְמַלֵּא מָקוֹם
succor, succour, *n.* סִיּוּעַ, סַעַד
succor, succour, *v.t.* סִיֵּעַ
succotash, *n.* פּוֹלְתִּירָס
succulence, succulency, *n.* עֲסִיסִיּוּת
succulent, *adj.* עֲסִיסִי
succumb, *v.i.* מֵת [מות]
such, *adj. & pron.* כָּזֶה
suck, *n.* יְנִיקָה
suck, *v.t. & i.* יָנַק; מָצַץ; סָפַג
sucker, *n.* יוֹנֵק, יוֹנֶקֶת; פֶּתִי, שׁוֹטֶה
suckle, *v.t.* הֵינִיק [ינק]
suckling, *n.* יוֹנֵק, תִּינוֹק
suction, *n.* יְנִיקָה, מְצִיצָה
sudden, *adj.* פִּתְאוֹמִי
suddenly *adv.* פִּתְאוֹם
suddenness, *n.* פִּתְאוֹמִיּוּת
suds, *n. pl.* מֵי סַבּוֹן קְצֵפִיִּים
sue, *v.t. & i.* נִשְׁפַּט [שפט], תָּבַע לְדִין; הִתְחַנֵּן [חנן], חִזֵּר (אַחֲרֵי אִשָּׁה)
suet, *n.* חֵלֶב בְּהֵמוֹת מְחֻתָּךְ, פֶּדֶר
suffer, *v.t. & i.* סָבַל; הִרְשָׁה [רשה]
sufferance, *n.* סַבְלָנוּת; רְשׁוּת
suffering, *n.* סֵבֶל
suffice, *v.t. & i.* הָיָה דַּי, הִסְפִּיק [ספק]
sufficiency, *n.* דַּיּוּת
sufficient, *adj.* מַסְפִּיק
suffix, *n.* סוֹפִית, סִיֹּמֶת
suffocate, *v.t. & i.* חָנַק, נֶחֱנַק [חנק]
suffocation, *n.* חֶנֶק, תַּשְׁנוּק
suffrage, *n.* זְכוּת הַצְבָּעָה
suffuse, *v.t.* כִּסָּה, הִשְׁתַּפֵּךְ [שפך]
suffusion, *n.* הִשְׁתַּפְּכוּת, כִּסּוּי
sugar, *n.* סֻכָּר
sugar, *v.t.* סִכֵּר, הִמְתִּיק [מתק]
sugar beet סֶלֶק סֻכָּר
sugar cane קְנֵה סֻכָּר
suggest, *v.t.* הִצִּיעַ [יצע]; רָמַז; יָעַץ
suggestion, *n.* הַצָּעָה
suggestive, *adj.* רוֹמֵז, מְרַמֵּז
suicide, *n.* אִבּוּד עַצְמוֹ לָדַעַת
suit, *n.* חֲלִיפָה; תְּבִיעָה מִשְׁפָּטִית
suit, *v.t. & i.* הָלַם, הִתְאִים [תאם], מָצָא חֵן בְּעֵינֵי
suitable, *adj.* מַתְאִים
suite, *n.* בְּנֵי לְוָיָה; שׁוּרַת חֲדָרִים
suitor, *n.* מְבַקֵּשׁ, מַפְצִיר, חוֹזֵר אַחֲרֵי אִשָּׁה
sulfur, sulphur, *n.* גָּפְרִית
sulk, *v.i.* עָגַם, זָעַף
sulkiness, *n.* עָגְמַת נֶפֶשׁ
sullen, *adj.* קוֹדֵר, נִדְכֶּה
sulphate, *n.* גָּפְרָה

sulphide, sulphid, *n.* דּוּ תַּחְמֹצֶת הַגָּפְרִית
sulphuric, *adj.* גָּפְרִיתָנִי
sulphurous, *adj.* גָּפְרִיתִי
Sultan, *n.* שֻׁלְטָן
sultry, *adj.* חַם, מַחֲנִיק
sum, *n.* סַךְ, סְכוּם, סַךְ הַכֹּל
sum, summarize, *v.t.* סִכֵּם
summary, *adj.* תַּמְצִיתִי; תָּכוּף
summer, *n.* & *v.i.* קַיִץ; קַיֵּץ, הִתְקַיֵּץ [קיץ]
summit, *n.* פִּסְגָּה
summon, *v.t.* תָּבַע, הִזְמִין [זמן] (לְדִין); כִּנֵּס
summons, *n.* תְּבִיעָה, הַזְמָנָה (לְדִין)
sumptuous, *adj.* מְפֹאָר
sun, *n.* שֶׁמֶשׁ, חַמָּה, חֶרֶס, חַרְסָה
sun, *v.t.* & *i.* חִמֵּם, הִתְחַמֵּם [חמם]
sunbeam, *n.* קֶרֶן (חַמָּה) שֶׁמֶשׁ
sunbonnet, *n.* כּוֹבַע שֶׁמֶשׁ
sunburn, *n.* שִׁזּוּף, שְׁזִיפָה, הַשְׁחָמָה
Sunday, *n.* יוֹם רִאשׁוֹן, יוֹם א׳
sunder, *v.t.* הִפְרִיד [פרד]
sundial, *n.* שְׁעוֹן שֶׁמֶשׁ
sundown, *n.* שְׁקִיעַת הַחַמָּה
sundries, *n. pl.* שׁוֹנוֹת
sundry, *adj.* שׁוֹנֶה; אֲחָדִים
sunflower, *n.* חַמָּנִית
sunken, *adj.* מְשֻׁקָּע
sunlight, *n.* אוֹר הַשֶּׁמֶשׁ
sunny, *adj.* מָלֵא שֶׁמֶשׁ, חַרְסִי; בָּהִיר
sunrise, *n.* עֲלִיַּת הַחַמָּה
sunset, *n.* שְׁקִיעַת (בּוֹא) הַחַמָּה
sunshade, *n.* סוֹכֵךְ, שִׁמְשִׁיָּה, מֵצַל
sunstroke, *n.* מַכַּת שֶׁמֶשׁ
sup, *v.t.* & *i.* סָעַד אֲרֻחַת עֶרֶב
superabundance, *n.* שִׁפְעָה רַבָּה
superannuation, *n.* יְשִׁישׁוּת
superb, *adj.* נֶהְדָּר
supercargo, *n.* מְמֻנֶּה עַל הַמִּטְעָן
supercilious, *adj.* יָהִיר, שַׁחֲצָנִי
superficial, *adj.* שִׁטְחִי
superficiality, *n.* שִׁטְחִיּוּת
superfluity, *n.* יִתְרָה, עֹדֶף
superfluous, *adj.* מְיֻתָּר
superhuman, *adj.* עַל אֱנוֹשִׁי
superintend, *v.t.* הִשְׁגִּיחַ [שגח] עַל, פִּקֵּחַ; נִהֵל
superintendence, superintendency, *n.* נִהוּל; פִּקּוּחַ
superintendent, *n.* מְנַהֵל; מְפַקֵּחַ
superior, *adj.* מְשֻׁבָּח, הַטּוֹב בְּיוֹתֵר
superiority, *n.* יִתְרוֹן, עֶלְיוֹנוּת
superlative, *adj.* הַגָּבֹהַּ בְּיוֹתֵר
superlative, *n.* עֶרֶךְ הַהַפְלָגָה (דִּקְדּוּק); מִבְחָר
superman, *n.* אָדָם עֶלְיוֹן
supernatural, *adj.* שֶׁלְּמַעְלָה מֵהַטֶּבַע
supernumerary, *n.* עוֹדֵף
supersede, *v.t.* לָקַח מָקוֹם
superstition, *n.* אֱמוּנָה תְּפֵלָה
superstitious, *adj.* הַבְלִי, הַבְלוּתִי
supervene, *v.i.* בָּא [בוא], קָרָה לְפֶתַע
supervise, *v.t.* פִּקֵּחַ, הִשְׁגִּיחַ [שגח]
supervision, *n.* פִּקּוּחַ, הַשְׁגָּחָה
supervisor, *n.* מְפַקֵּחַ, מַשְׁגִּיחַ
supine, *adj.* אָדִישׁ
supper, *n.* אֲרֻחַת (סְעֻדַּת) עֶרֶב
supplant, *v.t.* לָקַח מָקוֹם
supple, *adj.* גָּמִישׁ
supple, *v.t.* & *i.* גִּמֵּשׁ, הִתְגַּמֵּשׁ [גמש]
supplement, *n.* תּוֹסֶפֶת, מוּסָף
supplement, *v.t.* מִלֵּא, נָתַן תּוֹסֶפֶת
supplementary, *adj.* נוֹסָף, מַשְׁלִים
suppleness, *n.* גְּמִישׁוּת
supplicant, suppliant, *adj.* & *n.* מִתְחַנֵּן, מַפְצִיר, מַעְתִּיר

supplicate, *v.t.* הִתְחַנֵּן [חנן], הֶעְתִּיר [עתר], בִּקֵּשׁ
supplication, suppliance, *n.* תְּחִנָּה, תַּחֲנוּן, עֲתִירָה, חִלּוּי
supplier, *n.* סַפָּק, מְסַפֵּק
supply, *n.* הַסְפָּקָה, אַסְפָּקָה, סִפּוּק
supply, *v.i.* סִפֵּק
support, *n.* תְּמִיכָה, מִשְׁעָן, מִסְעָד
support, *v.t.* תָּמַךְ, פִּרְנֵס
supporter, *n.* תּוֹמֵךְ, מְפַרְנֵס
suppose, *v.t.* סָבַר, שִׁעֵר
supposition, supposal, *n.* הַנָּחָה, סְבָרָה, הַשְׁעָרָה
suppository, *n.* פְּתִילָה (לִרְפוּאָה)
suppress, *v.t.* הִכְנִיעַ [כנע], כָּבַשׁ
suppression, *n.* דִּכְדּוּךְ
suppurate, *v.i.* מִגֵּל, הִתְמַגֵּל [מגל]
suppuration, *n.* מִגּוּל
supremacy, *n.* עֶלְיוֹנוּת
supreme, *adj.* עֶלְיוֹן, רִאשׁוֹן בְּמַעֲלָה
surcharge, *n.* מַעֲמָסָה כְּבֵדָה; הַפְקָעַת שְׁעָרִים
surcharge, *v.t.* הֶעֱמִיס [עמס] יוֹתֵר מִדַּי; הִפְקִיעַ [פקע] שַׁעַר
sure, *adj.* בָּטוּחַ, וַדַּאי
surely, *adv.* בֶּאֱמֶת, בֶּטַח, אָכֵן
sureness, *n.* וַדָּאוּת
surety, *n.* עֲרֻבָּה, מַשְׁכּוֹן
surf, *n.* דָּכְיִ, שְׁאוֹן (קֶצֶף) גַּלִּים
surface, *n.* מִשְׁטָח, שֶׁטַח, פָּנִים
surfeit, *n.* גֹּדֶשׁ, עֹדֶף
surfeit, *v.t.* & *i.* זָלַל, גִּרְגֵּר, לָעַט
surge, *n.* מִשְׁבָּר, הִתְגָּעֲשׁוּת
surge, *v.i.* הִתְנַשֵּׂא [נשא], הִתְגָּעֵשׁ [געש]
surgeon, *n.* מְנַתֵּחַ
surgery, *n.* נִתּוּחַ
surgical, *adj.* נִתּוּחִי
surly, *adj.* נִזְעָם, יָהִיר

surmise, *n.* סְבָרָה, הַשְׁעָרָה, נִחוּשׁ
surmise, *v.t.* שִׁעֵר
surmount, *v.t.* גָּבַר, הִתְגַּבֵּר [גבר] עַל
surname, *n.* & *v.t.* חֲנִיכָה, כִּנּוּי; כִּנָּה
surpass, *v.t.* עָבַר עַל
surplus, *adj.* עוֹדֵף, יָתֵר, מְיֻתָּר
surplus, *n.* מוֹתָר, עֹדֶף
surprise, *n.* & *v.t.* הַפְתָּעָה; הִפְתִּיעַ [פתע], הִפְלִיא [פלא]
surprising, *adj.* מַתְמִיהַּ, מַפְלִיא
surrender, *n.*, *v.t.* & *i.* כְּנִיעָה, הַסְגָּרָה; נִכְנַע [כנע], הִסְגִּיר [סגר]
surreptitious, *adj.* מִתְגַּנֵּב
surrogate, *n.* מְמַלֵּא מָקוֹם, סְגָן; שׁוֹפֵט לְצַוָּאוֹת
surround, *v.t.* הִקִּיף [נקף]; עִטֵּר, סָבַב
surroundings, *n. pl.* סְבִיבָה
surtax, *n.* מַס נוֹסָף
surveillance, *n.* הַשְׁגָּחָה
survey, *n.* & *v.t.* סְקִירָה, מִסְקָר, סֶקֶר, מְשִׁיחַת (מְדִידַת) קַרְקָעוֹת; בָּחַן, סִקֵּר, מָדַד (מָשַׁח) קַרְקָעוֹת
surveying, *n.* מְשִׁיחַת קַרְקָעוֹת
surveyor, *n.* מָשׁוֹחַ, מוֹדֵד
survival, *n.* הִשָּׁאֲרוּת
survive, *v.t.* & *i.* נִשְׁאַר [שאר] בַּחַיִּים, שָׂרַד, נוֹתַר (נִתּוֹתַר) [יתר]
survivor, *n.* שָׂרִיד, פָּלִיט
susceptibility, *n.* עֵרוּת, רַגְשָׁנוּת, רְגִישׁוּת
susceptible, *adj.* רָגִישׁ, רַגְשָׁנִי, מִתְרַשֵּׁם
suspect, *adj.* *n.* & *v.t.* חָשׁוּד; חָשַׁד
suspend, *v.t.* תָּלָה; הִפְסִיק [פסק]
suspenders, *n. pl.* כְּתֵפִיּוֹת, מוֹשְׁכוֹת
suspense, *n.* מְתִיחוּת; רִפְיוֹן; הֶפְסֵק
suspension, *n.* תְּלִיָּה; עִכּוּב; הֶפְסֵק
suspicion, *n.* חֲשַׁד
suspicious, *adj.* חַשְׁדָנִי

sustain, *v.t.* תָּמַךְ, סָעַד, פִּרְנֵס; הוֹכִיחַ [וכח]; נָשָׂא, סָבַל
sustenance, *n.* מִחְיָה, סַעַד, מָזוֹן
suture, *n.* תֶּפֶר, תְּפִירָה
suzerainty, *n.* שִׁלְטוֹן
svelte, *adj.* עָנֹג, דַּק, גָּמִישׁ
swab, *n.* סְחָבָה; סְפוֹג
swab, *v.t.* שִׁפְשֵׁף, מָרַח; נִקָּה (פֶּצַע)
swaddle, swathe, *n.* & *v.t.* חִתּוּל; חִתֵּל
swagger, *n.* הִתְרַבְרְבוּת, הִתְפָּאֲרוּת
swagger, *v.i.* הִתְרַבְרֵב [רברב], הִתְפָּאֵר [פאר]
swain, *n.* בֶּן כְּפָר
swallow, *n.* סְנוּנִית, דְּרוֹר; לְגִימָה, בְּלִיעָה
swallow, *v.t.* & *i.* לָגַם, בָּלַע, לָעַט
swamp, *n.* בִּצָּה, יָוֵן
swan, *n.* בַּרְבּוּר
swap, swop, *v.t.* הֵמִיר [מור], הֶחֱלִיף [חלף]
sward, *n.* מִדְשָׁאָה
swarm, *n.* נָחִיל, נְחִיל דְּבוֹרִים, דְּבוֹרִית; הָמוֹן; עֵרֶב רַב; שֶׁרֶץ
swarm, *v.t.* שָׁרַץ, רָחַשׁ; הִתְקַהֵל [קהל], הִתְגּוֹדֵד [גדד]
swarthy, *adj.* שָׁזוּף, שְׁחַרְחַר
swash, *n.* שִׁכְשׁוּךְ, הַתָּזָה (מַיִם)
swash, *v.i.* שִׁכְשֵׁךְ, הִתִּיז [נתז]
swastika, swastica, *n.* צְלָב הַקֶּרֶס
swat, *v.t.* הִכָּה [נכה], הִצְלִיף [צלף]
swatter, *n.* כַּף זְבוּבִים, מַצְלֵף
swath, swathe, *n.* תְּנוּפַת מַגָּל; שׁוּרַת קָצִיר
swathe, *v.* swaddle
sway, *n.*, *v.t.* & *i.* הִתְנוֹעֲעוּת; נְטִיָּה; שִׁלְטוֹן; הַשְׁפָּעָה; נָטָה, הֵנִיעַ (נִעְנַע, הִתְנוֹעֵעַ) [נוע], שָׁלַט, מָשַׁל, הִשְׁפִּיעַ [שפע]

swear, *v.t.* & *i.* קִלֵּל, גִּדֵּף, נִשְׁבַּע (הִשְׁבִּיעַ) [שבע]
swearing, *n.* שְׁבוּעָה; חֵרוּף, גִּדּוּף
sweat, *n.* יֶזַע, זֵעָה
sweat, *v.t.* & *i.* הֵזִיעַ [זוע]
sweater, *n.* מֵיזָע; צִמְרִיָּה
Swede, *n.* שְׁוֵדִי
sweep, *n.* גְּרִיפָה, טִאטוּא; תְּנוּפָה
sweep, *v.t.* & *i.* גָּרַף, סָחַף; טִאטֵא
sweet, *adj.* מָתוֹק; רֵיחָנִי; עָרֵב; נֶחְמָד
sweet, *n.* מֶתֶק, מְתִיקוּת
sweeten, *v.t.* & *i.* מִתֵּק, הִמְתִּיק [מתק]
sweetheart, *n.* אָהוּב, אֲהוּבָה
sweetness, *n.* מֹתֶק, מְתִיקוּת
sweets, *n. pl.* מַמְתַּקִּים
swell, *n.*, *v.t.* & *i.* תְּפִיחָה; גַּל; בְּלִיטָה; נִפַּח, הִתְנַפַּח [נפח], תָּפַח
swelling, *n.* נְפִיחָה, תְּפִיחָה, הִתְנַפְּחוּת; גֵּאוּת יָם
swelter, *n.* חֹם לוֹהֵט
swelter, *v.i.* נָמוֹג [מוג] מֵחֹם, זֵעָה
swerve, *n.* & *v.i.* סְטִיָּה; סָטָה
swift, *adj.* מָהִיר
swiftly, *adv.* מַהֵר, בִּמְהִירוּת
swiftness, *n.* מְהִירוּת
swim, *n.* שְׂחִיָּה; הִתְעַלְּפוּת, סְחַרְחֹרֶת
swim, *v.t.* & *i.* שָׂחָה, שָׁט [שוט]; הִתְעַלֵּף [עלף], הִסְתַּחְרֵר [סחרר]
swimming, *n.* שְׂחִיָּה; סְחַרְחֹרֶת (רֹאשׁ)
swimmer, *n.* שַׂחְיָן
swindle, *n.* הוֹנָאָה, רַמָּאוּת
swindle, *v.t.* רִמָּה
swindler, *n.* רַמַּאי
swine, *n.* חֲזִיר, חֲזִירָה
swing, *n.* נִעְנוּעַ; נַדְנֵדָה, עַרְסָל
swing, *v.t.* & *i.* נִדְנֵד, הִתְנַדְנֵד [נדנד], עִרְסֵל; נִתְלָה [תלה]

swipe, *v.t.* הִלְקָה [לקה]; גָּנַב

swirl, *v.t.* & *i.* הִתְחוֹלֵל [חלל], הִסְתּוֹבֵב [סבב]

swish, *n.* רִשְׁרוּשׁ

Swiss, *adj.* שְׁוֵיצָרִי

switch, *n.* מֶתֶג, מַפְסֵק; שׁוֹט; פֵּאָה נָכְרִית; מַעֲבִיר (פַּסֵּי רַכֶּבֶת, זֶרֶם חַשְׁמַל)

switch, *v.t.* הֶעֱבִיר [עבר]; הֵנִיעַ [נוע]; הִצְלִיף [צלף]; חִבֵּר

swivel, *n.* צִיר

swivel, *v.t.* & *i.* סוֹבֵב [סבב] עַל צִיר

swoon, *n.* הִתְעַלְּפוּת

swoon, *v.i.* הִתְעַלֵּף [עלף]

swoop, *n.* עִיטָה

swoop, *v.t.* & *i.* עָט [עוט, עיט]; טָשׁ [טוש]

swop *v.* swap

sword, *n.* חֶרֶב, סַיִף

swordfish, *n.* חִלְפִּית, דַּג הַחֶרֶב

swordsman, *n.* סַיָּף

sycamore, *n.* שִׁקְמָה

sycophancy, *n.* חֲנִיפָה

sycophant, *n.* מְלַחֵךְ פִּנְכָּה, מַחֲלִיק לָשׁוֹן

syllable, *n.* הֲבָרָה

syllogism, *n.* הֶקֵּשׁ

syllogize, *v.t.* & *i.* הֵקִישׁ [קיש]

symbol, *n.* סֵמֶל, אוֹת

symbolic, symbolical, *adj.* סִמְלִי

symbolism, *n.* סִמְלִיּוּת

symbolize, *v.t.* סִמֵּל, סְמַל

symmetrical, *adj.* שְׁוֵה עֵרֶךְ, תְּאוּמִי

symmetry, *n.* תֵּאוּם, שִׁוּוּי עֵרֶךְ

sympathetic, *adj.* אָהוּד

sympathy, *n.* אַהֲדָה; חֶמְלָה

sympathize, *v.i.* אָהַד

symphony, *n.* תֵּאוּם צְלִילִים, סִמְפוֹנְיָה

symposium, *n.* מְסִבַּת רֵעִים

symptom, *n.* אוֹת, סִימָן

symptomatic, symptomatical, *adj.* סִימָנִי, מְסַמֵּן, מְצַיֵּן

synagogue, *n.* בֵּית הַכְּנֶסֶת

synchronization, *n.* תִּזְמֹנֶת

synchronize, *v.t.* & *i.* תִּזְמֵן

syncopation, *n.* הַבְלָעַת אוֹת, הַשְׁמָטָה

syndicate, *n.* הִתְאַחֲדוּת סוֹחֲרִים

synod, *n.* כְּנֵסִיָּה

synonym, synonyme, *n.* שֵׁם נִרְדָּף

synonymous, *adj.* נִרְדָּף

synopsis, *n.* תַּמְצִית, קִצּוּר

syntax, *n.* תַּחְבִּיר

synthesis, *n.* תִּרְכֹּבֶת, הַרְכָּבָה

synthetic, *adj.* מֻרְכָּב בְּאֹפֶן מְלָאכוּתִי

syphilis, *n.* עַגֶּבֶת

syringe, *n.* מַזְרֵק, חֹקֶן

syringe, *v.t.* הִזְרִיק [זרק]; חָקַן, חִקֵּן

system, *n.* שִׁיטָה

systematic, systematical, *adj.* שִׁיטָתִי

systematize, *v.t.* עָשָׂה בְּשִׁיטָה, סִדֵּר

T, t

T, t, *n.* טִי, הָאוֹת הָעֶשְׂרִים בָּאָלֶף בֵּית הָאַנְגְּלִי

tab, *n.* פֶּתֶק, תָּוִית; חֶשְׁבּוֹן

tabby, *n.* חֲתוּל בַּיִת

tabernacle, *n.* מִשְׁכָּן (אַרְעִי); גּוּף אָדָם; אֹהֶל מוֹעֵד; בֵּית (תְּפִלָּה) כְּנֶסֶת

table, *n.* שֻׁלְחָן; דֶּלְפֵּק; לוּחַ; טַבְלָה; אֲרֻחָה; תֹּכֶן (הָעִנְיָנִים)

table, *v.t.* לַוֵּחַ; שָׂם [שים] עַל שֻׁלְחָן; דָּחָה (הַצָּעָה)
tablecloth, *n.* מַפָּה
tableland, *n.* מִישׁוֹר
tablespoon, *n.* כַּף
tablet, *n.* לוּחַ; טַבְלִית
taboo, tabu, *adj.* & *n.* מָחֳרָם, מֻקְדָּשׁ; חֵרֶם, הֶקְדֵּשׁ
tabular, *adj.* לוּחִי
tabulate, *v.t.* לַוֵּחַ
tacit, taciturn, *adj.* שׁוֹתֵק, שַׁתְקָנִי
tack, *n.* נַעַץ; תֶּפֶר מַכְלִיב; כִּוּוּן (אֳנִיָּה)
tackle, *n.* גַּלְגֶּלֶת, מַכְשִׁירִים, חֲבָלִים
tackle, *v.t.* & *i.* תָּפַשׂ, אָחַז בְּ־; נִסָּה
tact, *n.* נִימוּס, נִמּוּן, תַּכְסִיס
tactful, *adj.* נִימוּסִי, בַּעַל נִימוּס
tactical, *adj.* תַּכְסִיסִי
tactics, *n. pl.* תַּכְסִיסָנוּת, טַכְסִיסֵי קְרָב
tactile, *adj.* מִשּׁוּשִׁי
tactless, *adj.* בִּלְתִּי מְנֻמָּס, גַּס
tadpole, *n.* רֹאשָׁן
taffy, *n.* סֻכָּרִיָּה, נֹפֶת; חֲנֻפָּה
tag, *n.* תָּוִית, פֶּתֶק; מִשְׂחַק יְלָדִים („תְּפֹשׂ אוֹתִי")
tail, *n.* זָנָב; אַלְיָה (כֶּבֶשׂ); שְׁבִיט (כּוֹכָב); כָּנָף (בֶּגֶד)
tailor, *n.* חַיָּט, תּוֹפֵר
tailor, *v.t.* & *i.* תָּפַר, חִיֵּט
taint, *n.* כֶּתֶם; מוּם
taint, *v.t.* & *i.* אָלַח; סִמֵּם; הִשְׁחִית [שחת], הִכְתִּים [כתם]
take, *v.t.* & *i.* לָקַח, נָטַל
  take in הִכְנִיס [כנס]; קִפֵּל (מִפְרָשׂ)
  take off הֵסִיר [סור], פָּשַׁט; טָס [טוס]
  take on קִבֵּל עַל עַצְמוֹ, הִתְחַיֵּב [חוב]
  take place קָרָה
talc, talcum, *n.* אֲבָקָה, טַלְק
tale, *n.* אַגָּדָה, סִפּוּר, מַעֲשִׂיָּה
talent, *n.* כִּשְׁרוֹן
talented, *adj.* כִּשְׁרוֹנִי, בַּעַל כִּשְׁרוֹן
talisman, *n.* קָמִיעַ
talk, *n.* דִּבּוּר; שִׂיחָה; נְאוּם
talk, *v.t.* & *i.* דִּבֵּר, שָׂח, שׂוֹחַח [שיח]
talkative, *adj.* פַּטְפְּטָנִי, דַּבְּרָנִי
talker, *n.* פַּטְפְּטָן, דַּבְּרָן
tall, *adj.* גָּדוֹל, רָם, גָּבֹהַּ
tallow, *n.* חֵלֶב
tally, *v.i.* הִתְאִים [תאם]
Talmud, *n.* תַּלְמוּד, גְּמָרָא
tame, *adj.* מְרֻסָּן, מְאֻלָּף, בֵּיתִי
tame, *v.t.* הִכְנִיעַ [כנע], אִלֵּף, רִסֵּן, הָפַךְ בֵּיתִי
tam-o'-shanter, *n.* כִּפָּה שׁוֹטְלַנְדִית
tamper, *v.i.* הִתְעָרֵב [ערב] בְּ־
tan, *adj.* & *n.* שָׁחֹם, שִׁזּוּף; עֶפֶץ
tan, *v.t.* & *i.* עִבֵּד עוֹרוֹת, בִּרְסֵק; הִשְׁתַּזֵּף [שזף]
tandem, *adj.* & *n.* (בְּ) זֶה אַחַר זֶה; אוֹפַנַּיִם (כִּרְכָּרָה) לִשְׁנַיִם
tang, *n.* קוּף; טַעַם (רֵיחַ) חָרִיף
tangent, *adj.* & *n.* נוֹגֵעַ; מַשִּׁיק
tangerine, *n.* מַרְיוֹסֵף, יוֹסִיפוֹן
tangible, *adj.* מַמָּשִׁי
tangle, *n.* סְבַךְ
tangle, *v.t.* & *i.* סִבֵּךְ, הִסְתַּבֵּךְ [סבך]
tank, *n.* זַחַל; אָשׁוּחַ, מֵיכָל, טַנְק
tankard, *n.* מִזְרָק
tanner, *n.* עַבְּדָן, בֻּרְסִי
tannery, *n.* עַבְּדָנוּת, בֻּרְסְקִי
tannin, tannic acid, *n.* חֻמְצַת (עֲפָצִים) אוֹג
tanning, *n.* בֻּרְסְקוּת, עִבּוּד
tantalize, *v.t.* & *i.* הִתְגָּרָה [גרה], קִנְטֵר
tantamount, *adj.* שָׁקוּל כְּנֶגֶד
tantrum, *n.* הִתְפָּרְצוּת שֶׁל זַעַם, פֶּרֶץ

tap, *n.* דְּפִיקָה קַלָּה; בֶּרֶז; מַבְרֵז; מֵינֶקֶת, שְׁפוֹפֶרֶת; מְגוּפָה

tap, *v.t.* & *i.* דָּפַק דְּפִיקָה קַלָּה, מָשַׁךְ (הוֹצִיא [יצא]) מַשְׁקֶה מֵחָבִית, קָדַח (חוֹר בְּחָבִית); חָלַץ (פְּקָק), מִצָּה; חִבֵּר, קִשֵּׁר (לְרֶשֶׁתוֹת מַיִם, חַשְׁמַל, וְכוּ׳)

tape, *n.* סֶרֶט, דִּבְקוֹן

tape, *v.t.* עָנַד, קָשַׁר, מָדַד בְּסֶרֶט

taper, *v.t.* & *i.* הִתְמַעֵט [מעט], הָלַךְ וְהִתְחַדֵּד [חדד] בְּקָצֵהוּ

tapestry, *n.* טַפִּיס, מַרְבַד, שָׁטִיחַ

tapeworm, *n.* כֶּרֶץ

tapioca, *n.* קַסָּוִית

tape recorder מַקְלִיטוֹן

taproom, taphouse, *n.* מִמְזָנָה, מִסְבָּאָה

tar, *n.* & *v.t.* זֶפֶת; מַלָּח; זִפֵּת

tardy, *adj.* מְאֻחָר, מְפַגֵּר

tare, *n.* זוּן, בִּקְיָה; בֵּרוּץ נִכָּיוֹן (מִשְׁקָל)

target, *n.* מַטָּרָה, מִפְגָּע

tariff, *n.* תַּעֲרִיף (מֶכֶס), מְחִירָן

tarn, *n.* אֲגַם הָרִים

tarnish, *n.* רְבָב, כֶּתֶם; הַכְתָּמָה

tarnish, *v.t.* & *i.* הִכְהָה [כהה], הוּעַם [עמם]

tarpaulin, *n.* זַפְתּוּת, צַדְרָה, אַבַּרְזִין; מַלָּח

tarry, *cdj.* מְזֻפָּת, מְזֻפָּף

tarry, *v.i.* שָׁהָה, הִתְמַהְמֵהַּ [מהמה]

tart, *adj.* חָמוּץ, חָרִיף

tart, *n.* קְרָצָה, עוּגַת פֵּרוֹת; יַצְאָנִית

tartar, *n.* שְׁמָרִים; חֲצַץ שִׁנַּיִם

task, *n.* מְשִׂימָה, מַטָּלָה, שִׁעוּר

tassel, *n.* פִּיף, גְּדִיל, צִיצִית

taste, *n., v.t.* & *i.* טַעַם; טָעַם

tasteful, *adj.* טָעִים

tasteless, *adj.* תָּפֵל, חֲסַר טַעַם

tatter, *n.* סְחָבָה

tatter, *v.t.* קָרַע

tatters, *n. pl.* סְמַרְטוּטִים, סְחָבוֹת

tattle, *n.* פִּטְפּוּט, לַהַג

tattle, *v.t.* הָלַךְ רָכִיל, פִּטְפֵּט

tattoo, *n.* & *v.t.* קַעֲקַע; קִעֲקַע

taunt, *n.* & *v.t.* גִּדּוּף, הִתּוּל, לַעַג; גִּדֵּף

tavern, *n.* מִסְבָּאָה, בֵּית מַרְזֵחַ

tawdry, *adj.* נִקְלֶה, תָּפֵל

tawny, tawney, *adj.* צְהַבְהַב חוּם

tax, *n.* מַס, מֶכֶס, אַרְנוֹנָה, בְּלוֹ

tax, *v.t.* הִטִּיל [נטל] (שָׂם [שים]) מַס; הִטְרִיחַ [טרח]

taxation, *n.* הַטָּלַת מִסִּים

taxi, taxicab, *n.* מוֹנִית

taxidermy, *n.* פִּחְלוּץ

taxpayer, *n.* מְשַׁלֵּם מִסִּים

tea, *n.* תֵּה, טֵה

teach, *v.t.* & *i.* הוֹרָה [ירה], לִמֵּד

teacher, *n.* מוֹרֶה, מְלַמֵּד, רַב

teaching, *.n* הוֹרָאָה

teacup, *n.* כּוֹס תֵּה

teakettle, *n.* קֻמְקוּם תֵּה

teal, *n.* בַּרְוָזָן בַּר

team, *n.* פְּלֻגָּה; צֶמֶד

teamwork, *n.* שִׁתּוּף פְּעֻלָּה

tear, *n.* קֶרַע

tear, teardrop, *n.* דֶּמַע, דִּמְעָה, אֱגֶל

tear, *v.t.* & *i.* קָרַע, נִקְרַע [קרע]; דָּמַע, זָלַג דְּמָעוֹת

tearful, *adj.* דָּמוּעַ, מַדְמִיעַ

tease, *v.t.* קִנְטֵר, הִתְגָּרָה [גרה]

tease, teaser, *n.* קַנְטְרָן, מִתְגָּרֶה

teaspoon, *n.* כַּפִּית

teat, *n.* דַּד, פִּטְמָה

technical, *adj.* טֶכְנִי

technician, *n.* טֶכְנַאי

technique, *n.* טֶכְנִיקָה

tedious, *adj.* מְיַגֵּעַ, מְשַׁעֲמֵם

tee, *n.* מַטָּרָה; תְּלוּלִית (גּוֹלְף)

teem, *v.i.* שָׁרַץ, שָׁפַע, פָּרָה וְרָבָה

teenager, *n.* בֶּן (בַּת) י״ג–י״ט

teens, *n. pl.* שְׁנוֹת הָעֶשְׂרֵה

teeth, *n.pl.* שִׁנַּיִם

teethe, *v.i.* שִׁנֵּן, הִצְמִיחַ [צמח] שִׁנַּיִם

teetotaler, teetotaller, *n.* מִתְנַזֵּר מִיַּיִן

teetotalism, *n.* הִנָּזְרוּת מִן הַיַּיִן

telegram, *n.* מִבְרָק

telegraph, *n.*, *v.t.* & *i.* מִבְרָקָה; הִבְרִיק [ברק]

telegrapher, telegraphist, *n.* אַבְרָק

telegraphy, *n.* הַבְרָקָה

telepathy, *n.* הַעֲבָרַת רְגָשׁוֹת

telephone, *n.* טֶלֶפוֹן, שָׁח רָחוֹק

telephone, *v.t.* & *i.* טִלְפֵּן, צִלְצֵל

telephotography, *n.* הַבְרָקַת תְּמוּנוֹת

telescope, *n.* מִשְׁקֶפֶת

television, *n.* סִכָּיוֹן

tell, *v.t.* & *i.* אָמַר, הִגִּיד [נגד], סִפֵּר

teller, *n.* מְסַפֵּר; גִּזְבָּר

telltale, *n.* מַלְשִׁין, הוֹלֵךְ רָכִיל

temerity, *n.* פְּזִיזוּת, הֶעָזָה, אֹמֶץ לֵב

temper, *n.* מֶזֶג; הִתְרַגְּזוּת

temper, *v.t.* עִרְבֵּב (צֶבַע); פִּיֵּס; חִסֵּם; הֵכִין [כון], הִנְמִיךְ [נמך] (קוֹל); סִגֵּל

temperament, *n.* מֶזֶג

temperamental, *adj.* רַגִּישׁ, מְהִיר חֵמָה

temperance, *n.* הִסְתַּפְּקוּת; הִנָּזְרוּת מִן הַיַּיִן, כְּבִישַׁת הַיֵּצֶר

temperate, *adj.* בֵּינוֹנִי, מָתוּן

temperature, *n.* חֹם, מִדַּת הַחֹם; מֶזֶג אֲוִיר

tempered, *adj.* מְמֻזָּג; מְחֻסָּם, מְקֻשֶּׁה

tempest, *n.* סוּפָה, סְעָרָה, סַעַר

tempestuous, *adj.* סוֹעֵר, זוֹעֵף

temple, *n.* הֵיכָל, בֵּית מִקְדָּשׁ, מִקְדָּשׁ, בֵּית כְּנֶסֶת; רַקָּה, צֶדַע

tempo, *n.* זְמְנָה, מִפְעָם, קֶצֶב

temporal, *adj.* זְמַנִּי; חִלּוֹנִי; צִדְעִי

temporary, *adj.* עֲרָאִי, חוֹלֵף, זְמַנִּי

temporize, *v.i.* הִתְפַּשֵּׁר [פשר] (עִם תְּנָאֵי הַזְּמַן), הִסְתַּגֵּל [סגל]

tempt, *v.t.* נִסָּה, פִּתָּה

temptation, *n.* יֵצֶר הָרָע, פִּתּוּי

tempter, *n.* שָׂטָן, מְנַסֶּה, יֵצֶר הָרָע

ten, *adj.* & *n.* עֲשָׂרָה, עֶשֶׂר

tenable, *adj.* אָחִיז, שֶׁאֶפְשָׁר לְהָגֵן עָלָיו

tenacious, *adj.* אוֹחֵז בְּחָזְקָה, צָמִיג, מְדַבֵּק; מְשַׁמֵּר

tenacity, *n.* אֲחִיזָה, צְמִיגוּת, הִדָּבְקוּת

tenancy, *n.* אֲרִיסוּת, דַּיָּרוּת; חֲזָקָה

tenant, *n.* אָרִיס, דַּיָּר, חָכִיר

tenantry, *n.* אֲרִיסוּת, דַּיָּרוּת

Ten Commandments עֲשֶׂרֶת (הַדְּבָרִים) הַדִּבְּרוֹת

tend, *v.t.* & *i.* רָעָה (צֹאן), טִפֵּל בְּ־, שָׁמַר עַל, שֵׁרֵת; נָטָה

tendance, *n.* שְׁמִירָה, הַשְׁגָּחָה

tendency, *n.* נְטִיָּה, מְגַמָּה, כִּוּוּן

tender, *adj.* רַךְ, עָדִין

tender, *n.* שׁוֹמֵר, מַשְׁגִּיחַ; כֶּסֶף חוּקִי; מִכְרָז; קָרוֹן; (אֳנִיַּת) לְוַאי; מַשָּׂאִית

tender, *v.t.* & *i.* הִצִּיעַ [יצע]; רִכֵּךְ

tenderloin, *n.* בְּשַׂר יָרֵךְ

tenderly, *adv.* בְּרֹךְ, בַּעֲדִינוּת

tenderness, *n.* רַכּוּת, רֹךְ, עֲדִינוּת

tendinous, *n.* גִּידִי, מֵיתָרִי

tendon, *n.* גִּיד, מֵיתָר, אָלִיל

tendril, *n.* נְטִישָׁה (שֶׁל גֶּפֶן), שָׂרִיג, זַלְזַל

tenement house בֵּית דַּיָּרִים

tenet, *n.* יְסוֹד, דֵּעָה, עִקָּר

tenfold, *adj.* & *adv.* כָּפוּל עֲשָׂרָה, פִּי עֶשֶׂר, עֲשֶׂרֶת מוֹנִים

tennis, *n.* טֶנִיס
tenon, *n.* שֶׁגֶם
tenor, *n.* נְטִיָּה, כִּוּוּן; טֶנוֹר
tense, *adj.* מָתוּחַ
tense, *n.* זְמַן (דִּקְדּוּק)
tensile, *adj.* מִתְמַתֵּחַ
tension, *n.* מְתִיחוּת; מְתִיחָה, מֶתַח
tent, *n.* אֹהֶל
tent, *v.t.* & *i.* אָהַל
tentacle, *n.* כַּף מִשּׁוּשׁ
tentative, *adj.* שֶׁלְּשֵׁם נִסָּיוֹן, עֲרָאִי
tentatively, *adj.* כְּנִסָּיוֹן
tenth, *adj.* & *n.* עֲשִׂירִי, עֲשִׂירִית; עִשָּׂרוֹן
tenuous, *adj.* דַּק, דַּקִּיק, קָלוּשׁ
tenure, *n.* אֲחִיזָה, חֲזָקָה; וֶתֶק
tepid, *adj.* פּוֹשֵׁר
tercentenary, *adj.* & *n.* יוֹבֵל שְׁלֹשׁ מֵאוֹת
term, *n.* זְמַן; מֻנָּח; תְּנַאי; גְּבוּל
term, *v.t.* כִּנָּה, קָרָא בְּשֵׁם
terminal, *adj.* & *n.* שֶׁל גְּבוּל; סוֹפִי, גְּבוּלִי; תַּחֲנָה (סוֹפִית אוֹ רָאשִׁית)
terminate, *v.t.* & *i.* גָּמַר, חָדַל, סִיֵּם; נִגְמַר [גמר]
termination, *n.* סִיּוּם, גְּמַר, קֵץ
terminology, *n.* מַעֲרֶכֶת מֻנָּחִים
terminus, *n.* תַּחֲנָה סוֹפִית; גְּבוּל
termite, *n.* אַרְצִית, טֶרְמִיט
terrace, *n.* מִרְפֶּסֶת; מִדְרָג
terrapin, *n.* צָב הַיָּם
terrestrial, *adj.* אַרְצִי
terrible, *adj.* אָיֹם, נוֹרָא, מַפְחִיד
terrific, *adj.* נִפְלָא, עָצוּם; נוֹרָא
terrify, *v.t.* הִפְחִיד [פחד], הִבְהִיל [בהל]
territorial, *adj.* אַרְצִי
territory, *n.* אַרְצָה; גָּלִיל
terror, *n.* אֵימָה, פַּחַד, בֶּהָלָה, חִתָּה
terrorism, *n.* בִּרְיוֹנוּת, אֵימְתָנִיּוּת
terrorist, *n.* בִּרְיוֹן, אֵימְתָן
terrorize, *v.t.* הִפְחִיד [פחד], הִפִּיל [נפל] אֵימָה עַל
terse, *adj.* מְקֻצָּר
test, *n.* בְּחִינָה, מִבְחָן, בְּדִיקָה, נִסָּיוֹן
test, *v.t.* נִסָּה, בָּחַן
testament, *n.* צַוָּאָה; בְּרִית
New Testament הַבְּרִית הַחֲדָשָׁה
Old Testament כִּתְבֵי הַקֹּדֶשׁ, תַּנַ"ךְ
testicle, testis, *n.* אֶשֶׁךְ
testify, *v.t.* & *i.* הֵעִיד [יעד]
testimony, *n.* עֵדוּת; הוֹקָרָה
test tube מַבְחֵנָה
tetanus, *n.* צַפֶּדֶת
tether, *n.* רֶסֶן
text, *n.* גִּרְסָה, נֹסַח, פַּתְשֶׁגֶן
textbook, *n.* סֵפֶר לִמּוּד
textile, *adj.* & *n.* שֶׁל אֲרִיגָה; אֶרֶג
texture, *n.* אֲרִיגָה, מַסֶּכֶת
than, *conj.* מֵאֲשֶׁר, מִ־
thank, *v.t.* הוֹדָה [ידה]
thankful, *adj.* אֲסִיר תּוֹדָה
thankless, *adj.* כְּפוּי טוֹבָה
thanks, *n. pl.* חֵן חֵן, תּוֹדָה
thanksgiving, *n.* הוֹדָיָה
Thanksgiving Day יוֹם הַהוֹדָיָה
that, *adj.* הַהוּא, הַהִיא, הַלָּז, הַלֵּזוּ
that, *conj.* שֶׁ־, כִּי, בַּאֲשֶׁר
that, *pron.* אֲשֶׁר, שֶׁ־, הַ־
thatch, *n.* סְכָךְ
thatch, *v.t.* סִכֵּךְ
thaw, *n.*, *v.t.* & *i.* הַפְשָׁרָה, נְמִיסָה; הִפְשִׁיר [פשר] (שֶׁלֶג), נָמֵס [מסס] (קֶרַח)
the, *def. art.* & *adj.* הַ, הָ, הֶ (הֵא הַיְדִיעָה)

theater, theatre, *n.* גֵּיא חִזָּיוֹן, תֵּאַטְרוֹן
theatrical, *adj.* חֶזְיוֹנִי, תֵּאַטְרוֹנִי
thee, *pron.* אוֹתְךָ, אוֹתָךְ
theft, *n.* גְּנֵבָה
their, theirs, *adj.* & *pron.* שֶׁלָּהֶם, שֶׁלָּהֶן
them, *pron.* אוֹתָם, אוֹתָן
theme, *n.* חִבּוּר; נוֹשֵׂא
themselves, *pron.* אוֹתָם (בְּ) עַצְמָם, אוֹתָן (בְּ)עַצְמָן
then, *adv.* אָז, אַחַר כֵּן
then, *conj.* אִם כֵּן, וּבְכֵן, אֵפוֹא, לָכֵן
thence, *adv.* מִשָּׁם, מֵאָז, מִזֶּה
thenceforth, thenceforward, *adv.* מֵאָז וָהָלְאָה, מִשָּׁם וְאֵילָךְ
theocracy, *n.* שִׁלְטוֹן (הַדָּת) כֹּהֲנִים
theology, *n.* תּוֹרַת (הָאֱמוּנָה) הָאֱלֹהוּת
theorem, *n.* כְּלָל, הַנָּחָה
theoretical, theoretic, *adj.* עִיּוּנִי, רַעְיוֹנִי
theory, *n.* עִיּוּן, הַנָּחָה, הַשְׁעָרָה
therapeutic, therapeutical, *adj.* מַרְפֵּא, שֶׁל רְפוּאָה
there, *adv.* שָׁם, שָׁמָּה
there, *interj.* הִנֵּה
thereabouts, thereabout, *adv.* בְּקֵרוּב, בְּקֵרוּב מָקוֹם, קָרוֹב לָזֶה, בְּעֵרֶךְ שָׁם
thereafter, *adv.* אַחַר כַּךְ, אַחֲרֵי כֵן
thereby, *adv.* עַל יְדֵי זֶה, בָּזֶה
therefore, therefor, *adv.* לְפִיכָךְ, לָכֵן, עַל כֵּן
therein, *adv.* בָּזֶה, שָׁם, שָׁמָּה
there is יֵשׁ
thereof, *adv.* מִזֶּה
thereon, *adv.* עַל זֶה
thereupon, *adv.* אָז
there was הָיָה

therewith, *adv.* עִם זֶה
therewithal, *adv.* לְמַעְלָה (חוּץ) מִזֶּה
thermal, thermic, *adj.* חַם, שֶׁל חֹם
thermometer, *n.* מַדְחֹם
Thermos bottle (Reg.) שְׁמַרְחֹם
thermostat, *n.* סְדַרְחֹם
thesaurus, *n.* אוֹצָר, מִלּוֹן
these, *adj.* & *pron.* אֵלֶּה, אֵלּוּ, הַלָּלוּ
thesis, *n.* הַנָּחָה; מֶחְקָר; מַסָּה
thews, *n. pl.* שְׁרִירִים, כֹּחַ, עָצְמָה
they, *pron.* הֵם, הֵמָּה, הֵן, הֵנָּה
thick, *adj.* & *adv.* עָבֶה, סָמִיךְ
thicken, *v.t.* & *i.* עִבָּה, הִתְעַבָּה [עבה]
thicket, *n.* סְבַךְ, חֻרְשָׁה, חֹרֶשׁ
thickly, *adv.* בְּעֹבִי
thickness, *n.* עֹבִי
thief, *n.* גַּנָּב
thieve, *v.t.* & *i.* גָּנַב
thievery, *n.* גְּנֵבָה
thigh, *n.* יָרֵךְ
thimble, *n.* אֶצְבָּעוֹן
thin, *adj.* דַּק, רָזֶה, צָנוּם
thin, *v.t.* & *i.* רָזָה, דָּלַל; הִרְזָה [רזה]
thine, thy, *adj.* & *pron.* שֶׁלְּךָ, שֶׁלָּךְ
thing, *n.* דָּבָר, עֶצֶם; עִנְיָן
think, *v.t.* & *i.* חָשַׁב, סָבַר
thinker, *n.* חוֹשֵׁב
thinking, *n.* מַחֲשָׁבָה, חֲשִׁיבָה
third, *adj.* & *n.* שְׁלִישִׁי, שְׁלִישִׁית
thirdly, *adv.* שְׁלִישִׁית
thirst, *n.* צָמָא, צִמָּאוֹן; תְּשׁוּקָה
thirst, *v.i.* צָמֵא, הִצְמָא [צמא]; עָרַג
thirsty, *adj.* צָמֵא; שׁוֹקֵק
thirteen, *adj.* & *n.* שְׁלֹשָׁה עָשָׂר, שְׁלֹשׁ עֶשְׂרֵה
thirteenth, *adj.* הַשְּׁלֹשָׁה עָשָׂר, הַשְּׁלֹשׁ עֶשְׂרֵה
thirtieth, *adj.* הַשְּׁלֹשִׁים

thirty, ***adj. & n.*** שְׁלֹשִׁים
this, ***pron.*** זֶה, זֹאת
this, ***adj.*** הַזֶּה, הַזֹּאת
thistle, ***n.*** בַּרְקָן, דַּרְדַּר
thither, ***adv.*** שָׁמָּה, לְשָׁם
thong, ***n.*** רְצוּעָה
thorax, ***n.*** חָזֶה, בֵּית הֶחָזֶה
thorn, ***n.*** קוֹץ, סִיר, חוֹחַ, סִלּוֹן
thorny, ***adj.*** קוֹצִי; קָשֶׁה
thorough, ***adj.*** שָׁלֵם, מֻחְלָט, גָּמוּר
thoroughbred, ***adj.*** טְהָר גֶּזַע
thoroughfare, ***n.*** דֶּרֶךְ צִבּוּרִי
thoroughly, ***adv.*** לְגַמְרֵי
thoroughness, ***n.*** שְׁלֵמוּת
those, ***adj. & pron.*** הָהֵם, הָהֵמָּה; הָהֵן, הָהֵנָּה
thou, ***pron.*** אַתָּה, אַתְּ
though, ***conj.*** אֲפִילוּ, אַף עַל פִּי כֵן, אִם כִּי
thought, ***n.*** מַחֲשָׁבָה, רַעְיוֹן, שַׂרְעַף, הִרְהוּר, עֶשְׁתּוֹן
thoughtful, ***adj.*** חוֹשֵׁב, זָהִיר, דּוֹאֵג
thoughtless, ***adj.*** אִי זָהִיר, חֲסַר מַחֲשָׁבָה
thousand, ***adj. & n.*** אֶלֶף
thousandth, ***adj. & n.*** הָאֶלֶף
thrall, ***n.*** עֶבֶד; עַבְדוּת
thrash, ***v.t. & i.*** דָּשׁ [דוש], הִלְקָה [לקה]
thrasher, ***n.*** דַּיָּשׁ
thrashing, ***n.*** דִּישָׁה, דַּיִשׁ; הַלְקָאָה
thrashing machine מְדִישָׁה
thread, ***n.*** חוּט, פְּתִיל; הֶלֶךְ (מַחֲשָׁבָה) סְלִיל (לְלָיְנִי)
thread, ***v.t.*** הִשְׁחִיל [שחל] חוּט; חָרַז
threadbare, ***adj.*** מְהוּהַ, בָּלֶה וְשָׁחוּק
threat, ***n.*** אִיּוּם
threaten, ***v.t. & i.*** אִיֵּם

three, ***adj. & n.*** שְׁלֹשָׁה, שָׁלֹשׁ
threefold, ***adj. & adv.*** פִּי שְׁלֹשָׁה, כָּפוּל שְׁלֹשָׁה, שְׁלָשְׁתַּיִם
threescore, ***adj. & n.*** שִׁשִּׁים, שֶׁל שִׁשִּׁים
threesome, ***n.*** שְׁלִישִׁיָּה
threshold, ***n.*** מִפְתָּן, סַף
thrice, ***adv.*** שָׁלֹשׁ פְּעָמִים
thrift, ***n.*** חִסָּכוֹן
thrifty, ***adj.*** חַסְכָנִי
thrill, ***n.*** זַעֲזוּעַ, רַעַד, רַעֲדוּד
thrill, ***v.t. & i.*** רָעַד, הִרְעִיד [רעד], רִעֲדֵד
thrive, ***v.i.*** הִצְלִיחַ [צלח], גָּדַל
throat, ***n.*** גָּרוֹן
throb, ***n.*** דְּפִיקָה, נְקִיפָה
throb, ***v.i.*** דָּפַק (לֵב), נָקַף
throe, ***n.*** צִיר, גְּסִיסָה, חֵבֶל (חֶבְלֵי לֵדָה)
thrombosis, ***n.*** הִתְפַּקְּקוּת (הַדָּם)
thrombus, ***n.*** דָּם קָרוּשׁ, חֲרָרַת דָּם
throne, ***n.*** כִּסֵּא הַמֶּלֶךְ
throng, ***n.*** הָמוֹן
throng, ***v.t. & i.*** דָּחַק, צִפֵּף, דָּחַס הִתְגּוֹדֵד [גדד] הִתְקַהֵל [קהל]
throttle, ***n.*** מַשְׁנֵק, מַצְעֶרֶת; גָּרוֹן
throttle, ***v.t.*** הִצְעִיר [צער], חִנֵּק
through, ***prep., adj. & adv.*** עַל יְדֵי, דֶּרֶךְ, בִּגְלַל, מִפְּנֵי, מֵחֲמַת, בְּשֶׁל; כֻּלּוֹ, רֹאשׁוֹ וְרֻבּוֹ; מְפֻלָּשׁ
throughout, ***adv. & prep.*** כֻּלּוֹ, מֵרֹאשׁוֹ וְעַד סוֹפוֹ, בְּכָל
throw, ***n.*** זְרִיקָה, הַשְׁלָכָה
throw, ***v.t. & i.*** זָרַק, הִשְׁלִיךְ [שלך]
thrum, ***v.i.*** פָּרַט בְּחַדְצְלִילִיּוּת
thrush, ***n.*** טֶרֶד (צִפּוֹר); דַּלֶּקֶת הַפֶּה (בִּילָדִים)
thrust, ***n.*** הֲדִיפָה, דְּקִירָה
thrust, ***v.t. & i.*** תָּקַע, דָּקַר, הָדַף

thud, *n.* חֲבָטָה
thug, *n.* לִסְטִים, שׁוֹדֵד
thumb, *n.* בֹּהֶן, אֲגוּדָל
thumbtack, *n.* נַעַץ
thump, *n.* חֲבָטָה, הַכָּאָה, מַכָּה
thump, *v.t.* & *i.* חָבַט, הִקִּישׁ [נקש], הִכָּה [נכה]
thunder, *n.*, *v.t.* & *i.* רַעַם; הִרְעִים [רעם]
thunderous, *adj.* מַרְעִים
thunderstruck, *adj.* הֲלוּם רַעַם, מֻכֵּה תִּמָּהוֹן
Thursday, *n.* יוֹם חֲמִישִׁי, יוֹם ה׳
thus, *adv.* כָּךְ, כֹּה, כֵּן
thwart, *v.t.* עָצַר, מָנַע, שָׂם [שים] לְאַל, הֵפֵר [פרר]
thy, *adj.* שֶׁלְּךָ, שֶׁלָּךְ
thyme, *n.* קוֹרָנִית
thyroid, *n.* תְּרִיסִיָּה
thyroid gland בַּלּוּטַת הַתְּרִיס
thyself, *pron.* אַתָּה בְּעַצְמְךָ, אַתְּ בְּעַצְמֵךְ
tiara, *n.* שַׂהֲרוֹן, צִיץ, נֵזֶר
tibia, *n.* שׁוֹקָה, הַקָּנֶה הַגָּדוֹל שֶׁל הַשּׁוֹק
tic, *n.* עֲוִית הַפָּנִים
tick, *n.* קַרְצִית; צִפָּה; טִקְטוּק
ticket, *n.* כַּרְטִיס; פֶּתֶק קְנָס (מִשְׁטָרָה); רְשִׁימַת מֻעֲמָדִים (לִבְחִירוֹת)
tickle, *n.* & *v.t.* דִּגְדּוּג; דִּגְדֵּג, שִׂמַּח
tidal, *adj.* שֶׁל זִרְמָה
tide, *n.* זִרְמָה, גֵּאוּת וָשֵׁפֶל
tidiness, *n.* נִקָּיוֹן, סֵדֶר
tidings, *n. pl.* בְּשׂוֹרָה
tidy, *adj.* מְסֻדָּר, נָקִי
tidy, *v.t.* סִדֵּר, נִקָּה
tie, *n.* חֶבֶל; חִבּוּר, קֶשֶׁר, עֲנִיבָה, לוּלָאָה; אֶדֶן (רַכֶּבֶת); פַּס
tie, *v.t.* קָשַׁר, חִבֵּר; עָנַב (עֲנִיבָה)
tier, *n.* שׁוּרָה, נִדְבָּךְ
tie-up, *n.* עִכּוּב
tiger, *n.* נָמֵר
tight, *adj.* צַר, מָתוּחַ; קַמְצָנִי; מְהֻדָּק
tighten, *v.t.* מָתַח, הִדֵּק, קָפַץ (יָד)
tights, *n.*, *pl.* הַדּוּקַיִם, מִכְנְסֵי גֶּרֶב
tigress, *n.* נְמֵרָה
tile, *n.* & *v.t.* רַעַף; רִעֵף
till, *prep.* & *conj.* עַד, עַד אֲשֶׁר
till, *v.t.* פָּלַח, חָרַשׁ, עָבַד אֲדָמָה
tillage, *n.* פְּלָחָה, עֲבוֹדַת אֲדָמָה
tiller, *n.* פַּלָּח, אִכָּר, עוֹבֵד אֲדָמָה; יָדִית הַהֶגֶה (סִירָה)
tilt, *n.*, *v.t.* & *i.* שִׁפּוּעַ; נָטָה, הִטָּה [נטה], הָפַךְ; נִלְחַם [לחם] בְּכִידוֹנִים
timber, *n.* עֵצָה, עֵצִים, עֲצֵי בִּנְיָן, נְסָרִים, קְרָשִׁים
timbre, *n.* נְעִימָה, צְלִיל
time, *n.* זְמַן, עֵת, תְּקוּפָה, עִדָּן; שָׁעָה, פַּעַם; פְּנַאי
time, *v.t.* & *i.* כִּוֵּן, עָשָׂה בְּעִתּוֹ; תִּכְנֵן
timeless, *adj.* לְלֹא גְּבוּל, נִצְחִי
timer, *n.* מַדְזְמַן
timetable, *n.* לוּחַ הַשָּׁעוֹת (לִנְסִיעוֹת)
timid, *adj.* בַּיְשָׁנִי, פַּחְדָנִי
timidity, *n.* פַּחְדָנוּת, בַּיְשָׁנוּת
timorous, *adj.* פַּחְדָנִי, רַךְ לֵבָב
timothy, *n.* אִיטָן (עֵשֶׂב)
tin, *n.* בְּדִיל, בַּעַץ; פַּח, פַּחִית
tin, *v.t.* שִׁמֵּר בְּפַח; כִּסָּה בְּפַח
tincture, *n.* גָּוֶן, טַעַם; שִׁיּוּר; תְּמִסָּה
tincture, *v.t.* גִּוֵּן, צָבַע, גַּוְּנֵן
tinder, *n.* צִתִּית (קַשׁ, קִיסָם, שְׁבָב)
tinfoil, *n.* נְיַר כֶּסֶף, פְּחִיחִית
tinge, *v.t.* גִּוְנֵן
tingle, *n.* תְּחוּשַׁת דְּקִירָה
tingle, *v.i.* חָשׁ [חוש] כְּעֵין דְּקִירָה

tinker, *n.* מְתַקֵּן בְּצוּרָה (עַרְאִית) גְּרוּעָה; טַלַּאי
tinkle, *n.* צִלְצוּל, קִשְׁקוּשׁ
tinkle, *v.t. & i.* צִלְצֵל, קִשְׁקֵשׁ
tinsel, *n.* אֶרֶג מַבְרִיק וּמַתַּכְתִּי לְקִשּׁוּט; תִּקְשֹׁטֶת זוֹלָה
tinsmith, tinman, *n.* פֶּחָח
tint, *n.* & *v.t.* גִּוְנוּן; גִּוֵּן
tiny, *adj.* קְטַנְטַן, קָטָן, זָעִיר
tip, *n.* רֹאשׁ, חֹד; רֶמֶז; הַעֲנָקָה, דְּמֵי (שֵׁרוּת) שְׁתִיָּה
tip, *v.t. & i.* הָפַךְ; הִטָּה [נטה], גִּלָּה (סוֹד); שִׁלֵּם דְּמֵי (שֵׁרוּת) שְׁתִיָּה
tipple, *n.* סֹבֶא, מַשְׁקֶה (חָרִיף)
tipple, *v.i.* סָבָא, שָׁכַר, הִשְׁתַּכֵּר [שכר]
tippler, *n.* שִׁכּוֹר, שַׁתְיָן
tipsy, *adj.* שָׁכוּר, שִׁכּוֹר, מְבֻסָּם
tiptoe, *n.* רָאשֵׁי אֶצְבָּעוֹת
tiptoe, *v.i.* הָלַךְ עַל רָאשֵׁי הָאֶצְבָּעוֹת
tirade, *n.* שֶׁצֶף חֲרָפוֹת, מַבּוּל מִלִּים
tire, *n.* צְמִיג
tire, *v.t. & i.* יָגַע, הִתְיַגֵּעַ [יגע], עָיֵף, נִלְאָה [לאה]
tired, *adj.* עָיֵף, נִלְאֶה, יָגֵעַ
tireless, *adj.* שֶׁלֹּא יֵדַע לֵאוּת, שֶׁאֵינוֹ מִתְיַעֵף
tiresome, *adj.* מְעַיֵּף, מְיַגֵּעַ
tissue, *n.* רִקְמָה, אָרִיג דַּק
tissue paper נְיָר (אֲרִיזָה) דַּק
titanic, *adj.* עֲנָקִי
titbit, *n.* מַטְעָם; חֲדָשׁוֹת; רִנּוּן
tithe, *n.* & *v.t.* מַעֲשֵׂר; עִשֵּׂר
titillate, *v.t.* דִּגְדֵּג
titillation, *n.* דִּגְדּוּג
title, *n.* שֵׁם סֵפֶר, תֹּאַר; זְכוּת; כְּתֹבֶת
title page שַׁעַר (סֵפֶר)
titter, *n.* & *v.i.* חִיּוּךְ, גִּחוּךְ; חִיֵּךְ
tittle, *n.* תָּג, קוֹצוֹ שֶׁל יוֹד
titular, *adj.* מְתֹאָר
to, *prep.* לְ־, אֶל, עַד
toad, *n.* קַרְפָּדָה
toadstool, *n.* פִּטְרִיָּה, כְּמֵהָה
toady, *n.* חוֹנֵף, מְלַחֵךְ פִּנְכָּה
toady, *v.t. & i.* הֶחֱנִיף [חנף]
toast, *n.* שְׁתִיַּת „לְחַיִּים"; קָלִי
toast, *v.t.* קָלָה; שָׁתָה „לְחַיִּים"
toastmaster, *n.* רַבְשָׁקֵה, שַׂר הַמַּשְׁקִים
tobacco, *n.* טַבָּק, טוּטוּן
toboggan, *n.* מִזְחֶלֶת
today, *n.* הַיּוֹם
toddle, *n.* & *v.i.* הִדַּדּוּת; הִדַּדָּה [דדה]
toddler, *n.* תִּינוֹק, מְדַדֶּה
toe, *n.* אֶצְבַּע הָרֶגֶל
toenail, *n.* צִפֹּרֶן
together, *adv.* כְּאֶחָד, יַחַד, בְּיַחַד, יַחְדָּו
toil, *n.* עָמָל, טִרְחָה
toil, *v.i.* עָמַל, טָרַח, יָגַע
toilet, *n.* בֵּית (שִׁמּוּשׁ, כִּסֵּא) כָּבוֹד
token, *n.* אוֹת; סֵמֶל; אֲסִימוֹן
tolerable, *adj.* בֵּינוֹנִי, שֶׁאֶפְשָׁר לְסוֹבְלוֹ
tolerance, toleration, *n.* סוֹבְלָנוּת
tolerant, *adj.* סוֹבְלָנִי
tolerate, *v.t.* סָבַל, נָשָׂא
toll, *n.* צִלְצוּל אִטִּי; מַס מַעֲבָר
toll, *v.t. & i.* צִלְצֵל (פַּעֲמוֹן, שָׁעָה)
tomato, *n.* עַגְבָנִיָּה
tomb, *n.* קֶבֶר
tomboy, *n.* רִיבָה עַלִּיזָה
tombstone, *n.* מַצֵּבָה, גּוֹלֵל, נֶפֶשׁ
tomcat, *n.* חָתוּל
tome, *n.* כֶּרֶךְ (סֵפֶר)
tomfoolery, *n.* שְׁטוּת, סִכְלוּת, הֶבֶל
tomorrow, *adv.* מָחָר
tomtit, *n.* יַרְגָּזִי (צִפּוֹר)
ton, *n.* טוֹן
tonal, *adj.* קוֹלִי, צְלִילִי

tone, *n.* צְלִיל, קוֹל; טַעַם, גָּוֶן; מַצַּב רוּחַ; אֹפִי, טִיב
tone, *v.t. & i.* גִּוֵּן, הִתְגַּוֵּן [גון]; הִטְעִים [טעם]
tongs, *n. pl.* מֶלְקָחַיִם, צְבָת
tongue, *n.* לָשׁוֹן, שָׂפָה; דִּבּוּר
tongueless, *adj.* נְטוּל לָשׁוֹן, אִלֵּם
tongue-tied, *adj.* כְּבַד (פֶּה) לָשׁוֹן
tonic, *n. & adj.* אַתָּן; מְאַתֵּן, מְחַזֵּק
tonight, *adv.* הַלַּיְלָה
tonnage, *n.* מַעֲמָס; מַס (אֳנִיּוֹת)
tonsilitis, *n.* דַּלֶּקֶת הַשְּׁקֵדִים
tonsils, *n. pl.* לוּזִים, שְׁקֵדִים
tonsure, *n.* גִּלּוּחַ הָרֹאשׁ, גְּזִיזַת הַשֵּׂעָר
too, *adv.* גַּם, גַּם כֵּן, אַף; יוֹתֵר מִדַּי
tool, *n.* כְּלִי, מַכְשִׁיר, אֶמְצָעִי
toot, *n., v.t. & i.* תְּקִיעָה, צְפִירָה; תָּקַע, צָפַר; הִכָּה (חָלִיל)
tooth, *n.* שֵׁן; זִיז, בְּלִיטָה
  molar tooth שֵׁן (מַתְאִימָה) טוֹחֶנֶת
  artificial tooth שֵׁן תּוֹתֶבֶת
toothache, *n.* כְּאֵב שִׁנַּיִם
toothbrush, *n.* מִבְרֶשֶׁת שִׁנַּיִם
toothpick, *n.* מַחְצָצָה, קֵיסָם
top, *n.* רֹאשׁ, פִּסְגָּה; אָמִיר (עֵץ); סְבִיבוֹן; (חֵלֶק) עֶלְיוֹן
top, *v.t.* זָמַר; הִכְתִּיר [כתר]; כִּסָּה אֶת הָרֹאשׁ; הִצְטַיֵּן [צין], עָלָה עַל
topaz, *n.* פִּטְדָה
topcoat, *n.* מְעִיל עֶלְיוֹן
top hat מִגְבַּע, גְּלִילוֹן
topic, *n.* נוֹשֵׂא, תֹּכֶן
topography, *n.* תֵּאוּר מְקוֹמוֹת
topple, *v.t. & i.* הִפִּיל [נפל]; נָפַל
topsy-turvy, *adj.* מָלֵא מְבוּכָה, הָפוּךְ
topsy-turvy, *adv.* לְלֹא סֵדֶר, בִּמְבוּכָה
torch, *n.* לַפִּיד, אֲבוּקָה
toreador, *n.* שַׁוָּר, לוֹחֵם שְׁוָרִים

torment, *n.* עִנּוּי, יִסּוּרִים
torment, *v.t.* עִנָּה, גָּרַם יִסּוּרִים
tormentor, *n.* מְעַנֶּה
tornado, *n.* זְוָעָה, סְעָרָה
torpedo, *n.* מוֹקֵשׁ יָם
torpedo, *v.t.* הִשְׁחִית [שחת] בְּמוֹקְשֵׁי יָם; כִּלָּה
torpid, *adj.* מְקֻהֶה; עַצְלָנִי; מְטֻמְטָם
torpor, *n.* חֹסֶר פְּעִילוּת, קֵהוּת; עַצְלָנוּת; טִמְטוּם
torrent, *n.* חַרְדֶּלֶת זֶרֶם, נַחַל, שֶׁטֶף
torrential, *adj.* שׁוֹטֵף
torrid, *adj.* בּוֹעֵר, לוֹהֵט; חָרֵב
torsion, *n.* פִּתּוּל, שְׁזִירָה
torso, *n.* גּוּפָה, גְּוִיָּה
tort, *n.* עַוָּתָה
tortoise, *n.* צָב
tortuous, *adj.* מִתְפַּתֵּל; עִקֵּשׁ, מְשֻׁחָת
torture, *n.* עִנּוּי, יִסּוּרִים, סִגּוּף
torture, *v.t.* עִנָּה, סִגֵּף; סִלֵּף
toss, *v.t. & i.* הִשְׁלִיךְ [שלך], זָרַק; הִתְהַפֵּךְ [הפך] מִצַּד אֶל צַד, הִתְנוֹעֵעַ [נוע] (בְּלוֹרִית)
tot, *n.* דְּבַר מָה; פָּעוֹט, תִּינוֹק; סְכוּם
total, *n.* סַךְ הַכֹּל, סְכוּם
total, *v.t. & i.* סִכֵּם
totalitarian, *n. & adj.* דַּבָּר; דַּבָּרִי
totality, *n.* כְּלָלוּת
totally, *adv.* לַגְמְרֵי, כֻּלּוֹ
totter, *v.i.* הִתְמוֹטֵט [מוט], נָע [נוע]
touch, *n.* נְגִיעָה, מִשְׁמוּשׁ, מִבְחָן, מַגָּע; אֶבֶן בֹּחַן; פְּגִיעָה; שֶׁמֶץ
touch, *v.t. & i.* מִשֵּׁשׁ, מִשְׁמֵשׁ; פָּגַע; הִגִּיעַ [נגע]; נָגַע; הִשְׁפִּיעַ [שפע]; גּוֹנֵן
touchy, *adj.* פָּגִיעַ
tough, *adj.* קָשֶׁה, גַּס, קְשֵׁה עֹרֶף
toughen, *v.t. & i.* הִתְקַשָּׁה [קשה]
toughness, *n.* קֹשִׁי

tour, *n.* סִיּוּר

tour, *v.t.* & *i.* סִיֵּר

tourist, *n.* תַּיָּר

tournament, *n.* הִתְחָרוּת

tousle, *v.t.* פָּרַע, בִּלְבֵּל, סָתַר

tow, *n.* אַרְבָּה; חֶבֶל; נְעֹרֶת (חֹסֶן) פִּשְׁתָּן

tow, *v.t.* גָּרַר, מָשַׁךְ בְּחֶבֶל

toward, towards, *prep.* אֶל, לְ־, לִקְרַאת, כְּלַפֵּי, לְנֹכַח

towel, *n.* מַגֶּבֶת, אֲלֻנְטִית

tower, *n.* מִגְדָּל, בַּחוּן

tower, *v.i.* הִתְרוֹמֵם [רום]

towery, *adj.* רָם

town, *n.* עִיר, כְּרַךְ

town hall בֵּית מוֹעֶצֶת הָעִיר

township, *n.* עִירִיָּה

toxemia, toxaemia, *n.* הַרְעָלַת דָּם

toxic, *adj.* אַרְסִי, מֻרְעָל

toxin, toxine, *n.* אֶרֶס, רַעַל

toy, *n.* שַׁעֲשׁוּעַ, מִשְׂחָק, צַעֲצוּעַ

toy, *v.i.* שִׂחֵק, הִשְׁתַּעֲשַׁע [שעשע]

trace, *n.* עָקֵב, סִימָן; שֶׁמֶץ

trace, *v.t.* & *i.* עָקַב, הִתְחַקָּה [חקה], חִפֵּשׂ; שִׂרְטֵט

tracer, *n.* מְשַׂרְטֵט; עוֹקֵב

trachea, *n.* גַּרְגֶּרֶת, קְנֵה הַנְּשִׁימָה

trachoma, *n.* גַּרְעֶנֶת

track, *n.* עָקֵב; שֶׁמֶץ, רֹשֶׁם; נָתִיב; מַסְלוּל, מְסִלָּה, מַעְגָּל; מִפְשָׂק

track, *v.t.* & *i.* עָקַב, הִתְחַקָּה [חקה] אַחֲרֵי

tract, *n.* שֶׁטַח, כִּבְרַת אֶרֶץ; חִבּוּר, מַסֶּכֶת

tractable, *adj.* צַיְּתָן, נוֹחַ

tractate, *n.* מַסֶּכֶת; מַסָּה

traction, *n.* גְּרִירָה, מְשִׁיכָה, סְחִיבָה

tractor, *n.* טְרַקְטוֹר; נַגָּד

trade, *n.* אֻמָּנוּת, מִקְצוֹעַ; מִסְחָר

trade, *v.t.* & *i.* סָחַר; הֶחֱלִיף [חלף]

trade-mark, *n.* תָּו (אוֹת סֵמֶל) מִסְחָרִי

trade-union. *n.* אֲגֻדָּה מִקְצוֹעִית

trader, *n.* סוֹחֵר, תַּגָּר

tradesman, *n.* סוֹחֵר, חֶנְוָנִי

tradition, *n.* מָסֹרֶת, קַבָּלָה

traditional, *adj.* מָסָרְתִּי, מְקֻבָּל

traffic, *n.* תַּעֲבוּרָה, תְּנוּעָה; סַחַר, מַרְכֹּלֶת

traffic, *v.t.* & *i.* סָחַר

tragedy, *n.* אָסוֹן; מַעֲגָמָה (חִזָּיוֹן תּוּגָה)

tragic, tragical, *adj.* נוּגֶה, עָגוּם, טְרָגִי

trail, *n.* מִשְׁעוֹל, שְׁבִיל; עָקֵב; שֹׁבֶל

trail, *v.t.* & *i.* עָקַב, הִתְחַקָּה [חקה] אַחֲרֵי; סָחַב; הִסְתָּרֵךְ [סרך]; טִפֵּס (צֶמַח)

trailer, *n.* גָּרוּר; מְטַפֵּס (צֶמַח)

train, *n.* רַכֶּבֶת; תַּהֲלוּכָה; שֹׁבֶל (שִׂמְלָה); הֲלָךְ (מַחֲשָׁבוֹת); בְּנֵי לְוָיָה

train, *v.t.* & *i.* אִמֵּן; אִלֵּף, חִנֵּךְ; הִדְרִיךְ [דרך]; כִּוֵּן (נֶשֶׁק)

trainer, *n.* מְאַמֵּן, מַדְרִיךְ

training, *n.* חִנּוּךְ, אִלּוּף, אִמּוּן, הַדְרָכָה

trait, *n.* אֹפִי, תְּכוּנָה

traitor, *adj.* & *n.* בּוֹגֵד, בָּגוֹד

trajectory, *n.* קִמְרוֹן (הַקָּלִיעַ בְּמַסָּעוֹ), מַסְלוּל

tram, *n.* חַשְׁמַלִּית

tramp, *n.*, *v.t.* & *i.* נָע וָנָד, נוֹדֵד, אוֹרֵחַ פּוֹרֵחַ; שְׁעָטָה; צָעַן, נָדַד; שָׁעַט, דָּרַךְ בְּחָזְקָה

trample, *v.t.* & *i.* בָּסָה, רָמַס, דָּרַךְ

trance, *n.* הַדְהָמָה, שְׁנַת מַרְמִיטָה

tranquil, *adj.* שׁוֹקֵט

tranquilize, tranquillize, *v.t.* & *i.* הִשְׁקִיט [שקט]

tranquility, tranquillity, *n.* שַׁלְוָה, שֶׁקֶט
transact, *v.t.* & *i.* סָחַר, נָשָׂא וְנָתַן, עָסַק, הִתְעַסֵּק [עסק]
transaction, *n.* מַשָּׂא וּמַתָּן, עֵסֶק, מִסְחָר
transatlantic, *adj.* עֵבֶר אַטְלַנְטִי
transcend, *v.t.* & *i.* עָלָה עַל, נִשְׂגַּב [שגב] מִ־
transcendent, transcendental, *adj.* נַעֲלֶה, דִּמְיוֹנִי, מֻפְלָא
transcribe, *v.t.* תִּעְתֵּק, הֶעְתִּיק [עתק]
transcript, *n.* תַּעֲתִּיק
transcription, *n.* תִּעְתּוּק
transfer, *n.* הַעֲבָרָה, הַקְנָיָה
transfer, *v.t.* & *i.* הֶעֱבִיר [עבר], מָסַר
transfiguration, *n.* הִשְׁתַּנּוּת, שִׁנּוּי צוּרָה
transfigure, *v.t.* שִׁנָּה צוּרָה
transform, *v.t.* & *i.* שִׁנָּה (צוּרָה), הָפַךְ לְ־, נֶהְפַּךְ [הפך] לְ־
transformation, *n.* שִׁנּוּי, הִשְׁתַּנּוּת, הֲפִיכָה
transformer, *n.* שַׁנַּאי, מְשַׁנֶּה
transfuse, *v.t.* עֵרָה (הֶעֱבִיר [עבר]) דָּם
transfusion, *n.* עֵרוּי דָּם
transgress, *v.t.* & *i.* עָבַר עַל (גְּבוּל), חָטָא, פָּשַׁע
transgression, *n.* עֲבֵרָה, חֵטְא, פֶּשַׁע
transgressor, *n.* עֲבַרְיָן, חוֹטֵא, פּוֹשֵׁעַ
transient, *adj.* עוֹבֵר, חוֹלֵף, עֲרָאִי
transit, *n.* הַעֲבָרָה
transition, *n.* מַעֲבָר, שִׁנּוּי
transitive, *adj.* עוֹבֵר; יוֹצֵא (פֹּעַל)
transitory, *adj.* עוֹבֵר, חוֹלֵף, רִגְעִי
translate, *v.t.* תִּרְגֵּם
translation, *n.* תִּרְגּוּם
translator, *n.* מְתַרְגֵּם, תֻּרְגְּמָן
transliterate, *v.t.* לִעֵז
transliteration, *n.* לִעוּז
translucent, *adj.* שָׁקוּף לְמֶחֱצָה
transmigration, *n.* נְדוּדִים; גִּלְגּוּל (נְשָׁמוֹת)
transmission, *n.* מְסִירָה, הַעֲבָרָה; מִמְסָרָה
transmit, *v.t.* מָסַר, הֶעֱבִיר [עבר], הִנְחִיל [נחל]
transmitter, *n.* מַקְלֵט, אֲפַרְכֶּסֶת; מַשְׁדֵּר (רַדְיוֹ); מַתְאֵם
transmute, *v.t.* שִׁנָּה, תִּחְלֵף
transom, *n.* מַשְׁקוֹף; חַלּוֹנִית
transparent, *adj.* שָׁקוּף; בָּהִיר, מוּבָן
transpiration, *n.* הֲזָעָה
transpire, *v.t.* & *i.* הֵזִיעַ [זוע]; נִגְלָה [גלה], הָיָה, קָרָה
transplant, *v.t.* הֶעֱבִיר [עבר] נֶטַע, שָׁתַל (שׁוּב)
transport, *n.* הוֹבָלָה, הַעֲבָרָה; הִתְרַגְּשׁוּת, הִתְלַהֲבוּת
transport, *v.t.* הוֹבִיל [יבל], הֶעֱבִיר [עבר]; הִגְלָה [גלה]; הִתְלַהֵב [להב]
transportation, *n.* הוֹבָלָה, תַּחְבּוּרָה
transposition, *n.* סֵרוּס (דְּבָרִים), הֲפִיכַת הַסֵּדֶר
transverse, *adj.* לַעֵבֶר, לְרֹחַב
trap, *n.* מַלְכֹּדֶת, פַּח, מוֹקֵשׁ, מַאֲרָב
trap, *v.t.* & *i.* לָכַד בְּפַח; מִקֵּשׁ
trapeze, *n.* מִשְׂוֶרֶת, טְרַפֵּז
trash, *n.* אַשְׁפָּה
traumatic, *adj.* שֶׁל חֲבָלָה
travail, *n.* & *v.i.* עָמָל, טִרְחָה, עֲבוֹדַת פֶּרֶךְ; חֶבְלֵי לֵדָה, צִירִים; נֶהְפַּךְ [הפך] (צִירִים), חָלָה [חיל], נֶאֶחְזָה [אחז] (בְּצִירֵי יוֹלֵדָה)
travel, *n.* & *v.i.* נְסִיעָה; נָסַע
traveler, traveller, *n.* נוֹסֵעַ

travelogue, travelog, *n.* נְאוּם מַסָּעוֹת
traverse, *n.*, *v.t.* & *i.* מַשְׁקוֹף, קוֹרָה, אַסְקֻפָּה, עֶרֶב; אֲלַכְסוֹן; עָבַר
travesty, *n.* נַחְכִּית, חִקּוּי
trawl, *n.* & *v.t.* מִכְמֹרֶת; כָּמַר
trawler, *n.* פּוֹרֵשׂ מִכְמֹרֶת
tray, *n.* מַגָּשׁ, טַס
treacherous, *adj.* בּוֹגֵד
treachery, *n.* בְּגִידָה
treacle, *n.* פְּסֹלֶת הַסֻּכָּר, נֹפֶת
tread, *n.* הֲלִיכָה, דְּרִיכָה, צַעַד
tread, *v.t.* & *i.* צָעַד, דָּרַךְ, רָמַס
treadle, *n.* דַּוְשָׁה
treason, *n.* מַעַל, בֶּגֶד
treasure, *n.* אוֹצָר; מַטְמוֹן
treasure, *v.t.* אָצַר; הוֹקִיר [יקר]
treasurer, *n.* גִּזְבָּר
treasury, *n.* טִמְיוֹן, אוֹצַר הַמֶּמְשָׁלָה
treat, *v.t.* & *i.* הִתְנַהֵג [נהג] (עִם), טִפֵּל בְּ־; רִפֵּא; כִּבֵּד
treatise, *n.* מַסֶּכֶת, מֶחְקָר
treatment, *n.* רִפּוּא; טִפּוּל; הִתְנַהֲגוּת
treaty, *n.* בְּרִית, אֲמָנָה
treble, *adj.* & *v.t.* שִׁלְשְׁתַּיִם, פִּי שְׁלֹשָׁה; קוֹלְרָמִי; שִׁלֵּשׁ
tree, *n.*, *v.t.* & *i.* אִילָן, עֵץ; טִפֵּס עַל עֵץ, הִתְחַבֵּא [חבא] בְּעֵץ
trefoil, *n.* אַסְפֶּסֶת, תִּלְתָּן
trellis, *n.* & *v.t.* עָרִיס; הִדְלָה [דלה]
tremble, *n.* זַעֲזוּעַ, צְמַרְמֹרֶת, חַלְחָלָה, רַעַד, חֲרָדָה
tremble, *v.i.* זִעְזַע, הִתְחַלְחֵל [חלחל], רִטֵּט, רִתֵּת, רָעַד, חָל [חיל]
tremendous, *adj.* עָצוּם, גָּדוֹל, נוֹרָא, שַׂגִּיא
tremor, *n.* רַעַד, רְעָדָה, חֲרָדָה, זַעֲזוּעַ, חַלְחָלָה, רֶטֶט
tremulous, *adj.* מְרַתֵּת, מְרַטֵּט, רוֹעֵד
trench, *n.* חֲפִירָה
trench, *v.t.* & *i.* חָפַר, הִתְחַפֵּר [חפר]
trend, *n.* זֶרֶם, נְטִיָּה, מְגַמָּה
trend, *v.i.* נָטָה
trepidation, *n.* חִתָּה, חֲרָדָה, פִּרְפּוּר
trespass, *n.* עֲבֵרָה; כְּנִיסָה לְלֹא רְשׁוּת
trespass, *v.i.* עָבַר גְּבוּל, חָטָא
trespasser, *n.* עֲבַרְיָן, חוֹדֵר לְקִנְיָן פְּרָטִי
tress, *n.* תַּלְתַּל
trestle, *n.* כֵּן, כַּן, תּוֹשֶׁבֶת
trial, *n.* נִסָּיוֹן, מִבְחָן, מִשְׁפָּט
triangle, *n.* מְשֻׁלָּשׁ
triangulation, *n.* שִׁלּוּשׁ
tribal, *adj.* שִׁבְטִי
tribe, *n.* שֵׁבֶט, מַטֶּה
tribulation, *n.* שֶׁבֶר, תְּלָאָה, מְצוּקָה
tribunal, *n.* בֵּית דִּין, בֵּית מִשְׁפָּט
tribune, *n.* פָּקִיד רוֹמִי (נִבְחַר עַל יְדֵי הָעָם), מֵלִיץ יֹשֶׁר; בָּמָה, דּוּכָן
tributary, *adj.* מַעֲלֶה מַס
tributary, *n.* יוּבַל, פֶּלֶג
tribute, *n.* מַס (עוֹבֵד), אֶשְׁכָּר; הוֹדָיָה" הַכָּרַת טוֹבָה
trice, *n.* הֶרֶף עַיִן, רֶגַע קָט
trick, *n.* אֲחִיזַת עֵינַיִם, רַבּוּתָה, עָקְבָּה
trickery, *n.* מִרְמָה, הוֹנָאָה, הַעֲרָמָה, גְּנֵבַת דַּעַת
trickle, *n.* טִפְטוּף, הַרְעָפָה
trickle *v.i.* טִפְטֵף, נָזַל
tricky, *adj.* עָרוּם
tricycle, *n.* תְּלַת אוֹפַן
trifle, *n.* מִצְעָר
trifle, *v.t.* & *i.* זִלְזֵל, בִּטֵּל; בִּזְבֵּז
trigger, *n.* הֶדֶק
trigonometry, *n.* תּוֹרַת הַמְּשֻׁלָּשִׁים
trill, *n.* רַעַד קוֹל, סִלְסוּל

trill, *v.t. & i.* סִלְסֵל

trim, *n.* תִּקּוּן, הַתְאָמָה, קִשּׁוּט

trim, *v.t.* הִקְצִיעַ [קצע], תִּקֵּן, סִדֵּר; גָּזַז, נִקֵּף (שֵׂעָר); כִּסַּח (צִפָּרְנַיִם); יִשֵּׁר; מָחַט (מְנוֹרָה); דִּלֵּל (עֵצִים); זָמַר (עֲנָפִים); קִשֵּׁט

trinity, *n.* שִׁלּוּשׁ

trinket, *n.* עֲדִי, תַּכְשִׁיט קָטָן; מִצְעָר

trio, *n.* שְׁלִישִׁיָּה

trip, *n.* נְסִיעָה; מִכְשׁוֹל; מְעִידָה, מִשְׁגֶּה

trip, *v.t. & i.* טָפַף, מָעַד; הִכְשִׁיל [כשל], נִכְשַׁל [כשל]; הִפִּיל [נפל]; שָׁגָה; הֵרִים [רום] (עֹגֶן)

tripartite, *adj.* תְּלַת צְדָדִי

tripe, *n.* קֵבַת בְּהֵמָה; חֹסֶר עֵרֶךְ

triple, triplex, *adj.* מְשֻׁלָּשׁ, שְׁלָשְׁתַּיִם, פִּי שְׁלֹשָׁה

triple, *v.t. & i.* כָּפַל שְׁלָשְׁתַּיִם, שִׁלֵּשׁ

triplet, *n.* שְׁלִישִׁיָּה

triplicate, *adj. & n.* מְשֻׁלָּשׁ, תְּלַת הֶעְתֵּקִי; הֶעְתֵּק שְׁלִישִׁי

tripod, *n.* חֲצוּבָה

trite, *adj.* נָדוֹשׁ, מָעוּךְ מִתּוֹךְ שִׁמּוּשׁ, מָהוּהַ

trituration, *n.* שְׁחִיקָה, כְּתִישָׁה

triumph, *n.* נִצָּחוֹן

triumph, *v.i.* נִצַּח

triumphal, *adj.* שֶׁל נִצָּחוֹן

triumphant, *adj.* מְנַצֵּחַ

trivial, *adj.* קַל עֵרֶךְ, רָגִיל

troglodyte, *n.* שׁוֹכֵן מְעָרוֹת; קוֹף

troll, *n.* שִׁיר מַעְגָּל, קֶטַע שִׁיר; פִּתָּיוֹן

troll, *v.t. & i.* דָּג [דוג] בְּחַכָּה נִמְשֶׁכֶת; זִמֵּר לְפִי הַתּוֹר; הִלֵּל בְּשִׁיר

trolley, trolly, *n.* חַשְׁמַלִּית

trollop, *n.* יַצְאָנִית, מֻפְקֶרֶת

trombone, *n.* חֲצוֹצְרַת נְחֹשֶׁת

troop, *n. & v.i.* חֲבוּרָה (אֲנָשִׁים); גְּדוּד (חַיָּלִים); גֻּנְדָּה (פָּרָשִׁים); הִתְגּוֹדֵד [גדד]

trooper, *n.* רַכָּב (חַיָּל) פָּרָשׁ

trophy, *n.* מַזְכֶּרֶת נִצָּחוֹן; פְּרַס הִתְחָרוּת

tropical, *adj.* טְרוֹפִּי, שֶׁל הָאֵזוֹר הַחַם

trot, *n.* דְּהָרָה, שְׁעָטָה

troth, *n.* אֵמוּן; אֱמֶת

trouble, *n.* צָרָה, מְהוּמָה, טֹרַח, צַעַר

trouble, *v.t. & i.* הִפְרִיעַ [פרע], הִטְרִיחַ [טרח], דָּאַג

troublesome, *adj.* מַטְרִיחַ, מַטְרִיד

trough, *n.* אֵבוּס, שֹׁקֶת; עֲרֵבָה, מִשְׁאֶרֶת

trounce, *v.t.* הִלְקָה [לקה], הִכָּה [נכה]

troupe, *n.* לַהֲקָה

trousers, *n. pl.* מִכְנָסַיִם

trousseau, *n.* סִבְלוֹנוֹת

trout, *n.* שֶׁמֶק (אִלְתִּית)

trowel, *n.* כַּף הַסַּיָּדִים, מַגְרוֹפִית

truant, *adj.* נֶעְדָּר, בָּטֵל

truce, *n.* שְׁבִיתַת נֶשֶׁק, הֲפוּגָה

truck, *n.* מַשָּׂאִית

truculent, *adj.* פֶּרֶא

trudge, *v.i.* הָלַךְ (בִּכְבֵדוּת) מִתּוֹךְ עֲיֵפוּת

true, *adj.* אֲמִתִּי, נֶאֱמָן

truffle, *n.* כְּמֵהָה

truism, *n.* אֱמֶת מֻסְכֶּמֶת, פְּשִׁיטָא

truly, *adj.* בֶּאֱמֶת, אָכֵן, אָמְנָם, בְּרַם

trump, *v.t. & i.* נִצַּח בְּקֶלֶף שַׁלִּיט; עָלָה עַל; רִמָּה

trumpet, *n.* חֲצוֹצְרָה

trumpet, *v.t. & i.* חִצְצֵר, תָּקַע בַּחֲצוֹצְרָה

truncheon, *n.* אַלַּת שׁוֹטֵר

trundle, *n.* מְרִיצָה דּוּ אוֹפַנִּית; אוֹפַן, גַּלְגַּל (קָטָן)

trundle, *v.t.* & *i.* גִּלְגֵּל, הִתְגַּלְגֵּל [גלגל]

trunk, *n.* גֶּזַע (עֵץ), גּוּפָה; חֶדֶק (פִּיל); אַרְגָּז, מִזְוָדָה; מֶרְכָּזִיָּה (לְטֶלֶפוֹנִים)

truss, *n.* חֲגוֹרַת שֶׁבֶר, תַּחְבֹּשֶׁת, אֶגֶד; חֲבִילָה, צְרוֹר

truss, *v.t.* אָרַז (בַּחֲבִילָה), קָשַׁר

trust, *n.* אֵמוּן, בִּטָּחוֹן; פִּקָּדוֹן

trust, *v.t.* & *i.* בָּטַח בְּ־, הֶאֱמִין [אמן] בְּ־, הִפְקִיד [פקד] לְמִשְׁמֶרֶת

trustee, *n.* נֶאֱמָן, מְפַקֵּחַ, אֶפִּטְרוֹפּוֹס

trustful, *adj.* בַּעַל בִּטָּחוֹן, בּוֹטֵחַ

trustworthy, *adj.* מְהֵימָן

truth, *n.* אֱמֶת, קֹשְׁט

truthful, *adj.* כֵּן, אֲמִתִּי

try, *n.* נִסָּיוֹן, הִשְׁתַּדְּלוּת

try, *v.t.*&*i.* נִסָּה, הִשְׁתַּדֵּל [שדל]; שָׁפַט

tub, *n.* גִּגִּית; אַמְבָּט

tube, *n.* שְׁפוֹפֶרֶת

tuber, *n.* פֶּקַע, פְּקַעַת

tubercle, *n.* גַּבְשׁוּשִׁית; פֶּקַע

tuberculosis, *n.* שַׁחֶפֶת

tuberculous, *adj.* מְשֻׁחָף

tubular, *adj.* שְׁפוֹפַרְתִּי

tuck, *v.t.* תָּחַב

Tuesday, *n.* יוֹם שְׁלִישִׁי, יוֹם ג׳

tug, *n.* סְפִינַת (גְּרָר) גְּרִירָה, מְשִׁיכַת עֹז

tug, *v.t.* & *i.* גֵּרַר, מָשַׁךְ בְּחָזְקָה

tuition, *n.* הוֹרָאָה, לִמּוּד; שְׂכַר לִמּוּד

tulip, *n.* חֲזָמָה, צִבְעוֹנִי

tulle, *n.* צָעִיף, אָרִיג דַּק וּמְרֻשָּׁת

tumble, *n.* נְפִילָה, הִתְגַּלְגְּלוּת

tumble, *v.t.* & *i.* נָפַל, הִתְהַפֵּךְ [הפך], נִזְדַּקֵּר [זקר]

tumbler, *n.* כּוֹס; לוּלְיָן; יוֹן מִזְדַּקֵּר

tumidity, *n.* תְּפִיחוּת

tumor, tumour, *n.* גִּדּוּל, מִצְבָּה

tumult, *n.* הֲמֻלָּה, מְבוּכָה

tumultuous, *adj.* הוֹמֶה, שׁוֹאֶה, רוֹעֵשׁ

tuna, *n.* טֻנּוּס

tune, *n.* נְגִינָה, לַחַן, נְעִימָה

tune, *v.t.* כִּוֵּן, הֵכִין [כון] (כִּוֵּן כְּלֵי זֶמֶר)

tuner, *n.* כַּוֶּנֶת, מַכְוֵן, מְכַוֵּן

tunic, *n.* סַרְבָּל

tuning fork מַצְלֵל

tunnel, *n.* מִנְהָרָה, נִקְבָּה

turban, *n.* מִצְנֶפֶת, טְבוּל

turbid, *adj.* דָּלוּחַ, עָכוּר

turbine, *n.* מֵנִיעַ מְסֻתְּבָב, טוּרְבִּינָה

turbulent, *adj.* תּוֹסֵס, סוֹעֵר, רוֹעֵשׁ

tureen, *n.* קְעָרָה עֲמֻקָּה

turf, *n.* כָּבוּל; רִיס (לְמֵרוֹץ סוּסִים)

turgid, *adj.* מְלִיצִי; נָפוּחַ

turkey, *n.* תַּרְנְגוֹל הֹדּוּ

Turkish, *adj.* & *n.* תֻּרְכִּי; תֻּרְכִּית

turmoil, *n.* מְבוּכָה, מְהוּמָה

turn, *n.* סִבּוּב, נְטִיָּה, כִּוּוּן; תּוֹר

turn, *v.t.* & *i.* סָר [סור]; הִפְנָה [פנה], סִבֵּב; הָפַךְ, הִשְׁתַּנָּה [שנה]; חָרַט (בְּמַחֲרֵטָה); הִרְהֵר; תִּרְגֵּם; הִתְחַמֵּץ [חמץ], הִתְגַּבֵּן [גבן] (חָלָב); הֵמִיר [מור] (דָּת)

turn down סֵרֵב, דָּחָה

turn out גֵּרֵשׁ; כִּבָּה; הוֹצִיא [יצא] (עֲבוֹדָה); יָצָא; הָיָה לְ־

turncoat, *n.* הֲפַכְפַּךְ, בּוֹגֵד

turner, *n.* חָרָט

turning, *n.* נְטִיָּה, פְּנִיָּה

turnip, *n.* לֶפֶת

turnout, *n.* אֲסֵפָה; מִפְנֶה (דֶּרֶךְ); תּוֹצֶרֶת; מֶרְכָּבָה; שְׁבִיתָה

turnover, *n.* הֲפִיכָה; פִּדְיוֹן (מִסְחָר), הוֹן חוֹזֵר, מַחֲזוֹר

turnpike, *n.* שַׁעַר הַמֶּכֶס

turpentine, *n.* שֶׁמֶן הָאֵלָה, עִטְרָן

turpitude, *n.* שִׁפְלוּת

turquoise, *n.* טַרְקִיָה (אֶבֶן טוֹבָה)
turret, *n.* מִגְדָּל קָטָן; מִגְדַּל צוֹפִים; צְרִיחַ הַנּוֹט (שֶׁל שִׁרְיוֹן); כַּנֶּנֶת
turtle, *n.* צָב הַיַּבָּשָׁה
turtledove, *n.* תּוֹר
tusk, *n.* שֶׁנְהָב (פִּיל), חָט (חֲזִיר)
tussle, *n.* הֵאָבְקוּת
tussle, *v.i.* נֶאֱבַק [אבק]
tutor, *n.* מוֹרֶה פְּרָטִי
tuxedo, *n.* מִקְטֹרֶן, חֲלִיפַת עֶרֶב
twaddle, *n.* פִּטְפּוּט, שִׂיחָה בְּטֵלָה
twaddle, *v.i.* פִּטְפֵּט
twain, *adj.* & *n.* שְׁנַיִם, צֶמֶד
tweed, *n.* אֲרִיג צֶמֶר עָבֶה
tweet, *n.* צִפְצוּף
twe zers, *n. pl.* מַלְקֵט
twelfth, *adj.* & *n.* הַחֵלֶק הַשְּׁנֵים עָשָׂר
twelve, *adj.* & *n.* שְׁנֵים עָשָׂר, שְׁתֵּים עֶשְׂרֵה, תְּרֵיסַר
twentieth, *adj.* & *n.* (הַחֵלֶק) הָעֶשְׂרִים
twenty, *adj.* & *n.* עֶשְׂרִים
twentyfold, *adj.* כָּפוּל עֶשְׂרִים
twice, *adv.* פַּעֲמַיִם, שְׁתֵּי פְעָמִים
twiddle, *v.t.* & *i.* הִשְׁתַּעֲשַׁע [שעשע] (בְּזוּטוֹת) בִּשְׁטֻיּוֹת; חָבַק יָדַיִם, הִתְבַּטֵּל [בטל]
twig, *n.* שָׂרִיג, זַלְזַל, נְטִישָׁה, חֹטֶר, בַּד
twilight, *n.* בֵּין הַשְּׁמָשׁוֹת, בֵּין הָעַרְבַּיִם
twin, *adj.* זוּגִי, כָּפוּל
twin, *n.* תְּאוֹם, תְּיֹמֶת
twine, *n.* גְּדִיל, חוּט (מְשֻׁלָּשׁ)
twine, *v.t.* & *i.* פָּתַל, קָלַע; הִתְפַּתֵּל [פתל]
twinge, *n.* כְּאֵב פֶּתַע; פִּרְכּוּס
twinkle, *v.i.* נָצַץ (כּוֹכָב); עִפְעֵף, קָרַץ, פִּלְבֵּל, מִצְמֵץ עֵינַיִם
twirl, *n.* הִתְחוֹלְלוּת, סִבּוּב
twirl, *v.t.* & *i.* סִלְסֵל, סִבֵּב (שָׂפָם)
twist, *n.* שְׁזִירָה, קְלִיעָה
twist, *v.t.* & *i.* גִּנָּה, פָּתַל; עִקֵּם, עִוֵּת, סִלֵּף; הִתְפַּתֵּל [פתל]
twit, *v.t.* גִּנָּה, הוֹכִיחַ [יכח], הִקְנִיט [קנט], הִרְעִים [רעם]
twitch, *n.* עֲוִית (הִתְכַּוְּצוּת) פֶּתַע, פִּרְכּוּס
twitch, *v.t.* & *i.* הִתְעַוָּה [עוה], הִתְכַּוֵּץ [כוץ]
twitter, *n.* & *v.t.* צִפְצוּף; צִפְצֵף
two, *adj.* & *n.* שְׁנַיִם, שְׁתַּיִם, שְׁנֵי־, שְׁתֵּי־
twofold, *adj.* כָּפוּל שְׁנַיִם
twosome, *adj.* זוּגִי
tycoon, *n.* תַּעֲשִׂיָּן רַב מִשְׁקָל
tympanum, *n.* תֹּף (הָאֹזֶן)
type, *n.* אוֹתִיּוֹת (דְּפוּס); מִין; סֵמֶל
type, *v.t.* תִּקְתֵּק (בִּמְכוֹנַת כְּתִיבָה)
typesetter, *n.* סַדָּר, מְסַדֵּר
typewriter, *n.* מְכוֹנַת כְּתִיבָה
typing, *n.* תִּקְתּוּק
typist, *n.* כַּתְבָנִית, תַּקְתְּקָנִית
typographer, *n.* מַדְפִּיס
typhoid, *adj.* & *n.* (שֶׁל) טִיפוּס;
typical, *adj.* אָפְיָנִי
tyrannical, tyrannic, *adj.* אַכְזָרִי, קְשֵׁה לֵב
tyranny, *n.* עֲרִיצוּת, אַכְזָרִיּוּת
tyrant, *n.* אַכְזָר, עָרִיץ

U, u

U, u, *n.* יוּ, הָאוֹת הָעֶשְׂרִים וְאַחַת בָּאָלֶף בֵּית הָאַנְגְּלִי
ubiquitous, *adj.* נִמְצָא בַּכֹּל (בְּכָל מָקוֹם)

udder, *n.* כְּחָל, עָטִין
ugliness, *n.* כִּעוּר, מָאוּס
ugly, *adj.* מְכֹעָר, מָאוּס
ukulele, *n.* יוּקָלִילִי, גִּיטָרָה קְטַנָּה
ulcer, *n.* כִּיב
ulcerous, *adj.* כִּיבִי
ulna, *n.* עֶצֶם הָאַמָּה, עֶצֶם הַגֹּמֶד
ulterior, *adj.* רָחוֹק;כָּמוּס, נִסְתָּר
ultima, *n.* מִלְרַע (דִּקְדּוּק)
ultimate, *adj.* סוֹפִי, מֻחְלָט, אַחֲרוֹן
ultimately, *adv.* לְבְסוֹף, לָאַחֲרוֹנָה
ultimatum, *n.* אַתְרָאָה
ultra, *adj.* קִיצוֹנִי
ultraviolet, *adj.* עַל סָגֹל
ululation, *n.* יְלָלָה
umbel, *n.* סוֹכֵךְ
umber, *adj.* & *n.* שְׁחַמְחַם; שְׁחַמְתָּנִי
umbilicus, *n.* טַבּוּר
umbra, *n.* צֵל; רוּחַ (שֵׁד)
umbrage, *n.* צֵל; עֶלְבּוֹן
umbrageous, *adj.* מֵצַל
umbrella, *n.* שִׁמְשִׁיָּה, מִטְרִיָּה, סוֹכֵךְ
umpire, *n.* בּוֹרֵר, שׁוֹפֵט, מַכְרִיעַ, שָׁלִישׁ
umpire, *v.t.* & *i.* פִּשֵּׁר, שָׁפַט בֵּין
unable, *adj.* חֲסַר אוֹנִים, שֶׁאֵינוֹ יָכֹל
unabridged, *adj.* בִּלְתִּי מְקֻצָּר
unacceptable, *adj.* לֹא מִתְקַבֵּל, לֹא רָאוּי (לְהִתְקַבֵּל)
unaccountable, *adj.* שֶׁאֵין לְבָאֵר
unaccustomed, *adj.* אִי רָגִיל
unacquainted, *adj.* שֶׁאֵין מַכִּיר
unadvised, *adj.* פָּזִיז, מָהִיר, נַעֲשֶׂה בְּלִי מַחֲשָׁבָה תְּחִלָּה
unafraid, *adj.* בִּלְתִּי (פּוֹחֵד) יָרֵא
unaffected, *adj.* טִבְעִי; בִּלְתִּי מֻשְׁפָּע
unaided, *adj.* חֲסַר עֶזְרָה
unalloyed, *adj.* חֲסַר סִיג, טָהוֹר

unalterable, *adj.* בִּלְתִּי מִשְׁתַּנֶּה
unanimity, *n.* פֶּה אֶחָד, הֶסְכֵּם כְּלָלִי
unanimous, *adj.* אָחִיד
unannounced, *adj.* בִּלְתִּי קָרוּא
unanswerable, *adj.* לֹא נִתָּן לִתְשׁוּבָה
unapproachable, *adj.* אַל נָגִישׁ
unarm, *v.t.* פֵּרֵק נֶשֶׁק
unarmed, *adj.* חֲסַר נֶשֶׁק, בִּלְתִּי מְזֻיָּן
unashamed, *adj.* חֲסַר בּוּשָׁה, שֶׁאֵינוֹ מִתְבַּיֵּשׁ
unasked, *adj.* בִּלְתִּי (מְבֻקָּשׁ) נִשְׁאָל
unassailable, *adj.* אַל נִתְקָף
unassisted, *adj.* שֶׁלֹּא נֶעֱזַר, חֲסַר סִיּוּעַ
unassuming, *adj.* צָנוּעַ, פָּשׁוּט, עָנָו, נֶחְבָּא אֶל הַכֵּלִים
unattractive, *adj.* בִּלְתִּי מַקְסִים, לֹא מוֹשֵׁךְ
unauthorized, *adj.* חֲסַר רְשׁוּת, חֲסַר סְמִיכוּת
unavailable, *adj.* בִּלְתִּי מָצוּי, שֶׁאֵינוֹ בְּנִמְצָא
unavoidable, *adj.* שֶׁאֵין לְהִמָּלֵט מִמֶּנּוּ, הֶכְרֵחִי
unaware, unawares, *adj.* & *adv.* שֶׁלֹּא מִדַּעַת, בְּלִי דַּעַת, שֶׁבְּלֹא יוֹדְעִים
unbalanced, *adj.* לֹא שָׁקוּל, בִּלְתִּי מְאֻזָּן
unbearable, *adj.* שֶׁקָּשֶׁה לִסְבֹּל, כָּבֵד מִנְּשֹׂא
unbeaten, *adj.* בִּלְתִּי מְנֻצָּח
unbecoming, *adj.* שֶׁאֵינוֹ הָגוּן, בִּלְתִּי מַתְאִים, לֹא הוֹלֵם
unbelief, *n.* חֹסֶר אֱמוּנָה, סַפְקָנוּת, כְּפִירָה
unbelievable, *adj.* בִּלְתִּי מְהֵימָן, שֶׁאֵין מַאֲמִינִים לוֹ
unbeliever, *n.* סַפְקָן, כּוֹפֵר
unbend, *v.t.* & *i.* יִשֵּׁר, הִתְיַשֵּׁר [ישר]

unbiased, unbiassed, *adj.* שֶׁאֵין לוֹ מִשְׁפָּט קָדוּם, בִּלְתִּי מְשֻׁחָד

unbind, *v.t.* פִּתַּח קֶשֶׁר, הִתִּיר [נתר]

unblushing, *adj.* בִּלְתִּי מִתְאַדֵּם, חֲסַר עֲנָוָה, חָצוּף

unborn, *adj.* טֶרֶם נוֹלַד, עֲתִידִי

unbosom, *v.t. & i.* גִּלָּה, הִתְוַדָּה [ידה], שָׁפַךְ נַפְשׁוֹ לִפְנֵי

unbounded, *adj.* בִּלְתִּי מֻגְבָּל

unbreakable, *adj.* בִּלְתִּי שָׁבִיר; בִּלְתִּי נִפְסָק

unbridled, *adj.* בִּלְתִּי מְרֻסָּן, פָּרִיץ

unbroken, *adj.* לֹא שָׁבוּר; בִּלְתִּי נִפְסָק, נִמְשָׁךְ; שֶׁאֵינוֹ מְאֻלָּף (סוּס)

unburden, *v.t.* פָּרַק מַשָּׂא, הֵקֵל (קלל) עַל הַלֵּב

unbutton, *v.t.* הִתִּיר [נתר] כַּפְתּוֹרִים

uncalled-for, *adj.* חוּץ לִמְקוֹמוֹ, לֹא (מְבֻקָּשׁ) דָּרוּשׁ, מְיֻתָּר

uncanny, *adj.* מִסְתּוֹרִי, מוּזָר

unceasing, *adj.* שֶׁאֵינוֹ חָדֵל, נִמְשָׁךְ

unceremonious, *adj.* גַּס, בִּלְתִּי מְנֻמָּס

uncertain, *adj.* מְסֻפָּק, לֹא בָּטוּחַ

uncertainty, *n.* פִּקְפּוּק, אִי (בְּטִיחוּת) וַדָּאוּת

unchain, *v.t.* שִׁחְרֵר, הִתִּיר [נתר] כְּבָלִים

unchallenged, *adj.* אַל תַּגְרִיתִי, לְלֹא הִתְנַגְּדוּת

unchangeable, *adj.* בִּלְתִּי מִשְׁתַּנֶּה

uncharitable, *adj.* לֹא נָדִיב, שֶׁאֵינוֹ בַּעַל צְדָקָה, אַכְזָרִי, אַל רַחוּם

uncharted, *adj.* שֶׁלֹּא רָשׁוּם בַּמַּפָּה

unchaste, *adj.* לֹא צָנוּעַ

unchecked, *adj.* בִּלְתִּי מְרֻסָּן, לֹא נִבְדָּק

uncircumcised, *adj. & n.* עָרֵל, לֹא (נִמּוֹל) מָהוּל

uncivil, *adj.* לֹא נִמּוּסִי, גַּס, אִי אָדִיב

uncivilized, *adj.* חֲסַר תַּרְבּוּת, פֶּרֶא

unclaimed, *adj.* לֹא נִדְרָשׁ

uncle, *n.* דּוֹד

Uncle Sam מֶמְשֶׁלֶת אַרְצוֹת הַבְּרִית

unclean, *adj.* אִי נָקִי, מְגֹאָל, טָמֵא

unclose, *v.t.* פָּתַח

unclothe, *v.t.* הִפְשִׁיט [פשט]

uncomfortable, *adj.* אִי נָעִים, לֹא נוֹחַ

uncommon, *adj.* אִי רָגִיל, נָדִיר

uncommunicative, *adj.* מַחֲרִישׁ, שׁוֹתֵק

uncomplaining, *adj.* לֹא מִתְלוֹנֵן

uncompromising, *adj.* תַּקִּיף בְּדַעְתּוֹ, בִּלְתִּי פַּשְׁרָנִי

unconcern, *n.* שִׁוְיוֹן נֶפֶשׁ, אֲדִישׁוּת

unconcerned, *adj.* אָדִישׁ, בִּלְתִּי מֻדְאָג

unconditional, *adj.* גָּמוּר, מֻחְלָט, לְלֹא תְּנַאי

unconfirmed, *adj.* בִּלְתִּי רִשְׁמִי, שֶׁלֹּא מְאֻשָּׁר

unconquerable, *adj.* נִמְנַע הַנִּצּוּחַ, שֶׁאֵין לְהִתְגַּבֵּר עָלָיו

unconscious, *adj.* מְחֻסַּר הַכָּרָה

unconstitutional, *adj.* אַל חֻקָּתִי, לֹא חֻקִּי, שֶׁאֵינוֹ כַּדִּין, שֶׁאֵינוֹ כַּהֲלָכָה

uncontrollable, *adj.* מוֹרֵד, שֶׁאִי אֶפְשָׁר לִשְׁלֹט עָלָיו

unconventional, *adj.* בִּלְתִּי מְקֻבָּל

uncooked, *adj.* בִּלְתִּי מְבֻשָּׁל

uncork, *v.t.* חָלַץ פְּקָק

uncounted, *adj.* לֹא סָפוּר

uncouple, *v.t.* הִתִּיר [נתר] קֶשֶׁר

uncouth, *adj.* גַּס, מְשֻׁנֶּה

uncover, *v.t. & i.* גִּלָּה, חָשַׂף, פָּרַע

unction, *n.* מְשִׁיחָה, מִשְׁחָה; לְבָבִיּוּת, רַגְשָׁנוּת דָּתִית

uncultivated, *adj.* בּוּר, בָּר, בִּלְתִּי מְעֻבָּד

uncultured, *adj.* חֲסַר תַּרְבּוּת, בּוּר
uncut, *adj.* בִּלְתִּי (מְלֻטָּשׁ) חָתוּךְ
undamaged, *adj.* בִּלְתִּי מְקֻלְקָל, לְלֹא (נֶזֶק) פְּגַם
undaunted, *adj.* לְלֹא (פַּחַד) חָת
undeceived, *adj.* לֹא (מֻטְעֶה) מְרֻמֶּה
undecided, *adj.* בִּלְתִּי מְחֻלָּט, מְטֻּל בְּסָפֵק
undefeated, *adj.* בִּלְתִּי (מוּבָס) מוּפָר
undefined, *adj.* בִּלְתִּי (בָּרוּר) מֻגְדָּר
undemocratic, *adj.* דַּבְּרִי, בִּלְתִּי עַמּוֹנִי
undeniable, *adj.* שֶׁאֵין לְהַכְחִישׁ, שֶׁאֵין לִסְתֹּר
under, *adv. & prep.* פָּחוֹת מִ־, תַּחַת, מִתַּחַת לְ־, לְמַטָּה מִ־
under, *adj.* תַּחְתּוֹן, תַּחְתִּי, תַּת־
undercarriage, *n.* מִבְנֶה יְסוֹד; גּוּף (שֶׁלֶד) הַמְּכוֹנִית; גַּלְגַּלֵּי הַנְּחִיתָה (אֲוִירוֹן)
underclothes, underclothing, *n.* תַּחְתּוֹנִים
underestimate, *v.t.* הִמְעִיט [מעט] דְּמוּתוֹ, הֵקֵל [קלל] בְּ־
underfeed, *v.t.* נָתַן לֶחֶם צַר, כִּלְכֵּל בְּמִדָּה בִּלְתִּי מַסְפֶּקֶת
undergo, *v.t.* סָבַל, נָשָׂא, עָבַר
undergraduate, *n.* תַּלְמִיד מִכְלָלָה (טֶרֶם סִיֵּם חוֹק לִמּוּדָיו)
underground, *adj. & n.* תַּת קַרְקָעִי; כָּמוּס; (רַכֶּבֶת) תַּחְתִּית; בֶּטֶן אֲדָמָה; מַחְתֶּרֶת
underhanded, *adj.* טָמִיר, כָּמוּס, עָרוּם, נַעֲשֶׂה בְּתַרְמִית
underline, *v.t.* קִוְקֵו; הִטְעִים [טעם], הִדְגִּישׁ [דגש]
underlying, *adj.* יְסוֹדִי
undermine, *v.t.* חָתַר מִתַּחַת לְ־

underneath, *adv. & prep.* תַּחַת, מִתַּחַת לְ־
undernourished, *adj.* לֹא נָזוֹן לְמַדַּי
underprivileged, *adj.* חֲסַר זְכוּיוֹת, מְדֻלְדָּל
underrate, *v.t.* הִמְעִיט [מעט] דְּמוּתוֹ, הֵקֵל [קלל] בְּ־
undersell, *v.t.* מָכַר בְּזוֹל
undershirt, *n.* גּוּפִיָּה
undersign, *v.t.* חָתַם מַטָּה
undersized, *adj.* (חֵלֶק) גָּמוּד
underskirt, *n.* תַּחְתּוֹנִית
understand, *v.t. & i.* הֵבִין [בין], הִכִּיר [נכר], יָדַע
understanding, *n.* שֵׂכֶל, דַּעַת, בִּינָה, הֲבָנָה
understate, *v.t. & i.* נָקַט לְשׁוֹן הַמְעָטָה
understatement, *n.* לְשׁוֹן הַמְעָטָה
understudy, *n.* שַׂחְקָן מִשְׁנֶה
understudy, *v.t. & i.* לָמַד תַּפְקִיד בִּכְדֵי לְמַלֵּא מָקוֹם שַׂחְקָן
undertake, *v.t. & i.* נִסָּה, קִבֵּל עַל עַצְמוֹ, הִבְטִיחַ [בטח]
undertaker, *n.* קַבְּלָן; קַבְּרָן
undertaking, *n.* קַבְּלָנוּת; קַבְּרָנוּת
underwear, *n.* תַּחְתּוֹנִים
underweignt, *n.* מִשְׁקָל פָּחוֹת מֵהַמִּדָּה
underworld, *n.* שְׁאוֹל; הָעוֹלָם הַתַּחְתּוֹן
underwrite, *v.t.* חָתַם עַל, סָמַךְ
undeserved, *adj.* בִּלְתִּי רָאוּי, שֶׁלֹּא מַגִּיעַ
undesirable, *adj.* לֹא מְבֻקָּשׁ; לֹא רָצוּי
undeveloped, *adj.* בִּלְתִּי מְפֻתָּח
undisciplined, *adj.* בִּלְתִּי מְמֻשְׁמָע
undisguised, *adj.* בִּלְתִּי (מְסֻוֶּה) מְחֻפָּשׂ, חֲסַר הִתְנַכְּרוּת
undisputed, *adj.* אַל וִכּוּחִי

undistinguished, *adj.* לֹא מְצֻיָּן, בִּלְתִּי נִכָּר, אַל מֻפְלָא, אִי דָגוּל
undisturbed, *adj.* שַׁאֲנָן, שׁוֹקֵט, שָׁלֵו
undivided, *adj.* בִּלְתִּי מְחֻלָּק, אָחִיד
undo, *v.t.* פָּתַח, קִלְקֵל, הִתִּיר [נתר], בִּטֵּל
undoubted, *adj.* שֶׁאֵינוֹ מֻטָּל בְּסָפֵק, וַדַּאי, בָּטוּחַ
undoubtedly, *adv.* בְּוַדַּאי, לְלֹא סָפֵק
undress, *v.t.* & *i.* פָּשַׁט, הִתְפַּשֵּׁט [פשט]
undue, *adj.* שֶׁטֶּרֶם הִגִּיעַ זְמַנּוֹ, לֹא מַגִּיעַ
undulation, *n.* תְּנוּדָה גַּלִּית
undying, *adj.* אַלְמוֹתִי, שֶׁבְּלִי הַפְסָקָה
unearned, *adj.* שֶׁלֹּא זָכָה בּוֹ
unearth, *v.t.* גִּלָּה, הוֹצִיא [יצא] מִן הָאֲדָמָה (מִן הַקֶּבֶר)
uneasiness, *n.* אִי מְנוּחָה
uneasy, *adj.* חֲסַר מְנוּחָה, סַר
uneducated, *adj.* בִּלְתִּי מְחֻנָּךְ
unemotional, *adj.* אִי רָגִישׁ, בִּלְתִּי רִגְשִׁי
unemployed, *adj.* מְחֻסַּר עֲבוֹדָה
unemployment, *n.* אַבְטָלָה, חֹסֶר עֲבוֹדָה
unending, *adj.* עַד אֵין סוֹף
unendurable, *adj.* שֶׁאֵין לְשֵׂאתוֹ
unequal, *adj.* לֹא שָׁוֶה
unequaled, unequalled, *adj.* יָחִיד (חַד) בְּמִינוֹ
unequivocal, *adj.* שֶׁאֵינוֹ מִשְׁתַּמֵּעַ לִשְׁנֵי פָּנִים, בָּרוּר
unerring, *adj.* שֶׁאֵינוֹ טוֹעֶה, שֶׁאֵינוֹ שׁוֹגֶה; בָּטוּחַ בְּעַצְמוֹ
unessential, *adj.* בִּלְתִּי חָשׁוּב
uneven, *adj.* בִּלְתִּי זוּגִי, אִי יָשָׁר, לֹא חָלָק
uneventful, *adj.* חֲסַר הֲרַת מְאוֹרָעוֹת
unexampled, *adj.* לְלֹא דֻּגְמָה, שֶׁאֵין דּוֹמֶה לוֹ
unexpected, *adj.* פִּתְאוֹמִי, בִּלְתִּי צָפוּי
unexpectedly, *adv.* בְּמַפְתִּיעַ, בְּהֶסַּח הַדַּעַת
unexplained, *adj.* בִּלְתִּי מְבֹאָר
unexplored, *adj.* בִּלְתִּי נֶחְקָר
unfailing, *adj.* בִּלְתִּי מְאַכְזֵב, נֶאֱמָן
unfair, *adj.* לֹא צוֹדֵק, לֹא יָשָׁר
unfaithful, *adj.* בּוֹגֵד, שֶׁאֵינוֹ נֶאֱמָן
unfaithfulness, *n.* בְּגִידָה, מְעִילָה
unfamiliar, *adj.* בִּלְתִּי רָגִיל, זָר
unfasten, *v.t.* & *i.* פִּתַּח, הִתִּיר [נתר]
unfavorable, unfavourable, *adj.* שְׁלִילִי, נֶגְדִּי
unfeeling, *adj.* אַכְזָרִי, חֲסַר רֶגֶשׁ
unfetter, *v.t.* הִתִּיר [נתר] אֲזִקִּים
unfinished, *adj.* בִּלְתִּי (מֻשְׁלָם) גָּמוּר
unfit, *adj.* לֹא רָאוּי; פָּסוּל, פָּגוּם
unfix, *v.t.* פָּתַח, הִתִּיר [נתר]
unfledged, *adj.* לֹא מְפֻתָּח; חֲסַר נוֹצוֹת
unflinching, *adj.* לֹא נִרְתָּע, חֲסַר הִסּוּס
unfold, *v.t.* & *i.* פֵּרַשׂ; פִּתַּח, גִּלָּה
unforced, *adj.* לֹא (מְחֻיָּב) מֻכְרָח
unforeseen, *adj.* בִּלְתִּי (נִרְאֶה מֵרֹאשׁ) צָפוּי
unforgettable, *adj.* לֹא יִשָּׁכַח
unforgivable, *adj.* אַל מָחוּל
unfortunate, *adj.* מִסְכֵּן, אֻמְלָל, חֲסַר מַזָּל
unfortunately, *adv.* לְדַאֲבוֹן־
unfounded, *adj.* בְּלִי בָּסִיס, שֶׁאֵין לוֹ רַגְלַיִם, שֶׁאֵין לוֹ יְסוֹד
unfrequented, *adj.* נִדָּח, בּוֹדֵד
unfriendly, *adj.* בִּלְתִּי יְדִידוּתִי
unfruitful, *adj.* עָקָר, סְרָק
unfurl, *v.t.* פִּתַּח, פֵּרַשׂ
unfurnished, *adj.* בִּלְתִּי מְרֹהָט
ungainly, *adj.* חֲסַר חֵן

ungenerous, *adj.* חֲסַר נְדִיבוּת, צַר עַיִן, קַמְצָנִי
ungentle, *adj.* אִי נוֹחַ, בִּלְתִּי עָדִין
ungodly, *adj.* שֶׁאֵין אֱלֹהִים בְּלִבּוֹ, פּוֹרֵק עֹל שָׁמַיִם
ungovernable, *adj.* פֶּרֶא, שׁוֹבָב; בִּלְתִּי מְרֻסָּן
ungraceful, *adj.* חֲסַר חֵן, דְּבִי
ungrateful, *adj.* כְּפוּי טוֹבָה
unguarded, *adj.* בִּלְתִּי שָׁמוּר
unguent, *n.* מִשְׁחָה, דֹּהֶן
unhampered, *adj.* שֶׁאֵין מַפְרִיעַ אוֹתוֹ
unhandsome, *adj.* בִּלְתִּי נָאֶה, לֹא נֶחְמָד
unhandy, *adj.* מְגֻשָּׁם, גִּמְלוֹנִי, אִי זָרִיז, גַּס, אִי מָהִיר
unhappy, *adj.* לֹא שָׂמֵחַ, עָלוּב, אֻמְלָל
unharmed, *adj.* שֶׁלֹּא נִזּוֹק, לֹא מְקֻלְקָל
unhealthy, *adj.* חוֹלָנִי, לֹא בָּרִיא
unhesitating, *adj.* שֶׁאֵינוֹ (נִמְנָע) מְהַסֵּס, חֲסַר פִּקְפּוּק
unhitch, *v.t.* הִתִּיר [נתר] קֶשֶׁר
unholy, *adj.* לֹא קָדוֹשׁ, חִלּוֹנִי
unhonored, unhonoured, *adj.* בִּלְתִּי (אִי) מְכֻבָּד
unhook, *v.t.* & *i.* הֵסִיר [סור] מֵעַל וָו
unhurt, *adj.* בִּלְתִּי מֻכֶּה, חֲסַר פֶּצַע
unicellular, *adj.* חַדְתָּאִי
unidentified, *adj.* בִּלְתִּי מְזֹהֶה
unification, *n.* אִחוּד, הִתְאַחֲדוּת
unifier, *n.* מְאַחֵד
uniform, *adj.* & *n.* מַדִּים; חַד צוּרָתִי
uniformity, *n.* חַדְגּוֹנִיּוּת, שְׁוֵה צוּרָה
unify, *v.t.* אִחֵד
unilateral, *adj.* חַדְצְדָדִי
unimaginable, *adj.* שֶׁאֵינוֹ עוֹלֶה עַל הַדַּעַת

unimaginative, *adj.* אִי דִּמְיוֹנִי
unimpeachable, *adj.* חַף מִפֶּשַׁע
unimportant, *adj.* קַל עֵרֶךְ, בִּלְתִּי חָשׁוּב
uninformed, *adj.* חֲסַר יְדִיעָה
uninhabited, *adj.* בִּלְתִּי נוֹשָׁב
uninjured, *adj.* לֹא פָּצוּעַ, בִּלְתִּי (נִזּוֹק) נִפְגַּע
uninspired, *adj.* מְשֻׁלָּל רוּחַ הַקֹּדֶשׁ
unintelligible, *adj.* לֹא מוּבָן
unintentional, *adj.* לֹא בְּמֵזִיד, בְּשׁוֹגֵג
uninteresting, *adj.* בִּלְתִּי מְעַנְיֵן
uninterrupted, *adj.* בִּלְתִּי נִפְסָק
uninvited, *adj.* בִּלְתִּי מְזֻמָּן, לֹא קָרוּא
union, *n.* הִתְאַחֲדוּת, בְּרִית, אַחְדוּת; אֲגֻדָּה (מִקְצוֹעִית)
unique, *adj.* יָחִיד, מְיֻחָד בְּמִינוֹ
unison, *n.* חַדְקוֹלִיּוּת, אַחְדוּת
unit, *n.* סְנִיף, יְחִידָה, חֲטִיבָה
unite, *v.t.* & *i.* אִחֵד, הִתְאַחֵד [אחד]
united, *adj.* מְאֻחָד
United Kingdom הַמַּמְלָכָה הַמְאֻחֶדֶת
United States אַרְצוֹת הַבְּרִית
unity, *n.* אַחְדוּת
universal, *adj.* כְּלָלִי, עוֹלָמִי, נִצְחִי
universe, *n.* עוֹלָם, תֵּבֵל, יְקוּם, בְּרִיאָה
university, *n.* מִכְלָלָה, אוּנִיבֶרְסִיטָה
unjust, *adj.* בִּלְתִּי צוֹדֵק
unkempt, *adj.* גַּס, פָּרוּעַ, לֹא סָרוּק
unkind, *adj.* אַכְזָר, רַע לֵב, לֹא טוֹב
unknowing, *adj.* בִּלְתִּי יוֹדֵעַ, לֹא מֵבִין
unknown, *adj.* בִּלְתִּי יָדוּעַ, אַלְמוֹנִי
unlace, *v.t.* & *i.* הִתִּיר [נתר] (נַעַל)
unlade, *v.t.* פֵּרֵק מַשָּׂא
unlawful, *adj.* אָסוּר, בִּלְתִּי חֻקִּי
unlearn, *v.t.* שָׁכַח (לִמּוּד)
unleash, *v.t.* הִתִּיר [נתר] רְצוּעָה
unleavened, *adj.* חָמֵץ

unleavened bread מַצָּה
unless, *conj.* כִּי אִם, אֶלָּא, אִם כֵּן
unlike, *adj.* & *adv.* שׁוֹנֶה; בְּאֹפֶן שׁוֹנֶה
unlikely, *adj.* מְסֻפָּק, שֶׁאֵינוֹ מִסְתַּבֵּר
unlimited, *adj.* בִּלְתִּי מֻגְבָּל
unload, *v.t.* & *i.* פָּרַק; הִתְפָּרֵק [פרק]
unlock, *v.t.* פָּתַח; גִּלָּה (לֵב)
unlovely, *adj.* מְכֹעָר, חֲסַר חֵן
unlucky, *adj.* רַע (בִּישׁ) מַזָּל, חֲסַר הַצְלָחָה
unman, *v.t.* הֵמֵס [מסס] לֵב; סֵרֵס
unmanageable, *adj.* אִי מְצַיֵּת, בִּלְתִּי מְנֹהָל
unmanly, *adj.* לֹא גַבְרִי, מוּג לֵב
unmannerly, *adj.* חֲסַר דֶּרֶךְ אֶרֶץ, גַּס
unmarried, *adj.* בִּלְתִּי נָשׂוּא
unmask, *v.t.* & *i.* הֵסִיר [סור] (קָרַע) מַסֵּכָה; גִּלָּה אֶת (אָפְיוֹ) זֶהוּתוֹ
unmatched, *adj.* לֹא מַתְאִים, חֲסַר זִוּוּג; בִּלְתִּי מֻשְׁוֶה
unmeaning, *adj.* חֲסַר כַּוָּנָה, רֵיק, נָבוּב
unmeasured, *adj.* אִי מָדוּד, רְחַב יָדַיִם
unmentionable, *adj.* לֹא רָאוּי לְהִזָּכֵר
unmerciful, *adj.* אַכְזָרִי, קְשֵׁה לֵב
unmindful, *adj.* לֹא מַקְשִׁיב, לֹא נִזְהָר
unmistakable, *adj.* שֶׁאֵין לִטְעוֹת בּוֹ, בָּרוּר
unmitigated, *adj.* לֹא מֻקָל, לֹא מֻרְגָּע
unmoral, *adj.* בִּלְתִּי מוּסָרִי
unmoved, *adj.* לֹא מֻשְׁפָּע
unnamed, *adj.* לֹא נִקְרָא בְּשֵׁם, בִּלְתִּי מְכֻנֶּה
unnatural, *adj.* בִּלְתִּי טִבְעִי
unnecessary, *adj.* בִּלְתִּי הֶכְרֵחִי, מְיֻתָּר
unnerve, *v.t.* הֶחֱלִישׁ [חלש], הֵמֵס [מסס] לֵב, רִפָּה יָדַיִם
unnoticed, *adj.* בִּלְתִּי מֻכָּר, בִּלְתִּי נוֹדָע

unobserved, *adj.* לֹא נִרְאֶה
unobtrusive, *adj.* בִּלְתִּי (נוֹעָז) מְחֻצָּף; בִּלְתִּי בּוֹלֵט
unoccupied, *adj.* פָּנוּי, שֶׁאֵינוֹ (תָּפוּס) עָסוּק
unoffended, *adj.* לֹא נֶעֱלָב
unofficial, *adj.* אִי רִשְׁמִי
unorganized, *adj.* לֹא מְאֻרְגָּן
unorthodox, *adj.* לֹא אָדוּק, בִּלְתִּי (מָסָרְתִּי) מְקֻבָּל
unpack, *v.t.* & *i.* הֵרִיק [ריק] מִזְוָדָה, הוֹצִיא [יצא] מֵאַרְגָּז
unpaid, *adj.* בִּלְתִּי נִפְרָע, לֹא שֻׁלַּם
unpalatable, *adj.* לֹא עָרֵב, בִּלְתִּי טָעִים
unparalleled, *adj.* שֶׁאֵין דּוֹמֶה לוֹ
unpeopled, *adj.* בִּלְתִּי מְיֻשָּׁב, חֲסַר אֲנָשִׁים
unperceived, *adj.* לֹא מֻרְגָּשׁ
unpleasant, *adj.* אִי נָעִים
unpolished, *adj.* בִּלְתִּי מְצֻחְצָח; גַּס, בִּלְתִּי אָדִיב
unpolluted, *adj.* אִי מְחֻלָּל, אִי מְטֻנָּף
unpopular, *adj.* אִי עֲמָמִי, בִּלְתִּי חֶבְרָתִי
unprecedented, *adj.* לְלֹא תַּקְדִּים
unpredictable, *adj.* שֶׁאִי אֶפְשָׁר לְנַבֵּא מֵרֹאשׁ
unprejudiced, *adj.* לֹא מְשֻׁחָד
unprepared, *adj.* אִי מוּכָן, בִּלְתִּי מְזֻמָּן
unpretending, *adj.* צָנוּעַ, פָּשׁוּט; שֶׁאֵינוֹ תּוֹבֵעַ
unprincipled, *adj.* חֲסַר עֶקְרוֹנוֹת, בִּלְתִּי מוּסָרִי
unprofitable, *adj.* בִּלְתִּי מוֹעִיל, לֹא מַכְנִיס רֶוַח
unprovoked, *adj.* בִּלְתִּי (מְשֻׁסֶּה) מְגֹרֶה
unpublished, *adj.* לֹא מֻדְפָּס, בִּלְתִּי מֻכְרָז, שֶׁלֹּא יָצָא לָאוֹר

unqualified, *adj.* בִּלְתִּי מְגֻבָּל, שֶׁאֵינוֹ מַתְאִים, שֶׁאֵין לוֹ הַיְּדִיעוֹת הַמַּסְפִּיקוֹת

unquenchable, *adj.* שֶׁלֹּא נִתַּן לְרִוּוּי

unquestionable, *adj.* שֶׁלְּמַעְלָה מִכָּל חֲשָׁד, שֶׁלְּמַעְלָה מִכָּל סָפֵק

unravel, *v.t.* & *i.* הִתִּיר [נתר], הִפְקִיעַ [פקע] (חוּטִים); פָּתַר

unready, *adj.* בִּלְתִּי מְזֻמָּן, לֹא מוּכָן

unreal, *adj.* בִּלְתִּי מַמָּשִׁי, מְדֻמֶּה

unreasonable, *adj.* מֻפְרָז, מֻגְזָם

unrecognizable, *adj.* שֶׁאֵינוֹ נִכָּר

unrefined, *adj.* בִּלְתִּי מְזֻקָּק; גַּס

unreflecting, *adj.* בִּלְתִּי מְחֻזָּר (קֶרֶן אוֹר, גַּל חֹם); שֶׁאֵינוֹ מְהַרְהֵר

unrelenting, *adj.* שֶׁלֹּא מְוַתֵּר, אַכְזָרִי

unreliable, *adj.* שֶׁאֵין לִסְמֹךְ עָלָיו

unrelieved, *adj.* לֹא נֶחֱלָף

unremitting, *adj.* בְּלֹא לֵאוּת, מַתְמִיד

unreserved, *adj.* פָּנוּי; בְּגִלּוּי לֵב, בִּלְתִּי (מְסֻיָּג) מְגֻבָּל

unresisting, *adj.* בִּלְתִּי מִתְנַגֵּד

unrest, *n.* תְּסִיסָה, אִי מְנוּחָה

unrestrained, *adj.* לֹא מִתְאַפֵּק, לֹא נִמְנָע

unrestricted, *adj.* בִּלְתִּי (מְסֻיָּג) מְגֻבָּל

unrighteous, *adj.* חוֹטֵא, שֶׁאֵינוֹ צַדִּיק, עַוָּל

unripe, *adj.* לֹא בָּשֵׁל

unrivaled, unrivalled, *adj.* שֶׁאֵין כָּמוֹהוּ, שֶׁאֵין דּוֹמֶה לוֹ

unroll, *v.t.* & *i.* פָּתַח (וְנִלְגַּל)

unruffled, *adj.* שׁוֹקֵט, נָח

unruly, *adj.* שׁוֹבָב, פָּרוּעַ

unsafe, *adj.* מְסֻכָּן

unsafety, *n.* סַכָּנָה

unsalable, unsaleable, *adj.* בִּלְתִּי מָכִיר

unsanitary, *adj.* בִּלְתִּי תַּבְרוּאִי

unsatisfactory, *adj.* בִּלְתִּי (מַשְׂבִּיעַ רָצוֹן) מֵנִיחַ אֶת הַדַּעַת

unsatisfied, *adj.* שֶׁאֵינוֹ שְׂבַע רָצוֹן, בִּלְתִּי מְרֻצֶּה

unsavory, unsavoury, *adj.* תָּפֵל, סָר טַעַם; אַל מוּסָרִי

unsay, *v.t.* חָזַר בּוֹ מִדְּבָרָיו

unscathed, *adj.* בִּלְתִּי (מוּרָע) מֻזָּק

unschooled, *adj.* אִי מְחֻנָּךְ, בִּלְתִּי מְלֻמָּד

unscientific, *adj.* בִּלְתִּי מַדָּעִי

unscrew, *v.t.* הוֹצִיא [יצא] בֹּרֶג

unscrupulous, *adj.* בִּלְתִּי מוּסָרִי, חֲסַר עֶקְרוֹנוֹת

unsearchable, *adj.* סוֹדִי; אֵין חֵקֶר

unseasonable, *adj.* שֶׁחוּץ לִזְמַנּוֹ, שֶׁלֹּא בְּעִתּוֹ

unseat, *v.t.* הוֹרִיד [ירד] מִכִּסְאוֹ

unseemly, *adj.* לֹא נָאֶה, בִּלְתִּי מַתְאִים; פָּרוּץ

unseen, *adj.* בִּלְתִּי נִרְאֶה, סָמוּי מִן הָעַיִן

unselfish, *adj.* נְדִיב לֵב, זוּלָתָן

unsettle, *v.t.* הִפְרִיעַ [פרע], בִּלְבֵּל; עָקַר (מִמְּקוֹמוֹ)

unshackle, *v.t.* הִתִּיר [נתר] כְּבָלִים

unshaken, *adj.* לֹא מְחֻלְחָל, לֹא מֻרְגָּז, לֹא מֻרְעָד, אֵיתָן, יַצִּיב

unshaven, *adj.* בִּלְתִּי מְגֻלָּח, שָׂעִיר

unsheathe, *v.t.* הֵרִיק [ריק] (הוֹצִיא [יצא]) חֶרֶב מִתַּעְרָהּ, שָׁלַף

unship, *v.t.* פָּרַק (מַשָּׂא) מֵאֳנִיָּה, הֵסִיר [סור] מֵאֳנִיָּה

unsightly, *adj.* מְכֹעָר, מַכְלִים לַמַּבָּט

unskillful, unskilful, *adj.* בִּלְתִּי מְנֻסֶּה

unsociable, *adj.* בִּלְתִּי חֶבְרָתִי

unsolder, *v.t.* הֵמֵס [מסס] הַלְחָמָה, הִפְרִיד [פרד]

unsophisticated, *adj.* פָּשׁוּט, טִבְעִי

unsound, *adj.* שֶׁאֵינוֹ (מְבֻסָּס) מְיֻסָּד; לֹא בָּרִיא; בִּלְתִּי שָׁפוּי (בְּדַעְתּוֹ)

unsparing, *adj.* פַּזְרָנִי, בַּעַל יָד רְחָבָה; שֶׁאֵינוֹ מְרַחֵם

unspeakable, *adj.* שֶׁאֵין לְהַבִּיעַ, שֶׁאֵין לְבַטֵּא, נִמְנָע הַדִּבּוּר

unstable, *adj.* בִּלְתִּי קָבוּעַ, מִשְׁתַּנֶּה, חֲסַר יַצִּיבוּת

unsteady, *adj.* בִּלְתִּי קָבוּעַ, לֹא בָּטוּחַ

unstrung, *adj.* חֲסַר מֵיתָר, רְפֵה מֵיתָר, מְרֻפֵּה עֲצַבִּים

unsubstantial, *adj.* בִּלְתִּי מַמָּשִׁי, דִּמְיוֹנִי

unsuccessful, *adj.* לֹא מַצְלִיחַ, לֹא בַּר מַזָּל

unsuitable, *adj.* לֹא מַתְאִים, לֹא הוֹלֵם

unsurpassed, *adj.* יָחִיד בְּמִינוֹ

unsuspected, *adj.* לֹא חָשׁוּד

unsuspicious, *adj.* אִי חַשְׁדָנִי

unswerving, *adj.* חֲסַר (סְטִיָּה) נְטִיָּה

untangle, *v.t.* שִׁחְרֵר מִסְּבַךְ, פָּתַר

untarnished, *adj.* בִּלְתִּי (כָּהוּי) עָמוּם

untaught, *adj.* בִּלְתִּי מְלֻמָּד, בּוּר

unthinkable, *adj.* לֹא עוֹלֶה עַל הַדַּעַת

unthought-of, *adj.* לֹא בָּא בְּחֶשְׁבּוֹן

untidy, *adj.* אִי נָקִי, רַשְׁלָנִי

untie, *v.t.* הִתִּיר [נתר], פִּתַּח

until, *prep. & conj.* עַד, עַד אֲשֶׁר

untimely, *adj.* מֻקְדָּם, לֹא בִּזְמַנּוֹ

untiring, *adj.* בִּלְתִּי מְיַגֵּעַ, לֹא מִתְיַגֵּעַ

unto, *prep.* אֶל, לְ־, עַד

untold, *adj.* לֹא (מְסֻפָּר) מְפֹרָשׁ

untouched, *adj.* לֹא נִגַּע, לֹא מְמֻשָּׁשׁ

untoward, *adj.* סוֹרֵר, שׁוֹבָב

untrained, *adj.* לֹא מֻדְרָךְ, בִּלְתִּי (מְחֻנָּךְ) מְאֻלָּף

untried, *adj.* בִּלְתִּי מְנֻסֶּה

untroubled, *adj.* לֹא מֻרְגָּז, לֹא מֻטְרָח

untrue, *adj.* לֹא אֲמִתִּי

untruth, *n.* שֶׁקֶר, כָּזָב

untutored, *adj.* בִּלְתִּי מְחֻנָּךְ, בּוּר

unused, *adj.* לֹא מְשֻׁמָּשׁ

unusual, *adj.* אִי רָגִיל, לֹא מָצוּי

unutterable, *adj.* שֶׁאֵין (לְבַטֵּא) לְהַבִּיעַ

unvarnished, *adj.* בִּלְתִּי מְלֻכָּה

unvarying, *adj.* תָּדִיר, בִּלְתִּי מִשְׁתַּנֶּה

unveil, *v.t. & i.* הֵסִיר [סור] צָעִיף; גִּלָּה, הִתְגַּלָּה [גלה]

unwanted, *adj.* לֹא רָצוּי

unwarrantable, *adj.* בִּלְתִּי מֻצְדָּק

unwashed, *adj.* לֹא רָחוּץ

unwelcome, *adj.* לֹא מְקֻבָּל, לֹא רָצוּי

unwell, *adj.* לֹא בָּרִיא, חוֹלָנִי

unwholesome, *adj.* בִּלְתִּי (בָּרִיא) מוּסָרִי

unwieldy, *adj.* כָּבֵד וְגָדוֹל, גַּס

unwilling, *adj.* מְסָרֵב, מְמָאֵן

unwillingly, *adv.* שֶׁלֹּא בְּרָצוֹן

unwind, *v.t.* הִתִּיר [נתר], פִּתַּח

unwise, *adj.* לֹא חָכָם, לֹא מְחֻכָּם

unwitting, *adj.* חֲסַר יְדִיעָה, מַסִּיחַ דַּעְתּוֹ

unworkable, *adj.* אִי מַעֲשִׂי

unworthy, *adj.* שֶׁאֵינוֹ כְּדַאי, לֹא רָאוּי

unwrap, *v.t. & i.* הֵסִיר [סור] (מַעֲטֶה) עֲטִיפָה

unwritten, *adj.* שֶׁלֹּא נִכְתָּב, שֶׁבְּעַל פֶּה

unwritten law תּוֹרָה שֶׁבְּעַל פֶּה

unyielding, *adj.* עִקֵּשׁ, קָשֶׁה, שֶׁלֹּא מְוַתֵּר

up, *adv. & prop.* עַל, לְמַעְלָה

upbraid, *v.t.* גָּעַר בְּ־, גִּנָּה, הוֹכִיחַ [יכח]

upbringing, *n.* גִּדּוּל, חִנּוּךְ

upgrade, *n.* מַעֲלֶה, שִׁפּוּעַ, מִדְרוֹן

upgrade, *v.t.* עָלָה דַּרְגָּה

upgrowth, *n.* הִתְקַדְּמוּת, הִתְפַּתְּחוּת

upheaval, ***n.*** מַהְפֵּכָה
uphill, ***n.*** מַעֲלֶה, מַעֲלֵה הַגִּבְעָה
uphold, ***v.t.*** חִזֵּק, תָּמַךְ, אִשֵּׁר
upholster, ***v.t.*** רִפֵּד
upholsterer, ***n.*** רַפָּד
upholstery, ***n.*** רַפָּדוּת, רִפּוּד
upkeep, ***n.*** כַּלְכָּלָה, פַּרְנָסָה
upland, ***n.*** רָמָה
uplift, ***v.t.*** הֵרִים [רום], נָשָׂא
upon, ***prep.*** עַל, אַחֲרֵי, בְּ־
upper, ***adj.*** עֶלְיוֹן, עִלִּי
uppermost, ***adj.*** הָעֶלְיוֹן
upraise, ***v.t.*** הֵקִים [קום], הֵרִים [רום]
upright, ***adj.*** זָקוּף, נִצָּב; כֵּן, יָשָׁר
uprightness, ***n.*** כֵּנוּת, יֹשֶׁר
uprise, ***v.i.*** הִתְעוֹרֵר [עור], עָלָה, גָּאָה
uprising, ***n.*** הִתְקוֹמְמוּת
uproar, ***n.*** שָׁאוֹן, הָמוֹן, מְהוּמָה
uproot, ***v.t.*** עָקַר, נָתַשׁ, שֵׁרֵשׁ, יָעָה
upset, ***v.t.*** בִּלְבֵּל, הָפַךְ, הָמַם
upshot, ***n.*** תּוֹצָאָה, מַסְקָנָה
upside, ***n.*** צַד עִלִּי
upside down רֹאשׁוֹ לְמַטָּה, הֲפֵכָה
upstairs, ***adv.*** לְמַעְלָה, בַּקּוֹמָה הָעֶלְיוֹנָה
upstart, ***n.*** הֶדְיוֹט שֶׁעָלָה לִגְדֻלָּה
up-to-date, ***adj.*** מְעֻדְכָּן, עַדְכָּנִי
uptown, ***adv.*** בְּמַעֲלֵה הָעִיר
upturn, ***v.t.*** הָפַךְ, פָּתַח (הָאֲדָמָה)
upward, upwards, ***adv.*** מַעְלָה, לְמַעְלָה
uranium, ***n.*** אוּרָן
urban, ***adj.*** עִירוֹנִי, קַרְתָּנִי
urbane, ***adj.*** עָדִין, אָדִיב
urchin, ***n.*** שׁוֹבָב, זַאֲטוּט, פִּרְחָח
urea, ***n.*** אֶבֶן הַשֶּׁתֶן, חֹמֶר הַשֶּׁתֶן
uremia, uraemia, ***n.*** שַׁתֶּנֶת
ureter, ***n.*** שָׁפְכָן, צִנּוֹר הַשֶּׁתֶן

urge, ***v.t. & i.*** הִפְצִיר [פצר], הֵאִיץ [אוץ], עוֹרֵר, אִלֵּץ
urgency, ***n.*** תְּכִיפוּת
urgent, ***adj.*** דּוֹחֵק, מֵאִיץ, תָּכוּף
urinal, ***n.*** מִשְׁתָּנָה, עָבִיט
urinate, ***v.i.*** הִשְׁתִּין [שתן], הֵסִיךְ [סוך] אֶת רַגְלָיו
urine, ***n.*** שֶׁתֶן, מֵי רַגְלַיִם
urn, ***n.*** כְּלִי (לְאֵפֶר הַמֵּת); קַלְפֵּי (לְגוֹרָלוֹת); (כְּלִי) חֶרֶס; קֶבֶר
Ursa Major עַיִשׁ, הַדֹּב הַגָּדוֹל
Ursa Minor בֶּן עַיִשׁ, הַדֹּב הַקָּטָן
urticaria, ***n.*** חָרֶלֶת, סִרְפֶּדֶת
us, ***pron.*** אוֹתָנוּ; לָנוּ
usable, ***adj.*** שִׁמּוּשִׁי
usage, ***n.*** הִשְׁתַּמְּשׁוּת, שִׁמּוּשׁ, מִנְהָג, הֶרְגֵּל
use, ***n.*** שִׁמּוּשׁ, הִשְׁתַּמְּשׁוּת, תּוֹעֶלֶת, צֹרֶךְ
use, ***v.t. & i.*** הִשְׁתַּמֵּשׁ [שמש], הָיָה רָגִיל
useful, ***adj.*** מוֹעִיל, רַב תּוֹעֶלֶת
usefulness, ***n.*** תּוֹעֶלֶת
useless, ***adj.*** חֲסַר תּוֹעֶלֶת, שֶׁל שָׁוְא
usher, ***n.*** סַדְרָן; שׁוֹשְׁבִין
usher, ***v.t.*** הִכְנִיס [כנס], סִדֵּר
usual, ***adj.*** רָגִיל, שָׁכִיחַ
usually, ***adv.*** עַל פִּי רֹב
usurer, ***n.*** מַלְוֶה בְּרִבִּית
usurious, ***adj.*** נוֹשֵׁךְ, מַלְוֶה בְּרִבִּית
usurp, ***v.t.*** תָּפַס (שֶׁלֹּא כְּדִין), גָּזַל
usurpation, ***n.*** גְּזֵלָה, תְּפִיסָה (תְּבִיעָה) שֶׁלֹּא כְּדִין
usurper, ***n.*** חוֹטֵף, תּוֹפֵס (שֶׁלֹּא כְּדִין), גַּזְלָן
usury, ***n.*** נֶשֶׁךְ, רִבִּית, מַרְבִּית, תַּרְבִּית
utensil, ***n.*** כְּלִי תַּשְׁמִישׁ, כְּלִי
uterus, ***n.*** רֶחֶם, בֵּית הֵרָיוֹן
utilitarian, ***adj. & n.*** תּוֹעַלְתִּי; תּוֹעַלְתָּן
utilitarianism, ***n.*** תּוֹעַלְתָּנוּת

utility, *n.* תּוֹעֶלֶת
utilize, *v.t.* הִשְׁתַּמֵּשׁ [שמש] בְּ־ לְתוֹעַלְתּוֹ, הֵפִיק [פוק] תּוֹעֶלֶת
utmost, *adj.* & *n.* קִיצוֹנִי, כָּל מַה שֶּׁאֶפְשָׁר, גָּדוֹל, רָחוֹק בְּיוֹתֵר
utopia, *n.* חֲלוֹם שָׁוְא
utricle, *n.* שַׁלְפּוּחִית
utter, *adj.* מֻחְלָט, כָּלִיל, גָּמוּר
utter, *v.t.* דִּבֵּר, מִלֵּל, בִּטֵּא, הוֹצִיא [יצא] קוֹל
utterance, *n.* נִיב, בִּטּוּי, הַבָּעָה, דִּבּוּר
utterly, *adv.* לַחֲלוּטִין, כָּלִיל, לְגַמְרֵי
uttermost, *adj.* קִיצוֹנִי
uvula, *n.* לְהָאָה

V, v

V, v, *n.* וִי, הָאוֹת הָעֶשְׂרִים וּשְׁתַּיִם בָּאָלֶף בֵּית הָאַנְגְּלִי
vacancy, *n.* מָקוֹם (רֵיק) פָּנוּי; רֵיקוּת
vacant, *adj.* רֵיק, פָּנוּי
vacate, *v.t.* פִּנָּה מָקוֹם
vacation, *n.* חֹפֶשׁ, חֻפְשָׁה
vacationist, vacationer, *n.* קַיְטָן
vaccinate, *v.t.* חִסֵּן, הִרְכִּיב [רכב] אֲבַעְבֻּעוֹת
vaccination, *n.* הַרְכָּבַת אֲבַעְבּוּעוֹת
vaccine, *n.* תַּרְכִּיב, זֶרֶק
vacillate, *v.i.* הִסֵּס, פִּקְפֵּק
vacillation, *n.* הִסּוּס, פִּקְפּוּק, הִתְנוֹעֲעוּת
vacuum, *n.* רִיק, רֵיקוּת, רֵיקָנוּת, חָלָל
vacuum bottle תֶּרְמוֹס, שְׁמַרְחֹם
vacuum cleaner שַׁאֲבָק
vagabond, *n.* נוֹדֵד, נָע וָנָד
vagary, *n.* שִׁגָּעוֹן, הֲפַכְפְּכָנוּת; הֲזָיָה
vagina, *n.* קֳבָה, בֵּית הָרֶחֶם, פֹּת
vagrancy, *n.* נְדִידָה, נְדוּדִים
vagrant, *adj.* & *n.* נוֹדֵד, נָע וָנָד
vague, *adj.* סָתוּם, כֵּהֶה, לֹא בָּרוּר, מְסֻפָּק
vaguely, *adv.* בְּעֶרֶךְ, לֹא בִּבְרוּרוֹת
vain, *adj.* יָהִיר, גֵּא, שַׁחֲצָנִי; אַפְסִי
vainglory, *n.* גַּאֲוָה, יְהִירוּת, רַהַב, הִתְרַבְרְבוּת
vainly, *adv.* שָׁוְא, לַשָּׁוְא, חִנָּם
vale, *v.* valley
valediction, *n.* (בִּרְכַּת, נְאוּם) פְּרִידָה
valentine, *n.* אוֹהֵב, אֲהוּבָה; אִגֶּרֶת אַהֲבָה
valerian, *n.* נֵרְדְּ (צֶמַח); סַם מַרְגִּיעַ
valet, *n.* מְשָׁרֵת, שַׁמָּשׁ
valetudinary, *adj.* & *n.* חוֹלָנִי, חַלָּשׁ
valiant, *adj.* גִּבּוֹר, אַמִּיץ לֵב
valid, *adj.* שָׁרִיר, קַיָּם, תַּקִּיף
validate, *v.t.* אִשֵּׁר, קִיֵּם
validation, *n.* אִשּׁוּר, קִיּוּם
validity, *n.* תֹּקֶף
valise, *n.* מִזְוָדָה, חֲפִיסָה
valley, vale, *n.* עֵמֶק, בִּקְעָה, גַּיְא
valor, valour, *n.* גְּבוּרָה, חַיִל, אֹמֶץ
valorous, *adj.* אַמִּיץ לֵב, אִישׁ חַיִל
valuable, *adj.* יְקַר עֵרֶךְ, יָקָר
valuation, *n.* הַעֲרָכָה, שׁוּמָה, הַאֲמָדָה, אֹמֶד, אֻמְדָּנָה
value, *n.* מְחִיר, עֵרֶךְ, שֹׁוִי
value, *v.t.* אָמַד, הֶעֱרִיךְ (ערך), שָׂם [שום]
valued, *adj.* רַב עֵרֶךְ, יָקָר
valueless, *adj.* חֲסַר עֵרֶךְ
valve, *n.* שַׁסְתּוֹם; סְגוֹר (הַלֵּב)
valvular, *adj.* שֶׁל שַׁסְתּוֹם, שֶׁל סְגוֹר (הַלֵּב)

vampire, *n.* עַרְפָּד, מוֹצֵץ דָּם
van, *n.* חָלוּץ
van, *n.* מַשָּׂאִית קַלָּה, מְכוֹנִית מִשְׁלוֹחַ
vandal, *n.* מְחַבֵּל אָמָּנוּת, מַשְׁחִית יֹפִי
vandalism, *n.* חִבּוּל (יֹפִי) אָמָּנוּת
vane, *n.* שַׁבְשֶׁבֶת, שַׁפְשֶׁפֶת
vanguard, *n.* מִשְׁמַר הָרֹאשׁ, חָלוּץ (בְּצָבָא)
vanilla, *n.* שֶׁנֶף, וָנִיל
vanish, *v.i.* חָלַף, זָז [גוז], נֶעֱלַם [עלם], אָבַד
vanity, *n.* הֶבֶל, רִיק, רֵיקָנוּת, שָׁוְא; גַּנְדְּרָנוּת, הִתְפָּאֲרוּת
vanquish, *v.t.* כָּבַשׁ, נִצַּח
vantage, *n.* יִתְרוֹן
vapid, *adj.* תָּפֵל, פָּג, חֲסַר טַעַם
vapor, vapour, *n.* אֵד, קִיטוֹר, הֶבֶל
vaporization, vapourization, *n.* אִיּוּד, הִתְנַדְּפוּת, הִתְאַדּוּת; רִסּוּס
vaporize, vapourize, *v.t.* & *i.* אִיֵּד, הִתְאַיֵּד [איד], הִתְנַדֵּף [נדף]; רִסֵּס
vaporizer, vapourizer, *n.* מְאַיֵּד, מַרְסֵס, מַזְלֵף
vaporous, *adj.* אֵדִי, מְאֻיָּד
variability, *n.* הִשְׁתַּנּוּת, שְׁנִי
variable, *adj.* & *n.* מִשְׁתַּנֶּה, הֲפַכְפַּךְ; שְׁנִי, שַׁנְיָן
variance, *n.* שִׁנּוּי, הִשְׁתַּנּוּת; אִי הַסְכָּמָה, חִלּוּק דֵּעוֹת
variant, *adj.* & *n.* שׁוֹנֶה; נֹסַח אַחֵר
variate, *v.t.* שִׁנָּה
variation, *n.* שִׁנּוּי, הִשְׁתַּנּוּת
varicose, *adj.* צָבֶה, תָּפוּחַ, נָפוּחַ
varied, *adj.* מְגֻוָּן, רַבְגּוֹנִי, רַבְמִינִי
variegate, *v.t.* נִמֵּר, פָּתַךְ, גִּוֵּן
variegated, *adj.* רַבְצִבְעִי, צִבְעוֹנִי
variegation, *n.* רַבְגּוֹנִיּוּת, נִמּוּר
variety, *n.* גִּוּוּן; מִין, סוּג; בִּדּוּר

various, *adj.* שׁוֹנֶה, רַבְגּוֹנִי, מְגֻוָּן, רַבְצְדָדִי
varnish, *n.* לַכָּה
varnish, *v.t.* לִכָּה, צִחְצַח, מֵרֵט
vary, *v.t.* & *i.* שִׁנָּה, הִשְׁתַּנָּה [שנה], הִתְחַלֵּף [חלף], נָטָה (לְצַד אֶחָד)
vase, *n.* צִנְצֶנֶת, אֲגַרְטֵל
vassal, *n.* עֶבֶד
vast, *adj.* גָּדוֹל, רָחָב, עָצוּם
vastness, *n.* מֶרְחָב, עֹצֶם, גֹּדֶל
vat, *n.* גִּגִּית, מַעֲטָן, חָבִית
vaudeville, *n.* תִּסְקֹרֶת
vault, *n.* כִּפָּה; כּוּךְ, מְעָרָה; קְפִיצַת פִּשּׂוּק
vault, *v.t.* & *i.* קָמַר; קָפַץ (בְּמוֹט)
vaunt, *v.t.* & *i.* הִתְפָּאֵר [פאר], הִתְרַבְרֵב [רברב]
veal, *n.* בְּשַׂר עֵגֶל
veer, *v.t.* & *i.* הֵסֵב [סבב], שִׁנָּה אֶת כִּוּוּנוֹ, הִפְנָה [פנה]
vegetable, *adj.* צִמְחִי
vegetable, *n.* יָרָק, יְרָקוֹת
vegetarian, *adj.* & *n.* צִמְחוֹנִי
vegetate, *v.t.* צָמַח; חַי [חיה] חַיֵּי עַצְלוּת וּבַטָּלָה
vegetation, *n.* צְמִיחָה; דֶּשֶׁא, יֶרֶק; הֲוָיָה רֵיקָה וּמְשַׁעֲמֶמֶת
vegetative, *adj.* צוֹמֵחַ
vehemence, *n.* עֹז, הִתְלַהֲבוּת; אַלִּימוּת
vehement, *adj.* עַז, נִמְרָץ, נִלְהָב; תַּקִּיף, אַלִּים
vehicle, *n.* כְּלִי רֶכֶב
veil, *n.* צָעִיף, הִנּוּמָה, רְעָלָה, מַסְוֶה
veil, *v.t.* הִסְתִּיר [סתר], כִּסָּה בְּצָעִיף, הִצְעִיף [צעף]
vein, *n.* עוֹרֵק (צֶמַח); וָרִיד; קַו, שִׂרְטוּט (בְּשַׁיִשׁ, בְּעֵץ); שִׁכְבַת מַחְצָב; תְּכוּנָה, צִבְיוֹן

velocity, *n.* מְהִירוּת

velvet, *n.* קְטִיפָה

venal, *adj.* מִתְמַכֵּר, מְקַבֵּל שֹׁחַד, נִמְכָּר בְּכֶסֶף

venality, *n.* תַּאֲוַת בֶּצַע, קַבָּלַת שֹׁחַד

vend, *v.t. & i.* מָכַר

vendee, *n.* קוֹנֶה

vendue, *n.* מְכִירָה פֻּמְבִּית

vendetta, *n.* נְקָמָה, גְּאֻלַּת הַדָּם

vendor, vender, *n.* מוֹכֵר, רוֹכֵל, תַּגָּר

veneer, *n.* לָבִיד, צִפּוּי; יִפְעָה חִיצוֹנִית

venerable, *adj.* נִכְבָּד, נְשׂוּא פָּנִים

venerate, *v.t.* כִּבֵּד

veneration, *n.* כִּבּוּד, יִרְאַת הָרוֹמְמוּת

venereal, *adj.* מִינִי, שֶׁל אַהֲבָה מִינִית; מְנֻגָּע בְּמַחֲלַת מִין

venereal disease מַחֲלַת מִין מִדַּבֶּקֶת (עַגֶּבֶת, זִיבָה)

venery, *n.* מִשְׁגָּל, בְּעִילָה, בִּיאָה, תַּשְׁמִישׁ (הַמִּטָּה)

Venetian blind תְּרִיס (מִתְקַפֵּל) גְּלִילָה, תְּרִיס רְפָפוֹת

vengeance, *n.* נָקָם

vengeful, *adj.* מִתְנַקֵּם

venison, *n.* בְּשַׂר צְבִי

venom, *n.* אֶרֶס, חֵמָה

venomous, *adj.* אַרְסִי; מַמְאִיר

venous, *adj.* וְרִידִי

vent, *n.* מוֹצָא, פֶּתַח; הַבָּעָה; פִּי הַטַּבַּעַת

vent, *v.t.* הוֹצִיא [יצא], עָשָׂה פֶּתַח, עָשָׂה חוֹר בְּ־, שָׁפַךְ (חֵמָה)

ventilate, *v.t.* אִוְרֵר

ventilation, *n.* אִוְרוּר

ventilator, *n.* מְאַוְרֵר

ventral, *adj.* בִּטְנִי

ventricle, *n.* קֵבִית (הַמֹּחַ) הַלֵּב

ventriloquism, ventriloquy, *n.* דִּבּוּר בֶּטֶן, אוֹב, פִּתּוֹמוּת

ventriloquist, *n.* דַּבְּרָן מִבֶּטֶן, בַּעַל אוֹב, פִּתּוֹם

venture, *n.* הַעְפָּלָה, הֶעָזָה, נִסָּיוֹן

venture, *v.t. & i.* הֶהִין [הין], הֵעֵז [עזז], הִסְתַּכֵּן [סכן], נִסָּה

venturesome, *adj.* מֵהִין, מַעְפִּיל

venue, *n.* מְקוֹם (הַפֶּשַׁע) הַמִּשְׁפָּט, מוֹצָא הַמֻּשְׁבָּעִים

Venus, *n.* נֹגַהּ, אַיֶּלֶת הַשַּׁחַר

veracious, *adj.* דּוֹבֵר אֱמֶת, נֶאֱמָן

veracity, *n.* כֵּנוּת, אֱמֶת

veranda, verandah, *n.* מִרְפֶּסֶת

verb, *n.* פֹּעַל

verbal, *adj.* מִלּוּלִי, פָּעֳלִי, שֶׁבְּעַל פֶּה

verbally, *adv.* מִלָּה בְּמִלָּה, בְּעַל פֶּה

verbatim, *adv.* בְּדִיּוּק, מִלָּה בְּמִלָּה

verbena, vervain, *n.* פֶּרַח הֶעָלֶה

verbose, *adj.* מְגַבֵּב (מַרְבֶּה) דְּבָרִים

verdant, *adj.* יָרֹק, מְכֻסֶּה יֶרֶק

verdict, *n.* גְּזַר דִּין, פְּסַק דִּין

verdure, *n.* יֶרֶק, דֶּשֶׁא; רַעֲנַנּוּת

verge, *n.* שַׁרְבִיט, מַקֵּל, שֵׁבֶט, גְּבוּל, סְפָר; חוּג, מַעְגָּל

verge, *v.i.* הָיָה סָמוּךְ, הִתְקָרֵב [קרב]

verification, *n.* אִמּוּת, הוֹכָחָה, הִתְאַמְּתוּת

verified, *adj.* מְאֻמָּת

verify, *v.t.* אִמֵּת

verily, *adv.* בֶּאֱמֶת, אָמְנָם

veritable, *adj.* אֲמִתִּי, מַמָּשִׁי

verity, *n.* אֱמֶת, אֲמִתִּיּוּת, כֵּנוּת

vermicide, *n.* מְכַלֵּה תּוֹלָעִים

vermifuge, *n.* מְגָרֵשׁ הַתּוֹלָע

vermillion, *n.* שָׁשַׁר

vermouth, *n.* (יֵין) לַעֲנָה

vermin, *n. sing. & pl.* שֶׁרֶץ, שְׁרָצִים

vernacular, *adj.* מְקוֹמִי; נִיבִי, הֲמוֹנִי, שֶׁל מוֹלֶדֶת

vernacular, ***n.*** שָׂפָה הֲמוֹנִית, שְׂפַת אֵם, נִיב, בַּת לָשׁוֹן
vernal, ***adj.*** אֲבִיבִי
versatile, ***adj.*** רַבְצְדָדִי
versatility, ***n.*** רַבְצְדָדִיּוּת
verse, ***n.*** חָרוּז, שִׁיר, פִּיּוּט, פָּסוּק
versed, ***adj.*** בָּקִי, מֻבְהָק, מֻמְחֶה
versification, ***n.*** חַרְזָנוּת, חֲרִיזָה
versifier, ***n.*** חַרְזָן
versify, ***v.t. & i.*** חָרַז, הָפַךְ לְשִׁירָה
version, ***n.*** נֻסְחָה, גִּרְסָה
versus, ***prep.*** כְּנֶגֶד, לְעֻמַּת
vertebra, ***n.*** חֻלְיָה (שֶׁל הַשִּׁדְרָה)
vertebral, ***adj.*** חֻלְיָנִי
vertebrate, ***adj.*** שֶׁל בַּעֲלֵי חֻלְיוֹת
vertebrate, ***n.*** בַּעַל חֻלְיָה
vertical, ***adj.*** זָקוּף, נִצָּב, מְאֻנָּךְ, קָדְקֳדִי
vertiginous, ***adj.*** סְחַרְחַר
vertigo, ***n.*** סְחַרְחֹרֶת
vervain, ***v.*** verbena
verve, ***n.*** הַשְׁרָאָה, כִּשְׁרוֹן; חִיּוּנִיּוּת הִתְלַהֲבוּת, מֶרֶץ
very, ***adj.*** גּוּפוֹ, עַצְמוֹ, מֻחְלָט
very, ***adv.*** מְאֹד
vesicle, ***n.*** שַׁלְפּוּחִית, שַׁלְחוּף, בּוּעָה
vesper, ***adj. & n.*** נֹגַהּ; כּוֹכָב; עֶרֶב; תְּפִלַּת עֶרֶב; שֶׁל עֶרֶב
vessel, ***n.*** כְּלִי; סְפִינָה; אֲוִירוֹן; וָרִיד, עוֹרֵק; כְּלִי חֶמְדָּה
vest, ***n.*** אֲפֻדָּה, חֲזִיָּה
vest, ***v.t. & i.*** נָתַן (יִפּוּי כֹּחַ) לְ־, הֶעֱטָה [עטה]
vestibule, ***n.*** פְּרוֹזְדוֹר, אוּלָם, מִסְדְּרוֹן
vestige, ***n.*** עָקֵב, זֵכֶר, סִימָן
vestment, ***n.*** מַד
vestry, ***n.*** מֶלְתָּחָה
vetch, ***n.*** בִּקְיָה, כַּרְשִׁינָה
veteran, ***n.*** וָתִיק, רַב נִסְיוֹנוֹת
veterinarian, ***n.*** רוֹפֵא בְּהֵמוֹת,
veterinary, ***adj. & n.*** שֶׁל רְפוּאַת בְּהֵמוֹת
veto, ***n.*** כֹּחַ הַהֲפָרָה, קוֹל הֶכְרֵעַ
vex, ***v.t.*** הִרְגִּיז [רגז], הִקְנִיט [קנט], הִכְעִיס [כעס]
vexation, ***n.*** הַרְגָּזָה, הִתְרַגְּזוּת, קִנְטוּר
via, ***prep.*** דֶּרֶךְ
viaduct, ***n.*** גֶּשֶׁר (רַכָּבוֹת) דְּרָכִים
vial, ***n.*** צְלוֹחִית
viands, ***n. pl.*** מְזוֹנוֹת, מַאֲכָלִים
viaticum, ***n.*** אֵשֶׁל, הוֹצָאוֹת הַדֶּרֶךְ, צֵידָה לַדֶּרֶךְ; לֶחֶם קֹדֶשׁ
vibrate, ***v.t. & i.*** הִרְעִיד [רעד], רָעַד, נִעְנַע, הִתְנַעֲנֵעַ [נענע], רִטֵּט
vibrant. ***adj.*** רַעֲדוּדִי, רָעוּד
vibration, ***n.*** תְּנוּדָה, זַעֲזוּעַ, רִטּוּט
vibrator, ***n.*** רַטָּט
vice, ***n.*** פְּרִיצוּת, שְׁחִיתוּת; חֶסְרוֹן, מִגְרַעַת, דֹּפִי
vice, ***v.*** vise
vice, ***prep.*** בִּמְקוֹם
vice, ***n.*** סֶגֶן, מִשְׁנֶה
vice president סְגַן הַנָּשִׂיא
viceroy, ***n.*** מִשְׁנֶה לַמֶּלֶךְ
vice versa לְהֶפֶךְ
vicinity, ***n.*** קִרְבָה, סְבִיבָה, שְׁכֵנוּת
vicious, ***adj.*** מָשְׁחָת, רַע; מְזֹהָם
vicissitude, ***n.*** חֲלִיפָה, תְּמוּרָה
victim, ***n.*** קָרְבָּן
victor, ***n.*** בַּעַל נִצָּחוֹן, מְנַצֵּחַ, כּוֹבֵשׁ
victorious, ***adj.*** נַצְּחָנִי, מְנַצֵּחַ
victory, ***n.*** נִצָּחוֹן, יֶשַׁע
victual, ***v.t. & i.*** סִפֵּק מָזוֹן, הִצְטַיֵּד [ציד]
victuals, ***n. pl.*** אֹכֶל, מָזוֹן
vide, ***imp.*** עַיֵּן, רְאֵה

vie, *v.i.* שָׁאַף לְעֶלְיוֹנוּת

view, *n.* דֵּעָה, הַשְׁקָפָה, רְאוּת

view, *v.t.* רָאָה, הִשְׁקִיף [שקף], בָּדַק, הִסְתַּכֵּל [סכל]

viewpoint, *n.* הַשְׁקָפָה, נְקֻדַּת רְאוּת

vigil, *n.* עֵרוּת; מִשְׁמָר, לֵיל שִׁמּוּרִים; תְּפִלַּת לַיְלָה; אַשְׁמוּרָה

vigilance, *n.* עֵרָנוּת, זְהִירוּת

vigilant, *adj.* עֵר, זָהִיר

vigor, vigour, *n.* אוֹן, עֱזוּז, עָצְמָה, מֶרֶץ

vigorous, *adj.* חָזָק, עַז, רַב כֹּחַ, אַמִּיץ

vile, *adj.* שָׁפָל, נִתְעָב, נָבָל

vilify, *v.t.* חָרַף, נִבֵּל (פִּיו)

villa, *n.* חֲוִילָה, וִילָה

village, *n.* כְּפָר, טִירָה

villager, *n.* בֶּן כְּפָר, כַּפְרִי

villain, *n.* עַוָּל, בְּלִיַּעַל

villainous, *adj.* בְּלִיַּעַל, מְעַוֵּל

villainy, *n.* נְבָלָה, שַׁעֲרוּרִיָּה, נְוָלוּת

villous, *adj.* שָׂעִיר, צַמְרִי

vim, *n.* עֹז, כֹּחַ

vindicate, *v.t.* הִצְדִּיק [צדק]

vindication, *n.* הַצְדָּקָה

vindictive, *adj.* מִתְנַקֵּם

vine, *n.* גֶּפֶן

vinegar, *n.* חֹמֶץ

vineyard, *n.* כֶּרֶם

vinous, *adj.* יֵינִי, שֶׁל יַיִן

vintage, *n.* בָּצִיר

vintner, *n.* יַיָּן, בּוֹצֵר

viola, *n.* בַּטְנוּן, וִיאוֹלָה

violate, *v.t.* עָבַר עַל, הֵפֵר [פרר], חִלֵּל; אָנַס; הִפְרִיעַ [פרע], הִפְסִיק [פסק]

violation, *n.* חִלּוּל; אֹנֶס; עֲבֵרָה; הֲפָרָה; הַפְסָקָה, הַפְרָעָה

violator, *n.* מְחַלֵּל; אַנָּס; עֲבַרְיָן

violence, *n.* אַלִּימוּת, תּוֹקְפָנוּת; הִתְחַלְּלוּת

violent, *adj.* אַלִּים, זוֹעֵם, תַּקִּיף

violet, *adj.* & *n.* סָגֹל; סִגָלִיָּה, סֶגֻלִּית;

violin, *n.* כִּנּוֹר

violinist, *n.* כַּנָּר

violoncello, *n.* בַּטְנוּנִית, וִיאוֹלוֹנְצֶ׳לוֹ

viper, *n.* אֶפְעֶה

virago, *n.* אֵשֶׁת מְדָנִים, אֲרוּרָה

virgin, *n.* בְּתוּלָה

virginity, *n.* בְּתוּלִים

virile, *adj.* גַּבְרִי; אַמִּיץ, עַז

virility, *n.* גַּבְרוּת; אֹמֶץ, אוֹן; גְּבוּרָה

virtually, *adv.* בְּעֶצֶם

virtue, *n.* מִדָּה, סְגֻלָּה, מַעֲלָה

virtuoso, *n.* אָמָן רִאשׁוֹן בְּמַעֲלָה; חוֹבֵב (אוֹסֵף) דִּבְרֵי אָמָנוּת

virtuous, *adj.* מוּסָרִי, צַדִּיק

virulent, *adj.* אַרְסִי; מֵמִית; מְדַבֵּק

virus, *n.* נָגִיף; אֶרֶס, רוֹשׁ

visa, *n.* אַשְׁרָה, וִיזָה

visage, *n.* פָּנִים, פַּרְצוּף

vis-a-vis, *adv.* מוּל, פָּנִים אֶל פָּנִים

viscera, *n. pl.* קְרָבַיִם

viscidity, *n.* צְמִיגוּת, דְּבִיקוּת

viscosity, *n.* צְמִיגוּת

viscous, *adj.* דָּבִיק, צָמִג

vise, vice, *n.* מַכְבֵּשׁ, מַלְחֶצֶת, מֶלְחָצַיִם

visibility, *n.* רְאִיּוּת

visible, *adj.* נִרְאֶה; גָּלוּי

vision, *n.* חָזוֹן, חִזָּיוֹן; רְאוּת, רְאִיָּה, חוּשׁ הָרְאִיָּה

visionary, *adj.* & *n.* חוֹזֶה, חוֹלֵם; דִּמְיוֹנִי

visit, *n.* בִּקּוּר

visit, *v.t.* & *i.* הִתְאָרֵחַ [ארח] בְּבֵית מִשֶּׁהוּ, בִּקֵּר, פָּקַד

visitant, *adj.* & *n.* מְבַקֵּר
visitation, *n.* פְּקִידָה; עֹנֶשׁ; בִּקּוּר
visitor, *n.* אוֹרֵחַ, מְבַקֵּר
visor, vizor, *n.* מִצְחָה, סַךְ (שֶׁמֶשׁ)
vista, *n.* מַרְאֶה, מַרְאֶה רָחוֹק
visual, *adj.* חֲזוּתִי, שֶׁל רְאִיָּה, נִרְאֶה
visualize, *v.t.* & *i.* דִּמָּה בְּנַפְשׁוֹ, רָאָה בְּעֵינֵי רוּחוֹ
vital, *adj.* חִיּוּנִי, הֶכְרֵחִי
vitality, *n.* חִיּוּנִיּוּת, חִיּוּת
vitalize, *v.t.* חִיָּה
vitamin, *n.* אַב־מָזוֹן, חִיּוּנָה, וִיטָמִין
vitiate, *v.t.* בִּטֵּל (חוֹזֶה); הִשְׁחִית [שחת], זִהֵם, טִנֵּף
vitreous, *adj.* זְכוּכִי, זְגוּגִי
vitriol, *n.* גָּפְרָה, חֻמְצָה גָּפְרִיתָנִית
vituperate, *v.t.* גִּנָּה, חָרַף
vituperation, *n.* גִּנּוּי, חֵרוּף, גִּדּוּף
vivacious, *adj.* עַלִּיז, מָלֵא חַיִּים
vivacity, *n.* עֲלִיזוּת, שִׁפְעַת חַיִּים
vivarium, *n.* בִּיבָר, גַּן חַיּוֹת
vivid, *adj.* חַי; בָּהִיר, פָּעִיל
vivify, *v.t.* חִיָּה, הֶחֱיָה [חיה]
vivisection, *n.* נִתּוּחַ בְּגוּף הַחַי
vixen, *n.* שׁוּעָלָה; נִרְגֶּנֶת
vizor, *v.* visor
vocable, *n.* מִלָּה, תֵּבָה
vocabulary, *n.* אוֹצַר מִלִּים, מִלּוֹן
vocal, *adj.* קוֹלִי, קוֹלָנִי
vocal, *n.* תְּנוּעָה, אוֹת קוֹלִית
vocalist, *n.* זַמָּר
vocalize, *v.t.* & *i.* בִּטֵּא בְּקוֹל; זִמֵּר
vocation, *n.* מְלָאכָה, מִשְׁלַח יָד
vociferate, *v.t.* & *i.* צָעַק בְּקוֹל
vociferation, *n.* צַעֲקָנוּת, קוֹלָנִיּוּת
vogue, *n.* אָפְנָה
voice, *n.* קוֹל; כֹּחַ הַדִּבּוּר, בִּטּוּי, הַבָּעָה; דֵּעָה; הַצְבָּעָה
voice, *v.t.* בִּטֵּא, הִבִּיעַ [נבע]
voiceless, *adj.* נְטוּל (חֲסַר) קוֹל, דּוֹמֵם
void, *adj.* רֵיק, נָבוּב; בָּטֵל
void, *n.* חָלָל, תֹּהוּ
void, *v.t.* הֵרִיק [ריק], בִּטֵּל
volatile, *adj.* מִתְאַיֵּד, עַלִּיז, קַל דַּעַת
volatilize, *v.t.* & *i.* אִיֵּד, הִתְאַיֵּד [איד]
volcanic, *adj.* מִתְגָּעֵשׁ
volcano, *n.* הַר גַּעַשׁ
volition, *n.* בְּחִירָה, רָצוֹן
volley, *n.* יְרִיָּה בִּצְרוֹרוֹת; שֶׁטֶף (מִלִּים, אָלוֹת)
volt, *n.* ווֹלְט, מִדָּה שֶׁל מֶתַח חַשְׁמַלִּי
voltage, *n.* מֶתַח חַשְׁמַלִּי
voluble, *adj.* פַּטְפְּטָנִי, דַּבְּרָנִי
volume, *n.* כֶּרֶךְ (סֵפֶר); נֶפַח; כַּמּוּת הַקּוֹל
voluminous, *adj.* רַב (סְפָרִים) כְּרָכִים; רָחָב, מְרֻבֶּה
voluntary, *adj.* שֶׁמֵּרָצוֹן (חָפְשִׁי), שֶׁל רְשׁוּת
volunteer, *n.* מִתְנַדֵּב
volunteer, *v.t.* & *i.* הִתְנַדֵּב [נדב]
voluptuary, *n.* תַּאַוְתָן
voluptuous, *adj.* תַּאַוְתָנִי
vomit, *n.* קִיא, הֲקָאָה
vomit, *v.t.* & *i.* קָא [קיא], הֵקִיא [קיא]
voracious, *adj.* זוֹלֵל, גַּרְגְּרָן, רַעַבְתָן
voracity, *n.* זוֹלְלוּת, גַּרְגְּרָנוּת
vortex, *n.* מְעַרְבֹּלֶת, שִׁבֹּלֶת
vote, *n.* בְּחִירָה, קוֹל, הַצְבָּעָה
vote, *v.t.* & *i.* בָּחַר, הִצְבִּיעַ [צבע]
voter, *n.* בּוֹחֵר, מַצְבִּיעַ
vouch, *v.t.* & *i.* עָרַב, הָיָה עֵד לְ־
voucher, *n.* מֵעִיד, עָרֵב; קַבָּלָה, חֶשְׁבּוֹן, שׁוֹבֵר
vouchsafe, *v.t.* הוֹאִיל [יאל] בְּחַסְדּוֹ, הִרְשָׁה [רשה], נָתַן לְ־

vow, *n.* נֶדֶר
vow, *v.t. & i.* נָדַר
vowel, *n.* נְקֻדָּה, תְּנוּעָה
voyage, *n.* נְסִיעָה, תִּיּוּר
voyage, *v.i. & t.* נָסַע
vulcanize, *v.t. & i.* גִּפֵּר
vulgar, *adj.* פָּשׁוּט, גַּס; הֲמוֹנִי
vulgarity, *n.* גַּסּוּת; הֲמוֹנִיּוּת
vulgarize, *v.t.* הֵגֵס [גסס], עָשָׂה גַּס
Vulgate. *n.* הַתַּרְגּוּם הָרוֹמִי (לָטִינִי) שֶׁל הַתַּנַ"ךְ, הִתְהַמְּנוּת הַתַּנַ"ךְ
vulnerability, *n.* פְּגִיעוּת
vulnerable, *adj.* פָּגִיעַ
vulture, *n.* עַיִט

W, w

W, w, *n.* דּוּבְּלְיוּ, הָאוֹת הָעֶשְׂרִים וְשָׁלֹשׁ בָּאָלֶף בֵּית הָאַנְגְּלִי
wabble, *v.* wobble
wad, *n.* סֶתֶם, פְּקָק, מְגוּפָה; (חֹמֶר) מִלּוּי
wad, *v.t.* סָתַם פָּקַק; מִלֵּא (בְּמִלּוּי)
waddle, *n.* הֲלִיכָה (בַּרְוָזִית)
waddle, *v.i.* הִתְנַעְנֵעַ [נענע] בַּהֲלִיכָה (כְּבַרְוָז)
wade, *v.t. & i.* חָצָה, עָבַר (נָהָר) בָּרֶגֶל; הָלַךְ בִּכְבֵדוּת (בְּבִצָּה וְכוּ')
wafer, *n.* צַפִּיחִית
waffle, *n.* רָקִיק
waft, *n.* נִפְנוּף, רִפְרוּף
waft, *v.t. & i.* צָף [צוף], שָׁט [שוט], נִפְנֵף, רִפְרֵף
wag, waggle, *n.* נִעְנוּעַ, כִּשְׁכּוּשׁ, נִדְנוּד
wag, waggle, *v.t. & i.* הֵנִיעַ [נוע], נִעְנַע, כִּשְׁכֵּשׁ (זָנָב), נִדְנֵד
wage, *n.* שָׂכָר, מַשְׂכֹּרֶת
wage, *v.t.* עָשָׂה (מִלְחָמָה)
wager, *v.t. & i.* הִתְעָרֵב [ערב]
wager, *n.* הִתְעָרְבוּת, הַמְרָאָה
waggery, *n.* לֵצָנוּת, הֲלָצָה, מְשׁוּבָה
waggish, *adj.* לֵיצָנִי, הֲלָצִי, הִתּוּלִי
wagon, waggon, *n.* עֲגָלָה; קְרוֹן רַכֶּבֶת; עֶגְלַת (מְכוֹנִית) מַשָּׂא
wagtail, *n.* נַחֲלִיאֵלִי
waif, *n.* (יֶלֶד) הֶפְקֵר, אֲסוּפִי
wail, *v.t. & i.* קוֹנֵן [קין], יִלֵּל, הִתְאַבֵּל [אבל]
wail, *n.* קִינָה, יְלָלָה
waist, *n.* מֹתֶן, מָתְנַיִם
waistcoat, *n.* מָתְנִיָּה, חֲזִיָּה
wait, *n.* הַמְתָּנָה, חִכּוּי
wait, *v.t. & i.* הִמְתִּין [מתן], חִכָּה; שֵׁרֵת; הִגִּישׁ [נגש] (מַאֲכָלִים)
waiter, *n.* מֶלְצָר, דַּיָּל
waiting, *n.* צִפִּיָּה, חִכּוּי
waitress, *n.* מֶלְצָרִית, דַּיֶּלֶת
waive, *v.t.* וִתֵּר עַל (זְכוּת)
waiver, *n.* וִתּוּר
wake, *n.* עָקֵב; שִׁמּוּרִים, מִשְׁמָר
wake, *v.t. & i.* הֵקִיץ [קוץ], הֵעִיר [עור], הִתְעוֹרֵר [עור]; עָמַד עַל הַמִּשְׁמָר
wakeful, *adj.* עֵר, נְדוּד שֵׁנָה
wakefulness, *n.* עֵרוּת
waken, *v.t. & i.* הִתְעוֹרֵר [עור]
wale, *n. & v.t.* רְצוּעָה; רָצַע
walk, *n., v.i. & t.* הֲלִיכָה; דֶּרֶךְ; טִיּוּל; הָלַךְ, טִיֵּל, פָּסַע, צָעַד, הִתְהַלֵּךְ [הלך]
walking, *n.* הֲלִיכָה
walking stick מַקֵּל (הֲלִיכָה), יָד (לְטִיּוּל)

walkout, *n.* שְׁבִיתָה
wall, *n.* כֹּתֶל, קִיר, חוֹמָה
wall, *v.t.* גָּדַר, הֵקִיף [קוף] חוֹמָה
wallet, *n.* אַרְנָק
wallflower, *n.* מַנְתּוּר צָהֹב
wallop, *n.* & *v.t.* מַכָּה; הִכָּה [נכה]
wallow, *v.i.* הִתְבּוֹסֵס [בוס], הִתְגּוֹלֵל [גלל]; הִתְגַּלְגֵּל [גלגל] בְּמוֹתָרוֹת
wallpaper, *n.* נְיַר קִיר
walnut, *n.* אֱגוֹז
walrus, *n.* סוּס הַיָּם
waltz, *n.* רִקּוּד הַסְּחַרְחֹרֶת, וַלְס
waltz, *v.t.* & *i.* יָצָא בִּמְחוֹל הַסְּחַרְחֹרֶת, הִסְתַּחְרֵר [סחרר]
wan, *adj.* חִוֵּר, חוֹלָנִי
wand, *n.* שֵׁבֶט, מַקֵּל, מַטֶּה
wander, *v.i.* נָדַד, תָּעָה
wanderer, *n.* נָע וָנָד, נוֹדֵד, תּוֹעֶה
Wandering Jew הַיְּהוּדִי הַנּוֹדֵד; (צֶמַח מִשְׂתָּרֵעַ)
wane, *v.i.* הִתְמַעֵט [מעט], הָלַךְ וּפָחַת
wane, *n.* הִתְמַעֲטוּת (הַיָּרֵחַ), גְּמָר (הַקַּיִץ)
wangle, *v.t.* & *i.* הִתְחַכֵּם [חכם], הִתְחַמֵּק [חמק]
want, *n.* מַחְסוֹר, חֹסֶר, צֹרֶךְ, הֶכְרֵחַ
want, *v.t.* & *i.* חָפֵץ, רָצָה; חָסַר, הִצְטָרֵךְ [צרך]
wanting, *adj.* נֶעְדָּר, לָקוּי, חָסֵר
wanton, *adj.* מָשְׁחָת, הוֹלֵל, תַּאַוְתָנִי
wantonness, *n.* הֶפְקֵרוּת, פְּרִיצוּת
war, *n.* מִלְחָמָה
war, *v.i.* נִלְחַם [לחם], לָחַם
warbler, *n.* זָמִיר
ward, *n.* כֶּלֶא; חֶדֶר (בְּבֵית חוֹלִים) מִשְׁמָר, הַשְׁגָּחָה; חָנִיךְ
warden, warder, *n.* שׁוֹמֵר, מְפַקֵּחַ; כַּלַּאי
wares, *n. pl.* סְחוֹרָה
warehouse, *n.* & *v.t.* מַחְסָן; אִחְסֵן
warfare, *n.* (תַּכְסִיסֵי) מִלְחָמָה, קְרָב
warily, *adv.* בִּזְהִירוּת
wariness, *n.* זְהִירוּת
warlike, *adj.* מִלְחַמְתִּי, קְרָבִי
warlock, *n.* קוֹסֵם, מְכַשֵּׁף, בַּעַל אוֹב
warm, *adj.* חַם, חָמִים; לְבָבִי; מִתְלַהֵב
warm, *v.t.* & *i.* חִמֵּם, הִתְחַמֵּם [חמם]; עִנְיֵן, הִתְעַנְיֵן [ענין]
warmth, *n.* חֹם, לְבָבִיּוּת, חֲמִימוּת
warn, *v.t.* הִתְרָה [תרה], הִזְהִיר [זהר]
warning, *n.* אַזְהָרָה, הַזְהָרָה
warp, *n.* שְׁתִי; חֶבֶל גְּרָר (שֶׁל אֳנִיָּה); עִקּוּל
warp, *v.t.* & *i.* עִקֵּם, סִלֵּף, נָטָה הַצִּדָּה; גָּרַר (מָשַׁךְ) בְּחֶבֶל
warrant, *n.* עֲרֻבָּה, יִפּוּי כֹּחַ, אִשּׁוּר; פְּקֻדַּת מַאֲסָר
warrant, *v.t.* הִצְדִּיק [צדק], יִפָּה כֹּחַ, הִרְשָׁה [רשה]
warranty, *n.* יִפּוּי כֹּחַ; עֲרֵבוּת
warrior, *n.* אִישׁ מִלְחָמָה, חַיָּל, אִישׁ צָבָא
warship, *n.* אֳנִיַּת מִלְחָמָה
wart, *n.* יַבֶּלֶת
wary, *adj.* זָהִיר
was, *v.* be
wash, *n.* כִּבּוּס, כְּבִיסָה, כְּבָסִים; רְחִיצָה
wash, *v.t.* & *i.* רָחַץ; כִּבֵּס; חָפַף (רֹאשׁ); נָטַל (יָדַיִם); שָׁטַף, נִשְׁטַף [שטף]
washcloth, *n.* מַטְלִית
washer, *n.* כַּבָּס, כּוֹבֵס; דִּסְקִית
washing, *n.* כִּבּוּס, כְּבִיסָה
washing machine מְכוֹנַת כְּבִיסָה
washroom, *n.* חֲדַר רַחְצָה
wasp, *n.* צִרְעָה
waste, *adj.* חָרֵב, שׁוֹמֵם; פָּסוּל

waste, *n.* הֶפְסֵד, בִּזְבּוּז, פְּסֹלֶת, שִׁמָּמוֹן
waste, *v.t.* & *i.* הֵשַׁם [שום], כִּלָּה, בִּזְבֵּז; רָזָה, נִשְׁחַף [שחף]
wasteful, *adj.* מַשְׁחִית, בַּזְבְּזָן
waste (paper) basket, *n.* סַל (לִפְסֹלֶת) נְיָרוֹת
watch, *n.* שָׁעוֹן; אַשְׁמוּרָה, אַשְׁמֹרֶת, מִשְׁמֶרֶת, שְׁמִירָה, הַשְׁגָּחָה, מִשְׁמָר
watch, *v.t.* & *i.* שָׁמַר, נָטַר, צָפָה, צִפָּה
watchdog, *n.* כֶּלֶב שְׁמִירָה
watchmaker, *n.* שָׁעָן
watchman, *n.* שׁוֹמֵר, נוֹצֵר
watchtower, *n.* מִצְפֶּה
watchword, *n.* סִיסְמָה
water, *n.* מַיִם; יָם; שֶׁתֶן
water, *v.t.* & *i.* הִשְׁקָה [שקה], הִרְוָה [רוה]; זָלַג (דְּמָעוֹת); שָׁתָה; רָר [ריר] (הַפֶּה)
water closet בֵּית (כִּסֵּא) כָּבוֹד
water color צֶבַע מַיִם
watercourse, *n.* זֶרֶם, תְּעָלָה
water cure רִפּוּי בְּמַיִם
waterfall, *n.* אֶשֶׁד
watermelon, *n.* אֲבַטִּיחַ
waterproof, *adj.* אָטִים, בִּלְתִּי חָדִיר לְמַיִם
waterside, *n.* חוֹף יָם, שְׂפַת נָהָר
waterway, *n.* תְּעָלָה
watt, *n.* וַט, יְחִידַת מִדָּה לְחַשְׁמַל
wave, *n.* גַּל, מִשְׁבָּר; תְּנוּפָה; תַּלְתַּל
wave, *v.t.* & *i.* הֵנִיף [נוף], נִפְנֵף; נָע [נוע] (גַּל), הִתְנַפְנֵף [נפנף]; תִּלְתֵּל
waver, *v.i.* פִּקְפֵּק, הִבְלִיחַ [בלח], הִתְמוֹטֵט [מוט]
wavy, *adj.* גַּלִּי
wax, *n.* דּוֹנַג, שַׁעֲוָה
wax, *v.t.* & *i.* דִּנֵּג; הִתְגַּדֵּל [גדל] (הַיָּרֵחַ), נַעֲשָׂה [עשה] יוֹתֵר מָלֵא, הָיָה
way, *n.* דֶּרֶךְ, אֹרַח; אֹפֶן; מְגַמָּה
wayfaring, *n.* נְסִיעָה
waylay, *v.t.* אָרַב לְ־
wayward, *adj.* מַמְרֶה, סוֹרֵר
we, *pron.* אֲנַחְנוּ, אָנוּ, נַחְנוּ
weak, *adj.* חַלָּשׁ, תָּשׁוּשׁ, רָפֶה, חָלוּשׁ
weaken, *v.t.* & *i.* הֶחֱלִישׁ [חלש], רִפָּה, תָּשַׁשׁ, חָלַשׁ
weakling, *n.* אֵין אוֹנִים, תְּשׁוּשׁ רוּחַ
weakness, *n.* חֻלְשָׁה, רִפְיוֹן, תְּשִׁישׁוּת, חַלָּשׁוּת
wealth, *n.* עֹשֶׁר, רְכוּשׁ, הוֹן, כְּבֻדָּה
wealthy, *n.* עָשִׁיר, אָמִיד
wean, *v.t.* גָּמַל (יֶלֶד מִינִיקָה); הִרְחִיק [רחק] מִן הַהֶרְגֵּל
weapon, *n.* נֶשֶׁק, זַיִן, כְּלִי זַיִן
wear, *v.t.* & *i.* לָבַשׁ; נָשָׂא; בָּלָה, בִּלָּה
weariness, *n.* תְּלָאָה
wearisome, *adj.* מְעַיֵּף, מַלְאֶה
weary, *adj.* מְעַיֵּף, עָיֵף, מְיֻגָּע
weary, *v.t.* & *i.* יָגַע, עָיֵף, הִתְיַגֵּעַ [יגע]; עִיֵּף, הִתְעַיֵּף [עיף]
weasel, *n.* חֻלְדָּה
weather, *n.* אֲוִיר, מֶזֶג אֲוִיר
weather, *v.t.* & *i.* עָמַד בִּפְנֵי, סָבַל
weathercock, *n.* שַׁבְשֶׁבֶת
weave, *v.t.* & *i.* אָרַג, סֵרַג
weaver, *n.* אוֹרֵג
weaving, *n.* אֲרִיגָה, מִקְלַעַת
web, *n.* אֶרֶג, אָרִיג; קוּרֵי עַכָּבִישׁ; רֶשֶׁת; קְרוּם הַשְּׂחִיָּה
wed, *v.t.* & *i.* נָשָׂא (אִשָּׁה); נִשְּׂאָה (לְאִישׁ)
wedding, *n.* חֲתֻנָּה, נִשּׂוּאִים, חֻפָּה
wedge, *n.* יָתֵד, טְרִיז
wedge, *v.t.* בָּקַע, נָעַץ
wedlock, *n.* כְּלוּלוֹת, נִשּׂוּאִים

Wednesday, *n.* יוֹם רְבִיעִי, יוֹם ד׳
wee, *adj.* קְטַנְטַן, זָעִיר
weed, *n.v.t. & i.* עֵשֶׂב (שׁוֹטֶה) רַע; נִכֵּשׁ
weeds, *n. pl.* עֲשָׂבִים (שׁוֹטִים) רָעִים; בִּגְדֵי אֲבֵלִים
week, *n.* שָׁבוּעַ
weekday, *n.* יוֹם חֹל
week end סוֹף הַשָּׁבוּעַ
weekly, *adj.* שְׁבוּעִי
weekly, *n.* שְׁבוּעוֹן
weekly, *adv.* פַּעַם בְּשָׁבוּעַ
weep, *v.t. & i.* בָּכָה, דָּמַע
weeper, *n.* בַּכְיָן
weeping, *adj.* בּוֹכֶה, דּוֹמֵעַ; נָשׁוּם
weevil, *n.* חִפּוּשִׁית הַפָּס, רְצִינָה, תּוֹלַעַת הַתְּבוּאָה
weigh, *v.t. & i.* שָׁקַל; סָבַר, חָשַׁב; הָיָה שָׁקוּל; הֵרִים [רום] (עֹגֶן)
weight, *n. & v.t.* מִשְׁקָל, כֹּבֶד; עֵרֶךְ; הִכְבִּיד [כבד]
weighty, *adj.* כָּבֵד, חָשׁוּב
weir, *n.* סֶכֶר; סְבָךְ נָהָר
weird, *adj.* גּוֹרָלִי; בִּלְתִּי טִבְעִי
welcome, *adj.* רָצוּי, שֶׁבּוֹאוֹ בָּרוּךְ
welcome, *n.* קַבָּלַת פָּנִים
welcome, *v.t. & interj.* קִבֵּל בְּסֵבֶר פָּנִים יָפוֹת, קִדֵּם בִּבְרָכָה; בָּרוּךְ הַבָּא
weld, *v.t.* רִתֵּךְ
welder, *n.* רַתָּךְ
welfare, *n.* בְּרִיאוּת, אֹשֶׁר
well, *adj.* בָּרִיא, טוֹב
well, *n.* בְּאֵר, בַּיִר; מָקוֹר (יְדִיעוֹת)
well, *adv.* טוֹב, הֵיטֵב, מְאֹד, יָפֶה
well-behaved, *adj.* הַמִּתְנַהֵג יָפֶה, בַּעַל מִדּוֹת טוֹבוֹת
well-being, *n.* בְּרִיאוּת
well-bred, *adj.* מְחֻנָּךְ הֵיטֵב, מְנֻמָּס
well-nigh, *adv.* קָרוֹב לְ־, כִּמְעַט
well-to-do, well-off, *adj.* אָמִיד, מַצְלִיחַ
welter, *v.i.* הִתְגּוֹלֵל [גלל], הִתְבּוֹסֵס [בוס]; הָיָה בִּמְבוּכָה
wen, *n.* מֻרְסָה, חַבּוּרָה, בּוּעָה
wench, *n.* נַעֲרָה; אָמָה, שִׁפְחָה
west, *n. & adj.* מַעֲרָב, יָם; מַעֲרָבִי
west, *adv.* מַעֲרָבָה
westerly, *adj. & adv.* מַעֲרָבִי, מַעֲרָבָה
western, *adj.* מַעֲרָבִי
westward, *adj. & adv.* מַעֲרָבָה, יָמָּה
wet, *adj.* לַח, רָטֹב; גָּשׁוּם
wet, wetness, *n.* רְטִיבוּת
wet, *v.t. & i.* הִרְטִיב [רטב], לִחְלַח; הִתְרַטֵּב [רטב]
wet nurse מֵינֶקֶת
whack, *n.* סְטִירָה, מַכָּה, הַכָּאָה
whale, *n.* לִוְיָתָן
wharf, *n.* מַעֲגָן, רָצִיף
what, *adj. & pron.* מַה (מָה, מֶה); אֲשֶׁר, שֶׁ־
whatever, whatsoever, *adj. & pron.* מַה שֶּׁ־, כָּל שֶׁהוּא, אֵיזֶה שֶׁהוּ, כָּל אֲשֶׁר
wheal, *n.* צַלֶּקֶת, חַבּוּרָה
wheat, *n.* חִטָּה
wheel, *n.* גַּלְגַּל, אוֹפָן
wheel, *v.t. & i.* גִּלְגֵּל, הִתְגַּלְגֵּל [גלגל]; סוֹבֵב [סבב]
wheelbarrow, *n.* חַדּוֹפַן, מְרִיצָה
wheeze, *n. & v.i.* נְשִׁימָה כְּבֵדָה; נָשַׁם בִּכְבֵדוּת
when, *adv. & conj.* מָתַי, אֵימָתַי; כַּאֲשֶׁר, בִּזְמַן שֶׁ־, כְּשֶׁ־
whence, *adv.* מֵעַתָּה, אֵי מִזֶּה, מִנַּיִן
whenever, *adv.* בְּכָל פַּעַם שֶׁ־, בְּכָל עֵת אֲשֶׁר, כָּל אֵימַת שֶׁ־
where, *adv.* אֵיפֹה, אַיֵּה, לְאָן, אָנָה, בִּמְקוֹם אֲשֶׁר

whereabouts, whereabout, *n.* & *adv.* מָקוֹם; בְּאֵיזֶה מָקוֹם
whereas, *conj.* כְּפִי שֶׁ־, הֱיוֹת שֶׁ־, כֵּיוָן שֶׁ־, הוֹאִיל וְ־
whereat, *adv.* לַאֲשֶׁר; אָז
whereby, *adv.* בַּאֲשֶׁר; בַּמֶּה
wherefore, *adv.* לָמָּה, מַדּוּעַ, לְפִיכָךְ
wherein, *adv.* בַּאֲשֶׁר; בַּמֶּה
whereof, *adv.* בַּמֶּה, עַל מַה, מִמָּה, אֲשֶׁר מִמֶּנּוּ
whereto, *adv.* אָנָה, לְאָן, לְהֵיכָן, אֲשֶׁר אֵלָיו
whereupon, *adv.* עַל (לְשֵׁם) מַה, לַאֲשֶׁר.
wherewithal, *n.* אֶמְצָעִים
wherewithal, wherewith, *adv.* בַּמֶּה, אֲשֶׁר בּוֹ
wherever, *adv.* בְּאֵיזֶה מָקוֹם, בְּכָל מָקוֹם שֶׁ־
whet, *v.t.* הִשְׁחִיז [שחז], חִדֵּד, לָטַשׁ; עוֹרֵר [עור], גֵּרָה
whether, *conj.* אִם
whetstone, *n.* מַשְׁחֶזֶת, מַלְטֶשֶׁת
whey, *n.* מֵי גְבִינָה, קוֹם
which, *pron.* אֵיזֶה, אֵיזוֹ
whichever, whichsoever, *adj.* & *pron.* אֵיזֶה שֶׁהוּא, זֶה אוֹ זֶה
whiff, *n.* נְשִׁימָה, נְשִׁיבָה, נְשִׁיפָה
whiff, *v.t.* & *i.* נָשַׁב, נָשַׁף; הוֹצִיא [יצא] עִגּוּלֵי עָשָׁן
while, *n.* & *conj.* זְמַן, זְמַן מַה, עֵת; בִּזְמַן שֶׁ־, כָּל זְמַן שֶׁ־, כָּל עוֹד
while, *v.t.* בִּלָּה (זְמַן)
whilst, *conj.*, *v.* while
whim, whimsey, whimsy, *n.* צִבְיוֹן
whimper, *n.* יְבָבָה חֲרִישִׁית
whimsical, *adj.* צִבְיוֹנִי
whin, *n.* רֹתֶם
whine, *n.* יְלָלָה, יְבָבָה
whine, *v.t.* & *i.* יִלֵּל, יִבֵּב, בָּכָה
whinny, *n.* צָהֳלָה (סוּס), צְנִיפָה
whinny, *v.i.* צָהַל, צָנַף
whip, *n.* שׁוֹט, שֵׁבֶט, מַגְלֵב; עֶגְלוֹן; קַצֶּפֶת
whip, *v.t.* & *i.* הִלְקָה [לקה], חָבַט, הִצְלִיף [צלף]; הִקְצִיף [קצף]
whir, *n.* זִמְזוּם; מְהוּמָה, מְהִירוּת
whir, *v.i.* זִמְזֵם; הָמָה
whirl, *n.* הִסְתּוֹבְבוּת; הֲמֻלָּה
whirl, *v.t.* & *i.* הִסְתּוֹבֵב [סבב], סִבֵּב (בִּמְהִירוּת); הֵרִים [כום] בְּסוּפָה (עֲלֵי שַׁלֶּכֶת)
whirlpool, *n.* מְעַרְבֹּלֶת, שִׁבֹּלֶת מַיִם
whirlwind, *n.* סוּפָה, סְעָרָה
whisk, *n.* טֵאוּט מָהִיר; תְּנוּעָה קַלָּה; מַקְצֵף
whisk broom מַטְאֲטֵא בְּגָדִים
whiskers, *n. pl.* זָקָן; שְׂפַם הֶחָתוּל
whisky, whiskey, *n.* שֵׁכָר, יֵין שָׂרָף
whisper, *n.* לְחִישָׁה, לַחַשׁ
whisper, *v.t.* & *i.* הִתְלַחֵשׁ [לחש], לָחַשׁ
whistle, *n.* מַשְׁרוֹקִית; שְׁרִיקָה
whistle, *v.t.* & *i.* שָׁרַק, צִפְצֵף
whit, *n.* שֶׁמֶץ, מַשֶּׁהוּ
white, *adj.* לָבָן
white, *n.* לֹבֶן; חֶלְבּוֹן
White House, The הַבַּיִת הַלָּבָן, בֵּית מוֹשָׁבוֹ שֶׁל נְשִׂיא ארה״ב
whiten, *v.t.* & *i.* לִבֵּן, הִלְבִּין [לבן]
whiteness, *n.* לֹבֶן
whitewash, *n.* סִיד, שִׁיד
whitewash, *v.t.* סִיֵּד; חִפָּה עַל, עָצַם עַיִן
whither, *adv.* אֲשֶׁר שָׁם; אָנָה, לְאָן
whitish, *adj.* לְבַנְבַּן
whitlow, *n.* כְּאֵב צִפֹּרֶן
Whitsuntide, *n.* חַג הַשָּׁבוּעוֹת

whittle, *v.t.* & *i.* חִתֵּךְ עֵץ בְּסַכִּין; הִמְעִיט [מעט] (בְּהוֹצָאוֹת)
whiz, whizz, *n.* & *v.t.* זִמְזוּם; זִמְזֵם
who, *pron.* מִי; אֲשֶׁר, שֶׁ־
whoever, *pron.* כָּל אֲשֶׁר, כָּל מִי שֶׁ־
whole, *adj.* שָׁלֵם, כָּל
whole, *n.* כֹּל, הַכֹּל
wholehearted, *adj.* בְּכָל לֵב
wholeness, *n.* שְׁלֵמוּת
wholesale, *n.* סִיטוֹנוּת
wholesaler, *n.* סִיטוֹנַאי, סִיטוֹן
wholesome, *adj.* בָּרִיא, מַבְרִיא
wholly, *adj.* כֻּלּוֹ, כָּלִיל, לְגַמְרֵי
whom, *pron.* אֶת מִי, אֶת אֲשֶׁר, אֲשֶׁר
whomsoever, *pron.* אֶת מִי שֶׁהוּא
whooping cough שַׁעֶלֶת
whore, *n.* זוֹנָה, יַצְאָנִית, מֻפְקֶרֶת, נוֹאֶפֶת
whore, *v.t.* & *i.* זָנָה, הִזְנָה [זנה], נָאַף
whortleberry, *n.* אֻכְמָנִית
whose, *pron.* שֶׁל מִי, אֲשֶׁר... לוֹ
why, *adv.* מִפְּנֵי מָה, מַדּוּעַ, לָמָּה
wick, *n.* פְּתִילָה
wicked, *adj.* רַע, רָשָׁע; שׁוֹבָב
wickedness, *n.* רִשְׁעוּת, רֶשַׁע
wicker, *n.* זֶרֶד, נֵצֶר
wicket, *n.* פִּשְׁפָּשׁ (פֶּתַח בַּשַּׁעַר); תָּא הַקֻּפָּה; קֶשֶׁת (בְּמִשְׂחַק קְרִיקֶט)
wide, *adj.* רָחָב; נִרְחָב, מְרֻוָּח
wide, *adv.* לִרְוָחָה; לְמֵרָחוֹק
wide-awake, *adj.* עֵרָנִי, עֵר לְגַמְרֵי
widen, *v.t.* & *i.* הִרְחִיב [רחב]; הִתְרַחֵב [רחב], רָחַב
wide-open, *adj.* פָּתוּחַ לִרְוָחָה
widespread, *adj.* נָפוֹץ בָּרַבִּים
widow, *n.* & *v.t.* אַלְמָנָה; אִלְמֵן
widower, *n.* אַלְמָן
widowhood, *n.* אַלְמוֹן, אַלְמְנוּת

width, *n.* רֹחַב; רְוָחָה
wield, *v.t.* עָצַר בְּ־, שָׁלַט עַל; תָּפַשׂ, מָשַׁךְ בְּ־
wife, *n.* אִשָּׁה, רַעְיָה, זוּגָה, עֵזֶר כְּנֶגְדּוֹ
wifehood, *n.* אִשּׁוּת
wig, *n.* פֵּאָה נָכְרִית
wigwag, *n.* אִתּוּת (בִּדְגָלִים וְכוּ')
wigwag, *v.t.* & *i.* אִתֵּת; הִתְנוֹעֵעַ [נוע]; כִּשְׁכֵּשׁ (זָנָב)
wild, *adj.* שׁוֹבָב; פָּרוּעַ; פֶּרֶא
wild ass עָרוֹד, פֶּרֶא, חֲמוֹר הַבָּר
wildcat, *n.* חֲתוּל הַבָּר, שׁוּנְרָה; פֶּרֶא אָדָם; עֵסֶק בִּישׁ; קְדִיחַת בְּאֵר (לְלֹא סִכּוּי הִמָּצְאוּת נֵפְט)
wilderness, *n.* יְשִׁימוֹן, מִדְבָּר
wildness, *n.* פִּרְאוּת
wile, *n.* עָרְמָה
will, *n.* רָצוֹן; צַוָּאָה
will, *v.t.* & *i.* רָצָה, חָפֵץ; הוֹרִישׁ [ירש], צִוָּה, הִשְׁאִיר [שאר]
willful, wilful, *adj.* מֵזִיד, עַקְשָׁן, עַקְשָׁנִי
willing, *adj.* רוֹצֶה, מְרֻצֶּה, חָפֵץ
willow, *n.* עֲרָבָה, צַפְצָפָה
willy-nilly, *adj.* & *adv.* שֶׁלֹּא בִּרְצוֹן; מִתּוֹךְ הֶכְרֵחַ
wilt, *n. v.t.* & *i.* קְמִילָה, כְּמִישָׁה; קָמַל, כָּמַשׁ, נָבַל; חָלַשׁ, עִלֵּף
wily, *adj.* עָרוּם
win, *n., v.t.* & *i.* נִצָּחוֹן, הַצְלָחָה, נִצַּח, זָכָה; רָכַשׁ לֵב; הִרְוִיחַ [רוח]
wince, *n.* הִרָּתְעָה
wince, *v.t.* סָלַד, נִרְתַּע [רתע]
winch, *n.* אַרְכֻּבָּה, מָנוֹף
wind, *n.* רוּחַ; נְשִׁימָה; פִּטְפּוּט
wind, *v.t.* & *i.* כָּרַךְ, נִלְפַּת [לפת]; הִתְפַּתֵּל [פתל]; כִּוֵּן (שָׁעוֹן)
windfall, *n.* נֶשֶׁר; רֶוַח פִּתְאֹמִי

windmill, *n.* טַחֲנַת רוּחַ
window, *n.* חַלּוֹן, אֶשְׁנָב, צֹהַר
windowpane, *n.* זְגוּגִית, שִׁמְשָׁה
windpipe, *n.* גַּרְגֶּרֶת
windshield, *n.* שִׁמְשַׁת מָגֵן, מָגֵן רוּחַ
windup, *n.* גֶּמֶר, סִיּוּם
windy, *adj.* שֶׁל רוּחַ, סוֹעֵר; פַּטְפְּטָנִי
wine, n., *v.t.* & *i.* יַיִן, חֶמֶר; שָׁתָה, הִשְׁקָה [שקה] יַיִן
wineglass, *n.* גָּבִיעַ (כּוֹס) שֶׁל יַיִן
wing, *n.* כָּנָף; אֲגַף (צָבָא)
wing, *v.t.* & *i.* דָּאָה, עָף [עוף], עוֹפֵף [עוף]; פָּצַע (כָּנָף), נִכְנַף [כנף]
wink, *n.* קְרִיצַת עַיִן; רֶמֶז, רְמִיזָה
wink, *v.t.* & *i.* מִצְמֵץ, קָרַץ עַיִן; רָמַז
winner, *n.* מְנַצֵּחַ, זוֹכֶה
winnow, *n.* מִזְרֶה
winnow, *v.t.* & *i.* זָרָה, נִפָּה; הֵפִיץ [פוץ]
winter, *n.* חֹרֶף
winter, *v.t.* & *i.* חָרַף, הֶחֱרִיף [חרף]
wintry, *adj.* חָרְפִּי
wipe, *v.t.* קִנַּח, נִגֵּב, מָחָה (אַף); הִשְׁמִיד [שמד]
wire, *n.* חוּט (מַתֶּכֶת) בַּרְזֶל, תַּיִל; מִבְרָק
wire, *v.t.* & *i.* חִזֵּק (קָשַׁר) בְּחוּט בַּרְזֶל; הִבְרִיק [ברק]
wireless, *adj.* & *n.* אַלְחוּטִי; אַלְחוּט
wiring, *n.* חִבּוּר חוּטֵי חַשְׁמַל, תִּיּוּל
wisdom, *n.* בִּינָה, חָכְמָה, חָכְמוֹת
wisdom tooth שֵׁן הַבִּינָה
wise, *adj.* נָבוֹן, פִּקֵּחַ, חָכָם
wiseacre, *n.* מִתְחַכֵּם, שׁוֹטֶה
wisecrack, *n.* הֶעָרָה מְחֻכֶּמֶת
wisecrack, *v.i.* דִּבֵּר וְהִתְחַכֵּם [חכם]
wish, *n.* מִשְׁאָלָה, רָצוֹן; אִחוּל
wish, *v.t.* & *i.* חָפֵץ, אִוָּה, רָצָה, הִתְאַוָּה [אוה]; אִחֵל
wishbone, *n.* עֶצֶם הֶחָזֶה (בָּעוֹף)
wishful, *adj.* מִשְׁתּוֹקֵק
wisp, *n.* חֲבִילַת (אֲגֻדַּת) חָצִיר (קַשׁ); מַטְאֲטֵא קָטָן
wistful, *adj.* מִתְגַּעְגֵּעַ, שָׁקוּעַ בְּמַחֲשָׁבוֹת
wit, *v.t.* & *i.* יָדַע
wit, *n.* שֵׂכֶל, חָכְמָה, עָרְמָה, פִּקְחוּת; חִדּוּד, שְׁנִינָה; פִּקֵּחַ
witch, *n.* מְכַשֵּׁפָה, קוֹסֶמֶת, בַּעֲלַת אוֹב
witchcraft, witchery, *n.* קְסָמִים, קִסּוּם, כְּשָׁפִים, כִּשּׁוּף, אוֹב
with, *prep.* עִם, אֶת, בְּ־
withdraw, *v.t.* & *i.* הוֹצִיא [יצא], הֵסִיר [סור]; הִסְתַּלֵּק [סלק], פָּרַשׁ; יָצָא, נָסוֹג [סוג]
withdrawal, *n.* לְקִיחָה בַּחֲזָרָה, הִסְתַּלְּקוּת, פְּרִישָׁה; נְסִיגָה
wither, *v.t.* & *i.* נִכְמַשׁ [כמש]; הוֹבִישׁ [יבש]; רָזָה; יָבֵשׁ, נָבַל
withhold, *v.t.* מָנַע, עָצַר; הֶחֱזִיק [חזק]
within, *prep.* פְּנִימָה
within, *adv.* בְּתוֹךְ, בִּפְנִים, בְּקֶרֶב
without, *adv.* בַּחוּץ, מִחוּץ
without, *prep.* בְּלִי
withstand, *v.t.* & *i.* סָבַל, עָמַד בִּפְנֵי
witness, *n.* עֵד; שָׂהֵד; עֵדוּת
witness, *v.t.* & *i.* הֵעִיד [עוד], סִהֵד
witticism, *n.* חִדּוּד, הֲלָצָה, שְׁנִינָה
wittingly, *adv.* בְּכַוָּנָה
witty, *adj.* הֲלָצִי, חִדּוּדִי, חָרִיף
wizard, *n.* קוֹסֵם, מְכַשֵּׁף, יִדְּעוֹנִי, אַשָּׁף
wobble, wabble, *v.i.* הִתְנוֹעֵעַ [נוע], רָעַד
woe, wo, *n.* יָגוֹן, תּוּגָה, מַדְוֶה
woeful, woful, *adj.* עָצוּב, נוּגֶה
wolf, *n.* זְאֵב; רוֹדֵף נָשִׁים
woman, *n.* אִשָּׁה, בַּעֲלָה, נְקֵבָה
womanhood, *n.* אִשּׁוּת, נָשִׁיּוּת

womankind, *n.* נָשִׁים
womb, *n.* רֶחֶם
wonder, *n.* פֶּלֶא, תִּמָּהוֹן, הִתְפַּלְּאוּת, הִשְׁתּוֹמְמוּת
wonder, *v.i.* הִתְפַּלֵּא [פלא], הִשְׁתּוֹמֵם [שמם], תָּמַה
wonderful, *adj.* נִפְלָא, מַפְלִיא, תָּמוּהַּ
wonderment, *n.* הִתְפַּלְּאוּת, הִשְׁתּוֹמְמוּת
wondrous, *adj.* נִפְלָא, מֻפְלָא
wont, *adj.* רָגִיל, מֻרְגָּל
wont, *n.* הֶרְגֵּל, מִנְהָג
woo, *v.t.* רָדַף (חִזֵּר) אַחֲרֵי (אִשָּׁה)
wood, *n.* עֵץ, עֵצָה; יַעַר, חֹרֶשׁ
woodchopper, *n.* חוֹטֵב עֵצִים
woodcock, *n.* חַרְטוּמָן
woodcut, *n.* פִּתּוּחַ עֵץ, תַּחֲרִיט
wooden, *adj.* עֵצִי
woodpecker, *n.* נַקָּר
wood pigeon צוֹצַל, צוֹצֶלֶת, יוֹנַת בָּר
wood pulp מוֹךְ הָעֵץ
woodworker, *n.* חָרַשׁ עֵץ, נַגָּר
woof, *n.* עֵרֶב, נֶפֶשׁ הַמַּסֶּכֶת
wool, *n.* צֶמֶר
woolen, woollen, *adj.* צַמְרִי
woolen, woollen, *n.* אֲרִיג צֶמֶר
woolens, *n. pl.* בִּגְדֵי צֶמֶר, סְחוֹרַת צֶמֶר
woolly, *adj.* צָמִיר, צַמְרִי
word, *n.* מִלָּה, תֵּבָה; דִּבּוּר; הַבְטָחָה
wording, *n.* נֹסַח, הַבָּעָה (בְּמִלִּים)
work, *n.* עֲבוֹדָה, מְלָאכָה, פְּעֻלָּה
work, *v.t.* & *i.* עָבַד, פָּעַל; הֶעֱבִיד [עבד]; הִשְׁפִּיעַ [שפע]
workable, *adj.* מַעֲשִׂי, בַּר בִּצּוּעַ
worker, workman, *n.* פּוֹעֵל, שָׂכִיר
workmanship, *n.* אָמְנוּת, מְלָאכָה
workroom, *n.* חֲדַר עֲבוֹדָה
workshop, *n.* בֵּית מְלָאכָה

world, *n.* עוֹלָם, תֵּבֵל, חֶלֶד; אֶרֶץ
worldly, *adj.* אַרְצִי, חָמְרִי, חִלּוֹנִי
worm, *n.* תּוֹלָע, תּוֹלַעַת, רִמָּה; סְלִיל
worm-eaten, *adj.* אֲכוּל תּוֹלָעִים, מְתֻלָּע
wormwood, *n.* לַעֲנָה
worn-out, *adj.* מָהוּהַּ, בָּלוּי
worry, *n.* דְּאָגָה, חֲרָדָה
worry, *v.t.* & *i.* דָּאַג; חָשַׁשׁ לְ־; נָשַׁךְ (טָרַף) עַד מָוֶת; הִדְאִיב [דאב], צִעֵר, הֶעֱצִיב [עצב], הִצְטַעֵר [צער]
worse, *adj.* & *adv.* גָּרוּעַ (רַע) מִן
worsen, *v.t.* & *i.* עָשָׂה (הָיָה) יוֹתֵר (רַע) גָּרוּעַ
worship, *n.* הַעֲרָצָה; פֻּלְחָן (דָּתִי); עֲבוֹדַת אֱלֹהִים; תְּפִלָּה; כְּבוֹד מַעֲלָתוֹ (רֹאשׁ עִיר, שׁוֹפֵט)
worship, *v.t.* & *i.* עָבַד אֱלֹהִים, הִתְפַּלֵּל [פלל]; הֶעֱרִיץ [ערץ]
worst, *adj.* & *n.* הַגָּרוּעַ (הָרַע) בְּיוֹתֵר
worsted, *adj.* & *n.* מָשְׁזָר, חוּט מָשְׁזָר
worth, *adj.* כְּדַאי, רָאוּי; שֶׁמְּחִירוֹ שָׁוֶה
worth, *n.* עֵרֶךְ, שֹׁוִי, מְחִיר
worthless, *adj.* חֲסַר עֵרֶךְ
worthy, *adj.* רַב עֵרֶךְ, הָגוּן, נִכְבָּד, רָאוּי, זַכַּאי
wound, *n.* פֶּצַע, מַכָּה, חַבּוּרָה
wound, *v.t.* & *i.* פָּצַע, הִכְאִיב [כאב]
wrangle, *n.* וִכּוּחַ, רִיב, מַחֲלֹקֶת
wrangle, *v.i.* רָב [ריב], הִתְוַכַּח [יכח]
wrap, *n.* גְּלִימָה, עֲטִיפָה, גְּלוֹם
wrap, *v.t.* עָטַף, עָטָה, חִתֵּל, כִּסָּה
wrapper, *n.* עֲטִיפָה, מַעֲטֶה; עוֹטֵף
wrath, *n.* רֹגֶז, חָרוֹן, חֳרִי אַף, חֵמָה, כַּעַס, זַעַם
wrathful, *adj.* כּוֹעֵס, זוֹעֵם
wreak, *v.t.* נָקַם

wreath, *n.* זֵר, עֲטָרָה
wreathe, *v.t. & i.* עָשָׂה לְזֵר, הִסְתָּרֵג [סרג]
wreck, *n.* כִּלָּיוֹן, הֶרֶס, אָבְדָן; טֵרוּף סְפִינָה
wreck, *v.t. & i.* שִׁבֵּר, נִפֵּץ, הִשְׁחִית [שחת], נִטְרְפָה [טרף] סְפִינָה
wreckage, *n.* חֻרְבָּן, כִּלָּיוֹן; שִׁבְרֵי אֳנִיָּה
wren, *n.* גִּדְרוֹן
wrench, *n.* מַפְתֵּחַ בְּרָגִים; עִקּוּם, נְקִיעָה
wrench, *v.t. & i.* נָקַע; עִקֵּם; עִוֵּת (סֵרֵס) (מִלָּה, מִשְׁפָּט)
wrest, *v.t.* עָקַר, מָשַׁךְ בְּחָזְקָה, הוֹצִיא [יצא] בְּחָזְקָה
wrestle, *v.t. & i.* הִתְגּוֹשֵׁשׁ [גשש], נֶאֱבַק [אבק]
wrestle, wrestling, *n.* הֵאָבְקוּת, נַפְתּוּלִים, הִתְגּוֹשְׁשׁוּת
wrestler, *n.* מִתְגּוֹשֵׁשׁ
wretch, *n.* חֵלֶךְ, חֵלְכָה, מִסְכֵּן, אֻמְלָל
wretched, *adj.* חֵלְכָה, מִסְכֵּן, אֻמְלָל
wretchedness, *n.* מִסְכֵּנוּת, אֻמְלָלוּת
wriggle, *n., v.t. & i.* הִתְפַּתְּלוּת; כִּשְׁכּוּשׁ (זָנָב); הִתְפַּתֵּל [פתל], נִעְנַע; כִּשְׁכֵּשׁ (זָנָב)
wright, *n.* בַּעַל מְלָאכָה, אוּמָן
wring, *v.t.* סָחַט; מָלַק; פָּרַשׂ (יָדַיִם)
wringer, *n.* סוֹחֵט, מַסְחֵט, מַעְגִּילָה
wrinkle, *n.* קֶמֶט
wrinkle, *v.t. & i.* קָמַט, הִתְקַמֵּט [קמט]
wrinkly, wrinkled, *adj.* מְקֻמָּט, כָּמוּשׁ
wrist, *n.* פֶּרֶק (אַמַּת, שֹׁרֶשׁ) הַיָּד
wristwatch, *n.* שְׁעוֹן יָד
writ, *n.* כְּתָב, שְׁטָר; פְּקֻדָּה
write, *v.t. & i.* כָּתַב; חִבֵּר
writer, *n.* מְחַבֵּר, כּוֹתֵב, סוֹפֵר
writhe, *v.t. & i.* עִקֵּם, עִוָּה; הִתְעַקֵּם [עקם], הִתְעַוֵּת [עוה] (מִכְּאֵב)
writing, *n.* כְּתָב; כְּתִיבָה; חִבּוּר
written, *adj.* כָּתוּב
wrong, *adj.* לֹא נָכוֹן, לֹא צוֹדֵק, טוֹעֶה מֻטְעֶה; לֹא מַתְאִים
wrong, *n.* רַע, שֶׁקֶר, עַוְלָה, טָעוּת
wrong, *v.t.* הֵרַע [רעע], עָוָה (עַל)
wrongdoer, *n.* מְעַוֵּל, חוֹטֵא, רָשָׁע
wrought, *adj.* עָשׂוּי, מְעֻבָּד
wry, *adj.* עָקֹם, מְעֻקָּל, מְעֻוָּת
wych-elm, *n.* תְּאַשּׁוּר

X, x

X, x, *n.* אֶכְּס, הָאוֹת הָעֶשְׂרִים וְאַרְבַּע בָּאָלֶף בֵּית הָאַנְגְּלִי; כַּמּוּת בִּלְתִּי יְדוּעָה
xenophobia, *n.* שִׂנְאַת נָכְרִים
X ray קַרְנֵי (X) רֶנְטְגֶן
xylography, *n.* חֲרִיתַת עֵץ
xylophone, *n.* מַכּוֹשִׁית, כְּסִילוֹפוֹן

Y, y

Y, y, *n.* אוּאַי, הָאוֹת הָעֶשְׂרִים וְחָמֵשׁ בָּאָלֶף בֵּית הָאַנְגְּלִי
yacht, *n.* אֳנִיַּת טִיּוּל
yacht, *v.i.* שָׁט [שוט] (נָסַע) בָּאֳנִיַּת טִיּוּל

yachtsman, *n.* בַּעַל אֳנִיַּת טִיּוּל

yam, *n.* תַּפּוּחַ אֲדָמָה מָתוֹק

yank, *v.t. & i.* עָקַר, מָשַׁךְ בְּחָזְקָה, הוֹצִיא [יצא] בְּחָזְקָה

Yankee, *n.* יְלִיד אֲמֵרִיקָה

yap, *v.i. & n.* נָבַח; פִּטְפֵּט; פַּטְפְּטָן, נְבִיחָה

yard, *n.* תֹּרֶן; חָצֵר; אַמָּה, 0.9144 מֶטֶר

yardstick, *n.* קְנֵה מִדָּה, אַמָּה

yarn, *n.* מַטְוֶה; תִּקְוָה (פְּתִיל, חוּט) סִפּוּר בַּדִּים, בְּדוּתָה, בְּדָיָה

yaw, *n.* נְטִיָּה, נְטִיַּת אֳנִיָּה מִן הַדֶּרֶךְ

yaw, *v.t. & i.* נָטָה מֵהַדֶּרֶךְ

yawn, *n.* פִּהוּק

yawn, *v.i.* פִּהֵק

yea, *adv.* כֵּן, אָמְנָם כֵּן

yean, *v.t. & i.* הִמְלִיטָה [מלט] (טְלָאִים, גְּדָיִים)

year, *n.* שָׁנָה, יָמִים

yearbook, *n.* שְׁנָתוֹן

yearly, *adj. & adv.* שְׁנָתִי; בְּכָל שָׁנָה

yearn, *v.i.* הִתְגַּעְגַּע [געגע] לְ־, הִתְאַוָּה [אוה] לְ־, כָּסַף

yearning, *n.* גַּעְגּוּעִים, כִּסּוּפִים, כִּלְיוֹן עֵינַיִם, כְּלוֹת נֶפֶשׁ

yeast, *n.* שְׁמָרִים; קֶצֶף

yell, *n.* צְעָקָה, צְוָחָה, צְרִיחָה

yell, *v.t. & i.* צָעַק, צָוַח, צָרַח

yellow, *adj.* צָהֹב; מוּג לֵב

yellow, *n.* צְהִיבוּת; חֶלְמוֹן (בֵּיצָה)

yellowish, *adj.* צְהַבְהַב, כְּתַמְתַּם

yelp, *v.i.* יִלֵּל, נָבַח

yelp, *n.* נְבִיחָה, יְלָלָה

yeoman, *n.* פָּקִיד בְּבֵית הַמֶּלֶךְ; בַּעַל אֲחֻזָּה; בֶּן חוֹרִין

yes, *adv.* הֵן, כֵּן

yesterday, *n. & adv.* אֶתְמוֹל, תְּמוֹל

yet, *adv.* עֲדַיִן, עוֹד

Yiddish, *n.* אִידִית, יְהוּדִית, זַ'רְגּוֹן

yield, *n.* יְבוּל, תְּנוּבָה, הַכְנָסָה

yield,, *v.t. & i.* נָתַן פְּרִי; מָסַר, וִתֵּר עַל, נִכְנַע [כנע]

yoke, *n.* עֹל; עַבְדוּת· אֵסֶל

yoke, *v.t.* נָתַן עֹל עַל, שִׁעְבֵּד

yokefellow, *n.* כְּנָת, רֵעַ, עָמִית, חָבֵר

yolk, *n.* חֶלְמוֹן

yonder, *adv. & adj.* שָׁם; הַלָּזֶה, הַהוּא (הָהֵם וְכוּ')

yore, *adv.* לְפָנִים, בִּימֵי קֶדֶם

you, ye, *pron.* אַתָּה, אַתְּ, אַתֶּם, אַתֶּן; אוֹתְךָ, אוֹתָךְ, אֶתְכֶם, אֶתְכֶן; לְךָ, לָךְ, לָכֶם, לָכֶן

young, *adj.* צָעִיר, רַךְ בְּשָׁנִים

young, *n.* צֶאֱצָאִים, וְלָדוֹת, גּוֹזָלִים

youngster, *n.* עֶלֶם, בָּחוּר

your, yours, *adj. & pron.* שֶׁלְּךָ, שֶׁלָּךְ, שֶׁלָּכֶם, שֶׁלָּכֶן

yourself, *pron.* אַתָּה בְּעַצְמְךָ, אַתְּ בְּעַצְמֵךְ

yours truly שֶׁלְּךָ (שֶׁלָּךְ) בֶּאֱמוּנָה

youth, *n.* נֹעַר, נְעוּרִים, בַּחֲרוּת; בָּחוּר, נַעַר

youthful, *adj.* צָעִיר, רַעֲנָן

yule, *n.* חַג הַמּוֹלָד

yuletide, *n.* תְּקוּפַת חַג הַמּוֹלָד

Z, z

Z, z, *n.* זֶד, זִי, הָאוֹת הָעֶשְׂרִים וָשֵׁשׁ בָּאָלֶף בֵּית הָאַנְגְּלִי

zany, *n.* בַּדְחָן, לֵצָן

zeal, *n.* קַנָּאוּת, חֵשֶׁק, מְסִירוּת

zealot, *n.* קַנַּאי
zealous, *adj.* קַנָּאִי, נִלְהָב
zebra, *n.* זֶבְּרָה, סוּס עָקֹד
zebu, *n.* זֶבּוּ, שׁוֹר גִּבֵּן
zed, *n.* זֶד, שֵׁם הָאוֹת „z"
zenith, *n.* זֵנִית, לֵב הַשָּׁמַיִם; פִּסְגָּה
zephyr, *n.* רוּחַ יָם, רוּחַ צַח; צֶמֶר סְרִינָה רַךְ
zero, *n.* אַיִן, לֹא כְלוּם, אֶפֶס, שֵׁם הַסִּפְרָה „0"
zest, *n.* הִתְלַהֲבוּת, חֵשֶׁק, טַעַם
zigzag, *adj.* & *n.* עֲקַלְקַל, עֲקַלָּתוֹן, זִגְזַגִּי; זִגְזַג
zinc, *n.* אָבָץ
zinc ointment אַבְצִית (מִשְׁחָה)
Zion, *n.* (הַר) צִיּוֹן; יְרוּשָׁלַיִם; יִשְׂרָאֵל
Zionism, *n.* צִיּוֹנוּת
Zionist, *n.* צִיּוֹנִי
zipper, *n.* רוֹכְסָן, רִצְרָץ
zither, *n.* צִיתָר
zodiac, *n.* (גַּלְגַּל) הַמַּזָּלוֹת
zonal, *adj.* אֲזוֹרִי
zone, *n.* אֵזוֹר
zoo, *n.* גַּן חַיּוֹת, בִּיבָר
zoology, *n.* זוֹאוֹלוֹגְיָה, תּוֹרַת הַחַי
zyme, *n.* תֹּסֶס
zymosis, *n.* תְּסִיסָה

HEBREW-ENGLISH

CONTENTS

Hebrew-English

English-Hebrew

(See other end of book.)

PREFACE

The language of the sacred writings of the Jews, from the earliest documents of the Bible down to modern times, has been Hebrew. Its history extends over a period of three millennia, during which time the language had naturally undergone significant linguistic development.

The *Jewish Encyclopedia* lists two broad phases of this linguistic development: (1) the creative period with its pre-exilic, postexilic and mishnaic phases, and (2) the reproductive period, beginning with amoraic literature (third century C.E.) and continuing until the present.

Biblical or classical Hebrew, concise, vigorous and poetic, underwent little change during the first commonwealth. Beginning with exilic times, however, aramaic influence on Hebrew began to be felt: increased number of word-borrowings, greater aramaization of its syntax; and its entrance into tannaitic literature, the chief work of which is the Mishnah.

New Hebrew or postbiblical Hebrew emerged as the language of the reproductive period, the second phase of linguistic development. The writers of talmudic, midrashic and liturgical literature adopted mishnaic Hebrew, avoiding the more poetic biblical Hebrew.

The translation of Arabic works on philosophy and science necessitated a remodeling of mishnaic Hebrew, which was insufficient for the treatment of scientific subjects. A philosophic Hebrew, the language of medieval translators, grammarians, poets and writers, enriched the old language. New vocabulary items were coined; Arabic words and syntax patterns were borrowed. However, neither the Arabic influence on the Hebrew of medieval times nor the aramaic influence on the Hebrew of biblical times impaired the essential characteristics of the Hebrew language.

The period of enlightenment followed by the rise of national consciousness throughout European Jewry created a modern Hebrew—a synthesis of biblical and mishnaic Hebrew, fusing the rhetoric and grandeur of the one with the clarity and simplicity of the other.

The revival of Hebrew as a living, spoken language and the advocacy of a return to the ancestral homeland inspired dedicated men to coin new terms for new ideas. Biblical, mishnaic and medieval sources were culled by these dedicated men and were used as a scaffolding on which to enlarge the Hebrew vocabulary and serve modern times.

Such a dedicated man was Eliezer Ben-Yehuda, the father of modern Hebrew. With a zealotry bordering on fanaticism, he labored constantly for the revival of Hebrew as a spoken tongue. The publication of his *Dictionary and Thesaurus of the Hebrew Language*, the work upon which this Pocket Dictionary, as well as all other modern Hebrew dictionaries, is based, climaxed years of tireless work and effort.

To his memory this volume is dedicated—the first international edition of a bilingual Hebrew-English, English-Hebrew dictionary of popular size and price.

E. B. Y., D. W.

Bibliography

A Concise English-Hebrew Dictionary, by H. Danby and M. H. Segal
A Concise Hebrew-English Dictionary, by M. H. Segal
The Complete English-Hebrew Dictionary, by Reuben Alcalay
A Dictionary of the Targumim, by Marcus Jastrow
Dictionary and Thesaurus of the Hebrew Language, by Eliezer Ben-Yehuda
English-Hebrew Dictionary, by Judah Ibn-Shmuel Kaufman
Hebrew Dictionary, by Judah Gur
Hebrew Dictionary, by Meir Medan
New Hebrew Dictionary, by A. Even Shoshan
The Merriam-Webster Pocket Dictionary
Webster's New Collegiate Dictionary
Larousse's French-English, English-French Dictionary
Langenscheidt's German-English, English-German Dictionary

HEBREW PRONUNCIATION הַהִגּוּי הָעִבְרִי

The Hebrew alphabet, like all Semitic alphabets, consists solely of consonants, twenty-two in number. The following chart gives the form (printed and written), name (English and Hebrew), pronunciation and numerical value of each consonant.

I. CONSONANTS הָעִצּוּרִים

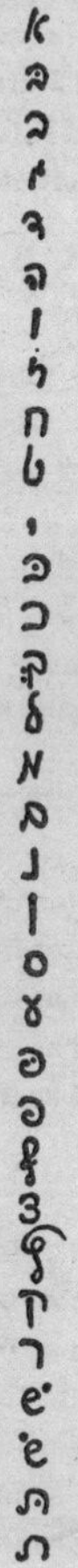

OLD HEBREW	FORM Printed	FORM Written	NAME English	NAME Hebrew	PRONUNCIATION		NUMERICAL VALUE
	א	א	aleph	אָלֶף	' (silent)		1
	בּ	בּ	beth	בֵּית	b	(b)	2
	ב	ב	bheth	בֵית	bh	(v)	
	ג	ג	gimel	גִּימֶל	g, gh	(g)	3
	ד	ד	daleth	דָּלֶת	d, dh	(d)	4
	ה	ה	he	הֵא	h	(h)	5
	ו	ו	vau	וָו	w, v	(w)	6
	ז	ז	zayin	זַיִן	z	(z)	7
	ח	ח	cheth	חֵית	ḥ	(k)	8
	ט	ט	teth	טֵית	ṭ	(t)	9
	י	י	yodh	יוֹד	y	(y)	10
	כּ	כּ	caph	כַּף	k		20
	כ	כ	chaph	כַף	kh	(k)	
	ך	ך	chaph sophith	כַף סוֹפִית	kh		
	ל	ל	lamedh	לָמֶד	l	(l)	30
	מ	מ	mem	מֵם	m	(m)	40
	ם	ם	mem sophith	מֵם סוֹפִית	m		
	נ	נ	nun	נוּן	n	(n)	50
	ן	ן	nun sophith	נוּן סוֹפִית	n		
	ס	ס	samekh	סָמֶךְ	s	(s)	60
	ע	ע	'ayin	עַיִן	' (silent)		70
	פּ	פּ	pe	פֵּא	p	(p)	80
	פ	פ	phe	פֵא			
	ף	ף	phe sophith	פֵא סוֹפִית	phe	(f)	
	צ	צ	sadhe	צָדֵי	ts (s sharp)		90
	ץ	ץ	sadhe sophith	צָדֵי סוֹפִית			
	ק	ק	koph	קוֹף	k	(k)	100
	ר	ר	resh	רֵישׁ	r	(r)	200
	שׁ	שׁ	shin	שִׁין	sh	(sh)	300
	שׂ	שׂ	sin	שִׂין	ṣ	(s)	
	תּ	תּ	tav	תָּו	t	(t)	400
	ת	ת	thav	תָו	th		

The Hebrew language, unlike European languages, is both read and written from *right* to *left*. The pronunciation given is the Sephardic, the type of Hebrew pronunciation used officially by the state of Israel.

Examination of this chart shows that two of the consonants, the א and the ע, are silent wherever they occur. (The Hebrew אָלֶף is a glottal stop; the עַיִן is a pharyngeal sound that has no English equivalent.) Furthermore, a number of consonants are, practically speaking, pronounced alike: the ו and ב are both v; the כ and ח are both ḥ; the ק and כּ are both k; the שׂ and ס are both s; the ת, תּ and ט are all t. The שׁ (sh) and שׂ (s) are distinguished only by the dot placed either to the right or to the left of them respectively. Five additional consonants have two forms:

צ, ץ; פ, ף; נ, ן; מ, ם; כ, ך

The last consonant in each of these series (reading from right to left) is a final consonant used only at the end of a word.

II. VOWELS הַתְּנוּעוֹת

NAME English	Hebrew	VOWEL SIGN	PRONUNCIATION
		SHORT VOWELS	
pattaḥ	פַּתָּח	◌ַ	a as in *father*
qubbuts	קֻבּוּץ	◌ֻ	oo as in *soon*
ḥiriq ḥaser	חִירִיק חָסֵר	◌ִ	ee as in *feet*
segol	סֶגּוֹל	◌ֶ	e as in *pet*
qamats qatan	קָמָץ קָטָן	◌ָ	o as in *cord*
		LONG VOWELS	
ḥolam male	חוֹלָם מָלֵא	◌וֹ	o as in *cord*
ḥolam ḥaser	חוֹלָם חָסֵר	◌ֹ	o as in *cord*
shuruq	שׁוּרוּק	◌וּ	oo as in *soon*
ḥiriq male	חִירִיק מָלֵא	◌ִי	ee as in *feet*
tsere male	צֵירֵי מָלֵא	◌ֵי	e as in *they*
tsere ḥaser	צֵירֵי חָסֵר	◌ֵ	e as in *pet*
qamats gadol	קָמָץ גָּדוֹל	◌ָ	a as in *father*

HALF VOWELS

sheva na'	שְׁוָא נָע	ְ	silent
ḥataph pattaḥ	חֲטַף פַּתָּח	ֲ	like ַ but of shorter length
ḥataph segol	חֲטַף סֶגוֹל	ֱ	like ֶ but of shorter length
ḥataph qamats	חֲטַף קָמָץ	ֳ	o as in *cord*

All the Hebrew vowels are placed either above or below the consonants with the exception of the shuruq (וּ) and holam (וֹ), which are placed to the left of the consonant. Each vowel combined with one or more consonants forms a syllable. Hebrew words of more than one syllable are most often accented on the last syllable. Otherwise, the accent falls on the next to the last syllable.

THE NOUN שֵׁם הָעֶצֶם

I. GENDER הַמִּין

Hebrew nouns are either masculine or feminine. There is no neuter gender. Names of things and abstractions are either masculine or feminine.

Masculine gender:

The masculine, because it is the more common gender, has no special indication.

Feminine gender:

1. Feminine nouns also have no indication of gender when the word is feminine by nature, e.g., אֵם *mother,* בַּת *daughter,* עֵז *she-goat.*

2. Nouns ending in a tone-bearing ָה or in ת are feminine.

3. Names of cities and countries, including the Hebrew equivalents for city and country, are feminine, since they are regarded as the *mothers* of their inhabitants.

4. Most names of parts of the body in man or beast, especially members occurring in pairs, are feminine. So, too, are most names of instruments and utensils used by man.

5. Names of the elements or natural substances are generally feminine, e.g., שֶׁמֶשׁ *sun*, אֵשׁ *fire*, אֶבֶן *stone*.

6. The letters of the Hebrew alphabet are all feminine.

7. Many words are of both genders, though where this is the case one gender generally predominates.

II. PLURAL מִסְפַּר הָרַבִּים

1. The regular plural endings for the masculine gender is ־ִים, with a tone; this termination is added to the masculine singular.

2. The plural termination of the feminine gender is generally indicated by ־וֹת; this termination is added to the feminine singular if it has no feminine ending. If the feminine singular ends in ־ָה, the plural feminine is formed by changing the ־ָה into ־וֹת.

3. Many masculine nouns form their plurals in ־וֹת while many feminine nouns have a plural in ־ִים. The gender of the singular is retained in the plural.

4. The dual in Hebrew (a further indication of number) is used to denote those objects which naturally occur in pairs. The dual termination is indicated in both genders by the ending ־ַיִם. It is formed by adding ־ַיִם to the masculine singular for the masculine and to the old or original feminine ending ־ַת (instead of ־ָה).

THE ARTICLE הֵא הַיְדִיעָה

The Hebrew language has no indefinite article. The definite article, by nature a demonstrative pronoun, usually takes the form הַ and a strengthening of the next consonant by means of a *dagesh forte* (a dot in the consonant). It never appears in Hebrew as an independent word but as an inseparable particle prefixed to words. Like the English article *the*, it suffers no change for gender and number.

Before the gutturals ע, ר, ח, ה, א, the pattaḥ ַ of the article is lengthened to qamats ָ, e.g., הָאִישׁ *the man*, הָרֹאשׁ *the head*. When the guttural letters

ע, ה, not in tone, are vocalized with a qamats, the article becomes הֶ, e.g., הֶהָרִים *the mountains,* הֶעָמָל *the toil, trouble.* Before חָ, the article is invariably הֶ without regard to tones (e.g., הֶחָג *the holiday*).

THE PREPOSITION מִלַּת הַיַּחַס

Prepositions in Hebrew may appear as independent words or may be reduced by abbreviation to a single consonant inseparably prefixed to words:

... בְּ = *in, at, by, with*
... אֶל, לְ = *to, at, for, towards*
... כְּמוֹת, כְּמוֹ, כְּ = *as, like, according to*
מִן (...מֵ ,...מִ) = *from, out of*
עַל = *on, upon;* אֵצֶל = *close by, near*
בֵּין = *between;* בְּלִי = *without*
מוּל, נֶגֶד = *opposite, before, over, against*
עַד = *during, until;* שֶׁל = *of*
אַחַר = *behind, after;* זוּלַת = *except*
תַּחַת = *under, instead of;* עִם = *with*

Hebrew prepositions are frequently formed by uniting with other prepositions, e.g., מֵעַל *off* (*from, upon*), or with nouns, e.g., עַל יַד *by, beside* (*on hand*).

As all prepositions were originally substantives (accusative), they may be united with the noun suffixes, e.g., אֶצְלִי *by me,* לְפָנַי *before me.*

THE ADJECTIVE שֵׁם הַתֹּאַר

I. AGREEMENT הַתְאָמָה

The adjective in Hebrew agrees in gender and number with the noun it modifies and stands *after* the noun. When an adjective qualifies several nouns of different genders, it agrees with the masculine. Nouns in the dual are followed by adjectives in the plural.

II. FORMATION OF THE FEMININE AND PLURAL

Feminine adjectives are formed by adding ־ִית, (־ַ־ַת), ־ֶ־ֶת, ־ָה or ־ִיָּה to the masculine form.

Adjectives form their masculine plural by adding ־ִים to the masculine singular, and their feminine plural by adding ־וֹת to the masculine singular.

After feminine plurals ending in ־ִים, the adjectival attribute, in accordance with the rule of agreement, takes the ending ־וֹת.

III. COMPARISON OF ADJECTIVES הַדְרָגַת הַתֹּאַר

Hebrew possesses no special forms either for the comparative or superlative of the adjective. In the comparison, the adjective undergoes no change of termination or vocalization.

The comparative degree is expressed by the positive or by יוֹתֵר preceding the positive, and followed by the proposition מִן, e.g., טוֹב מִן, יוֹתֵר טוֹב מִן *better than.*

The superlative degree is expressed by the article prefixed to the adjective or by the article prefixed to the positive and followed by בְּיוֹתֵר, e.g., הַטּוֹב, הַטּוֹב בְּיוֹתֵר *the best,* הַגָּדוֹל, הַגָּדוֹל בְּיוֹתֵר *the biggest.*

THE NUMERALS שֵׁם הַמִּסְפָּר

The numeral *one* is an adjective that agrees in gender with the noun it modifies and, like other adjectives, stands after it.

The numerals from *two* to *ten* stand before the noun in either the absolute or construct state, e.g., שְׁלֹשָׁה יָמִים, שְׁלֹשֶׁת יָמִים *three days.*

The numerals from *eleven* to *nineteen* generally take the plural, but with a few common nouns frequently used with numerals and the tens (twenty, thirty, one hundred, etc.), the singular is more common, e.g.:

אַחַד עָשָׂר יוֹם *eleven days,* חֲמֵשׁ עֶשְׂרֵה שָׁנָה *fifteen years*
שְׁנֵים עָשָׂר אִישׁ *twelve men,* עֶשְׂרִים דַּקָּה *twenty minutes*

The ordinal numbers from *one* to *ten* are adjectives and follow the general rule of agreement. After *ten* the cardinal numbers are used also as ordinals.

CARDINAL NUMBERS הַמִּסְפָּר הַיְסוֹדִי

FEMININE		MASCULINE			
Construct	Absolute	Construct	Absolute		
אַחַת־	אַחַת	אַחַד־	אֶחָד	א	1
שְׁתֵּי־	שְׁתַּיִם	שְׁנֵי־	שְׁנַיִם	ב	2
שְׁלֹשׁ־	שָׁלֹשׁ	שְׁלֹשֶׁת־	שְׁלֹשָׁה	ג	3
אַרְבַּע־	אַרְבַּע	אַרְבַּעַת־	אַרְבָּעָה	ד	4
חֲמֵשׁ־	חָמֵשׁ	חֲמֵשֶׁת־	חֲמִשָּׁה	ה	5
שֵׁשׁ־	שֵׁשׁ	שֵׁשֶׁת־	שִׁשָּׁה	ו	6
שְׁבַע־	שֶׁבַע	שִׁבְעַת־	שִׁבְעָה	ז	7
שְׁמוֹנֶה־	שְׁמוֹנֶה	שְׁמוֹנַת־	שְׁמוֹנָה	ח	8
תְּשַׁע־	תֵּשַׁע	תִּשְׁעַת־	תִּשְׁעָה	ט	9
עֶשֶׂר־	עֶשֶׂר	עֲשֶׂרֶת־	עֲשָׂרָה	י	10
אַחַת־עֶשְׂרֵה		אַחַד־עָשָׂר		יא	11
שְׁתֵּים־עֶשְׂרֵה		שְׁנֵים־עָשָׂר		יב	12
שְׁלֹשׁ־עֶשְׂרֵה		שְׁלֹשָׁה־עָשָׂר		יג	13
אַרְבַּע־עֶשְׂרֵה		אַרְבָּעָה־עָשָׂר		יד	14
חֲמֵשׁ־עֶשְׂרֵה		חֲמִשָּׁה־עָשָׂר		טו	15
שֵׁשׁ־עֶשְׂרֵה		שִׁשָּׁה־עָשָׂר		טז	16
שְׁבַע־עֶשְׂרֵה		שִׁבְעָה־עָשָׂר		יז	17
שְׁמוֹנֶה־עֶשְׂרֵה		שְׁמוֹנָה־עָשָׂר		יח	18
תְּשַׁע־עֶשְׂרֵה		תִּשְׁעָה־עָשָׂר		יט	19
עֶשְׂרִים		עֶשְׂרִים		כ	20
עֶשְׂרִים וְאַחַת		עֶשְׂרִים וְאֶחָד		כא	21
עֶשְׂרִים וּשְׁתַּיִם		עֶשְׂרִים וּשְׁנַיִם		כב	22
		שְׁלֹשִׁים		ל	30
		אַרְבָּעִים		מ	40
		חֲמִשִּׁים		נ	50
		שִׁשִּׁים		ס	60
		שִׁבְעִים		ע	70
		שְׁמוֹנִים		פ	80
		תִּשְׁעִים		צ	90
		מֵאָה		ק	100
		מָאתַיִם		ר	200
		שְׁלֹשׁ מֵאוֹת		ש	300

CARDINAL NUMBERS הַמִּסְפָּר הַיְסוֹדִי

400	ת	אַרְבַּע־מֵאוֹת
500	תק	חֲמֵשׁ־מֵאוֹת
600	תר	שֵׁשׁ־מֵאוֹת
700	תש	שְׁבַע־מֵאוֹת
800	תת	שְׁמוֹנֶה־מֵאוֹת
900	תתק	תְּשַׁע־מֵאוֹת
1000	א׳....	אֶלֶף
2000	ב׳....	אַלְפַּיִם
3000	ג׳....	שְׁלֹשֶׁת אֲלָפִים
4000	ד׳....	אַרְבַּעַת אֲלָפִים
5000	ה׳....	חֲמֵשֶׁת אֲלָפִים
6000	ו׳....	שֵׁשֶׁת אֲלָפִים
7000	ז׳....	שִׁבְעַת אֲלָפִים
8000	ח׳....	שְׁמוֹנַת אֲלָפִים
9000	ט׳....	תִּשְׁעַת אֲלָפִים
10000	י׳....	עֲשֶׂרֶת אֲלָפִים, רִבּוֹא, רְבָבָה

ORDINAL NUMBERS הַמִּסְפָּר הַסִּדּוּרִי

	MASCULINE	FEMININE
first	רִאשׁוֹן	רִאשׁוֹנָה
second	שֵׁנִי	שְׁנִיָּה, שֵׁנִית
third	שְׁלִישִׁי	שְׁלִישִׁית
fourth	רְבִיעִי	רְבִיעִית
fifth	חֲמִישִׁי	חֲמִישִׁית
sixth	שִׁשִּׁי	שִׁשִּׁית
seventh	שְׁבִיעִי	שְׁבִיעִית
eighth	שְׁמִינִי	שְׁמִינִית
ninth	תְּשִׁיעִי	תְּשִׁיעִית
tenth	עֲשִׂירִי	עֲשִׂירִית
eleventh	הָאַחַד עָשָׂר	הָאַחַת עֶשְׂרֵה
twelfth	הַשְּׁנֵים עָשָׂר	הַשְּׁתֵּים עֶשְׂרֵה
etc.	וכו׳	וכו׳

THE CONSTRUCT CASE סְמִיכוּת

When a noun is so closely connected in thought with a following noun that the two make up one idea, the first (a dependent noun) is said to be in the construct state. The second (the independent noun) is said to be in the absolute state, e.g., בֵּית־סֵפֶר *school*, תַּפּוּחַ־אֲדָמָה *potato*, סוּס דָּוִד *David's horse*. This construction corresponds to the genitive or to the relation expressed by the *of* in English.

Only those nouns in the construct state undergo, at times, change of termination and/or vocalization.

In masculine singular, there is no change of termination, in feminine singular nouns ending in ָה, the original or old ending ַת is regularly retained as the feminine termination in the construct state. But feminine endings ֶת and ַת and feminine plural nouns ending in וֹת remain unchanged in the construct state.

In the construct state, masculine plural and dual, the ending is ֵי, e.g., סוּסֵי דָּוִד = סוּסִים שֶׁל דָּוִד *David's horses*, עֵינֵי הַיֶּלֶד = הָעֵינַיִם שֶׁל הַיֶּלֶד *the child's eyes*.

The definite article is prefixed only to the noun in the absolute state.

THE ADVERB תֹּאַר הַפֹּעַל

Nouns with prepositions e.g., כְּאֶחָד *together*, in the accusative e.g., הַיּוֹם *today*, adjectives, especially in the feminine e.g., בָּרִאשׁוֹנָה *at first*, pronouns and numerals e.g., הֵנָּה *here, hither;* שֵׁנִית *for the second time* are used adverbially without change.

Some adverbs are formed by the addition of formative syllables to nouns or adjectives e.g., אָמְנָם *truly*; חִנָּם *gratis*.

THE VERB הַפֹּעַל

Stem:

The vast majority of stems or roots in Hebrew consists of three consonants, though a number of triliteral stems were formed from biliteral roots. Today

verb stems of four consonants, an extension of the triliteral stem, are not uncommon.

The third person masculine singular form of the perfect tense is regarded as the pure stem or *Qal* קַל, since it is the simplest form of the verb, without additional letters. Thus, the third person masculine singular perfect form of each verb conjugation or formation was selected for inclusion in this dictionary.

Tense:

The Hebrew verb has only two tense forms, the *perfect*, expressing a completed action, and the *imperfect*, expressing an incompleted action. All relations of time are expressed by these forms or by combinations of these forms.

The perfect action includes all past tenses of other languages (perfect, pluperfect, future perfect, etc.). The imperfect action includes all imperfect tenses, classical imperfect, future and present. The later is expressed by the Hebrew participle. There is also an imperative, derived from the imperfect, and two infinitives (an absolute and a construct).

Mood:

Both the perfect and imperfect may be indicative; the subjunctive moods are expressed by the imperfect and its modifications.

Inflection:

The inflection of Hebrew tense forms as to persons is different from the Romance languages in that it has distinct forms for the two genders, which correspond to the different forms of the personal pronouns. Personal inflections of these tense forms arise from the union of the pronoun with the stem.

Conjugations:

Derived stems are formed from the pure stem or Qal. These *formations* בִּנְיָנִים, for the most part regular and systematic, correspond to the grammatical term *conjugations*. The common "conjugations" in Hebrew are seven in number, each of which is formed by the modification of the Qal (by means of vowel change and strengthening of the middle radical) or by the introduction of formative additions.

THE SEVEN CONJUGATIONS

1. Qal (pa'al)	קַל (פָּעַל)	קָצַר	*to cut, reap*
2. Niph'al	נִפְעַל	נִקְצַר	*to be reaped*
3. Pi'el	פִּעֵל	קִצֵּר	*to shorten (abridge)*
4. Pu'al	פֻּעַל	קֻצַּר	*to be shortened*
5. Hiph'il	הִפְעִיל	הִקְצִיר	*to make short, shorten*
6. Hoph'al	הָפְעַל	הָקְצַר	*to be shortened*
7. Hithpa'el	הִתְפַּעֵל	הִתְקַצֵּר	*to be shortened*

These verb conjugations may be divided satisfactorily into four classes: (1) the simple or pure, Qal; (2) the intensive Pi'el with its passive Pu'al; (3) the causative Hiph'il with its passive Hoph'al; (4) the reflexive or passive Niph'al and Hithpa'el.

Niph'al

In meaning the Niph'al is properly the reflexive of the Qal. The common usage of the Niph'al, however, is as the passive of the Qal. The essential characteristics of this conjugation consist of a "נ" prefixed to the stem in the perfect (נִקְצַר) and participle (נִקְצָר), and of the dagesh in the first radical in the imperfect, infinitive and imperative (הִקָּצֵר, לְהִקָּצֵר, יִקָּצֵר).

Pi'el (Pu'al)

The characteristic of the Pi'el conjugation consists of the strengthening of the middle radical קִצֵּר. The passive Pu'al is distinguished by the vowel "ֻ" in the first syllable and "ַ" in the second קֻצַּר.

The Pi'el is the intensive form of the Qal, adding such ideas as much, often, eagerly, etc., to the Qal idea of the verb.

Hiph'il (Hoph'al)

The Hiph'il or causative is formed by prefixing "הִ" to the stem and by expanding the final vowel to "ִי". Similarly in the imperfect יַקְצִיר, the participle מַקְצִיר and the infinitive לְהַקְצִיר.

The Hoph'al is the passive of the Hiph'il and is distinguished by הֻ or הָ prefixed to the stem הֻקְצַר or הָקְצַר.

Hithpa'el

The Hithpa'el is formed by prefixing the syllable "הִתְ־," a reflexive force, to the Pi'el stem הִתְקַצֵּר. In meaning, as in form, the Hithpa'el is thus the reflexive of the Pi'el.

The paradigms that follow will enable the reader to examine the regular verb schemes of the seven conjugations described above.

	QAL בִּנְיַן קַל (פָּעַל)	NIPH'AL בִּנְיַן נִפְעַל	PI'EL בִּנְיַן פִּעֵל	PU'AL בִּנְיַן פֻּעַל
Infinitive מָקוֹר, שֵׁם הַפֹּעַל	קְצֹר, (לִ)קְצֹר	נִקְצֹר (לְ)הִקָּצֵר	קַצֵּר	קֻצַּר
Perfect זְמַן עָבָר	קָצַרְתִּי קָצַרְתָּ קָצַרְתְּ קָצַר קָצְרָה קָצַרְנוּ קְצַרְתֶּם קְצַרְתֶּן קָצְרוּ	נִקְצַרְתִּי נִקְצַרְתָּ נִקְצַרְתְּ נִקְצַר נִקְצְרָה נִקְצַרְנוּ נִקְצַרְתֶּם נִקְצַרְתֶּן נִקְצְרוּ	קִצַּרְתִּי קִצַּרְתָּ קִצַּרְתְּ קִצֵּר קִצְּרָה קִצַּרְנוּ קִצַּרְתֶּם קִצַּרְתֶּן קִצְּרוּ	קֻצַּרְתִּי קֻצַּרְתָּ קֻצַּרְתְּ קֻצַּר קֻצְּרָה קֻצַּרְנוּ קֻצַּרְתֶּם קֻצַּרְתֶּן קֻצְּרוּ
Participle זְמַן הֹוֶה	קוֹצֵר קוֹצֶרֶת קוֹצְרִים קוֹצְרוֹת	נִקְצָר נִקְצֶרֶת נִקְצָרִים נִקְצָרוֹת	מְקַצֵּר מְקַצֶּרֶת מְקַצְּרִים מְקַצְּרוֹת	מְקֻצָּר מְקֻצֶּרֶת מְקֻצָּרִים מְקֻצָּרוֹת
Imperfect זְמַן עָתִיד	אֶקְצֹר תִּקְצֹר תִּקְצְרִי יִקְצֹר תִּקְצֹר נִקְצֹר תִּקְצְרוּ תִּקְצֹרְנָה יִקְצְרוּ תִּקְצֹרְנָה	אֶקָּצֵר תִּקָּצֵר תִּקָּצְרִי יִקָּצֵר תִּקָּצֵר נִקָּצֵר תִּקָּצְרוּ תִּקָּצַרְנָה יִקָּצְרוּ תִּקָּצַרְנָה	אֲקַצֵּר תְּקַצֵּר תְּקַצְּרִי יְקַצֵּר תְּקַצֵּר נְקַצֵּר תְּקַצְּרוּ תְּקַצֵּרְנָה יְקַצְּרוּ תְּקַצֵּרְנָה	אֲקֻצַּר תְּקֻצַּר תְּקֻצְּרִי יְקֻצַּר תְּקֻצַּר נְקֻצַּר תְּקֻצְּרוּ תְּקֻצַּרְנָה יְקֻצְּרוּ תְּקֻצַּרְנָה
Imperative צִוּוּי	קְצֹר קִצְרִי קִצְרוּ קְצֹרְנָה	הִקָּצֵר הִקָּצְרִי הִקָּצְרוּ הִקָּצַרְנָה	קַצֵּר קַצְּרִי קַצְּרוּ קַצֵּרְנָה	

	HIPH'IL בִּנְיַן הִפְעִיל	HOPH'AL בִּנְיַן הָפְעַל	HITHPA'EL בִּנְיַן הִתְפַּעֵל
Infinitive מָקוֹר, שֵׁם הַפֹּעַל	הַקְצֵר, (לְ)הַקְצִיר	הָקְצֵר	(לְ)הִתְקַצֵּר
Perfect זְמַן עָבָר	הִקְצַרְתִּי הִקְצַרְתָּ הִקְצַרְתְּ הִקְצִיר הִקְצִירָה הִקְצַרְנוּ הִקְצַרְתֶּם הִקְצַרְתֶּן הִקְצִירוּ	הָקְצַרְתִּי הָקְצַרְתָּ הָקְצַרְתְּ הָקְצַר הָקְצְרָה הָקְצַרְנוּ הָקְצַרְתֶּם הָקְצַרְתֶּן הָקְצְרוּ	הִתְקַצַּרְתִּי הִתְקַצַּרְתָּ הִתְקַצַּרְתְּ הִתְקַצֵּר הִתְקַצְּרָה הִתְקַצַּרְנוּ הִתְקַצַּרְתֶּם הִתְקַצַּרְתֶּן הִתְקַצְּרוּ
Participle זְמַן הֹוֶה	מַקְצִיר מַקְצִירָה מַקְצִירִים מַקְצִירוֹת	מָקְצָר מָקְצֶרֶת מָקְצָרִים מָקְצָרוֹת	מִתְקַצֵּר מִתְקַצֶּרֶת מִתְקַצְּרִים מִתְקַצְּרוֹת
Imperfect זְמַן עָתִיד	אַקְצִיר תַּקְצִיר תַּקְצִירִי יַקְצִיר תַּקְצִיר נַקְצִיר תַּקְצִירוּ תַּקְצֵרְנָה יַקְצִירוּ תַּקְצֵרְנָה	אָקְצַר תָּקְצַר תָּקְצְרִי יָקְצַר תָּקְצַר נָקְצַר תָּקְצְרוּ תָּקְצַרְנָה יָקְצְרוּ תָּקְצַרְנָה	אֶתְקַצֵּר תִּתְקַצֵּר תִּתְקַצְּרִי יִתְקַצֵּר תִּתְקַצֵּר נִתְקַצֵּר תִּתְקַצְּרוּ תִּתְקַצֵּרְנָה יִתְקַצְּרוּ תִּתְקַצֵּרְנָה
Imperative צִוּוּי	הַקְצֵר הַקְצִירִי הַקְצִירוּ הַקְצֵרְנָה		הִתְקַצֵּר הִתְקַצְּרִי הִתְקַצְּרוּ הִתְקַצֵּרְנָה

THE WEAK VERBS הַפְּעָלִים הַנֶּחֱשָׁלִים

When one or more of the three stem radicals of a verb is a weak one, the verb is regarded as a weak verb.

The letters ר, ע, י, ח ו, ה, א, the guttural and quiescent letters, are the weak letters. The letter (ן) נ is also regarded as a weak letter.

The three stem radicals of the verb are designated by the letters פ ע ל. The position of the weak letter or letters in the stem determines the classification of weak verbs. For example, ישב is a פ"י verb, meaning that the initial radical of the stem is "י"; the verb פנה is classified as a ל"ה verb, the "ה" being the third radical of the stem.

If a verb has more than one weak letter it is named after all the classes whose irregularities it shares. Thus ירה is classified as both a פ"י and a ל"ה verb.

The paradigms that follow will enable the reader to examine the weak (irregular) verb schemes of the seven conjugations. Infinitive, imperative and third person masculine perfect, participle and imperfect forms are listed.

For a detailed and complete study of Hebrew grammar, consult:

Gesenius' Hebrew Grammar, edited by E. Kautzsch
Introductory Hebrew Grammar, by A. B. Davidson
Modern Hebrew Grammar and Composition, by Harry Blumberg
Naor's Ikkare ha-Dikduk ha-Ibri

WEAK VERBS הַפְּעָלִים הַנֶּחֱשָׁלִים

Conjugation בִּנְיָן		פ״י ישב (1)	פ״י יסד/יטב (2)	פ״א אכל	פ״נ נפל/נגף
Qal קַל (פָּעַל)	inf.	יָשֹׁב, לָשֶׁבֶת	יָסֹד, לִיסֹד	אָכֹל, לֶאֱכֹל	נָפֹל, לִנְפֹּל
	3rd. per.	יָשַׁב, יוֹשֵׁב, יֵשֵׁב	יָסַד, יוֹסֵד, יִיסַד	אָכַל, אוֹכֵל, יֹאכַל	נָפַל, נוֹפֵל, יִפֹּל
	imp.	שֵׁבוּ	יְסַדוּ	אֱכֹלוּ	נְפֹלוּ
Niph'al נִפְעַל	inf.	נוֹשֹׁב, לְהִוָּשֵׁב	נוֹסֹד, לְהִוָּסֵד	נֵאָכֹל, לְהֵאָכֵל	לְהִנָּגֵף
	3rd. per.	נוֹשַׁב, נוֹשָׁב, יִוָּשֵׁב	נוֹסַד, נוֹסָד, יִוָּסֵד	נֶאֱכַל, נֶאֱכָל, יֵאָכֵל	נִגַּף, נִגָּף, יִנָּגֵף
	imp.	הִוָּשְׁבוּ	הִוָּסְדוּ	הֵאָכְלוּ	הִנָּגְפוּ
Pi'el פִּעֵל	inf.	לְיַשֵּׁב	לְיַסֵּד	לְאַכֵּל	לְנַגֵּף
	3rd. per.	יִשֵּׁב, מְיַשֵּׁב, יְיַשֵּׁב	יִסֵּד, מְיַסֵּד, יְיַסֵּד	אִכֵּל, מְאַכֵּל, יְאַכֵּל	נִגֵּף, מְנַגֵּף, יְנַגֵּף
	imp.	יַשְּׁבוּ	יַסְּדוּ	אַכְּלוּ	נַגְּפוּ
Pu'al פֻּעַל	inf.	יֻשֹּׁב	יֻסֹּד	אֻכֹּל	נֻגֹּף
	3rd. per.	יֻשַּׁב, מְיֻשָּׁב, יְיֻשַּׁב	יֻסַּד, מְיֻסָּד, יְיֻסַּד	אֻכַּל, מְאֻכָּל, יְאֻכַּל	נֻגַּף, מְנֻגָּף, יְנֻגַּף
	imp.				

WEAK VERBS הַפְּעָלִים הַנֶּחֱשָׁלִים

Conjugation בִּנְיָן		פ"י ישב (1)	פ"י יסד/יטב (2)	פ"א אכל	פ"נ נפל/נגף
Hiph'il הִפְעִיל	inf.	הוֹשֵׁב, לְהוֹשִׁיב	הֵיטֵב, לְהֵיטִיב	הַאֲכֵל, לְהַאֲכִיל	הַפֵּל, לְהַפִּיל
	3rd. per.	הוֹשִׁיב, מוֹשִׁיב, יוֹשִׁיב	הֵיטִיב, מֵיטִיב, יֵיטִיב	הֶאֱכִיל, מַאֲכִיל, יַאֲכִיל	הִפִּיל, מַפִּיל, יַפִּיל
	imp.	הוֹשֵׁבוּ	הֵיטֵבוּ	הַאֲכֵלוּ	הַפֵּלוּ
Hoph'al הָפְעַל	inf.	הוּשַׁב	הוּטַב	הָאֳכַל	הֻפַּל
	3rd. per.	הוּשַׁב, מוּשָׁב, יוּשַׁב	הוּטַב, מוּטָב, יוּטַב	הָאֳכַל, מָאֳכָל, יָאֳכַל	הֻפַּל, מֻפָּל, יֻפַּל
	imp.				
Hithpa'el הִתְפַּעֵל	inf.	לְהִתְיַשֵּׁב	לְהִתְיַסֵּד	לְהִתְאַכֵּל	לְהִתְנַפֵּל
	3rd. per.	הִתְיַשֵּׁב, מִתְיַשֵּׁב, יִתְיַשֵּׁב	הִתְיַסֵּד, מִתְיַסֵּד, יִתְיַסֵּד	הִתְאַכֵּל,מִתְאַכֵּל,יִתְאַכֵּל	הִתְנַפֵּל, מִתְנַפֵּל, יִתְנַפֵּל
	imp.	הִתְיַשֵּׁבוּ	הִתְיַסֵּדוּ	הִתְאַכֵּלוּ	הִתְנַפֵּלוּ

WEAK VERBS הַפְּעָלִים הַנֶּחֱשָׁלִים

Conjugation בִּנְיָן		ע״ו קום/כון	ע״י בין	ל״א מצא/רפא	ל״ה פנה	ע״ע (כְּפוּלִים) סבב
Qal קַל (פָּעַל)	inf.	קוּם, לָקוּם	בִּין, לָבִין	מְצֹא, לִמְצֹא	פְּנֹה, לִפְנוֹת	סְבֹב, סֹב, לָסֹב
	3rd. per.	קָם, קָם, יָקוּם	בָּן, בָּן, יָבִין	מָצָא, מוֹצֵא, יִמְצָא	פָּנָה, פּוֹנֶה, יִפְנֶה	סַב, סַב (סוֹבֵב), יָסֹב
	imp.	קוּם!	בִּין!	מְצָא!	פְּנֵה!	סֹב!
Niph'al נִפְעַל	inf.	לְהִכּוֹן	נָבוֹן, לְהִבּוֹן	נִמְצֹא, לְהִמָּצֵא	הִפָּנֵה, לְהִפָּנוֹת	הִסֹּב, לְהִסֵּב
	3rd. per.	נָכוֹן, נָכוֹן, יִכּוֹן	נָבוֹן, נָבוֹן, יִבּוֹן	נִמְצָא, נִמְצָא, יִמָּצֵא	נִפְנָה, נִפְנֶה, יִפָּנֶה	נָסַב, נָסָב, יִסַּב
	imp.	הִכּוֹן!	הִבּוֹן!	הִמָּצֵא!	הִפָּנֵה!	הִסַּב!
Pi'el פִּעֵל	inf.	לְקוֹמֵם	לְבוֹנֵן	לְרַפֵּא	לְפַנּוֹת	לְסוֹבֵב
	3rd. per.	קוֹמֵם, מְקוֹמֵם, יְקוֹמֵם	בּוֹנֵן, מְבוֹנֵן, יְבוֹנֵן	רִפֵּא, מְרַפֵּא, יְרַפֵּא	פִּנָּה, מְפַנֶּה, יְפַנֶּה	סוֹבֵב, מְסוֹבֵב, יְסוֹבֵב
	imp.	קוֹמֵם!	בּוֹנֵן!	רַפֵּא!	פַּנֵּה!	סוֹבֵב!
Pu'al פֻּעַל	inf.	כּוֹנַן	בּוֹנַן	רֻפֹּא	פֻּנֹּה	סוֹבֹב
	3rd. per.	כּוֹנַן, מְכוֹנָן, יְכוֹנַן	בּוֹנַן, מְבוֹנָן, יְבוֹנַן	רֻפָּא, מְרֻפָּא, יְרֻפָּא	פֻּנָּה, מְפֻנֶּה, יְפֻנֶּה	סוֹבַב, מְסוֹבָב, יְסוֹבַב
	imp.					

WEAK VERBS הַפְּעָלִים הַנֶּחֱשָׁלִים

Conjugation בִּנְיָן		ע״ו קום/כון	ע״י בין	ל״א מצא/רפא	ל״ה פנה	ע״ע (כְּפוּלִים) סבב
	inf.	הָקֵם, לְהָקִים	הָבֵן, לְהָבִין	הַמְצֵא, לְהַמְצִיא	הַפְנֵה, לְהַפְנוֹת	לְהָסֵב
Hiph'il הִפְעִיל	3rd. per.	הֵקִים, מֵקִים, יָקִים	הֵבִין, מֵבִין, יָבִין	הִמְצִיא, מַמְצִיא, יַמְצִיא	הִפְנָה, מַפְנֶה, יַפְנֶה	הֵסֵב, מֵסֵב, יָסֵב
	imp.	הָקֵםוּ	הָבֵןוּ	הַמְצֵאוּ	הַפְנֵהוּ	הָסֵבוּ
	inf.	הוּקַם	הוּבַן	הָמְצֵא	הָפְנֵה	הוּסֵב
Hoph'al הָפְעַל	3rd. per.	הוּקַם, מוּקָם, יוּקַם	הוּבַן, מוּבָן, יוּבַן	הָמְצָא, מָמְצָא, יָמְצָא	הָפְנָה, מָפְנֶה, יָפְנֶה	הוּסַב, מוּסָב, יוּסַב
	imp.					
	inf.	לְהִתְקוֹמֵם	לְהִתְבּוֹנֵן	לְהִתְמַצֵּא	לְהִתְפַּנּוֹת	לְהִסְתּוֹבֵב
Hithpa'el הִתְפַּעֵל	3rd. per.	הִתְקוֹמֵם, מִתְקוֹמֵם, יִתְקוֹמֵם	הִתְבּוֹנֵן, מִתְבּוֹנֵן, יִתְבּוֹנֵן	הִתְמַצֵּא, מִתְמַצֵּא, יִתְמַצֵּא	הִתְפַּנָּה, מִתְפַּנֶּה, יִתְפַּנֶּה	הִסְתּוֹבֵב, מִסְתּוֹבֵב, יִסְתּוֹבֵב
	imp.	הִתְקוֹמֵםוּ	הִתְבּוֹנֵןוּ	הִתְמַצֵּאוּ	הִתְפַּנֵּהוּ	הִסְתּוֹבֵבוּ

WEIGHTS AND MEASURES מִדּוֹת וּמִשְׁקָלוֹת

1. *Linear Measure* (Length)

1 inch (in.) = 2.54 centimeters (cm)
1 foot (ft.) = 12 inches = 0.3048 meter (m)
1 yard (yd.) = 36 inches = 0.9144 meter
1 mile (mi.) = 1760 yards = 1609.3 meters = 1.6093 kilometers (km)
1 knot (nautical mile) = 6026.7 = 1853 meters = 1.853 kilometers

1. מִדּוֹת אֹרֶךְ

אִינְטְשׁ = 2.54 סַנְטִימֶטְרִים (ס"מ)
פוּט = 12 אִינְטְשׁ = 0.3048 מֶטֶר (מ')
יַרְד = 36 אִינְטְשׁ = 0.9144 מֶטֶר
מִיל = 1760 יַרְד = 1609.3 מֶטֶר = 1.6093 קִילוֹמֶטֶר (ק"מ)
מִיל יַמִּי = 6026.7 יַרְד = 1853 מֶטֶר = 1.853 קִילוֹמֶטֶר

2. *Square Measure* (*Area*)

1 square inch (sq. in.) = 6.452 square centimeters (sq. cm)
1 square foot (sq. ft.) = 144 square inches = 929 square centimeters
1 square yard (sq. yd.) = 9 square feet = 0.8361 square meters (sq.m)
1 acre (a.) = 4840 square yards
1 square mile (sq. mi.) = 640 acres = 2.59 square kilometers (sq. km)

2. מִדּוֹת שֶׁטַח

אִינְטְשׁ מְרֻבָּע = 6.452 סַנְטִימֶטְרִים מְרֻבָּעִים (סמ"ר)
פוּט מְרֻבָּע = 144 אִינְטְשׁ מְרֻבָּע = 929 סמ"ר
יַרְד מְרֻבָּע = 9 פוּט מְרֻבָּע = 0.8361 מֶטֶר מְרֻבָּע (מ"ר)
אַקֶר = 4840 יַרְד מְרֻבָּע
מִיל מְרֻבָּע = 640 אַקֶר = 2.59 קִילוֹמֶטְרִים מְרֻבָּעִים (קמ"ר)

3. *Cubic Measure (Volume)*

1 cubic inch (cu. in.) = 16.387 cubic centimeters (cu. cm)
1 cubic foot (cu. ft.) = 1728 cubic inches = 0.0283 cubic meters (cu. m)
1 cubic yard (cu. yd.) = 27 cubic feet = 0.7646 cubic meters

3. מִדּוֹת נֶפַח

אִינְטְשׁ מְעֻקָּב = 16.387 סֶנְטִימֶטֶר מְעֻקָּב (סמ"ק)
פוּט מְעֻקָּב = 1728 אִינְטְשׁ מְעֻקָּב = 0.0283 מֶטֶר מְעֻקָּב (מ"ק)
יַרְד מְעֻקָּב = 27 פוּט מְעֻקָּב = 0.7646 מֶטֶר מְעֻקָּב

4. *Liquid and Dry Measure*

1 pint (pt.) = 0.5679 liters (l)
1 quart (qt.) = 2 pints = 1.1359 liters
1 gallon (gal.) = 4 quarts = 4.5436 liters
1 peck (pk.) = 2 gallons = 9.087 liters
1 bushel (bu.) = 4 pecks = 36.35 liters

4. מִדּוֹת הַלַּח וְהַיָּבֵשׁ

פַּיְנְט = 0.5679 לִיטֶר (ל')
קְוָרְט = 2 פַּיְנְטִים = 1.1359 לִיטְרִים
גַּלּוֹן = 4 קְוַרְטִים = 4.5436 לִיטְרִים
פִּיק = 2 גַּלּוֹנִים = 9.087 לִיטְרִים
בּוּשֶׁל = 4 פִּיקִים = 36.35 לִיטֶר

5. *Units of Weight*

1 ounce (oz.) = 28.3495 grams (g)
1 pound (lb.) = 16 ounces = 453.59 grams
1 ton = 2000 pounds = 1016.05 kilograms (kg)

5. יְחִידוֹת מִשְׁקָל

אֻנְקִיָּה = 28.3495 גְּרַם
לִטְרָה = 16 אֻנְקִיּוֹת = 453.59 גְּרַם (ג.)
טוֹן = 2000 לִטְרָה = 1016.05 קִילוֹגְרַם (ק"ג.)

6. *Time Measure*

60 seconds = 1 minute (min.)
60 minutes = 1 hour (hr.)
24 hours = 1 day (da.)
7 days = 1 week (wk.)
30 or 31 days = 1 calendar month (mo.)
365 days = 12 calendar months = 1 common year (yr.)
366 days = 1 leap year
50 years = Jubilee

6 מִדּוֹת זְמַן

60 שְׁנִיָּה = דַּקָּה
60 דַּקָּה = שָׁעָה
24 שָׁעָה = יוֹם (יְמָמָה)
7 יָמִים = שָׁבוּעַ
30 יוֹם (בִּמְמֻצָּע) = חֹדֶשׁ
365 יוֹם = 12 חֹדֶשׁ = שָׁנָה
366 יוֹם = שָׁנָה מְעֻבֶּרֶת
50 שָׁנָה = יוֹבֵל

7. *Temperature*

United States of America

212° Fahrenheit (F.) = 100° Centigrade (C.)

To convert Fahrenheit into Centigrade degrees deduct 32, multiply by 5 and divide by 9.

7. מַדְרֵגַת הַחֹם

יִשְׂרָאֵל

(C.) 100° סֶנְטִיגְרָד = °(F) 212 פַּרֶנְהַייט

לְחַשֵּׁב מַעֲלוֹת סֶנְטִיגְרָד לְמַעֲלוֹת פַּרֶנְהַייט:

הַכְפֵּל פִּי 9, חַלֵּק לְ 5 וְהוֹסֵף 32

8. *Currency* (*Coins*)

United States of America

100 cents (c) = 1 dollar ($) = £I 3.00

Israel

100 agorot = 1 Israeli pound (£I)

8. מַטְבְּעוֹת

אַרְצוֹת הַבְּרִית

100 סֶנְט = 1 דּוֹלָר = 3.00 ל״י

יִשְׂרָאֵל

100 אֲגוֹרוֹת = 1 לִירָה יִשְׂרְאֵלִית (ל״י)

A א

א Aleph, first letter of Hebrew alphabet; one, first; 1,000

אָב, ז׳, ר׳, אָבוֹת father, ancestor; master, teacher; originator; source; Ab (Hebrew month)

אָב זָקֵן grandfather

אָב חוֹרֵג stepfather

אַב־בֵּית־דִּין chief justice, head of Sanhedrin; president of court of law

אַב־טֻמְאָה prime cause of defilement

אֵב, ז׳, ר׳, אִבִּים young sprout, shoot; youth

אַבָּא, ז׳ daddy, dad

[אבב] הֶאֱבִיב, פ״י to bring forth shoots

אֲבָבִית, נ׳ ague, malarial fever

אַבְגָּר, ז׳, ר׳, ־רִים agrimony

אָבַד, פ״ע, נֶאֱבַד to be lost, perish

אִבֵּד, הֶאֱבִיד פ״י to lose, destroy

הִתְאַבֵּד, פ״ח to commit suicide, destroy oneself

אָבֵד, ת״ז, אֲבֵדָה, ת״נ lost, spoiled, perishable

אֲבֵדָה, נ׳, ר׳, ־דוֹת lost object, loss; casualty (military)

אֲבַדּוֹן, ז׳ destruction, hell

אָבְדָן, אַבְדָן, ז׳ destruction, ruin, loss

אָבָה, פ״ע to desire, want; to consent

אֵבֶה, ז׳, ר׳, ־בִים reed

אַבְהוּת, נ׳ fatherhood

אַבּוּב, ז׳, ר׳, ־בִּים pipe, tube; oboe; knotgrass

אָבוּד, ת״ז, אֲבוּדָה, ת״נ perishable, lost

אִבּוּד, ז׳ ruin, loss, destruction

אֲבוֹי, מ״ק alas! woe!

אַבּוּל, ז׳, ר׳, ־לִים arcade, vaulted passage

אֵבוּס, ז׳, ר׳, אֲבוּסִים manger, stall; trough

אָבוּס, ת״ז, אֲבוּסָה, ת״נ stuffed, fattened

אִבּוּק, ז׳ dusting

אֲבוּקָה, נ׳, ר׳, ־קוֹת torch

אִבַּח, פ״י to slay

אִבְחָה, נ׳ slaughter

אַבְחֹם, ז׳, ר׳ אַבְחֲמִים calorie

אַבְחֶמֶץ, ז׳ oxygen

אַבְחָנָה, נ׳, ר׳, ־נוֹת diagnosis

אַבְחֶנֶק, ז׳ nitrogen

אֲבַטִּיחַ ז׳, ר׳, ־חִים watermelon

אֲבַטִּיחַ צָהֹב, ז׳, ר׳, ־חִים צְהֻבִּים muskmelon

אַבְטָלָה, נ׳, ר׳, ־לוֹת unemployment, lay off

אָבִיב, ז׳, ר׳, אֲבִיבִים spring; green ear of corn

אֲבִיבִי, ת״ז, ־בִית ת״נ springlike

אֶבְיוֹן, ז׳, ר׳, ־נִים poor, needy, destitute (person)

אֲבִיּוֹנָה, נ׳ caper berry; lust, sensuality

אֶבְיוֹנוּת, נ׳ poverty, indigence

אֲבִיכָה, נ׳ compactness, thickness

אֲבִילָה, נ׳ mourning

אֲבִיסָה, נ׳ fattening, stuffing

אָבִיק, ז׳, ר׳, אֲבִיקִים (water) drain

אָבִיר, ז׳ the Almighty

אַבִּיר, ז׳, ר׳־רִים knight, hero; steed; bull (Apis)

אַבִּיר, ת״ז brave, strong, mighty

אַבִּיר לֵב stubborn, stouthearted

אַבִּירוּת, נ׳ knighthood; bravery; stubbornness

[אבך] הִתְאַבֵּךְ, פ״ע to thicken, mix; to rise (smoke)

[אבל] הִתְאַבֵּל, פ״ע to mourn, lament

אָבֵל, ת״ז, אֲבֵלָה, ת״נ; ז׳, נ׳ mournful; desolate, ruined; mourner

אֵבֶל, ז׳, ר׳, אֲבָלִים mourning, sorrow

אֲבָל, תה״פ but, however

אֲבֵלוּת, נ׳ mourning

אַבְמַיִם, ז״ר hydrogen

אֶבֶן, נ׳, ר׳, אֲבָנִים stone; (unit of) weight

אֶבֶן־אֶכֶף paperweight

אֶבֶן־אֵשׁ silex, flint

אֶבֶן־בְּדִיל plummet

אֶבֶן־בֹּחַן touchstone

אֶבֶן־הַמֶּלֶךְ standard, official weight

אֶבֶן־גָּזִית hewed stone

אֶבֶן־חֵן, אֶבֶן־חֵפֶץ, אֶבֶן־טוֹבָה jewel, precious stone

אֶבֶן־מַשְׁחֶזֶת grindstone

אֶבֶן־נֶגֶף stumbling block

אֶבֶן־פִּנָּה, אֶבֶן־רֹאשָׁה corner-stone

אֶבֶן־שׁוֹאֶבֶת magnetic stone

אִבֵּן, פ״י petrify

הִתְאַבֵּן, פ״ח to be petrified

אֹבֶן, ז׳, ר׳, אֳבָנִים fossil

אַבְנֵט, ז׳, ר׳, ־טִים belt, sash, girdle

אַבְנִי, ת״ז, ־נִית, ת״נ stonelike, stony

אָבְנַיִם, ז״ז potter's wheel; birthstool

אָבַס, פ״י to fatten, stuff

אֲבַעְבּוּעָה, נ׳, ר׳, ־עוֹת boil, blister, pimple, wart

אֲבַעְבּוּעוֹת smallpox

אָבָץ, ז׳ zinc

אָבָק, ז׳ dust, powder

[אבק] נֶאֱבַק, פ״ע to wrestle

אִבֵּק, פ״י to cover with dust, remove dust

הִתְאַבֵּק, פ״ח to be covered with dust, wrestle

אֲבַק־שְׂרֵפָה, ז׳ gunpowder

אֶבֶק, ז׳, ר׳, אֲבָקִים slipknot, noose

אֲבָקָה, אַבְקָה, נ׳ fine powder

אֵבֶר, ז׳, ר׳, אֲבָרִים wing; limb, member (of a body)

[אבר] הֶאֱבִיר, פ״ע to fly, spread one's wings, soar

אֲבָר, ז׳ lead

אֶבְרָה, נ׳, ר׳, אֲבָרוֹת wing; feather

אַבְרוֹמָה, נ׳, ר׳, ־מוֹת pike

אַבְרֵךְ, ז׳, ר׳, ־כִים young (married) man, gentleman

אַבְרָנִי, ז׳, ר׳, ־נִים waterfowl

אָבָשׁ, ז׳, ר׳, אֲבָשִׁים wild grape

אַגַּב, מ״י by means (of), by the way (of)

אָגַד, פ״י to tie, bind together

אִגֵּד, פ״י to unite, tie

אֶגֶד, ז׳, ר׳, אֲגָדִים bandage; bundle, bunch

אֲגֻדָּה, אֲגוּדָה, נ׳, ר׳, ־דוֹת association, society; bunch

אַגָּדָה, נ׳, ר׳, ־דוֹת Aggadah; legend, tale

אַגָּדִי, ת״ז, ־דִית, ת״נ legendary, mythical

אִגּוּד, ז׳, ר׳, ־דִים band, union, organization

אֲגוּדָה, אֲגֻדָּה, נ׳, ר׳, ־דוֹת association, society; bunch

אֲגוּדָל, ז׳, ר׳, ־לִים thumb; toe
אֱגוֹז, ז׳, ר׳, ־זִים nut
אֱגוֹז־הֹדּוּ, ז׳, ר׳, אֱגוֹזֵי הֹדּוּ coconut
אַגּוֹז, ז׳, ר׳, ־זִים grappling iron
אֱגוֹזָה, נ׳, ר׳, ־זוֹת nut tree
אֲגוֹרָה, נ׳, ר׳, ־רוֹת coin (of little value)
אֲגִידָה, נ׳, ר׳, ־דוֹת bundling, tying (up)
אֲגִירָה, נ׳ ר׳, ־רוֹת hoarding, storing
אֵגֶל, ז׳, ר׳, אֲגָלִים drop (of dew, rain, sweat), droplet
אֲגַם, ז׳, ר׳, ־מִּים pond, lake; bushwood
אָגֵם, ת״ז, אֲגֵמָה, ת״נ sorrowful, sad
אַגְמוֹן, ז׳, ר׳, ־נִים reed, bulrush; fishhook
אַגָּן, ז׳, ר׳, ־נִים basin, bowl
אַגַּן הַיְרֵכַיִם pelvis
אֹגֶן, ז׳, ר׳, אֳגָנִים rim (of bucket), brim, border, edge
אֲגָנָּה, נ׳, ר׳, אֲגָנוֹת hopper
אַגָּס, ז׳, ר׳, אַגָּסִים pear
אֲגַף, ז׳, ר׳, ־פִּים wing (of building, army), flank, side; department
אִגֵּף, פ״י to flank
אָגַר, פ״י to hoard; to gather, collect
אִגָּר, ז׳, ר׳, ־רִים roof (flat)
אַגְרָה, נ׳ (license) fee
אֶגְרוֹן, ז׳, ר׳, ־נִים, ־נוֹת dictionary, vocabulary
אִגְּרוֹן, ז׳, ר׳, ־נִים collection of letters
אֶגְרוֹף, ז׳, ר׳, ־פִים fist
אִגְרוּף, ז׳ boxing
אֶגְרוֹפִית, נ׳, ר׳ ־פִיּוֹת boxing glove
אֶגְרוֹפָן, ז׳, ר׳, ־נִים boxer, pugilist
אֲגַרְטֵל, ז׳, ר׳, ־לִים basin; vase

אִגְרֵף, פ״י to clench one's fist
הִתְאַגְרֵף, פ״ח to box
אִגֶּרֶת, נ׳, ר׳, אִגְּרוֹת letter, epistle; document
אֵד, ז׳, ר׳, ־דִים vapor, mist
[אדב] הֶאֱדִיב, כ״ to afflict
אִדָּה, פ״י to rise (skyward); to vaporize, evaporate
אָדוֹם, אָדֹם, ת״ז, אֲדוּמָּה, אֲדֻמָּה, ת״נ red
אָדוֹם, ז׳, ר׳, אֲדוּמִים ducat
אָדוֹן, ז׳, ר׳, אֲדוֹנִים master, sir, mister
אָדוּק, ז׳, ר׳, אֲדוּקִים pious, devout (man), orthodox
אֹדוֹת, אוֹדוֹת, מ״י about, concerning, pertaining to
אֲדוּת, נ׳ evaporation
אֵדִי, ת״ז, אֵדִית, ת״נ vaporous
אָדִיב, ת״ז, אֲדִיבָה, ת״נ polite, courteous, well-mannered
אֲדִיבוּת, נ׳ politeness, courtesy
אֲדִיקוּת, נ׳ piety, orthodoxy
אַדִּיר, ת״ז, ־רָה, ת״נ mighty, noble, rich and respectable
אַדִּירוּת, נ׳ might
אָדִישׁ, ת״ז, אֲדִישָׁה, ת״נ indifferent, apathetic
אֲדִישׁוּת, נ׳ indifference, apathy
אַדְכִּיר, אַדְכַּר, ז׳ aeschynanthus
אָדֶל, ז׳ cress, water cress
אָדָם, ז׳ man, mankind, human being; Adam
אָדָם הָרִאשׁוֹן first man
בֶּן־אָדָם person
פֶּרֶא אָדָם wildman
אָדֹם, אָדוֹם, ת״ז, אֲדֻמָּה, אֲדוּמָּה, ת״נ red

אָדַם, פ״ע to be red
הֶאְדִּים, פ״ע to redden, become red
הִתְאַדֵּם, פ״ח to blush, flush
אֹדֶם, ז׳ lipstick, ruby, redness
אֲדַמְדַּם, ת״ז, ־דֶּמֶת, ת״נ reddish
אֲדָמָה, נ׳, ר׳, ־מוֹת earth, soil, ground
אַדְמוּמִית, נ׳ redness, reddish hue
אַדְמוֹן, ז׳, ר׳, ־נִים peony
אַדְמוֹנִי, ת״ז, ־נִית, ־נִיָּה, ת״נ ruddy, red-haired
אֲדָמִי, אֲדוּמִי, ת״ז ־מִית, ת״נ sanguine
אֲדָמִיּוּת, אֲדוּמִיּוּת, נ׳ temperament
אַדֶּמֶת, נ׳ measles
אֶדֶן, ז׳, ר׳, אֲדָנִים pedestal; sleeper
אַדְנוּת, נ׳ authority, suzerainty, lordship
אֲדֹנָי Lord, God
אֶדֶק, ז׳, ר׳, אֲדָקִים drip vessel
[אדר] נֶאְדַּר, פ״ע to be mighty, glorious
הֶאְדִּיר, פ״י to glorify, magnify
אֶדֶר, ז׳, ר׳, אֲדָרִים cloak, mantle; glory, beauty; oak (tree); stuffed animal
אֲדָר, ז׳ Adar (Hebrew month)
אֲדָר שֵׁנִי Second Adar (leap year)
אַדְרַבָּה, תה״פ on the contrary, by all means
אִדְרָה, נ׳, ר׳ אֲדָרוֹת fishbone
אֲדְרִיכָל, אַרְדִּיכָל, ז׳, ר׳, ־לִים architect
אַדֶּרֶת, נ׳, ר׳, אַדָּרוֹת cloak, coat; glory
אָדַשׁ, פ״ע to be indifferent
אֶדֶשׁ, ז׳ essence (being)

אָהַב, פ״י to love
הִתְאַהֵב, פ״ח to fall in love
אֹהַב, אַהַב, ז׳, ר׳, אֲהָבִים, אֲהָבִים love (passages)
אַהֲבָה, נ׳, ר׳, אֲהָבוֹת love, amour
אֲהַבְהֵב, פ״ע to flirt
אֲהַבְהָב, ז׳, ר׳, ־בִים flirt
אָהַד, פ״י to like, sympathize
אַהֲדָה, נ׳ sympathy
אֲהָהּ, מ״ק woe! alas!
אָהוּב, ת״ז, אֲהוּבָה, ת״נ beloved, lovable
אָהוּד, ת״ז, אֲהוּדָה, ת״נ sympathetic
אֱהִי, תה״פ where?
אֶהְיֶה name of God
אָהִיל, ז׳, ר׳, אֲהִילִים umbrella, shade
אֹהֶל, ז׳, ר׳, אֹהָלִים, אֳהָלִים tent; tabernacle
אָהַל, פ״ע to pitch a tent
הֶאֱהִיל, פ״ע to cover up
אָהָל, ז׳ aloe (wood), heartwood
אָהֳלִיָּה, נ׳, ר׳, ־יּוֹת tent (camp)
אֹהַר, ז׳, ר׳, אֲהָרִים snare (basket)
אוֹ, מ״ק or
אוֹ ... אוֹ either...or
אוֹ אָז perhaps
אוֹב, ז׳, ר׳, ־בוֹת skin bottle; magic, necromancy; ventriloquist
אוֹבֵד, ת״ז, ־בֶדֶת, ־בְדָה, ת״נ lost, unfortunate
אוֹג, ז׳, ר׳, ־גִים sumac
אוֹגָה, נ׳ zenith, apogee
אוֹגֵר, ז׳, ר׳, ־גְרִים collector
אוּד, ז׳, ר׳, ־דִים firebrand, poker (fire)
אוֹדוֹת, אֹדוֹת, מ״י about, concerning, pertaining to
אוּדָן, ז׳, ר׳, ־נִים tub

אִוָּה, פ״י to desire, covet

הִתְאַוָּה, פ״ח to long for, aspire, crave

אַוָּה, נ׳ lust, desire

אוֹהֵב, ז׳, ר׳, ־הֲבִים lover, friend

אִוּוּי, ז׳, ר׳, ־יִים covetousness

אַוָּז, ז׳, ר׳, ־זִים gander

אַוָּזָה, נ׳ goose

בַּר־אַוָּז, בַּרְוָז duck

אוֹי, אוֹיָה, מ״ק oh! woe! alas!

אוֹיֵב, ז׳, ר׳, ־יְבִים foe, enemy

אֱוִיל, ז׳, ר׳, ־לִים fool

אֱוִילוּת, נ׳ folly, foolishness

אֲוִיר, ז׳, ר׳, ־רִים air, atmosphere

אֲוִירָה, נ׳, ר׳, ־רוֹת atmosphere (e.g., congenial)

אֲוִירוֹן, ז׳, ר׳, ־נִים airplane

אֲוִירִי, ת״ז, ־רִית׳ ת״נ airy

אֲוִירִיָּה, נ׳, ר׳, ־יּוֹת air force

אוּכְלוֹסִיָּה, אֻכְלוֹסִיָּה, נ׳ population

אוּכָּף, אֻכָּף, ז׳, ר׳, ־פִּים, ־פוֹת saddle

אוּל, ז׳ body, organism

אוּלַי, תה״פ perhaps

אוּלָם, מ״ח but, however; only

אוּלָם, ז׳, ר׳, ־לַמִּים hall, vestibule

אוּלְפָּן, אֻלְפָּן, ז׳, ר׳, ־נִים Ulpan, school (for intensive training)

אוֹלָר, ז׳, ר׳, ־רִים penknife, jackknife

אִוֶּלֶת, נ׳ folly, foolishness, stupidity

אוֹמֶד, אֹמֶד, ז׳ estimate, appraisal, assessment

אוּמָּה, אֻמָּה, נ׳, ר׳, ־וֹת nation, people

או״ם, אוּם, נ״ר United Nations

אוּמְדָּנָה, אֻמְדָּנָה, נ׳, ר׳, ־נוֹת appraisal, estimate

אוֹמֵן, ז׳, ר׳, ־מְנִים educator; director; male nurse

אוּמָן, ז׳, ר׳, ־נִים, ־נִיּוֹת harvest-strip

אוּמָן, אֻמָּן, ז׳, ר׳, אוּמָנִים artisan, craftsman

אוּמָנוּת, אֻמָּנוּת, נ׳, ר׳, ־נֻיּוֹת trade, handicraft, craftsmanship

אוֹמֶנֶת, נ׳, ר׳, ־מְנוֹת midwife, nurse

אוּמְצָה, אֻמְצָה, נ׳, ר׳, ־צוֹת steak

אוֹן, ז׳, ר׳, ־נִים strength, virility, vigor; wealth; sorrow, sadness

אָוֶן, ז׳, ר׳, אוֹנִים iniquity, evil, injustice; sorrow, misfortune

אוֹן, ז׳, ר׳, ־נִים skein

אוֹנָאָה, הוֹנָאָה, נ׳, ר׳, ־אוֹת deceit, fraud

אוּנָה, אֻנָּה, נ׳, ר׳, ־נוֹת lobe (of lung)

אַוְנָה, נ׳, ר׳, ־נוֹת roadside inn, wayside station

אוֹנֵן, ז׳, ר׳, ־נְנִים mourner

אוֹנָנוּת, נ׳ self-abuse, defilement, masturbation

אוֹנָן, ז׳, ר׳, ־נִים masturbator

אוֹפֶה, ז׳, ר׳, ־פִים baker

אוֹפִי, אֹפִי, ז׳, ר׳, אֳפָיִים character, nature

אוֹפְיָנִי, אָפְיָנִי, ת״ז, ־נִית, ת״נ characteristic

אוֹפֶן, אֹפֶן, ז׳, ר׳, אֳפָנִים manner, style, way

אוֹפַן, ז׳, ר׳, ־נִּים wheel; name of angel

אוֹפַנּוֹעַ, ז׳, ר׳, ־עִים motorcycle

אוֹפַנַּיִם, ז״ז bicycle

אוֹפַנָּן, ז׳, ר׳, ־נָּנִים cyclist

[אוץ] אָץ, פ״ע to hurry, hasten; to urge, press

אוֹצָר, ז׳, ר׳, ־רוֹת treasure, treasury, storehouse

אוֹקְיָנוֹס, ז׳, ר׳, ־סִים ocean
אוֹר, ז׳, ר׳, ־רִים, ־רוֹת light, fire
אוֹר לְיוֹם night before, on the eve
אוֹר, פ״ע to be light, shine
הֵאִיר, פ״ע, פ״י to shine, cause light
אוּר, ז׳, ר׳, ־רִים fire, campfire; colony
אוֹרֵב, ז׳, ר׳, ־רְבִים ambusher
אוֹרֵג, ז׳, ר׳, ־רְגִים weaver
אוֹרָה, נ׳, ר׳, ־רוֹת light; happiness; herb, berry
אוֹרֶה, ז׳, ר׳, ־רִים fruit-picker
אוּרְוָה, אֻרְוָה, נ׳, ר׳, ־רָווֹת stable, manger
אִוְרוּר, ז׳ ventilation, airconditioning
אוֹרֵז, ז׳, ר׳, ־רְזִים packer, binder
אוֹרֶז, אֹרֶז, ז׳ rice
אוֹרֵחַ, ז׳, ר׳, ־רְחִים guest, visitor, traveler
אוֹרַח, אֹרַח, ז׳, ר׳, אֳרָחוֹת, ־חִים way, path; behavior, manner, mode, custom; menstruation, menses; flowers
אוֹרְחָה, אֹרְחָה, נ׳, ר׳, ־חוֹת caravan
אוּרִים, ז״ר׳ אוּרִים וְתֻמִּים oracles
אוֹרִית, נ׳ radium
אוֹרַיְתָא, נ׳ Torah, Pentateuch
אוֹרְלוֹגִין, ז׳, ר׳, ־נִים clock (wall)
אוֹרֶן, אֹרֶן, ז׳, ר׳, אֳרָנִים pine
אִוְרֵר, פ״י to air, ventilate
אִוְשָׁה, נ׳ rustle
אוֹשֶׁר, אֹשֶׁר, ז׳ happiness, luck
אוֹת, ז׳, ר׳, ־תוֹת sign, proof, symbol; miracle
אוֹת, נ׳, ר׳, ־תִיּוֹת letter (of alphabet)
[אות] נֵאוֹת, פ״ע to consent, enjoy, be suitable

אוֹתִי, אוֹתְךָ, וְכוּ׳ ע׳ אֵת
אָז, אֲזַי, תה״פ then, in this case, therefore
אַזְהָרָה, ע׳ הַזְהָרָה
אִזּוּן, ז׳, ר׳, ־נִים listening; balancing, weighing
אֵזוֹר, ז׳, ר׳ אֲזוֹרִים girdle; district
אָזַל, פ״ע to go, be gone, exhausted
אִזְמֵל, ז׳, ר׳, ־לִים scalpel, chisel
אֹזֶן, נ׳, ר׳, אָזְנַיִם ear; handle; auricle
אִזֵּן, פ״י to poise, balance
הֶאֱזִין, פ״י to listen (to radio)
אָזֵן, ז׳, ר׳, אֲזֵנִים arm, weapon; kit
אָזְנִיָּה, נ׳, ר׳, ־יּוֹת earphone
אַזְעָקָה, נ׳, ר׳, ־קוֹת alarm
אֲזִקִּים, אֲזִיקִים, ז״ר handcuffs, chains
אָזַר, פ״י to gird
אָזַר חַיִל to strengthen, fortify
הִתְאַזֵּר (עֹז) to overcome, strengthen oneself
אֶזְרוֹעַ, זְרוֹעַ, נ׳, ר׳ ־עוֹת arm
אֶזְרָח, ז׳, ר׳, ־חִים native, citizen; well-rooted tree
אִזְרֵחַ, פ״י to naturalize
אֶזְרָחוּת, נ׳ citizenship
אֶזְרָחִי, ת״ז, ־חִית, ת״נ civil
אֹחַ, ז׳, ר׳, ־חִים marten
אָח, מ״ק alas!
אָח, זו״נ, ר׳, אַחִים fireplace, hearth
אָח, ז׳, ר׳, אַחִים brother, countryman, kinsman
אָח חוֹרֵג stepbrother
אֶחָד, ש״מ; ז׳ one, someone; first
אֶחָד אֶחָד one by one
אֶחָד מִ־, בְּ־ one of ...
אֲחָדִים, ־דוֹת some, few, several; units (in retail selling)

eleven (*m.*) אַחַד עָשָׂר
to unite אִחֵד, פ״י
to become one, unite, join הִתְאַחֵד, פ״ח
unity, solidarity, concord אַחְדוּת, נ׳
to put together, sew, stitch up אִחָה, פ״י
rushes, reeds; pasture אָחוּ, ז׳
union, amalgamation אִחוּד, ז׳
declaration אַחְוָה, נ׳, ר׳, ־ווֹת
brotherhood, brotherliness, fraternity אַחֲוָה, נ׳
per cent, rate אָחוּז, ז׳, ר׳, אֲחוּזִים
holding אִחוּז, ז׳
property, possession אֲחוּזָּה, אֲחֻזָּה, נ׳, ר׳, ־זּוֹת
sewing, seam אִחוּי, ז׳
congratulation, blessing אִחוּל, אֵחוּל, ז׳, ר׳, ־לִים
prune אֲחוֹן, ז׳, ר׳, ־נִים
rear, buttocks, back אָחוֹר, ז׳, ר׳, אֲחוֹרַיִם
delay, lateness, tardiness אִחוּר, ז׳, ר׳, ־רִים
backwards אָחוֹרָה, תה״פ
rear, posterior אֲחוֹרִי, ת״ז, ־רִית, ת״נ
backwards אֲחוֹרַנִּית, אַחֹרַנִּית, תה״פ
sister; nurse; nun אָחוֹת, נ׳, ר׳, אֲחָיוֹת
stepsister אָחוֹת חוֹרֶגֶת
to seize, grasp אָחַז, פ״י
to settle (in) הִתְאַחֵז, פ״ח
farm, property, possession אֲחֻזָּה, אֲחוּזָּה, נ׳, ר׳, ־זּוֹת
homogeneous אָחִיד, ת״ז, אֲחִידָה, ת״נ
seizure אֲחִיזָה, נ׳, ר׳, ־זוֹת
prestidigitation, conjuring אֲחִיזַת עֵינַיִם
nephew אַחְיָן, ז׳, ר׳, ־נִים
niece אַחְיָנִית, נ׳, ר׳, ־יוֹת
to congratulate, wish (well) אִחֵל, פ״י
on that ...; would that ... אַחֲלַי, אַחֲלֵי, מ״ק
amethyst אַחְלָמָה, ז׳, ר׳, ־מוֹת
convalescence אַחְלָמָה, הַחְלָמָה, נ׳, ר׳, ־מוֹת
archive אַחְמָת, ז׳, ר׳, ־תִים
to store אִחְסֵן, פ״י
storage אַחְסָנָה, נ׳
then, thereafter, after אַחַר, תה״פ
afterwards אַחַר־כָּךְ
other, another; strange אַחֵר, ת״ז, אַחֶרֶת, ת״נ
to tarry, delay, be late אָחַר, אֵחַר, פ״ע
responsible, liable אַחְרַאי, אַחֲרַי, ת״ז, ־רָאִית, ת״נ
frenzy אַחֲרָה, נ׳
last, latter אַחֲרוֹן, ת״ז, ־נָה, ת״נ
after אַחֲרֵי, תה״פ
after (that); since אַחֲרֵי שֶׁ־, אַחֲרֵי אֲשֶׁר
afterwards אַחֲרֵי כֵן
responsibility, liability אַחֲרָיוּת, נ׳
end (of time); future; rest, remainder אַחֲרִית, נ׳
backwards אַחֹרַנִּית, אֲחוֹרַנִּית, תה״פ
one, someone; special אַחַת, ש״מ, נ׳
it is all the same אַחַת הִיא
eleven (*f.*) אַחַת עֶשְׂרֵה
pit אֶחָת, ז׳, ר׳, ־תִים
slowly אַט, לְאַט, תה״פ
soothsayer, fortuneteller אִט, ז׳, ר׳, אִטִּים
clamp, clip אֶטֶב, ז׳, ר׳, אֲטָבִים
bramble, boxthorn אָטָד, ז׳, ר׳, אֲטָדִים

אָטוּם, ת״ז, אֲטוּמָה, ת״נ — closed, clogged, opaque
אֵטוּן, ז׳, ר׳, אֵטוּנִים — string
[אטט] הֵאֵט, פ״י — to slow up
אִטִּי, ת״ז, ־טִּית, ת״נ — slow
אִטִּיּוּת, נ׳ — slowness
אָטִים, ת״ז, אֲטִימָה, ת״נ — impenetrable
אִטְלוּלָה, אִטְלוּלָא, נ׳ — mockery
אִטְלִיז, ז׳, ר׳, ־זִים — butcher shop
אֹטֶם, ז׳ — substructure; cork
אֶטֶם, ז׳, ר׳, אֲטָמִים — gasket
אָטַם, פ״י — to close, shut (a gap, hole)
אֶטֶף, ז׳, ר׳, אֲטָפִים — hole (in cheese)
אִטֵּר, ת״ז, אִטֶּרֶת, ת״נ — lefthanded
אָטַר, פ״י — to close, shut up
אִטְרִיָּה, אִטְרִית, נ׳, ר׳, ־יּוֹת — noodle, vermicelli
אִי, ז׳, ר׳, ־יִּים — island; jackal
אִי, תה״פ, מ״ק — no, not; woe
אִי אֶפְשָׁר — impossible
אֵי, תה״פ — where
אֵי מִזֶּה — whence, where from
אָיַב, פ״י — to be hostile to, an enemy of
אֵיבָה, נ׳ — enmity, hate, animosity
אֵיבָר, אֵבָר, ז׳, ר׳, ־רִים — limb
אִיֵּד, פ״י — to evaporate
אֵיד, ז׳ — misfortune, calamity
אִידִישׁ, אִידִית, נ׳ — Yiddish
אִידָךְ, מ״ג — that, the other
אִידָן, ז׳ — willow; bast
אַיָּה, נ׳, ר׳, ־יּוֹת — hawk
אַיֵּה, תה״פ — where
אִיּוּךְ, ז׳, ר׳, ־כִים — qualification
אִיּוּם, ז׳, ר׳, ־מִים — threat, menace
אֵיזֶה, מ״ג — which, what, who; any, some
אֵיזֶהוּ, מ״ג — which, what, who is ...
אֵיזוֹ, אֵיזֹה, מ״ג — which, what, who; any, some
אִיטָן, ז׳, ר׳, ־נִים — cattail
אִיָּר, אִיָּר — Iyyar (Hebrew month)
אֵיךְ, אֵיכָה, תה״פ — how
אִיֵּךְ, פ״ע — to qualify
אֵיכֹה, אֵיכוֹ, תה״פ — where
אֵיכוּת, נ׳, ר׳, ־כֻיּוֹת — quality
אֵיכָכָה, תה״פ — how? how then?
אִיכְפַּת, אִכְפַּת, תה״פ, נ׳ — concern, care
אַיָּל, ז׳, ר׳, ־לִים — stag, hart
אַיִל, ז׳, ר׳, אֵילִים — ram; leader, chief; buttress, ledge
אֱיָל, ז׳ — might, strength
אֵיל, ז׳, ר׳, ־לִים — terebinth (tree)
אַיָּלָה, אַיֶּלֶת, נ׳, ר׳, ־לוֹת — doe, gazelle, hind
אֵילוּ, ע׳ אֵיזֶה, אֵיזוֹ — which
אַיְלוֹנִית, אֵילוֹנִית, נ׳, ר׳, ־נִיּוֹת — barren, sterile woman
אֱיָלוּת, נ׳ — might, power, strength
אֵילֵךְ, תה״פ — hither; further (on); thither
אֵילָךְ וְאֵילֵךְ — to and fro
אִילָן, ז׳, ר׳, ־נוֹת, ־נִים — tree
אִילַן מַאֲכָל — fruit tree
אִילַן סְרָק — fruitless (barren) tree
אַיֶּלֶת, נ׳ — musical instrument
אָיֹם, אָיוֹם, ת״ז, אֲיֻמָּה, ת״נ — horrible, terrible
אִיֵּם, פ״י — to frighten, threaten
אֵימָה, נ׳, אֵים, ז׳, ר׳, ־מוֹת, ־מִים — terror, dread
אֵימַת, אֵימָתַי, תה״פ — when?
אֵימָתָה, נ׳ — great fear, terror

אֵימְתָן, ז׳, ר׳, ־נִים terrorist
אֵימְתָנוּת, נ׳ terrorism
אַיִן, ז׳ nothing, nought
אַיִן, אֵין, תה״פ there is (are) not; not, no
אֵין דָּבָר it is nothing, don't mention it
אֵין־סוֹף infinite
אֵיפֹה, תה״פ where?
אֵיפָה, נ׳, ר׳, ־פוֹת a measure of grain
אֵיפוֹא, אֵיפוֹ, אֵפוֹא, תה״פ then, so
אִיפּוּל, אִפּוּל, ז׳ blackout (of windows)
אִיפּוּר, אִפּוּר, ז׳ make-up (theatrical)
אִיָּר, אִיָּיר, ז׳ Iyyar (Hebrew month)
אִיר, ז׳ fleece
אֵירוּסִים, ־ן, אֵרוּסִים, ־ן, ז״ר betrothal
אִירִיס, ז׳, ר׳, ־סִים Iris
אִישׁ, ז׳, ר׳, אֲנָשִׁים, אִישִׁים man, male; husband; hero; everyone; nobody
אִישׁ אִישׁ everyone
אִישׁ ... רֵעֵהוּ (אָחִיו) each one; one another
אִישׁ בֵּינַיִם champion; agent
אִישׁוֹן, ז׳, ר׳, ־נִים pupil (of eye); darkness; manikin, dwarf
אִישּׁוּר, אִשּׁוּר, ז׳ ר׳, ־רִים confirmation, endorsement
אִישׁוּת, נ׳ matrimony
אִישִׁי, ת״ז, ־שִׁית, ת״נ individual, personal
אִישִׁיּוּת, נ׳ personality
אִישִׁית, תה״פ personally
אִיֵּת, פ״י to spell
אִיתוֹן, ז׳, ר׳, ־נִים entrance

אֵיתָן, ת״ז, ־נָה, ת״נ perpetual, perennial; incessant, strong
אַךְ, תה״פ surely, only, but, indeed
אִכּוּל, ז׳ digestion; corrosion
אִכְזֵב, פ״י to disappoint
הִתְאַכְזֵב, פ״ח to be disappointed
אַכְזָב, ת״ז, ־בָה, ת״נ; ז׳ deceptive, disappointing; dry spring, brook
אַכְזָבָה, נ׳, ר׳, ־בוֹת disappointment, disillusionment
אַכְזָר, אַכְזָרִי, ת״ז, ־רִית, ת״נ cruel, pernicious
אִכְזֵר, פ״י to become, be cruel
אַכְזָרִיּוּת, נ׳ cruelty
אֲכִילָה, נ׳, ר׳, ־לוֹת eating
אֲכִילָה גַּסָּה gluttonous meal
אָכַל, פ״י to eat, consume
אִכֵּל, פ״י to devour, burn
הֶאֱכִיל, פ״י to feed
אֹכֶל, ז׳, אָכְלָה, נ׳, ר׳, אֳכָלִים food, nourishment
אֻכְלוֹסִיָּה, אוּכְלוּסִיָּה, נ׳, ר׳, ־יוֹת population
אַכְלָן, ז׳, ר׳, ־נִים glutton
אִכְלֵס, פ״י to populate
אָכֹם, ת״ז, אֲכֻמָּה, ת״נ brown
אֻכְמָנִיָּה, נ׳, ר׳, ־יוֹת blackberry
אָכֵן, תה״פ truly, surely; but, nevertheless
אֲכָס, ז׳, ר׳, ־סִים bill of exchange
אַכְסַדְרָה, אַכְסַדְרָא, נ׳, ר׳, ־אוֹת hall
אִכְסוּן, ז׳ lodging
אִכְסֵן, פ״י to lodge, give hospitality
הִתְאַכְסֵן, פ״ח to stay as guest
אַכְסְנַאי, אַכְסְנַי, ז׳, ר׳, ־נָאִים guest; sublessee
אַכְסַנְיָה, נ׳, ר׳, ־יוֹת inn, motel; hospitality

אָכַף, פ"י to urge, compel
אֶכֶף, ז' pressure
אֻכָּף, אוּכָּף, ז', ר', אֻכָּפִים, ־פּוֹת saddle
אִכְפַּת, אִיכְפַּת, תה"פ, נ' concern, care
אִכָּר, ז', ר', ־רִים farmer, peasant
אִכֵּר, פ"י, הִתְאַכֵּר, פ"ח to be, become a farmer
אִכָּרוּת, נ' farming, husbandry
אַכְרָזָה, ע' הַכְרָזָה
אַל, מ"ש don't, do not; nothing
אֶל, מ"י to, towards, at, near
אֶל נָכוֹן absolutely, certainly
אֵל, ז', ר', ־לִים God, deity; strength, power
לְאֵל יָדוֹ within his power
אֶלָּא, מ"ח only, but, except
אֶלְגָּבִישׁ, ז' hailstone; crystal; meteorite
אַלְגֹּם, אַלְגּוּם, ז', ר', ־גֻּמִּים, ־גּוּמִּים sandalwood; coral
אַלָּה, נ', ר', ־לּוֹת cudgel, club
אָלָה, נ', ר', ־לוֹת oath, curse, imprecation
אָלָה, פ"ע to curse, swear
הֶאֱלָה, פ"ע to swear in, put under oath
אֵלָה, נ', ר', ־לוֹת terebinth; goddess
אֵלֶּה, מ"ג these
[אלה] הֶאֱלִיהַּ, פ"י to deify, worship
אֱלוֹהַּ, אֱלוֹהַּ, ז', ר', ־הִים God
אֱלֹהוּת, אֱלָהוּת, נ' divinity, deity
אֱלֹהִי, אֱלָהִי, ת"ז, ־הִית, ת"נ godlike
אֱלֹהִים, ז"ר God; judge
אֵלּוּ, מ"ג these
אִלּוּ, אִילוּ, מ"ח if
אִלּוּחַ, נ' infection
אֱלוּל, ז' Elul (Hebrew month)
אִלּוּלֵי, מ"ח if not, if
אַלּוֹן, אֵלוֹן, ז', ר', ־נִים oak; acorn
אֲלוּנְטִית, אֲלֻנְטִית, נ', ר', ־טִיּוֹת towel
אֲלוּנְקָה, אֲלֻנְקָה, נ', ר', ־קוֹת stretcher
אַלְזָן, ז' atrophy
אַלּוּף, ז', ר', ־פִים ox; friend; ruler; brigadier general
אִלּוּץ, ז' imposition
אָלַח, פ"י to dirty, infect
נֶאֱלַח, פ"ע to be corrupted, tainted
אַלְחוּט, ז' radio, wireless
אַלְחוּטַאי, אַלְחוּטִי, ז', ר', ־טָאִים radioman, radio operator
אַלְחוּשׁ, ז, ר', ־שִׁים anesthesia
אִלְחֵשׁ, פ"י to anesthetize
אַלִּיבִּי, ז' alibi
אַלְיָה, נ', ר', אֲלָיוֹת tail (of sheep); ear lobe
אִלְיָה, נ', ר', ־יוֹת dirge, elegy
אַלְיוֹן, ז', ר', ־נִים toe, thumb
אֱלִיל, ז', ר', ־לִים idol; nothing
אֱלִילָה, נ', ר', ־לוֹת goddess
אֱלִילוּת, נ' paganism
אֱלִילִי, ת"ז, ־לִית, ת"נ pagan
אַלִּים, ת"ג, ־מָה, ת"נ violent; powerful
אַלִּיפוּת, נ' championship
אֲלַכְסוֹן, ז', ר', ־נִים diagonal, hypotenuse
אָלָל, ז', ר', אֲלָלִים sinew, tendon
אַלְלַי, מ"ק woe! woe is me! alas!
אִלֵּם, ת"ז, אִלֶּמֶת, ת"נ dumb
[אלם] נֶאֱלַם, פ"ע to become dumb
אִלֵּם, פ"י to bind sheaves
אֵלֶם, ז', אִלְמוּת, נ' dumbness
אַלָּם, ז', ר', ־מִים tyrant, powerful person

אֲלֻמָּה, נ׳, ר׳, ־מּוֹת, ־מִּים sheaf
אַלְמוֹג, אַלְמֹג, ז׳, ר׳, ־מֻגִּים coral; sandalwood
אַלְמוֹן, אַלְמֹן, ז׳ widowhood
אַלְמוֹנִי, ת״ז, ־נִית, ת״נ unknown, unnamed
אַלָּמוּת, נ׳ violence, force
אַלְמָוֶת, ז׳ immortality
אִלְמָלֵא, אִלְמָלֵי, מ״ח if not, if
אַלְמָן, ז׳, ר׳, ־נִים widower
אַלְמֹן, אַלְמוֹן, ז׳ widowhood
אִלְמֵן, פ״י to widow
הִתְאַלְמֵן, פ״ח to become a widower
אַלְמָנָה, נ׳, ר׳, ־נוֹת widow
אַלְמְנוּת, נ׳ widowhood
אֲלַנְטִית, אֲלוּנְטִית, נ׳, ר׳, ־טִיּוֹת towel
אֲלַנְקָה, אֲלוּנְקָה, נ׳, ר׳, ־קוֹת stretcher
אִלְסָר, ז׳, ר׳, ־רִים hazelnut
אֶלֶף, ז׳, ר׳, אֲלָפִים thousand; clan; cattle
אָלֶף, אַלְפָא, נ׳ Aleph, first letter of Hebrew alphabet
אָלַף, פ״ע to learn
אִלֵּף, פ״י to train (animals), tame; to teach
הֶאֱלִיף, פ״י to bring forth thousands
אָלֶף־בֵּית, אַלְפְבֵּית, אָלֶפְבֵּיתָא, זו״נ alphabet
אַלְפְבֵּיתִי, ת״ז, ־תִית, ת״נ alphabetical
אַלְפוֹן, ז׳, ר׳, ־נִים primer
אַלְפִּית, נ׳, ר׳, ־פִּיּוֹת thousandth
אֻלְפָּן, אוּלְפָן, אֻלְפָנָא, ז׳, ר׳, ־פָּנִים Ulpan, School (for intensive training)
אִלְפָס, ז׳, ר׳, ־סִים pan, saucepan, casserole
[אלץ] נֶאֱלַץ, פ״ע must, ought to, be compelled to
אִלֵּץ, פ״י to compel, force
אַלְקוּם, ז׳, ר׳, ־מִים dictator, leader; power
אַל־תִּגַּע־בִּי, ז׳ touch-me-not
אִלְתִּית, נ׳, ר׳, ־תִּיּוֹת codfish; salmon
אַלְתָּר, לְאַלְתָּר, תה״פ Immediately, soon
אֵם, נ׳, ר׳, אִמּוֹת, אִמָּהוֹת mother; womb; origin; metropolitan
אֵם־הַדֶּרֶךְ crossroad
אֵם זְקֵנָה grandmother
אֵם חוֹרֶגֶת stepmother
אִם, מ״ח if, whether, when; or
אִם ... אִם whether ... or
אָם, ז׳, ר׳, ־מִים pustule
אֹם, ז׳, ר׳, אֻמִּים nation, people; nut (screw)
אִמָּא, אַמָּא נ׳ mom, mummy, mama
אַמְבָּט, ז׳, ר׳, ־טִים bath, bathtub
אִמְבֵּט, פ״י to bathe
אַמְבַּטְיָה, נ׳, ר׳, ־יוֹת bathroom
אֹמֶד, אוֹמֶד, ז׳ estimate, appraisal, assessment
אָמַד, פ״י to estimate, appraise, assess
אָמְדָּן, אוּמְדָן, ז׳, אֻמְדָּנָה, אוּמְדָנָה, נ׳, ר׳, ־נִים, ־נוֹת appraisal, estimate
אַמָּה, נ׳, ר׳, ־מּוֹת cubit; penis; forearm; middle finger; canal
אַמָּה עַל אַמָּה square cubit
אָמָה, נ׳, ר׳, אֲמָהוֹת maid, servant
אֻמָּה, אוּמָה, נ׳, ר׳, ־מּוֹת nation, people
אֻמּוֹת הָעוֹלָם gentile nations
אִמָּהוּת, נ׳ motherhood
אִמָּהִי, ת״ז, ־הִית, ת״נ motherlike, motherly

אֲמוֹדַאי, אֲמוֹדַי, ז׳, ר׳, ־דָאִים diver (deep sea)
אִמּוּם, ז׳, ר׳ ־מִים form, model, last, block
אָמוֹן, ז׳ pupil; artificer, builder; Amen (Egyptian deity)
אָמוּן, ת״ז, אֲמוּנָה, ת״נ faithful, loyal, dependable
אֵמוּן, ז׳, ר׳, אֱמוּנִים faith, trust, faithfulness
אִמּוּן, ז׳, ר׳, ־נִים training, practice
אֱמוּנָה, נ׳, ר׳, ־נוֹת faith, belief, trust, creed, confidence
אֱמוּנָה טְפֵלָה superstition
אִמּוּץ, ז׳ strengthening, encouraging
אִמּוּץ לֵב hardening (cruelty)
אִמּוּץ לְבֵן adoption
אָמוּץ, ת״ז, אֲמוּצָה, ת״נ sweet-sour
אִמּוּר, ז׳, ר׳, ־רִים strike (labor)
אֲמוֹרָא, ז׳, ר׳, ־אִים Amora, Talmudic sage
אֱמוֹרִי, אֱמֹרִי, ז׳ Amoraite
אֵמוּרִים, ז״ר sacrificial offerings (portions)
אִמּוּת, ז׳ verification
אָמִיד, ת״ז, אֲמִידָה, ת״נ wealthy, well-to-do
אֲמִידוּת, נ׳ wealth
אֲמִידָה, נ׳, ר׳, ־דוֹת supposition
אָמִין ת״ז, אֲמִינָה, ת״נ authentic, authentical
אֲמִינוּת, נ׳ authenticity
אַמְיַנְטוֹן, ז׳ asbestos
אַמִּיץ, ת״ז, אַמִּיצָה, ת״נ strong, mighty, courageous
אַמִּיץ לֵב brave, courageous
אַמִּיצוּת, נ׳ bravery, courage

אָמִיר, ז׳, ר׳, אֲמִירִים summit, top (of tree)
אֲמִירָה, נ׳, ר׳, ־רוֹת saying, speech; peace conference
אַמִּיתָה, נ׳, ר׳, ־תוֹת Ammiaceae, bullwort
אָמֵל, ת״ז, אֲמֵלָה, ת״נ depressed, weak
אָמַל, פ״ע to be weak, depressed, languid
אֲמָלָה, אֲמוּלָה, נ׳ despondency
אֻמְלָל, אֻמֵלָל, ת״ז, ־לָה, ת״נ languid, weak, unhappy
אִמְלֵל, פ״י to make unhappy, unfortunate
אֹמֶן, ז׳ faithfulness
אָמָן, אָמָּן, ז׳, ר׳, ־נִים artist, artisan
אָמֵן, תה״פ Amen, so be it
אָמַן, פ״י to rear, nurse
נֶאֱמַן, פ״ע to be faithful, trusty, true; to be established
אִמֵּן, פ״י to train, teach
הֶאֱמִין, פ״ע to trust, believe (in)
הִתְאַמֵּן, פ״ח to practice, train oneself
אָמְנָה, תה״פ; נ׳ truly, verily; education, nursing
אֹמְנָה, נ׳, ר׳, ־נוֹת column, pilaster
אֲמָנָה, נ׳, ר׳, ־נוֹת treaty, pact, contract; faith, trust, credit
אַמְנוֹן וְתָמָר, ז׳ pansy
אָמָּנוּת, אֻמָּנוּת, נ׳, ר׳, ־נֻיּוֹת art
אָמְנָם, אֻמְנָם, תה״פ indeed, truly, verily
אֹמֶץ, ז׳ might, strength
אֹמֶץ לֵב courage, fortitude
אָמֹץ, ת״ז, אֲמֻצָּה, ת״נ gray; brownish-red

אָמַץ, פ"ע to be strong

אִמֵּץ, פ"י to strengthen, encourage; to adopt

הִתְאַמֵּץ, פ"ח to make an effort, exert oneself; to be determined

אַמְצָאָה, נ', ר', ־אוֹת invention

אֻמְצָה, אוּמְצָה, נ', ר', ־צוֹת meat (raw), beefsteak

אֶמְצַע, ז', ר', ־עִים middle; means

אֶמְצָעוּת, נ' middle; means

בְּאֶמְצָעוּת, תה"פ by means of

אֶמְצָעִי, ת"ז, ־עִית, ת"נ; ז' middle, mean; means

אֶמְצָעִים, ז"ר resources, means

אֹמֶר, ז', ר', אֲמָרִים word, utterance, speech

אָמַר, פ"י to say; to intend; to tell

הֶאֱמִיר, פ"י to elevate, proclaim; to rise (prices)

הִתְאַמֵּר, פ"ח to boast, pretend

אַמְרָאָה, נ', ר', ־אוֹת take-off (of airplane)

אֲמַרְגָּן, ז', ר', ־נִים impresario

אִמְרָה, נ', ר', אֲמָרוֹת saying, utterance; seam, hem

אֲמֵרִיקָאִי, ת"ז, ־אִית, ת"נ American

אֲמַרְכָּל, ז', ר', ־לִים officer (of Temple), administrator

אֶמֶשׁ, תה"פ last night

אֱמֶת, נ' truth

בֶּאֱמֶת, תה"פ indeed, really

אִמֵּת, פ"י to verify, substantiate, prove (true)

אֲמִתָּה, נ', ר', ־תּוֹת axiom

אֲמִתּוּת, נ' reality, veracity, authenticity

אַמְתַּחַת, נ', ר', ־תָּחוֹת sack, bag, valise

אֲמִתִּי, ת"ז, ־תִּית, ת"נ true, genuine, authentic

אֲמַתְלָה, נ', ר', ־לוֹת, ־לָאוֹת pretext, excuse

אָן, אָנָה, לְאָן, תה"פ whither, where (to)

אָנָּא, אָנָּה, מ"ק pray, please

אַנְגְּלִי, ז' Englishman

אַנְגְּלִיָּה, נ' England; Englishwoman

אַנְגְּלִית, נ' English

אַנְדְּרוֹגִינוֹס, ז', ר', ־סִים hermaphrodite

אָנָה, פ"ע to lament, mourn

אִנָּה, פ"י to cause to happen; to wrong, deceive

אֻנָּה, פ"ע to happen, befall

הִתְאַנָּה, פ"ח to find an excuse, pretext (to do wrong)

אָנוּ, מ"ג we

אָנוּס, ת"ז, אֲנוּסָה, ת"נ; ז' raped, forced; marrano

אִנּוּס, ז', ר', ־סִים compulsion; rape

אָנוּשׁ, ת"ז, אֲנוּשָׁה, ת"נ incurable

אֱנוֹשׁ, ז' man, human being

אֱנוֹשׁוּת, נ' mankind, humanity

אֱנוֹשִׁי, ת"ז, ־שִׁית, ת"נ human

אֱנוֹשִׁיּוּת, נ' humanity, humanitarianism

[אנח] נֶאֱנַח, פ"ע to moan, groan, sigh

אֲנָחָה, נ', ר', ־חוֹת sigh, groan

אֲנַחְנוּ, מ"ג we

אַנְטִישֵׁמִי, ת"ז, ־מִית, ת"נ anti-semite

אַנְטִישֵׁמִיּוּת, נ' anti-semitism

אֲנִי, מ"ג I

אֳנִי, זו"נ fleet (of ships)

אֳנִיָּה, נ', ר', ־יּוֹת ship, vessel

אֲנִיָּה, נ' lament

אָנִין, ת"ז, אֲנִינָה, ת"נ delicate, refined; squeamish

אֲנִינָה, אֲנִינוּת, נ׳ sorrow, grief, mourning; sensitiveness, touchiness, squeamishness
אָנִיץ, ז׳, ר׳, אֲנִיצִים stalk (of flax)
אֲנָךְ, ז׳, ר׳, ־כִים plummet, plumb line
אֲנָכִי, ת״ז, ־כִית, ת״נ vertical
אָנֹכִי, מ״ג I
אָנֹכִיּוּת, נ׳ egotism, egoism
אָנֹכִיִּי, ת״ז, ־כִיִּית, ת״נ egotistic
אָנַן, פ״ע to mourn
הִתְאוֹנֵן, פ״ח to complain
אֲנָנָס, ז׳, ר׳, ־סִים pineapple
אֹנֶס, ז׳, ר׳, אֳנָסִים compulsion, force; rape
אַנָּס, ז׳, ר׳, ־סִים violent man
אָנַס, פ״י to force, compel; to restrain; to rape
אָנַף, פ״ע to be angry, enraged
אֲנָפָה, נ׳, ר׳, ־פוֹת heron
אָנַק, פ״ע to cry, groan
אֲנָקָה, נ׳, ר׳, ־קוֹת cry, groan; lizard; ferret
אַנְקוֹר, ז׳, ר׳, ־רִים sparrow
[אנש] נֶאֱנַשׁ, פ״ע to become quite ill
אַסְדָּה, נ׳, ר׳, אֲסָדוֹת raft
אָסוּךְ, ז׳, ר׳, אֲסוּכִים flask (of oil)
אָסוֹן, ז׳, ר׳, אֲסוֹנוֹת misfortune, accident
אֲסוּפִי, ז׳, ר׳, ־פִים foundling
אֵסוּר, ז׳, ר׳, אֲסוּרִים fetter, bond, chain
אָסוּר, תה״פ; ת״ז, אֲסוּרָה, ת״נ
forbidden, prohibited; chained, imprisoned
אִסּוּר, ז׳, ר׳, ־רִים prohibition
אָסוּתָא, נ׳ health
אַסְטְרָטֵגִי, ת״ז, ־גִית, ת״נ strategic

אִסִּי, ז׳, ר׳, ־יִים Essene
אֲסִימוֹן, ז׳, ר׳, ־נִים old coin; token (for telephone)
אָסִיף, ז׳ harvest
אֲסִיפָה, נ׳, ר׳, ־פוֹת gathering, collection
אָסִיר, ז׳, ר׳, אֲסִירִים prisoner
אֲסִיר תּוֹדָה grateful, obliged
אַסְכּוֹלָה, נ׳, ר׳, ־לוֹת school; trend
אַסְכָּלָה, נ׳, ר׳, ־לוֹת grill, grating
אַסְכָּרָה, נ׳ angina; diphtheria
אֵסֶל, ז׳, ר׳, אֲסָלִים yoke
אִסְלֵם, פ״י to convert to Islam
הִתְאַסְלֵם, פ״ח to become a Moslem
אָסָם, ז׳, ר׳, אֲסָמִים granary, storehouse
אֹסֶם, ז׳ rich harvest
אִסֵּם, פ״י to store away (grain)
אַסְמַכְתָּה, נ׳, ר׳, ־תּוֹת, ־תָּאוֹת
precedent, source, proof; document
אָסַף, פ״י to gather, assemble; to remove
אִסֵּף, פ״י to act as rearguard
הִתְאַסֵּף, פ״ח to meet, assemble
אֹסֶף, ז׳, ר׳, אֳסָפִים collection, gathering
אֲסֵפָה, נ׳, ר׳, ־פוֹת meeting, assembly
אֲסֻפָּה, נ׳, ר׳, פּוֹת collection; academy
אַסְפָן, ז׳, ר׳, ־נִים collector
אֲסַפְסוּף, ז׳ rabble, mob, crowd
אַסְפֶּסֶת, נ׳ alfalfa, lucerne
אַסְפָּקָה, נ׳ supplies, supplying
אַסְפַּקְלַרְיָה, נ׳, ר׳, ־יוֹת mirror, looking glass
אִסָּר, אֱסָר, ז׳, ר׳, ־רִים prohibition, abstinence

to imprison; to tie, bind; to harness; to forbid, prohibit — אָסַר, פ״י
the day after a holiday — אִסְרוּ־חַג
nose; anger — אַף, ז׳, ר׳ אַפִּים
nostrils, face — אַפַּיִם, ז״ז
also, though, even — אַף, מ״ח
though — אַף כִּי
although, though (nevertheless) — אַף־ עַל־ פִּי (כֵן)
to gird — אָפַד, פ״י
אֲפֻדָּה, אֲפוּדָה, נ׳, ר׳, ־דּוֹת
sweater, pullover
palace, pavilion — אַפֶּדֶן, ז׳
to bake — אָפָה, פ״י
then, so — אֵפוֹא, אֵפוֹ, אֵיפוֹא, תה״פ
ephod, priestly garment — אֵפוֹד, ז׳, ר׳, אֲפוֹדִים
baked — אָפוּי, ת״ז, אֲפוּיָה, ת״נ
blackout (of windows) — אִפּוּל, אִיפּוּל, ז׳
pea — אָפוּן, ז׳, אֲפוּנָה, נ׳, ר׳, ־נִים
make-up (theatrical) — אִפּוּר, אִיפּוּר, ז׳
gray — אָפוּר, אָפֹר, ת״ז, אֲפֹרָה, ת״נ
mortgage — אַפּוֹתֵיקָה, נ׳, ר׳, ־קָאוֹת
farewell speech — אַפְטָרָה, נ׳, ר׳, ־רוֹת
אֶפִּטְרוֹפּוֹס, ז׳, ר׳, ־סִים, ־סִין
guardian, administrator, executor
guardianship, administration — אֶפִּטְרוֹפְּסוּת, נ׳
character, nature — אֹפִי, אוֹפִי, ז׳, ר׳, אֳפָיִים
baking — אֲפִיָּה, ז׳, ר׳, ־יוֹת
characterization — אִפְיוּן, ז׳
late, tardy, late-ripening — אָפִיל, ת״ז, אֲפִילָה, ת״נ
even, even though (if) — אֲפִילוּ, אַפִלּוּ, מ״ח
to characterize — אִפְיֵן, פ״י

characteristic — אָפְיָנִי, ת״ז, ־נִית, ת״נ
cessation; exhaustion — אֲפִיסָה, אֲפִיסוּת, נ׳
Pope — אַפִּיפְיוֹר, ז׳, ר׳, ־רִים
אָפִיץ, ע׳ עָפִיץ
bed (of river), brook; channel of thought — אָפִיק, ז׳, ר׳, אֲפִיקִים
afikomen (matzoth), dessert; entertainment (after meal) — אֲפִיקוֹמָן, ז׳, ר׳, ־נִים
אֶפִּיקוֹרוֹס, ז׳, ר׳, ־סִים, ־רְסִים
atheist, freethinker, heretic
atheism, heresy — אֶפִּיקוֹרְסוּת, נ׳
dark, dim, gloomy — אָפֵל, ת״ז, אֲפֵלָה, ת״נ
to darken — אָפַל, פ״ע
to black out (windows) — אִפֵּל, פ״י
darkness, gloom — אֹפֶל, ז׳, אֲפֵלָה, נ׳
even, even though (if) — אֲפִלּוּ, אֲפִילוּ, מ״ח
dim — אַפְלוּלִי, ת״ז, ־לִית, ת״נ
dimness — אַפְלוּלִית, נ׳
discrimination — אַפְלָיָה, נ׳
manner, mode, style — אֹפֶן, ז׳, ר׳, אֳפָנִים
to bicycle — אָפַן, פ״ע
style, mode, fashion — אָפְנָה, נ׳, ר׳, ־נוֹת
zero; nought — אֶפֶס, ז׳, ר׳, אֲפָסִים
but, only, however — אֶפֶס, תה״פ
ankle — אֹפֶס, ז׳, ר׳, אֳפָסִים
worthless — אַפְסִי, ת״ז, ־סִית, ת״נ
quartermaster (corps) — אַפְסְנָאוּת, נ׳
quartermaster, supply clerk — אַפְסְנַאי, ז׳, ר׳־נָאִים
nothing, nought — אֶפַע, ז׳
viper, adder — אֶפְעֶה, ז׳, ר׳, ־עִים
bugloss, thistle — אֶפְעוֹן, ז׳

אָפַף, פ"י to surround, encircle
[אפק] הִתְאַפֵּק, פ"ח to restrain oneself, refrain
אֹפֶק, אוֹפֶק, ז', ר', אֳפָקִים horizon
אָפְקִי, ת"ז, ־קִית, ת"נ horizontal
אֵפֶר, ז' ashes
אָפֹר, אָפוֹר, ת"ז, אֲפֹרָה, ת"נ gray
אִפֵּר, פ"י to put on make-up (theatrical)
הִתְאַפֵּר, פ"ח to make oneself up
אֲפֵר, ז', ר', ־רִים eye mask; bandage; blinder
אֲפָר, ז', ר', ־רִים meadow, pasture
אֶפְרוֹחַ, ז', ר', ־חִים chick
אַפְרוּרִי, ת"ז, ־רִית, ת"נ grayish
אַפִּרְיוֹן, ז', ר', נִים litter; canopy
אַפְרִיקָאִי, אַפְרִיקָנִי, ז' African
אֲפַרְכֶּסֶת, נ', ר', ־כָּסוֹת funnel, auricle
אֲפַרְסֵק, ז', ר', ־קִים peach
אֶפְרָתִי, ת"ז, ־תִית, ת"נ; ז' aristocratic, noble; Ephraimite
אֶפְשָׁר, תה"פ perhaps, possible
אִפְשֵׁר, פ"י to enable, make possible
הִתְאַפְשֵׁר, פ"ח to become possible
אֶפְשָׁרוּת, נ' possibility
אֶפְשָׁרִי, ת"ז, ־רִית, ת"נ possible
אַפְתָּעָה, הַפְתָּעָה, נ', ר', ־עוֹת surprise
אָץ [אוץ], פ"ע to hurry, hasten; to urge, press
אָץ, ת"ז, אָצָה, ת"נ hurried, pressed
אֶצְבַּע, נ', ר', ־בָּעוֹת finger, forefinger
אֶצְבְּעוֹן, ז', ר', ־נִים thimble
אֶצְבְּעוֹנִי, אֶצְבָּעִי, ת"ז, ־נִית, ־עִית, ת"נ very small, dwarfish
אַצָּה, נ', ר', ־צּוֹת sea weed

אִצְטַדְיוֹן, ז', ר', ־נִים stadium, sports field
אִצְטַבָּה נ', ר', בּוֹת, ־בָּאוֹת shelf, bench
אִצְטְוָנָה, נ', ר', ־נוֹת cylinder
אִצְטְוָנִי, ת"ז, ־נִית, ת"נ cylindrical
אָצִיל, ז', ר', אֲצִילִים noble, aristocrat; extremity
אַצִּיל, ז', אַצִּילָה, נ', ר', ־לִים, ־לוֹת upper arm, armpit; joint; elbow
אֲצִילוּת, נ' nobility, aristocracy
אֲצִירָה, נ', ר', ־רוֹת hoarding, storing
אֵצֶל, מ"י beside, near, at, with
אָצַל, פ"י to impart, give away; to withhold
נֶאֱצַל, פ"ע to be withdrawn, separated
הֶאֱצִיל, פ"י to withdraw; to emanate
אֶצְעָדָה, נ', ר', ־עָדוֹת anklet, bracelet
אָצַר, פ"י to store, gather, accumulate
אֶקְדָּח, אֶקְדּוּחַ, ז', ר', ־חִים gun, revolver; carbuncle
אַקְדָּמָה, נ', ר', ־מוֹת prelude
אַקּוֹ, ז', ר', ־יִים wild goat, ibex
אַקְלִים, ז', ר', ־מִים climate
אִקְלֵם, פ"י to acclimate
הִתְאַקְלֵם, פ"ח to be acclimated, be integrated
אֶרְאֶל, ז', ר', ־לִים messenger; angel
אֶרֶב, אֹרֶב, ז' ambush, ambuscade
אָרַב, פ"ע to lie in ambush, lie in wait
אַרְבֶּה, ז' locust; grasshopper
אָרְבָּה, נ', ר', ־בּוֹת artifice
אֲרֻבָּה, נ', ר', ־בּוֹת lattice; smokestack, chimney

skiff, flat boat אַרְבָּה, נ׳, ר׳, אֲרָבּוֹת

four אַרְבַּע, נ׳, אַרְבָּעָה, ז׳; ש״מ

אַרְבַּע עֶשְׂרֵה, נ׳, אַרְבָּעָה עָשָׂר, ז׳
fourteen

forty אַרְבָּעִים, ש״מ

fourfold אַרְבַּעְתַּיִם, תה״פ

אֶרֶג, אָרִיג, ז׳, ר׳, אֲרָגִים, אֲרִיגִים
cloth (woven); loom; shuttle

to weave אָרַג, פ״י

organization אִרְגּוּן, ז׳, ר׳, ־נִים

purple אַרְגְּוָן, ז׳

chest, box אַרְגָּז, ז׳, ר׳, ־זִים

moment אַרְגִּיעָה, נ׳

purple אַרְגָּמָן, ז׳

to organize אִרְגֵּן, פ״י

to be organized הִתְאַרְגֵּן, פ״ח

calming; אַרְגָּעָה, נ׳, ר׳, ־עוֹת
"all-clear" (signal)

bronze אָרָד, ז׳

אַרְדִּיכַל, אַדְרִיכָל, ז׳, ר׳, ־לִים
architect

to pluck, gather (fruit) אָרָה, פ״י

baking board אֲרוּבָה, נ׳, ר׳, ־בּוֹת

stable אֻרְוָה, אוּרְוָה, נ׳, ר׳, ־רָווֹת

tied, packed אָרוּז, ת״ז, אֲרוּזָה, ת״נ

meal אֲרוּחָה, אֲרֻחָה, נ׳, ר׳, ־חוֹת

long, אָרוֹךְ, אָרֹךְ, ת״ז, אֲרֻכָּה, ת״נ
lengthy

cure, אֲרוּכָה, אֲרֻכָה, נ׳, ר׳, ־כוֹת
healing

chest, cupboard, אָרוֹן, ז׳, ר׳, אֲרוֹנוֹת
closet; coffin

Holy Ark אֲרוֹן הַקֹּדֶשׁ

אָרוּס, ז׳, אֲרוּסָה, נ׳, ר׳, ־סִים, ־סוֹת
betrothed, fiancé, fiancée,
bridegroom, bride

betrothal אֵרוּסִים, אֵרוּסִין, ז״ר

cursed אָרוּר, ת״ז, אֲרוּרָה, ת״נ

cedar אֶרֶז, ז׳, ר׳, אֲרָזִים

to pack אָרַז, פ״י

rice אֹרֶז, אוֹרֶז, ז׳

cedar work אַרְזָה, נ׳

way, path; אֹרַח, אוֹרַח, ז׳, ר׳, אֳרָחוֹת
behavior, manner, mode, custom

to travel, journey אָרַח, פ״ע

to lodge, אֵרַח, פ״י
entertain (a guest)

to stay as a guest הִתְאָרַח, פ״ח

meal אֲרֻחָה, אֲרוּחָה, נ׳, ר׳, ־חוֹת

lion אֲרִי, אַרְיֵה, ז׳, ר׳, אֲרָיוֹת, ־יִים

Name of Jerusalem; אֲרִיאֵל, ז׳
The Temple; hero

אָרִיג, אֶרֶג, ז׳, ר׳, אֲרִיגִים, אֲרָגִים
cloth (woven); loom; shuttle

weaving אֲרִיגָה, נ׳, ר׳, ־גוֹת

picking, gathering אֲרִיָּה, נ׳, ר׳, ־יּוֹת
fruit

lion אַרְיֵה, אֲרִי, ז׳, ר׳, אֲרָיוֹת, ־יִים
(constellation)

packing, tying אֲרִיזָה, נ׳, ר׳, ־זוֹת

small brick; אָרִיחַ, ז׳, ר׳, אֲרִיחִים
bracket

brackets אֲרִיחַיִם

lengthy אָרִיךְ, ת״ז, אֲרִיכָה, ת״נ

length אֲרִיכָה, אֲרִיכוּת, נ׳

tenant farmer, אָרִיס, ז׳, ר׳, אֲרִיסִים
sharecropper, squatter

tenancy אֲרִיסוּת, נ׳

length (dimension) אֹרֶךְ, אוֹרֶךְ, ז׳

long אָרֹךְ, אָרוֹךְ, ת״ז, אֲרֻכָּה, ת״נ

to be long אָרַךְ, פ״ע

to lengthen, prolong הֶאֱרִיךְ, פ״י

cure, אֲרֻכָה, אֲרוּכָה, נ׳, ר׳, ־כוֹת
healing

אַרְכּוּבָה, אַרְכֻּבָּה, ז׳, ר׳, ־בּוֹת
knee, knee joint; crank (auto)

אַרְכִיּוֹן, ז׳, ר׳, ־נִים archive, archives

אַרְכָן, ז׳, ר׳, ־נִים long-winded person

אַרְמוֹן, ז׳, ר׳, ־נוֹת, ־מְנוֹת palace, castle

אֲרַמִּי, ת״ז, ־מִּית, ת״נ Aramaean

אֲרָמִית, נ׳ Aramaic language; Aramaic woman

אֹרֶן, אוֹרֶן, ז׳, ר׳, אֳרָנִים pine, fir

אַרְנָב, ז׳, אַרְנֶבֶת, נ׳, ר׳, ־בִים, ־נָבוֹת hare

אַרְנָה, אָרְנִיָּה, נ׳, ר׳, ־נוֹת, ־נִיּוֹת mushroom, boletus (fungi)

אַרְנוֹנָה, נ׳, ר׳, ־נוֹת tax

אַרְנָק, ז׳, ר׳, ־קִים purse, wallet

אָרַס, פ״י, אֵרַס, פ״י to betroth

נֶאֱרַס, פ״ע, הִתְאָרֵס, פ״ח to become engaged, be betrothed

אֶרֶס, ז׳ poison, venom; opium

אַרְסִי, ת״ז, ־סִית, ת״נ poisonous, venomous

אָרַע, פ״ע to happen, occur

אֲרָעִי, אַרְעִי, ת״נ, ־עִית, ת״נ temporary, provisional, transient

אַרְעִית, נ׳, ר׳, ־עִיּוֹת bottom

אֶרֶץ, נ׳, ר׳, אֲרָצוֹת earth, country, land

אַרְצָה, נ׳, ר׳, ־צוֹת territory

אַרְצוֹת הַבְּרִית United States of America

אַרְצִי, ת״ז, ־צִית, ת״נ earthy, territorial

אַרְצִיּוּת, נ׳ territoriality

אָרָק, ז׳ insomnia; whisky

אָרַר, פ״י to curse

נֵאַר, פ״ע to be cursed

אֵרַשׂ, ע׳ אֵרַס

אֶרֶשׁ, ז׳ request, speech

אָרַשׁ, פ״י to express

אֲרֶשֶׁת, נ׳ expression

אֵשׁ, נ׳, ר׳, אִשִּׁים, אִשּׁוֹת fire; fever

אִשׁ, ע׳ יֵשׁ

אֶשְׁבּוֹל, ז׳, ר׳, ־לִים cluster of flowers

אַשְׁבֹּרֶן, ז׳, ר׳, ־בְּרָנִים plain field

אֶשֶׁד, ז׳, ר׳, אֲשָׁדִים waterfall

אֲשֵׁדָה, נ׳, ר׳, ־דוֹת slope, cataract

אִשָּׁה, נ׳, ר׳, נָשִׁים, אִשּׁוֹת woman, wife

אִשֶּׁה, ז׳, ר׳, אִשִּׁים sacrifice

אַשְׁוָה, נ׳, ר׳, ־ווֹת spool (of thread)

אַשּׁוּחַ, ז׳, ר׳, ־חִים fir tree, Christmas tree; water tank

אִשּׁוּם, ז׳ indictment

אֱשׁוּן, ז׳ darkness; middle

אָשׁוּן, ת״ז, אֲשׁוּנָה, ת״נ stiff; rough

אָשׁוּר, ז׳, ר׳, אֲשׁוּרִים step, footstep

אִשּׁוּר, אִישׁוּר, ז׳, ר׳, ־רִים confirmation, endorsement

אַשּׁוּרִי, ת״ז, ־רִית, ת״נ Assyrian

אָשׁוּת, אֵשׁוּת, נ׳ mole

אָשְׁיָה, נ׳, ר׳, אָשָׁיוֹת foundation, base; principle

אָשִׁיחַ, ז׳, ר׳, אֲשִׁיחִים water tank

אָשִׁישׁ, ז׳, אֲשִׁישָׁה, נ׳, ר׳, אֲשִׁישִׁים, ־שׁוֹת fruit cake; glass bottle

אֶשֶׁךְ, ז׳, ר׳, אֲשָׁכִים, אֶשְׁכַּיִם testicle

אַשְׁכָּבָה, נ׳ funeral service

אֶשְׁכּוֹל, אֶשְׁכֹּל, ז׳, ר׳, ־לוֹת cluster of grapes, bunch; learned man

אֶשְׁכּוֹלִית, נ׳, ר׳, ־לִיּוֹת grapefruit

אַשְׁכְּנַז, ז׳ Germany

אַשְׁכְּנַזִּי, ת״ז, ־זִּית, ת״נ German; Ashkenazi

אַשְׁכְּנַזִּית, נ׳ German language; Yiddish; Ashkenazi pronunciation of Hebrew

אֶשְׁכָּף, ז׳, ר׳, ־פִים — cobbler, shoemaker
אֶשְׁכָּר, ז׳, ר׳, ־רִים — tribute, gift
אֶשְׁכְּרוֹעַ, ז׳, ר׳, ־עִים — boxwood
אֵשֶׁל, ז׳, ר׳, אֲשָׁלִים — tamarisk; boarding house, inn, hospice; expenses (during travel)
אַשְׁלָג, ז׳ — potash (alkali)
אַשְׁלָיָה, נ׳, ר׳, ־יוֹת — illusion
אָשָׁם, ז׳, ר׳, אֲשָׁמִים — guilt; guilt sacrifice
אָשֵׁם, ת״ז, אֲשֵׁמָה, ת״נ — guilty
אָשַׁם, פ״ע — to be guilty; bear punishment
נֶאְשַׁם, פ״ע — to be accused, blamed
הֶאְשִׁים, פ״י — to accuse, blame
אַשְׁמַאי, אַשְׁמַי, ת״ז, ־מָאִית, ת״נ — uncultured, boorish
אַשְׁמְדַאי, אַשְׁמְדַי, ז׳ — Asmodeus, king (Jewish demonology)
אַשְׁמָה, נ׳, ר׳, אֲשָׁמוֹת — fault, blame, guilt
אַשְׁמוּרָה, אַשְׁמֹרֶת, נ׳, ר׳, ־רוֹת, ־מוּרוֹת — watch, night watch
אַשְׁמָן, ז׳, ר׳, ־מַנִּים — darkness; grave
אַשְׁמָצָה, נ׳ — slander
אֶשְׁנָב, ז׳, ר׳, ־נַבִּים — lattice (window)
אַשְׁנָה, נ׳ — moss
אַשָּׁף, ז׳, ר׳, ־פִים — magician
אַשְׁפָּה, אַשְׁפֹּת, נ׳, ר׳, ־פּוֹת, ־פַּתּוֹת — quiver (for arrows); refuse, garbage; dump
אִשְׁפּוּז, ז׳ — hospitalization; accommodation (hotel)
אֶשְׁפָּר, ז׳, ר׳, ־רִים — portion (of food, meat)

אֶשֶׁק, ז׳ — ammonia
אִשְׁקוּקָה, נ׳, אִשְׁקוּקֵי, ז׳ — chess
אֹשֶׁר, אוֹשֶׁר, ז׳ — happiness, luck
אָשַׁר, פ״ע — to march, walk
אִשֵּׁר, פ״י — to confirm; to praise, congratulate
הִתְאַשֵּׁר, פ״ח — to be confirmed, ratified
אֲשֶׁר, מ״ג; תה״פ — which, that, who; in order to
בַּאֲשֶׁר, תה״פ — where, whereas, as for
אַשְׁרַאי, אַשְׁרַי, ז׳ — credit
אֲשֵׁרָה, נ׳, ר׳, ־רוֹת, ־רִים — Ashera (deity); sacred tree
אֲשָׁרָה, נ׳, ר׳, ־רוֹת — confirmation; visa
אַשְׁרֵי, מ״ק — happy is...
אִשֵּׁשׁ, אוֹשֵׁשׁ, פ״י — to encourage, strengthen
הִתְאוֹשֵׁשׁ, פ״ח — to recuperate
אֶשְׁתָּקַד, אֶשְׁתָּקֵד, תה״פ — last year
אַתְּ, מ״ג — you (thou) (*f. sing.*)
אֵת, אֶת־ — sign of definite accusative
אוֹתִי (אֹתִי) me; אוֹתְךָ (אֹתְךָ, אֹתֶךָ, אֹתְכָה) thee, you (*m. sing.*); אוֹתָךְ (אֹתָךְ) you (*f. sing.*); אוֹתְכֶם (אֶתְכֶם) you (*m. pl.*); אֶתְכֶן you (*f. pl.*); אוֹתָם (אֹתָם, אוֹתְהֶם, אֶתְהֶם) them (*m. pl.*); אוֹתָן (אֹתָנָה, אֹתְהֶן, אֶתְהֶן) them (*f. pl.*)
אֵת, מ״י — with
אֵת, ז׳, ר׳, אִתִּים, אֵתִים — spade
אָתָא, אָתָה, פ״ע — to come
אֶתְגָּר, ז׳ — challenge
אַתָּה, מ״ג — you (*m. sing.*)
אָתוֹן, נ׳, ר׳, אֲתוֹנוֹת — she-ass
אִתּוּת, ז׳ — signaling, signalling

אֶתְנָה, נ׳, אֶתְנָן, ז׳, ר׳, ־נוֹת, ־נַנִּים gift (esp. for harlot)

אֲתַר, אַתְרָא, ז׳ place, site (historic)

אִתֵּר, פ״י to localize

אַתְרָאָה, נ׳, ר׳, ־אוֹת alert

אֶתְרֹג, אֶתְרוֹג, ז׳, ר׳, ־גִים citron

אַתָּת, ז׳, ר׳, ־תִים signalman

אִתֵּת, פ״י to signal

אַתִּיק, ז׳, ר׳, ־קִים porch, balcony

אֶתְכֶם, ־ן, מ״ג, ע׳ אֵת, אֶת you (*m. & f. pl. acc.*)

אַתֶּם, מ״ג you (*m. pl.*)

אֶתְמוֹל, אֶתְמֹל, תה״פ yesterday

אַתֶּן, אַתֵּנָה, מ״ג you (*f. pl.*)

אַתָּן, ז׳, ר׳, ־נִים tonic

אִתֵּן, פ״ע to recuperate

ב, בּ

בּ, ב Beth, second letter of Hebrew alphabet; two (ב)

בְּ־, בַּ־, בָּ־, בֶּ־, בִּ־, מ״י in, by, at, with

בָּא, פ״ע, ע׳ [בוא] to come, arrive, enter

בָּא־כֹּחַ, ז׳, ר׳, בָּאֵי־כֹּחַ deputy, representative

בֵּאוּר, ז׳, ר׳, ־רִים commentary, explanation

בָּאוּשׁ, ת״ז, בְּאוּשָׁה, ת״נ spoiled (food)

בָּאוּת־כֹּחַ, בִּיאַת־כֹּחַ, נ׳ representation

בְּאֵר, נ׳, ר׳, ־רוֹת, בֶּאֱרוֹת well

בֵּאֵר, פ״י to explain

הִתְבָּאֵר, פ״ח to become clear

בָּאַשׁ, פ״ע to stink; to grow foul; to be bad

הִבְאִישׁ, פעו״י to emit a bad smell; to cause to stink; to be about to ripen

בְּאשׁ, ז׳ stench

בָּאְשָׁה, נ׳, ר׳, ־שׁוֹת stench; noxious weed

בָּאְשָׁן, ז׳, ר׳, ־נִים skunk

בַּאֲשֶׁר, תה״פ, ע׳ אֲשֶׁר where, whereas, as for

בָּבָא, ז׳, בָּבָה, נ׳, ר׳, ־בוֹת gate; section, chapter

בָּבָה, נ׳, ר׳, ־בוֹת pupil of the eye; apple of one's eye

בֻּבָּה, נ׳, ר׳, ־בּוֹת doll

בָּבוּאָה, נ׳, ר׳, ־אוֹת image, reflection

בַּבּוֹנָג, ז׳, ר׳, ־גִים camomile

בַּבְלִי, ת״ז, ־לִית, ת״נ Babylonian

בְּבַקָּשָׁה, ע׳ בַּקָּשָׁה please!

בְּבַת אַחַת, תה״פ, ע׳ בַּת at once

בַּג, ז׳, פַּת־בַּג, נ׳ delicacy

בֶּגֶד, ז׳, ר׳, בְּגָדִים, ־דוֹת garment; betrayal

בָּגַד, פ״ע to deal treacherously

בְּגֶדֶר, תה״פ, ע׳ גֶּדֶר in the realm, in the area

בָּגוֹד, ת״ז, ־דָה, ת״נ traitor

בְּגִידָה, נ׳, ר׳, ־דוֹת treachery

בִּגְיַן, מ״י for, in behalf of

בְּגִירָה, נ׳, ר׳, ־רוֹת puberty, adolescence

בִּגְלַל, מ״י, ע׳ גָּלָל for, for the sake of, on account of

בְּגַפּוֹ, תה״פ, ע׳ גַּף alone, by himself

בָּגַר, פ״ע to come of age, grow up

הִתְבַּגֵּר, פ״ח to reach adolescence

בַּגְרוּת, נ׳ maturity, adolescence

בַּד, ז', ר', ־דִּים — bar; limb; cloth; olive press

בָּדָא, בָּדָה, פ"י — to concoct, invent

הִתְבַּדָּה, פ"ח — to come to nothing; to be caught lying

בַּדָּאוּת, נ' — deceit, fraud

בַּדַּאי, בַּדַּי, ז', ר', ־דָּאִים — impostor, liar

בָּדָד, לְבָדָד, תה"פ — solitary, alone

בָּדַד, פ"ע — to be alone

בִּדֵּד, בּוֹדֵד, פ"י — to insulate; to isolate

הִתְבּוֹדֵד, פ"ח — to seclude oneself, be alone

בַּדָּד, ז', ר', ־דִים — olive-treader

בָּדָה, בָּדָא, פ"י — to concoct, invent

הִתְבַּדָּה, פ"ח — to come to nothing; to be caught lying

בִּדּוּד, ז' — isolation, insulation

בִּדּוּחַ, ז' — entertainment

בִּדּוּי, ז' — fiction

בָּדוּי, ת"ז, בְּדוּיָה, ת"נ — fictitious

בֶּדְוִי, ז', ר', ־וִים — Bedouin

בִּדּוּל, ז' — segregation

בְּדוֹלַח, בְּדֹלַח, ז' — crystal, bdellium

בִּדּוּר, ז' — entertainment

בָּדַח, פ"ע — to be glad, rejoice

בִּדַּח, פ"י — to gladden

הִתְבַּדַּח, פ"ח — to become joyful; to joke

בַּדְחָן, ז', ר', ־נִים — jester, humorist

בַּדְחָנוּת, נ' — buffoonery

בָּדִיד, ז', ר', בְּדִידִים — hoe; watering ditch

בְּדִידָה, נ', ר', ־דוֹת — small olive press

בְּדִידוּת, נ' — seclusion, loneliness

בְּדָיָה, נ', ר', ־יוֹת — fib, fairy tale

בְּדִיחָה, נ', ר', ־חוֹת — anecdote, joke

בְּדִיחוּת, נ' — gaiety, mirth

בְּדִיל, ז', ר', ־לִים — tin

אֶבֶן הַבְּדִיל — plummet

בְּדִיעֲבַד, תה"פ — post factum, when done

בְּדִיקָה, נ', ר', ־קוֹת — inspection; search

בָּדַל, פעו"י — to separate

הִבְדִּיל, פ"י — to distinguish, separate

הִתְבַּדֵּל, פ"ח — to isolate oneself, dissociate oneself

בָּדָל, ז', ר', בְּדָלִים — butt (cigarette); piece

בְּדַל אֹזֶן — ear lobe

בָּדֵל, ת"ז, בְּדֵלָה, ת"נ — detached, separated

בְּדֹלַח, בְּדוֹלַח, ז' — crystal, bdellium

בַּדְלָנוּת, נ' — isolationism

בֶּדֶק, ז', ר', בְּדָקִים — breach, fissure

בָּדַק, פ"י — to inspect, test; to repair

בִּדֹּקֶת, נ' — censorship

בִּדֵּר, פ"י — to entertain; to scatter, disperse

הִתְבַּדֵּר, פ"ח — to be scattered, be dispersed; to clear one's mind

בַּדְרָן, ז', ר', ־נִים — entertainer

בָּהּ, מ"ג, ע' בְּ־ — in (her, it), at, by, among, with, by means of, through, against

בָּהָה, בָּהָא, פ"ע — to be amazed

בֹּהוּ, ז' — emptiness, chaos

תֹּהוּ וָבֹהוּ — utter confusion, chaos

בָּהוּל, ת"ז, בְּהוּלָה, ת"נ — hasty, excited

בְּהֶחְלֵט, תה"פ, ע' הֶחְלֵט — absolutely

בַּהַט, ז' — alabaster

בְּהִיָּה, נ' — astonishment

בְּהִילוּת, נ' — hastiness, precipitation

בָּהִיר, ת"ז, בְּהִירָה, ת"נ — bright, clear

בְּהִירוּת, נ' — clearness, brightness

[בהל] נִבְהַל, פ"ע — to be alarmed; to hasten
בִּהֵל, פ"י — to hasten; to dismay
הִבְהִיל, פ"י — to frighten; to hasten
בֶּהָלָה, נ', ר', ־לוֹת — sudden haste; terror
בָּהֶם, בָּהֶן, מ"ג, ע' בְּ־ — in (them), at, by, among, with, by means of, through, against
בֶּהָם, ז', ר', ־מִים — (cattle) driver
בְּהֵמָה, נ', ר', ־מוֹת — animal, beast
בְּהֵמוֹת, ז', ר', ־תִים — hippopotamus
בַּהֲמִי, ת"ז, ־מִית, ת"נ — brutish, animal-like
בַּהֲמִיּוּת, נ' — bestiality
בֹּהֶן, ז', ר', בְּהוֹנוֹת — thumb, big toe
בָּהַק, פ"ע — to be white, shine
הִבְהִיק, פ"ע — to brighten, be bright
בֹּהַק, ז' — white scurf; albino
בַּהֲקָן, ז', ר', ־נִים — albino (person)
[בהר] הִבְהִיר, פעו"י — to make clear, bright
בַּהֶרֶת, נ', ר', בֶּהָרוֹת — bright spot on skin
בּוֹ, מ"ג, ע' בְּ־ — in (him, it), at, by, among, with, by means of, through, against
[בוא] בָּא, פ"ע — to come, arrive, enter
הֵבִיא, פ"י — to bring; to lead in
בּוֹגֵד, ז', ר', ־גְדִים — treacherous person, traitor
בּוֹגֵר, ז', ר', ־גְרִים — adult, adolescent
בּוֹדֵד, ת"ז, ־דֶדֶת, ת"נ — single, lonely
בּוֹדֵק, ז', ר', ־דְקִים — examiner
[בוז] בָּז, פ"י — to disdain, despise
בּוּז, ז' — mockery, contempt
בּוֹזֵז, ז', ר', ־זְזִים — plunderer
בּוֹחֵן, ז', ר', ־חֲנִים — inspector, examiner

בּוֹחֵר, ז', ר', ־חֲרִים — elector, voter
[בוך] נָבוֹךְ, פ"ע — to be perplexed, be confused
בּוּל, ז', ר', ־לִים — postage stamp; produce; lump
בּוּלָאוּת, נ' — philately
בּוּלַאי, ז', ר', ־לָאִים — philatelist
בּוֹלֵט, ת"ז, ־לֶטֶת, ת"נ — prominent, protruding
בּוּלְמוּס, בֻּלְמוּס, ז' — faintness; ravenous hunger; mania, rage
בּוֹלֶשֶׁת, נ' — secret police
בּוֹנֶה, ז', ר', ־נִים — beaver
[בוס] בָּס, פ"י — to trample, tread down
הִתְבּוֹסֵס, פ"ח — to be rolling
בּוּסְתָּן, בֻּסְתָּן, ז', ר', ־נִים — garden
בּוּסְתָּנַאי, בֻּסְתָּנַאי, ז', ר', ־נָאִים — gardener
[בוע] בָּע, פ"ע — to shout, to rejoice
בּוּעָה, נ', ר', ־עוֹת — blister, boil; bubble
בּוֹעֵר, ע', בַּעַר
בּוֹעֵר, ת"ז, ־עֶרֶת, ת"נ — burning, aflame
בּוּץ, ז' — fine linen
בּוּצִית, נ', ר', ־יוֹת — dinghy, small fishing boat
בּוֹצֵר, ז', ר', ־צְרִים — grape-gatherer, vintner
בּוּקָה, נ' — emptiness, desolation
בּוֹקֵק, ת"ז, ־קֶקָה, ת"נ — luxuriant; empty
בּוֹקֶר, בֹּקֶר, ז', ר', בְּקָרִים — morning
בּוֹקֵר, ז', ר', ־קְרִים — herdsman
[בור] בָּר, פ"ע — to be empty, uncultivated, waste, to lie fallow
הֵבִיר, הוֹבִיר, פ"י — to neglect, let lie waste

uncultured, boorish בּוּר, ת״ז, ־רָה, ת״נ

pit, cistern; dungeon; grave בּוֹר, ז׳, ר׳, ־רוֹת

creator בּוֹרֵא, ז׳

screw בּוֹרֶג, בֹּרֶג, ז׳, ר׳, בְּרָגִים

bourgeois, middle class בּוּרְגָּנִי, בֻּרְגָּנִי, ת״ז, ־נִית, ת״נ

dysentery בּוֹרְדָם, ז׳

boorishness, ignorance בּוּרוּת, נ׳

tanner בּוּרְסִי, בֻּרְסִי, ז׳, ר׳, ־סִים

referee, arbitrator בּוֹרֵר, ז׳, ר׳, ־רְרִים

arbitration בּוֹרְרוּת, נ׳

to be disappointed, be ashamed בּוֹשׁ, פ״ע

to delay, tarry בּוֹשֵׁשׁ, פ״י

to put to shame הֵבִישׁ, הוֹבִישׁ, בִּיֵּשׁ, פ״י

to be ashamed הִתְבּוֹשֵׁשׁ, הִתְבַּיֵּשׁ, פ״ח

blush, shame בּוּשָׁה, נ׳

spoil, plunder בַּז, ז׳, ר׳, ־זִּים, בִּזָּה, נ׳, ר׳, ־זּוֹת

to cut, divide בָּזָא, פ״י

squandering, extravagance בִּזְבּוּז, ז׳, ר׳, ־זִים

to spend; to squander בִּזְבֵּז, פ״י

spendthrift בַּזְבְּזָן, ז׳, ר׳, ־נִים

to scorn, despise בָּזָה, פ״י

to degrade oneself; to be despised הִתְבַּזָּה, פ״ח

booty, spoil בִּזָּה, נ׳, ר׳, ־זּוֹת, ע׳, בַּז

contemptible, despicable בָּזוּי, ת״ז, בְּזוּיָה, ת״נ

decentralization בִּזּוּר, ז׳

to plunder, pillage בָּזַז, פ״י

disgrace, shame בִּזָּיוֹן, ז׳, ר׳, ־זְיוֹנוֹת

censer, dish בָּזִיךְ, בָּזָךְ, ז׳, ר׳, בְּזִיכִים

falconer בַּזָּיָר, ז׳, ר׳, ־רִים

basalt בַּזֶּלֶת, נ׳

telecommunication בֶּזֶק, ז׳

flash, lightning בָּזָק, ז׳, ר׳, בְּזָקִים

to bomb, shell בָּזַק, פ״י

to scatter בָּזַר, פ״י

tower בַּחוּן, ז׳, ר׳, ־נִים

bachelor, young man בָּחוּר, ז׳, ר׳, בַּחוּרִים

girl, young woman בַּחוּרָה, נ׳, ר׳, ־רוֹת

youth בְּחוּרוֹת, נ״ר, בְּחוּרִים, ז״ר

the status of; under the presumption that בְּחֶזְקַת, תה״פ, ע׳ חֲזָקָה

disgust, loathing; nausea בְּחִילָה, נ׳

examination, test; aspect; experiment בְּחִינָה, נ׳, ר׳, ־נוֹת

elect, chosen בָּחִיר, ת״ז, בְּחִירָה, ת״נ

choice, free will בְּחִירָה, נ׳, ר׳, ־רוֹת

elections בְּחִירוֹת, נ״ר

to nauseate, loathe; to ripen בָּחַל, פ״ע

to test, examine, prove בָּחַן, פ״י

to distinguish, discriminate הִבְחִין, פ״י

criterion; testing בֹּחַן, ז׳, ר׳, בְּחָנִים

watch tower בַּחַן, ז׳, ר׳, בְּחָנִים

to choose, select בָּחַר, פ״י

youth בַּחֲרוּת, נ׳

fastidious in diet בַּחֲרָן, ת״ז, ־נִית, ת״נ

to mix, stir בָּחַשׁ, פ״י

to speak rashly; to utter words בָּטָא, פ״י

to articulate, pronounce; to speak rashly בִּטֵּא, פ״י

to express oneself הִתְבַּטֵּא, פ״ח

בִּטָּאוֹן, ז׳, ר׳, ־טְאוֹנִים organ, publication (literary, political)
[בטבט] הִתְבַּטְבֵּט, פ״ח to swell
בָּטָה, פ״י to utter words
בִּטּוּא, ע׳ בִּטּוּי
בָּטוּחַ, ת״ז, בְּטוּחָה, ת״נ secure, sure, confident
בְּטוּחוֹת, נ״ר security
בִּטּוּחַ, ז׳ insurance
בִּטּוּי, ז׳, ר׳, ־יִים uttering, pronouncing; expression
בִּטּוּל, ז׳ abolition, cessation, revocation
בָּטַח, פ״ע to be confident, trust
בִּטַּח, פ״י to insure
הִבְטִיחַ, פ״י to promise; to make secure; to insure
בֶּטַח, ז׳; תה״פ security, safety; surely, certainly
בִּטְחָה, נ׳ confidence, safety
בִּטָּחוֹן, ז׳, ר׳, ־טְחוֹנוֹת faith, trust, confidence; security
בְּטִישָׁה, נ׳, ר׳, ־שׁוֹת treading (cloth)
בָּטֵל, פ״ע to stop; to be idle
בִּטֵּל, פ״י to suspend, abolish, cancel
הִבְטִיל, פ״י to suspend, interrupt; to lay off
הִתְבַּטֵּל, פ״ח to be abolished; to be interrupted; to go idle, loaf
בָּטֵל, ת״ז, בְּטֵלָה, ת״נ void, null; idle
בַּטָּלָה, נ׳ naught; idleness
בַּטְלָן, ז׳, ר׳, ־נִים slovenly, impractical person; idler
בַּטְלָנוּת, נ׳ triviality; idleness
בֶּטֶן, נ׳, ר׳, בְּטָנִים belly, womb; bowels

בֹּטֶן, בָּטְנָה, ז׳, ר׳, בָּטְנִים pistachio nut
בִּטְנָה, נ׳, ר׳, בְּטָנוֹת lining (of coat)
בַּטְנוּן, ז׳, ר׳, ־נִים violincello
בָּטַשׁ, פ״י to stamp, beat
בִּי, מ״ג in me, at me, by me, with me
בִּי, מ״ק pray, please
בִּיאָה, נ׳, ר׳, ־אוֹת entrance; cohabitation
בִּיב, ז׳, ר׳, ־בִים pipe, gutter, sewer
בִּיבָר, ז׳, ר׳, ־רִים zoo
בִּיּוּב, ז׳ sewage, sewerage, drainage
בִּיּוּם, ז׳ direction (stage)
בִּיּוּן, ז׳ intercalation, interpolation
בִּיּוּשׁ, ז׳ shaming
בְּיוֹתֵר, תה״פ, ע׳ יוֹתֵר especially
בְּיִחוּד, תה״פ, ע׳ יִחוּד privately; particularly, especially
בִּיטּוּחַ, בִּטּוּחַ, ז׳ insurance
בִּיטּוּל, בִּטּוּל, ז׳ abolition, cessation, revocation
בִּיֵּם, פ״י to direct (a play)
בַּיָּם, ז׳, ר׳, ־מִים director (play)
בִּימַאי, ז׳, ע׳ בִּימָר
בִּימָה, נ׳, ־מוֹת pulpit; stage, raised platform
בִּימָר, ז׳, ר׳, ־רִים stage manager
בֵּין, מ״י between, among, during
בִּיֵּן, פ״י interpolate
[בין] בָּן, פ״י to understand, discern
הֵבִין, פ״י to understand, give understanding, explain, teach
הִתְבּוֹנֵן, פ״ח to look attentively, observe, consider, reflect, study
בִּינָאוּם, ז׳, ע׳ בִּנְאוּם
בִּינָה, נ׳, ר׳, ־נוֹת reason, understanding

בֵּינוֹנִי, ת״ז, ־נִית, ת״נ intermediate; middle; mediocre; participle; mean

בֵּינַיִם, ז״ז middle, between

יְמֵי הַבֵּינַיִם middle ages

בֵּינְלְאֻמִּי, ת״ז, ־מִּית, ת״נ international

בֵּינְתַיִם, בֵּינָתַיִם, תה״פ meanwhile, between

בִּיֵּץ, פ״י to mix with egg

בֵּיצָה, נ׳, ר׳, ־צִים egg; testicle

בֵּיצִי, ת״ז, ־צִית, ת״נ oval

בִּיצוּעַ, בִּצּוּעַ, ז׳ arbitration; compromise; execution

בִּיצוּר, בִּצּוּר, ז׳, ר׳, ־רִים fortifying, fort, fortification

בֵּיצִיָּה, נ׳, ר׳, ־יּוֹת fried egg

בִּיקּוּר, בִּקּוּר, ז׳, ר׳, ־רִים investigation; visit

בַּיִר, נ׳, ר׳, בֵּירוֹת well

בַּיָּר, ז׳, ר׳, ־רִים well-digger

בִּירָה, נ׳, ר׳, ־רוֹת capital city; castle, fort; sanctuary; beer

בִּירִית, נ׳, ר׳, ־יּוֹת knee-band, garter

בִּירָנִית, נ׳, ר׳, ־יּוֹת palace, fortified castle

בִּיֵּשׁ, פ״י, ע׳ [בוש] to put to shame

הִתְבַּיֵּשׁ, פ״ח to be ashamed

בִּישׁ, ת״ז, ־שָׁה, ת״נ unlucky, bad

בִּישׁוּל, בִּשּׁוּל, ז׳ cookery, cooking; ripeness

בַּיְשָׁן, ת״ז, ־נִית, ת״נ modest, bashful

בַּיְשָׁנוּת, נ׳ bashfulness, modesty

בֵּית, נ׳, ר׳, ־תִין Beth, second letter of Hebrew alphabet

בַּיִת, ז׳, ר׳, בָּתִּים house; household; stanza

בֵּית־אָב, ז׳, ר׳, בָּתֵּי אָבוֹת family

בֵּית־אֹכֶל, ז׳, ר׳, בָּתֵּי־ restaurant

בֵּית־אֲסוּרִים, ז׳, ר׳, בָּתֵּי־ jail, prison

בֵּית־אֲרִיזָה, ז׳, ר׳, בָּתֵּי־ packing house

בֵּית־בַּד, ז׳ oil press

בֵּית־בְּלִיעָה, ז׳ gullet, esophagus

בֵּית־דֹּאַר, ז׳ postoffice

בֵּית־דִּין, בֵּית־מִשְׁפָּט, ז׳ courthouse

בֵּית־דְּפוּס, ז׳, ר׳, בָּתֵּי־ printing house

בֵּית־הַבְרָאָה, ז׳ sanatorium

בֵּית־זוֹנוֹת, ז׳, ר׳, בָּתֵּי־ whorehouse

בֵּית־זִקּוּק, ז׳, ר׳, בָּתֵּי־ refinery

בֵּית־חוֹלִים, ז׳, ר׳, בָּתֵּי־ hospital

בֵּית־חַיִּים, ז׳ cemetery

בֵּית־חֲרֹשֶׁת, ז׳, ר׳, בָּתֵּי־ factory

בֵּית־יְצִיקָה, ז׳, ר׳, בָּתֵּי־ foundry

בֵּית־יְתוֹמִים, ז׳, ר׳, בָּתֵּי־ orphanage

בֵּית־כָּבוֹד, בֵּית־כִּסֵּא, ז׳ toilet

בֵּית־כֶּלֶא, בֵּית אֲסוּרִים, ז׳, ר׳, בָּתֵּי־ jail, prison

בֵּית־כְּנֶסֶת, ז׳, ר׳, בָּתֵּי־כְּנֵסִיּוֹת synagogue

בֵּית־כִּסֵּא, בֵּית־כָּבוֹד, ז׳, ר׳, בָּתֵּי־ toilet

בֵּית־מִדְרָשׁ, ז׳, ר׳, בָּתֵּי־מִדְרָשׁוֹת, ־מִדְרָשִׁים Beth-Midrash, institute of Jewish learning

בֵּית־מִטְבָּחַיִם, ז׳, ר׳, בָּתֵּי־ slaughterhouse

בֵּית־מְלָאכָה, ז׳, ר׳, בָּתֵּי־ workshop

בֵּית־מִסְחָר, ז׳, ר׳, בָּתֵּי־ business, store

בֵּית־הַמִּקְדָּשׁ, ז׳ Beth-ha-Mikdash, the Temple

בֵּית־מַרְגּוֹעַ, בֵּית־הַבְרָאָה, ז׳, ר׳, בָּתֵּי־
sanatorium

בֵּית־מַרְזֵחַ, ז׳, ר׳, בָּתֵּי־ tavern, pub, bar

בֵּית־מֶרְחָץ, ז׳, ר׳, בָּתֵּי־ מֶרְחֲצָאוֹת bathhouse

בֵּית־מִרְקַחַת, ז׳, ר׳, בָּתֵּי־
pharmacy, drugstore

בֵּית־מְשֻׁגָּעִים, ז׳, ר׳, בָּתֵּי־ insane asylum

בֵּית־מִשְׁפָּט, ז׳, ר׳, בָּתֵּי־ court of law, courthouse

בֵּית־נְכוֹת, ז׳, ר׳, בָּתֵּי־ museum

בֵּית־סֹהַר, בֵּית־כֶּלֶא, ז׳, ר׳, בָּתֵּי־
jail, prison

בֵּית־סֵפֶר, ז׳, ר׳, בָּתֵּי־ school

בֵּית קְבָרוֹת, ז׳, ר׳, בָּתֵּי־ cemetery

בֵּית־קָפֶה, ז׳, ר׳, בָּתֵּי־ coffehouse

בַּיִת רִאשׁוֹן first Temple (Solomon's)

בֵּית־שִׁמּוּשׁ, בֵּית כִּסֵּא, ז׳ toilet

בַּיִת שֵׁנִי second Temple (post Babylon)

בֵּית־תַּבְשִׁיל, ז׳, ר׳, בָּתֵּי־ kitchen

בֵּית־תְּפִלָּה, בֵּית־כְּנֶסֶת, ז׳, ר׳, בָּתֵּי־
synagogue

בֵּיתִי, ת״ז, ־תִית, ת״נ domestic

בִּיתָן, ז׳, ר׳, ־נִים park

בֵּיתָן, ז׳, ר׳, ־נִים pavilion

בְּךָ, בָּךְ, מ״ג, ע׳בְּ־ in (you), at, by, with, through, against

בָּכָא, ז׳, ר׳, בְּכָאִים weeping; balsam tree

בָּכָה, פ״ע to weep

בִּכָּה, פ״י to move to tears; to bewail

בֶּכֶה, ז׳ weeping

בְּכוֹר, ז׳, ר׳, ־רִים first-born boy

בִּכּוּר, ע׳ בִּכּוּרִים

בִּכּוּרָה, בַּכּוּרָה, נ׳, ר׳, ־רוֹת
early fig, early fruit

בְּכוֹרָה, נ׳, ר׳, ־רוֹת first-born girl; birthright; priority; primogeniture

הַצָּגַת בְּכוֹרָה first showing (play, movie)

בִּכּוּרִים, ז״ר first fruits

בָּכוּת, נ׳ weeping

בְּכִי, ע׳ בֶּכֶה weeping

בְּכִיָּה, בִּכְיָה, ע׳ בְּכִי, בֶּכֶה

בַּכְיָן, ז׳, ר׳, ־נִים weeper

בַּכְיָנוּת, נ׳ weeping

בַּכִּיר, ת״ז, ־רָה, ת״נ early, first-ripening

בָּכִיר, ז׳, בְּכִירָה, נ׳, ר׳, ־רִים, ־רוֹת
eldest

בַּכִּירָה, נ׳ first rains

בְּכִית, נ׳ weeping; mourning

בְּכָל זֹאת, תה״פ nevertheless, in spite of this

בִּכְלָל, תה״פ in general, generally speaking

בָּכֶם, בָּכֶן, מ״ג, ע׳בְּ־ in (you), at, by, among, with, through, against

בְּכֵן, מ״י thus; and so; therefore

בֻּכְנָה, נ׳ piston

בִּכֵּר, פ״י to produce early fruit; to invest with the birthright; to prefer

הִבְכִּירָה, פ״י to bear for the first time

בֶּכֶר, ז׳, ר׳, בְּכָרִים young he-camel

בִּכְרָה, נ׳, ר׳, בְּכָרוֹת young she-camel

בַּל, מ״ש not

לְבַל so as not

בְּלֹא, תה״פ without

בְּלָאִים, ז״ר, בְּלָאוֹת, נ״ר worn garments, rags

only, but בִּלְבַד, תה"פ, ע' לְבַד

confusion בִּלְבּוּל, ז', ר', ־לִים

to confuse בִּלְבֵּל, פ"י

to become confused הִתְבַּלְבֵּל, פ"ח

to pluck up courage, bear up [בלג] הִבְלִיג, פ"ע

messenger, courier (diplomatic) בַּלְדָּר, ז', ר', ־רִים

to be worn out, decay בָּלָה, פ"ע

to consume, wear out; to spend (time) בִּלָּה, פ"י

worn out בָּלֶה, ת"ז, ־לָה, ת"נ

mixture בִּלָּה, נ', ר', ־לּוֹת

calamity; terror בַּלָּהָה, נ', ר', ־הוֹת

acorn בַּלּוּט, ז', ר', ־טִים

gland בַּלּוּטָה, נ', ר', ־טוֹת

shabby, worn out (old) בָּלוּי, ת"ז, בְּלוּיָה, ת"נ

mixed בָּלוּל, ת"ז, בְּלוּלָה, ת"נ

swollen; plugged, closed בָּלוּם, ת"ז, בְּלוּמָה, ת"נ

mixed בָּלוּס, ת"ז, בְּלוּסָה, ת"נ

tuft or lock of hair; plait בְּלוֹרִית, נ', ר', ־יוֹת

to flicker [בלח] הִבְלִיחַ, פ"ע

to stand out, protrude, project בָּלַט, פ"ע

to emboss; to display, emphasize הִבְלִיט, פ"י

to be prominent, be eminent הִתְבַּלֵּט, פ"ח

without בְּלִי, מ"ש

wear and tear בְּלִיָּה, בְּלָיָה, נ'

embossment; projection בְּלִיטָה, נ', ר', ־טוֹת

mixed fodder, mixture בְּלִיל, ז'

mixture בְּלִילָה, נ', ר', ־לוֹת

restraint; nothingness בְּלִימָה, נ', ר', ־מוֹת

swallowing בְּלִיעָה, נ', ר', ־עוֹת

throat בֵּית הַבְּלִיעָה

worthlessness, wickedness; scoundrel, villain בְּלִיַּעַל, ז'

to mix, confuse; to stir, knead בָּלַל, פ"י

to mix oneself; to assimilate הִתְבּוֹלֵל, פ"ח

to curb, muzzle, restrain בָּלַם, פ"י

brake (automobile) בַּלָּם, בֶּלֶם, ז', ר', בְּלָמִים

bathhouse keeper, bathhouse attendant בַּלָּן, ז', ר', ־נִים

to swallow בָּלַע, פ"י

to swallow up, destroy בִּלַּע, פ"י

to cause to swallow; to slur over; to elide הִבְלִיעַ, פ"י

swallowing, devouring; leakage, absorption בֶּלַע, ז'

glutton בַּלָּע, ז', ר', ־עִים

without, except בִּלְעֲדֵי, מ"י

exclusive בִּלְעָדִי, ת"ז, ־דִית, ת"נ

in a foreign language בְּלַעַז, תה"פ, ע', לַעַז

glutton בַּלְעָן, ז', ר', ־נִים

voracity בַּלְעָנוּת, נ'

to lay waste, destroy בָּלַק, פ"י

to search; to investigate בָּלַשׁ, פ"י

detective בַּלָּשׁ, ז', ר', ־שִׁים

linguist, philologist בַּלְשָׁן, ז', ר', ־נִים

linguistics, philology בַּלְשָׁנוּת, נ'

secret police בַּלֶּשֶׁת, בּוֹלֶשֶׁת, נ'

not, except בִּלְתִּי, מ"י

in (them), by, among, with, by means of, through, against בָּם, בָּהֶם, מ"ג, ע' בְּ־

director (stage) בַּמַּאי, ז׳, ר׳, ־מָּאִים
high place, mountain; altar; stage בָּמָה, נ׳, ר׳, ־מוֹת
okra; lady's finger בַּמְיָה, נ׳, ר׳, ־יוֹת
in place of, instead of בִּמְקוֹם, תה״פ
son, child; branch בֵּן, ז׳, ר׳, בָּנִים
human being, man, person בֶּן־אָדָם, ז׳, ר׳, בְּנֵי־אָדָם
בֶּן־בְּרִית, ז׳, ר׳, בְּנֵי־בְּרִית
Jew; partner
בֶּן־דּוֹד, בֶּן־דּוֹדָה, ז׳, ר׳, בְּנֵי־
cousin
partner; one of a couple (or pair) בֶּן־זוּג, ז׳, ר׳, בְּנֵי־זוּג
בֶּן־חוֹרֵג, ז׳, ר׳, בָּנִים חוֹרְגִים
stepson
בֶּן־חוֹרִים, בֶּן־חוֹרִין, ז׳, ר׳, בְּנֵי־
free (man)
internationalization בִּנְאוּם, ז׳
in the night, during the night בִּן־לַיְלָה, תה״פ
in a moment בִּן־רֶגַע, תה״פ
builder בַּנַּאי, בַּנַּי, ז׳, ר׳, בַּנָּאִים
to internationalize בִּנְאֵם, פ״י
to build, erect בָּנָה, פ״ע
to be built, be erected, established נִבְנָה, פ״ע
in (us), by, among, with, through, against בָּנוּ, מ״ג, ע׳ בְּ־
in regard to, concerning בְּנוֹגֵעַ, מ״י
built, erected בָּנוּי, ת״ז, בְּנוּיָה, ת״נ
building, structure בִּנְיָה, נ׳, ר׳, בְּנָיוֹת
construction, architecture בְּנִיָּה, נ׳, ר׳, ־יוֹת
building, structure; conjugation, stem (gram.) בִּנְיָן, ז׳, ר׳, ־נִים
banking בַּנְקָאוּת, נ׳
banker בַּנְקַאי, בַּנְקָאִי, ז׳, ר׳, ־קָאִים

to trample בָּס [בוס], פ״י
perfuming בִּסּוּם, ז׳
basing, consolidation בִּסּוּס, בִּיסוּס, ז׳
basis, base בָּסִיס, ז׳, ר׳, בְּסִיסִים
basic בְּסִיסִי, ת״ז, ־סִית, ת״נ
to be fragrant בָּסַם, בָּשַׂם, פ״ע
to spice, perfume בִּסֵּם, בִּשֵּׂם, פ״י
to be perfumed; to be tipsy הִתְבַּסֵּם, הִתְבַּשֵּׂם, פ״ח
spice, perfume בֹּסֶם, בֹּשֶׂם, ז׳, ר׳, בְּסָמִים
perfumer בַּסָּם, בַּשָּׂם, ז׳, ר׳, ־מִים
to tread בָּסַס, פ״י
to base, strengthen, consolidate, establish בִּסֵּס, פ״י
to be consolidated, be established הִתְבַּסֵּס, פ״ח
sour grapes, unripe fruit בֹּסֶר, ז׳
to tread upon; to be overbearing בָּסַר, פ״ע
to treat lightly בִּסֵּר, פ״ע
garden בֻּסְתָּן, בּוּסְתָּן, ז׳, ר׳, ־נִים
gardener בֻּסְתָּנַאי, ז׳, ר׳, ־תְּנָאִים
bubble בַּעְבּוּעַ, ז׳, ר׳, ־עִים
for the sake of, on account of, in order that בַּעֲבוּר, מ״י
to bubble, be frothy בִּעְבֵּעַ, פעו״י
through, about, for, on behalf of בְּעַד, בַּעַד, מ״י
to ask, inquire; to bubble בָּעָה, פ״י
to be uncovered, be laid bare; to be revealed נִבְעָה, פ״ע
while; within בְּעוֹד, תה״פ
married woman בְּעוּלָה, נ׳, ר׳, ־לוֹת
burning, removal בִּעוּר, ז׳
terror בְּעוּת, ז׳, ר׳, ־תִים
to kick; to spurn בָּעַט, פ״י

בַּעֲטָן, ז׳, ר׳, ־נִים kicker
בְּעָיָה, נ׳, ר׳, ־יוֹת problem
בְּעִיטָה, נ׳, ר׳, ־טוֹת kick
בְּעִילָה, נ׳ sexual intercourse
בְּעִיר, ז׳ beast, cattle
בָּעִיר, ת״ז, בְּעִירָה, ת״נ combustible
בְּעִירָה, נ׳ combustion
בַּעַל, ז׳, ר׳, בְּעָלִים owner, possessor; lord; husband; Baal
בַּעַל־בַּיִת, ז׳, ר׳, בַּעֲלֵי־בַּיִת house owner, landlord, proprietor
בַּעַל־חוֹב, ז׳, ר׳, בַּעֲלֵי־חוֹב debtor, creditor
בַּעַל־מְלָאכָה, ז׳, ר׳, בַּעֲלֵי־מְלָאכָה artisan, craftsman
בַּעַל־עֲגָלָה, ז׳, ר׳, בַּעֲלֵי־עֲגָלָה driver (of wagon), coachman
בַּעַל־צוּרָה, ז׳, ר׳, בַּעֲלֵי־צוּרָה refined person
בַּעַל־קוֹמָה, ז׳, ר׳, בַּעֲלֵי־קוֹמָה tall person
בַּעַל־קְרִיאָה, ז׳, ר׳, בַּעֲלֵי־קְרִיאָה (Torah) reader
בַּעַל־שֵׁם, ז׳, ר׳, בַּעֲלֵי־שֵׁם miracle worker
בַּעַל־תְּפִלָּה, ז׳, ר׳, בַּעֲלֵי־תְּפִלָּה cantor, hazzan
בַּעַל־תְּקִיעָה, ז׳, ר׳, בַּעֲלֵי־תְּקִיעָה person who blows the shofar
בַּעַל־תְּשׁוּבָה, ז׳, ר׳, בַּעֲלֵי־תְּשׁוּבָה repentant sinner
בָּעַל, פ״י to marry; to rule over; to have sexual intercourse
בַּעֲלָה, נ׳, ר׳, בְּעָלוֹת proprietress, mistress
בַּעֲלוּת, נ׳ proprietorship
בְּעָלִיל, תה״פ, ע׳ עָלִיל openly, clearly
בְּעַל־כָּרְחוֹ, תה״פ against one's will
בְּעָלְמָא, תה״פ in a general way; merely
בְּעַל־פֶּה, תה״פ oral, orally, by heart
בַּעַץ, ז׳ tin, pewter
בְּעֶצֶם, תה״פ the very thing, in the midst, during
בָּעַר, פעו״י to burn, consume
בִּעֵר, פ״י to kindle, burn, consume; to remove
הִבְעִיר, פ״י to set on fire; to cause to be grazed over
הִתְבָּעֵר, פ״ח to be removed, be cleared
בַּעַר ,ז׳, ר׳, בְּעָרִים boor, ignorant person
בְּעֵרָה, נ׳, ר׳, ־רוֹת conflagration, burning
בַּעֲרוּת, נ׳ ignorance
בְּעֵרֶךְ, תה״פ approximately
[בעת] נִבְעַת, פ״ע to be startled, be terrified
בִּעֵת, פ״י to terrify
הִבְעִית, פ״י to frighten
בַּעַת, ז׳ phobia
בְּעָתָה, נ׳, ר׳, ־תוֹת terror
בְּפֹעַל, תה״פ in practice, in actuality
בְּפֵרוּשׁ, תה״פ distinctly, clearly, expressly, explicitly
בִּפְרָט, תה״פ particularly
בִּפְנִים, תה״פ ומ״י inside, within
בֹּץ, ז׳ mud, mire
בִּצְבֵּץ, פ״ע to ooze; to sprout
בִּצָּה, נ׳, ר׳, ־צוֹת swamp, marsh
בִּצּוּעַ, ז׳ compromise; arbitration; execution
בָּצוּר, ת״ז, בְּצוּרָה, ת״נ fortified
בִּצּוּר, ז׳, ר׳, ־רִים fortification

בַּצּוֹרֶת, בַּצֹּרֶת, נ׳, ר׳, ־צָּרוֹת drought, scarcity
בְּצִיעָה, נ׳, ר׳, ־עוֹת cutting, breaking
בָּצִיר, ז׳ vintage
בָּצָל, ז׳, ר׳, בְּצָלִים onion
בִּצֵּל, פ״י to flavor, to spice (with onions)
בְּצַלְצוּל, בְּצַלְצַל, ז׳, ר׳, ־לִים, ־צָלִים onion, shallot
בֶּצַע, ז׳ unjust gain; profit
בָּצַע, פ״י to cut, break; to be greedy for gain
בִּצַּע, פ״י to cut off; to execute; to accomplish
בֶּצַע, ז׳, ר׳, בְּצָעִים pool, pond
בָּצַץ, פ״ע to trickle, ooze, drip
הִתְבַּצֵּץ, פ״ח to shine
בָּצֵק, ז׳, ר׳, בְּצֵקוֹת dough
בָּצַק, פ״ע to swell, become swollen
בֶּצֶר, ז׳, ר׳, בְּצָרִים strength; gold
בָּצַר, פ״י to weaken; to fortify; to gather grapes
נִבְצַר, פ״ע to be restrained
בִּצֵּר, פ״י to strengthen
הִתְבַּצֵּר, פ״ח to fortify oneself; to strengthen oneself
בִּצְרָה, נ׳, ר׳, ־רוֹת enclosure, sheepfold
בִּצָּרוֹן, ז׳, ר׳, ־צְרוֹנִים stronghold; drought
בַּקְבּוּק, ז׳, ר׳, ־קִים bottle
בִּקּוּעַ, ז׳, ר׳, ־עִים cleavage
בִּקּוּר, ז׳, ר׳, ־רִים visit; investigation
בִּקּוּשׁ, ז׳ seeking; demand
בָּקִי, בָּקִיא, ת״ז, בְּקִיאָה, ת״נ erudite; skilled
בְּקִיאוּת, נ׳ erudition; expertness
בְּקִיעַ, ז׳, ר׳, ־עִים fissure, crack, cleft
בְּקִיעָה, נ׳, ר׳, ־עוֹת fissure, cleft, crack
בֶּקַע, ז׳, ר׳, בְּקָעִים half a shekel
בָּקַע, פ״י to cleave, split
בִּקַּע, פ״י to cleave; to hatch
הִבְקִיעַ, פ״י to break through, take by assault
הִתְבַּקַּע, פ״ח to burst open
בִּקְעָה, נ׳, ר׳, בְּקָעוֹת valley, plain
בְּקַעַת, נ׳, ר׳, ־עְיוֹת, בַּקְעָיוֹת log of wood
בָּקַק, פ״י to empty, despoil
בּוֹקֵק, פ״י to empty, waste
בֹּקֶר, ז׳, ר׳, בְּקָרִים morning
בָּקָר, ז׳ cattle, herds, oxen
בִּקֵּר, פ״י to examine; to visit, attend; to criticize, censure
בַּקָּר, ז׳, ר׳, ־רִים herdsman
בַּקָּרָה, נ׳ inspection, examination
בְּקֵרוּב, תה״פ nearly, approximately
בְּקָרוֹב, תה״פ shortly
בִּקֹּרֶת, בִּקּוֹרֶת, נ׳, ר׳, ־קוֹרוֹת investigation; criticism, review (of book); censorship
בִּקֵּשׁ, פ״י to seek, search; to desire; to beg, pray; to ask
הִתְבַּקֵּשׁ, פ״ח to be asked; to be sought, be summoned
בַּקָּשָׁה, נ׳, ר׳, ־שׁוֹת entreaty, request; desire, wish
בְּבַקָּשָׁה please!
בַּקְשִׁישׁ, ז׳, ר׳, ־שִׁים bribery; contribution, gift
בַּר, בָּר, ז׳ grain, corn; prairie, field; exterior
בַּר, תה״פ outside

בַּר, ת"ז, בָּרָה, ת"נ pure, clean, clear

בַּר, ז', ר', בָּנִים son

בַּר־אֲוָז, ע' בַּרְוָז

בַּר־מִצְוָה, ז', ר', בְּנֵי־מִצְוָה bar mizvah

בַּר־נַשׁ, בַּרְנַשׁ, ז', ר', בַּרְנָשִׁים guy, fellow (often in contempt)

בַּר־פְּלֻגְתָּא, ז', ר', בְּנֵי־פְּלֻגְתָּא disputant

בֹּר, ז' purity, cleanness; innocence

בָּרָא, פ"י to create, form

בֵּרֵא, פ"י to cut down trees, fell

הִבְרִיא, פעו"י to make fat; to become healthy, recuperate

בְּרֵאשִׁית, נ'; תה"פ the beginning; nature, creation; at first, in the beginning

בַּרְבּוּר, ז', ר', ־רִים swan

בַּרְבָּרִיּוּת, נ' uncouthness, vulgarity

בֹּרֶג, ז', ר', בְּרָגִים screw

בָּרַג, פ"י to screw

בָּרְגִּי, ת"ז, ־גִּית, ת"נ spiral

בָּרְגָּנִי, בּוּרְגָּנִי, ת"ז, ־נִית, ת"נ bourgeois, middle class

בָּרָד, ז' hail

בָּרַד, פ"ע to hail

בָּרֹד, בָּרוֹד, ת"ז, בְּרֻדָּה, ת"נ spotted

בַּרְדְּלָס, ז', ר', ־סִים panther

בָּרָה, פ"י to eat

הִבְרָה, פ"י to feed

בָּרוּא, ז', ר', בְּרוּאִים creature, human being

בַּרְדָּם, ע' בּוּרְדָּם

בַּרְדָּס, ז', ר', ־סִים hood

בַּרְוָז, ז', בַּרְוָזָה, נ', ר', ־זִים, ־זוֹת duck

בָּרוּךְ, ת"ז, בְּרוּכָה, ת"נ blessed

בָּרוּךְ־הַבָּא welcome!

בָּרוּךְ־הַשֵּׁם (ב"ה) praise to God! thank the Lord!

בֵּרוּץ, ז', ר', ־צִים excess, surplus

בָּרוּר, ת"ז, בְּרוּרָה, ת"נ clear, lucid; certain, apparent, evident

בֵּרוּר, ז', ר', ־רִים clarification; edification; arbitration

בְּרוֹר, ז' froth, lather

בְּרוּרוֹת, תה"פ clearly, evidently

בְּרוֹשׁ, ז', ר', ־שִׁים cypress

בָּרוּת, בָּרוּת, נ' food

בֶּרֶז, ז', ר', בְּרָזִים water tap

בֶּרֶז שְׂרֵפָה hydrant

בַּרְזֶל, ז' iron

בָּרַח, פ"ע to flee

הִבְרִיחַ, פ"י to cause to flee; to bolt

בָּרִי, תה"פ certainly, surely

בֹּרִי, ז' normal health

בָּרִיא, ת"ז, בְּרִיאָה, ת"נ healthy; fat

בְּרִיאָה, נ' creation; universe

בְּרִיאוּת, נ' health

בִּרְיָה, נ' dietary food, diet

בְּרִיָּה, בִּרְיָה, נ', ר', ־יּוֹת creation, creature

בִּרְיוֹן, ז', ר', ־נִים rebel, terrorist, outlaw

בִּרְיוֹנוּת, נ' terrorism

בְּרִיּוּת, ז' dietetics

בְּרִיּוֹת, נ"ר people, persons

בְּרִיחַ, ז', ר', ־חִים bolt, bar

בָּרִיחַ, ז', ר', ־חִים fugitive

בְּרִיחָה, נ', ר', ־חוֹת flight

בְּרִיכָה, נ', ר', ־כוֹת kneeling; brood; slip

בְּרֵירָה, בְּרֵרָה, נ', ר', ־רוֹת choice, selection; alternative; arbitration

בְּרִית, נ', ר', ־תוֹת covenant, treaty

הַבְּרִית הַחֲדָשָׁה, נ' New Testament
בְּרִית מִילָה, נ', ר', בְּרִיתוֹת מִילָה circumcision
בֹּרִית, ז' lye, alkali; soap
בָּרַיְתָא, נ', ר', ־תוֹת Baraitha, teaching of the Tannaim not included in the Mishna
בֶּרֶךְ, נ', ר', בִּרְכַּיִם knee
בָּרַךְ, פ"ע to kneel
בֵּרַךְ, פ"י to bless; to praise; to curse
הִבְרִיךְ, פ"י to cause to kneel; to engraft
הִתְבָּרֵךְ, פ"ח to be blessed, bless oneself
בְּרָכָה, נ', ר', ־כוֹת blessing, benediction; prosperity; gift
בִּרְכַּת הַמָּזוֹן, נ' grace after meals
בְּרֵכָה, נ', ר', ־כוֹת pool, pond
בְּרַם, תה"פ but, however; truly
בֻּרְסָה, נ', ר', ־סוֹת stock market
בַּרְנָשׁ, ע' בַּר־נַשׁ
בֻּרְסִי, בּוּרְסִי, ז', ר', ־סִים tanner
בֵּרֵץ, פ"י to fill (to the brim)
בָּרָק, ז', ר', בְּרָקִים lightning; flash
בָּרַק, פ"י to flash (lightning)
הִבְרִיק, פעו"י to glitter; to polish; to cable
בַּרְקַאי, ז' morning star
בַּרְקִית, נ' cataract of the eye, glaucoma
בַּרְקָן ז', ר', ־נִים thistle, brier
בָּרֶקֶת, נ', ר', ־רָקוֹת emerald
בָּרַר, פ"י to choose; to investigate, test
בֵּרֵר, פ"י to make clear, explain; to choose
הִתְבָּרֵר, פ"ח to be made clear; to purify oneself; to be made pure
בְּרֵרָה, בְּרֵירָה, נ', ר', ־רוֹת choice, selection; alternative; arbitration
בֵּרֵשׁ, פ"י to brush
בִּשְׁבִיל, מ"י for the sake of, for
בִּשּׁוּל, ז' cooking, cookery; ripeness
בְּשׂוֹרָה, נ', ר', ־רוֹת tidings, good tidings
בָּשַׁל, פ"ע to cook, boil; to grow ripe
בִּשֵּׁל, פ"י to cook, boil; to cause to ripen
הִבְשִׁיל, פ"ע to ripen
הִתְבַּשֵּׁל, פ"ח to be well boiled; to become ripe
בָּשֵׁל, ת"ז, בְּשֵׁלָה, ת"נ ripe, boiled; done
בֹּשֶׂם, ז', ר', בְּשָׂמִים perfume, spice
בִּשֵּׂם, פ"י to perfume, spice
הִתְבַּשֵּׂם, פ"ח to be perfumed; to be tipsy
בַּשָּׂם, ז', ר', ־מִים perfumer
בָּשָׂר, ז', ר', בְּשָׂרִים flesh, meat
בָּשָׂר וָדָם flesh and blood, human
בִּשֵּׂר, פ"י to bring tidings; to gladden with good tidings
בְּשָׂרִי, ת"ז, ־רִית, ת"נ carnal
בֹּשֶׁת, נ' shame, shameful thing
בַּת, נ', ר', בָּנוֹת daughter, child, girl; suburb
בְּבַת־אַחַת at once
בַּת־זוּג, נ' partner
בַּת־יַעֲנָה, ע' יָעֵן
בַּת־צְחוֹק, נ' smile
בַּת־עַיִן, ע' אִישׁוֹן
בַּת־קוֹל, נ' echo; divine voice
בַּת־שִׁיר, נ' muse
בָּתָה, בַּתָּה, נ', ר', בַּתּוֹת desolation, waste land
בְּתוּלָה, נ', ר', ־לוֹת virgin

בְּתוּלִים, ז״ר tokens of virginity, hymen, virginity; flowers
בִּתּוּר, ז׳ dissection
בְּתוֹר, בְּתוֹרַת, תה״פ as, like
בִּתֵּק, פ״י to cut, cut off
בֶּתֶר, ז׳, ר׳, בְּתָרִים piece, part; cut
בָּתַר, פ״י to cut in two, dissect
בַּתְרָא, ז׳; ת״ז the last, latest; the end
בִּתְרוֹן, ז׳, ר׳, ־נִים deep ravine

ג, ג׳, ג

ג, ג Gimel, third letter of Hebrew alphabet; three
גֵּא, גֵּאֶה, ת״ז, גֵּאָה, ת״נ proud, haughty
גָּאָה, פ״ע to rise, grow
הִתְגָּאָה פ״ח to be proud, be exalted; to boast
גַּאֲוָה, נ׳, ר׳, ־וֹת pride, haughtiness
גָּאוּל, ת״ז, גְּאוּלָה, ת״נ redeemed, liberated
גְּאוּלָה, ע׳ גְּאֻלָּה
גָּאוֹן, ת״ז, גְּאוֹנִית, ת״נ Gaon (rabbinic title)
גְּאוֹנוּת, ע׳ גְּאוֹנִיּוּת
גְּאוֹנִי, ת״ז, ־נִית, ת״נ geniuslike
גְּאוֹנִיּוּת, גְּאוֹנוּת, נ׳ position of Gaon; genius
גֵּאוּת, נ׳ grandeur; haughtiness
גֵּאוּת (הַיָּם) flood tide
גָּאַל, פ״י to redeem, deliver, free; to contaminate
נִגְאַל, פ״ע to be redeemed, liberated; to be defiled, contaminated
הִגְאִיל, פ״י to contaminate, pollute
הִתְגָּאֵל, פ״ח to defile oneself
גְּאֻלָּה, גְּאוּלָה, נ׳, ר׳, ־לּוֹת, לוֹת redemption, liberation, Geullah
גְּאֻלַּת דָּם feud
גַּב, ר׳, ז׳, ־בִּים, ־בּוֹת back; hub, nave (of wheel)
גַּב, מ״י towards, with
עַל גַּב, עַל גַּבֵּי upon
אַף עַל גַּב although
לְגַבֵּי about, concerning
גֵּב, ר׳, ז׳, ־בִים pit, pool; board
גַּבָּאוּת, נ׳ treasurership; synagogical office
גַּבַּאי, גַּבַּי, ז׳, ר׳, ־בָּאִים treasurer, synagogical head
גָּבַב, פ״י to gather, heap up; to blab
גָּבַהּ, פ״ע to be high; to be tall; to be haughty
הִגְבִּיהַּ, פ״י to exalt, elevate, raise
גֹּבַהּ, גּוֹבַהּ, ז׳, ר׳, גְּבָהִים height; pride
גָּבֹהַּ, גָּבוֹהַּ, ת״ז, גְּבֹהָה, גְּבוֹהָה, ת״נ high, lofty; proud
גָּבָה, פ״י to collect payment (of debts, taxes)
גַּבָּה, נ׳, ר׳, ־בּוֹת eyebrow
גִּבּוּב, גִּיבּוּב, ז׳ piling up
גָּבוֹהַּ, גָּבֹהַּ, ת״ז, גְּבֹהָה, גְּבוֹהָה, ת״נ high, lofty, proud
גְּבוּל, ז׳, ר׳, ־לוֹת boundary, border, limit
בְּלִי (לְלֹא) גְבוּל endless
גִּבּוּל, ז׳ kneading
גִּבּוֹר, ת״ז, ־רָה, ת״נ; ז׳ strong, mighty; hero
גְּבוּרָה, נ׳, ר׳, ־רוֹת strength, might, heroism; God

גִּבּוּשׁ, גִּיבּוּשׁ, ז׳, ר׳, ־שִׁים crystallization

גְּבִיָּה, נ׳, ר׳, ־יּוֹת collection of payment; taking of evidence

גְּבִינָה, נ׳, ר׳, ־נוֹת cheese

גָּבִיעַ, ז׳, ר׳, גְּבִיעִים goblet, cup, chalice

גְּבִיר, ז׳, ר׳, ־רִים lord, master; rich man

גְּבִירָה, גְּבֶרֶת, נ׳, ר׳, ־בִירוֹת, ־בָרוֹת lady, mistress; rich lady

גָּבִישׁ, אֶלְגָּבִישׁ, ז׳, ר׳, גְּבִישִׁים crystal

גְּבִישִׁי, ת״ז, ־שִׁית, ת״נ crystal-like

גָּבַל, גִּבֵּל, פ״י to set boundary; to border; to knead

הִגְבִּיל, פ״י to set bounds, limit

הֻגְבַּל, פ״ע to be bounded, be limited

גִּבֵּן, ז׳, ר׳, ־בְּנִים hunchback

גַּבְנוּן, גַּבְנֹן, ז׳, ר׳, ־נִים, ־נִּים rounded peak (of mountain); hunch

גַּבְנוּנִי, ת״ז, ־נִית, ת״נ convex (lens)

גִּבְנֵן, פ״י to round, hunch

גֶּבֶס, ז׳ gypsum; plaster of Paris

גִּבֵּס, פ״י to put in a cast

גֶּבַע, ז׳, ר׳, ־גְּבָעִים, גִּבְעָה, נ׳, ר׳, גְּבָעוֹת hill

גִּבְעוֹל, גִּבְעֹל, ז׳, ר׳, ־לִים stalk, stem

גָּבַר, פ״ע to be strong; to conquer

גִּבֵּר, הִגְבִּיר, פ״י to strengthen

הִתְגַּבֵּר, פ״ח to prevail, overcome

גֶּבֶר, ז׳, ר׳, גְּבָרִים male, man; warrior; cock

גַּבְרוּת, נ׳ adulthood

גַּבְרִי, ת״ז, ־רִית, ת״נ male-like, manly

גְּבֶרֶת, גְּבִירָה, נ׳, ר׳, ־בָרוֹת, ־בִירוֹת lady, mistress; rich lady

גָּבַשׁ, פ״י to fill (with stones)

גִּבֵּשׁ, פ״י to crystallize

הִתְגַּבֵּשׁ, פ״ח to become crystallized

גַּבְשׁוּשִׁית, נ׳, ר׳, ־יוֹת mound

גַּג, ז׳, ר׳, ־גּוֹת roof

גַּגּוֹן, ז׳, ר׳, ־נִים awning

גִּגִּית, נ׳, ר׳, ־יוֹת tub

גָּד, פ״י, ע׳ [גוד] to attack

גַּד, ז׳ good fortune

גָּדַד, פעו״י to cut, cut off; to gather (troops)

הִתְגּוֹדֵד, פ״ח to cut oneself; to assemble

גָּדָה, נ׳, ר׳, ־דוֹת river bank

גְּדוּד, ז׳, ר׳, ־דִים unit (of troops), group; furrow

גָּדוּד, ת״ז, גְּדוּדָה, ת״נ cut, pruned

גָּדוֹל, ת״ז, גְּדוֹלָה, ת״נ big, large, great; adult

גְּדוֹלוֹת, נ״ר great deeds

גִּדּוּל, ז׳, ר׳, ־לִים growth, tumor

גדוּלָּה, ע׳ גְּדֻלָּה

גִּדּוּף, ז׳, גִּדּוּפָה, נ׳, ר׳, ־פִים, פוֹת taunt, abuse, insult

גָּדוּר, ת״ז, גְּדוּרָה, ת״נ fenced in

גָּדוּשׁ, ת״ז, גְּדוּשָׁה, ת״נ overflowing

גְּדִי, גַּדְיָא, ז׳, ר׳, ־דָיִים kid (goat)

גְּדִיל, גָּדִיל, ז׳, ר׳, גְּדִילִים tassel

גָּדִישׁ, ז׳, ר׳, גְּדִישִׁים heap of corn, stack of sheaves

גָּדַל, פ״ע to grow up, be great

גִּדֵּל, פ״י to glorify; to raise, rear; to educate

הִגְדִּיל, פ״י to make great, increase

הִתְגַּדֵּל, פ״ח to praise oneself, boast

גֹּדֶל, גּוֹדֶל, ז׳, ר׳, גְּדָלִים size, greatness

גְּדֻלָּה, גְּדוּלָּה, נ׳, ר׳, ־לּוֹת, ־לוֹת greatness, dignity

גַּדְלוּת, נ׳ greatness, magnitude

גִּדֵּם, ת״ז, גִּדֶּמֶת, ת״נ crippled, maimed; one-handed

גִּדֵּם, פ״י to cripple, maim

גָּדַע, גִּדַּע, פ״י to cut off

גִּדֵּף, פ״י to insult, blaspheme

גַּדְפָן, ז׳, ר׳, ־נִים blasphemer, reviler

גָּדַר, פ״י to fence in; restrain

הִגְדִּיר, פ״י to define

הִתְגַּדֵּר, פ״ח to be proficient, distinguish oneself; to boast

גָּדֵר, ז׳, ר׳, גְּדֵרִים wall, fence

בְּגֶדֶר, תה״פ in the realm, in the area

גְּדֵרָה, נ׳, ר׳, ־רוֹת sheepfold

גָּדַשׁ, הִגְדִּישׁ, פ״י to heap up, overfill

גֵּהָה, נ׳, ר׳, ־הוֹת cure, appearance

גִּהוּץ, ז׳, ר׳, ־צִים ironing, pressing

גָּהוּץ, ת״ז, גְּהוּצָה, ת״נ smart (military)

גִּהוּק, גֵּהוּק, ז׳, ר׳, ־קִים belch, burp

גֵּהוּת, נ׳ hygiene

גִּהֵץ, פ״י to iron, press

גַּהַץ, ז׳ smartness

גָּהַק, פ״ע to belch, burp

גָּהַר, פ״ע to crouch, bend

גֵּו, גַּו, ז׳, ר׳, ־וִים, ־וּות back (of body); interior; body

גּוֹאֵל, ז׳, ר׳, ־אֲלִים redeemer, savior; Messiah

גּוֹאֵל הַדָּם, ז׳ avenger (of blood)

גּוֹב, גּוֹבַי, ז׳ locust (swarm)

גּוֹבַהּ, גֹּבַהּ, ז׳, ר׳, גְּבָהִים height, pride

גּוֹבֶה, ז׳, ר׳, ־בִים collector (of funds)

גּוּבַיְנָא, גּוּבַיְנָה, נ׳, ר׳, ־נוֹת collection; C.O.D.

[גוד] גָּד, פ״י to attack

גּוֹד, ע׳ נאד

גּוֹדְרוֹת, נ״ר flock in pen

גּוֹדֶל, ע׳ גֹּדֶל

גִּוּוּן, ז׳, ר׳, ־נִים coloring, variation, nuance

[גוז] גָּז, פ״ע to pass, change

גּוֹזֵז, ז׳, ר׳, ־זְזִים shearer (of sheep)

גּוֹזָל, ז׳, ר׳, ־לִים, ־לוֹת young dove, young bird, squab

גּוּזְמָה, גֻּזְמָה, גֻּזְמָה, נ׳, ר׳, ־מוֹת, ־מָאוֹת exaggeration, hyperbole

גּוֹי, ז׳, ר׳, ־יִים nation; gentile, goi; non-religious Jew

גְּוִיָּה, נ׳, ר׳, ־יּוֹת body; corpse

גּוֹלָה, נ׳, ר׳, ־לוֹת golah, exile

גּוֹלֶה, ז׳, ר׳, ־לִים exiled one

גּוֹלֵל, ז׳ tombstone

גּוֹלֶם, גֹּלֶם, ז׳, ר׳, גְּלָמִים shapeless matter; ignorant person; golem; dummy

גּוּמָה, נ׳, ר׳, ־מוֹת hole (in ground)

גּוֹמֵל, ז׳, ר׳, ־מְלִים doer of good deeds

גּוֹמְלִים, ־ן, ז״ר reciprocity

גּוּמָץ, גֻּמָּץ, ז׳, ר׳, ־צִים pit

גָּוֶן, ז׳, ר׳, גּוֹנִים, גְּוָנִים color, nuance, shade

גִּוֵּן, פ״י to color

[גוס] הֵגִיס, פ״י to stir

גּוֹסֵס, ז׳, ר׳, ־סְסִים dying, moribund

גָּוַע, פ״ע to die

גּוּף, ז׳, ר׳, ־פִים, ־פוֹת body, substance, person

[גוף] גָּף, פ״י to stop up, cork

הֵגִיף, פ״י to shut, lock

גּוּפָה, נ׳, ר׳, ־פוֹת cadaver; torso

גּוּפִיָּה, נ׳, ר׳, ־יּוֹת undershirt

גּוּפָנִי, ת"ז, ־נִית, ת"נ bodily, corporeal

גּוּץ, ת"ז, גּוּצָה, ת"נ short

גּוּר, גּוֹר, ז', ר', ־רִים cub, whelp

[גור] גָּר, פ"ע to dwell, live; to fear

הִתְגּוֹרֵר, פ"ח to dwell; to burst forth

גּוֹרָל, ז', ר', ־לוֹת lot, fate; lottery

גּוֹרָלִיּוּת, נ' fatality

גּוֹרֵם, ז', ר', ־רְמִים factor, cause

גּוֹרֶן, גֹּרֶן, ז', ר', גְּרָנוֹת threshing floor

גּוּשׁ, ז', ר', ־שִׁים block, bulk

גּוּשִׁישׁ, ז', ר', ־שִׁים particle

גּוּשְׁפַּנְקָה, גֻּשְׁפַּנְקָה, נ', ר', ־קוֹת seal, signet

גָּז, פ"ע, ע' [גוז] to pass, change

גֵּז, ז', ר', גִּזִּים shearing

גִּזְבָּר, ז', ר', ־רִים treasurer, cashier

גִּזְבָּרוּת, נ' office of treasurer

גִּזָּה, נ', ר', ־זּוֹת fleece

גַּזּוֹז, ז' soda water (with syrup)

גְּזוּזְטְרָה, גְּזֻזְטְרָה, נ', ר', ־רוֹת, ־רָאוֹת balcony

גָּזַז, פ"י to shear, clip

גְּזִיזָה, נ', ר', ־זוֹת shearing, clipping

גָּזִית, נ' hewn stone

גָּזַל, פ"י to rob, embezzle

גָּזֵל, גֶּזֶל, ז', גְּזֵלָה, נ', ר', ־לוֹת robbery, embezzlement

גַּזְלָן, ז', ר', ־נִים robber, embezzler

גַּזְלָנוּת, נ' robbery, embezzlement

גָּזַם, פ"י to trim (branches); to threaten; to exaggerate

הִגְזִים, פ"י to exaggerate, frighten

גֻּזְמָה, גּוּזְמָה, נ', ר', ־מוֹת, ־מָאוֹת exaggeration, hyperbole

גֶּזַע, ז', ר', גְּזָעִים trunk, stem; race

גִּזְעִי, ת"ז, ־עִית, ת"נ racial

גָּזַר, פ"י to cut, split; to decree; to decide

גֶּזֶר, ז', ר', גְּזָרִים carrot; (a) cut

גְּזַר־דִּין, ז', ר', גִּזְרֵי־דִּין verdict

גְּזֵרָה, נ', ר', ־רוֹת decree, enactment

גְּזֵרָה שָׁוָה, נ' comparison by analogy

גִּזְרָה, נ', ר', גְּזָרוֹת cut; beam; conjugation; form; sector

גִּזָּרוֹן, ז', גִּזָּרוֹנוּת, נ' etymology

גָּח, פ"ע, ע' [גיח] to break through

גָּחָה, פעו"י to hang over; to take out

גִּחוּךְ, ז', ר', ־כִים smile

גָּחוֹן, ז', ר', גְּחוֹנִים, גְּחוֹנוֹת belly (of reptiles)

גָּחוּן, ת"ז, גְּחוּנָה, ת"נ bent, stooped

גִּחֵךְ, פ"י to smile

גַּחֲלִית, נ' carbunculosis

גַּחֲלִילִית, נ', ר', ־לִיּוֹת glow worm

גַּחֶלֶת, נ', ר', גֶּחָלִים burning coal

גָּחַן, פ"ע to bend, stoop

גֵּט, ז', ר', גִּטִּים, ־ן divorce, legal document

גִּטִּין Gittin, tractate in Talmud

גֶּטוֹ, ז', ר', ־טָאוֹת ghetto, quarter of the Jews

גַּי, גַּיְא, גֵּיא, ז', ר', גֵּאָיוֹת, גֵּיאוֹת valley

גֵּיא־צַלְמָוֶת, ז' valley of the shadow of death

גֵּי־הִנּוֹם, גֵּיהִנּוֹם, זו"נ Gehenna

גִּיגִית, נ', ר', ־יּוֹת tub, vat

גִּיד, ז', ר', ־דִים sinew; penis

גִּיּוּס, ז', ר', ־סִים conscription, mobilization

גִּיּוּר, ז', גִּיֶּרֶת, גִּיּוֹרֶת, נ', ־רִים, ־רוֹת proselyte to Judaism

[גיח] גָּח, פ"ע — to break through
גִּיחָה, נ', ר', ־חוֹת — break through, attack
[גיל] גָּל, פ"ע — to rejoice
גִּיל, ז', ר', ־לִים — joy, rejoicing; age; clapper
גִּילָה, נ' — joy; stubble
גִּילַת, נ' — joy
גִּילּוּי, גִּלּוּי, ז', ר', ־יִים — revealing, discovery
גִּילּוּחַ, גִּלּוּחַ, ז', ר', ־חִים — shaving
גִּילּוּף, גִּלּוּף, ז', ר', ־פִים — carving (wood)
גִּימֶל, ז', ר', ־מְלִין — third letter of Hebrew alphabet
גִּימַטְרִיָּה, גַּמַּטְרִיָּה, נ' — use of alphabet as numerals
גִּינּוּי, גִּנּוּי, ז' — shame, criticism
גִּיס, ז', ר', ־סִים — brother-in-law
גִּיֵּס, פ"י — to mobilize (army)
הִתְגַּיֵּס, פ"ח — to join (army, etc.)
גַּיִס, ז', ר', גְּיָסוֹת — army unit
גַּיִס חֲמִישִׁי — fifth column
גִּיסָה, נ', ר', ־סוֹת — sister-in-law
גִּיר, ז', ר', ־רִים — chalk, lime
גִּיֵּר, פ"י — to proselytize (to Judaism)
הִתְגַּיֵּר, פ"ח — to become a proselyte (to Judaism)
גִּישָׁה, נ', ר', ־שׁוֹת — approach; attitude; copulation
גִּישּׁוּם, גִּשּׁוּם, ז', ר', ־מִים — execution (of plan); materialization
גִּישּׁוּר, גִּשּׁוּר, ז', ר', ־רִים — bridge; tie
גָּל, פ"ע, ע' [גיל] — to rejoice
גַּל, ז', ר', ־לִים — wave; pile
גֻּל, ז', גֻּלָּה, נ' ר', גֻּלִּים, ־לוֹת — marble (for children's game)
גַּלָּב, ז', ר', ־בִים — barber
גִּלְגּוּל, ז', ר', ־לִים — rolling, revolving
גִּלְגּוּל נֶפֶשׁ — reincarnation
גַּלְגַּל, ז', ר', ־לִים — wheel
גַּלְגַּל הָעַיִן, ז' — eyeball
גִּלְגֵּל, פ"י — to roll, revolve; to knead; to cause to happen
הִתְגַּלְגֵּל, פ"ח — to roll, turn; to wander
גַּלְגִּלָּה, נ', ר', ־לּוֹת — pulley
גַּלְגִּלַּיִם, ז"ז — scooter
גַּלְגִּלִּית, נ', ר', ־יּוֹת — roller skate
גֻּלְגֹּלֶת, נ', ר', ־גָּלוֹת — skull; pulley
גֶּלֶד, ז', ר', גְּלָדִים — skin (of body)
[גלד] הִגְלִיד, פ"ע — to grow (skin over wound)
גַּלְדָּה, נ', ר', גְּלָדוֹת — sole (of shoe)
גָּלָה, פער"י — to reveal, uncover; to go into exile
הִגְלָה, פ"י — to banish into exile
גִּלּוּחַ, גִּילּוּחַ, ז', ר', ־חִים — shaving
גָּלוּי, ת"ז, גְּלוּיָה, ת"נ; ז' — uncovered, evident; purchase deed
גִּלּוּי, גִּילּוּי, ז', ר', ־יִים — revelation, discovering
גִּלּוּי דַּעַת — declaration, manifesto
גִּלּוּי לֵב — frankness
גִּלּוּי עֲרָיוֹת — incest
גְּלוּיָה, נ', ר', ־יוֹת — post card
גְּלוּלָה, נ', ר', ־לוֹת — pill
גִּלּוּלִים, ז"ר — idols
גְּלוֹם, ז', ר', ־מִים — wrap
גִּלּוּף, גִּילּוּף, ז', ר', ־פִים — carving (of wood)
גָּלוּת, נ', ר', ־לֻיּוֹת — exile, captivity
גָּלוּתִי, ת"ז, ־תִית, ת"נ — exilic
גַּלִּי, ת"ז, ־לִּית, ת"נ — wavy
גִּלַּח, גִּלֵּחַ, פ"י — to shave
הִתְגַּלַּח, פ"ח — to shave oneself

גַּלָּח, ז׳, ר׳, ־חִים Catholic clergyman
גְּלִידָה, נ׳, ר׳, ־דוֹת ice cream
גִּלָּיוֹן, ז׳, ר׳, ־לְיוֹנִים, ־לְיוֹנוֹת sheet, tablet, copy of newspaper
גָּלִיל, ז׳, ר׳, גְּלִילִים spool; cylinder; district; region; Galilee
גְּלִילָה, נ׳, ר׳, ־לוֹת circuit, district
גְּלִילִי, ת״ז, ־לִית, ת״נ cylindrical
גְּלִימָה, נ׳, ר׳, ־מוֹת cloak
גְּלִיפָה, נ׳, ר׳, ־פוֹת engraving
גְּלִישָׁה, נ׳, ר׳, ־שׁוֹת glide, slide
גָּלַל, גּוֹלֵל, פ״י to roll, roll up
הִתְגּוֹלֵל, פ״ח to wallow
גָּלָל, בִּגְלַל, מ״י for, for the sake of, on account of
גָּלָל, גֵּלֶל, ז׳, ר׳, גְּלָלִים dung
גָּלַם, פ״י to wrap, fold
הִתְגַּלֵּם, פ״ח to be embodied
גֹּלֶם, גּוֹלֶם, ז׳, ר׳, גְּלָמִים shapeless matter; ignorant person; golem; dummy
גֹּלֶם, ז׳, ר׳, גְּלָמִים pupa, chrysalis
גַּלְמוּד, ת״ז, ־דָה, ת״נ lonely, forsaken
גָּלְמִי, ת״ז, ־מִית, ת״נ raw (materials)
[גלע] הִתְגַּלַּע, הִתְגַּלֵּעַ, פ״ח to break out (quarrel)
גַּלְעִין, ז׳, גַּלְעִינָה, נ׳, ר׳, ־נִים, ־נוֹת seed (of fruit)
גָּלַשׁ, פ״ע to glide, slide, ski; to boil over
גַּלָּשׁ, ז׳, ר׳, ־שִׁים skier
גִּלְשׁוֹן, ז׳, ר׳, ־נִים glider
גַּם, מ״ח also, moreover
גָּמָא, גָּמַע, פ״י to sip, drink, gulp, swallow
הִגְמִיא, פ״י to give to drink

גֹּמֶא, ז׳, ר׳, גְּמָאִים reed, papyrus
גִּמְגּוּם, ז׳, ר׳, ־מִים stuttering, stammering
גִּמְגֵּם, פ״ע to stutter, stammer
גַּמָּד, ז׳, ר׳, ־דִים dwarf
גָּמוּל, ת״ז, גְּמוּלָה, ת״נ weaned
גְּמוּל, ז׳, גְּמוּלָה, נ׳, ר׳, ־לִים, ־לוֹת recompense, reward
גְּמוּנִית, נ׳, ר׳, ־יוֹת band
גָּמוּר, ת״ז, גְּמוּרָה, ת״נ complete, finished
גֻּמִּי, גּוּמִי, ז׳ rubber; contraceptive
גְּמִיאָה, גְּמִיעָה, נ׳, ר׳, ־אוֹת, ־עוֹת swallow (drink)
גֻּמִּיָּה, גּוּמִיָּה, נ׳, ר׳, ־יוֹת garter
גְּמִילָה, נ׳, ר׳, ־לוֹת ripening; weaning; doing
גְּמִיעָה, גְּמִיאָה, נ׳, ־עוֹת, ־אוֹת swallow (drink)
גְּמִילוּת, נ׳, ר׳, ־לְיוֹת doing; deeds of charity
גְּמִילוּת חֶסֶד doing good; loaning (without interest)
גָּמִישׁ, ת״ז, גְּמִישָׁה, ת״נ flexible, pliant, elastic
גְּמִישׁוּת, נ׳ flexibility, elasticity
גָּמַל, פ״י to wean; ripen; to deal with
הִתְגַּמֵּל, פ״ח to deprive oneself, break a habit
גָּמָל, ז׳, ר׳, גְּמַלִּים camel
גַּמָּל, ז׳, ר׳, ־לִים camel driver
גַּמְלוֹן, ז׳, ר׳, ־נִים gable
גַּמֶּלֶת, נ׳, ר׳, ־מָּלוֹת camel caravan
גָּמַע, גָּמָא, פ״י to sip, drink, gulp, swallow
גֻּמָּץ, גּוּמָץ, ז׳, ר׳, ־צִים pit
גָּמַר, פ״י to end, finish, complete
גֶּמֶר, גְּמָר, ז׳ completion, finish

completely, altogether לְגַמְרֵי, תה״פ

Gemara, the Armaic portion of the Talmud גְּמָרָא, גְּמָרָה, נ׳

garden גַּן, ז׳, ר׳, ־גַּנִּים

zoo גַּן חַיּוֹת

kindergarten גַּן יְלָדִים

Garden of Eden, Paradise גַּן עֵדֶן

disgrace, shame גְּנַאי, גְּנַי, ז׳

to steal, rob גָּנַב, פ״י

to deceive גָּנַב לֵב, גָּנַב דַּעַת

to kidnap גָּנַב נֶפֶשׁ

to be stolen נִגְנַב, פ״ע

to interject indirectly הִגְנִיב, פ״י

to steal away הִתְגַּנֵּב, פ״ח

thief, robber גַּנָּב, ז׳, ר׳, ־בִים

theft גְּנֵבָה, נ׳, ר׳, ־בוֹת

to decorate גִּנְדֵּר, פ״י

to dress up, decorate oneself הִתְגַּנְדֵּר, פ״ח

coquette, flirt גַּנְדְּרָן, ת״ז, ־נִית, ת״נ

small vegetable garden גִּנָּה, גַּנָּה, נ׳, ר׳, ־נוֹת

to blame, censure גִּנָּה, פ״י

hidden גָּנוּז, ת״ז, גְּנוּזָה, ת״נ

Apocrypha סְפָרִים גְּנוּזִים

shame, criticism גִּנּוּי, ז׳, ר׳, ־יִים

awning גְּנוֹנָה, נ׳, ר׳, ־נוֹת

shame, disgrace גְּנוּת, נ׳

to hide גָּנַז, פ״י

treasure גֶּנֶז, ז׳, ר׳, גְּנָזִים

treasury; archives גִּנְזַךְ, גַּנְזַךְ, ז׳, ר׳, ־כִּים

to sigh, groan גָּנַח, פ״ע

hiding place, storehouse גְּנִיזָה, נ׳, ר׳, ־זוֹת

hidden texts, Genizah הַגְּנִיזָה

groaning, sighing גְּנִיחָה, נ׳, ר׳, ־חוֹת

to cover over, defend גָּנַן, פ״י

to defend, protect הֵגֵן, פ״י

to defend oneself הִתְגּוֹנֵן, פ״ח

gardener גַּנָּן, ז׳, ר׳, ־נִים

gardening גַּנָּנוּת, נ׳, ר׳, ־נוּיוֹת, ־נִיּוֹת

kindergarten teacher גַּנֶּנֶת, נ׳, ר׳, ־נָנוֹת

bulky; crude, coarse גַּס, ת״ז, גַּסָּה, ת״נ

haughty, vulgar, obscene גַּס־רוּחַ

rudeness גַּסּוּת, נ׳, ר׳, ־יוֹת, סֻיּוֹת

agony, dying גְּסִיסָה, נ׳, ר׳, ־סוֹת

to be dying; to be rude גָּסַס, פ״ע

yearning, longing גַּעְגּוּעִים, ז״ר

to bleat, cry גִּעְגַּע, פ״ע

to yearn, long for הִתְגַּעְגֵּעַ, פ״ח

to cry, bleat, howl גָּעָה, פ״ע

cry, bleat גְּעִי, ז׳, גְּעִיָּה, נ׳, ר׳, ־יּוֹת

to loathe, abhor; to cleanse גָּעַל, פ״י

to be loathed נִגְעַל, פ״ע

to be soiled הִתְגָּעֵל, פ״ח

loathing; nausea גֹּעַל, גֹּעַל נֶפֶשׁ, ז׳

to scold, rebuke; to curse גָּעַר, פ״ע

rebuke, reproach גְּעָרָה, נ׳, ר׳, ־רוֹת

to shake, quake גָּעַשׁ, פ״ע

to toss; to reel הִתְגָּעֵשׁ, פ״ח

quaking גַּעַשׁ, ז׳

volcano הַר־גַּעַשׁ

wing; arm; handle; wing (of air corps) גַּף, ז׳, ר׳, ־פִּים

alone, by himself בְּגַפּוֹ

vine גֶּפֶן, נ׳, ר׳, גְּפָנִים

to seal, mend גִּפֵּס, פ״י

to embrace, caress, hug גִּפֵּף, פ״י

to sulphurize גִּפֵּר, פ״י

match גַּפְרוּר, ז׳, ר׳, ־רִים

sulphur, brimstone גָּפְרִית, נ׳

spark גֵּץ, ז׳, ר׳, גִּצִּים

stranger, resident in foreign land גֵּר, ז׳, ר׳, ־רִים

to dwell, live; to quarrel; to fear גָּר, פ״ע, ע׳ [גור]

to burst forth, to dwell; to sojourn הִתְגּוֹרֵר, פ״ח

scab; earthenware vessel גָּרָב, ז׳, ר׳, גְּרָבִים

sock, stocking גֶּרֶב, ז׳, ר׳, גַּרְבַּיִם

berry, pill גַּרְגִּיר, גַּרְגֵּר, ז׳, ר׳, ־רִים

to gargle; to pick berries גִּרְגֵּר, פ״י

glutton גַּרְגְּרָן, ז׳, ר׳, ־נִים

gluttony גַּרְגְּרָנוּת, נ׳

windpipe גַּרְגֶּרֶת, נ׳

to scratch, scrape גָּרַד, גֵּרֵד, פ״י

to scratch oneself; to scrape oneself הִתְגָּרֵד, פ״ח

only, merely גְּרֵדָא, גְּרֵידָא, תה״פ

scaffold, gallows גַּרְדּוֹם, ז׳, ר׳, ־מִים

weaver גַּרְדִּי, ז׳, ר׳, ־יִים

cud; coin; proselyte (female) גֵּרָה, נ׳, ר׳, ־רוֹת

to excite, stir up, provoke גֵּרָה, פ״י

to provoke, excite oneself; to start a quarrel הִתְגָּרָה, פ״ח

junk גְּרוּטָאוֹת, גְּרוּטוֹת, נ״ר

stimulus גֵּרוּי, ז׳, ר׳, ־יִים

throat, neck גָּרוֹן, נ׳, ר׳, גְּרוֹנִים, גְּרוֹנוֹת

grist maker גָּרוֹס, ז׳, ר׳, ־סִים, ־סוֹת

inferior, worse גָּרוּעַ, ת״ז, גְּרוּעָה, ת״נ

trailer (auto) גָּרוּר, ז׳, ר׳, גְּרוּרִים

expulsion, banishment גֵּרוּשׁ, ז׳, ר׳, ־שִׁים

divorce גֵּרוּשִׁים, ז״ר

Gerushin, tractate in Talmud גִּרוּשִׁין

piaster, a coin גְּרוּשׁ, ז׳, ר׳, ־שִׁים

to be cut off, removed (גָּרַז) נִגְרַז, פ״ע

divorced man or woman גָּרוּשׁ, ז׳, גְּרוּשָׁה, נ׳, ר׳, גְּרוּשִׁים, גְּרוּשׁוֹת

ax, hatched גַּרְזֶן, ז׳, ר׳, ־זִנִּים

itchy גָּרִי, ת״ז, ־רִית, ת״נ

only, merely גְּרֵידָא, גְּרֵדָא, תה״פ

scratching; cleaning the womb גְּרִידָה, נ׳, ר׳, דוֹת

itch גְּרִיָּה, נ׳

allergy גְּרִיּוּת, נ׳

grits, groats גָּרִיס, ז׳, ר׳, גְּרִיסִים

deterioration גְּרִיעוּת, נ׳

to raffle, cast lots [גרל] הִגְרִיל׳ פ״י

to cause, bring about; to break (bone) גָּרַם, פ״י

bone; astral body גֶּרֶם, ז׳, ר׳, גְּרָמִים

threshing floor גֹּרֶן, גּוֹרֶן, נ׳, גְּרָנוֹת

to crush; to study, learn גָּרַס, פ״י

to break, crush הִגְרִיס, פ״י

version, text גִּרְסָא, גִּרְסָה׳ נ׳, ר׳, ־אוֹת, ־סוֹת

to diminish; to withdraw; to subtract גָּרַע, פעו״י

to be diminished נִגְרַע, פ״ע

to withdraw גֵּרַע, פ״י

deficit גֵּרָעוֹן, ז׳, ר׳, גֵּרְעוֹנוֹת

stone, kernel גַּרְעִין, ז׳, גַּרְעִינָה, נ׳, ר׳, ־נִים, ־נוֹת

trachoma גַּרְעֶנֶת, נ׳

to sweep away; to clean; to gather; to make a fist גָּרַף, פ״י

bedpan גְּרָף, גָּרָף, ז׳, ר׳, ־פִים

to pull, effect גָּרַר, פ״י

to be dragged — נִגְרַר, פ״ע
to scrape, plane — גֵּרַר, פ״י
sled, sleigh — גְּרָרָה, נ׳, ר׳, ־רוֹת
to cast out, drive out — גָּרַשׁ, פ״י
to expel; to divorce — גֵּרֵשׁ, פ״י
to be divorced; to divorce — הִתְגָּרֵשׁ, פ״ח, פ״י
produce, yield — גֶּרֶשׁ, ז׳
apostrophe — גֵּרֵשׁ, ז׳
quotation marks — גֵּרְשַׁיִם, ז״ז
rainy — גָּשׁוּם, ת״ז, גְּשׁוּמָה, ת״נ
execution (of plan); materialization — גִּשּׁוּם, גִּישׁוּם, ז׳, ר׳, ־מִים
bridge; tie — גִּשּׁוּר, גִּישׁוּר, ז׳, ר׳, ־רִים
rain; substance — גֶּשֶׁם, ז׳, ר׳, גְּשָׁמִים,
to execute (plan) — גִּשֵּׁם, פ״י
to materialize; to cause to rain — הִגְשִׁים, פ״י

to be executed, materialized — הִתְגַּשֵּׁם, פ״ח
corporeal, bodily; physical — גַּשְׁמִי, ת״ז, ־מִית, ת״נ
corporeality — גַּשְׁמִיּוּת, נ׳
seal, signet — גֻּשְׁפַּנְקָה, גּוּשְׁפַּנְקָה, נ׳, ר׳, ־קוֹת
bridge — גֶּשֶׁר, ז׳, ר׳, גְּשָׁרִים
to build a bridge — גָּשַׁר, גִּשֵּׁר, פ״י
to run aground (boat) — גָּשַׁשׁ, פ״ע
to feel, grope, probe; to track (down) — גִּשֵּׁשׁ, פ״י
to wrestle — הִתְגּוֹשֵׁשׁ, פ״ע
scout, tracker — גַּשָּׁשׁ, ז׳, ר׳, ־שִׁים
siphon — גִּשְׁתָּה, נ׳
wine press, vat — גַּת, ר׳, גִּתּוֹת, גִּתִּים
musical instrument — גִּתִּית, נ׳, ר׳, ־יּוֹת

◁ דּ, ד

Daleth, fourth letter of Hebrew alphabet; four — ד
to hurt, be in pain — דָּאַב, פ״ע
to cause pain — הִדְאִיב, פ״י
sorrow, pain — דְּאָבָה, נ׳, דְּאָבוֹן, ז׳, ר׳, ־בוֹת
to worry, be concerned; to fear — דָּאַג, פ״ע
to cause worry, anxiety — הִדְאִיג, פ״י
worry, care, concern — דְּאָגָה, נ׳, ר׳, ־גוֹת
to fly, dart — דָּאָה, פ״ע
glider — דָּאוֹן, ז׳, ר׳, דְּאוֹנִים
mail, post — דֹּאַר, ז׳
airmail — דֹּאַר־אֲוִיר
bear — דֹּב, ז׳, ר׳, דֻּבִּים

to speak, whisper — דָּבַב, פ״ע
to cause to speak up — דּוֹבֵב, פ״י
cherry (tree) — דֻּבְדְּבָן, ז׳, ר׳, ־נִים
slander, defamation — דִּבָּה, נ׳, ר׳, ־בּוֹת
stuck, glued — דָּבוּק, ת״ז, דְּבוּקָה, ת״נ
attachment; dibbuk — דִּבּוּק, ז׳, ר׳, ־קִים
word, speech — דִּבּוּר, ז׳, ר׳, ־רִים
spoken, expressed — דָּבוּר, ת״ז, דְּבוּרָה, ת״נ
large bee, bumblebee — דַּבּוּר, ז׳, ר׳, ־רִים
bee — דְּבוֹרָה, נ׳, ר׳, ־רִים
swarm (of bees) — דְּבוֹרִית, נ׳, ר׳, ־יּוֹת
gluey, sticky — דָּבִיק, ת״ז, דְּבִיקָה, ת״נ
glueyness, stickiness — דְּבִיקוּת, נ׳
Holy of Holies — דְּבִיר, ז׳, ר׳, ־רִים

דָּבַק, פ״ע — to cling, be attached, be glued; to join

דִּבֵּק, הִדְבִּיק, פ״י — to glue together

הִדְבִּיק, פ״י — to infect; to overtake

הִתְדַּבֵּק, הִדַּבֵּק, פ״ח — to be joined together

דָּבֵק, ת״ז, דְּבֵקָה, ת״נ — attached

דֶּבֶק, ז׳, ר׳, דְּבָקִים — glue, paste

דְּבֵקוּת, נ׳ — adhesiveness; strong spiritual adherence

דָּבָר, ז׳, ר׳, דְּבָרִים — word, saying; thing

דִּבְרֵי הַיָּמִים — chronicles, history

דְּבָרִים — Deuteronomy

עֲשֶׂרֶת הַדְּבָרִים (הַדִּבְּרוֹת) — The Decalogue (Ten Commandments)

דָּבַר, דִּבֵּר, פ״י — to speak

הִדְבִּיר, פ״י — to overwhelm, subdue

דִּבֵּר, ז׳, ר׳, ־בְּרוֹת — speech, commandment

דַּבָּר, ז׳, ר׳, ־רִים — leader, dictator

דֹּבֶר, ז׳, ר׳, דְּבָרִים — pasture

דֶּבֶר, ז׳, ר׳, דְּבָרִים — plague, pestilence

דֹּבְרָה, נ׳, ר׳, ־רוֹת — floating plank, raft

דִּבְרָה, דִּבְּרָה, נ׳, ר׳, דְּבָרוֹת, דִּבְּרוֹת — saying, commandment

עַל דִּבְרָתִי — upon my word

דַּבְּרָן, ז׳, ר׳, ־נִים — orator, speaker; talkative person

דַּבְּרָנוּת, נ׳ — oratory, loquacity

דְּבַשׁ, ז׳ — honey

[דבש] הִדְבִּישׁ, פ״ע — to spoil, ferment

דֻּבְשָׁן, ז׳, דֻּבְשָׁנִית, נ׳, ר׳, ־נִים, ־נִיּוֹת — honey cake

דַּבֶּשֶׁת, נ׳, ר׳, ־בָּשׁוֹת — hump (of camel)

דָּג, פ״י, ע׳ [דוג] — to fish

דָּג, ז׳, ר׳, ־גִים — fish

דִּגְדֵּג, פ״י — to tickle; to titillate

דַּגְדְּגָן, ז׳ — clitoris

דָּגָה, פ״ע — to multiply, increase

דָּגוּל, ת״ז, דְּגוּלָה, ת״נ — exalted; conspicuous, prominent

דָּגוּשׁ, ת״ז, דְּגוּשָׁה, ת״נ — marked with daghesh; stressed

דְּגִירָה, נ׳, ר׳, ־רוֹת — incubation

דָּגַל, פעו״י — to raise a flag

דֶּגֶל, ז׳, ר׳, דְּגָלִים — flag, banner

דַּגָּל, דַּגְלָן, ז׳, ר׳, ־לִים, ־נִים — flag-bearer

[דגם] הִדְגִּים פ״י — to give an example

דֻּגְמָא, דֻּגְמָה, נ׳, ר׳, ־אוֹת, ־מוֹת — example; sample

דֻּגְמָנִית, נ׳, ר׳, ־יוֹת — model, manikin

דָּגָן, ז׳, ר׳, דְּגָנִים — corn, grain

דָּגַר, פ״י — hatch

דָּגֵשׁ, ז׳, ר׳, דְּגָשִׁים — daghesh sign for stressing the consonant

דִּגֵּשׁ, פ״י — to mark with daghesh

הִדְגִּישׁ, פ״י — to emphasize, stress

דַּד, ז׳, ר׳, דַּדִּים — breast (chiefly of animal); nipple

דִּדָּה, פ״י — to lead (slowly), walk (babies)

דָּהָה, דֵּהָה, פ״ע — to fade, be discolored

הִדְהָה, פ״י — to cause to fade

דֵּהֶה, ת״ז, דֵּהָה, ת״נ — faded

דֵּהוּי, ז׳, דְּהִיָּה, נ׳ — fading

דְּהִירָה, נ׳, ר׳, ־רוֹת — gallop

[דהב] נִדְהַב, פ״ע — to be astonished, confused

דָּהַר, פ״ע — to gallop

דְּהָרָה, נ׳, ר׳, ־רוֹת — galloping

דו bi-, two
דוּ־חַי, ע' דוּחַי
דוּ־כְּנָף biplane
דוּ־קְרָב duel
דוּ־שְׁבוּעוֹן biweekly
דוּ־שִׂיחַ dialogue
דֻּבְדְּבָן, דֻּבְדְּבָן, ז', ר', ־נִים cherry
דּוֹבֵר, ז', ר', ־בְרִים spokesman
[דוג] דָּג, פ"י to fish
דּוּגָה, נ', ר', ־גוֹת fishing boat, dory
דּוּגִית, נ', ר', ־יוֹת canoe
דּוּגְמָה, ע' דֻּגְמָא
דּוּגְמָנִית, ע', דֻּגְמָנִית
דּוּד, ז', ר', ־דִים, דְּוָדִים boiler; kettle, pot
דּוֹד, ז', ר', ־דִים uncle; friend, lover
דּוּדָא, ז', ר', ־אִים pot, basket; mandrake
דּוֹדָה, נ', ר', ־דוֹת aunt
דּוֹדִים, ז"ר lovemaking, sexual intercourse
דּוֹדָן, ז', דּוֹדָנִית, נ', ר', ־נִים, ־נִיּוֹת cousin
דָּוָה, פ"ע to be sick, be ill; suffer pain during menstruation
דָּוֶה, דָּווּי, ת"ז, דָּוָה, דְּוּוּיָה, ת"נ sick, sad; menstruating
דו"חַ, דִּין־וְחֶשְׁבּוֹן, ז' report
דִּוֵּחַ, פ"י to report
דַּוָּח, ז', ר', ־חִים reporter (press)
[דוח] נָדוֹחַ to be rinsed, flushed
הֵדִיחַ, פ"י to rinse, flush
דּוּחַי, דּוּ־חַי, ז', ר', ־יִים amphibian
דּוֹחַן, דֹּחַן, ז' millet, panicum
דּוֹחַק, דֹּחַק, ז' pressure; closeness; poverty
דְּוַי, ז' sickness, pain
[דוך] דָּךְ, פ"י to crush, pound
דּוּכִיפַת, נ', ר', ־תִים hoopoe
דּוּכָן, דּוּכָנָא, ז', ר', ־נִים platform, pulpit
דּוּכָס, דֻּכָּס, ז', ר', ־סִים duke
דּוּמָה, נ', ר', ־מוֹת grave
דּוֹמֶה, ת"ז, דּוֹמָה, ת"נ alike, similar
דּוּמִיָּה, נ' silence, quietness
דּוֹמֵם, פ"י, ע' [דמם] to silence
דּוּמָם, תה"פ silently, noiselessly
[דון] דָּן, פ"י to judge, weigh; to discuss
דּוֹנַג, דֹּנַג, ז' wax
דּוֹפֶק, דֹּפֶק, ז', ר', דְּפָקִים pulse
דּוֹפֶק, ז', ר', ־פְקִים frame supporting movable stone of tomb
[דוץ] דָּץ, פ"ע to rejoice; to jump, leap
[דוק] דָּק, פ"ע to scrutinize
דַּוְקָא, דַּוְקָה, תה"פ only thus, exactly
דּוֹר, ז', ר', ־רוֹת generation; period; age
דּוּר, ז', ר', ־רִים circle; rim (of wheel)
דַּוָּר, דַּוָּאר, ז', ר', ־רִים postal clerk, mailman
[דור] דָּר, פ"ע to dwell, live
דִּיֵּר, פ"י to provide lodging
דּוֹרוֹן, ז', ר', ־נוֹת gift, present
[דוש] דָּשׁ, פ"י to thresh, tread, trample
דִּוֵּשׁ, פ"י to pedal
דַּוְשָׁה, נ', ר', דְּוָשׁוֹת pedal
דָּחָה, פ"י to push; to defer, postpone
דָּחוּי, ת"ז, דְּחוּיָה, ת"נ tottering
דִּחוּי, ז', דְּחִיָּה, נ', ר', ־יִים, ־יוֹת postponement
דָּחוּף, ת"ז, דְּחוּפָה, ת"נ in haste, hurried, urgent

דָּחוּק, ת"ז, דְּחוּקָה, ת"נ pressed; hard up
דָּחוּק, ז', ר', ־קִים needy person
דְּחִי, ז' fall, accident
דְּחִיָּה, נ', דִּחוּי, ז', ר', ־יוֹת, ־יִים postponement
דְּחִיסוּת, נ' tightness; compression
דְּחִיפָה, נ', ר', ־פוֹת pushing; incitement
דְּחִיקָה, נ', ר', ־קוֹת pressure; pushing
דַּחְלִיל, ז', ר', ־לִים scarecrow
דָּחַף, פ"י to push, drive
נִדְחַף, פ"ע to be in a hurry, hasten
דַּחְפּוֹר, ז', ר', ־רִים bulldozer
דָּחַק, פ"י to press, oppress
דֹּחַק, דּוֹחַק, ז' pressure; closeness; poverty
דַּי, ז'; תה"פ sufficiency; enough, sufficient
דִּיבּוּק, דִּבּוּק, ז', ר', ־קִים attachment; ghost, dibbuk
דִּיבּוּר, דִּבּוּר, ז', ר', ־רִים word, saying; speech
[דיג] דָּג, פ"י to fish
דַּיִג, דִּיּוּג, ז', דַּיָּגוּת, נ' fishing
דַּיָּג, ז', ר', ־גִים fisherman
דְּיוֹ, נ', ר', ־אוֹת ink
דִּיּוּג, ז', דַּיָּגוּת, נ' fishing
דְּיוֹטָה, נ', ר', ־טוֹת floor, story
דִּיּוּן, ז', ר', ־נִים consideration
דִּיּוּק, ז', ר', ־קִים accuracy, exactness, precision
דִּיּוּר, ז' lodging, dwelling
דַּיּוֹר, ז', ר', ־רִים tenant
דְּיוֹתָה, נ', ר', ־תוֹת ink pot
דִּיחוּי, דִּחוּי, ז' postponement
דַּיָּל, ז', דַּיֶּלֶת, נ', ־יָּלִים, ־יָּלוֹת host, hostess; waiter, waitress

דִּילוּג, דִּלּוּג, ז', ר', ־גִים jump, skip, omission
דִּימוּס, ז' amnesty, pardon
[דין] דָּן, פ"י to judge, punish; argue
דַּיֵּן, פ"ע, הִתְדַּיֵּן, פ"ח to argue, discuss
דִּין, ז', ר', ־נִים judgment; justice; law
דִּין וְחֶשְׁבּוֹן, ז', ר', דִּינִים וְחֶשְׁבּוֹנוֹת report, account
דַּיָּן, ז', ר', ־נִים judge (rabbinical)
דִּינָר, ז', ר', ־רִים dinar; coin
דַּיְסָה, נ', ר', ־סוֹת cereal, porridge
דִּיֵּק, פ"ע to be exact, accurate
דָּיֵק, ז', ר', דְּיֵקִים bulwark, defense wall
דַּיְקָן, ז', ר', ־נִים perfectionist, punctual person
דַּיְקָנוּת, נ' exactness, precision; punctuality
דִּיר, ז', ר', ־רִים sheepfold; stable, shed
דַּיָּר, ז', ר', ־רִים tenant, lodger
דִּירָה, נ', ר', ־רוֹת apartment, flat
דַּיִשׁ, ז', דִּישָׁה, נ' threshing
דַּיָּשׁ, ז', ר', ־שִׁים thresher
דִּישׁוֹן, ז', ר', ־נִים antelope
דַּיֵּת, פ"י to retouch
דָּךְ, פ"י, ע' [דוך] to crush, pound
דַּךְ, ת"ז, דַּכָּה, ת"נ oppressed, crushed
דִּכָּא, פ"י to oppress, subdue
דַּכָּא, ת"ז, ־אָה, ת"נ crushed, subdued
דִּכָּאוֹן, ז', ר', ־כְאוֹנוֹת depression
דִּכְדּוּךְ, ז' dejection, depression
דִּכְדֵּךְ, פ"י to crush, break, oppress
דָּכָה, פ"ע to be subdued, be crushed

דַּכָּה, נ׳ testicle; bruise, break
דִּכּוּי, דִּיכּוּי, ז׳, ר׳, ־יִּים oppression, tyranny
דַּל, ת״ז, דַּלָּה, ת״נ poor; thin
דָּלַג, דִּלֵּג, פ״י to skip, omit
דַּלְגִּית, נ׳, ר׳, ־יּוֹת skipping rope
דִּלְדּוּל, ז׳, ר׳, ־לִים impoverishment
דִּלְדֵּל, פ״י to impoverish
דֻּלְדַּל, פ״ע to be hanging limp
הִדַּלְדֵּל, הִתְדַּלְדֵּל, פ״ח to be reduced to poverty
דַּלָּה, נ׳, ר׳, ־לּוֹת masses; lock of hair
דָּלָה, פ״י to draw water
דִּלָּה, פ״י to raise
דִּלּוּג, דִּילוּג, ז׳, ר׳, ־גִים skip, jump, omission
דָּלוּחַ, ת״ז, דְּלוּחָה, ת״נ muddy, polluted
דְּלִי, ז׳, ר׳, ־לָיִים bucket, pail
דְּלִיחָה, דְּלִיחוּת, נ׳, ר׳, ־חוֹת, ־חִיּוֹת pollution
דָּלִיל, ת״ז, דְּלִילָה, ת״נ sparse, thin (liquid)
דְּלִיל, ז׳, ר׳, ־לִים thread, cord
דְּלִילוּת, נ׳ thinness (liquid)
דְּלִיפָה, נ׳, ר׳, ־פוֹת drop (of water), leak (of liquid, news)
דָּלִיק, ת״ז, דְּלִיקָה, ת״נ inflammable
דְּלִיקָה, דְּלֵקָה, נ׳, ר׳, ־קוֹת fire, conflagration
דָּלַל, פ״ע to dwindle; to be weakened
דִּלֵּל, פ״י to weaken; to thin out
הֵדַל, פ״י to trim (trees)
דְּלַעַת, נ׳, ר׳, ־לוּעִים pumpkin
דָּלַף, פ״ע to drop, drip, leak
דֶּלֶף, ז׳, ר׳, דְּלָפִים leakage, leak

דִּלְפָּה, נ׳, ר׳, דְּלָפוֹת drainpipe
דָּלַק, פעו״י to burn; to pursue
נִדְלַק, פ״ע to be ignited
הִדְלִיק, פ״י to kindle, set a match to
דֶּלֶק, ז׳ fuel, inflammable material
דְּלֵקָה, דְּלִיקָה, נ׳, ר׳, ־קוֹת fire, conflagration
דַּלֶּקֶת, נ׳, ר׳, ־לָּקוֹת inflammation
דֶּלֶת, ב׳, ר׳, דְּלָתוֹת door; page (scroll); first half of verse
דָּלֶת, נ׳ Daleth, fourth letter of Hebrew alphabet
דַּלְתּוֹת נ׳ (stock) exchange
דַּלְתִּית, נ׳, ר׳, ־יּוֹת hatch
דָּם, ז׳, ר׳, ־מִים blood
דְּמַאי, דְּמַי, ז׳ dubious thing
דִּמְדּוּם, ז׳, ר׳, ־מִים dim light; twilight
דִּמְדּוּם חוּשִׁים, ז׳ blackout (of senses)
דִּמְדֵּם, פ״ע to be hysterical, be confused (from fever)
דָּמָה, פ״ע to be like, resemble; to cease
נִדְמָה, פ״ע to be cut off
דִּמָּה, פ״י to liken, compare; to think, imagine
הִדַּמָּה, פ״ח to become like
דִּמָּה, נ׳, ר׳, ־מּוֹת buoy
דֶּמֶה, ז׳, ר׳, דְּמָאִים decoy
דִּמּוּי, ז׳, ר׳, ־יִּים comparison, simile
דָּמוּי, ת״ז, דְּמוּיָה, ת״נ similar, comparable
דָּמוּם, ת״ז, דְּמוּמָה, ת״נ silent
דְּמוּמִית, נ׳, ר׳, ־יּוֹת anemone
דְּמוּת, נ׳, ר׳, ־מֻיּוֹת, ־מוּיוֹת image, form

דְּמִי, ז' — rest, quiet, silence
דִּמְיוֹן, ז', ר', ־נוֹת — imagination; likeness, resemblance
דִּמְיוֹנִי, ת"ז, ־נִית, ת"נ — imaginary
דָּמִים, ז"ר — money, cost, value; blood
דְּמֵי כְּנִיסָה — entrance fee
דְּמֵי לֹא יַחֲרֹץ — hush money
דְּמֵי מַפְתֵּחַ — key money (real estate)
דְּמֵי קְדִימָה — deposit
דָּמַם, פ"ע — to be still, be silent
נָדַם, פ"ע — to be made silent, dumb
דּוֹמֵם, פ"י — to make silent
הֵדַם, פ"י — to silence; to destroy
דְּמָמָה, נ', ר', ־מוֹת — silence, whisper
דָּמַע, הִדְמִיעַ, פ"ע — to shed tears
הִדְמִיעַ, פ"י — to cause someone to shed tears
דֶּמַע, ז' — tear; juice; lachrymosity
דִּמְעָה, נ', ר', דְּמָעוֹת — tear
דָּן, פ"י, ע' [דון] — judge, weigh; discuss
דֹּנַג, דּוֹנַג, ז' — wax
דִּסְקִית, נ', ר', ־יוֹת — (metal) tag, dogtag
דֵּעַ, ז', דֵּעָה, נ', ר', ־עִים, ־עוֹת — knowledge, wisdom; opinion
דָּעַךְ, פ"ע — to flicker, be extinguished; to be on verge of dying
נִדְעַךְ, פ"ע — to be made extinct, be destroyed
דַּעַת, נ', ר', דֵּעוֹת — knowledge, wisdom, understanding
דַּעְתָּן, ז', ר', ־נִים — energetic person; obstinate person
דַּף, ז', ר', ־פִּים — leaf, page; board, plank
דִּפְדֵּף, פ"י — to turn pages; to browse

דַּפְדֶּפֶת, נ', ר', ־דָּפוֹת — loose-leaf notebook
דְּפוּס, ז', ר', ־סִים — printing press; form, mold
דֹּפִי, ז' — blemish, fault
דְּפִיקָה, נ', ר', ־קוֹת — knocking beating
דֹּפֶן, זו"נ, ר', דְּפָנִים, דְּפָנוֹת — partition, board
דַּפְנָה, דַּפְנָא, נ', ר', ־נִים, ־אִים — laurel
[דפס] נִדְפַּס, פ"ע — to be printed
הִדְפִּיס, פ"י — to print
דָּפַק, פ"י — to knock, beat
הִתְדַּפֵּק, פ"ח — to beat, knock violently
דֹּפֶק, דּוֹפֶק, ז', ר', דְּפָקִים — pulse
דִּפְתָּר, ז', ר', ־תְּרָאוֹת — register
דִּפְתְּרָן, ז', ר', ־נִים — registrar
דָּץ, פ"י, ע' [דוץ] — to rejoice; to jump, leap
דַּק, ת"ז, דַּקָּה, ת"נ — thin
דַּקִּים — intestines
דָּק, פ"ע, ע' [דוק] — to scrutinize
דִּקְדּוּק, ז', ר', ־קִים — grammar; exactness, detail, minuteness
דִּקְדֵּק, פ"י — to examine, observe carefully; to deal with grammar
דַּקְדְּקָן, ז', ר', ־נִים — grammarian, pedant
דַּקָּה, נ', דַּק, ז', ר', ־קוֹת, ־קִים — minute
דָּקוֹר, דֶּקֶר, ז', ר', ־רִים, דְּקָרִים — chisel, pickax
דַּקּוּת, נ', ר', ־קֻיוֹת, ־קוּיוֹת — thinness; nicety
דַּקִּיקָה, נ', ר', ־קוֹת — second (sixtieth part of a minute)

דְּקִירָה, נ׳, ר׳, ־רוֹת stubbing; pricking
דֶּקֶל, ז׳, ר׳, דְּקָלִים palm tree
דִּקְלוּם, ז׳, ר׳, ־מִים declamation
דִּקְלֵם, פ״י to declaim, recite
דָּקַק, פ״י to crush, make fine
דָּקַר, פ״י to pierce, prick, stab
דֶּקֶר, דָּקוֹר, ז׳, ר׳, דְּקָרִים, ־רִים chisel, pickax
דָּר, פ״ע, ע׳ [דור] to dwell, live
דַּר, ז׳, ר׳, דָּרִים mother-of-pearl
דֵּרָאוֹן, ז׳ shame, abomination
דָּרְבָן, דָּרְבוֹן, ז׳, ־בָנוֹת, ־בוֹנוֹת spur
דַּרְבָּן, ז׳, ר׳, ־נִים porcupine
דִּרְבֵּן, פ״י to spur on, goad
דֵּרַג, הִדְרִיג, פ״י to step, grade
דַּרְגָּה, נ׳, ר׳, דְּרָגוֹת step, grade, rank
דַּרְגָּשׁ, ז׳, ר׳, ־שִׁים couch
דַּרְדַּק, ז׳, ר׳, ־קִים child; pupil (beginner)
דַּרְדַּר, ז׳, ר׳, ־רִים thistle
דִּרְדֵּר, פ״י to roll down
דָּרוּג, ת״, דְּרוּגָה, ת״נ graded
דֵּרוּג, ז׳, ר׳, ־גִים grading (rank, pay)
דָּרוֹם, ז׳ south
דְּרוֹמִי, ת״ז, ־מִית, ת״נ southern
דָּרוּס, ת״ז, דְּרוּסָה, ת״נ run-over, trodden
דְּרוֹר, ז׳, ר׳, ־רִים freedom, liberty; swallow
דְּרוּשׁ, ז׳, ר׳, ־שִׁים sermon, homily; lecture
דָּרוּשׁ, ת״ז, דְּרוּשָׁה, ת״נ required, needed
דְּרִיכָה, נ׳ treading; cocking (of a gun)

דְּרִיכוּת, נ׳ readiness, tenseness
דְּרִיסָה, נ׳, ר׳, ־סוֹת treading
דְּרִיסַת רֶגֶל right of way; access
דְּרִישָׁה, נ׳, ר׳, ־שׁוֹת request; investigation
דָּרַךְ, פ״ע to step, walk, march, tread; to squeeze, press
הִדְרִיךְ, פ״י to lead, guide, direct; to educate
דֶּרֶךְ, ז״נ, ר׳, דְּרָכִים road, way; journey; manner, custom
דֶּרֶךְ, תה״פ through, by way of
דֶּרֶךְ אֶרֶץ good manners, occupation
דַּרְכּוֹן, ז׳, ר׳, ־נִים passport
דָּרַס, פ״י to tread, trample
דָּרַשׁ, פ״י to seek, inquire, ask; to investigate; to lecture
דְּרַשׁ, ז׳, דְּרָשָׁה, נ׳, ר׳, ־רָשִׁים, ־שׁוֹת sermon, homiletical exposition
דַּרְשָׁן, ז׳, ר׳, ־נִים lecturer, preacher
דַּרְשָׁנוּת, נ׳ preaching (Jewish)
דָּשׁ, פ״י ע׳ [דוש] to thresh, tread, trample
דַּשׁ, ז׳, ר׳, ־שִׁים lapel, flap
דֶּשֶׁא, ז׳, ר׳, דְּשָׁאִים vegetation; grass, lawn
דָּשָׁא, פ״ע to sprout, grow grass
הִדְשִׁיא, פ״י to cause to grow
דִּשּׁוּן, ז׳, ר׳, ־נִים removal of ashes; fertilizer
דֶּשֶׁן, ז׳, ר׳, דְּשָׁנִים fat, fat of sacrifices
דָּשֵׁן, ת״ז, דְּשֵׁנָה, ת״נ fat, vigorous
דָּשַׁן, פ״ע to grow fat
דִּשֵּׁן, פ״י to make fat; to remove fat; to fertilize
הִתְדַּשֵּׁן, הִדַּשֵּׁן, פ״ח to grow fat

דָּת, נ׳, ר׳, ־תוֹת — religion; law, statute; custom

דָּתִי, ת״ז, דָּתִית, ת״נ — religious, pious

דָּתִיּוּת, נ׳ — piety, religiousness

ה

ה — He, fifth letter of Hebrew alphabet; five

הַ־, [הָ־, הֶ־], הֵא הַיְּדִיעָה — the (*def. art.*)

הֲ־, [הַ־, הֶ־], הֵא הַשְּׁאֵלָה — interrogative particle

הֵא, נ׳, ר׳, הֵאִים, הֵאִין; מ״ק — He, name of fifth letter of Hebrew alphabet; lo, behold

הָא, מ״ג — this

הֶאֱבִיב, פ״י, ע׳ [אבב] — to bring forth shoots

הֶאֱבִיד, פ״י, ע׳ [אבד] — to lose; to destroy

הֶאֱבִיר, פ״י [אבר] — to fly, spread one's wings, soar

הֵאָבְקוּת, נ׳, ר׳, ־קֻיּוֹת — struggling, wrestling

הֶאְדִּים, פ״ע, ע׳ [אדם] — to redden, become red

הַאְדָּרָה, הַאֲדָרָה, נ׳, ר׳, ־רוֹת — glorification

הֶאֱהִיל, פ״י, ע׳ [אהל] — to cover up

הֶאֱזִין, פ״י, ע׳ [און] — to listen (to the radio)

הַאֲזָנָה, נ׳, ר׳, ־נוֹת — attentiveness

הֶאָח, מ״ק — Aha!

הֵאֵט, פ״י, ע׳ [אטט] — to slow up

הֵאִיץ, פ״י, ע׳ [אוץ] — to urge, press

הֵאִיר, פ״י ע׳ [אור] — to brighten, make shine; to become bright

הֶאֱכִיל, פ״י, ע׳ [אכל] — to feed

הֶאֱלָה, פ״ע, ע׳ [אלה] — to swear in, put under oath

הֶאֱלִיהַּ, פ״י, ע׳ [אלה] — to deify; to worship

הֶאֱלִיף, פ״י, ע׳ [אלף] — to bring forth thousands

הֶאֱמִין, פ״ע, ע׳ [אמן] — to trust, believe (in)

הֶאֱמִיר, פ״י, ע׳ [אמר] — to elevate; to proclaim

הַאֲמָנָה, נ׳ — faith; confirmation

הַאֲמָתָה, נ׳, ר׳, ־תוֹת — verification

הַאֲפָלָה, נ׳, ר׳, ־לוֹת — darkening; blackout

הֶאֱצִיל, פ״י, ע׳ [אצל] — to withdraw; to emanate

הַאֲצָלָה, נ׳, ר׳, ־לוֹת — emanation

הֲאָרָה, הֶאָרָה, נ׳, ר׳, ־רוֹת — lighting, kindling, illumination

הֶאָרַת פָּנִים — grace, kindliness, welcome

הֶאֱרִיךְ, פ״י, ע׳ [ארך] — to lengthen, prolong

הַאֲרָכָה, נ׳, ר׳, ־כוֹת — lengthening, extension of time

הֶאֱשִׁים, פ״י, ע׳ [אשם] — to accuse, blame

הַאֲשָׁמָה, נ׳, ר׳, ־מוֹת — accusation, blaming

הַב, פ״י, ע׳ [יהב] — give!

הֲבָאָה, נ׳, ר׳, ־אוֹת — quotation

הֲבַאי, הֲבַי, ז׳ — exaggeration; vain talk

הִבְאִישׁ, פעו״י, ע׳ [באשׁ] to emit a bad smell
הַבְאָשָׁה, נ׳, ר׳, ־שׁוֹת spoiling, defamation
הִבְדִּיל, פ״י, ע׳ [בדל] to distinguish, separate
הֶבְדֵּל, ז׳, ר׳, ־לִים difference, distinction
הַבְדָּלָה, נ׳, ר׳, ־לוֹת separation; Habdalah, benediction over a wine at the conclusion of the sabbath and festivals
הִבָּדְלוּת, נ׳, ר׳, ־לֻיּוֹת separation, dissimulation
הָבָה, מ״ק come on, well then, let's
הִבְהֵב, פ״י to roast, singe
הִבְהוּב, ז׳ roasting, singeing
הִבְהִיל, פ״י, ע׳ [בהל] to frighten, hasten
הִבְהִיק, פ״ע, ע׳ [בהק] to brighten, be bright
הִבְהִיר, פעו״י, ע׳ [בהר] to make clear, make bright
הַבְהָרָה, נ׳, ר׳, ־רוֹת clearing, clarification
הִבְחִין, פ״י, ע׳ [בחן] to distinguish, discriminate
הַבְחָלָה, נ׳, ר׳, ־לוֹת ripening
הַבְחָנָה, נ׳, ר׳, ־נוֹת discernment, discrimination
הַבְטָאָה, נ׳, ר׳, ־אוֹת pronunciation
הַבָּטָה, נ׳, ר׳, ־טוֹת glance; aspect
הַבְטָחָה, נ׳, ר׳, ־חוֹת assurance, promise
הִבְטִיחַ, פ״י, ע׳ [בטח] to promise; to insure; to make secure
הִבְטִיל, פ״י, ע׳ [בטל] to suspend, interrupt

הַבְטָלָה, נ׳, ר׳, ־לוֹת unemployment
הֲבַי, הֲבַאי, ז׳ exaggeration; vain talk
הֵבִיא, פ״י, ע׳ [בוא] to bring, lead in
הִבִּיט, פ״י, ע׳ [נבט] to look, look at
הֵבִין, פ״י, ע׳ [בין] to understand; to teach, explain
הִבִּיעַ, פ״י, ע׳ [נבע] to utter, express
הֵבִיר, הוֹבִיר, פ״י, ע׳ [בור] to neglect, let lie waste
הֵבִישׁ, פ״י, ע׳ [בושׁ] to put to shame
הִבְכִּירָה, פ״י, ע׳ [בכר] to bear for the first time
הֶבֶל, ז׳, ר׳, הֲבָלִים vapor, heat, air; vanity, emptiness
הָבַל, פ״ע to become vain
הֶהְבִּיל, פ״י to lead astray; to give off vapor
הַבְלָגָה, נ׳, ר׳, ־גוֹת self-restraint; restraining
הַבְלָטָה, נ׳, ר׳, ־טוֹת bringing into relief, emphasizing
הִבְלִיג, פ״ע, ע׳ [בלג] to pluck up courage, bear up
הִבְלִיחַ, פ״ע, ע׳ [בלח] to flicker
הִבְלִיט, פ״י, ע׳ [בלט] to emboss; to display; to emphasize
הִבְלִיעַ, פ״י, ע׳ [בלע] to cause to swallow; to slur over, elide
הַבְלָעָה, נ׳, ר׳, ־עוֹת absorption; ellipsis
הָבֶן, הָבְנֶה, ז׳, ר׳, הָבְנִים ebony; ebony tree
הֲבָנָה, נ׳ discernment, understanding
הַבָּעָה, נ׳, ר׳, ־עוֹת enunciation, expression
הִבְעִיר, פ״י, ע׳ [בער] to set on fire; to cause to be grazed over
הִבְעִית, פ״י, ע׳ [בעת] to frighten

הֶבְעֵר, ז׳ kindling, burning
הַבְעָרָה, נ׳, ר׳, ־רוֹת burning; removal
הִבְקִיעַ, פ״י, ע׳ [בקע] to break through, take by assault
הַבְקָעָה, נ׳, ר׳, ־עוֹת break-through
הָבַר, פ״י to divide; to pronounce
הַבְרָאָה, נ׳ recuperation
הִבָּרְאוּת, נ׳ creation
הֲבָרָה, נ׳, ר׳, ־רוֹת syllable, sound; enunciation
הַבְרָחָה, נ׳, ר׳, ־חוֹת concealment
הַבְרָחַת מֶכֶס smuggling
הִבְרִיא, פעו״י, ע׳ [ברא] to make fat, become healthy, recuperate
הִבְרִיחַ, פ״י, ע׳ [ברח] to cause to flee; to bolt
הִבְרִיךְ, פ״י, ע׳ [ברך] to cause to kneel; to engraft
הִבְרִיק, פ״י, ע׳ [ברק] glitter, polish; to cable
הַבְרָכָה, נ׳, ר׳, ־כוֹת grafting
הַבְרָקָה, נ׳, ר׳, ־קוֹת shining, polishing; cabling
הִבְשִׁיל, פ״י, ע׳ [בשל] to ripen
הַבְשָׁלָה, נ׳, ר׳, ־לוֹת ripening
הִגְאִיל, פ״י, ע׳ [גאל] to contaminate, pollute
הֲגָבָה, נ׳, ר׳, ־בוֹת reaction
הַגְבָּהָה, נ׳, ר׳, ־הוֹת raising; raising of the open scroll of the Law in the synagogue
הִגְבִּיהַּ, פ״י, ע׳ [גבה] to exalt, elevate, raise; to jack up
הִגְבִּיל, פ״י, ע׳ [גבל] to set bounds, limit
הֻגְבַּל, פ״ע, ע׳ [גבל] to be bounded, limited

הִגְבִּיר, פ״י, ע׳ [גבר] to strengthen
הַגְבָּלָה, נ׳, ר׳, ־לוֹת limitation; definition
הַגְבָּרָה, נ׳, ר׳, ־רוֹת strengthening
הַגָּדָה, נ׳, ר׳, ־דוֹת tale, legend; homiletics; popular lecture; Haggadah; service on Passover night
הַגָּדִי, ת״ז, ־דִית, ת״נ legendary, mythical
הִגְדִּיל, פ״י, ע׳ [גדל] to make great, increase
הִגְדִּיר, פ״י, ע׳ [גדר] to define
הַגְדָּרָה, נ׳, ר׳, ־רוֹת definition
הָגָה, פ״י to speak, murmur; to moan; to reason, argue; to meditate; to read, pronounce; to remove
הֶהְגָה, פ״י to murmur, utter
הֹגָה, פ״ע to be removed
הֶגֶה, ז׳, ר׳, ־הֲגָאִים, הֲגָיִים sound; moan; rudder (of ship); steering wheel (of automobile)
הַגָּהָה, נ׳, ר׳, ־הוֹת correction of texts; proof (in printing); annotation
הִגּוּי, הִיגּוּי, ז׳, ר׳, ־יִים utterance; pronunciation
הָגוּן, הָגִין, ת״ז, הֲגוּנָה, ת״נ worthy, proper, respectable, suitable
הָגוּת, נ׳ meditation; utterance
הִגְזִים, פ״י, ע׳ [גזם] to exaggerate; to frighten
הַגְזָמָה, נ׳, ר׳, ־מוֹת exaggeration
הֲגָחָה, נ׳, ר׳, ־חוֹת sudden attack, outbreak
הֵגִיב, פ״י ע׳ [גוב] to react
הָגִיג, ז׳, ר׳, ־הֲגִיגִים meditation; murmuring

הִגִּיד, פ״י, ע׳ [נגד] to declare, tell; to announce, inform

הִגִּיהַּ, פ״י, ע׳ [נגה] to cause to shine; to correct, revise

הֲגָיָה, הֲגִיָּה, נ׳, ר׳, ־יוֹת, ־יּוֹת pronunciation

הִגָּיוֹן, ז׳, ר׳, הֶגְיוֹנוֹת logic, meditation

הֶגְיוֹנִי, ת״ז, ־נִית, ת״נ logical

הֵגִיס, פ״י, ע׳ [גוס] to stir

הִגִּיעַ, פ״ע, ע׳ [נגע] to reach; to approach; to arrive

הֵגִיף, פ״י, ע׳ [גוף] to close, lock (door, gate)

הִגִּיר, פ״י, ע׳ [נגר] to spill; to pour down

הֲגִירָה, נ׳, ר׳, ־רוֹת migration

הִגִּישׁ, פ״י, ע׳ [נגש] to bring near; to bring, offer

הִגְלָה, פ״י, ע׳ [גלה] to banish, exile

הִגְלִיד, פ״ע, ע׳ [גלד] to grow skin (over wound)

הֶגְמוֹן, ז׳, ר׳, ־נִים bishop, cardinal, official

הִגְמִיא, פ״י, ע׳ [גמא] to give to drink

הֵגֵן, פ״י, ע׳ [גנן] to protect, defend

הֲגָנָּה, הֲגָנָה, נ׳ defense, protection

הִגְנִיב, פ״י, ע׳ [גנב] to interject

הֲגָסָה, נ׳, ר׳, ־סוֹת mixing, stirring

הֲגָעָה, נ׳ touching

הַגְעָלָה, נ׳, ר׳, ־לוֹת rinsing with boiling water

הֲגָפָה, נ׳, ר׳, ־פוֹת closing, locking; rattling

הֵגֵר, פ״ע to emigrate; to immigrate

הִגְרִיל, פ״י, ע׳ [גרל] to raffle, cast lots

הִגְרִיס, פ״י, ע׳ [גרס] to break, crush

הַגְרָלָה, נ׳, ר׳, ־לוֹת casting lots; lottery

הַגָּשָׁה, נ׳, ר׳, ־שׁוֹת serving; bringing near

הִגְשִׁים, פ״י, ע׳ [גשם] to materialize; to cause to rain

הַגְשָׁמָה, נ׳, ר׳, ־מוֹת materialization; ascribing to the spiritual, material attributes

הֵד, ז׳, ר׳, ־דִים echo; shout; noise

הִדְבִּיק, פ״י, ע׳ [דבק] to infect; to overtake

הִדְבִּישׁ, פ״י, ע׳ [דבש] to spoil; to ferment

הִדַּבֵּק, פ״ח, ע׳ [דבק] to be joined together

הַדְבָּקָה, נ׳, ר׳, ־קוֹת adhesion

הִדַּבְּקוּת, נ׳, ר׳, ־קֻיּוֹת cleaving to, attachment

הִדְגִּישׁ, פ״י, ע׳ [דגש] to emphasize, stress

הַדְגָּמָה, נ׳, ר׳, ־מוֹת exemplification

הַדְגָּשָׁה, נ׳, ר׳, ־שׁוֹת stress, emphasis

הִדֵּד, פ״י to echo

הֲדָדִי, ת״ז, ־דִית, ת״נ each other, reciprocal, mutual

הֲדָדִיּוּת, נ׳ reciprocity

הָדָה, פ״י to stretch out

הִדְהָה, פ״י, ע׳ [דהה] to cause to fade

הֹדּוּ, הוֹדוּ נ׳ India

הֲדוֹם, הֲדֹם, ז׳, ר׳, ־מִים footstool

הִדּוּק, הִידּוּק, ז׳ hoop; bending

הָדוּר, ז׳, ר׳ ־הֲדוּרִים rugged place

הָדוּר, ת״ז, הֲדוּרָה, ת״נ adorned, splendid

הִדּוּר, הִידּוּר, ז׳, ר׳, ־רִים embellishment, decoration

הֲדָחָה, נ׳, ר׳, ־חוֹת rinsing, washing off; thrusting away; leading astray

הֹדִּי, ת״ז, הֹדִּית, ת״נ Indian

הֶדְיוֹט, ז׳, ר׳, ־טִים, ־טוֹת layman; common, ignorant person

הֵדִיחַ, פ״י, ע׳ [דוח] to rinse, flush, cleanse

הִדִּיחַ, פ״י, ע׳ [נדח] to banish, expel; to lead astray

הֲדִיפָה, נ׳, ר׳, ־פוֹת pushing, kicking

הִדִּיר, פ״י, ע׳ [נדר] to put under a vow, prohibit by a vow

הָדַךְ, פ״י to cast down

הֵדַל, פ״י, ע׳ [דלל] to trim (trees)

הִדַּלְדֵּל, פ״ח, ע׳ [דלדל] to be reduced to poverty

הִדְלִיק, פ״י, ע׳ [דלק] to kindle, set match to

הַדְלָקָה, נ׳, ר׳, ־קוֹת lighting, illumination, bonfire

הֵדַם, פ״י, ע׳ [דמם] to silence; to destroy

הֲדֹם, הֲדוֹם, ז׳, ר׳, ־מִים footstool

הִדַּמָּה, פ״ח, ע׳ [דמה] to become like

הִדָּמוּת, נ׳, ר׳, ־מֻיּוֹת resemblance

הִדְמִיעַ, פעו״י, ע׳ [דמע] to shed tears; to cause to shed tears

הֲדַס, ז׳, ר׳, ־סִּים myrtle

הִדֵּס, פ״ע to spring; to dance; to jump (chickens)

הָדַף, פ״י to thrust, push, drive

הִדְפִּיס, פ״י, ע׳ [דפס] to print

הַדְפָּסָה, נ׳, ר׳, ־סוֹת printing

הִדֵּק, פ״י to press together, squeeze

הֶדֶק, ז׳, ר׳, הֲדָקִים trigger; clip

הָדָר, ז׳, ר׳, הֲדָרִים ornament; splendor, majesty; honor, glory

הָדַר, פ״י to adorn, honor

הִדֵּר, פ״י to be zealous

הִתְהַדֵּר, פ״ע to boast

הֶדֶר, ז׳ splendor, ornament

הַדְרָגָה, נ׳, ר׳, ־גוֹת gradation

הַדְרָגִי, ת״ז, ־גִית, ת״נ step by step, gradual

הִדְרִיג, פ״י, ע׳ [דרג] to step; to grade

הֲדָרָה, נ׳, ר׳, ־רוֹת splendor

הַדְרַת פָּנִים beauty, dignity (of face)

הִדְרִיךְ, פ״י, ע׳ [דרך] to lead, guide, direct, educate

הַדְרָכָה, נ׳, ר׳, ־כוֹת guidance, direction

הַדְרָן, ז׳, מ״ק encore!, let us repeat; utterance on concluding a Talmud tractate

הִדְשִׁיא, פ״י, ע׳ [דשא] to cause to grow

הִדַּשֵּׁן, פ״ח, ע׳ [דשן] to grow fat

הָהּ, מ״ק woe!, alas!, ah!

הוֹ, הוֹי, מ״ק ah!, alas!

הוּא, מ״ג he; it; that; copula, connecting subject and predicate

הַהוּא that one

הוֹאִיל, פ״ע, ע׳ [יאל] to agree, be willing, consent; to undertake

הוֹאִיל וְ־ תה״פ since

הוֹבִיל, פ״י, ע׳ [יבל] to bring; to lead

הוֹבִישׁ, פ״י, ע׳ [יבש] to cause to dry up; to put to shame

הוֹבָלָה, נ׳, ר׳, ־לוֹת bringing, carrying, transporting, transportation

הוֹבֵר, ז׳, ר׳, ־הוֹבְרִים astrologer

הוֹגֵן, ת״ז, הוֹגֶנֶת, ת״נ worthy, suitable, proper

הוֹנִיעַ, פ״י, ע׳ [ינע] to exhaust, tire; to weary

הוֹד, ז׳ glory, splendor, beauty, majesty

הוֹדָאָה, נ׳, ר׳, ־אוֹת admission, confession; thanksgiving, praise

הוֹדָה, פ״י, [ידה] to admit; to give thanks; to praise

הוֹדוֹת לְ־, תה״פ thanks to, owing to

הוֹדִי, הֹדִּי, ת״ז, הֹדִּית, ת״נ Indian

הוֹדָיָה, נ׳, ר׳, ־יוֹת admission, acknowledgment, confession; thanksgiving, praise

הוֹדִיעַ, פ״י, ע׳ [ידע] to inform, make known

הוֹדָעָה, נ׳, ר׳, ־עוֹת announcement; definiteness

הַוָּה, נ׳, ר׳, הַוּוֹת lust; mischief; destruction

הֹוָה, נ׳, ר׳, הֹווֹת ruin, calamity

הָוָה, פ״ע to be; to exist

הִוָּה, פ״י to form, constitute

הִתְהַוָּה, פ״ח to become

הֹוֶה, ז׳ existing; present; present tense

הוֹזֶה, ז׳, ר׳, ־זִים dreamer, visionary

הוֹזִיל, פ״י, ע׳ [זול] to reduce (price)

הוֹזָלָה, נ׳, ר׳, ־לוֹת reduction, cheapening

הוֹחִיל, פ״ע, ע׳ [יחל] to wait, tarry; to hope for

הוּטַב, פ״ע, ע׳ [טוב] to become better, ameliorate

הוֹי, הוֹ, מ״ק oh!, alas!

הֲוָי, ז׳ existence

הֲוָיָה, נ׳, ר׳, ־יוֹת existence; name of the Deity, Tetragrammaton

הוֹכָחָה, נ׳, ר׳, ־חוֹת evidence, proof

הוֹכִיחַ, פ״י, ע׳ [יכח] to prove, argue, admonish

הוֹלָדָה, נ׳, ר׳, ־דוֹת birth; procreation

הוֹלֶדֶת, הֻלֶּדֶת, נ׳ birth

הוֹלִיד, פ״י, ע׳ [ילד] to beget

הוֹלִיךְ, פ״י, ע׳ [הלך, ילך] to lead; to carry

הוֹלָכָה, נ׳, ר׳, ־כוֹת carrying; leading

הוֹלֵל, ז׳, ר׳, ־לְלִים mocker; fool

הוֹלֵלוּת, הוֹלֵלוֹת, נ׳, ר׳, ־לֻיּוֹת folly, madness; mockery; hilarity

הוּם, פ״ע, ע׳ [הים] to make a noise, roar

הוֹמֶה, ת״ז, הוֹמָה, הוֹמִיָּה, ת״נ bustling, noisy

הוּמַם, פ״ע, ע׳ [מום] to become deformed, crippled

הוּמַק, פ״ע, ע׳ [מקק] to fall apart; to be crushed

הוּמַת, פ״ע, ע׳ [מות] to be killed

הוּן, פ״ע, ע׳ [הין] to dare

הוֹן, ז׳ wealth, capital

הוֹן, תה״פ enough

הוֹנָאָה, הוֹנָיָה, נ׳, ר׳, ־אוֹת oppression; overcharging; fraud

הוֹנָה, פ״י, ע׳ [ינה] to oppress, to vex; to deceive

הוֹסִיף, פ״י, ע׳ [יסף] to add, increase; to continue

הוֹסָפָה, נ׳, ר׳, ־פוֹת increase; supplement

הוֹעִיד, פ״י, ע׳ [יעד] to fix a time (for an appointment); designate

הוֹעִיל, פ״י, ע׳ [יעל] to benefit; to be useful

הוֹפִיעַ, פ"ע, ע' [יפע] to appear; to shine
הוֹפָעָה, נ', ר', ־עוֹת appearance; phenomenon
הוֹצָאָה, נ', ר', ־אוֹת expenditure, cost, outlay; edition
הוֹצָאָה לְאוֹר publishing
הוֹצִיא, פ"י, ע' [יצא] to bring out, carry out; to exclude; to spend
הוֹצִיא לְאוֹר to publish
הוֹקִיעַ, פ"י, ע' [יקע] to hang; to stigmatize
הוֹקִיר, פ"י, ע' [יקר] to honor, treat with respect; to make rare
הוֹקָעָה, נ', ר', ־עוֹת hanging
הוֹקָרָה, נ', ר', ־רוֹת raising the price; esteem, appreciation
הוֹרָאָה, נ', ר', ־אוֹת instruction; decision; meaning
הוֹרָדָה, נ', ר', ־דוֹת bringing down
הוֹרֶה, ז', ר', ־רִים parent (father)
הוֹרָה, נ', ר', ־רוֹת parent (mother)
הוֹרָה, פ"י, ע' [ירה] to teach, instruct; to point; to shoot
הוֹרִיד, פ"י, ע' [ירד] to bring down, lead down, lower
הוֹרִיק, פעו"י, ע' [ירק] to become green
הוֹרִישׁ, פ"י, ע' [ירש] to cause to inherit; to dispossess
הוֹרָשָׁה, נ', ר', ־שׁוֹת bequest, a giving of inheritance
הוֹשָׁבָה, נ', ר', ־בוֹת seating, placing
הוֹשִׁיב, פ"י, ע' [ישב] to seat; to settle
הוֹשִׁיט, פ"י, ע' [ישט] to hold out; to stretch out

הוֹשִׁיעַ, פ"י, ע' [ישע] to save, deliver
הוֹשַׁעְנָא, הוֹשַׁעְנָה, נ', ר', ־נוֹת help!; I pray!; hosanna!
הוֹשַׁעְנָא רַבָּא seventh day of Feast of Tabernacles
הוֹשַׁעְנוֹת, נ"ר willow twigs used in the synagogue on Feast of Tabernacles
הוֹתִיר, פ"י, ע' [יתר] to leave over
הַזָּאָה, הַזָּיָה, נ', ר', ־אוֹת, ־יוֹת sprinkling
הִזְדַּבֵּן, פ"ח, ע' [זבן] to be sold
הִזְדַּהוּת, נ' identification
הִזְדַּוֵּג, פ"ע, ע' [זוג] to be paired, be mated
הִזְדַּוְּגוּת, נ', ר', ־גֻיּוֹת coupling, pairing; cohabitation
הִזְדַּיֵּן, פ"ע, ע' [זין] to arm oneself
הִזְדַּיְּנוּת, נ', ר', ־נֻיּוֹת equipment; arming oneself
הִזְדַּכֵּךְ, פ"ע, ע' [זכך] to become clean, clear, pure
הִזְדַּכְּכוּת, נ', ר', ־כֻיּוֹת cleansing, purification
הִזְדַּמֵּן, פ"ע, ע' [זמן] to prepare oneself; to meet; to chance
הִזְדַּמְּנוּת, נ', ר', ־נֻיּוֹת occasion, opportunity, chance
הִזְדַּעְזֵעַ, פ"ח, ע' [זעזע] to be agitated; to shake
הִזְדַּקֵּן, פ"ע, ע' [זקן] to grow old
הִזְדָּרֵז, פ"ע, ע' [זרז] to be alert, be zealous
הָזָה, פ"ע to daydream
הִזָּה, פ"י, ע' [נזה] to sprinkle
הַזְהָבָה, נ', ר', ־בוֹת gold-plating
הִזְהִיר, פ"ע, ע' [זהר] to teach, warn
הַזְהָרָה, אַזְהָרָה, נ', ר', ־רוֹת warning

הֲזָזָה, נ׳, ר׳, ־זוֹת — displacing, moving

הֵזִיד, פ״י, ע׳ [זוד] — to boil, seethe; to act insolently

הֲזָיָה, נ׳, ר׳, ־יוֹת — hallucination, delusion, superstition

הַזָּיָה, הַזָּאָה, נ׳, ר׳, ־יוֹת, אוֹת — sprinkling

הֵזִיז, פ״י, ע׳ [זוז] — to move, remove

הֵזִיחַ, פ״י, ע׳ [זוח, נזח] — to move, remove

הֵזִיל, פ״י, ע׳ [זול] — to become cheap

הֵזִים, פ״י, ע׳ [זמם] — to refute; to convict of plotting

הֵזִין, פ״י, ע׳ [זון] — to feed

הֵזִיעַ, פ״ע, ע׳ [יזע, זוע] — to tremble, quake; to perspire

הִזִּיק, פ״י, ע׳ [נזק] — to cause injury or damage

הֵזַךְ, הֵזַּךְ, פ״י, ע׳ [זכך] — to make clean; to make clear

הִזַּכָּה, פ״ח, ע׳ [זכה] — to purify oneself; to be acquitted

הִזְכִּיר, פ״י, ע׳ [זכר] — to remind, mention, commemorate

הַזְכָּרָה, נ׳, ר׳, ־רוֹת — mention, reminding; Divine Name

הֲזָלָה, נ׳, ר׳, ־לוֹת — cheapening

הֵזֵם, פ״י, ע׳ [זמם] — to refute; to convict of plotting

הֲזַמָּה, הֲזָמָה, נ׳, ר׳, ־מוֹת — conviction of false witnesses, refutation

הִזְמִין, פ״י, ע׳ [זמן] — to invite; to make ready

הַזְמָנָה, נ׳, ר׳, ־נוֹת — invitation; summons; order (for goods, etc.)

הִזְנָה, פעו״י, ע׳ [זנה] — to visit a house of prostitution

הֲזָנָה, נ׳, ר׳, ־נוֹת — nourishment, feeding

הַזְנָחָה, נ׳, ר׳, ־חוֹת — negligence, neglect

הִזְנִיחַ, פ״י, ע׳ [זנח] — to reject, cast off, neglect

הֲזָעָה, נ׳, ר׳, ־עוֹת — perspiration

הִזְעִיק, פ״י, ע׳ [זעק] — to call out, convoke

הֶזֵּק, ז׳, ר׳, ־קִים, ־קוֹת — damage

הִזְקִין, פעו״י, ע׳ [זקן] — to appear old, to grow old

הִזְרִיעַ, פ״י, ע׳ [זרע] — to produce seed

הַזְרָעָה, נ׳, ר׳, ־עוֹת — seeding

הַחְבָּאָה, נ׳, ר׳, ־אוֹת — hiding, concealment

הֶחְבִּיא, פ״י, ע׳ [חבא] — to conceal, hide

הֶחֱזִיק, פ״י, ע׳ [חזק] — to make strong; to seize; to contain; to maintain

הֶחֱזִיר, פ״י, ע׳ [חזר] — to restore, return (something); to revoke

הַחֲזָקָה, נ׳, ר׳, ־קוֹת — support, maintenance

הַחֲזָרָה, נ׳, ר׳, ־רוֹת — returning

הַחֲטָאָה, נ׳, ר׳, ־אוֹת — miss, strike (sports)

הֶחֱטִיא, פ״י, ע׳ [חטא] — to miss (a mark); to make someone sin

הַחֲיָאָה, נ׳, ר׳, ־אוֹת — revival

הֶחֱיָה, פ״י, ע׳ [חיה] — to revive, restore

הֵחִישׁ, פ״י, ע׳ [חוש] — to hasten

הֵחֵל, פ״י, ע׳ [חלל] — to begin

הֶחְלֵט, ז׳ — final decision

הַחְלָטָה, נ׳, ר׳, ־טוֹת — resolution, decision

הֶחֱלִיא, פ״י, ע׳ [חלא] — to make ill; to become rusty; to soil

הֶחֱלִיט, פ״י, ע׳ [חלט] to determine, decide

הֶחֱלִים, פ״י, ע׳ [חלם] to restore, recuperate

הֶחֱלִיף, פ״י, ע׳ [חלף] to exchange, change; to renew

הֶחֱלִיץ, פ״י, ע׳ [חלץ] to invigorate; to strengthen

הֶחֱלִיק, פ״י, ע׳ [חלק] to flatten; to make smooth

הַחְלָפָה, נ׳, ר׳, ־פוֹת change

הַחְלָקָה, נ׳, ר׳, ־קוֹת gliding, skidding, slipping

הַחְלָשָׁה, נ׳ weakening

הֶחֱמִיץ, פ״ע, ע׳ [חמץ] to become fermented; to put off, delay

הֶחְמִיר, פ״י, ע׳ [חמר] to be strict

הַחְמָצָה, נ׳, ר׳, ־צוֹת leavening

הַחְמָרָה, נ׳, ר׳, ־רוֹת severity

הֶחְנָה, פ״י, ע׳ [חנה] to encamp

הֶחְסִין, פ״י, ע׳ [חסן] to store; to conserve

הֶחְסִיר, פ״י, ע׳ [חסר] to deduct

הַחְסָנָה, נ׳, ר׳, ־נוֹת storage

הַחְסָרָה, נ׳, ר׳, ־רוֹת subtraction

הֶחְפִּיר, פ״י, ע׳ [חפר] to be ashamed; to put to shame

הֶחֱצִיב, פ״י, ע׳ [חצב] to beat, kill

הֶחֱצִיף, פ״ע, ע׳ [חצף] to be impertinent, bold

הֶחֱרָה, פ״י, ע׳ [חרה] to make angry; to be zealous

הֶחֱרִיב, פ״י, ע׳ [חרב] to destroy; to cause to be dry

הֶחֱרִיד, פ״י, ע׳ [חרד] to terrify

הֶחֱרִים, פ״י, ע׳ [חרם] to excommunicate; to destroy

הֶחֱרִישׁ, פעו״י, ע׳ [חרש] to be silent; to silence; to plot; to deafen

הֶחְשִׁיךְ, פ״י, ע׳ [חשך] to darken

הַחְשָׁכָה, נ׳ darkening

הֵחַת, פ״י, ע׳ [חתת] to break (yoke of slavery)

הֶחְתִּים, פ״י, ע׳ [חתם] to stamp; to make sign

הַחְתָּמָה, נ׳, ר׳, ־מוֹת subscription

הֲטָבָה, נ׳, ר׳, ־בוֹת doing good; betterment

הֲטָבַת נֵרוֹת trimming of candles

הִטְבִּיל, פ״י, ע׳ [טבל] to immerse; to baptize

הַטְבָּלָה, נ׳, ר׳, ־לוֹת immersion, baptism

הִטָּה, פ״י, ע׳ [נטה] to turn, turn aside; pervert (judgment); to seduce, entice

הִטַּהֵר, פ״ח, ע׳ [טהר] to become pure, purify oneself

הִטַּיֵּב, פ״ח, ע׳ [טיב] to improve soil (field)

הַטָּיָה, נ׳, ר׳, ־יוֹת bending; perversion of justice; inclination

הֵטִיחַ, פ״י, ע׳ [טוח] to plaster; to press; to knock against

הִטִּיל, פ״י, ע׳ [נטל] to throw; to lay; to put into

הֵטִיל, פ״י, ע׳ [טול] to cast, throw; to lay (egg)

הֵטִיס, פ״י, ע׳ [טוס] to cause to fly

הִטִּיף, פ״י, ע׳ [נטף] to drip; to speak, preach,

הַטְלָאָה, נ׳, ר׳, ־אוֹת mending, patching

הַטָּלָה, נ׳, ר׳, ־לוֹת throwing, casting; laying (of eggs); imposition (of taxes)

to mend	הִטְלִיא, פ״י, ע׳ [טלא]
to become impure	הִטַּמֵּא, פ״ח, ע׳ [טמא]
to become cohesive; to become stupid	הִטַּמְטֵם, פ״ח, ע׳ [טמטם]
to put away	הִטְמִין, פ״י, ע׳ [טמן]
to be concealed	הִטָּמַן, פ״ע, ע׳ [טמן]
hiding	הַטְמָנָה, נ׳, ר׳, ־נוֹת
leading astray, deception	הַטְעָאָה, הַטְעָיָה, נ׳, ר׳, ־אוֹת, ־יוֹת
to lead astray, deceive	הִטְעָה, פ״י, ע׳ [טעה]
to cause to taste, make tasty; to stress	הִטְעִים, פ״י, ע׳ [טעם]
to load	הִטְעִין, פ״י, ע׳ [טען]
emphasis, accentuation	הַטְעָמָה, נ׳, ר׳, ־מוֹת
loading	הַטְעָנָה, נ׳, ר׳, ־נוֹת
dripping; preaching	הַטָּפָה, נ׳, ר׳, ־פוֹת
to copy, reprint	הִטְפִּיס, פ״י, ע׳ [טפס]
reprint	הֶטְפֵּס, ז׳, ר׳, ־סִים
bothering, bother	הַטְרָחָה, נ׳, ר׳, ־חוֹת
to trouble, bother	הִטְרִיד, פ״י, ע׳ [טרד]
to burden, weary, bother	הִטְרִיחַ, פ״י, ע׳ [טרח]
to feed; to declare unfit for food	הִטְרִיף, פ״י, ע׳ [טרף]
lamentation	הִי, ז׳
lo! behold!	הֵי, מ״ק
she, it; this, that	הִיא, מ״ג
how? how so?	הֵיאַךְ, הֵיךְ, מ״ש
utterance; pronunciation	הִיגּוּי, הִגּוּי, ז׳, ר׳, ־יִים
shout, shouting cheer; hurrah	הֵידָד, מ״ק
hoop; bending	הִידּוּק, הִדּוּק, ז׳
adorning; honoring	הִידּוּר, הִדּוּר, ז׳, ר׳, ־רִים
to be, exist; to become; to happen	הָיָה, פ״ע
whereas, since	הֱיוֹת וְ־
since, whereas	הֱיוֹת שֶׁ־
to become; to be accomplished; to be finished	נִהְיָה, פ״ע
primeval, formless	הִיּוּלִי, ת״ז, ־לִית, ת״נ
well, properly	הֵיטֵב, תה״פ
to do good; to improve	הֵיטִיב, פ״י, ע׳ [יטב]
how?	הֵיךְ, מ״ש
palace, temple	הֵיכָל, ז׳, ר׳, ־לִים, ־לוֹת
where?	הֵיכָן, תה״פ
here; here you are	הֵילִיכִי, הֵילָךְ
to lament	הֵילִיל, פ״ע, ע׳ [ילל]
so; therefore	הִילְכָּךְ, הִלְכָּךְ, מ״ח
brightness; morning star	הֵילֵל, ז׳
to make a noise, roar; to wail	[הים] הָם, פ״ע
to turn right	הֵימִין, פ״ע, ע׳ [ימן]
from (of) him	הֵימֶנּוּ, מ״ג
to dare	[הין] הֵהִין, פ״ע
liquid measure	הִין, ז׳, ר׳, ־נִים
namely, viz.	הַיְנוּ, הַיְּנוּ, תה״פ
(bridal) veil	הִינוּמָה, הִנּוּמָה, נ׳ ר׳, ־מוֹת
leveling; making straight	הַיְשָׁרָה, נ׳, ר׳, ־רוֹת
hurting	הַכְאָבָה, נ׳, ר׳, ־בוֹת
to afflict	הִכְאָה, פ״י, ע׳ [כאה]
striking, beating	הַכָּאָה, נ׳, ר׳, ־אוֹת
to hurt	הִכְאִיב, פ״י, ע׳ [כאב]
encumbrance, burdening	הַכְבָּדָה, נ׳, ר׳, ־דוֹת

הִכְבִּיד, פ״י, ע׳ [כבד] to make heavy; to honor
הִכְבִּיר, פ״י, ע׳ [כבר] to increase, heap up
הִכָּה, פ״י, ע׳ [נכה] to beat, strike; to defeat; to kill
הַכְוָנָה, נ׳, ר׳, ־נוֹת turning, dialing
הַכְזָבָה, נ׳, ר׳, ־בוֹת denial
הַכְחָדָה, נ׳, ר׳, ־דוֹת extermination
הִכְחִיד, פ״י, ע׳ [כחד] to deny; to annihilate
הִכְחִישׁ, פ״י, ע׳ [כחש] to contradict, deny
הַכְחָשָׁה, נ׳, ר׳, ־שׁוֹת denial, contradiction
הֵכִיל, פ״י, ע׳ [כול] to hold, contain; to include
הֵכִין, פ״י, ע׳ [כון] to prepare, provide; to arrange
הִכִּיר, פ״י, ע׳ [נכר] to recognize, acknowledge; to know, distinguish; to be acquainted with
הַכְלָאָה, נ׳, ר׳, ־אוֹת cross-breeding
הִכְלִים, פ״י, ע׳ [כלם] to offend; to put to shame
הַכְלָלָה, נ׳, ר׳, ־לוֹת generalization
הַכְמָנָה, נ׳, ר׳, ־נוֹת concealment
הָכֵן, תה״פ ready
הֲכָנָה, נ׳, ר׳, ־נוֹת preparation
הִכְנִיס, פ״י, ע׳ [כנס] to bring in; to admit
הִכְנִיעַ, פ״י, ע׳ [כנע] to submit; to subdue
הַכְנָסָה, נ׳, ר׳, ־סוֹת bringing in; income
הַכְנָסַת אוֹרְחִים hospitality; hostel for wayfarers
מַס הַכְנָסָה income tax

הַכְנָעָה, נ׳, ר׳, ־עוֹת humility, submission
הִכְסִיף, פ״י, ע׳ [כסף] to silver; to become pale
הַכְסָפָה, נ׳, ר׳, ־פוֹת plating with silver
הִכְעִיס, פ״י, ע׳ [כעס] to anger, vex
הַכְעָסָה, נ׳, ר׳, ־סוֹת angering
הִכְפִּישׁ, פ״י, ע׳ [כפש] to cower; to mourn; to incarcerate
הַכְפָּלָה, נ׳, ר׳, ־לוֹת doubling
הֶכֵּר, ז׳, ר׳, ־רִים recognition; indication, sign
הַכָּרָה, נ׳, ר׳, ־רוֹת recognition, perception
הַכָּרַת טוֹבָה, ־ תּוֹדָה gratitude, thankfulness
הַכָּרַת פָּנִים show, sign (of face)
הֶכֵּרוּת, נ׳, ר׳, ־רֻיּוֹת acquaintance
הַכְרָזָה, נ׳, ר׳, ־זוֹת proclamation
הֶכְרֵחַ, ז׳ necessity; compulsion
הַכְרָחָה, נ׳ constraint, force
הֶכְרֵחִי, ת״ז, ־חִית, ת״נ necessary, indispensable
הֶכְרֵחִיּוּת, נ׳ necessity
הִכְרִיז, פ״י, ע׳ [כרז] to announce, proclaim, herald
הִכְרִיחַ, פ״י, ע׳ [כרח] to force, compel, constrain
הִכְרִיעַ, פ״י, ע׳ [כרע] to subject; to bend
הֶכְרֵעַ, ז׳, הַכְרָעָה, נ׳, ר׳, ־עִים, ־עוֹת decision, adjudication
הַכְרָתָה, נ׳, ר׳, ־תוֹת cutting, cutting off
הַכָּשָׁה, נ׳, ר׳, ־שׁוֹת striking; bite
הֶכְשֵׁר, ז׳, ר׳, ־רִים fitness; permit of ritual fitness issued by a rabbi

הַכְשָׁרָה, נ׳, ר׳, ־רוֹת — making fit; preparation
הִכֵּת, פ״י, ע׳ [כתת] — to crush, smite
הֻכַּת, פ״ע, ע׳ [כתת] — to be crushed, beaten
הַכְתָּבָה, נ׳, ר׳, ־בוֹת — dictation
הַכְתָּרָה, נ׳, ר׳, ־רוֹת — coronation
הֲלֹא, תה״פ — is it not?, has it not?
הָלְאָה, תה״פ — away, further, beyond
הִלְאִים, פ״י, ע׳ [לאם] — to nationalize
הַלְאָמָה, נ׳ — nationalization
הִלְבִּישׁ, פ״י, ע׳ [לבש] — to clothe
הַלְבָּנָה, נ׳, ר׳, ־נוֹת — whitening
הַלְבָּשָׁה, נ׳, ר׳, ־שׁוֹת — dressing, clothing; dress, clothes
הֻלֶּדֶת, הוּלֶּדֶת, נ׳ — birth
הַלָּה, מ״ג — that one
הִלָּה, נ׳, ר׳, ־לוֹת — halo; sheen
הַלְהָבָה, נ׳, ר׳, ־בוֹת — inflammation
הִלְהִיב, פ״י, ע׳ [להב] — to inspire
הַלְוָאָה, נ׳, ר׳, ־אוֹת — loan
הַלְוַאי, מ״ק — oh that!, would that!
הִלְוָה, פ״י, ע׳ [לוה] — to lend
הַלְוָיָה, נ׳, ר׳, ־יוֹת — escorting; funeral
הִלּוּךְ, ז׳, ר׳, ־כִים — walk, walking; speed (driving)
הִלּוּל, ז׳, ר׳, ־לִים — praising; rejoicing
הִלּוּלִים, ז״ר — wedding feast
הַלָּז, מ״ג — that one
הַלָּזֶה, מ״ג — that one (*m.*)
הֲלָזָה, נ׳, ר׳, ־זוֹת — slander
הַלֵּזוּ, מ״ג — that one (*f.*)
הַלְחָמָה, נ׳, ר׳, ־מוֹת — soldering
הֶלְיוֹן, ז׳ — asparagus
הֲלִיכָה, נ׳, ר׳, ־כוֹת — walk, gait; manner
הֲלִימָה, נ׳, ר׳, ־מוֹת — palpitation, beating

הָלַךְ, פ״ע — to walk, go
נֶהֱלַךְ, פ״ע — to be gone; to pass
הִלֵּךְ, פ״ע — to walk, walk about
הוֹלִיךְ פ״י — to lead; to carry, bring
הִתְהַלֵּךְ, פ״ע — to move to and fro
הֵלֶךְ, ז׳, ר׳, ־הֲלָכִים — flowing; traveler
הֲלָךְ, ז׳ — road, walk; toll
הֲלָךְ־נֶפֶשׁ, ז׳ — mood
הֲלָכָה, נ׳, ר׳, ־כוֹת — practice; traditional law; halakah
כַּהֲלָכָה, תה״פ — properly
הִלְכִי, ת״ז, ־כִית, ת״נ — halakic, traditional
הַלְכָן, ז׳, ר׳, ־נִים — walker
הִלֵּל, פ״י — to praise
הִתְהַלֵּל, פ״ע — to praise oneself; to boast
הָלַל, פ״ע — to shine; to be foolish, boastful
הוֹלֵל, פ״י — to delude, make foolish
הִתְהוֹלֵל, פ״ע — to act foolishly; to feign madness
הַלֵּל, ז׳ — praise; group of psalms recited on the New Moon and festivals
הַלָּלוּ, מ״ג — these, those
הַלְלוּיָהּ, מ״ק — hallelujah!, praise ye the Lord!
הָלַם, פ״י — to smite, strike down; to fit, become (of dress)
הֶלֶם, ז׳ — beating
הֲלֹם, הֲלוֹם, תה״פ — here, hither
הַלְמוּת, נ׳, ר׳, ־מֻיּוֹת — beating; hammer
הַלָּן, לְהַלָּן, תה״פ — thither, there; below

הֲלָנָה, נ׳, ר׳, ־נוֹת giving shelter for the night
הַלָּנָה, נ׳, ר׳, ־נוֹת complaint, grumbling
הַלְעָזָה, נ׳, ר׳, ־זוֹת slandering; translation
הַלְעָטָה, נ׳, ר׳, ־טוֹת feeding, stuffing
הִלְעִיב, פ״י, ע׳ [לעב] to deride, mock
הֲלָצָה, נ׳, ר׳, ־צוֹת recommendation; joke, jest
הֲלָצִי, ת״ז, ־צִית, ת״נ jocular
הַלְקָאָה, נ׳, ר׳, ־אוֹת flogging, whipping
הֶלְקֵט, ז׳, ר׳, ־טִים capsule; pod
הִלְקֵט, פ״י, ע׳ [לקט] to stuff (bird's pouch)
הַלְשָׁנָה, נ׳, ר׳, ־נוֹת informing, slandering
הֵם, הֵמָּה, מה״ג they (*m.*)
הִמְאִיס, פ״י, ע׳ [מאס] to make despised
הִמְאִיר, פ״י, ע׳ [מאר] to pierce; to become malignant; to infect
הִמְגִּיד, פ״י, ע׳ [מגד] to make delicious
הָמָה, פ״ע to make noise, be noisy
הִמָּה, פ״ע to rush after; to be greedy, covet
הֲמוּלָה, הֲמֻלָּה, נ׳, ר׳, ־לּוֹת noise, tumult
הָמוֹן, ז׳, ר׳, ־הֲמוֹנִים tumult, confusion; crowd, multitude; abundance
הֲמוֹנִי, ת״ז, ־נִית, ת״נ vulgar, common
הֲמוֹנִיּוּת, נ׳ vulgarity

הַמְזָגָה, נ׳, ר׳, ־גוֹת blending
הַמְחָאָה, נ׳, ר׳, ־אוֹת check, draft
הִמְחָה, פ״י, ע׳ [מחה] to draw a check
הַמְחָזָה, נ׳, ר׳, ־זוֹת dramatization
הִמְחִיז, פ״י, ע׳ [מחז] to dramatize
הִמְטִיר, פ״י, ע׳ [מטר] to rain; to bring down
הֶמְיָה, נ׳, ר׳, ־יוֹת sound, noise
הֵמִיט, פ״י, ע׳ [מוט] to bring (misfortune)
הֶמְיָן, ז׳, ר׳, ־נִים belt, girdle
הֵמִיץ, פ״י, ע׳ [מיץ] to make slim; to make weak
הֵמִיק, פ״י, ע׳ [מקק] to crumble, dissolve
הֵמִיר, פ״י, ע׳ [מור] to change, exchange
הֵמִישׁ, פ״י, ע׳ [משש] to cause to feel
הֵמִית, פ״י, ע׳ [מות] to kill
הֲמֻלָּה, הֲמוּלָה, נ׳, ר׳, ־לּוֹת noise, tumult
הִמְלַח, פ״ע, ע׳ [מלח] to be rubbed with salt
הַמְלָחָה, נ׳, ר׳, ־חוֹת salting
הַמְלָטָה, נ׳, ר׳, ־טוֹת laying (eggs)
הִמְלִיחַ, פ״י, ע׳ [מלח] to salt
הִמְלִיט, פ״י, ע׳ [מלט] to save; to give birth; to lay (eggs)
הִמְלִיךְ, פ״י, ע׳ [מלך] to make king; to cause to reign
הִמְלִיץ, פ״י, ע׳ [מלץ] to recommend
הָמְלַךְ, פ״ע, ע׳ [מלך] to be crowned a king
הַמְלָכָה, נ׳, ר׳, ־כוֹת coronation, appointing a king
הַמְלָצָה, נ׳, ר׳, ־צוֹת recommendation

הֵמַם, פ״י — to confuse, confound
הֲמָמָה, נ׳ — perplexity
הָמַן, פ״ע — to do ill
הִמְנוֹן, ז׳, ר׳, ־נִים — hymn, anthem
הִמְנִיעַ, פ״י, ע׳ [מנע] — to keep apart
הִמָּנְעוּת, נ׳, ר׳, ־עֻיּוֹת — avoidance; impossibility
הֵמֵס, פ״י, ע׳ [מסס] — to melt, liquefy, dissolve
הֶמֶס, ז׳, ר׳, ־הֲמָסִים — melting; brushwood
הֲמַסָּה, הֲמָסָה, נ׳, ר׳, ־מַסּוֹת, ־מָסוֹת — melting, dissolution
הֶמְסֵס, ז׳ — first stomach of ruminants
הַמְעָדָה, נ׳, ר׳, ־דוֹת — stumble, slip
הַמְעָטָה, נ׳, ר׳, ־טוֹת — diminution, devaluation
הִמְעִיט, פ״י, ע׳ [מעט] — to do little; to diminish, devaluate
הִמָּצֵא, פ״ע, ע׳ [מצא] — to be supplied with; to be invented, created
הַמְצָאָה, נ׳, ר׳, ־אוֹת — invention
הִמְצִיא, פ״י, ע׳ [מצא] — to furnish, supply with; to cause to find; to invent
הֲמָקָה, נ׳ — rot, decay
הַמְרָאָה, הַמְרָיָה, נ׳, ר׳, ־אוֹת, ־יוֹת — stuffing; rebelliousness; betting; taking off
הֲמָרָה, נ׳, ר׳, ־רוֹת — change; apostasy
הִמְרִיא, פ״ע, ע׳ [מרא] — to soar, fly (high); to take off (plane); to fatten, stuff
הִמְרִיץ, פ״י, ע׳ [מרץ] — to spur on; to be strong; to urge, energize
הִמְרִיק, פ״י, ע׳ [מרק] — to rub in
הַמְרָכָה, נ׳, ר׳, ־כוֹת — softening
הַמְרָצָה, נ׳, ר׳, ־צוֹת — encouragement, urging
הִמְשִׁיךְ, פ״י, ע׳ [משך] — to continue; to cause to extend; to pull; to prolong; to attract
הִמְשִׁיל, פ״י, ע׳ [משל] — to compare; to cause to rule
הִמָּשֵׁךְ, פ״ע, ע׳ [משך] — to be attracted; to be withdrawn from; to follow someone
הֶמְשֵׁךְ, ז׳, הַמְשָׁכָה, נ׳, ר׳, ־כִים, ־כוֹת — continuation, duration
הִמָּשְׁכוּת, נ׳ — continuance
הֶמְשֵׁכִיּוּת, נ׳ — continuity
הֶמְשֵׁל, ז׳ — rule, power
הֲמָתָה, נ׳, ר׳, ־תוֹת — putting to death, execution
הִמְתִּין, פ״ע, ע׳ [מתן] — to wait; to tarry; to postpone
הִמְתִּיק, פ״י, ע׳ [מתק] — to sweeten, make pleasant
הַמְתָּנָה, נ׳, ר׳, ־נוֹת — waiting
הַמְתָּקָה, נ׳, ר׳, ־קוֹת — sweetening
הֵן, מה״ג — they (*f.*)
הֵן, מ״ק, תה״פ — lo!, behold!; whether, if; yes
הֵן צֶדֶק — word of honor
הֲנָאָה, נ׳, ר׳, ־אוֹת — pleasure, enjoyment; benefit; frustration
הִנָּבְאוּת, נ׳, ר׳, ־אֻיּוֹת — prophesying
הַנְגָּנָה, נ׳, ר׳, ־נוֹת — intonation
הַנְדָּסָה, נ׳ — engineering; geometry
הַנְדָּסִי, ת״ז, ־סִית, ת״נ — geometrical
הֵנָּה, מה״ג — they (*f.*)
הֵנָּה, תה״פ — hither, here
הִנֵּה, מ״י — lo!, behold!; here
הֵנָה, פ״י — to give pleasure; to benefit

נֶהֱנָה, פ"ע — to enjoy; to profit, benefit

הַנְהָגָה, נ', ר', ־גוֹת — leading; behavior, conduct

הִנְהִיג, פ"י, ע' [נהג] — to drive, lead; to make a custom, habit

הַנְהָלָה, נ', ר', ־לוֹת — administration, management

הִנְוָה, פ"י, ע' [נוה] — to adorn, beautify, glorify

הִנּוּמָה, הִינוּמָה, נ', ר', ־מוֹת — (bridal) veil

הֲנָחָה, נ', ר', ־חוֹת — release; rest, relief

הַנָּחָה, נ', ר', ־חוֹת — putting down; supposition, hypothesis

הֵנִיא, פ"י, ע' [נוא] — to frustrate, restrain, hinder

הֵנִיד, פ"י, ע' [נוד] — to drive out; to move; to shake head

הֵנִיחַ, הִנִּיחַ, פ"י, ע' [נוח] — to set at rest, place; to leave behind; to permit; to assume

הֵנִיס, פ"י, ע' [נוס] — to hide

הֵנִיעַ, פ"י, ע' [נוע] — to move to and fro; to shake, to stir up

הֵנִיף, פ"י, ע' [נוף] — to wield a tool; to swing, wave, shake; to fan

הִנְמִיךְ, פ"י, ע' [נמך] — to lower, depress

הַנְמָקָה, נ', ר', ־קוֹת — motivation, motive

הֲנָעָה, נ', ר', ־עוֹת — motion, movement

הַנְעָלָה, נ', ר', ־לוֹת — locking, shoeing

הַנְעָמָה, נ', ר', ־מוֹת — making pleasant

הָנֵף, הֶנֶף, ז' — waving, swinging

הֲנָפָה, נ', ר', ־פוֹת — waving, swinging

הָנֵץ, הֶנֶץ, ז' — shining

הֲנָצָה, נ', ר', ־צוֹת — sprouting

הִנְצִיחַ, פ"י, ע' [נצח] — to make everlasting, perpetuate

הֲנָקָה, נ', ר', ־קוֹת — nursing, suckling

הַנְשָׁמָה, נ' — inhalation

הַס, מ"ק — hush, quiet

הֵסֵב, פ"י, ע' [סבב] — to turn; to recline at table; to transfer

הֶסֵּב, ז' — banquet, meal

הֲסִבָּה, נ', ר', ־בּוֹת — banquet

הִסְבִּיר, פ"י, ע' [סבר] — to explain

הֶסְבֵּר, ז', ר', ־רִים — exposition

הַסְבָּרָה, נ', ר', ־רוֹת — interpretation

הַסְבָּרַת פָּנִים — warm welcome

הַסָּגָה, ז', ר', ־גוֹת — removing, retreating

הַסָּגַת גְּבוּל — trespass, encroachment

הִסְגִּיר, פ"י, ע' [סגר] — to shut up; to deliver up

הִסְגִּיל, פ"י, ע' [סגל] — to make fit, accustom

הֶסְגֵּר, ז' — locking; quarantine; enclosure

הַסְגָּרָה, נ', ר', ־רוֹת — extradition

הֶסְדֵּר, ז', ר', ־רִים — order

הַסְדָּרָה, נ', ר', ־רוֹת — arrangement

הִסָּה, פ"ע — to be silent

הֶהִיס, פ"י — to silence

הַסְוָאָה, נ', ר', ־אוֹת — camouflage

הִסְוָה, פ"י, ע' [סוה] — to camouflage, cover; to hide

הִסּוּס, ז', ר', ־סִים — hesitation

הֶסַּח, ז' — removal

הֶסַּח־הַדַּעַת — diversion of attention

הֶסֵּט, ז', ר', ־טוֹת — shifting

הִסְטִין, פ"י, ע' [סטן] — to accuse

הִסִּיג, פ״י, ע׳ [סוג, נסג] to remove, move back, displace

הִסִּיחַ, פ״י, ע׳ [נסח] to remove, discard

הֵסִיט, פ״י, ע׳ [סוט] to shift

הֵסִיךְ, פ״י, ע׳ [סוך] to anoint; to fence in

הִסִּיעַ, פ״י, ע׳ [נסע] to drive; to lead out; to pluck up; to remove

הֵסִיף, פ״י, ע׳ [סוף] to make an end of, destroy

הִסִּיק, פ״י, ע׳ [נסק] to heat up; to conclude

הֵסִיר, פ״י, ע׳ [סור] to remove, put aside

הֵסִית, פ״י, ע׳ [סות] to incite, instigate

הִסְכִּים, פ״ע, ע׳ [סכם] to agree, consent

הִסְכִּין, פ״ע, ע׳ [סכן] to be accustomed

הִסְכִּית, פ״ע, ע׳ [סכת] to be silent; to pay attention

הֶסְכֵּם, ז׳, הַסְכָּמָה, נ׳, ר׳, ־מִים, ־מוֹת agreement, consent, approval

הַסְכָּנָה, נ׳, ר׳, ־נוֹת adaptability

הַסְמָכָה, נ׳, ר׳, ־כוֹת conferring of degree

הַסְנָנָה, נ׳, ר׳, ־נוֹת filtering

הִסֵּס, פ״ע to hesitate

הַסְּסָן, ז׳, ר׳, ־נִים indecisive person

הַסְפָּגָה, נ׳, ר׳, ־גוֹת absorption

הֶסְפֵּד, ז׳, ר׳, ־דִים funeral oration; mourning

הִסְפִּיק, פעו״י, ע׳ [ספק] to have (give) the opportunity

הֶסְפֵּק, ז׳, ר׳, ־קִים ability, potential

הַסְפָּקָה, נ׳, ר׳, ־קוֹת supply, provision; maintenance

הֶסֵּק, ז׳, ר׳, ־קִים heating

הַסָּקָה, נ׳, ר׳, ־קוֹת lighting a fire, heating

הֲסָרָה, נ׳, removing

הַסְרָטָה, נ׳, ר׳, ־טוֹת filming

הֶסֵּת, ז׳, ר׳, ־תוֹת enticement; attempt

הִסְתַּבֵּךְ, פ״ע, ע׳ [סבך] to be entangled; to become complicated

הִסְתַּבְּכוּת, נ׳, ר׳, ־כֻיּוֹת entanglement, complication

הִסְתַּבֵּל, פ״ח, ע׳ [סבל] to become burdensome

הִסְתַּבֵּר, פ״ח, ע׳ [סבר] to be explained; to be intelligible

הִסְתַּגֵּל, פ״ע, ע׳ [סגל] to adapt oneself; to become capable of

הִסְתַּגְּלוּת, נ׳, ר׳, ־לֻיּוֹת adaptability

הִסְתַּגֵּר, פ״ח, ע׳ [סגר] to close oneself up, to be secretive

הִסְתַּדֵּר, פ״ח, ע׳ [סדר] to settle oneself; to arrange oneself

הִסְתַּדְּרוּת, נ׳, ר׳, ־רֻיּוֹת organization; arrangement

הֲסָתָה, הַסָּתָה, נ׳, ר׳, ־תוֹת incitement, seduction

הִסְתּוֹבֵב, פ״ע, ע׳ [סבב] to surround, encircle; to turn around

הִסְתּוֹדֵד, פ״ח, ע׳ [סוד] to talk secretly, take council (secretly)

הִסְתּוֹפֵף, פ״ח, ע׳ [ספף] to be at the threshold

הִסְתּוֹפְפוּת, נ׳ loitering, lingering

הִסְתַּחַרְרוּת, נ׳, ר׳, ־רֻיּוֹת spinning, going around

הִסְתַּיֵּג, פ״ח, ע׳ [סיג] to restrain oneself

הִסְתַּיְּגוּת נ׳, ר׳, ־גֻיּוֹת fencing off, limitation

הִסְתַּיְּדוּת, נ׳, ר׳, ־דְיוֹת calcification

הִסְתַּיֵּם, פ"ע, ע׳ [סים] to be concluded, be finished

הִסְתַּיֵּעַ, פ"ע, ע׳ [סיע] to find support, be supported

הִסְתַּכֵּל, פ"ע, ע׳ [סכל] to look at, observe; to contemplate

הִסְתַּכְּלוּת, נ׳, ר׳, ־לֻיוֹת observation; reflection, contemplation

הִסְתַּכֵּן, פ"ע, ע׳ [סכן] to expose oneself to danger

הִסְתַּכְּנוּת, נ׳, ר׳, ־נֻיוֹת endangering oneself

הִסְתַּלֵּק, פ"ע, ע׳ [סלק] to be removed; to leave, depart

הִסְתַּלְּקוּת נ׳, ר׳, ־קֻיוֹת removal; death

הִסְתַּמֵּךְ, פ"ע, ע׳ [סמך] to support oneself; to rely

הִסְתַּמְּכוּת, נ׳, ר׳, ־כֻיוֹת relying; thickening

הִסְתַּנְּנוּת, נ׳, ר׳, ־נֻיוֹת infiltration, filtering; purification

הִסְתָּעֵף, פ"ע, ע׳ [סעף] to branch out, ramify

הִסְתָּעֲפוּת, נ׳, ר׳, ־פֻיוֹת ramification

הִסְתָּעֵר, פ"ע, ע׳ [סער] to attack violently; to storm

הִסְתָּעֲרוּת, נ׳, ר׳, ־רֻיוֹת violent attack; storming

הִסְתַּפֵּחַ, פ"ע, ע׳ [ספח] to join oneself

הִסְתַּפְּחוּת, נ׳, ר׳, ־חֻיוֹת joining

הִסְתַּפֵּק, פ"ע, ע׳ [ספק] to have enough, be satisfied; to be doubtful

הִסְתַּפְּקוּת, נ׳, ר׳, ־קֻיוֹת contentment; frugality

הִסְתַּפֵּר, פ"ע, ע׳ [ספר] to have one's hair cut

הֶסְתֵּר, ז׳ hiding

הִסְתָּרֵק, פ"ע, ע׳ [סרק] to comb one's hair

הִסְתַּתֵּר, פ"ע, ע׳ [סתר] to hide oneself

הַעֲבָדָה, נ׳, ר׳, ־דוֹת employing

הֶעֱבִיד, פ"י, ע׳ [עבד] to enslave; to employ

הֶעֱבִיר, פ"י, ע׳ [עבר] to cause to pass over; to bring over; to remove

הַעֲבָרָה, נ׳, ר׳, ־רוֹת transfer, removal

הַעֲדָאָה, נ׳, ר׳, ־אוֹת preferment; surplus

הֶעֱדִיף, פ"י, ע׳ [עדף] to prefer

הַעֲדָפָה, נ׳ ,ר׳, ־פוֹת preference

הֶעְדֵּר, ז׳, ר׳, ־רִים absence

הַעֲוָיָה, נ׳, ר׳, ־יוֹת grimace, distortion

הֵעֵז, פ"ע, ע׳ [עזז] to dare

הֶעָזָה, הַעַזָּה, נ׳, ר׳, הֶעָזוֹת impudence, daring, audacity

הֵעִיב, פ"י, ע׳ [עוב] to darken

הֵעִיד, פ"י, ע׳ [עוד] to testify, to warn, admonish

הֵעִיז, פיו"ע, ע׳ [עוז] to bring into safety

הֵעִיף, פ"י, ע׳ [עוף] to make fly; to fly

הֵעִיק, פ"י, ע׳ [עוק] to press

הֵעִיר, פ"י, ע׳ [עור] to awaken, rouse, stir up; to remark

הַעֲלָאָה, נ׳, ר׳, ־אוֹת raise, promotion

הֶעֱלָה, פ"י, ע׳ [עלה] to bring up; to cause to ascend; to sacrifice

הֶעֱלִיל, פ"י, ע' [עלל] to bring a false charge

הֶעְלֵם, ז', הַעֲלָמָה, נ', ר', ־מוֹת concealment; unconsciousness

הַעֲמָדָה, נ', ר', ־דוֹת placing, setting up, presenting

הַעֲמָדַת פָּנִים appearance

הֶעֱמִיד, פ"י, ע' [עמד] to place, set; to appoint

הַעֲמָקָה, נ', ר', ־קוֹת deepening

הֶעֱנִיק, פ"י, ע' [ענק] to load with gifts

הַעֲנָקָה, נ', ר', ־קוֹת bonus; discount

הֶעֱסִיק, פ"י, ע' [עסק] to engage; to employ

הַעֲסָקָה, נ', ר', ־קוֹת employment; dealing; activity

הֶעְפִּיל, פ"ע, ע' [עפל] to presume; to be arrogant; to be daring

הַעְפָּלָה, נ', ר', ־לוֹת daring, audacity

הֲעָקָה, נ', ר', ־קוֹת oppression

הַעֲרֵב, ז' setting (of the sun)

הֶעָרָה, נ', ר', ־רוֹת remark, suggestion, note

הֶעֱרִיךְ, פ"י, ע' [ערך] to value, estimate, assess

הֶעֱרִים, פ"ע, ע' [ערם] to be crafty, sly

הֶעֱרִיץ, פ"י, ע' [ערץ] to admire deeply

הַעֲרָכָה, נ', ר', ־כוֹת assessment, evaluation

הַעֲרָמָה, נ', ר', ־מוֹת evasion, stratagem, trickery

הַעֲרָצָה, נ', ר', ־צוֹת admiration

הֶעְתִּיק, פ"י, ע' [עתק] to copy, translate; to remove

הֶעְתֵּק, ז', הַעְתָּקָה, נ', ר', ־קִים, ־קוֹת copy, translation; removal

הַעְתָּרָה, נ', ר', ־רוֹת request, solicitation; superfluity; verbosity

הֲפָגָה, נ', ר', ־גוֹת lessening

הִפְגִּיז, פ"י, ע' [פגז] to batter; to bombard, shell

הִפְגִּין, פ"י, ע' [פגן] to demonstrate (politically), make a demonstration; to cry out

הַפְגָּנָה, נ', ר', ־נוֹת public demonstration

הַפְגָּשָׁה, נ', ר', ־שׁוֹת meeting

הֲפוּגָה, נ', ר', ־גוֹת cessation, pause; armistice

הִפּוּךְ, ז', ר', ־כִים reversal; change

הָפוּךְ, ת"ז, הֲפוּכָה, ת"נ inverted

הַפְחָדָה, נ', ר', ־דוֹת intimidation

הֲפָחָה, נ', ר', ־חוֹת exhalation; blowing

הַפְחָתָה, נ', ר', ־תוֹת lessening, decrease

הִפְטִיר, פ"י, ע' [פטר] to conclude, read in the synagogue

הַפְטָרָה, נ', ר', ־רוֹת conclusion; lesson from the prophets

הֵפִיג, פ"י, ע' [פוג] to cool, weaken

הִפִּיחַ, פ"י, ע' [נפח] to breathe

הֵפִיחַ, פ"י, ע' [פוח] to breathe out; to puff, pant

הֲפִיכָה, נ', ר', ־כוֹת overturning; revolution

הִפִּיל, פ"י, ע' [נפל] to cause to fall; to throw down, let drop; to defeat; to miscarry

הֵפִיס, פ"י, ע' [פיס] to draw lots

הֵפִיץ, פ"י, ע' [פוץ] to scatter

הִפִּיק, פ"י, ע' [נפק] to go out; to bring forth; to derive

הֵפִיק, פ"י, ע' [פוק] to bring out; to obtain; to produce

הֵפִיר, פ"י, ע' [פור] to nullify

הָפַךְ, פ"י to turn; to change; to overturn, subvert

הִפֵּךְ, פ"י to turn; to pervert

הִתְהַפֵּךְ, פ"ח to turn over and over

הֵפֶךְ, הֶפֶךְ, הֹפֶךְ, ז', ר', ־הֲפָכִים the opposite, the contrary

הֲפֵכָה, נ', ר', ־כוֹת overthrow, destruction

הֲפַכְפַּךְ, ת"ז, ־פֶּכֶת, ת"נ crooked; fickle

הֲפַכְפְּכָן, ת"ז, ־נִית, ת"נ fickle (person)

הַפְלָגָה, נ', ר', ־גוֹת division; exaggeration; sailing

הַפָּלָה, נ', ר', ־לוֹת causing to fall; abortion, miscarriage

הִפְלִיג, פ"י, ע' [פלג] to depart; to sail, embark; to exaggerate

הִפְלִיט, פ"י, ע' [פלט] to give out

הַפְלָיָה, נ', ר', ־יוֹת discrimination

הַפְנָיָה, הַפְנָאָה, נ', ר', ־יוֹת diversion

הֶפְסֵד, ז', ר', ־דִים loss, damage

הִפְסִיד, פ"י, ע' [פסד] to lose, suffer loss

הִפְסִיק, פ"י, ע' [פסק] to sever, separate; to stop; to interrupt

הֶפְסֵק, ז', ר', ־קִים stoppage, interruption

הַפְסָקָה, נ', ר', ־קוֹת stoppage, interruption

הִפְעִיל, ז' hiph'il, the active of the causative stem of the Hebrew verb

הָפְעַל, ז' hoph'al, the passive of the causative stem of the Hebrew verb

הַפְעָלָה, נ', ר', ־לוֹת reaction; causing action

הֲפָצָה, נ', ר', ־צוֹת spreading; distribution; circulation

הִפְצִיל, פ"י, ע' [פצל] to split; to form branches

הִפְצִיר, פ"י, ע' [פצר] to be arrogant, stubborn; to urge strongly

הַפְצָצָה, נ', ר', ־צוֹת bursting, bombing

הֶפְצֵר, ז', הַפְצָרָה, נ', ר', ־רִים, ־רוֹת urging, entreaty, importunity

הֲפָקָה, נ', ר', ־קוֹת obtaining, bringing out

הִפְקִיעַ, פ"י, ע' [פקע] to split; to release; to cancel

הִפְקִיר, פ"י, ע' [פקר] to make free; to renounce ownership (of property)

הַפְקָעָה, נ', ר', ־עוֹת cancellation, release from debt

הַפְקָעַת שְׁעָרִים profiteering

הֶפְקֵר, ז' renunciation of ownership; ownerless property; license; anarchy

הֶפְקֵרוּת, נ', ר', ־רֻיוֹת lawlessness, licentiousness

הֵפֵר, פ"י, ע' [פרר] to break; to violate; to void, nullify

הַפְרָאָה, הַפְרָיָה, נ', ר', ־יוֹת fertilization

הַפְרָדָה, נ', ר', ־דוֹת separation; analysis

הֲפָרָה, נ׳, ר׳, ־רוֹת annulment
הַפְרָזָה, נ׳, ר׳, ־זוֹת exaggeration
הַפְרָחָה, נ׳, ר׳, ־חוֹת blossoming, blooming; spreading rumors
הִפְרִיא, פ״י, ע׳ [פרא] to be fruitful
הַפְרָיָה, הַפְרָאָה, נ׳, ר׳, ־יוֹת fertilization
הִפְרִיז, פ״י, ע׳ [פרז] to break through; to increase; to exaggerate
הִפְרִיס, פ״י, ע׳ [פרס] to part the hoof; to have parted hoofs
הִפְרִיעַ, פ״י, ע׳ [פרע] to disturb, cause disorder
הִפְרִישׁ, פ״י, ע׳ [פרש] to sting; to separate, set aside; to depart
הַפְרָעָה, נ׳, ר׳, ־עוֹת disturbance
הֶפְרֵז, ז׳ burlesque
הֶפְרֵשׁ, ז׳, ר׳, ־שִׁים difference
הַפְרָשָׁה, נ׳, ר׳, ־שׁוֹת differentiation, difference; separation
הֶפְשֵׁט, ז׳, ר׳, ־טִים skinning, flaying, stripping
הַפְשָׁטָה, נ׳, ר׳, ־טוֹת flaying, stripping; abstraction
הִפְשִׁיט, פ״י, ע׳ [פשט] to strip, flay
הִפְשִׁיל, פ״י, ע׳ [פשל] to fasten by knotting; to roll up (sleeves)
הִפְשִׁיר, פ״י, ע׳ [פשר] to defrost
הַפְשָׁלָה, נ׳, ר׳, ־לוֹת pushing back, folding, rolling up
הַפְשָׁרָה, נ׳, ר׳, ־רוֹת melting, defrosting
הִפְתִּיעַ, פ״י, ע׳ [פתע] to surprise
הַפְתָּעָה, נ׳, ר׳, ־עוֹת surprise
הַצָּבָה, נ׳, ר׳, ־בוֹת placing, setting up

הִצְבִּיא, פ״י, ע׳ [צבא] to mobilize; to muster
הִצְבִּיעַ, פ״י, ע׳ [צבע] to raise a finger; to vote
הַצָּגָה, נ׳, ר׳, ־גוֹת presentation; play (theatrical)
הַצְדָּעָה, נ׳, ר׳, ־עוֹת saluting
הַצְדָּקָה, נ׳, ר׳, ־קוֹת justification
הִצְהִיר, פ״י, ע׳ [צהר] to make public, publish; to make oil
הַצְהָלָה, נ׳, ר׳, ־לוֹת gladdening
הַצְהָרָה, נ׳, ר׳, ־רוֹת declaration
הִצְחִיק, פ״י, ע׳ [צחק] to ridicule; to make laugh
הִצְטַבֵּר, פ״ע, ע׳ [צבר] to add up, pile up
הִצְטַדֵּד, פ״ח, ע׳ [צדד] to step aside
הִצְטַדֵּק, פ״ע, ע׳ [צדק] to justify oneself, excuse oneself, apologize
הִצְטַדְּקוּת, נ׳, ר׳, ־קֻיּוֹת self-defense; excuse; vindication
הִצְטַחֵק, פ״ח, ע׳ [צחק] to smile, break out laughing
הִצְטַיֵּן, פ״ע, ע׳ [צין] to be distinguished, distinguish oneself
הִצְטַיְּנוּת, נ׳, ר׳, ־נֻיּוֹת distinction
הִצְטַיֵּר, פ״ע, ע׳ [ציר] to act as envoy; to be imagined
הִצְטַלֵּב, פ״ע, ע׳ [צלב] to cross oneself
הִצְטַלֵּם, פ״ע, ע׳ [צלם] to be photographed
הִצְטַלְּמוּת, נ׳, ר׳, ־מֻיּוֹת photographing
הִצְטַלֵּק, פ״ח, ע׳ [צלק] to form a scar

הִצְטַמְצֵם, פ״ע, ע׳ [צמצם] to confine oneself, limit oneself
הִצְטַמְצְמוּת, נ׳, ר׳, ־מֻיּוֹת condensation, contraction
הִצְטַנֵּן, פ״ע, ע׳ [צנן] to catch cold; to become cold
הִצְטַנְּנוּת, נ׳, ר׳, ־נֻיּוֹת catching cold, cold
הִצְטַעֵר, פ״ע, ע׳ [צער] to feel pain, grieve, be sorry
הִצְטָרֵד, פ״ח, ע׳ [צרד] to be hoarse
הִצְטָרֵךְ, פ״ע, ע׳ [צרך] to be in need; to be necessary
הִצְטָרֵף, פ״ח, ע׳ [צרף] to join, become attached
הִצְטָרְפוּת, נ׳, ר׳, ־פֻיּוֹת joining
הִצִּיב, פ״י, ע׳ [נצב] to erect; to fix, establish
הִצִּיג, פ״י, ע׳ [יצג, נצג] to set up; to present to, introduce
הִצִּיל, פ״י, ע׳ [נצל] to rescue, deliver, save
הִצִּיעַ, פ״י, ע׳ [יצע] to spread, unfold; to propose
הֵצִיץ, פ״י, ע׳ [צוץ, ציץ] to peek
הֵצִיק, פ״י, ע׳ [צוק] to constrain, distress, afflict
הִצִּית, פ״י, ע׳ [יצת] to set on fire
הֵצֵל, פ״י, ע׳ [צלל] to cast a shadow; to shade
הַצָּלָה, נ׳, ר׳, ־לוֹת saving, rescue
הַצְלָחָה, נ׳, ר׳, ־חוֹת success, prosperity
הַצְמָחָה, נ׳, ר׳, ־חוֹת sprouting
הִצְלִיחַ, פ״י, ע׳ [צלח] to succeed, prosper
הִצְלִיף, פ״י, ע׳ [צלף] to whip
הִצְמִיד, פ״י, ע׳ [צמד] to combine

הִצְמִית, פ״י, ע׳ [צמת] annihilate
הִצְנִיעַ, פ״י, ע׳ [צנע] to be modest, humble; to hide
הֶצְנֵעַ, ז׳ chastity, modesty
הַצְנָעָה, נ׳, ר׳, ־עוֹת hiding
הַצָּעָה, נ׳, ר׳, ־עוֹת spreading; exposition; proposition
הֲצָפָה, נ׳, ר׳, ־פוֹת inundation, flooding
הֲצָצָה, נ׳, ר׳, ־צוֹת peeping
הֲצָקָה, נ׳, ר׳, ־קוֹת oppression
הִצְרִיחַ, פ״י, ע׳ [צרח] to castle (in chess)
הַצָּתָה, נ׳, ר׳, ־תוֹת ignition, kindling
הֲקָאָה, נ׳, ר׳, ־אוֹת vomiting
הִקְבִּיל, פ״י, ע׳ [קבל] to be opposite, parallel; to correspond
הַקְבָּלָה, נ׳, ר׳, ־לוֹת contrasting, parallelism
הַקְבָּלַת פָּנִים welcome, reception
הַקָּדוֹשׁ־בָּרוּךְ־הוּא God
הִקְדִּים, פ״י, ע׳ [קדם] to anticipate, be early, pay in advance
הִקְדִּישׁ, פ״י, ע׳ [קדש] to dedicate; to purify
הֶקְדֵּם, ז׳, ר׳, ־מִים earliness
בְּהֶקְדֵּם, תה״פ early, soon
הַקְדָּמָה, נ׳, ר׳, ־מוֹת preface; hypothesis
הֶקְדֵּשׁ, ז׳, ר׳, ־שִׁים consecrated object (property)
הַקְדָּשָׁה, נ׳, ר׳, ־שׁוֹת consecration; dedication
הִקְהִיל, פ״י, ע׳ [קהל] to summon an assembly
הַקְהֵל, ז׳ assembly, gathering
הַקָּזָה, נ׳, ר׳, ־זוֹת bloodletting

הִקְטִין, פ״י, ע׳ [קטן] to reduce
הַקְטָנָה, נ׳, ר׳, ־נוֹת diminution; diminutive (*gram.*)
הֶקְטֵר, ז׳, הַקְטָרָה, נ׳, ר׳, ־רִים, ־רוֹת burning incense (esp. fat) on the altar
הֵקִיא, פ״י, ע׳ [קיא] to vomit, throw up
הִקִּיז, פ״י, ע׳ [נקז] to puncture; to let blood, bleed
הֵקִים, פ״י, ע׳ [קום] to set up
הִקִּיף, פ״י, ע׳ [נקף] to surround, encompass, give credit; to contain
הֵקִיץ, פעו״י, ע׳ [קוץ] to wake, awake; to be awakened
הֵקִיר, פ״י, ע׳ [קור] to well up, pour forth
הִקִּישׁ, פ״י, ע׳ [נקש] to strike at, knock, beat
הִקִּישׁ, פ״י, ע׳ [קיש] to compare
הֵקֵל, פ״י, ע׳ [קלל] to lighten; to despise; to be lenient
הֲקַלָּה, הֲקָלָה, נ׳, ר׳, ־לּוֹת, ־לוֹת alleviation, easing
הִקְלָה, פ״י, ע׳ [קלה] to treat with contempt
הַקְלָטָה, נ׳, ר׳, ־טוֹת recording (phonograph)
הִקְלִיט, פ״י, ע׳ [קלט] to record
הֲקָמָה, נ׳, ר׳, ־מוֹת erecting
הַקְנָאָה, הַקְנָיָה, נ׳, ר׳, ־אוֹת, ־יוֹת transfer
הַקְנָטָה, נ׳, ר׳, ־טוֹת teasing, vexation
הִקְנִיט, פ״י, ע׳ [קנט] to taunt, vex, anger
הִקְסִים, פ״י, ע׳ [קסם] to fascinate; to infatuate
הַקְסָמָה, נ׳, ר׳, ־מוֹת fascination, infatuation
הַקָּעָה, נ׳, ר׳, ־עוֹת dislocation, sprain
הֶקֵּף, ז׳, ר׳, ־פִים surrounding, circumference
הַקְפָּאָה, נ׳, ר׳, ־אוֹת freezing, stiffening
הַקְפָּדָה, נ׳, ר׳, ־דוֹת irritability; strictness
הַקָּפָה, נ׳, ר׳, ־פוֹת going round
הֲקָפָה, נ׳, ר׳, ־פוֹת credit
הִקְפִּיד, פ״י, ע׳ [קפד] to mind; to be strict; to be angry
הַקְפָּצָה, נ׳, ר׳, ־צוֹת causing to jump
הַקְצָבָה, נ׳, ר׳, ־בוֹת budgeting
הֲקָצָה, נ׳, ר׳, ־צוֹת waking up
הִקְצִיעַ, פ״י, ע׳ [קצע] to plane
הִקְצִיף, פ״י, ע׳ [קצף] to boil; to whip (cream)
הַקְצָעָה, נ׳, ר׳, ־עוֹת planing, smoothing
הַקְצָפָה, נ׳, ר׳, ־פוֹת maddening, vexation
הַקְרָאָה, נ׳, ר׳, ־אוֹת recitation, dictation
הַקְרָבָה, נ׳, ר׳, ־בוֹת bringing near
הִקְרִיא, פ״י, ע׳ [קרא] to recite
הִקְרִיב, פ״י, ע׳ [קרב] to sacrifice
הִקְרִיס, פ״ע, ע׳ [קרס] to become sour (wine); to crack (from boiling water)
הַקְרָנָה, נ׳, ר׳, ־נוֹת radiation
הַקְרָשָׁה, נ׳, ר׳, ־שׁוֹת coagulation
הֶקֵּשׁ, הֶקֵּשׁ, הֶקֵּשׁ, ז׳, ר׳, ־הֶקֵּשִׁים comparing; analogy
הַקְשָׁאָה, הַקְשָׁיָה, נ׳, ר׳, ־אוֹת, ־יוֹת hardening

הַקְשָׁבָה, נ׳, ר׳, ־בוֹת attentiveness, listening

הַקָּשָׁה, נ׳, ר׳, ־שׁוֹת knocking; analogy; syllogism

הִקְשִׁיב, פ״ע, ע׳ [קשב] to pay attention

הַקְשָׁיָה, הַקְשָׁאָה, נ׳, ר׳, ־יוֹת, ־אוֹת hardening

הִקְשִׁיחַ, פ״י, ע׳ [קשח] to harden; to treat harshly

הֶקְשֵׁר, ז׳ context

הַר, ז׳, ר׳, הָרִים mountain, hill

הַר אֵשׁ, ־ גַּעַשׁ volcano

הֶרְאָה, פ״י, ע׳ [ראה] to show

הַרְבֵּה, תה״פ many, much

הִרְבִּיץ, פ״י, ע׳ [רבץ] to cause to lie down; to sprinkle; to flay

הֻרְבַּךְ, פ״ע, ע׳ [רבך] to be well mixed

הַרְבָּעָה, נ׳, ר׳, ־עוֹת coupling (of animals)

הַרְבָּצָה, נ׳, ר׳, ־צוֹת lying down (of cattle); watering, sprinkling

הָרַג, פ״י to kill, slay

הָרָג, ז׳, ר׳, ־גִים murderer

הֶרֶג, ז׳, הֲרֵגָה, נ׳, ר׳, ־גוֹת slaughter, massacre

הַרְגָּזָה, נ׳, ר׳, ־זוֹת annoying, irritating

הִרְגִּיל, פ״י, ע׳ [רגל] to accustom; to lead

הִרְגִּישׁ, פ״י, ע׳ [רגש] to notice; to feel

הֶרְגֵּל, ז׳, ר׳, ־לִים habit

הַרְגָּעָה, נ׳, ר׳, ־עוֹת calming

הֶרְגֵּשׁ, ז׳, הַרְגָּשָׁה, נ׳, ר׳, ־שִׁים, ־שׁוֹת feeling, sensation; sentiment; perception, sense

הַרְדּוּף, ז׳, ר׳, ־פִים oleander

הִרְדִּים, פ״י, ע׳ [רדם] to anesthetize

הַרְדָּמָה, נ׳, ר׳, ־מוֹת putting to sleep

[הרה] הָרְתָה, פ״ע to conceive, be pregnant

הָרָה, נ׳, ר׳, ־רוֹת pregnant woman

הִרְהוּר, הַרְהוֹר, ז׳, ר׳, ־רִים thought

הִרְהִיב, פ״י, ע׳ [רהב] to dare

הִרְהִיט, פ״י, ע׳ [רהט] to start a race

הִרְהֵר, פ״ע to think

הָרוּג, ז׳, ר׳, הֲרוּגִים slain person

הַרְוָחָה, נ׳, ר׳, ־חוֹת relief; comfort;

הִרְוִיחַ, פ״י, ע׳ [רוח] to give relief; to gain, earn, profit

הֵרוֹן, הֵרָיוֹן, ז׳ pregnancy, conception

הַרְחָבָה, נ׳, ר׳, ־בוֹת extension, expansion

הֲרָחָה, נ׳, ר׳, ־חוֹת smelling

הַרְחֵק, תה״פ far off

הֶרְחֵק, ז׳, הַרְחָקָה, נ׳, ר׳, ־קִים, ־קוֹת distance; removal; prevention

הִרְטִיט, פ״י, ע׳ [רטט] to terrorize

הֲרֵי, מ״ק lo!, behold!; here is

הֲרֵינִי I am

הֲרִי, ז׳ aspect, characteristic

הֲרִינָה, נ׳, ר׳, ־נוֹת killing, execution

הֵרָיוֹן, הֵרוֹן, ז׳ pregnancy, conception

הָרִיָּה, נ׳, ר׳, ־יוֹת pregnant woman

הֵרִיחַ, פ״י, ע׳ [ריח] to smell

הֵרִים, פ״י, ע׳ [רום] to raise, lift, exalt

הֲרִיסָה, נ׳, ר׳, ־סוֹת destruction; ruin

הֵרִיעַ, פ״ע, ע׳ [רוע] to shout, cry out

הֵרִיץ, פ״י, ע׳ [רוץ] to make run; to bring quickly

הֵרִיק, פ"י, ע' [ריק] — to empty, pour out
הֶרְכֵּב, ז', ר', ־בִים — compound
הַרְכָּבָה, נ', ר', ־בוֹת — carrying; compounding; inoculation; grafting
הַרְכָּבַת אֲבַעְבּוּעוֹת — vaccination
הִרְכִּין, פ"י, ע' [רכן] — to bow down, nod, lower
הַרְכָּזָה, נ', ר', ־זוֹת — centralizing
הַרְכָּנָה, נ', ר', ־נוֹת — bowing the head, nodding
הָרָם, ז', ר', הֲרָמִים — pyramid
הֲרָמָה, נ', ר', ־מוֹת — lifting, raising
הַרְמוֹן, ז', ר', ־נוֹת — harem; palace
הַרְנוֹג, ז', ר', ־גִים — mistletoe
הַרְנִי, ז', ר', ־נִיִּים — heliotrope
הָרַס, פ"י — to break, demolish, destroy
הֵרֵס, פ"י — to overthrow, destroy
הֶרֶס, ז' — overthrow, destruction
הֲרָעָה, נ', ר', ־עוֹת — doing ill; becoming worse; blowing the trumpet
הִרְעִיל, פ"י, ע' [רעל] — to poison; to veil
הִרְעִים, פ"י, ע' [רעם] — to thunder; to vex
הִרְעִישׁ, פ"י, ע' [רעש] — to bombard, shell; to make noise
הַרְעָלָה, נ', ר', ־לוֹת — poisoning
הַרְעָפָה, נ', ר', ־פוֹת — dripping, trickling
הַרְעָשָׁה, נ', ר', ־שׁוֹת — confusion; bombardment
הֶרֶף, ז' — pause, moment
הֶרֶף עַיִן — wink of an eye, instant
בְּלִי הֶרֶף — incessantly

הַרְפַּתְקָה, נ', ר', ־קָאוֹת — adventure
הַרְפַּתְקָן, ז', ר', ־נִים — adventurer
הַרְצָאָה, נ', ר', ־אוֹת — lecture
הִרְצָה, פ"י, ע' [רצה] — to lecture; to enumerate; to satisfy; to pay
הַרְקָבָה, נ', ר', ־בוֹת — rotting
הַרְקָדָה, נ', ר', ־דוֹת — shaking, sifting; dancing
הֲרָקָה, נ', ר', ־קוֹת — emptying
הֶרֶר, ז', ר', ־הֲרָרִים — mountain
הָרָר, ז', ר', הֲרָרִים — debauched person
הֲרָרִי, ת"ז, ־רִית, ת"נ — mountainous; mountain dweller
הַרְשָׁאָה, נ', ר', ־אוֹת — authorization
כֹּחַ וְהַרְשָׁאָה — power of attorney
הִרְשָׁה, פ"י, ע' [רשה] — to authorize, permit
הִרְשִׁיעַ, פ"י, ע' [רשע] — to condemn, convict
הַרְשָׁמָה, נ', ר', ־מוֹת — registration
הַרְשָׁעָה, נ', ר', ־עוֹת — condemnation
הַרְתָּחָה, נ', ר', ־חוֹת — seething
הַשָּׁאָה, נ', ר', ־אוֹת — beguiling
הִשְׁאִיל, פ"י, ע' [שאל] — to lend
הִשְׁאִיר, פ"י, ע' [שאר] — to leave (remaining); to spare
הַשְׁאָלָה, נ', ר', ־לוֹת — lending; metaphor
הַשְׁאָרָה, נ', ר', ־רוֹת — leaving
הִשָּׁאֲרוּת, נ', ר', ־רְיוֹת — keeping, retaining
הִשָּׁאֲרוּת הַנֶּפֶשׁ — immortality of the soul
הָשֵׁב, ז', הֲשָׁבָה, נ', ר', ־בוֹת — restoring, returning
הֶשָּׁבוֹן, ז' — restitution
הַשְׁבָּחָה, נ', ר', ־חוֹת — improvement

הִשְׁבִּיר, פ״י, ע׳ [שבר] to cause to break out, bring to birth; to sell grain
הִשְׁבִּית, פ״י, ע׳ [שבת] to fire, lay off from work
הַשְׂבָּעָה, נ׳, ר׳, ־עוֹת satiation
הַשְׁבָּעָה, נ׳, ר׳, ־עוֹת adjuration; spell, incantation
הַשְׁבָּרָה, נ׳, ר׳, ־רוֹת sale
הַשְׁבָּתָה, נ׳, ר׳, ־תוֹת removal; lockout
הֶשֵּׂג, ז׳, ר׳, ־גִים reaching, attaining
הַשָּׂגָה, נ׳, ר׳, ־גוֹת reaching, attaining; perception; criticism
הַשְׁגָּחָה, נ׳, ר׳, ־חוֹת supervision; providence
הִשְׁגִּיחַ, פ״י, ע׳ [שגח] to care for, supervise; to observe
הַשְׁגָּרָה, נ׳, ר׳, ־רוֹת routine; current phraseology
הַשְׁוָאָה, הַשְׁוָיָה, נ׳, ר׳, ־אוֹת, ־יוֹת comparison; equation
הַשְׁוָאַת הַחֹרֶף autumnal equinox
הַשְׁוָאַת הַקַּיִץ vernal equinox
הַשְׁחָזָה, נ׳, ר׳, ־זוֹת grinding, sharpening, whetting
הִשְׁחִיז, פ״י, ע׳ [שחז] to sharpen
הִשְׁחִיל, פ״י, ע׳ [שחל] to thread a needle
הִשְׁחִים, פעו״י, ע׳ [שחם] to paint (make) brown, become brown
הַשְׁחָרָה, נ׳, ר׳, ־רוֹת blackening
הַשְׁחָתָה, נ׳, ר׳, ־תוֹת destruction; corruption
הִשִּׁיא, פ״י, ע׳ [נשא] to beguile, deceive; to exact (payment)
הִשִּׂיא, פ״י, ע׳ [נשא] to give in marriage; to transfer; to advise
הֵשִׁיב, פ״י, ע׳ [שוב] to answer; to return

הִשִּׂיג, פ״י, ע׳ [נשג] to overtake; to reach, attain, obtain
הֵשִׁים, פ״י, ע׳ [שמם] to ravage, terrify
הִשִּׁיל, פ״י, ע׳ [נשל] to drop
הַשְׁכָּבָה, נ׳, ר׳, ־בוֹת lying down
הִשְׂכִּיל, פעו״י, ע׳ [שכל] to be wise, acquire sense; to succeed; to cause to understand; to cause to be successful
הִשְׁכִּים, פ״ע, ע׳ [שכם] to rise early, start early
הִשְׂכִּיר, פ״י, ע׳ [שכר] to hire out, rent
הַשְׂכֵּל, ז׳ understanding, wisdom; reflection
הַשְׂכָּלָה, נ׳ enlightenment, culture; reflection
הַשְׁכֵּם, תה״פ early in the morning
הַשְׁכָּמָה, נ׳, ר׳, ־מוֹת early morning, early rising
הַשְׁכָּנָה, נ׳, ר׳, ־נוֹת housing
הַשְׂכָּרָה, נ׳, ר׳, ־רוֹת loaning, hiring
הִשְׁלָה, פ״י, ע׳ [שלה] to cause to be at ease; to mislead
הִשְׁלִיג, פ״י, ע׳ [שלג] to snow
הַשְׁלָיָה, נ׳, ר׳, ־יוֹת deluding, disappointing
הִשְׁלִיחַ, פ״י, ע׳ [שלח] to send (plague, famine)
הִשְׁלִיט, פ״י, ע׳ [שלט] to cause to rule, cause to have power
הִשְׁלִיךְ, פ״י, ע׳ [שלך] to throw, cast, cast down, cast away
הִשְׁלִים, פ״י, ע׳ [שלם] to complete; to make peace
הִשְׁלִישׁ, פ״י, ע׳ [שלש] to deposit with a third party

הַשְׁלָמָה, נ', ר', ־מוֹת completion, complement; making peace
הֵשַׁם, פ"י, ע' [שמם] to ravage, terrify
הִשְׂמְאִיל, פ"ע, ע' [שמאל] to go to the left, turn left, use left hand
הַשְׁמָדָה, נ', ר', ־דוֹת extermination
הַשְׁמָטָה, נ', ר', ־טוֹת canceling (of debt), omission
הִשְׁמִיד, פ"י, ע' [שמד] to destroy, exterminate
הִשְׂמִיל, פ"ע, ע' [שמאל] to go to the left, turn left, use left hand
הִשְׁמִים, פ"י, ע' [שמם] to ravage, terrify
הִשְׁמִין, פ"י, ע' [שמן] to fatten, grow fat; to improve
הִשְׁמִיעַ, פ"י, ע' [שמע] to proclaim, summon
הַשְׁמָנָה, נ', ר', ־נוֹת fattening
הַשְׁמָעוּת, נ' causing to hear
הַשְׁמָצָה, נ' libel
הִשָּׁנוּת, נ', ר', ־נֻיּוֹת repetition, review
הֵשַׁע, פ"י, ע' [שעע] to smear over, glue together; to shut
הִשָּׁעֲנוּת, נ' leaning, dependence
הַשְׁעָרָה, נ', ר', ־רוֹת conjecture, supposition, hypothesis
הַשְׁפָּלָה, נ', ר', ־לוֹת lowering, degradation
הַשְׁפָּעָה, נ', ר', ־עוֹת emanation; influence
הִשְׁקָה, פ"י, ע' [שקה] to water, irrigate; to give to drink
הַשְׁקָאָה, נ', ר', ־אוֹת watering, irrigation
הַשָּׁקָה, נ' launching
הַשְׁקֵט, ז' calmness, quietude

הַשְׁקָטָה, נ', ר', ־טוֹת calming, tranquilizing
הִשְׁקִיעַ, פ"י, ע' [שקע] to cause to sink; to set; to invest (money)
הִשְׁקִיף, פ"י, ע' [שקף] to observe, contemplate
הַשְׁקָעָה, נ', ר', ־עוֹת depression; investment
הַשְׁקָפָה, נ', ר', ־פוֹת looking; observation; review; view
הַשְׁרָאָה, הַשְׁרָיָה, נ', ר', ־אוֹת, ־יוֹת causing to dwell; inspiration
הַשָּׁרָה, נ', ר', ־רוֹת falling (hair, leaves)
הִשְׁרִישׁ, פ"י, ע' [שרש] to take root; to implant
הַשְׁרָשָׁה, נ', ר', ־שׁוֹת taking root
הִשְׁתַּבֵּחַ, פ"ח, ע' [שבח] to praise oneself, boast
הִשְׁתַּבְּרוּת, נ' refraction
הִשְׁתַּבֵּשׁ, פ"ע, ע' [שבש] to err
הִשְׁתַּבְּשׁוּת, נ', ר', ־שֻׁיּוֹת making error (mistake, blunder)
הִשְׁתַּגֵּעַ, פ"ע, ע' [שגע] to become mad, be mad
הִשְׁתַּגְּעוּת, נ', ר', ־עֻיּוֹת madness, becoming mad
הִשְׁתַּדֵּךְ, פ"ע, ע' [שדך] to arrange a marriage, negotiate (for marriage)
הִשְׁתַּדֵּל, פ"ע, ע' [שדל] to be persuaded; to endeavor, strive
הִשְׁתַּדְּלוּת, נ', ר', ־לֻיּוֹת endeavor
הִשְׁתּוֹבֵב, פ"ע, ע' [שוב] to be wild, be naughty, be playful
הִשְׁתּוֹבְבוּת, נ', ר', ־בֻיּוֹת naughtiness, wildness
הִשְׁתַּוּוּת, נ', ר', ־וֻיּוֹת likeness, simil arity

הִשְׁתּוֹלֵל, פ״ח, ע׳ [שלל] to run wild, act senselessly
הִשְׁתּוֹמֵם, פ״ע, ע׳ [שמם] to be astounded, wonder
הִשְׁתּוֹמְמוּת, נ׳, ר׳, ־מֻיּוֹת astonishment
הִשְׁתּוֹנֵן, פ״ח, ע׳ [שנן] to be pierced
הִשְׁתּוֹקֵק, פ״ע, ע׳ [שקק] to desire
הִשְׁתּוֹקְקוּת, נ׳, ר׳, ־קֻיּוֹת desire, longing
הִשְׁתַּזֵּף, פ״ע, ע׳ [שזף] to become sunburned, tanned
הִשְׁתַּחֲוָה, פ״ע, ע׳ [שחה] to bow down, prostrate oneself, worship
הִשְׁתַּחֲוָיָה, הִשְׁתַּחֲוָאָה, נ׳, ר׳, ־וָיוֹת prostration
הִשְׁתַּחֵץ, פ״ח, ע׳ [שחץ] to be proud, arrogant
הִשְׁתַּחְרֵר, פ״ע, ע׳ [שחרר] to be set free; to liberate oneself
הִשְׁתַּטָּה, פ״ח, ע׳ [שטה] to become mad
הִשְׁתַּטֵּחַ, פ״ע, ע׳ [שטח] to stretch oneself out; to prostrate oneself
הִשְׁתַּטְּחוּת, נ׳, ר׳, ־חֻיּוֹת prostration
הִשְׁתַּיֵּךְ, פ״ח, ע׳ [שיך] to belong, be related to
הִשְׁתִּין, פ״ע, ע׳ [שתן] to urinate
הִשְׁתַּיֵּר, פ״ח, ע׳ [שיר] to be left over
הִשְׁתִּית, פ״י, ע׳ [שתת] to base, lay a foundation
הִשְׁתַּכַּח, פ״ח, ע׳ [שכח] to be forgotten
הִשְׁתַּכְלֵל, פ״ע, ע׳ [שכלל] to be completed; be fully equipped
הִשְׁתַּכֵּר, פ״ע, ע׳ [שכר] to make oneself drunk
הִשְׁתַּכֵּר, פ״ע, ע׳ [שכר] to be paid, earn wages

הִשְׁתַּכְּרוּת, נ׳, ר׳, ־רֻיּוֹת drunkenness
הִשְׁתַּלֵּט, פ״ח, ע׳ [שלט] to have control over, rule, be master of
הִשְׁתַּלֵּם, פ״ע, ע׳ [שלם] to be complete; to complete an education; to be profitable
הִשְׁתַּלְּמוּת, נ׳, ר׳, ־מֻיּוֹת perfecting; (educational) finish
הִשְׁתַּלְשֵׁל, פ״ח, ע׳ [שלשל] to be evolved, developed; to let down
הִשְׁתַּלְשְׁלוּת, נ׳, ר׳, ־לֻיּוֹת evolution, development
הִשְׁתַּמֵּד, פ״ח, ע׳ [שמד] to convert
הִשְׁתַּמֵּט, פ״ח, ע׳ [שמט] to slip away, evade
הִשְׁתַּמְּטוּת, נ׳, ר׳, ־טֻיּוֹת evasion
הִשְׁתַּמֵּר, פ״ח, ע׳ [שמר] to be on one's guard; to be guarded
הִשְׁתַּמֵּשׁ, פ״ע, ע׳ [שמש] to be used; to make use of
הִשְׁתַּמְּשׁוּת, נ׳, ר׳, ־שֻׁיּוֹת usage
הַשְׁתָּנָה, נ׳, ר׳, ־נוֹת urinating
הִשְׁתַּנָּה, פ״ע, ע׳ [שנה] to change oneself, be changed
הִשְׁתַּנּוּת, נ׳, ר׳, ־נֻיּוֹת change
הִשְׁתַּנֵּק, פ״ח, ע׳ [שנק] to strangle oneself
הִשְׁתַּעְבֵּד, פ״ע, ע׳ [שעבד] to be subjected, be enslaved
הִשְׁתַּעְבְּדוּת, נ׳, ר׳, ־דֻיּוֹת subjection, enslavement
הִשְׁתָּעָה, פ״ח, ע׳ [שעה] to gaze about, look at each other
הִשְׁתָּעֵל, פ״ע, ע׳ [שעל] to cough
הִשְׁתָּעֵר, פ״ח, ע׳ [שער] to take by storm, attack violently
הִשְׁתָּעֲרוּת, נ׳, ר׳, ־רֻיּוֹת storming

הִשְׁתַּעֲשֵׁעַ, פ"ע, ע' [שעשע] to play; to take delight, enjoy pleasure
הִשְׁתַּעַשְׁעוּת, נ', ר', ־עֻיּוֹת playing, amusing oneself
הִשְׁתַּפֵּךְ, פ"ע, ע' [שפך] to pour itself out, be poured out
הִשְׁתַּפְּכוּת, נ', ר', ־כֻיּוֹת effusion, pouring out
הִשְׁתַּפֵּר, פ"ע, ע' [שפר] to improve oneself
הִשְׁתַּקֵּעַ, פ"ע, ע' [שקע] to be settled; to be forgotten; to settle down
הִשְׁתַּקְּעוּת, נ', ר', ־עֻיּוֹת settlement; sinking
הִשְׁתַּקֵּף, פ"ע, ע' [שקף] to be seen through, be reflected
הִשְׁתַּקְּפוּת, נ', ר', ־פֻיּוֹת reflection; transparence
הִשְׁתַּקְשֵׁק, פ"ח, ע' [שקשק] to run to and fro
הִשְׁתָּרֵב, פ"ח, ע' [שרב] to be overcome by heat
הִשְׁתָּרְגוּת, נ', ר', ־גֻיּוֹת entanglement
הִשְׁתָּרַע, פ"ח, ע' [שרע] to stretch oneself out
הִשְׁתָּרֵר, פ"ח, ע' [שרר] to dominate, have control over, prevail
הִשְׁתָּרֵשׁ, פ"ח, ע' [שרש] to take root; to be implanted
הִשְׁתַּתֵּף, פ"ע, ע' [שתף] to become a partner, take part, participate
הִשְׁתַּתְּפוּת, נ', ר', ־פֻיּוֹת participation
הִשְׁתַּתֵּק, פ"ע, ע' [שתק] to become silent, numb, paralyzed
הִתְאַבֵּד, פ"ע, ע' [אבד] to commit suicide, destroy oneself
הִתְאַבְּדוּת, נ', ר', ־דֻיּוֹת self-destruction, suicide

הִתְאַבֵּךְ, פ"ע, ע' [אבך] to thicken; to mix; to rise (smoke)
הִתְאַבְּכוּת, נ', ר', ־כֻיּוֹת condensation
הִתְאַבֵּל, פ"ע, ע' [אבל] to mourn, lament
הִתְאַבְּלוּת, נ', ר', ־לֻיּוֹת mourning
הִתְאַבֵּן, פ"ע, ע' [אבן] to be petrified
הִתְאַבְּנוּת, נ', ר', ־נֻיּוֹת petrification, fossilization
הִתְאַבֵּק, פ"ע, ע' [אבק] to be covered with dust; to wrestle
הִתְאַבְּקוּת, נ', ר', ־קֻיּוֹת struggling, wrestling
הִתְאַגְרֵף, פ"ע, ע' [אגרף] to box
הִתְאַגְרְפוּת, נ', ר', ־פֻיּוֹת boxing
הִתְאַדּוּת, נ', ר', ־דֻיּוֹת evaporation
הִתְאַדֵּם, פ"ח, ע' [אדם] to blush, flush, grow red
הִתְאַדְּמוּת, נ', ר', ־מֻיּוֹת erubescence
הִתְאַהֵב, פ"ע, ע' [אהב] to fall in love
הִתְאַהֲבוּת, נ', ר', ־בֻיּוֹת falling in love
הִתְאַוָּה, פ"ח, ע' [אוה] to long for, aspire, crave
הִתְאוֹנֵן, פ"ע, ע' [אנן] to murmur, complain
הִתְאוֹנְנוּת, נ', ר', ־נֻיּוֹת complaining, complaint
הִתְאַזֵּר (עֹז), פ"ע, ע' [אזר] to overcome; to strengthen oneself
הִתְאַזְרְחוּת, נ', ר', ־חֻיּוֹת naturalization
הִתְאַחֵד, פ"ע, ע' [אחד] to become one, unite; to join
הִתְאַחֲדוּת, נ', ר', ־דֻיּוֹת uniting oneself; union, association
הִתְאַחֵז, פ"ח, ע' [אחז] to settle (in)

הִתְאַחֲזוּת, נ׳, ר׳, ־זֻיּוֹת possessing (land)

הִתְאַחֲרוּת, נ׳, ר׳, ־רֻיּוֹת tarrying

הִתְאַיְּדוּת, נ׳, ר׳, ־דֻיּוֹת evaporation

הִתְאַכְזֵב, פ״ח, ע׳ [אכזב] to be disappointed

הִתְאַכְזְרוּת, נ׳, ר׳, ־רֻיּוֹת being cruel, cruelty

הִתְאַכְּלוּת, נ׳, ר׳, ־לֻיּוֹת digestion

הִתְאַכְסֵן, פ״ח, ע׳ [אכסן] to stay as guest

הִתְאַכֵּר, פ״ח, ע׳ [אכר] to be (become) a farmer

הִתְאַלְמֵן, פ״ח, ע׳ [אלמן] to become a widower

הִתְאִים, פעו״י, ע׳ [תאם] to agree, conform, be fitting

הֶתְאֵם, ז׳, הַתְאָמָה, נ׳, ר׳, ־מִים, הַתְאָמוֹת agreement, accord, harmony

הִתְאַמֵּן, פ״ח, ע׳ [אמן] to practice, train oneself

הִתְאַמֵּץ, פ״ח, ע׳ [אמץ] to make an effort, be determined, exert oneself

הִתְאַמְּצוּת, נ׳, ר׳, ־צֻיּוֹת exertion, effort

הִתְאַמֵּר, פ״ח, ע׳ [אמר] to rise (prices); to boast, pretend

הִתְאַמְּתוּת, נ׳, ר׳, ־תֻיּוֹת verification

הִתְאַנָּה, פ״ח, ע׳ [אנה] to find an excuse, pretext

הִתְאַסְלֵם, פ״ח, ע׳ [אסלם] to become a Moslem

הִתְאַסֵּף, פ״ח, ע׳ [אסף] to assemble, gather

הִתְאַפֵּק, פ״ח, ע׳ [אפק] to restrain oneself, refrain

הִתְאַפְּקוּת, נ׳, ר׳, ־קֻיּוֹת restraint

הִתְאַפֵּר, פ״ח, ע׳ [אפר] to make oneself up

הִתְאַפְשֵׁר, פ״ח, ע׳ [אפשר] to become possible

הִתְאַקְלֵם, פ״ח, ע׳ [אקלם] to become acclimated

הִתְאַקְלְמוּת, נ׳, ר׳, ־מֻיּוֹת acclimatization

הִתְאַרְגֵּן, פ״ח, ע׳ [ארגן] to become organized

הִתְאָרַח, פ״ח, ע׳ [ארח] to stay as a guest

הִתְאָרֵס, פ״ח, ע׳ [ארס] to become engaged, be betrothed

הִתְאַשֵּׁר, פ״ח, ע׳ [אשר] to congratulate; to be confirmed, ratified

הִתְאוֹשֵׁשׁ, פ״ח, ע׳ [אשש] to recuperate

הִתְבָּאֵר, פ״ח, ע׳ [באר] to become clear

הִתְבַּגֵּר, פ״ח, ע׳ [בגר] to reach adolescence

הִתְבַּגְּרוּת, נ׳, ר׳, ־רֻיּוֹת puberty, adolescence

הִתְבַּדָּה, פ״ח, ע׳ [בדה] to be caught lying

הִתְבַּדֵּחַ, פ״ח, ע׳ [בדח] to become joyful; to joke

הִתְבַּדֵּל, פ״ח, ע׳ [בדל] to isolate oneself, dissociate oneself, segregate

הִתְבַּדְּלוּת, נ׳, ר׳, ־לֻיּוֹת isolation; segregation

הִתְבַּדֵּר, פ״ח, ע׳ [בדר] to be scattered, dispersed; to clear one's mind

הִתְבּוֹדֵד, פ״ח, ע׳ [בדד] to be alone, seclude oneself

הִתְבּוֹדְדוּת, נ', ר', ־דֻיּוֹת solitude, loneliness

הִתְבּוֹלֵל, פ"ע, ע' [בלל] to assimilate

הִתְבּוֹלְלוּת, נ', ר', ־לֻיּוֹת mixing oneself, assimilation

הִתְבּוֹנֵן, פ"ע, ע' [בין] to look attentively; to consider, study, reflect, contemplate

הִתְבּוֹנְנוּת, נ', ר', ־נֻיּוֹת meditation, reflection

הִתְבּוֹסֵס, פ"ח, ע' [בוס] to be rolling

הִתְבּוֹשֵׁשׁ, פ"ע, ע' [בוש] to be ashamed; to be late

הִתְבַּזָּה, פ"ח, ע' [בזה] to degrade oneself; to be despised

הִתְבַּזּוּת, נ', ר', ־זֻיּוֹת self-debasement

הִתְבַּטֵּא, פ"ח, ע' [בטא] to express oneself

הִתְבַּטְבֵּט, פ"ח, ע' [בטבט] to swell

הִתְבַּטֵּל, פ"ח, ע' [בטל] to be abolished; to be interrupted

הִתְבַּטְּלוּת, נ', ר', ־לֻיּוֹת self-deprecation; loafing

הִתְבַּיֵּשׁ, פ"ח, ע' [בוש] to be ashamed

הִתְבַּלְבֵּל, פ"ח, ע' [בלבל] to become confused

הִתְבַּלְבְּלוּת, נ', ר', ־לֻיּוֹת becoming confused

הִתְבַּלֵּט, פ"ח, ע' [בלט] to be prominent, eminent

הִתְבַּסֵּס, פ"ח, ע' [בסס] to be consolidated, be established

הִתְבָּעֵר, פ"ח, ע' [בער] to be removed, cleared

הִתְבַּצֵּר, פ"ח, ע' [בצר] to fortify oneself, strengthen oneself

הִתְבַּקַּע, פ"ח, ע' [בקע] to burst open, cleave asunder

הִתְבַּקֵּשׁ, פ"ח, ע' [בקש] to be asked, sought, summoned

הִתְבָּרֵךְ, פ"ח, ע' [ברך] to be blessed, bless oneself

הִתְבָּרֵר, פ"ח, ע' [ברר] to purify oneself, be pure, be made clear

הִתְבַּשֵּׁל, פ"ח, ע' [בשל] to be well boiled; to become ripe

הִתְבַּשֵּׂם, הִתְבַּסֵּם, פ"ח, ע' [בשם] to be perfumed; to be tipsy

הִתְגָּאָה, פ"ח, ע' [גאה] to be proud, exalted; to boast

הִתְגָּאוּת, נ', ר', ־אֻיּוֹת arrogance, conceit

הִתְגָּאֵל, פ"ח, ע' [גאל] to defile oneself

הִתְגַּבֵּר, פ"ח, ע' [גבר] to strengthen oneself

הִתְגַּבְּרוּת, נ', ר', ־רֻיּוֹת strengthening oneself

הִתְגַּבֵּשׁ, פ"ח, ע' [גבש] to become crystallized; to become definite (opinions)

הִתְגַּבְּשׁוּת, נ', ר', ־שֻׁיּוֹת crystallization

הִתְגַּדֵּל, פ"ח, ע' [גדל] to praise oneself, boast

הִתְגַּדְּלוּת, נ', ר', ־דְּלֻיּוֹת self-aggrandizement

הִתְגַּדֵּר, פ"ח, ע' [גדר] to be proficient; to distinguish oneself; to boast

הִתְגּוֹדֵד, פ"ח, ע' [גדד] to cut oneself

הִתְגּוֹדְדוּת, נ', ר', ־דֻיּוֹת itching

הִתְגּוֹרֵר, פ"ח, ע' [גרר] to dwell, burst forth

הִתְגּוֹשֵׁשׁ, פ"ח, ע' [גשש] to wrestle

הִתְגּוֹשְׁשׁוּת, נ', ר', ־שֻׁיּוֹת wrestling, gymnastics

הִתְנַיֵּס, פ"ח, ע' [ניס] to join (army, etc.)

הִתְגַּיֵּר, פ"ח, ע' [גיר] to become a proselyte (to Judaism)

הִתְגַּלְגֵּל, פ"ח, ע' [גלגל] to roll, turn; to wander

הִתְגַּלְגְּלוּת, נ', ר', ־לֻיּוֹת rolling

הִתְגַּלּוּת, נ', ר', ־לֻיּוֹת uncovering; revelation

הִתְגַּלֵּחַ, פ"ח, ע' [גלח] to shave oneself

הִתְגַּלְּחוּת, נ', ר', ־חֻיּוֹת shaving

הִתְגַּלֵּם, פ"ח, ע' [גלם] to be embodied

הִתְגַּלְּמוּת, נ', ר', ־מֻיּוֹת embodiment

הִתְגַּלַּע, הִתְגַּלֵּעַ, פ"ח, ע' [גלע] to break out (quarrel)

הִתְגַּמֵּל, פ"ח, ע' [גמל] to deprive oneself; to wean oneself

הִתְגַּנֵּב, פ"ח, ע' [גנב] to steal away

הִתְגַּנְדֵּר, פ"ח, ע' [גנדר] to dress up, decorate oneself

הִתְגַּנְדְּרוּת, נ', ר', ־דְּרֻיּוֹת gaudiness

הִתְגַּנּוּת, נ', ר', ־נֻיּוֹת indecency

הִתְגָּעֵל, פ"ח, ע' [געל] to be soiled

הִתְגָּעֵשׁ, פ"ח, ע' [געש] to toss; to reel

הִתְגָּעֲשׁוּת, נ', ר', ־שֻׁיּוֹת eruption, excitation

הִתְגָּרֵד, פ"ח, ע' [גרד] to scratch, scrape oneself

הִתְגָּרָה, פ"ח, ע' [גרה] to provoke, excite oneself, start a quarrel

הִתְגָּרוּת, נ', ר', ־רֻיּוֹת engaging in strife, challenge

הִתְגָּרֵשׁ, פעו"י, ע' [גרש] to be divorced; to divorce

הִתְגַּשְּׁמוּת, נ', ר', ־מֻיּוֹת realization, embodiment

הִתְדַּבֵּק, פ"ח, ע' [דבק] to be joined together; to be infected

הִתְדַּבְּקוּת, נ', ר', ־קֻיּוֹת attachment; infection

הִתְדַּלְדֵּל, פ"ח, ע' [דלדל] to be reduced to poverty

הִתְדַּלְדְּלוּת, נ', ר', ־לֻיּוֹת impoverishment

הִתְדַּמּוּת, נ', ר', ־מֻיּוֹת resemblance

הִתְדַּפֵּק, פ"ח, ע' [דפק] to beat, knock violently

הִתְדַּשֵּׁן, פ"ח, ע' [דשן] to grow fat

הִתְהַדֵּר, פ"ח, ע' [הדר] to decorate oneself, dress up

הִתְהַדְּרוּת, נ', ר', ־רֻיּוֹת gaudiness

הִתְהַוּוּת, נ', ר', ־וֻיּוֹת formation

הִתְהוֹלְלוּת, נ', ר', ־לֻיּוֹת riotousness

הִתְהַפְּכוּת, נ', ר', ־כֻיּוֹת change, transformation

הִתְוַדָּה, פ"ע, ע' [ידה] to confess

הִתְוַדַּע, פ"ע, ע' [ידע] to become known, acquainted

הִתְוַדְּעוּת, נ', ר', ־עֻיּוֹת making oneself known, making acquaintance

הִתְוַדָּה, פ"ח, ע' [ידה] to confess

הִתְוָה, פ"י, ע' [תוה] to set a mark; to outline

הִתּוּךְ, ז', ר', ־כִים smelting

הִתְוַכֵּחַ, פ"ע, ע' [יכח] to argue, dispute

הִתְוַכְּחוּת, נ', ר', ־חֻיּוֹת discussion

הִתּוּל, ז', ר', ־לִים sarcasm, mockery

הִתּוּלִי, ת"ז, ־לִית, ת"נ sarcastic, ironical

הֲתּוּלִים, ז"ר mockery

הִתְוַעֵד, פ"ח, ע' [ועד] to assemble, meet

הִתְוַעֲדוּת, נ׳, ר׳, ־דֻיּוֹת meeting together

הֵתַז, פ״י, ע׳ [תזז] to chop, strike off

הַתָּזָה, נ׳, ר׳, ־זוֹת chopping

הִתְחַבֵּב, פ״ח, ע׳ [חבב] to be liked, loved

הִתְחַבֵּט, פ״ח, ע׳ [חבט] to exert oneself

הִתְחַבֵּר, פ״ח, ע׳ [חבר] to become joined

הִתְחַבְּרוּת, נ׳, ר׳, ־רֻיּוֹת union

הִתְחַדֵּשׁ, פ״ח, ע׳ [חדש] to be renewed

הִתְחַדְּשׁוּת, נ׳, ר׳, ־שֻׁיּוֹת renovation, renewal

הִתְחַזֵּק, פ״ח, ע׳ [חזק] to strengthen oneself; to take courage

הִתְחַזְּקוּת, נ׳, ר׳, ־קֻיּוֹת growing strong

הִתְחַיְּבוּת, נ׳, ר׳, ־בֻיּוֹת obligation, undertaking a duty

הִתְחַיֵּב, פ״ח, ע׳ [חיב] to undertake (an obligation); to pledge oneself

הִתְחַכְּכוּת, נ׳, ר׳, ־כֻיּוֹת rubbing, friction

הִתְחַכְּמוּת, נ׳, ר׳, ־מֻיּוֹת display of wisdom, sophistry

הַתְחָלָה נ׳, ר׳, ־לוֹת beginning

הִתְחַלָּה, פ״ע, ע׳ [חלה] to feign sickness

הַתְחָלִי, ת״ז, ־לִית, ת״נ elementary

הִתְחַלֵּף, פ״ח, ע׳ [חלף] to be altered, transformed

הִתְחַלְּפוּת, נ׳, ר׳, ־פֻיּוֹת change

הִתְחַלְּקוּת, נ׳, ר׳, ־קֻיּוֹת slipping; division

הִתְחַמֵּם, פ״ח, ע׳ [חמם] to warm oneself

הִתְחַמְּמוּת, נ׳, ר׳, ־מֻיּוֹת becoming warm

הִתְחַמֵּץ, פ״ח, ע׳ [חמץ] to be soured; to be degenerate

הִתְחַמְּצוּת, נ׳, ר׳, ־צֻיּוֹת souring; degeneration

הִתְחַמֵּק, פ״ח, ע׳ [חמק] to turn hither and thither; to evade; to go slumming

הִתְחַמֵּשׁ, פ״ח, ע׳ [חמש] to arm oneself

הִתְחַנֵּךְ, פ״ח, ע׳ [חנך] to educate oneself; to be dedicated

הִתְחַנֵּן, פ״ח, ע׳ [חנן] to implore, supplicate; to find favor

הִתְחַסֵּד, פ״ח, ע׳ [חסד] to be kind; to feign piety

הִתְחַסְּדוּת, נ׳, ר׳, ־דֻיּוֹת bigotry

הִתְחַסֵּם, פ״ח, ע׳ [חסם] to be tempered

הִתְחַסֵּר, פ״ח, ע׳ [חסר] to dwindle, be reduced

הִתְחַפֵּשׂ, פ״ח, ע׳ [חפש] to disguise, hide oneself

הִתְחַפְּשׂוּת, נ׳, ר׳, ־שֻׂיּוֹת disguising

הִתְחַצֵּף, פ״ח, ע׳ [חצף] to be impudent

הִתְחַקָּה, פ״ח, ע׳ [חקה] to trace, investigate

הִתְחַקּוּת, נ׳, ר׳, ־קֻיּוֹת tracing, investigation

הִתְחָרָה, פ״ח, ע׳ [חרה] to compete, rival

הִתְחָרוּת, נ׳, ר׳, ־רֻיּוֹת rivalry, competition, contest

הִתְחָרֵט, פ״ע, ע׳ [חרט] to repent

הִתְחָרְטוּת, נ׳, ר׳, ־טֻיּוֹת remorse, repentance

הִתְחָרֵשׁ, פ״ח, ע׳ [חרש] to whisper; to become deaf

הִתְחַשֵּׁב, פ״ח, ע׳ [חשב] to be considered, esteemed, taken into consideration
הִתְחַשְּׁבוּת, נ׳, ר׳, ־בֻיּוֹת consideration
הִתְחַשֵּׁק, פ״ח, ע׳ [חשק] to be lustful
הִתְחַתֵּן, פ״ח, ע׳ [חתן] to get married, be related by marriage
הִתְחַתְּנוּת, נ׳, ר׳, ־נֻיּוֹת contractual agreement for marriage
הִתְיָאֵשׁ, פ״ח, ע׳ [יאש] to despair
הִתְיַבְּשׁוּת, נ׳, ר׳, ־שֻׁיּוֹת drying up
הִתְיַדֵּד, פ״ח, ע׳ [ידד] to befriend, become friendly
הִתְיַהֵד, פ״ח, ע׳ [יהד] to become a Jew
הִתְיַהֲדוּת, נ׳, ר׳, ־דֻיּוֹת becoming Jewish
הִתְיַהֵר, פ״ח, ע׳ [יהר] to be haughty, arrogant
הִתְיַוֵּן, פ״ח, ע׳ [יון] to become Hellenized
הִתִּיז, פ״י, ע׳ [נתז] to chop off; to sprinkle; to articulate distinctly
הִתְיַחֵד, פ״ח, ע׳ [יחד] to commune with
הִתְיַחֲדוּת, נ׳, ר׳, ־דֻיּוֹת being alone with; communion
הִתְיַחֵס, פ״ח, ע׳ [יחס] to behave towards
הִתְיַחֲסוּת, נ׳, ר׳, ־סֻיּוֹת relationship
הִתְיַחֵשׂ, פ״ח, ע׳ [יחש] to be enrolled in genealogical records
הִתִּיךְ, פ״י, ע׳ [נתך] to pour out; to melt
הִתְיַלֵּד, פ״ח, ע׳ [ילד] to declare one's pedigree; to be born

הִתְיַמֵּר, פ״ח, ע׳ [ימר] to boast; to pretend
הִתְיַסְּדוּת, נ׳, ר׳, ־דֻיּוֹת founding
הִתְיָעֵץ, פ״ח, ע׳ [יעץ] to consult
הִתְיָעֲצוּת, נ׳, ר׳, ־צֻיּוֹת taking counsel, consultation
הִתְיַפּוּת, נ׳, ר׳, ־פֻּיּוֹת beautifying
הִתְיַפֵּחַ, פ״ח, ע׳ [יפח] to cry out bitterly, bewail
הִתְיַצֵּב, פ״ח, ע׳ [יצב] to endure; to station oneself
הִתְיַצְּבוּת, נ׳, ר׳, ־בֻיּוֹת presenting oneself (in army); stabilizing
הִתִּיר, פ״י, ע׳ [נתר] to loosen; to permit
הִתִּישׁ, פ״י, ע׳ [נתש] uproot, destroy
הִתְיַשְּׁבוּת, נ׳, ר׳, ־בֻיּוֹת settlement, deliberation
הִתְיַשְּׁרוּת, נ׳, ר׳, ־רֻיּוֹת straightening
הִתְכַּבֵּד, פ״ח, ע׳ [כבד] to amass wealth; to be received
הַתָּכָה, נ׳, ר׳, ־כוֹת melting
הִתְכַּוֵּן, פ״ח, ע׳ [כון] to intend, mean
הִתְכּוֹנְנוּת, נ׳, ר׳, ־נֻיּוֹת preparing, readiness
הִתְכַּוֵּץ, פ״ח, ע׳ [כוץ] to become shrunk, contract
הִתְכַּוְּצוּת, נ׳, ר׳, ־צֻיּוֹת contraction, shrinking
הִתְכַּחֲשׁוּת, נ׳, ר׳, ־שֻׁיּוֹת denial, being false
הִתְכַּנְּסוּת, נ׳, ר׳, ־סֻיּוֹת concentration
הִתְכַּסָּה, פ״ח, ע׳ [כסה] to cover (clothe) oneself
הִתְכַּסּוּת, נ׳, ר׳, ־סֻיּוֹת covering
הִתְכַּתֵּב, פ״ח, ע׳ [כתב] to correspond
הִתְכַּתְּשׁוּת, נ׳, ר׳, ־שֻׁיּוֹת brawl
הִתֵּל, הֵתֵל, פ״י to mock, deceive

הִתְלַבֵּט, פ״ח, ע׳ [לבט] to toil; to be in trouble
הִתְלַבְּנוּת, נ׳, ר׳, ־נֻיּוֹת whitening (of metal); clarification
הִתְלַבְּשׁוּת, נ׳, ר׳, ־שֻׁיּוֹת dressing
הִתְלַהֵב, פ״ח, ע׳ [להב] to be enthusiastic
הִתְלַהֲבוּת, נ׳, ר׳, ־בֻיּוֹת enthusiasm; inspiration
הִתְלַהֲטוּת, נ׳, ר׳, ־טֻיּוֹת scorching (of metals)
הִתְלַהְלֵהַּ, פ״ח, ע׳ [להלה] to play the fool, behave madly
הִתְלַהֵם, פ״ח, ע׳ [להם] to strike, give blow
הִתְלוֹנֵן, פ״ח, ע׳ [לון] to dwell; to seek shelter; to complain
הִתְלוֹנְנוּת, נ׳, ר׳, ־נֻיּוֹת complaining
הִתְלוֹצֵץ, פ״ח, ע׳ [ליץ] to joke
הִתְלוֹצְצוּת, נ׳, ר׳, ־צֻיּוֹת mockery
הִתְלַחְלֵחַ, פ״ח, ע׳ [לחלח] become moist, damp
הִתְלִיעַ, פ״ע, ע׳ [תלע] to be worm-eaten
הִתְלַכֵּד, פ״ח, ע׳ [לכד] to unite, integrate
הִתְלַכְּדוּת, נ׳, ר׳, ־דֻיּוֹת uniting, merger
הִתְלַמֵּד,פ״ח, ע׳ [למד] to study by oneself
הַתְלָעָה, נ׳, ר׳, ־עוֹת being worm-eaten; rottenness
הִתְלַפֵּד, פ״ח, ע׳ [לפד] to glitter, sparkle
הִתְלַקְּחוּת, נ׳, ר׳, ־חֻיּוֹת catching on fire
הֵתַם, פ״י, ע׳ [תמם] to finish; to make perfect

הִתְמַגֵּן, פ״ח, ע׳ [מגן] to shield oneself
הַתְמָדָה, נ׳, ר׳, ־דוֹת diligence, perseverance
הִתְמַהְמֵהַּ, פ״ח, ע׳ [מהמה] to linger, hesitate; to be late
הִתְמַהְמְהוּת, נ׳, ר׳, ־הֻיּוֹת tarrying, lingering
הִתְמוֹגֵג, פ״ח, ע׳ [מוג] to melt away, flow
הִתְמוֹגְגוּת, נ׳, ר׳, ־גֻיּוֹת melting
הִתְמוֹדֵד, פ״ח, ע׳ [מדד] to stretch oneself out
הִתְמוֹטֵט, פ״ח, ע׳ [מוט] to disintegrate, collapse, depreciate
הִתְמוֹטְטוּת, נ׳, ר׳, ־טֻיּוֹת tottering, crumbling
הִתְמַזֵּג, פ״ח, ע׳ [מזג] to become mixed
הִתְמַזְּגוּת, נ׳, ר׳, ־גֻיּוֹת blending, fusion
הִתְמַזֵּל, פ״ח, ע׳ [מזל] to become lucky
הִתְמַזְמֵז, פ״ח, ע׳ [מזמז] to soften; to pet
הִתְמַזְמְזוּת, נ׳, ר׳, ־זֻיּוֹת petting
הִתְמַחָה, פ״ח, ע׳ [מחה] to specialize
הִתְמַחוּת, נ׳, ר׳, ־חֻיּוֹת becoming expert, specializing
הִתְמַטְמֵט, פ״ח, ע׳ [מטמט] to be crumbled; to totter, fall down
הִתְמִיד, פעו״י, ע׳ [תמד] to be diligent; to cause to be constant
הִתְמִיהַּ, פעו״י, ע׳ [תמה] to cause amazement, be amazed
הִתְמַכֵּר, פ״ח, ע׳ [מכר] to sell oneself; to devote oneself
הִתְמַכְּרוּת, נ׳, ר׳, ־רֻיּוֹת devotion, self-dedication

הִתְמַלֵּא, פ"ח, ע' [מלא] to become filled; to be gathered
הִתְמַלְּאוּת, נ', ר', ־אֻיּוֹת filling up; realization
הִתְמַלֵּט, פ"ח, ע' [מלט] to escape
הִתְמַלֵּל, פ"ח, ע' [מלל] to be pronounced, expressed
הִתַּמֵּם, פ"ח, ע' [תמם] to be innocent; to feign simplicity
הִתְמַמֵּשׁ, פ"ח, ע' [ממש] to become materialized
הִתְמַנּוּת, נ', ר', ־נֻיּוֹת appointment, nomination
הִתְמַסְמְסוּת, נ', ר', ־סֻיּוֹת melting, dissolution
הִתְמַסְּרוּת, נ', ר', ־רֻיּוֹת devoting oneself
הִתְמַעֵט, פ"ח, ע' [מעט] to be reduced, diminished
הִתְמַעֲטוּת, נ', ר', ־טֻיּוֹת lessening, diminution
הִתְמַעֵן, פ"ח, ע' [מען] to be humbled
הִתְמַצְּאוּת, נ', ר', ־אֻיּוֹת orientation
הִתְמַצָּה, פ"ח, ע' [מצה] to drip out
הִתְמַקְמֵק, פ"ח, ע' [מקמק] to dissolve; to get weak bodily
הִתְמַרְמְרוּת, נ', ר', ־רֻיּוֹת embitterment
הִתְמָרֵק, פ"ח, ע' [מרק] to be purified; to be purged; to be digested
הִתְמָרֵר, פ"ח, ע' [מרר] to become bitter
הִתְמַשֵּׁךְ, פ"ח, ע' [משך] to extend, stretch out
הִתְמַשְּׁכוּת, נ', ר', ־כֻיּוֹת continuation
הִתְמַשֵּׁל, פ"ח, ע' [משל] to be likened; to become like
הִתְמַשֵּׁשׁ, פ"ח, ע' [משש] to become touchable
הִתְמַתֵּן, פ"ח, ע' [מתן] to do slowly, go easy
הִתְמַתֵּק, פ"ח, ע' [מתק] to become sweet, calm
הִתְנָאָה, פ"ח, ע' [נאה] to adorn oneself; to enjoy
הִתְנָאוּת, נ', ר', ־אֻיּוֹת beautifying oneself
הִתְנַבְּאוּת, נ', ר', ־אֻיּוֹת prophesying
הִתְנַבֵּל, פ"ח, ע' [נבל] to be disgraced
הִתְנַבֵּר, פ"ח, ע' [נבר] to act haughtily, cunningly
הִתְנַגֵּב, פ"ח, ע' [נגב] to be parched, dried up; to wipe oneself
הִתְנַגְּדוּת, נ', ר', ־דֻיּוֹת opposition, resistance
הִתְנַגְּחוּת, נ', ר', ־חֻיּוֹת butting in
הִתְנַגֵּן, פ"ח, ע' [נגן] to get played (automatically)
הִתְנַגֵּף, פ"ח, ע' [נגף] to strike (against); to stumble
הִתְנַגֵּשׁ, פ"ח, ע' [נגש] to draw near one another; to conflict, collide
הִתְנַגְּשׁוּת, נ', ר', ־שֻׁיּוֹת encounter; collision
הִתְנַדְּבוּת, נ', ר', ־בֻיּוֹת volunteering
הִתְנַדְנְדוּת, נ', ר', ־דֻיּוֹת swinging
הִתְנַדֵּף, פ"ח, ע' [נדף] to evaporate; to be blown away
הִתְנַדְּפוּת, נ', ר', ־פֻיּוֹת evaporation
הִתְנָה, פ"י, ע' [תנה] to stipulate, make a condition
הִתְנַהֵג, פ"ח, ע' [נהג] to conduct, behave oneself

הִתְנַהֲגוּת, נ׳, ר׳, ־גֻיּוֹת conduct, behavior

הִתְנַהֵל, פ״ח, ע׳ [נהל] to go on slowly; to be conducted

הִתְנוֹבֵב, פ״ח, ע׳ [נוב] to start growing

הִתְנוֹדֵד, פ״ח, ע׳ [נוד] to be moved; to sway, totter

הִתְנוֹדְדוּת, נ׳, ר׳, ־דֻיּוֹת swaying, tottering

הִתְנַוָּה, פ״ח, ע׳ [נוה] to be ostentatious; to adorn oneself

הִתְנַוְנָה, פ״ח, ע׳ [נונה] to waste away, deteriorate

הִתְנַוְּנוּת, נ׳, ר׳, ־וְּנֻיּוֹת degeneration, deterioration

הִתְנוֹעֲעוּת, נ׳, ר׳, ־עֻיּוֹת rocking, moving

הִתְנוֹפֵף, פ״ח, ע׳ [נוף] to be displayed as a banner; to flutter

הִתְנוֹצְצוּת, נ׳, ר׳, ־צֻיּוֹת shining, glittering

הִתְנַחֵל, פ״ח, ע׳ [נחל] to acquire as a possession

הִתְנַחֲמוּת, נ׳, ר׳, ־מֻיּוֹת consolation

הִתְנַכְּלוּת, נ׳, ר׳, ־לֻיּוֹת intriguing, plotting

הִתְנַכְּרוּת, נ׳, ר׳, ־כְּרֻיּוֹת estrangement

הִתְנַעֲרוּת, נ׳, ר׳, ־רֻיּוֹת getting up; shaking off

הִתְנַפֵּחַ, פ״ח, ע׳ [נפח] to put on airs

הִתְנַפֵּל, פ״ח, ע׳ [נפל] to attack, fall upon

הִתְנַפְּלוּת, נ׳, ר׳, ־לֻיּוֹת attack, assault

הִתְנַצְּלוּת, נ׳, ר׳, ־לֻיּוֹת apology

הִתְנַצֵּר, פ״ח, ע׳ [נצר] to become a Christian, be converted to Christianity

הִתְנַקְּשׁוּת, נ׳, ר׳, ־שֻׁיּוֹת plotting, laying snares

הִתְנַשֵּׂא, פ״ח, ע׳ [נשא] to lift oneself up, exalt oneself, rise

הִתְנַשְּׂאוּת, נ׳, ר׳, ־אֻיּוֹת self-elevation; self-exaltation

הִתְנַשְּׁמוּת, נ׳, ר׳, ־מֻיּוֹת breathing heavily

הִתְעַבּוּת, נ׳, ר׳, ־בֻּיּוֹת thickening; condensation

הִתְעַבֵּר, פ״ח, ע׳ [עבר] to be enraged; to become pregnant

הִתְעַבְּרוּת, נ׳, ר׳, ־רֻיּוֹת becoming pregnant; becoming enraged

הִתְעוֹרְרוּת, נ׳, ר׳, ־רֻיּוֹת awakening, stirring

הִתְעַטְּפוּת, נ׳, ר׳, ־פֻיּוֹת wrapping oneself

הִתְעַטֵּשׁ, פ״ח, ע׳ [עטש] to sneeze

הַתְעָיָה, נ׳, ר׳, ־יוֹת deception

הִתְעַכְּבוּת, נ׳, ר׳, ־בֻיּוֹת delay

הִתְעַלּוּת, נ׳, ר׳, ־לֻיּוֹת raising oneself, exaltation

הִתְעַלֵּל, פ״ח, ע׳ [עלל] to act ruthlessly

הִתְעַלְּמוּת, נ׳, ר׳, ־מֻיּוֹת shutting one's eyes; hiding oneself

הִתְעַלֵּף, פ״ח, ע׳ [עלף] to faint; to cover oneself, wrap oneself

הִתְעַלְּפוּת, נ׳, ר׳, ־פֻיּוֹת swoon, faint

הִתְעַמֵּל, פ״ח, ע׳ [עמל] to perform physical exercises

הִתְעַמְּלוּת, נ׳, ר׳, ־לֻיּוֹת exercising, gymnastics

הִתְעַמֵּק, פ״ח, ע׳ [עמק] to think deeply, ponder

הִתְעַמֵּר, פ״ח, ע׳ [עמר] to deal tyrannically

הִתְעַנְּגוּת, נ׳, ר׳, ־גֻיּוֹת amusement
הִתְעַנֵּן, פ״ח, ע׳ [ענן] to become cloudy
הִתְעַנּוּת, נ׳, ר׳, ־נֻיּוֹת suffering; fasting
הִתְעַנְיְנוּת, נ׳, ר׳, ־נֻיּוֹת interest
הִתְעַסְּקוּת, נ׳, ר׳, ־קֻיּוֹת dealing
הִתְעַצְּבוּת, נ׳, ר׳, ־בֻיּוֹת sorrowing, sorrow
הִתְעַצְּלוּת, נ׳, ר׳, ־לֻיּוֹת laziness, indolence
הִתְעַקֵּם, פ״ח, ע׳ [עקם] to become crooked (bent)
הִתְעַקְּמוּת, נ׳, ר׳, ־מֻיּוֹת crookedness
הִתְעַקֵּשׁ, פ״ח, ע׳ [עקש] to be obstinate
הִתְעַקְּשׁוּת, נ׳, ר׳, ־שֻׁיּוֹת obstinacy, stubbornness
הִתְעָרֵב, פ״ח, ע׳ [ערב] to intermingle; to interfere; to bet
הִתְעָרְבוּת, נ׳, ר׳, ־בֻיּוֹת meddling, interference; betting
הִתְעָרָה, פ״ח, ע׳ [ערה] to make naked; to spread oneself
הִתְעַשֵּׁת, פ״ח, ע׳ [עשת] to think, bethink, consider
הִתְפָּאֵר, פ״ח, ע׳ [פאר] to boast
הִתְפָּאֲרוּת, נ׳, ר׳, ־רֻיּוֹת boasting
הִתְפַּזְּרוּת, נ׳, ר׳, ־רֻיּוֹת dispersion
הִתְפַּחֲמוּת, נ׳, ר׳, ־מֻיּוֹת carbonization; electrocution
הִתְפַּטֵּר, פ״ח, ע׳ [פטר] to resign
הִתְפַּטְּרוּת, נ׳, ר׳, ־רֻיּוֹת resignation
הִתְפַּכְּחוּת, נ׳, ר׳, ־חֻיּוֹת sobering
הִתְפַּלֵּא, פ״ח, ע׳ [פלא] to wonder, be surprised
הִתְפַּלְּאוּת, נ׳, ר׳, ־אֻיּוֹת wonder, surprise

הִתְפַּלְּגוּת, נ׳, ר׳, ־גֻיּוֹת division, schism
הִתְפַּלֵּל, פ״ח, ע׳ [פלל] to pray
הִתְפַּלְמֵס, פ״ח, ע׳ [פלמס] to dispute
הִתְפַּלְסֵף, פ״ח, ע׳ [פלסף] to philosophize
הִתְפַּלֵּשׁ, פ״ח, ע׳ [פלש] to roll in
הִתְפַּעֵל, ז׳ hithpa'el, the reflexive form of the intensive stem of the Hebrew verb
הִתְפַּעֵל, פ״ח, ע׳ [פעל] to be impressed, affected
הִתְפַּעֲלוּת, נ׳, ר׳, ־לֻיּוֹת emotion; rapture
הִתְפָּעֵם, פ״ח, ע׳ [פעם] to be troubled
הִתְפַּצֵּל, פ״ח, ע׳ [פצל] to form branches
הִתְפַּקֵּד, פ״ח, ע׳ [פקד] to be mustered
הִתְפָּרֵד, פ״ח, ע׳ [פרד] to be separated from each other; to be scattered
הִתְפָּרְדוּת, נ׳, ר׳, ־דֻיּוֹת separation; decomposition
הִתְפַּרְסְמוּת, נ׳, ר׳, ־מֻיּוֹת becoming renowned
הִתְפָּרְצוּת, נ׳, ר׳, ־צֻיּוֹת outbreak
הִתְפָּרֵק, פ״ח, ע׳ [פרק] to be dismembered
הִתְפַּשֵּׁט, פ״ח, ע׳ [פשט] to undress; to be spread
הִתְפַּשְּׁטוּת, נ׳, ר׳, ־טֻיּוֹת expansion, spreading
הִתְפַּשֵּׁר, פ״ח, ע׳ [פשר] to be settled
הִתְפַּשְּׁרוּת, נ׳, ר׳, ־רֻיּוֹת compromising
הִתְפַּתֵּחַ, פ״ח, ע׳ [פתח] to develop oneself

development הִתְפַּתְּחוּת, נ׳, ר׳, ־חֻיּוֹת
to deal הִתְפַּתֵּל, פ״ח, ע׳ [פתל]
torturously
gathering; הִתְקַבְּצוּת, נ׳, ר׳, ־צֻיּוֹת
assembling
to progress הִתְקַדֵּם, פ״ח, ע׳ [קדם]
progress הִתְקַדְּמוּת, נ׳, ר׳, ־מֻיּוֹת
to become הִתְקַדֵּשׁ, פ״ח, ע׳ [קדש]
sanctified
הִתְקַדְּשׁוּת, נ׳, ר׳, ־שֻׁיּוֹת
sanctification
to quarrel הִתְקוֹטֵט, פ״ח, ע׳ [קטט]
quarreling הִתְקוֹטְטוּת, נ׳, ר׳, ־טֻיּוֹת
to rise הִתְקוֹמֵם, פ״ח, ע׳ [קום]
against, revolt
uprising הִתְקוֹמְמוּת, נ׳, ר׳, ־מֻיּוֹת
to be crippled הִתְקַטֵּעַ, פ״ח, ע׳ [קטע]
to prepare; to הִתְקִין, פ״י, ע׳ [תקן]
ordain; to establish
to be הִתְקַעֲקַע, פ״ח, ע׳ [קעקע]
uprooted
attack, assault הַתְקָפָה, נ׳, ר׳, ־פוֹת
folding up הִתְקַפְּלוּת, נ׳, ר׳, ־לֻיּוֹת
to become הִתְקַצֵּף, פ״ח, ע׳ [קצף]
angry
becoming הִתְקַצְּפוּת, נ׳, ר׳, ־פֻיּוֹת
angry
coming הִתְקָרְבוּת, נ׳, ר׳, ־בֻיּוֹת
near, approaching
to catch cold הִתְקָרֵר, פ״ח, ע׳ [קרר]
cooling off הִתְקָרְרוּת, נ׳, ר׳, ־רֻיּוֹת
hardening הִתְקַשּׁוּת, נ׳, ר׳, ־שֻׁיּוֹת
to adorn הִתְקַשֵּׁט, פ״ח, ע׳ [קשט]
oneself
to become הִתְקַשֵּׁר, פ״ח, ע׳ [קשר]
attached; to get in touch with
binding הִתְקַשְּׁרוּת, נ׳, ר׳, ־רֻיּוֹת
together, combination

loosening; הֶתֵּר, ז׳, ר׳, ־רִים
permission
to see one הִתְרָאָה, פ״ח, ע׳ [ראה]
another; to show oneself
see you soon, au revoir לְהִתְרָאוֹת
warning הַתְרָאָה, נ׳, ר׳, ־אוֹת
propagation; הִתְרַבּוּת, נ׳, ר׳, ־בֻּיּוֹת
increase
to swagger הִתְרַבְרֵב, פ״ח, ע׳ [רברב]
excitement; הִתְרַגְּזוּת, נ׳, ר׳, ־זֻיּוֹת
anger
to become הִתְרַגֵּל, פ״ח, ע׳ [רגל]
accustomed
to become הִתְרַגֵּשׁ, פ״ח, ע׳ [רגש]
excited
excitement, הִתְרַגְּשׁוּת, נ׳, ר׳, ־שֻׁיּוֹת
emotion
to warn, הִתְרָה, פ״י, ע׳ [תרה]
forewarn
loosening; הַתָּרָה, נ׳ ר׳, ־רוֹת
permission
exaltation הִתְרוֹמְמוּת, נ׳, ר׳, ־מֻיּוֹת
הִתְרוֹעֵעַ, פ״ח, ע׳ [רוע, רעע]
to shout in triumph; to become
friendly
befriending הִתְרוֹעֲעוּת, נ׳, ר׳, ־עֻיּוֹת
to run about הִתְרוֹצֵץ, פ״ח, ע׳ [רצץ]
clash, הִתְרוֹצְצוּת, נ׳, ר׳, ־צֻיּוֹת
conflict
emptying הִתְרוֹקְנוּת, נ׳, ר׳, ־נֻיּוֹת
הִתְרוֹשְׁשׁוּת, נ׳, ר׳, ־שֻׁיּוֹת
impoverishment
expansion הִתְרַחֲבוּת, נ׳, ר׳, ־בֻיּוֹת
הִתְרַחֲקוּת, נ׳, ר׳, ־קֻיּוֹת
estrangement
to have diarrhea הִתְרִיז, פ״י, ע׳ [תרז]
to shield; to הִתְרִיס, פ״ע, ע׳ [תרס]
resist, defy, fight back

הִתְרִיעַ, פ"י, ע' [תרע] to blow the trumpet; to sound an alarm
הִתְרַכְּזוּת, נ', ר', ־זֻיּוֹת centralization; concentration
הִתְרַכְּכוּת, נ', ר', ־כֻיּוֹת softening
הִתְרַעֵם, פ"ח, ע' [רעם] to complain
הִתְרַעֲמוּת, נ', ר', ־מֻיּוֹת being rancorous, complaining
הִתְרַפֵּס, פ"ח, ע' [רפס] to humiliate oneself
הִתְרַפְּסוּת, נ', ר', ־סֻיּוֹת humbling oneself, self-abasement
הִתְרַפֵּק, פ"ח, ע' [רפק] to support oneself; to miss, long for

הִתְרַצּוּת, נ', ר', ־צֻיּוֹת conciliation, acquiescence
הִתְרַשֵּׁל, פ"ח, ע' [רשל] to be lax
הִתְרַשְּׁלוּת, נ', ר', ־לֻיּוֹת negligence
הִתְרַשֵּׁם, פ"ח, ע' [רשם] to be impressed
הִתְרַשְּׁמוּת, נ', ר', ־מֻיּוֹת being impressed
הֲתָשָׁה, הֲתַשָּׁה, נ', ר', ־שׁוֹת annihilation, weakening, enfeeblement
הִתְשׁוֹטְטוּת, נ', ר', ־טֻיּוֹת aimless walking, wandering

ו

ו Vau, sixth letter of Hebrew alphabet; six
וְ־ (וּ־, וַ־, וָ־, וֶ־, וִ־) and; but
וַדָּאוּת, נ' certainty
וַדַּאי, וַדַּי, ז', ר', וַדָּאִים, וַדָּאוֹת certainty
וַדַּאי, בְּוַדַּאי, תה"פ certainly, surely
וַדָּאִי, ת"ז, ־אִית, ת"נ certain, sure
[ודה] הִתְוַדָּה, פ"ע, ע' [ידה] to confess
וִדּוּי, ז', ר', ־יִּים confession
וָדִי, וָאדִי, ז', ר', ־דִים, ־דִיּוֹת stream; valley
[ודע] הִתְוַדַּע, פ"ע, ע' [ידע] to become known, acquainted
וָהֵב, ז', ר', וְהֵבִים pool
וָו, ז', ר', ־וִים hook; Vau, name of sixth letter in Hebrew alphabet
וָו הַחִבּוּר Vau (conjunctive)
וָו הַהִפּוּךְ Vau (conversive)
וָוִית, נ', ר', ־יּוֹת peg, small hook

וָזִיר, ז', ר', וְזִירִים minister (of state)
וָטִיב, ז', ר', וְטִיבִים penis
וַי, מ"ק woe!, alas!
וִילוֹן, ז', ר', ־נוֹת curtain
וִכּוּחַ, ז', ר', ־חִים discussion, argument, controversy
וִכּוּחִי, ת"ז, ־חִית, ת"נ controversial, argumentative
וִכַּח, פ"ע, הִתְוַכַּח, פ"ע, ע' [יכח] to discuss, argue
וָלָד ז', ר', וְלָדוֹת child, infant
וַלְדָנִית, נ', ר', ־יּוֹת prolific mother
וֶסֶת, נ', ר', וְסָתוֹת, וְסָתוֹת conduct, manner, habit; menstruation
וִסֵּת, פ"י to regulate
וַסָּת, ז', ר', ־תִּים regulator
וַעַד, ז', ר', וְעָדִים committee; meeting
וַעַד פּוֹעֵל the executive
וִעֵד, פ"י to appoint (committee)
הִתְוַעֵד, פ"ח to assemble, meet
וָעֶד, תה"פ forever

וַעֲדָה, נ׳, ר׳, וְעָדוֹת commission, subcommittee
וְעִידָה, נ׳, ר׳, ־דוֹת conference, convention
וֶרֶד, ז׳, ר׳, וְרָדִים rose
וָרֹד, וַרְדִּי, ת״ז, וְרֻדָּה, וַרְדִּית, ת״נ rosy
וָרִיד, ז׳, ר׳, וְרִידִים jugular vein
וְרִידִי, ת״ז, ־דִית, ת״נ veined
וֵשֶׁט, ז׳ esophagus
וִתּוּר, ז׳, ר׳, ־רִים renunciation, concession

וָתִין, ז׳ aorta
וָתִיק, ת״ז, וְתִיקָה, ת״נ steady, conscientious, earnest; veteran
וְתִיקוּת, נ׳ conscientiousness, steadiness, earnestness
וֶתֶק, ז׳ tenure; experience; earnestness
וִתֵּר, פ״י to renounce; to surrender; to concede; to forgive
וַתְּרָן, ז׳, ר׳, ־נִים compromiser; liberal; generous man

Z ז

ז Zayin, seventh letter of Hebrew alphabet; seven
זְאֵב, ז׳, ר׳, ־בִים wolf
זַאֲטוּט, זַעֲטוּט, ז׳, ר׳, ־טִים young man, youth; student
זֹאת, מ״נ this, this one (*f.*)
זֹאת אוֹמֶרֶת that is to say
בְּכָל זֹאת yet, nevertheless
זָב, ז׳, ר׳, ־בִים person afflicted with gonorrhea
זֶבֶד, ז׳, ר׳, זְבָדִים bestowal, gift; dowry
זָבַד, פ״י to bestow, endow
זִבְדָּה, נ׳, ר׳, זְבָדוֹת cream
זְבוּב, ז׳, ר׳, ־בִים fly
זִבּוּל, זִיבּוּל, ז׳, ר׳, ־לִים manuring
זְבוּל, ז׳, ר׳, ־לִים habitation, residence
זִבּוּרִית, נ׳ lowest land, poorest soil
זְבוֹרִית, נ׳, ר׳, ־יּוֹת ballast
זָבוּת, נ׳ gonorrhea
זֶבַח, ז׳, ר׳, זְבָחִים, ־חוֹת slaughter; sacrifice
זָבַח, פ״י to slaughter; to sacrifice

זְבִיחָה, נ׳, ר׳, ־חוֹת slaughtering; sacrificing
זָבַל, פ״י to dwell, live
זִבֵּל, פ״י to manure, fertilize
זֶבֶל, ז׳, ר׳, זְבָלִים dung, manure
זַבָּל, ז׳, ר׳, ־לִים scavenger
זַבְלְגָן, ת״ז, ־נִית, ת״נ blear-eyed
זַבֶּלֶת, נ׳, ר׳, ־בָּלוֹת dung heap
זָבַן, פ״י to buy; to bargain
זִבֵּן, פ״י to sell
הִזְדַּבֵּן, פ״ח to be sold
זָג, ז׳, ר׳, ־גִים skin of grapes
זַגָּג, ז׳, ר׳, ־גִים glassmaker, glazier
זִגֵּג, פ״י to glaze
זִגּוּג, זִיגּוּג, ז׳, ר׳, ־גִים glazing
זֵד, ז׳, ר׳, ־דִים wicked person; presumptuous person
זָדוֹן, ז׳, ר׳, זְדוֹנִים, ־נוֹת insolence, presumptuousness
זְדוֹנִי, ת״ז, ־נִית, ת״נ insolent, presumptuous
זֶה, זֹה, מ״נ this, this one
זָהָב, ז׳, ר׳, זְהָבִים gold
זָהָב לָבָן platinum

golden, gold זָהֹב, ת״ז, זְהֻבָּה, ת״נ
goldsmith, jeweler זָהָב, זֶהָבִי, ז׳, ר׳, זְהָבִים
to gild [זהב] הִזְהִיב, פעו״י
golden זְהַבְהַב, ת״ז, ־בָּה, ת״נ
to identify זִהָה, פ״י
this is, this is the one (*m.*) זָהוּ, מ״ג
gold coin זָהוּב, ז׳, ר׳, זְהוּבִים
gilding זִהוּב, ז׳, ר׳, ־בִים
identification זִהוּי, ז׳, ר׳, ־יִים
filth, impurity זִהוּם, ז׳, ר׳, ־מִים
crimson; artificial silk, nylon זְהוֹרִית, נ׳, ר׳, ־רִיּוֹת
identity זֶהוּת, נ׳, ר׳, ־הֻיּוֹת
prudent, careful; bright זָהִיר, ת״ז, זְהִירָה, ת״נ
prudence, care, caution זְהִירוּת, נ׳, ר׳, ־רֻיּוֹת
to make filthy, to dirty זִהֵם, פ״י
dirt; filth; froth זֻהֲמָה, נ׳, ר׳, ־מוֹת
brightness זֹהַר, ז׳, ר׳, זְהָרִים
to shine; to teach; to warn [זהר] הִזְהִיר, פ״י
to be careful, take heed נִזְהַר, פ״ע
glow, glare, reflection זַהֲרוּר, ז׳, ר׳, ־רִים
reflection of light זַהֲרוּרִית, נ׳
phosphorus זְהָרִית, נ׳
glory, splendor זִו, זִיו, ז׳
this, this one (*f.*) זוֹ, מ״ג
who, which; this זוּ, מ״י
to flow; to drip [זוב] זָב, פ״ע
gonorrhea זוֹב, ז׳
pair זוּג, ז׳, ר׳, ־גוֹת
partner, mate בֶּן־זוּג
bell, the body of a bell זוֹג, ז׳, ר׳, ־גִים
to pair, match, mate זִוֵּג, פ״י
to be paired, be mated הִזְדַּוֵּג, פ״ח

female mate, wife זוּגָה, נ׳, ר׳, ־גוֹת
dual זוּגִי, ת״ז, ־גִית, ת״נ
duality זוּגִיּוּת, נ׳
to boil, flow over; to plan evil; to be insolent [זוד] זָד, פ״ע
to boil, seethe; to act insolently הֵזִיד, פ״ע
coupling, mating; matching (for matrimony) זִוּוּג, ז׳, ר׳, ־גִים
to move, go away [זוז] זָז, פ״ע
to move; remove הֵזִיז, פ״י
a silver coin worth 1/4 shekel זוּז, ז׳, ר׳, ־זִים
to move [זוח] זָח, פ״ע
to be overbearing; to be proud זָחָה (עָלָיו) דַּעְתּוֹ
crawler, creeper; reptile זוֹחֵל, ז׳, ר׳, ־חֲלִים
reptiles זוֹחֲלִים, ז״ר
bottom (of net, receptacle) זוּט, ז׳, ר׳, ־טִים
corner; angle זָוִית, נ׳, ר׳, ־יּוֹת
right angle זָוִית יְשָׁרָה
to disregard; to be cheap, worthless [זול] זָל, פעו״י
cheap, low-priced זוֹל, ת״ז, ־לָה, ת״נ
vile, worthless, mean; glutton זוֹלֵל, ת״ז, ־לֶלָה, ־לֶלֶת, ת״נ
gluttony זוֹלְלוּת, נ׳, ר׳, ־לֻיּוֹת
except זוּלַת־, זוּלָתִי־, מ״י
the other הַזּוּלַת
altruist זוּלָתָן, נ׳, ר׳, ־נִים
altruism זוּלָתָנוּת, נ׳
evil thinking זוֹמֵם, ת״ז, ־מֶמֶת, ת״נ
to feed, nourish [זון] זָן, פ״י
harlot, prostitute זוֹנָה, נ׳, ר׳, ־נוֹת
to tremble, shake [זוע] זָע, פ״ע
to perspire; to shake הֵזִיעַ, פעו״י

זְוָעָה, נ׳, ר׳, ־עוֹת — trembling, fear; earthquake
זִוֵּק, פ״י — to barbecue, broil
[זור] זָר, פעו״י — to press, squeeze out; to be a stranger; to turn away
זֵוֵר, ז׳, ר׳, ־וְרִים — cross-eyed, astigmatic
זוֹרֵר, פ״ע, ע׳ [זרר] — to sneeze
זָח, פ״ע, ע׳ [זוח] — to move
זָחוּחַ, ת״ז, זְחוּחָה, ת״נ — proud, haughty
זְחוּת, נ׳ — conceit
[זחח] נָזַח, נִזּוֹחַ, פ״ע — to be moved; to be removed
הֵזִיחַ, פ״י — to move
זְחִילָה, נ׳, ר׳, ־לוֹת — crawling, creeping
זָחַל, פ״ע — to crawl, creep; to flow; to fear
זַחַל, ז׳, ר׳, זְחָלִים — caterpillar; larva
זַחְלָן, ז׳, ר׳, ־נִים — sneak, creep; slimy individual
זַחְתָּן, ז׳, ר׳, ־נִים — boastful person
זִיבָה, זִיבוּת, נ׳ — gonorrhea
זִיבּוּל, זִבּוּל, ז׳, ר׳, ־לִים — manuring
זִיגּוּג, זִגּוּג, ז׳, ר׳, ־גִים — glazing
זִיו, זִו, ז׳ — brightness, glory, splendor
זִיּוּן, ז׳, ר׳, ־נִים — arming, putting on armor; decoration (of letters)
זִיוְתָן, ת״ז, ־נִית, ת״נ — handsome, good-looking
זִיז, ז׳, ר׳, ־זִים — moulding, attachment; creeping things
זִיזָה, נ׳, ר׳, ־זוֹת — movement, slight motion
זִיזִית, נ׳, ר׳, ־יּוֹת — console
זִים, ז׳, ר׳, ־מִים — gill
זַיִן, ז׳ — weapon, armor
כְּלֵי זַיִן — arms

זַיִן, נ׳ — Zayin, seventh letter of Hebrew alphabet
זִיֵּן, פ״י — to equip, arm
הִזְדַּיֵּן, פ״ח — to arm oneself
זִיעַ, ז׳ — trembling
זִיף, ז׳, ר׳, ־פִים — bristle
זִיֵּף, פ״י — to falsify, forge
זַיָּף, זַיְּפָן, ז׳, ר׳, ־פִים, ־נִים — forger
זַיְּפָנוּת, נ׳, ר׳, ־נֻיּוֹת — forgery
זִיק, ז׳, ר׳, ־קִים — comet, meteor; spark; storm
זִיקָה, נ׳, ר׳, ־קוֹת — spark; blast of wind
זִיר, ז׳, ר׳, ־רִים — seed pod; bunch; cord
זִירָה, נ׳, ר׳, ־רוֹת — arena
זַיִת, ז׳, ר׳, זֵיתִים — olive, olive tree
זַךְ, ת״ז, ־כָּה, ת״נ — pure, clean; clear
זֹךְ, ז׳ — purity, cleanliness
זַכַּאי, זַכַּי, ת״ז, ־כָּאִית, ת״נ — worthy; righteous, innocent
זָכָה, פ״ע — to be innocent; to attain, win; to be worthy
זִכָּה, פ״י — to declare innocent, acquit; to bestow; to credit
הִזַּכָּה, פ״ח — to purify oneself; to be acquitted
זִכּוּי, ז׳, ר׳, ־יִים — acquittal; bestowal; credit
זִכּוּךְ, ז׳, ר׳, ־כִים — purifying, cleaning
זְכוּכִי, ת״ז, ־כִית, ת״נ — glassy
זְכוּכִית, נ׳, ר׳, ־יּוֹת — glass
זְכוּכִית מַגְדֶּלֶת — magnifying glass
זָכוּר, זְכוּר, ז׳, ר׳, ־רִים — male
זְכוּת, נ׳, ר׳, ־כֻיּוֹת — acquittal; merit privilege; credit

purity, clarity זַכּוּת, נ׳

claim; merit זְכִיָּה, נ׳, ר׳ ־יּוֹת

זִכָּיוֹן, ז׳, ר׳ ־כְיוֹנוֹת, ־נִים concession, granting of rights

remembering, recollecting זְכִירָה, נ׳, ר׳ ־רוֹת

to be clean, be pure זָכַךְ, פ״ע

to purify, cleanse זִכֵּךְ, פ״י

to become pure, become clean; to become clear הִזְדַּכֵּךְ, פ״ח

to make clean; to make clear הֵזֵךְ, הֵזַךְ, פ״י

male זָכָר, ז׳, ר׳ זְכָרִים

זֵכֶר, זֶכֶר, ז׳, ר׳ זְכָרִים remembrance; memory; memorial

to remember; to mention זָכַר, פ״י

to be remembered; to recollect; to be mentioned נִזְכַּר, פ״ע

to treat as masculine זִכֵּר, פ״י

to remind; to mention; to commemorate הִזְכִּיר, פ״י

זִכָּרוֹן, זִכְרוֹן, ז׳, ר׳ ־כְרוֹנוֹת, ־נִים memory; memorial; record

masculinity, male genitals זַכְרוּת, נ׳

forget-me-not זְכַרְיָה, נ׳, זְכָרִינִי, ז׳

virile person זַכְרָן, ז׳, ר׳ ־נִים

to lavish; to disregard; to be cheap, worthless זָל, פעו״י, ע׳ [זול]

to drip, flow זָלַג, פעו״י

thin-bearded person זַלְדְּקָן, ז׳, ר׳ ־נִים

sprinkling זִלּוּחַ, ז׳, ר׳ ־חִים

spraying, sprinkling זִלּוּף, ז׳, ר׳ ־פִים

vileness, cheapness זִלּוּת, נ׳

contempt, disrespect זִלְזוּל, ז׳, ר׳ ־לִים

tendril זַלְזַל, ז׳, ר׳ ־לִים

to despise זִלְזֵל, פ״י

sprinkling fluid; perfume זֶלַח, ז׳, ר׳ זְלָחִים

to be wet; to sprinkle זָלַח, פ״י

to spray זִלַּח, זִלֵּחַ, פ״י

to be a glutton; to be vile זָלַל, פ״י

to tremble [זלל] נָזַל, פ״ע

raging heat; burning indignation זַלְעָפָה, זִלְעָפָה, נ׳, ר׳ ־פוֹת

spray, sprinkling זֶלֶף, ז׳, ר׳ זְלָפִים

to pour, sprinkle, spray זָלַף, פ״י

plan; evil device; cunning; lewdness זִמָּה, נ׳, ר׳ ־מּוֹת

muzzled זָמוּם, ת״ז, זְמוּמָה, ת״נ

muzzle, bit זְמוּם, ז׳, ר׳ ־מִים

designation, appointment זִמּוּן, ז׳, ר׳ ־נִים

lopping; pruning זִמּוּר, ז׳

shoot, branch זְמוֹרָה, נ׳, ר׳ ־רוֹת

buzzing, humming זִמְזוּם, ז׳, ר׳ ־מִים

to buzz, hum זִמְזֵם, פעו״י

singing; nightingale זָמִיר, ז׳, ר׳ זְמִירִים

psalm, hymn; pruning, trimming זְמִירָה, נ׳, ר׳ ־רוֹת

Sabbath hymns זְמִירוֹת, נ״ר

brine זָמִית, נ׳

to plot; to devise; to muzzle זָמַם, פ״י

to refute; to convict of plotting (perjury) הֵזֵם, הֵזִים, פ״י

evil purpose; false testimony; muzzle זָמָם, ז׳

time; date; tense (*gram.*) זְמַן, זְמָן, ז׳, ר׳ ־נִים

to invite; to prepare זִמֵּן, פ״י

to invite; to make ready הִזְמִין, פ״י

to meet; to chance הִזְדַּמֵּן, פ״ח

זְמַנִּי, ת"ז, ־נִית, ת"נ temporary
זֶמֶר, ז', ר', זְמָרִים song, tune; giraffe
כְּלֵי זֶמֶר musical instruments
זַמָּר, ז', ר', ־רִים singer, musician
זָמַר, פ"י to trim, prune
זִמֵּר, פ"י to sing; to play a musical instrument
זִמְרָה, נ' music, melody; choice fruit
זַמֶּרֶת, נ', ר', ־מָּרוֹת singer (*f.*)
זָן, פ"י, ע' [זון] to feed
זַן, ז', ר', זַנִּים sort, kind
זַנַּאי, זַנַּי, ז', ר', ־אִים adulterer
זָנָב, ז', ר', זְנָבוֹת, ־בִים tail; stump
זִנֵּב, פ"י to cut off the tail; to trim; to attack; to force passage
זַנְגְּבִיל, ז' ginger
זָנָה, פ"ע to go astray; to be a prostitute; to fornicate
הִזְנָה, פעו"י to go a-whoring
זֶנֶה, ז', ר', זְנִים perfume
זִנּוּב, ז' cutting off (tail)
זְנוּנִים, ז"ר prostitution
זִנּוּק, ז', ר', ־קִים spurt; sudden jump
זְנוּת, נ' prostitution; fornication
זָנַח, פ"י to reject, spurn
הִזְנִיחַ, פ"י to reject, cast off, neglect
זִנֵּק, פ"ע to squirt; to leap forth
זָע, פ"ע, ע' [זוע] to tremble, shake
זֵעָה, נ', ר', ־עוֹת sweat, perspiration
זַעֲוָה, נ', ר', זְעָווֹת trembling, fright
זָעוּם, ת"ז, זְעוּמָה, ת"נ angry
זַעֲזוּעַ, ז', ר', ־עִים agitation; shaking
זִעְזַע, פ"י to agitate, shake violently
הִזְדַּעְזַע, פ"ח to be agitated, shake
זַעֲטוּט, זַאֲטוּט, ז', ר', ־טִים young man, youth; student

זָעִיר, ת"ז, זְעִירָה, ת"נ small
זְעֵיר, תה"פ a little
זְעִירָה, נ', ר', ־רוֹת miniature
זְעִירוּת, נ', ר', ־רִיּוֹת smallness
[זעך] נִזְעַךְ, פ"ע to be extinguished
זַעַם, ז', ר', זְעָמִים indignation, anger
זָעַם, פעו"י to be angry, excited
זַעַף, ז', ר', זְעָפִים anger, rage
זָעַף, פ"ע to be enraged, vexed
זָעֵף, ת"ז, זְעֵפָה, ת"נ ill-tempered, angry
זָעַק, פ"ע to cry, call
נִזְעַק, פ"ע to be called together, be assembled, be convoked
הִזְעִיק, פ"י to call out, cause to cry; to convoke
זְעָקָה, נ', ר', ־קוֹת outcry, cry
זִפּוּת, ז', ר', ־תִים coating with pitch
זִפֵּף, פ"י to coat with pitch
זֶפֶק, ז', ר', זְפָקִים bird's crop
זֶפֶת, נ', ר', זְפָתוֹת pitch
זָפַת, פ"י to coat with pitch
זַפָּת, ז', ר', ־תִים pitch worker
זִק, ז', ר', זִקִּים spark; firebrand; fetter
זִקָּה, נ', ר', ־קוֹת tie, closeness; obligation
זְקוּנִים, ז"ר old age
זָקוּף, ת"ז, זְקוּפָה, ת"נ upright, erect
זִקּוּק, ז', ר', ־קִים spark; flare; refining, distilling
בֵּית זִקּוּק refinery, distillery
זָקוּק, ת"ז, זְקוּקָה, ת"נ tied to, dependent on; distilled
זִקּוּקִית, נ', ר', ־יּוֹת rocket
זַקִּיף, ז', ר', זַקִּיפִים military guard
זְקִיפָה, נ', ר', ־פוֹת raising, putting up; crediting

זָקָן, ז׳, ר׳, זְקָנִים beard

זָקֵן, ת״ז, זְקֵנָה, ת״נ old; respected; elder

זָקֵן, זָקַן, פ״ע to grow old, be old

הִזְקִין, פעו״י to appear old, grow old

זֹקֶן, ז׳, זִקְנָה, זְקֻנוּת, נ׳ old age

זָקַף, פעו״י to raise, set up; to credit

נִזְקַף, פ״ע to be erect; be credited

זָקַק, פ״י to purify, refine; to obligate

נִזְקַק, פ״ע to be dependent on; to be engaged in

זִקֵּק, פ״י to smelt, refine

זָקַר, פ״י to throw, fling

זָר, פעו״י, ע׳ [זור] to press, squeeze out; to be a stranger; turn away

זָר, ת״ז, ־רָה, ת״נ; ז׳ strange; stranger

זֵר, ז׳, ר׳, ־רִים crown, wreath; rim

זָרָא, ז׳ loathsome

[זרב] זֹרַב, פ״ע to be scorched

זֶרֶב, ז׳, ר׳, זְרָבִים lining; slipper

זַרְבּוּבִית, נ׳, ר׳, ־בִיּוֹת tap, spout

זֶרֶד, ז׳, ר׳, זְרָדִים shoot, green, young sprout

זָרַד, פ״ע to howl (wolf)

זֵרַד, פ״י to trim, nip shoots off

זָרָה, פ״י to scatter; to winnow

נִזְרָה, פ״ע to be scattered, dispersed

זֵרָה, פ״י to scatter, disperse

זֹרָה, פ״ע to be scattered

זֵרוּד, ז׳, ר׳, ־דִים trimming, pruning

זֵרוּז, ז׳, ר׳, ־זִים urging, encouraging

זְרוֹעַ, נ׳, ר׳, ־עוֹת, ־עִים arm

זֵרוּעַ, ז׳, ר׳, ־עִים sowing; seed

זָרוּת, נ׳, ר׳, ־רֻיּוֹת strangeness; irregularity

זֵרֵז, פ״י to stimulate, urge

נִזְדָּרֵז, פ״ח to be alert; to be zealous, be conscientious

זַרְזִיף, ז׳, ר׳, ־פִים shower of rain

זַרְזִיר, ז׳, ר׳, ־רִים starling

זָרַח, פ״ע to rise (sun); to shine

זַרְחָן, ז׳, ר׳, ־נִים phosphorus

זְרִיָּה, נ׳, ר׳, ־יּוֹת dispersion, scattering; winnowing

זָרִיז, ת״ז, זְרִיזָה, ת״נ quick, alert, active

זְרִיזוּת, נ׳, ר׳, ־זֻיּוֹת quickness, alertness, activity

זְרִיחָה, נ׳, ר׳, ־חוֹת shining

זְרִימָה, נ׳, ר׳, ־מוֹת flowing

זְרִיעָה, נ׳, ר׳, ־עוֹת sowing

זְרִיקָה, נ׳, ר׳, ־קוֹת throwing; injection

זְרִירָה, נ׳, ר׳, ־רוֹת sneezing

זֶרֶם, ז׳, ר׳, זְרָמִים stream; current; storm

זָרַם, פעו״י to flood, pour down, stream

זִרְמָה, נ׳, ר׳, זְרָמוֹת issue, offspring

זַרְנִיךְ, ז׳ arsenic, orpiment

זֶרַע, ז׳, ר׳, זְרָעִים, ־עוֹת seed; offspring

זָרַע, פ״י to sow

הִזְרִיעַ, פ״י to produce seed

זֵרָעוֹן, ז׳, זֵרְעוֹנִים seed

זַרְעִי, ת״ז, ־עִית, ת״נ seedy, seeded

זַרְעִית, נ׳, ר׳, ־יּוֹת posterity, family, descendants

זֶרֶק, ז׳, ר׳, זְרָקִים serum

זָרַק, פ״י to throw, toss; to sprinkle

זַרְקוֹר, ז׳, ר׳, ־רִים searchlight

[זרר] זוֹרֵר, פ״ע to sneeze

זֶרֶת, נ׳, ר׳, זְרָתוֹת, ־תִים span; little finger

ח H, H

ח — Cheth, eighth letter of the Hebrew alphabet; eight
חָב, פ"ע, ע' [חוב] — to be indebted; to be responsible; to be guilty
חֹב, ז', ר', חֻבִּים — bosom
[חבא] נֶחְבָּא, פ"ע — to hide oneself, be hidden
הֶחְבִּיא, פ"י — to conceal, hide
חָבַב, פ"י — to endear; to love, cherish
חִבֵּב, פ"י — to make beloved, endear
הִתְחַבֵּב, נִתְ־, פ"ח — to be liked, loved
חִבָּה, נ', ר', ־בּוֹת — love, esteem
חָבָה, פ"ע — to withdraw, hide
נֶחְבָּה, פ"ע — to hide oneself
חִבּוּט, ז', ר', ־טִים — beating, threshing
חִבּוּל, ז', ר', ־לִים — undermining; corruption
חֲבוֹל, חֲבֹל, ז', ר', ־לִים — pledge, pawn
חִבּוּץ, ז', ר', ־צִים — churning (butter)
חִבּוּק, ז', ר', ־קִים — hug, embrace
חִבּוּק יָדַיִם — idleness; leisure
חִבּוּר, ז', ר', ־רִים — connection; composition; addition; essay
וָו הַחִבּוּר — Vau (conversive)
מִלַּת חִבּוּר — conjunction (*gram.*)
חַבּוּרָה, נ', ר', ־רוֹת — wound
חֲבוּרָה, נ', ר', ־רוֹת — group, party
חָבוּשׁ, ת"ז, חֲבוּשָׁה, ת"נ — imprisoned; saddled; wrapped
חַבּוּשׁ, ז', ר', ־שִׁים — quince
חָבַט, פ"י — to thresh, beat; to hurt
נֶחְבַּט, פ"ע — to be struck down, fall down

הִתְחַבֵּט, נִתְ־, פ"ח — to exert oneself
חֶבֶט, ז', ר', חֲבָטִים — fastening, buckle
חֲבָטָה, נ', ר', ־טוֹת — blow, stroke
חָבִיב, ת"ז, חֲבִיבָה, ת"נ — kind, amiable
חֲבִיבוּת, נ', ר', ־יוֹת — amiability
חֶבְיוֹן, ז', ר', ־נִים — hiding place
חֶבְיוֹנָה, נ', ר', ־נוֹת — small barrel, cask
חֲבִילָה, נ', ר', ־לוֹת — parcel, bundle
חָבִיץ, ז', ר', חֲבִיצִים / חֲבִיצָה, נ', ר', ־צוֹת — pudding (made of bread and honey)
חָבִית, נ', ר', ־בִיּוֹת — barrel, cask; jug
חֲבִיתָה, נ', ר', ־תוֹת — omelet
חֲבִיתִית, חֲבִתִּית, נ', ר', ־יוֹת — blintzes
חֲבִישָׁה, נ', ר', ־שׁוֹת — bondage; imprisonment
חֶבֶל, ז', ר', חֲבָלִים — rope; region band
חֲבֹל, חֲבוֹל, ז', ר', ־לִים — pawn, pledge
חָבַל, פ"י — to pawn; to wound
חִבֵּל, פ"י — to ruin, destroy; to scheme
חֵבֶל, ז', ר', חֲבָלִים — pain; suffering, agony
חֶבְלֵי לֵדָה — birth pains
חֲבָל, מ"ק — what a pity!
חֹבֵל, חוֹבֵל, ז', ר', חוֹבְלִים — seaman, mariner, sailor
חִבֵּל, ז', ר', חִבְּלִים — mast
חַבָּל, ז', ר', ־לִים — saboteur
חֲבַלְבַּל, ז', ר', ־לִים — morning glory
חֲבָלָה, נ', ר', ־לוֹת — injury, damage
חַבָּלָה, נ', ר', ־לוֹת — sabotage, destruction

חַבְלָן, ז׳, ר׳, ־נִים saboteur

חַבְּלָנִית, נ׳, ר׳, ־יוֹת destroyer (ship)

חֶבֶץ, ז׳, חֶבְצָה, נ׳, ר׳ חֲבָצִים, ־צוֹת buttermilk

חֲבַצֶּלֶת, נ׳, ר׳, ־צָּלוֹת lily; crocus

חָבַק, חִבֵּק, פ״י to embrace, clasp

חֶבֶק, ז׳, ר׳, חֲבָקִים saddle belt; garter

חָבָק, ז׳, ר׳, חֲבָקִים pennyroyal

חָבַר, פ״ע to unite, be joined; to decide jointly

חִבֵּר, פ״י to compose; to join

חֻבַּר, פ״ע to be attached, associated

הִתְחַבֵּר, פ״ח to become joined

חֶבֶר, ז׳, ר׳, חֲבָרִים league, association; spell

חָבֵר, ז׳, חֲבֵרָה, נ׳, ר׳, חֲבֵרִים, ־וֹת friend; partner; member

חַבָּר, ז׳, ר׳, ־רִים partner, associate; sorcerer

חֲבַרְבֻּרָה, חֲבַרְבּוּרָה, נ׳, ר׳, ־רוֹת stripe, streak

חֲבַרְבָּרִי, ת״ז, ־רִית, ת״נ striped

חֶבְרָה, נ׳, ר׳, חֲבָרוֹת company, society, association

חֲבֵרוּת, נ׳, ר׳, ־רֻיּוֹת membership, fellowship, friendship

חַבְרוּתִי, ת״ז, ־תִית, ת״נ sociable

חֶבְרָתִי, ת״ז, ־תִית, ת״נ social

חֹבֶרֶת, חוֹבֶרֶת, נ׳, ר׳, ־בָרוֹת pamphlet, fascicle

חָבַשׁ, פ״י to bind; to bandage, dress (wound); to imprison

נֶחְבַּשׁ, פ״ע to be imprisoned; to be detained

חַבָּשׁ, ז׳, ר׳, ־שִׁים male nurse, wound dresser

חֶבֶת, נ׳, ר׳, חֲבָתִים strap (of sandal)

חַג, ז׳, ר׳, ־גִּים festival, holiday, feast

חָג, פ״י, ע׳ [חוג] to make (draw) a circle

חָגָב, ז׳, ר׳, חֲגָבִים locust, grasshopper

חָגַג, פ״י to celebrate; to reel, be giddy

חָגָּה, ז׳ trembling, terror

חָגָו, ז׳, ר׳, חֲגָוִים cleft

חָגוּר, ת״ז, חֲגוּרָה, ת״נ girded, girt

חֲגוֹר, ז, חֲגוֹרָה, נ׳, ר׳, ־רִים, רוֹת belt, girdle

חֲגִיגָה, נ׳, ר׳, ־גוֹת celebration, festival; pilgrimage

חֲגִיגוּת, חֲגִיגִיּוּת, נ׳ solemnity; festive nature

חֲגִיגִי, ת״ז, ־גִית, ת״נ solemn; festive

חָגְלָה, נ׳, ר׳, ־לוֹת quail, partridge

חָגַר, פ״י to gird, bind; to limp

חִגֵּר, ז׳, ר׳, ־גְּרִים
חִגֶּרֶת, נ׳, ר׳, ־גְּרוֹת } lame person

חִגְּרוּת, נ׳ lameness

חָד, פ״י, ע׳ [חוד] to propose a riddle, make an enigma

חַד, ת״ז, חַדָּה, ת״נ sharp, acute; shrill

חֹד, חוֹד, ז׳, ר׳, חֳדִים edge; point; apex

חַדְגּוֹנִי, ת״ז, ־נִית, ת״נ one-sided

חַדְגּוֹנִיּוּת, נ׳ one-sidedness; monotony

חָדַד, פ״ע to be sharp, keen

חִדֵּד, פ״י to sharpen

חָדָה, פ״ע to rejoice, be glad

חִדָּה, פ״י to gladden, make happy

חִדּוּד, ז׳, ר׳, ־דִים sharpening; pinpoint; jest

חִדּוּד, ז׳, ר׳, ־דִים sharp edge; point

חֲדוּדִית, נ׳, ר׳, ־יוֹת cone

חֶדְוָה, נ׳, ר׳, ־וֹת gladness, joy

חֲדוֹפַן, ז׳, ר׳, ־נִּים wheelbarrow

חִדּוּשׁ, ז׳, ר׳, ־שִׁים novelty; news; singularity; renovation

חַדּוּת, נ׳, ר׳, חַדֻּיּוֹת sharpness, keenness

חָדִיר, ת״ז, חֲדִירָה, ת״נ penetrable; permeable

חֲדִירָה, חֲדִירוּת, נ׳, ר׳, ־רוֹת, ־רֻיּוֹת penetration, penetrability

חָדִישׁ, ת״ז, חֲדִישָׁה, ת״נ modern

חֲדִישׁוּת, נ׳, ר׳, ־שֻׁיּוֹת modernization

חָדַל, פעו״י to cease, stop, desist

חֶדֶל, ז׳, cessation; the earth

חָדֵל, ת״ז, חֲדֵלָה, ת״נ ceasing; lacking

חֲדַל אִישִׁים despised, forsaken

חַדְפַּעֲמִי, ת״ז, ־מִית, ת״נ onetime

חֶדֶק, ז׳, ר׳, חֲדָקִים thorn, brier; trunk of elephant

חֶדֶר, ז׳, ר׳, חֲדָרִים room, chamber; Heder (religious school)

חָדַר, פ״ע to penetrate; to delve into

חַדְרָן, ז׳, ר׳, ־נִים valet

חָדָשׁ, ת״ז, חֲדָשָׁה, ת״נ fresh, new

חֹדֶשׁ, ז׳, ר׳, חֳדָשִׁים month; new moon

חִדֵּשׁ, פ״י to renew, renovate

הִתְחַדֵּשׁ, פ״ח to be renewed; to put on new clothing

חֲדָשָׁה, נ׳, ר׳, ־שׁוֹת newness

חֲדָשׁוֹת, ז״ר news, tidings

חָדְשִׁי, ת״ז, ־שִׁית, ת״נ monthly

חוֹב, ז׳, ר׳, ־בוֹת debt, indebtedness

[חוב] חָב, פ״ע to be indebted, owe; to be responsible

חוּב, ז׳, ר׳, ־בִּים stitch

חוֹבֵב, ת״ז, חוֹבֶבֶת, ת״נ lover; amateur

חוֹבָה, נ׳, ר׳, ־בוֹת duty; guilt; debt

חוֹבֵל, חֹבֵל, ז׳, ר׳, ־בְלִים sailor, seaman, mariner

רַב חוֹבֵל captain (sea)

חוֹבֵר, ז׳, ר׳, ־בְרִים sorcerer, snake charmer

חוֹבֶרֶת, חֹבֶרֶת, נ׳, ר׳, ־בָרוֹת pamphlet, fascicle

חוֹבֵשׁ, ז׳, ר׳, ־בְשִׁים male nurse, wound dresser

חוּג, ז׳, ר׳, ־גִים circle

[חוג] חָג, פ״י to make (draw) a circle

חוֹגֵג, ז׳, ר׳, ־גְגִים celebrator; pilgrim

חוּגָה, נ׳, ר׳, ־גוֹת dial (of telephone); lark

[חוד] חָד, פ״י to propose a riddle, make an enigma

חִוָּה, פ״י to declare, express opinion

חַוָּה, נ׳, ר׳, ־וֹת farm; village; announcement

חַוַּת־דַּעַת opinion

חוֹזֶה, חֹזֶה, ז׳, ר׳, ־זִים contract, pact; prophet, seer

חוֹזֵר, ז׳, ר׳, ־זְרִים circular letter

חוֹחַ, ז׳, ר׳, ־חִים, חֲוָחִים brier, thorn; cave; cliff

חוּט, ז׳, ר׳, ־טִים thread, cord; sinew

חוּט הַשִּׁדְרָה spinal cord

חוֹטֵא, ז׳, ר׳, ־טְאִים sinner

חוֹטֶם, חֹטֶם, ז׳, ר׳, חֲטָמִים nose, snout

חוֹטֵף, ז׳, ר׳, ־טְפִים kidnaper

חוֹטֶרֶת, נ׳, ר׳, ־טָרוֹת hump

חֲוָיָה, נ׳, ר׳, ־וֹת experience

חֲוִילָה, נ׳, ר׳, ־לוֹת, ־לָאוֹת villa

חוֹכֵר, ז׳, ר׳, ־כְרִים tenant

חוֹל, ז׳, ר׳, ־לוֹת sand; phoenix

[חול] חָל, פ"ע — to fall; to dance; to writhe

חוֹלֵל, פ"י — to bring forth; to wait

הִתְחוֹלֵל, פ"ח — to whirl, turn around

חוֹלֵב, ת"ז, חוֹלֶבֶת, ת"נ; ז' — milker, milkman, dairyman

חוֹלֶד, חֹלֶד, ז', ר', חֲלָדִים — mole

חוּלְדָּה, חֻלְדָּה, נ', ר', ־דוֹת — weasel

חוֹלֶה, ת"ז, חוֹלָה, ת"נ; ז' — sick person, patient

חוּלְיָה, חֻלְיָה, נ', ר' ־וֹת — bead; link; joint; vertebra

חוֹלֵל, פ"י, ע' [חול] — to bring forth; to wait

חוֹלָם, חוֹלֶם, ז' — Hebrew vowel *o* (as in *cord*)

חוֹלָנִי, ת"ז, ־נִית, ת"נ — sickly, ailing

חוֹלֵץ, ז', ר', ־לְצִים — tongs, pincers, pliers; cork screw

חוּלְצָה, חֻלְצָה, נ', ר', ־וֹת — blouse; waistcoat

חוּלְשָׁה, חֻלְשָׁה, נ', ר', ־וֹת — weakness, feebleness

חוּם, ת"ז, חוּמָה, ת"נ — brown

חוֹמָה, נ', ר', ־מוֹת — wall

חוֹמֶט, חֹמֶט, ז', ר', חֲמָטִים — lizard

חוֹמֶץ, חֹמֶץ, ז', ר', חֲמָצִים — vinegar; acid

חוּמְצָה, חֻמְצָה, נ', ר', ־צוֹת — leavening; fermenting

חוֹמֶר, חֹמֶר, ז', ר', חֲמָרִים — clay; material; matter

חוּמְרָה, חֻמְרָה, נ', ר', ־רוֹת — severity, restriction

חוּמָּשׁ, חֻמָּשׁ, ז', ר', ־שִׁים — Pentateuch (the five books of the Torah)

חוֹמֶשׁ, חֹמֶשׁ, ז', ר', חֲמָשִׁים — one-fifth; groin

חוֹנֶף, חֹנֶף, ז' — flattery, hypocrisy

חוֹנֵן, פ"י, ע' [חנן] — to favor, pity

[חוס] חָס, פ"ע — to have compassion, pity

חוֹף, ז', ר', ־פִים — seacoast, shore

חוּפָּה, חֻפָּה, נ', ר', ־פּוֹת — canopy (of marriage)

חוֹפֶן, חֹפֶן, ז', ר', חָפְנַיִם — handful

חוֹפֶשׁ, חֹפֶשׁ, ז', חוּפְשָׁה, חֻפְשָׁה, נ', ר', חֻפְשׁוֹת — freedom, liberty; vacation

חוּץ, ז', ר', חוּצוֹת — the outside; street

חוּץ מִן, תה"פ — besides, except

חוּץ לָאָרֶץ, תה"פ — abroad

חוּצָה, הַחוּצָה, תה"פ — outside

חוֹצֵב, ז', ר', ־צְבִים — stonecutter, quarrier

חוֹצֶלֶת, נ', ר', ־צָלוֹת — straw mat, matting

חוּצְפָּה, חֻצְפָּה, נ', ר', ־פּוֹת — impudence, insolence

חָוָק, ז', ר', חֲוָקִים — rung of a ladder

חוּקָּה, חֻקָּה, נ', ר', ־קּוֹת — statute, ordinance; constitution

חוּקִּי, ת"ז, ־קִּית, ת"נ — legal

חוֹקֶן, חֹקֶן, ז', ר', חֲקָנִים — enema

חוֹקֵק, פ"י, ע' [חקק] — to enact; to inscribe, engrave

חוֹקֵר, ז', ר', ־קְרִים — inquisitor, investigator, inquirer

חָוַר, פ"ע — to grow pale, grow white

חִוֵּר, פ"י — to clarify, make evident

נִתְחַוֵּר, פ"ח — to become clear, become evident

חִוֵּר, ת"ז, חִוֶּרֶת, ת"נ — pale

חוֹר, חֹר, ז', ר', ־רִים — hole, cave; nobleman

בֶּן־חוֹרִים, ־רִין — free man

חוּר, חוּרַי, ז׳ — white linen, byssus

חוּרְבָּה, חָרְבָּה, נ׳, ר׳, ־בוֹת — ruin, waste, desolation

חוּרְבָּן, חָרְבָּן, ז׳, ר׳, ־בָּנוֹת — ruin, destruction

חוֹרֵג, ז׳, ־רֶגֶת, נ׳, ר׳, ־רְגִים, ־רְגוֹת — stepson, stepdaughter

אָב חוֹרֵג — stepfather

אָח חוֹרֵג — stepbrother

אָחוֹת חוֹרֶגֶת — stepsister

אֵם חוֹרֶגֶת — stepmother

חִוָּרוֹן, ז׳ — pallor, paleness

חוֹרֶף, חֹרֶף, ז׳, ר׳, חֲרָפִים — winter

חוֹרֶשׁ, חֹרֶשׁ, ז׳, ר׳, חֲרָשִׁים — thicket, bush, wood

[חוש] חָשׁ, פ״י — to make haste; to feel pain

חָשׁ בְּרֹאשׁוֹ — to have a headache

חוּשׁ, ז׳, ר׳, ־שִׁים — feeling, sense; thicket

חוּשִׁי, ת״ז, ־שִׁית, ת״נ — sensual

חוּשִׁיּוּת, נ׳ — sensibility

חוֹשֶׁךְ, חֹשֶׁךְ, ז׳ — darkness

חוֹשֶׁן, חֹשֶׁן, ז׳, ר׳, חֲשָׁנִים — breastplate

חוֹתָל, ז׳, חוֹתֶלֶת, נ׳, ר׳, ־לוֹת — envelope, wrapping; diaper

חוֹתָם, ז׳, חוֹתֶמֶת, נ׳, ר׳, ־תָמוֹת — seal, stamp; signet ring

חוֹתֵם, ז׳, ר׳, ־תְמִים — subscriber; undersigned

חוֹתֵן, ז׳, חוֹתֶנֶת, נ׳, ר׳, ־תְנִים, ־תְנוֹת — father-in-law, mother-in-law

חָזֶה, ז׳, ר׳, ־זוֹת — chest, breast, thorax

חָזָה, פ״י — to prophesy, perceive, behold

חֹזֶה, חוֹזֶה, ז׳, ר׳, ־זִים — pact, contract; seer, prophet

חִזּוּי, ז׳ — forecast

חָזוֹן, ז׳, ר׳, חֶזוֹנוֹת — prophecy, vision

חִזּוּק, ז׳, ר׳, ־קִים — strengthening

חִזּוּר, ז׳, ר׳, ־רִים — coming back; going around

חָזוּת, נ׳, ר׳, ־זֻיּוֹת — revelation; covenant; appearance

חֲזָזִית, נ׳, ר׳, ־זִיּוֹת — lichen; skin disease

חֲזִיָּה, נ׳, ר׳, ־יּוֹת — sight; vest; brassiere

חִזָּיוֹן, ז׳, ר׳, חֶזְיוֹנוֹת — vision, phenomenon; play, performance

חָזִיז, ז׳, ר׳, חֲזִיזִים — rumbling (of thunder); cloud; thunderstorm

חֲזִינָה, נ׳, ר׳, ־נוֹת — knob (of cane)

חֲזִיר, ז׳, ר׳, ־רִים — swine, pig

חֲזִיר הַבָּר — wild boar

חֲזִירָה, נ׳, ר׳, ־רוֹת — returning; sow

חֲזִירוּת, נ׳ — swinishness, obscenity

חֲזִירִית, חַזֶּרֶת, נ׳ — mumps

חֲזִית, נ׳, ר׳, ־תוֹת — front; frontispiece

חֲזָמָה, נ׳, ר׳, ־מוֹת — tulip

חַזָּן, ז׳, ר׳, ־נִים — sexton beadle; cantor

חַזָּנוּת, נ׳, ר׳, ־נֻיּוֹת — office of cantor; synagogal music

חָזָק, ת״ז, חֲזָקָה, ת״נ — strong, firm, stiff

חָזַק, פ״ע — to be strong, firm

חִזֵּק, פ״י — to strengthen

חִזֵּק יָדַיִם — to encourage

הֶחֱזִיק, פ״י — to make strong; to seize; to contain, hold; to maintain

הִתְחַזֵּק, פ״ח — to strengthen oneself; to take courage

חוֹזֶק, חֹזֶק, ז׳ — strength

חֶזְקָה, חָזְקָה, נ׳, ר׳, חֲזָקוֹת — strength, force; severity, vigor

חֲזָקָה, נ׳, ר׳, ־קוֹת — taking hold of, seizing; standing right, presumption

בְּחֶזְקַת, תה"פ — under the presumption that; the status of

חָזַר, פ"ע — to return; to repent; to repeat

חָזַר עַל הַפְּתָחִים — to beg (alms)

חָזַר חֲלִילָה — to repeat continually

הֶחֱזִיר, פ"י — to restore, return something; to revoke

חֲזָרָה, נ׳, ר׳, ־רוֹת — return; rehearsal; repetition

חֻזְרָר, ז׳, ר׳, ־רִים — crab apple

חֲזֶרֶת, נ׳, ר׳, ־וֹת — mumps; horse radish

חוֹזֶרֶת, נ׳ — refrain

חָח, ז׳, ר׳, ־חִים — brooch; buckle

חָט, ז׳, ר׳, ־טִים — incisor

חֵטְא, ז׳, ר׳, חֲטָאִים — sin, fault

חֹטֶם, חוֹטֶם, ז׳, ר׳, חֲטָמִים — nose, snout

חָטָא, פ"ע — to incur guilt; to sin

חִטֵּא, פ"י — to purify, disinfect

הֶחֱטִיא, פ"י — to miss mark; to make someone sin

חַטָּא, ז׳, ר׳, ־אִים — sinner

חַטָּאָה, חֲטָאָה, חַטָּאת, נ׳, ר׳, ־וֹת — sin, guilt; sin offering

חָטַב, פ"י — to cut, hew wood

חִטֵּב — to carve, hew

חַטָּב, ז׳, ר׳, ־בִים — sculptor

חֲטֻבָה, נ׳, ר׳, ־בוֹת — tapestry, bedspread

חִטָּה, נ׳, ר׳, ־טִּים — wheat

חִטּוּי, חִטּוּא, ז׳, ר׳, ־יִים, ־אִים — disinfection

חֲטוֹטֶרֶת, חֲטֹטֶרֶת, נ׳, ר׳, ־וֹת — hump; hunch

חָטוּף, ת"ז, חֲטוּפָה, ת"נ — snatched; hurried

חִטְחֵט, פ"י — to pick; to scratch

חָטָט, ז׳, ר׳, חֲטָטִים — pimple, scab

חֲטֹטֶרֶת, חֲטוֹטֶרֶת, נ׳, ר׳, ־וֹת — hump; hunch

חֲטִיבָה, נ׳, ר׳, ־וֹת — felling (of trees); unit

חֲטִיטָה, נ׳, ר׳, ־וֹת — raking

חֲטִיפָה, נ׳, ר׳, ־וֹת — snatching

חָטַם, פ"ע — to thumb one's nose; to restrain (anger)

חֹטֶם, חוֹטֶם, ז׳, ר׳, חֲטָמִים — nose, snout

חָטְמִי, ת"ז, ־מִית, ת"נ — nasal

חָטַף, פ"י — to do hurriedly; to snatch

נֶחְטַף, פ"ע — to be seized

חֲטַף, חָטֵף, ז׳, ר׳, ־פִים — Hataph, obscure vowel, compound sheva (ֲ, ֱ, ֳ)

חַטְפָן, ז׳, ר׳, ־נִים — he who snatches, robs, kidnaper

חֹטֶר, ז׳, ר׳, חֲטָרִים — branch, stick

חַי, ת"ז, חַיָּה, ת"נ — living, alive, active; fresh, raw

חַיָּב, ת"ז, חַיֶּבֶת, ת"נ — bound; guilty; obliged

חִיֵּב, פ"י — to declare guilty; to oblige; to charge; to debit

הִתְחַיֵּב, פ"ח — to undertake (obligation); to pledge oneself

חִיֵּג, פ"י — to dial

חִידָה, נ׳, ר׳, ־וֹת — riddle, puzzle

חִידוּת, נ׳ — sophism

חַיְדַּק, ז׳, ר׳, ־קִים — microbe, bacteria

חָיָה, פ"ע — to live, be alive, exist; to survive; to recover health

הֶחֱיָה, פ"י — to revive, restore

חַיָּה, נ׳, ר׳, ־וֹת	animal; soul; life; midwife
חָיֶה, ת״ז, חָיָה, ת״נ	lively, healthy, vigorous
חִיּוּב, ז׳, ר׳, ־בִים	debit; guilt; obligation
בְּחִיּוּב, תה״פ	positively, affirmatively
חִיּוּבִי, ת״ז, ־בִית, ת״נ	positive
חִיּוּג, ז׳	dialing
חָיוּד, ת״ז, ־דָה, ת״נ	neutral
חִיּוּךְ, ז׳, ר׳, ־כִים	smile
חִיּוּל, ז׳, ר׳, ־לִים	recruiting
חִיּוּנִי, ת״ז, ־נִית, ת״נ	vital, essential
חִיּוּנִיּוּת, נ׳	essence, vitality
חִיּוּת, חַיּוּת, נ׳	life (power), living
חַיָּט, ז׳, ר׳, ־טִים	tailor
חִיֵּט, פ״י	to sew
חַיִט, ז׳, חַיָּטוּת, נ׳	tailoring, sewing
חַיֶּטֶת, נ׳, ר׳, ־יָטוֹת	dressmaker, seamstress
חַיִּים, ז״ר	life
לְחַיִּים	to your health
חִיֵּךְ, פ״ע	to smile
חִיל, ז׳, ר׳, ־לִים	childbirth pangs; anguish; trembling
[חיל] חָל, פ״ע	to feel pangs; to tremble; to wait
חַיִל, ז׳, ר׳, חֲיָלִים, חֲיָלוֹת	vigor; wealth; army; strength
חֵיל, חֵל, ז׳, ר׳, ־לִים	inner wall
חִיֵּל, פ״י	to give strength; to assemble army, call to arms
חַיָּל, ז׳, ר׳, ־לִים	soldier
חִין, ז׳	comeliness, grace
חַיִץ, ז׳, ר׳, חֲיָצִים	partition
חִיצוֹן, ת״ז, ־נָה, ת״נ, חִיצוֹנִי, ת״ז, ־נִית, ת״נ	outer, external
חִיצוֹנִיּוּת, נ׳	exterior
חֵיק, חֵק, ז׳, ר׳, ־קִים	bosom, lap; pocket; hem
חִירִיק, חִירֶק, ז׳	Hiriq, Hebrew vowel
חִישׁ, תה״פ	quickly, speedily
חִישָׁה, נ׳, ר׳, ־שׁוֹת	bush, thicket
חֵית, נ׳, ר׳, ־תִין	Cheth, name of eighth letter of Hebrew alphabet
חֵךְ, ז׳, ר׳, חִכִּים	palate
חָכָה, פ״ע	to wait, await
חִכָּה, פ״י	to hope, wish; to angle (for fish)
חַכָּה, נ׳, ר׳, ־כּוֹת	fish hook, angle
חִכּוּךְ, ז׳, ר׳, ־כִים	scratching, friction
חָכוֹר, חָכִיר, ז׳, ר׳, ־רִים	tenant
חֲכִירָה, נ׳, ר׳, ־רוֹת	tenancy
חָכַךְ, פעו״י	to scratch; to rub
חַכְלִיל, ת״ז, ־לָה, ת״נ; חַכְלִילִי, ת״ז, ־לִית, ת״נ	dark red
חַכְלִילוּת, נ׳	redness
חִכְלֵל, פ״י	to blush
חָכָם, ת״ז, חֲכָמָה, ת״נ	wise, intelligent; skillful
חָכַם, פ״ע	to be wise, intelligent
הֶחְכִּים, פ״ע, פ״י	to grow (make) wise
חֲכָמָה, נ׳, ר׳, ־מוֹת	intelligent woman; midwife
חָכְמָה, נ׳, ר׳, ־מוֹת	intelligence; science; wisdom
חָכַר, פ״י	to lease
חָל, פ״ע, ע׳ [חול]	to fall; to dance; to writhe
חָל, פ״ע, ע׳ [חיל]	to feel pangs; to tremble; to wait
חֹל, חוֹל, ז׳, ר׳, חֻלִּים	profane; common; secular

intermediate days חל הַמּוֹעֵד
(between first and last days of Passover or Sukkoth)

to be ill, diseased חָלָא, פ"ע

to make ill; הֶחֱלִיא, פ"י
to become rusty; to soil

rust, filth חֶלְאָה, נ', ר', חֲלָאוֹת

milk חָלָב, ז', ר', ־בִים

to milk חָלַב, פ"י

fat, lard חֵלֶב, ז', ר', חֲלָבִים

albumen חֶלְבּוֹן, ז', ר', ־נִים
white of an egg

albuminous חֶלְבּוֹנִי, ת"ז, ־נִית, ת"נ

milky, lactic חֲלָבִי, ת"ז, ־בִית, ת"נ

fatty חֶלְבִּי, ת"ז, ־בִּית, ת"נ

milkman חַלְבָּן, ז', ר', ־נִים

gum, galbanum חֶלְבְּנָה, נ'

dairying חַלְבָנוּת, נ'

purslane חֲלַגְלוֹגָה, נ', ר', ־גוֹת

mole חֹלֶד, חוֹלֶד, ז', ר', חֲלָדִים

ermine חֹלֶד הָרִים

span of life; חֶלֶד, ז', ר', חֲלָדִים
world

to burrow; to undermine חָלַד, פ"י

to become rusty הֶחֱלִיד, פ"ע

rust חֲלֻדָּה, חֲלוּדָה, נ', ר', ־דּוֹת

weasel חֻלְדָּה, חוּלְדָּה, נ', ר', ־דּוֹת

to be feeble; sick חָלָה, פ"ע

to make sick, implant חִלָּה, פ"י
disease; to mollify; to implore

to feign sickness הִתְחַלָּה, פ"ח

white bread; חַלָּה, נ', ר', ־לּוֹת
Sabbath bread

rust חֲלוּדָה, חֲלֻדָּה, נ', ר', ־דּוֹת

Halva חַלְוָה, חַלָוָה, נ', ־ווֹת

dough; חָלוּט, ז', ר', חֲלוּטִים
dumpling

final, absolute חָלוּט, ת"ג, חֲלוּטָה, ת"נ

absolutely לַחֲלוּטִים, תה"פ

quarantine חִלּוּט, ז', ר', ־טִים

sweetening, חִלּוּי, ז', ר', ־יִים
supplication

bead; link; חֻלְיָה, חוּלְיָה, נ', ר', ־יוֹת
joint; vertebra

hollow חָלוּל, ת"ז, חֲלוּלָה, ת"נ

hollow, cavity חָלוּל, ז'

desecration, חִלּוּל, ז', ר', ־לִים
profanation

dream חֲלוֹם, ז', ר', ־מוֹת

window חַלּוֹן, ז', נ', ר', ־נִים, ־נוֹת

secular חִלּוֹנִי, ת"ז, ־נִית, ת"נ

secularism חִלּוֹנִיּוּת, נ'

perishableness; vanishing חֲלוֹף, ז'

change; חִלּוּף, ז', ר', ־פִים
exchange; substitution; divergence

amoeba חִלּוֹפִית, נ', ר', ־פִיּוֹת

חָלוּץ, ז', חֲלוּצָה, נ', ר', ־צִים, ־צוֹת
pioneer; vanguard

strength, vigor חִלּוּץ, חִילוּץ, ז'

pioneering חֲלוּצִיּוּת, נ'

undershirt, חָלוּק, ז', ר', חֲלוּקִים
bathrobe

rubble; pebble חַלּוּק, ז', ר', ־קִים

division; חִלּוּק, ז', ר', ־קִים
distribution

division, חֲלוּקָה, חֲלֻקָּה, נ', ר', ־קוֹת
partition; divergence of opinion; alms

feeble, weak חָלוּשׁ, ת"ז, חֲלוּשָׁה, ת"נ

defeat חֲלוּשָׁה, נ', ר', ־שׁוֹת

snail; חִלָּזוֹן, ז', ר', חֶלְזוֹנוֹת, חֶלְזוֹנִים
cataract of eye

spiral חֶלְזוֹנִי, ת"ז, ־נִית, ת"נ

convulsion; חִלְחוּל, ז', ר', ־לִים
shock; poison

intrigue חַלְחוּלִית, נ'

חַלְחוֹלֶת, חַלְחֹלֶת, נ׳, ר׳, ־לוֹת rectum; mesentery
חִלְחֵל, פ״ע to shake; to perforate
חַלְחָלָה, נ׳, ר׳, ־לוֹת convulsion; anguish
חֵלֶט, ז׳ ר׳, חֲלָטִים humor (body fluid), secretion
חָלַט, פ״י to decide; to scald
הֶחֱלִיט, פ״י to determine
חֲלִי, ז׳, ר׳, חֲלָאִים ornament, jewel
חֳלִי, חֹלִי, חוֹלִי, ז׳, ר׳, חֳלָיִים disease, illness
חֳלִי־נֶפֶל epilepsy
חֳלִי־רַע cholera
חֲלִיבָה, נ׳, ר׳, ־וֹת milking
חָלִיד, ת״ז, חֲלִידָה, ת״נ rusty
חֶלְיָה, נ׳, ר׳, חֲלָיוֹת jewelry
חֻלְיָה, חוּלְיָה, נ׳, ־וֹת bead; link; joint; vertebra
חֲלִיטָה, נ׳, ר׳, ־וֹת scalding dough; dumpling
חָלִיל, ז׳, ר׳, חֲלִילִים flute
חָלִילָה, תה״פ God forbid!
חֲלִילָה, תה״פ round about, in turn
חָלִיף, ז׳, ר׳, חֲלִיפִים new shoot
חֲלִיפָה, נ׳, ר׳, ־וֹת attire; suit; change, replacement
חֲלִיפוֹת, תה״פ alternately
חֲלִיפִים, חֲלִיפִין, ז״ר exchange, barter
חֲלִיצָה, נ׳, ר׳, ־וֹת spoils of war; undressing; removing (shoe)
חֲלִיקָה, נ׳, ר׳, ־קוֹת blouse
חֲלִירַע, ז׳ cholera
חֵלֶךְ, ז׳, ר׳, חֲלָכִים wretched, hopeless person
חָלָל, ז׳, ר׳, חֲלָלִים slain person; empty space; profaned person

חָלַל, פ״ע to be pierced, wounded
חִלֵּל, פ״י to pierce, wound; to play the flute; to redeem
הֵחֵל, פ״י to begin; to profane
חֲלָלוּת, נ׳ hollowness
חָלַם, פ״ע to be healthy; to dream
הֶחֱלִים, פ״י to restore; to recuperate
חַלְמָה, חֲלָמָה, נ׳ potter's clay
חֶלְמוֹן, ז׳, ר׳, ־נִים yolk, yellow of egg
חֶלְמוֹנִי, ת״ז, ־נִית, ת״נ yolky
חַלָּמִישׁ, ז׳ flint, silex
חָלְמִית, נ׳, ר׳, ־יוֹת ox tongue
חֵלֶף, תה״פ in exchange for
חֵלֶף, חִילָף, ז׳, ר׳, חִילָפִים reed
חָלַף, פ״ע to pass away, pass; to sprout; to pierce
הֶחֱלִיף, פ״י to exchange; to change; to renew
הִתְחַלֵּף, פ״ח to be altered, transformed
חַלָּף, ז׳, ר׳, ־פוֹת very sharp knife
חַלְפִּית, נ׳, ר׳, ־פִּיּוֹת swordfish
חַלְפָן, ז׳, ר׳, ־נִים money-changer
חַלְפָנוּת, נ׳, ר׳, ־נֻיּוֹת exchange (of money)
חָלַץ, פ״י to strip; to take off shoe; to withdraw
נֶחֱלַץ, פ״ע to be girded for war; to be rescued
חִלֵּץ, פ״י to extract; to rescue
הֶחֱלִיץ, פ״י to invigorate; to strengthen
חֶלֶץ, ז׳, ר׳, חֲלָצַיִם loin, flank
חֻלְצָה, חוּלְצָה, נ׳, ר׳, ־צוֹת blouse; jerkin
חֵלֶק, ז׳, ר׳, חֲלָקִים share, part; fate; smoothness

חָלָק, ת"ז, חֲלָקָה, ת"נ smooth, slippery; blank

חָלַק, פ"י to divide; to differentiate; to glide

חִלֵּק, פ"י to apportion; to distribute, share; to distinguish

הֶחֱלִיק, פ"י to flatten; to make smooth

חֶלְקָה, נ', ר', חֲלָקוֹת ground, field; smoothness

חֲלָקוֹת, נ"ר flattery, adulation

חֲלֻקָּה, חֲלוּקָה, נ', ר', ־קּוֹת division, partition; divergence of opinions; alms

חֶלְקִי, ת"ז, ־קִית, ת"נ partial

חֶלְקִיּוּת, נ' partiality

חֲלַקְלַק, ת"ז, ־קָּה, ת"נ slippery

חֲלַקְלַקָּה, נ', ר', ־קּוֹת slippery spot; ice-skating rink; flattery

חַלָּשׁ, ת"ז, ־שָּׁה, ת"נ weak

חָלַשׁ, פ"ע to be weak; to cast lots

חֻלְשָׁה, חוּלְשָׁה, חַלָּשׁוּת, נ', ר', ־שׁוֹת, ־שֻׁיּוֹת weakness, feebleness

חִלְתִּית, נ' St. John's wort

חָם, ז', ר', ־מִים father-in-law

חַם, ת"ז, חַמָּה, ת"נ warm, hot

חַמִּים, חַמִּין warm water, hot springs

חֹם, ז' heat, warmth, temperature

חֶמְאָה, נ', ר', חֲמָאוֹת curd, butter

חֶמֶד, ז' desire; delight

חָמַד, פ"י to covet, lust, desire

חֶמְדָּה, נ', ר', חֲמָדוֹת joy, beauty; lust

חֶמְדָּן, חַמְדָּן, ז', ר', ־נִים lustful person

חֶמְדָּנוּת, חַמְדָּנוּת, נ', ר', ־נֻיּוֹת lustfulness, sensuality, covetousness

חַמָּה, נ', ר', ־מּוֹת sun; heat; fever

חֵמָה, נ', ר', ־מוֹת wrath, fury; venom

חָמוּד, ת"ז, חֲמוּדָה, ת"נ noble, lovely

חִמּוּד, ז', ר', ־דִים lustfulness

חִמּוּם, ז' warming, heating

חָמוּם, ת"ז, חֲמוּמָה, ת"נ hot-headed

חָמוֹץ, ז', ר', ־צִים brigand; ruthless person

חָמוּץ, ת"ז, חֲמוּצָה, ת"נ sour

חִמּוּץ, ז', ר', ־צִים leavening; becoming sour

חַמּוּק, ז', ר', ־קִים curve, circuit; outline

חֲמוֹר, ז', ר', ־רִים ass, donkey; dolt, idiot; trestle

חָמוּר, ת"ז, חֲמוּרָה, ת"נ grave, weighty; severe

חֲמוֹרָה, נ', ר', ־רוֹת ass (f.); idiotic woman

חָמוּשׁ, ת"ז, חֲמוּשָׁה, ת"נ armed, equipped

חָמוֹת, נ', ר', חֲמָיוֹת mother-in-law

חַמּוּת, נ' warmth

חֹמֶט, חוֹמֶט, ז', ר', חֲמָטִים lizard

חֲמִיטָה, נ', ר', ־טוֹת griddle cake

חֲמִילָה, נ', ר', ־לוֹת blanket; coat (of heavy cloth)

חָמִים, ת"ז, חֲמִימָה, ת"נ warm

חֲמִימוּת, נ', ר', ־מֻיּוֹת tepidity, lukewarmness

חָמִיץ, ז', ר', ־צִים silage; fodder

חֲמִיצָה, נ', ר', ־צוֹת sour soup

חֲמִיצוּת, נ', ר', ־צֻיּוֹת acidity, sourness

חֲמִישִׁי, ת"ז, ־שִׁית, ת"נ fifth

חֲמִישִׁיָּה, חֲמִשִּׁיָּה, נ', ר', ־יּוֹת quintet

חֲמִישִׁית, חֲמִשִּׁית, נ', ר', ־שִׁיּוֹת one-fifth

calorie חֲמִית, נ׳, ר׳, ־מִיּוֹת
to spare, have pity חָמַל, פ״ע
pity, compassion חֶמְלָה, נ׳
to become warm, be warm, warm oneself חָמַם, חַם, פ״ע
to be inflamed, heated נֶחֱמַם, פ״ע
to keep warm, heat up חִמֵּם, פ״י
to warm oneself הִתְחַמֵּם, פ״ח
hothouse חֲמָמָה, נ׳, ר׳, ־מוֹת
sunflower חַמָּנִית, נ׳, ר׳, ־נִיּוֹת
injustice; plunder; violence חָמָס, ז׳, ר׳, חֲמָסִים
to treat violently; to do wrong; to devise; to shed חָמַס, פ״י
to suffer violence נֶחְמַס, פ״ע
to scratch חִמֵּס, פ״י
very hot east wind; heatspell חַמְסִין, ז׳, ר׳, ־נִים
plunderer; extortioner; violent man חַמְסָן, ז׳, ר׳, ־נִים
violence; plundering חַמְסָנוּת, נ׳, ר׳, ־נֻיּוֹת
leavened bread חָמֵץ, ז׳
to be sour, fermented חָמַץ, פ״ע
to cause to be leavened; to delay חִמֵּץ, פ״י
to be leavened חֻמַּץ, פ״ע
to become fermented; to put off, delay הֶחְמִיץ, פ״ע
to be soured; to be degenerate הִתְחַמֵּץ, פ״ח
acid; vinegar חֹמֶץ, חוֹמֶץ, ז׳, ר׳, חֲמָצִים
חֻמְצָה, חוּמְצָה, נ׳, ר׳, ־צוֹת
leavening, fermenting
oxygen חַמְצָן, ז׳
to evade, slip away חָמַק, פ״ע

to turn hither and thither; to elude (duty); to shun הִתְחַמֵּק, פ״ח
wine חֶמֶר, ז׳
clay; matter; material חֹמֶר, חוֹמֶר, ז׳, ר׳, חֳמָרִים
from minor to major קַל וָחֹמֶר
asphalt, bitumen חֵמָר, ז׳, ר׳, ־רִים
to foam; to cover with asphalt; to burn; to be strict חָמַר, פעו״י
to be parched; to be kneaded נֶחְמַר, פ״ע
to drive an ass חִמֵּר, פ״י
to be strict; to cause pain הֶחְמִיר, פ״י
ass-driver חַמָּר, ז׳, ר׳, ־רִים
severity, restriction חֻמְרָה, חוּמְרָה, נ׳, ר׳, ־רוֹת
material חָמְרִי, ת״ז, ־רִית, ת״נ
materialism חָמְרִיּוּת, נ׳
caravan of donkeys חַמֶּרֶת, נ׳, ר׳, חַמָּרוֹת
five חָמֵשׁ, שמ״נ, חֲמִשָּׁה, שמ״ז
חֲמֵשׁ עֶשְׂרֵה, נ׳, חֲמִשָּׁה עָשָׂר, ז׳
fifteen
Pentateuch (five books of the Torah) חֻמָּשׁ, חוּמָּשׁ, ז׳, ר׳, ־שִׁים
one-fifth; groin חֹמֶשׁ, חוֹמֶשׁ, ז׳, ר׳, חֳמָשִׁים
to divide or multiply by five; to arm, prepare for war חִמֵּשׁ, פ״י
to be divided or multiplied by five חֻמַּשׁ, פ״ע
to arm oneself הִתְחַמֵּשׁ, פ״ח
five חֲמִשָּׁה, שמ״ז, חָמֵשׁ, שמ״נ
fifth חֲמִשִּׁי, ת״ז, ־שִּׁית, ת״נ
quintet חֲמִשִּׁיָּה, חֲמִישִׁיָּה, נ׳, ר׳, ־יּוֹת
fifty חֲמִשִּׁים, ש״מ
one-fifth חֲמִשִּׁית, חֲמִישִׁית, שמ״נ

חֵמֶת, נ׳, ר׳, חֲמָתוֹת water skin; file (for papers)

חֵמֶת־חֲלִילִים bagpipe

(חֵמַת) מֵחֲמַת, תה״פ in consequence of

מֵחֲמַת, מ״י because of

חֵן, ז׳ grace, charm

חֵן חֵן thank you, thanks

מָצָא חֵן, נָשָׂא חֵן to please

חָנַג, פ״ע to visit a grave

חִנֵּג, פ״ע to dance

חִנְגָּא, חִנְגָּה, נ׳, ר׳, ־גוֹת dance

חָנָה, פ״ע to encamp; to incline; to settle down

הֶחֱנָה, פ״י to cause to encamp; to settle

חָנוּט, ז׳, ר׳, חֲנוּטִים mummy, embalmed body

חִנּוּךְ, ז׳, ר׳, ־כִים education

חֲנוּכָּה, חֲנֻכָּה, נ׳, ר׳, ־כּוֹת dedication, inauguration; Hanukah

חֲנוּכִּיָּה, חֲנֻכִּיָּה, נ׳, ר׳, ־יוֹת Hanukah lamp; candelabrum

חִנּוּכִי, ת״ז, ־כִית, ת״נ educational

חַנּוּן, ת״ז, חֲנוּנָה, ת״נ gracious, merciful

חֶנְוָנִי, ז׳, ר׳, ־נִים shopkeeper

חֲנוּפָּה, חֲנֻפָּה, נ׳, ר׳, ־פּוֹת impiety; flattery; hypocrisy

חָנוּת, חֲנוּת, נ׳, ר׳, חֲנֻיּוֹת shop, store

חָנַט, פ״י to embalm; to become ripe

נֶחֱנַט, פ״ע to be embalmed; to be ripe

חַנָּט, ז׳, ר׳, ־טִים embalmer

חֲנָטָה, חֲנִיטָה, נ׳, ר׳, ־טוֹת ripening, embalming

חֲנָיָה, חֲנִיָּה, נ׳, ר׳, ־יוֹת encampment; parking

חָנִיךְ, ז׳, ר׳, חֲנִיכִים pupil, apprentice

חֲנִיכָה, נ׳, ר׳, ־כוֹת apprentice (*f.*); surname

חֲנִיכַיִם, ז״ר gums; jawbone, maxilla

חֲנִינָה, נ׳, ר׳, ־נוֹת parole; mercy; pardon

חֲנִיפָה, נ׳, ר׳, ־פוֹת flattery, hypocrisy

חֲנִיקָה, נ׳, ר׳, ־קוֹת suffocation, strangulation

חֲנִית, נ׳, ר׳, ־תוֹת dagger

חָנַךְ, פ״י to educate; to inaugurate

נֶחְנַךְ, פ״ע to become inaugurated

חֻנַּךְ, פ״ע to become educated

הִתְחַנֵּךְ, פ״ח to educate oneself; to be dedicated

חֵנֶךְ, ז׳, ר׳, חִנְכַּיִם, חֲנִיכַיִם gum

חֲנֻכָּה, חֲנוּכָּה, נ׳, ר׳, ־כּוֹת dedication, inauguration; Hanukah

חֲנֻכִּיָּה, חֲנוּכִּיָּה, נ׳, ר׳, ־יוֹת candelabrum; Hanukah lamp

חִנָּם, תה״פ gratuitously; undeservedly; in vain

חֲנָמַל, ז׳, ר׳, ־לִים large hailstone

חָנַן, פ״י to show favor; to forgive; to grant

חִנֵּן, פ״י to speak kindly; to beg mercy; to exalt someone

חוֹנֵן, פ״י to favor, pity

חֻנַּן, פ״ע to be pardoned, pitied

הִתְחַנֵּן, פ״ח to implore, supplicate; to find favor

חֹנֶף, חוֹנֶף, ז׳ flattery, hypocrisy

חָנֵף, ת״ז, חֲנֵפָה, ת״נ hypocrite; impostor

חָנַף, פ״ע to be profane; to be wicked; to flatter

חֲנֻפָּה, חֲנוּפָּה, נ׳, ר׳, ־פּוֹת impiety; hypocrisy, flattery

חַנְפָן, ז׳, ר׳, ־נִים flatterer; hypocrite
חָנַק, פ״י to suffocate, strangle
חֶנֶק, ז׳ strangulation
חַנְקָן, ז׳, ר׳, ־נִים nitrogen, azote
חָס, פ״ע, ע׳ [חוס] to have compassion, have pity
חַס וְשָׁלוֹם, חַס וְחָלִילָה! God forbid!
חָס, ז׳, ר׳, ־סִים forbearance
חָסָא, חַסָּה, נ׳, ר׳, ־סוֹת lettuce
חֶסֶד, ז׳, ר׳, חֲסָדִים grace, favor; righteousness; charity; disgrace
חִסֵּד, פ״י to do good; to reproach; to shame
הִתְחַסֵּד, פ״ח to be kind; to feign piety
חַסָּה, חָסָא, נ׳, ר׳, ־סוֹת lettuce
חָסָה, פ״ע to seek refuge; to trust
חָסוּד, ת״ז, חֲסוּדָה, ת״נ kind, gracious
חִסּוּי, ז׳, ר׳, ־יִים shelter, sanctuary
חִסּוּל, ז׳ liquidation
חִסּוּם, ז׳, ר׳, ־מִים clogging, sharpening blades
חָסוֹן, חָסֹן, ת״ז, חֲסוֹנָה, חֲסֹנָה, ת״נ healthy, strong
חִסּוּן, ז׳, ר׳, ־נִים immunization
חִסּוּר, ז׳, ר׳, ־רִים subtraction; want
חָסוּת, נ׳, ר׳, ־סֻיּוֹת protection; patronage; refuge
חַסְחוּס, ז׳, ר׳, ־סִים cartilage
חָסִיד, ז׳, ר׳, חֲסִידִים orthodox, pious, righteous
חֲסִידָה, נ׳, ר׳, ־דוֹת stork
חֲסִידוּת, נ׳ piety; hassidism
חָסִיל, ז׳, ר׳, חֲסִילִים locust
חֲסִימָה, נ׳, ר׳, ־מוֹת blocking; muzzling
חָסִין, ת״ז, חֲסִינָה, ת״נ immune
חֲסִינוּת, נ׳ immunity

חָסַךְ, פ״י to have pity; to spare, save
חִסֵּךְ, פ״י to economize
חִסָּכוֹן, ז׳, ר׳, חֶסְכוֹנוֹת savings, thrift, economy
חַסְכָנוּת, נ׳ parsimony, stinginess
חָסַל, פ״י to devour, exterminate
חָסַם, פ״י to muzzle; to prevent, block; to temper
הִתְחַסֵּם, נִתְ־, פ״ח to be tempered
חֹסֶן, ז׳, ר׳, חֲסָנִים provision; treasure; immunity
[חסן] הֶחְסִין, פ״י to store, conserve
חִסֵּן, פ״י to immunize
חָסַן, פ״ע to dry up, become hard; to become strong
חָסַף, פ״י to divulge, reveal, lay bare
חִסְפֵּס, פ״י to make scaly; to make uneven
חֻסְפַּס, פ״ע to be grainlike, scaly
חֹסֶר, ז׳ lack, want
חֶסֶר, ז׳ poverty; decrease
חָסֵר, ת״ז, חֲסֵרָה, ת״נ lacking, defective
חָסַר, פ״ע to lack; to decrease; to be absent
חִסֵּר, פ״י to deprive; to lessen; to omit
חֻסַּר, פ״ע to be short of
הֶחְסִיר, פ״י to deduct
הִתְחַסֵּר, פ״ח to dwindle, be reduced
חִסָּרוֹן, חֶסְרוֹן, ז׳, ר׳, ־נוֹת need, deficiency; fault
חַף, ת״ז, חַפָּה, ת״נ clean, pure, innocent
חָף, ז׳, ר׳, ־פִּים tooth of key; clutch
חִפֵּא, פ״י to invent, fabricate, pretend

חָפָא, ז׳, ר׳, חֲפָאִים — dust cover, case
חָפָה, פ״י — to cover, wrap
חִפָּה, פ״י — to overlay, to camouflage
חֻפָּה, חוּפָּה, נ׳, ר׳, ־פּוֹת — canopy (in marriage ceremony)
חִפָּה, נ׳, ר׳, ־פּוֹת — lampshade
חִפּוּי, ז׳, ר׳, ־יִים — camouflage; cover
חִפּוּשׂ, ז׳, ר׳, ־שִׂים — search; induction
חִפּוּשִׂי, ת״ז, ־שִׂית, ת״נ — inductive
חִפּוּשִׁית, נ׳, ר׳, ־שִׁיּוֹת — beetle
חָפַז, פ״ע — to be hasty; to be frightened
נֶחְפַּז, פ״ע — to be hurried; to act rashly
חִפָּזוֹן, ז׳ — haste; trepidation
חֶפְיָה, נ׳, ר׳, ־פִיּוֹת — hand broom
חֲפִינָה, נ׳, ר׳, ־נוֹת — taking a handful
חֲפִיסָה, נ׳, ר׳, ־סוֹת — portfolio; handbag
חֲפִיפָה, נ׳, ר׳, ־פוֹת — covering; cleaning; shampooing
חֲפִירָה, נ׳, ר׳, ־רוֹת — digging; ditch; excavation
חֹפֶן, חוֹפֶן, ז׳, ר׳, חָפְנַיִם — handful
חָפַן, פ״י — to take a handful
נֶחְפַּן, פ״ע — to measure by the handful
חָפַף, פ״י — to cover; to protect; to rub, comb; to wash (head)
חֲפָפִית, נ׳, ר׳, ־יוֹת — itch; eczema, rash
חֵפֶץ, ז׳, ר׳, חֲפָצִים — wish, desire; object; belonging
חָפֵץ, פ״ע — to wish, to desire
חָפַץ, פ״י — to move, wiggle (tail)
חָפַר, פ״י — to dig, excavate; to spy; to explore
נֶחְפַּר, פ״ע — to be put to shame
הֶחְפִּיר, פעו״י — to be ashamed, put to shame

חֲפַרְפָּרָה, חֲפַרְפֶּרֶת, נ׳, ר׳, ־רוֹת — mole
חֹפֶשׁ, חוֹפֶשׁ, ז׳, ר׳, חֳפָשִׁים — freedom, liberty; vacation
חָפַשׂ, פ״י — to seek, search
חִפֵּשׂ, פ״י — to search, investigate
חֻפַּשׂ, פ״ע — to be exposed
הִתְחַפֵּשׂ, פ״ח — to disguise, hide oneself
חִפֵּשׁ, פ״י — to set free
חֻפַּשׁ, פ״ע — to be liberated
חֻפְשָׁה, חוּפְשָׁה, נ׳, ר׳, ־שׁוֹת — freedom, liberty; vacation
חָפְשִׁי, ת״ז, ־שִׁית, ת״נ — free; emaciated and pale
חָפְשִׁית, נ׳ — hospital; asylum (for leprosy)
חֵפֶת, ז׳, ר׳, חֲפָתִים — fold
חָפַת, חִפֵּת, פ״י — to fold up; to adapt, adjust
חֵץ, ז׳, ר׳, חִצִּים — arrow, dart
חָצַב, פ״י — to hew; to chisel, cleave
נֶחְצַב, פ״ע — to be hewn, chiseled
הֶחֱצִיב, פ״י — to beat; to kill
חַצָּב, ז׳, ר׳, ־בִים — stonecutter
חָצָב, ז׳, ר׳, חֲצָבִים — earthenware jar, pitcher; squill
חַצֶּבֶת, נ׳ — measles
חָצָה, פ״י — to divide, halve; to cross; to bisect
חֲצוּבָה, נ׳, ר׳, ־בוֹת — tripod
חָצוּף, ת״ז, חֲצוּפָה, ת״נ — impudent, arrogant
חֲצוֹצְרָה, נ׳, ר׳, ־רוֹת — trumpet; cavity of ear
חֲצוֹצְרָן, ז׳, ר׳, ־נִים — trumpeter
חֲצוֹת, נ׳ — midnight; middle; half
חֲצִי, ז׳, ר׳, חֲצָאִים, ־יִים — half; middle

חֲצִי־אִי, ז׳, ר׳, חֲצָאֵי אִיִּים peninsula
חֲצִיָּה, חֲצָיָה, נ׳, ר׳, ־יוֹת halving
חָצִיל, ז׳, ר׳, חֲצִילִים eggplant
חָצִין, ז׳, ר׳, חֲצִינִים ax
חֲצִיפוּת, נ׳, ר׳, ־פֻיּוֹת impertinence; arrogance
חֲצִיצָה, נ׳, ר׳, ־צוֹת partition; interposition
חָצִיר, ז׳, ר׳, חֲצִירִים grass; meadow; hay; leek
חֹצֶן, ז׳, ר׳, חֳצָנִים bosom
[חצף] הֶחֱצִיף, פ״ע to be impertinent, bold
הִתְחַצֵּף, פ״ח to be impudent
חֻצְפָּה, חוּצְפָּה, נ׳, ר׳, ־פּוֹת insolence, impudence
חָצָץ, ז׳ gravel; arrow; kidney stone
חָצַץ, פ״י to partition; to divide; to pick one's teeth
חִצְצֵר, פ״ע to blow a trumpet
חָצֵר, ז׳, ר׳, ־רוֹת, ־רִים courtyard; hamlet; court of law
חַצְרָן, ז׳, ר׳, ־נִים court official; superintendent
חַצְרָנוּת, נ׳, ר׳, ־נֻיּוֹת courtesy
חֹק, ז׳, ר׳, חֻקִּים statute; custom; limit
חַקַּאי, חַקְיָן, ז׳, ר׳, ־קָּאִים, ־נִים imitator, pantomimist
חֻקָּה, חוּקָה, נ׳, ר׳, ־קּוֹת law, ordinance
חִקָּה, פ״ע to imitate; to pantomime; to inscribe
חֻקָּה, פ״ע to be engraved
הִתְחַקָּה, פ״ח to set limit; to trace; to resemble
חִקּוּי, ז׳, ר׳, ־יִּים imitation
חִקּוּר, ז׳, ר׳, ־רִים searching; inquiry

חָקִי, ז׳ khaki
חֻקִּי, ת״ז, ־קִּית, ת״נ legal
חַקְיָנוּת, נ׳ pantomime, pantomimicry
חֲקִיקָה, נ׳, ר׳, ־קוֹת legislation; engraving
חֲקִירָה, נ׳, ר׳, ־רוֹת investigation; research
חַקְלָאוּת, נ׳ agriculture, farming
חַקְלַאי, ז׳, ר׳, ־אִים farmer, agriculturist
חַקְלָאִי, ת״ז, ־אִית, ת״נ agricultural
חֹקֶן, חוֹקֶן, ז׳, ר׳, חֳקָנִים enema
חָקְנָה, נ׳ syringe
חָקַק, פ״י to engrave; to hollow; to legislate
חוֹקֵק, פ״י to enact; to inscribe; to carve
חֻקַּק, פ״ע to be decreed
חֵקֶק, ז׳, ר׳, חֲקָקִים decree, law
חָקַר, פ״י to investigate, explore; to study
חֵקֶר, ז׳, ר׳, חֲקָרִים investigation
חַקְרָן, ז׳, ר׳, ־נִים investigator
חַקְרָנוּת, ז׳, ר׳, ־נֻיּוֹת exploration
חֻקָּתִי, ת״ז, ־תִית, ת״נ constitutional
חֹר, חוֹר, ז׳, ר׳, ־רִים hole, cave; nobleman
חֻר, חוּר, ז׳ white linen, white garment
חֲרָאִים, ז״ר excrements
חָרֵב, ת״ז, חֲרֵבָה, ת״נ ruined; dry; desolate
חֹרֶב, ז׳ heat; dryness, drought; desolation
חָרַב, פ״ע to be dry; to be desolate; to be destroyed
נֶחֱרַב, פ״ע to be laid waste
הֶחֱרִיב, פ״י to destroy; to cause to be dry

חֶרֶב, נ׳, ר׳, חֲרָבוֹת sword, knife; blade (of plow)
חָרְבָּה, חָרְבָּה, נ׳, ר׳, ־בּוֹת, חֳרָבוֹת ruin, desolation, waste
חַרְבָּה, נ׳, ר׳, ־בּוֹת fruit knife
חָרָבָה, נ׳, ר׳, ־בוֹת dry land
חֲרָבוֹן, ז׳, ר׳, חַרְבוֹנִים heat; drought
חֶרְבּוֹן, ז׳, ר׳, ־נִים, ־נוֹת disappointment, let-down
חָרְבָּן, חוּרְבָּן, ז׳, ר׳, ־נוֹת ruin, destruction
חִרְבֵּן, פ״י to ensnarl; to spoil
חָרַג, פ״ע to quake; to spring forth
חַרְגּוֹל, ז׳, ר׳, ־לִים locust
חָרַד, פ״ע to tremble; to fear; to be anxious; to be orthodox
הֶחֱרִיד, פ״י to terrify
חָרֵד, ת״ז, חֲרֵדָה, ת״נ orthodox
חָרָד, ז׳, ר׳, חֲרָדִים cupboard, closet
חֲרָדָה, נ׳, ר׳, ־וֹת terror, anxiety; rags
חַרְדּוֹן, ז׳, ר׳, ־נִים lizard
חַרְדָּל, ז׳, ר׳, ־לִים mustard
חָרָה, פ״ע to be angry; to kindle, burn
הֶחֱרָה, פ״י to make angry; to do with zeal
הִתְחָרָה, פ״ח to compete, rival
חָרוּב, ז׳, ר׳, ־בִים carob
חֲרוּבִית, נ׳, ר׳, ־יוֹת carob tree
חָרוּז, ז׳, ר׳, חֲרוּזִים string of beads; verse, rhyme
חָרוֹז, ז׳, ר׳, ־זִים poet, bard
חֲרוּזִי, ת״ז, ־זִית, ת״נ versicular
חָרוּט, ז׳, ר׳, חֲרוּטִים cone; inscription
חֲרוּטִי, ת״ז, ־טִית, ת״נ conical
חָרוּךְ, ת״ז, חֲרוּכָה, ת״נ burnt (food), charred

חָרוּל, ז׳, ר׳, חֲרוּלִים weeds, nettle
חֵרוּם, ז׳ state of war, insecurity
שְׁעַת חֵרוּם emergency
חָרוּם, ת״ז, חֲרוּמָה, ת״נ flat-nosed
חֲרוּמַף, ז׳, ר׳, ־פִים flat-nosed person
חָרוֹן, ז׳, ר׳, חֲרוֹנִים anger; brier
חֲרוֹסֶת, חֲרֹסֶת, נ׳, ר׳, ־סוֹת sauce, condiment used on Passover eve
חֵרוּף, ז׳, ר׳, ־פִים blasphemy, abuse
חֵרוּף נֶפֶשׁ devotion, loyalty
חֲרוּפָה, נ׳, ר׳, ־פוֹת betrothed, destined one
חָרוּץ, ת״ז, חֲרוּצָה, ת״נ; ז׳ diligent; determined; sharp; maimed; gold
חָרוּק, ז׳, ר׳, חֲרוּקִים insect
חָרוּק, ת״ז, חֲרוּקָה, ת״נ punctured, dented
חָרוּר, ת״ז, חֲרוּרָה, ת״נ perforated
חָרוּשׁ, ת״ז, חֲרוּשָׁה, ת״נ plowed
חֵרוּת, נ׳, ר׳, ־יוֹת freedom
חָרוּת, נ׳, ר׳, חֲרָיוֹת palm leaf
חָרַז, פ״י to string together; to rhyme
נֶחֱרַז, פ״ע to be arranged
חַרְזָן, ז׳, ר׳, ־נִים versifier
חַרְחֲבִינָה, נ׳, ר׳, ־נוֹת snakeroot
חַרְחוּר, חַרְחֻר, ז׳, ר׳, ־רִים consumption; violent heat, fever
חִרְחוּר, ז׳, ר׳, ־רִים quarreling
חִרְחֵר, פ״י to kindle, provoke strife
חֶרֶט, ז׳, ר׳, חֲרָטִים mold; engraving tool; pen; paintbrush; crayon
[חרט] הִתְחָרֵט, פ״ח to regret, repent
חָרַט, פ״י to engrave, chisel
נֶחֱרַט, פ״ע to be printed, inscribed
חֲרָטָה, נ׳, ר׳, ־טוֹת repentance, regret

חַרְטוֹם, חַרְטוֹם, ז׳, ר׳, ־מִים nose; bill, beak; bow (ship)
חַרְטֹם, ז׳, ר׳, חַרְטֻמִּים magician
כְּתַב הַחַרְטֻמִּים hieroglyphics
חַרְטוּמָן, ז׳, ר׳, ־נִים woodcock
חַרְטוּמָנוֹן, ז׳, ר׳, ־נִים snipe
חֳרִי, חֲרִי־אַף, ז׳ burning anger
חֹרִי, חוֹרִי, ז׳ pastry, cake
חִרְיוֹנִים, ז״ר bird droppings
חָרִיט, ז׳, ר׳, חֲרִיטִים lady's purse
חֲרִיטָה, נ׳, ר׳, ־טוֹת engraving
חֲרִיכָה, נ׳, ר׳, ־כוֹת burning (food), singeing
חֲרִיעַ, ז׳, ר׳, ־עִים safflower; red dye
חָרִיף, ת״ז, חֲרִיפָה, ת״נ sharp; acute; sagacious
חֲרִיפוּת, נ׳, ר׳, ־יוֹת sharpness, acuteness; sagacity
חָרִיץ, ז׳, ר׳, חֲרִיצִים slice; incision; trench
חֲרִיצָה, נ׳, ר׳, ־צוֹת sharpening; cutting
חֲרִיצוּת, נ׳, ר׳, ־יוֹת diligence; skillfulness
חֲרִיקָה, נ׳, ר׳, ־קוֹת gnashing of teeth; clatter
חָרִיר, ז׳, ר׳, חֲרִירִים needle eye
חָרִישׁ, ז׳, ר׳, חֲרִישִׁים plowing time
חֲרִישָׁה, נ׳, ר׳, ־שׁוֹת plowing; dumbness; silence
חֲרִישִׁי, ת״ז, ־שִׁית, ת״נ silent; soft
חָרָךְ, ז׳, ר׳, חֲרַכִּים latticed window
חָרַךְ, פ״י to singe, char, burn
חָרֶלֶת, נ׳ nettle rash; urticaria
חֵרֶם, ז׳, ר׳, חֲרָמִים net; ban; excommunication
[חרם] הֶחֱרִים, פ״י to excommunicate; to destroy

חָרָם, ז׳, ר׳, ־מִים net fisherman
חָרְמָה, נ׳ extermination, destruction
חֶרְמֵשׁ, ז׳, ר׳, ־שִׁים sickle, scythe
חֶרֶס, ז׳, ר׳, חֲרָסִים clay; sun; prurigo
חָרָס, ז׳, ר׳, חֲרָסִים potter
חַרְסָה, נ׳ sun
חַרְסִית, נ׳, ר׳, ־יוֹת potter's clay; earthenware
חֲרֹסֶת, חֲרוֹסֶת, נ׳, ר׳, ־סוֹת sauce; condiment used on Passover eve
חֹרֶף, חוֹרֶף, ז׳, ר׳, חֳרָפִים winter
חָרַף, פעו״י to winter; revile
נֶחֱרַף, פ״ע to be betrothed
חֵרֵף, פ״י to make wintry; to revile
חֵרֵף נַפְשׁוֹ to expose oneself to danger
נִתְחָרֵף, פ״ח to be cursed
חֶרְפָּה, נ׳, ר׳, חֲרָפוֹת shame, outrage, abuse
חָרַץ, פ״י to cut into; to decree; to be diligent
נֶחֱרַץ, פ״ע to be cut into, dug; to be plowed
חַרְצֹב, ז׳, חַרְצֻבָּה, נ׳, ר׳, ־צֻבִּים, ־בּוֹת bond, fetter; pain
חַרְצָן, ז׳, ר׳, ־צַנִּים grape stone, grape kernel
חָרַק, פ״ע to squeak; to gnash; to grind
חֶרֶק, ז׳, ר׳, חֲרָקִים insect; notch, incision
חֲרָקָה, נ׳, ר׳, ־קוֹת squeak
חָרַר, חֵרֵר, פעו״י to bore; to be scorched; to burn; to set free
חָרֵר, ז׳, ר׳, ־רִים parched soil
חֲרָרָה, נ׳, ר׳, ־רוֹת thin cake; clot
חָרַשׁ, פעו״י to plow; to engrave; to devise; to be silent

to become deaf נֶחֱרַשׁ, פ"ע
to be silent; to silence; to plot הֶחֱרִישׁ, פעו"י
to whisper; to become deaf הִתְחָרֵשׁ, נִתְ־, פ"ח
craftsman, artisan; magician חָרָשׁ, ז', ר', ־שִׁים
carpenter חָרַשׁ־עֵץ, ז'
deaf person חֵרֵשׁ, ז', ר', ־רְשִׁים
earthenware; potsherd חֶרֶשׂ, ז', ר', חֲרָשִׂים
silently, secretly חֶרֶשׁ, תה"פ
thicket, wood, bush חֹרֶשׁ, חוֹרֶשׁ, ז', ר', חֳרָשִׁים
wood, forest חֻרְשָׁה, נ', ר', ־שׁוֹת
deafness חֵרְשׁוּת, נ'
artichoke חַרְשָׁף, ז', ר', ־פִים
manufacture; craftsmanship חֲרֹשֶׁת, נ', ר', ־רוֹשׁוֹת
factory בֵּית חֲרֹשֶׁת
industrial חֲרָשְׁתִּי, ת"ז, ־תִּית, ת"נ
industrialist חֲרָשְׁתָּן, ז', ר', ־נִים
to engrave, inscribe חָרַת, פ"י
blacking; inscription חֶרֶת, ז'
to make haste; to feel pain חָשׁ, פ"י, ע' [חוש]
stillness, quiet חֲשַׁאי, חֲשַׁי, ז'
secretly בַּחֲשַׁאי, תה"פ
to think; to intend; to consider; to calculate חָשַׁב, פ"י
to think over, calculate חִשֵּׁב, פ"י
to be considered; to be esteemed; to take into consideration הִתְחַשֵּׁב, פ"ח
accountant חַשָּׁב, ז', ר', ־בִים
arithmetic; account חֶשְׁבּוֹן, ז', ר', ־נוֹת
report דִּין וְחֶשְׁבּוֹן (דו"ח)
introspection חֶשְׁבּוֹן הַנֶּפֶשׁ
current account חֶשְׁבּוֹן עוֹבֵר וָשָׁב
catapult חִשָּׁבוֹן, ז', ר', ־נוֹת
thought; device חִשָּׁבוֹן, ז', ר', ־שְׁבוֹנוֹת
arithmetical חֶשְׁבּוֹנִי, ת"ז, ־נִית, ת"נ
rack (for counting), abacus חֶשְׁבּוֹנִיָּה, נ', ר', ־יוֹת
mathematician חַשְׁבָּן, ז', ר', ־נִים
to suspect חָשַׁד, פ"י
suspicion חֶשֶׁד, חֲשָׁד, ז', ר', חֲשָׁדוֹת
suspect חַשְׁדָּן, ז', ר', ־נִים
suspicion חַשְׁדָּנוּת, נ'
to be silent; to be inactive חָשָׁה, הֶחֱשָׁה, פ"ע
importance; accounting חִשּׁוּב, ז', ר', ־בִים
important, esteemed חָשׁוּב, ת"ז, חֲשׁוּבָה, ת"נ
suspected חָשׁוּד, ת"ז, חֲשׁוּדָה, ת"נ
dark, obscure חָשׁוּךְ, ת"ז, חֲשׁוּכָה, ת"נ
lacking, bereft of חָשׂוּךְ, ת"ז, חֲשׂוּכָה, ת"נ
Heshvan, eighth Hebrew month חֶשְׁוָן, מַרְחֶשְׁוָן, ז'
sweetheart; ring, rim חָשׁוּק, ז', ר', חֲשׁוּקִים
spoke חִשּׁוּר, ז', ר', ־רִים
stillness, quiet חֲשַׁי, חֲשַׁאי, ז'
importance חֲשִׁיבוּת, נ', ר', ־יוֹת
little flock חֲשִׂיף, ז', ר', ־פִים
marijuana, dope חֲשִׁישׁ, ז'
darkness חֹשֶׁךְ, חוֹשֶׁךְ, ז'
to grow dim חָשַׁךְ, פ"ע
to darken הֶחֱשִׁיךְ, פ"י
darkness; ignorance חָשֵׁךְ, ז', ר', חֲשֵׁכִים
ignoble, mean, low חָשֵׁךְ, ת"ז, חֲשֵׁכָה, ת"נ

חָשַׂךְ, פעו"י to withhold; to refrain; to spare; to save

חֲשֵׁכָה, נ' obscurity, darkness

חָשַׁל, נֶחְשַׁל, פ"ע to be faint; to lag behind

חִשֵּׁל, פ"י to temper, forge

חֻשַּׁל, פ"ע to be forged, tempered

נִתְחַשֵּׁל, פ"ח to become crystallized

חִשְׁמוּל, ז', ר', ־לִים electrification

חַשְׁמַל, ז', ר', ־לִים electrum, electricity

חִשְׁמֵל, פ"י to electrify, charge

חַשְׁמַלַּאי, ז', ר', ־אִים electrician

חַשְׁמַלִּי, ת"ז, ־לִית, ת"נ electric

חַשְׁמַלִּית, נ', ר', ־יּוֹת streetcar, tramway

חַשְׁמָן, ז', ר', ־נִּים cardinal

חֹשֶׁן, ז', ר', חֳשָׁנִים breastplate

חָשַׂף, פ"י to uncover, make bare; to draw water

חַשְׁפָן, ז', ר', ־נִים archeologist

חַשְׁפָנוּת, נ' archeology

חֵשֶׁק, ז' desire, lust; pleasure

חָשַׁק, פ"י to ornament; to desire; to rim

הִתְחַשֵּׁק, פ"ח to be lustful

חַשְׁרָה, נ' density; collection

חֲשָׁשׁ, ז', ר', ־שׁוֹת fear, apprehension

חֲשַׁשׁ, ז' hay, chaff, dry grass

חָשַׁשׁ, פ"ע to feel pain; to apprehend; to pay attention

חֲשָׁשָׁה, נ', ר', ־שׁוֹת hay shed

חַת, ז', חִתָּה, נ', ר', חִתִּים, ־תּוֹת fear, terror

חַת, ת"ז, חַתָּה, ת"נ dismayed, discouraged

חָתָה, פ"י to seize; to rake coals; to abhor

חִתָּה, נ', ר', ־תּוֹת terror, fright

חִתּוּךְ, ז', ר', ־כִים cutting, articulation

חִתּוּל, ז', ר', ־לִים bandage; diaper, swaddling clothes

חָתוּל, ז', ר', חֲתוּלִים cat

חָתוּם, ז', ר', חֲתוּמִים seal; document; subscriber

חֲתוּנָה, חֲתֻנָּה, נ', ר', ־נוֹת marriage, wedding

חַתְחַת, ז', ר', ־תִּים terror, pitfall

חֲתִיכָה, נ', ר', ־כוֹת cutting; piece

חֲתִיכַת־דִּין judgment

חֲתִימָה, נ', ר', ־מוֹת signature; conclusion; subscription; obstruction

חֲתִירָה, נ', ר', ־רוֹת undermining; rowing

חִתִּית, נ' terror, panic

חָתַךְ, פ"י to cut, sever, dissect

חָתַךְ דִּין to sentence

חִתֵּךְ, פ"י to cut up; to enunciate

חֶתֶךְ, חֲתָךְ, ז', ר', חֲתָכִים incision, cut, piece

חִתֵּל, פ"י to bandage; to swaddle

חֲתֻלָּה, נ', ר', ־לּוֹת diaper

חֲתַלְתּוּל, ז', ר', ־לִים kitten

חָתַם, פ"י to sign; to seal; to close; to subscribe

חִתֵּם, פ"י to close, shut; to stamp

הֶחְתִּים, פ"י to stop; to make a sign

חֹתֶמֶת, חוֹתֶמֶת, נ', ר', ־מוֹת seal, stamp, signet

חָתָן, ז', ר', חֲתָנִים bridegroom; son-in-law

חִתֵּן, פ"י to marry off

הִתְחַתֵּן, פ"ח to get married; to be related through marriage

חֲתֻנָּה, חֲתוּנָּה, נ׳, ר׳, ־נּוֹת marriage, wedding

חֶתֶף, ז׳, ר׳, חֲתָפִים robber

חָתַף, פ״י to snatch, seize

חָתַר, פ״י to dig, undermine; to row

חָתַת, פ״ע to be shattered; to be terrified

חִתֵּת, פ״י to break; to confound

הֵחֵת, פ״י to break (yoke of slavery)

חֲתַת, ז׳ terror, dismay, destruction

ט

ט Teth, ninth letter of Hebrew alphabet; nine

טֵאוּט, טְאטוּא, ז׳, ר׳, ־טִים, ־אִים sweeping, sweepings

טֵאֵט, טְאטֵא, פ״י to sweep

טָבוּחַ, ת״ז, טְבוּחָה, ת״נ slaughtered

טְבוּל, ז׳, ר׳, ־לִים turban

טָבוּל, ת״ז, טְבוּלָה, ת״נ baptized

טִבּוּל, ז׳, ר׳, ־לִים baptism

טִבּוּעַ, ז׳, ר׳, ־עִים drowning; coining

טַבּוּר, טִבּוּר, ז׳, ר׳, ־רִים navel; center

טִבּוּר הָאוֹפַן hub, nave

טֶבַח, ז׳, טִבְחָה, נ׳, ר׳, טְבָחִים, ־חוֹת slaughtering, slaughter, slaying

טָבַח, פ״י to kill; to slaughter

טַבָּח, ז׳, ר׳, ־חִים cook; butcher; executioner

טַבָּחוּת, נ׳ cooking

טְבִילָה, נ׳, ר׳, ־לוֹת immersion, baptism

טְבִיעָה, נ׳, ר׳, ־עוֹת drowning, sinking

טְבִיעַת אֶצְבָּעוֹת fingerprint

טְבִיעוּת־עַיִן perceptive sense

טָבַל, פ״י to dip, immerse

הִטְבִּיל, פ״י to immerse, baptize

טֶבֶל, ז׳, ר׳, טְבָלִים produce from which priestly shares have not been separated

טַבְלָה, נ׳, ר׳, ־לוֹת tablet; board; list

טַבְלָן, ז׳, ר׳, ־נִים diver

טָבַע, פעו״י to sink; to drown; to coin

נִטְבַּע, פ״ע to be immersed; to be impressed; to be coined

הִטְבִּיעַ, פ״י to cause to drown; to implant

טֶבַע, ז׳, ר׳, טְבָעִים coin; element; nature

מַדָּעֵי הַטֶּבַע natural sciences

טִבְעִי, ת״ז, ־עִית, ת״נ natural, physical

טַבַּעַת, נ׳, ר׳, ־עוֹת ring

פִּי־הַטַּבַּעַת anus, rectum

טִבְעֲתָן, ז׳, ר׳, ־נִיִּים naturalist

טֵבֵת, ז׳ Tebeth, tenth month of Hebrew calendar

טִגּוּן, ז׳, ר׳, ־נִים frying

טִגֵּן, פ״י to fry

טָדִי, ז׳, ר׳, ־יִים pointed vault

טָהָב, ז׳ bottom of sea

טָהוֹר, ת״ז, טְהוֹרָה, ת״נ pure, clean

טֹהַר, ז׳, טָהֳרָה, נ׳, ר׳, ־רוֹת purity, purification

טָהַר, פ״ע to be clean, pure

טִהֵר, פ״י to purify; to pronounce pure

to become pure, purify oneself הִטַּהֵר, פ״ח
purist טַהֲרָן, ז׳, ר׳, ־נִים
purism טַהֲרָנוּת, נ׳
good, pleasant טוֹב, ת״ז, טוֹבָה, ת״נ
to be good טוֹב, פ״ע
to do good; to improve הֵטִיב, הֵיטִיב, פ״י
to become better הוּטַב, פ״ע
goodness; valuables; gaiety טוּב, ז׳
welfare; kindness טוֹבָה, נ׳, ר׳, ־בוֹת
to spin טָוָה, פ״י
to be spun נִטְוָה, פ״ע
to plaster; to press; to knock against [טוח] הֵטִיחַ, פ״י
trajectory טְוָח, טֶוַח, ז׳, ר׳, טְוָחִים
miller טוֹחֵן, ז׳, ר׳, ־נִים
molar טוֹחֲנָה, טוֹחֶנֶת, נ׳, ר׳, ־חֲנוֹת
frontlet; phylactery; badge טוֹטֶפֶת, נ׳, ר׳, ־טָפוֹת
spinning טְוִיָּה, נ׳, ר׳, ־יוֹת
to cast; to throw; to lay (egg.) [טול] הֵטִיל, פ״י
טוּמְאָה, טֻמְאָה, נ׳, ר׳, ־אוֹת uncleanness, defilement
טוּמְטוּם, טֻמְטוּם, ז׳, ר׳, ־מִים hermaphrodite, androgyny
to fly, float (in air) [טוס] טָס, פ״ע
to cause to fly, float הֵטִיס, פ״י
טַוָּס, ז׳, טַוֶּסֶת, נ׳, ר׳, ־סִים, ־וָּסוֹת peacock, peahen
he who errs טוֹעֶה, ז׳, ר׳, ־עִים
claimant; pleader טוֹעֵן, ז׳, ר׳, טוֹעֲנִים
to drip; to sprinkle [טוף] טָף, פ״י
blank (document), copy טוֹפֶס, טֹפֶס, ז׳, ר׳, טְפָסִים
row, line, column טוּר, ז׳, ר׳, ־רִים

recruit, private טוּרַאי, ז׳, ר׳, ־רָאִים
prey טוֹרֵף, ז׳, ר׳, ־רְפִים
to fly, dart [טוש] טָשׁ, פ״ע
to plaster, smear טָח, פ״י ע׳ [טוח]
dampness, moisture; club moss טַחַב, ז׳
spleen טְחוֹל, ז׳, ר׳, ־לִים
millstone טְחוֹן, ז׳, ר׳, ־נִים
ground טָחוּן, ת״ז, טְחוּנָה, ת״נ
tumor; piles טָחוֹר, ז׳, ר׳, טְחוֹרִים
to be besmeared; to be coated; to become dim (eyes) [טחח] טַח, פ״ע
milling; chewing טְחִינָה, נ׳, ר׳, ־נוֹת
moss טַחְלַב, ז׳
to mill, grind, pulverize, chew טָחַן, פ״י
mill טַחֲנָה, נ׳, ר׳, ־נוֹת
nature, character טִיב, ז׳
to improve, ameliorate טִיֵּב, פ״י
to be well manured הִטַּיֵּב, נִ־, פ״ח
frying pan טִיגָן, ז׳, ר׳, ־נִים
defender טַיָּד, ז׳, ר׳, ־דִים
improvement טִיּוּב, ז׳, ר׳, ־בִים
draft (letter) טְיוּטָה, טִיּוּטָה, נ׳, ר׳, ־טוֹת
excursion; stroll טִיּוּל, ז׳, ר׳, ־לִים
plaster טִיחַ, ז׳
to plaster טִיֵּחַ, פ״י
plasterer טַיָּח, ז׳, ר׳, ־חִים
mud, mire, clay טִיט, ז׳
to smear; to erase; to draft (letter) טִיֵּט, פ״י
to (take a) walk טִיֵּל, פעו״י
excursionist טַיָּל, ז׳, ר׳, ־לִים
promenade, boardwalk טַיֶּלֶת, נ׳, ר׳, ־יָּלוֹת
mud, clay טִין, ז׳
moisture; grudge טִינָה, נ׳, ר׳, ־נוֹת
pilot טַיָּס, ז׳, ר׳, ־סִים

טַיִס, ז׳, טִיסָה, נ׳, ר׳, טִיסוֹת — flying, flight

טַיֶּסֶת, נ׳, טַיָּסוֹת — squadron; pilot (*f.*)

טִיף, ז׳, ר׳, ־פִים — dripping

טִיפָּה, טִפָּה, נ׳, ר׳, ־פּוֹת — drop; gout

טִירָה, נ׳, ר׳, ־רוֹת — tent village; enclosure; villa

טִירוֹן, ז׳, ר׳, ־נִים — beginner, novice; recruit

טֵית, נ׳, ר׳, ־תִים — Teth, ninth letter of Hebrew alphabet

טִכּוּס, ז׳, ר׳, ־סִים — arranging, arrangement

טֶכֶס, טֶקֶס, ז׳, ר׳, טְכָסִים — ceremony

טָכַס, פ״י — to arrange

טִכֵּס, פ״י — to array

טַכְסִיס, תַּכְסִיס, ז׳, ר׳, ־סִים — strategy

טַכְסִיסָן, תַּכְסִיסָן, ז׳, ר׳, ־נִים — strategist

טִכְסֵס, תִּכְסֵס, פ״י — to maneuver

טַל, ז׳, ר׳, טְלָלִים — dew

טִלֵּא, פ״י — to patch

הִטְלִיא, פ״י — to mend

טְלַאי, טְלִי, ז׳, ר׳, ־לָאִים — patch

טָלֶה, ז׳, ר׳, טְלָאִים — lamb; Ram, Aries (sign of zodiac)

טָלוּא, ת״ז, טְלוּאָה, ת״נ — patched, spotted

טִלְטוּל, ז׳, ר׳, ־לִים — moving; wandering

טִלְטֵל, פ״י — to handle, carry; to move

טַלְטַל, ז׳, ר׳, ־לִים — drive shaft; chattel

טַלִּית, טַלֵּית, נ׳, ר׳, ־תוֹת, ־לֵּיתִים, ־לִּיּוֹת — prayer shawl

טִלֵּל, פ״י, הִטְלִיל, פ״י — to cover with dew; to roof

טֶלֶף, ז׳, ר׳, טְלָפַיִם, טְלָפִים — hoof

טִלְפֵּן, פ״י — to telephone

טָמֵא, ת״ז, טְמֵאָה, ת״נ — impure, unclean

טָמֵא, פ״ע — to be unclean

נִטְמָא, פ״ע — to be defiled

הִטַּמָּא, פ״ח — to become impure

טֻמְאָה, טוּמְאָה, נ׳, ר׳, ־אוֹת — uncleanness, defilement

[טמה] נִטְמָה, פ״ע — to be stupid, idiotic

טָמוּם, ת״ז, טְמוּמָה, ת״נ — stupid, senseless; massive

טָמוּן, ת״ז, טְמוּנָה, ת״נ — hidden

טִמְטוּם, ז׳ — kneading into lump; making stupid

טֻמְטֻם, טוּמְטוּם, ז׳, ר׳, ־מִים — hermaphrodite; androgyny

טִמְטֵם, פ״י — to knead into lump; to make stupid

הִטַּמְטֵם, פ״ח — to become cohesive; to become stupid

טִמְיוֹן, ז׳ — royal treasury; waste

טְמִינָה, נ׳, ר׳, ־נוֹת — hiding; hidden thought

טְמִיעָה, נ׳, ר׳, ־עוֹת — assimilation

טָמִיר, ת״ז, טְמִירָה, ת״נ — hidden, secret

טָמַם, פ״י — to fill, stop up

טָמַן, פ״י — to hide, conceal

נִטְמַן, פ״ע — to hide oneself

הִטְמִין, פ״י — to put away

הָטְמַן, פ״ע — to become concealed

טֶמֶן, ז׳, ר׳, טְמָנִים — hidden treasure

[טמע] נִטְמַע, פ״ע — to become assimilated; to become mixed up

טֶנֶא, ז׳, ר׳, טְנָאִים — basket

טִנּוּף, ז׳, ר׳, ־פִים — filth, impurity

טְנִי, ז׳, ר׳, ־יִים — large bowl; bin

טָנַן, פ״ע — to become moist

טִנֵּן, פ״י to moisten, dampen
טִנֵּף, פ״י to make dirty, soil
טִנֹּפֶת, נ׳, ר׳, ־נוֹפוֹת filth, impurity
טָס, פ״ע, ע׳ [טוס] to fly, float (in air)
טַס, ז׳, ר׳, ־סִּים tray, metal plate; tin foil
טָעָה, פ״ע to err; to go astray
הִטְעָה, פ״י to lead astray, deceive
טָעוּן, ת״ז, טְעוּנָה, ת״נ laden; needing
טָעוּת, נ׳, ר׳, ־עֻיּוֹת error, mistake
טָעִים, ת״ז, טְעִימָה, ת״נ tasty
טְעִימָה, נ׳, ר׳, ־מוֹת tasting; snack; accentuation
טַעַם, ז׳, ר׳, טְעָמִים flavor; reason; accent
טָעַם, פ״י to taste
הִטְעִים, פ״י to cause to taste; to make tasty; to stress
טָעַן, פעו״י to load, be laden; to argue; to claim
הִטְעִין, פ״י to load
טַעֲנָה, נ׳, ר׳, ־נוֹת claim; accusation; plea; demand
טָף, פ״י, ע׳ [טוף] to drip; to sprinkle
טַף, ז׳ children, little ones
טִפָּה, נ׳, ר׳, ־פּוֹת drop; gout
טִפָּה־סְרוּחָה spermatozoon
טִפּוּחַ, ז׳, ר׳, ־חִים nursing; care; dandling
טִפּוּל, ז׳, ר׳, ־לִים nursing; paste
טָפוּל, ת״ז, טְפוּלָה, ת״נ stuck; bulky
טִפּוּס, ז׳, ר׳, ־סִים type
טִפּוּסִי, ת״ז, ־סִית, ת״נ typical
טפח, טֶפַח, ז׳, טְפָחִים handbreadth, span
טָפַח, פעו״י to clap; to become puffed up; to become moist

טִפַּח, פ״י to stretch out; to nurse; to moisten; to clap
טִפְטוּף, ז׳, ר׳, ־פִים dripping
טִפְטֵף, פ״ע to drip, drop (rain)
טַפְטֶפֶת, נ׳, ר׳, ־טָפוֹת dropper
טְפִי, ז׳, ר׳, טְפָיִים oil can
טְפִיחַ, ז׳, ר׳, טְפִיחִים pitcher
טַפִּיל, ז׳, ר׳, ־לִים parasite
טַפִּילִי, ת״ז, ־לִית, ת״נ parasitic
טָפַל, פ״י to smear; to attach; to attach oneself
נִטְפַּל, פ״ע to attend
טֻפַּל, פ״ע to be busy
טָפֵל, ת״ז, טְפֵלָה, ת״נ tasteless; of secondary importance
טֶפֶל, ז׳, טְפָלִים putty; baby
טְפֶלֶת, נ׳ putty
טֹפֶס, טוֹפֶס, ז׳, ר׳, טְפָסִים copy; blank (document)
טִפֵּס, פ״ע to climb
[טפס] הִטְפִּיס, פ״י to copy, reprint
טַפְסָר, טִפְסָר, ז׳, ר׳, ־רִים undersecretary of state; scribe
טָפַף, פ״ע to trip
טָפַשׁ, פ״ע to become fat; to be stupid
טִפֵּשׁ, ז׳, ר׳, ־פְּשִׁים stupid person
טִפְּשׁוּת, נ׳, ר׳, ־שֻׁיּוֹת stupidity
טֶקֶס, טֶכֶס, ז׳, ר׳, טְקָסִים ceremony
טָרַד, פעו״י to drive away; to drip
הִטְרִיד, פ״י to trouble, bother
טִרְדָּה, נ׳, ר׳, טְרָדוֹת preoccupation; anxiety, care
טָרָה, פ״ע to argue; to infect
טֵרוּד, ז׳, ר׳, ־דִים banishment; bothering
טָרוּד, ת״ז, טְרוּדָה, ת״נ occupied, busy; anxious

8*

טָרוּט, ת"ז, טְרוּטָה, ת"נ — bleary-eyed
טֵרוּף, ז' — confusion, distraction
טֹרַח, ז', טִרְחָה, נ', ר', טְרָחִים, טְרָחוֹת — trouble; labor; endeavor
טָרַח, פ"ע — to take pains, take the trouble, make an effort
הִטְרִיחַ, פ"י — to burden; to weary
טַרְחָן, ז', ר', ־נִים — bothersome person
טָרִי, ת"ז, טְרִיָּה, ת"נ — fresh, new
מַכָּה טְרִיָּה — festering sore
טְרִיּוּת, נ' — freshness
טֶרֶם, תה"פ — not yet, before
בְּטֶרֶם — before
טָרַם, פ"י — to anticipate
טֶרֶף, ז', ר', טְרָפִים — prey; food; leaf
טָרָף, ז', ר', טְרָפִים; ת"ז — leaf; plucked
טָרַף, פ"י — to tear apart; to seize; to confuse; to beat
הִטְרִיף, פ"י — to feed; to declare unfit for food
טְרֵפָה, נ', ר', ־פוֹת — animal with organic defect; forbidden food
טַרְפַּשׁ, ז', ר', ־שִׁים — midriff, diaphragm
טָרַק, פ"י — to shake drinks
טְרַקָה, נ', ר', ־קוֹת — cocktail
טְרַקְלִין, ז', ר', נִים — dining room; drawing room
טֶרֶשׁ, ז', ר', טְרָשִׁים — rugged, stony ground
טָשׁ, פ"ע, ע' [טוש] — to fly, dart
טִשְׁטוּשׁ, ז', ר', ־שִׁים — blurring; indistinctness; obliteration
טִשְׁטֵשׁ, פ"י — to smear; to blur

י

י — Yodh, Yod, tenth letter of Hebrew alphabet; ten
יָאַב, פ"ע — to long for, desire
יָאָה, פ"ע — to suit, befit; to become proper, fitting
יָאֶה, ת"ז, יָאָה, ת"נ — fitting, right, nice
יְאוֹר, יְאֹר, ז', ר', ־רִים — canal, river; Nile
יֵאוּשׁ, ז' — despair, despondency
יָאוֹת, תה"פ — properly, rightly
[יאל] נוֹאַל, פ"ע — to be foolish; to be faulty
הוֹאִיל, פ"ע — to agree, be willing, consent; to undertake
הוֹאִיל וְ־ — since, because
[יאש] נוֹאַשׁ, פ"ע, הִתְיָאֵשׁ, פ"ח — to despair
יִבֵּא, פ"י — to import
יִבֵּב — to sob, wail
יְבָבָה, נ', ר', ־בוֹת — sobbing
יְבוּא, ז' — import
יְבוּל, ז', ר', ־לִים — growth; produce
יִבּוּם, ז', ר', ־מִים — levirate marriage
יְבוּסִי, ת"ז, ־סִית, ת"נ — Jebusite
יָבִיל, ת"ז, יְבִילָה, ת"נ — portable
יָבָל, ז', ר', יְבָלִים — stream
[יבל] הוֹבִיל, פ"י — to bring; to lead
יַבְּלִית, נ', ר', ־לִיּוֹת — finger grass
יַבֶּלֶת, נ', ר', יַבָּלוֹת — wart
יָבָם, ז', ר', יְבָמִים — brother-in-law
יְבָמָה, נ', ר', ־מוֹת — sister-in-law
יַבְרוּחַ, ז', ר', ־חִים — mandrake
יָבֵשׁ, ת"ז, יְבֵשָׁה, ת"נ — dry
יָבֵשׁ, פ"ע — to be dry, dried up

יֹבֶשׁ, ז׳ dryness, drought
יַבָּשָׁה, יַבֶּשֶׁת, נ׳, ר׳, יַבָּשׁוֹת dry land, continent
יָגֵב, ז׳, ר׳, יְגֵבִים arable field
[יגה] נוּגָה, פ״ע to be grieved, afflicted
יָגוֹן, ז׳, ר׳, יְגוֹנִים, ־נוֹת grief, sorrow
יָגוֹר, ת״ז, יְגוֹרָה, ת״נ fearful
יְגִיעַ, ז׳, ר׳, ־עִים labor, toil; product
יָגִיעַ, ת״ז, יְגִיעָה, ת״נ weary
יְגִיעָה, נ׳, ר׳, ־עוֹת toil, weariness; trouble
יָגֵעַ, ת״ז, יְגֵעָה, ת״נ tired, weary, exhausted
יָגַע, פ״ע to toil; to be weary
יֻגַּע, פ״ע to be troubled
הוֹגִיעַ, פ״י to exhaust, tire; to weary
יֶגַע, ז׳ exertion; earning
יָגֹר, פ״ע to fear
יָד, נ׳, ר׳, יָדַיִם, יָדוֹת hand; share; monument; place; handle; forefoot; power
[ידד] הִתְיַדֵּד, פ״ח to befriend, become friendly
יָדָה, נ׳, ר׳, ־דוֹת cuff (sleeve)
[ידה] הוֹדָה to give thanks; to praise; to admit
הִתְוַדָּה, פ״ע to confess
יָדוֹד, ז׳, ר׳, ־דִים spark; cauldron
יָדוּעַ, ת״ז, יְדוּעָה, ת״נ known; certain, definite
יָדִיד, ז׳, ר׳, ־דִים, יְדִידָה, נ׳, ר׳, ־דוֹת friend
יָדִיד, ת״ז, יְדִידָה, ת״נ lovely
יְדִידוּת, יְדִידוֹת, נ׳ friendship
יְדִיעָה, נ׳, ר׳, ־עוֹת knowledge; news, information
יָדִית, ז׳, ר׳, ־דִיוֹת handle

יָדַע, פ״י to know, be acquainted with; to be skillful
יִדַּע, פ״י to appoint, assign
הוֹדִיעַ, פ״י to inform, make known; to chastise
יִדְּעוֹנִי, ז׳, ר׳, ־נִים wizard
יִדְּעוֹנִית, נ׳, ר׳, ־נִיוֹת sorceress
יַדְּעָן, ז׳, ר׳, ־נִים man of knowledge, knower
יָהּ God's name
יְהָב, ז׳ burden, load
יָהַב, פ״י to give; to provide
יִהֵד, פ״י to convert to Judaism
הִתְיַהֵד, פ״ח to become a Jew
יַהֲדוּת, נ׳ Judaism
יְהוּדִי, ז׳, יְהוּדִיָּה, נ׳, ר׳, ־דִים, ־דִיּוֹת a Jew
יְהוּדִי, ת״ז, ־דִית, ת״נ Jewish
יְהֹוָה God, the Lord, Jehovah
יָהִיר, ז׳, ר׳, יְהִירִים insolent (proud) one
יְהִירוּת, נ׳ haughtiness, arrogance; pride
יַהֲלוֹם, ז׳, ר׳, ־מִים diamond
[יהר] הִתְיַהֵר, פ״ח to be haughty, arrogant
יוֹבֵל, ז׳, ר׳, ־בְלִים, ־בְלוֹת ram; ram's horn; jubilee
יוּבַל, ז׳, ר׳, ־בָלִים stream, canal
יוֹגֵב, ז׳, ר׳, ־גְבִים farmer
יוֹד, יוּד, נ׳, ר׳, יוּדִין Yod, Yodh, name of tenth letter of Hebrew alphabet
יוֹדְעָן, ז׳, ר׳, ־נִים almanac
יוֹזֵם, ז׳, ר׳, יוֹזְמִים initiator
יוֹחַס, יַחַס, ז׳, ר׳, ־חֲסִים, ־ן genealogy, pedigree
יוֹלֵדָה, יוֹלֶדֶת, נ׳, ר׳, ־לְדוֹת woman in labor; mother

יוֹם, ז׳, ר׳, יָמִים — day
הַיּוֹם — today, this day
יוֹם הֻלֶּדֶת — birthday
יוֹם טוֹב — festival, holiday
יָמִים נוֹרָאִים — Solemn Days; New Year and Day of Atonement
יְמֵי קֶדֶם — ancient times
יְמֵי הַבֵּינַיִם — Middle Ages
יוֹם יוֹם — day by day, daily
יוֹמִי, ת״ז, ־מִית, ת״נ — daily
יוֹמָם, תה״פ — by day, daily
יוֹמָם וָלַיְלָה — by day and night
יוֹמָן, ז׳, ר׳, ־נִים — diary
יָוֵן, ז׳, ר׳, יְוֵנִים — mud, mire
יָוָן, נ׳ — Greece
יוֹן, ז׳, יוֹנָה, נ׳, ר׳, ־נִים — dove, pigeon
יְוָנִי, ת״ז, ־נִית, ת״נ — Greek
יִוֵּן, פ״י — to Hellenize
הִתְיַוֵּן, פ״ח — to become Hellenized
יוֹנֵק, ז׳, ר׳, ־קִים — suckling, baby; sapling, sprout
יוֹנֶקֶת, נ׳, ר׳, ־נְקוֹת — young shoot, twig
יוֹעֶזֶר, ז׳ — maidenhair fern
יוֹעֵץ, ז׳, ר׳, יוֹעֲצִים — counselor, adviser
יוֹפִי, יֹפִי, ז׳ — beauty
יוֹצְאָנִית, נ׳, ר׳, ־נִיּוֹת — a gadabout, a gadding woman
יוֹצֵר, ז׳, ר׳, ־רִים, ־רוֹת — God, creator; potter; hymn
יוֹקֵשׁ, ז׳, ר׳, ־קְשִׁים — fowler, hunter
יוֹרֶה, ז׳ — early rain, first rain
יוֹרָה, נ׳, ר׳, ־רוֹת — kettle, boiler
יוֹרֵשׁ, ז׳, ר׳, ־רְשִׁים — heir, successor
יוֹרֵשׁ עֶצֶר — heir to a throne
יוֹשֵׁב, ז׳, ר׳, ־שְׁבִים — inhabitant
יוֹשֵׁב רֹאשׁ — chairman
יוֹתֵר, תה״פ — more, too much
בְּיוֹתֵר — especially, very much
יוֹתֵר מִדַּי — too much
יוֹתֶרֶת, יֹתֶרֶת, נ׳ — appendage, lobe
יָזַם, פ״י — to initiate, undertake
יָזְמָה, נ׳, ר׳, ־מוֹת — undertaking, enterprise
יָזַן, פ״ע — to be ruttish
יֶזַע, ז׳ — sweat, perspiration
[יזע] הֵזִיעַ, פ״ע, ע׳ [זוע] — to perspire; to tremble, quake
יַחַד, יַחְדָּו, יַחְדָּיו, תה״פ — together, in unison
יָחַד, פ״ע — to be together; to unite
הִתְיַחֵד, פ״ח — to be alone (with)
יִחוּד, ז׳, ר׳, ־דִים — privacy; setting apart; union with God
בְּיִחוּד — especially, particularly
יִחוּל, ז׳, ר׳, ־לִים — wish, expectation
יִחוּם, ז׳, ר׳, ־מִים — fervor, desire, rut, sexual excitement
יִחוּס, ז׳, ר׳, ־סִים — genealogy; pedigree
יְחוּף, ז׳ — barefootedness
יִחוּר, ז׳, ר׳, ־רִים — young shoot
יָחִיד, ת״ז, יְחִידָה, ת״נ — solitary; unique, only; alone; singular (*number*)
יְחִידָה, נ׳, ר׳, ־דוֹת — unit, oneness; loneliness
יְחִידִי, ת״ז, ־דִית, ת״נ — single, alone
יָחַל, פ״ע — to wait; to hope
הוֹחִיל, פ״ע — to wait, tarry; hope for
יָחַם, פ״ע — to become pregnant, conceive
יַחְמוּר, ז׳, ר׳, ־רִים — roebuck, antelope

יַחַס, יַחַשׂ, ז׳, ר׳, יְחָסִים — pedigree; genealogy; relation; ratio
יֹחַס, יוֹחַס, ז׳, ר׳, ־חֲסִים, ־ן — genealogy, pedigree
יִחֵס, פ״י — to attribute, to relate
יֻחַס, פ״י — to be related
הִתְיַחֵס, פ״ח — to behave towards
יַחֲסִי, ת״ז, ־סִית, ת״נ — relative; of noble birth
יַחְסָן, ז׳, ר׳, ־נִים — high-born person, person of noble birth
יָחֵף, ת״ז, יְחֵפָה, ת״נ — barefoot
יָחֵף, פ״י — to be barefooted
[יחש] הִתְיַחֵשׂ, פ״ח — to be enrolled in genealogical records
יָטַב, פ״ע — to be good, well, better
הֵיטִיב, פ״י — to do well, good
יי — God
יַיִן, ז׳, ר׳, יֵינוֹת — wine
יַיִן שָׂרוּף, יַיִן שָׂרָף (יי״ש) — brandy
יָכוֹל, ת״ז, יְכוֹלָה, ת״נ — capable, able to, can
כִּבְיָכוֹל — as it were; so to speak
[יכח] נוֹכַח, פ״ע — to dispute, argue
הוֹכִיחַ, פ״י — to admonish; to decide; to prove
הִתְוַכַּח, פ״ח — to discuss, to argue
יָכֹל, פ״ע — to be able; to prevail, overcome
יְכֹלֶת, נ׳ — power; ability
יֶלֶד, ז׳, יַלְדָּה, נ׳, ר׳, יְלָדִים, יְלָדוֹת — boy, girl; child
יָלַד, פ״י — to give birth; to beget
נוֹלַד, פ״ע — to be born
יִלֵּד, פ״י — to assist in birth
הִתְיַלֵּד, פ״ח — to declare one's pedigree
יַלְדוּת, נ׳ — childhood; childishness

יָלוּד, ז׳, ר׳, יְלוּדִים — baby, child; one born
יָלִיד, ז׳, ר׳, יְלִידִים — a native of ..., one born in ...
יָלַל, פ״ע — to howl, weep, lament
הֵילִיל, פ״ע — to lament
יְלֵל, ז׳, יְלָלָה, נ׳, ר׳, יְלָלוֹת — wailing, howling
יַלֶּפֶת, נ׳, ר׳, יַלָּפוֹת — scab; dandruff
יֶלֶק, ז׳, ר׳, יְלָקִים — a species of locust
יַלְקוּט, ז׳, ר׳, ־טִים — satchel, bag; collection
יָם, ז׳, ר׳, יַמִּים — sea; lake; reservoir; West
הַיָּם הַתִּיכוֹן, הַיָּם הַגָּדוֹל — Mediterranean Sea
הַיָּם הַשָּׁקֵט — Pacific Ocean
יַם סוּף — Red Sea
יַם הַמֶּלַח — Dead Sea
יַמַּאי, ז׳, ר׳, ־אִים — sailor, mariner
יַמִּי, ת״ז, ־מִּית, ת״נ — pertaining to the sea, naval
יַמִּיָּה, נ׳, ר׳, ־יּוֹת — navy, fleet
יָמִין, ז׳ — right side, right hand; south
יְמִינִי, ת״ז, ־נִית, ת״נ — right
[ימן] הֵימִין, פ״ע — to turn to the right; to use right hand
יְמָנִי, ת״נ, ־נִית, ת״נ — right
[ימר] הִתְיַמֵּר, פ״ח — to boast; to enjoy
יָמְרָה, נ׳ — pretension
יָנָה, פ״י — to oppress; to destroy
הוֹנָה, פ״י — to oppress, vex; deceive
יִנּוֹן, ז׳ — name of the Messiah
[ינח] הִנִּיחַ, פ״י — to put; to leave alone
יָנִיק, ז׳, יְנִיקָה, נ׳, ר׳, ־קִים, ־קוֹת — suckling, child; branch, twig
יָנַק, פ״י — to suck
הֵינִיק, פ״י — to nurse, suckle

יַנְקוּת, נ׳ babyhood, childhood
יַנְשׁוּף, ז׳, ר׳, ־פִים owl; buzzard
יָסַד, פ״י to found; to establish
נוֹסַד, פ״ע to be established; to come together
יְסוֹד, ז׳, ר׳, ־דִים, ־דוֹת; יְסוּדָה, נ׳ base, foundation; compilation; principle
יְסוֹדִי, ת״ז, ־דִית, ת״נ basic, principal
יִסּוּר, ז׳, ר׳, ־רִים suffering, torture
יָסַף, פ״י to add, increase; to continue
יָסַר, פ״י to bind; to admonish; to discipline, correct
יָעַד, פ״י to designate, appoint
נוֹעַד, פ״ע to meet; to come together
הוֹעִיד, פ״י to fix a time (for appointment); to designate
יַעַד, ז׳, ר׳, יְעָדִים rendezvous
יָעֶה, ז׳, ר׳, ־עִים dust pan; scoop
יָעָה, פ״י to sweep away; to uproot
יִעוּד, ז׳, ר׳, ־דִים designation, betrothal; promise; appointment
יִעוּץ, ז׳ counseling
יִעוּר, ז׳ afforestation
[יעז] נוֹעַז, פ״י to dare; to be impudent
יָעַט, פ״י to clothe; to cloak
יָעִיל, ת״ז, יְעִילָה, ת״נ efficient
יְעִילוּת, נ׳ efficiency
[יעל] הוֹעִיל, פ״י to benefit, be useful
יָעֵל, ז׳, יַעֲלָה, נ׳, ר׳, יְעֵלִים, יְעֵלוֹת antelope
יָעֵן, ז׳, יַעֲנָה נ׳, ר׳, יְעֵנִים, ־נוֹת ostrich
יַעַן, יַעַן אֲשֶׁר, יַעַן כִּי, תה״פ on account of, because
יָעֵף, ת״ז, יְעֵפָה, ת״נ tired, fatigued

יָעַף, פ״ע to be tired; to fly
יְעָף, ז׳ flight
יָעַץ, פ״י to advise; to deliberate; to decide
הִתְיָעֵץ, פ״ח to consult
יַעַר, ז׳, ר׳, יְעָרִים, ־רוֹת forest; wilderness
יִעֵר, פ״י to forest
יַעֲרָן, ז׳, ר׳, ־נִים forester
יַעֲרָנוּת, נ׳ forestry
יַעְרָה, נ׳, ר׳, יַעֲרוֹת pure honey; honeycomb
יָפֶה, ת״ז, יָפָה, ת״נ fair, pretty, beautiful; worth
יָפָה, פ״ע to be beautiful
יְפֵהפֶה, ת״ז, יְפֵהפִיָּה, ת״נ very beautiful
יִפּוּי, ז׳, ר׳, ־יִים special privilege; beautification
יִפּוּי כֹּחַ power of attorney
[יפח] הִתְיַפַּח, ־פֵּחַ, פ״ח to cry out bitterly; to bewail
יָפֵחַ, ז׳, ר׳, יְפֵחִים prediction
יֹפִי, יוֹפִי, ז׳, יָפְיוּת, נ׳ beauty
יָפְיָפָה, פ״ע to be very beautiful
[יפע] הוֹפִיעַ, פ״ע to appear; to shine
יִפְעָה, נ׳, ר׳, ־עוֹת splendor, beauty
יָצָא, פ״ע to go out, come forth
יָצָא דֹּפֶן to be nonconformist
יָצָא יְדֵי חוֹבָתוֹ to fulfill one's duty, obligation
יָצָא לָאוֹר to appear; to be published
יָצָא לְפֹעַל to carry out, execute
יָצָא מִדַּעְתּוֹ to go mad
יָצָא מִכֵּלָיו to let oneself go mad
יָצָא מִן הַכְּלָל to be different; to be an exception

יָצְאָה נַפְשׁוֹ, ־נִשְׁמָתוֹ, ־רוּחוֹ to die

הוֹצִיא, פ"י to bring out, carry out; to exclude; to spend

[יצב] נִצַּב, פ"ע to set; to stand up

הִתְיַצֵּב, פ"ח to be firm, to station oneself, muster up

יִצֵּג, פ"י to represent

הִצִּיג, פ"י to introduce; to present

יִצְהָר, ז' pure oil, fresh oil

יְצוּא, ז' export

יְצוּאָן, ז', ר', ־נִים exporter

יִצּוּב, ז' fixing, stabilizing

יִצּוּג, ז' representation

יָצוּל, ז', ר', יְצוּלִים crosspiece (plow)

יָצוּעַ, ז', ר', יְצוּעִים couch; mattress; bedspread

יָצוּק, ת"ז, יְצוּקָה, ת"נ firm, cast, well-joined

יְצוּר, ז', ר', ־רִים creature

יִצּוּר, ז', ר', ־רִים production, manufacture

יְצִיאָה, נ', ר', ־אוֹת departure, exit; expense, expenditure

יַצִּיב, ת"ז, ־בָה, ת"נ firm; true, irrefutable

יָצִיעַ, ז', ר', יְצִיעִים gallery, balcony

יְצִיקָה, נ', ר', ־קוֹת pouring; casting

יְצִיר, ז', ר', ־רִים creation; creature

יְצִירָה, נ', ר', ־רוֹת creation; pottery

[יצע] הִצִּיעַ, פ"י to spread, unfold; to propose

יָצַק, פ"י to pour, pour out; to cast

יֶצֶקֶת, נ', ר', ־צָקוֹת cast iron

יָצַר, פ"י to form; to create

יֵצֶר, ז', ר', יְצָרִים creation; impulse, inclination

יַצְרָן, ז', ר', ־נִים producer

יָצַת, פ"ע to burn; to kindle

הִצִּית, פ"י to set fire to

יֶקֶב, ז', ר', יְקָבִים wine cellar

יָקַד, פ"ע to burn

יְקָהָה, נ', ר', יְקָהוֹת obedience

יְקוֹד, ז', ר', ־דִים burning

יְקוּד, ז', ר', ־דִים hearth

יְקוּם, ז' existence; essence

יָקוֹשׁ, ז', ר', ־שִׁים fowler; trap, pitfall

יַקִינְתּוֹן, יַקִנְתּוֹן, ז', ר', ־נִים hyacinth

יְקִיצָה, נ', ר', ־צוֹת wakefulness

יַקִּיר, ת"ז, יַקִּירָה, ת"נ dear, beloved

יָקַע, פ"ע to be dislocated

הוֹקִיעַ, פ"י to hang; to stigmatize

יָקַץ, פ"ע to wake up, be awake

יָקַר, פ"ע to be dear, rare, scarce

יִקֵּר, פ"י to honor; to raise the price of

הוֹקִיר, פ"י to honor; treat with respect; to make rare

יָקָר, ת"ז, יְקָרָה, ת"נ rare; dear, expensive

יְקָר, ז', יְקָרָה, נ' honor; precious thing

יֹקֶר, ז' dearness, costliness

בְּיֹקֶר, תה"פ expensively, costly, dearly

יַקְרוּת, נ' costliness; dignity

יַקְרָן, ז', ר', ־נִים one who demands high prices

יָקֹשׁ, פ"י to lay a trap; to undermine

יָרֵא, ת"ז, יְרֵאָה, ת"נ fearing; pious

יָרֵא, פ"ע to fear; to revere

יִרְאָה, נ' fear, awe

יִרְאַת שָׁמַיִם reverence, piety

יַרְבּוּז, ז', ר', ־זִים strawberry tree; amaranth

to go down, descend — יָרַד, פ״ע
to bring down, lower — הוֹרִיד, פ״י
to cast; to shoot — יָרָה, פ״י
to teach; to instruct; to point; — הוֹרָה, פ״י
—
devaluation — יֵרוּד, ז׳
common; immoral; degenerate — יָרוּד, ת״ז, יְרוּדָה, ת״נ
greenery; herb — יָרוֹק, יָרֹק, ז׳
green — יָרוֹק, יָרֹק, ת״ג, יְרֻקָּה, ת״נ
duckweed, moss; jaundice — יְרוֹקָה, נ׳, ר׳, ־קוֹת
inheritance; possession — יְרוּשָׁה, יְרֻשָּׁה, נ׳
moon — יָרֵחַ, ז׳, ר׳, יְרֵחִים
month — יֶרַח, ז׳, ר׳, יְרָחִים
monthly publication; monthly review — יַרְחוֹן, ז׳, ר׳, ־נִים
to be contrary — יָרַט, פ״ע
volley (shooting) — יְרִי, ז׳, ר׳, ־רָיִים
opponent; adversary — יָרִיב, ז׳, ר׳, יְרִיבִים
market, fair — יָרִיד, ז׳, ר׳, יְרִידִים
descent; decline; devaluation — יְרִידָה, נ׳, ר׳, ־דוֹת
shooting; shot — יְרִיָּה, נ׳, ר׳, ־יּוֹת
machine gun — מְכוֹנַת יְרִיָּה
curtain; tentcloth; sheet, parchment — יְרִיעָה, נ׳, ר׳, ־עוֹת
spitting, expectoration — יְרִיקָה, נ׳
thigh, hip — יָרֵךְ, יֶרֶךְ, נ׳, ר׳, יְרֵכַיִם
hind part — יַרְכָה, נ׳, יַרְכָתַיִם, נ״ר
greenness; vegetables — יֶרֶק, ז׳, ר׳, יְרָקוֹת
greenness; vegetables — יָרָק, ז׳, ר׳, יְרָקוֹת
green — יָרֹק, יָרוֹק, ת״ז, יְרֻקָּה, ת״נ
to spit; to be green — יָרַק, פ״י, פ״ע

jaundice, mildew — יֵרָקוֹן, ז׳
greenish — יְרַקְרַק, ת״ז, ־קָה, ת״נ
to inherit; to succeed; to possess — יָרַשׁ, פ״י
to be dispossessed, to be impoverished — נוֹרַשׁ, פ״ע
to cause to inherit; to dispossess — הוֹרִישׁ, פ״י
inheritance; possession — יְרֻשָּׁה, יְרוּשָׁה, יְרֵשָׁה, נ׳
there is, there are — יֵשׁ, תה״פ
substance; existence capital; property — יֵשׁ, ז׳, ר׳, יֵשִׁים
to sit; to dwell, inhabit — יָשַׁב, פ״ע
to be inhabited — נוֹשַׁב, פ״ע
to settle; to seat — הוֹשִׁיב, פ״י
to settle; to establish oneself — הִתְיַשֵּׁב, פ״ח
posterior, behind — יַשְׁבָן, ז׳, ר׳, ־נִים
settlement; civilization — יִשּׁוּב, ז׳, ר׳, ־בִים
calmness; reflection — יִשּׁוּב הַדַּעַת
civilization — יִשּׁוּב הָעוֹלָם
seated — יָשׁוּב, ת״ז, יְשׁוּבָה, ת״נ
falling asleep; leaving unused — יִשּׁוּן, ז׳
יְשׁוּעָה, נ׳, יְשׁוּעָתָה, נ׳, ר׳, ־עוֹת
redemption; victory; welfare
straightening, leveling — יִשּׁוּר, ז׳, ר׳, ־רִים
being, existence — יֵשׁוּת, נ׳, ר׳, יֵשֻׁיּוֹת
hunger, emptiness; debility — יֶשַׁח, ז׳
to stretch out; hold out — [ישט] הוֹשִׁיט, פ״י
sitting; academy — יְשִׁיבָה, נ׳, ר׳, ־בוֹת
wasteland, desert — יְשִׁימוֹן, ז׳, ר׳, ־נִים
elder, old man — יָשִׁישׁ, ז׳, ר׳, יְשִׁישִׁים
to be desolate — יָשַׁם, פ״ע, ע׳ [שמם]
old, ancient — יָשָׁן, ת״ז, יְשָׁנָה, ת״נ

[ישן] נוֹשַׁן, פ"ע — to be old, inveterate
יֹשֶׁן, ז' — oldness
יָשֵׁן, פ"ע — to sleep
יֵשַׁע, יֶשַׁע, ז' — salvation; victory
[ישע] נוֹשַׁע, פ"ע — to be saved; to be helped; to be victorious
הוֹשִׁיעַ, פ"י — to save, deliver
יָשְׁפֵה, ז', ר', ־פִים — precious stone, jasper
יָשָׁר, ת"ז, יְשָׁרָה, ת"נ — straight; even; right
יֹשֶׁר, ז' — straightness; equity; honesty
יָשַׁר, פ"ע — to be straight; to be honest; to be pleasing
יִשְׂרָאֵל, ז' — Israel
יִשְׂרְאֵלִי, ת"ז, ־לִית, ת"נ — Israeli
יִשְׁרָה, נ' — integrity, uprightness
יְשֻׁרוּן, ז' — Jeshurun, poetic name of Israel
יַשְׁרָנוּת, נ', ר', ־נֻיּוֹת — righteousness, equity
יַשְׁרָן, ז', ר', ־נִים — honest person
יָשַׁשׁ, פ"ע — to become old, to age
יִשֵּׁשׁ, פ"י — to preserve; to make old
יָתֵד, נ', ר', יְתֵדוֹת — peg; hook, handle; iambus
כְּתַב הַיְתֵדוֹת — cuneiform writing
יִתֵּד, פ"י — to drive in a peg
יָתוֹם, ז', ר', יְתוֹמִים — orphan; unprotected child
יְתוֹם, יֹתֶם, ז' — orphanhood
יִתּוּר, ז', ר', ־רִים — residue; superfluity
יַתּוּשׁ, ז', ר', ־שִׁים — gnat; mosquito
יִתָּכֵן, תה"פ — probably, perhaps
יָתַם, פ"ע — to be an orphan
יַתְמוּת, נ' — orphanhood
יֶתֶר, ז', ר', יְתָרִים — rest, remainder; excess; cord
יֶתֶר, תה"פ — abundantly, exceedingly
יָתֵר, ת"ז, יְתֵרָה, יְתֶרֶת, ת"נ — additional, more
[יתר] נוֹתַר, פ"ע — to remain, be left over
יִתֵּר, פ"י — to add
הוֹתִיר, פ"י — to leave over, leave
יִתְרָה, נ', ר', יְתָרוֹת — balance; property
יִתְרוֹן, ז', ר', ־נוֹת — profit, gain; advantage; superfluity; surplus
עֵרֶךְ הַיִּתְרוֹן — comparative
יֹתֶרֶת, יוֹתֶרֶת, נ' — appendage, lobe
יְתֶרֶת, יַתֶּרֶת, נ' — superfluous limb

ע כּ, כ, ך

כּ, כ, ךְ — Caph, khaph, eleventh letter of Hebrew alphabet; twenty
כְּ־, כִּ־, כָּ־, כַּ־, כֶּ־, כֵּ־ — as, like; about
כְּאֵב, ז', ר', ־בִים — pain, ache
כָּאַב, פ"ע — to ache, have pain
הִכְאִיב, פ"י — to hurt
[כאה] נִכְאָה, פ"ע — to be afflicted; to be cowed
הִכְאָה, פ"י — to afflict; to cow
(כְּאוֹרָה) לִכְאוֹרָה, תה"פ — at first sight; apparently
כַּאן, כָּאן, תה"פ — here, now
לְאַחַר מִכַּאן — thereafter
מִכַּאן וְאֵילָךְ — from now on
כַּבָּאוּת, נ' — firefighting
כַּבַּאי, ז', ר', כַּבָּאִים — firefighter
כָּבֵד, ת"ז, כְּבֵדָה, ת"נ — heavy; hard

כְּבַד לָשׁוֹן, כְּבַד פֶּה — stutterer
כָּבֵד, פ"ע — to be heavy; weighty; important
כָּבְדָה אָזְנוֹ, ־ עֵינוֹ — to be hard of hearing, seeing
נִכְבַּד, פ"ע — to be honored; to be wealthy
כִּבֵּד, פ"י — to honor; to glorify; to sweep
הִכְבִּיד, פ"י — to make heavy; to honor
הִתְכַּבֵּד, פ"ח — to be honored; to amass wealth; to be received
כָּבֵד, ז', ר', כְּבֵדִים — liver
כֹּבֶד, ז' — heaviness; abundance
כֹּבֶד רֹאשׁ — seriousness, solemnity
מֶרְכַּז הַכֹּבֶד — center of gravity
כְּבֵדוּת, נ' — difficulty, heaviness
כָּבָה, פ"ע — to be extinguished
כָּבוֹד, ז' — honor; riches; importance
כְּבוּדָה, כְּבֻדָּה, נ' — baggage, wealth
כִּבּוּי, ז' — extinguishing
כָּבוּל, ז' — peat; sandy soil; hairnet
כָּבוּן, ת"ז, כְּבוּנָה, ת"נ — wrapped up
כִּבּוּס, ז' — wash; washing (of clothes)
כָּבוּשׁ, ת"ז, כְּבוּשָׁה, ת"נ — pickled; preserved; paved
כְּבוּשִׁים, ז"ר — preserves
כִּבּוּשׁ, ז', ר', ־שִׁים — conquest
כְּבִיסָה, נ', ר', ־סוֹת — washing, wash, laundry
כַּבִּיר, ת"ז, ־רָה, ת"נ — mighty, much, great
כָּבִיר, כְּבִיר, ז', ר', ־רִים — quilt
כְּבִישׁ, ז', ר', ־שִׁים — paved highway, macadamized road
כְּבִישָׁה, נ', ר', ־שׁוֹת — side path; preserved foods
כֶּבֶל, ז', ר', כְּבָלִים — fetter; shackle; chain; cable
כָּבַל, פ"י — to chain, fetter
כִּבֵּן, פ"י — to fasten, clasp
כִּבֵּס, פ"י — to wash clothes
כַּבָּס, ז', ר', ־סִים — laundryman
כֶּבֶס, ז' — detergent
כָּבַר, פ"י — to sift
הִכְבִּיר, פ"י — to increase, heap up
לְמַכְבִּיר, תה"פ — in abundance, abundantly
כְּבָר, תה"פ — already, long ago
כְּבָרָה, נ', ר', ־רוֹת — sieve
כִּבְרָה, נ' — an indefinite measure
כָּבַשׁ, פ"י — to subdue; to force; to imprison; to preserve; to press
כֶּבֶשׂ, ז', ר', כְּבָשִׂים — lamb, sheep
כֶּבֶשׁ, ז', ר', כְּבָשִׁים — ascent; gangway; preserves
כִּבְשָׂה, נ', ר', כְּבָשׂוֹת — ewe, lamb
כִּבְשׁוֹן, ז', ר', ־נִים — secret
כִּבְשָׁן, ז', ר', ־נִים, ־נוֹת — furnace, kiln
כְּגוֹן, תה"פ — for example
כַּד, זו"נ, ר', כַּדִּים — jug, pitcher
כַּד, ת"ז, כַּדָּה, ת"נ — obtuse, blunt
כְּדַאי, כְּדַי, תה"פ — worthy, deserving
כַּדָּד, ז' ר', ־דִים — potter
כַּדּוּם, ז', ר', ־מִים — crane; grappling iron
כַּדּוּר, ז', ר', ־רִים — ball, globe
כַּדּוּר סַל, כַּדּוּרְסַל — basketball
כַּדּוּר עָף — volleyball
כַּדּוּר רֶגֶל, כַּדּוּרֶגֶל — soccer; football
כַּדּוּרִי, ת"ז, ־רִית, ת"נ — globular, spherical; cylindrical
כַּדְכֹּד, ז', ר', ־כֳּדִים — ruby; carbuncle
כִּדֵּן, פ"י — to fix bayonets

to make round; to arch כִּדֵּר, פ״י
bowling כַּדֹּרֶת, נ׳
thus; here; so כֹּה, תה״פ
appropriately, reasonably כְּהֹגֶן, תה״פ
to be dim; to be weak, shaded כָּהָה, פ״ע
dim, dull, faint כֵּהֶה, ת״ז, כֵּהָה, ת״נ
alleviation; recovery, healing כֵּהָה, נ׳, ר׳, כֵּהוֹת
priesthood; attire of priests כְּהוּנָה, כְּהֻנָּה, נ׳, ר׳, ־נּוֹת
dimness כֵּהוּת, נ׳
alcohol כֹּהַל, כֹּהֶל, ז׳
alcoholism כַּהֶלֶת, נ׳
כֹּהֵן, ז׳, כֹּהֶנֶת, נ׳, ר׳, כֹּהֲנִים, כֹּהֲנוֹת priest, priestess
high priest כֹּהֵן גָּדוֹל
common priest כֹּהֵן הֶדְיוֹט
to ordain; to officiate as priest; to become a priest כִּהֵן, פ״ע
priesthood; attire of priests כְּהֻנָּה, כְּהוּנָּה, נ׳, ר׳, ־נּוֹת
dormer (garret) window כַּו, ז׳, ר׳, ־וִּים
ache, pain כּוֹאֵב, ז׳, ר׳, כּוֹאֲבִים
laundryman, launderer כּוֹבֵס, ז׳, ר׳, כּוֹבְסִים
hat, helmet כּוֹבַע, ז׳, ר׳, כּוֹבָעִים
heap of sheaves כּוֹבָעָה, נ׳, ר׳, ־עוֹת
hatter כּוֹבָעִי, כּוֹבְעָן, ז׳, ר׳, כּוֹבָעִים, כּוֹבְעָנִים
to scald, burn כָּוָה, פ״י
direction, intention כִּוּוּן, ז׳, ר׳, ־נִים
shrinking; cramp כִּוּוּץ, ז׳, ר׳, ־צִים
deceptive, false כּוֹזֵב, ת״ז, כּוֹזֶבֶת, ת״נ
to spit; to cough [כוח] כָּח, פ״ע
eye make-up, collyrium כּוֹחָל, ז׳

deer, ibex כּוֹי, ז׳, ר׳, כּוֹיִים
scalding, burn mark כְּוִיָּה, נ׳, ר׳, ־יּוֹת
cramp כְּוִיצָה, נ׳, ר׳, ־צוֹת
cave, cavity, vault כּוּךְ, ז׳, ר׳, ־כִים
star; symbol, sign כּוֹכָב, ז׳, ר׳, ־בִים
planet כּוֹכַב לֶכֶת
asterisk כּוֹכָבוֹן, ז׳, ר׳, ־כְבוֹנִים
to comprehend; to measure [כול] כָּל, פ״י
to contain, hold; to include הֵכִיל, פ״י
community כּוֹלֵל, ז׳, ר׳, כּוֹלְלִים
general, universal כּוֹלֵל, ת״ז, כּוֹלֶלֶת, ת״נ
chastity belt; ornament כּוּמָז, ז׳, ר׳, ־זִים
to be resolved; to be firm; to be prepared [כון] נָכוֹן, פ״ע
certainly אֶל נָכוֹן
to establish; to direct כּוֹנֵן, פ״י
to make ready, prepare, provide, arrange הֵכִין, פ״י
to straighten; to direct; to intend כִּוֵּן, פ״י
to be set; to be directed כֻּוַּן, פ״ע
to intend; to mean הִתְכַּוֵּן, פ״ח
sacrificial cake כַּוָּן, ז׳, ר׳, ־נִים
directly, at once; since כֵּוָן, כֵּיוָן, תה״פ
intention; purpose; devotion; meaning כַּוָּנָה נ׳, ר׳, ־נוֹת
intentionally בְּכַוָּנָה, תה״פ
to establish; to direct כּוֹנֵן, פ״י, ע׳ [כון]
to adjust כּוֹנְנֵן, פ״י
readiness כּוֹנְנוּת, נ׳

כּוֹנָנִית, נ׳, ר׳, ־נִיּוֹת bookcase
כּוֹנֶרֶת, נ׳, ר׳, ־נָרוֹת viola
כַּוֶּנֶת, נ׳, ר׳, כַּוָּנוֹת gunsight
כּוֹס, נ׳, ר׳, ־סוֹת cup, goblet; calyx
כּוֹס, ז׳, ר׳, ־סִים owl
כּוֹסֶף, כֹּסֶף, ז׳ longing, yearning
כּוּפַח, ז׳, ר׳, ־חִים brazier, small stove
כּוֹפִי, כּוֹפְיָה, ז׳ mackerel
כּוֹפֶל, ז׳, ר׳, ־פְלִים denominator
כּוֹפֵר, ז׳, ר׳, ־פְרִים unbeliever, atheist
כּוּפְתָּה, כֻּפְתָּה נ׳, ר׳, ־תּוֹת dumpling
כָּוַץ, פ״ע to shrink
הִתְכַּוֵּץ, פ״ח to become shrunken; to contract
כּוּר, ז׳, ר׳, ־רִים smelting furnace
כּוֹר, ז׳, ר׳, ־רִים a measure of capacity
כּוֹרֵךְ, ז׳, ר׳, כּוֹרְכִים bookbinder; sandwich
כּוֹרֵם, כֹּרֵם, ז׳, ר׳, ־רְמִים wine-grower; vine-dresser
כַּוְרָן, ז׳, ר׳, ־נִים beekeeper
כּוּרְסָה, כֻּרְסָה, נ׳, ר׳, ־סוֹת armchair
כַּוֶּרֶת, נ׳, ר׳, כַּוָּרוֹת beehive
כּוּשׁ, ז׳, ר׳, כּוּשִׁים spindle; stick; spit
כּוּשׁ, נ׳ Ethiopia
כּוּשִׁי, ת״ז, ־שִׁית, ת״נ Ethiopian; Negro
כּוֹשֶׁר, כֹּשֶׁר, ז׳ fitness; opportunity; legitimacy
כּוֹשֶׁרֶת, כּוֹשָׁרָה, נ׳, ר׳, כּוֹשָׁרוֹת vigor; capacity
כּוֹתֵב, ז׳, ר׳, כּוֹתְבִים scribe; copyist; calligrapher
כּוֹתֶבֶת, נ׳, ר׳, ־תָבוֹת dry date

כּוּתִי, ת״ז, ־תִית, ת״נ Samaritan, Cuthean
כּוֹתֶל, כֹּתֶל, ז׳, ר׳, כְּתָלִים wall
כּוּתְנָה, כֻּתְנָה, נ׳, ר׳, ־נוֹת cotton
כּוֹתֶפֶת, נ׳, ר׳, ־תָפוֹת epaulet
כּוֹתֶרֶת, כֹּתֶרֶת, נ׳, ר׳, ־תָרוֹת capital of a column; heading, headline
כָּזָב, ז׳, ר׳, כְּזָבִים lie, falsehood
כָּזַב, פ״י to lie, deceive
כִּזֵּב, פ״י to tell a lie; to disappoint
כַּזְבָן, ז׳, ר׳, ־נִים liar
כַּזְבָנוּת, נ׳ lying
כָּח, פ״ע, ע׳ [כוח] to spit; to cough
כֹּחַ, ז׳, ר׳, כֹּחוֹת strength, power; wealth
כֹּחַ, ז׳, ר׳, כֹּחִים a species of lizard, chameleon
כִּחֵד, פ״י to deny; to conceal
הִכְחִיד, פ״י to deny; to withhold; to annihilate
כָּחָה, פ״ע to cough; to clear the throat
כָּחוֹל, כָּחֹל, ת״ז, כְּחֻלָּה, ת״נ blue
כָּחוּשׁ, ת״ז, כְּחוּשָׁה, ת״נ slim, thin, lean
כְּחִישָׁה, כְּחִישׁוּת, נ׳ leanness; weakness; reduction
כֹּחִית, נ׳ dynamite
כָּחַל, פ״י to paint blue; to use blue make-up
כַּחַל, ז׳, ר׳, כְּחָלִים blue eye make-up
כְּחָל, כָּחָל, ז׳, ר׳, ־לִים udder
כַּחְלִילִי, ת״ז, ־לִית, ת״נ blueish; blue-eyed
כֹּחֲנִי, ת״ז, ־נִית, ת״נ apt; potential
כֹּחֲנִיּוּת, נ׳ aptness; potentiality
כָּחַשׁ, פ״ע to become lean
כִּחֵשׁ, פ״י to deny, lie, deceive

הִכְחִישׁ, פ"י	to contradict, deny; to be lean
כַּחַשׁ, ז', ר', כְּחָשִׁים	lie, deceit; leanness
כֶּחָשׁ, ז', ר', ־שִׁים	liar, deceiver
כִּי, מ"ח	if, since, because, when, only
כְּוִי, ז', ר', כְּוִיִּים	brand mark; burn
כִּיב, ז', ר', ־בִים	ulcer
כִּיד, ז', ר', ־דִים	calamity, misfortune
כִּידוֹד, ז', ר', ־דִים	spark
כִּידוֹן, ז', ר', ־נִים	spear, lance, javelin
כִּידוּר, ז'	attack, assault, charge
כִּיּוּן, ז'	Saturn (planet)
כֵּיוָן, כֵּוָן, תה"פ	directly, at once
כֵּיוָן שֶׁ־	as soon as; since
כִּיּוֹר, ז', ר', ־רִים	washbasin; kettle; pan
כִּיחַ, ז', ר', ־חִים	phlegm, spittle
כַּיָּל, ז', ר'־לִים	measurer, surveyor
כַּיִל, ז'	measure
כִּילָה, כִּלָּה, נ', ר', ־לוֹת	mosquito net; canopy
כִּילוּת, כִּילָאוּת, נ'	stinginess; craftiness
כִּילַי, ז', ר', כִּילָאִים	miser; rogue
כֵּילָף, כֵּלָף, ז', כֵּילַפּוֹת	ax
כִּימָה, נ'	Pleiades
כִּימִי, ת"ז, ־מִית, ת"נ	chemical
כִּימְיָה, נ'	chemistry
כִּיס, ז', ר', ־סִים	pocket; purse
כַּיָּס, ז', ר', ־סִים	pickpocket
כִּיסָן, ז', ר', ־נִים	pie
כֵּיצַד, תה"פ	how?, what manner?
כִּיֵּר, פ"י	to tile; to adorn a wall; to panel
כִּירָה, נ', ר', ־רוֹת	stove, hearth
כִּירַיִם, ז"ר	cooking oven
כִּישׁוֹר, ז', ר', ־רִים	distaff
כָּךְ, כָּכָה, תה"פ	thus, so
בֵּין כָּךְ וּבֵין כָּךְ	anyhow
כָּל כָּךְ	so much
מַה בְּכָךְ	what of it?
כִּכָּר, זו"נ, ר', ־רִים, ־רוֹת, ־רַיִם, כִּכְּרַיִם	low ground; loaf; talent (weight); traffic circle
כָּל, פ"י, ע' [כול]	to comprehend; to measure
כֹּל, כָּל, מ"נ	all, every, whole, any
הַכֹּל	all, everything
בְּכָל זֹאת	nevertheless
כָּל שֶׁהוּא	something; whatever
כֶּלֶא, ז', ר', כְּלָאִים	prison, dungeon
כָּלָא, פ"י	to imprison, incarcerate
כִּלְאַיִם, ז"ז	mixture; hybrid; heterogeneous kinds
כֶּלֶב, ז', ר', כְּלָבִים	dog
כֶּלֶב־יָם, ז', ר', כַּלְבֵי־יָם	seal
כִּלֵּב, פ"ע	to baste
כַּלְבִּי, ת"ז, ־בִּית, ת"נ	doglike, canine
כְּלַבְלָב, ז', ר', ־בִים	lap dog, puppy
כַּלֶּבֶת, נ'	rabies; hydrophobia
כָּלָה, פ"ע	to be consumed, finished; to perish; to waste away
כִּלָּה, פ"י	to accomplish; to annihilate
כָּלָה, תה"פ	altogether, wholly, completely
כָּלֶה, ת"ז, כָּלָה, ת"נ	failing; pining
כַּלָּה, נ', ר', כַּלּוֹת	bride; daughter-in-law
כִּלָּה, כִּילָה,נ', ר', ־לוֹת	mosquito net; canopy

כְּלוּא, בֵּית כְּלוּא, ז׳ prison
כְּלוּב, ז׳, ר׳, ־בִים cage, basket
כָּלוּל, ת״ז, כְּלוּלָה, ת״נ includes, is comprised, contains
כְּלוּלוֹת, נ״ר betrothal, marriage
כְּלוּם, ז׳ anything, something
לֹא כְלוּם nothing
כְּלוֹמַר, תה״פ that is to say, this means
כְּלוֹנָס, ז׳, ר׳, ־נְסָאוֹת beam, pole
כֶּלַח, ז׳ senility, old age
[כלח] נִכְלַח, פ״ע to become senile
כְּלִי, ז׳, ר׳, כֵּלִים utensil, instrument, tool
כְּלֵי זַיִן weapons
כְּלֵי זֶמֶר musical instruments
כֵּלַי, ז׳, ר׳, ־לָאִים miser; rogue
כַּלִּיא־בָרָק, כַּלִּירַעַם, ז׳ lightning rod
כְּלִיבָה, נ׳, ר׳, ־בוֹת toolbox; vice
כִּלְיָה, נ׳, ר׳, כְּלָיוֹת kidney
כְּלָיָה, נ׳, ר׳, כְּלָיוֹת destruction
כִּלָּיוֹן, ז׳ pining; annihilation
כָּלִיל, ת״ז, כְּלִילָה, ת״נ whole, perfect, complete
כְּלִיל, ז׳, ר׳, ־לִים crown, garland, wreath
כְּלִילוּת, נ׳ versatility
כְּלִימָה, כְּלִמָּה, נ׳, ר׳, כְּלִמּוֹת shame, insult
כֶּלֶךְ, ז׳, ר׳, כְּלָכִים ferula
כַּלֵּךְ, מ״ק go!, be gone!
כִּלְכּוּל, ז׳ support, sustenance
כִּלְכֵּל, פ״י to sustain, nourish
כַּלְכָּלָה, נ׳, ר׳, ־לוֹת support; economy
כַּלְכַּלָּה, נ׳, ר׳, ־לּוֹת fruit basket
כַּלְכָּלִי, ת״ז, ־לִית, ת״נ economic
כַּלְכְּלָן, ז׳, ר׳, ־נִים economist

כָּלַל, פ״י to include; to complete; to generalize
כְּלָל, ז׳, ר׳, ־לִים principle; general rule; total, sum
בִּכְלָל in general, generally
כְּלָל וּכְלָל (not) at all
יוֹצֵא מִן הַכְּלָל exceptional
כְּלָלוּת, נ׳, ר׳, ־לֻיּוֹת universality; totality
כְּלָלִי, ת״ז, ־לִית, ת״נ general, common
[כלם] נִכְלַם, פ״ע to be ashamed
הִכְלִים, פ״י to offend; to put to shame
כְּלִמָּה, כְּלִימָה, נ׳, ר׳, ־מּוֹת shame, insult
כַּלָּנִית, נ׳, ר׳, ־יּוֹת anemone
כֵּלָף, כֵּילָף, ר׳, ז׳, כֵּלַפּוֹת ax
כֶּלֶף, ז׳, ר׳, כְּלָפִים freckle
כְּלַפֵּי, תה״פ towards, opposite, against
כַּמָּה, תה״פ how much, how many
כָּמַהּ, פ״ע to desire eagerly, long for
כְּמֵהָה, נ׳, ר׳, ־הִים, ־הוֹת truffle
כְּמוֹ, כְּמוֹת, תה״פ as, like, when
כַּמּוֹן, כַּמֹּן, ז׳ cumin; caraway seed
כָּמוּס, ת״ז, כְּמוּסָה, ת״נ hidden, concealed
כְּמוּרָה, נ׳ priesthood
כָּמוּשׁ, ת״ז, כְּמוּשָׁה, ת״נ withered, wrinkled
כַּמּוּת, נ׳, ר׳, כַּמֻּיּוֹת quantity
כַּמּוּתִי, ת״ז, ־תִית, ת״נ quantitative
כְּמִיהָה, נ׳, ר׳, ־הוֹת yearning
כְּמִירָה, נ׳, ר׳, ־רוֹת pity
כְּמִישָׁה, נ׳, ר׳, ־שׁוֹת withering, shriveling up

כַּמֹּן, כַּמּוֹן, ז׳ cumin, caraway seed
כִּמֵּן, פ״י to hide away
כְּמָנָה, נ׳, ר׳, ־נוֹת ambush, trap
כָּמַס, פ״י to hide; to store away
כִּמְעַט, תה״פ, ע׳ מְעַט almost, just
כָּמַר, פ״י to heat, warm up; to ripen
נִכְמַר, פ״ע to shrink; to wrinkle
כֹּמֶר, כָּמָר, ז׳, ר׳, כְּמָרִים priest
כָּמְרִיָּה, נ׳, ר׳, ־יּוֹת monastery
כִּמְרִיר, ז׳, ר׳, ־רִים dark, heavy cloud
כָּמַשׁ, פ״ע to wither, shrivel up
כֵּן, תה״פ yes; thus, so
כֵּן, ת״ז, כֵּנָה, ת״נ honest, upright
כֵּן, ז׳, כִּנָּה, נ׳, ר׳, כִּנִּים louse; worm
כֵּן, כַּן, ז׳, כַּנָּה, נ׳, ר׳, ־כַּנִּים, ־נּוֹת base; post
כִּנָּה, פ״י to name; to give a title
כִּנּוּי, ז׳, ר׳, כִּנּוּיִים nickname; surname
כִּנּוּי הַשֵּׁם pronoun
כִּנּוּס, ז׳, ר׳, ־סִים gathering, assembly
כְּנוּפְיָה, כְּנֻפְיָה, נ׳, ר׳, כְּנֻפְיוֹת band, clique
כִּנּוֹר, ז׳, ר׳, ־רִים, ־רוֹת violin
כֵּנוּת, נ׳ honesty
כִּנִּימָה, נ׳, ר׳, ־מוֹת vermin, beetle
כְּנִיסָה, נ׳, ר׳, ־סוֹת entrance; gathering, assembly
כְּנִיעָה, נ׳, ר׳, ־עוֹת surrender
כְּנִיעוּת, נ׳ subjection
כִּנָּם, כִּנֶּמֶת, כְּנִמָּה, נ׳ scales, vermin, lice
כִּנֵּן, פ״י to wind up; to coil
כָּנַס, כִּנֵּס, פ״י to call together; to gather; to assemble
נִכְנַס, פ״ע to enter

הִכְנִיס, פ״י to bring in; to admit
כֶּנֶס, ז׳, ר׳, כְּנָסִים assembly, convention
כְּנֵסִיָּה, נ׳, ר׳, ־יּוֹת gathering; church
כְּנֶסֶת, נ׳, ר׳, כְּנֵסִיּוֹת gathering, congregation; parliament
בֵּית־כְּנֶסֶת synagogue, temple
[כנע] נִכְנַע, פ״ע to be humbled, subdued
הִכְנִיעַ, פ״י to submit, subdue
כִּנְעָה, נ׳, ר׳, ־עוֹת effects, wares; subjection
כְּנַעַן, ז׳ Canaan; trader
כָּנָף, נ׳, ר׳, כְּנָפַיִם, כְּנָפוֹת wing; extremity
[כנף] נִכְנַף, פ״ע to hide oneself
כְּנֻפְיָה, כְּנוּפְיָה, נ׳, ר׳, ־יּוֹת band, clique
כַּנָּר, ז׳, ר׳, ־רִים violinist
כִּנֵּר, פ״י to play the violin
כְּנָת, ז׳, ר׳, כְּנָוֹת colleague, comrade
כֵּס, ז׳, ר׳, כֵּסִּים seat; throne
כֶּסֶא, כֶּסֶה, ז׳ new moon; full moon
כִּסֵּא, ז׳, ר׳, כִּסְאוֹת chair; seat
כִּסְאוֹן, ז׳, ר׳, ־נִים high chair
כֻּסְבָּר, ז׳ coriander
כִּסָּה, פ״י to cover; to conceal
הִתְכַּסָּה, פ״ח to clothe oneself
כִּסּוּחַ, ז׳, ר׳, ־חִים trimming
כְּסוּי, כִּסּוּי, ז׳, ר׳, ־יִים lid; covering
כָּסוּל, ת״ז, כְּסוּלָה, ת״נ deformed(hip)
כִּסּוּף, ז׳, ר׳, ־פִים longing, desire
כְּסוּת, נ׳, ר׳, כְּסֻיּוֹת covering, garment
כְּסוּת עֵינַיִם pretext
כָּסַח, פ״י to cut off, trim; to clear
כְּסָיָה, נ׳, ר׳, ־יּוֹת glove

כְּסִיל, ז׳, ר׳, ־לִים idiot, fool; Orion

כְּסִילוּת, נ׳, ר׳, ־לֻיּוֹת foolishness; stupidity

כְּסִיסָה, נ׳, ר׳, ־סוֹת chewing

כִּסְכּוּס, ז׳, ר׳, ־סִים rubbing off; washing

כִּסְכֵּס, פ״י to rub off; to gnaw

כֶּסֶל, ז׳, ר׳, כְּסָלִים loin, groin; folly

כֵּסֶל, ז׳ hope; confidence

כָּסַל, פ״ע to become foolish

כִּסְלָה, נ׳ stupidity, foolishness

כִּסְלֵו, ז׳ Kislev, ninth month of Hebrew calendar

כָּסַם, פ״י to shear, clip, cut

כֻּסֶּמֶת, נ׳, ר׳, כֻּסְּמִים spelt

כָּסַס, פעו״י to chew; to number (amongst)

כֶּסֶף, ז׳, ר׳, כְּסָפִים silver, money

כֶּסֶף חַי mercury

כָּסַף, פ״ע to desire, long for

הִכְסִיף to silver; to become pale

כֹּסֶף, כּוֹסֶף, ז׳ longing, yearning

כַּסְפִּית, נ׳ mercury

כַּסֶּפֶת, נ׳,ר׳, ־סָפוֹת cash register

כֶּסֶת, נ׳, כְּסָתוֹת pillow, cushion

כָּעוּר, ת״ז, כְּעוּרָה, ת״נ ugly, nasty

כָּעוּס, ת״ז, כְּעוּסָה, ת״נ angry, mad

כִּעוּר, ז׳ ugliness, nastiness

כַּעַךְ, ז׳, ר׳, ־כִים ring cake

כִּעְכֵּעַ, פ״ע to cough (lightly)

כָּעַס, פ״ע to be angry, vexed

הִכְעִיס, פ״י to anger, vex

כַּעַס, כַּעַשׂ, ז׳, ר׳, כְּעָסִים anger, insolence

כַּעֲסָן, ז׳, ר׳, ־נִים irascible person

כִּעֵר, פ״י to make ugly, repulsive

כַּף, נ׳, ר׳, כַּפּוֹת, כַּפַּיִם palm (of hand); sole (of foot); spoon

כַּף, נ׳ Caph, Khaph, eleventh letter of Hebrew alphabet

כֵּף, ז׳, ר׳, כֵּפִים hollow rock; cave; vault

כִּפָּה, נ׳, ר׳, כִּפּוֹת arch; doorway; sky; skullcap

כַּפָּה, נ׳, ר׳, כַּפּוֹת palm, palm leaf

כָּפָה, פ״י to force, compel; to subdue; to invert

כָּפוּי, ת״ז, כְּפוּיָה, ת״נ forced

כְּפוּי טוֹבָה ungrateful

כָּפוּל, ת״ז, כְּפוּלָה, ת״נ doubled; folded

כְּפוּלִים geminate verbs

כָּפוּף, ת״ז, כְּפוּפָה, ת״נ bent

כְּפוֹר, ז׳, ר׳, ־רִים frost, hoarfrost

כִּפּוּר, ז׳, ר׳, ־רִים atonement, expiation

יוֹם כִּפּוּר, יוֹם הַכִּפּוּרִים Day of Atonement

כַּפּוֹרֶת, כַּפֹּרֶת, נ׳ cover (for holy ark); curtain

כְּפֵחַ, ת״ז, כְּפַחַת, ת״נ tall, high

כְּפִיָּה, נ׳, ר׳, ־יּוֹת compulsion; inverting

כִּפְיוֹן, ז׳ epilepsy

כָּפִיל, ז׳, ר׳, כְּפִילִים spit and image; double

כָּפִיס, ז׳, ר׳, כְּפִיסִים rafter, girder

כְּפִיפָה, נ׳, ר׳, ־פוֹת bending; basket

כְּפִיפוּת, נ׳, ר׳, ־פֻיּוֹת flexibility; subservience

כְּפִיר, ז׳, ר׳, ־רִים lion, cub

כְּפִירָה, נ׳, ר׳, ־רוֹת cub (*f.*); denial; atheism

כַּפִּית, נ׳, ר׳, ־יּוֹת teaspoon

כֶּפֶל, ז׳, ר׳, כְּפָלִים doubling; duplicate; pleat, fold; multiplication

כִּפְלַיִם twice as much (many)
כִּפְלֵי כִּפְלַיִם manifold
כָּפַל, פ"י to double; to multiply; to fold
כָּפָן, ז' hunger, famine
כָּפַן, פעו"י to cover; to bend; to be hungry; to pine
כָּפַף, פ"י to bend; to curve; to compel
כְּפָפָה, נ', ר', ־פוֹת glove
כֹּפֶר, ז', ר', כְּפָרִים ransom; asphalt, pitch; village; Lawsonia
כָּפַר, פ"י to deny; to reconcile; to smear, tar
כְּפָר, כֹּפֶר, ז', ר', כְּפָרִים village
כִּפֵּר, פ"י to atone, expiate; to forgive
כַּפָּרָה, נ', ר', ־רוֹת atonement, expiation
כְּפָרִי, כַּפְרִי, ת"ז, כַּפְרִית, ת"נ; ז' rustic, rural, village-like; villager, farmer
כַּפְרָן, ז', ר', ־נִים denier, liar
כַּפֹּרֶת, כַּפּוֹרֶת, נ', ר', ־רוֹת cover (for holy ark), curtain
[כפש] הִכְפִּישׁ, פ"י to make to cower; to wallow
כָּפַת, פ"י to tie, bind
כֹּפֶת, ז', ר', כְּפָתִים block, lump
כֶּפֶת, ז', ר', כְּפָתִים knot
כֻּפְתָּה, כּוּפְתָּה, נ', ר', ־תּוֹת dumpling
כַּפְתּוֹר, ז', ר', ־רִים button; knob
כִּפְתֵּר, פ"י to button up
כַּר, ז', ר', כָּרִים pillow; crossbar; male lamb; battering ram; pasturage
כָּרָאוּי, תה"פ, ע' רָאוּי fittingly, properly

כַּרְבּוֹל, ז', ר', ־לִים cloak, cape
כִּרְבֵּל, פ"י to clothe
כַּרְבֶּלֶת, כַּרְבֹּלֶת, נ', ר', כַּרְבּוֹלוֹת crest; cock's comb
כָּרָגִיל, תה"פ, ע' רָגִיל as usual
כָּרָה, פ"י to dig; to hire; to buy; to arrange (a feast)
כֵּרָה, נ', ר', כֵּרוֹת banquet, feast
כְּרוּב, ז', ר', ־בִים cherub; cabbage
כְּרוּבִית, נ', ר', ־בִיּוֹת cauliflower
כָּרוֹז, ז', ר', ־זוֹת herald, public crier
כְּרוּז, ז', ר', ־זִים proclamation
כָּרוּךְ, ת"ז, כְּרוּכָה, ת"נ folded, bound
כְּרוּכְיָה, נ', ר', ־יוֹת crane
כְּרוּכִית, נ', ר', ־כִיּוֹת roll; fritter
כְּרוּם, ז', ר', ־מִים humming bird
[כרז] הִכְרִיז, פ"י to announce, proclaim, herald
כְּרָזִי, ת"ז, ־זִית, ת"נ amphibious
כֹּרַח, ז' compulsion, constraint
[כרח] הִכְרִיחַ, פ"י to force, compel, constrain
כַּרְטוֹן, ז', ר', ־נִים carton
כַּרְטִיס, ז', ר', ־סִים ticket, card
כַּרְטִיסִיָּה, נ', ר', ־סִיּוֹת / כַּרְטֶסֶת, נ', ר', ־טָסוֹת card file
כָּרִי, ז', ר', כָּרִים courier; bodyguard
כְּרִי, ז', ר', כְּרָיִים heap of corn; pile
כְּרִיָּה, נ', ר', כְּרִיּוֹת digging
כָּרִיךְ, ז', ר', כְּרִיכִים sandwich
כְּרִיכָה, נ', ר', ־כוֹת sheaf; wrapping, cover, binding
כְּרִיכִיָּה, נ', ר', ־יוֹת bookbindery
כְּרִיעָה, נ', ר', ־עוֹת kneeling
כָּרֵישׁ, ז', ר', כְּרֵישִׁים leek
כְּרִיתָה, נ', ר', ־תוֹת cutting; divorcing

כְּרִיתוּת, נ׳ final divorce

כֶּרֶךְ, ז׳, ר׳, כְּרָכִים bundle; scroll; volume

כָּרַךְ, פ״י to twine, wind; to roll; to bind

כְּרָךְ, ז׳, ר׳, ־כִים large town, city

כַּרְכֹּב, ז׳, ר׳, ־כֻּבִּים ledge, rim

כִּרְכֵּב, פ״י to turn on a lathe

כִּרְכּוּר, ז׳, ר׳, ־רִים circle, circuit; whirl

כַּרְכֹּם, ז׳, ר׳, ־כֻּמִּים saffron; crocus

כִּרְכֵּם, פ״י to paint yellow; to stain

כִּרְכֵּר, פ״ע to jump around; to dance

כִּרְכָּר, ז׳, ר׳, ־רִים top; distaff, spindle

כִּרְכָּרָה, נ׳, ר׳, ־רוֹת camel, dromedary; carriage

כַּרְכֶּשֶׁת, נ׳, ר׳, ־כָּשׁוֹת intestine; sausage

כֶּרֶם, ז׳, ר׳, כְּרָמִים vineyard; grove

כֹּרֵם, כּוֹרֵם, ז׳, ר׳, כּוֹרְמִים vine-dresser, wine-grower

כָּרַם, פ״י to work in a vineyard

כַּרְמִיל, ז׳, ר׳, ־לִים crimson

כַּרְמֶל, ז׳, ר׳, כַּרְמִלִּים green wheat, fresh grains; fertile soil

כָּרֵס, כֶּרֶס, כָּרֵשׂ, נ׳, ר׳, כְּרֵסוֹת abdomen, belly

כֻּרְסָה, כּוּרְסָה, נ׳,ר׳, ־סוֹת armchair

כִּרְסֵם, פ״י to gnaw; to devour

כַּרְסָן, כַּרְסְתָן, ז׳, ר׳, ־נִים, ־תָנִים stout, big-bellied person

כֶּרַע, נ׳, ר׳, כְּרָעַיִם leg; knee

כָּרַע, פ״ע to kneel, bow

הִכְרִיעַ, פ״י to subject; to bend

כַּרְפַּס, ז׳, ר׳, ־סִּים celery, parsley; fine cotton cloth

כֶּרֶץ, ז׳, ר׳, כְּרָצִים tapeworm

כָּרָר, ז׳, ר׳, כָּרָרִים upholsterer

כָּרַת, פ״י to cut off; to agree to

כָּרֵת, ז׳, ר׳, כְּרֵתוֹת extirpation; divine punishment

כְּרֵתִי, ז׳, ר׳, ־תִים bodyguard

כֶּשֶׂב, ז׳, כִּשְׂבָּה, נ׳, ר׳, כְּשָׂבִים, כְּשָׂבוֹת male lamb; ewe lamb

כָּשָׂה, פ״ע to be fat, sated; to become coarse

כִּשּׁוּף, ז׳, ר׳, ־פִים magic, witchcraft

כְּשׁוּת, נ׳, ר׳, כְּשֻׁיּוֹת hops; capillaries

כַּשִּׁיל, ז׳, ר׳, ־לִים large ax

כִּשְׁכּוּשׁ, ז׳, ר׳, ־שִׁים wagging (of tail)

כִּשְׁכֵּשׁ, פ״י to wag (tail)

כָּשַׁל, פ״ע to stumble, stagger

נִכְשַׁל, פ״ע to fail; to go astray

כִּשָּׁלוֹן, כֶּשֶׁל, ז׳, ר׳, כִּשְׁלוֹנוֹת failure; stumbling

כֶּשֶׁף, ז׳, ר׳, כְּשָׁפִים sorcery

כַּשָּׁף, כַּשְׁפָן, ז׳, ר׳, ־פִים, ־נִים sorcerer

כִּשֵּׁף, פ״י to bewitch, charm, enchant

כָּשַׁר, כָּשֵׁר, פ״ע to succeed; to be worthy; to be kosher

כָּשֵׁר, ת״ז, כְּשֵׁרָה, ת״נ ritually fit; honest; wholesome

כֹּשֶׁר, כּוֹשֶׁר, ז׳ fitness; opportunity; legitimacy

שְׁעַת הַכֹּשֶׁר opportune, appropriate

כִּשְׁרוֹן, ז׳, ר׳, כִּשְׁרוֹנוֹת talent; utility; skill

כַּשְׁרוּת, נ׳ fitness; purity; legitimacy

כַּת, נ׳, ר׳, כִּתִּים, כִּתּוֹת sect, party

כָּתַב, פ״י to write; to bequeath

הִתְכַּתֵּב, פ״ח to correspond

כְּתָב, ז׳, ר׳, ־בִים characters, letters; writing, script

כְּתָב הַחַרְטֻמִּים hieroglyphics
כְּתָב הַיִּתֵדוֹת cuneiform writing
כְּתָב יָד manuscript
כְּתָב סְתָרִים code
כַּתָּב, ז׳, ר׳, ־בִים correspondent
כְּתֻבָּה, נ׳, ר׳, ־בּוֹת marriage contract
כַּתְבָן, ז׳, ר׳, ־נִים writer, scribe
כַּתְבָנִית, נ׳, ר׳, ־נִיּוֹת typist, secretary
כְּתֹבֶת, נ׳, ר׳, כְּתוֹבוֹת inscription; address
כִּתָּה, נ׳, ר׳, כִּתּוֹת class; sect, party
כָּתוּב, ת״ז, כְּתוּבָה, ת״נ written, inscribed
כִּתּוּר, ז׳, ר׳, ־רִים encircling
כָּתוּשׁ, כָּתוּת, ת״ז, כְּתוּשָׁה, כְּתוּתָה, ת״נ crushed, pounded
כְּתִיב, ז׳, ר׳, ־בִים spelling
כְּתִיבָה, נ׳, ר׳, ־בוֹת writing; manuscript
כַּתִּישׁ, ז׳, ר׳, ־שִׁים wooden hammer
כָּתִית, ז׳, ר׳, כְּתִיתִים minced, pounded matter

כְּתִיתָה, כְּתִישָׁה, נ׳, ר׳, ־תוֹת, ־שׁוֹת crushing, pounding; scab
כֹּתֶל, כּוֹתֶל, ז׳, ר׳, כְּתָלִים wall
הַכֹּתֶל הַמַּעֲרָבִי the Wailing Wall
[כתם] נִכְתַּם to be stained, soiled
כֶּתֶם, ז׳, ר׳, כְּתָמִים pure gold; stain
כַּתָּן, ז׳, ר׳, ־נִים flax worker; mill worker
כֻּתְנָה, כּוּתְנָה, נ׳, ר׳, ־נוֹת cotton
כֻּתֹּנֶת, כְּתֹנֶת, נ׳, ר׳, כֻּתֳּנוֹת shirt
כָּתֵף, נ׳, ר׳, כְּתֵפַיִם, כְּתֵפוֹת shoulder; shoulder-piece, joint
כַּתָּף, ז׳, ר׳, כַּתָּפִים porter, carrier
כִּתֵּף, פ״י to carry on the shoulders
כְּתֻפָּה, נ׳, ר׳, ־פּוֹת insignia
כִּתֵּר, פ״י to surround; to crown
כֶּתֶר, ז׳, ר׳, כְּתָרִים crown
כֹּתֶרֶת, כּוֹתֶרֶת, נ׳, ר׳, ־תָרוֹת headline; heading; capital of a column
כָּתַשׁ, פ״י to pound, grind; to mince
כָּתַת, הִכֵּת, פ״י to crush; to smite
הֻכַּת, פ״ע to be crushed, beaten

ל l, L

ל Lamedh, Lamed, twelfth letter of Hebrew alphabet; thirty
לְ־, לַ־, לָ־, לֶ־, לִ־, לֵ־ to, into; for, at
לִי, לְךָ, לָךְ, לוֹ, לָהּ, לָנוּ, לָכֶם, לָכֶן, לָהֶם, לָהֶן to me; to you; to him; etc.
לֹא, לָאו, תה״פ no, not, nay
לָאָה, פ״ע to be weary; to be impatient
לֵאוּם, ז׳ progression

לְאוֹם, לְאֹם, ז׳, ר׳, לְאֻמִּים nation
לְאוּמִי, לְאֻמִּי, ת״ז, ־מִית, ת״נ national
לְאוּמִיּוּת, לְאֻמִּיּוּת, נ׳ nationality
לֵאוּת, ז׳ exhaustion, weariness
לָאַט, פ״ע, פ״י to speak softly; to cover
לְאַט, תה״פ slowly
לְאַלְתַּר, אַלְתַּר, תה״פ immediately, soon
לְאֹם, לְאוֹם, ז׳, ר׳, לְאֻמִּים nation

[לאם] הִלְאִים, פ״י — to nationalize

לְאֻמִּי, לְאוּמִּי, ת״ז, ־מִּית, ־מִּית, ת״נ — national

לְאֻמִּיוּת, לְאוּמִּיוּת, נ׳ — nationality

לֵאמֹר, תה״פ — that is to say, so

לְאָן, תה״פ — where, whither

לֵב, לֵבָב, ז׳, ר׳, לִבּוֹת, לְבָבוֹת — heart; mind; understanding; midst, center

לִבֵּב, פ״י — to make doughnuts; to fascinate; to encourage

לְבָבִי, ת״ז, ־בִית, ת״נ — kind, cordial; hearty

לְבָבִיּוּת, נ׳ — heartiness; cordiality

לְבַד, תה״פ — apart, alone; only

מִלְּבַד — besides

לֶבֶד, ז׳, ר׳, לְבָדִים — felt (material)

לַבָּה, נ׳, ר׳, לַבּוֹת — flame; lava

לִבָּה, נ׳, ר׳, לִבּוֹת (ע׳ לֵב, לֵבָב) — heart

לִבָּה, פ״י — to set ablaze, enkindle

לִבּוּב, ז׳ — kindness; fascination

לָבוּד, ת״ז, לְבוּדָה, ת״נ — attached, connected

לִבּוּי, ז׳, ר׳, ־יִים — fanning, blowing

לִבּוּן, ז׳, ר׳, ־נִים — whitening; grinding

לְבוֹנָה, לְבֹנָה, נ׳, ר׳, ־נוֹת — frankincense

לְבוּשׁ, ז׳, ר׳, ־שִׁים — clothing, garment

לָבוּשׁ, ת״ז, לְבוּשָׁה, ת״נ — clothed, garbed, dressed

לבט] נִלְבַּט, פ״ע — to fall, fail

הִתְלַבֵּט, פ״ח — to be troubled

לֶבֶט, ז׳, ר׳, לְבָטִים — affliction, suffering; trouble, misery

לָבִיא, ז׳, לְבִיאָה, נ׳, ר׳, לְבִיאִים, ־אוֹת — lion, lioness

לְבִיבָה, נ׳, ר׳, ־בוֹת — doughnut; pancake

לְבִישָׁה, נ׳, ר׳, ־שׁוֹת — dressing, garbing

לִבְלֵב, פ״ע — to sprout, bloom; to shout, be loud

לַבְלַב, ז׳ — morning glory (convolvulus); pancreas

לִבְלוּב, ז׳, ר׳ ־בִים — sprouting, blossoming

לַבְלָר, ז׳, ר׳, ־רִים — scribe, clerk

לָבָן, ת״ז, לְבָנָה, ת״נ — white

לָבַן, פ״י — to whiten; to make bricks

לִבֵּן, פ״י — to whiten; to wash; to brighten

לֹבֶן, לוֹבֶן, ז׳ — whiteness; white of the eye

לַבָּן, ז׳, ר׳, ־נִים — whitewasher; laundryman

לִבְנֶה, ז׳, ר׳, לִבְנִים — birch tree

לְבֵנָה, נ׳, ר׳, לְבֵנִים — brick; stone slab

לְבָנָה, נ׳, ר׳, ־נוֹת — moon

חֲצִי־לְבָנָה — half-moon; bracket

לְבֹנָה, לְבוֹנָה, נ׳, ר׳, ־נוֹת — frankincense

לַבְנוּנִי, ת״ז, ־נִית, ת״נ — whitish

לַבְנוּנִית, לַבְנוּת, נ׳ — whiteness

לַבְקָן, ז׳, ר׳, ־נִים — albino

לְבַר, תה״פ — outside

לָבַשׁ, פ״י — to wear

הִלְבִּישׁ, פ״י — to clothe

לֹג, לוֹג, ז׳, ר׳, לֻגִּים — log, liquid measure

לִגְיוֹן, ז׳, ר׳, ־נוֹת — legion

לְגִימָה, נ׳, ר׳, ־מוֹת — gulp, sip

לִגְלֵג, פ״ע — to mock, make fun of

לִגְלוּג, ז׳, ר׳, ־גִים — ridicule, derision, jeering

לַגְלְגָן, ז׳, ר׳, ־נִים mocker

לָגַם, פ״י to gulp, sip

לְגִמָה, לוּגְמָה, נ׳, ר׳, ־מוֹת mouthful

לְגַמְרֵי, תה״פ altogether

לֵדָה, נ׳, ר׳, לֵדוֹת birth

לְדִידִי, מ״ג as for me, on my part

לָהּ, מ״ג, ע׳ לְ־ to her

לְהָאָה, נ׳, ר׳, ־אוֹת uvula, soft palate

לַהַב, ז׳, ר׳, לְהָבִים flame; blade

לָהַב, פ״ע to shine, sparkle, glitter

הִלְהִיב, פ״י to inspire

הִתְלַהֵב, פ״ח to be enthusiastic

לְהַבָּא, תה״פ hereafter, from now on

לֶהָבָה, נ׳, ר׳, ־בוֹת flame

לַהֲבִיוֹר, ז׳, ר׳, ־רִים flame-thrower

לַהַג, ז׳, ר׳, לְהָגִים prattle, idle talk; dialect

לָהַג, פ״י to prattle

לָהָה, פ״ע to languish, be exhausted

לָהוּט, ת״ז, לְהוּטָה, ת״נ ardent, enthused

לְהוּט, ז׳, ר׳, ־טִים burning, enkindling

לָהַט, פ״ע to burn, blaze

לַהַט, ז׳, ר׳, לְהָטִים heat, flame; blade

לְהָטִים, ז״ר enthusiasm; witchcraft

לְהִיטָה, לְהִיטוּת, נ׳ ardent desire

[להלה] הִתְלַהְלֵהַּ, פ״ח to play the fool; to behave madly

לְהַלָּן, תה״פ there; afterwards, later

[להם] הִתְלַהֵם, פ״ח to strike blow

לָהֶם, לָהֶן, מ״ג, ע׳ לְ־ to them

לַהֲקָה, נ׳, ר׳, לְהָקוֹת band, company

לְהִתְרָאוֹת, מ״ק au revoir, see you soon

לוֹ, מ״ג, ע׳ לְ־ to him

לוּ, לוּא, מ״ח if only!

לְוַאי, לְוַי, הַלְוַאי, מ״ק oh that!, would that!

לְוַאי, ז׳, ר׳, לְוָאִים addition, accompaniment; modifier

לוֹבֶן, לֹבֶן, ז׳ whiteness, white of eye

לוֹג, לֹג, ז׳, ר׳, לֻגִּים log, liquid measure

לוּדָר, ז׳, ר׳, ־רִים gladiator

לָוָה, פ״י to borrow

לִוָּה, פ״י to accompany

הִלְוָה, פ״י to lend

לֹוֶה, לוֹוֶה, ז׳, ר׳, לוֹיִם borrower

לִוּוּי, ז׳, ר׳, ־יִים accompaniment

[לוז] לָז, פ״ע to turn aside; to bend; to twist

הֵלִיז, פעו״י to slander; to turn aside

לוּז, ז׳, ר׳, ־זִים almond tree; gland

לוּחַ, ז׳, ר׳, ־חוֹת tablet, board, blackboard; schedule, calendar

לִוַּח, פ״י to tabulate

לוֹט, לֹט, ז׳, ר׳, ־טִים covering, wrapper; laudanum

לוּט, ת״ז, ־טָה, ת״נ enveloped, enclosed

[לוט] לָט, פ״י to cover, wrap up, enclose

הֵלִיט, פ״י to wrap; to cover (face); to envelop

לֵוִי, ז׳, לְוִיָּה, נ׳ Levi, Levite, of Levi

לְוָיָה, נ׳, ר׳, ־יוֹת escort, company; funeral

לִוְיָה, נ׳, ר׳, לְוָיוֹת frontlet; wreath

לַוְיָן, ז׳, ר׳, נִים satellite

לִוְיָתָן, ז׳, ר׳, ־יְתָנִים dragon, sea serpent, leviathan

לוֹכְסָן, תה״פ crosswise, diagonally

לוּל, ז׳, ר׳, ־לִים chicken coop; spiral staircase; playpen

לוּלֵא, לוּלֵי, מ"ח — unless, if not

לוּלָאָה, נ', ר', ־אוֹת — loop, buttonhole

לוּלָב, ז', ר', ־בִים — lulab, young twig, palm branch

לוֹלָב, ז', ר', ־בִים — bolt, screw

לוּלְיָן, ז', ר', ־נִים — acrobat

לוּלְיָנִי, ת"ז, ־נִית, ת"נ — spiral

[לין] לָן, פ"ע — to lodge, sleep overnight

נָלוֹן, פ"ע — to complain

הֵלִין, פ"י — to lodge

הִתְלוֹנֵן, פ"ח — to complain

לוֹעַ, לֹעַ, ז', ר', ־עוֹת — throat, jaw; crater

לוֹעֵז, ז', ר', ־עֲזִים — foreigner; speaker of a foreign language

לוֹעֲזִי, ת"ז, ־זִית, ת"נ — foreign, not speaking Hebrew

לוּף, ז', ר', ־פִים — snakeroot (serpentaria), arum, arrowroot

[לוץ] לָץ, פ"ע, ע' [ליץ] — to mock

הִתְלוֹצֵץ, פ"ח — to joke, banter

הֵלִיץ, פ"י — to gibe, scoff

לוֹצֵץ, ז', ר', ־צְצִים — mocker

לוֹקֵחַ, ז', ר', ־קְחִים — buyer, customer

[לוש] לָשׁ, פ"י — to knead

לִזְבֵּז, ז', ר', ־זִים — rim, border, frame

לָז, פ"ע, ע' [לוז] — to turn aside; to elude (the attention)

לָז, לָזֶה, לֵזוּ, מ"ג, ע' הַלָּז, הַלָּזֶה, הַלֵּזוּ — that one

לְזוּת, נ' — slander, evil talk

לֵחַ, ז', ר', לֵחִים — freshness, vigor; moisture

לַח, ת"ז, לַחָה, ת"נ — moist, humid

לֵחָה, נ', ר', ־חוֹת — moisture; rheum; pus

לְחוֹד, לְחוּד, תה"פ — alone, only, singly, separately

לְחוּם, ז', ר', ־מִים — flesh, meat

לַחוּת, נ' — moisture, humidity; freshness

לְחִי, לֶחִי, נ', ר', לְחָיַיִם — cheek; cheek-piece of a bridle; clamps of a vise

לֶחִי, ז', ר', לְחָיִים — narrow plank

לְחַיִּים, מ"ק, ע', חַיִּים — to your health!

לְחִיכָה, נ', ר', ־כוֹת — licking

לְחִיצָה, נ', ר', ־צוֹת — pressing, squeezing

לְחִישָׁה, נ', ר', ־שׁוֹת — whispering

לָחַךְ, פ"י — to lick

לִחֵךְ, פ"י — to lick up, lick

לִחְלוּחַ, ז', ר', ־חִים — moistening, dampening

לַחְלוּחִית, לְחָלוּחִית, נ' — moisture, dampness, freshness, liveliness

לִחְלַח, פ"י — to moisten, dampen

הִתְלַחְלֵחַ, פ"ח — to become moist, damp

לֶחֶם, ז', ר', לְחָמִים — bread

לָחַם, פ"י, פ"ע — to eat; to wage war

[לחם] הִלְחִים, פ"י — to solder; to fit, insert

נִלְחַם, פ"ע — to wage war

לָחֶם, ז' — war, battle

לַחְמָנִיָּה, לַחְמָנִית, נ', ר', ־נִיּוֹת — roll

לַחַן, ז', ר', לְחָנִים — melody, air, tune

לִחֵן, פ"י — to tune

לַחַץ, ז' — pressure; oppression

לָחַץ, פ"י — to press, squeeze, oppress

לַחַשׁ, ז', ר', לְחָשִׁים — whisper, spell, charm amulet

לָחַשׁ, פ"י — to whisper; to charm a snake

לַחְשָׁן, ז', ר', ־נִים — prompter

[לחת] הִלְחִית, פ״י to pant
לֹט, לוֹט, ז׳, ר׳, ־טִים cover, wrapper; laudanum
לָט, פ״י, ע׳ [לוט] to cover, wrap up, enclose
לָט, ז׳, ר׳, לָטִים magic; quiet, stillness
לְטָאָה, נ׳, ר׳, ־אוֹת lizard
לְטִיפָה, נ׳, ר׳, ־פוֹת caress, fondling
לְטִישָׁה, נ׳, ר׳, ־שׁוֹת sharpening; polishing, furbishing
לִטֵּף, פ״י to caress, fondle, pat
לִטְרָה, נ׳, ר׳, ־רוֹת, ־רָאוֹת pound (weight)
לָטַשׁ, פ״י to sharpen; to polish; to furbish
לִי, מ״ג, ע׳ לְ־ to me, for me
לַיִל, לֵיל, לַיְלָה, ז׳, ר׳, לֵילוֹת night
לִילִית, נ׳, ר׳, לִילִיּוֹת night demon; Lilith
לִימוֹן, ז׳, ר׳, ־נִים lemon
[לין] לָן, פ״ע, ע׳ [לון] to sleep; spend the night
לִינָה, נ׳, ר׳, ־נוֹת staying overnight, sleeping
לִיף, ז׳, ר׳, לִיפִים fiber
[ליץ] לָץ, פ״ע, הֵלִיץ, פ״י to mock; to jest, joke
לֵיצָן, לֵצָן, ז׳, ר׳, ־נִים clown, jester, scoffer
לֵיצָנוּת, לֵצָנוּת, נ׳, ר׳, ־נֻיוֹת buffoonery, irony
לִירָה, נ׳, ר׳, לִירוֹת pound (money)
לַיִשׁ, ז׳, ר׳, לְיָשִׁים lion
לִישָׁה, נ׳, ר׳, ־שׁוֹת kneading
לֵית, תה״פ none; no
לְךָ, לָךְ, מ״ג, ע׳ לְ־ to you (*m. & f.*)
לִכְאוֹרָה, תה״פ apparently

לָכַד, פ״י to capture, seize
הִתְלַכֵּד, פ״ח to unite; to integrate
לֶכֶד, ז׳ capture, catching; snare
לְכִידָה, נ׳, ר׳, ־דוֹת capture, seizing
לָכִיס, ז׳, ר׳, לְכִיסִים salmon
לִכְלוּךְ, ז׳, ר׳, ־כִים dirt, filth
לַכְלוּכִית, נ׳, ר׳, ־כִיּוֹת slattern, negligent woman
לִכְלֵךְ, פ״י to soil, make dirty
לָכֶם, לָכֶן, מ״ג, ע׳ לְ־ to you (*pl., m. & f.*)
לָכֵן, תה״פ therefore
לֶכֶשׁ, ז׳ fir tree
לְכַתְּחִלָּה, תה״פ from the first, at the start
לָמַד, פ״י to learn, study
לִמֵּד, פ״י to teach, train
לֶמֶד, ז׳ study, learning
לָמֵד, ת״ז, לְמֵדָה, ת״נ studied, deduced, defined
לָמֶד, נ׳, ר׳, לָמְדִין Lamed, twelfth letter of Hebrew alphabet
לְמַדַּי, תה״פ sufficiently, much
לַמְדָן, ז׳, ר׳, ־נִים student, researcher; scholar
לָמָּה, מ״ש why?, wherefore?
לָמוֹ, מ״ג to them, to those persons
לָמוּד, ת״ז, לְמוּדָה, ת״נ trained, accustomed
לִמּוּד, ז׳, ר׳, ־דִים student; study, learning
לִמּוּדִי, ת״ז, ־דִית, ת״נ theoretic, didactic
לְמַטָּה, תה״פ down, downwards
לְמִידָה, נ׳, ר׳, ־דוֹת learning, studying
לְמְלֵם, פ״ע to sneer; to grumble; to stutter

לְמַעֵט, תה"פ, ע' מְעַט — to exclude
לְמַעְלָה, תה"פ, ע' מַעְלָה — up, upwards
לְמַעַן, תה"פ, ע' מַעַן — so that, for, to; because of
לְמַפְרֵעַ, תה"פ — backward, retrospectively
לַמְרוֹת, תה"פ — in spite of
לָן, פ"ע, ע' [לון, לין] — lodge, sleep overnight
לָנוּ, מ"ג, ע' לְ־ — to us, for us
לִסְטוּת, נ', ר', לִסְטָיוֹת — robbery, thievery
לִסְטֵם, פ"י — to rob, steal
לַסְּט, ז', ר', לִסְטִים — bandit, robber
לֶסֶת, נ', ר', לְסָתוֹת — cheekbone, jawbone
לֹעַ, לוֹעַ, ז', ר', לֹעוֹת — jaw, throat; crater
לֹעַ־אֲרִי, ז' — snapdragon
[לעב] הִלְעִיב, פ"י — to deride, mock
לָעַג, פ"ע — to mock; to jest
לַעַג, ז', ר', לְעָגִים — ridicule, derision, mockery
לָעַד, תה"פ, ע' עַד — forever
לָעָה, פ"ע — to drink much; to stutter
לָעוֹז, ז', ר', ־זוֹת — speaker of a foreign tongue
לְעוֹלָם, תה"פ, ע' עוֹלָם — forever, always
לְעוּמַּת, לְעֻמַּת, תה"פ — against, opposite
לָעוּס, ת"ז, לְעוּסָה, ת"נ — chewed
לָעַז, פ"ע — to slander; to speak a foreign tongue
לַעַז, ז', ר', לְעָזִים — slander; foreign tongue

לָעַט, פ"י — to glut; to swallow greedily
הִלְעִיט, פ"י — to stuff; to make swallow
לְעִיזָה, נ', ר', ־זוֹת — slander
לְעִיטָה, נ', ר', ־טוֹת — feeding, stuffing, glutting
לְעֵיל, תה"פ — above, preceding
מִלְעֵיל — penultimate accent
לְעִיסָה, נ', ר', ־סוֹת — chewing; paste
לַעֲלָן, ז', ר', ־נִים — neutral
לְעֻמַּת, לְעוּמַּת, תה"פ — against, opposite
לַעֲנָה, נ', ר', לְעָנוֹת — wormwood
לָעַס, פ"י — to chew, masticate
לָעַע, פ"י — to swallow
לְעֵת, תה"פ — when
[לפד] הִתְלַפֵּד, פ"ח — to glitter, sparkle
לִפּוּף, ז', ר', ־פִים — swaddling; winding
לִפּוּת, ז', ר', ־תִים — spicing, sweets
לְפָחוֹת, תה"פ — at least
לְפִי, תה"פ — according to, because
לַפִּיד, ז', ר', ־דִים — torch
לְפִיכָךְ, תה"פ — therefore
לְפִיפָה, נ', ר', ־פוֹת — winding; wrapping; bandage
לִפְלוּף, ז', ר', ־פִים — pus, rheum
לִפְנוֹת, תה"פ — next to, near
לִפְנֵי, תה"פ — before, in front of
לִפְעָמִים, תה"פ — sometimes
לָפַף, לִפֵּף, פ"י — to swaddle; to embrace
לְפָפָה, נ', ר', ־פוֹת — diaper; bandage
לָפַת, פ"י — to embrace, clasp
לִפֵּת, פ"י — to combine (dishes)
לֶפֶת, נ', ר', לְפָתוֹת — turnip
לִפְתָּן, ז', ר', ־נִים — hors d'oeuvre; relish, condiment

לְפֶתַע, תה״פ — suddenly
לָץ, פ״ע, ע׳ [לוץ, ליץ] — mock
לֵץ, ז׳, ר׳, לֵצִים — buffoon; jester
לָצוֹן, ז׳ — haughtiness, mockery
לִצְמִיתוּת, תה״פ — forever
לֵצָן, לֵיצָן, ז׳, ר׳, ־נִים — clown, jester, scoffer
לֵצָנוּת, לֵיצָנוּת, נ׳, ר׳, ־נֻיּוֹת — buffoonery; irony
לָקָה, פ״ע — to flog; to be afflicted with disease
לָקוֹחַ, ז׳, ר׳, ־חוֹת — customer, purchaser
לִקּוּחַ, ז׳, ר׳, ־חִים — purchase
לָקוּט, ז׳, ר׳, לְקוּטוֹת — grain; gleaner
לִקּוּט, ז׳, ר׳, ־טִים — gleaning, picking
לִקּוּי, ז׳, ר׳, ־יִים — defect, blemish; eclipse
לָקוּי, ת״ז, לְקוּיָה, ת״נ — defective, abnormal
לְקוּת, נ׳, ר׳, ־תוֹת — defect, blemish
לְקוּת הַשֵּׂכֶל — abnormality
לָקַח, פ״י — to take, accept; to conquer
לֶקַח, ז׳, ר׳, לְקָחִים — knowledge, wisdom; lesson
לָקַט, פ״י — to glean, gather
לֶקֶט, ז׳, ר׳, לְקָטִים — gleaning, gathering
לְקִיחָה, נ׳, ר׳, ־חוֹת — taking; betrothal
לְקִיטָה, נ׳, ר׳, ־טוֹת — picking, gathering
לְקִישׁ, ז׳, ר׳, לַקִישׁוֹת — ripening
לְקִיקָה, נ׳, ר׳, ־קוֹת — licking
לְקַמָּן, תה״פ — further on; below
לָקַק, פ״י — to lick, lap
לִקְרַאת, תה״פ — towards; to meet
לֶקֶשׁ, ז׳ — new grain; spring crop
לִקֵּשׁ, פ״י — to gather first fruit
לָרֹב, תה״פ — mostly, mainly
לְרַבּוֹת, תה״פ — including
לְרֶגֶל, תה״פ — according to; on account of
לְרַע, תה״פ — down, downwards, below
מִלְּרַע — ultimate accent
לָשׁ, פ״י, ע׳ [לוש] — knead
לְשַׁד, ז׳ — sap; vigor; marrow
לָשׁוֹן, נ׳, ר׳, לְשׁוֹנוֹת — tongue; speech; language
לָשׁוֹן נוֹפֵל עַל לָשׁוֹן — alliteration
לְשׁוֹנִי, ת״ז, ־נִית, ת״נ — linguistic, lingual
לִשְׁכָּה, נ׳, ר׳, לְשָׁכוֹת — large room; office
לִשְׁלֶשֶׁת, נ׳, ר׳, לִשְׁלָשׁוֹת — droppings (bird)
לֶשֶׁם, ז׳, ר׳, לְשָׁמִים — opal; turquoise
לְשֵׁם, תה״פ, ע׳ שֵׁם — for (the sake of), according to
[לשן] הִלְשִׁין, פ״י — to slander; to inform
לְתִיתָה, נ׳, ר׳, ־תוֹת — the moistening of grain (before milling)
לֶתֶךְ, ז׳, ר׳, לְתָכִים — a dry measure
לָתַת, פ״י — to moisten, dampen (grain)
לֶתֶת, ז׳, ר׳, לְתָתִים — malt

מ, ם

מ, ם — Mem, thirteenth letter of Hebrew alphabet; forty (מ); six hundred (ם)
מִ־, מֵ־, מ״י — from, of; since
מַאֲבוּס, ז׳, ר׳, ־סִים — granary, feeding stall

מְאַגְרֵף, ז׳, ר׳, ־רְפִים boxer, pugilist

מְאֹד, תה״פ; ז׳ very, exceedingly; force, might, strength

מַאֲדִים, ז׳ Mars

מֵאָה, נ׳, ר׳, ־אוֹת hundred; century

מָאתַיִם two hundred

לְמֵאָה per cent

מַאֲהָב, ז׳, ר׳, ־בִים flirt; romance

מְאוּבָּן, מְאֻבָּן, ז׳, ר׳, ־נִים fossil

מְאוּוְרָר, מְאֻוְרָר, ת״ז, ־רֶרֶת, ת״נ ventilated, air-conditioned

מְאוּזָּן, מְאֻזָּן, ת״ז, ־זֶּנֶת, ת״נ balanced; horizontal

מְאוּחָד, מְאֻחָד, ת״ז, ־חֶדֶת, ת״נ united, joined

מְאוּחָר, מְאֻחָר, ת״ז, ־חֶרֶת, ת״נ tardy, late

מַאֲוַי, מַאֲוֶה, ז׳, ר׳, מַאֲוַיִּים desire

מְאוּיָּן, מְאֻיָּן, ת״ז, ־יֶּנֶת, ת״נ negative

מְאוּכְזָב, מְאֻכְזָב, ת״ז, ־זֶבֶת, ת״נ disappointed

מְאוּכְלָס, מְאֻכְלָס, ת״ז, ־לֶסֶת, ת״נ populated

מְאוּם, מְאוּמָה, ז׳ something; anything; a little

מְאוּמָּץ, מְאֻמָּץ, ת״ז, ־מֶּצֶת, ת״נ adopted (child)

מֵאוּן, ז׳, ר׳, ־נִים refusal

מְאוּנָּךְ, מְאֻנָּךְ, ת״ז, ־נֶּכֶת, ת״נ perpendicular, vertical

מִאוּס, מֵאוּס, ז׳ ugliness, repulsiveness

מָאוּס, ת״ז, מְאוּסָה, ת״נ repugnant

מְאוּצְבָּע, מְאֻצְבָּע, ת״ז, ־בַּעַת, ת״נ digital

מָאוֹר, ז׳, ר׳, מְאוֹרוֹת light, luminary

מְאוּרְגָּן, מְאֻרְגָּן, ת״ז, ־גֶּנֶת, ת״נ organized; arranged

מְאוּרָה, נ׳, ר׳, ־רוֹת (snake) hole

מְאוֹרָס, מְאֹרָס, ז׳, ר׳, ־סִים betrothed

מְאוֹרָע, מְאֹרָע, ז׳, ר׳, ־עוֹת, ־עִים event, occasion

מְאַוְרֵר, ז׳, ר׳, ־רְרִים fan, air conditioner

מְאֻוְרָר, מְאוּוְרָר, ת״ז, ־רֶרֶת, ת״נ ventilated, air-conditioned

מְאוּשָּׁר, מְאֻשָּׁר, ת״ז, ־שֶּׁרֶת, ת״נ happy; fortunate

מְאֻזָּן, מְאוּזָּן, ת״ז, ־זֶּנֶת, ת״נ balanced, horizontal

מַאֲזָן, ז׳, ר׳, ־נִים balance sheet

מֹאזְנַיִם, ז׳, ר׳ balances, scales; Libra

מְאֻחָד, מְאוּחָד, ת״ז, ־חֶדֶת, ת״נ united, joined

מַאֲחֵז, ז׳, ר׳, ־חֲזִים paper clip

מְאֻחָר, מְאוּחָר, ת״ז, ־חֶרֶת, ת״נ late, tardy

מַאי, ז׳ May

מְאַיֵּד, ז׳, ר׳, מְאַיְּדִים carburetor

מֵאֵימָתַי, תה״פ from when; as of what time

מֵאַיִן, תה״פ whence; from lack of

מְאֻיָּן, מְאוּיָּן, ת״ז, ־יֶּנֶת, ת״נ negative

מְאִיסָה, מְאִיסוּת, נ׳ disgust; repulsiveness; rejection

מֵאִית, נ׳, ר׳, ־יוֹת one-hundredth

מְאֻכְזָב, מְאוּכְזָב, ת״ז, ־זֶבֶת, ת״נ disappointed

מַאֲכָל, ז׳, ר׳, ־לִים, ־לוֹת food; meal

עֵץ מַאֲכָל fruit tree

מְאֻכְלָס, מְאוּכְלָס, ת״ז, ־לֶסֶת, ת״נ populated

מַאֲכֶלֶת, נ׳, ר׳, ־כָלוֹת large knife

מַאֲכֹלֶת, נ׳, ר׳, ־כוֹלוֹת food for fire, fuel; louse

מְאַלֵּף, ז׳, ר׳, ־לְּפִים instructor, trainer

מְאַמֵּן, ז׳, ר׳, ־מְּנִים trainer

מַאֲמָץ, ז׳, ר׳, ־מַצִּים effort, endeavor; power

מְאֻמָּץ, מְאוּמָּץ, ת״ז, ־מֶּצֶת, ת״נ adopted (child)

מַאֲמָר, ז׳, ר׳, ־רִים, ־רוֹת command; word; article; sentence

מַאֲמָר רָאשִׁי editorial

מֵאֵן, פ״ע to refuse

מְאֻנָּךְ, מְאוּנָּךְ, ת״ז, ־נֶּכֶת, ת״נ perpendicular, vertical

מָאַס, פ״י to despise

נִמְאַס, פ״ע to be despised; to feel disgusted

הִמְאִיס, פ״י to make despised

מְאַסֵּף, ז׳, ר׳, ־סְּפִים rear guard; literary collection

מַאֲסָר, ז׳, ר׳, ־רִים imprisonment; jail

מַאֲפֶה, ז׳, ר׳, ־פִים pastry; baked goods

מַאֲפִיָּה, נ׳, ר׳, ־פִיּוֹת bakery

מַאֲפֵל, ז׳, ר׳, ־פְלִים darkness

מַאְפֵּלְיָה, נ׳ deep darkness; tomb

מַאֲפֵרָה, נ׳, ר׳, ־רוֹת ash tray

מְאֻצְבָּע, מְאוּצְבָּע, ת״ז, ־בַּעַת, ת״נ digital

[מאר] הִמְאִיר, פ״י to pierce; to infect; to become malignant

מַאֲרָב, ז׳, ר׳, ־בִים ambush

מְאָרֵב, ז׳, ר׳, ־רְבִים lier-in-wait

מְאַרְגֵּן, ז׳, ר׳, ־גְּנִים organizer

מְאֻרְגָּן, מְאוּרְגָּן, ת״ז, ־גֶּנֶת, ת״נ organized, arranged

מְאֵרָה, נ׳, ר׳, ־רוֹת curse

מַאֲרוּפָה, נ׳, ר׳, ־פוֹת rake, mattock

מְאָרֵחַ, ז׳, ר׳, ־חִים host

מָאֳרָךְ, ת״ז, ־רֶכֶת, ת״נ oblong

מְאֹרָס, מְאוֹרָס, ז׳, ר׳, ־סִים betrothed

מְאֹרָע, מְאוֹרָע, ז׳, ר׳, ־עוֹת, ־עִים event, occasion

מְאֻשָּׁר, מְאוּשָּׁר, ת״ז, ־שֶּׁרֶת, ת״נ happy; fortunate

מֵאֵת, מ״י from; by

מָאתַיִם, ש״מ two hundred

מַבְאִישׁ, ת״ז, ־שָׁה, ת״נ smelly

מְבֹאָר, מְבוֹאָר, ת״ז, ־אֶרֶת, ת״נ evident, clear, explained

מְבֻגָּר, מְבוּגָּר, ת״ז, ־גֶּרֶת, ת״נ adult

מִבְדּוֹק, ז׳, ר׳, ־קִים shipyard

מְבַדֵּחַ, ת״ז, ־דַּחַת, ת״נ funny, amusing

מַבְדִּיל, ז׳ differentiator

מֻבְדָּל, מוּבְדָּל, ת״ז, ־דֶּלֶת, ת״נ separated

מַבְהִיל, ת״ז, ־לָה, ת״נ terrifying

מַבְהִיק, ת״ז, ־קָה, ת״נ shining

מֻבְהָק, מוּבְהָק, ת״ז, ־הֶקֶת, ת״נ renowned; expert; distinguished

מָבוֹא, ז׳, ר׳ ־מְבוֹאִים, ־אוֹת entrance; introduction

מְבוֹא הַשֶּׁמֶשׁ sunset, west

מְבוֹא יָם port

מְבוֹאָר, מְבֹאָר, ת״ז, ־אֶרֶת, ת״נ evident, clear, explained

מְבוּגָּר, מְבֻגָּר, ת״ז, ־גֶּרֶת, ת״נ adult

מָבוֹי, ז׳, ר׳, מְבוֹיִים, מְבוֹאוֹת entrance; lane; hall

מְבוּטָּל, מְבֻטָּל, ת״ז, ־טֶּלֶת, ת״נ invalid; insignificant

מָבוֹךְ, ז׳, ר׳, מְבוֹכִים labyrinth

מְבוּכָה, נ׳, ר׳, ־כוֹת consternation; confusion, perplexity

מַבּוּל, ז׳ — flood, deluge

מְבוּלְבָּל, מְבֻלְבָּל, ת״ז, ־בֶּלֶת, ת״נ — confused

מְבוּסָה, נ׳, ר׳, ־סוֹת — trampling, defeat

מְבוּסָּס, מְבֻסָּס, ת״ז, ־סֶּסֶת, ת״נ — founded

מַבּוּעַ, ז׳, ר׳, ־עִים — fountain, spring of water

מְבוּקָה, נ׳, ר׳, ־קוֹת — desolation; emptiness

מְבוּקָּשׁ, מְבֻקָּשׁ, ת״נ, ־קֶּשֶׁת, ת״נ — sought, requested

מְבוּקָּשׁ, ז׳, ר׳, ־שִׁים — request

מְבוֹרָךְ, מְבֹרָךְ, ת״ז, ־רֶכֶת, ת״נ — blessed

מְבוּשִׁים, ז״ר — pudenda

מְבוּשָּׁל, מְבֻשָּׁל, ת״ז, ־שֶּׁלֶת, ת״נ — cooked

מִבְחוֹר, ז׳, ר׳, ־רים — choice; excellence

מִבְחָן, ז׳, ר׳, ־נִים — test, examination

מִבְחָר, ז׳, ר׳, ־רִים — choice, best; selection

מֻבְחָר, מוּבְחָר, ת״ז, ־חֶרֶת, ת״נ — select, choice

מַבָּט, ז׳, ר׳, ־טִים — look; aspect; expectation

נְקֻדַּת מַבָּט — point of view

מִבְטָא, ז׳, ר׳, ־אִים — pronunciation, accent; expression

מִבְטָח, ז׳, ר׳, ־חִים — trust, confidence; fortress

מֻבְטָח, מוּבְטָח, ת״ז, ־טַחַת, ת״נ — promised

מְבֻטָּל, מְבוּטָּל, ת״ז, ־טֶּלֶת, ת״נ — invalid; insignificant

מֻבְטָל, מוּבְטָל, ז׳, ר׳, ־לִים — unemployed person

מְבֻיָּל, מְבוּיָּל, ת״ז, ־יֶּלֶת, ת״נ — stamped

מֵבִין, ז׳, ר׳, מְבִינִים — teacher, expert

מֵבִישׁ, ת״ז, מְבִישָׁה, ת״נ — shameful; disgraceful

מְבֻיָּת, מְבוּיָּת, ת״ז, ־יֶּתֶת, ת״נ — domesticated

מַבְכִּירָה, נ׳, ר׳, ־רוֹת — female giving birth for first time

מְבֻלְבָּל, מְבוּלְבָּל, ת״ז, ־בֶּלֶת, ת״נ — confused

מִבְלָט, ז׳, ר׳, ־טִים — protrusion

מִבְּלִי, מ״י, ע׳ בְּלִי — without

מַבְלִיגִית, נ׳ — restraint

מִבִּלְעֲדֵי, מ״י, ע׳ בִּלְעֲדֵי — without, except

מִבִּלְתִּי, תה״פ — because ... not; for lack of

מִבְנֶה, ז׳, ר׳, ־נִים — structure

מְבֻסָּס, מְבוּסָּס, ת״ז, ־סֶּסֶת, ת״נ — founded

מַבָּע, ז׳, ר׳, ־עִים — expression of thought, utterance

מִבַּעַד לְ־, תה״פ — from behind

מְבֹעָר, ת״ז, ־עֶרֶת, ת״נ — burned; eliminated

מִבְעָר, ז׳, ר׳, ־רִים — incinerator

מִבִּפְנִים, תה״פ — from within

מִבְצָע, ז׳, ר׳, ־עִים — project

מִבְצָר, ז׳, ר׳, ־רִים — fortress; stronghold

מְבַקֵּר, ז׳, ר׳, ־קְּרִים — critic; visitor; controller

מְבַקֵּשׁ, ז׳, ר׳, ־קְשִׁים — petitioner, applicant; student

מְבֻקָּשׁ, מְבוּקָּשׁ, ת״ז, ־קֶּשֶׁת, ת״נ — sought; requested

מִבְרָאָה, נ׳, ר׳, ־אוֹת — sanatorium

מַבְרֵג, ז׳, ר׳, ־רְגִים — screw driver

מְבֹרָג, מוּבְרָג, ת"ז, ־רֶגֶת, ת"נ screwed
מִבְרָח, ז', ר', ־חִים refugee, fugitive; refuge
מְבֹרָח, מוּבְרָח, ת"ז, ־רַחַת, ת"נ contraband, smuggled (goods)
מַבְרִיק, ת"ז, ־קָה, ת"נ shining, sparkling
מְבֹרָךְ, מְבוֹרָךְ, ת"ז, ־רֶכֶת, ת"נ blessed
מְבֹרָךְ, מוּבְרָךְ, ת"ז, ־רֶכֶת, ת"נ kneeled; bent
מִבְרָק, ז', ר', ־קִים telegram, wire
מִבְרַק אַלְחוּטִי cablegram
מִבְרָקָה, נ', ר', ־קוֹת telegraph office
מִבְרֶשֶׁת, נ', ר', ־רָשׁוֹת brush
מָבוֹשׁ, ז', ר', מְבֻשִׁים pudendum
מְבֻשָּׁל, מְבוּשָּׁל, ת"ז, ־שֶּׁלֶת, ת"נ cooked
מְבַשֵּׁל, ז', ר', ־שְּׁלִים cook (m.)
מְבַשֶּׁלֶת, נ', ר', ־שְּׁלוֹת cook (f.)
מִבְשָׂמָה, נ', ר', ־מוֹת perfumery
מְבַשֵּׂר, ז', ר', ־שְּׂרִים herald; announcer
מְבַשֵּׂר גֶּשֶׁם plover
מָג, פ"ע, ע' [מוג] to shake; to melt
מָג, ז', ר', ־גִים magician
רַב מָג Babylonian royal dignitary; chief; magician
מַגְבֵּהַ, ז', ר', ־הִים jack
מַגָּבָה, נ', ר', ־בוֹת goal, target
מַגְבִּיל, ז', ר', ־לִים modifier
מַגְבִּיר־קוֹל, ז' loudspeaker, megaphone
מַגְבִּית, נ', ר', ־יוֹת collection (of money)
מְגֻבָּל, מוּגְבָּל, ת"ז, ־בֶּלֶת, ת"נ limited

מִגְבָּלָה, נ', ר', ־לוֹת chain-making; constitution (of body)
מְגַבֵּן, ז', ר', ־בְּנִים cheese-maker
מִגְבָּע, ז', ר', ־עִים top hat
מִגְבַּעַת, נ', ר', ־בָּעוֹת hat; headgear
מִגְבַּעַת כְּהוּנָה miter
מַגְבֵּר, ז', ר', ־בְּרִים amplifier
מַגֶּבֶת, נ', ר', מַגָּבוֹת towel
מֶגֶד, ז', ר', מְגָדִים excellence; choice thing; something delicious, sweet
מִגֵּד, הִמְגִּיד, פ"י to make delicious
מִגְדָּל, ז', ר', ־לִים, ־לוֹת tower; cupboard; platform
מְגַדֵּל, ז', ר', ־דְּלִים breeder
מִגְדַּלּוֹר, ז', ר', ־רִים lighthouse
מַגְדֶּלֶת, נ', ר', ־דָּלוֹת microscope
מִגְדָּן, ז', ר', ־נִים, ־נוֹת gift; precious thing
מֻגָּה, מוּגָּה, ת"ז, מֻגַּהַת, ת"נ revised; proofread
מַגְהֵץ, ז', ר', ־הֲצִים pressing iron, flatiron
מְגֻהָץ, ת"ז, ־הֶצֶת, ת"נ pressed, ironed
מַגּוֹב, ז', ר', ־בִים rake; winnowing fork
מְגוּוָּן, מְגֻוָּן, ת"ז, ־וֶּנֶת, ת"נ variegated, multicolored
מְגוּחָךְ, מְגֻחָךְ, ת"ז, ־חֶכֶת, ת"נ grotesque; ridiculous
מְגוּלְגָּל, מְגֻלְגָּל, ת"ז, ־גֶּלֶת, ת"נ rounded; reincarnated
מְגוּלֶּה, מְגֻלֶּה, ת"ז, ־לָּה, ת"נ uncovered, revealed
מְגוּלָּח, מְגֻלָּח, ת"ז, ־לַּחַת, ת"נ shaven
מְגֻוָּן, מְגוּוָּן, ת"ז, ־וֶּנֶת, ת"נ variegated, multicolored

מְגוּנְדָּר, מְגֻנְדָּר, ת״ז, ־דֶּרֶת, ת״נ dandyish, coquettish

מְגוּנֶּה, מְגֻנֶּה, ת״ז, ־נָּה, ת״נ discreditable; ugly

מְגוּפָה, נ׳, ר׳, ־פוֹת stopper, bung

מָגוֹר, ז׳ fear, terror

מְגוּרָה, נ׳, ר׳, ־רוֹת granary; warehouse; fear

מְגוּרִים, ז״ר residence

מְגוּשָּׁם, מְגֻשָּׁם, ת״ז, ־שֶּׁמֶת, ת״נ coarse; materialistic; rainy

מִגְזָזַיִם, ז״ז shears

מַגְזִים, ז׳, ר׳, ־מִים exaggerator

מֻגְזָם, מוּגְזָם, ת״ז, ־זֶמֶת, ת״נ exaggerated

מִגְזָר, ז׳, ר׳, ־רִים piece

מַגְזֵרָה, נ׳, ר׳, ־רוֹת cutting instrument; saw

מִגְזָרַיִם, ז״ר wire cutter

מְגֻחָךְ, מְגוּחָךְ, ת״ז, ־חֶכֶת, ת״נ grotesque; ridiculous

מַגִּיד, ז׳, ר׳, ־דִים narrator; preacher

מַגִּידוּת, נ׳ homilies

מַגִּיהַּ, ז׳, ר׳, ־הִים proofreader

מְגִילָה, מְגִלָּה, נ׳, ר׳, ־לוֹת roll, scroll

מְגֻיָּס, ת״ז, ־יֶּסֶת, ת״נ conscripted

מַגִּישׁ, ז׳, ר׳, ־שִׁים waiter

מַגָּל, ז׳, ר׳, ־לִים, ־לוֹת scythe, sickle

מִגֵּל, פ״י to form pus

נִתְמַגֵּל, פ״ח to become pussy

מַגְלֵב, ז׳, ר׳, ־לְבִים whip, lash

מַגְלֵגֵל, ז׳, ר׳, ־גְּלִים rolling pin

מְגֻלְגָּל, מְגוּלְגָּל, ת״ז, ־גֶּלֶת, ת״נ rounded; reincarnated

בֵּיצָה מְגֻלְגֶּלֶת soft-boiled egg

מְגִלָּה, מְגִילָה, נ׳, ר׳, ־וֹת roll, scroll

מְגֻלֶּה, מְגוּלֶּה, ת״ז, ־לָּה, ת״נ uncovered, revealed

מֻגְלָה, נ׳ pus

מְגֻלָּח, מְגוּלָּח, ת״ז, ־לַּחַת, ת״נ shaven

מַגְלֵלָה, מַגְלֶלֶת, נ׳ tape measure

מִגְלָשַׁיִם, ז״ז skis

מְגַמְגֵּם, ז׳, ר׳, ־גְּמִים stutterer

מְגַמָּה, נ׳, ר׳, ־מּוֹת direction; destination; purpose

מֻגְמָר, מוּגְמָר, ז׳, ר׳, ־רִים, ־רוֹת incense

מֻגְמָר, מוּגְמָר, ת״ז, ־מֶרֶת, ת״נ finished

מָגֵן, ז׳, ר׳, מָגִינִּים; shield, escutcheon; defense, protection

מָגֵן דָּוִד star, shield of King David

מָגֵן־דָּוִד אָדֹם red shield

מִגֵּן, פ״י to deliver; to grant; to defend

הִתְמַגֵּן, פ״ח to shield oneself

מֵגֵן, ז׳, ר׳, מְגִנִּים defender

מְגֻנְדָּר, מְגוּנְדָּר, ת״ז, ־דֶּרֶת, ת״נ dandyish, coquettish

מְגֻנֶּה, מְגוּנֶּה, ת״ז, ־נָּה, ת״נ discreditable; ugly

מְגִנָּה, נ׳, ר׳, ־נּוֹת trouble

מְגִנַּת־לֵב perplexity

מָגְנוֹר, ז׳, ר׳, ־רִים lamp shade

מַגָּע, ז׳, ר׳, ־עִים contact; touch

מַגָּע וּמַשָּׂא relation, intercourse

מִגְעֶרֶת, נ׳, ר׳, ־עָרוֹת rebuke; failure

מַגָּף, ז׳, ר׳, מַגָּפַיִם boots; gaiters

מַגֵּפָה, נ׳, ר׳, ־פוֹת plague, pestilence, epidemic; defeat

מִגֵּר, פ״י to pull down, cast down

נִתְמַגֵּר, פ״ח to be precipitated

מַגְרֵד, ז׳, ר׳, ־רְדִים file; grater

מַגְרֶדֶת, נ׳, ר׳, ־רָדוֹת scouring brush; strigil; grater

מְגֵרָה, נ׳, ר׳, ־רוֹת — saw; drawer (of chest); plane
מִגְרַעַת, נ׳, ר׳, ־עוֹת — fault, defect
מֶגְרָפָה, נ׳, ר׳, ־פוֹת — clod of earth
מַגְרֵפָה, נ׳, ר׳, ־פוֹת — rake; organ
מִגְרָרָה, נ׳, ר׳, ־רוֹת — sleigh
מַגְרֶרֶת, נ׳, ר׳, ־רוֹת — grating-iron
מִגְרָשׁ, ז׳, ר׳, ־שִׁים — suburb;building lot
מַגָּשׁ, ז׳, ר׳, ־שִׁים — tray
מְגֻשָּׁם, מְגוּשָּׁם, ת״ז, ־שֶּׁמֶת, ת״נ — coarse; materialistic; rainy
מַד, ז׳, ר׳, מַדִּים — uniform; measure
מְדֻבָּק, מוּדְבָּק, ת״ז, ־בֶּקֶת, ת״נ — stuck
מַדְבֵּקָה, נ׳, ר׳, ־קוֹת — label
מִדְבָּר, ז׳, ר׳, ־רִים, ־רוֹת, ־רִיּוֹת — desert; speech
מְדַבֵּר, ז׳, ר׳, ־בְּרִים — speaker; first person pronoun
מְדֻבָּר, מְדוּבָּר, ת״ז, ־בֶּרֶת, ת״נ — spoken, talked about
מִדְגֶּה, ז׳, ר׳, ־גִּים — pisciculture
מִדְגָּם, ז׳, ר׳, ־מִים — showpiece
מַדְגֵּרָה, נ׳, ר׳, ־רוֹת — incubator
מֻדְגָּשׁ, מוּדְגָּשׁ, ת״ז, ־גֶּשֶׁת, ת״נ — emphasized
מָדַד, פ״י — to measure
מִדֵּד, פ״י — to stretch out; to measure out; to survey
הִתְמוֹדֵד, פ״ח — to stretch oneself out
מֶדֶד, ז׳ — measuring; measurement
מַדָּד, ז׳ — index
מִדָּה, נ׳, ר׳, מִדּוֹת — measure; size; characteristic; tribute (tax)
קְנֵה־מִדָּה — standard, criterion
מַדְהֵבָה, נ׳, ר׳, ־בוֹת — rapacity; oppression
מְדוּבָּר, מְדֻבָּר, ת״ז, ־בֶּרֶת, ת״נ — spoken, talked about

מָדוּד, ת״ז, מְדוּדָה, ת״נ — measured
מַדְוֶה, ז׳, ר׳, ־וִים — disease, sickness
מַדּוּחַ, ז׳, ר׳, ־חִים — seduction
מְדוּיָּק, מְדֻיָּק, ת״ז, ־יֶּקֶת, ת״נ — exact, precise; punctual
מָדוֹךְ, ז׳, ר׳, מְדוֹכִים — pestle
מְדוּכָּא, מְדֻכָּא, ת״ז, ־כֵּאת, ת״נ — oppressed; crushed
מְדוֹכָה, נ׳, ר׳, ־כוֹת — mortar; saddle
יָשַׁב עַל הַמְּדוֹכָה — to ponder
מְדוּכְדָּךְ, מְדֻכְדָּךְ, ת״ז, ־דֶּכֶת, ת״נ — oppressed; crushed
מְדוּמֶּה, מְדֻמֶּה, ת״ז, מְדֻמָּה, ת״נ — apparent, seeming
מָדוֹן, ז׳, ר׳, מְדוֹנִים — quarrel, strife
אִישׁ מְדוֹנִים, אִישׁ מִדְיָן — quarrelsome person
מַדּוּעַ, מ״ש — wherefore, why
מְדוּקְדָּק, מְדֻקְדָּק, ת״ז, ־דֶּקֶת, ת״נ — detailed
מָדוֹר, ז׳, ר׳, מְדוֹרִים, ־רוֹת — section; dwelling; room
מְדוּרָה, נ׳, ר׳, ־רוֹת — bonfire; pile of fuel
מְדוּשָׁה, נ׳, ר׳, ־שׁוֹת — threshed-out grain
מְדוּשָּׁן, מְדֻשָּׁן, ת״ז, ־שֶּׁנֶת, ת״נ — fat; oily
מַדְזְמַן, ז׳, ר׳, ־נִּים — stop-watch, chronometer
מִדְחֶה, ז׳, ר׳, ־חִים — postponement; fallacy; obstacle
מַדְחֹם, ז׳, ר׳, ־חֲמִים — thermometer
מַדְחֵפָה, נ׳, ר׳, ־פוֹת — pit; thrust
מִדֵּי, תה״פ, ע׳ דַּי — as often as, each time that
מִדַּי, לְמַדַּי, תה״פ — sufficiently; much
מְדִידָה, נ׳, ר׳, ־דוֹת — measuring
חָכְמַת הַמְּדִידָה — geometry

מַדִּיחַ, ז׳, ר׳, ־חִים seducer
מְדָן, ז׳, ר׳, ־נִים contention; quarrel
מְדִינַאי, ז׳, ר׳, ־נָאִים statesman, diplomat; politician
מְדִינָה, נ׳, ר׳, ־נוֹת state; city; province; land
מְדִינִי, ת״ז, ־נִית, ת״נ political
מְדִינִיּוּת, נ׳ political science; policy, diplomacy; politics
מְדֻיָּק, מְדוּיָּק, ת״ז, ־יֶּקֶת, ת״נ exact, precise; punctual
מְדֻכָּא, מְדוּכָּא, ת״ז, ־כֵּאת, ת״נ oppressed; crushed
מַדְכֹּבֶד, ז׳, ר׳, מַדְכָּבְדִים barometer
מְדֻכְדָּךְ, מְדוּכְדָּךְ, ת״ז, ־דֶּכֶת, ת״נ oppressed; crushed
מִדְלָעָה, מִדְלַעַת, נ׳, ר׳, מִדְלָעוֹת a field of pumpkins
מַדְלֵק, ז׳, ר׳, ־לְקִים safety match
מְדֻמֶּה, מְדוּמֶּה, ת״ז, ־מָּה, ת״נ apparent, seeming
מַדְמַיִם, ז׳, ר׳, ־מֵימִים water meter
מַדְמֵנָה, נ׳, ר׳, ־נוֹת dunghill
מָדָן, ז׳, ר׳, מְדָנִים quarrel; knot
מַדָּע, ז׳, ר׳, ־עִים science; knowledge
מַדָּעִי, ת״ז, ־עִית, ת״נ scientific
מַדְּעָן, ז׳, ר׳, ־נִים scientist
מַדָּף, ז׳, ר׳, ־פִּים shelf
מַדְפִּיס, ז׳, ר׳, ־סִים printer
מִדְפָּס, ז׳, ר׳, ־סִים printed letter; typewritten letter
מֻדְפָּס, מוּדְפָּס, ת״ז, ־פֶּסֶת, ת״נ printed
מְדַקְדֵּק, ז׳, ר׳, ־דְּקִים grammarian; pedant
מְדֻקְדָּק, מְדוּקְדָּק, ת״ז, ־דֶּקֶת, ת״נ detailed

מַדְקֵרָה, נ׳, ר׳, ־רוֹת piercing
מְדֹרָג, מוּדְרָג, ת״ז, ־רֶגֶת, ת״נ graded; gradual
מִדְרָג, ז׳, ר׳, ־גִים terrace
מַדְרֵגָה, נ׳, ר׳, ־גוֹת step; rung; scale
מִדְרוֹן, ז׳, ר׳, ־נִים slope; declivity
מַדְרִיךְ, ז׳, ר׳, ־כִים guide; guidebook
מִדְרָךְ, ז׳, ר׳, ־כִים footstep; treading
מִדְרָכָה, נ׳, ר׳, ־כוֹת sidewalk
מִדְרָס, ז׳, מִדְרָסָה, נ׳, ר׳, ־סִים, ־סוֹת footstep; foot lift; doormat
מִדְרָשׁ, ז׳, ר׳, ־שִׁים homiletical interpretation, homiletical commentary; exposition
בֵּית־מִדְרָשׁ beth-midrash, institute for learning
מִדְרָשָׁה, נ׳, ר׳, ־שׁוֹת gymnasium; high school
מִדְשָׁאָה, נ׳, ר׳, ־אוֹת lawn
מְדֻשָּׁן, מְדוּשָּׁן, ת״ז, ־שֶּׁנֶת, ת״נ fat; oily
מַה, מָה, מֶה, מ״ש what?, why?
מְהַגֵּר, ז׳, ר׳, ־גְּרִים emigrant
מַהֲדוּרָה, נ׳, ר׳, ־רוֹת edition
מְהַדֵּק, ז׳, ר׳, ־דְּקִים clip
מְהֻדָּר, מְהוּדָּר, ת״ז, ־דֶּרֶת, ת״נ ornate
מָהוּל, ת״ז, מְהוּלָה, ת״נ mixed; circumcised
מְהוּלָּל, מְהֻלָּל, ת״ז, ־לֶּלֶת, ת״נ praised
מְהוּמָה, נ׳, ר׳, ־מוֹת confusion; tumult; disturbance
מְהוּפָּךְ, מְהֻפָּךְ, ת״ז, ־פֶּכֶת, ת״נ opposite, overturned
מְהוּרְהָר, מְהֻרְהָר, ת״ז, ־הֶרֶת, ת״נ pensive

מַהוּת, נ׳, ר׳, מַהֻיּוֹת being; essence; quality
מַהוּתִי, ת״ז, ־תִית, ־ת״נ essential
מֵהֵיכָן, תה״פ from where, whence
מְהֵימָן, ת״ז, ־נָה, ת״נ faithful; reliable
מְהֵימָנוּת, נ׳ reliability
מָהִיר, ת״ז, מְהִירָה, ת״נ quick; skillful
מְהִירוּת, נ׳, ר׳, ־רֻיּוֹת speed; quickness
מָהַל, פ״י to mix; to circumcise
מַהֲלָךְ, ז׳, ר׳, ־כִים walk; journey; distance; access; gear
מַהֲלָל, ז׳, ר׳, ־לָלִים applause
מְהֻלָּל, מְהוּלָּל, ת״ז, ־לֶּלֶת, ת״נ praised
מַהֲלֻמָּה, נ׳, ר׳, ־מּוֹת blow
מֵהֶם, מה״י, ע׳ מִן from them (*m.*)
[מהמה] הִתְמַהְמֵהַּ, פ״ע to linger; to hesitate; to be late
מֶהְמֵהַ, ז׳ a great crowd
מַהֲמוֹרָה, נ׳, ר׳, ־רוֹת pit; grave pit
מֵהֶן, מה״י, ע׳ מִן from them (*f.*)
מְהַנְדֵּס, ז׳, ר׳, ־דְּסִים engineer
מְהֻפָּךְ, מְהוּפָּךְ, ת״ז, ־פֶּכֶת, ת״נ opposite; overturned
מַהְפֵּכָה, נ׳, ר׳, ־כוֹת destruction; revolution
מַהְפְּכָן, ז׳, ר׳, ־כָנִים revolutionary
מַהְפְּכָנוּת, נ׳ revolutionism
מַהְפְּכָנִי, ת״ז, ־נִית, ת״נ revolutionary
מַהְפֶּכֶת, נ׳, ר׳, ־פָּכוֹת stocks
מֹהַר, ז׳ dowry
מָהַר, פ״י to buy a wife; to give a dowry
נִמְהַר, פ״ע to be hasty; to be overzealous, rash
מִהֵר, פ״ע ופ״י to hasten, hurry

מַהֵר, מְהֵרָה, תה״פ speedily, quickly, in a hurry
בִּמְהֵרָה, עַד מְהֵרָה soon
מְהֻרְהָר, מְהוּרְהָר, ת״ז, ־הֶרֶת, ת״נ pensive
מַהֲתַלָּה, נ׳, ר׳, ־לּוֹת jest; comedy; mockery
מוּבָא, ז׳ entrance
מוּבְדָּל, מֻבְדָּל, ת״ז, ־דֶּלֶת, ת״נ separated
מוּבְהָק, מֻבְהָק, ת״ז, ־הֶקֶת, ת״נ renowned, distinguished; expert
מוּבְחָר, מֻבְחָר, ת״ז, ־חֶרֶת, ת״נ select
מוּבְטָח, מֻבְטָח, ת״ז, ־טַחַת, ת״נ promised
מוּבְטָל, מֻבְטָל, ז׳, ר׳, ־לִים unemployed
מוֹבִיל, ז׳, ר׳, ־לִים carrier
מוּבָן, ז׳, ר׳, ־נִים meaning; significance
מוּבָן, ת״ז, ־בֶנֶת, ת״נ understood
מוּבָס, ת״ז, ־סָה, ת״נ trampled; defeated
מוּבְרָג, מֻבְרָג, ת״ז, ־רֶגֶת, ת״נ screwed
מוּבְרָח, מֻבְרָח, ת״ז, ־רַחַת, ת״נ contraband; smuggled (goods)
מוּבְרָךְ, מֻבְרָךְ, ת״ז, ־רֶכֶת, ת״נ kneeled; bent
[מוג] מָג, פ״ע to melt
נָמוֹג, פ״ע to melt away
מוֹגֵג, פ״י to soften; to dissolve
הִתְמוֹגֵג, פ״ע to melt away; to flow; to become soft
מוּג־לֵב, ת״ז, מוּגַת־לֵב, ת״נ coward
מוּגְבָּל, מֻגְבָּל, ת״ז, ־בֶּלֶת, ת״נ limited

מוּגָּה, מֻגָּה, ת״ז, ־גַּהַת, ת״נ revised, proofread
מוֹנֶה, ז׳, ר׳, מוֹנִים tormentor
מוּגְזָם, מֻגְזָם, ת״ז, ־זֶמֶת, ת״נ exaggerated
מוּגְמָר, מֻגְמָר, ז׳, ר׳, ־רִים, ־רוֹת incense
מוּגְמָר, מֻגְמָר, ת״ז, ־מֶרֶת, ת״נ finished
מוּגָן, ת״ז, ־גָּנָּה, ת״נ protected
מוּדְבָּק, מֻדְבָּק, ת״ז, ־בֶּקֶת, ת״נ stuck
מוּדְגָּשׁ, מֻדְגָּשׁ, ת״ז, ־גֶּשֶׁת, ת״נ emphasized
מוֹדֵד, ז׳, ר׳, ־דְדִים measuring instrument; surveyor; index
מוֹדָע, ז׳, ר׳, ־עִים, ־עוֹת relative; kinsman; acquaintance
מוֹדָעָה, נ׳, ר׳, ־עוֹת notice; advertisement; poster
מוּדְפָּס, מֻדְפָּס, ת״ז, ־פֶּסֶת, ת״נ printed
מוּדְרָג, מֻדְרָג, ת״ז, ־רֶגֶת, ת״נ graded, gradual
מוֹהֵל, ז׳, ר׳, ־הֲלִים circumciser
מוּז, ז׳, ר׳, ־זִים banana
מוֹזֵג, ז׳, ר׳, ־זְגִים bartender, innkeeper
מוּזְהָר, מֻזְהָר, ת״ז, ־הֶרֶת, ת״נ warned
מוּזְמָן, מֻזְמָן, ת״ז, ־מֶנֶת, ת״נ invited
מוּזְנָח, מֻזְנָח, ת״ז, ־נַחַת, ת״נ neglected
מוּזָר, ת״ז, ־רָה, ת״נ queer, strange
מוּזָרוּת, נ׳ queerness, strangeness
מוֹחַ, מֹחַ, ז׳, ר׳, ־חוֹת, ־חִים brain
מוּחְלָט, מֻחְלָט, ת״ז, ־לֶטֶת, ת״נ decided; definite, absolute
מוֹחֵק, ז׳, ר׳, ־חֲקִים eraser

מוּחָשׁ, ז׳ reality; percept
מוּחָשִׁי, ת״ז, ־שִׁית, ת״נ perceptible; realistic
מוֹט, ז׳, ר׳, מוֹטוֹת bar; yoke; obstruction; calamity
[מוט] מָט, פ״ע to slip; to totter
נָמוֹט, פ״ע to tilt and fall
הֵמִיט, פ״י to cause to fall
הִתְמוֹטֵט, פ״ע to disintegrate; to collapse; to depreciate
מוּטָב, תה״פ better
מוּטְבָּע, מֻטְבָּע, ת״ז, ־בַּעַת, ת״נ stamped; drowned
מוֹטָה, נ׳, ר׳, ־טוֹת small cart shaft; yoke; tyranny
מוּטָל, ת״ז, ־טֶלֶת, ת״נ imposed, placed upon
מוּטָס, ת״ז, ־טֶסֶת, ת״נ flown
[מוך] מָךְ, פ״ע to become poor; to be depressed
הֵמִיךְ, פ״י to lower; to humiliate
מוֹךְ, ז׳ soft material
מוֹכָ״ז, ז׳ bearer
מוֹכִיחַ, ז׳, ר׳, ־חִים preacher
מוּכָן, ת״ז, ־כָנָה, ת״נ prepared
מוֹכֵס, ז׳, ר׳, ־כְסִים customs official
מוֹכֵר, ז׳, ר׳, ־כְרִים seller, vendor
מוֹכֵר סְפָרִים bookseller
מוּכְרָח, מֻכְרָח, ת״ז, ־רַחַת, ת״נ compelled
מוּכְשָׁר, מֻכְשָׁר, ת״ז, ־שֶׁרֶת, ת״נ capable
מוּכָּר, מֻכָּר, ת״ז, ־כֶּרֶת, ת״נ recognized, known
מוּכְתָּר, מֻכְתָּר, ת״נ, ־תֶּרֶת, ת״נ crowned
מוּל, מ״י opposite, towards, vis-à-vis
[מול] מָל, פ״י to circumcise

נִמּוֹל, פ״ע to be circumcised

מו״ל, ז׳, ר׳, ־לִים publisher

מוֹלָד, ז׳, ר׳, ־דִים, ־דוֹת birth; new moon

חַג הַמּוֹלָד Christmas

מוֹלֶדֶת, נ׳, ר׳, ־לָדוֹת birth; progeny, offspring; birthplace, homeland

מוֹלֵל, פ״ע, ע׳ [מלל] to wither, dry up

מוּם, ז׳, ר׳, ־מִים blemish

בַּעַל מוּם cripple; deformed person

[מום] הוּמַם, פ״ע to become deformed, crippled

מוּמְחֶה, מֻמְחֶה, ת״ז, ־חָה, ת״נ expert

מוּמָר, ז׳, ר׳, ־רִים convert; apostate

מוּמָרוּת, נ׳, ר׳, ־רֻיּוֹת apostasy

מוּגָּד, מֻגָּד, ת״ז, ־דָה, ת״נ prickly

מוֹנֶה, ז, ר׳, ־נִים numerator; time, times; meter

מוֹנִית, נ׳, ר׳, ־נִיּוֹת taxi

מוּסָב, ז׳, ר׳, ־סַבִּים winding, spiral staircase

מוּסַב, ת״ז, ־בָּה, ת״נ surrounded, encompassed

מוֹסָד, ז׳, ר׳, ־דוֹת, ־דִים foundation, establishment, institution; component

מוּסִיקָה, נ׳ music

מוּסָךְ, ז׳, ר׳, ־סַכִּים garage

מוּסְכָּם, מֻסְכָּם, ת״ז, ־כֶּמֶת, ת״נ agreed upon

מוּסְמָךְ, מֻסְמָךְ, ת״ז, ־מֶכֶת, ת״נ qualified

מוּסָף, ז׳, ר׳, ־פִים appendage; prefix; suffix

מוּסָר, ז׳, ר׳, ־רִים chastisement, reproof, reprimand; ethics, morality

מוּסַר כְּלָיוֹת repentance

מוֹסֵר, ז׳, ר׳, ־סְרִים bond, halter; denunciator

מוּסָרִי, ת״ז, ־רִית, ת״נ ethical, moral

מוּסָרִיּוּת, נ׳ ethics, morality

מוֹעֵד, ז׳, ר׳, מוֹעֲדִים fixed time, appointed time; season; holiday

אֹהֶל מוֹעֵד tabernacle

בֵּית מוֹעֵד (לְכָל חַי) tomb, cemetery

קִרְיַת מוֹעֵד city of pilgrimage

מוּעָד, ת״ז, ־עֶדֶת, ת״נ forewarned

מוֹעָדָה, נ׳, ר׳, ־דוֹת meeting place

מוֹעֲדוֹן, ז׳, ר׳, ־נִים club

מוּעָט, מֻעָט ,ת״ז, ־עֶטֶת, ת״נ scanty, little; a trifle

מוֹעִיל, ת״ז, ־לָה, ת״נ useful

מוּעֲמָד, מֻעֲמָד, מֻעֳמָד, מָעֳמָד, ז׳, ר׳, ־דִים candidate

מוּעָן, ז׳, ר׳, ־עֲנִים addressee

מוּעָף, ז׳ restraint; darkness

מוֹעֵצָה, מוֹעָצָה ,נ׳, ר׳, ־צוֹת council; counsel

בְּרִית הַמּוֹעָצוֹת U.S.S.R., Soviet Russia

מוּעָקָה, נ׳, ר׳, ־קוֹת torture device; misfortune (*fig.*)

מוּפָז, ת״ז, ־זָה, ת״נ gilded

מוּפְלָג, מֻפְלָג, ת״ז, ־לֶגֶת, ת״נ distinguished; expert; great

מוֹפֵת, ז׳, ר׳, ־פְתִים marvel, miracle; proof; example, model, pattern

מוֹפְתִי, ת״ז, ־תִית, ת״נ classical; exemplary

מוֹץ, מֹץ, ז׳, ר׳, ־צִים chaff

מוֹצָא, ז׳, ר׳, ־אִים, ־אוֹת descent, origin; exit; east

מוֹצָאֵי שַׁבָּת Saturday night
מוֹצָאָה, נ׳, ר׳, ־אוֹת toilet
מוּצָג, מֻצָּג, ת״ז, ־צֶגֶת, ת״נ presented
מוּצְדָּק, מֻצְדָּק, ת״ז, ־דֶּקֶת, ת״נ justified
מוֹצִיא, הַמּוֹצִיא, ז׳ blessing over bread
מוֹצִיא לְאוֹר publisher
מוּצְלָח, מֻצְלָח, ת״ז, ־לַחַת, ת״נ successful
מוּצָק, ז׳, ר׳, ־קִים solid mass
מוּצֶקֶת, נ׳, ר׳, ־צָקוֹת smelting mold
מוּק, ז׳, ר׳, ־קִים gaiter
מוֹקֵד, ז׳, ר׳, ־קְדִים conflagration; hearth; bonfire
מוּקְדָּם, מֻקְדָּם, ת״ז, ־דֶּמֶת, ת״נ early
מוּקְדָּשׁ, מֻקְדָּשׁ, ת״ז, ־דֶּשֶׁת, ת״נ sanctified
מוּקְלָט, מֻקְלָט, ת״ז, ־לֶטֶת recorded
מוֹקֵשׁ, ז׳, ר׳, ־קְשִׁים snare; stumbling block; mine
[מור] הֵמִיר, פ״י to exchange; to change (one's religion)
מוֹרָא, ז׳, ר׳, ־אִים fear, terror, awe; strange, miraculous event
מוֹרָג, ז׳, ר׳, ־רְגִים threshing board
מוּרְגָּז, מֻרְגָּז, ת״ז, ־גֶּזֶת, ת״נ irritated
מוּרְגָּשׁ, מֻרְגָּשׁ, ת״ז, ־גֶּשֶׁת, ת״נ felt, perceived
מוֹרָד, ז׳, ר׳, ־דִים, ־דוֹת descent, slope
מוֹרֵד, ז׳, ר׳, ־רְדִים rebel, traitor, renegade
מוֹרֶה, ז׳, מוֹרָה, נ׳, ר׳, ־רִים, ־רוֹת teacher; archer; early rain
מוֹרֵה דֶרֶךְ guide
מוֹרֵה שָׁעוֹת watch
מוֹרָה, ז׳ razor
מוֹרָט, ת״ז, ־טָה, ת״נ polished
מוּרְכָּב, מֻרְכָּב, ת״ז, ־כֶּבֶת, ת״נ composed
מוּרְסָה, מֻרְסָה, נ׳, ר׳, ־סוֹת abscess
מוֹרָשׁ, מוֹרָשָׁה, ז׳, ר׳, ־שִׁים, ־שׁוֹת inheritance, heritage; heir
[מוש] מָשׁ, פעו״י to throw off, remove; to withdraw; to depart; to touch, feel
מוֹשָׁב, ז׳, ר׳, ־בִים, ־בוֹת seat; habitation, place of living; co-operative settlement
מוֹשַׁב זְקֵנִים home for the aged
מוֹשָׁבָה, נ׳, ר׳, ־בוֹת colony; permanent dwelling place
מוּשָּׂג, מֻשָּׂג, ז׳, ר׳, ־גִים concept, idea
מוּשְׁחָר, מֻשְׁחָר, ת״ז, ־חֶרֶת, ת״נ blackened
מוֹשִׁיעַ, ז׳, ר׳, ־עִים savior, redeemer
מוֹשְׁכָה, נ׳, ר׳, ־כוֹת brace; rein
מוֹשֵׁל, ז׳, ר׳, ־שְׁלִים ruler; governor; one who speaks in parables
מוּשְׁלָם, מֻשְׁלָם, ת״ז, ־לֶמֶת, ת״נ completed; perfect
מוֹשָׁעָה, נ׳, ר׳, ־עוֹת salvation
מוּשְׁפָּע, מֻשְׁפָּע, ת״ז, ־פַּעַת, ת״נ influenced
מָוֶת, מָוְתָה, ז׳, ר׳, מוֹתִים death
אִישׁ מָוֶת / בֶּן מָוֶת a man condemned to die
[מות] מֵת, פ״ע to die
מוֹתֵת, הֵמִית, פ״י to kill
הוּמַת, פ״ע to be killed
מוּתָּר, מֻתָּר, ת״ז, ־תֶּרֶת, ת״נ permitted; loose

מוֹתָר, ז׳, ר׳, ־רִים, ־רוֹת superfluity, abundance; remainder; advantage; luxury

חַי בְּמוֹתָרוֹת to live in luxury

מוֹתֵת, פ״י, ע׳ [מות] to kill

מִזְבֵּחַ, ז׳, ר׳, ־בְּחוֹת altar

מִזְבָּלָה, נ׳ ר׳, ־לוֹת dung heap, dump

מֶזֶג, ז׳, ר׳, מְזָגִים wine (ready to drink); temperament

מֶזֶג הָאֲוִיר weather

מָזַג, פ״י to pour (liquids); to admix water

נִמְזַג, פ״ע to be poured out

הִתְמַזֵּג, פ״ע to become mixed

מָזֶה, ת״ג, ־זָה, ת״נ exhausted

מֻזְהָר, מוּזְהָר, ת״ז, ־הֶרֶת, ת״נ warned

מִזּוּג, ז׳, ר׳, ־גִים joining; harmonizing; synthesis

מִזְוָדָה, נ׳, ר׳, ־דוֹת valise; suitcase

מִזְוָדֶנֶת, נ׳, ר׳, ־דוֹנוֹת satchel, overnight case

מִזְוֶה, ז׳, ר׳, ־וִים storeroom

מְזוּזָה, נ׳, ר׳, ־זוֹת doorpost; tiny scroll with "Shema Yisrael"

מְזוּיָּן, מְזֻיָּן, ת״ז, ־יֶּנֶת, ת״נ armed

מְזוּיָּף, מְזֻיָּף, ת״ז, ־יֶּפֶת, ת״נ forged; spurious

מְזוּמָּן, מְזֻמָּן, ת״ז, ־מֶּנֶת, ת״נ; ז׳ ready; invited; guest

מָזוֹן, ז׳, ר׳, מְזוֹנוֹת food, sustenance; alimony

בִּרְכַּת הַמָּזוֹן Grace

מָזוֹר, ז׳, ר׳, מְזוֹרִים ache; bandage, compress

מֵזַח, ז׳, ר׳, מְזָחִים breakwater; pier

מִזְחֶלֶת, נ׳, ר׳, ־חָלוֹת sleigh

מַזְחִילָה, נ׳, ר׳, ־לוֹת gutter; drainpipe

מְזִי, ז׳, ר׳, מְזִים weakness; pang

מְזֵי רָעָב hunger pain

מְזִיגָה, נ׳, ר׳, ־גוֹת pouring out; mixing; fusion; synthesis

מֵזִיד, ז׳, ר׳, מְזִידִים intentional sinner

בְּמֵזִיד, תה״פ intentionally; wantonly

מְזִידָה, נ׳, ר׳־דוֹת wanton woman

מֵזִיחַ, ז׳, ר׳, ־חִים belt

מְזֻיָּן, מְזוּיָּן, ת״ז, ־יֶּנֶת, ת״נ armed

מְזֻיָּף, מְזוּיָּף, ת״ז, ־יֶּפֶת, ת״נ forged; spurious, adulterated

מְזַיֵּף, ז׳, ר׳, ־יְּפִים forger

מַזִּיק, ז׳, ר׳, מַזִּיקִים injurer; devil; evil spirit

מַזְכִּיר, ז׳, ־רָה, נ׳, ר׳, ־רִים, ־רוֹת recorder; secretary

מַזְכִּירוּת, נ׳, ר׳, ־רֻיּוֹת secretaryship; secretariat

מַזְכֶּרֶת, נ׳, ר׳, ־כָּרוֹת memorandum; souvenir

מַזָּל, ז׳, ר׳, ־לוֹת constellation, planet; destiny, fate

מַזָּל טוֹב good luck; congratulations

[מזל] הִתְמַזֵּל, פ״ע to become lucky

מַזְלֵג, ז׳, ר׳, ־לְגוֹת, מַזְלָגוֹת fork

מַזְלֵף, ז׳, ר׳, ־לְפִים sprinkler

מְזִמָּה, נ׳, ר׳, ־מּוֹת planning; intelligence; craftiness; sagacity

מִזְמוּז, ז׳, ר׳, ־זִים softening; necking (in love-making)

מִזְמוּט, ז׳, ר׳, ־טִים amusement; entertainment

מִזְמוֹר, ז׳, ר׳, ־רִים song; psalm

מִזְמֵז, פ״י to soften

הִתְמַזְמֵז, פ״ע to be softened; to neck (in love-making)

מְזֻמָּן, מוּזְמָן, ת"ז, ־מֶנֶת, ת"נ — invited

מְזֻמָּן, מְזוּמָּן, ת"ז, ־מֶּנֶת, ת"נ; ז' — ready; invited; guest

מְזֻמָּנִים, ז"ר — cash

מְזַמֵּר, ז', מְזַמֶּרֶת, נ', ר', ־מְּרִים, ־מְּרוֹת — singer

מַזְמֵרָה, נ', ר', ־רוֹת — pruning (knife) shears

מִזְנוֹן, ז', ר', ־נִים, ־נוֹת — buffet; luncheonette

מֻזְנָח, מוּזְנָח, ת"ז, ־נַחַת, ת"נ — neglected

מְזַעֲזֵעַ, ת"ז, ־זַעַת, ת"נ — frightful

מְזֻעְזָע, מְזוּעְזָע, ת"ז, ־זַעַת, ת"נ — shocked

מִזְעָר, תה"פ — a little; a trifle

מְזֻפָּת, ת"ז, ־פֶּתֶת, ת"נ — lousy; covered with pitch

מְזֻקָּן, מְזוּקָּן, ת"ז, ־קֶּנֶת, ת"נ — bearded; aged

מֶזֶר, ז', ר', מְזָרִים — source of cold (winds)

מַזָּר, ז', ר', ־רוֹת — constellation (Orion)

מַזְרֵבָה, נ', ר', ־בוֹת — spool

מִזְרֶה, ז', ר', ־רִים — winnowing fan

מִזְרָח, ז' — east

מִזְרָחִי, ת"ז, ־חִית, ת"נ — eastern, easterly

מִזְרְחָן, ז', ר', ־נִים — orientalist

מִזְרָן, מִזְרוֹן, ז', ר', ־נִים — mattress

מִזְרָע, ז', ר', ־עִים — seeded field

מַזְרֵעָה, נ', ר', ־עוֹת — sowing machine

מִזְרָק, ז', ר', ־קִים — bowl

מַזְרֵק, ז', ר', ־רְקִים — syringe

מַזְרֵקָה, נ', ר', ־קוֹת — fountain

מִזְרָקִית, נ', ר', ־יּוֹת — rattlesnake

מֹחַ, ז', ר', מֹחוֹת — brain; marrow

מֹחַ הַלֶּחֶם — (bread) crumb

מֵחַ, ז', ר', ־חִים — fatling

מָחָא, פ"י — to applaud; to clap hands

מָחָא יָד, מָחָא כַּף — to applaud

מְחָאָה, נ', ר', ־אוֹת — protestation; protest

מַחֲבֵא, מַחֲבוֹא, ז', ר', מַחֲבָאִים, ־אִים — hiding place; storeroom

מַחְבֵּט, ז', ר', ־בְּטִים — racket

מְחַבֵּל, ז', ר', ־בְּלִים — devil; saboteur

מַחְבֵּצָה, נ', ר', ־צוֹת — churn

מְחַבֵּר, ז', ר', ־בְּרִים — author; concocter; joiner

מְחֻבָּר, מְחוּבָּר, ת"ז, ־בֶּרֶת, ת"נ — joined; written

מַחְבֶּרֶת, נ', ר', ־בָּרוֹת — booklet, notebook, pamphlet

מַחְבֶּרֶת הַנֵּזֶר — connection of forehead bone to skull

מַחֲבַת, נ', ר', ־תּוֹת — frying pan

מַחֲגֹרֶת, נ', ר', ־גוֹרוֹת — girdle

מְחַדֵּד, ז', ר', ־דְּדִים — pencil sharpener

מְחֻדָּשׁ, מְחוּדָּשׁ, ת"ז, ־דֶּשֶׁת, ת"נ — renewed

מָחָה, פ"י — to blot out, wipe out; to excise; to clean; to protest

נִמְחָה, פ"ע — to be wiped out, blotted out, exterminated; to be dissolved

מִחָה, פ"י — to protest

הִמְחָה, פ"י — to draw a check

הִתְמַחָה, פ"ע — to specialize

מְחוּבָּר, מְחֻבָּר, ת"ז, ־בֶּרֶת, ת"נ — joined; written

מָחוֹג, ז', ר', מְחוֹגִים — hand (of watch, compass), dial

מְחוּגָה, נ', ר', ־גוֹת — compass

מְחוּדָּשׁ, מְחֻדָּשׁ, ת"ז, ־דֶּשֶׁת, ת"נ — renewed

מָחוֹז, ז׳, ר׳, מְחוֹזוֹת, מְחוֹזִים district; suburb; bay

מְחוּיָּב, מְחֻיָּב, ת״ז, ־יֶּבֶת, ת״נ obligated; obliged

מָחוֹךְ, ז׳, ר׳, מְחוֹכִים corset

מְחוּכָּם, מְחֻכָּם, ת״ז, ־כֶּמֶת, ת״נ sly

מָחוֹל, ז׳, ר׳, מְחוֹלוֹת dance, dancing; timbrel, tambourine

מְחוֹלֵל, ז׳, ־לֶלֶת, נ׳, ר׳, ־לְלִים, ־לְלוֹת dancer

מְחוּלָּל, מְחֻלָּל, ת״ז, ־לֶּלֶת desecrated

מְחוּלָּק, מְחֻלָּק, ת״ז, ־לֶּקֶת divided

מַחֲוָן, ז׳, ר׳, ־נִים indicator

מְחוּנָּךְ, מְחֻנָּךְ, ת״ז, ־נֶּכֶת, ת״נ educated

מְחוּסְפָּס, מְחֻסְפָּס, ת״ז, ־פֶּסֶת, ת״נ coarse, rough

מְחוּסָּר, מְחֻסָּר, ת״ז, ־סֶּרֶת, ת״נ missing, lacking, absent

מְחוּפָּשׂ, מְחֻפָּשׂ, ת״ז, ־פֶּשֶׂת, ת״נ sought; disguised

מָחוּק, ת״ז, מְחוּקָה, ת״נ erased; empty

מְחוֹקֵק, ז׳, ר׳, ־קְקִים engraver; lawgiver

מְחוֹרָז, מְחֹרָז, ת״ז, ־רֶזֶת, ת״נ strung; rhymed

מֵחוּשׁ, ז׳, ר׳, ־שִׁים ailment; apprehension

מָחוֹשׁ, ז׳, ר׳, מְחוֹשִׁים antenna

מְחוּשָּׁב, מְחֻשָּׁב, ת״ז, ־שֶּׁבֶת, ת״נ accounted; thought-out

מְחוּשְׁמָל, מְחֻשְׁמָל, ת״ז, ־מֶלֶת, ת״נ electrified

מְחוּתָּל, מְחֻתָּל, ת״ז, ־תֶּלֶת, ת״נ bound, swaddled, swathed, strapped

מְחוּתָּן, מְחֻתָּן, ז׳, ר׳, ־נִים relative by marriage

[מחז] הִמְחִיז, פ״י dramatized

מַחֲזַאי, ז׳, ר׳, ־זָאִים dramatist

מַחֲזֶה, ז׳, ר׳, ־זוֹת, ־זִים vision; phenomenon; theatrical performance, drama, play

מֶחֱזָה, נ׳, ר׳, ־זוֹת window; display window

מַחֲזוֹר, ז׳, ר׳, ־רִים turnover; cycle; holiday prayer book

מַחֲזוֹר הַדָּם circulation (blood)

מַחֲזִיָּה, נ׳, ר׳, ־יוֹת short play

מַחַט, ז׳, ר׳, מְחָטִים needle; thin wire

עֲצֵי מַחַט coniferous trees

מָחַט, פ״י to wipe, blow nose; to snuff wick, trim candle

מְחִי, ז׳, ר׳, מְחָיִים battering ram

מְחִיאָה, נ׳, ר׳, ־אוֹת blow, strike

מְחִיאַת כַּפַּיִם clapping of hands

מְחֻיָּב, מְחוּיָּב, ת״ז, ־יֶּבֶת, ת״נ obligated; obliged

מִחְיָה, נ׳, ר׳, ־יוֹת sustenance; preservation of life; nourishment

מְחִיָּה, נ׳, ר׳, ־יוֹת extermination; eradication

מְחִילָה, נ׳, ר׳, ־לוֹת pardon; forgiveness; letting go

מְחִיצָה, מְחִצָּה, נ׳, ר׳, ־צוֹת partition

מְחִיקָה, נ׳, ר׳, ־קוֹת erasing

מְחִיר, ז׳, ר׳, ־רִים price; pay

מְחִירוֹן, ז׳, ר׳, ־נִים tariff, price list

מְחֻכָּם, מְחוּכָּם, ת״ז, ־כֶּמֶת, ת״נ sly, crafty

מָחַל, פ״י to renounce; to pardon

נִמְחַל, פ״ע to be forgiven

מַחַל, ז׳, sickness

מַחְלָבָה, נ׳, ר׳, ־בוֹת dairy

מַחֲלֶה, ז׳, ר׳, ־לִים sickness

מַחֲלָה, נ׳, ר׳, ־לוֹת sickness, disease

מְחִלָּה, נ׳, ר׳, ־לּוֹת, ־לִּים under-ground cavity; hollow in a tree
מַחֲלוֹקֶת, מַחֲלֹקֶת, נ׳, ר׳, ־לָקוֹת, ־לְקוֹת controversy; difference of opinion
מֻחְלָט, מוּחְלָט, ת״ז, ־לֶטֶת decided, definite; absolute
מַחֲלִים, ת״ז, ־מָה, ת״נ recuperative
מַחֲלִיקַיִם, ז״ר runners (of ice skates)
מְחֻלָּל, מְחוּלָּל, ת״ז, ־לֶּלֶת desecrated
מַחְלָפָה, נ׳, ר׳, ־פוֹת lock of hair
מַחְלֵץ, ז׳, ר׳, ־לְצִים corkscrew
מַחֲלָצוֹת, נ״ר resplendent garment
מְחֻלָּק, מְחוּלָּק, ת״ז, ־לֶּקֶת, ת״נ divided
מְחַלֵּק, ז׳, ר׳, ־לְּקִים denominator
מַחְלָקָה, נ׳, ר׳, ־קוֹת compart-ment, division
מַחֲלֹקֶת, מַחֲלוֹקֶת, נ׳, ר׳, ־לָקוֹת, ־לְקוֹת controversy; difference of opinion
מֵחַם, ז׳, ר׳, מְחַמִּים samovar
מַחֲמָאָה, נ׳, ר׳, ־אוֹת flattery, compliment
מַחְמָד, ז׳, ר׳, ־מַדִּים precious one, coveted thing
מַחֲמוּדִים, ז״ר valuables; treasures
מַחְמָל, ז׳ desired object
מַחְמֶצֶת, נ׳, ר׳, מַחְמָצוֹת leavening; acidification
מְחֻמָּשׁ, ז׳, ר׳, ־שִׁים pentagon
מֵחֲמַת, מ״י because, because of
מַחֲנָאוּת, נ׳ camping
מַחֲנֶה, ז״נ, ר׳, ־נוֹת, ־נִים camp; army camp; unfortified settlement
מְחַנֵּךְ, ז׳, ר׳, ־נְּכִים educator
מְחֻנָּךְ, מְחוּנָּךְ, ת״ז, ־נֶּכֶת, ת״נ educated

מַחֲנָק, ז׳ strangulation
מַחֲסֶה, ז׳, ר׳, ־סִים refuge, shelter
מַחְסוֹם, ז׳, ר׳, ־מִים muzzle (of animal); roadblock
מַחְסוֹר, ז׳ need, want; deficiency, lack
מַחְסָן, ז׳, ר׳, ־נִים storehouse, warehouse
מַחְסָנִית נ׳, ר׳, ־יּוֹת magazine (gun)
מְחֻסְפָּס, מְחוּסְפָּס, ת״ז, ־פֶּסֶת, ת״נ coarse, rough
מְחֻסָּר, מְחוּסָּר, ת״ז, ־סֶּרֶת, ת״נ missing, lacking; absent
מַחְפִּיר, ת״ז, ־רָה, ת״נ shameful
מַחְפֹּרֶת, נ׳, ר׳, ־פּוֹרוֹת, ־פְּרִיּוֹת excavation; mine
מְחֻפָּשׂ, מְחוּפָּשׂ, ת״ז, ־פֶּשֶׂת, ת״נ sought; disguised
מָחַץ, פ״י to smash; to dip
נִמְחַץ, פ״ע to be smashed
הִמְחִיץ, פ״ע to kick (in spasm of death)
מַחַץ, ז׳, ר׳, מְחָצִים bruise, severe wound
מַחְצֵב, ז׳, ר׳, ־צְבִים hewing
אַבְנֵי מַחְצֵב hewn stones
מַחְצָב, ז׳, ר׳, ־בִים mineral; quarry; mine
מַחְצָבָה, נ׳, ר׳, ־בוֹת quarry
מֶחֱצָה, נ׳ half, middle
מֶחֱצָה לְמֶחֱצָה half and half, equal
מְחִצָּה, מְחִיצָה, נ׳, ר׳, ־צוֹת partition
מַחֲצִית, נ׳, ר׳, ־צִיּוֹת half
מַחְצֶלֶת, נ׳, ר׳, ־צָלוֹת, ־צְלָאוֹת mat, matting
מַחְצָצָה, נ׳, ר׳, ־צוֹת toothpick
מְחַצְצֵר, ז׳, ר׳, ־צְרִים bugler
[מחק] נִמְחַק, פ״ע to be erased, blotted out

מַחַק, ז׳, ר׳, מְחָקִים eraser
מֶחְקָר, ז׳, ר׳, ־רִים research, study, inquiry; depth
מָחָר, תה״פ later, afterwards; tomorrow
מַחֲרָאָה, נ׳, ר׳, ־אוֹת toilet, privy, w.c.
מָחֳרָב, ת״ז, ־רֶבֶת, ת״נ destroyed
מְחֹרָז, מְחוֹרָז, ת״ז, ־רֶזֶת, ת״נ strung; rhymed
מַחֲרֹזֶת, נ׳, ר׳, ־רוֹזוֹת verse, strophe; string, row
מַחֲרֵטָה, נ׳, ר׳, ־טוֹת lathe
מַחֲרֵשָׁה, מַחֲרֶשֶׁת, נ׳, ר׳, ־שׁוֹת plow, plowshare
מָחֳרָת, תה״פ the morrow
מָחֳרָתַיִם the day after tomorrow
מְחֻשָּׁב, מְחוּשָּׁב, ת״ז, ־שֶּׁבֶת, ת״נ accounted; thought-out
מַחֲשָׁבָה, נ׳, ר׳, ־בוֹת thought; purpose; intention; apprehension
מַחְשׂוֹף, ז׳, ר׳, ־פִים bareness; laying bare; stripping
מַחְשָׁךְ, ז׳, ר׳, מַחֲשַׁכִּים dark place, darkness
מְחֻשְׁמָל, מְחוּשְׁמָל, ת״ז, ־מֶלֶת, ת״נ electrified
מַחְתָּה, נ׳, ר׳, ־תּוֹת coal shovel; pan
מְחִתָּה, נ׳, ר׳, ־תּוֹת terror; destruction
מַחְתֵּךְ, ז׳, ר׳, ־תְּכִים scalpel
מְחֻתָּל, מְחוּתָּל, ת״ז, ־תֶּלֶת, ת״נ bound, strapped, swaddled, swathed
מְחֻתָּן, מְחוּתָּן, ז׳, ר׳, ־נִים relative by marriage
מַחְתֶּרֶת, נ׳, ר׳, ־תָּרוֹת breaking in; underground (*polit.*, *mil.*)

מָט, פ״ע, ע׳ [מוט] to slip; to totter
מַטְאֲטֵא, ז׳, ר׳, ־אַטְאִים broom
מַטְבֵּחַ, ז׳ slaughterhouse; massacre
מִטְבָּח, ז׳, ר׳, ־בָּחִים kitchen
מִטְבָּחוֹן, ז׳, ר׳, ־נִים kitchenette
מִטְבָּחַיִם, בֵּית־מִטְבָּחַיִם, ז״ר slaughterhouse
מַטְבֵּעַ, ז׳, ר׳, ־בְּעוֹת coin; mold (for coining)
מִטְבָּעָה, נ׳, ר׳, ־עוֹת mint
מַטְבְּעָן, ז׳, ר׳, ־נִים minter, mintmaster
מַטְבַּעַת, נ׳, ר׳, ־בָּעוֹת die (stamping)
מְטֻגָּן, מְטוּגָּן, ת״ז, ־גֶּנֶת, ת״נ fried
מַטָּה, תה״פ down, below
לְמַטָּה down, down(ward); below
מִלְּמַטָּה from below; beneath
מַטָּה מַטָּה very low
מַטֶּה, ז׳, ר׳, ־טּוֹת staff, stick, branch; tribe; support
מֻטֶּה, ז׳, ר׳, ־טִּים injustice
מֻטָּה, נ׳, ר׳, ־טּוֹת wing tip
מִטָּה, נ׳, ר׳, ־טּוֹת bed, couch; bier; litter
תַּשְׁמִישׁ הַמִּטָּה cohabitation
מְטוּגָּן, מְטֻגָּן, ת״ז, ־גֶּנֶת, ת״נ fried
מַטְוֶה, ז׳, ר׳, ־וִים yarn; web
מְטוּטֶלֶת, מְטֻטֶּלֶת, נ׳, ר׳, ־טָּלוֹת pennant; pendulum
מְטוּלְטָל, מְטֻלְטָל, ת״ז, ־טֶלֶת, ת״נ movable
מְטוּמְטָם, מְטֻמְטָם, ת״ז, ־טֶמֶת, ת״ז idiotic
מָטוֹס, ז׳, ר׳, ־סִים airplane
מְטוֹס־סִילוֹן jet plane; rocket
מְטוֹרָף, מְטֹרָף, ת״ז, ־רֶפֶת, ת״נ crazy, insane, demented
מַטָּח, ז׳, ־חִים barrage

מְטַחֲוָה, ז׳, ר׳, ־וִים shot; bowshot
מַטְחֵן, ז׳, ר׳, ־חֲנִים grinding mill
מַטְחֵנָה, נ׳, ר׳, ־נוֹת grinder
מְטֻטֶּלֶת, מְטוּטֶּלֶת, נ׳, ר׳, ־טָּלוֹת pendulum; pennant
מֵטִיב, מֵיטִיב, ת״ז, ־בָה, ת״נ well-doing
מָטִיל, ז׳, ר׳, מְטִילִים iron bar, rail
מַטָּלָה, נ׳, ר׳, ־לוֹת assignment
מְטֻלְטָל, מְטוּלְטָל, ת״ז, ־טֶלֶת, ת״נ movable
מִטַּלְטְלִים, ־ן, ז״ר movable goods, chattels
מַטְלִית, מַטְלָנִית, נ׳, ר׳, ־לִיּוֹת rag; patch; strip
מַטְמוֹן, ז׳, ר׳, ־נִים (hidden) treasure
בְּמַטְמוֹנִים, תה״פ secretly
מִטְמֵט, פ״י to crumble; to push over
הִתְמַטְמֵט, פ״ע to be crumbled; to totter, fall down
מְטֻמְטָם, מְטוּמְטָם, ת״ז, ־טֶמֶת, ת״נ idiotic
מִטְמָע, ז׳, ר׳, ־עִים integration
מַטָּע, ז׳, ר׳, ־עִים plantation; planting
מַטְעָם, ז׳, ר׳, ־עַמִּים a dish of venison, game; tasty dish; taste
מִטְעָם, ז׳, ר׳, ־מִים snack
מִטְעַמִּיָּה, נ׳, ר׳, ־מִיּוֹת snack bar
מֻטְעָם, ת״ז, ־עֶמֶת, ת״נ expressed; declaimed; accented
מַטְעֶמֶת, נ׳, ר׳, ־עָמוֹת delicacy; worldly delights
מִטְעָן, ז׳, ר׳, ־נִים cargo, load; burden
מַטְפֵּה, ז׳, ר׳, ־פִּים fire extinguisher
מִטְפַּחַת, נ׳, ר׳, ־פָּחוֹת kerchief; wrapping cloth

מִטְפַּחַת אַף handkerchief
מִטְפַּחַת הַשֻּׁלְחָן tablecloth
מָטָר, ז׳, ר׳, מְטָרוֹת, מְטָרִים rain
מְטַר הַזְּמַן worries
[מטר] נִמְטַר, פ״ע to be wet with rain
הִמְטִיר, פ״י to rain; to bring down
מֶטֶר, ז׳, ר׳, ־רִים meter
מַטָּרָה, נ׳, ר׳, ־רוֹת aim, objective, target
מִטְרִיָּה, נ׳, ר׳, ־יּוֹת umbrella
מְטֹרָף, מְטוֹרָף, ת״ז, ־רֶפֶת, ת״נ crazy, insane, demented
מִי, מ״ג who; whoever
לְמִי to whom; whose
אֶת מִי whom
מְיֹאָשׁ, מְיוֹאָשׁ, ת״ז, ־אֶשֶׁת, ת״נ despairing
מְיֻגָּע, מְיוּגָּע, ת״ז, ־גַּעַת, ת״נ fatigued
מִיָּד, תה״פ at once, immediately
מְיֻדָּע, מְיוּדָּע, ת״ז, ־דַּעַת, ת״נ acquaintance; definite
מִיהוּת, נ׳ identity
מְיוֹאָשׁ, מְיֹאָשׁ, ת״ז, ־אֶשֶׁת, ת״נ despairing
מְיוּגָּע, מְיֻגָּע, ת״ז, ־גַּעַת, ת״נ fatigued
מְיוּדָּע, מְיֻדָּע, ת״ז, ־דַּעַת, ת״נ acquaintance; definite
מִיּוּם, ז׳ watering
מִיּוּן, ז׳, ר׳, ־נִים classification
מְיוּסָּד, מְיֻסָּד, ת״ז, ־סֶּדֶת, ת״נ established, founded, based
מְיוּפֶּה, מְיֻפֶּה, ת״ז, ־פָּה, ת״נ decorated; empowered
מְיוּצָּג, מְיֻצָּג, ת״ז, ־צֶּגֶת, ת״נ represented
מְיוּשָּׁב, מְיֻשָּׁב, ת״ז, ־שֶּׁבֶת, ת״נ settled
מְיוּשָּׁן, מְיֻשָּׁן, ת״ז, ־שֶּׁנֶת, ת״נ old; sleepy

מְיוּשָּׁר, מְיֻשָּׁר, ת"ז, ־שֶּׁרֶת, ת"נ correct; straight
מְיוּתָּר, מְיֻתָּר, ת"ז, ־תֶּרֶת, ת"נ superfluous
מְיֻזָּן, מְיוּזָּן, ת"ז, ־זֶּנֶת, ת"נ fattened
מֵיזָע, ז', ר', ־עִים sweater
מְיֻחָד, מְיוּחָד, ת"ז, ־חֶדֶת, ת"נ special
מְיֻחָס, מְיוּחָס, ת"ז, ־חֶסֶת, ת"נ noble; relative; attributed
מַיִט, ז' defeat; collapse
מֵיטָב, ז' the best
מֵטִיב, מֵטִיב, ת"ז, ־בָה, ת"נ well-doing
מִיכַל, ז', ר', ־כָלִים brook, stream
מִיל, ז', ר', ־לִים mile; mill
מֵילָא, מ"ק so be it
מִמֵּילָא, תה"פ automatically
מְיַלֵּד, ז', ר', ־לְּדִים obstetrician
מְיַלֶּדֶת, נ', ר', ־לְּדוֹת midwife
מִילָה, נ', ר', ־לוֹת circumcision; penis; circumcised membrane
מַיִם, ז"ר water
מַיִם רִאשׁוֹנִים, מַיִם אַחֲרוֹנִים washing hands before and after meals
מַיִם מְהַלְּכִים shallow, running water
מַיִם חַיִּים whisky, brandy
מֵי הָאַף, ־ הַחֹטֶם mucous
מֵי בִּרְכַּיִם knee-deep water
מֵי גְשָׁמִים rain water
מֵי דְבַשׁ mead
מֵי רֹאשׁ poisonous water
מֵי רַגְלַיִם urine
בֵּית הַמַּיִם urinal
מֵימִי, ת"ז, ־מִית, ת"נ watery
מֵימִיָּה, נ', ר', ־יוֹת canteen
מֵימָן, ז' hydrogen

מֵימְרָה, נ', ר', ־רוֹת saying
מִין, ז', ר', ־נִים kind, variety, genus species; sex, gender; sectarian; heretic
כְּמִין like, resembling
מִיֵּן, פ"י to classify
מִינוּת, נ', ר', ־נֻיּוֹת heresy, sectarianism
מִינִי, ת"ז, ־נִית, ת"נ sexual; of the species
מַחֲלָה מִינִית venereal disease
מֵינֶקֶת, מֵינִיקָה, נ', ר', ־נִיקוֹת wet nurse; siphon
מְיֻסָּד, מְיוּסָּד, ת"ז, ־סֶּדֶת, ת"נ established, founded; based
מְיֻפֶּה, מְיוּפֶּה, ת"ז, ־פָּה, ת"נ decorated; empowered
מְיֻפֵּה כֹּחַ authorized, empowered
מֵיפָע, ז', ר', ־עִים recital
מִיץ, ז', ר', ־צִים juice; pressing, squeezing
[מיץ] מָץ, פ"י to churn, beat
הֵמִיץ, פ"י to make slim, weak
מְיֻצָּג, מְיוּצָּג, ת"ז, ־צֶּגֶת, ת"נ represented
מִיצָה, נ', ר', ־צוֹת knot (in stalks)
מַיִשׁ, ז', ר', מֵישִׁים service tree
מְיֻשָּׁב, מְיוּשָּׁב, ת"ז, ־שֶּׁבֶת, ת"נ settled
מִישׁוֹר, ז', ר', ־רִים plain, plateau; righteousness
מְיֻשָּׁן, מְיוּשָּׁן, ת"ז, ־שֶּׁנֶת, ת"נ old; sleepy
מְיֻשָּׁר, מְיוּשָּׁר, ת"ז, ־שֶּׁרֶת, ת"נ correct, straight
מֵישָׁר, ז', ר', ־רִים level; evenness; straightforwardness; equity; carpet
מִיתָה, נ', ר', ־תוֹת death
מִיתָה חֲטוּפָה sudden death

unnatural death מִיתָה מְשֻׁנָּה
מְיֻתָּר, מְיוּתָּר, ת״ז, ־תֶּרֶת, ת״נ
superfluous
tent cord; cord; מֵיתָר, ז׳, ר׳, ־רִים
bow string; sinew; diameter
to become poor; מָךְ, פ״ע, ע׳ [מוך]
to be depressed
lowly; poor מָךְ, ת״ז, מָכָה, ת״נ
pain, suffering מַכְאוֹב, ז׳, ר׳, ־בִים
painful מַכְאִיב, ת״ז, ־בָה, ת״נ
broom; twig מַכְבֵּד, ז׳, ר׳, ־בְּדִים
of the palm tree
מְכֻבָּד, מְכוּבָּד, ת״ז, ־בֶּדֶת, ת״נ
honored
brush; broom מִכְבֶּדֶת, נ׳, ר׳, ־בְּדוֹת
fire extinguisher מְכַבֶּה, ז׳, ר׳, ־בִּים
fireman, מְכַבֵּה־אֵשׁ, ז׳, ר׳, ־בֵּי אֵשׁ
fire fighter
great nation מַכְבִּיר, ז׳, ר׳, ־רִים
plentifully לְמַכְבִּיר
hairpin מַכְבֵּנָה, נ׳, ר׳, ־נוֹת
מְכֻבָּס, מְכוּבָּס, ת״ז, ־בֶּסֶת, ת״נ
washed
laundry מִכְבָּסָה, נ׳, ר׳, ־בָּסוֹת
sieve; net, snare מִכְבָּר, ז׳, ר׳, ־רִים
cover, coverlet מַכְבֵּר, ז׳, ר׳, ־בְּרִים
press; heavy מַכְבֵּשׁ, ז׳, ר׳, ־בְּשִׁים
roller
blow, stroke; מַכָּה, נ׳, ר׳, ־כּוֹת
slaughter; plague; wound
epidemic מַכָּה מְהַלֶּכֶת
מְכוּבָּד, מְכֻבָּד, ת״ז, ־בֶּדֶת, ת״נ
honored
מְכוּבָּס, מְכֻבָּס, ת״ז, ־בֶּסֶת, ת״נ
washed
burn, scar מִכְוָה, נ׳, ר׳, ־ווֹת
directed; מְכוּוָּן, מְכֻוָּן, ת״ז, ־וֶּנֶת, ת״נ
intentional; aimed; set (watch)

site; foundation; מָכוֹן, ז׳, ר׳, ־נִים
institution, institute
directed; מְכֻוָּן, מְכוּוָּן, ת״ז, ־וֶּנֶת, ת״נ
intentional; aimed; set (watch)
regulator מַכְוֵן, ז׳, ר׳, ־וְנִים
mechanic מְכוֹנַאי, ז׳, ר׳, ־נָאִים
named, מְכוּנֶּה, מְכֻנֶּה, ת״ז, ־נָּה, ת״נ
called
machine, engine; מְכוֹנָה, נ׳, ר׳, ־נוֹת
base; stand
machine-gun מְכוֹנַת יְרִיָּה
typewriter מְכוֹנַת כְּתִיבָה
sewing machine מְכוֹנַת תְּפִירָה
car, automobile מְכוֹנִית, נ׳, ר׳, ־נִיּוֹת
machinist, מְכוֹנֵן, ז׳, ר׳, ־נְנִים
engineer, mechanic
מְכוּנָּס, מְכֻנָּס, ת״ז, ־נֶּסֶת, ת״נ
collected, gathered
winged מְכוּנָּף, מְכֻנָּף, ת״ז, ־נֶּפֶת, ת״נ
covered מְכוּסֶּה, מְכֻסֶּה, ת״ז, ־סָּה, ת״נ
ugly מְכוֹעָר, מְכֹעָר, ת״ז, ־עֶרֶת, ת״נ
מְכוּפָּל, מְכֻפָּל, ת״ז, ־פֶּלֶת, ת״נ
doubled
מְכוּפָּר, מְכֻפָּר, ת״ז, ־פֶּרֶת, ת״נ
forgiven, atoned
מְכוּפְתָּר, מְכֻפְתָּר, ת״ז, ־תֶּרֶת, ת״נ
buttoned
מְכֻוָּץ, מְכוּוָּץ, ת״ז, ־וֶּצֶת, ת״נ
squeezed, cramped
origin מְכוֹרָה, נ׳, ר׳, ־רוֹת
hoe; bell clapper; מַכּוֹשׁ, ז׳, ר׳, ־שִׁים
piano key
xylophone; מַכּוֹשִׁית, נ׳, ר׳, ־שִׁיּוֹת
castanet
מְכוּשָּׁף, מְכֻשָּׁף, ת״נ, ־שֶּׁפֶת, ת״נ
enchanted
eyebrow pencil; מִכְחוֹל, ז׳, ר׳, ־לִים
kohl brush; paint brush

מְכִילְתָא, נ׳ Mekhilta; collections of Halakhic Midrashim on Exodus
מְכִינָה, נ׳, ר׳, ־נוֹת preparatory class
מַכִּיר, ז׳, ר׳, ־רִים acquaintance
מְכִירָה, נ׳, ר׳, ־רוֹת sale
מָכַךְ, פ״ע to sink, fall (morally); to be humiliated; to be impoverished
נְמַךְ, פ״ע to become low, degenerate
מְכֻכָּב, מְכוֹכָב, ת״ז, ־כֶּבֶת, ת״נ starry
מִכְלָאָה, מִכְלָה, נ׳, ר׳, ־לָאוֹת, ־לוֹת corral; detention camp
מִכְלוֹל, ז׳, ר׳, ־לִים magnificence
מַכְלוּלִים, ז״ר magnificent things
מִכְלָל, ז׳, ר׳, ־לִים perfection
מִכְלָלָה, נ׳, ר׳, ־לוֹת college, university
מַכֹּלֶת, נ׳ grocery; provision
מַכָּ״ם, ז׳ radar
מַכְמוֹר, מִכְמָר, ז׳, ר׳, ־רִים net, snare
מִכְמוֹרֶת, מִכְמֶרֶת, נ׳, ר׳, ־מוֹרוֹת, ־מָרוֹת fishing net, trawling net
מִכְמֵךְ, פ״י to crush
הִתְמַכְמֵךְ, פ״ע to be crushed
מִכְמָן, ז׳, ר׳, ־מַנִּים treasure (hidden)
מִכְמָר, מַכְמוֹר, ז׳, ר׳, ־רִים net, snare
מִכְמֶרֶת, מִכְמוֹרֶת, נ׳, ר׳, ־מָרוֹת, ־מוֹרוֹת fishing net, trawling net
מְכַנֶּה, ז׳, ר׳, ־נִּים denominator
מְכֻנֶּה, מְכוּנֶּה, ת״ז, ־נָּה, ת״נ named, called
מְכֻנָּס, מְכוּנָּס, ת״ז, ־נֶּסֶת, ת״נ collected, gathered
מִכְנָסַיִם, ז״ר pants, trousers, slacks, drawers, panties

מְכֻנָּף, מְכוּנָּף, ת״ז, ־נֶּפֶת, ת״נ winged
מֶכֶס, ז׳, ר׳, מְכָסִים tax, custom, duty
בֵּית הַמֶּכֶס customhouse
מִכְסָה, נ׳, ר׳, ־סוֹת quota, number, quantity
מִכְסֶה, מְכַסֶּה, ז׳, ר׳, ־סִים, ־סָאוֹת, ־סִּים cover, lid, covering
מְכֻסֶּה, מְכוּסֶּה, ת״ז, ־סָּה, ת״נ covered
מְכֹעָר, מְכוֹעָר, ת״ז, ־עֶרֶת, ת״נ ugly
מַכְפִּיל, ז׳, ר׳, ־לִים multiplier
מְכֻפָּל, מְכוּפָּל, ת״ז, ־פֶּלֶת, ת״נ doubled; duplex
מַכְפֵּלָה, נ׳, ר׳, ־לוֹת stony, unfertile soil; duplex building
מְעָרַת הַמַּכְפֵּלָה cave of Makhpelah
מְכֻפָּר, מְכוּפָּר, ת״ז, ־פֶּרֶת, ת״נ forgiven, atoned
מֶכֶר, ז׳, ר׳, מְכָרִים price, sale
שְׁטַר מֶכֶר bill of sale
מָכַר, פ״י to sell
נִמְכַּר, פ״ע to be sold
הִתְמַכֵּר, פ״ע to sell oneself; to devote oneself to
מַכָּר, ז׳, ר׳, ־רִים acquaintance
מֻכָּר, מוּכָּר, ת״ז, ־כֶּרֶת, ת״נ recognized; known
מִכְרֶה, ז׳, ר׳, ־רוֹת mine
מִכְרֵה מֶלַח salt mine
מְכֵרָה, נ׳, ר׳, ־רוֹת arms, weapon
מִכְרָז, ז׳, ר׳, ־זִים tender
מֻכְרָח, מוּכְרָח, ת״ז, ־רַחַת, ת״נ compelled, forced
מִכְשׁוֹל, ז׳, ר׳, ־לִים stumbling block, obstacle
מַכְשִׁיר, ז׳, ר׳, ־רִים instrument, apparatus

מַכְשֵׁלָה, נ׳, ר׳, ־לוֹת stumbling block; ruin

מְכֻשָּׁף, מְכוּשָּׁף, ת״ז, ־שֶּׁפֶת, ת״נ enchanted

מְכַשֵּׁף, מְכַשְּׁפָן, ז׳, ר׳, ־פִים, ־נִים sorcerer

מְכַשֵּׁפָה, מְכַשְּׁפָנִית, ז׳, ר׳, ־פוֹת, ־נִיּוֹת sorceress

מְכֻשָּׁר, מוּכְשָׁר, ת״ז, ־שֶּׁרֶת, ת״נ capable

מִכְתָּב, ז׳, ר׳, ־בִים letter; writing; rescript

מִכְתָּב דָּחוּף special-delivery letter

מִכְתָּב רָשׁוּם registered letter

מַכְתֵּב, ז׳, ר׳, ־תְּבִים stylus, pencil

מַכְתֵּבָה, נ׳, ר׳, ־בוֹת writing desk

מְכִתָּה, נ׳, ר׳, ־תּוֹת fragment

מִכְתָּם, ז׳, ר׳, ־מִים epigram; hymn, psalm

מְכֻתָּר, מוּכְתָּר, ת״ז, ־תֶּרֶת, ת״נ crowned

מַכְתֵּשׁ, ז׳, ר׳, ־תְּשִׁים mortar; pit, fissure

מָל, פ״י, ע׳ [מול] to circumcise; to purify the heart

מָלֵא, ת״ז, מְלֵאָה, ת״נ full, complete

מָלֵא, פעו״י to be full, to fill

נִמְלָא, פ״ע to be filled

מִלֵּא, פ״י to fill; to fulfill

מִלֵּא יָד to authorize, empower

מֻלָּא, פ״ע to be filled; to be set (with jewels)

הִתְמַלֵּא, פ״ע to become filled, gathered

מְלֹא, מְלוֹא, ז׳ multitude; fullness; filling matter

מַלַּאי, ז׳, ר׳, מְלָאִים merchandise, stock

מַלְאָךְ, ז׳, ר׳, ־כִים angel, messenger

מְלָאכָה, נ׳, ר׳, ־כוֹת work; workmanship; trade, vocation, occupation

בַּעַל מְלָאכָה artisan

מְלֶאכֶת יָד hand work

מַלְאֲכוּת, נ׳, ר׳, ־כֻיּוֹת delegation; deputation

מְלָאכוּתִי, ת״ז, ־תִית, ת״נ artificial

מִלֵּאת, נ׳, ר׳, מִלְאוֹת setting; stuffing

מִלְּבַד, תה״פ, ע׳ לְבַד besides

מַלְבּוּשׁ, ז׳, ר׳, ־שִׁים garment; suit, dress

מַלְבֵּן, ז׳, ר׳, ־בְּנִים brick mold; frame; quadrangle; rectangle

מְלֻבָּשׁ, מְלוּבָּשׁ, ת״ז, ־בֶּשֶׁת, ת״נ dressed

מָלַג, פ״י to scald; to pluck a bird

מַלְגֵּז, ז׳, ר׳, ־גְּזִים pitchfork

מִלָּה, נ׳, ר׳, מִלִּים, מִלּוֹת, מִלִּין word, speech; particle (*gram.*)

מִלָּה בְּמִלָּה literally

מִלַּת גּוּף pronoun

מִלַּת חִבּוּר conjunction

מִלַּת יַחַס preposition

מִלַּת קְרִיאָה exclamation

מִלּוּא, ז׳, ר׳, אִים fortified building

מִלּוּא, ז׳, ר׳, ־אִים filling; fullness

מִלּוּאָה, נ׳, ר׳, ־אוֹת setting (of jewels)

מְלֻבָּשׁ, מְלוּבָּשׁ, ת״ז, ־בֶּשֶׁת, ת״נ dressed

מְלוֹג, ז׳ dowry; usufruct (of woman's property)

מִלְוָה, נ׳, ר׳, ־ווֹת loan; debt

מַלְוֶה, ז׳, ר׳, ־וִים lender; creditor

מְלֻוֶּה, מְלוּוֶּה, ת״ז, ־וָּה, ת״נ accompanied, escorted

מָלוּחַ, ת״ז, מְלוּחָה, ת״נ salty

מְלוּטָּשׁ, מְלֻטָּשׁ, ת״ז, ־טֶּשֶׁת, ת״נ
polished, sharpened
filling, stuffing מִלּוּי, ז׳, ר׳, ־יִים
מְלוּכָּד, מְלֻכָּד, ת״ז, ־כֶּדֶת, ת״נ
united, joined; trapped, ensnared
מְלוּכְלָךְ, מְלֻכְלָךְ, ת״ז, ־לֶכֶת, ת״נ
dirty
kingdom; מְלוּכָה, נ׳, ר׳, ־כוֹת
royalty, kingship
royal blood line זֶרַע הַמְּלוּכָה
royal house בֵּית הַמְּלוּכָה
royal throne כִּסֵּא הַמְּלוּכָה
royal מְלוּכָנִי, ת״ז, ־נִית, ת״נ
verbal מִלּוּלִי, ת״ז, ־לִית, ת״נ
מְלוּמָּד, מְלֻמָּד, ת״ז, ־מֶּדֶת, ת״נ
learned
melon מֵלוֹן, ז׳, ר׳, ־נִים
inn, hotel מָלוֹן, ז׳, ר׳, מְלוֹנִים, מְלוֹנוֹת
dictionary, lexicon מִלּוֹן, ז׳, ר׳, ־נִים
lexicographer מִלּוֹנַאי, ז׳, ר׳, ־נָאִים
lexicography מִלּוֹנָאוּת, נ׳
watchman's hut מְלוּנָה, נ׳, ר׳, ־נוֹת
foreign מְלוּעָז, מְלֹעָז, ת״ז, ־עֶזֶת, ת״נ
(esp. words of foreign language)
salt מֶלַח, ז׳, ר׳, מְלָחִים
Dead Sea יָם הַמֶּלַח
to salt, season, pickle מָלַח, פ״י
to salt הִמְלִיחַ, פ״י
to be rubbed with salt הָמְלַח, פ״ע
sailor, mariner מַלָּח, ז׳, ר׳, ־חִים
rag מֶלַח, ז׳, ר׳, מְלָחִים
saline earth מְלֵחָה, נ׳, ר׳, ־חוֹת
seamanship מַלָּחוּת, נ׳
salty מִלְחִי, ת״ז, ־חִית, ת״נ
מְלֻחָם, מוּלְחָם, ת״ז, ־חֶמֶת, ת״נ
soldered
war; battle; מִלְחָמָה, נ׳, ר׳, ־מוֹת
controversy, quarrel

soldier אִישׁ מִלְחָמָה
weapons כְּלֵי מִלְחָמָה
vise מֶלְחָצַיִם, ז״ר
snake charmer מְלַחֵשׁ, ז׳, ר׳, ־חֲשִׁים
saltpeter מְלַחַת, נ׳
mortar, cement מֶלֶט, ז׳
to save oneself; [מלט] נִמְלַט, פ״ע
to escape
to deliver; to cement מִלֵּט, פ״י
to save; הִמְלִיט, הִמְלִיטָה, פ״י
to give birth (animal)
to escape הִתְמַלֵּט, פ״ע
מְלֻטָּשׁ, מְלוּטָּשׁ, ת״ז, ־טֶּשֶׁת, ת״נ
polished, sharpened
sharpener מַלְטֶשֶׁת, נ׳, ר׳, ־טָשׁוֹת
plenum; מְלִיאָה, נ׳, ר׳, ־אוֹת
plenary session
plucking birds; מְלִיגָה, נ׳, ר׳, ־גוֹת
scalding; usufruct
pickled, מָלִיחַ, ת״ז, מְלִיחָה, ת״נ
salted, preserved (in salt)
salad; relish מָלִיחַ, ז׳
salting, pickling מְלִיחָה, נ׳, ר׳, ־חוֹת
saltiness מְלִיחוּת, נ׳, ר׳, ־חֻיּוֹת
fully ripe corn; מְלִילָה, נ׳, ר׳, ־לוֹת
wriggling, waggling
interpreter; מֵלִיץ, ז׳, ר׳, ־צִים
rhetorician
metaphor; מְלִיצָה, נ׳, ר׳, ־צוֹת
flowery speech; satire
pinching; מְלִיקָה, נ׳, ר׳, ־קוֹת
wringing bird's head
king; sovereign מֶלֶךְ, ז׳, ר׳, מְלָכִים
to be king; to reign מָלַךְ, פ״ע
to reconsider נִמְלַךְ, פ״ע
to change one's mind נִמְלַךְ בְּדַעְתּוֹ
to make king; הִמְלִיךְ, פ״י
to cause to reign

הָמְלַךְ, פ"ע to be crowned a king
מֹלֶךְ, ז' Moloch, Canaanite idol
מְלֻכָּד, מְלוּכָּד, ת"ז, ־כֶּדֶת, ת"נ united, joined; trapped, ensnared
מַלְכֹּדֶת, נ', ר', ־כּוֹדוֹת trap, snare
מַלְכָּה, נ', ר', מְלָכוֹת queen
מַלְכוּת, נ', ר', ־כֻיּוֹת kingdom, reign
מְלֻכְלָךְ, מְלוּכְלָךְ, ת"ז, ־לֶכֶת, ת"נ dirty
מִלְכֹּם, ז' Ammonite idol
מְלֶכֶת, מְלֶכֶת הַשָּׁמַיִם, נ' name for sun or moon goddess
מָלַל, פעו"י to rub; to wither; to fade; to squeeze
מוֹלֵל, פ"ע to dry up; to cut down
מִלֵּל, פ"י to speak, proclaim, talk, utter
מֶלֶל, ז' border, fringe; word, speech
מְלָל, ז' hem
מַלְמָד, ז', ר', ־דִים staff, stick
מַלְמַד הַבָּקָר ox goad
מְלַמֵּד, ז', ר', ־מְּדִים teacher, tutor
מְלֻמָּד, מְלוּמָּד, ת"ז, ־מֶּדֶת, ת"נ learned
מְלַמְּדוּת, נ' tutoring, teaching
מִלְמוּל, ז', ר', ־לִים crumb; jabbering
מִלְמֵל, פ"ע to chatter; to talk (with malicious intent)
מְלֻעָז, מְלוּעָז, ת"ז, ־עֶזֶת, ת"נ foreign (esp. words of foreign language)
מִלְעֵיל, תה"פ penult (*gram.*)
מְלָפְפוֹן, ז', ר', ־פוֹנִים, ־פוֹנוֹת cucumber
[מלץ] נִמְלַץ, פ"ע to be pleasant; to be eloquent
הִמְלִיץ, פ"י to speak flowery language; to recommend

מֶלְצַר, ז', ר', ־צָרִים waiter, steward
מָלַק, פ"י to wring off (head of bird)
מַלְקוֹחַ, ז', ר', ־חִים booty, loot
מַלְקוֹשׁ, ז', ר', ־שִׁים season's last rain
מַלְקוֹת, נ', ר', ־קֻיּוֹת, ־קוֹת lash, punishment of lashes
מֶלְקַחַת, נ', ר', ־קָחוֹת pliers, wire cutter
מֶלְקָחַיִם, ז"ז pincers, tongs
מַלְקֵט, ז', ר', ־קְטִים tweezers
מִלְרַע, תה"פ, ע' לְרַע ultima (*gram.*)
מַלְשִׁין, ז', ר', ־נִים slanderer, informer
מַלְשִׁינוּת, נ', ר', ־נֻיּוֹת informing on; slander
מֶלְתָּחָה, נ', ר', ־חוֹת wardrobe; suitcase; traveling bag
מַלְתָּעָה, נ', ר', ־עוֹת incisor; jaw; maxilla
מַלְתְּעוֹת יָמִים adversity
מֵם, נ' Mem, name of thirteenth letter of Hebrew alphabet
מַמְאִיר, ת"ז, ־אֶרֶת, ת"נ malignant
מַמְגּוּרָה, מַמְגֻּרָה, נ', ר', ־רוֹת granary
מֵמַד, ז', ר', מְמַדִּים measure, measurement; dimension
מְמוּזָּג, מְמֻזָּג, ת"ז, ־זֶּגֶת, ת"נ mediocre, moderate
מְמוּכָּן, מְמֻכָּן, ת"ז, ־כֶּנֶת, ת"נ mechanized
מִמּוּל, תה"פ opposite
מְמוּלָּא, מְמֻלָּא, ת"ז, ־אָה, ת"נ stuffed, filled
מְמוּלָּח, מְמֻלָּח, ת"ז, ־לַּחַת, ת"נ salted
מְמוּמָּן, מְמֻמָּן, ת"ז, ־מֶּנֶת, ת"נ financed

מָמוֹן, ז׳, ר׳, ־נוֹת money, currency; wealth; property; mammon

מִמּוּן, ז׳ financing

מְמוֹנַאי, ז׳, ר׳, ־נָאִים financier

מְמוּנֶּה, מְמֻנֶּה, ת״ז, ־נָּה, ת״נ appointed

מָמוֹנִי, ת״ז, ־נִית, ת״נ monetary, pecuniary

מְמוּסְפָּר, מְמֻסְפָּר, ת״ז, ־פֶּרֶת, ת״נ numerated

מְמוּצָּע, מְמֻצָּע, ת״ז, ־צַּעַת, ת״נ average; central; middle

מִמּוּשׁ, ז׳, ר׳, ־שִׁים realization

מְמוּשָּׁךְ, מְמֻשָּׁךְ, ת״ז, ־שֶּׁכֶת, ת״נ continued, continual

מָמוֹת, ז׳, ר׳, מְמוֹתִים death

מְמוּתָּק, מְמֻתָּק, ת״ז, ־תֶּקֶת, ת״נ sweetened

מְמֻזָּג, מְמוּזָּג, ת״ז, ־זֶּגֶת, ת״נ poured; mediocre; moderate

מִמְזָנָה, נ׳, ר׳, ־נוֹת bar (liquor)

מַמְזֵר, ז׳, ־זֶרֶת, נ׳, ר׳, ־זְרִים, ־זְרוֹת bastard

מֻמְחֶה, מוּמְחֶה, ת״ז, ־חֵית, ת״נ expert

מִמְחָטָה, נ׳, ר׳, ־טוֹת handkerchief

מַמְטֵרָה, נ׳, ר׳, ־רוֹת sprinkler

מִמְטֶרֶת, נ׳, ר׳, ־רוֹת raincoat

מִמְּךָ, מִמֵּךְ, מ״י, ע׳ מִן from you (*s.*; *m.*, *f.*)

מִמְכָּר, ז׳, ר׳, ־רִים sale

מִמְכֶּרֶת, נ׳, ר׳, ־כָּרוֹת sale

מְמֻלָּא, מְמוּלָּא, ת״ז, ־אָה, ת״נ stuffed, filled

מְמֻלָּח, מְמוּלָּח, ת״ז, ־לַּחַת, ת״נ salted

מִמְלָחָה, מַמְלֵחָה, נ׳, ר׳, ־חוֹת salt container, salt shaker

מַמְלָכָה, מַמְלֶכֶת, נ׳, ר׳, ־כוֹת kingdom; sovereignty

עִיר הַמַּמְלָכָה capital

מַמְלָכוּת, נ׳ kingdom, sovereignty

מְמֻמָּן, מְמוּמָּן, ת״ז, ־מֶּנֶת, ת״נ financed

מִמֵּן, פ״י to finance, capitalize

מְמֻנֶּה, ז׳, ר׳, ־נִּים appointed administrator; trustee

מְמֻנֶּה, מְמוּנֶּה, ת״ז, ־נָּה, ת״נ appointed

מִמֶּנָּה, מִמֶּנּוּ, מִמֶּנִּי, מ״י, ע׳ מִן from her, from him, from me

מְמֻנּוּת, נ׳, ר׳, ־נֻּיּוֹת mandate

מִמְסָךְ, ז׳, ר׳, ־כִים mixed drink, cocktail

מְמַסְפֵּר, ז׳, ר׳, ־פְּרִים numerator

מִמַּעַל, תה״פ from above

מַמְצִיא, ז׳, ר׳, ־אִים inventor

מְמֻצָּע, מְמוּצָּע, ת״ז, ־צַּעַת, ת״נ average; central; middle

מֶמֶר, ז׳ affliction; bitterness

מִמְרָאָה, נ׳ aerodrome

מַמְרוֹר, ז׳, ר׳, ־רִים affliction; bitterness

מִמְרָח, ז׳, ר׳, ־חִים spread (butter, jam)

מַמְרֵט, ז׳, ר׳, ־רְטִים cobbler's smoothing bone

מַמָּשׁ, ז׳, ר׳, ־שׁוֹת solid; substance; reality; concreteness

מִמֵּשׁ, פ״י to realize

הִתְמַמֵּשׁ, פ״ע to become materialized

מַמָּשׁוּת, נ׳, ר׳, ־שֻׁיּוֹת reality, actuality

מִמְשַׁח, ז׳ haughtiness; annointing

מַמָּשִׁי, ת״ז, ־שִׁית, ת״נ real, actual

מְמֻשָּׁךְ, מְמוּשָּׁךְ, ת״ז, ־שֶּׁכֶת, ־שָּׁכָה, ת״נ continued, continual
מִמְשָׁל, ז׳, ר׳, ־לִים authority; government; rule, dominion
מֶמְשָׁלָה, נ׳, ר׳, ־לוֹת constitutional government
מִמְשָׁק, ז׳, ר׳, ־קִים arable land; administration
מַמְתָּק, ז׳, ר׳, ־תַּקִּים candy, sweets, sweetmeats
מְמֻתָּק, מְמוּתָּק, ת״ז, ־תֶּקֶת, ת״נ sweetened
מָן, ז׳ manna; portion; food
מֵן, ז׳, ר׳, מִנִּים stringed musical instrument
מִן, מִ־, מֵ־, מ״י from, out of, of
מִנְאוֹרֶת, נ׳, ר׳, ־רוֹת minaret
מִנְאָם, ז׳, ר׳, ־מִים oration; toast (speech)
מְנָאֵף, ז׳, ר׳, ־אֲפִים adulterer
מְנָאֶפֶת, נ׳, ר׳, ־אֲפוֹת adulteress
מְנֻגָּב, מְנוּגָּב, ת״ז, ־גֶּבֶת, ת״נ dried, wiped
מַנְגִּינָה, נ׳, ר׳, ־נוֹת melody, tune
מְנַגֵּן, ז׳, ר׳, ־גְּנִים musician (*m.*)
מַנְגָּנוֹן, ז׳, ר׳, ־נִים, ־גְּנָאוֹת apparatus; staff
מְנֻדָּד, מוּנָּד, ת״ז, ־דָּה, ת״נ prickly
מְנֻדֶּה, מְנוּדֶּה, ת״ז, ־דָּה, ת״נ ostracized; excommunicated
מָנָה, נ׳, ר׳, ־נוֹת portion, share; dose
מָנָה, פ״י to count; to number
נִמְנָה, פ״ע to be counted; to be assigned
מִנָּה, פ״י to appoint
מֻנָּה, פ״ע to be appointed; to be put in charge of
נִתְמַנָּה, פ״ע to charge, empower; to be appointed to
מָנֶה, ז׳, ר׳, ־נִים coin, weight
מֹנֶה, מוֹנֶה, ז׳, ר׳, ־נִים time, fold
עֲשֶׂרֶת מֹנִים tenfold
מִנְהָג, ז׳, ר׳, ־גִים behavior, conduct; custom
מַנְהִיג, ז׳, ר׳, ־גִים leader
מַנְהִיגוּת, נ׳ leadership
מְנַהֵל, ז׳, ר׳, ־הֲלִים director, manager
מִנְהַל, ז׳, מִנְהָלָה, נ׳, ר׳, ־לִים, ־לוֹת board of directors, administration
מִנְהָרָה, נ׳, ר׳, ־רוֹת tunnel
מְנוּגָּב, מְנֻגָּב, ת״ז, ־גֶּבֶת, ת״נ dried, wiped
מְנוּדֶּה, מְנֻדֶּה, ת״ז, ־דָּה, ת״נ ostracized; excommunicated
מָנוֹד, ז׳, ר׳, מְנוֹדִים shaking (of head); wagging
מְנוֹד לֵב worry
מָנוֹחַ, ז׳, מְנוּחָה, נ׳ quietness; resting place; rest
הַמָּנוֹחַ, ז׳ the deceased
בֵּית מְנוּחָה tomb
לֵיל מְנוּחָה good night
מִנּוּחַ, ז׳ coining (of words)
מִנּוּי, ז׳, ר׳, ־יִים appointment
מָנוּי, ז׳, ר׳, מְנוּיִים; ת״ז subscriber; counted
מְנֻוָּל, ת״ז, ־וֶּלֶת, ת״נ repulsive; despicable
מְנוּמָּס, מְנֻמָּס, ת״ז, ־מֶּסֶת, ת״נ polite
מְנוּמָּק, מְנֻמָּק, ת״ז, ־מֶּקֶת, ת״נ reasoned
מְנוּמָּר, מְנֻמָּר, ת״ז, ־מֶּרֶת, ת״נ spotted
מָנוֹן, ז׳, ר׳, ־נִים executor, manager; weakling

מִנּוּן, ז׳, ר׳, ־נִים apportionment

מָנוֹס, ז׳, מְנוּסָה, נ׳, ר׳, ־סִים, ־סוֹת flight, refuge

מְנוּסֶּה, מְנֻסֶּה, ת״ז, ־סָּה, ת״נ experienced

מְנוּסָּח, מְנֻסָּח, ת״ז, ־סַּחַת, ת״נ formulated

מָנוֹעַ, ז׳, ר׳, מְנוֹעִים motor

מִנּוּעַ, ז׳ motorization

מָנוֹף, ז׳, ר׳, מְנוֹפִים crowbar; derrick crane

מְנוּפָּח, מְנֻפָּח, ת״ז, ־פַּחַת, ת״נ inflated, exaggerated

מְנוּצָּח, מְנֻצָּח, ת״ז, ־צַּחַת, ת״נ conquered, defeated

מְנוּקָּב, מְנֻקָּב, ת״ז, ־קֶּבֶת, ת״נ perforated, full of holes

מְנוּקָּד, מְנֻקָּד, ת״ז, ־קֶּדֶת, ת״נ dotted; vowelized

מָנוֹר, ז׳, ר׳, מְנוֹרִים weaver's beam; constellation

מְנוֹרָה, נ׳, ר׳, ־רוֹת lamp stand; candelabrum

מְנוּתָּח, מְנֻתָּח, ת״ז, ־תַּחַת, ת״נ cut up; analyzed, operated

מְנוּתָּק, מְנֻתָּק, ת״ז, ־תֶּקֶת, ת״נ cut off

מִנְזָר, ז׳, ר׳, ־רִים prince, dignitary (Babylonian); messiah; convent; monastery

מִנַּח, פ״י to coin words, terms

מֻנָּח, ז׳, ר׳, ־חִים postulate; supposition; term

מִנְחָה, נ׳, ר׳, מְנָחוֹת offering, tribute; present, gift; afternoon prayer

מְנַחֵם, ז׳, ר׳, ־חֲמִים comforter, consoler

מְנַחֵם אָב the fifth Hebrew month, Ab

מְנַחֵשׁ, ז׳, ר׳, ־חֲשִׁים diviner; magician

מִנְחָת, ז׳, ר׳, ־תִים landing strip

מְנִי, ז׳ god; divinity of destiny

מְנָיָה, נ׳, ר׳, ־יוֹת share; stock

מִנְיָן, ז׳, ר׳, ־נִים, ־נוֹת number; counting; quorum (for prayer)

מִנַּיִן, תה״פ wherefrom; whence

מֵנִיעַ, ז׳, ר׳, ־עִים dynamo, motor, engine mover

מְנִיעָה, נ׳, ר׳, ־עוֹת hindrance; prevention

מְנִיפָה, נ׳, ר׳, ־פוֹת hand fan

מְנֻמָּס, מְנוּמָּס, ת״ז, ־מֶּסֶת, ת״נ polite

מְנֻמָּק, מְנוּמָּק, ת״ז, ־מֶּקֶת, ת״נ reasoned

מְנֻמָּר, מְנוּמָּר, ת״ז, ־מֶּרֶת, ת״נ spotted

מְנֻסֶּה, מְנוּסֶּה, ת״ז, ־סָּה, ת״נ experienced

מְנֻסָּח, מְנוּסָּח, ת״ז, ־סַּחַת, ת״נ formulated

מִנְסָרָה, נ׳, ר׳, ־רוֹת prism; wood-sawing shop

מָנַע, פ״י to restrain, prevent; to withhold

נִמְנַע, פ״ע to be restrained

הִמְנִיעַ, פ״י to keep apart

מַנְעוּל, ז׳, ר׳, ־לִים lock, bolt, bar

מִנְעָל, ז׳, ר׳, ־לִים, ־לוֹת hard ground; shoe

מַנְעַמִּים, ז״ר tidbits, delicacies

מְנַעֲנֵעַ, ז׳, ר׳, ־עַנְעִים cymbal; pedal

מְנֻפָּח, מְנוּפָּח, ת״ז, ־פַּחַת, ת״נ inflated; exaggerated

מְנַצֵּחַ, ז׳, ר׳, ־צְּחִים victor, conqueror; overseer; conductor (of orchestra)

מְנֻצָּח, מְנוּצָּח, ת״ז, ־צַּחַת, ת״נ
conquered, defeated

מְנֻקָּב, מְנוּקָּב, ת״ז, ־קֶּבֶת, ת״נ
perforated, full of holes

מְנֻקָּד, מְנוּקָּד, ת״ז, ־קֶּדֶת, ת״נ
dotted, vowelized

מְנַקִּיָּה, נ׳, ר׳, ־יּוֹת wine bowl, flask; brush

מְנָת, נ׳, ר׳, מְנָאוֹת, מְנָיוֹת share; portion

מְנָת הַמֶּלֶךְ tax

בִּמְנָת, לִמְנָת on condition

עַל מְנָת שֶׁ־ so that, for the sake of

מְנֻתָּח, מְנוּתָּח, ת״ז, ־תַּחַת, ת״נ
cut up; operated; analyzed

מְנֻתָּק, מְנוּתָּק, ת״ז, ־תֶּקֶת, ת״נ cut off

מַס, ז׳, ר׳, מִסִּים tax, tribute; compulsory labor; melting; juice

מַס הַכְנָסָה income tax

מַס חָבֵר membership dues

מֵסַב, ז׳, ר׳, מְסִבִּים round table; (revolving) armchair; circle; environment; surroundings

מִסְבָּאָה, נ׳, ר׳, ־אוֹת tavern, pub, saloon

מְסֻבָּב, מְסוּבָּב, ת״ז, ־בֶּבֶת, ת״נ
surrounded; resultant

מְסִבָּה, מְסִיבָּה, נ׳, ר׳, ־בּוֹת social gathering, party, banquet; winding staircase

מְסֻבָּךְ, מְסוּבָּךְ, ת״ז, ־בֶּכֶת, ת״נ
complicated; entangled

מְסֻבָּן, מְסוּבָּן, ת״ז, ־בֶּנֶת, ת״נ soapy

מִסְבָּנָה, נ׳, ר׳, ־נוֹת soap factory

מִסְגָּד, ז׳, ר׳, ־דִים mosque

מְסֻגָּל, מְסוּגָּל, ת״ז, ־גֶּלֶת, ת״נ
treasured; suited; adjusted

מְסֻגְנָן, מְסוּגְנָן, ת״ז, ־נֶנֶת, ת״נ
formulated; stylized

מַסְגֵּר, ז׳, ר׳, ־גְּרִים padlock; prison; enclosure; locksmith

מִסְגֶּרֶת, נ׳, ר׳, ־גְּרוֹת frame; border, rim

מַסַּד, מַסָּד, ז׳, ר׳, ־דִים foundation

מִסְדָּר, ז׳, ר׳, ־רִים order; parade

מְסַדֵּר, ז׳, ר׳, ־דְּרִים typesetter

מְסֻדָּר, מְסוּדָּר, ת״ז, ־דֶּרֶת, ת״נ
arranged

מִסְדָּרָה, נ׳, ר׳, ־רוֹת tray (for type)

מִסְדְּרוֹן, ז׳, ר׳, ־רוֹנִים, ־רוֹנוֹת
corridor; entrance hall; vestibule

[מסה] נִמְסָה, פ״ע to rot; to be melted, dissolved

הִמְסָה, פ״י to melt, dissolve

הִתְמַסָּה, פ״ע to melt, dissolve (itself)

מַסָּה, נ׳, ר׳, ־סּוֹת test; essay; destruction

מִסָּה, נ׳, ר׳, ־סּוֹת sufficiency; measure; quota

מְסוֹ, ז׳, ר׳, ־אוֹת curdling, rennet

מְסוּבָּב, מְסֻבָּב, ת״ז, ־בֶּבֶת, ת״נ
surrounded; resultant

מְסוּבָּךְ, מְסֻבָּךְ, ת״ז, ־בֶּכֶת, ת״נ
complicated, entangled

מְסוּבָּן, מְסֻבָּן, ת״ז, ־בֶּנֶת, ת״נ soapy

מְסוּגָּל, מְסֻגָּל, ת״ז, ־גֶּלֶת, ת״נ
treasured; suited; adjusted

מְסוּגְנָן, מְסֻגְנָן, ת״ז, ־נֶנֶת, ת״נ
formulated, stylized

מְסוּדָּר, מְסֻדָּר, ת״ז, ־דֶּרֶת, ת״נ
arranged

מַסְוֶה, ז׳, ר׳, ־וִים veil; mask; hole (for handle)

מְסוּיָּג, מְסֻיָּג, ת״ז, ־יֶּגֶת, ת״נ classified

מְסוּיָּד, מְסֻיָּד, ת״ז, ־יֶּדֶת whitewashed, plastered
מְסוּיָּם, מְסֻיָּם, ת״ז, ־יֶּמֶת, ת״נ definite
מְסוּכָה, מְשׂוּכָה, נ׳, ר׳, ־כוֹת thorn hedge
מְסוּכָּן, מְסֻכָּן, ת״ז, ־כֶּנֶת, ת״נ dangerous
מָסוּל, ז׳, מְסוּלַיִם, ז״ר slipper
מְסוּלָּא, מְסֻלָּא, ת״ז, ־לֵּאת, ת״נ weighted, valued
מְסוּלְסָל, מְסֻלְסָל, ת״ז, ־סֶלֶת, ת״נ curly
מְסוּלָּף, מְסֻלָּף, ת״ז, ־לֶּפֶת, ת״נ perverted; crooked
מְסוּמָּן, מְסֻמָּן, ת״ז, ־מֶּנֶת, ת״נ indicated, marked
מְסוּמָּר, מְסֻמָּר, ת״ז, ־מֶּרֶת, ת״נ nailed
מְסוּנָּף, מְסֻנָּף, ת״ז, ־נֶּפֶת, ת״נ branched
מְסוֹס, מְסַס, ז׳ rottenness
מְסוֹסָה, נ׳, ר׳, ־סוֹת third stomach of ruminants
מְסוֹעָר, מְסֹעָר, ת״ז, ־עֶרֶת, ת״נ emotional
מַסּוֹק, ז׳, ר׳, ־קִים helicopter
מְסוּפָּק, מְסֻפָּק, ת״ז, ־פֶּקֶת, ת״נ doubtful
מָסוֹר, ז׳, ר׳, ־רוֹת slanderer
מָסוּר, ת״ז, מְסוּרָה, ת״נ devoted
מְסוֹרָג, מְסֹרָג, ת״ז, ־רֶגֶת, ת״נ plaited, interlaced
מָסוֹרָה, מָסֹרָה, נ׳ Massorah, collection of textual readings
מְסוֹרָס, מְסֹרָס, ת״ז, ־רֶסֶת, ת״נ emasculated, perverted
מְסוֹרָק, מְסֹרָק, ת״ז, ־רֶקֶת, ת״נ combed
מָסוֹרֶת, מָסֹרֶת, נ׳, ר׳, ־רוֹת tradition

מָסוֹרְתִּי, ת״ז, ־תִית, ת״נ traditional
מִסְחָב, ז׳, ר׳, ־בִים train (of robe)
מַסְחֵט, ז׳, ר׳, ־חֲטִים squeezing appliance, juicer
מַסְחִיט, ז׳, ר׳, ־טִים folding hinge, hinges
מִסְחָר, ז׳, ר׳, ־רִים trade, commerce
מִסְחָרִי, ת״ז, ־רִית, ת״נ commercial
מִסְטֶה, ז׳, ר׳, ־טִים irregularity
מִסְטוֹרִין, מִסְתּוֹרִין, ז׳ secret; mystery
מְסִיבָּה, מְסִבָּה, נ׳, ר׳, ־בּוֹת social gathering, party, banquet; winding staircase
מְסֻיָּג, מְסוּיָּג, ת״ז, ־יֶּגֶת, ת״נ fenced; classified
מְסֻיָּד, מְסוּיָּד, ת״ז, ־יֶּדֶת, ת״נ whitewashed
מְסִיכָה, נ׳, ר׳, ־כוֹת mixing, mixture
מְסֻיָּם, מְסוּיָּם, ת״ז, ־יֶּמֶת, ת״נ definite
מְסִיסוּת, נ׳, ר׳, ־סִיוֹת melting point
מָסִיק, ז׳, ר׳, מְסִיקִים olive-gathering time; olive-picking
מְסִירָה, נ׳, ר׳, ־רוֹת handing over; delivery; denunciation
מְסִירוּת, נ׳ devotion
מְסִירוּת־נֶפֶשׁ self-sacrifice
מֵסִית, מַסִּית ז׳, ר׳, מְסִיתִים, מַסִּיתִים instigator; missionary; proselytizer
מֶסֶךְ, ז׳, ר׳, מְסָכִים mixed drink
מָסַךְ, פ״י to mix; to pour out
נִמְסַךְ, פ״ע to be poured; to have an even temperament
מָסַךְ, פ״ע to be temperate; to darken
מָסָךְ, ז׳, ר׳, מָסַכִּים curtain, screen; diaphragm
מַסֵּכָה, נ׳, ר׳, ־כוֹת mask, covering

מְסֻכָּה, נ׳, ר׳, ־כּוֹת fence, hedge
מְסֻכָּם, מוּסְכָּם, ת״ז, ־כֶּמֶת, ת״נ
agreed upon, accepted
מִסְכֵּן, ת״ז, ־כֵּנָה, ת״נ poor,
unfortunate, wretched
מִסְכֵּן, פ״י to impoverish
נִתְמַסְכֵּן, פ״ע to become poor
מְסֻכָּן, מְסוּכָּן, ת״ז, ־כֶּנֶת, ת״נ
dangerous
מִסְכֵּנוּת, נ׳ poverty
מִסְכֶּנֶת, נ׳, ר׳, ־כְּנוֹת pantry
מַסְכֵּרָה, נ׳, ר׳, ־רוֹת sugar bowl
מַסְכֵּת, ז׳, ר׳, ־כְּתִים stethoscope
מַסֶּכֶת, נ׳, ר׳, מַסָּכוֹת, מַסֶּכְתּוֹת
warp (in weaving)
מַסֶּכְתָּא, מַסֶּכֶת Talmudic tractate
נֶפֶשׁ הַמַּסֶּכֶת woof
מְסֻלָּא, מְסוּלָּא, ת״ז, ־לֵּאת, ת״נ
valued; weighted
מְסִלָּה, נ׳, ר׳, ־לּוֹת way, road;
orbit; course
מְסִלַּת בַּרְזֶל railroad
מַסְלוּל, ז׳, ר׳, ־לִים way, road,
path; orbit
מְסֻלְסָל, מְסוּלְסָל, ת״ז, ־סֶלֶת, ת״נ
curly
מְסֻלָּף, מְסוּלָּף, ת״ז, ־לֶּפֶת, ת״נ
perverted; incorrect
מִסְמָךְ, ז׳, ר׳, ־כִים document;
support
מֻסְמָךְ, ז׳, ר׳, ־כִים reliable;
university graduate
מֻסְמָךְ, מוּסְמָךְ, ת״ז, ־מֶכֶת, ת״נ
qualified
מְסֻמָּן, מְסוּמָּן, ת״ז, ־מֶּנֶת, ת״נ
indicated, marked
מִסְמֵס, פ״י to feed, sustain;
to be scarce

נִתְמַסְמֵס, פ״ע to stimulate,
encourage; to be bloody;
to become soft, flabby;
to be mashed
מַסְמֵר, ז׳, ר׳, ־מְרִים, ־מְרוֹת nail;
clove; peg
כְּתָב מַסְמְרוֹת cuneiform
שׁוֹשַׁנַּת הַמַּסְמֵר nailhead
מְסֻמָּר, מְסוּמָּר, ת״ז, ־מֶּרֶת, ת״נ
nailed
מַסְנֵן, ז׳, ר׳, ־נְנִים filter
מְסַנֶּנֶת, נ׳, ר׳, ־נְּנוֹת strainer
מְסֻנָּף, מְסוּנָּף, ת״ז, ־נֶּפֶת, ת״נ
branched
מְסֹס, מְסוֹס, ז׳ rottenness
[מסס] נָמַס, פ״ע to become melted
מִסֵּס to melt, liquefy
הֵמֵס, פ״י to liquefy, make run
הִתְמוֹסֵס, פ״ע to become liquid,
melted
מַסָּע, ז׳, ר׳, ־עִים migration; dart;
voyage
תְּעוּדַת מַסָּע laisser passer
מִסְעָד, ז׳, ר׳, ־דִים support,
backing; special fortifying food
מִסְעָדָה, נ׳, ר׳, ־דוֹת restaurant
מִסְעָף, ז׳, ר׳, ־פִים crossroad
מְסֹעָר, מְסוֹעָר, ת״ז, ־עֶרֶת, ת״נ
emotional
מַסְפֵּג, ז׳, ר׳, ־פְּגִים blotter
מִסְפֵּד, ז׳, ר׳, ־פְּדִים lamentation,
wailing
מִסְפּוֹא, ז׳ fodder
מִסְפָּחָה, נ׳, ר׳, ־חוֹת veil
מִסְפַּחַת, נ׳, ר׳, ־פָּחוֹת scab
מִסְפָּק, ז׳, ר׳, ־קִים dilemma, doubt
מְסֻפָּק, מְסוּפָּק, ת״ז, ־פֶּקֶת, ת״נ
doubtful

מִסְפָּר, ז׳, ר׳, ־רִים number, count; boundary; narration
מִסְפָּר יְסוֹדִי cardinal number
מִסְפָּר סִדּוּרִי ordinal number
אֵין מִסְפָּר innumerable
יָמִים מִסְפָּר a few days
מִסְפָּרָה, נ׳, ר׳, ־רוֹת barber shop
מִסְפָּרִי, ת״ז, ־רִית, ת״נ numerical
מִסְפָּרַיִם, ז״ז scissors, shears
מַסְפֶּרֶת, נ׳, ר׳, ־פָּרוֹת hair clippers
מָסַק, פ״י to harvest olives
מַסְקָנָה, נ׳, ר׳, ־נוֹת conclusion
מִסְקָר, ז׳, ר׳, ־רִים review; parade; survey
מָסַר, פ״י to deliver; to transmit; to inform against
נִמְסַר, פ״ע to be handed over; to be transmitted
מְסֹרָג, מְסוֹרָג, ת״ז, ־רֶגֶת, ת״נ plaited; interlaced
מָסֹרָה, מָסוֹרָה, נ׳, ר׳, ־רוֹת
Massorah, collection of textual readings
מְסֻרְטָ, מוּסְרָט, ת״ז, ־רֶטֶת, ת״נ filmed
מַסְרָן, ז׳, ר׳, ־נִים Masoretic scholar
מְסֹרָס, מְסוֹרָס, ת״ז, ־רֶסֶת, ת״נ
emasculated; perverted
מַסְרֵק, ז׳, ר׳, ־רְקוֹת, ־קִים comb; blossom of pomegranate
מְסֹרָק, מְסוֹרָק, ת״ז, ־רֶקֶת, ת״נ
combed
מָסֹרֶת, מָסוֹרֶת נ׳, ר׳, ־רוֹת
tradition
מִסְתּוֹר, ז׳, ר׳, ־רִים hiding place
מִסְתּוֹרִין, מִסְטוֹרִין, ז׳ mystery, secret
מַסְתּוֹרִית, נ׳, ר׳, ־רִיּוֹת reel, spool, yarn windle
מִסְתַּנֵּן, ז׳, ר׳, ־נְּנִים infiltrator

מִסְתָּר, ז׳, ר׳, ־רִים hiding place
מְסַתֵּת, ז׳, ר׳, ־תְּתִים hewer, stone-cutter
מַעְבָּד, ז׳, ר׳, ־דִים act, deed
מְעֻבָּד, מְעוּבָּד, ת״ז, ־בֶּדֶת, ת״נ
prepared, worked on
מַעְבָּדָה, נ׳, ר׳, ־דוֹת laboratory
מַעֲבֶה, ז׳, ר׳, ־בִים depth, thickness, density
מַעֲבָר, ז׳, ר׳, ־רִים ford; ferry; crossing; mountain pass; transition
מַעְבָּרָה, נ׳, ר׳, ־רוֹת crossing; camp of refugees
מְעֻבֶּרֶת, מְעוּבֶּרֶת, ת״נ pregnant
שָׁנָה מְעֻבֶּרֶת leap year
מַעְבֹּרֶת, נ׳, ר׳, ־בּוֹרוֹת ferryboat; raft
מַעֲגִילָה, נ׳, ר׳, ־לוֹת rolling machine, cylinder
מַעְגָּל, ז׳, ר׳, ־גָּלִים, ־גָּלוֹת circle; way; orbit
מַעֲגָמָה, נ׳, ר׳, ־מוֹת drama
מָעַד, פ״ע to totter; to slip
הִמְעִיד, פ״י to cause to slip, shake
מְעֻדְכָּן, ת״ז, ־כֶּנֶת, ת״נ up-to-date
מַעֲדָן, ז׳, ר׳, ־נִים tidbit; dainty food; knot
מַעְדֵּר, ז׳, ר׳, ־דְּרִים pick, hoe
מָעָה, נ׳, ר׳, ־עוֹת grain, seed; coin, penny
מָעוֹת, נ״ר change (money)
מְעוּבָּד, מְעֻבָּד, ת״ז, ־בֶּדֶת, ת״נ
prepared, worked on
מְעוּבֶּרֶת, מְעֻבֶּרֶת, ת״נ pregnant
מָעוֹג, ז׳, ר׳, מְעוֹגִים griddle cake; grimace
מְעוּוָּת, מְעֻוָּת, ת״ז, ־וֶּתֶת, ת״נ
crooked; spoiled

מָעוֹז, ז׳, ר׳, מְעֻזִּים fortress; rock; protection; strength
מִעוּט, ז׳, ר׳, ־טִים minority; limitation; ebb
מְעוּשָּׁף, מְעֻטָּף, ת״ז, ־טֶּפֶת, ת״נ covered; wrapped
מְעוּיָּן, מְעֻיָּן, ת״ז, ־יֶּנֶת, ת״נ balanced
מִעוּךְ, ז׳, ר׳, ־כִים bruising; squeezing
מְעוּכָּל, מְעֻכָּל, ת״ז, ־כֶּלֶת, ת״נ digested, consumed
מְעוּלֶּה, מְעֻלֶּה, ת״ז, ־לָּה, ת״נ first rate, excellent; prominent
מְעוּמָּס, מְעֻמָּס, ת״ז, ־מֶּסֶת, ת״נ loaded, burdened
מְעוּמְעָם, מְעֻמְעָם, ת״ז, ־עֶמֶת, ת״נ hazy
מָעוֹן, ז׳, מְעוֹנָה, נ׳, ר׳, מְעוֹנִים, ־נוֹת dwelling, habitation; lair
מְעוּנֶּה, מְעֻנֶּה, ת״ז, ־נָּה, ת״נ suffering; tortured; fasting
מְעוּנְיָן, מְעֻנְיָן, ת״ז, ־יֶנֶת, ת״נ interested
מְעוֹנֵן, ז׳, ר׳, ־נְנִים magician; soothsayer
מְעוּנָּן, מְעֻנָּן, ת״ז, ־נֶּנֶת, ת״נ cloudy
מָעוּף, ז׳, ר׳, מְעוּפִים darkness; flight, flying; flight of imagination
מְעוֹפֵף, ז׳, ר׳, ־פְפִים flier, aviator
מְעוֹפְפוּת, נ׳ flight; aviation
מְעוּקָּב, מְעֻקָּב, ת״ז, ־קֶּבֶת, ת״נ cubic
מְעוּקָּף, מְעֻקָּף, ת״ז, ־קֶּפֶת, ת״נ by-passed
מְעוּקָּם, מְעֻקָּם, ת״ז, ־קֶּמֶת, ת״נ crooked
מָעוֹר, ז׳, ר׳, מְעוֹרִים pudenda, genitals
מְעוֹרָב, מְעֹרָב, ת״ז, ־רֶבֶת, ת״נ mixed
מְעוּרְפָּל, מְעֻרְפָּל, ת״ז, ־פֶּלֶת, ת״נ dark; not clear, vague
מְעוֹרֵר, ז׳, ר׳, ־רְרִים tempter; awakener; alarmer
שָׁעוֹן מְעוֹרֵר alarm clock
מְעוּשָּׁן, מְעֻשָּׁן, ת״ז, ־שֶּׁנֶת, ת״נ smoked, fumigated
מְעוּשָּׂר, מְעֻשָּׂר, ת״ז, ־שֶּׂרֶת, ת״נ decagonal
מָעוֹת, נ״ר, ע׳ מָעָה change (money)
מְעֻוָּת, מְעוּוָּת, ת״ז, ־וֶּתֶת, ת״נ crooked; spoiled
מָעֹז, מָעוֹז, ז׳, ר׳, ־זִּים rock; fortress; protection; strength
מָעֹזֶן, ז׳, ר׳, מָעֳזְנִים stronghold; depot
מְעַט, תה״פ a little; a few
כִּמְעַט, תה״פ almost
מָעַט, פ״ע to diminish, be little
מִעֵט, פ״י to reduce; to exclude
מֻעַט, פ״ע to become less, little
הִמְעִיט, פ״י to do little; to diminish
הִתְמַעֵט, פ״ע to be reduced, diminished
מֻעָט, מוּעָט, ת״ז, ־עֶטֶת, ת״נ scanty, small
מָעֹט, ת״ז, מְעֻטָּה, ת״נ polished, shining
מַעֲטֶה, ז׳, ר׳, ־טִים wrap, mantle
מַעֲטִיר, ת״ז, ־רָה, ת״נ crowned
מְעֻטָּף, מְעוּטָּף, ת״ז, ־טֶּפֶת, ת״נ covered; wrapped
מַעֲטָפָה, נ׳, ר׳, ־פוֹת envelope; cover; pillowcase
מַעֲטֶפֶת, נ׳, ר׳, ־טָפוֹת cape, tippet
מְעִי, ז׳, ר׳, מֵעַיִם intestine; bowels; entrails
מְעִי עִוֵּר appendix
מְעֵי הָאֵם womb

movement of bowels הִלּוּךְ מֵעַיִם
slipping, falling מְעִידָה, נ׳, ר׳, ־דוֹת
squeezing מְעִיכָה, נ׳, ר׳, ־כוֹת
jacket, coat, topcoat, overcoat מְעִיל, ז׳, ר׳, ־לִים
breach of faith; bad faith, perfidy; fraud מְעִילָה, נ׳, ר׳, ־לוֹת
fountain; source; fontanel מַעְיָן, ז׳, ר׳, ־יָנִים, ־יָנוֹת
thoughts מַעְיָנִים, ז״ר
balanced מְאֻזָּן, מְעוּיָן, ־יֶנֶת, ת״נ
to break up; to squeeze מָעַךְ, פ״י
to rub מִעֵךְ, פ״י
to be squashed נִמְעַךְ, פ״ע
to be pressed, squashed מֹעַךְ, פ״ע
to be squashed, rubbed נִתְמָעֵךְ, פ״ע
damaged spot in vessel מֶעֶךְ, ז׳, ר׳, ־כִים
digested; consumed מְעֻכָּל, מְעוּכָּל, ת״ז, ־כֶּלֶת, ת״נ
fraud; disloyalty; breach of faith מַעַל, ז׳
to be treacherous; to defraud מָעַל, פ״ע
lifting up (of hands) מֹעַל, ז׳
ascent; platform מַעֲלֶה, ז׳, ר׳, ־לוֹת, ־לִים
step, staircase; degree; value; virtue מַעֲלָה, נ׳, ר׳, ־לוֹת
up מַעֲלָה, תה״פ
upwards, upstairs לְמַעְלָה
from above מִלְמַעְלָה
song of ascents שִׁיר הַמַּעֲלוֹת
His Excellency הוֹד מַעֲלָתוֹ
first rate, excellent; prominent מְעֻלֶּה, מְעוּלֶּה, ת״ז, ־לָּה, ת״נ
elevator, lift מַעֲלִית, נ׳, ר׳, ־לִיוֹת

action מַעֲלָל, ז׳, ר׳, ־לִים
way of standing; post; position; presence; class; situation מַעֲמָד, ז׳, ר׳, ־דוֹת
In the presence of בְּמַעֲמַד
position מָעֳמָד, ז׳, ר׳, ־דִים
candidate מֻעֲמָד, מוּעֲמָד, ז׳, ר׳, ־דִים
candidacy מֻעֲמָדוּת, נ׳
tonnage; load מַעֲמָס, ז׳
loaded, burdened מְעֻמָּס, מְעוּמָּס, ת״ז, ־מֶּסֶת, ת״נ
burden, load מַעֲמָסָה, נ׳ ר׳, ־סוֹת
hazy מְעֻמְעָם, מְעוּמְעָם, ת״ז, ־עֶמֶת, ת״נ
depth, depths מַעֲמָק, ז׳, ר׳, ־מַקִּים
for the sake of (מַעַן) לְמַעַן, מ״ח
for my sake, for your sake, etc. לְמַעֲנִי, לְמַעַנְךָ, וכו׳
address; purpose; answer מַעַן, ז׳
answer מַעֲנֶה, ז׳, ר׳, ־נִים
furrow מַעֲנָה, נ׳, ר׳, ־נוֹת
suffering; tortured; fasting מְעֻנֶּה, מְעוּנֶּה, ת״ז, ־נָּה, ת״נ
Interested מְעֻנְיָן, מְעוּנְיָן, ת״ז, ־יֶנֶת, ת״נ
Interesting מְעַנְיֵן, ת״ז, ־יֶנֶת, ת״נ
furrow מַעֲנִית, נ׳, ר׳, ־נִיּוֹת
cloudy מְעֻנָּן, מְעוּנָּן, ת״ז, ־נֶּנֶת, ת״נ
bonus; grant-in-aid מַעֲנָק, ז׳, ר׳, ־קִים
daring מַעְפָּל, ז׳, ר׳, ־לִים
overalls, duster, smock מַעֲפֹרֶת, נ׳, ר׳, ־פוֹרוֹת
pain; sorrow מַעֲצָב, ז׳, מַעֲצֵבָה, נ׳, ר׳, ־בִים, ־בוֹת
nerve-racking מְעַצְבֵּן, ת״ז, ־בֶּנֶת, ת״נ
adz, ax מַעֲצָד, ז׳, ר׳, ־דִים

מַעְצוֹר, ז׳, ר׳, מַעְצוֹרִים hindrance; restraint; brake
מַעֲצָמָה, נ׳, ר׳, ־מוֹת great power
מַעְצָר, ז׳, ר׳, ־רִים restraint; detainment
מְעֻקָּב, ת״ז, ־קֶבֶת, ת״נ cubic
מַעֲקֶה, ז׳, ר׳, ־קִים parapet; railing; balustrade
מַעֲקוֹף, ז׳, ר׳, ־פִים safety island
מַעֲקָל, ז׳, ר׳, ־לִים serpentine
מְעֻקָּם, מְעוּקָּם, ת״ז, ־קֶמֶת, ת״נ crooked
מְעֻקָּף, מְעוּקָּף, ת״ז, ־קֶפֶת, ת״נ by-passed
מַעֲקֵר, ז׳, ר׳, ־קְרִים sterilizer
מַעֲקָשׁ ז׳, ר׳, ־קָשִׁים uneven, rough, hilly land; winding path
מַעַר, ז׳ pudenda; nakedness
מְעֹרָב, מְעוֹרָב, ת״ז, ־רֶבֶת, ת״נ mixed
מַעֲרָב, ז׳ west; merchandise
מַעֲרָבָה westward
מַעֲרָבִי, ת״ז, ־בִית, ת״נ western
מְעַרְבֵּל, ז׳, ר׳, ־לִים cement mixer
מְעַרְבֹּלֶת, נ׳, ־ר׳, ־בּוֹלוֹת whirlpool
מְעָרָה, נ׳, ר׳, ־רוֹת cave
מַעֲרֶה, ז׳, ר׳, ־רִים bare space
מַעֲרוֹךְ, ז׳, ר׳, ־כִים rolling pin; baker's board
מַעֲרִיב, ז׳ evening prayer
מַעֲרִיךְ, ז׳, ר׳, ־כִים assessor
מַעֲרִיץ, ז׳, ר׳, ־צִים admirer
מַעֲרָךְ, ז׳, ר׳, ־כִים plan, order, arrangement
מַעֲרָכָה, נ׳, ר׳, ־כוֹת order; battlefield; battle; battle line; act (*theat.*)
מַעֲרֶכֶת, נ׳, ר׳, ־רָכוֹת editorial staff; editor's office

מְעַרְעֵר, ז׳, ר׳, ־עֲרִים appellant
מְעֻרְפָּל, מְעוּרְפָּל, ת״ז, ־פֶּלֶת, ת״נ dark; not clear, vague
מַעֲרָצָה, נ׳, ר׳, ־צוֹת big ax
מַעַשׂ, ז׳, ר׳, מַעֲשִׂים action
מַעֲשֵׂבָה, נ׳, ר׳, ־בוֹת herbarium
מַעֲשֶׂה, ז׳, ר׳, ־שִׂים work; action; deed; event; tale
מַעֲשִׂי, ת״ז, ־שִׂית, ת״נ practical
מַעֲשִׂיָּה, נ׳, ר׳, ־יוֹת fable; legend; short story
מְעֻשָּׁן, מְעוּשָּׁן, ת״ז, ־שֶּׁנֶת, ת״נ smoked; fumigated
מַעֲשֵׁנָה, נ׳, ר׳, ־נוֹת chimney; smokestack; ship's funnel
מַעֲשָׁקָה, נ׳, ר׳, ־קוֹת extortion
מַעֲשֵׂר, ז׳, ר׳, מַעַשְׂרוֹת, מַעְשְׂרוֹת tithe; one-tenth
מְעֻשָּׂר, מְעוּשָּׂר, ת״ז, ־שֶּׂרֶת, ת״נ decagonal
מַעְתִּיק, ז׳, ר׳, ־קִים copyist; translator
מַעְתָּק, ז׳, ר׳, ־קִים duplicator; hectograph
מַפַּאי, ז׳, ר׳, ־פָּאִים cartographer
מַפָּא״י, מִפְלֶגֶת פּוֹעֲלֵי אֶרֶץ יִשְׂרָאֵל Hebrew Workers of Israel Party
מְפֹאָר, מְפוֹאָר, ת״ז, ־אֶרֶת, ת״נ magnificent
מַפְגִּיעַ, ז׳, ר׳, ־עִים one who requests, urges
בְּמַפְגִּיעַ, תה״פ emphatically
מְפֻגָּל, מְפוּגָּל, ת״ז, ־גֶּלֶת, ת״נ denatured
כֹּהַל מְפֻגָּל denatured alcohol
מִפְגָּן, ז׳, ר׳, ־נִים parade
מִפְגָּע, ז׳, ר׳, ־עִים obstacle
מִפְגָּעָה, נ׳, ר׳, ־עוֹת melodrama

מְפַגֵּר, ת״ז, ־גֶּרֶת, ת״נ tardy

מִפְגָּשׁ, ז׳, ר׳, ־שִׁים rendezvous

מַפָּה, נ׳, ר׳, ־פּוֹת map; tablecloth; flag

מַפִּית, נ׳, ר׳, ־יּוֹת napkin

מְפוֹאָר, מְפֹאָר, ת״ז, ־אֶרֶת, ת״נ magnificent

מְפוּגָּל, מְפֻגָּל, ת״ז, ־גֶּלֶת, ת״נ denatured

מְפוּזָּר, מְפֻזָּר, ת״ז, ־זֶּרֶת, ת״נ scattered, absent-minded

מַפּוּחַ, ז׳, ר׳, ־חִים bellows

מַפּוּחוֹן, ז׳, ר׳, ־נִים accordion

מַפּוּחִית, נ׳, ר׳, ־חִיּוֹת harmonica

מְפוּחָם, מְפֻחָם, ת״ז, ־חֶמֶת, ת״נ charred; electrocuted

מְפוּטָּם, מְפֻטָּם, ת״ז, ־טֶּמֶת, ת״נ fattened; stuffed

מִפּוּי, ז׳ cartography

מְפוּיָּס, מְפֻיָּס, ת״ז, ־יֶּסֶת, ת״נ appeased

מְפוּלְפָּל, מְפֻלְפָּל, ת״ז, ־פֶּלֶת, ת״נ peppered; witty

מְפוּנָּק, מְפֻנָּק, ת״ז, ־נֶּקֶת, ת״נ spoiled, pampered

מְפוֹרָד, מְפֹרָד, ת״ז, ־רֶדֶת, ת״נ separated

מְפוֹרָז, מְפֹרָז, ת״ז, ־רֶזֶת, ת״נ open (city), demilitarized

מְפוֹרָט, מְפֹרָט, ת״ז, ־רֶטֶת, ת״נ detailed

מְפוּרְכָּס, מְפֻרְכָּס, ת״ז, ־כֶּסֶת, ת״נ decorated; painted

מְפוּרְסָם, מְפֻרְסָם, ת״ז, ־סֶמֶת, ת״נ famous

מְפוֹרָשׁ, מְפֹרָשׁ, ת״ז, ־רֶשֶׁת, ת״נ explained; commented upon

מְפוּתֶּה, מְפֻתֶּה, ת״ז, ־תָּה, ת״נ seduced, enticed

מְפוּתָּח, מְפֻתָּח, ת״ז, ־תַּחַת, ת״נ developed

מְפֻזָּר, מְפוּזָּר, ת״ז, ־זֶּרֶת, ת״נ scattered; absent-minded

מַפָּח, ז׳, ר׳, ־חִים sigh; deflation; flat tire

מַפַּח נֶפֶשׁ disappointment

מַפַּח בֶּטֶן swelling of the belly

מַפָּחָה, נ׳, ר׳, ־חוֹת smithy

מְפֻחָם, מְפוּחָם, ת״ז, ־חֶמֶת, ת״נ charred; electrocuted

מַפְטִיר, ז׳, ר׳, ־רִים one who concludes, esp. the Reading of the Law (Torah); portion of Prophets read after Reading of the Law

מְפֻטָּם, מְפוּטָּם, ת״ז, ־טֶּמֶת, ת״נ fattened; stuffed

מְפֻיָּס, מְפוּיָּס, ת״ז, ־יֶּסֶת, ת״נ appeased

מַפִּיק, ז׳, ר׳, ־קִים point in Heh at end of word

מַפָּל, ז׳, ר׳, ־לִים waste, refuse

מַפַּל מַיִם waterfall

מַפְּלֵי בָּשָׂר flabby muscle

מֻפְלָא, מוּפְלָא, ת״ז, ־אָה, ת״נ wonderful

מִפְלָאָה, נ׳, ר׳, ־אוֹת miracle

מֻפְלָג, מוּפְלָג, ת״ז, ־לֶגֶת, ת״נ distinguished; exaggerated; expert; distant; great

מִפְלָגָה, נ׳, ר׳, ־גוֹת political party; group; division

מַפָּלָה, נ׳, ר׳, ־לוֹת ruin; downfall; calamity; defeat

מִפְלָט, ז׳, ר׳, ־טִים refuge

מְפֻלְפָּל, מְפוּלְפָּל, ת״ז, ־פֶּלֶת, ת״נ peppered; witty

מִפְלֶצֶת, נ׳, ר׳, ־לָצוֹת monster; object of horror

מִפְלָשׂ, ז׳, ר׳, ־שִׂים passage; opening; diffusion

מַפֹּלֶת, נ׳, ר׳, ־פּוֹלוֹת ruin; ruin of building; debris

מִפְנֶה, ז׳, ר׳, ־נִים turning point

מִפְּנֵי, מ״י because of

מְפֻנָּק, מְפוּנָּק, ת״ז, ־נֶּקֶת, ת״נ pampered; spoiled

מַפְסִיק, ז׳, ר׳, ־קִים one who interrupts; distributor (in auto)

מַפְסֶלֶת, נ׳, ר׳, ־סָלוֹת chisel

מִפְעָל, ז׳, מִפְעָלָה, נ׳, ר׳, ־לִים, ־לוֹת deed; project, undertaking

מִפְעָם, ז׳, ר׳, ־מִים tempo

מַפָּץ, ז׳, ר׳, ־צִים breaking; shattering

מַפֵּץ, ז׳, ר׳, מַפְּצִים hammer; club

מַפְצֵחַ, ז׳, ר׳, ־צְחִים nutcracker

מִפְצָר, ז׳, ר׳, ־רִים entreaty; insistence

מִפְקָד, ז׳, ר׳, ־דִים census; counting, order

מְפַקֵּד, ז׳, ר׳, ־קְדִים commander

מְפַקֵּחַ, ז׳, ר׳, ־קְחִים supervisor; trustee

מַפְקִיד, ז׳, ר׳, ־דִים depositor

מֻפְקָע, מוּפְקָע, ת״ז, ־קַעַת, ת״נ raised (in price); expropriated for public domain

מְפֻקְפָּק, מְפוּקְפָּק, ת״ז, ־פֶּקֶת, ת״נ doubtful

מְפֹרָד, מְפוֹרָד, ת״ז, ־רֶדֶת, ת״נ separated

מַפְרֵדָה, נ׳, ר׳, ־דוֹת centrifuge

מְפֹרָז, מְפוֹרָז, ת״ז, ־רֶזֶת, ת״נ open (city); demilitarized

מְפֹרָט, מְפוֹרָט, ת״ז, ־רֶטֶת, ת״נ detailed

מַפְרִיס, ת״ז, ־סָה, ת״נ hoofed

מֻפְרָךְ, ת״ז, ־רֶכֶת, ת״נ refuted

מְפֻרְכָּס, מְפוּרְכָּס, ת״ז, ־כֶּסֶת, ת״נ decorated; painted

מְפַרְנֵס, ז׳, ר׳, ־נְסִים provider, breadwinner

מְפֻרְסָם, מְפוּרְסָם, ת״ז, ־סֶמֶת, ת״נ famous

מֻפְרְסָמוֹת, נ״ר axiom(s); self-evident truth(s)

(מַפְרֵעַ) לְמַפְרֵעַ, תה״פ retro-spectively; in advance

מִפְרָעָה, נ׳, ר׳, ־עוֹת advance payment; on account

מִפְרָץ, ז׳, ר׳, ־צִים bay

מִפְרָק, ז׳, ר׳, ־קִים joint (*anat.*)

מַפְרֶקֶת, נ׳, ר׳, ־רָקוֹת neck

מְפָרֵשׁ, ז׳, ר׳, ־רְשִׁים commentator, exegete

מִפְרָשׂ, ז׳, ר׳, ־שִׂים sail

מְפֹרָשׁ, מְפוֹרָשׁ, ת״ז, ־רֶשֶׁת, ת״נ commented upon; explained

בִּמְפֹרָשׁ, תה״פ explicitly

מִפְרָשִׂית, נ׳, ר׳, ־שִׂיּוֹת sailboat

מֻפְשָׁט, מֻפְשָׁט, ת״ז, ־שֶׁטֶת, ת״נ abstract

מִפְתּוֹל, ז׳, ר׳, ־לִים perversity

מְפֻתֶּה, מְפוּתֶּה, ת״ז, ־תָּה, ת״נ seduced; enticed

מַפְתֵּחַ, ז׳, ר׳, ־חוֹת key

מַפְתֵּחַ הַלֵּב breastbone, sternum

מַפְתֵּחַ (לְסֵפֶר) index

מְפֻתָּח, מְפוּתָּח, ת״ז, ־תַּחַת, ת״נ developed

מִפְתָּח, ז׳, ר׳, ־חִים opening (of lips); opening

מִפְתַּח חָלוּק shirt opening
מְפַתֵּחַ, ז׳, ר׳, ־תְּחִים carver; engraver; developer
מַפְתִּיעַ, ת״ז, ־עָה, ת״נ surprising
מִפְתָּן, ז׳, ר׳, ־נִים, ־נוֹת threshold
מֹץ, מוֹץ, ז׳ chaff
מָץ, פ״י, ע׳ [מיץ] to churn, beat
מֵץ, ז׳, ר׳, ־צִים oppressor
מָצָא, פ״י to find; to meet someone
מָצָא חֵן to find favor; to please
מָצָא לֵב to dare
נִמְצָא, פ״ע to be found; to exist; to be present
הִמְצִיא, פ״י to furnish, supply with; to cause to find; to invent
הֻמְצָא, פ״ע to be supplied with; to be invented; created
מַצָּב, ז׳, ר׳, ־בִים condition; position; situation; disposition;
מַצַּב רוּחַ state of mind
מֻצָּב, ז׳, ר׳, ־בִים elevation (mil.); entrenchment, post (mil.); monument
מַצֵּבָה, נ׳, ר׳, ־בוֹת monument; statue; tombstone
מִצְבֶּה, ז׳, ר׳, ־בִּים tumor
מַצְבּוֹעַ, ז׳, ר׳, ־עִים paintbrush
מִצְבָּטַיִם, ז״ז cobbler's tongs
מַצְבִּיא, ז׳, ר׳, ־אִים commander-in-chief
מִצְבָּעָה, נ׳, ר׳, ־עוֹת dyer's shop
מַצְבֵּר, ז׳, ר׳, ־בְּרִים accumulator *(elec.)*
מֻצָּג, מוּצָּג, ת״ז, ־צֶּגֶת, ת״נ presented; exhibited
מֻצָּג, מוּצָּג, ז׳, ר׳, ־גִים exhibit, display
מֵצַד, ז׳, ר׳, ־דִים railroad siding

מְצַדֵּד, ז׳, ר׳, ־דְּדִים partisan
מְצָדָה, נ׳, ר׳, ־דוֹת mountain fortress
מְצֻדָּק, מוּצְדָּק, ת״ז, ־דֶּקֶת, ת״נ justified
מָצָה, פ״י to wring out; to drink (to last drop)
נִמְצָה, פ״ע to be wrung out
מִצָּה, פ״י to drain, wring, squeeze out; to exhaust
הִתְמַצָּה, פ״ע to drip out
מַצָּה, נ׳, ר׳, ־צוֹת matzah, unleavened bread; strife, petty quarrel
עוֹר מַצָּה raw, untanned hide
מִצְהָלָה, נ׳, ר׳, ־לוֹת neighing; snorting; shout of joy
מָצוֹד, ז׳, ר׳, מְצוֹדִים hunting, catching; fish net
מְצוּדָה, נ׳, ר׳, ־דוֹת fortress; enclosure
מְצוֹדָה, נ׳, ר׳, ־דוֹת trap; fish net
מִצְוָה, נ׳, ר׳, ־ווֹת command; order; charity; (deed of) merit
בַּר־מִצְוָה bar mizvah
בַּת־מִצְוָה confirmation
מְצוּחְצָח, מְצֻחְצָח, ת״ז, ־צַחַת, ת״נ polished
מִצּוּי, ז׳, ר׳, ־יִים squeezing, wringing out
מָצוּי, ת״ז, מְצוּיָה, ת״נ available; accessible
מְצוּיָּד, מְצֻיָּד, ת״ז, ־יֶּדֶת, ת״נ provisioned, equipped
מְצוּיָּן, מְצֻיָּן, ת״ז, ־יֶּנֶת, ת״נ excellent; distinguished
מְצוּיָּר, מְצֻיָּר, ת״ז, ־יֶּרֶת, ת״נ illustrated

מְצוּלָה, נ׳, ר׳, ־לוֹת depth, bottom of sea; fish pond
יְוֵן מְצוּלָה mire, muck, mud
מְצוּלָּם, מְצֻלָּם, ת״ז, ־לֶּמֶת, ת״נ photographed
מְצוּמְצָם, מְצֻמְצָם, ת״ז, ־צֶמֶת, ת״נ limited; restricted; curtailed
מְצוּמָּק, מְצֻמָּק, ת״ז, ־מֶּקֶת, ת״נ shriveled up
מְצוּנָּן, מְצֻנָּן, ת״ז, ־נֶּנֶת, ת״נ cooled; having a cold
מִצּוּעַ, ז׳, ר׳, ־עִים middle, midst; average; compromise
מְצוֹעָף, מְצֹעָף, ת״ז, ־עֶפֶת, ת״נ veiled
מָצוֹף, ז׳, ר׳, מְצוֹפִים float
מְצוּפִית, נ׳, ר׳, ־פִיּוֹת mouthpiece (of musical instrument)
מָצוּץ, ת״ז, מְצוּצָה, ת״נ squeezed
מָצוֹק, ז׳ anguish; straits; distress
מָצוּק, ז׳, ר׳, ־קִים pillar; foundation
מָצוּק, ת״ז, ־קָה, ת״נ narrow; erect
מִצּוּק, ז׳ solidification
מְצוּקָה, נ׳, ר׳, ־קוֹת distress; hardship; tightness
מָצוֹר, ז׳ siege, beleaguerment; boundary; distress
מְצוּרָה, נ׳, ר׳, ־רוֹת fortress
מְצוֹרָע, מְצֹרָע, ת״ז, ־רַעַת, ת״נ leprous
מְצוֹרָף, מְצֹרָף, ת״ז, ־רֶפֶת, ת״נ purified; joined
מַצּוּת, נ׳ strife, contention
מֵצַח, ז׳, ר׳, מְצָחִים brow, forehead
מֵצַח עַזּוּת effrontery
מֵצַח נְחוּשָׁה brazen impudence
מִצְחָה, נ׳, ר׳, ־חוֹת greave; visor
מְצֻחְצָח, מְצוּחְצָח, ת״ז, ־צַחַת, ת״נ polished

מְצִיאָה, נ׳, ר׳, ־אוֹת finding; bargain, cheap buy
מְצִיאוּת, נ׳, ר׳, ־אֻיּוֹת existence; essence; universe; reality
מְצִיאוּתִי, ת״ז, ־תִית, ת״נ realistic, actual
מְצֻיָּד, מְצוּיָּד, ת״ז, ־יֶּדֶת, ת״נ provisioned, equipped
מַצִּיל, ז׳, ר׳, ־לִים savior; lifeguard
מְצֻיָּן, מְצוּיָּן, ת״ז, ־יֶּנֶת, ת״נ excellent; distinguished
מְצִיצָה, נ׳, ר׳, ־צוֹת sucking
מֵצִיק, ז׳, ר׳, ־קִים oppressor
מְצֻיָּר, מְצוּיָּר, ת״ז, ־יֶּרֶת, ת״נ illustrated
מַצִּית, ז׳, ר׳, ־תִים lighter
מֶצֶל, ז׳ whey
מֵצַל, ת״ז, מְצִלָּה, ת״נ shady
מֻצְלָח, מוּצְלָח, ת״ז, ־לַחַת, ת״נ fortunate; successful
מַצְלִיחַ, ז׳, ר׳, ־חִים successful person
מַצְלִיף, ז׳, ר׳, ־פִים whipper
מַצְלֵל, ז׳, ר׳, ־לְלִים tuning fork
מְצֻלָּם, מְצוּלָּם, ת״ז, ־לֶּמֶת, ת״נ photographed
מַצְלֵמָה, נ׳, ר׳, ־מוֹת camera
מְצֻלָּע, ז׳, ר׳, ־עִים polygon
מַצְלֵף, ז׳, ר׳, ־לְפִים fly swatter
מַצַלְצְלִים, ז״ר coins, money
מְצִלְתַּיִם, ז״ז cymbals
מַצְמֵד, ז׳, ר׳, ־דִים clutch; coupling
מִצְמוּץ, ז׳, ר׳, ־צִים wink (of eye)
מִצְמֵץ, פ״י to wink (eyes); to rinse, wash (mouth); to purge
מְצֻמְצָם, מְצוּמְצָם, ת״ז, ־צֶמֶת, ת״נ limited; restricted; curtailed
מְצֻמָּק, מְצוּמָּק, ת״ז, ־מֶּקֶת, ת״נ shriveled up

מַצְנֵחַ, ז׳, ר׳, ־נְחִים parachute

מִצְנֶפֶת, נ׳, ר׳, ־נָפוֹת headgear; turban

מְצֻנָּן, מְצוּנָּן, ת״ז, ־נֶּנֶת, ת״נ cooled; having a cold

מְצֻנָּע, מוּצְנָע, ת״ז, ־נַעַת, ת״נ hidden; retired

מִצְנֶפֶת, נ׳, ר׳, ־נָפוֹת cap, turban

מַצָּע, ז׳, ר׳, ־עוֹת, ־עִים bedding; couch; substratum

מִצַּע, פ״י to divide in two

מֻצָּע, מוּצָּע, ת״ז, ־צַּעַת, ת״נ proposed; bedded

מִצְעָד, ז׳, ר׳, ־דִים pacing; parade; display

מְצֹעָף, מְצוֹעָף, ת״ז, ־עֶפֶת, ת״נ veiled

מִצְעָר, ז׳ small thing; fewness

לְמִצְעָר at least

מִצְפֶּה, ז׳, ר׳, ־פִּים watchtower; observatory

מְצַפֶּה, ז׳, ר׳, ־פִּים watchman; observer

מַצְפּוּן, ז׳, ר׳, ־נִים hiding place; hidden object; conscience

מַצְפֵּן, ז׳, ר׳, ־פְּנִים compass

מָצַץ, פ״י to suck

מָצַק, פ״י to pour; to distill

נִמְצַק, פ״ע to be, get distilled

מַצֶּקֶת, נ׳, ר׳, מַצָּקוֹת ladle

מֵצַר, ז׳, ר׳, מְצָרִים distress; isthmus

מֶצֶר, ז׳, ר׳, מְצָרִים boundary

מָצַר, פ״י to fix boundaries; to twist

מִצְרִי, ת״ז, ־רִית, ת״נ Egyptian

מִצְרָךְ, ז׳, ר׳, ־כִים necessity

מְצֹרָע, מְצוֹרָע, ת״ז, ־רַעַת, ת״נ leprous

מַצְרֵף, ז׳, ר׳, ־רְפִים melting pot, crucible

מְצֹרָף, מְצוֹרָף, ת״ז, ־רֶפֶת, ת״נ purified; joined

מַק, ז׳ decay, rottenness

מַקָּב, ז׳, ר׳, ־בִים punch; perforator

מְקֻבָּב, מְקוּבָּב, ת״ז, ־בֶּבֶת, ת״נ concave

מַקְבִּיל, ת״ז, ־לָה, ת״נ parallel; opposite

מַקְבִּילוֹן, ז׳, ר׳, ־נִים parallelogram

מַקְבִּילַיִם, ז״ר exercise bars, parallel bars

מְקַבֵּל, ז׳, ר׳, ־בְּלִים container, receptacle, receiver

מְקֻבָּל, מְקוּבָּל, ת״ז, ־בֶּלֶת, ת״נ accepted; mystic, cabalistic

מְקֻבָּל, ז׳, ר׳, ־לִים cabalist, mystic

מְקֻבָּץ, ת״ז, ־בֶּצֶת, ת״נ sum drawn together, collected

מַקֶּבֶת, נ׳, ר׳, ־קָבוֹת sledge hammer, mallet

מַקְדֵּד, ז׳, ר׳, ־דְּדִים borer

מְקֵדָה, נ׳, ר׳, ־דוֹת potsherd; goblet

מַקֵּדָה, נ׳, ר׳, ־דוֹת cobbler's punch tongs

מַקְדֵּחַ, ז׳, מַקְדֵּחָה, נ׳, ר׳, ־דְּחִים, ־דְּחוֹת borer, drill; flint iron

מְקַדֵּם, ז׳, ר׳, ־דְּמִים coefficient

מֻקְדָּם, מוּקְדָּם, ת״ז, ־דֶּמֶת, ת״נ early

בְּמֻקְדָּם, תה״פ earlier, in advance

מִקְדָּמָה, נ׳, ר׳, ־מוֹת deposit

מִקְדָּשׁ, ז׳, ר׳, ־דָּשִׁים, ־דָּשׁוֹת sanctuary, temple

בֵּית הַמִּקְדָּשׁ the Temple

מְקֻדָּשׁ, מְקוּדָּשׁ, ת״ז, ־דֶּשֶׁת, ת״נ sanctified

מֻקְדָּשׁ, מוּקְדָּשׁ, ת״ז, ־דֶּשֶׁת, ת״נ devoted, dedicated

מַקְהֵל, ז׳, ר׳, ־לִים assembly

choir, chorus מַקְהֵלָה, נ׳, ר׳, ־לוֹת
מְקוּבָּב, מְקֻבָּב, ת״ז, ־בֶּבֶת, ת״נ
concave
cobbler's awl מַקּוּב, ז׳, ר׳, ־בִים
מְקוּבָּל, מְקֻבָּל, ת״ז, ־בֶּלֶת, ת״נ
accepted; mystic; cabalistic
מְקוּבָּץ, מְקֻבָּץ, ת״ז, ־בֶּצֶת, ת״נ
gathered together, collected
focus מִקּוּד, ז׳
מְקוּדָּשׁ, מְקֻדָּשׁ, ת״ז, ־דֶּשֶׁת, ת״נ
sanctified
מִקְוָה, נ׳, מִקְוֶה, ז׳ ר׳, ־וִים, ־וּוֹת,
ritual bath; reservoir; hope ־וָאוֹת
bladder מִקְוֵה הַשֶּׁתֶן
haggling, bargaining מִקּוּחַ, ז׳
מְקוּטָּף, מְקֻטָּף, ת״ז, ־טֶּפֶת, ת״נ
plucked
מְקוּטָּר, מְקֻטָּר, ת״ז, ־טֶּרֶת, ת״נ
sacrificed; burnt as incense
gramophone מְקוֹלִית, נ׳, ר׳, ־לִיּוֹת
מְקוּלָּל, מְקֻלָּל, ת״ז, ־לֶּלֶת, ת״נ
cursed
מְקוּלָּף, מְקֻלָּף, ת״ז, ־לֶּפֶת, ת״נ
peeled
מְקוּלְקָל, מְקֻלְקָל, ת״ז, ־קֶלֶת, ת״נ
spoiled
place, locality; מָקוֹם, ז׳, ר׳, מְקוֹמוֹת
residence
in place of, instead of בִּמְקוֹם
anyhow; in any case מִכָּל מָקוֹם
מְקוּמָּט, מְקֻמָּט, ת״ז, ־מֶּטֶת, ת״נ
wrinkled
local מְקוֹמִי, ת״ז, ־מִית, ת״נ
מְקוּמָּר, מְקֻמָּר, ת״ז, ־מֶּרֶת, ת״נ
convex; vaulted
mourner מְקוֹנֵן, ז׳, ר׳, ־נְנִים
מְקוּעָר, מְקֹעָר, ת״ז, ־עֶרֶת, ת״נ
concave

מְקוּפָּח, מְקֻפָּח, ת״ז, ־פַּחַת, ת״נ
impaired, curtailed;
discriminated against
מְקוּפָּל, מְקֻפָּל, ת״ז, ־פֶּלֶת, ת״נ
folded
מְקוּצָּר, מְקֻצָּר, ת״ז, ־צֶּרֶת, ת״נ
shortened, abbreviated
source; spring, מָקוֹר, ז׳, ר׳, מְקוֹרוֹת
fountain; infinitive (*gram.*);
origin
trigger; bill, מַקּוֹר, ז׳, ר׳, ־רִים
bird's beak
geranium מַקּוֹר הַחֲסִידָה, ז׳
original מְקוֹרִי, ת״ז, ־רִית, ת״נ
originality מְקוֹרִיּוּת, נ׳
gong מַקּוֹשׁ, ז׳, ר׳, ־שִׁים
מְקוּשְׁקָשׁ, מְקֻשְׁקָשׁ, ת״ז, ־קֶשֶׁת, ת״נ
tasteless; confused
מְקוּשָּׁר, מְקֻשָּׁר, ת״ז, ־שֶּׁרֶת, ת״נ
connected, attached
purchasing; מִקָּח, ז׳, ר׳, ־חוֹת, ־חִים
bought object; receiving, taking
bribe מִקַּח שֹׁחַד
trade מִקָּח וּמִמְכָּר
to bargain, haggle עָמַד עַל הַמִּקָּח
merchandise מַקָּחָה, נ׳, ר׳, ־חוֹת
מְקֻטָּף, מְקוּטָּף, ת״ז, ־טֶּפֶת, ת״נ
plucked
long-handled מַקְטֵפָה, נ׳, ר׳, ־פוֹת
instrument for picking fruit
incense מִקְטָר, ז׳, ר׳, ־רִים
מְקֻטָּר, מְקוּטָּר, ת״ז, ־טֶּרֶת, ת״נ
sacrificed; burnt as incense
prosecutor מְקַטְרֵג, ז׳, ר׳, ־רְגִים
smoking jacket מִקְטֹרֶן, ז׳, ר׳, ־טָרְנִים
censer; pipe מִקְטֶרֶת, נ׳, ר׳, ־טָרוֹת
(for smoking)
clown מֻקְיוֹן, מוּקְיוֹן, ז׳, ר׳, ־נִים

מַקִּיף, ז׳, ר׳, ־פִים circle; periphery; circumference
מַקֵּל, ז׳, ר׳, מַקְלוֹת walking stick; rod
מִקְלֶה, ז׳, ר׳, ־לִים roasting place, hearth
מִקְלַחַת, נ׳, ר׳, ־לָחוֹת shower
מִקְלָט, ז׳, ר׳, ־טִים shelter, refuge, asylum; murderer's hiding place
מַקְלֵט, ז׳, ר׳, ־לְטִים receiver (for radio, television)
מְקֻלָּט, מוּקְלָט, ת״ז, ־לֶטֶת, ת״נ recorded
מַקְלִיטוֹן, ז׳, ר׳, ־נִים tape recorder
מְקֻלָּל, מְקוּלָּל, ת״ז, ־לֶלֶת, ת״נ cursed
מִקְלָע, ז׳, ר׳, ־עִים machine-gun
תַּת־מִקְלָע Tommy gun, submachine gun
מַקְלֵעַ, ז׳, ר׳, ־לְעִים gunner
מִקְלָעָה, נ׳, ר׳, ־עוֹת braid, plait
מִקְלַעַת, נ׳, ר׳, ־לָעוֹת bas-relief; carved work; plait (of hair)
מְקֻלָּף, מְקוּלָּף, ת״ז, ־לֶּפֶת, ת״נ peeled
מְקֻלְקָל, מְקוּלְקָל, ת״ז, ־קֶלֶת, ת״נ spoiled
מְקֻמָּט, מְקוּמָּט, ת״ז, ־מֶּטֶת, ת״נ wrinkled
[מקמק] הִתְמַקְמֵק, פ״ע to dissolve; to get weak, pine away; to rot
מְקֻמָּר, מְקוּמָּר, ת״ז, ־מֶּרֶת, ת״נ convex; vaulted
מִקְנֶה, ז׳, ר׳, ־נִים cattle; herd; property
מִקְנָה, נ׳, ר׳, ־נוֹת purchase; purchase price
סֵפֶר הַמִּקְנָה bill of sale

מַקְסִים, ת״ז, ־מָה, ת״נ wonderful, fascinating
מִקְסָם, ז׳, ר׳, ־מִים magic, charm
מְקֹעָר, מְקוֹעָר, ת״ז, ־עֶרֶת, ת״נ concave
מַקָּף, מַקֵּף, ז׳, ר׳, מַקָּפִים, מַקְפִים hyphen
מֻקָּף, ת״ז, ־קֶפֶת, ת״נ surrounded; hyphenated
מִקְפָּא, מִקְפָּה, נ׳, ר׳, ־פָּאוֹת, ־פּוֹת porridge; aspic, jellied dish
מְקֻפָּח, מְקוּפָּח, ת״ז, ־פַּחַת ת״נ impaired, curtailed; discriminated against
מִקְפִּית, נ׳ gelatin
מְקֻפָּל, מְקוּפָּל, ת״ז, ־פֶּלֶת, ת״נ folded
מַקְפֵּצָה, נ׳, ר׳, ־צוֹת diving board
מִקְצָב, ז׳, ר׳, ־בִים rhythm, meter
מִקְצוֹעַ, ז׳, ר׳, ־עוֹת, ־עִים corner; angle; profession
מַקְצוּעָה, נ׳, ר׳, ־עוֹת carpenter's plane
מִקְצוֹעִיּוּת, נ׳ professionalization
מִקְצֶפֶת, נ׳, ר׳, ־צְפוֹת frosting (cake)
מְקֻצָּר, מְקוּצָּר, ת״ז, ־צֶּרֶת, ת״נ shortened, abbreviated
מַקְצֵרָה, נ׳, ר׳, ־רוֹת mowing machine, combine
[מקק] נָמַק to fester, rot; to become weak; to molder, pine away
הֵמִיק, פ״י to crumble; to dissolve
הוּמַק, פ״ע to fall apart; to be dissolved
מַקָּק, ז׳, ר׳, ־קִים worm; bookworm
מֶקֶק, ז׳ gangrene
מִקְרָא, ז׳, ר׳, ־אִים, ־אוֹת, ־רָיוֹת reading matter; Bible; recitation; convocation

מִקְרָא, ז׳, ר׳, ־אִים guest (at table)
מִקְרָאָה, נ׳, ר׳, ־אוֹת chrestomathy, reader (book)
מִקְרֶה, ז׳, ר׳, ־רִים chance; accident; event; case
מְקֵרָה, נ׳, ר׳, ־רוֹת cooling chamber, refrigerating room; icebox, refrigerator
מְקָרֶה, ז׳, ר׳, ־רִים ceiling; roof beams
מִקְרִי, ת״ז, ־רִית, ת״נ accidental
מִקְרִיּוּת, נ׳ casualness
מַקְרִין, ז׳, ר׳, ־נִים X-ray unit; horned snake
מַקְרֵן, ז׳, ר׳, ־רְנִים radiator
מִקְרֶצֶת, נ׳, ר׳, ־רָצוֹת a quantity of dough for making loaf
מְקַרְקְעִים, ־ן, ז״ר landed property; real estate
מְקָרֵר, ז׳, ר׳, ־רְרִים icebox; refrigerator
מִקֵּשׁ, פ״י to mine (a field)
מִקְשָׁאָה, נ׳, ר׳, ־אוֹת cucumber or melon field
מִקְשָׁה נ׳, ר׳, ־שׁוֹת metal work
מִקְשֶׁה, ז׳, ר׳, ־שִׁים hair-do
מֻקְשֶׁה, ת״ז, ־שֵׁית, ת״נ hard, difficult
מַקְשֶׁה, ז׳, ר׳, ־שִׁים one who debates, questions, argues, raises difficulties
מַקְשָׁן, ז׳, ר׳, ־נִים arguer, reasoner
מְקֻשְׁקָשׁ, מְקוּשְׁקָשׁ, ת״ז, ־קֶשֶׁת, ת״נ tasteless; confused
מְקֻשָּׁר, מְקוּשָּׁר, ת״ז, ־שֶּׁרֶת, ת״נ connected, attached
מַר, ת״ז, מָרָה, ת״נ bitter, embittered; cruel, violent

מַר, ז׳, ר׳, מָרִים mister; sir; bitterness; drop
מֹר, ז׳ myrrh
[מרא] הִמְרִיא, פ״ע to soar, fly high; to fatten, stuff
מַרְאֶה, ז׳, ר׳, ־אִים, ־אוֹת sight; image; view; appearance; vision
מַרְאֵה מָקוֹם reference
מַרְאָה, נ׳, ר׳, ־אוֹת vision; mirror
מַרְאוֹת הַטֶּבַע phenomenon
חָכְמַת הַמַּרְאוֹת optics
מֻרְאָה נ׳, ר׳, ־אוֹת (bird's) crop
מַרְאִית, נ׳, ר׳, ־אִיּוֹת view; sight (of eyes)
מַרְאִית עַיִן appearance, semblance
מֵרֹאשׁ, תה״פ from the beginning, from the start
מְרַאֲשׁוֹת, נ״ר head board; pillow, bolster
מְרֻבָּב, מְרוּבָּב, ת״ז, ־בֶּבֶת, ת״נ stained; thousand fold, myriad
מַרְבַד, ז׳, ר׳, ־דִּים bedding; carpet; bed-spread
מִרְבָּה, נ׳, ר׳, ־בּוֹת amplitude
מַרְבֶּה, ז׳, ר׳, ־בִּים a lot
מַרְבֵּה רַגְלַיִם milliped
מְרֻבֶּה, מְרוּבֶּה, ת״ז, ־בָּה, ת״נ numerous, frequent
מַרְבִּית, נ׳, ר׳, ־יוֹת interest (on money), usury; the greatest part, largest number, increment
מֻרְבָּךְ, מוּרְבָּךְ, ת״ז, ־בֶּכֶת, ת״נ well-mixed
מְרֻבָּע, מְרוּבָּע, ז׳, ר׳, ־עִים; ת״ז square, quadrangular
מַרְבֵּץ, מִרְבָּץ, ז׳, ר׳, ־צִים lair
מַרְבֵּק, ז׳, ר׳, ־בְּקִים stable; stall (for calves)

מַרְגּוֹעַ, ז׳ place of rest

מְרֻגָּז, מוּרְגָּז, ת״ז, ־גֶּזֶת, ת״נ excited; nervous, irritated

מְרֻגָּל, מוּרְגָּל, ת״ז, ־גֶּלֶת, ת״נ accustomed

מְרַגֵּל, ז׳, ר׳, ־גְּלִים spy

מַרְגְּלוֹת, ז״ר foot of bedstead; foot of mountain

מַרְגָּלִית, נ׳, ר׳, ־לִיּוֹת pearl

מַרְגֵּמָה, נ׳, ר׳, ־מוֹת catapult; howitzer

מַרְגָּנִית, נ׳, ר׳, ־נִיּוֹת dandelion

מַרְגֵּעָה, נ׳ rest, quiet, repose

מֻרְגָּשׁ, מוּרְגָּשׁ, ת״ז, ־גֶּשֶׁת, ת״נ felt, perceived

מֶרְגָּשָׁה, נ׳, ר׳, ־שׁוֹת feeling

מֶרֶד, ז׳, ר׳, מְרָדִים rebellion, revolt

מָרַד, פ״ע to rebel, revolt

הִמְרִיד, פ״י to incite, make rebellious

מְרֻדָּד, מְרוּדָּד, ת״ז, ־דֶּדֶת, ת״נ flattened

מַרְדֶּה, ז׳, ר׳, ־דִּים baker's shovel, peel

מַרְדּוּת, נ׳, ר׳, ־דֻיּוֹת punishment; remorse; rebelliousness

מַרְדַּעַת, נ׳, ר׳, ־דָּעוֹת pack-saddle

מְרַדֵּף, ז׳, ־פִים persecutor

מְרֻדָּף, ת״ז, ־דֶּפֶת, ת״נ persecuted

מָרָה, פ״ע to be disobedient, refractory, rebellious

הִמְרָה, פ״י to argue; to rebel; to wager; to stuff

מֹרָה, מָרָה, נ׳ bitterness

מָרַת נֶפֶשׁ, נ׳ grief, bitterness; dissatisfaction

מָרָה, נ׳, ר׳, ־רוֹת gall; bile; bitterness

מָרָה שְׁחוֹרָה melancholy

מֹרְהָט, מְרוֹהָט, ת״ז, ־הֶטֶת, ת״נ furnished

מְרוּבָּב, מְרֻבָּב, ת״ז, ־בֶּבֶת, ת״נ stained; thousand fold, myriad

מְרוּבֶּה, מְרֻבֶּה, ת״ז, ־בָּה, ת״נ much, many

מְרוּבָּע, מְרֻבָּע, ז׳, ר׳, ־עִים, ת״ז square, quadrangular

מָרוּד, ז׳, ר׳, מְרוּדִים wretchedness

מָרוּד, ת״ז, מְרוּדָה, ת״נ wretched; miserable; homeless; very poor

מַרְוָה, נ׳, ר׳, ־ווֹת salvia; sage

מְרוֹהָט, מֹרְהָט, ת״ז, ־הֶטֶת, ת״נ furnished

מְרוּוָּח, מְרֻוָּח, ת״ז, ־וַּחַת, ת״נ spacious, roomy

מָרוּחַ, ת״ז, מְרוּחָה, ת״נ spread, smeared

מֵרוּחַ, ז׳ annointing, ointment

מִרְוָח, ז׳, ר׳, ־חִים distance; empty space

מֶרְוָח, ז׳, ר׳, ־חִים respite

מְרֻוָּח, מְרוּוָּח, ת״ז, ־וַּחַת, ת״נ spacious, roomy

מָרוּט, ת״ז, מְרוּטָה, ת״נ plucked; polished

מְרוּכָּךְ, מְרֻכָּךְ, ת״ז, ־כֶּכֶת, ת״נ softened

מְרוּכָּז, מְרֻכָּז, ת״ז, ־כֶּזֶת, ת״ז centralized; concentrated; centered

מָרוֹם, ז׳, ר׳, מְרוֹמִים, ־מוֹת, height; mountain peak; elevation, heaven

מְרוּמֶּה, מְרֻמֶּה, ת״ז, ־מָּה, ת״נ deceived; fooled

מְרוֹמָם, מְרֹמָם, ת״ז, ־מֶמֶת, ת״נ elevated, exalted

מֵרוֹן, מָרוֹן, ז׳, ר׳, בְּנֵי־מֵרוֹן flock; band

מְרוּסָן, מְרֻסָּן, ת״ז, ־סֶנֶת, ת״נ bridled, curbed

מְרוּסָס, מְרֻסָּס, ת״ז, ־סֶסֶת, ת״נ broken (to pieces); sprayed

מְרוּסָק, מְרֻסָּק, ת״ז, ־סֶקֶת, ת״נ crushed

מְרוּפָּד, מְרֻפָּד, ת״ז, ־פֶּדֶת, ת״נ upholstered

מְרוּפָּט, מְרֻפָּט, ת״ז, ־פֶּטֶת, ת״נ shabby; shaggy

מֵרוֹץ, ז׳, ר׳, ־צִים race; running; course (of events); run (of things)

מְרוּצָה, נ׳, ר׳, ־צוֹת race; running; double time; fast walk (mil.)

מְרוּצֶה, מְרֻצֶּה, ת״ז, ־צָּה, ת״נ satisfied; agreable

מְרוּצָּע, מְרֻצָּע, ת״ז, ־צַּעַת, ת״נ striped

מְרוּצָּף, מְרֻצָּף, ת״ז, ־צֶּפֶת, ת״נ floored, tiled

מָרוּק, ת״ז, ־קָה, ת״נ polished, shined

מֵרוּק, ז׳, ר׳, ־קִים polishing, rubbing; cleansing

מְרוּקָּם, מְרֻקָּם, ת״ז, ־קֶּמֶת, ת״נ embroidered

מָרוֹר, ז׳, ר׳, מְרוֹרִים bitter herbs; horse-radish

מְרוֹרָה, מְרֹרָה, נ׳, ר׳, ־רוֹת bitterness; bitter; venom

מְרוּשָּׁל, מְרֻשָּׁל, ת״ז, ־שֶּׁלֶת, ת״נ careless, negligent

מְרוּתָּךְ, מְרֻתָּךְ, ת״ז, ־תֶּכֶת, ת״נ welded

מָרוּת, נ׳ authority, rule

מַרְזֵב, ז׳, ר׳, ־זְבִים gutter spout

מַרְזֵחַ, ז׳, ר׳, ־זְחִים revelry

בֵּית מַרְזֵחַ saloon, pub, bar

מָרַח, פ״י to spread (butter); to besmear; to annoint; to daub; to rub; to smooth

מֶרְחָב, ז׳, ר׳, ־בִים wide space; breadth

מִרְחָה, נ׳, ר׳, מְרָחוֹת ointment; spread; smear

מֶרְחָץ, ז׳, ר׳, ־חֲצָאוֹת bath (bathhouse)

מֶרְחָק, ז׳, ר׳, ־חַקִּים, מֶרְחַקִּים distance

מֶרְחַקֵּי הַגּוּף dimension(s)

מַרְחֶשְׁוָן, ז׳ Marheshvan, eighth month of Hebrew calendar

מַרְחֶשֶׁת, נ׳, ר׳, ־חָשׁוֹת covered frying pan

מָרַט, פ״י to pluck hair, feathers; to polish

מֵרֵט, פ״י to make threadbare, to wear out

מְרִי, ז׳ rebelliousness; refractoriness

מְרִי שִׂיחַ bitter words

מְרִיא, ז׳, ר׳, ־אִים fatling (cattle); devil

מֵרִיב, ז׳, ר׳, מְרִיבִים fighter; disputant; adversary

מְרִיבָה, נ׳, ר׳, ־בוֹת quarrel, strife

מְרִיבִי, ת״ז, ־בִית, ת״נ quarrelsome

מְרִידָה, נ׳, ר׳, ־דוֹת mutiny, rebellion

מְרִיחָה, נ׳, ר׳, ־חוֹת unction, smearing, spreading (butter)

מְרִיטָה, נ׳, ר׳, ־טוֹת plucking

מְרִיסָה, נ׳, ר׳, ־סוֹת stirring, mixing

מֵרִיץ, ז׳, ר׳, מְרִיצִים starter (games)

מְרִיצָה, נ׳, ר׳, ־צוֹת running; wheelbarrow; handcart

מְרִיצוּת, נ׳ velocity

מְרִיקָה, נ׳, ר׳, ־קוֹת polishing, scouring

מָרִיר, ת״ז, מְרִירָה, ת״נ bitterish

מְרִירוּת, נ׳ bitterness, embitterment

מְרִירִי, ת״ז, ־רִית, ת״נ bitter; embittered; venomous

מָרִישׁ, ז׳, ר׳, מְרִישִׁים, ־שׁוֹת beam, joist

מֹרֶךְ, ז׳ cowardice; timidity

מֶרְכָּב, ז׳, ר׳, ־בִים riding seat; body (of auto); chariot; carriage

מְרֻכָּב, מוּרְכָּב, ת״ז, ־כֶּבֶת, ת״נ compound; composed; complicated

מֶרְכָּבָה, נ׳, ר׳, ־בוֹת chariot; carriage

מֵרְכָה, מֵרְכָא, נ׳, ר׳, ־כוֹת, ־כָאוֹת Biblical accent

מֵרְכָאוֹת כְּפוּלוֹת quotation marks

מִרְכּוּז, ז׳ centralization

מֶרְכָּז, ז׳, ר׳, ־זִים center

מֶרְכַּז הַכֹּבֶד center of gravity

מְרֻכָּז, מְרוּכָּז, ת״ז, ־כֶּזֶת, ת״נ centered; centralized; concentrated

מִרְכֵּז, פ״י to centralize

מֶרְכָּזִי, ת״ז, ־זִית, ת״נ central

מֶרְכָּזִיָּה, נ׳, ר׳, ־זִיּוֹת switchboard, (telephone) exchange

מְרֻכָּךְ, מְרוּכָּךְ, ת״ז, ־כֶּכֶת, ת״נ softened

מַרְכֹּלֶת, נ׳ merchandise

מִרְמָה, נ׳ deceit; fraud

מְרֻמֶּה, מְרוּמֶּה, ת״ז, ־מָּה, ת״נ deceived; fooled

מְרֹמָם, מְרוֹמָם, ת״ז, ־מֶמֶת, ת״נ elevated, exalted

מִרְמָס, ז׳ trampling; thing trampled on

[מרמר] הִתְמַרְמֵר, פ״ע to complain bitterly; to become embittered

מֵרַס, פ״י to stir, mix; to squeeze out (grapes)

נִתְמָרֵס, פ״ע to be mixed, stirred, squeezed

מֻרְסָה, מוּרְסָה, נ׳, ר׳, ־סוֹת abscess

מְרֻסָּן, מְרוּסָּן, ת״ז, ־סֶּנֶת, ת״נ bridled; curbed

מַרְסֵס, ז׳, ר׳, ־סְסִים sprayer

מְרֻסָּס, מְרוּסָּס, ת״ז, ־סֶּסֶת, ת״נ broken (to pieces); sprayed

מַרְסֵק, ז׳, ר׳, ־סְקִים chopper, crusher

מְרֻסָּק, מְרוּסָּק, ת״ז, ־סֶּקֶת, ת״נ crushed

מֵרֵעַ, ז׳, ר׳, ־רֵעִים companion; friend

מֵרַע, ז׳, ר׳, מְרֵעִים evildoer, villain

מְרַע, ז׳ illness

שְׁכִיב מְרַע bedridden

מִרְעֶה, ז׳, ר׳, ־עִים pasture, pasturage

מַרְעִית, נ׳, ר׳, ־עִיּוֹת grazing cattle; grazing flock; pasturing

מֻרְעָל, מוּרְעָל, ת״ז, ־עֶלֶת, ת״נ poisoned

מֻרְעָשׁ, מוּרְעָשׁ, ת״ז, ־עֶשֶׁת, ת״נ shaken; shelled, bombed

מַרְפֵּא, מַרְפֵּה, ז׳ healing; soothing; recovery

מִרְפָּאָה, נ׳, ר׳, ־אוֹת clinic

מְרֻפָּד, מְרוּפָּד, ת״ז, ־פֶּדֶת, ת״נ upholstered

מִרְפָּדָה, מַרְפֵּדִיָּה, נ׳, ר׳, ־דוֹת upholstery shop

מְרֻפָּט, מְרוּפָּט, ת״ז, ־פֶּטֶת, ת״נ shabby; shaggy

מִרְפֶּסֶת, נ׳, ר׳, ־פָּסוֹת balcony; verandah
מַרְפֵּק, ז׳, ר׳, ־פְּקִים elbow
[מרץ] נִמְרַץ, פ״ע to be energetic, strong; to quicken
הִמְרִיץ, פ״י to spur on, urge; to be strong; to energize
מֶרְץ, מַרְס, ז׳ March
מֶרֶץ, ז׳ energy; rapidity
מַרְצֶה, ז׳, ר׳, ־צִים lecturer
מִרְצָה, נ׳, ר׳, ־צוֹת stone crusher
מְרֻצֶּה, מְרוּצֶּה, ת״ז, ־צָּה, ת״נ satisfied; agreeable
מְרֻצָּע, מְרוּצָּע, ת״ז, ־צַּעַת, ת״נ striped
מַרְצֵעַ, ז׳, ר׳, ־צְעִים awl, borer
מְרֻצָּף, מְרוּצָּף, מ״ז, צֶּפֶת floored, tiled
מַרְצֶפֶת, נ׳, ר׳, ־צָפוֹת pavement; tiled floor; tile, flagstone
מֶרֶק, ז׳, ר׳, מְרָקִים putty
מָרָק, ז׳, ר׳, מְרָקִים soup, broth
מָרַק, פ״י to polish, scour, cleanse
מְרֻקָּב, ת״ז, ־קֶּבֶת, ת״נ rotten
מַרְקוֹעַ, ז׳, ר׳, ־עִים patch
מֶרְקָח, ז׳, ר׳, ־חִים compound; drug; perfume
מֶרְקָחָה, נ׳, ר׳, ־חוֹת drug
בֵּית מֶרְקָחִים perfumery
מִרְקַחַת, נ׳, ר׳, ־קָחוֹת aromatic oil; ointment; jam, preserves
בֵּית מִרְקַחַת drugstore, pharmacy
מִרְקָם, ז׳ embroidery
מְרֻקָּם, מְרוּקָּם, ת״ז, ־קֶּמֶת, ת״נ embroidered
מִרְקָקָה, נ׳, ר׳, ־קוֹת spittoon
מָרַר, פ״ע to be bitter; to be in distress

מֵרַר, פ״י to embitter
מְרֹרָה, מְרוֹרָה, נ׳, ר׳, ־רוֹת bitterness; bitter; venom
מְרֵרָה, נ׳, ר׳, ־רוֹת bile; gall
מֻרְשֶׁה, ז׳, ר׳, ־שִׁים deputy; delegate; member of parliament; authorized agent
בֵּית מֻרְשִׁים parliament
מֻרְשׁוֹן, ז׳, ר׳, ־נִים parliament
מְרֻשָּׁל, מְרוּשָּׁל, ת״ז, ־שֶּׁלֶת, ת״נ careless, negligent
מִרְשָׁם ז׳, ר׳, ־מִים census; sketch
מִרְשַׁעַת, נ׳, ר׳, ־שָׁעוֹת wicked, cruel woman
מָרַת, נ׳, ר׳, ־רוֹת madam; Mrs.
מְרֻתָּךְ, מְרוּתָּךְ, ת״ז, ־תֶּכֶת, ת״נ welded
מַרְתֵּף, ז׳, ר׳, ־תְּפִים cellar; storeroom
מָשׁ, פעו״י, ע׳ [מוש] to throw off, remove
מַשָּׁא, ז׳ ר׳, ־אוֹת debt; loan
מַשָּׂא, ז׳, ר׳, ־אוֹת load, burden; oracle, prophecy
מַשָּׂא־וּמַתָּן transaction, business; arbitration
מֻשָּׂא, מוּשָּׂא, ז׳, ר׳, ־אִים object (*gram.*)
מִשֵּׁא, פ״י to tear out
מַשְׁאָב, ז׳, ר׳, ־אַבִּים shepherd's well
מַשְׁאֵבָה, נ׳, ר׳, ־בוֹת pump
מַשָּׁאָה, נ׳, ר׳, ־שָּׁאוֹת debt
מַשָּׂאָה, מַשְׂאֵת, נ׳, ר׳, ־אוֹת, מַשְׂאוֹת uplifting, raising
מַשָּׁאוֹן, ז׳ fraud
מַשָּׂאִי, ת״ז, ־אִית, ת״נ peripatetic
מַשָּׂאִית, נ׳, ר׳, ־אִיּוֹת truck

referendum מִשְׁאָל, ז׳, ר׳, ־לִים
מָשְׁאָל, מֻשְׁאָל, ת״ז, ־אֶלֶת, ת״נ
figurative; metaphorical
request; wish מִשְׁאָלָה, נ׳, ר׳, ־לוֹת
kneading trough מִשְׁאֶרֶת, נ׳, ר׳, ־אָרוֹת
gift; portion; pillar (of smoke) מַשְׂאֵת, נ׳, ר׳, ־אוֹת, מַשָּׂאוֹת
blowing מַשָּׁב, ז׳, ־ר׳, ־בִים
מְשֻׁבָּח, מְשׁוּבָּח, ת״ז, ־בַּחַת, ת״נ
praiseworthy
sworn מֻשְׁבָּע, מוּשְׁבָּע, ת״ז, ־בַּעַת, ת״נ
מְשֻׁבָּע, מְשׁוּבָּע, ת״ז, ־בַּעַת, ת״נ
septangular; heptagon
מְשֻׁבָּץ, מְשׁוּבָּץ, ת״ז, ־בֶּצֶת, ת״נ
checkered
checkered work; brocade; inlay; setting (for diamond) מִשְׁבֶּצֶת, נ׳, ר׳, ־בְּצוֹת
crisis; birth stool מַשְׁבֵּר, ז׳, ר׳, ־בְּרִים
breakers מִשְׁבָּר, ז׳, ר׳, ־רִים
מְשֻׁבָּשׁ, מְשׁוּבָּשׁ, ת״ז, ־בֶּשֶׁת, ת״נ
faulty; corrupt; full of errors
shattering; annihilation; destruction מִשְׁבָּת, ז׳, ר׳, ־בַּתִּים
concept, idea, notion מֻשָּׂג, מוּשָּׂג, ז׳, ר׳, ־גִים
fortress; shelter, refuge מִשְׂגָּב, ז׳, ר׳, ־גַּבִּים
error, mistake מִשְׁגֶּה, ז׳, ר׳, ־גִּים
overseer מַשְׁגִּיחַ, ז׳, ר׳, ־חִים
sexual intercourse מִשְׁגָּל, ז׳, ר׳, ־לִים
crazy, insane מְשֻׁגָּע, מְשׁוּגָּע, ת״ז, ־גַּעַת, ת״נ
insane asylum בֵּית מְשֻׁגָּעִים
harrow מַשְׂדֵּדָה, נ׳, ר׳, ־דוֹת
broadcast מִשְׁדָּר, ז׳, ר׳, ־דָּרִים

broadcasting station מַשְׁדֵּר, ז׳, ר׳, ־דְּרִים
to pull out (of water) מָשָׁה, פ״י
debt; loan מַשֶּׁה, ז׳, ר׳, ־שִּׁים
minimum; anything; smallest quantity מַשֶּׁהוּ, ז׳, ר׳, מַשֶּׁהוּיִים
carrying מַשּׂוֹא, ז׳, ר׳, ־אִים
partiality מַשּׂוֹא פָּנִים
signal torch מַשּׂוּאָה, נ׳, ר׳, ־אוֹת
calamity; desolation מְשׁוֹאָה, נ׳
ruin; wreckage מַשּׁוּאָה, נ׳, ר׳, ־אוֹת
equation מִשְׁוָאָה, נ׳, ר׳, ־אוֹת
wicked deed; backsliding; waywardness, delinquency מְשׁוּבָה, נ׳, ר׳, ־בוֹת
מְשׁוּבָּח, מְשֻׁבָּח, ת״ז, ־בַּחַת, ת״נ
praiseworthy
מְשׁוּבָּע, מְשֻׁבָּע, ת״ז, ־בַּעַת, ת״נ
septangular, heptagon
מְשׁוּבָּץ, מְשֻׁבָּץ, ת״ז, ־בֶּצֶת, ת״נ
checkered
מְשׁוּבָּשׁ, מְשֻׁבָּשׁ, ת״ז, ־בֶּשֶׁת, ת״נ
faulty; corrupt; full of errors
error מְשׁוּגָה, נ׳, ר׳, ־גוֹת
crazy, insane מְשׁוּגָּע, מְשֻׁגָּע, ת״ז, ־גַּעַת, ת״נ
equator מַשְׁוֶה, ז׳, ר׳, ־וִים
anointed מָשׁוּחַ, ת״ז, מְשׁוּחָה, ת״נ
surveyor מָשׁוֹחַ, ז׳, ר׳, ־חוֹת
מְשׁוּחָד, מְשֻׁחָד, ת״ז, ־חֶדֶת, ת״נ
bribed; prejudiced
מְשׁוּחָק, מְשֻׁחָק, ת״ז, ־חֶקֶת, ת״נ
rubbed, worn out
מְשׁוּחְרָר, מְשֻׁחְרָר, ת״ז, ־רֶרֶת, ת״נ
emancipated, freed, liberated
oar מָשׁוֹט, ז׳, ר׳, מְשׁוֹטִים
flat; dull מְשׁוּטָּח, מְשֻׁטָּח, ת״ז, ־טַּחַת, ת״נ

מְשׁוֹטֵט, ז׳, ר׳, ־טְטִים hiker; tourist
מִשּׁוּי, ז׳, ר׳, ־יִים massage
מַשְׁוִית, נ׳, ר׳, ־וִיּוֹת carpenter's plane
מָשׁוּךְ, ת״ז, מְשׁוּכָה, ת״נ stretched; drawn
מְשׂוּכָה, מְסוּכָה, נ׳, ר׳, ־כוֹת thorn; hedge; hurdle
מְשׁוּכְלָל, מְשֻׁכְלָל, מ״ז, ־לֶלֶת, ת״נ perfected; up-to-date
מְשׁוּכְנָע, מְשֻׁכְנָע, ת״ז, ־נַעַת, ת״נ convinced; persuaded
מָשׁוּל, ת״ז, מְשׁוּלָה, ת״נ compared to
מְשׁוּלָב, מְשֻׁלָּב, ת״ז, ־לֶבֶת, ת״נ joined, fitted; mortised
מְשׁוּלְהָב, מְשֻׁלְהָב, ת״ז, ־הֶבֶת, ת״נ flaming
מְשׁוּלָּח, מְשֻׁלָּח, ז׳, ר׳, ־חִים emissary, messenger; delegate
מְשׁוּלָל, מְשֻׁלָּל, ת ז, ־לֶלֶת, ת״נ deprived of
מְשׁוּלָּם, מְשֻׁלָּם, ת״ז, ־לֶמֶת, ת״נ paid, paid for
מְשׁוּלָּשׁ, מְשֻׁלָּשׁ, ת״ז, ־לֶשֶׁת, ת״נ triangular, threefold, triple
מִשּׁוּם, מ״י because of
מְשׁוּמָד, מְשֻׁמָּד, ת״ז, ־מֶדֶת, ת״נ apostate
מְשׁוּמָּן, מְשֻׁמָּן, ת״ז, ־מֶּנֶת, ת״נ, ז׳ greasy, greased; oily, oiled; octagon
מְשׁוּמָּר, מְשֻׁמָּר, ת״ז, ־מֶּרֶת preserved
מְשׁוּנֶּה, מְשֻׁנֶּה, ת״ז, ־נָּה, ת״נ strange, queer
מְשׁוּנָּן, מְשֻׁנָּן, ת״ז, ־נֶּנֶת, ת״נ sharpened; teethed
מְשׁוּנְשָׁן מְשֻׁנְשָׁן, ת״ז, ־שֶׁנֶת, ת״נ lisped
מְשׁוּעְבָּד, מְשֻׁעְבָּד, ת״ז, ־בֶּדֶת, ת״נ enslaved; mortgaged

מְשׁוּפָּע, מְשֻׁפָּע, ת״ז, ־פַּעַת, ת״נ sloping, slanting
מְשׁוּקָע, מְשֻׁקָּע, ת״ז, ־קַעַת, ת״נ settled, concave
מַשּׂוֹר, ז׳, ר׳, ־רִים saw
מְשׂוּרָה, נ׳, ר׳, ־רוֹת measure of capacity (liquid)
מְשׁוּרְיָן, מְשֻׁרְיָן, ת״ז, ־יֶנֶת, ת״נ armored
מְשׁוֹרֵר, ז׳, ר׳, ־רְרִים singer; poet
מְשׁוּרָשׁ, מְשֻׁרָשׁ, ת״ז, ־רֶשֶׁת, ת״נ uprooted
מִשְׁוֶרֶת, נ׳, ר׳, ־וָרוֹת, ־וָרַיִם stirrup
מָשׂוֹשׂ, ז׳ gladness, joy
מָשׁוֹשׁ, ז׳, ר׳, מְשׁוֹשִׁים groper
מִשּׁוּשׁ, ז׳, ר׳, ־שִׁים touching; feeling
חוּשׁ הַמִּשּׁוּשׁ sense of touch
מְשׁוּשֶּׁה, מְשֻׁשֶּׁה, ת״ז, ־שָּׁה, ת״נ hexagonal, sixfold
מְשׁוּשָׁה, נ׳, ר׳, ־שׁוֹת antenna
מְשׁוּתָּף, מְשֻׁתָּף, ת״ז, ־תֶּפֶת, ת״נ shared, common
מְשׁוּתָּק, מְשֻׁתָּק, ת״ז, ־תֶּקֶת, ת״נ paralyzed
מִשְׁזָר, ז׳ plait, plaiting
מָשַׁח, פ״י to anoint, smear, oil
נִמְשַׁח, פ״ע to be (become) anointed
מְשֻׁחָד, מְשׁוּחָד, ת״ז, ־חֶדֶת, ת״נ bribed; prejudiced
מִשְׁחָה, נ׳, ר׳, מְשָׁחוֹת ointment, unction, salve; grease; portion
הַר הַמִּשְׁחָה (הַר הַזֵּיתִים) Mount of Olives
מַשְׁחֶזֶת, נ׳, ר׳, ־חָזוֹת whetstone
מַשְׁחִית, ז׳, ר׳, ־תִים vanguard (of fighting forces); trap; evildoer
אֳנִיַּת מַשְׁחִית destroyer

מְשֻׁחָל, מוּשְׁחָל, ת״ז, ־חֶלֶת, ת״נ threaded, strung

מְשֻׁחָק, מְשׁוּחָק, ת״ז, ־חֶקֶת, ת״נ rubbed; worn out

game; laughter מִשְׂחָק, ז׳, ר׳, ־קִים

player; actor מְשַׂחֵק, ז׳, ר׳, ־חֲקִים

מְשֻׁחָר, מוּשְׁחָר, ת״ז, ־חֶרֶת, ת״נ blackened

מְשֻׁחְרָר, מְשׁוּחְרָר, ת״ז, ־רֶרֶת, ת״נ freed, liberated, emancipated

מָשְׁחָת, מֻשְׁחָת, ת״ז, ־חַת, ־חֶתֶת, ת״נ corrupted; deformed; disfigured

destruction; corruption מַשְׁחֵת, ז׳

מִשְׁטוֹחַ, מִשְׁטָח, ז׳, ר׳, ־חִים spreading place; plain, field

flat, dull מְשֻׁטָּח, מְשׁוּטָּח, ת״ז, ־טַּחַת, ת״נ

enemy; accuser, prosecutor מַשְׂטִין, ז׳, ר׳, ־נִים

hatred, animosity מַשְׂטֵמָה, נ׳, ר׳, ־מוֹת

executive power; regime מִשְׁטָר, ז׳, ר׳, ־רִים

to rule; to regiment מִשְׁטֵר, פ״י

police; police force; police station מִשְׁטָרָה, נ׳, ר׳, ־רוֹת

silk מֶשִׁי, ז׳

silkworm תּוֹלַעַת מֶשִׁי

anointed one; Messiah מָשִׁיחַ, ז׳, ר׳, מְשִׁיחִים

anointing; ointment; thin rope מְשִׁיחָה, נ׳, ר׳, ־חוֹת

Messianism, Messiahship מְשִׁיחִיּוּת, נ׳

Messianic מְשִׁיחִי, ת״ז, ־חִית, ת״נ

oarsman מֵשִׁיט, ז׳, ר׳, מְשִׁיטִים

pulling; attraction; withdrawal (bank) מְשִׁיכָה, נ׳, ר׳, ־כוֹת

to place, make מֵשִׂים, פ״י

unintentionally מִבְּלִי מֵשִׂים, תה״פ

task, assignment מְשִׂימָה, נ׳, ר׳, ־מוֹת

tangent (*geom.*) מַשִּׁיק, ז׳, ר׳, ־קִים

to pull, drag; to lengthen; to attract; to withdraw (money) מָשַׁךְ, פ״י

to be stretched; to be withdrawn; to be prolonged נִמְשַׁךְ, פ״ע

to be delayed, deferred מֻשַּׁךְ, פ״ע

to continue, cause to extend, pull; to prolong; to attract הִמְשִׁיךְ, פ״י

pull; duration מֶשֶׁךְ, ז׳

during בְּמֶשֶׁךְ, תה״פ

bed, couch; lying down; grave מִשְׁכָּב, ז׳, ר׳, ־בִים, ־בוֹת

bedroom חֲדַר הַמִּשְׁכָּב

homosexuality, pederasty מִשְׁכַּב זָכוּר

bellwether מַשְׁכּוּכִית, נ׳, ר׳, ־כִיּוֹת

pawn, pledge, security מַשְׁכּוֹן, ז׳, ר׳, ־כּוֹנוֹת, ־כּוֹנִים

pawning מִשְׁכּוּן, ז׳

enlightened person, intellectual, Maskil מַשְׂכִּיל, ז׳, ר׳, ־לִים

renter, lessor מַשְׂכִּיר, ז׳, ר׳, ־רִים

picture; mosaic מַשְׂכִּית, נ׳, ר׳, ־כִּיּוֹת

intelligence מִשְׂכָּל, ז׳

I.Q. מְנַת מִשְׂכָּל

concept, idea מֻשְׂכָּל, ז׳, ר׳, ־לִים

axiom מֻשְׂכָּל רִאשׁוֹן

מְשֻׁכְלָל, מְשׁוּכְלָל, ת״ז, ־לֶלֶת, ת״נ perfected; up to date

מְשַׁכֶּלֶת, מַשְׁכֶּלֶת, נ׳, ר׳, מְשַׁכְּלוֹת abortion; miscarriage

habitation, dwelling מִשְׁכָּן, ז׳, ר׳, ־נִים, ־נוֹת

to take pledge; to pledge; to pawn; mortgage מִשְׁכֵּן, פ״י

מֻשְׁכַּן, פ"ע to be pawned; to be mortgaged

נִתְמַשְׁכֵּן, פ"ע to become pawned; to be seized for debt

מְשֻׁכְנָע, מְשׁוּכְנָע, ת"ז, ־נַעַת, ת"נ convinced; persuaded

מַשְׁכַּנְתָּה, נ', ר', ־תָּאוֹת mortgage

מַשְׂכֹּרֶת, נ', ר', ־כּוֹרוֹת salary, wages

מָשָׁל, ז', ר', מְשָׁלִים, ־לוֹת parable, proverb, tale, fable, allegory; example; resemblance

לְמָשָׁל for example, for instance

מִשְׁלֵי Book of Proverbs

מָשַׁל, פעו"י to rule; to compare; to speak metaphorically; to use a proverb

נִמְשַׁל, פ"ע to be compared; to resemble

מִשֵּׁל, פ"י to speak in parables; to use; to compare

הִמְשִׁיל, פ"י to compare; to cause to rule

הִתְמַשֵּׁל, פ"ע to be likened, become like

מֹשֶׁל, ז' rule; resemblance

מְשֻׁלָּב, מְשׁוּלָּב, ת"ז, ־לֶּבֶת, ת"נ joined, fitted; mortised

מִשְׁלֶבֶת, נ', ר', ־לָבוֹת monogram

מְשֻׁלְהָב, מְשׁוּלְהָב, ת"ז, ־הֶבֶת, ת"נ flaming

מִשְׁלוֹחַ, ז', ר', ־חִים sending; dispatch; transport

דְּמֵי מִשְׁלוֹחַ postage, mailing fees

מִשְׁלָח, ז', ר', ־חִים destination

מִשְׁלַח־יָד occupation, profession

מְשֻׁלָּח, מְשׁוּלָּח, ז', ר', ־חִים emissary, messenger; delegate

מִשְׁלַחַת, נ', ר', ־לָחוֹת delegation; sending; errand

מִשְׁלִי, ת"ז, ־לִית, ת"נ proverbial, allegorical, parabolical, figurative

מַשְׁלִית, נ', ר', ־לִיּוֹת grappling iron, grapnel

מְשֻׁלָּל, מְשׁוּלָּל, ת"ז, ־לֶּלֶת, ת"נ deprived of

מֻשְׁלָם, מוּשְׁלָם, ת"ז, ־לֶמֶת, ת"נ complete; perfect

מְשֻׁלָּם, מְשׁוּלָּם, ת"ז, ־לֶּמֶת, ת"נ paid, paid for

מְשֻׁלָּשׁ, מְשׁוּלָּשׁ, ת"ז, ־לֶּשֶׁת, ת"נ triple, threefold; triangle

מְשַׁלְשֵׁל, ת"ז, ־שֶׁלֶת, ת"נ laxative, purgative, cathartic

מַשְׂמְאִיל, מַשְׂמְאָל, ת"ז, ־לָה, ת"נ facing left; left-handed

מְשֻׁמָּד, מְשׁוּמָּד, ת"ז, ־מֶּדֶת, ת"נ apostate

מְשֻׁמָּדוּת, נ' apostasy

מְשַׁמָּה, נ', ר', ־מּוֹת desolation; devastation

מִשְׁמוּשׁ, ז', ר', ־שִׁים touch, touching

מְשַׂמֵּחַ, ת"ז, ־מַּחַת, ת"נ joyful, gladdening

מִשְׁמָן, ז', ר', ־מַנִּים fertile soil

מַשְׁמָן, ז', ר', ־נִים rich; fat; tasty food

מְשֻׁמָּן, מְשׁוּמָּן, ת"ז, ־מֶּנֶת, ת"נ; ז' greased, greasy; oiled, oily; octagon

מְשֻׁמָּן, מְתֻמָּן, ז', ר', ־נִים octagon

מִשְׁמָע, ז', ר', ־עִים hearing; obedience; ordinary sense

מִשְׁמֵעַ, פ"י to discipline

מַשְׁמָע, ז', ר', ־עוֹת intimation; intention; meaning

פְּשׁוּטוֹ כְּמַשְׁמָעוֹ literally

מַשְׁמָעוּת, נ', ר', ־עֻיּוֹת meaning; sense

מִשְׁמַעַת, נ' obedience; discipline
מִשְׁמָר, ז', ר', ־רִים, ־רוֹת guard's watch, post; camp guard
בֵּית הַמִּשְׁמָר guardroom
מְשֻׁמָּר, מְשׁוּמָּר, ת"ז, ־מֶּרֶת, ת"נ preserved
מִשְׁמֶרֶת, נ', ר', ־מָרוֹת observation; guard; preservation; conservation
מְשַׁמֶּרֶת, נ', ר', ־רוֹת strainer; filter; dura mater
מִשְׁמֵשׁ, פ"ע to palpate; to touch, feel; to manipulate
מִשְׁמֵשׁ, מִשְׁמֹשׁ, ז', ר', ־מְשִׁים apricot
מַשְׁמְשָׁן, ז', ר', ־נִים one who touches everything
מִשְׁנֶה, ז', ר', ־נִים double (of); second (of)
מִשְׁנֶה לְמֶלֶךְ viceroy, second in command
מִשְׁנָה, נ', ר', ־יוֹת study (by oral repetition); traditional law; Mishnah
מְשֻׁנֶּה, מְשׁוּנֶּה, ת"ז, ־נָּה, ת"נ strange; queer
מִשְׁנִי, ת"ז, ־נִית, ת"נ secondary; Mishnaic
מְשֻׁנָּן, מְשׁוּנָּן, ת"ז, ־נֶּנֶת, ת"נ sharpened; teethed
מַשְׁנֵק, ז', ר', ־נְקִים step down transformer
מְשֻׁנְשָׁן, מְשׁוּנְשָׁן, ת"ז, ־שֶׁנֶת, ת"נ lisped
מְשִׁסָּה, נ', ר', ־סּוֹת booty; plunder
מְשֻׁעְבָּד, מְשׁוּעְבָּד, ת"ז, ־בֶּדֶת, ת"נ enslaved; mortgaged
מִשְׁעוֹל, ז', ר', ־לִים path, narrow lane; isthmus
מִשְׁעָן, מַשְׁעֵן, ז', מַשְׁעֵנָה, נ', ר', ־נִים, ־נוֹת support

מִשְׁעֶנֶת, נ', ר', ־עָנוֹת staff; walking stick; crutch
מְשֹׁעָר, מְשׁוֹעָר, ת"ז, ־עֶרֶת, ת"נ estimated
מְשָׁעֵר, מַשְׁעֵר, ז', ר', מְשַׁעֲרִים controller of prices
מִשְׁעֶרֶת, נ', ר', ־עָרוֹת brush
מִשְׁפָּח, ז' evil; violence; bruise; scab
מִשְׁפָּחָה, נ', ר', ־חוֹת family; clan; species
שֵׁם־מִשְׁפָּחָה surname
מִשְׁפַּחְתִּי, ת"ז, ־תִּית, ת"נ familial
מִשְׁפָּט, ז', ר', ־טִים judgment; law; case, suit; right; sentence
חָכְמַת הַמִּשְׁפָּט jurisprudence
מִשְׁפָּט קָדוּם prejudice
מִשְׁפְּטָן, ז', ר', ־טָנִים jurist
מַשְׁפֵּךְ, ז', ר', ־פְּכִים funnel
מַשְׁפֵּךְ הַשֶּׁתֶן urethra
מַשְׁפֵּךְ הַזֵּעָה amnion
מִשְׁפָּךְ, ז', ר', ־כִים river mouth; downpour
מַשְׁפֶּלֶת, נ', ר', ־פָּלוֹת refuse container; litter basket
מֻשְׁפָּע, מוּשְׁפָּע, ת"ז, ־פַּעַת, ת"נ influenced
מְשֻׁפָּע, מְשׁוּפָּע, ת"ז, ־פַּעַת, ת"נ sloping; slanting
מֶשֶׁק, ז', ר', מְשָׁקִים household; farm; administration
מַשָּׁק, ז' rushing; rustling; fluttering (of wings)
מַשְׁקֶה, ז', ר', ־קִים, ־קָאוֹת beverage; liquid; potion
שַׂר הַמַּשְׁקִים toastmaster
מַשְׁקוֹף, ז', ר', ־פִים lintel
מִשְׁקָל, ז', ר', ־קָלִים, ־קָלוֹת weight, scale

שִׁוּוּי מִשְׁקָל equilibrium

מִשְׁקֹלֶת, נ׳, ר׳, ־קוֹלוֹת plummet; weight, balance

זְמַן הַמִּשְׁקֹלֶת equinox

מִשְׁקָע, ז׳, ר׳, ־עִים sediment, dreg(s); sinking; settling

מִשְׁקַע מַיִם limpid water

מְשֻׁקָּע, מְשׁוּקָע, ת״ז, ־קַעַת, ת״נ settled; concave

מִשְׁקָפַיִם, ז״ז spectacles; eyeglasses

מִשְׁקְפֵי שֶׁמֶשׁ sunglasses

מִשְׁקֶפֶת, נ׳, ר׳, ־קָפוֹת telescope; binoculars; opera glasses

מֶשֶׁר, מֶשֶׁר, ז׳, ר׳, מְשָׁרִים garden bed

מִשְׂרָד, ז׳, ר׳, ־דִים office, bureau (government), ministry

מִשְׂרָדוּת, נ׳ bureaucracy

מִשְׂרָדִי, ת״ז, ־דִית, ת״נ bureaucratic

מִשְׁרָה, נ׳, ר׳, ־רוֹת punch; fruit drink

מִשְׂרָה, נ׳, ר׳, ־רוֹת office, position; domination

מַשְׁרוֹקִית, נ׳, ר׳, ־יוֹת whistle

מַשְׂרֵט, ז׳, ר׳, ־רְטִים scalpel

מְשֻׁרְיָן, מְשׁוּרְיָן ת״ז, ־יֶנֶת, ת״נ armored

מִשְׂרֶפֶת, נ׳, ר׳, ־רָפוֹת incinerator; crematorium

מְשֹׁרָשׁ, מְשׁוֹרָשׁ, ת״ז, ־רֶשֶׁת, ת״נ uprooted

מֻשְׁרָשׁ, מוּשְׁרָשׁ, ת״ז, ־רֶשֶׁת, ת״נ rooted

מַשְׁרֵת, נ׳, ר׳, ־רְתוֹת saucepan

מְשָׁרֵת, ז׳, ר׳, ־תִים servant

מָשַׁשׁ, פ״י to feel, touch

מִשֵּׁשׁ, פ״י to feel, grope

הֵמִישׁ, פ״י to cause to feel

מְשֻׁשֶּׁה, מְשׁוּשֶׁה, ת״ז, ־שָׁה, ת״נ hexagonal; sixfold

מִשְׁתֶּה, ז׳, ר׳, ־תָּאוֹת, ־תִּים banquet, feast, drinking; drink

מַשְׁתִּית, נ׳, ר׳, ־יוֹת foundation, base

מִשְׁתָּלָה, מַשְׁתֵּלָה, נ׳, ר׳, ־לוֹת nursery (for trees, etc.)

מִשְׁתָּנָה, נ׳, ר׳, ־נוֹת urinal

מְשֻׁתָּף, מְשׁוּתָּף, ת״ז, ־תֶּפֶת, ת״נ common

מְשֻׁתָּק, מְשׁוּתָּק, ת״ז, ־תֶּקֶת, ת״נ paralyzed

מֵת, פ״ע, ע׳ [מות] to die

מֵת, ז׳, ר׳, ־תִים; ת״ז corpse; dead

מַת, ז׳, ר׳, מְתִים man; person

מְתֵי מִסְפָּר a few persons

מִתְאַבֵּד, ז׳, ר׳, ־בְּדִים suicide

מְתַאֲבֵן, ז׳, ־ר׳, ־בְנִים appetizer

מִתְאַגְרֵף, ז׳, ר׳, ־רְפִים boxer

מַתְאִים, ת״ז, ־מָה, ת״נ suitable

מִתְאָם, ז׳ correlation

מְתֹאָם, מְת אָם, ת״ז, ־אֶמֶת, ת״נ symmetrical; parallel

מְתֹאָר, מְתוֹאָר, ת״ז, ־אֶרֶת, ת״נ described

מִתְבּוֹנֵן, ז׳, ־ר׳, ־נְנִים observer

מַתְבֵּן, ז׳, ר׳, ־בְּנִים shed for chaff, straw; heap of chaff, straw

מִתְבּוֹלֵל, ז׳, ר׳, ־לְלִים assimilator

מֶתֶג, ז׳, ר׳, מְתָגִים nose ring, lip ring; oxgoad; bit; bridle; bacillus

מִתֵּג, פ״י to bridle

מִתְגּוֹשֵׁשׁ, ז׳, ר׳, ־שְׁשִׁים wrestler

מִתְגִּי, ת״ז, ־גִּית, ת״נ bacillary

מְתוֹאָם, מְתֹאָם, ת״ז, ־אֶמֶת, ת״נ symmetrical; parallel

מְתוֹאָר, מְתֹאָר, ת״ז, ־אֶרֶת, ת״נ described

מִתְוֶה, נ׳, ר׳, ־ווֹת sketch

מָתוּחַ, ת"ז, מְתוּחָה, ת"נ stretched; tense
מִתּוּחַ, ז', ר', ־חִים tension; stretching
מְתוּיָל, מְתֻיָּל, ת"ז, ־יֶּלֶת, ת"נ (barbed) wire
מְתַוֵּךְ, ז', ר', ־וְּכִים middleman; pimp; go-between
מִתּוֹךְ, מ"י from within, from among
מְתוּכְנָן, מְתֻכְנָן, ת"ז, ־נֶנֶת, ת"נ planned
מְתוּלָּע, מְתֻלָּע, ת"ז, ־לַּעַת, ת"נ wormy; red
מְתוּלְתָּל, מְתֻלְתָּל, ת"ז, ־תֶּלֶת, ת"נ curly; wavy
מָתוּן, ת"ז, מְתוּנָה, ת"נ composed; patient; moderate
מִתּוּן, ז', ר', ־נִים patience, composure
מְתוֹפֵף, ז', ר', ־פְפִים drummer
מָתוֹק, ת"ז, מְתוּקָה, ת"נ sweet; easy; soft
מִתּוּק, ז', ר', ־קִים sweetening
מִתּוּק הַדִּין commutation, mitigation (of a sentence)
מְתוּקָּן, מְתֻקָּן, ת"ז, ־קֶּנֶת, ת"נ corrected; fixed; revised
מְתוּרְבָּת, מְתֻרְבָּת, ת"ז, ־בֶּתֶת, ת"נ cultured
מְתוּרְגָּם, מְתֻרְגָּם, ת"ז, ־גֶּמֶת, ת"נ translated
מְתוּרְגְּמָן, מְתֻרְגְּמָן, ז', ר', ־נִים translator; dragoman
מְתוּשָּׁע, מְתֻשָּׁע, ר', ־עִים; ת"ז ninesided figure; multiplied (divided) by nine
מָתַח, פ"י to stretch out
מָתַח בִּקֹּרֶת (עַל) to censure, criticize
מָתַח קַו to underline
נִמְתַּח, פ"ע to be spread, stretched; to be made nervous, curious
מֶתַח, ז' pressure; tension
מֵתַח, ז', ר', מְתָחִים extent; tension; crossbar
מִתְחַמֵּק, ת"ז, ־מֶּקֶת, ת"נ shirking
מִתְחָרֶה, ז', ר', ־רִים contestant
מָתַי, תה"פ when
מִתְיַהֵד, ת"ז, ־הֶדֶת, ת"נ converted (to Judaism)
מִתְיַוֵּן, ת"ז, ־יַוֶּנֶת, ת"נ Hellenized
מְתִיחָה, נ', ר', ־חוֹת stretching; extending
מְתִיחוּת, נ' tension
מְתֻיָּל, מְתוּיָל, ת"ז, ־יֶּלֶת, ת"נ (barbed) wire
מְתִינָה, נ', ר', ־נוֹת deliberation
מְתִינוּת, נ' composure; prudence; patience
מְתִיקָה, נ', ר', ־קוֹת sweets, sweetmeats; confiture
מְתִיקוּת, נ' sweetness
מַתְכּוֹן, ז', ר', ־נִים recipe; prescription
מַתְכּוֹנֶת, מַתְכֹּנֶת, נ', ר', ־כּוֹנוֹת quantity; composition; proportion
מְתֻכְנָן, מְתוּכְנָן, ת"ז, ־נֶנֶת, ת"נ planned
מַתְכֹּנֶת, מַתְכּוֹנֶת, נ', ר', ־כּוֹנוֹת quantity; composition; proportion
מַתֶּכֶת, נ', ר', מַתָּכוֹת metal
מַתַּכְתִּי, ת"ז, ־תִּית, ת"נ metallic, metal
מַתְלָאָה, נ', ר', ־אוֹת weariness; troublesomeness

מְתֻלָּע, מְתוּלָּע, ת"ז, ־לַּעַת, ת"נ
wormy; red
incisor מְתַלְּעָה, נ', ר', ־עוֹת
מְתֻלְתָּל, מְתוּלְתָּל, ת"ז, ־תֶּלֶת, ת"נ
curly, wavy
soundness (of body) מְתֹם, ז'
diligent מַתְמִיד, ת"ז, ־דָה, ת"נ
wondrous, מַתְמִיהַּ, ת"ז, ־מִיהָה, ת"נ
strange
octagon מְתֻמָּן, מְשֻׁמָּן, ז', ר', ־נִים
hip; haunch; מֹתֶן, ז', ז"ז, מָתְנַיִם
loin; waist
present; giving מַתָּן, ז', ר', ־נִים
generous person אִישׁ מַתָּן
negotiation מַשָּׂא וּמַתָּן
alms; charity; מַתָּן בַּסֵּתֶר
anonymous giving
to wait; [מתן] הִמְתִּין, פ"ע
to tarry; to postpone
to do slowly; הִתְמַתֵּן, פ"ע
to go easy
opponent; מִתְנַגֵּד, ז', ר', ־גְּדִים
adversary
volunteer מִתְנַדֵּב, ז', ר', ־דְּבִים
gift; present מַתָּנָה, נ', ר', ־נוֹת
מֻתְנֶה, מוּתְנֶה, ת"ז, ־נָה, ־נֵית, ת"נ
conditioned, conditional
bodice; jacket מָתְנִיָּה, נ', ר', ־יּוֹת
hips מָתְנַיִם, ז"ז, ע' מֹתֶן
wild thyme מִתְנָן, ז', ר', ־נִים
starter מַתְנֵעַ, ז', ר', ־נְעִים
(in auto)
lumbago מַתֶּנֶת, נ'

misleading מַתְעֶה, ת"ז, ־עָה, ת"נ
gymnast מִתְעַמֵּל, ז', ר', ־מְּלִים
tailor shop מִתְפָּרָה, נ', ר', ־רוֹת
to be, become sweet, מָתַק, פ"ע
pleasant, tasty
to sweeten, season; מִתֵּק, פ"י
to indulge in; to assuage
to sweeten, הִמְתִּיק, פ"י
make pleasant
to become הִתְמַתֵּק, פ"ע
sweet, calm
sweetness, pleasantness מֶתֶק, ז'
darling, sweetheart מֹתֶק, ז'
attacker מַתְקִיף, ז', ר', ־פִים
glycerin מִתְקִית, נ'
מְתֻקָּן, מְתוּקָּן, ת"ז, ־קֶּנֶת, ת"נ
corrected; repaired; improved
מֻתָּר, מוּתָּר, ת"ז, ־תֶּרֶת, ת"נ
permitted; loose
מְתֻרְבָּת, מְתוּרְבָּת, ת"ז, ־בֶּתֶת, ת"נ
cultured
translator מְתַרְגֵּם, ז', ר', ־גְּמִים
מְתֻרְגָּם, מְתוּרְגָּם, ת"ז, ־גֶּמֶת, ת"נ
translated
מְתֻרְגְּמָן, מְתוּרְגְּמָן, ז', ר', ־נִים
Interpreter; dragoman
barricade מִתְרָס, ז', ר', ־סִים
מְתֻשָּׁע, מְתוּשָּׁע, ז', ר', ־עִים; ת"ז
nine-sided figure; multiplied
(divided) by nine
gift, present מַתָּת, נ'
handshake מַתַּת יָד
false promise מַתַּת שֶׁקֶר

נ, ן

Nun, fourteenth letter of נ, ן
Hebrew alphabet; fifty

please; pray נָא, מ"ק
raw, half-done, rare נָא, ת"ז, ־אָה, ת"נ

נֶאֱבַד, פ״ע, ע׳ [אבד] to be lost; to perish

נֶאֱבַק, פ״ע, ע׳ [אבק] to wrestle

נֹאד, נוֹד, ז׳, ר׳, ־דוֹת skin (leather) bottle

נֶאְדָּר, ת״ז, ־רָה, ת״נ glorious, majestic

נָאֶה, ת״ז, ־אָה, ת״נ nice, pretty

נָאֶה, תה״פ comely, becoming

נָאָה, נ׳, ר׳, ־אוֹת meadow; dwelling

נְאוֹת דֶּשֶׁא pasture

נְאוֹת מִדְבָּר oasis

נָאָה, פ״ע to be befitting; to be comely

נֵאָה, פ״י to beautify; to decorate

הִתְנָאָה, פ״ח to adorn oneself

נֶאֱהָב, ת״ז, ־הֶבֶת, ת״נ beloved

נָאוָה, נָאֲוָה, פ״ע to be pretty, comely

נָאוֶה, ת״ז, ־וָה, ת״נ nice, pretty, comely

נְאוּם, נְאֻם, ז׳, ר׳, ־מִים speech, lecture, discourse

נְאוּף, ז׳, ר׳, ־פִים adultery, prostitution

נְאוּץ, ז׳, ר׳, ־צִים contempt; blasphemy

נָאוֹר, ת״ז, נְאוֹרָה, ת״נ cultured, enlightened, illumined

נָאוֹת, ת״ז, נְאוֹתָה, ת״נ suitable, becoming, proper

נֵאוֹת, פ״ע to consent; to be suitable; to enjoy

נְאִימָה, נ׳ rhetoric

נְאִימִי, ת״ז, ־מִית, ת״נ rhetorical

נֶאֱכָל, ת״ז, ־כֶלֶת, ת״נ edible

נֶאֱלַח, פ״ע, ע׳ [אלח] to be corrupted, tainted; to be infected

נֶאֱלַם, פ״ע, ע׳ [אלם] to become dumb

נֶאֱלַץ, פ״ע, ע׳ [אלץ] must, ought, be compelled

נָאַם, פ״י to speak, lecture

נְאֻם, נְאוּם, ז׳, ר׳, ־מִים speech, lecture, discourse

נֶאֱמָן, ת״ז, ־מָנָה, ־מֶנֶת, ת״נ faithful, reliable

נֶאֱמַן, פ״ע, ע׳ [אמן] to be faithful, trusty, true, trustworthy

נֶאֱמָנוּת, נ׳, ר׳, ־נֻיּוֹת trustworthiness, reliability

נֶאֱנַח, פ״ע, ע׳ [אנח] to moan, groan, sigh

נֶאֱנַשׁ, פ״ע, ע׳, [אנש] to become quite ill

נָאַף, פ״ע to commit adultery

נַאֲפוּף, ז׳, ר׳, ־פִים prostitution, adultery

נָאַץ, פ״י to contemn, spurn; to be wrathful

נִאֵץ, פ״י to curse, insult

נְאָצָה, נֶאָצָה, נָאָצָה, נ׳, ר׳, ־צוֹת contempt, blasphemy

נֶאֱצַל, פ״ע, ע׳ [אצל] to be withdrawn, separated; to be emanated from

נָאַק, פ״ע to groan, moan

נַאַק, ז׳, נְאָקָה, נ׳, ר׳, ־קִים, ־קוֹת groaning

נָאקָה, נָקָה, נ׳, ר׳, ־קוֹת she-camel

נֵאַר, פ״ע, ע׳ [ארר] to be cursed

נֵאֵר, פ״י to abhor, reject

נֶאֱרַס, פ״ע, ע׳ [ארס] to become engaged, be betrothed

נֶאֱשָׁם, ז׳, ר׳, ־מִים defendant; accused

נֶאֱשַׁם, פ״ע, ע׳ [אשם] to be accused, blamed

נָבָא, פ"ע to prophesy

נִבָּא, פ"ע to inspire

נָבַב, פ"י to hollow out

נֶבֶג, ז', ר', נְבָגִים fungus

נִבְגִּי, ת"ז, ־גִּית, ת"נ fungal

נִבְדָּל, ת"ז, נִבְדֶּלֶת, ת"נ different, separated

נִבְהַל, פ"ע, ע' [בהל] to be alarmed; to hasten

נִבְהָל, ת"ז, נִבְהֶלֶת, ת"נ frightened, alarmed

נְבוּאָה, נ', ר', ־אוֹת prophecy, prediction

נְבוּאִי, ת"ז, ־אִית, ת"נ prophetic

נָבוּב, ת"ז, נְבוּבָה, ת"נ hollow, emtpy, empty-headed

נָבוֹךְ, ת"ז, נְבוֹכָה, נְבוּכָה, ת"נ perplexed, confused

נָבוֹךְ, פ"ע, ע' [בוך] to be perplexed, confused

נִבּוּל, ז' disfigurement; disgrace

נִבּוּל פֶּה lascivious speech, obscenity

נָבוֹן, ת"ז, נְבוֹנָה, ת"נ understanding, wise

נָבֹז, פ"ע, ע' [בזז] to be plundered, despoiled

נִבְזֶה, ת"ז, ־זָה, ־זֵית, ת"נ despicable

נָבַח, פ"ע to bark

נִבְחָר, ת"ז, נִבְחֶרֶת, ת"נ chosen, elected

בֵּית הַנִּבְחָרִים parliament

[נבט] הִבִּיט, פ"ע to look, look at

נִבַּט, פ"ע to have a vision

נָבַט, פ"ע to sprout, germinate

נֶבֶט, ז', ר', נְבָטִים sprout

נָבִיא, ז', ר', נְבִיאִים prophet

נְבִיאוּת, נ' prophecy

נְבִיאִי, ת"ז, ־אִית, ת"נ prophetic

נְבִיבוּת, נ' hollowness

נְבִיחָה, נ', ר', ־חוֹת barking

נְבִיטָה, נ', ר', ־טוֹת germination

נְבִילָה, נ', ר', ־לוֹת withering

נְבִיעָה, נ', ר', ־עוֹת gushing out; springing forth

נֵבֶךְ, ז', ר', נְבָכִים depths (of the sea)

נֵבֶל, ז', ר', נְבָלִים leather bottle; jug, pitcher

נֶבֶל, נֵבֶל, ז', ר', נְבָלִים lyre

נָבָל, ז', ר', נְבָלִים churl, ignoble (vile) person, villainous man

נָבַל, נָבֵל, פ"ע to fade, shrivel, wither, decay

נִבֵּל, פ"י to disgrace, degrade

נִבֵּל פִּיו to talk obscenely

הִתְנַבֵּל, נִתְנַבֵּל, פ"ח to be disgraced, degraded

נְבָלָה, נ', ר', ־לוֹת wickedness, obscenity, vileness

נְבֵלָה, נ', ר', ־לוֹת corpse, carcass, carrion

נַבְלוּת, נ', ר', נַבְלֻיּוֹת immodesty, obscenity

נִבְנָה, פ"ע, ע' [בנה] to be built; to be erected, established

נָבַע, פ"ע to gush out, bubble forth; to deduce

הִבִּיעַ, פ"י to cause to bubble, ferment; to utter, express

נִבְעָה, פ"י, ע' [בעה] to be uncovered, laid bare, revealed

נִבְעָר, ת"ז, ־עָרָה, ת"נ stupid, idiotic

נִבְעַת, פ"ע, ע' [בעת] to be startled, terrified

נִבְצַר, פ"ע, ע' [בצר] to be cut off, inaccessible; to be restrained

נָבָר, ת״ז, נְבָרָה, ת״נ pure-hearted
נָבַר, פ״ע to dig (with snout), burrow
נִבְרֶכֶת, נ׳, ר׳, ־רָכוֹת pool, pond
נַבְרָן, ז׳, ר׳, ־נִים groundhog, badger
נִבְרֶשֶׁת, נ׳, ר׳, נִבְרָשׁוֹת lamp, candelabra, chandelier
נִגְאַל, פ״ע, ע׳ [גאל] to be redeemed, liberated
נֶגֶב, ז׳ south, south-country
נָגַב, פ״ע to dry
נִגֵּב, פ״י to wipe, scour, dry
הִתְנַגֵּב, פ״ח to dry oneself; to be parched, dried up
נֶגְבִּי, ת״ז, ־בִּית, ת״נ southern, of the south
נֶגֶד, מ״י in the presence of, before; against
כְּנֶגֶד facing; opposite
מִנֶּגֶד apart, at a distance
הַתְקָפַת־נֶגֶד counterattack
נִגֵּד, פ״י to oppose; to beat, flog
הִגִּיד, פ״י to declare; to tell, announce; to inform
הִתְנַגֵּד, פ״ח to oppose, contend against
נֶגְדִּי, ת״ז, ־דִּית, ת״נ contrary, opposing
נֹגַהּ, נוֹגַהּ, ז׳ brightness; planet Venus
נָגַהּ, פ״ע to shine, be bright
הִגִּיהַּ, פ״י to cause to shine; to correct, revise, proofread
נְגֹהָה, נ׳, ר׳, ־הוֹת brightness, splendor
נָגוּב, ת״ז, נְגוּבָה, ת״נ dry, dried
נִגּוּד, ז׳ conflict; contrast
נִגּוּדִי, ת״ז, ־דִית, ת״נ contrary
נִגּוּן, ז׳, ר׳, ־נִים tune, melody; accent

נָגוּס, ת״ז, נְגוּסָה, ת״נ bitten, chewed
נָגוּעַ, ת״ז, נְגוּעָה, ת״נ afflicted; contaminated
נִגְזָל, ת״ז, נִגְזֶלֶת, ת״נ robbed
נִגְזָר, ת״ז, ־זֶרֶת, ת״נ derived; decided; decreed; cut
נָגַח, פ״י to butt, gore, push
נַגָּח, נַגְחָן, ז׳, ר׳, ־חִים, ־נִים a goring bull
נָגִיד, ז׳, ר׳, נְגִידִים ruler, prince, wealthy man
נְגִידוּת, נ׳, ר׳ nobility; wealth
נְגִיחָה, נ׳, ר׳, ־חוֹת goring, butting
נְגִינָה, נ׳, ר׳, ־נוֹת music; song; accent
כְּלִי נְגִינָה musical instrument
נְגִיסָה, נ׳, ר׳, ־סוֹת chewing, biting
נְגִיעָה, נ׳, ר׳, ־עוֹת contact, connection; touch
נָגִיף, ז׳ virus
נְגִיפָה, נ׳, ר׳, ־פוֹת collision; pushing, striking
נְגִירָה, נ׳ pouring, flowing
נְגִישָׂה, נ׳, ר׳, ־שׂוֹת oppression
[נגן] נִגֵּן, פ״י to make music; to play an instrument
הִתְנַגֵּן, פ״י to get played (automatically)
נַגָּן, ז׳, ר׳, ־נִים musician
נָגַס, פ״י to bite off; to chew
נָגַע, פ״ע to touch; to reach; to approach; to strike
נִגַּע, פ״י to strike; to afflict; to infect
הִגִּיעַ, פ״ע to reach; to approach; to arrive
נֶגַע, ז׳, ר׳, נְגָעִים blow; plague; leprosy
נִגְעַל, פ״ע, ע׳ [געל] to be loathed
נֶגֶף, ז׳, ר׳, נְגָפִים plague; stumbling block

to smite, injure, plague נָגַף, פ״י

to strike (against), be bruised הִתְנַגֵּף, פ״ח

to flow, be poured out נָגַר, פ״ע

to spill; to pour out הִגִּיר, פ״י

bolt, door latch נֶגֶר, נֶגֶר, ז׳, ר׳, נְגָרִים

carpenter נַגָּר, ז׳, ר׳, ־רִים

to carpenter נִגֵּר, פ״י

dike נֶגֶר, ז׳, ר׳, נְגָרִים

carpentry נַגָּרוּת, נ׳

carpenter's workshop נַגָּרִיָּה, נ׳, ר׳, ־יּוֹת

to be diminished נִגְרַע, פ״ע, ע׳ [גרע]

to be dragged נִגְרַר, פ״ע, ע׳ [גרר]

dragged, pulled, drawn, trailed נִגְרָר, ת״ז, נִגְרֶרֶת, ת״נ

foamy; stormy נִגְרָשׁ, ת״ז, ־רֶשֶׁת, ת״נ

to come near, approach נָגַשׁ, פ״ע

to bring near; to bring, offer הִגִּישׁ, פ״י

to draw near one another; to conflict, collide הִתְנַגֵּשׁ, פ״ח

to urge, drive, impel נָגַשׂ, פ״י

to be harrassed; to be hard pressed נִגַּשׂ, פ״ע

mound; heap נֵד, ז׳, ר׳, ־דִים

leather (skin) bottle נֹד, נֹאד, נוֹד, ז׳, ר׳, ־דוֹת

to donate; to offer willingly נָדַב, פ״י

to volunteer הִתְנַדֵּב, פ״ח

donation, alms; willingness נְדָבָה, נ׳, ר׳, ־בוֹת

politeness, courtesy נִדְבַת לֵב

good, plentiful rain גֶּשֶׁם נְדָבוֹת

tier, row (layer) of stones or bricks נִדְבָּךְ, ז׳, ר׳, ־כִים, ־כוֹת

liberal, generous man נַדְבָן, ז׳, ר׳, ־נִים

liberality, generosity נַדְבָנוּת, נ׳

to wander about; to flee; to shake; to move נָדַד, פ״ע

to be sleepless נָדְדָה שְׁנָתוֹ (מֵעֵינָיו)

to chase, drive away נִדֵּד, פ״י

to remove; to excommunicate [נדה] נִדָּה, פ״י

impurity; menses; menstruant woman; period of menstruation נִדָּה, נ׳, ר׳, ־דּוֹת

gift (to a prostitute), harlot's fee נֵדֶה, ז׳

wandering; sleeplessness נְדוּדִים, ז״ר

litter, stretcher נְדוָד, ז׳, ר׳, ־דִים

to be rinsed, flushed נָדוֹחַ, פ״ע, ע׳ [דוח]

ban, excommunication נִדּוּי, ז׳, ר׳, ־יִים

נִדּוֹן, נָדוֹן, ת״ז, נִדּוֹנָה, נְדוֹנָה, ת״נ subject under discussion

dowry, trousseau נְדוּנְיָה, נְדֻנְיָה, נ׳, ר׳, ־יוֹת

to expel; to move, slip away נָדַח, פ״י

to be banished; to be led astray, be seduced נִדַּח פ״ע

to banish, expel; to lead astray הִדִּיחַ, פ״י

banished, outcast נִדָּח, ת״ז, נִדָּחָה, נִדַּחַת, ת״נ

rejected; postponed נִדְחֶה, ת״ז, ־חָה, ־חֵית, ת״נ

to be in hurry, hasten נִדְחַף, פ״ע, ע׳ [דחף]

voluntary; liberal; generous; noble נָדִיב, ת״ז, נְדִיבָה, ת״נ

philanthropist; noble-minded person נָדִיב, ז׳, ר׳, נְדִיבִים

nobility, nobleness נְדִיבָה, נ׳

נְדִיבוּת, נ׳ liberality, generosity, philanthropy
נְדִידָה, נ׳, ר׳, ־דוֹת wandering
נְדִידַת שֵׁנָה insomnia
נָדִיף, ת״ז, נְדִיפָה, ת״נ evaporable
נָדִיר, ת״ז, נְדִירָה, ת״נ rare, infrequent, scarce
נְדִירוּת, נ׳ rarity, scarcity, infrequency
נִדְכָּא, נִדְכֶּה, ת״ז, נִדְכֵּאת, ת״נ miserable, depressed
נָדָל, ז׳, ר׳, נְדָלִים centipede; polyp
נִדְלַק, פ״ע, ע׳ [דלק] to be ignited
נִדְמֶה, תה״פ it seems, apparently
נִדְמָה, פ״ע, ע׳ [דמה] to be like, resemble; to be cut off
נָדָן, נָדָן, ז׳, ר׳, נְדָנִים sheath, scabbard; prostitute's fee; gift to a lady
[נדד] נִדְנֵד, פ״י to shake, rock, move, swing
הִתְנַדְנֵד, פ״ח to be moved, be shaken; to swing oneself
נַדְנֵדָה, נ׳, ר׳, ־דוֹת swing, rocking chair
נִדְנוּד, ז׳, ר׳, ־דִים shaking, moving about; swinging
נְדֻנְיָה, נְדוּנְיָה, נ׳, ר׳, ־יוֹת dowry, trousseau
נִדְעַךְ, פ״ע, ע׳ [דעך] to be made extinct
נָדַף, פעו״י to drive about, scatter, blow away
הִתְנַדֵּף פ״ח to evaporate; to be blown away
נִדְפַּס, פ״ע, ע׳ [דפס] to be printed
נֶדֶר, נֵדֶר, ז׳, ר׳, נְדָרִים vow; promise
נָדַר, פ״י to vow
הִדִּיר, פ״י to put under a vow; prohibit by a vow
נֹהַּ, ז׳ merit; lamentation, wailing
נָהַג, פעו״י to drive, conduct, lead; to behave; to be accustomed, practiced
נִהֵג, פיו״ע to lead, drive; to guide; to wail
הִנְהִיג, פ״י to drive; to lead; to make a custom, a practice
הִתְנַהֵג, פ״ח to conduct (behave) oneself
נֶהָג, ז׳, ר׳, ־גִים chauffeur, driver
נֹהַג, ז׳ custom, habit
נֶהְדָּר, ת״ז, נֶהְדֶּרֶת, ת״נ splendid, wonderful
נָהָה, פ״ע to wail, lament; to follow eagerly
נָהוּג, ת״ז, נְהוּגָה, ת״נ customary, usual
נִהוּג, ז׳, ר׳, ־גִים conduct; driving; leading
נִהוּל, ז׳ direction, management; administration
נְהִי, ז׳, נְהִיָה, נ׳, ר׳, ־יוֹת wailing, lament
נְהִיגָה, נ׳, ר׳, ־גוֹת driving, leading
נְהִימָה, נ׳, ר׳, ־מוֹת roaring; groaning
נְהִיקָה, נ׳, ר׳, ־קוֹת braying
נָהִיר, ת״ז, ־רָה, ת״נ plain, explicit, lucid
נִהֵל פ״י to lead, guide; to manage
הִתְנַהֵל, פ״ח to be conducted, managed; to walk to and fro
נֹהַל, ז׳ procedure
נַהֲלֹל, נַהֲלוֹל, ז׳, ר׳, ־לִים bramble
נָהַם, פ״ע to growl, roar; to groan
נַהַם, ז׳ roaring, growling

נַהֲמָה, נ׳, ר׳, ־מוֹת — roaring
נָהַק, פ״ע — to cry out, bray
נְהָקָה, נ׳, ר׳, ־קוֹת — braying
נָהָר, ז׳, ר׳, נְהָרוֹת, נְהָרִים — river, stream
נָהַר, פ״ע — to flow; to shine
הִנְהִיר, פ״י — to illuminate, give light
נְהָרָה, נ׳ — brightness
[נוא] הֵנִיא, פ״י — to frustrate; to restrain, hinder
נוֹאַל, פ״ע, ע׳ [יאל] — to be foolish, faulty
נוֹאָל, ת״ז, נוֹאֶלֶת, ת״נ — foolish
נוֹאֵם, ז׳, ר׳, ־אֲמִים — speaker, orator
נוֹאֵף, ז׳, ר׳, ־אֲפִים — adulterer
נוֹאַשׁ, פ״ע, ע׳ [יאשׁ] — to despair
נוֹאָשׁ, ת״ז, נוֹאֶשֶׁת, ת״נ — hopeless, despairing, despondent
[נוב] נָב, פעו״י — to spring forth; to bear fruit; to speak, utter
נוֹבֵב, פ״י — to cause to sprout, flourish; to be fluent
נוֹבֶלֶת, נ׳, ר׳, נוֹבְלוֹת — unripe fruit falling off tree; falling leaf
נוֹבֶמְבֶּר, ז׳ — November
נוֹבֵעַ, ת״ז, נוֹבַעַת, ת״נ — bursting forth, flowing
נוּגָה, פ״ע, ע׳ [יגה] — to be aggrieved, afflicted
נוּגֶה, ת״ז, נוּגָה, ת״נ — sad, sorrowful
נוֹגַהּ, נֹגַהּ, ז׳ — brightness; planet Venus
נוֹגֵשׂ, ז׳, ר׳, ־גְשִׂים — taskmaster, oppressor
[נוד] נָד, פ״ע — to wander; to shake; to commiserate
נָע וָנָד — wanderer

הֵנִיד, פ״י — to drive out; to move, shake (the head)
הִתְנוֹדֵד, פ״ח — to be moved; to sway, totter
נוֹד, ז׳ — wandering
נַוָּד, ז׳, ר׳, ־דִים — wanderer
נוֹד, ז׳, ר׳, נוֹדוֹת — skin (leather) bottle
נוֹדֵד, ז׳, ר׳, נוֹדְדִים — wanderer
נוֹדָע, ת״ז, נוֹדַעַת, ת״נ — well-known, famous
נָוֶה, ז׳, ר׳, נָווֹת — pasture, meadow; habitation
נְוַת בַּיִת — housewife
נְוֵה קַיִץ — summer resort
נָוָה, פ״ע — to dwell; to be becoming
הִנְוָה, פ״י — to adorn, beautify; to glorify
הִתְנַוָּה, פ״ע — to be ostentatious, adorn oneself
נִוּוּל, ז׳ — ugliness, disgrace
נִוּוּן, ז׳ — degeneration
נוֹזֵל, ז׳, ר׳, ־זְלִים — liquid
נוֹזְלִים — flowing water; liquids
נוֹזֵל, ת״ז, ־זֶלֶת, ת״נ — running, flowing
[נוח] נָח, פ״ע — to rest; to lie; to rest satisfied
הֵנִיחַ, פ״י — to set at rest
הִנִּיחַ, פ״י, ע׳ [ינח] — to place; to leave alone; to permit; to assume
נוֹחַ, נֹחַ, ז׳, ־חִים — quiet, rest
נוֹחַ, ת״ז, ־חָה, ת״נ — easy; pleasing; kind; convenient
נוֹחַ לִכְעֹס — hot-tempered, quick-tempered
נוֹחִיּוּת, נ׳ — ease, comfort, convenience
נוֹחַם, נֹחַם, ז׳ — condolence, sorrow; repentance
[נוט] נָט, פ״ע — to shake, move

נַוָּט, ז׳, ר׳, ־טִים pilot, navigator
נוֹטֶה, ת״ז, ־טָה, ת״נ inclined, tending, bending
נַוָּטוּת, נ׳ navigation
נוֹטֵר, ז׳, ר׳, ־טְרִים watchman
נוֹטַרְיוֹן, ז׳, ר׳, ־נִים notary public
נוֹי, ז׳ ornament, beauty
נוֹכַח, פ״ע, ע׳ [יכח] to be proved; to dispute
נוֹכָח, ת״ז, ־כַחַת, ת״נ opposite; parallel
נוֹכָח, ז׳, ר׳, ־חִים present; second person (*gram.*)
נוֹכְחוּת, נוֹכָחוּת, נ׳ presence
נוֹכֵל, ז׳, ר׳, ־כְלִים imposter, swindler
נִוֵּל, פ״י to disfigure, make ugly
נוֹל, ז׳, ר׳, ־לִים loom
נוֹלַד, פ״ע, ע׳ [ילד] to be born
נוֹלָד, ת״ז, ־לֶדֶת, ת״נ result, outcome, consequence
[נום] נָם, פ״ע to slumber, doze
נוּמָה, נ׳, ר׳, ־מוֹת slumber
נוּן, ז׳, ר׳, ־נִים Nun, name of fourteenth letter of Hebrew alphabet
נִוֵּן, פ״י, [נונה] הִתְנַוְּנָה, פ״ח to waste away, deteriorate
[נוס] נָס, פ״ע to flee, escape; to depart, disappear
הֵנִיס, פ״י to put to flight
נוֹסַד, פ״ע, ע׳ [יסד] to come together secretly; to be established
נוֹסַח, נֹסַח, ז׳, נוּסְחָה, נֻסְחָה, נ׳, ר׳, נְסָחִים, ־חוֹת, ־חָאוֹת text; copy; formula; recipe
נוֹסֵס, ז׳ color-bearer
נוֹסֵעַ, ז׳, ר׳, ־סְעִים traveler
נוֹסָף, ת״ז, ־סֶפֶת, ת״נ additional

[נוע] נָע, פ״ע to wander about; to be unstable; to tremble, totter
הֵנִיעַ, פ״י to move to and fro; to shake; to stir up
נוֹעַ, ז׳ motion, movement
נוֹעַד, פ״ע, ע׳ [יעד] to agree upon; to come together
נוֹעָז, ת״ז, ־עֶזֶת, ת״נ daring
נוֹעַם, נֹעַם, ז׳ delightfulness, pleasantness
נוֹעַץ, פ״ע, ע׳ [יעץ] to be advised
נוֹעַר, נֹעַר, ז׳ youth
[נוף] נָף, פ״י to sprinkle
נוֹפֵף, פ״י to shake; to wave
הֵנִיף, פ״י to swing, wave, shake, fan
הִתְנוֹפֵף, פ״ח to soar, swing oneself
נוֹף, ז׳, ר׳, ־פִים height; boughs of a tree; zone; landscape
נוֹפֶךְ, נֹפֶךְ, ז׳, ר׳, ־נְפָכִים precious stone; addition
נוֹפֵף, פ״י, ע׳ [נוף] shake; wave
נוֹפֶשׁ, נֹפֶשׁ, ז׳ recreation; rest
נוֹפֶת, נֹפֶת, נ׳ flowing honey, honeycomb
נוֹצָה, נ׳, ר׳, ־צוֹת quill; plumage, feather
נוֹצָן, ז׳, ר׳, ־נִים feather duster
נוֹצֵץ, מ״ז, ־צֶצֶת, ת״נ sparkling, shining
נוֹצֵר, ז׳, ר׳, ־צְרִים watchman, guard
נוֹצְרִי, ז׳, ר׳, ־רִים Christian
[נוק] הֵינִקָה, פ״י, ע׳ [ינק] to nurse, suckle
נוֹקֵד, ז׳, ר׳, ־קְדִים shepherd, sheep-raiser
נוּר, ז׳, ר׳, ־רִים light, fire

נוֹרָא, ת"ז, ־רָאָה, ת"נ awe-inspiring; fearful; revered
נוּרָה, נ', ר', ־רוֹת light bulb
נוֹרַשׁ, פ"ע, ע' [ירש] to be impoverished, dispossessed
נוֹשֵׂא, ז', ר', ־שְׂאִים topic, subject, theme
נוֹשַׁב, פ"ע, ע' [ישב] to be inhabited
נוֹשָׁב, ת"ז, ־שֶׁבֶת, ת"נ inhabited
נוֹשַׁן, פ"ע, ע' [ישן] to be old, inveterate
נוֹשָׁן, ת"ז, ־שֶׁנֶת, ־שָׁנָה, ת"נ old, ancient, inveterate
נוֹשַׁע, פ"ע, ע' [ישע] to be saved, helped; to be victorious
נוֹתָר, ת"ז, ־תֶרֶת, ת"נ remainder, remnant, residue
נוֹתַר, פ"ע, ע' [יתר] to remain, be left over
נָזַד, פ"י to cook (lentils) porridge
נִזְדָּרֵז, פ"ח, ע' [זרז] to be alert, zealous, conscientious
נָזָה, פ"ע to spatter, spurt
הִזָּה, פ"י to sprinkle
נִזְהַר, פ"ע, ע' [זהר] to be careful, take heed
נִזּוֹחַ, פ"ע, ע' [זוח] to be moved, removed
נָזוּף, ת"ז, נְזוּפָה, ת"נ reproved, censured
נָזַח, פ"ע, ע' [זחח] to be unsteady; to shift
הִזִּיחַ, פ"י to move, remove
נָזִיד, ז', ר', נְזִידִים porridge
נְזִילָה, נ', ר', ־לוֹת flux; running (of water, etc.)
נְזִיפָה, נְזִיפוּת, נ', ר', ־פוֹת rebuke, censure

נְזִיקִים, נְזִיקִין, ז"ר damages
נָזִיר, ז', ר', נְזִירִים prince; monk; Nazarite; unpruned vine
נְזִירוּת, נ', ר', ־רִיּוֹת Nazariteship; abstinence
נִזְכַּר, פ"ע, ע' [זכר] to be remembered; to recollect
נָזַל, פ"ע to flow, distil
נַזֶּלֶת, נ', ר', ־זָלוֹת cold in the head
נֶזֶם, ז', ר', נְזָמִים nose ring, earring
נִזְעַךְ, פ"ע, ע' [זעך] to be extinguished
נִזְעַק, פ"ע, ע' [זעק] to be called together, assembled
נָזַף, פ"ע to rebuke, censure, chide
נֶזֶק, ז', ר', נְזָקִים, נְזִיקִים, נְזִיקִין injury, damage; indemnity
נִזַּק, פ"ע to be hurt, injured, suffer damages
הִזִּיק, פ"י to cause damage or injury
נִזְקַף, פ"ע, ע' [זקף] to be erect; to be credited
נִזְקַק, פ"ע, ע' [זקק] to need; to use; to be tied; to be engaged with
נֵזֶר, ז', ר', נְזָרִים crown, diadem; consecration
נָזַר, פ"ע to vow to be a Nazirite
נִזְרָה, פ"ע, ע' [זרה] to be scattered, dispersed
נָח, פ"ע, ע' [נוח] to rest; to lie; to rest satisfied
נַחַ, נוֹחַ, ז', ־חִים quiet, rest
נֶחְבָּא, ת"ז, ־בֵּאת, ת"נ hiding
נֶחְבָּא, נֶחְבָּה, פ"ע, ע' [חבא] [חבה] to hide oneself, be hidden
נָחָה, פ"י to lead, guide, bring
נְחוּם, ז', ר', ־מִים comfort, consolation; compassion

נִחוּמִים, ז״ר — condolences

נֶחְבַּט, פ״ע, ע׳ [חבט] — to be struck down; to fall down

נָחוּץ, ת״ז, נְחוּצָה, ת״נ — pressing, urgent; necessary

נָחוּר, ת״ז, נְחוּרָה, ת״נ — pierced

נְחוּשׁ, ז׳, ר׳, ־שִׁים — divination, enchantment, magic

נָחוּשׁ, ת״ז, נְחוּשָׁה, ת״נ — brazen; of bronze

נְחוּשָׁה, נְחֹשֶׁת, נ׳ — copper; brass

נָחוּת, ת״ז, נְחוּתָה, ת״נ — low; degenerate; descending

נֶחְטַף, פ״ע, ע׳ [חטף] — to be seized, kidnaped

נְחִיל, ז׳, ר׳, נְחִילִים — swarm (of bees, of fishes)

נְחִילָה, נ׳, ר׳, ־לוֹת — name of a humming musical instrument, drone

נְחִיצָה, נ׳, ר׳, ־צוֹת — pressure; haste

נְחִיצוּת, נ׳ — dire necessity

נְחִיר, ז׳, ז״ז, נְחִירַיִם — nostril

נְחִירָה, נ׳, ר׳, ־רוֹת — snoring; stabbing

נְחִיתָה, נ׳, ר׳, ־תוֹת — landing; infiltration

נְחִיתַת אֹנֶס — forced landing

נְחִיתוּת, נ׳ — inferiority

נַחַל, ז׳, ר׳, נְחָלִים — river-bed; stream, ravine, wady

נָחַל, פ״י — to inherit; to take possession of; to acquire; to give possession

הִתְנַחֵל, פ״ח — to acquire as a possession

נַחֲלָה, נ׳, ר׳, נְחָלוֹת, ־לָאוֹת — possession, property, estate; inheritance; portion

נַחֲלִיאֵלִי, ז׳, ר׳, ־לִים — wagtail (bird)

נֶחֱלַץ, פ״ע, ע׳ [חלץ] — to be girded for war; to be rescued

נִחַם, פ״ע — to be sorry; to regret; to reconsider; to be comforted; to be consoled; to take vengeance

נֹחַם, נוֹחַם, ז׳ — condolence, sorrow, repentance

נֶחְמָד, ת״ז, ־דָה, ־מֶדֶת, ת״נ — nice, lovely

נֶחָמָה, נ׳, ר׳, ־מוֹת — consolation; comfort; relief

נֶחֱמַם, פ״ע, ע׳ [חמם] — to be inflamed, heated

נֶחְמַס, פ״ע, ע׳ [חמס] — to suffer violence

נַחְנוּ, אֲנַחְנוּ, מ״ג — we

נֵחַן, פ״ע, ע׳ [חנן] — to be pardoned, reprieved

נֶחְנַט, פ״ע, ע׳ [חנט] — to be embalmed; to be ripe

נֶחְנַךְ, פ״ע, ע׳ [חנך] — to become inaugurated

נֶחְפָּז, ת״ז, ־פֶּזֶת, ת״נ — hurried

נֶחְפַּז, פ״ע, ע׳ [חפז] — to act rashly

נֶחְפַּן, פ״ע, ע׳ [חפן] — to measure by a handful

נֶחְפַּר, פ״ע, ע׳ [חפר] — to be put to shame

נָחַץ, פ״י — to press, urge

נִחֵץ, פ״י — to emphasize

נַחַץ, ז׳ — emphasis, pressure

נֶחְצַב, פ״ע, ע׳ [חצב] — to be engraved, cut

נַחַר, ז׳, נַחֲרָה, נ׳, ר׳, ־נְחָרוֹת — snorting

נָחַר, פער״י — to kill by stabbing in the throat; to snore, grunt

נֶחֱרַב, פ"ע, ע' [חרב] — to be laid waste
נֶחֱרַז, פ"ע, ע' [חרז] — to be arranged
נֶחֱרַט, פ"ע, ע' [חרט] — to be printed, inscribed
נַחֲרָן, ז', ר', ־נִים — habitual snorer
נֶחֱרַץ, פ"ע, ע' [חרץ] — to be cut into, dug, plowed
נֶחֱרַף, פ"ע, ע' [חרף] — to be betrothed, designated
נֶחֱרָץ, ת"ז, ־צָה, ת"נ — final; sealed
נֶחֱרַשׁ, פ"ע, ע' [חרש] — to become deaf
נִחֵשׁ, פעו"י — to guess; to divine
נַחַשׁ, ז', ר', נְחָשִׁים — sorcery; omen
נָחָשׁ, ז', ר', נְחָשִׁים — snake, serpent
נַחְשׁוֹל, ז', ר', ־לִים — tempest, gale
נַחְשׁוֹן, ז', ר', ־נִים — reckless, daring man
נַחְשׁוֹנוּת, נ' — daring, venturesomeness
נֶחְשָׁל, ת"ז, ־שֶׁלֶת, ת"נ — backward; failing
נְחֹשֶׁת, נְחוּשָׁה, נ' — copper, brass
נְחָשְׁתִּי, ת"ז, ־תִּית, ת"נ — coppery, brassy
נְחֻשְׁתַּיִם, ז"ז — brass or copper fetters
נְחֻשְׁתָּן, ז', ר', ־נִים — brazen serpent
נַחַת, נ' — quietness, repose, gentleness; rest, satisfaction, pleasure
נַחַת רוּחַ — satisfaction
נַחַת, ז' — descent, landing
נָחַת, פ"ע — to descend, land
נִחַת, פ"ע — to descend into, penetrate
נִחֵת, פ"י — to press down, bend; to lower
הִנְחִית, פ"י — to bring down
נַחְתּוֹם, ז', ר', ־מִים — baker
נִטְבַּע, פ"ע, ע' [טבע] — to be impressed, coined
נָט, פ"ע, ע' [נוט] — to shake, move

נָטָה, פעו"י — to extend; to turn aside; to bend; to conjugate, decline (*gram.*)
נָטָה לָמוּת — to be close to death
הִטָּה, פ"י — to turn, turn aside; to seduce, entice
הִטָּה מִשְׁפָּט (דִּין) — to pervert judgment
נֶטוֹ, ז' — net weight
נִטְוָה, פ"ע, ע' [טוה] — to be spun
נָטוּי, ת"ז, נְטוּיָה, ת"נ — stretched out; bent; inflected (*gram.*)
נָטוּל, ת"ז, ־לָה, ת"נ — taken; deprived of
נָטוּעַ, ת"ז, נְטוּעָה, ת"נ — planted
נָטוֹר, ז', ר', ־רִים — guard, policeman
נָטוּשׁ, ת"ז, נְטוּשָׁה, ת"נ — abandoned
נִטַּיַּב, פ"ח, ע' [טיב] — to be well manured
נְטִיָּה, נ', ר', ־יּוֹת — inclination; stretching; deflection; inflection (*gram.*)
נְטִיַּת הַפְּעָלִים — conjugation of verbs
נְטִיַּת הַשֵּׁמוֹת — declension of nouns
נָטִיל, ת"ז, נְטִילָה, ת"נ — laden, burdened
נְטִילֵי כֶּסֶף — rich people
נְטִילָה, נ', ר', ־לוֹת — taking, lifting up, carrying
נְטִילַת יָדַיִם — washing the hands
נְטִילַת צִפָּרְנַיִם, ־שֵׂעָר — cutting of nails, hair
נְטִילַת רְשׁוּת — request for permission
נָטִיעַ, ז', ר', נְטִיעִים — plant, sapling
נְטִיעָה, נ', ר', ־עוֹת — planting; young tree, shoot
נָטִיף, ז', ר', נְטִיפִים — stalactite

נְטִיפָה, נ׳, ר׳, ־פוֹת eardrop; pendant; pearl; dripping
נְטִירָה, נ׳, ר׳, ־רוֹת guarding; bearing a grudge
נְטִישָׁה, נ׳, ר׳, ־שׁוֹת, ־שִׁים renunciation; tendril, sarmentum
נֵטֶל, ז׳ weight, burden
נָטַל פ״י to lift, take, receive; to move, carry off
נָטַל יָדָיו to wash one's hands
הִטִּיל, פ״י to throw, put; to lay
הִטִּיל מַיִם to urinate, pass water
הִטִּיל שָׁלוֹם to make peace
הֵטִיל גּוֹרָל to cast a lot
נַטְלָה, נ׳, ר׳, נְטָלוֹת bowl, small vessel (for washing hands)
נִטְמָא, פ״ע, ע׳ [טמא] to be defiled
נִטְמַן, פ״ע, ע׳ [טמן] to hide oneself
נִטְמַע, פ״ע, ע׳ [טמע] to become assimilated, mixed
נָטַע, פ״י to plant; to fix; to establish
נַטָּע, ז׳, ר׳, ־עִים horticulturist
נֶטַע, ז׳, ר׳, נְטָעִים, נְטִיעִים planting
נָטָף, ז׳ aromatic gum or spice
נֵטֶף, ז׳, ר׳, נְטָפִים drop
נָטַף, פעו״י to drop, drip
הִטִּיף, פ״י to drip; to speak, preach
נָטֵף, ז׳, ר, נְטֵפִים grapes hanging down from cluster
נִטְפַּל, פ״ע, ע׳ [טפל] to be joined to; to busy oneself
נָטַר, פ״ to guard, keep; to bear a grudge
נָטַשׁ, פעו״י to abandon, forsake; to permit; to spread out
נִי, ז׳ lament
נִיב, ז׳, ר׳, ־בִים idiom; speech, dialect; canine tooth
נִיבוֹן, ז׳, ר׳, ־נִים dictionary of idioms
נִיד, ז׳ movement, quivering motion
נַיָּד, ת״ז, נַיֶּדֶת, ת״נ mobile
נַיֶּדֶת, נ׳, ר׳, ־יָּדוֹת patrol car
נְיוֹרֶת, נְיֹרֶת, נ׳, ר׳, ־רוֹת carton
נַיָּח, ת״ז, נַיַּחַת, ת״נ still, quiet, stationary
נִיחוֹחַ, ז׳, ר׳, ־חִים pleasing, soothing; sweet odor, aroma
נִיטָל, ז׳ Christmas
נִיל, ז׳, ר׳, ־לִים indigo plant
נִים, ת״ז, ־מָה, ת״נ sleeping, drowsing
נִימָא, נִימָה, נ׳, ר׳, ־מִים, ־מִין, ־מוֹת fringe, cord, string; chord
נִימוּס, נִמּוּס ז׳, ר׳, ־סִים, ־סִין, ־סוֹת right conduct, good manner; law; usage
נִימוּסִי, נִמּוּסִי, ת״ז, ־סִית, ת״נ polite, well-mannered
נִימוּסִיּוּת, נ׳ good manners, politeness
נִימוּק, נִמּוּק, ז׳, ר׳, ־קִים reason, motive, argument
נִימִי, ת״ז, ־מִית, ת״נ capillaceous
נִימִיּוּת, נ׳ capillarity
נִין, ז׳, ר׳, ־נִים descendant, great-grandchild
נִיסָה, נ׳, ר׳, ־סוֹת flight, escape
נִיסָן, ז׳ Nisan, the first month of Hebrew calendar
נִיעַ, ז׳ phlegm, mucus
נִיעָה, נ׳ motion
נִיצוֹץ, ז׳, ר׳, ־צוֹת, ־צִים spark; ray
נִיר, ז׳, ר׳, ־רִים fallow land, clearing; lamp; crossbeam of loom
[ניר] נָר, פ״י to break ground, clear
נְיָר, ז׳, ר׳, ־רוֹת paper

blotting paper נְיַר־סוֹפֵג
security (note) נְיַר־עֵרֶךְ
carbon paper נְיַר־פֶּחָם, ־הַעְתָּקָה
toilet paper נְיַר־שִׁמּוּשׁ
sandpaper נְיַר־שָׁמִיר, ־זְכוּכִית
stationery store נְיָרִיָּה, נ׳, ר׳, ־יּוֹת
carton נְיֹרֶת, נְיוֹרֶת, נ׳, ר׳, ־רוֹת
to be scourged; [נכא] נִכָּא, פ״ע
to be exiled, driven away
smitten, נָכֵא, ת״ז, נְכֵאָה, ת״נ
afflicted
to be afflicted, נִכְאָה, פ״ע, ע׳ [כאה]
cowed
depression, dejection נְכָאִים, ז״ר
tragacanth נְכֹאת, נ׳
to be copious; נִכְבַּד, פ״ע, ע׳ [כבד]
to be honored
honored, נִכְבָּד, ת״ז, נִכְבֶּדֶת, ת״נ
honorable, notable,
distinguished; full, heavy
grandson; נֶכֶד, ז׳, ר׳, נְכָדִים
posterity
granddaughter נֶכְדָּה, נ׳, ר׳, נְכָדוֹת
נֶכְדָּן, ז׳, ־נִית, נ׳, ר׳, ־נִים, ־נִיּוֹת
nephew; niece
to strike, beat; [נכה] הִכָּה, פ״י
to defeat; to kill
to storm (at sea); to echo הִכָּה גַּלִּים
to clap hands הִכָּה כַּף
to strike root הִכָּה שֹׁרֶשׁ
to deduct, reduce נִכָּה, פ״י
crippled, invalid נָכֶה, ת״ז, ־כָה, ת״נ
contemptible, נֵכֶה, ז׳, ר׳, ־כִים
vile man
deduction, נִכּוּי, ז׳, ר׳, ־יִים
reduction; discount
firm, fixed, נָכוֹן, ת״ז, נְכוֹנָה, ת״נ
stable; right, proper; ready

certainly, assuredly אֶל נָכוֹן, תה״פ
to be resolved, נָכוֹן, פ״ע, ע׳ [כון]
firm, prepared
readiness, preparedness, נְכוֹנוּת, נ׳
correctness
weeding נִכּוּשׁ, ז׳
(נכות) בֵּית־נְכוֹת, ז׳, ר׳, בָּתֵּי־נְכוֹת
museum
invalidism נָכוּת, נ׳
disappointed נִכְזָב, ת״ז, ־זֶבֶת, ת״נ
opposite, against, נֹכַח, תה״פ
in front of
straightforward, נָכֹחַ, ת״ז, נְכֹחָה, ת״נ
honest
justice, honesty, נְכֹחָה, נ׳, ר׳, ־חוֹת
right
presence נָכְחוּת, נֹכְחוּת, נ׳
present; נָכְחִי, נֹכְחִי, ת״ז, ־חִית, ת״נ
opposite
reduction, נִכָּיוֹן, ז׳, ר׳, נִכְיוֹנוֹת
discount
knavery, deceit נֵכֶל, ז׳, ר׳, נְכָלִים
to be deceitful, crafty נָכַל, פ״י
to deceive, beguile נִכֵּל, פ״ע
to conspire הִתְנַכֵּל, פ״ח
to become senile נִכְלַח, פ״ע, ע׳ [כלח]
to be ashamed נִכְלַם, פ״ע, ע׳ [כלם]
to grow hot; נִכְמַר, פ״ע, ע׳ [כמר]
to shrink
to enter נִכְנַס, פ״ע, ע׳ [כנס]
to be humbled, נִכְנַע, פ״ע, ע׳ [כנע]
subdued
to hover; to נִכְנַף, פ״ע, ע׳ [כנף]
hide oneself
riches, property נֶכֶס, ז׳, ר׳, נְכָסִים
longing נִכְסָף, ת״ז, ־סֶפֶת, ת״נ
epileptic נִכְפֶּה, ז׳, ר׳, ־פִּים
epilepsy נִכְפּוּת, נ׳

נִכְפָּל, ז׳, ר׳, ־פָּלִים multiplier
נֶכֶר, נֹכֶר, נֵכֶר, ז׳ misfortune, calamity
נֵכָר, ז׳ strangeness; strange land
נִכַּר, פ״ע to be recognized; to be discernible
הִכִּיר, פ״י to recognize, acknowledge; to know; to be acquainted with; to distinguish
נִכֵּר, פ״י to treat as a stranger; to ignore; to discriminate against
הִתְנַכֵּר, פ״ח to act as a stranger; to be known
נָכְרִי, ת״ז, ־רִיָּה, ־רִית, ת״נ strange, foreign
[נכש] נִכֵּשׁ, פ״י to weed
[נכש] הִכִּישׁ, פ״י to strike, wound; to bite, sting
נִכְשַׁל, פ״ע, ע׳ [כשל] to fail; to go astray
נִכְתַּם, פ״ע, ע׳ [כתם] to be stained, soiled
נִלְבַּט, פ״ע, ע׳ [לבט] to vex, annoy; to be guilty
נִלְהָב, ת״ז, ־הֶבֶת, ת״נ enthusiastic
נָלוֹז, ת״ז, נְלוֹזָה, ת״נ crooked, perverted
נָלוֹן, פ״ע, ע׳ [לון] to complain
נְלִיזָה, נ׳, ר׳, ־זוֹת deflection
נִלְעָג, ת״ז, ־עֶגֶת, ת״נ mocking; despicable
נָם, פ״ע, ע׳ [נום] to slumber, be drowsy; to speak
נִמְאַס, פ״ע, ע׳ [מאס] to be despised; to feel disgusted; have enough of
נִמְאָס, ת״ז, ־אֶסֶת, ת״נ hated, scorned
נִמְבְזֶה, ת״ז, ־זָה, ת״נ unimportant, valueless

נִמְהַר, פ״ע, ע׳ [מהר] to be hasty, overzealous, rash
נִמְהָר, ת״ז, ־הֶרֶת, ת״נ hurried, rash
נִמְהָרוּת, נ׳ precipitancy
נָמוֹג, פ״ע, ע׳ [מוג] to melt away; to be shaken
נָמוֹג, ת״ז, נְמוֹגָה, ת״נ soft-hearted
נָמוֹט, פ״ע, ע׳ [מוט] to tilt and fall
נָמוֹךְ, נָמוּךְ, ת״ז, ־כָה, ת״נ low, lowly, humble
נִמּוֹל, פ״ע, ע׳ [מול] to be circumcised
נִמּוּס, נִימוּס, ז׳, ר׳, ־סִים, ־סִין, ־סוֹת law; usage; good manner, right conduct
נִמּוּק, נִימוּק, ז׳, ר׳, ־קִים reason, motive, argument
נָמוּר, ז׳ speckled, spotted
נִמְזַג, פ״ע, ע׳ [מזג] to be poured out
נִמְחַץ, פ״ע, ע׳ [מחץ] to be smashed
נִמְחַק, פ״ע, ע׳ [מחק] to be erased, blotted out
נֶמֶט, ז׳, ר׳, נְמָטִים thick carpet
נִמְטַר, פ״ע, ע׳ [מטר] to be wet with rain
נְמִיגָה, נ׳ melting, dissolving; cowardice
נְמִיָּה, נ׳, ר׳, ־יוֹת marten
נְמִיכוּת, נ׳ lowliness, humility
נְמִיסָה, נ׳ melting; cowardice
[נמך] הִנְמִיךְ, פ״י to lower, depress
נִמְכַּר, פ״ע, ע׳ [מכר] to be sold
נָמָל, נָמֵל, ז׳, ר׳, נְמַלִּים, נְמֵלִים haven, port, harbor
נִמְלָא, פ״ע, ע׳ [מלא] to be filled
נְמָלָה, נ׳, ר׳, ־לִים, ־לוֹת ant
נִמְלַח, פ״ע, ע׳ [מלח] to be salted; to be torn; to be dispersed

נִמְלַךְ, פ"ע, ע' [מלך] to reconsider

נִמְלַל, פ"ע, ע' [מלל] to be soft, compressible

נִמְלָץ, ת"ז, ־לֶצֶת, ת"נ flowery, stylistic

נִמְלַק, פ"ע, ע' [מלק] to be killed by nipping, wringing head

נִמְנָה, פ"ע, ע' [מנה] to be counted, assigned

נִמְנוּם, ז' light sleep, drowsiness

נִמְנֵם, פ"ע to be drowsy, doze

הִתְנַמְנֵם, פ"ח to slumber

נִמְנַע, פ"ע, ע' [מנע] to be restrained

נִמְסַךְ, פ"ע, ע' [מסך] to be poured

נִמְנָע, ת"ז, ־נַעַת, ת"נ impossible; abstained

נָמַס, פ"ע, ע' [מסס] to become melted

נִמְסַק, פ"ע, ע' [מסק] to be picked (olives)

נִמְצָא, פ"ע, ע' [מצא] to be found; to exist; to be present

נִמְצָה, פ"ע, ע' [מצה] to be wrung out

נִמְצַק, פ"ע, ע' [מצק] to be, get distilled

נֶמֶק, ז', ר', נְמָקִים rot; gangrene

נָמַק, פ"ע, ע' [מקק] to fester, rot; to become weak

נִמֵּק, פ"י to explain, clarify

נָמֵר, ז', ר', נְמֵרִים leopard, tiger

נִמֵּר, פ"י to give striped or checkered appearance

נִמְרַח, פ"ע, ע' [מרח] to be spread, smeared; to be crushed

נִמְרַט, פ"ע, ע' [מרט] to be plucked, polished; to be made bald

נְמֵרִי, ת"ז, ־רִית, ת"נ tigerlike

גָּמָל נְמֵרִי giraffe

נִמְרָץ, ת"ז, ־רֶצֶת, ת"נ grievous; heavy; decided

נִמְרַץ, פ"ע, ע' [מרץ] to be energetic, strong, vehement, rapid

נִמְרַק, פ"ע, ע' [מרק] to be cleaned; purged

נֶמֶשׁ, ז', ר', נְמָשִׁים freckle

נִמְשַׁח, פ"ע, ע' [משח] to be anointed

נִמְשָׁךְ, ת"ז, ־שֶׁכֶת, ת"נ prolonged; continuous; following

נִמְשַׁךְ, פ"ע, ע' [משך] to be stretched; to be withdrawn; to be prolonged

נִמְשָׁל, ז', ר', ־לִים moral, maxim

נִמְשַׁל, פ"ע, ע' [משל] to be compared; to resemble

נִמְתַּח, פ"ע, ע' [מתח] to be spread, stretched; to be made nervous; to be curious

נַנָּס, ז', ר', ־סִים dwarf, midget

נַנָּסִי, ת"ז, ־סִית, ת"נ dwarfish

נֵס, ז', ר', נִסִּים miracle; standard; signal, sign

נָס, פ"ע, ע' [נוס] to flee, escape, depart, disappear

נְסִבָּה, נ', ר', ־בּוֹת turn of events; cause

[נסג] הִסִּיג, פ"י to remove, carry away

הִסִּיג גְּבוּל to remove a boundary mark; to encroach upon, trespass

[נסה] נִסָּה, פ"י to test, try, experiment, attempt

נָסוֹג, פ"ע, ע' [סוג] to turn back, retreat

נִסּוּחַ, ז', ר', ־חִים formulation

נִסּוּי, ז', ר', ־יִים trial, experiment, test

נִסּוּיִי, ת"ז, ־יִית, ת"נ experimental

נִסּוּךְ, ז', ר', ־כִים pouring out, libation

נָסַח, פ"י to pull down; to tear away

נִסַּח, פ"י to arrange a text; to formulate

הִסִּיחַ, פ"י to remove, discard

הִסִּיחַ דַּעְתּוֹ to divert one's mind, distract one's attention

נֹסַח, נוּסַח, ז', נָסְחָה, נוּסְחָה, נ', ר', נְסָחִים, ־חוֹת, ־חָאוֹת text; copy; formula; recipe

נְסִיגָה, נ', ר', ־גוֹת retrogression; retreat

נַסְיוּב, ז', ר', ־בִים serum; whey

נִסָּיוֹן, ז', ר', נִסְיוֹנוֹת test, trial; experiment; experience

נִסְיוֹנִי, ת"ז, ־נִית, ת"נ experimental

נָסִיךְ, ז', ר', ־כִים prince, viceroy

נְסִיכָה, נ', ר', ־כוֹת princess

נְסִיעָה, נ', ר', ־עוֹת traveling; trip, journey

נְסִירָה, נ', ר', ־רוֹת sawing

נָסַךְ, פ"י to pour; to cast; to anoint

נִסֵּךְ, פ"י to offer a libation

נֶסֶךְ, נֵסֶךְ, ז', ר', נְסָכִים libation; drink-offering; molten image

נִסְכַּל, פ"ע, ע' [סכל] to act foolishly

נַסֶל, ז', ר', נְסָלִים armchair, easy chair

נִסְמָךְ, ת"ז, ־מֶכֶת, ת"נ ordained (as Rabbi); in the construct state (*gram.*)

נָסַס, נוֹסֵס, פ"ע to drive, to be driven (on)

הִתְנוֹסֵס, פ"ח to be displayed as a banner; to flutter; to glitter

נָסַע, פעו"י to travel; to journey; to march; to move

הִסִּיעַ, פ"י to drive; to lead out; to pick up; to remove

נִסְעָר, ת"ז, ־עֶרֶת, ת"נ stormy; excited

נִסְפָּח, ז', ר', ־חִים appendix; addition; diplomat, attaché

נָסַק, פ"ע to go up, ascend

הִסִּיק, פ"י to heat up; to conclude

נֶסֶר, ז', ר', נְסָרִים board

נָסַר, פ"י to saw, plane

נִסְרַךְ, פ"ע, ע' [סרך] to be joined, attached

נְסֹרֶת, נ' chips, sawdust

נִסְתַּחֵף, פ"ח, ע' [סחף] to be swept away, eroded, ruined

נִסְתָּר, ת"ז, ־תֶּרֶת, ת"נ hidden; mysterious; third person (*gram.*)

נָע, פ"ע, ע' [נוע] to wander about; to be unstable; to tremble

נָע, ת"ז, ־עָה, ת"נ wandering, mobile

נֶעֱגַן, פ"ע, ע' [עגן] to be restrained, tied, anchored

נֶעְדָּר, ת"ז, ־דֶּרֶת, ת"נ absent, missing, disappeared; dead; lacking

נַעֲוָה, פ"ע, ע' [עוה] to be twisted, perverted

נַעֲוֶה, ת"ז, ־וָה, ת"נ perverse, twisted

נָעוּל, ת"ז, נְעוּלָה, ת"נ locked; shoed

נָעוּץ, ת"ז, נְעוּצָה, ת"נ inserted

נָעוּר, ת"ז, נְעוּרָה, ת"נ empty, shaken out

נִעוּר, ז' shaking

נְעוּרִים, ז"ר, נְעוּרוֹת, נ"ר youth

נְעִילָה, נ', ר', ־לוֹת locking, closing, concluding; putting on shoes; Neilah, concluding service on Day of Atonement

נָעִים, ת״ז, נְעִימָה, ת״נ pleasant, pleasing, lovely, delightful

נְעִימָה, נ׳, ר׳, ־מוֹת melody, tune, tone; taste, disposition

נְעִימוּת, נ׳ pleasantness, loveliness

נָעִיץ, ז׳, ר׳, נְעִיצִים channel, ditch

נְעִיצָה, נ׳, ר׳, ־צוֹת insertion

נְעִירָה, נ׳, ר׳, ־רוֹת braying; shaking; waving

נֶעְכָּר, ת״ז, ־כֶּרֶת, ת״נ dejected, depressed

נָעַל, פ״י to bar, bolt, lock; to put on shoes

נַעַל, נ׳, ר׳ נְעָלַיִם, נְעָלִים shoe, boot

נַעֲלֵי בַּיִת slippers

נֶעֱלָב, ת״ז, ־לֶבֶת, ת״נ insulted

נַעֲלָה, פ״ע, ע׳ [עלה] to be exalted, be brought up

נַעֲלֶה, ת״ז, ־לָה, ת״נ honored; superior

נֶעְלָם, ת״ז, ־לֶמֶת, ת״נ hidden, concealed

נֶעְלַם, פ״ע, ע׳ [עלם] to be hidden; to disappear

נֹעַם, נוֹעַם, ז׳ delightfulness, pleasantness

נָעַם, פ״ע to be lovely, pleasant

הִנְעִים, פ״י to cause pleasure; to sing, accompany musically; to compose melody

נַעֲמִית, נ׳, ר׳, ־מִיּוֹת ostrich

נַעֲמָן, ת״ז, ־נָה, ת״נ delighted; pleasant

נַעֲנֶה, ת״ז, ־נָה, ת״נ humble, afflicted

נִעְנוּעַ, ז׳, ר׳, ־עִים shaking

[נוע] נִעְנַע, פ״י to shake

נַעְנַע, ז׳, ר׳, ־נָעִים mint

נַעַץ, ז׳, ר׳, נְעָצִים clasp; tack

נָעַץ, פ״י to prick, puncture; stick in, insert

נַעֲצוּץ, ז׳, ר׳, ־צִים thornbush, thicket of thorns

נָעַר, פ״י to shake, stir; to growl; to bray

נִעֵר, פ״י to shake out, empty; to loosen up

נַעַר, ז׳, ר׳, נְעָרִים boy, lad, youth; servant

נַעֲרָה, נ׳, ר׳, נְעָרוֹת girl, maiden; maid, maidservant

נֹעַר, נוֹעַר, ז׳ youth

נַעֲרוּת, נ׳ youth; puerility; vitality

נֶעֱרַם, פ״ע, ע׳ [ערם] to be heaped up

נְעֹרֶת, נ׳ tow, chaff

נֶעְתַּק, פ״ע, ע׳ [עתק] to be transcribed, translated

נֶעְתַּר, פ״ע, ע׳ [עתר] to be excessive

נָף, פ״ע, ע׳ [נוף] to sprinkle

נָפָה, נ׳, ר׳, ־פוֹת sieve; fan; height, elevation; district

[נפה] נִפָּה, פ״י to sift, winnow

נִפּוּחַ, ז׳, ר׳, ־חִים fanning, blowing

נָפוּחַ, ת״ז, נְפוּחָה, ת״נ blown up; swollen; boiling; seething

נִפּוּי, ז׳, ר׳, ־יִים sifting; purifying

נִפּוּל, ז׳, ר׳, ־לִים falling; young bird

נָפוּל, ת״ז, נְפוּלָה, ת״נ fallen, low, degenerate

נָפוֹץ, ת״ז, נְפוֹצָה, ת״נ diffused

נִפּוּץ, ז׳, ר׳, ־צִים shattering

נְפוּצָה, נ׳, ־צוֹת, נ״ר dispersion; Diaspora

נֶפַח, ז׳, ר׳, נְפָחִים swelling; volume, bulk

נָפַח, פ״י to blow, breathe

נָפַח נֶפֶשׁ die

נִפַּח, פ״י to be blown up, swell

הִפִּיחַ, פ״י to blow upon, sniff

הִתְנַפַּח, פ"ח to become swollen; to put on airs
נַפָּח, ז', ר', ־חִים smith, blacksmith
נַפָּחוּת, נ' smithery
נַפָּחִיָּה, נ', ר', ־יּוֹת smithy
נֵפְט, ז' kerosene, oil
נִפְטָר, ז', ר', ־טָרִים dead, deceased
נְפִיחָה, נ', ר', ־חוֹת blowing; belch; flatulence
נְפִיחוּת, נ', ר', ־חֻיּוֹת swelling
נָפִיל, ז', ר', נְפִילִים giant; tortoise, turtle, terrapin
נִפְלָה, פ"ע, ע' [פלה] to be distinct, distinguished
נְפִילָה, נ', ר', ־לוֹת falling; defeat
נְפִישָׁה, נ' vacationing
נֹפֶךְ, ז', ר', נְפָכִים precious stone
נָפַל, פ"ע to fall, fall down; to happen, occur
הִפִּיל, פ"י to throw down; to let drop; to cause to fall; to defeat; to miscarry
הִתְנַפֵּל, פ"ח to attack, fall upon
נֵפֶל, ז', ר', נְפָלִים stillbirth; premature birth
נִפְלָא, ת"ז, ־אָה, ת"נ wonderful, marvelous
נִפְלָאוֹת, נ"ר miracles, wonders
נִפְלָא, פ"ע, ע' [פלא] to be marvelous, wonderful
נִפְנֵף, פ"י to swing, flap
נִפְסָד, ת"ז, ־סֶדֶת, ת"נ spoiled; damaged
נִפְסַד, פ"ע, ע' [פסד] to be spoiled; to lose
[נפע] הִפִּיעַ, פ"י to revive; to blow air into lungs

נִפְעַל, ז' Niph'al, the reflexive and passive of the simple stem (kal) of the Hebrew verb
נֶפֶץ, ז' cloudburst; driving storm; scattering; bursting, explosion
חֹמֶר נֶפֶץ explosive
נַפָּץ, ז', ר', ־צִים detonator
נָפַץ, פעו"י to break, shatter; to disperse, scatter
נִפֵּץ, פ"י to dash to pieces; to explode, blow up
[נפק] הִפִּיק, פ"י to go out; to bring forth; to derive
נַפְקָנִית, נ', ר', ־נִיּוֹת gadabout
נִפְרָד, ת"ז, ־רֶדֶת, ת"נ separate; odd number; in the absolute state (*gram.*)
נִפְרָץ, ת"ז, ־רֶצֶת, ת"נ frequent
נֶפֶשׁ, נ', ר', נְפָשׁוֹת, ־שִׁים breath, spirit, soul; person, character (in a drama); tombstone
בְּנַפְשׁוֹ at the risk of his life
כְּנַפְשׁוֹ as much as he wishes
נָפַשׁ, פ"ע to rest
נֹפֶשׁ, נוֹפֶשׁ, ז' recreation; rest
נַפְשִׁי, ת"ז, ־שִׁית, ת"נ spiritual; hearty
נִפְשָׁע, ת"ז, ־שַׁעַת, ת"נ criminal
נֹפֶת, נוֹפֶת, נ' flowing honey, honeycomb
נַפְתּוּלִים, ז"ר wrestling, struggle
נִפְתָּל, ת"ז, ־תֶּלֶת, ת"נ tortuous; perverse
נֵץ, ז', ר', נִצִּים blossom, flower; falcon
נֵץ־חָלָב, ז' parsley
נָצָא, פ"ע to fly, flee
נִצַּב, פ"ע, ע' [יצב] to set, stand up
נִצָּב, ז', ר', ־בִים hilt, handle; prefect; perpendicular

נִצְבָּה, נ' steadfastness, resoluteness
נִצְדָּה, פ"ע, ע' [צדה] to be laid waste
נָצָה, פ"ע to be covered with feathers
נָצָה, פ"ע to fly, flee; to be laid waste
נָצָה, פ"ע to strive, quarrel; to be laid waste, be made desolate
נִצָּה, נ', ר', ־צּוֹת blossom, flower
נִצּוּחַ, ז', ר', ־חִים direction (of choir or orchestra); argument
נִצּוּל, ז' exploitation
נָצוּר, ת"ז, נְצוּרָה, ת"נ preserved, guarded; secret
נְצוּרוֹת, נ"ר hidden things, secrets
נֶצַח, נֵצַח, ז' perpetuity; eternity; eminence, glory; strength; blood
לָנֶצַח forever
לְנֵצַח נְצָחִים forever and ever
נָצַח, פ"י to be victorious; to sparkle, shine
נִצַּח, פ"י to superintend; to conduct (orchestra)
to be victorious, conquer, win
נִצַּח, פ"ע to be defeated, beaten
הִנְצִיחַ, פ"י to make everlasting, perpetuate
נִצָּח, ת"ז, ־צַּחַת, ת"נ lasting, enduring; irrefutable
נִצָּחוֹן, ז', ר', ־צְחוֹנוֹת triumph, victory
נִצְחוּת, נִצְחִיּוּת, נ' eternity
נִצְחִי, ת"ז, ־חִית, ת"נ eternal, everlasting
נִצְחִיּוּת, נִצְחוּת, נ' eternity
נַצְחָן, ז', ר', ־נִים dogmatic person
נַצְחָנוּת, נ' dogma
נְצִיב, ז', ר', נְצִיבִים pillar, column

נְצִיב, ז', ר', ־בִים commissioner, prefect; garrison, military post
נְצִיבוּת, נ', ר', ־בֻיּוֹת office of commissioner; territorial government
נָצִיג, ז', ר', נְצִיגִים representative
נְצִיגוּת, נ', ר', ־גֻיּוֹת representation
נָצִיץ, ז' mica
נִצַּל, פ"ע to be delivered, saved; to deliver oneself, escape
נִצֵּל, פ"י to spoil; to strip; to save; to exploit
הִצִּיל, פ"י to save, rescue, deliver
הִתְנַצֵּל, פ"ח to strip oneself; to apologize
נַצְלָן, ז', ר', ־נִים exploiter
נִצְמַד, פ"ע, ע' [צמד] to join, attach oneself
נִצָּן, ז', ר', ־נִים bud, blossom
[נצץ] נִצְנֵץ, פ"ע to sparkle; to be enkindled; to sprout
נָצַץ, פ"ע to sparkle, shine; to bloom, sprout
הִתְנוֹצֵץ, פ"ח to glitter, sparkle
נֵצֶר, ז', ר', נְצָרִים shoot, sprout, branch; osier, willow; wicker
נָצַר, פ"י to guard, watch, keep; to preserve; to lock (safety catch)
נִצֵּר, פ"י to Christianize
הִתְנַצֵּר, פ"ח to become a Christian, be converted to Christianity
נְצָרָה, נ' ר', נְצָרוֹת safety latch (on guns)
נַצְרוּת, נ' Christianity
נִצְרַךְ, פ"ע, ע' [צרך] to be obliged
נִצְרָךְ, ת"ז, ־רֶכֶת, ת"נ needy, poor
נִצְרַף, פ"ע, ע' [צרף] to be hardened; to be put to test

נִצַּת, פ"ע, ע' [יצת] to ignite, inflame
נֶקֶב, ז', ר', נְקָבִים perforation; hole
נְקָבִים, ז"ר excrements
נָקַב, פ"י to bore, pierce, perforate; to designate; to curse, blaspheme
נִקֵּב, פ"י to pierce, puncture
נְקֵבָה, נ', ר', ־בוֹת female, feminine
נִקְבָּה, נ', ר', נְקָבוֹת tunnel; orifice
נַקְבּוּב, ז', ר', ־בִים perforation
נְקֵבוּת, נַקְבוּת, נ' female sex, feminine gender
נְקֵבִי, ת"ז, ־בִית, ת"נ feminine
נִקְבָּץ, ז' sum total
נָקֹד, ת"ז, נְקֻדָּה, ת"נ spotted, dotted
נָקַד, פ"י to prick; to point, mark with points
נִקֵּד, פ"י to punctuate, vowelize
נְקֻדָּה, נְקוּדָּה, נ', ר', ־דּוֹת point, dot; vowel-point, vowel; stud
נְקֻדָּה וּפְסִיק semicolon
נְקֻדָּתַיִם colon
נְקֻדַּת מַבָּט, ־ רְאוּת point of view
נַקְדָן, ז', ר', ־נִים punctilious person, pedant; punctuator
נָקָה, פ"ע to be innocent, pure
נִקָּה, פ"י to pronounce innocent, acquit; to leave unpunished; to cleanse, clear
נִקָּה, פ"ע to be free from guilt, punishment; to be pure, clean; to be innocent
נָקָה, נָאקָה, נ', ר', ־קוֹת she-camel
נָקוּב, ת"ז, נְקוּבָה, ת"נ perforated, pierced
נִקּוּב, ז', ר', ־בִים perforation, puncturing
נָקוּד, ת"ז, נְקוּדָה, ת"נ pointed, dotted; vowelized

נִקּוּד, ז', ר', ־דִים dot, point; punctuation, vowelization
נְקוּדָּה, נְקֻדָּה, נ', ר', ־דּוֹת point, dot; vowel point, vowel; stud
נִקּוּז, ז', ר', ־זִים drainage
נָקוֹט, פ"ע, ע' [קוט] to feel loathing, to repent of
נִקּוּי, ז', ר', ־יִים cleaning, cleansing
נִקּוּף, ז' bruise, knock
נִקּוּר, ז', ר', ־רִים picking, pecking; chiseling; gouging out the eyes
נִקֵּז, פ"י to drain, dry up (swampland)
הִקִּיז, פ"י to puncture; to bleed, let blood
נָקַט, פעו"י to be weary of; to loathe; to hold, take, seize
נָקִי, ת"ז, נְקִיָּה, ת"נ clean, pure; innocent, guiltless, exempt
נְקִיבָה, נ', ר', ־בוֹת puncturing, punching
נִקָּיוֹן, ז' cleanness, cleanliness, purity, innocence
נִקְיוֹן כַּפַּיִם honesty, innocence
נִקְיוֹן שִׁנַּיִם hunger
נְקִיּוּת, נ' cleanliness; movement of bowels
נְקִיטָה, נ', ר', ־טוֹת grasping, holding
נְקִימָה, נ', ר', ־מוֹת revenge, retaliation
נְקִיעָה, נ', ר', ־עוֹת dislocation
נְקִיפָה, נ', ר', ־פוֹת knock, bruise
נָקִיק, ז', ר', נְקִיקִים cleft, crevice
נְקִירָה, נ', ר', ־רוֹת boring, pecking
נְקִישָׁה, נ', ר', ־שׁוֹת knocking
נָקֵל, תה"פ easy
נִקְלֶה, ת"ז, ־לָה, ת"נ despised, lightly esteemed; base

נִקְלָה, פ"ע, ע' [קלה] to be dishonored
נְקָלָה, נ', ר', ־לוֹת trifle, light thing
נַקְלִיט, ז', ר', ־טִים bed pole, curtain frame
נָקָם, ז' revenge, vengeance
נָקַם, פ"י to take revenge, avenge
נְקָמָה, נ', ר', ־מוֹת vindictiveness, revenge
נַקְמָן, ז', ר', ־נִים revengeful person
נַקְנִיק, ז', ר', ־קִים sausage
נַקְנִיקִית, נ', ר', ־קִיּוֹת frankfurter
נָקַע, פ"ע to sprain
נֶקַע, ז', ר', נְקָעִים rift, cleft; sprain
נֹקֶף, ז' beating, shaking of olive tree
נֶקֶף, ז', ר', נְקָפִים beating, bruise; qualm, scruple
נָקַף, פ"ע to go around, move in a circle; to knock, strike, bruise
נִקֵּף, פ"י to strike, strike off; to beat olive tree, glean
הִקִּיף, פ"י to surround, encompass; to give credit; to contain
נִקְפָּה, נ', ר', נְקָפוֹת wound, bruise
נָקַר, פ"י to bore, pierce; to pick; to gnaw at
נִקֵּר, פ"י to bore; to gouge out eyes; to peck, pick; to keep clean
נַקָּר, ז', ר', ־רִים woodpecker
נֶקֶר, ז', ר', נְקָרִים picking; groove
נִקְרָא, פ"ע, ע' [קרא] to chance to be; to meet by chance; to be called, named, invited
נִקְרָה, נְקָרָה, נ', ר', ־רוֹת stone chip, hole, crevice
נִקְרִיָּה, נ', ר', ־יּוֹת woodpecker
נַקְרָן, ז', ר', ־נִים fault-finder
נִקְרָס, ז' gout
נָקַשׁ, פ"י to strike, knock

נִקֵּשׁ, פ"י to lay (mines) snares; to strike at
הִקִּישׁ, פ"י to knock, strike at, beat
נִקְשָׁה, פ"ע, ע' [קשה] to be asked; to be hard pressed
נִקְשֶׁה, ת"ז, ־שָׁה, ת"נ miserable, wretched
נָקְשֶׁה, נוּקְשֶׁה, ת"ז, ־שָׁה, ת"נ stale, hardened
נָר, פ"י, ע' [ניר] to break up fallow land; to till
נֵר, ז', ר', ־רוֹת light, lamp, candle
נִרְאָה, פ"ע, ע' [ראה] to appear
נִרְאֶה, ת"ז, ־אָה, ת"נ favorable, apparent
כַּנִּרְאֶה, תה"פ apparently
נִרְגָּז, ת"ז, ־גֶּזֶת, ת"נ excited, agitated, angry
נִרְגָּן, ז', ר', ־נִים mischief-maker, backbiter
נִרְגָּשׁ, ת"ז, ־גֶּשֶׁת, ת"נ excited
נֵרְדְּ, ז', ר', נְרָדִים nard, spikenard
נִרְדַּם, פ"ע, ע' [רדם] to fall asleep
נִרְדָּף, ת"ז, ־דֶּפֶת, ת"נ pursued, persecuted
נַרְוָד, ז', ר', ־דִים stretcher, litter
נִרְפֶּה, ת"ז, ־פָּה, ת"נ indolent, negligent
נִרְפָּשׁ, ת"ז, ־פֶּשֶׁת, ת"נ miry, muddy
נַרְקִיס, ז', ר', ־סִים narcissus
נַרְתִּיק, ז', ר', ־קִים, ־קוֹת sheath, case, casket
נִרְתַּע, פ"ע, ע' [רתע] to be startled; to recoil
נִרְתֵּק, פ"י to encase, sheathe
נָשָׂא, פ"י to lift; to bear, sustain, endure; to take away; to receive; to marry; to forgive; to destroy

נָשָׂא אִשָּׁה to marry

נָשָׂא וְנָתַן to deal, transact, do business, negotiate; to argue

נָשָׂא יָדוֹ to swear

נָשָׂא נַפְשׁוֹ to aspire

נָשָׂא פָּנִים to be partial, show favor

נָשָׂא רֹאשׁוֹ to show independence, be bold

נוֹשֵׂא כֵּלִים armor-bearer; orderly

נִשָּׂא, פעו"י to lift up, exalt; to bear, support, aid; to make a gift; to take away

הִשִּׂיא, פ"י to give in marriage

הִתְנַשֵּׂא, פ"ח to lift oneself up, exalt oneself; to rise up; to boast

נָשָׁא, פעו"י to lead astray; to exact (payment)

הִשִּׁיא, פ"י to beguile, deceive

נִשָּׂא, ת"ז, נִשֵּׂאת, ת"נ exalted, elevated, lofty

נִשְׁאַר, פ"ע, ע' [שאר] to be left, to remain

נָשַׁב, פ"ע to blow

הִשִּׁיב, פ"י to drive away

נִשְׁבַּע, פ"ע, ע' [שבע] to swear, take an oath

[נשג] הִשִּׂיג, פ"י to overtake; to reach, attain; to obtain

נִשְׂגָּב, ת"ז, ־בָּה, ת"נ exalted, lofty, powerful

נַשְׁדּוּר, ז' ammonia

נָשֶׁה, ז', גִּיד הַנָּשֶׁה ischiadic nerve

נָשָׁה, פ"י to forget; to demand, exact payment

נָשׂוּא, נָשׂוּי, ת"ז, נְשׂוּאָה, נְשׂוּיָה, ת"נ married

נְשׂוּאָה, נ', ר', ־אוֹת wife

נִשּׂוּאִים, נִשּׂוּאִין, ז"ר taking in marriage, married state, wedlock

נָשׁוֹג, פ"ע, [ע' שוג] to turn back, recede

נִשּׁוּל, ז' ejection, eviction, ousting

נִשּׁוּם, ז' breathing, respiration

נִשּׁוּק, ז' kissing

נָשׁוּר, ת"ז, נְשׁוּרָה, ת"נ bald; leafless

נִשְׁתַּחֵף, פ"ע, ע' [שחף] to become tubercular; to become weak

נִשְׁחָת, ת"ז, ־חֶתֶת, ת"נ corrupt, spoiled

נָשִׁי, ת"ז, ־שִׁית, ת"נ effeminate

נְשִׁי, ז', ר', נְשָׁיִים debt, loan

נָשִׂיא, ז', ר', נְשִׂיאִים prince, president, chief

נְשִׂיאִים, ז"ר vaporous clouds

נְשִׂיאָה, נ', ר', ־אוֹת lifting up, carrying, raising

נְשִׂיאוּת, נ' lifting, elevation, raising; presidency; executive (board)

נְשִׁיבָה, נ', ר', ־בוֹת blowing

נְשִׁיָּה, נ' oblivion, forgetfulness

נִשָּׁיוֹן, ז' amnesia

נָשִׁיּוּת, נ' feminism

נְשִׁיכָה, נ', ר', ־כוֹת bite, biting

נְשִׁילָה, נ', ר', ־לוֹת falling off; chopping off; dropping

נָשִׁים, נ"ר women; wives

נְשִׁימָה, נ', ר', ־מוֹת breath, breathing

נְשִׁיפָה, נ', ר', ־פוֹת exhalation, expiration; blowing

נְשִׁיקָה, נ', ר', ־קוֹת kiss, kissing

נְשִׁירָה, נ', ר', ־רוֹת falling off, dropping; withdrawal (students)

נָשִׁית, נ' ischemia, local anemia

נָשַׁךְ, פ"י to bite; to take interest (on a loan)

נֶשֶׁךְ, ז' — usury, interest

נִשְׁכָּה, נ', ר', נְשָׁכוֹת — chamber, room

נָשַׁל, פעו"י — to slip, drop off; to draw off (shoe); to drive out

הִשִּׁיל, פ"י — to shed, drop

נֶשֶׁל, ז' — shedding, dropping, falling off (of fruit)

נָשַׁם, פ"ע, ע' [שמם] — to be destroyed; to be amazed

נָשַׁם, פ"ע — to breathe, inhale

נֶשֶׁם, ז' — soul; breath, inhalation

נְשָׁמָה, נ', ר', ־מוֹת — breath; soul, spirit, life; living creature

נִשְׁמַט, פ"ע, ע' [שמט] — to be slipped, dropped, dislocated; to be omitted

נִשְׁמַע, פ"ע, ע' [שמע] — to be heard, understood; to obey

נִשְׁמַר, פ"ע, ע' [שמר] — to be guarded; to watch out for, be on one's guard against

נִשְׁנָה, פ"ע, ע' [שנה] — to be repeated, taught

נִשְׁעַן, פ"ע, ע' [שען] — to lean on, rely upon, be close to

נָשַׁף, פ"י — to blow, breathe, exhale

נֶשֶׁף, ז', ר', נְשָׁפִים — evening, night; sunset; evening party; entertainment

נִשְׁפֶּה, ת"ז, ־פָּה, ת"נ — high and bare, windswept

נְשֹׁפֶת, נ', ר', ־שׁוֹפוֹת — sawdust

נָשַׁק, פעו"י — to kiss; to be armed

הִשִּׁיק, פעו"י — to touch; to launch (ship)

נִשַּׂק, פ"ע — to be kindled, set afire

הִשִּׂיק, פ"י — to raise a fire, burn, kindle

נֶשֶׁק, נֵשֶׁק, ז' — equipment, arms, weapons

נַשָּׁק, ז', ר', ־קִים — armorer, gunsmith

נִשְׁקָף, ת"ז, ־קֶפֶת, ת"נ — overhanging, overlooking

נֶשֶׁר, ז', ר', נְשָׁרִים — eagle; dropping

נָשַׁר, פ"ע — to drop, fall off; withdraw

הִשִּׁיר, פ"י — to disconnect

נִשְׂרָף, ת"ז, ־רֶפֶת, ת"נ — burned

נָשַׁת, פ"ע — to dry up, be dry, parched

נִשְׁתְּוָן, ז', ר', ־נִים — letter, epistle

נִשְׁתַּר, פ"ע, ע' [שתר] — to break out

נִתְבָּע, ז', ר', ־עִים — defendant

נִתּוּחַ, ז', ר', ־חִים — analysis; dissection; surgical operation

חָכְמַת הַנִּתּוּחַ — surgery

נָתוּן, ת"ז, נְתוּנָה, ת"נ; ז' — placed, given; datum

נִתּוּץ, ז' — breaking down

נִתּוּק, ז' — disconnection, severance, discontinuance

נָתוּק, ת"ז — torn off; castrated

נִתֵּז, פ"ע — to squirt, splash; to cause to spring off; to cause to fly off

נִתַּז, פ"ע — to fly off; to splash

הִתִּיז, פ"י — to chop off; to articulate distinctly

נֶתֶז, ז', ר', נְתָזִים — splash

נֵתַח, ז', ר', נְתָחִים — piece, cut (of meat)

נִתַּח, פ"י — to cut in pieces; to operate surgically; to analyze

נִתְחַבֵּב, פ"ח, ע' [חבב] — to be liked, beloved

נִתְחַבֵּט, פעו"י, ע' [חבט] — to exert oneself

נִתְחַוֵּר, פ"ח, ע' [חור] to become clear, evident

נַתְחָן, ז', ר', ־נִים analyst

נִתְחַסֵּם, פ"ח, ע' [חסם] to be tempered

נִתְחָרֵף, פ"ח, ע' [חרף] to be cursed

נִתְחָרַשׁ, פ"ח, ע' [חרש] to whisper; to become deaf

נָתִיב, ז', נְתִיבָה, נ', ר', נְתִיבִים, ־בוֹת path, pathway, road

נְתִיב הֶחָלָב Milky Way

נְתִיזָה, נ' splashing

נָתִיךְ, ז', ר', נְתִיכִים fuse

נָתִין, ז', ר', נְתִינִים temple slave, subject of a state

נִתְחַשֵּׁל, פ"ח, ע' [חשל] to become crystallized, tempered (steel)

נְתִינָה, נ', ר', ־נוֹת giving, delivery

נְתִינוּת, נ' status of the temple slave; citizenship

נְתִיצָה, נ', ר', ־צוֹת breaking down, smashing

נִתְיַשֵּׁב, פ"ח, ע' [ישב] to develop; to settle; to establish oneself

נְתִישָׁה, נ', ר', ־שׁוֹת uprooting

נֶתֶךְ, ז', ר', נְתָכִים alloy

נָתַךְ, פ"ע to pour forth, pour down

הִתִּיךְ, פ"י to pour out; to melt, cast (metal)

נִתְמַגֵּל, פ"ח, ע' [מגל] to fester

נִתְמַגֵּר, פ"ח, ע' [מגר] to be precipitated

נִתְמַנָּה, פ"ע, ע' [מנה] to be appointed, put in charge of

נִתְמָעֵךְ, פ"ע, ע' [מעך] to be squashed; to be rubbed

נִתְמָרֵט, פ"ע, ע' [מרט] to be laid bare; to be plucked out

נִתְמַשְׁכֵּן, פ"ע, ע' [משכן] to become pawned; to be seized for debt

נִתְנַבֵּל, פ"ח, ע' [נבל] to be disgraced

נִתְקַטֵּעַ, פ"ח, ע' [קטע] to be crippled

נִתְקָרֵר, פ"ח, ע' [קרר] to catch cold

נִתְרָאָה, פ"ח, ע' [ראה] to meet, see one another

נָתַן, פ"י to give; to permit; to regard; to yield (fruit, produce); to deliver up; to put; to appoint

נָתַן נַפְשׁוֹ עַל to sacrifice oneself for

נָתַן קוֹלוֹ to raise one's voice

נָתַס, פ"י to tear up; to break down

נָתַע, פ"ע to be broken, destroyed

נִתְעָב, ת"ז, ־עֶבֶת, ת"נ abominable, contemptible

נִתְפַּעֵל, ז' Nithpa'el, a reflexive and passive form of the intensive stem of the Hebrew verb

נָתַץ, פ"י to break down, pull down

נִתֵּץ, פ"י to break down, tear down

נֶתֶק, ז' ר', נְתָקִים scall, tinea, herpes

נָתַק, פ"י to tear away, draw away, pull off, cut off; to scratch (head)

נִתֵּק, פ"י to tear out, tear up; to burst; to snap

הִתִּיק, פ"י to draw, drag away

נִתְקַל, פ"ע, ע' [תקל] to stumble, strike against

נָתַר, פ"ע to spring up, start up, hop

הִתִּיר, פ"י to loosen; to permit

נֶתֶר, ז' natron, sodium carbonate; alum

נַתְרָן, ז' sodium

נָתַשׁ, פ"י to pluck up, tear up; to root out

הִתִּישׁ, פ"י to uproot; to weaken

הֻתַּשׁ, פ"ע to become uprooted

ס

ס Samekh, fifteenth letter of Hebrew alphabet; sixty

סֵאֵב, פ"י to defile, soil, make filthy

סֵאָבוֹן, ז' defilement, filth

סְאָה, נ', ר', ־אִים, ־אוֹת a measure of volume (13.3 liters)

סֵאוּב, ז' filth

סְאוֹן, ז' shoe; noise, tumult

סָאַן, פ"ע to step, trample; to make noise

סַאסְאָה, נ' full measure

סָב, סָבָא, סַבָּא, ז', ר', ־בִים, ־בִין old man; grandfather

סֹב, ז', ר', ־סֻבִּים, ־סֻבִּין fine bran; sawdust

סֹבֶא, ז' intoxicating drink

סָבָא, פ"י to imbibe, drink to excess

סָבַב, פעו"י to turn around; to walk about; to sit

סוֹבֵב, פעו"י to go about; to encompass, enclose

סִבֵּב, פ"י to change, transform; to cause

הֵסֵב, פ"י to turn; to transfer; to recline (at table)

הִסְתּוֹבֵב, פ"ח to turn oneself around

סַבֶּבֶת, נ', ר', ־בוֹת gear

סִבָּה, נ', ר', ־בּוֹת reason, cause; turn of events

סִבּוּב, ז', ר', ־בִים turning, going around; round (in boxing); traffic circle; rotation

סִבּוּבִי, ת"ז, ־בִית, ת"נ rotative

סִבּוּךְ, ז', ר', ־כִים complication, entanglement

סַבּוֹן, ז', ר', ־נִים soap

סִבּוּן, ז' soaping

סַבּוֹנִיָּה, נ', ר', ־נִיּוֹת soap container

סָבוּר, ת"ז, סְבוּרָה, ת"נ thinking

סָבוּרְנִי, סְבוּרַנִי I think, am of the opinion

סָבוֹרָא, ז', ר', ־אִים reasoner; logician

סְבִיאָה, נ', ר', ־אוֹת drinking, drunkenness

סָבִיב, תה"פ round about, around

סְבִיבָה, נ', ר', ־בוֹת surroundings, neighborhood, environment

סְבִיבוֹן, ז', ר', ־נִים spinning top

סַבְיוֹן, ז', ר', ־נִים ragwort

סָבִיל, ת"ז, סְבִילָה, ת"נ passive; tolerant

סְבַךְ, סְבָךְ, ז', ר', ־כִים thicket; entanglement; network

סֹבֶךְ, ז', ר', סְבָכִים entanglement

סָבַךְ, פ"י to intertwine, interweave

סִבֵּךְ, פ"י to complicate

הִסְתַּבֵּךְ, פ"ח to become complicated, ensnared

סְבָכָה, נ', ר', ־כוֹת hairnet; lattice, network

סֵבֶל, סֹבֶל, ז', ר', סְבָלוֹת burden, load, drudgery

סַבָּל, ז', ר', ־לִים porter

סָבַל, פ"י to carry burden, bear; to suffer; to endure

הִסְתַּבֵּל, פ"ח to become burdensome

סִבְלָה, נ', ר', ־לוֹת suffering;burden

סַבְלָן, ת"ז, ־נִית, ת"נ patient; tolerant

patience; forbearance סַבְלָנוּת, נ׳
picnic; סִבֹּלֶת, נ׳, ר׳, ־בּוֹלוֹת
sharing a meal; endurance
to soap סִבֵּן, פ״י
hope, conduct, expectation סֵבֶר, ז׳
relationship, friendliness סֵבֶר פָּנִים
friendship, welcome סֵבֶר פָּנִים יָפוֹת
harshness, rebuff סֵבֶר פָּנִים רָעוֹת
to think, be of a certain סָבַר, פ״ע
opinion; to understand
to explain הִסְבִּיר, פ״י
to welcome; הִסְבִּיר פָּנִים
to be friendly
to be explained; הִסְתַּבֵּר, פ״ח
to be intelligible, understood;
to be probable
screwdriver מַבְרֵג, ז׳, ר׳, מַבְרְגִים
reasoning, סְבָרָה, נ׳, ר׳, ־רוֹת
common sense; opinion
supposition without סְבָרַת הַכֶּרֶס
any basis
to move away; סָג, פ״ע, ע׳ [סוג]
to backslide
to bow down; to worship סָגַד, פ״ע
adaptation סִגּוּל, ז׳
Hebrew סְגוֹל, סֶגוֹל, סֶגֹל, ז׳, ר׳, ־לִים
vowel "ֶ" ("e" as in "met")
valued סְגוּלָּה, סְגֻלָּה, נ׳, ר׳, ־לּוֹת
object; possession, treasure;
nostrum, remedy; characteristic
torture; סִגּוּף, ז׳, ר׳, ־פִים
mortification; chastisement
pure gold; lock, encasement סְגוֹר, ז׳
closed, סָגוּר, ת״ז, סְגוּרָה, ת״נ
imprisoned
enough; much סַגִּי, תה״פ
blind man סַגִּי נְהוֹר
opposite meaning בִּלְשׁוֹן סַגִּי נְהוֹר

sublime סַגִּיב, ת״ז, ־בָה, ת״נ
prostration סְגִידָה, נ׳, ר׳, ־דוֹת
study, סְגִיָּה, סוּגְיָה, נ׳, ר׳, ־יוֹת
subject; problem
closing, shutting סְגִירָה, נ׳, ר׳, ־רוֹת
to acquire; to save; to adapt סִגֵּל, פ״י
to make fit, accustom הִסְגִּיל, פ״י
to adapt oneself; הִסְתַּגֵּל, פ״ח
to be capable of
treasure; violet סֶגֶל, ז׳, ר׳, סְגָלִים
(flower); cadre, staff
סֶגֶל, סֶגוֹל, סְגוֹל, ז׳, ר׳, ־לִים
Hebrew vowel "ֶ" ("e" as in "met")
elliptic, סְגַלְגַּל, ת״ז, ־גֶּלֶת, ת״נ
elliptical, oval
valued סְגֻלָּה, סְגוּלָּה, נ׳, ר׳, ־לּוֹת
object, possession, treasure;
nostrum, remedy; characteristic
lieutenant סֶגֶן, ז׳, ר׳, סְגָנִים
second lieutenant סֶגֶן מִשְׁנֶה
deputy סְגָן, ז׳, ר׳, ־נִים
expression; סִגְנוֹן, ז׳, ר׳, ־נִים, ־נוֹת
style; symbol
office of deputy סְגָנוּת, נ׳
to formulate; סִגְנֵן, פ״י
to arrange a text
to mix dross with silver סִגְסֵג, פ״י
to afflict; to mortify סִגֵּף, פ״י
to suffer; to mortify oneself הִסְתַּגֵּף
ascetic סַגְּפָן, ז׳, ר׳, ־נִים
asceticism סַגְּפָנוּת, נ׳
to close, shut סָגַר, פ״י
to deliver up סִגֵּר, פ״י
to shut up, deliver up הִסְגִּיר, פ״י
to close oneself up, הִסְתַּגֵּר, פ״ח
to be secretive
bolt, lock סֶגֶר, ז׳, ר׳, סְגָרִים
cigar סִגָּרָה, סִיגָרָה, נ׳, ר׳, ־רוֹת

סִגָּרִיָּה, סִיגָרִיָּה, נ׳, ר׳, ־יּוֹת cigarette
סַגְרִיר, ז׳ pelting rain
סָד, פ״י, ע׳ [סוד, סיד] to whitewash, lime
סַד, ז׳ stocks
סְדוֹם, נ׳ Sodom
סְדוֹמִיּוּת, נ׳ homosexuality
סָדוּק, ת״ז, סְדוּקָה, ת״נ cloven
סִדּוּר, סִידּוּר, ז׳, ר׳, ־רִים order; arrangement; prayer book
סִדּוּרִי, ת״ז, ־רִית, ת״נ ordinal
סָדִין, ז׳, ר׳, סְדִינִים sheet
סְדִיקָה, נ׳, ר׳, ־קוֹת cracking
סָדִיר, ת״ז, סְדִירָה, ת״נ regular; orderly
סַדָּן, ז׳, ר׳, ־נִים block; trunk; anvil
סַדְנָה, נ׳, ר׳, ־נָאוֹת workshop
סֶדֶק, ז׳, ר׳, סְדָקִים crack, split
סָדַק, פ״י to split; to crack
סִדְקִית, נ׳ paraphernalia, trifles
סֵדֶר, ז׳, ר׳, סְדָרִים order, arrangement; row; Passover eve service
אִי סֵדֶר disorder
בְּסֵדֶר o.k., all right
סֵדֶר הַיּוֹם agenda
סָדַר, פ״י to arrange, put in order
סִדֵּר, פ״י to arrange; to group; to set type
הִסְדִּיר, פ״י to organize
הִסְתַּדֵּר, פ״ח to settle oneself
סַדָּר, ז׳, ר׳, ־רִים typesetter
סִדְרָה, נ׳, ר׳, ־רוֹת section; series
סַדְרָן, ז׳, ר׳, ־נִים usher; punctilious person
סַהַר, ז׳, ר׳, סְהָרִים moon; crescent
סֹהַר, ז׳, בֵּית־סֹהַר prison
סוֹאֵן, ת״ז, ־אֶנֶת, ת״נ turbulant; noisy

סוֹבֵא, ז׳, ר׳, ־בְאִים drunkard
סוֹבֵב, פעו״י, ע׳ [סבב] to go about, encompass, enclose
סוֹבְלָנוּת, נ׳ tolerance
[סוג] סָג, פ״ע to move away; to backslide
נָסוֹג, פ״ע to turn back, retreat
סוּג, ז׳, ר׳, ־גִים kind, type, class
סִוֵּג, פ״י to classify
סוּגְיָה, סֻגְיָה, נ׳, ר׳, ־יוֹת study, subject, problem
סוּגַר, ז׳, ר׳, ־גְרִים cage; muzzle
סוֹגֵר, ז׳, ר׳, ־גְרִים second half of stanza; parenthesis
סוֹגְרַיִם, ז״ז parentheses
סוֹד, ז׳, ר׳, ־דוֹת secret; council
[סוד] סָד, פ״י to lime, whitewash
הִסְתּוֹדֵד, פ״ע to talk, take council secretly
סוֹדִי, ת״ז, ־דִית, ת״נ secret
סוֹדִיּוּת, נ׳ secrecy
סוּדָר, ז׳, ר׳, ־רִים scarf; shawl
סִוּוּג, ז׳, ר׳, ־גִים classification
[סוה] הִסְוָה, פ״י to cover; to hide; to camouflage
סוּחָה, נ׳, ר׳, ־חוֹת refuse, rubbish; mire
סוֹחֵר, ז׳, ר׳, סוֹחֲרִים merchant; businessman
סוֹחֵרָה, נ׳, ר׳, ־רוֹת buckler; shield
[סוט] הֵסִיט, פ״י to move, turn aside
סוֹטָה, נ׳, ר׳, ־טוֹת wife suspected of adultery
[סוך] סָךְ, פ״י to anoint
הֵסִיךְ, פ״י to anoint; to fence in
סוֹךְ, ז׳, ר׳, ־כִים, סוֹכָה, נ׳, ר׳, ־כוֹת bough

סוּכָּה, סֻכָּה, נ׳, ר׳, ־כּוֹת Succah, tabernacle; booth

סוֹכֵךְ, ז׳, ר׳, ־כִים covering; umbrella; shield

סוֹכֵן, ז׳, ר׳, ־כְנִים agent

סוֹכְנוּת, נ׳, ר׳, ־נֻיּוֹת agency

סוּכָּר, סֻכָּר, ז׳ sugar

סוּלְיָה, סֻלְיָה, נ׳, ר׳, ־יוֹת sole of shoe

סוֹלְלָה, נ׳, ר׳, ־לוֹת mound, rampart; battery

סוּלָּם, סֻלָּם, ז׳, ר׳, ־מוֹת, ־מִים ladder

סוֹלֶת, סֹלֶת, נ׳, ר׳, סְלָסוֹת fine flour

סוּמָא, סוּמֵא, ז׳, ר׳, ־מִים, ־מוֹת blind person

סוּס, ז׳, ר׳, ־סִים horse; figure in chess (knight)

כֹּחַ־סוּס horsepower

סוּס־הַיְאוֹר, ז׳, ר׳, סוּסֵי־ hippopotamus

סוּסוֹן־הַיָּם, ז׳, ר׳, סוּסוֹנֵי־ hippocampus, sea horse

סוּסוֹן, ז׳, ר׳, ־נִים pony

סוֹעֶה, ת״ז, ־עָה, ת״נ stormy; rushing, raging

סוֹעֵר, ת״ז, סוֹעֶרֶת, ת״נ stormy; raging

[סוף] סָף, פ״ע to come to an end, cease

הֵסִיף, פ״י to make an end of; to destroy

סוּף, ז״ר reeds; bulrushes

יַם־סוּף the Red Sea

סוֹף, ז׳ end

אֵין־סוֹף infinity

סוֹף סוֹף finally, at length

סוֹפֵג, ז׳, ר׳, ־פְגִים something that absorbs; blotter

סוּפְגָּן, סֻפְגָּן, ז׳, ר׳, ־נִים spongecake

סוּפְגָּנִיָּה, סֻפְגָּנִיָּה, נ׳, ר׳, ־נִיּוֹת doughnut

סוּפָה, נ׳, ר׳, ־פוֹת storm

סוֹפִי, ת״ז, ־פִית, ת״נ final

אֵין־סוֹפִי infinite

סוֹפִית, נ׳, ר׳, ־פִיּוֹת suffix

סוֹפֵר, ז׳ writer, author; scribe; teacher

[סור] סָר, פ״ע to turn aside; to deport

הֵסִיר, פ״י to remove, put aside

סַוָּר, ז׳, ר׳, ־רִים longshoreman

סוֹרֶג, ז׳, ר׳, ־גִים lattice, railing

סוֹרֵר, ת״ז, סוֹרֶרֶת, ת״נ perverted, rebellious

סוּת, נ׳, ר׳, ־תוֹת garment, suit

[סות] הֵסִית, הִסִּית, פ״י to incite, instigate

סָח, פ״ע, ע׳ [סיח] to talk

סָחַב, פ״י to drag

סְחָבָה, נ׳, ר׳, ־בוֹת rag, shabby garment

סַחֶבֶת, נ׳ red tape

[סחה] סָחָה, פ״י to scrape clean; to sweep away

סָחוּט, ת״ז, סְחוּטָה, ת״נ squeezed dry

סְחוּס, ז׳, ר׳, ־סִים cartilage

סְחוֹר, תה״פ, סְחוֹר סְחוֹר round about

סְחוֹרָה, נ׳, ר׳, ־רוֹת merchandise, trade

סַחְטָן, ז׳, ר׳, ־נִים blackmailer extortioner

סְחִי, ז׳ dirt, refuse

סְחִיבָה, נ׳, ר׳, ־בוֹת dragging, stealing, shoplifting

סְחִיטָה, נ׳, ר׳, ־טוֹת squeezing out; blackmailing

dragging, sweeping; erosion	סְחִיפָה, נ׳, ר׳, ־פוֹת
orchid	סַחְלָב, ז׳, ר׳, ־בִים
to prostrate; to sweep away	סָחַף, פ״י
to be swept away, eroded; to be ruined	נִסְתַּחֵף, פ״ח
trade, business, market; ware	סַחַר, ז׳
to trade, do business; to go around	סָחַר, פעו״י
dizzy, palpitating	סְחַרְחַר, ת״ז, ־חֶרֶת, ח״נ
carrousel	סְחַרְחֵרָה, נ׳, ר׳, ־רוֹת
dizziness	סְחַרְחֹרֶת, נ׳, ר׳, ־חוֹרוֹת
to make dizzy	סִחְרֵר, פ״י
transgressor; revolter	סֵט, ז׳, ר׳, ־טִים
to go astray; to be unfaithful (in marriage)	סָטָה, פ״ע
deviation, straying, digression	סְטִיָּה, נ׳, ר׳, ־יּוֹת
slap in face	סְטִירָה, נ׳, ר׳, ־רוֹת
to act as an enemy; to bother	סָטַן, פ״י
to accuse	הִסְטִין, פ״י
to slap face	סָטַר, פ״י
moss	סִיאָה, נ׳, ר׳, ־אוֹת
fiber, bast	סִיב, ז׳, ר׳, ־בִים
dross; wanton	סִיג, ז׳, ר׳, ־גִים
fence; restraint; restriction	סְיָג, סְיָיג, ז׳, ר׳, ־גִים
to fence in	סַיֵּג, פ״י
to restrain oneself	הִסְתַּיֵּג, פ״ח
cigar	סִיגָרָה, סִגָּרָה, נ׳, ר׳, ־רוֹת
cigarette	סִיגָרִיָּה, סִגָּרִיָּה, נ׳, ר׳, ־יּוֹת
lime, whitewash	סִיד, ז׳, ר׳, ־דִים
whitewasher	סַיָּד, ז׳, ר׳, ־דִים
to plaster, whitewash	סַיֵּד, פ״י
order; arrangement; prayer book	סִידּוּר, סִדּוּר, ז׳, ר׳, ־רִים
calcium	סִידָן, ז׳
fencing in, restricting; classification	סִיּוּג, ז׳, ר׳, ־גִים
whitewashing	סִיּוּד, ז׳, ר׳, ־דִים
nightmare	סִיּוּט, ז׳, ר׳, ־טִים
conclusion; graduation from school	סִיּוּם, ז׳, ר׳, ־מִים
Sivan, third month of Hebrew calendar	סִיוָן, ז׳
help, assistance, support	סִיּוּעַ, ז׳
fencing	סִיּוּף, ז׳, ר׳, ־פִים
touring	סִיּוּר, ז׳, ר׳, ־רִים
to talk	[סיח] סָח, פ״י
foal	סְיָח, ז׳, ר׳, ־חִים, סְיָחָה, נ׳, ר׳, ־חוֹת
ancient measure (distance between tip of thumb and that of index finger when held apart)	סִיט, ז׳, ר׳, ־טִים
wholesaler	סִיטוֹן, ז׳, ר׳, ־נוֹת, ־נִים; סִיטוֹנַאי, ז׳, ר׳, ־אִים
wholesale	סִיטוֹנוּת, ז׳
anointing; oiling, greasing	סִיכָה, נ׳, ר׳, ־כוֹת
pipe, gutter; flow	סִילוֹן, ז׳, ר׳, ־נוֹת
jet (plane)	מְטוֹס סִילוֹן
to conclude, finish	סִיֵּם, פ״י
to be concluded, be finished	הִסְתַּיֵּם, פ״ע
sign, mark; symptom	סִימָן, סִמָּן, ז׳, ר׳, ־נִים
exclamation mark	סִימַן קְרִיאָה
question mark	סִימַן שְׁאֵלָה
bookmark	סִימָנִיָּה, נ׳, ר׳, ־נִיּוֹת
suffix	סִיֹּמֶת, נ׳, ר׳, סִיּוּמוֹת

סִין, נ' China; Sin, name of twenty-first letter of Hebrew alphabet

סִינִי, ת"ז, ־נִית, ת"נ Chinese

סִינַי, ז' Sinai; learned man

סִינָר, סִנָּר, ז', ר', ־רִים apron; panties

סִיס, ז', ר', ־סִים swallow; tassel

סַיָּס, ז' groom, one who takes care of horses

סִיסִין, ז' licorice

סִיסְמָה, נ', ר', ־מוֹת, ־מָאוֹת sign; slogan

סִיֵּעַ, פ"י to aid, support

נִסְתַּיֵּעַ, פ"ע to find support, be supported

סִיעָה, נ', ר', ־עוֹת traveling company; group, party

סַיִף, ז', ר', סְיָפִים, סְיָפוֹת sword

סִיֵּף, פ"ע to fence

סַיָּף, ז', ר', ־פִים fencer

סִיפּוּר, סִפּוּר, ז', ר', ־רִים story, novel; haircut

סֵיפָן, ז', ר', ־נִים gladiolus

סִיר, ז', ר', ־רוֹת, ־רִים pot, kettle; thorn

סִיר־לַחַץ pressure cooker

סִיֵּר, פ"י to visit; to travel, tour

סַיָּר, ז', ר', ־רִים tourist

סִירָה, נ', ר', ־רוֹת boat; thornbush

סַיֶּרֶת, נ', ר', ־יָּרוֹת cutter, corvette

סָךְ, פ"י, ע' [סוך] to anoint

סַךְ, סָךְ, ז' throng, number; visor

סַךְ הַכֹּל total; final result

סֹךְ, ז', ר', סֻכִּים thicket; booth

סִכָּה, נ', ר', ־כּוֹת pin, brooch, clip

סִכַּת־בִּטָּחוֹן safety pin

סֻכָּה, סוּכָּה, נ', ר', ־כּוֹת booth

חַג הַסֻּכּוֹת Feast of Tabernacles

סָכָה, פ"ע to see, look

סִכּוּי, ז', ר', ־יִים prospect, expectation

סָכוּי, ת"ז, סְכוּיָה, ת"נ lucid

סִכּוּךְ, ז', ר', ־כִים covering (with twigs, leaves)

סְכוּם, ז', ר', ־מִים amount, number

סִכּוּם, ז', ר', ־מִים summary

סִכּוּן, ז', ר', ־נִים risk, endangering

סְכִיָּה prognosis, forecast

סְכָיוֹן, ז' vision; TV

סַכִּין, זו"נ, ר', ־נִים knife

סְכִירָה, נ', ־רוֹת damming

סָכַךְ, פ"י to screen, cover, entangle

סְכָךְ, ז', סְכָכָה, נ', ר', סְכָכִים, ־כוֹת covering; matting

[סכל] נִסְכַּל, פ"ע to act foolishly

סִכֵּל, פ"י to make foolish

הִסְתַּכֵּל, פ"ח to look at, observe, contemplate

סָכָל, ת"ז, סְכָלָה, ת"נ fool

סֶכֶל, ז', סִכְלוּת, נ' folly, foolishness

סָכַם, פ"י to count; to compare

סִכֵּם, פ"י to sum up

הִסְכִּים, פ"ע to agree, consent

סֶכֶם, ז', ר', סְכָמִים total; count, muster

סָכַן, פ"י to be of use, benefit

הִסְכִּין, פ"ע to be accustomed

סִכֵּן, פ"י to endanger

הִסְתַּכֵּן, פ"ח to expose oneself to danger

סַכָּנָה, נ', ר', ־נוֹת danger

סִכְסוּךְ, ז', ר', ־כִים quarrel, conflict, dispute

סִכְסֵךְ, פ"י to cause conflict; to confuse; to entangle

סִכְסָךְ, ז', ר', ־סַכִּים zigzag

סָכַף, פ״י to discourage
סָכַר, פ״י to dam; to close; to hire
סִכֵּר, פ״י to deliver up
סֶכֶר, ז׳, ר׳, ־סְכָרִים dam, weir
סַכָּר, ז׳ one who makes a dam
סֻכָּר, סוּכָּר, ז׳ sugar
סֻכָּרִיָּה, נ׳, ר׳, ־יוֹת a candy
סֻכֶּרֶת, נ׳ diabetes
[סכת] הִסְכִּית, פ״ע to hear; to be silent; to pay attention
סַל, ז׳, ר׳, ־לִּים basket
סִלָּא, פ״י to weigh, value
סֻלָּא, סֻלָּה, פ״ע to be weighed, valued
סָלַד, פ״ע to spring back
סִלֵּד, פ״ע to rebound, to spring back; to praise
סָלָה, פ״י to despise; to make light of
סִלָּה, פ״י to despise; to trample
סֻלָּה, פ״ע to be weighed, valued; to be trampled upon
סֶלָה, מ״ק selah, a musical term; forever
סִלּוּד, ז׳, ר׳, ־דִים fear, dread
סָלוּל, ת״ז, סְלוּלָה, ת״נ paved
סִלּוֹן, סַלּוֹן, ז׳, ר׳, ־נִים brier, thorn
סִלּוּף, ז׳, ר׳, ־פִים distortion; sin
סלּוּק, ז׳, ר׳, ־קִים removal, taking away; death
סָלַח, פ״י to forgive, pardon
סַלָּח, ז׳, ר׳, ־חִים one who pardons
סַלְחָן, סַלְחָן, ת״ז, סַלְחָנִית, ת״נ one who pardons
סְלִידָה, נ׳, ר׳, ־דוֹת heartburn
סֻלְיָה, סוּלְיָה, נ׳, ר׳, ־יוֹת sole of shoe
סְלִיחָה, נ׳, ר׳, ־חוֹת forgiveness; penitential prayer
סְלִיל, ז׳, ר׳, ־לִים shuttle, spool
סְלִילָה, נ׳ paving
סָלַל, פ״י to pave (a road); to oppress; to praise
סֻלָּם, סוּלָם, ז׳, ר׳, ־מוֹת, ־מִים ladder
סִלְסוּל, ז׳, ר׳, ־לִים curling (of hair); trill; distinction
סִלְסֵל, פ״י to curl (the hair); to trill; to honor
סַלְסִלָּה, נ׳, ר׳, ־לוֹת small basket; tendril
סֶלַע, ז׳, ר׳, סְלָעִים rock
סַלְעִי, ת״ז, ־עִית, ת״נ rocky
סָלְעָם, ז׳ a kind of locust
סֶלֶף, ז׳ crookedness, perversion
סִלֵּף, פ״י to pervert
סִלֵּק, פ״י to lift; to remove; to put away
הִסְתַּלֵּק, פ״ח to remove oneself; to depart; to die
סֶלֶק, ז׳, ר׳, סְלָקִים beet
סֹלֶת, סוֹלֶת, נ׳, ר׳, סְלָתוֹת fine flour
סִלֵּת, פ״י to make fine flour
סַלְתָּנִית, נ׳, ר׳, ־נִיוֹת sardine
סַם, ז׳, ר׳, סַמִּים spice; drug; poison
סִמֵּא, פ״י to make blind
סִמָּאוֹן, ז׳ blindness
סַמָּאֵל, ז׳ angel of death
סַמְבּוּק, ז׳, ר׳, ־קִים lilac; Sambucus
סְמָדַר, ז׳ vine-blossom
סָמוּי, ת״ז, סְמוּיָה, ת״נ blind; hidden
סָמוּךְ, ת״ז, סְמוּכָה, ת״נ nearby; firm
סָמוֹךְ, ז׳, סָמוֹכָה, נ׳, ר׳, ־כוֹת support
סָמוּם, ז׳, ר׳, ־מִים sandstorm
סִמּוּם, ז׳ poisoning
סִמּוּן, ז׳ marking
סָמוּק, ת״ז, סְמוּקָה, ת״נ red, rosy

סָמוּר, ת״ז, סְמוּרָה, ת״נ erect
סִמּוּר, ז׳ nailing, riveting; horripilation
סִמְטָה, נ׳, ר׳, ־טָאוֹת, ־טוֹת lane, alley
סָמִיךְ, ת״ז, סְמִיכָה, ת״נ thick
סְמִיכָה, נ׳, ר׳, ־כוֹת leaning; ordination; laying of hands
סְמִיכוּת, נ׳ ordination; construct state (*gram.*); nearness; association (ideas)
סָמֶךְ, נ׳ Samech, fifteenth letter of Hebrew alphabet
סֶמֶךְ, סְמָךְ, ז׳ support
סָמַךְ, פ״י to support, lean; to ordain
הִסְתַּמֵּךְ, פ״ח rely
סַמְכוּת, נ׳, ר׳, ־כֻיּוֹת authority; permission
סֵמֶל, סֶמֶל, ז׳, ר׳, סְמָלִים image, symbol
סִמֵּל, פ״י to use as a symbol
סַמָּל, ז׳, סַמֶּלֶת, נ׳, ר׳, ־לִים, ־לוֹת sergeant
רַב־סַמָּל sergeant major
סִמְלוֹן, ז׳, ר׳, ־נִים wedge; yoke
סִמְלִי, ת״ז, ־לִית, ת״נ symbolic
סִמֵּם, פ״י to poison; to spice
סְמָמִית, נ׳, ר׳, ־מִיּוֹת poisonous spider
סִמֵּן, פ״י to mark
סַמָּן, סַמְמָן, ז׳, ר׳, ־נִים spice, drug; one who gives a sign
סִמָּן, סִימָן, ז׳, ר׳, ־נִים sign, mark
סִמְפּוֹן, ז׳, ר׳, ־נוֹת bronchial tube
סֹמֶק, ז׳ red, redness
סָמַק, פ״ע to be red, blush
סָמַר, פ״ע to bristle up; to feel chilly
סִמֵּר, פ״י to bristle with fear; to stud with nails, to nail

סָמָר, ת״ז, סְמָרָה, ת״נ; ז׳ rough, having coarse hair; junco, rush
סִמְרוּר, ז׳ riveting
סְמַרְטוּט, ז׳, ר׳, ־טִים rag
סְמַרְטוּטָר, ז׳, ר׳, ־רִים rag dealer
סִמְרֵר, פ״י to rivet
סְנָאִי, ז׳, ר׳, ־אִים squirrel
סַנֵּגוֹר, סַנֵּיגוֹר, ז׳, ר׳, ־רִים advocate, defense counsel
סַנֵּגוֹרְיָה, סַנֵּיגוֹרְיָה, נ׳, ר׳, ־יוֹת defense
סַנֵּגֵר, פ״ע to defend
סַנְדָּל, ז׳, ר׳, ־לִים sandal; horseshoe; sole (fish)
סִנְדֵּל, פ״י to put on a sandal
סַנְדְּלָר, ז׳, ר׳, ־רִים shoemaker
סַנְדָּק, ז׳, ר׳, ־קִים godfather
סְנֶה, ז׳, ר׳, סְנָאִים, סְנָיִים thornbush
סַנְהֶדְרִיָּה, סַנְהֶדְרִין, נ׳, ר׳, ־רִיּוֹת, ־רָאוֹת Sanhedrin, supreme council
סִנְוּוּר, ז׳ blinding
סִנּוּן, ז׳, ר׳, ־נִים filtration
סְנוּנִית, נ׳, ר׳, ־יוֹת swallow
סִנּוּק, ז׳ exhaustion
סִנְוֵר, פ״י to blind
סַנְוֵרִים, ז״ר blindness
סָנַט, פ״ע to make fun of, scoff at
סַנְטֵר, ז׳, ר׳, ־רִים chin
סַנֵּיגוֹר, סַנֵּגוֹר, ז׳, ר׳, ־רִים advocate, defense counsel
סַנֵּיגוֹרְיָה, סַנֵּגוֹרְיָה, נ׳, ר׳, ־יוֹת defense
סְנִיף, ז׳, ר׳, ־פִים branch; attachment
סִנֵּן, פ״י to filter
סַנְסַן, ז׳, ר׳, סַנְסִנִּים ribbed leaf (palm)
סָנַף, פ״י to attach, insert
סְנַפִּיר, ז׳, ר׳, ־רִים fin

סָנַק, פ״י to press; to heap up
סִנָּר, סִינָּר, ז׳, ר׳, ־רִים apron; panties
סָס, ז׳, ר׳, ־סִים moth, larva
סַסְגּוֹנִי, ת״ז, ־נִית, ת״נ multicolored, variegated
סִסְמָה, נ׳, ר׳, ־מוֹת, סִסְמָאוֹת sign, slogan
סָעַד, פ״י to support; to eat
סַעַד, ז׳ support; proof
סְעֻדָּה, סְעוּדָה, נ׳, ר׳, ־דוֹת meal, banquet
סָעִיף, ז׳, ר׳, ־פִים, ־פוֹת paragraph; branch; crevice
סֵעֵף, פ״י to lop off boughs; to divide into paragraphs
הִסְתָּעֵף, פ״ח to branch off
סָעֵף, נ׳, ר׳, סְעִפִּים branch; division
סְעַפָּה, נ׳, ר׳, ־פּוֹת a short branch, bough
סָעַר, פ״ע to storm, rage
סֵעֵר, פ״י to hurl away
סַעַר, ז׳, סְעָרָה, נ׳, ר׳, סְעָרוֹת storm, tempest
סָף, פ״ע, ע׳ [סוף] to come to an end, cease
סַף, ז׳, ר׳, סִפִּים sill; threshold; cup, goblet
סַף הַהַכָּרָה conscience
סָפַג, פ״י to absorb; to dry
סֻפְגָּן, סוּפְגָּן, ז׳, ר׳, ־נִים sponge cake
סֻפְגָּנִיָּה, סוּפְגָּנִיָּה, נ׳,ר׳, ־נִיּוֹת doughnut
סָפַד, פ״ע to lament, mourn
סַפְדָּן, ז׳, ר׳, ־נִים orator at funerals
סַפָּה, נ׳, ר׳, ־פּוֹת sofa, couch
סָפָה, פ״י to destroy; to add
סְפוֹג, ז׳, ר׳, ־גִים sponge

סָפוּג, ת״ז, סְפוּגָה, ת״נ permeated
סָפוּן, ת״ז, סְפוּנָה, ת״נ paneled; hidden
סִפּוּן, ז׳, ר׳, ־נִים ceiling; deck (ship)
סִפּוּק, ז׳, ר׳, ־קִים sufficiency; supply; satisfaction
סָפוּר, ת״ז, סְפוּרָה, ת״נ counted
סִפּוּר, סִיפּוּר, ז׳, ר׳, רִים story, novel; haircutting
סָפַח, פ״י to join, attach
סַפַּחַת, נ׳, ר׳, סַפָּחוֹת scab; dandruff
סְפִיגָה, נ׳, ר׳, ־גוֹת absorption
סְפִינָה, נ׳, ר׳, ־נוֹת ship
סַפִּיר, ז׳, ר׳, ־רִים sapphire
סְפִירָה, נ׳, ר׳, ־רוֹת counting; sphere
סֵפֶל, ז׳, ר׳, סְפָלִים cup, mug
סָפַן, פ״י to cover; to hide; to respect
סַפָּן, ז׳, ר׳, ־נִים sailor
סַפָּנוּת, נ׳ navigation, seamanship
סַפְסָל, ז׳, ר׳, ־לִים bench, stool
סִפְסֵף, פ״י to pull out; to flicker
סַפְסָר, ז׳, ר׳, ־רִים broker, speculator
סַפְסָרוּת, נ׳, ר׳, ־רֻיוֹת brokerage; speculation
סִפְסֵר, פ״ע to speculate
[ספף] הִסְתּוֹפֵף, פ״ח to stand at the threshold
סָפַק, פ״י to strike; to clap; to be sufficient
סִפֵּק, פ״י to supply, furnish; to satisfy
הִסְפִּיק, פעו״י to have, give the opportunity
הִסְתַּפֵּק, פ״ח to have sufficient, be satisfied; to be doubtful
סָפֵק, ז׳, ר׳, סְפֵקוֹת doubt

סֶפֶק, ז' — opportunity, sufficiency
סַפָּק, ז', ר', ־קִים — supplier, provider
סַפְקָן, ז', ר', ־נִים — sceptic
סַפְקָנוּת, נ' — scepticism
סֵפֶר, ז', ר', סְפָרִים — book; letter; scroll
סָפַר, פ"י — to count, number
סִפֵּר, פ"י — to count; to tell; to cut hair
הִסְתַּפֵּר, פ"ח — to get a haircut
סְפָר, ז' — enumeration; number; boundary
סַפָּר, ז', ר', ־רִים — barber
סְפָרַד, ז' — Spain
סְפָרַדִּי, ת"ז, ־דִּית, ת"נ — Spanish; Sephardic
סְפָרָה, נ', ר', סְפָרוֹת — book; figure, number
סִפְרוֹן, ז', ר', ־נִים — small book
סִפְרוּת, נ', ר', ־רֻיוֹת — literature
סִפְרוּתִי, ת"ז, ־תִית, ת"נ — literary
סִפְרִיָּה, נ', ר', ־יּוֹת — library
סַפְרָן, ז', ר', ־נִים — librarian
סִפְרֵר, פ"י — to numerate
סָפַת, פ"י — to slice and eat
סְקִילָה, נ', ר', ־לוֹת — stoning
סְקִירָה, נ', ר', ־רוֹת — glance; sketch
סָקַל, פ"י — to stone to death
סִקֵּל, פ"י — to clear of stones; to stone
סָקַר, פ"י — to look at; to paint red
סֶקֶר, ז' — look; survey
סִקְרָה, נ', ר', ־רוֹת — bright red paint
סַקְרָן, ז', ר', ־נִים — curious person
סַקְרָנוּת, נ' — curiosity
סָר, פ"ע, ע' [סור] — to turn aside; to depart
סַר, ת"ז, סָרָה, ת"נ — sulky, sullen

סָרָב, ז' — recalcitrant person
סֵרַב, פ"ע — to refuse; to urge
סֶרֶב, ז' — mutiny
סַרְבָּל, ז', ר', ־לִים — cloak; trousers
סָרְבָן, ת"ז, ־נִית, ת"נ — stubborn
סָרַג, פ"י — to knit, interlace
סָרָג, ז', ר', ־גִים — harness-maker
סִרְגּוּל, ז', ר', ־לִים — drawing of lines
סִרְגֵּל, פ"י — to draw lines, rule
סַרְגֵּל, ז', ר', ־לִים — ruler
סָרָד, ז', ר', ־דִים — net-maker
סָרָה, נ', ר', ־רוֹת — rebelliousness, repugnance
סִרְהֵב, פ"י — to urge
סֵרוּב, ז', ר', ־בִים — refusal
סָרוּג, ת"ז, סְרוּגָה, ת"נ — interlaced
סֵרוּס, ז', ר', ־סִים — castration
סָרוֹק, ז', ר', סְרוֹקִים — carder
סָרוּק, ת"ז, סְרוּקָה, ת"נ — carded, combed
סֶרַח, ז' — overhanging part
סָרַח, פ"ע — to smell bad; to sin; to hang over, extend
סִרְחוֹן, ז', ר', ־נוֹת — bad smell; sin
סָרַט, פ"י — to incise, scratch
סֶרֶט, ז', ר', סְרָטִים — ribbon; stripe; film
סִרְטוֹן, ז', ר', ־נִים — film strip
סַרְטָן, ז', ר', ־נִים — lobster; crab; cancer; zodiac
סָרִיג, ז', ר', סְרִיגִים — lattice, grate
סְרִיגָה, נ', ר', ־גוֹת — knitting
סִרְיוֹן, ז', ר', ־נוֹת — armor
סְרִיטָה, נ', ר', ־טוֹת — scratch
סָרִיס, ז', ר', ־סִים — eunuch
סָרִיק, ז', ר', סְרִיקִים — vagabond
סְרִיקָה, ז', ר', ־קוֹת — combing
[סרך] נִסְרַךְ, פ"ע — to be joined, attached

סִרְכָה, נ׳, ר׳, סְרָכוֹת adhesion

סֶרֶן, ז׳, ר׳, סְרָנִים axle; captain (*mil.*)

רַב־סֶרֶן major (*mil.*)

סֵרֵס, פ״י to castrate; to disarrange

סַרְסוּר, ז׳, ר׳, ־רִים middleman

סַרְסוּר לִדְבַר עֲבֵרָה pimp

סַרְעַפָּה, נ׳, ר׳, ־פּוֹת branch

סַרְעֶפֶת, נ׳, ר׳, ־עָפוֹת diaphragm; midriff

סִרְפָּד, ז׳, ר׳, ־דִים poison ivy; nettle

סִרְפֶּדֶת, נ׳ urticaria nettle rash

סֵרַק, פ״י to comb

סְרָק, ז׳ emptiness

סָרָק, ז׳ red dye

סָרַר, פ״ע to be stubborn

סְתָו, סְתָיו, ז׳ autumn

סְתָוִי, ת״ז, ־וִית, ת״נ autumnal

סָתוּם, ת״ז, סְתוּמָה, ת״נ cloggged, closed; vague, indefinite

סְתִימָה, נ׳, ר׳, ־מוֹת stopping up, closing; filling (tooth)

סְתִירָה, נ׳, ר׳, ־רוֹת destruction; contradiction

סָתַם, פ״י to stop up, shut; to fill (cavity); to leave vague

סְתָמִי, ת״ז, ־מִית, ת״נ undefined, indefinite, vague

סְתָמִיּוּת, נ׳ indefiniteness; generality

סָתַר, פ״י to destroy, upset; to refute, contradict

נִסְתַּר, פ״ע to be hidden

סֵתֶר, ז׳, ר׳, סְתָרִים hiding place; secret

כְּתַב סְתָרִים code, cipher

סִתְרָה, נ׳ shelter, protection

סַתָּת, ז׳, ר׳, ־תִים stonecutter

סִתֵּת, פ״י to hew

ס ע

ע ‘Ayin, sixteenth letter of Hebrew alphabet; seventy

עָב, זו״נ, ר׳, ־בִים, ־בוֹת cloud; thicket; forest

עָבַד, פ״י to work, serve

עִבֵּד, פ״י to fix; to prepare; to work out; to revise, adapt

הֶעֱבִיד, פ״י to enslave; to employ

עֶבֶד, ז׳, ר׳, ־עֲבָדִים slave, servant

עֲבָד, ז׳ work

עֻבְדָה, עוּבְדָה, נ׳, ר׳, ־דוֹת deed, fact

עֲבֻדָּה, נ׳ service, household

עַבְדוּת, נ׳ slavery; drudgery

עַבְדָן, ז׳, ר׳, ־נִים hide-dresser

עַבְדְּקָן, ת״ז one whose beard is thick

עָבָה, פ״ע to be thick, fat

עִבָּה, פ״ע to condense

עָבֶה, ת״ז, עָבָה, ת״נ thick

עִבּוּד, ז׳, ר׳, ־דִים fixing, working out; revision, adaption

עֲבוֹדָה, נ׳, ר׳, ־דוֹת work, service; worship

עֲבוֹט, ז׳, ר׳, ־טִים, ־טוֹת pledge

עֲבוּר, ז׳ produce

(עֲבוּר) בַּעֲבוּר, מ״י for, for the sake of, in order that

עִבּוּר, ז׳, ר׳, ־רִים pregnancy

שְׁנַת עִבּוּר leap year

עֲבוֹת, זו״נ, ר׳, ־תִים, ־תוֹת — rope
עָבוֹת, עָבֹת, ת״ז, עֲבֻתָּה, ת״נ — leafy, complicated, entangled
עָבַט, פ״י — to give or take a pledge
עַבְטִיט, ז׳ — pledge; debt; mud
עֳבִי, ז׳ — thickness
עָבִיט, ז׳, ר׳, עֲבִיטִים — earthenware, vessel; sumpter saddle
עָבִיר, ת״ז, עֲבִירָה, ת״נ — passable
עֲבֵירָה, עֲבֵרָה, נ׳, ר׳, ־רוֹת — sin
עֵבֶר, ז׳, ר׳, עֲבָרִים — side
עֵבֶר הַיַּרְדֵּן — Transjordania
עָבַר, פעו״י — to pass; to pass away
הֶעֱבִיר, פ״י — to cause to pass over; to bring over; to remove
עִבֵּר, פ״י — to make pregnant
הִתְעַבֵּר, פ״ח — to be enraged
עָבָר, ז׳ — past; past tense
עֻבָּר, עוּבָּר, ז׳, ר׳, ־רִים — embryo, fetus
עֲבָרָה, נ׳, ר׳, ־רוֹת — ford; transition
עֲבֵרָה, נ׳, ר׳, ־רוֹת — sin
עֶבְרָה, נ׳, ר׳, עֲבָרוֹת — anger, rage
עִבְרִי, ז׳, ר׳, ־יִּים — Hebrew, Jew
עִבְרִי, ת״ז, ־רִית, ת״נ — Hebrew
עֲבַרְיָן, ז׳, ר׳, ־נִים — transgressor
עֲבַרְיָנוּת, נ׳ — transgression
עִבְרִית, נ׳ — Hebrew language
עִבְרֵת, פ״י — to Hebraize
עָבַשׁ, פ״ע — to grow moldy
עָבֵשׁ, ת״ז, עֲבֵשָׁה, ת״נ — moldy
עֹבֶשׁ, עוֹבֶשׁ, ז׳, ר׳, עֳבָשִׁים — mold
עָבֹת, עָבוֹת, ת״ז, עֲבֻתָּה, ת״נ — leafy, complicated, entangled
עִבֵּת, פ״י — to twist; to pervert
עָג, פ״י, ע׳ [עוג] — to bake a cake; to make a circle
(עֶגֶב) עֲגָבִים, ז״ר — love-making
עָגַב, פ״ע — to lust
עֻגָב, עוּגָב, ז׳, ר׳, ־בִים — organ; harp
עֲגָבָה, נ׳, ר׳, ־בוֹת — lustfulness
עַגְבָנִיָּה, נ׳, ר׳, ־יוֹת — tomato
עַגֶּבֶת, נ׳ — syphilis
עָגָה, נ׳ — jargon, slang, lingo
עֻגָה, עוּגָה, נ׳, ר׳, ־גוֹת — cake
עִגּוּל, ז׳, ר׳, ־לִים — circle
עָגוֹל, עָגֹל, ת״ז, עֲגֻלָּה, ת״נ — round
עִגּוּלִי, ת״ז, ־לִית, ת״נ — round
עָגוּם, ת״ז, עֲגוּמָה, ת״נ — sad; depressed
עָגוּן, ז׳, ר׳, ־נִים — forsaken man
עֲגוּנָה, נ׳, ר׳, ־נוֹת — deserted wife
עָגוּר, ז׳, ר׳, עֲגוּרִים — crane (bird)
עֲגוּרָן, ז׳, ר׳, ־נִים — crane (machine)
עָגִיל, ז׳, ר׳, עֲגִילִים — earring
עָגֹל, עָגוֹל, ת״ז, עֲגֻלָּה, ת״נ — round
עִגֵּל, פ״י — to make round
עֵגֶל, ז׳, עֶגְלָה, נ׳, ר׳, עֲגָלִים, ־לוֹת — calf
עֲגָלָה, נ׳, ר׳, ־לוֹת — cart, wagon
עֶגְלוֹן, ז׳, ר׳, ־נִים — coachman
עֲגַלְגַּלֶּת, ת״נ — elliptic
עַגְלָן, ז׳, ר׳, ־נִים — maker of carts
עָגַם, פ״ע — to be grieved
עָגְמָה, נ׳ — grief
עָגַן, פ״ע — to cast anchor
נֶעֱגַן, פ״ע — to be restrained, tied, anchored
עִגֵּן, פ״י — to desert (a wife)
עֹגֶן, עוֹגֶן, ז׳, ר׳, עֳגָנִים — anchor
עַד, ז׳ — eternity; booty
עַד, מ״י — until; as far as
עֵד, ז׳, ר׳, ־דִים — witness
עֵדָה, נ׳, ר׳, ־דוֹת — assembly; community; testimony
עָדָה, פעו״י — to adorn oneself; to pass by

encouragement; arousal עִדּוּד, ז׳
pleasantness, delicateness, enjoyment עִדּוּן, ז׳, ר׳, ־נִים
hoeing עִדּוּר, ז׳, ר׳, ־רִים
testimony, law עֵדוּת, נ׳, ר׳, עֵדְוֹיוֹת
ornament, jewel עֲדִי, ז׳, ר׳, עֲדָיִים
until עֲדֵי, מ״י
still, yet עֲדַיִן, תה״פ
delicate, refined עָדִין, ת״ז, עֲדִינָה, ת״נ
refinement, delicacy עֲדִינוּת, נ׳
preferable עָדִיף, ת״ז, עֲדִיפָה, ת״נ
preference עֲדִיפוּת, נ׳
hoeing עֲדִירָה, נ׳, ר׳, ־רוֹת
choice land עִדִּית, נ׳, ר׳, ־יּוֹת
to bring up to date עִדְכֵּן, פ״י
up-to-date עַדְכָּנִי, ת״ז, ־נִית, ת״נ
(Purim) carnival עַדְלָיָדַע, ז׳
delight, enjoyment; garden of Eden, paradise עֵדֶן, ז׳, ר׳, עֲדָנִים
to pamper, coddle; improve עִדֵּן, פ״י
time, period עִדָּן, ז׳, ר׳, ־נִים
hitherto עֲדֶן, עֲדֶנָּה, תה״פ
enjoyment, delight עֶדְנָה, נ׳
immortelle; everlasting (flower) עַדְעָד, ז׳, ר׳, ־דִים
to be in excess עָדַף, פ״ע
to prefer הֶעְדִּיף, פ״י
surplus, excess; change (money) עֹדֶף, עוֹדֶף, ז׳, ר׳, עֲדָפִים
flock, herd עֵדֶר, ז׳, ר׳, עֲדָרִים
to hoe עָדַר, פ״י
to be missing; to be dead נֶעְדַּר, פ״ע
lentil; lens עֲדָשָׁה, נ׳, ר׳, ־שִׁים, ־שׁוֹת
to become cloudy, darken [עוב] הֵעִיב, פ״י

worker, employee עוֹבֵד, ז׳, ר׳, ־בְדִים
idolator עוֹבֵד אֱלִילִים
fact, deed עוּבְדָה, עֻבְדָּה, נ׳, ר׳, ־דוֹת
passing, transient עוֹבֵר, ת״ז, עוֹבֶרֶת, ת״נ
embryo, fetus עוּבָּר, עֻבָּר, ז׳, ר׳, ־רִים
to bake a cake; to make a circle [עוג] עָג, פ״י
mold עוֹבֶשׁ, עֹבֶשׁ, ז׳, ר׳, עֲבָשִׁים
lover עוֹגֵב, ז׳, ־גֶבֶת, נ׳, ר׳, ־גְבִים, ־גְבוֹת
anchor עוֹגֶן, עֹגֶן, ז׳, ר׳, עֲגָנִים
organ עוּגָב, עֻגָב, ז׳, ר׳, ־בִים
cake עוּגָה, עֻגָה, נ׳, ר׳, ־גוֹת
still, yet, more, again עוֹד, תה״פ
to testify; to warn, admonish [עוד] הֵעִיד, פ״י
to strengthen, encourage עוֹדֵד, פ״י
excess, surplus; change (money) עוֹדֶף, עֹדֶף, ז׳, ר׳, עֲדָפִים
to sin, do wrong עָוָה, פ״ע
to be twisted, perverted נַעֲוָה, פ״ע
ruin עַוָּה, נ׳, ר׳, עַוּוֹת
iniquity, sin עָווֹן, עָוֹן, ז׳, ר׳, עֲווֹנוֹת
perversion עִוּוּת, ז׳
to take refuge [עוז] עָז, פ״ע
to bring into safety הֵעִיז, פ״י
helper עוֹזֵר, ז׳, עוֹזֶרֶת, נ׳, ר׳, עוֹזְרִים, ־רוֹת
maid עוֹזֶרֶת־בַּיִת
grimace, twitch עֲוָיָה, נ׳, ר׳, ־יוֹת
young boy, urchin עֲוִיל, ז׳, ר׳, ־לִים
to hate עוֹיֵן, פ״י
convulsion עֲוִית, נ׳
yoke עוֹל, עֹל, ז׳, ר׳, עֻלִּים
child, suckling עוּל, ז׳, ר׳, ־לִים

עָוֶל, ז׳ injustice, wrong
עִוֵּל, פ״ע to do injustice
עַוָּל, ז׳, ר׳, ־לִים wrongdoer
עַוְלָה, עַוְלָתָה, עוֹלָתָה, נ׳, ר׳, ־לוֹת injustice, wrong
עוֹלֶה, ז׳, עוֹלָה, נ׳, ר׳, ־לִים, ־לוֹת immigrant returning to Israel, pilgrim
עוֹלָה, נ׳, ר׳, ־לוֹת burnt offering
עוֹלֵל, פ״י, ע׳ [עלל] to do; to glean
עוֹלֵל, עוֹלָל, ז׳, ר׳, ־לִים child, baby
עוֹלֵלָה, נ׳, ר׳, ־לוֹת remaining fruit, grapes (after harvest)
עוֹלָם, ז׳, ר׳, ־מוֹת, ־מִים world; eternity
עוֹלָמִית, תה״פ forever
עוֹלֶשׁ, עֹלֶשׁ, ז׳, ר׳, עֲלָשִׁים endive, chicory
עוֹמֶס, עֹמֶס, ז׳ burden, load
עוֹמֶק, עֹמֶק, ז׳, ר׳, עֲמָקִים depth
עוֹמֶר, עֹמֶר, ז׳, ר׳, עֲמָרִים sheaf; name of a measure
עָוֹן, עָווֹן, ז׳, ר׳, עֲווֹנוֹת iniquity, sin
עוֹנֶג, עֹנֶג, ז׳ enjoyment, delight, pleasure
עוֹנָה, נ׳, ר׳, ־נוֹת season; conjugal right
עוֹנִי, עֹנִי ז׳ poverty, affliction
עוֹנֵן, פ״ע, ע׳ [ענן] to practice soothsaying
עוֹנֶשׁ, עֹנֶשׁ, ז׳, ר׳, עֲנָשִׁים punishment
עוֹנָתִי, ת״ז, ־תִית, ת״נ seasonal
עִוְעִים, ז״ר confusion
עוֹף, ז׳, ר׳, ־פוֹת bird, fowl
[עוף] עָף, פ״ע to fly
הֵעִיף, פ״י to make fly; throw, cast
עוֹפֶל, עֹפֶל, ז׳, ר׳, עֲפָלִים fortified mound, hill
עוֹפֶר, עֹפֶר, ז׳, ר׳, עֲפָרִים fawn

עוֹפֶרֶת, נ׳ lead
[עוץ] עָץ, פ״י to counsel; to plan
עוֹצֶב, עֹצֶב, ז׳ pain
עוֹצֶם, עֹצֶם, ז׳ might
עוֹצֵר, ז׳, ר׳, ־רִים ruler; regent
עוֹצֶר, עֹצֶר, ז׳ oppression; curfew
[עוק] הֵעִיק, פ״י to press
עוֹקֶץ, עֹקֶץ, ז׳, ר׳, עֲקָצִים sting, prick, point
[עור] עָר, פ״ע to awake, rouse oneself
הֵעִיר, פ״י to awaken, rouse, stir up; to remark
עוֹר, ז׳, ר׳, ־רוֹת skin, hide
עִוֵּר, ז׳, ר׳, עִוְרִים blind person
מְעִי עִוֵּר appendix
עִוֵּר, פ״י to blind
עוֹרֵב, ז׳, ר׳, עוֹרְבִים raven, crow
עִוָּרוֹן, ז׳, עַוֶּרֶת, נ׳ blindness
עוֹרֵךְ, ז׳, ר׳, עוֹרְכִים editor
עוֹרֵךְ דִּין lawyer, attorney
עוֹרֶף, עֹרֶף, ז׳, ר׳, עֲרָפִים neck; base (*mil.*)
עוֹרֵק, ז׳, ר׳, עוֹרְקִים vein
[עוש] עָשׁ, פ״ע to hurry
עוֹשֶׁק, עֹשֶׁק, ז׳ oppression; extortion
עוֹשֶׁר, עֹשֶׁר, ז׳ wealth
עִוֵּת, פ״י to pervert
עַוָּתָה, נ׳, ר׳, ־תוֹת perversion
עָז, פ״ע, ע׳ [עוז] to take refuge
עֵז, נ׳, ר׳, עִזִּים she-goat
עֹז, ז׳ strength
עַז, ת״ז, עַזָּה, ת״נ strong, mighty
עֲזָאזֵל, ז׳ Azazel; demon; hell
עָזַב, פ״י to leave, abandon; to help
עִזָּבוֹן, ז׳, ר׳, עִזְבוֹנִים inheritance; wares
עָזוּב, ת״ז, עֲזוּבָה, ת״נ forsaken
עֲזוּבָה, נ׳, ר׳, ־בוֹת desolation

עֲזוּבִי, ז׳, ר׳, ־בִיים forsaken child
עֱזוּז, ז׳ strength; fierceness
עִזּוּז, ת״ז, ־זָה, ת״נ strong
עָזוּר, ת״ז, עֲזוּרָה, ת״נ helped
עַזּוּת, נ׳, עַזּוּת פָּנִים, ־ מֵצַח impudence
עָזַז, פ״ע to be strong; to prevail
הֵעֵז, פ״ע to dare
הֵעֵז פָּנִים to be insolent
עֲזִיבָה, נ׳, ר׳, ־בוֹת abandonment
עַזְמָה, נ׳ resoluteness
עָזְנִיָּה, נ׳, ר׳, נִיּוֹת osprey, hawk
עַזְפָּן, ז׳, ר׳, ־נִים impudent person
עַזְפָּנוּת, נ׳ impudence
עָזַק, פ״י to break ground, dig
עִזְקָה, נ׳, ר׳, עֲזָקוֹת signet ring
עֵזֶר, ז׳ help, helper
עֵזֶר כְּנֶגְדּוֹ wife
עָזַר, פ״י to help
עֲזָרָה, נ׳, ר׳, ־רוֹת yard; temple court
עֶזְרָה, נ׳ help
עֵט, ז׳, ר׳, ־טִים pen
עֵט נוֹבֵעַ fountain pen
עָטָה, פעו״י to wrap oneself
עָטוּף, ת״ז, עֲטוּפָה, ת״נ wrapped; feeble
עִטּוּף, ז׳ wrapping
עִטּוּר, ז׳, ר׳, ־רִים crowning, wreathing; decoration
עִטּוּשׁ, ז׳, ר׳, ־שִׁים sneeze
עֲטִי, ז׳ instigation
עָטִיט, ז׳ snoring
עָטִין, ז׳ udder
עֲטִיפָה, נ׳, ר׳, ־פוֹת wrapping
עֲטִישָׁה, נ׳, ר׳, ־שׁוֹת sneezing
עֲטַלֵּף, ז׳, ר׳, ־פִים bat
עָטַף, פ״י to wrap oneself; to be feeble
עָטַר, פ״י to surround; to crown
עֲטָרָה, עֲטֶרֶת, נ׳, ר׳, ־רוֹת crown, wreath; medallion
עָטַשׁ, עִטֵּשׁ, פ״ע to sneeze
עִי, ז׳, ר׳, עִיִּים heap of ruins
עִיבּוּר, עִבּוּר, ז׳, ר׳, ־רִים pregnancy
עִיגּוּל, עִגּוּל, ז׳, ר׳, ־לִים circle
עִידּוּר, עִדּוּר ז׳, ר׳, ־רִים hoeing
עִיוּוּת, עִוּוּת, ז׳ perversion
עִידִּית, עִדִּית, נ׳, ר׳, עִדִּיּוֹת choice land
עִיּוּן, ז׳, ר׳, ־נִים contemplation
עַיִט, ז׳, ר׳, עֵיטִים bird of prey, vulture
עִיכּוּב, עִכּוּב, ז׳, ר׳, ־בִים hindrance, delay
עִילָּה, עִלָּה, נ׳, ר׳, ־לוֹת cause, reason; excuse
עִיכּוּל, עִכּוּל, ז׳ digestion
עֵיל, ז׳ height
לְעֵיל, תה״פ supra, above
מִלְעֵיל penultimate accent (*gram.*)
עִילּוּי, עִלּוּי, ז׳, ר׳, ־יִים brilliant intellect; prodigy
עֲיָם, ז׳ strength
עַיִן, ז׳, ר׳, עֲיָנוֹת source, spring
עַיִן, נ׳, ר׳, עֵינַיִם eye; ring, hole; sight Ayin, name of sixteenth letter of Hebrew alphabet
בְּעַיִן, תה״פ discernibly; in natural form
כְּעֵין like, similar to; sort of
מֵעֵין a reflection of; of the nature of
עָיַן, פ״י to look at (with anger, hate)
עִיֵּן, פ״י to ponder, weigh
עִינּוּי, עִנּוּי, ז׳, ר׳, ־יִים affliction, torture
עִיסָּה, עִסָּה, נ׳, ר׳, ־סּוֹת dough

עָיֵף, פ"ע	to be tired
עֵיפָה, עֵיפָתָה, נ'	darkness
עֲיֵפוּת, נ'	weariness
עִיקָר, ז', ר', ־רִים	root; principle
עִיר, נ', ר', עָרִים	city
עִיר הַבִּירָה	capital
עַיִר, ז', ר', עֲיָרִים	young ass
עֵירוּב, עֵרוּב, ז', ר', ־בִים	mixture; confusion
עִירוֹנִי, ת"ז, ־נִית, ת"נ	inhabitant of a town; urban
עֲיָרָה, נ', ר', ־רוֹת	town
עִירִיָּה, נ', ר', ־יוֹת	municipality
עִירִית, נ', ר', ־יוֹת	asphodel
עֵירֹם, ת"ז, עֵירֻמָּה, ת"נ	naked
עֵירָנוּת, נ'	wakefulness
עַיִשׁ, נ'	Ursa Major, Great Bear
בֶּן עַיִשׁ	Ursa Minor, Little Bear
עִכֵּב, פ"י	to detain, prevent
הִתְעַכֵּב, פ"ע	to tarry, linger
עִכָּבָה, נ', ר', ־בוֹת	hindrance, delay
עַכָּבִישׁ, ז', ר', עַכְבִישִׁים	spider
קוּרֵי עַכָּבִישׁ	spider web
עַכְבָּר, ז', ר', ־רִים	mouse
עַכְבְּרוֹשׁ, ז', ר', ־שִׁים	rat
עִכּוּב, ז', ר', ־בִים	hindrance, delay
עַכּוּז, ז', ר', ־זִים	buttocks; animal's genitals
עִכּוּל, ז'	digestion
עָכוּר, ת"ז, עֲכוּרָה, ת"נ	filthy, gloomy
עִכֵּל, פ"י	to consume; to digest
עַכְנַאי, ז', ר', ־נָאִים	rattlesnake
עֶכֶס, ז', ר', עֲכָסִים	anklet; bangle
עִכֵּס, פ"י	to rattle, tinkle
עָכַר, פ"י	to disturb; to become gloomy
עַכְשָׁו, עַכְשָׁיו, תה"פ	now, at present
עַכְשׁוּב, ז', ר', ־בִים	viper
עַכְשָׁוִי, ת"ז, ־וִית, ת"נ	present
עַל, ז'	height
אֶל עַל	upwards
עַל, מ"י	on, upon, concerning, toward, against, to
עַל יַד	beside, near
עַל כֵּן	therefore
עַל מְנָת	in order to
עַל פֶּה, בְּעַל פֶּה	by heart
עַל פִּי	according to
עַל־פִּי־רֹב	generally
עֹל, עוֹל, ז', ר', עֳלִים	yoke
עִלָּאִי, ת"ז, ־אִית, ת"נ	advanced; superior
עָלַב, פ"י	to insult
עֶלְבּוֹן, ז', ר', ־נוֹת	insult
עִלֵּג, ת"ז, עִלֶּגֶת, ת"נ	stuttering; incoherent
עִלְּגוּת, נ'	stuttering; incoherence
עָלֶה, ז', ר', ־לִים	leaf, sheet of paper
עָלָה, פ"ע	to go up, ascend; to immigrate; to grow; to succeed
נַעֲלָה, פ"ע	to be exalted, be brought up
הֶעֱלָה, פ"י	to bring up; to cause to ascend; to bring sacrifice
עִלָּה, עִילָּה, נ', ר', ־לוֹת	cause, reason, excuse
עָלוּב, ת"ז, עֲלוּבָה, ת"נ	miserable, lowly
עַלְוָה, נ'	foliage
עִלּוּי, עִילּוּי, ז', ר', ־יִים	brilliant intellect; prodigy
עָלוּל, ת"ז, עֲלוּלָה	liable, susceptible; weak
עִלּוּם, ז'	concealment
בְּעִלּוּם־שֵׁם	incognito

עָלוּם, ז׳, ר׳, עֲלוּמִים youth
עָלוֹן, ז׳, ר׳, עֲלוֹנִים leaflet
עֲלוּקָה, נ׳, ר׳, ־קוֹת leech, vampire
עָלֵז, ת״ז, עֲלֵזָה, ת״נ happy, joyful
עָלַז, פ״ע to be happy, rejoice
עֲלָטָה, נ׳, ר׳, ־טוֹת thick darkness
עֱלִי, ז׳, ר׳, עֱלָיִים pestle; pistil
עִלִּי, ת״ז, ־לִּית, ת״נ upper, top
עֲלִיָּה, נ׳, ר׳, ־יּוֹת going up, ascent; immigration, pilgrimage; attic
עֶלְיוֹן, ת״ז, ־נָה, ת״נ top, highest
עֶלְיוֹן, ז׳ The Most High, God
עֶלְיוֹנוּת, נ׳ height, sublimity; superiority
עַלִּיז, ת״ז, ־זָה, ת״נ happy, joyful
עַלִּיזוּת, נ׳ happiness, joyfulness
עֲלִיל, ז׳ reality; crucible
בַּעֲלִיל, תה״פ really; clearly
עֲלִילָה, נ׳, ר׳, ־לוֹת deed; action; plot, false charge, accusation
עֲלִילִיָּה, נ׳, ר׳, ־יּוֹת action, deed
עֲלִיצוּת, נ׳ happiness, rejoicing
[עלל] עוֹלֵל, פ״י to do; to glean
הִתְעַלֵּל, פ״ח to act ruthlessly
הֶעֱלִיל, פ״י to bring a false charge; to accuse
[עלם] נֶעְלַם, פ״ע to be hidden; to disappear
הִתְעַלֵּם, פ״ח to shut one's eyes to
עֶלֶם, ז׳, ר׳, עֲלָמִים young man
עָלַם, עָלְמָא, ז׳, ר׳, עָלְמִין world
עַלְמָה, נ׳, ר׳, עֲלָמוֹת young woman
עַלְמוּת, נ׳ youth, vigor
עָלַס, פ״ע to rejoice
הִתְעַלֵּס, פ״ח to enjoy oneself
עִלַּע, פ״י to lap, swallow
עַלְעוֹל, עַלְעָל, נ׳, ר׳, ־לִים small leaf, sepal

עִלְעֵל, פ״י to turn pages; to skim, scan
עִלֵּף, פ״י to cover, wrap; to be frightened
הִתְעַלֵּף, פ״ח to faint; to cover, wrap oneself
עֻלְפֶּה, ת״ז, ־פָּה, ת״נ weak, faint
עָלַץ, פ״ע to rejoice
עֹלֶשׁ, עוֹלֶשׁ, ז׳, ר׳, עֳלָשִׁים endive, chicory
עַם, ז׳, ר׳, עַמִּים nation; people
עַם הָאָרֶץ illiterate, ignoramus
עַם הָאַרְצוּת, נ׳ illiteracy
עַמְּךָ common people
עִם, מ״י with; while; close to
עָמַד, פ״ע to stand; to arise; to delay, tarry; to stop
עָמַד בַּבְּחִינָה to pass an examination
עָמַד בְּדִבּוּר to keep one's word
עָמַד בַּדִּין to stand trial
עָמַד בְּנִסָּיוֹן to withstand temptation
עָמַד עַל דַּעְתּוֹ to insist
הֶעֱמִיד, פ״י to place, set; to appoint
עֹמֶד, ז׳ standing place
עֶמְדָּה, נ׳, ר׳, עֲמָדוֹת standing ground; position; attitude
עִמָּדִי, מ״ג with me
עַמּוּד, ז׳, ר׳, ־דִים stand; pillar; page
עַמּוּד־הַקָּלוֹן pillory
עַמּוּד־הַשִּׁדְרָה spinal column
עַמּוּדָה, נ׳, ר׳, ־דוֹת column (in book, page)
עָמוּם, ת״ז, עֲמוּמָה, ת״נ dim
עַמּוֹן, ז׳, ר׳, ־נִים democrat

עַמּוֹנוּת, נ׳ democracy
עַמּוֹנִי, ת״ז, ־נִית, ת״נ Ammonite; democratic
עָמוּס, ת״ז, עֲמוּסָה, ת״נ laden; full
עָמוֹק, עָמֹק, ת״ז, עֲמֻקָּה, ת״נ deep, profound
עָמוּר, ז׳, ר׳, ־רִים binding sheaves
עֲמִידָה, נ׳, ר׳, ־דוֹת standing; prayer
עַמִּיּוּת, נ׳ ignorance
עָמִיל, ז׳, ר׳, עֲמִילִים agent
עֲמִילָן, ז׳ starch
עֲמִימוּת, נ׳ bluntness
עָמִיר, ז׳ sheaf
עָמִית, ז׳, ר׳, עֲמִיתִים friend, associate
עָמָל, ז׳ work, labor; trouble; mischief
עָמֵל, ז׳, ר׳, ־לִים laborer; sufferer
עָמַל, פ״ע to work, labor
עִמֵּל, פ״ע to massage; to exercise
הִתְעַמֵּל, פ״ח to perform physical exercise
עִמְלֵן, פ״י to starch
עַמְלָץ, ז׳, ר׳, ־צִים shark
עָמַם, פ״י to darken, dim
עֲמָמִי, ת״ז, ־מִית, ת״נ popular
עֲמָמִיּוּת, נ׳ popularity
עָמַס, פ״י to load; to carry a load
עֹמֶס, עוֹמֶס, ז׳ load, burden
עִמְעֵם, פ״י to darken, dim
עִמֵּץ, פ״י to close, shut (eyes)
עָמֹק, עָמוֹק, ת״ז, עֲמֻקָּה, ת״נ deep, profound
עֵמֶק, ז׳, ר׳, עֲמָקִים valley, lowland
עֹמֶק, עוֹמֶק, ז׳, ר׳, עֳמָקִים depth
עָמַק, פ״ע to be deep
הִתְעַמֵּק, פ״ח to think deeply

עַמְקוּת, נ׳ depth, profundity
עַמְקָן, ז׳ profound thinker
עֹמֶר, עוֹמֶר, ז׳, ר׳, עֳמָרִים sheaf; name of a measure
עִמֵּר, פ״י to bind sheaves
הִתְעַמֵּר, פ״ח to deal tyranically
עָמַשׁ, פ״י to load; to carry a load
עֻמַּת, לְעֻמַּת, תה״פ opposite, toward
עֵנָב, ז׳, ר׳, עֲנָבִים grape; berry
עָנַב, פ״י to fasten, tie
עֲנָבָה, נ׳, ר׳, ־בוֹת grape; berry; eye-sore; (grain of) lentil, barley
עִנְבָּל, ז׳, ר׳, ־לִים clapper (of bell)
עִנְבָּר, ז׳ amber
עֹנֶג, עוֹנֶג, ז׳ delight, pleasure, enjoyment
עָנֹג, ת״ז, עֲנֻגָּה, ת״נ dainty, delicate
עִנֵּג, פ״י to give pleasure to; to make delicate
עָנַד, פ״י to bind around
עָנָה, פעו״י to answer, testify; to sing; to abase oneself
עָנָו, ת״ז, עֲנָוָה, ת״נ humble, afflicted
[ענו] הִתְעַנֵּו, פ״ע to be humble; to feign being humble
עִנּוּג, ז׳, ר׳, ־גִים pleasantness
עֲנָוָה, נ׳ humility, lowliness
עִנּוּי, ז׳, ר׳, ־יִים affliction, torture
עָנוּשׁ, ת״ז, עֲנוּשָׁה, ת״נ punished
עֱנוּת, נ׳ affliction
עַנְוְתָן, ת״ז, ־נִית, ת״נ humble, patient
עַנְוְתָנוּת, נ׳ humility, patience
עָנִי, ת״ז, עֲנִיָּה, ת״נ; ז׳ poor, afflicted, lowly; pauper
עֳנִי, עֹנִי, עוֹנִי, ז׳ poverty, affliction
[עני] הֶעֱנִי, פ״ע to become poor, impoverished

עֲנִיבָה, נ׳, ר׳, ־בוֹת tie, necktie; noose
עֲנִיָּה, נ׳ answering, replying; pauper
עֲנִיּוּת, נ׳ poverty
עִנְיָן, ז׳, ר׳, ־נִים, ־נוֹת occupation; affair; subject, interest
עִנְיֵן, פ״י to interest, make interesting
עִנְיָנִי, ת״ז, ־נִית, ת״נ subjective
עִנְיָנִיּוּת, נ׳ subjectivity
עָנָן, ז׳, ר׳, עֲנָנִים cloud
עִנֵּן, פ״י to make cloudy
עוֹנֵן, פ״ע to practice soothsaying
עֲנָנָה, נ׳, ר׳, ־נוֹת cloudlet
עָנָף, ז׳, ר׳, עֲנָפִים branch, bough
עָנֵף, ת״ז, עֲנֵפָה, ת״נ branched
עֲנָק, ז׳, ר׳, ־קִים giant; necklace
עָנַק, פ״י to put on as a necklace
הֶעֱנִיק, פ״י to load with gifts
עֲנָקִי, ת״ז, ־קִית, ת״נ gigantic
עֹנֶשׁ, עוֹנֶשׁ, ז׳, ר׳, עֳנָשִׁים punishment
עָנַשׁ, פ״י to punish
עַסַּאי, ז׳, ר׳, ־סָּאִים masseur
עִסָּה, עִיסָּה, נ׳, ר׳, ־סּוֹת dough
עִסָּה, פ״י to squeeze, press; to massage
עִסּוּי, ז׳, ר׳, ־יִים pressure; massage
עִסּוּק, ז׳, ר׳, ־קִים occupation
עָסוּק, ת״ז, עֲסוּקָה, ת״נ busy
עַסְיָן, ז׳, ר׳, ־נִים masseur
עָסִיס, ז׳ fruit juice
עֲסִיסִי, ת״ז, ־סִית, ת״נ juicy
עֲסִיסִיּוּת, נ׳ juiciness
עַסִיק, ז׳, ר׳, עֲסִיקִים busybody
עָסַס, פ״י to press, crush
עֵסֶק, ז׳, ר׳, עֲסָקִים business, occupation, concern
עָסַק, פ״ע to be busy; to trade
הֶעֱסִיק, פ״י to employ
עַסְקָן, ז׳, ר׳, ־נִים social worker
עַסְקָנוּת, נ׳ social activity
עָף, פ״ע, ע׳ [עוף] to fly; to rotate
עִפּוּי, ז׳ lassitude, languor
עָפוֹר, עָפֹר, ת״ז, עֲפֹרָה, ת״נ earthen
עִפּוּשׁ, ז׳ moldering; bad odor
עֳפִי, ז׳, ר׳, עֳפָאִים bough; leafage, foliage
עֲפִיפוֹן, ז׳, ר׳, ־נִים kite
עֹפֶל, עוֹפֶל, ז׳, ר׳, עֳפָלִים fortified mound, hill; hemorrhoid
[עפל] הֶעְפִּיל, פ״ע to presume; to be arrogant
עִפְעוּף, ז׳, ר׳, ־פִים winking
עַפְעַף, ז׳, ר׳, ־פַּיִם eyelid
עִפְעֵף, פ״י to wink
עָפָץ, ז׳, ר׳, עֲפָצִים gallnut
עִפֵּץ, פ״י to tan (leather)
עֹפֶר, עוֹפֶר, ז׳, ר׳, עֳפָרִים fawn
עָפָר, ז׳, ר׳, עֲפָרִים loose earth, dust
עָפֹר, עָפוֹר, ת״ז, עֲפֹרָה, ת״נ earthen
שָׁלוֹם לַעֲפָרוֹ R.I.P., rest in peace
עִפֵּר, פ״י to throw dust
עַפְרָה, נ׳, ר׳, עֲפָרוֹת ore
עִפָּרוֹן, ז׳, ר׳, עֶפְרוֹנוֹת pencil
עֶפְרוֹנִי, ז׳, ר׳, ־נִים lark
עַפְרוּרִי, ת״ז, ־רִית, ת״נ earthy, dustlike
עֹפֶרֶת, עוֹפֶרֶת, נ׳ lead
עִפֵּשׁ, פ״ע to become moldy, rot
עֹפֶשׁ, ז׳, ר׳, עֳפָשִׁים mold, fungus
עָץ, פ״י, ע׳ [עוץ] to counsel, plan
עֵץ, ז׳, ר׳, ־צִים tree, wood, timber
עֶצֶב, ז׳, ר׳, עֲצָבִים pain, hurt; sorrow
עָצַב, פ״י to hurt, grieve
עִצֵּב, פ״י to shape, fashion; to straighten (limb)
עָצֵב, ת״ז, עֲצֵבָה, ת״נ sad; needy

עָצָב, ז׳, ר׳, עֲצַבִּים nerve; idol
עֹצֶב, עוֹצֶב, ז׳ pain; sorrow; idol
עִצָּבוֹן, ז׳, ר׳, עִצְּבוֹנוֹת pain, sadness
עֶצְבּוֹנִית, נ׳, ר׳, ־נִיּוֹת wild rosebush
עַצְבוּת, נ׳ pain, sadness
עַצְבָּנוּת, נ׳ nervousness
עִצְבֵּן, פ״י to enervate, irritate
עַצְבָּנִי, ת״ז, ־נִית, ת״נ nervous
עַצֶּבֶת, נ׳ pain, sadness
עָצֶה, ז׳, ר׳, ־צִים sacrum
עֵצָה, נ׳, ר׳, ־צוֹת counsel, advice, plan; wood; woodiness
עִצָּה, פ״י to wood; to cover with wood
עָצוּב, ת״ז, עֲצוּבָה, ת״נ sad, depressed
עָצוּם, ת״ז, עֲצוּמָה, ת״נ mighty, numerous; terrific
עִצּוּם, ז׳, ר׳, ־מִים essence; strengthening
עֲצוּמָה, עֲצֻמָה, נ׳, ר׳, ־מוֹת complaint; petition; defense, argument
עִצּוּר, ז׳, ר׳, ־רִים consonant
עָצוּר, ת״ז, עֲצוּרָה, ת״נ detained; closed up
עָצִיץ, ז׳, ר׳, עֲצִיצִים flowerpot
עָצִיר, ז׳, ר׳, ־רִים detainee
עֲצִירָה, נ׳, ר׳, ־רוֹת closing up, obstruction, detention
עֲצִירוּת, ר׳, ־רֻיוֹת constipation
עָצֵל, ת״ז, עֲצֵלָה, ת״נ sluggish, lazy
[עצל] נֶעֱצַל, פ״ע to be sluggish, lazy
עַצְלָה, עַצְלוּת, נ׳ laziness
עַצְלָן, ז׳, ר׳, ־נִים a lazy person, laggard
עֲצַלְתַּיִם, נ״ר laziness
עֹצֶם, עוֹצֶם, ז׳ might
עָצַם, פעו״י to be mighty, numerous; to shut (eyes)

עֶצֶם, נו״ז, ר׳, עֲצָמוֹת, עֲצָמִים bone; body, substance; object
עַצְמָאוּת, נ׳ independence
עַצְמָאִי, ת״ז, ־אִית, ת״נ independent
עָצְמָה, נ׳ might, power
עֲצֻמָה, עֲצוּמָה, נ׳, ר׳, ־מוֹת complaint; petition; defense, argument
עַצְמִי, ת״ז, ־מִית, ת״נ essential; of the body, self
עַצְמִיּוּת, נ׳ essence; substance
עַצְפּוֹר, ז׳, ר׳, ־רִים safflower
עָצַר, פ״י to restrain, shut up; to squeeze
עֶצֶר, ז׳ authority; rule; restraint, withholding
יוֹרֵשׁ עֶצֶר heir to the throne
עֹצֶר, עוֹצֶר, ז׳ oppression; curfew
עֲצָרָה, נ׳, ר׳, ־רוֹת solemn assembly
עִצָּרוֹן, ז׳ restraint
עַצְרָן, ז׳, ר׳, ־נִים miser
עֲצֶרֶת, נ׳, ר׳, עֲצָרוֹת solemn assembly; Pentecost
עֵקֶב, ז׳ result, reward
עֵקֶב, תה״פ because of
עָקֵב, ז׳, ר׳, עֲקֵבוֹת, עֲקָבִים heel; footprint; trace; rear
עָקַב, פעו״י to follow at the heel; to deceive
עִקֵּב, פ״י to hold back, restrain; to follow
עָקֹב, ת״ז, עֲקֻבָּה, ת״נ deceitful; steep
עָקְבָה, נ׳, ר׳, ־בוֹת deceit; provocation
עִקְבִי, ת״ז, ־בִית, ת״נ consistent, logical
עָקֹד, ת״ז, עֲקֻדָּה, ת״נ striped, streaked

עָקַד, פ״י — to bind
עֵקֶד, ז׳ — gathering, collection
עֲקֵדָה, נ׳, ר׳, ־דוֹת — binding
עָקָה, נ׳, ר׳, ־קוֹת — pressure
עִקּוּב, ז׳ — cube
עִקּוּבִי, ת״ז, ־בִית, ת״נ — cubic
עָקוּד, ת״ז, עֲקוּדָה, ת״נ — bound
עִקּוּל, ז׳, ר׳, ־לִים — crookedness; foreclosure
עָקוֹם, עָקֹם, ת״ז, עֲקֻמָּה, ת״נ — curved, crooked
עִקּוּר, ז׳, ר׳, ־רִים — uprooting; castration; sterilization
עָקוּר, ת״ז, עֲקוּרָה, ת״נ — torn out, uprooted; sterile, impotent
עִקּוּשׁ, ז׳, ר׳, ־שִׁים — turning, making crooked
עָקוּשׁ, ת״ז, עֲקוּשָׁה, ת״נ — distorted, bent
עָקִיב, ת״ז, עֲקִיבָה, ת״נ — consequent
עֲקִיבוּת, נ׳ — consequence
עֲקִידָה, נ׳, ר׳, ־דוֹת — binding
עֲקִימָה, נ׳, ר׳, ־מוֹת — making crooked
עָקִיף, ת״ז, עֲקִיפָה, ת״נ — indirect, roundabout
עֲקִיפָה, נ׳, ר׳, ־פוֹת — going around
עֲקִיצָה, נ׳, ר׳, ־צוֹת — bite, sting; stinging remark
עֲקִירָה, נ׳, ר׳, ־רוֹת — uprooting; removal
עִקֵּל, פ״י — to bend, twist; to pervert; to foreclose
עֶקֶל, ז׳, ר׳, עֲקָלִים — wicker basket; ballast
עֲקַלְקַל, ת״ז, ־קֶלֶת, ת״נ — crooked
עֲקַלְקַלָּה, נ׳, ר׳, ־לּוֹת — crooked ways
עֲקַלָּתוֹן, ת״ז, ־נָה, ת״נ — crooked
עָקַם, פ״י — to curve, make crooked

עִקֵּם, ת״ז, עֲקֻמָּה, ת״נ — crooked
עַקְמוּמִית, נ׳ — crookedness, deceit
עַקְמָנִי, ת״ז, ־נִית, ת״נ — inclined to deceit
עַקְמָנוּת, נ׳ — insincerity
עָקַף, פ״י — to surround, go roundabout
עָקַץ, פ״י — to sting; to cut fruit
עֹקֶץ, עוֹקֶץ, ז׳, ר׳, עֳקָצִים — sting; point; prick; stalk (fruit)
עֹקֶץ־הָעַקְרָב, ז׳, ר׳, עָקְצֵי־הָעַקְרַבִּים — heliotrope
עָקָר, ז׳, ר׳, עֲקָרִים — barren
עָקַר, פ״י, עִקֵּר, פ״י — to uproot; to make barren
עֵקֶר, ז׳, ר׳, עֲקָרִים — offshoot
עִקָּר, ז׳, ר׳, ־רִים — root; principle
עַקְרָב, ז׳, ר׳, ־בִּים — scorpion
עִקָּרוֹן, ז׳, ה׳, עֶקְרוֹנוֹת — principle, fundamental law
עֶקְרוֹנִי, ת״ז, ־נִית, ת״נ — fundamental
עִקָּרִי, ת״ז, ־רִית, ת״נ — principal, chief
עִקֵּשׁ, פ״י — to make crooked
הִתְעַקֵּשׁ, פ״ח — to be obstinate
עִקְּשׁוּת, נ׳ — crookedness
עַקְשָׁן, ת״ז, ־נִית, ת״נ — stubborn
עַקְשָׁנוּת, נ׳ — obstinacy
עָר, ז׳, ר׳, ־רִים — enemy; laurel
עָר, פ״ע, ע׳ [עור] — to awake, rouse oneself
עֵר, ת״ז, עֵרָה, ת״נ — awake
עֲרַאי, ז׳ — chance
עֲרָאִי, ת״ז, ־אִית, ־ת״נ — casual, incidental
עֶרֶב, ז׳, ר׳, עֲרָבִים — evening, eve
הָעֶרֶב — this evening
בֵּין־הָעַרְבַּיִם — twilight, dusk

עָרַב, פעו״י to become evening, become dark; to give in pledge; to be surety

עֵרַב, פ״י to mix up

הִתְעָרֵב, פ״ח to make a bargain; to interfere; to bet

עָרֹב, ז׳ swarms of flies

עֵרֶב, ז׳ mixture, mixed company; woof

שְׁתִי וָעֵרֶב warp and woof

עָרֵב, ת״ז, עֲרֵבָה, ת״נ sweet; responsible

עֲרָב, ז׳ Arabia

עִרְבֵּב, פ״י to mix up

עֲרָבָה, נ׳, ר׳, ־בִים, ־בוֹת steppe, desert; salix, willow

עֲרֻבָּה, נ׳, ר׳, ־בּוֹת pledge, surety

עֲרֵבָה, נ׳, ר׳, ־בוֹת tub; kneading trough

עִרְבּוּב, ז׳, ר׳, ־בִים mix-up, confusion

עִרְבּוּבְיָה, נ׳, ר׳, ־יוֹת disorder, confusion

עֵרָבוֹן, ז׳, ר׳, עֶרְבוֹנוֹת pawn; pledge

עֲרֵבוּת, נ׳, ר׳, ־בֻיּוֹת pleasantness; pledge

עַרְבִי, עֲרָבִי, ת״ז, ־בִיָּה, ־בִית, ת״נ Arab, Arabic

עַרְבִית, נ׳ evening; evening prayer

עִרְבֵּל, פ״י to mix (cement, concrete); to confound

עַרְבָּל, ז׳, ר׳, ־לִים concrete mixer; whirlpool, whirlwind

עָרַג, פעו״י to long for, crave; to prepare garden beds

עֶרְגָּה, נ׳, עֶרְגוֹן, ז׳ longing, craving

עִרְגּוּל, ז׳, ר׳, ־לִים rolling of metal

עִרְגֵּל, פ״י to roll metal

עַרְדָּל, ז׳, ר׳, ־לַיִם overshoe; rubber

עֵרָה, פעו״י to pour out, make empty; to lay bare; to transfuse (blood)

עֹרָה, פ״ע to be intertwined

הִתְעָרָה, פ״ע to make naked; to spread oneself; to attach oneself; to take root

עֵרוּב, ז׳, ר׳, ־בִים mixture; confusion

עָרוּג, ת״ז, עֲרוּגָה, ת״נ arranged as a garden bed

עֲרוּגָה, נ׳, ר׳, ־גוֹת garden bed

עָרוֹד, ז׳, ר׳, עֲרוֹדִים wild ass

עֶרְוָה, נ׳, ר׳, עֲרָיוֹת pudenda, genitals; nakedness

עֵרוּי, ז׳, ר׳, ־יִים pouring out

עֵרוּי דָּם blood transfusion

עָרוּךְ, ת״ז, עֲרוּכָה, ת״נ prepared, ready, put in order; edited

עָרוּם, ת״ז, עֲרוּמָה, ת״נ crafty, sly

עָרוֹם, עָרֹם, ת״ז, עֲרֻמָּה, ת״נ naked

עֲרוֹעֵר, ז׳ juniper

עָרוּף, ת״ז, עֲרוּפָה, ת״נ decapitated

עָרוּץ, ז׳, ר׳, עֲרוּצִים deep ravine

עֵרוּת, נ׳ vigilance

עַרְטִילַאי, ת״ז, ־לָאִית, ת״נ naked; abstract

עִרְטֵל, פ״י to make naked, strip

עֲרִיבָה, נ׳ sunset

עֲרִיגָה, נ׳, ר׳, ־גוֹת longing, craving

עֶרְיָה, נ׳ nakedness

עֲרִיכָה, נ׳, ר׳, ־כוֹת arranging, editing

עָרִיס, ז׳, ר׳, עֲרִיסִים arbor, espalier

עֲרִיסָה, נ׳, ר׳, ־סוֹת cradle; kneading trough

עָרִיף, ז׳, ר׳, עֲרִיפִים sky, clouds

עֲרִיפָה, נ׳, ר׳, ־פוֹת breaking the neck; decapitation
עָרִיץ, ז׳, ר׳, ־צִים, ־צוֹת violent person; tyrant
עֲרִיצִי, ת״ז, ־צִית, ת״נ epic
עָרִיצוּת, נ׳ ruthlessness, tyranny
עָרִיק, ז׳, ר׳, עֲרִיקִים deserter
עֲרִיקָה, נ׳ desertion
עֲרִירוּת, נ׳ childlessness; loneliness
עֲרִירִי, ת״ז, ־רִית, ת״נ childless; lonely
עֵרֶךְ, ז׳, ר׳, עֲרָכִים value, evaluation; order, arrangement; entry (in dictionary)
בְּעֵרֶךְ, תה״פ approximately, about
עֵרֶךְ בְּגָדִים a suit of clothes
עֲרֹךְ, ז׳, ר׳, ־כִים comparison
עָרַךְ, פ״י to arrange, set in order; to compare
עָרַךְ שֻׁלְחָן to set a table
הֶעֱרִיךְ, פ״י to value, estimate, assess
עָרֵל, ת״ז, עֲרֵלָה, ת״נ uncircumcised; gentile
עֲרַל לֵב dull-head
עֲרַל שְׂפָתַיִם stutterer
אֹזֶן עֲרֵלָה hard of hearing
עָרַל, פ״י to count (leave) uncircumcised, forbidden
עָרְלָה, נ׳, ר׳, עֲרָלוֹת foreskin; fruit of trees for the first three years
עָרַם, פ״י to make piles
נֶעֱרַם, פ״ע to be heaped up
הֶעֱרִים, פ״ע to be crafty, sly
עָרֹם, עָרוֹם, ת״ז, עֲרֻמָּה, ת״נ naked
עֲרֵמָה, נ׳, ר׳, ־מוֹת pile, heap
עָרְמָה, נ׳, ר׳, ־מוֹת slyness, craftiness

עַרְמוּמִי, ת״ז, ־מִית, ת״נ crafty
עַרְמוּמִיּוּת, נ׳ craftiness
עַרְמוֹן, ז׳, ר׳, ־נִים chestnut; chestnut tree
עַרְמוֹנִיּוֹת, נ״ר castanets
עֵרָנוּת, נ׳ wakefulness, alertness
עֵרָנִי, ת״ז, ־נִית, ת״נ wide awake, alert
עַרְסָל, ז׳, ר׳, ־לִים hammock
עִרְעוּר, ז׳, ר׳, ־רִים objection, appeal
עִרְעֵר, פ״י to destroy; to object; to appeal
עַרְעָר, ז׳, ר׳, ־רִים juniper; appeal; destitute
עֹרֶף, עוֹרֶף, ז׳, ר׳, עֲרָפִים neck; base (*mil.*)
עָרַף, פ״י to decapitate, break the neck; to drip
עַרְפָּד, ז׳, ר׳, ־דִים vampire, species of bat
עֲרָפֶל, ז׳, ר׳, עַרְפִלִּים fog, mist
עִרְפֵּל, פ״י to make foggy
עַרְפִלִּי, ת״ז, ־לִית, ת״נ foggy, misty
עָרַץ, פעו״י to frighten; to fear, dread
הֶעֱרִיץ, פ״י to venerate, admire deeply
עָרַק, פ״ע to flee, desert
עֶרֶק, ז׳, ר׳, עֲרָקִים sieve
עַרְקוּב, ז׳, ר׳, ־בִים knee joint
עָרַר, פ״ע to object, to contest
עֶרֶשׂ, ז׳, ר׳, עֲרָשׂוֹת bed, crib, divan
עֶרֶשׂ דְּוַי sickbed
עָשׁ, פ״ע, ע׳ [עוש] to hurry
עָשׁ, ז׳, ר׳, ־שִׁים moth; the Great Bear
עֵשֶׂב, ז׳, ר׳, עֲשָׂבִים grass
עִשֵּׂב, פ״י to weed
עִשְׂבִּיָּה, נ׳, ר׳, ־יּוֹת herbarium

to make; to do, produce עָשָׂה, פ״י
made; accustomed עָשׂוּי, ת״ז, עֲשׂוּיָה, ת״נ
constraint, compulsion עִשּׂוּי, ז׳, ר׳, ־יִּים
weeding עִשּׁוּב, ז׳
smoking עִשּׁוּן, ז׳, ר׳, ־נִים
oppressed עָשׁוּק, ת״ז, עֲשׁוּקָה, ת״נ
extortioner עָשׁוֹק, ז׳, ר׳, ־קִים
ten, decade עָשׂוֹר, ש״מ, ר׳, ־רִים
tithing עִשּׂוּר, ז׳ ר׳, ־רִים
with tens עֲשׂוֹרִי, ת״ז, ־רִית, ת״נ
forged עָשׁוֹת, ת״ז, עֲשׁוּתָה, ת״נ
doing, action עֲשִׂיָּה, נ׳, ר׳, ־יּוֹת
rich עָשִׁיר, ת״ז, עֲשִׁירָה, ת״נ
wealth, richness עֲשִׁירוּת, נ׳
a tenth { עֲשִׂירִיָּה, נ׳, ר׳, ־יּוֹת / עֲשִׂירִית, נ׳, ר׳, ־יּוֹת }
smoke עָשָׁן, ז׳, ר׳, עֲשָׁנִים
smoking, smoky עָשֵׁן, ת״ז, עֲשֵׁנָה, ת״נ
to smoke עָשַׁן, פ״ע
to smoke, raise smoke, fumigate עִשֵּׁן, פ״ע
sharp edge of ax עֶשֶׁף, ז׳, ר׳, עֲשָׁפִים
oppression, extortion עֹשֶׁק, עוֹשֶׁק ז׳
quarrel, fight עֵשֶׁק, ז׳
to oppress, extort עָשַׁק, פ״י
wealth עֹשֶׁר, עוֹשֶׁר ז׳
to become rich עָשַׁר, פ״ע
to tithe; to multiply by ten עָשַׂר, פ״י
ten (*f.*) עֶשֶׂר, ש״מ
ten (*m.*) עֲשָׂרָה, ש״מ
a tenth עִשָּׂרוֹן, ז׳, ר׳, עֶשְׂרוֹנוֹת
base ten עֶשְׂרוֹנִי, ת״ז, ־נִית, ת״נ
twenty עֶשְׂרִים, ש״מ
group of ten עֲשֶׂרֶת, נ׳, ר׳, עֲשָׂרוֹת
to waste away; to dim (eyes) עָשַׁשׁ, עָשֵׁשׁ, פ״ע

lantern; iron bar עֲשָׁשִׁית, נ׳, ר׳, ־שִׁיּוֹת
plate; metal bar; steel עֶשֶׁת, ז׳, ר׳, עֲשָׁתוֹת
to become sleek; strong עָשַׁת, פ״ע
to think, bethink oneself הִתְעַשֵּׁת, פ״ע
thoughts עֶשְׁתּוֹנוֹת, ז״ר
Ashtoreth, Canaanite goddess of fecundity עַשְׁתֹּרֶת, נ׳, ר׳ ־תָּרוֹת
time; occurrence עֵת, נ׳, ר׳, עִתִּים, עִתּוֹת
for the meantime, for now לְעֵת עַתָּה
sometimes לְעִתִּים
to make ready עִתֵּד, פ״י
now עַתָּה, תה״פ
he-goat, bell-wether; leader עַתּוּד, ז׳, ר׳, ־דִים
provision; reserves (*mil.*) עֲתוּדָה, נ׳, ר׳, ־דוֹת
newspaper, journal עִתּוֹן, ז׳, ר׳, ־נִים
journalism עִתּוֹנָאוּת, נ׳
journalist עִתּוֹנַאי, ז׳, ר׳, ־נָאִים
ready; periodic עִתִּי, ת״ז, עִתִּית, ת״נ
ready; future עָתִיד, ת״ז, עֲתִידָה, ת״נ
ancient עַתִּיק, ת״ז, ־קָה, ת״נ
antiquity עַתִּיקוּת, נ׳
antiques, antiquities עַתִּיקוֹת, נ״ר
rich עֲתִיר, ת״ז, ־רָה, ת״נ
entreaty עֲתִירָה, נ׳, ר׳, ־רוֹת
to be dark [עתם] נֶעְתַּם, פ״ע
arrogance עָתָק, ז׳
to move, advance; to succeed עָתַק, פ״ע
to be transcribed, translated נֶעְתַּק, פ״ע
to copy; to translate; to remove הֶעְתִּיק, פ״י

עָתֵק, ת״ז, עֲתֵקָה, ת״נ enduring, durable
עָתַר, פ״ע to pray, supplicate
נֶעְתַּר, פ״ע to be excessive
עֶתֶר, ז׳, ר׳, עֲתָרִים pitchfork; prayer
עֲתֶרֶת, נ׳ abundance; wealth

פּ, פ, ף

פּ, פ, ף Pé, Fé, seventeenth letter of Hebrew alphabet; eighty
פֵּא, נ׳, ר׳, פֵּאִים, פֵּיפִין Pé, name of seventeenth letter of Hebrew alphabet
פֵּאָה, נ׳, ר׳, ־אוֹת corner, side, section; curl, lock of hair
פֵּאָה נָכְרִית wig
פֵּאֵר, פ״י to glorify, crown; to praise; to glean
הִתְפָּאֵר, פ״ח to boast, be proud
פְּאֵר, ז׳, ר׳, ־רִים beauty; glory; head piece; turban
פֹּארָה, פֻּארָה, נ׳, ר׳, ־רוֹת bough
פֶבְּרוּאָר, ז׳ February
פָּג, פ״ע, ע׳ [פוג] to become faint; to evaporate
פַּג, ז׳, ר׳, ־גִּים unripe fig; premature baby
פָּגַג, פ״ע to coagulate
פַּגָּה, נ׳, ר׳, ־גּים unripe fruit; undeveloped puberty
פִּגּוּל, פִּיגּוּל, ז׳, ר׳, ־לִים abomination
פִּגּוּם, פִּיגּוּם, ז׳, ר׳, ־מִים scaffold
פָּגוּם, ת״ז, פְּגוּמָה, ת״נ impaired, defective
פַּגּוּת, נ׳ coagulation
פָּגָז, ז׳, ר׳, פְּגָזִים shell, battering projectile
[פגז] הִפְגִּיז, פ״י to batter, bombard
פִּגְיוֹן, ז׳, ר׳, ־נוֹת dagger
פְּגִימָה, נ׳, ר׳, ־מוֹת defect; impairment
פָּגִיעַ, ת״ז, פְּגִיעָה, ת״נ touchy (person)
פְּגִיעָה, נ׳, ר׳, ־עוֹת meeting, contact; hit; insult
פְּגִיעָה בַּמַּטָּרָה bull's-eye
פְּגִירָה, נ׳, ר׳, ־רוֹת death, dying
פְּגִישָׁה, נ׳, ר׳, ־שׁוֹת meeting
פִּגֵּל, פ״י to make unfit, rejectable
פָּגַם, פ״י to damage; to make unfit
[פגן] הִפְגִּין, פ״י to demonstrate (publicly), make a demonstration; to cry out
פָּגַע, פ״י to meet; to attack, strike
הִפְגִּיעַ, פ״י to beseech, entreat
פֶּגַע, ז׳, ר׳, פְּגָעִים contact, accident, occurrence
פָּגַר, פ״ע to perish; to decay
פִּגֵּר, פעו״י to be exhausted, faint; to be slow; to destroy, break up
פֶּגֶר, ז׳, פְּגָרִים carcass, corpse
פַּגְרָה, נ׳, ר׳, ־רוֹת vacation
פַּגְרָן, ז׳, ר׳, ־נִים dullard, slow person
פָּגַשׁ, פ״י to meet, encounter
פֵּדָגוֹג, פֵּדָגוֹג, ז׳, ר׳, ־גִים pedagogue
פֵּדָגוֹגְיָה, נ׳ pedagogy
פָּדָה, פ״י to ransom, redeem; to deliver
פָּדוּי, ת״ז, פְּדוּיָה, ת״נ ransomed, redeemed
פְּדוּת, נ׳ redemption, delivery; distinction

פַּדַּחַת, נ׳, ר׳, ־דָּחוֹת forehead
פִּדְיוֹם, פִּדְיוֹן, ז׳ delivery; ransom, redemption
פָּדַע, פ״י to deliver
פִּדֵּר, פ״י to powder
פֶּדֶר, ז׳, ר׳, פְּדָרִים suet, fat
פֶּה, ז׳, ר׳, פִּיּוֹת, פֵּיוֹת mouth; opening, orifice
פֶּה אֶחָד unanimously
עַל פֶּה, בְּעַל פֶּה by heart, orally
כְּפִי, לְפִי, עַל פִּי according to
אַף עַל פִּי שֶׁ־ although
פֹּה, תה״פ here, hither
פִּהוּק, ז׳, ר׳, ־קִים yawn
פְּהִיקָה, נ׳, ר׳, ־קוֹת yawning
פָּהַק, פִּהֵק, פ״ע to yawn
פַּהֲקָן, ז׳, ר׳, ־נִים yawner
פּוּאָה, נ׳, ר׳, ־אוֹת madder (*bot.*)
[פוג] פָּג, פ״ע to evaporate; to become faint
הֵפִיג, פ״י to cool; to weaken
פּוּגָה, נ׳, ר׳, ־גוֹת relaxation, pause
פּוֹזֵל, ת״ז, ־זֶלֶת, ת״נ cross-eyed
פּוּזְמָק, פֻּזְמָק, ז׳, ר׳, ־מְקָאוֹת stocking
[פוח] פָּח, פעו״י to breathe, blow
הֵפִיחַ, פ״י to breathe out, utter
פּוֹחֵז, ת״ז, ־חֶזֶת, ת״נ reckless, rash
פּוֹחֵחַ, ת״ז, ־חַחַת, ת״נ tattered, poorly dressed
פּוֹחֵת, ת״ז, ־חֶתֶת, ת״נ decreasing
פּוּךְ, ז׳, ר׳, ־כִים eye-paint; stibium, antimony; precious stone
פּוֹל, ז׳, ר׳, ־לִים bean; gland
פּוּלְחָן, פֻּלְחָן, ז׳ temple service, worship
פּוּלְמוּס, פֻּלְמוּס, ז׳, ר׳, ־סִים polemic; argument, dispute

פּוּמְבִּי פֻּמְבִּי, ת״ז, ־בִּית, ת״נ open, public
פּוּמִית, נ׳, ר׳, ־יוֹת mouthpiece
[פון] פָּן, פ״ע to doubt, hesitate
פּוּנְדָּק, פֻּנְדָּק, ז׳, ר׳, ־דְּקָאוֹת inn
פּוּנְדְּקִי, פּוּנְדְּקַאי, פֻּנְדְּקִי, פֻּנְדְּקַאי, ז׳, ר׳, ־קִים, ־קָאִים innkeeper
פּוֹסֵק, ז׳, ר׳, ־סְקִים legal interpreter
פּוֹעֵל, ז׳, ר׳, ־עֲלִים worker
פּוֹעַל, פֹּעַל, ז׳, ר׳, פְּעָלִים deed, act; verb
[פוץ] פָּץ, פ״ע to be scattered, dispersed
הֵפִיץ, פ״י to scatter; to distribute
פּוֹצֵץ, פ״י, ע׳ [פצץ] to split, break into pieces, explode; to detonate
[פוק] פָּק, פ״ע to reel, totter
הֵפִיק, פ״י to bring forth, produce, obtain
פּוּקָה, נ׳, ר׳, ־קוֹת stumbling block
[פור] הֵפִיר, פ״י to nullify
פּוּר, ז׳, ר׳, ־רִים lot
פּוּרִים Purim, feast of lots
פּוּרָה, נ׳, ר׳, ־רוֹת wine press
פּוֹרֶה, ת״ז, ־רִיָּה, ת״נ fruitful, fertile
פּוֹרֵחַ, ת״ז, ־רַחַת, ת״נ blossoming, blooming, flourishing; soaring, hovering
פּוֹרֵעַ, ז׳, ר׳, ־רְעִים rioter, troublemaker
פּוּרְעָנוּת, פֻּרְעָנוּת, נ׳, ר׳, ־נֻיּוֹת punishment, retribution
פּוּרְקָן, פֻּרְקָן, ז׳ redemption money, redemption; outlet
פּוֹרֶקֶת, נ׳, ר׳, ־רְקוֹת barge
[פוש] פָּשׁ, פ״ע to jump, skip; to rest
פּוֹשֵׁעַ, ז׳, ר׳, ־שְׁעִים transgressor, offender

פּוֹשֵׁר, ת״ז, ־שֶׁרֶת, ת״נ lukewarm
פּוֹשְׁרִים, ז״ר lukewarm water
פּוֹתָה, נ׳, ר׳, ־תוֹת staple
פּוֹתֶה, ת״ז, ־תָה, ת״נ gullible
פּוֹתְחָן, ז׳, ר׳, ־נִים opener
פּוֹתַחַת, נ׳, ר׳, ־תְחוֹת master key
פָּז, ז׳ fine gold
פָּזָה, פ״ע to be gold-plated
פָּזוּי, ת״ז, פְּזוּיָה, ת״נ gold-plated
פְּזוֹל, ז׳, פְּזִילָה, נ׳ squinting
פִּזּוּם, ז׳ humming
פָּזוּר, ת״ז, פְּזוּרָה, ת״נ scattered, dispersed
פִּזּוּר, ז׳ dispersion, scattering
פִּזּוּר־נֶפֶשׁ distraction
פָּזַז, פ״ע to be agile, quick
פִּזֵּז, פ״ע to leap, jump, dance
הֵפֵז, פ״י to gild
הוּפַז, פ״ע to be refined, gold-plated
פָּזִיז, ת״ז, פְּזִיזָה, ת״נ rash, hasty
פְּזִיזוּת, נ׳ impetuousness, rashness
פְּזִילָה, נ׳, פְּזוֹל, ז׳, ר׳, ־לוֹת squinting
פָּזַל, פ״ע to squint
פַּזְלָן, ז׳, ר׳, ־נִים squinter
פִּזֵּם, פ״י to sing a refrain; to hum
פִּזְמוֹן, ז׳, ר׳, ־נִים, ־נוֹת song, psalm; refrain
פֻּזְמָק, פּוּזְמָק, ז׳, ר׳, ־מְקָאוֹת stocking
פִּזֵּר, פ״י to disperse, scatter; to squander
פַּזְרָן, ז׳, ר׳, ־נִים spendthrift, liberal
פַּזְרָנוּת, נ׳ extravagance, liberality, squandering
פַּח, ז׳, ר׳, ־חִים trap, snare; plate of metal, tinware

(פָּח) פָּחֵי־נֶפֶשׁ, ז׳ disappointment
פָּחַד, פ״ע to fear, be frightened
פַּחַד, ז׳, פַּחְדָּה, נ׳, ר׳, פְּחָדִים, ־דוֹת fear, awe, dread
פַּחְדָן, ת״ז, ־נִית, ת״נ afraid, timorous
פַּחְדָנִי, ת״ז, ־נִית, ת״נ fearful, scared
פֶּחָה, ז׳, ר׳, פַּחוֹת, פַּחֲווֹת governor, pasha
פָּחוּס, ת״ז, פְּחוּסָה, ת״נ flat, level
פָּחוֹת, תה״פ less
פָּחוּת, פָּחוֹת, ת״ז, פְּחוּתָה, ־חוּתָה, ת״נ less, minus; inferior
פִּחוּת, ז׳ reduction, lessening; devaluation; wear and tear
פָּחַז, פ״ע to be reckless, wanton
פַּחַז, ז׳, פַּחֲזוּת, נ׳ recklessness, wantonness
[פחח] הֵפַח, פ״י to ensnare
פֶּחָח, ז׳, ר׳, ־חִים tinsmith
פְּחִיסָה, נ׳, ר׳, ־סוֹת crushing; flattening
פַּחִית, נ׳, ר׳, ־יוֹת tin can
פְּחִיתָה, נ׳, ר׳, ־תוֹת lessening, loss
פְּחִיתוּת, נ׳ diminution; disparagement
פִּחְלוּץ, ז׳ taxidermy
פִּחֵם, פ״י to blacken (with charcoal); to produce coal
הִתְפַּחֵם, פ״ע to be electrocuted
פֶּחָם, ז׳, ר׳, ־מִים coal, charcoal
פִּחְמוּן, ז׳ carbonization
פֶּחָמִי, ז׳, ר׳, ־מִים charcoal-burner; blacksmith
פַּחְמֵימָה, נ׳, ר׳, ־מוֹת carbohydrate
פַּחְמֵימָן, ז׳, ר׳, ־נִים carburetant
פַּחְמָן, ז׳ carbon
פָּחַס, פ״י to batter, beat out of shape
פָּחַת, פעו״י to lessen, diminish

פַּחַת, זו״נ, ר׳, פְּחָתִים	pit, cavity
פְּחָת, ז׳, ר׳, ־תִים	diminution, depreciation
פְּחֶתֶת, נ׳	diminution; decay; trap
פִּטְדָה, נ׳, ר׳, פְּטָדוֹת	topaz, precious stone
פְּטוֹטֶרֶת, נ׳, ר׳, ־טָרוֹת	stalk, stem
פָּטוּם, ת״ז, פְּטוּמָה, ת״נ	fattened, stuffed, stout
פִּטּוּם, ז׳, ר׳, ־מִים	compounding; stuffing
פָּטוּר, ת״ז, פְּטוּרָה, ת״נ	free, acquitted, guiltless
פְּטוּר, ז׳	discharge, exemption, acquittal
פִּטֵּט, פ״י	to chatter
פְּטִירָה, נ׳, ר׳, ־רוֹת	departure; decease
פַּטִּישׁ, ז׳, ר׳, ־שִׁים	hammer
פֶּטֶל, ז׳, ר׳, פְּטָלִים	raspberry
פִּטֵּם, פ״י	to fatten, stuff; to compound spices
פִּטְמָה, נ׳, ר׳, פְּטָמוֹת	protuberance (on fruit); nipple
פִּטְפּוּט, ז׳, ר׳, ־טִים	chattering, idle talk
פִּטְפֵּט, פ״ע, ע׳ [פטט]	to chatter, babble
פַּטְפְּטָן, ז׳, ר׳, ־נִים	driveler, chatterer
פַּטְפְּטָנוּת, נ׳	babble, chatter; garrulity
פָּטַר, פעו״י	to send off, dismiss; to set free
פִּטֵּר, פ״י	to dismiss
הִפְטִיר, פ״י	to conclude
הִתְפַּטֵּר, פ״ח	to resign, quit
פֶּטֶר, ז׳, פִּטְרָה, נ׳, ר׳, פְּטָרִים,	first-born
פִּטְרִיָּה, נ׳, ר׳, ־יּוֹת	mushroom
פָּטַשׁ, פ״י	to hammer out
פִּיד, ז׳, ר׳, ־דִים	misfortune, disaster
פִּיָּה, נ׳, ר׳, ־יּוֹת	mouthpiece
פִּיּוּט, פַּיְט, ז׳, ר׳, ־טִים	poetry, religious poem
פִּיּוּטִי, ת״ז, ־טִית, ת״נ	poetical
פִּיּוּס, ז׳, ר׳, ־סִים	conciliation, appeasement
פִּיחַ, ז׳	soot, dust
פִּיֵּחַ, פ״י	to paint black
פִּיֵּט, פ״י	to write poetry
פַּיְטָן, ז׳, ר׳, ־נִים	poet, religious poet
פִּיל, ז׳, ר׳, ־לִים	elephant
פִּילֶגֶשׁ, נ׳, ר׳, ־לַגְשִׁים	concubine
פִּילוֹסוֹף, פִּילוֹסוֹפוֹס, ז׳, ר׳, ־פִים	philosopher
פִּילוֹסוֹפְיָה, נ׳, ר׳, ־יוֹת	philosophy
פִּימָה, נ׳, ר׳, ־מוֹת	fat; double chin
פִּין, ז׳, ר׳, ־נִים	key bit
פִּיֵּס, פ״י	to pacify, appease
פַּיִס, ז׳, ר׳, פְּיָסוֹת, ־סִים	lot
פַּיְסָן, ז׳, ר׳, ־נִים	appeaser
פַּיְסָנוּת, נ׳	appeasement
פִּיף, ז׳, ר׳, ־פִים	fringe
פִּיפִיָּה, נ׳, ר׳, ־יוֹת	edge of sword; tooth, prong (harrow)
פִּיק, ז׳	tottering
פִּיקָה, פִּקָּה, נ׳, ר׳, ־קוֹת	stopper, cork; cap (of shell)
פִּיר, ז׳, ר׳, ־רִים	ditch
פֵּירוּד, פֵּרוּד, ז׳, ר׳, ־דִים	separation, farewell
פֵּירוּט, פֵּרוּט, ז׳, ר׳, ־טִים	changing money; detailing
פֵּירוּק, פֵּרוּק, ז׳, ר׳, ־קִים	taking apart, breaking up; unloading

פֵּירוּר, פֵּרוּר, ז׳, ר׳, ־רִים crumb, fragment

פִּירְכָה, פִּרְכָה, נ׳, ר׳, ־כוֹת refutation, objection

פִּיתוֹם, ז׳, ר׳, ־מִים ventriloquist

פַּךְ, ז׳, ר׳, ־כִּים flask, vial

פִּכָּה, פעו״י to trickle; to make flow

פִּכַּח, פ״י to make sober

פִּכֵּחַ, ת״ז, ־כַּחַת, ת״נ sober

פִּכְּחוּת, נ׳ sobriety

פַּכְסָם, ז׳, ר׳, ־מִים cracker

פִּכְפּוּךְ, ז׳, ר׳, ־כִים dripping

פִּכְפֵּךְ, פ״ע to drip, ooze

פָּכַר, פ״י to break, split

[פלא] נִפְלָא, פ״ע to be wonderful, marvelous; to be difficult

פִּלֵּא, פ״י to fulfill, pay

הִתְפַּלֵּא, פ״ח to be surprised; to wonder

פֶּלֶא, ז׳, ר׳, פְּלָאִים, ־אוֹת marvel, wonder

פִּלְאִי, פֶּלִי, פְּלִי, ת״ז, פִּלְאִית, פֶּלִית, ת״נ wonderful; mysterious, incomprehensible

פִּלֵּג, פ״י to divide

הִפְלִיג, פ״י to depart, embark, sail; to exaggerate

פֶּלֶג, פְּלָג, ז׳, ר׳, פְּלָגִים stream, channel; part; faction

פְּלַגָּה, נ׳, ר׳, ־גּוֹת division; group; stream

פְּלֻגָּה, פְּלוּגָה, נ׳, ר׳, ־גּוֹת group; division

פַּלְגָן, ז׳, ר׳, ־נִיִּם disputer, controversialist

פֶּלֶד, ז׳, פְּלָדָה, נ׳, ר׳, ־דוֹת steel

פָּלָה, פ״י to search for vermin

נִפְלָה, פ״ע to be distinct, different

פִּלּוּג, ז׳, ר׳, ־גִים division, separation

פְּלוּגָה, פְּלֻגָּה, נ׳, ר׳, ־גּוֹת division; group

פְּלוּגְתָּא, פְּלֻגְתָּא, נ׳, ר׳, ־תּוֹת controversy, discussion

פִּלּוּחַ, ז׳, ר׳, ־חִים split, splitting

פְּלוֹנִי, ת״ז, ־נִית, ת״נ a certain, so and so

פָּלַח, פ״י to split; to till; to worship

פֶּלַח, ז׳, ר׳, פְּלָחִים millstone; cleavage, slice

פֶּלַח רֶכֶב upper millstone

פֶּלַח תַּחְתִּית, פֶּלַח שֶׁכֶב lower millstone

פַּלָּח, ז׳, ר׳, ־חִים farmer, fellah

פֻּלְחָן, פּוּלְחָן, פָּלְחָן, ז׳ temple service, worship

פָּלַט, פעו״י to escape; to be saved; to vomit, discharge

הִפְלִיט, פ״י to save; to give out

פָּלֵט, ז׳, פָּלִיט, ר׳, פְּלֵטִים, ־לִיטִים fugitive, refugee

פְּלֵטָה, פְּלֵיטָה, נ׳, ר׳, ־טוֹת deliverance, escape

פֶּלִי, פִּלְאִי, פְּלִי, ת״ז, פֶּלִית, פִּלְאִית, ת״נ wonderful; incomprehensible

פְּלִיאָה, נ׳, ר׳, ־אוֹת wonderment; miracle

פְּלִיגָה, נ׳, ר׳, ־גוֹת argument, discussion, debate, controversy

פְּלִיחָה, נ׳, ר׳, ־חוֹת plowing

פָּלִיט, פָּלֵט, ז׳, ר׳, פְּלִיטִים, ־לֵטִים fugitive, refugee

פְּלִיל, ז׳, ר׳, פְּלִילִים judge

פְּלִילָה, פְּלִילִיָּה, נ׳, ר׳, ־לוֹת, ־יּוֹת verdict, sentence

פְּלִילִי, ת״ז, ־לִית, ת״נ criminal

פְּלִישָׁה, נ׳, ר׳, ־שׁוֹת occupation, invasion

פֶּלֶךְ, ז׳, ר׳, פְּלָכִים district; spindle, distaff

פִּלֵּל, פ״י to think, judge; to intercede

הִתְפַּלֵּל, פ״ח to pray

פְּלוֹנִי, ז׳, ר׳, ־נִים a certain one, so and so

פֻּלְמוֹס, פּוּלְמוּס, ז׳, ר׳, ־סִים polemic argument, dispute

[פלמס] הִתְפַּלְמֵס, פ״ח to dispute

פִּלֵּס, פ״י to balance; to make level, straight

פֶּלֶס, ז׳, ר׳, פְּלָסִים scale, balance

[פלסף] הִתְפַּלְסֵף, פ״ח to philosophize

פְּלַסְתֵּר, פְּלַסְטֵר, ז׳ fraud, forgery

פִּלְפּוּל, ז׳, ר׳, ־לִים debate, argumentation

פִּלְפֵּל, ז׳, ר׳, ־פְּלִים pepper

פִּלְפֵּל, פעו״י to search; to argue, debate; to pepper

פַּלְפְּלָן, פִּלְפְּלָן, ז׳, ר׳, ־נִים debater

פִּלְפֶּלֶת, נ׳, ר׳, ־פָּלוֹת grain of pepper; pepper

[פלץ] הִתְפַּלֵּץ, פ״ח to shake, shudder

פְּלָצוּר, ז׳, ר׳, ־רִים lasso

פַּלָּצוּת, נ׳ shuddering

פָּלַשׁ, פ״ע to trespass; to penetrate; to invade

הִתְפַּלֵּשׁ, פ״ח to roll in

פְּלִשְׁתִּי, ת״ז, ־תִּית, ת״נ Philistine

פֻּמְבִּי, פּוּמְבִּי, ת״ז, ־בִּית, ת״נ open, public

בְּפֻמְבִּי, תה״פ publicly, openly

פָּמוֹט, ז׳, ר׳, ־טוֹת candlestick

פֻּמְפִּיָה, נ׳, ר׳, ־יוֹת grater

פֵּן, פ״ע, ע׳ [פון] to doubt, hesitate

פֶּן, מ״י lest

פְּנַאי, פְּנַי, ז׳ leisure

פַּנַּג, ז׳ pastry, honey cake

פֻּנְדָּק, פּוּנְדָק, ז׳, ר׳, ־קִים, ־דָּקָאוֹת inn

פֻּנְדְּקַאי, פֻּנְדָּקִי, פּוּנְדְּקַאי, פּוּנְדָּקִי, ז׳, ר׳, ־קָאִים, ־קִים innkeeper

פָּנָה, פ״ע to turn, turn from

פִּנָּה, פ״י to remove; to empty

פִּנָּה, נ׳, ר׳, ־נּוֹת corner

פָּנוּי, ת״ז, פְּנוּיָה, ת״נ empty, disengaged; unoccupied; unmarried

פִּנּוּי, ז׳, ר׳, ־יִים emptying, clearing

פִּנּוּק, ז׳, ר׳, ־קִים spoiling, pampering

פְּנַי, פְּנַאי, ז׳ leisure time

פְּנִיָּה, נ׳, ר׳, ־יּוֹת inclination; design, motive

פָּנִים, זונ״ר face, countenance; front; surface

לְפָנִים, תה״פ formerly

מִפְּנֵי because of

עַז פָּנִים arrogant

פְּנֵי הַיָּם sea level

פְּנֵי הָעִיר notables

פְּנִים, ז׳ interior; inside; text

פְּנִימָה, תה״פ within

פְּנִימִי, ת״ז, ־מִית, ת״נ interior, inner

פְּנִימִיָּה, נ׳, ר׳, ־יּוֹת dormitory

פְּנִינָה, נ׳, ר׳, ־נִים pearl

פְּנִינִיָּה, נ׳, ר׳, ־יּוֹת guinea fowl

פָּנָס, ז׳, ר׳, פָּנָסִים lantern, lamp

פָּנַס־כִּיס flashlight

פָּנַס־קֶסֶם projector (filmstrips)

פִּנֵּק, פ״י to indulge, pamper

פִּנְקָס, ז׳, ר׳, ־סִים, ־קְסָאוֹת notebook; ledger
פִּנְקְסָן, ז׳, ר׳, ־נִים bookkeeper
פִּנְקְסָנוּת, נ׳ bookkeeping
פַּס, ז׳, ר׳, ־סִּים strip, stripe; board, track
פַּסֵּי הָרַכֶּבֶת railroad track
פִּסֵּג, פ״י to divide, branch off
פִּסְגָּה, נ׳, ר׳, פְּסָגוֹת peak; summit
[פסד] נִפְסַד, פ״ע to be spoiled; to lose
הִפְסִיד, פ״ע to lose, suffer loss
פְּסֵדָה, נ׳, ר׳, ־דוֹת loss, disadvantage
פָּסָה, פ״ע to spread, be extended
פִּסָּה, נ׳, ר׳, ־סּוֹת piece, slice; abundance
פִּסַּת (רֶגֶל) יָד sole (foot); palm (hand)
פָּסוּל, ת״ז, פְּסוּלָה, ת״נ disqualified, unfit, defective
פִּסּוּל, ז׳, ר׳, ־לִים sculpturing; chiseling; cutting
פְּסוּל, ז׳, ר׳, ־לִים disqualification; blemish, defect
פְּסוֹלֶת, פְּסֹלֶת, נ׳ worthless matter, refuse
פָּסוּק, ז׳, ר׳, פְּסוּקִים Biblical verse; sentence
פִּסּוּק, ז׳, ר׳, ־קִים cessation, interruption, pause
פָּסַח, פ״ע to pass over, leap over; to limp; to vacillate
פֶּסַח, ז׳ Passover
פִּסֵּחַ, ז׳, ר׳, ־סְחִים lame person, limper
פִּסְחוּת, נ׳ lameness, limp
פְּסִיג, ז׳, פְּסִיגָה, נ׳, ר׳, ־גִים ־גוֹת branch, sprig

פַּסְיוֹן, ז׳, ר׳, ־נִים pheasant
פְּסִיחָה, נ׳, ר׳, ־חוֹת stepping over, skipping
פָּסִיל, פֶּסֶל, ז׳, ר׳, פְּסִילִים idol, graven image; statue, bust
פְּסִיעָה, נ׳, ר׳, ־עוֹת step, walk
פְּסִיק, ז׳, ר׳, ־קִים comma
נְקוּדָה וּפְסִיק semicolon
פָּסַל, פ״י to sculpture, hew; to disqualify, reject
פִּסֵּל, פ״י to trim; to carve
פַּסָּל, ז׳, ר׳, ־לִים sculptor
פֶּסֶל, ז׳, ר׳, פְּסָלִים, פְּסִילִים idol, graven image; statue, bust
פַּסָּלוּת, נ׳ sculpturing
פְּסֹלֶת, פְּסוֹלֶת, נ׳ refuse, worthless matter
פְּסַנְתֵּר, ז׳, ר׳, ־רִים piano
פְּסַנְתְּרָן, ז׳, ר׳, ־נִים pianist
פָּסַס, פ״ע to fail; to be gone
פָּסַע, פ״ע to step, walk
פִּסְפֵּס, פ״ע to be striped
פָּסַק, פעו״י to cease, stop; to divide; to decide
הִפְסִיק, פ״י to stop, interrupt; to separate
פֶּסֶק, ז׳, ר׳, פְּסָקִים separation, detached piece, remainder
פְּסָק, ז׳, ר׳, ־קִים decision
פְּסַק דִּין judgment
פִּסְקָה, נ׳, ר׳, ־קָאוֹת, פְּסָקוֹת paragraph, section
פִּסֹּקֶת, נ׳, ר׳, ־סוֹקוֹת part (hair)
פָּעָה, פ״ע to groan, cry; to bleat
פָּעוּט, ת״ז, פְּעוּטָה, ת״נ insignificant, small, young
פָּעוֹט, ז׳, ר׳, ־טוֹת minor, child
פָּעוּל, ת״ז, פְּעוּלָה, ת״נ made, created

פְּעוּלָּה, פְּעֻלָּה, נ׳, ר׳, ־לּוֹת — deed, action; effect
פָּעוּר, ת״ז, פְּעוּרָה, ת״נ — wide open
פְּעִיָּה, נ׳, ר׳, ־יּוֹת — bleating; cry
פָּעִיל, ת״ז, פְּעִילָה, ת״נ — active
פְּעִילוּת, נ׳, ר׳, ־לֻיּוֹת — activity
פָּעַל, פ״י — to do, make, act
הִתְפַּעֵל, פ״ח — to be impressed, affected
פֹּעַל, פּוֹעַל, ז׳, ר׳, פְּעָלִים — deed; act; verb
פֹּעַל יוֹצֵא, פ״י — transitive verb
פֹּעַל עוֹמֵד, פ״ע — intransitive verb
שֵׁם־הַפֹּעַל — infinitive
פִּעֵל, ז׳ — Pi'el, the active of the intensive stem of the Hebrew verb
פֻּעַל, ז׳ — Pu'al, the passive of the intensive stem of the Hebrew verb
פְּעֻלָּה, פְּעוּלָּה, נ׳, ר׳, ־לּוֹת — deed, action; effect
פְּעַלְתָּן, ז׳, ר׳, ־נִים — active person
פְּעַלְתָּנוּת, נ׳ — activity
פָּעַם, פ״ע — to beat; to impel
הִתְפָּעֵם, פ״ח — to be troubled
פַּעַם, נ׳, ר׳, פְּעָמִים, ־מוֹת — time, times; once; beat; step; foot
פַּעֲמַיִם — twice
הַפַּעַם — this once, this time
לִפְעָמִים — sometimes
פַּעֲמוֹנִית, נ׳, ר׳, ־יּוֹת — bluebell, campanula
פַּעֲמוֹן, ז׳, ר׳, ־נִים — bell
פִּעְנַח, פִּעְנֵחַ, פ״י — to decipher
פִּעְפּוּעַ, ז׳, ר׳, ־עִים — bubbling
פִּעְפַּע, פ״ע — to crush; to pierce, penetrate; to bubble

פָּעַר, פ״י — to open wide
פַּעַר, ז׳ — space, gap
פָּץ, פ״ע, ע׳ [פוץ] — to be dispersed, scattered
פָּצָה, פ״י — to open mouth; to deliver, set free
פִּצָּה, פ״י — to compensate, indemnify
פִּצּוּי, ז׳, ר׳, ־יִים — compensation, appeasement
פִּצּוּל, ז׳, ר׳, ־לִים — peeling; dividing, splitting
פָּצוּעַ, ת״ז, פְּצוּעָה, ת״נ — wounded
פִּצּוּץ, ז׳ — blowing up, exploding
פָּצַח, פִּצַּח, פ״י — to burst, open; to shout; to crack (nuts)
פְּצִיעָה, נ׳, ר׳, ־עוֹת — cracking, splitting
פְּצִירָה, נ׳, ר׳, ־רוֹת — file, filing
פִּצֵּל, פ״י — to divide; to peel
הִפְצִיל, פ״י — to branch off; to split
פְּצָלָה, פִּצְלָה, נ׳, ר׳, ־לוֹת — peeled spot; stripe
פַּצֶּלֶת, נ׳, ר׳, ־צָלוֹת — silica, silicate
פָּצַם, פ״י — to split open
פָּצַע, פ״י — to wound, bruise; to crack, split
פֶּצַע, ז׳, ר׳, פְּצָעִים — bruise, wound
פִּצְפֵּץ, פ״י — to shatter, dash to pieces
[פצץ] פּוֹצֵץ, פ״י — to split, break into pieces, explode, detonate
הִתְפּוֹצֵץ, פ״ע — to be shattered, burst, exploded
פְּצָצָה, נ׳, ר׳, ־צוֹת — bomb
פָּצַר, פ״ע — to press, urge
הִפְצִיר, פ״ע — to be stubborn; to urge

to reel, totter פָּק, פ״ע, ע׳ [פוק]
to command; to muster, פָּקַד, פ״י
number; to appoint, assign;
to remember; to visit
to muster פִּקֵּד, פ״י
to be mustered הִתְפַּקֵּד, פ״ח
order, פְּקֻדָּה, פְּקוּדָה, נ׳, ר׳, ־דּוֹת
command; duty, function
deposit פִּקָּדוֹן, ז׳, ר׳, ־קְדוֹנוֹת
stopper, פְּקָה, פִּיקָה, נ׳, ר׳, ־קוֹת
cork; cap (of shell)
Adam's apple פִּקָּה שֶׁל גַּרְגֶּרֶת
command פִּקּוּד, ז׳
פְּקוּדָה, פְּקֻדָּה, נ׳, ר׳, ־דּוֹת
order, command; duty, function
supervision; control פִּקּוּחַ, ז׳
saving of life פִּקּוּחַ־נֶפֶשׁ
open פָּקוּחַ, ת״ז, פְּקוּחָה, ת״נ
split פָּקוּעַ, ת״ז, פְּקוּעָה, ת״נ
gourd פַּקּוּעָה, נ׳, ר׳, ־עוֹת
corked, פָּקוּק, ת״ז, פְּקוּקָה, ת״נ
stopped
to open (eyes, ears) פָּקַח, פ״י
to watch, guard פִּקַּח, פ״י
clever, smart; פִּקֵּחַ, ז׳, ר׳, פִּקְחִים
seeing; hearing
prudence, shrewdness, פִּקְחוּת, נ׳
cleverness
shrewd, clever פִּקְחִי, ת״ז, ־חִית, ת״נ
redemption, deliverance פְּקַח־קוֹחַ, ז׳
officer, official; פָּקִיד, ז׳, ר׳, פְּקִידִים
white-collar worker
examination; פְּקִידָה, נ׳, ר׳, ־דוֹת
remembrance
officialdom; פְּקִידוּת, נ׳, ר׳, ־דֻיּוֹת
superintendence
bundle, bunch פְּקִיעַ, ז׳, ר׳, ־עִים
(of sheaves)

to peel onions פִּקֵּל, פ״י
to perforate, split; פָּקַם, פ״י
to bridle, govern
to burst, split; פָּקַע, פ״ע
to be canceled
to split; to unravel, הִפְקִיעַ, פ״י
to break open; to cancel;
to release; to expropriate
to raise הִפְקִיעַ אֶת הַמְּחִיר, הַשַּׁעַר
prices arbitrarily, unsettle the
market
crack, פֶּקַע, ז׳, ר׳, פְּקָעִים
splinter, piece
coil, פְּקַעַת, נ׳, ר׳, ־קָעוֹת, ־קָעִיּוֹת
ball of thread; bulb, tuber
doubt, פִּקְפּוּק, ז׳, ר׳, ־קִים
hesitation
to doubt, hesitate פִּקְפֵּק, פ״י
scepticism; vacillation פַּקְפְּקָנוּת, נ׳
to cork, stop up פָּקַק, פ״י
to be loosened, shaken הִתְפַּקֵּק, פ״ע
cork, פְּקָק, פֶּקֶק, ז׳, ר׳, פְּקָקִים
stopper
clot (blood), thrombosis פַּקֶּקֶת, נ׳
to be irreverent; to be פָּקַר, פ״ע
sceptical; to be licentious
to renounce ownership, הִפְקִיר, פ״י
declare free
bull פַּר, ז׳, ר׳, פָּרִים
to be fruitful [פרא] הִפְרִיא, פ״י
wild ass; savage פֶּרֶא, ז׳, ר׳, פְּרָאִים
wild man, savage פֶּרֶא אָדָם
wildness פִּרְאוּת, נ׳
wild, barbaric פִּרְאִי, ת״ז, ־אִית, ת״נ
suburb פַּרְבָּר, פַּרְוָר, ז׳, ר׳, ־רִים
to sprout, germinate פָּרַג, הִפְרִיג, פ״י
poppy פָּרָג, פֶּרֶג, ז׳, ר׳, פְּרָגִים
curtain פַּרְגּוֹד, ז׳, ר׳, ־דִים

פַּרְגּוֹל, ז׳, ר׳, ־לִים whip

פִּרְגּוּל, ז׳, ר׳, ־לִים whipping

פַּרְגִּית, נ׳, ר׳, ־יּוֹת chick

פִּרְגֵּל, פ״י to whip

פָּרַד, פ״י to separate, divide, divorce

הִתְפָּרֵד, פ״ח to be separated from each other, scattered

פֶּרֶד, ז׳, פִּרְדָּה, נ׳, ר׳, פְּרָדִים ־דוֹת mule

פְּרֻדָּה, פְּרוּדָה, נ׳, ר׳, ־דוֹת molecule, particle; atom

פְּרֻדִּי, ת״ז, ־דִּית, ת״נ atomic

פְּרֵדָה, נ׳, ר׳, ־דוֹת farewell

פַּרְדֵּס, ז׳, ר׳, ־סִים orchard; orange grove

פַּרְדְּסָן, ז׳, ר׳, ־נִים orange-grower

פַּרְדְּסָנוּת, נ׳ citriculture

פָּרָה, פ״ע to be fruitful, fertile; to bear fruit

הִפְרָה, פ״י to bear fruit, fertilize

פָּרָה, נ׳, ר׳, ־רוֹת cow

פַּרְהֶסְיָה, פַּרְהֶסְיָא, נ׳ public

בְּפַרְהֶסְיָה, תה״פ publicly

פֵּרוּד, פֵּירוּד, ז׳, ר׳, ־דִים separation, farewell

פָּרוּד, ת״ז, פְּרוּדָה, ת״נ separate, apart

פְּרוּדָה, פְּרֻדָּה, נ׳, ר׳, ־דוֹת molecule, particle

פַּרְוָה, נ׳, ר׳, ־ווֹת skin, fur

פָּרוּז, ת״ז, פְּרוּזָה, ת״נ unfortified, open

פֵּרוּז, ז׳ demilitarization

פְּרוֹזְדוֹר, ז׳, ר׳, ־רִים vestibule, corridor

פֵּרוּט, פֵּירוּט, ז׳, ר׳, ־טִים changing (money); detailing

פְּרוּטָה, נ׳, ר׳, ־טוֹת small coin; change

פְּרוּטְרוּט, ז׳, ר׳, ־טִים small change; fraction

בִּפְרוּטְרוּט, תה״פ in detail

פָּרוּךְ, ת״ז, פְּרוּכָה, ת״נ broken

פַּרְוָן, ז׳, ר׳, ־נִים furrier

פָּרוּס, ת״ז, פְּרוּסָה, ת״נ spread

פְּרוּסָה, נ׳, ר׳, ־סוֹת piece of bread, slice

פָּרוּעַ, ת״ז, פְּרוּעָה, ת״נ wild; unrestrained, disorderly; bareheaded; paid

פָּרוּף, ת״ז, פְּרוּפָה, ת״נ buttoned; clasped

פָּרוּץ, ת״ז, פְּרוּצָה, ת״נ broken; dissolute; immodest

פֵּרוּק, פֵּירוּק, ז׳, ר׳, ־קִים taking apart, breaking up; dissolution; unloading

פָּרוּר, ז׳, ר׳, ־רִים pot

פַּרְוָר, פַּרְבָּר, ז׳, ר׳, ־רִים suburb

פֵּרוּר, פֵּירוּר, ז׳, ר׳, ־רִים crumb, fragment

פָּרוּשׁ, ת״ז, פְּרוּשָׁה, ת״נ; ז׳ abstinent; ascetic; celibate; Pharisee; finch

פָּרוּשׂ, ת״ז, פְּרוּשָׂה, ת״נ spread

פֵּרוּשׁ, פֵּירוּשׁ, ז׳, ר׳, ־שִׁים explanation, commentary; exegesis

בְּפֵרוּשׁ, תה״פ explicitly

פֵּרֵז, פ״י to declare neutral, open, demilitarize

הִפְרִיז, פ״י to exaggerate

פָּרָז, פֶּרֶז, ז׳, ר׳, פְּרָזִים lay, undisciplined ruler

פְּרָזָה, נ׳, ר׳, פְּרָזוֹת unwalled village, town

פְּרָזוֹן, ז׳ unfortified region

פְּרָזוֹת, תה"פ open; unfortified
פְּרָזִי, ת"ז, ־זִית, ת"נ unwalled, unfortified
פִּרְזֵל, פ"י to shoe horses
פָּרַח, פ"ע to bud, blossom, flower; to fly; to break out; to spread (sore)
פֶּרַח, ז', ר', פְּרָחִים flower, bud, blossom; flower-shaped ornament; youth; cadet; trainee
פִּרְחֵי כְּהֻנָּה young priests
פִּרְחָח, ז', ר', ־חִים youth, whippersnapper
פָּרַט, פ"י to play a stringed instrument; to change money; to specify
פֶּרֶט, ז' single grapes; change (money)
פְּרָט, ז', ר', ־טִים detail, specification
בִּפְרָט, תה"פ especially, particularly
פְּרָטוּת, נ' detailing
בִּפְרָטוּת, תה"פ details; in detail
פְּרָטִי, ת"ז, ־טִית, ת"נ private; single, separate
שֵׁם פְּרָטִי first name
שֵׁם עֶצֶם פְּרָטִי proper noun
פְּרִי, פֶּרִי, ז', ר', פֵּרוֹת produce, fruit; profit
פְּרִי בֶטֶן progeny
פְּרִי עֵט literary productivity
פָּרִיד, ז', ר', פְּרָדִים atom
פְּרִידָה, נ', ר', ־דוֹת farewell; particle; dove, pigeon
פִּרְיָה, פְּרִיָּה, נ', ר', ־יוֹת, ־יוֹת fertility, fruitfulness
פִּרְיוֹן, ז' productivity
פְּרִיחָה, נ', ר', ־חוֹת fruition; blossoming; eruption; flight

פְּרִיטָה, נ', ר', ־טוֹת changing money; small change
פָּרִיךְ, ת"ז, פְּרִיכָה, ת"נ fragile, brittle
פְּרִיכָה, נ', ר', ־כוֹת cracking, crushing, breaking
פְּרִימָה, נ', ר', ־מוֹת tearing, rending of garments
פְּרִיסָה, נ', ר', ־סוֹת slicing; spreading
פְּרִיסַת שָׁלוֹם regards
פְּרִיעָה, נ', ר', ־עוֹת letting the hair grow in neglect; paying a debt; disturbance
פְּרִיעוּת, נ' roguery
פְּרִיפָה, נ', ר', ־פוֹת clasp, fastening, pin
פָּרִיץ, ז', ר', פָּרִיצִים, פְּרִיצִים vicious, violent man; nobleman, prince
פְּרִיץ, ז', ר', ־צִים wild, vicious man
פְּרִיץ־חַיּוֹת beast of prey
פְּרִיצָה, נ', ר', ־צוֹת breach; breaking in
פְּרִיצוּת, נ' obscenity, licentiousness
פָּרִיק, ת"ז, פְּרִיקָה, ת"נ detachable, removable
פְּרִיקָה, נ', ר', ־קוֹת unloading; breaking up
פָּרִישׂ, ת"ז, פְּרִישָׂה, ת"נ spread, stretched
פְּרִישָׂה, נ', ר', ־שׂוֹת spreading, stretching
פְּרִישָׁה, נ', ר', ־שׁוֹת separation,
פְּרִישׁוּת, נ' abstinence; celibacy; piety; restriction
פָּרַךְ, פ"י to split; to crush, grind, demolish
פֶּרֶךְ, ז' rigor, harshness; tyranny

עֲבוֹדַת־פֶּרֶךְ hard labor, drudgery

פְּרָכָה, פִּרְכָא, נ׳, ר׳, ־כוֹת refutation, objection

פִּרְכּוּס, ז׳, ר׳, ־סִים painting, beautifying; jerking, struggling

פִּרְכֵּס, פ״י to beautify, apply make-up; to jerk, struggle

פָּרֹכֶת, נ׳, ר׳, פָּרוֹכוֹת, פָּרוֹכִיּוֹת curtain

פָּרַם, פ״י to tear, rend (garment)

פִּרְנוּק, ז׳ pampering, spoiling

פַּרְנָס, ז׳, ר׳, ־סִים provider; manager; leader (of a community)

פִּרְנֵס, פ״י to provide, support, maintain

הִתְפַּרְנֵס, פ״ח to support oneself

פַּרְנָסָה, נ׳, ר׳, ־סוֹת livelihood; maintenance, sustenance

פָּרַס, פ״י to break in two, split; to slice; to spread

הִפְרִיס, פ״י to part the hoof; to have parted hoofs

פֶּרֶס, ז׳, ר׳, פְּרָסִים osprey

פְּרָס, ז׳, ר׳, ־סִים prize; gift; coin; half a loaf

פַּרְסָה, נ׳, ר׳, ־סוֹת hoof; horseshoe

פַּרְסָה, נ׳, ר׳, ־סָאוֹת Persian mile

פִּרְסוּם, ז׳, ר׳, ־מִים publicity; publication

פַּרְסִי, ת״ז, ־סִית, ת״נ Persian

פִּרְסֵם, פ״י to publicize, publish

פִּרְסֹמֶת, נ׳, ־סוֹמוֹת publicity

פָּרַע, פ״י to neglect, disarrange; to uncover; to punish; to plunder; to pay a debt

הִפְרִיעַ, פ״י to cause disorder; to disturb

פֶּרַע, ז׳, ר׳, פְּרָעוֹת hair, unruly hair; thicket

פְּרָעָה, נ׳, ר׳, ־עוֹת riot, pogrom

פֵּרָעוֹן, ז׳, ר׳, פִּרְעוֹנוֹת payment of debt

פַּרְעוֹשׁ, ז׳, ר׳, ־שִׁים flea

פֻּרְעָנוּת, פּוּרְעָנוּת, נ׳, ר׳, ־נֻיּוֹת punishment, retribution

פָּרַף, פ״י to button, clasp

פִּרְפּוּר, ז׳, ר׳, ־רִים struggling, twitching, jerking

פִּרְפֵּר, פעו״י to move convulsively, struggle

פַּרְפַּר, ז׳, ר׳, ־פָּרִים butterfly

פַּרְפֶּרֶת, נ׳, ר׳, ־פְּרָאוֹת hors d'oeuvre

פָּרַץ, פעו״י to burst, break through; to press, urge

פֶּרֶץ, ז׳, פִּרְצָה, נ׳, ר׳, פְּרָצִים, ־צוֹת break; breach; opening

פַּרְצוּף, ז׳, ר׳, ־פִים face, features; parvenu

דּוּ־פַּרְצוּפִי, ת״ז two-faced, hypocritical

פָּרַק, פ״י to unload; to untie, loosen; to free, save

פֵּרֵק, פ״י to sever, break; to unload; to remove

הִתְפָּרֵק, פ״ח to be dismembered; disassembled

פֶּרֶק, ז׳, ר׳, פְּרָקִים chapter; joint; period; crossroad; adolescence, puberty

לִפְרָקִים, תה״פ sometimes

רָאשֵׁי פְּרָקִים synopsis, résumé

הִגִּיעַ לְפִרְקוֹ to attain puberty

פִּרְקָה, נ׳, ר׳, פְּרָקוֹת division (*mil.*)

פִּרְקֵד, פ״י to turn on back

פַּרְקְדָן, ת״ז, תה״פ, ־נִית, ת״נ supine

פְּרַקְלִיט, ז׳, ר׳, ־טִים defense attorney

פְּרַקְמַטְיָה, נ׳ business; goods

פֻּרְקָן, פּוּרְקָן, ז׳ redemption money; redemption; outlet

פֵּרֵר, פ״י to break into crumbs

הֵפֵר, פ״י to destroy; to violate; to make void

הֵפֵר שְׁבִיתָה to break a strike

פָּרַשׂ, פ״י to spread, spread out

פֵּרֵשׂ, פ״י to scatter

פָּרַשׁ, פעו״י to separate; to depart; to make clear; to specify

פֵּרֵשׁ, פ״י to clarify; to explain, interpret

הִפְרִישׁ, פ״י to dedicate; to separate, set aside

פָּרָשׁ, ז׳, ר׳, ־שִׁים horseman, knight (chess)

פֶּרֶשׁ, ז׳ excrement, dung

פַּרְשֶׁגֶן, פַּתְשֶׁגֶן, ז׳ copy, text; abstract

פַּרְשְׁדוֹן, ז׳ emergency exit; passage

פָּרָשָׁה, נ׳, ר׳, ־שׁוֹת, שִׁיּוֹת section; division; chapter (book)

פָּרָשַׁת־דְּרָכִים crossroad

פַּרְשָׁן, ז׳, ר׳, ־נִים commentator, exegete

פַּרְשָׁנוּת, נ׳ exegesis

פָּרַת, פ״י to belittle; to have no respect for

פָּרַת־מֹשֶׁה־רַבֵּנוּ, נ׳, ר׳, פָּרוֹת־מֹשֶׁה־רַבֵּנוּ beetle, lady bug

פַּרְתֶּם, ז׳, ר׳, ־מִים elder, leader

פָּשׁ, פ״ע, ע׳ [פּוּשׁ] to spring about; to rest

פַּשׁ, ז׳ haughtiness; deficiency

פָּשָׂה, פ״ע to spread out

פָּשׁוּט, ת״ז, פְּשׁוּטָה, ת״נ simple, plain, straight

פִּשּׁוּט, פֶּשֶׁט, ז׳ simplification; straightening

פִּשּׁוּר, ז׳, ר׳, ־רִים coming to terms, solution, compromise

פָּשַׁח, פ״י to split, tear off, strip

פִּשַּׁח, פ״י to tear in pieces

פָּשַׁט, פעו״י to take off, remove; to stretch, spread; to straighten

פָּשַׁט רֶגֶל to go bankrupt

פִּשֵּׁט, פ״י to simplify; to strip; to stretch

הִפְשִׁיט, פ״י to strip, flay

הִתְפַּשֵּׁט, פ״ח to undress; to be spread

פֶּשֶׁט, פִּשּׁוּט, ז׳ simplification

פְּשָׁט, ז׳, ר׳, ־טוֹת, ־טִים plain, simple meaning

פַּשְׁטוּת, נ׳ simplicity

פַּשְׁטִידָה, נ׳, ר׳, ־דוֹת pudding

פַּשְׁטָן, ז׳, ר׳, ־נִים straightforward speaker

פְּשִׁיטָה, נ׳ undressing; stretching forth

פְּשִׁיטַת רֶגֶל bankruptcy

פְּשִׁיעָה, נ׳, ר׳, ־עוֹת trespass; offense; crime, negligence

פְּשִׁירָה, נ׳, ר׳, ־רוֹת cooling

[פשל] הִפְשִׁיל, פ״י to knot and fasten; to roll up

פָּשַׁע, פ״ע to transgress, revolt, rebel; to neglect

פֶּשַׁע, ז׳, ר׳, פְּשָׁעִים guilt, transgression

פָּשַׂע, פ״ע to step, march

פֶּשַׂע, ז׳, ר׳, פְּשָׂעִים step

פִּשְׁפּוּשׁ, ז׳ search; investigation

פִּשְׁפֵּשׁ, ז׳, ר׳, ־פְּשִׁים bug

פִּשְׁפֵּשׁ־הַמִּטָּה bed bug

פִּשְׁפָּשׁ, ז׳, ר׳, ־שִׁים wicket, small gate, door
פִּשְׁפֵּשׁ, פ״י to examine, investigate, search
פָּשַׂק, פ״י to open wide
פָּשַׁר, פ״ע to melt; to be lukewarm
פִּשֵּׁר, פ״י to compromise, arbitrate
הִתְפַּשֵּׁר, פ״ח to be settled
פֵּשֶׁר, ז׳ interpretation, solution
פְּשָׁרָה, נ׳, ר׳, ־רוֹת compromise, settlement
פַּשְׁרָן, ז׳, ר׳, ־נִים compromiser, conciliator
פִּשְׁתָּה, נ׳, פִּשְׁתָּן, ז׳, ר׳, ־נִים flax, linen
פִּשְׁתָּנִי, ז׳, ר׳, ־נִים flax worker, dealer in flax
פַּת, נ׳, ר׳, פִּתִּים piece of bread, bread
פַּת שַׁחֲרִית breakfast
פִּתְאֹם, תה״פ suddenly
פִּתְאֹמִי, ת״ז, ־מִית, ת״נ sudden
פַּתְבַּג, פַּת־בַּג, ז׳ hors d'oeuvre, tidbits
פִּתְגָּם, ז׳ ר׳, ־מִים saying; edict, decree
פָּתָה, פעו״י to be foolish; to open wide
פִּתָּה, פ״י to persuade, seduce
פָּתוּחַ, ת״ז, פְּתוּחָה, ת״נ open
פִּתּוּחַ, ז׳ engraving; development
פִּתּוּי, ז׳, ר׳, ־יִים seduction, persuasion
פִּתּוּךְ, ז׳ mixture, blend
פָּתוּךְ, ת״ז, פְּתוּכָה, ת״נ mixed, blended
פִּתּוּל, ז׳, ר׳, ־לִים twisting, winding
פָּתוֹת, ז׳, ר׳, פְּתוֹתִים fragment(s), crumb(s)

פָּתַח, פ״י to open; to begin
פִּתַּח, פ״י to develop; to loose, loosen
פֶּתַח, ז׳, ר׳, פְּתָחִים opening, entrance, doorway
פֵּתַח, ז׳ opening
פֵּתַח־דָּבָר prologue
פַּתָּח, פַּתַח, ז׳, ר׳, פַּתָּחִין Patach, name of Hebrew vowel: "ַ" ("a" as in "father")
פִּתְחוֹן, ז׳ opening
פִּתְחוֹן פֶּה pretext, excuse
פֶּתִי, ז׳, פְּתַיָּה, נ׳, ר׳, פְּתָאִים, פְּתָיִים, פְּתַיּוֹת fool; simple-minded person
פְּתִיגִיל, ז׳ beautiful dress
פִּתָּיוֹן, ז׳, ר׳, ־תְיוֹנִים decoy
פְּתַיּוּת, נ׳ foolishness
פְּתִיחָה, נ׳, ר׳, ־חוֹת opening; beginning, introduction
פְּתִיכָה, נ׳ mixing colors
פָּתִיל, ת״ז, פְּתִילָה, ת״נ twisted, tied up
פְּתִיל, ז׳, ר׳, ־לִים cord, thread
פְּתִילָה, נ׳, ר׳, ־לוֹת wick, twisted cord; suppository
פְּתִירָה, נ׳ solution, unraveling
פָּתִית, ז׳, ר׳, פְּתִיתִים piece, bit, crumb
פָּתַךְ, פ״י to mix colors; to stir; to knead
פָּתַל, פ״י to twist
הִתְפַּתֵּל, פ״ח to deal tortuously
פְּתַלְתֹּל, ת״ז, ־תֹּלָה, ת״נ tortuous, crooked
פֶּתֶן, ז׳, ר׳, פְּתָנִים poisonous snake, cobra
רֹאשׁ פְּתָנִים venom
פֶּתַע, תה״פ suddenly

[פתע] הִפְתִּיעַ, פ"י to surprise
פֶּתֶק, פֶּתֶק, ז', פִּתְקָה, נ', ר', פְּתָקִים, ־קוֹת, פִּתְקָאוֹת note, slip (paper)
פָּתַר, פ"י to interpret, solve
פִּתְרוֹן, ז', ר', ־נִים, ־נוֹת interpretation, solution (to problem)
פַּתְשֶׁגֶן, פַּרְשֶׁגֶן ז' copy, text; abstract
פָּתַת, פ"י to crumble

צ, ץ

צ, ץ Sadhe, Tsadhe, eighteenth letter of Hebrew alphabet; ninety
צֵאָה, נ', ר', ־אוֹת excrement, filth
צֵאָה, פ"י to soil
צְאֵל, צֶאֱל, ז', ר', צֶאֱלִים jujube; lotus; shade (of color)
צֹאן, נ"ר small cattle; sheep and goats
גֵּז צֹאן shorn wool
צֹאן אָדָם multitude of people
צֹאן בַּרְזֶל, נִכְסֵי צֹאן בַּרְזֶל wife's estate (held by husband)
צֶאֱצָא, ז', ר', ־אִים creature; produce; children, offspring
צָב, ז', ר', צַבִּים turtle; lizard
עֶגְלַת צָב covered wagon
צָבָא, ז', ר', צְבָאוֹת army, fighting forces, military service; warfare
אִישׁ צָבָא soldier
שַׂר צָבָא commander-in-chief
צְבָא ה' Israel; God's people; creatures
צְבָא הַשָּׁמַיִם host of heaven: planets, sun, moon, stars, etc.
צָבָא, פ"ע to come together; to attack in military formation; to conscript
הִצְבִּיא, פ"י to mobilize; to command
צְבָאִי, ת"ז, ־אִית, ת"נ military
צְבָאִיּוּת, נ' militarism
צָבֶה, ת"ז, צָבָה, ת"נ twollen, inflated
צָבָה, פ"ע so swell, become swollen; to desire
צָבוֹעַ, ז', ר', צְבוֹעִים hyena; hypocrite
צָבוּעַ, ת"ז, צְבוּעָה, ת"נ colored; hypocritical
צִבּוּר, ז', ר', ־רִים pile; community; public
צָבוּר, ת"ז, צְבוּרָה, ת"נ piled, collected
צִבּוּרִי, ת"ז, ־רִית, ת"נ common, public
צִבּוּרִיּוּת, נ' public affairs
צָבַט, פ"י to seize; to pinch (skin)
צְבִי, ז', ר', צְבָיִים, צְבָאִים gazelle; glory; beautiful color
צְבִיָּה, נ', ר', צְבִיּוֹת, צְבָאוֹת female gazelle; beautiful girl
צִבְיוֹן, ז' caprice
צְבִיטָה, נ', ר', ־טוֹת handle; pinch
צְבִיעָה, נ', ר', ־עוֹת dyeing
צְבִיעוּת, נ' hypocrisy
צְבִירָה, נ', ר', ־רוֹת heap, pile
צָבַע, פ"י to dye, dip
הִצְבִּיעַ, פ"י to raise the finger; to point; to vote
צַבָּע, ז', ר', ־עִים dyer; house painter
צֶבַע, ז', ר', צְבָעִים color; paint
צִבְעָן, ז', ר', ־נִים pigment

צִבְעוֹן, ז׳, ר׳, ־נִים color, hue, shade

צִבְעוֹנִי, ז׳, ר׳, ־נִים tulip

צִבְעוֹנִי, ת״ז, ־נִית, ת״נ multicolored, variegated

צִבְעִי, ת״ז, ־עִית, ת״נ sneaky

צָבַר, פ״י to heap up

צָבָר, ז׳, ר׳, צְבָרִים cactus; aloe; native Israeli, Sabra

צֶבֶר, ז׳, ר׳, צְבָרִים pile, heap

צֶבֶת, נ׳, ר׳, צְבָתִים sheaf

צְבָת, צֶבֶת, נ׳, ר׳, צְבָתוֹת, צְבָתִים pair of tongs, pliers; tweezers

צָד, פ״י, ע׳ [צוד] to hunt, shoot

צַד, ז׳, ר׳, צִדִּים, צְדָדִים, ־ן side; party

צִדֵּד, פ״י to turn sideways; to support the side of, advocate

הִצְטַדֵּד, פ״ח to step aside

צְדָדִי, ת״ז, ־דִית, ת״נ sidewise; subordinate

צְדָדִיּוּת, נ׳ subordination

צָדָה, פ״ע to intend; to lie in wait

נִצְדָּה, פ״ע to be laid waste

צְדוּדִית, נ׳, ר׳, ־דִיּוֹת profile

צִדּוּק, ז׳ justification

צְדוֹקִי, ז׳, ר׳, ־קִים Sadducee

צַדִּי, צָדִי, נ׳ Sadhe, eighteenth letter of Hebrew alphabet

צְדִיָּה, נ׳ lying-in-wait, malice

צַדִּיק, ת״ז, ־קָה, צַדֶּקֶת, ת״נ just, pious, virtuous

[צדע] הִצְדִּיעַ, פ״י to salute

צֶדַע, ז׳, ר׳, צְדָעַיִם temple

צֶדֶף, ז׳, ר׳, צְדָפִים mother-of-pearl

צִדְפָּה, נ׳, ר׳, ־דָפוֹת oyster, mussel

צִדֹּפֶת, ז׳ porcelain

צָדַק, פ״ע to be just, right

צִדֵּק, פ״י to justify

הִצְטַדֵּק, פ״ח to apologize

צֶדֶק, ז׳ righteousness, justice; Jupiter

צְדָקָה, נ׳ justice; prosperity; charity

צַדְקָן, ז׳, צַדְקָנִית, נ׳, ר׳, ־נִים, ־נִיּוֹת righteous, pious person

צַדְרָה, נ׳ finch, linnet; tarpaulin

צָהַב, פ״ע to be bright, yellow; to gladden; to be angry

צָהֹב, ת״ז, צְהֻבָּה, ת״נ yellow

צְהַבְהַב, ת״ז, ־הֶבֶת, ת״נ yellowish

צַהֶבֶת, נ׳ jaundice

צָהָה, פ״ע to be parched with thirst

צָהוּב, ת״ז, צְהוּבָה, ת״נ angry

צְהִיבָה, נ׳, ר׳, ־בוֹת brawl

צָהִיר, ת״ז, צְהִירָה, ת״נ clear

צָהַל, פ״ע to neigh; to cry for joy

צַהַל, ז׳ happiness; rejoicing

צַהַ״ל Israeli army

צָהֳלָה, נ׳ jubilation

צַהֲלָה, נ׳ neighing

[צהר] הִצְהִיר, פ״י to brighten; to make public, publish; to declare, proclaim; to make oil

צֹהַר, ז׳, ר׳, צְהָרִים window; zenith

צָהֳרַיִם, ז״ז noon, midday

קַו הַצָּהֳרַיִם meridian

צַו, צָו, ז׳, ר׳, ־וִּים, ־וִים command

צַוָּאָה, נ׳, ר׳, ־אוֹת command; will, testament

צוֹאָה, צֹאָה, נ׳, ר׳, ־אוֹת excrement

צוֹאִי, ת״ז, ־אִית, ת״נ filthy

צַוָּאר, ז׳, ר׳, ־רַיִם, ־רִים neck

צַוָּארוֹן, צַוָּרוֹן ז׳, ר׳, צַוָּארוֹנִים collar; necklace

[צוד] צָד, פ״י to hunt, shoot

צוֹדֵק, ת״ז, צוֹדֶקֶת, ת״נ right

צִוָּה, פ״י to command; to bequeath; to appoint

צוֹהֵל, ת״ז, צוֹהֶלֶת, ת״נ happy, gay, rejoicing
צִוּוּי, ז׳, ר׳, ־יִים command; imperative (*gram.*)
צָוַח, פ״ע to shout; to herald
צְוָחָה, נ׳, ר׳, ־חוֹת cry, shriek
צַוְחָן, ז׳, ר׳, ־נִים one who shouts
צַוְחָנִי, ת״ז, ־נִית, ת״נ shouting; deafening
צְוִיחָה, נ׳, ר׳, ־חוֹת shrieking
צְוִיץ, ז׳, צְוִיצָה, נ׳, ר׳, ־צוֹת chirp, chirping
צוֹלֵב, ת״ז, ־לֶבֶת, ת״נ crossed
אֵשׁ צוֹלֶבֶת cross fire
צוּלָה, נ׳, ר׳, ־לוֹת depth
צוֹלֵל, ת״ז, צוֹלֶלֶת, ת״נ; ז׳ diving; diver
צוֹלֶלֶת, נ׳, ר׳, ־לְלוֹת submarine
צוֹלֵעַ, ת״ז, צוֹלַעַת, ת״נ lame
צוֹם, ז׳, ר׳, ־מוֹת fast, fasting
[צום] צָם, פ״ע to fast
הַמְּעִי הַצָּם jejunum
צוֹמֵחַ, ת״ז, צוֹמַחַת, ת״נ; ז׳, ר׳, ־מְחִים growing; flora, vegetation
צוֹמֶת, צֹמֶת, ז׳, ר׳, צְמָתִים focus; juncture
צוּנָם, ז׳ granite; flint; rock
צוֹנֵן, ת״ז, צוֹנֶנֶת, ת״נ cold, cool
צוֹנְנִים, ז״ר cold water
צוֹעֵן, ז׳, ר׳, ־עֲנִים wanderer, nomad
צוֹעֲנִי, ז׳, ר׳, ־נִים gypsy
צוֹעֵר, ז׳, ר׳, ־עֲרִים shepherd boy
צוּף, ז׳, ר׳, ־פִים honeycomb
[צוף] צָף, פ״ע to float; to flood
צוֹפֶה, ז׳, ר׳, ־פִים watchman, scout
צוֹפִים Boy Scouts
צוֹפָר, ז׳, ר׳, ־רִים siren

צוֹצָל, ז׳, צוֹצֶלֶת, נ׳, ר׳, ־צָלִים, ־צָלוֹת dove, turtledove
צוֹק, ז׳ distress
צוּק, ז׳, ר׳, ־קִים mountain cliff
[צוק] הֵצִיק, פ״י to torment, afflict
צוּקָה, נ׳, ר׳, ־קוֹת affliction
[צור] צָר, פעו״י to besiege; to bind, wrap; to form; to persecute
צוֹר, צֹר, ז׳, ר׳, ־רִים, צֻרִים flint, silex
צוּר, ז׳, ר׳, ־רִים God; rock; refuge
צוֹרְבָנִי, ת״ז, ־נִית, ת״נ heartburning
צוּרָה, נ׳, ר׳, ־רוֹת form, shape, figure
צַוָּרוֹן, צַוָּארוֹן ז׳, ר׳, ־וְּרוֹנִים neck-lace, collar
צוּרִי, ת״ז, ־רִית, ת״נ formal; ideal
צוֹרֶךְ, צֹרֶךְ, ז׳, ר׳, צְרָכִים need, necessity
צוֹרֵף, ז׳, ר׳, ־רְפִים alchemist; goldsmith; silversmith
צוֹרְפוּת, נ׳ alchemy
צֶוֶת, צַוְתָּא, ז׳, ר׳, צְוָתִים staff, company, crew
בְּצַוְתָּא, תה״פ together
צַח, ת״ז, ־חָה, צָחָה, ת״נ pure, clear, bright
דִּבֵּר צָחוֹת to articulate
צִחֶה, ת״ז, ־חָה, ת״נ thirsty, parched
צְחוֹק, ז׳ laughter, play, game
צְחוֹר, ז׳ whiteness, clarity
צָחוֹת, תה״פ lucidly, clearly
צַחוּת, נ׳, ר׳, ־חֻיּוֹת purity, elegance
צָחַח, פ״ע to be white, pure; to flow
צְחִיחַ, ת״ז, צְחִיחָה, ת״נ dry, arid
צְחִיחַ, ז׳, ר׳, ־חִים dry, parched place, desert
צַחֲנָה, נ׳ smell, stench; small fried fish

צַחְצוּחַ, ז׳, ר׳, ־חִים droplet, drop

צִחְצוּחַ, ז׳, ר׳, ־חִים glistening, flashing

צִחְצַח, פ״י to clean, make shiny

צַחְצָחָה, נ׳, ר׳, ־חוֹת arid region; splendor

צָחַק, פ״ע to laugh

הִ־־ִיק, פ״י to make, cause to laugh

הִצְטַחֵק, פ״ח to break out laughing; to smile

צַחְקָן, ז׳, ר׳, ־נִים one who laughs; jester

צִחְקֵק, פ״ע to giggle

צַחַר, ז׳ whiteness

צָחַר, פ״ע to become white

צָחֹר, ת״ז, צְחֹרָה, ת״נ white

צְחַרְחַר, ת״ז, ־חֶרֶת, ת״נ whitish

צִטֵּט, פ״י to cite, quote

צִי, ז׳, ר׳, ־יִּים, צִים navy, fleet; wildebeest

צִיבִית, נ׳ celluloid

צַיִד, ז׳ hunting; game; provision, food

רוֹבֵה צַיִד shotgun

צִיֵּד, פ״י to supply, equip

צַיָּד, ז׳, ר׳, ־דִים hunter, sportsman

צֵידָה, נ׳ provision

צִיָּה, נ׳, ר׳, ־יּוֹת dryness, drought

צִיּוּד, ז׳ preparation, supply, supplies

צָיוֹן, ז׳ dryness, parched ground

צִיּוּן, ז׳, ר׳, ־נִים signpost; monument; mark

צִיּוֹן, נ׳ Zion

צִיּוֹנוּת, ז׳ Zionism

צִיּוֹנִי, ז׳, ר׳, ־יִּים Zionist

צִיּוּץ, ז׳, ר׳, ־צִים chirp, twitter

צִיּוּר, ז׳, ר׳, ־רִים drawing; image; sketch

צִיּוּרִי, ת״ז, ־רִית, ת״נ imaginary; illustrative; intuitive

צִיּוּרִיּוּת, נ׳ descriptiveness

צִיּוּת, ז׳ obedience, obeying

צִיחַ, ז׳, ר׳, ־חִים thirst

צַיְלָן, צַלְיָן, ז׳, ר׳, ־נִים pilgrim

צִיֵּן, פ״י to mark, note, distinguish

הִצְטַיֵּן, פ״ח to distinguish oneself

צִינוֹק, ז׳ jail, cell, gaol

צִיץ, ז׳, ר׳, ־צִים blossom, bud; diadem

[ציץ] צָץ, פ״ע to flower, blossom

צִיֵּץ, פ״ע to chirp

הֵצִיץ, פ״י to peep, glance

צִיצָה, נ׳, ר׳, ־צוֹת flower; fringe

צִיצִית, נ׳, ר׳, ־יּוֹת tassel; forelock; fringe

צַיְקָן, ז׳, ר׳, ־נִים parsimonious person

צַיְקָנוּת, נ׳ stinginess

צִיר, ז׳, ר׳, ־רִים consul; member of Parliament; representative; hinge; pivot, axis; birth pang; brine

צִיֵּר, פ״י to draw, paint; to describe

הִצְטַיֵּר, פ״ח to be imagined, painted

צַיָּר, ז׳, ר׳, ־רִים painter, artist; draftsman

צִירָה, נ׳, ר׳, ־רִים squeak

צֵירֶה, ז׳ Tsere, name of Hebrew vowel: “..” (“e” as in “they”)

צִירוּת, נ׳ legation, consulate

צִירָן, ז׳, ר׳, ־נִים blear-eyed person

צִיֵּת, פ״ע to obey

צַיְתָן, ז׳ ר׳, ־נִים obedient person; curious person, eavesdropper

צַיְּתָנוּת, נ׳ obedience

צֵל, ז׳, ר׳, צְלָלִים shadow, shade; shelter
חָכְמַת הַצְּלָלִים trigonometry
צְלָב, צֶלֶב, ז׳, ר׳, צְלָבִים cross
הַצְּלָב הָאָדֹם Red Cross
מַסַּע־הַצְּלָב crusade
נוֹסְעֵי הַצְּלָב Crusaders
צְלָב הַקֶּרֶס swastika
צָלַב, פ״י to impale; to crucify
הִצְטַלֵּב, פ״ח to cross oneself
צַלְבָן, ז׳, ר׳, ־נִים Crusader
צָלָה, פ״י to grill, broil
צִלָּה, פ״ע to pray for
צִלָּה, נ׳ shady place
צְלוֹב, ז׳, ר׳, ־בִים gallows, cross
צָלוּב, ת״ז, צְלוּבָה, ת״נ crucified
צְלוֹחִית, נ׳ ר׳, ־חִיּוֹת jar, flask
צָלוּי, ת״ז, צְלוּיָה, ת״נ grilled, broiled
צָלוּל, ת״ז, צְלוּלָה, ת״נ clear, clarified
צְלוּל, ז׳ sediment
צִלּוּם, ז׳, ר׳, ־מִים photograph, photographing
צְלוֹפָח, ז׳, ר׳, ־חִים eel
צָלַח, פ״ע to be fit for; to succeed; to be possessed
הִצְלִיחַ, פ״י to succeed; to prosper
צָלֵחַ, ת״ז, צְלֵחָה, ת״נ prosperous
צַלַּחַת, נ׳, ר׳, ־לָחוֹת plate, dish
צְלִי, ז׳, ר׳, צְלִיִּים grill, roast
צְלִיבָה, נ׳, ר׳, ־בוֹת hanging, crucifixion
צְלִיָּה, נ׳ roasting
צְלִיחָה, נ׳, ר׳, ־חוֹת crossing (water)
צְלִיל, ז׳, ר׳, ־לִים ring; sound, tone
צְלִילָה, נ׳ diving; sinking; setting
צְלִילוּת, נ׳ clarity, clearness
צַלְיָן, צַיָּלָן, ז׳, ר׳, ־נִים pilgrim
צְלִיעָה, נ׳, ר׳, ־עוֹת limping

צְלִיפָה, נ׳, ר׳, ־פוֹת beating, lashing; sharpshooting; sniping
צָלַל, פעו״י to sink; to dive; to grow dark; to tingle; to settle
הֵצֵל, פ״י to clarify; to cast shadow
צְלָלִית, נ׳, ר׳, ־יוֹת silhouette
[צלם] צִלֵּם, הִצְלִים, פ״י to photograph
הִצְטַלֵּם, פ״ח to be photographed
צֶלֶם, ז׳, ר׳, צְלָמִים image, idol, likeness, crucifix
צַלָּם, ז׳, ר׳, ־מִים photographer
צַלְמָוֶת, נ׳ great darkness; distress
צַלְמָנִיָּה, נ׳, ר׳, ־יוֹת photographer's studio, dark room; camera
צַלְמָנוֹעַ, ז׳, ר׳, ־עִים movie camera
צָלַע, פ״ע to limp, be lame
צֵלָע, נ׳, ר׳, צְלָעוֹת, צְלָעִים rib; side; leg (*geom.*); hemistich (*poet.*)
צֶלַע, ז׳ misfortune; limping
צָלָף, ז׳, ר׳, צְלָפִים caper bush
צָלַף, פ״י to snipe
הִצְלִיף, פ״י to whip
צַלָּף, ז׳, ר׳, ־פִים sharpshooter; sniper
צִלְצוּל, ז׳, ר׳, ־לִים ringing, sound
נְחַשׁ הַצִּלְצוּל rattlesnake
צְלָצַל, ז׳, ר׳, ־לִים cricket
צֶלְצָל, ז׳, ר׳, ־צְלִים cymbals
צִלְצֵל, פעו״י to ring; to telephone
צִלְצָל, ז׳, ר׳, ־לִים buzzing; spear, harpoon
צִלְצַל דָּגִים bait
צִלֵּק, פ״י to make a scar
הִצְטַלֵּק, פ״ח to form a scar
צַלֶּקֶת, נ׳, ר׳, ־לָקוֹת scar, cicatrix
צָם, פ״ע, ע׳ [צום] to fast
צָמָא, ז׳, צִמְאָה, נ׳ thirst

צָמֵא, פ״ע — to thirst, be thirsty
צָמֵא, ת״ז, צְמֵאָה, ת״נ — thirsty
צִמָּאוֹן, ז׳ — thirst; arid place
צֶמֶג, ז׳ — gum, rubber
צָמֹג, ת״ז, צְמֻגָּה, ת״נ — adhesive
צָמַד, פ״י — to attach, join, couple, harness; to adhere
נִצְמַד, פ״ע — to join, attach oneself
צֻמַּד, פ״ע — to be bound
הִצְמִיד, פ״י — to combine
צֶמֶד, ז׳, ר׳, צְמָדִים — couple; yoke
צֶמֶד חֶמֶד — charming couple
צִמְדָּה, נ׳ — duet
צַמָּה, נ׳, ר׳, ־מּוֹת — braid; veil
צִמּוּד, ז׳, ר׳, ־דִים — homonym; pun
צָמוּד, ת״ז, צְמוּדָה, ת״נ — joined
צִמּוּק, ז׳, ר׳, ־קִים — raisin
צָמוּק, ת״ז, צְמוּקָה, ת״נ — shrunken, shriveled
צָמַח, פ״ע — to sprout, spring up
צִמֵּחַ, פ״ע — to grow again, grow abundantly
צֶמַח, ז׳, ר׳, צְמָחִים — plant; growth, sprouting; vegetation
צִמְחוֹנוּת, נ׳ — vegetarianism
צִמְחוֹנִי, ת״ז, ־נִית, ת״נ — vegetarian
צִמְחִי, ת״ז, ־חִית, ת״נ — vegetative
צִמְחִיָּה, נ׳ — flora, vegetation
צְמִיג, ז׳, ר׳, צְמִיגִים — rubber tire
צָמִיג, ת״ז, צְמִיגָה, ת״נ — adhesive
צָמִיד, ז׳, ר׳, צְמִידִים — bracelet; cover, lid
צְמִיחָה, נ׳, ר׳, ־חוֹת — growth, vegetation
צַמִּים, ז׳ — virtuous person; snare, trap
צְמִיקָה, נ׳ — shrinkage
צָמִיר, ת״ז, צְמִירָה, ת״נ — wooly

צָמִית, ת״ז, צְמִיתָה, ת״נ — perpetual; final
צְמִיתוּת, נ׳ — perpetuity, eternity
לִצְמִיתוּת, תה״פ — perpetually, eternally, forever
צִמְצוּם, ז׳, ר׳, ־מִים — condensing, confining, contraction
בְּצִמְצוּם, תה״פ — barely, just enough
צִמְצֵם, פעו״י — to limit; to compress, confine; to reduce (math.)
צָמַק, פ״ע — to shrink, wither, shrivel
צֶמֶר, ז׳ — wool
צֶמֶר גֶּפֶן — (absorbent) cotton
צַמָּר, ז׳, ר׳, ־רִים — wool dresser, wool merchant
צַמְרִי, ת״ז, ־רִית, ת״נ — wooly
צִמְרִיוֹן, ז׳, ר׳, ־נִים — heliotrope
צְמַרְמֹרֶת, נ׳, ר׳, ־מוֹרוֹת — shiver
צַמֶּרֶת, נ׳, ר׳, ־מָּרוֹת — summit
צָמַת, פ״י — to destroy, smash; to contract
צֹמֶת, צוֹמֶת, ז׳, ר׳, צְמָתִים — focus; juncture
צֹמֶת דְּרָכִים — crossroads
צֵן, ז׳, ר׳, צְנִּים — thorn, brier
צִנָּה, נ׳, ר׳, ־נּוֹת — cold; buckler; shield
צֹנֶה, צֹאנֶה, צֹאן, ז׳ — sheep, flocks
צָנוּם, ת״ז, צְנוּמָה, ת״נ — shrunken, meager
צִנּוּן, ז׳ — refrigeration, cooling
צְנוֹן, ז׳, צְנוֹנִית, נ׳, ר׳, ־נִים, ־נִיּוֹת — radish
צָנוּעַ, ת״ז, צְנוּעָה, ת״נ — modest, chaste
צָנוּף, ת״ז, צְנוּפָה, ת״נ — wrapped
צִנּוֹר, ז׳, ר׳, ־רִים, ־רוֹת — pipe, drain; socket
צִנּוֹרָה, נ׳, ר׳, ־רוֹת — spittle; hook, needle

צָנַח, פ"ע to descend; to parachute
צַנְחָן, ז', ר', ־נִים parachutist
צְנִים, ז', ר', צְנִימִים rusk, biscuits
צָנִין, ז', ר', צְנִינִים thorn, prick
צְנִינוּת, נ' chill
צְנִיעוּת, נ' decency, modesty; discretion
צָנִיף, ז', ר', צְנִיפִים, ־פוֹת turban
צְנִיפָה, נ' wrapping; neighing
צָנִית, נ', ר', ־נִיּוֹת knapsack, haversack
צִנִּית, נ' podagra, gout (feet)
צָנַן, פ"ע to be chilly, feel cold
הִצְטַנֵּן, פ"ח to catch cold
[צנע] הִצְנִיעַ, פ"י to be modest, humble; to hide
צֶנַע, ז' austerity; modesty, humility
צִנְעָה, נ' privacy, secrecy
צָנַף, פעו"י to wrap turban; to neigh; to shriek
צָנֶף, ז', צְנָפָה, נ', ר', צְנָפִים, ־פוֹת neighing
צְנֵפָה, נ' winding, enveloping
צִנְצֶנֶת, נ', ר', ־צָנוֹת jar
צַנְתָּר, ז', ר', ־רוֹת tube
צַעַד, ז', ר', צְעָדִים step
צָעַד, פ"ע to step, advance, march
צְעָדָה, נ', ר', ־דוֹת marching; step; anklet, bracelet
צָעָה, פעו"י to stoop, bend; to empty
צְעִידָה, נ' marching, pacing
צָעִיף, ז', ר', ־פִים veil
צָעִיר, ת"ז, צְעִירָה, ת"נ; ז', ר', צְעִירִים, ־רוֹת young, little; lad, girl
צָעַן, פ"ע to wander, migrate; to remove (tent)
צִעֵף, פ"י to veil

צַעֲצֻעַ, צַעֲצוּעַ, ז', ר', ־עִים toy, plaything
צָעַק, פ"ע to shout, talk loudly
נִצְעַק, פ"ע to be summoned, called together
צְעָקָה, נ', ר', ־קוֹת outcry, shout
צַעֲקָן, ז', ר', ־נִים one who shouts
צַעֲקָנוּת, נ' shouting
צַעַר, ז', ר', צְעָרִים pain; sorrow; trouble
צָעַר, פ"ע to be small, insignificant
צִעֵר, פ"י to cause pain
הִצְטַעֵר, פ"ח to be sorry
צָף, פ"ע, ע' [צוף] to float; to flood
צָף, ת"ז, צָפָה, ת"נ; ז' floating; float
צָפַד, פ"ע to cling; to contract, shrivel
צֶפֶד, ז' mucilage
צַפְדִּינָה, נ' scurvy
צַפֶּדֶת, נ' tetanus
צָפָה, פ"י to keep watch; to observe; to waylay
צִפָּה, פ"י to look; to expect
צֻפָּה, פ"ע to be laid over; to be covered
צִפָּה, נ', ר', ־פּוֹת covering
צָפוּד, ת"ז, צְפוּדָה, ת"נ shriveled
צִפּוּי, ז', ר', ־יִים plating
צָפוּי, ת"ז, צְפוּיָה, ת"נ foreseen
צָפוֹן, ז' north
צָפוּן, ת"ז, צְפוּנָה, ת"נ hidden
צְפוֹנִי, ת"ז, ־נִית, ת"נ northern
צְפוֹנִית־מִזְרָחִית northeastern
צְפוֹנִית־מַעֲרָבִית northwestern
צָפוּף, ת"ז, צְפוּפָה, ת"נ crowded, close
צִפּוּף, ז' crowding
צִפּוֹר, נ', ר', ־פֳּרִים bird

צִפּוֹרֶן, צִפֹּרֶן, נ׳, ־פָּרְנַיִם, ־נִים
fingernail, talon; nib, pen point, stylus; clove; dianthus

slate צִפְחָה, נ׳, ר׳, צְפָחוֹת

pitcher, mug צַפַּחַת, נ׳, ר׳, צַפָּחוֹת

hope, expectation; pillowcase צִפִּיָּה, נ׳

view, observation; expectation צְפִיָּה, נ׳, ר׳, ־יּוֹת

wafer, flat cake צַפִּיחִית, נ׳, ר׳, ־יּוֹת

ambush צְפִינָה, נ׳, ר׳, ־נוֹת

dung צָפִיעַ, ז׳, ר׳, צְפִיעִים

offspring צְפִיעָה, נ׳, ר׳, ־עוֹת

overcrowding; density צְפִיפוּת, נ׳

he-goat צָפִיר, ז׳, ר׳, צְפִירִים

she-goat; whistling; wreath; turn; dawn צְפִירָה, נ׳, ר׳, ־רוֹת

cover, case צִפִּית, נ׳, ר׳, ־יּוֹת

to hide; to ambush צָפַן, פ״י

to face north; to hide הִצְפִּין, פעו״י

viper, poisonous serpent { צֶפַע, ז׳, ר׳, צְפָעִים / צִפְעוֹנִי, ז׳, ר׳, ־נִים }

to press, crowd צָפַף, צוֹפֵף, פ״י

twitter, whistling צִפְצוּף, ז׳, ר׳, ־פִים

to chirp, whistle צִפְצֵף, פ״ע

poplar צַפְצָפָה, נ׳, ר׳, ־פוֹת

whistle צַפְצֵפָה, נ׳, ר׳, ־פוֹת

peritoneum צֶפֶק, ז׳

peritonitis צַפֶּקֶת, נ׳

to rise; to depart early; to whistle; to sound alarm (siren) צָפַר, פ״ע

ornithologist צַפָּר, ז׳, ר׳, ־רִים

morning צְפַר, צַפְרָא, ז׳

frog צְפַרְדֵּעַ, נ׳, ר׳, ־דְּעִים

morning breeze צְפִרִיר, ז׳, ר׳, ־רִים

צִפֹּרֶן, צִפּוֹרֶן, זו״נ, ר׳, ־נִים, ־נַיִם
fingernail, talon; nib, pen point, stylus; clove; dianthus

calendula צִפָּרְנֵי הֶחָתוּל, ז׳

capital (of pillar) צֶפֶת, נ׳, ר׳, צְפָתוֹת

to bud, blossom, come forth צָץ, פ״ע, ע׳ [ציץ]

wallet, bag צִקְלוֹן, ז׳, ר׳, ־נוֹת

to besiege; to bind, wrap; to form; to persecute צָר, פעו״י, ע׳ [צור]

narrow, tight צַר, ת״ז, צָרָה, ת״נ

adversary; distress צַר, ז׳, ר׳, צָרִים

flint, silex צֹר, צוֹר, ז׳, ר׳, ־רִים, צֻרִים

to burn, scorch צָרַב, פ״י

burning צָרָב, ת״ז, צָרֶבֶת, ת״נ

apprentice צֹרֶב, ז׳, ר׳, צְרָבִים

scab, scar; inflammation; heartburn צָרֶבֶת, נ׳, ר׳, צָרָבוֹת

middle finger צְרֵדָה, נ׳, ר׳, ־דוֹת

to be hoarse [צרד] הִצְטָרֵד, פ״ח

hoarseness צָרֶדֶת, נ׳

distress, anguish; rival wife צָרָה, נ׳, ר׳, ־רוֹת

hoarse צָרוּד, ת״ז, צְרוּדָה, ת״נ

hoarseness צֵרוּד, ז׳

leprous; leper צָרוּעַ, ת״ז, צְרוּעָה, ת״נ; ז׳

joining, fusion; money changing צֵרוּף, ז׳, ר׳, ־פִים

refined, purified צָרוּף, ת״ז, צְרוּפָה, ת״נ

acrostic צֵרוּפָה, נ׳, ר׳, ־פוֹת

bundle; pebble; knot צְרוֹר, ז׳, ר׳, ־רוֹת

bound, tied up; preserved צָרוּר, ת״ז, צְרוּרָה, ת״נ

צְרוֹר, ז'	enmity
צָרוּת, נ'	narrowness
צָרוּת עַיִן	jealousy, envy
צָרַח, פ"ע	to cry, shout
הִצְרִיחַ, פ"י	to castle (chess)
צְרַח, ז', ר', צְרָחִים	shout, cry
צֳרִי, צְרִי, ז', ר', צְרָיִים	balsam
צְרִיבָה, נ', ר', ־בוֹת	cauterization
צְרִיבוּת, נ'	causticity
צְרִידוּת, נ'	hoarseness
צְרִיחַ, ז', ר', ־חִים	tower; castle (in chess)
צְרִיחָה, נ', ר', ־חוֹת	shout, scream
צָרִיךְ, ת"ז, צְרִיכָה, ת"נ	needing; must; necessary
צָרִיךְ לְ־	has to
אֵין צָרִיךְ לוֹמַר	it is apparent
צְרִיכָה, נ'	consumption; requirement, necessity
צָרִיף, ז'	alum
צְרִיף, ז', ר', ־פִים	shed, hut; barrack
צְרִיפָה, נ', ר', ־פוֹת	smelting
צְרִירוּת, נ'	hoarseness
צָרַךְ, פ"ע	to need, want; to consume
נִצְרַךְ, פ"ע	to be obliged
הִצְטָרֵךְ, נִצְ־, פ"ח	to be necessary
צֹרֶךְ, ז', ר', צְרָכִים	need, necessity
צְרָכִים	victuals, provisions
צַרְכָן, ז', ר', ־נִים	consumer
צַרְכָנִיָּה, נ', ר', ־יוֹת	co-operative store
צָרַם, פ"י	to split; to incise; to jar (ear)
צָרַע, פ"י	to be leprous
צִרְעָה, נ', ר', צְרָעוֹת, ־עִים, צִרְעִיּוֹת	wasp, hornet
צָרַעַת, נ'	leprosy
צָרַף, פ"י	to refine, smelt; to join
נִצְרַף, פ"ע	to be hardened, tested
צֵרַף, פ"י	to change for large coin
הִצְטָרֵף, פ"ח	to be joined, become attached
צָרְפַת, נ'	France
צָרְפָתִי, ת"ז, ־תִית, ־תִיָּה, ת"נ	French
צָרְפָתִית, נ'	French language
צַרְצוּר, צְרָצַר, ז', ר', צִרְצָרִים	cricket
צִרְצוּר, ז', ר', ־רִים	chirping
צִרְצֵר, פ"ע	to chirp
צָרַר, פעו"י	to bind, tie; to oppress; to annoy; to be distressed; to be grieved
צָרָתָה, נ'	misfortune, disaster
צָתֶר, ז'	thyme

ק

ק	Koph, nineteenth letter of Hebrew alphabet; hundred
קָא, פ"י, ע' [קיא]	to vomit
קַא, ז'	vomit
קָאָק, קָק, קָאקִי, ז', ר', קָאָקִים	swan; goose
קָאָת, קָאַת, נ', ר', קָאָתוֹת, קָאוֹת	pelican; owl
קַב, ז', ר', קַבִּים, קַבַּיִם	crutch; artificial leg; stilt; measure
קָבַב, פ"י	to curse
קֵבָה, נ'	belly; womb

קֵבָה, קֵיבָה, נ׳, ר׳, ־בוֹת stomach

קֻבָּה, נ׳, ר׳, ־בּוֹת brothel; compartment, hut, tent

קִבּוּל, ז׳ receiving, accepting

כְּלִי קִבּוּל receptacle

קִבּוּלִי, ת״ז, ־לִית, ת״נ receptive

קָבוּעַ, ת״ז, קְבוּעָה, ת״נ fixed, permanent; regular

קִבּוּעַ, ז׳ fixation

קִבּוּץ, ז׳, ר׳, ־צִים gathering, co-operative settlement

קֻבּוּץ, ז׳ Kubutz, name of Hebrew vowel "ֻ" ("oo" as in "too")

קְבוּצָה, נ׳, ר׳, ־צוֹת gathering, group; co-operative (farm)

קִבּוּצִי, ת״ז, ־צִית, ת״נ collective

קָבוּר, ת״ז, קְבוּרָה, ת״נ hidden, interred

קְבוּרָה, נ׳, ר׳, ־רוֹת grave, burial

קֻבִּיָּה, קוּבִּיָּה נ׳, ר׳, ־יּוֹת cube, dice

קְבִיעָה, נ׳ fixing; regularity

קְבִיעוּת, נ׳ regularity; permanence

בִּקְבִיעוּת, תה״פ regularly

קֵבִית, נ׳ greed; ventricle

קָבַל, פ״ע to complain, cry out

קִבֵּל, פ״י to receive, accept

הִקְבִּיל, פעו״י to be opposite, parallel; to meet

הִתְקַבֵּל, פ״ח to be accepted, received

קַבָּל, קַבְּלָן, ז׳, ר׳, ־לִים, ־נִים contractor; receiver

קֹבֶל, ז׳ battering ram; complaint

קַבָּלָה, נ׳, ר׳, ־לוֹת receipt; receiving, reception; tradition; cabala, mysticism

קַבְּלָן, ז׳, ר׳, ־נִים contractor, receiver

קְבָלָנָה, קוּבְלָנָה, נ׳, ר׳, ־נוֹת complaint

קַבְּלָנוּת, קַבֶּלֶת, נ׳, ־יּוֹת, ־לוֹת contract, work on contract

קֶבֶס, ז׳ disgust; nausea

קִבֵּס, פ״י to disgust; to nauseate

קָבַע, פ״י to drive in; to fix; to rob, despoil

קֶבַע, ז׳ appointment; permanence

קֻבַּעַת נ׳, ר׳, ־בָּעוֹת cup, goblet; sediment

קָבַץ, פ״י to assemble, gather; to add

קִבֵּץ, פ״י to beg; to collect

קֹבֶץ, ז׳, ר׳, קְבָצִים compilation, collection

קַבְּצָן, ז׳, ר׳, ־נִים beggar

קַבְּצָנוּת, נ׳ beggary

קַבְּצָנִי, ת״ז, ־נִית, ת״נ begging

קַבְקַב, ז׳, ר׳, ־בִּים, ־בַּיִם sabot, wooden shoe

קִבְקוּב, ז׳ sabotage

קִבְקֵב, פ״י to sabotage

קָבַר, פ״י to bury

קֶבֶר, ז׳, ר׳, קְבָרִים, קְבָרוֹת grave, tomb

בֵּית־הַקְּבָרוֹת cemetery

קַבָּר, קַבְּרָן, ז׳, ר׳, ־רִים, ־נִים gravedigger

קֵבָר, ז׳ coarse flour

פַּת קֵבָר black bread

קַבַּרְנִיט, ז׳, ר׳, ־טִים captain; ship's leader

קִבֹּרֶת, נ׳, ר׳, ־בּוֹרוֹת biceps

קָדַד, פעו״י to bow down; to cut off

קִדָּה, נ׳, ר׳, ־דּוֹת bowing down; cassia

קָדוּד, ת״ז, קְדוּדָה, ת״נ cut, severed

קַדּוֹחַ, ז׳, ר׳, ־חִים driller

קִדּוּחַ, ז׳, ר׳, ־חִים drilling

קָדוּם, ת״ז, קְדוּמָה, ת״נ ancient; primordial

prejudice דֵּעָה קְדוּמָה
advancement; safeguarding קִדּוּם, ז׳
in mourning, sorrowfully קְדוֹרַנִּית, תה״פ
sacred, holy קָדוֹשׁ, ת״ז, קְדוֹשָׁה, ת״נ
Holy God הַקָּדוֹשׁ בָּרוּךְ הוּא
saint, martyr קָדוֹשׁ, ז׳, ר׳, קְדוֹשִׁים
sanctification קִדּוּשׁ,קִידּוּשׁ,ז׳, ר׳,־שִׁים
martyrdom קִדּוּשׁ הַשֵּׁם
prayer of benedictions; sacredness קְדוּשָּׁה, קְדֻשָּׁה, נ׳, ר׳, ־שּׁוֹת
betrothal קִדּוּשִׁים, ־ןִ, ז״ר
to kindle; to be in fever; to bore; to perforate קָדַח, פעו״י
to cause burning; to have fever הִקְדִּיחַ, פ״י
blister, pustule; inflammation קֶדַח, ז׳, ר׳, קְדָחִים
fever, malaria קַדַּחַת, נ׳
east wind קָדִים, ז׳
eastward; forward קָדִימָה, תה״פ
priority, precedence קְדִימָה, נ׳
deposit דְּמֵי קְדִימָה
antiquity קְדִימוּת, נ׳
prayer for the dead; holy קַדִּישׁ, ז׳
society of undertakers חֶבְרָא קַדִּישָׁא
ham, bacon קֹדֶל, ז׳, ר׳, ־לִים
to precede; to go forward; to meet; to welcome קָדַם, פ״ע
to anticipate; to precede קִדֵּם, פ״י
to welcome, greet קִדֵּם פְּנֵי פְּלוֹנִי
to anticipate; to be early; to pay in advance הִקְדִּים, פ״י
to progress הִתְקַדֵּם, פ״ח
east; front; past קֶדֶם, ז׳
ancient times יְמֵי קֶדֶם
before קֹדֶם, תה״פ
earlier מִקֹּדֶם
first of all קֹדֶם כֹּל
origin; previous condition קַדְמָה, נ׳
front; east; progress קִדְמָה, נ׳
eastward קַדְמָה, תה״פ
eastern; ancient; primitive קַדְמוֹן, ת״ז, ־נָה, ת״נ
primeval קַדְמוֹנִי, ת״ז, ־נִית, ת״נ
former condition; antiquity קַדְמוּת, נ׳
front קִדְמִי, ת״ז, ־מִית, ת״נ
crown of head, skull; vertex (*math.*) קָדְקֹד, ז׳, ר׳, ־קֳדִים
to be dark; to be sad קָדַר, פעו״י
potter קַדָּר, ז׳, ר׳, ־רִים
pot קְדֵרָה, נ׳, ר׳, ־רוֹת
pottery, ceramics קַדָּרוּת, נ׳
darkness, blackness; eclipse קַדְרוּת, נ׳
sadly, gloomily קְדֹרַנִּית, קְדוֹרַנִּית, תה״פ
to be sacred, hallowed קָדַשׁ, פ״ע
to sanctify, consecrate; to betroth קִדֵּשׁ, פ״י
to dedicate; to purify הִקְדִּישׁ, פ״י
to purify (sanctify) oneself; to become sanctified; to become betrothed הִתְקַדֵּשׁ, פ״ח
קָדֵשׁ, ז׳, קְדֵשָׁה, נ׳, ר׳, ־שִׁים, ־שׁוֹת temple prostitute, sodomite
holiness, sanctity; holy place קֹדֶשׁ, קוֹדֶשׁ, ז׳, ר׳, קֳדָשִׁים
the Holy Ark אֲרוֹן הַקֹּדֶשׁ
the Holy Sciptures כִּתְבֵי הַקֹּדֶשׁ
the Holy Tongue לְשׁוֹן הַקֹּדֶשׁ
קְדֻשָּׁה, קְדוּשָּׁה, נ׳, ר׳, ־שּׁוֹת sacredness; prayer of benedictions
to be blunt, dull, obtuse קָהָה, פ״ע

קַהֲוָה, ז׳, ע׳ קָפֶה — coffee
קֵהֶה, ת״ז, קֵהָה, ת״נ — dull, blunt, obtuse
קַהֲוָאָה, נ׳, ר׳, ־אוֹת — coffee shop
קֵהוּת, נ׳ — bluntness, dullness
קֵהָיוֹן, ז׳ — nausea
קָהַל, פ״י — to assemble, convoke
הִקְהִיל, פ״י — to summon an assembly
קָהָל, ז׳, ר׳, קְהָלִים — multitude; public; assembly
קְהִלָּה, נ׳, ר׳, ־לּוֹת — congregation
קְהִלִיָּה, נ׳, ר׳, ־יּוֹת — republic
קֹהֶלֶת, ז׳ — Ecclesiastes; counselor
קָו, קַו, ז׳, ר׳, ־וִים — line, cord, measuring line
קַו הָאֹרֶךְ — longitude
קַו הָרֹחַב — latitude
קַו אֲנָכִי — perpendicular
קַו הַמַּשְׁוֶה — equator
קוּבִּיָּה, קֻבִּיָּה, נ׳, ר׳, ־יּוֹת — cube, dice
קוּבְלָנָה, קֻבְלָנָה, נ׳, ר׳, ־נוֹת — complaint
קוֹבַע, ז׳, ר׳, ־בָעִים — helmet
קוֹדֵר, ת״ז, קוֹדֶרֶת, ת״נ — dark, mournful
קוֹדֶשׁ, קֹדֶשׁ, ז׳, ר׳, קֳדָשִׁים — holy place; holiness, sanctity
קָוָה, קִוָּה, פ״י — to hope, wait for
הִקְוָה, פ״י — to gather
קוֶֹה, ז׳, ר׳, ־וִים — hoping, anticipating
קִוּוּי, ז׳ — hope, faith
קִוּוּץ, ז׳ — shrinkage
קְוֻצָּה, קְוֻצָּה, נ׳, ר׳, ־צּוֹת — curl, lock
[קוח] קָח, לָקַח, פ״י — to take
[קוט] קָט, נָקוֹט, פ״ע — to feel loathing
הִתְקוֹטֵט, פ״ח — to loathe; to quarrel

קוֹטֶב, קֹטֶב, ז׳, ר׳, קְטָבִים — pole, axis
קוֹטֶן, קֹטֶן, ז׳ — little finger; smallness
קְוִיצָה, נ׳ — cramp, spasm
קְוִיצוּת, נ׳ — kink, kinky hair
קוֹל, ז׳, ר׳, ־לוֹת — voice; sound; gossip
קוֹל אֶחָד — unanimously
קוֹל קוֹרֵא — appeal
בַּת קוֹל — echo
הֵרִים קוֹל — to raise one's voice
שָׁמַע בְּקוֹל — to listen, obey
קוֹלָח, ז׳, ר׳, ־חִים — watering hose
קוֹלִי, ת״ז, ־לִית, ת״נ — acoustic
קוֹלִית, נ׳, ר׳־לִיּוֹת — thighbone
קוּלְמוּס, קֻלְמוּס, ז׳, ר׳, ־סִים — quill
קוֹלָן, ז׳, ר׳, ־נִים — tuning fork; amplifier
קוֹלְנוֹעַ, ז׳ — motion picture
קוֹלֵעַ, ת״ז, קוֹלַעַת, ת״נ — point-blank, pointed
[קום] קָם, פ״ע — to rise; to stand up; to arise
קוֹמֵם, פ״י — to raise
הֵקִים, פ״י — to set up, erect
הִתְקוֹמֵם, פ״ח — to rise against, revolt
קוֹם, ז׳ — curd
קוֹמָה, נ׳, ר׳, ־מוֹת — height, stature; story (of building), floor
גְּבַהּ קוֹמָה — tall
קוֹמְמִיּוּת, נ׳ — upright, erect
קוֹמֶץ, קֹמֶץ, ז׳, ר׳, קְמָצִים — closed hand, fist
קוּמְקוּם, קֻמְקוּם, ז׳, ר׳, ־מִים — kettle, teapot
קַוָּן, ז׳, ר׳, ־נִים — lineman
קוֹנֶה, ז׳, ר׳, ־נִים — customer, buyer; possessor

קוּנְטְרֵס, קֻנְטְרֵס, ז׳, ר׳, ־סִים pamphlet; commentary of Rashi
קוּנְכִית, נ׳, ר׳, ־יּוֹת mussel, shell
קוּנָם, ז׳, ר׳, ־מוֹת vow, oath; curse
קוֹנֵן, פ״ע, ע׳ [קין] to lament, chant a dirge
קוֹס, כּוֹס, ז׳, ר׳, ־סוֹת chalice, cup
קוֹסֵם, ז׳, ר׳, ־מִים magician, sorcerer
קוֹסֵס, פ״י [קסס] to destroy
קוֹף, ז׳, ר׳, ־פִים, ־פוֹת monkey, ape; Koph, name of nineteenth letter of Hebrew alphabet
קוּף, ז׳, ר׳, ־פִים eye (of needle); hole (for ax handle)
[קוף] הֵקִיף, פ״י to sell on credit, buy on credit
קוּפָד, ז׳, ר׳, ־דִים hedgehog
קוּפָּה, קֻפָּה, נ׳, ר׳, ־פּוֹת box office, cash box; basket
קוּפְסָה, קֻפְסָה, נ׳, ־סוֹת, ־סָאוֹת box
קוֹץ, ז׳, ר׳, ־צִים thorn
[קוץ] קָץ, פ״ע to loathe; to fear
הֵקִיץ, פעו״י to arise, wake; to cause to wake
קְוֻצָּה, קְווּצָּה, נ׳, ר׳, ־צּוֹת curl, lock
קוֹצָה, נ׳, ר׳, ־צוֹת safflower
קוֹצִית, נ׳ spinach
קוֹצֵר, ז׳, ר׳, ־צְרִים harvester
קוֹצֶר, קֹצֶר, ז׳ shortness
קִוְקֵו, פ״י to line
קוּקִיָּה, נ׳, ר׳, ־יּוֹת cuckoo
[קור] קָר, פ״י to dig; to spring forth
קוּר, ז׳, ר׳, ־רִים spider's thread
קוּרֵי עַכָּבִישׁ spider's web
קוֹר, קֹר, ז׳ cold, coldness
קוֹרֵא, ז׳, ר׳, ־רְאִים partridge; reader

קוּרְבָה, קִרְבָה, נ׳ nearness, contact; relationship (family)
קוֹרָה, נ׳, ר׳, ־רוֹת board, plank
קוֹרוֹת, נ״ר history
[קוש] קָשׁ, פ״י, ע׳ יָקֹשׁ to lay snares
קוֹשִׁי קֹשִׁי, ז׳, ר׳, קָשָׁיִים difficulty, hardness
קוּשְׁיָה, קֻשְׁיָה, נ׳, ר׳, ־יוֹת problem; objection
קָח, פ״י, ע׳ [קוח] to take
קַחְוָן, ז׳, ר׳, ־נִים camellia, daisy
קָט, פ״ע, ע׳ [קוט] to feel loathing
קָט, ת״ז; תה״פ, כִּמְעַט־ small; a bit more
קָטַב, פיו״ע to annihilate; to frown
קֶטֶב, קֹטֶב, ז׳ destruction, pestilence
קֹטֶב, קוֹטֶב, ז׳, ר׳, קְטָבִים pole, axis
קָטְבִּי, ת״ז, ־בִּית ת״נ polar
קָטֵגוֹר, קָטֵיגוֹר, ז׳, ר׳, ־רִים accuser, prosecutor
קָטֵיגוֹרְיָה קָטֵגוֹרְיָה, נ׳, ר׳, ־יוֹת accusation, prosecution
קִטּוּב, ז׳ polarization
קָטוּם, ת״ז, קְטוּמָה, ת״נ chopped,lopped
קְטוּמָה, נ׳, ר׳, ־מוֹת trapezoid
קִטּוּעַ, ז׳, ר׳, ־עִים section; cutting
קָטוּעַ, ת״ז, קְטוּעָה, ת״נ mutilated; fragmentary
קָטוּף, ת״ז, קְטוּפָה, ת״נ picked, plucked
קִטּוּר, ז׳ burning incense; vaporization; smoking pipe
קְטוֹרָה, נ׳, ר׳, ־רוֹת smoke of sacrifices
קְטוֹרֶת, קְטֹרֶת, נ׳, ר׳, ־רוֹת incense
קָטַט, קָט, הִתְקוֹטֵט, פ״ע to quarrel
קְטָטָה, נ׳, ר׳, ־טוֹת quarrel
קָטֵיגוֹר, קָטֵגוֹר, ז׳, ר׳, ־רִים accuser, prosecutor

קָטֵיגוֹרְיָה, קָטֵגוֹרְיָה, נ׳, ר׳, ־יוֹת accusation, prosecution
קְטִימָה, נ׳, ר׳, ־מוֹת breaking off
קְטִיעָה, נ׳, ר׳, ־עוֹת cutting off, amputation
קָטִיף, ז׳, קְטִיפָה, נ׳, ר׳ fruit picking
קְטִיפָה, נ׳, ר׳, ־פוֹת cutting; plucking; velvet
קָטַל, פ״י to slay, kill
קֶטֶל, ז׳ killing
שְׂדֵה קֶטֶל battlefield
קַטְלָנִי, ת״ז, ־נִית, ת״נ killing, murderous
קָטַם, פ״י to break off; to lop, chop off
קָטֹן, קָטָן, ת״ז, קְטַנָּה, ת״נ small, little
קָטֹן, פ״ע to be small
הִקְטִין, פ״י to reduce
קֹטֶן, קוֹטֶן, ז׳ little finger; smallness
קַטְנוּת, נ׳ smallness; paltriness
קְטַנְטַן, קְטַנְטֹן, ת״ז, ־טַנָּה, ־טֹנֶת, ת״נ very small, tiny
קִטְנִית, נ׳, ר׳, ־יוֹת legume
קָטַע, פ״י to cut off; to mutilate; to amputate
הִתְקַטֵּעַ, נִתְ־, פ״ח to be crippled
קִטֵּעַ, ז׳, ר׳, קִטְּעִים cripple, amputated person
קֶטַע, ז׳, ר׳, קְטָעִים piece, fragment, segment
קָטַף, פ״י to pluck
קַטָּף, ז׳, ר׳, ־פִים humorist, jester
קַטָּפוּת, נ׳ humor, wit
קָטַר, קִטֵּר, פעו״י to burn incense; to smoke
קַטָּר, ז׳, ר׳, ־רִים locomotive, steam engine
קֹטֶר, ז׳, ר׳, קְטָרִים diameter

קִטֵּר, ז׳ incense
קַטָּרַאי, ז׳, ר׳, ־רָאִים locomotive engineer
קִטְרֵג, פ״י to accuse
קִטְרוּג, ז׳, ר׳, ־גִים accusation; arraignment
קְטֹרֶת, קְטוֹרֶת, נ׳, ר׳, ־רוֹת incense
[קיא] קָא, הֵקִיא, פ״י to vomit
קִיא, ז׳ vomit
קִיאָה, נ׳ vomiting
קֵיבָה, קֵבָה, נ׳, ר׳, ־בוֹת stomach
קִידּוּשׁ, קִדּוּשׁ, ז׳, ר׳, ־שִׁים sanctification
קִוִית, נ׳, ר׳, ־יוֹת lapwing
קִיּוּם, ז׳, ר׳, ־מִים existence, preservation; confirmation
קִיּוּמִי, ת״ז, ־מִית, ת״נ affirmative
קַיִט, ז׳ summer vacation
קִיטוֹר, ז׳ steam; fume; smoke
אֳנִיַּת־קִיטוֹר steamship
קַיְטָן, ז׳, ר׳, ־נִים summer vacationist
קַיְטָנָה, נ׳, ר׳, ־נוֹת summer resort
קַיָּם, ת״ז, קַיֶּמֶת, ת״נ existing; lasting; valid
קִיֵּם, פ״י to satisfy; to confirm; to fulfill; to endure
קִימָה, נ׳, ר׳, ־מוֹת rising up
קַיָּמָה, קַיָּמָא, נ׳ existence
קַיָּמוּת, נ׳ durability
[קין] קוֹנֵן, פ״ע to lament, chant a dirge
קַיִן, ז׳, ר׳, קֵינִים spear; dagger's blade
קִינָה, נ׳, ר׳, ־נוֹת dirge
קִינוֹף, ז׳, ר׳, ־פִין mosquito netting
קִיסוֹס, ז׳, ר׳, ־סִים ivy
קֵיסָם, קֵסָם, ז׳, ר׳, ־מִים splinter, chip; toothpick

קֵיסָר, ז׳, ר׳, ־רִים emperor
קֵיסָרוּת, נ׳ empire
קִיפוֹן, ז׳, ר׳, ־נִים, ־נוֹת mullet
[קיץ] קָץ, פ״ע to spend summer
קַיִץ, ז׳, ר׳, קֵיצִים summer, summer fruit, figs
קִיצוֹן, ת״ז, ־נָה, ת״נ uttermost, extreme
קִיצוֹנִי, ת״ז, ־נִית, ת״נ radical
קִיצוֹנִיּוּת, נ׳ radicalism; extremism
קֵיצִי, ת״ז, ־צִית, ת״נ summery
קִיק, קִיקָיוֹן, ז׳, ר׳, ־קִים, ־נִים castor-oil plant, seed
שֶׁמֶן־קִיק castor oil
קִיקָלוֹן, ז׳ disgrace
קִיר, ז׳, ר׳, ־רוֹת wall
[קיש] הֵקִישׁ, פ״י to compare
קִישּׁוּט, קִשּׁוּט, ז׳, ר׳, ־טִים adorning, ornament
קִישּׁוּר, קִשּׁוּר, ז׳, ר׳, ־רִים binding; sash, ribbon
קִישּׁוּת, קִשּׁוּת, ז׳, ר׳, ־שּׁוּאִים pumpkin
קִיתוֹן, ז׳, ר׳, ־נוֹת, ־יוֹת jug, pitcher
קַל, ת״ז, קַלָּה, ת״נ light; easy; swift
קַל־דַּעַת frivolous
קַל־וָחֹמֶר a conclusion a minori ad majus
קֹלֶב, ז׳, ר׳, קְלָבִים clothes hanger
קַלְגַּס, ז׳, ר׳, ־סִּים soldier
קַל, פ״ע, ע׳ [קלל] to be swift; to be easy; to be light; to be unimportant
קָלָה, פ״י to toast; to parch
נִקְלָה, פ״ע to be dishonored
הִקְלָה, פ״י to treat with contempt
קָלָה, נ׳, ר׳, ־לוֹת misdemeanor
קִלּוּחַ, ז׳, ר׳, ־חִים flow; jet; enema
קִלּוּחַ מֵעַיִם diarrhea
קָלוּט, ת״ז, קְלוּטָה, ת״נ closed; uncloven
קָלוּי, ת״ז, קְלוּיָה, ת״נ toasted
קָלוֹן, ז׳, ר׳, ־נִים shame, dishonor
בֵּית־קָלוֹן brothel
קִלּוּס, ז׳, ר׳, ־סִים praise
קָלוּעַ, ת״ז, קְלוּעָה, ת״נ plaited
קִלּוּף, ז׳, ר׳, ־פִים peeling
קִלּוּפָה, נ׳, ר׳, ־פוֹת spicy tree bark
קְלוֹקֵל, קְלֹקֵל, ת״ז, ־קֶלֶת, ת״נ worthless
קָלוּשׁ, ת״ז, קְלוּשָׁה, ת״נ thin, weak
קַלּוּת, נ׳ lightness, swiftness
קַלּוּת רֹאשׁ light-mindedness; frivolity
קָלַח, פ״ע to stream, pour out
הִתְקַלֵּחַ, פ״ח to take a shower
קֶלַח, ז׳, ר׳, קְלָחִים stem, stalk; jet of water
קַלַּחַת, נ׳, ר׳, ־לָּחוֹת kettle, caldron; casserole
קָלַט, פ״י to absorb, retain
הִקְלִיט, פ״י to record
קָלִי, ז׳, ר׳, קְלִיּוֹת, קְלָיוֹת toast
קְלִיטָה, נ׳, ר׳, ־טוֹת absorption; retention
קַלִּיל, ת״ז, ־לָּה, ת״נ very light, little
קַלִּילוּת, נ׳ lightness, slightness
קָלִיעַ, ז׳, ר׳, קְלִיעִים missile
קְלִיעָה, נ׳, ר׳, ־עוֹת twisting; network; target shooting
קְלִיפָה, נ׳, ר׳, ־פוֹת peeling
קְלִישָׁה, נ׳, ר׳, ־שׁוֹת diluting
[קלל] קַל, פ״ע to be swift; to be easy; to be light; to be unimportant
קִלֵּל, פ״י to curse

הֵקַל, פ״י to lighten; to be lenient; to belittle
קָלָל, ז׳ polished, glittering metal
קְלָלָה, נ׳, ר׳, ־לוֹת curse
קָלְמוּס, קוּלְמוּס, ז׳, ר׳, ־סִים quill
קַלְמָר, ז׳, ר׳, ־רִים pen (pencil) case
קִלֵּס, פ״י to mock; to praise
קֶלֶס, ז׳, קַלָּסָה, נ׳, ר׳, ־סוֹת mockery; praise
קָלַע, פ״י to sling, aim at, hurl; to plait; to adorn
קַלָּע, ז׳, ר׳, ־עִים marksman
קֶלַע, ז׳, ר׳, קְלָעִים sling; curtain; sail
מֵאֲחוֹרֵי הַקְּלָעִים secretly, behind the scenes
קָלַף, פ״י to peel off
קְלָף, קֶלֶף, ז׳, ר׳, קְלָפִים parchment; playing card
קְלִפָּה, נ׳, ר׳, ־פּוֹת, ־פִּים skin, peel, rind; husk, shell; shrew
קַלְפֵּי, נ׳, ר׳, ־פִּיוֹת ballot box
קִלְקוּל, ז׳, ר׳, ־לִים deterioration, damage
קִלְקֵל, פ״י to spoil; to damage; to corrupt; to shake
קְלֹקֵל, קְלוֹקֵל, ת״ז, ־קֶלֶת, ת״נ worthless
קַלְקָלָה, נ׳, ר׳, ־לוֹת corruption, sin; mischief
קָלַשׁ, פ״י to thin out, space
קִלְשׁוֹן, ז׳, ר׳, ־נוֹת pitchfork
קֶלֶת, נ׳, ר׳, קְלָתוֹת basket
קַלְתּוּת, נ׳, ר׳, ־תִּים little basket
קָם, ז׳, ר׳, ־מִים enemy
קָמָה, נ׳, ר׳, ־מוֹת standing corn
קִמּוּט, ז׳, ר׳, ־טִים creasing, folding
קָמוּט, ת״ז, קְמוּטָה, ת״נ creased
קִמּוּץ, ז׳, ר׳, ־צִים stinginess, thrift
קָמוּר, ת״ז, קְמוּרָה, ת״נ vaulted, convex
קִמּוּר, ז׳, ר׳, ־רִים convexity
קִמּוֹשׁ, ז׳, ר׳, ־שִׁים, ־מְשׁוֹנִים thistle, nettle
קֶמַח, ז׳, ר׳, קְמָחִים flour, mealimold
קָמַח, פ״י to grind
קִמְחִי, ת״ז, ־חִית, ת״נ floury
קָמַט, פ״י to bow down; to compress, contract
קִמֵּט, פ״י to wrinkle
קֶמֶט, ז׳, ר׳, קְמָטִים fold; wrinkle, crease
קָמִיז, ת״ז, קְמִיזָה, ת״נ elastic, flexible
קָמִין, ז׳, ר׳, ־נִים hearth, fireplace
קָמֵיעַ, ז׳, ר׳, קְמֵיעִים, ־עוֹת charm, amulet
קְמִיצָה, נ׳, ר׳, ־צוֹת handful; ring finger
קָמַל, פ״ע to wither, become decayed
קִמְעָה, קִמְעָא, תה״פ small; in small quantity
קִמְעוֹנוּת, נ׳ retailing
קִמְעוֹנִי, ז׳, ר׳, ־נִיִּים retailer
קָמַץ, פ״י to take handful; to compress hand
קִמֵּץ, פ״י to scrape together; to save; to be sparing
קָמַץ, קָמֵץ, ז׳ Kamats, name of Hebrew vowel (ָ) ("a" as in "father")
קֹמֶץ, קוֹמֶץ, ז׳, ר׳, קְמָצִים closed hand, fist
קִמְצוּץ, ז׳, ר׳, ־צִים pinch
קַמְצָן, ז׳, ר׳, ־נִים miser, stingy person
קַמְצָנוּת, נ׳ stinginess

קֻמְקוּם, קוּמְקוּם, ז׳, ר׳, ־מִים — kettle, teapot

קָמַר, פ״י — to vault, arch

קִמְרוֹן, ז׳, ר׳, ־נוֹת — arch

קִמְּשׁוֹן, ז׳, ר׳, ־נִים — thistle

קֵן, ז׳, ר׳, קִנִּים — nest; cell; board

קִנֵּא, פעו״י — to be jealous, envious; to excite to jealousy

קַנָּא, ת״ז — zealous; jealous

קִנְאָה, נ׳, ר׳, קְנָאוֹת — jealousy, envy; passion

קַנָּאוּת, נ׳ — fanaticism

קַנַּאי, ז׳, ר׳, ־נָּאִים — zealot

קַנָּאִי, ת״ז, ־אִית, ת״נ — fanatical; zealous

קָנַב, פ״י, קִנֵּב, פ״ע — to trim, prune

קָנָה, פ״י — to purchase, buy, acquire; to possess; to create

הִקְנָה, פ״י — to transfer ownership

קָנֶה, ז׳, ר׳, ־נִים — stem, stalk, reed; shaft; windpipe

קְנֵה־מִדָּה — measuring rod; criterion

קַנּוֹא, ת״ז — jealous

קִנּוּחַ, ז׳, ר׳, ־חִים — cleaning, wiping

קִנּוּחַ־סְעֻדָּה — dessert

קָנוּי, ת״ז, קְנוּיָה, ת״נ — bought, purchased

קְנוּנְיָה, נ׳, ר׳, ־יוֹת — partnership; conspiracy to defraud

קִנַּח, פ״י — to wipe, clean

[קנט] הִקְנִיט, פ״י — to taunt; to vex, anger

קִנְטוּר, ז׳, ר׳, ־רִים — remonstrance, teasing

קִנְטֵר, פ״י — to chide; to provoke, rouse to anger

קַנְטְרָן, ז׳, ר׳, ־נִים — quarrelsome person

קַנְטְרָנוּת, נ׳ — quarrelsomeness

קֻנְטְרֵס, קוּנְטְרֵס, ז׳, ר׳, ־סִים — pamphlet; commentary of Rashi

קְנִיָּה, נ׳, ר׳, ־יוֹת — purchase; possession; habit

קִנְיָן, ז׳, ר׳, ־נִים — property, possession; faculty

קְנִיסָה, נ׳, ר׳, ־סוֹת — fining

קִנָּמוֹן, ז׳, ר׳, ־נְמוֹנִים — cinnamon

קִנֵּן, פ״י — to make a nest; to nestle

קָנַס, פ״י — to fine

קְנָס, ז׳, ר׳, ־סוֹת — fine

קֵנֶץ, ז׳ — finish, end; argument

קַנְקַן, ז׳, ר׳, ־נִּים — pitcher, flask

קִנְרָס, ז׳ — artichoke

קַסְדָּה, נ׳, ר׳, קְסָדוֹת — steel helmet

קָסוּם, ת״ז, קְסוּמָה, ת״נ — enchanted

קָסַם, פ״י — to practice divination; to charm

הִקְסִים, פ״י — to fascinate, infatuate

קֶסֶם, ז׳, ר׳, קְסָמִים — magic; oracle; charm

פָּנַס־קֶסֶם — projector (filmstrip)

קֵסָם, קִיסָם, ז׳, ר׳, ־מִים — splinter, chip; toothpick

קַסָּם, ז׳, ר׳, ־מִים — fortuneteller

קָסַס, פ״ע — to spoil; to sour

קוֹסֵס, פ״י — to destroy

קֶסֶת, נ׳, ר׳, קְסָתוֹת — inkwell

קָעוּר, ת״ז, קְעוּרָה, ת״נ — concave

קִעְקוּעַ, ז׳, ר׳, ־עִים — cackling; uproar

קַעֲקַע, ז׳ — incision; tattoo

קִעְקַע, פעו״י — to tattoo

קִעֵר, פ״י — to curve, make concave

קְעָרָה, נ׳, ר׳, ־רוֹת — bowl, plate

קַעֲרִית, נ׳, ר׳, ־רִיּוֹת — saucer

קָפָא, פ״ע — to freeze; to congeal; to stiffen; to condense

קִפָּאוֹן, ז׳ — stiffness, congelation
קָפַד, פ״י — to cut off
הִקְפִּיד, פ״י — to be strict; to be angry
קִפֹּד, קִפּוֹד, ז׳, ר׳, ־דִים — porcupine
קְפָדָה, נ׳, ר׳, ־דוֹת — annihilation; shuddering
קַפְּדָן, ת״ז, ־נִית, ת״נ — exacting, pedantic
קַפְּדָנוּת, נ׳ — exactness, pedantry
קָפָה, פ״י — to skim off
קֶפֶה, ז׳ — jelly
קָפֶה, ז׳, ע׳ קַהֲוָה — coffee
קֻפָּה, קוּפָּה, נ׳, ר׳, ־פּוֹת — cashbox; box office; basket
קָפוּא, ת״ז, קְפוּאָה, ת״נ — frozen
קִפּוֹד, קִפֹּד, ז׳, ר׳, ־דִים — porcupine
קִפּוֹז, ז׳, ר׳, ־זִים — arrow snake
קִפּוּחַ, ז׳, ר׳, ־חִים — deprivation; curtailing
קִפּוּל, ז׳, ר׳, ־לִים — folding
קָפוּץ, ת״ז, קְפוּצָה, ת״נ — clenched, closed
קָפַח, פ״י — to beat, strike
קִפַּח, פ״י — to beat up; to rob; to oppress; to lose
קְפִיאָה, נ׳, ר׳, ־אוֹת — congelation, freezing
קְפִיחָה, נ׳, ר׳, ־חוֹת — sunstroke
קְפִיץ, ז׳, ר׳, קְפִיצִים — spring
קְפִיצָה, נ׳, ר׳, ־צוֹת — jumping; leaping, springing; closing
קְפִיצִי, ת״ז, ־צִית ת״נ — elastic
קְפִיצִיּוּת, נ׳ — elasticity
קָפַל, פ״י — to fold; to double; to roll up
קֶפֶל, ז׳ — fold; multiplication
קֻפְסָה, קוּפְסָה, נ׳, ר׳, ־סוֹת, ־סָאוֹת — box

קָפַץ, פעו״י — to close; to spring; to bounce (ball); to draw together; to chop
קַפְצָן, ז׳, ר׳, ־נִים — jumper; impetuous person
קָץ, פ״ע, ע׳ [קוץ] — to loathe, fear
קָץ, פ״ע, ע׳ [קיץ] — to spend the summer
קֵץ, ז׳, ר׳, קִצִּים — end
קָצַב, פ״י — to cut off; to stipulate; to determine
קַצָּב, ז׳, ר׳, ־בִים — butcher
קֶצֶב, ז׳, ר׳, קְצָבִים — rhythm; cut, shape
קִצְבָה, נ׳, ר׳, קְצָבוֹת — fixed limit; income, pension
קָצֶה, קֵצֶה, ז׳, ר׳, קְצָווֹת — extremity; edge
קָצָה, פ״י — to peel, cut off; to scrape; to level; to destroy
קָצוּב, ת״ז, קְצוּבָה, ת״נ — definite; limited; rhythmic
קִצּוּב, ז׳ — apportionment
קָצוּץ, ת״ז, קְצוּצָה, ת״נ — chopped
קִצּוּץ, ז׳, ר׳, ־צִים — chopping; cutting
קְצוּצָה, נ׳ — scrap metal
קִצּוּר, ז׳, ר׳, ־רִים — shortening, abbreviation; excerpt; brevity
בְּקִצּוּר, תה״פ — in short
קֶצַח, ז׳, ר׳, קְצָחִים — spice, black cumin
קָצִין, ז׳, ר׳, קְצִינִים — ruler, officer
קְצִינוּת, נ׳ — rank, position
קְצִיעָה, נ׳, ר׳, ־עוֹת — cassia; dried fig
קְצִיפָה, נ׳, ר׳, ־פוֹת — foaming, frothing; whipping
קְצִיצָה, נ׳, ר׳, ־צוֹת — chopping off; felling; hamburger steak

קָצִיר, ז׳, קְצִירָה, נ׳, ר׳, קְצִירִים, ־רוֹת mowing; harvest, harvesting

קָצַע, פ״י to scrape

קִצֵּעַ, פ״י to trim

הִקְצִיעַ, פ״י to plane

קָצַף, פ״ע to be angry

הִקְצִיף, פ״י to boil, froth, foam; to whip

הִתְקַצֵּף, פ״ח to become angry

קֶצֶף, ז׳, קְצָפָה, נ׳ anger; foam

קְצֶפֶת, נ׳, ר׳, ־צָפוֹת whipped cream

קָצַץ, פ״י to sever, fell; to chop, hash, mince; to stipulate; agree upon

קָצַר, פיו״ע to cut, reap; to be short, insufficient

קָצְרָה יָדוֹ to be powerless

קָצְרָה נַפְשׁוֹ to be impatient

קָצָר, קָצֵר, ת״ז, קְצָרָה, קְצֵרָה, ת״נ short, brief

קְצַר אַפַּיִם impatient

קְצַר־רְאוּת nearsighted

קֹצֶר, קוֹצֶר, ז׳ shortness

קֶצֶר, ז׳, ר׳, קְצָרִים short circuit

קַצְרָן, ז׳, ־נִית, נ׳, ר׳, ־נִים, ־נִיּוֹת stenographer

קַצְרָנוּת, נ׳ stenography, shorthand

קַצֶּרֶת, נ׳ asthma

קְצָת, תה״פ a little, few

קָק, קָאק, ז׳, ר׳, קְאָקִים swan, goose

קַר, ת״ז, קָרָה, ת״נ cold, cool

קַר־רוּחַ cold-blooded

קָר, פ״י, ע׳ [קור] to dig; to spring forth

קֹר, קוֹר, ז׳ cold, coldness

קָרָא, פיו״ע to shout, call; to proclaim; to read; to befall

נִקְרָא, פ״ע to chance to be; to meet by chance; to be called, named, invited

הִקְרִיא, פ״י to recite

קָרָאִי, ז׳, ר׳, ־אִים Karaite

קְרַאת, לִקְרַאת, תה״פ toward, vis-à-vis

קָרַב, פ״ע to come near, approach

קֵרֵב, פ״י to befriend

הִקְרִיב, פ״י to bring near; to sacrifice

קֶרֶב, ז׳, ר׳, קְרָבִים, קְרָבַיִם inner part; intestine, gut, entrails

בְּקֶרֶב, מ״י within, among

קְרָב, ז׳, ר׳, קְרָבוֹת battle

קִרְבָה, קְרְבָה, קוּרְבָה, נ׳ proximity, nearness; contact; relationship (family)

בְּקִרְבַת ־ in the vicinity (neighborhood) of

קָרְבָּן, ז׳, ר׳, ־נוֹת sacrifice, offering

קֵרֵד, פ״י to scrape; to curry

קַרְדֹּם, ז׳, ר׳, ־דֻּמִּים, ־דֻּמּוֹת ax, hatchet

קַרְדֹּם לַחְפֹּר בּוֹ source of livelihood

קִרְדֵּם, פ״י to hew; to dig

קָרָה, פעו״י to meet; to befall

קֵרָה, פ״י to board up; to seal

קָרָה, נ׳ bitter coldness

קֹרָה, קֹרַת רוּחַ, נ׳ satisfaction

קָרוֹב, ת״ז, קְרוֹבָה, ת״נ; ז׳, ר׳, קְרוֹבִים near relation; fellow man

בְּקָרוֹב soon

מִקָּרוֹב recently

קֵרוּב, ז׳ nearness, contact

בְּקֵרוּב, תה״פ approximately

קְרוּם, ז׳, ר׳, ־מִים skin, membrane; crust

קְרוּמִי, ת״ז, ־מִית, ת״נ crusty, dry

קָרוֹן זו״נ, ר׳, קְרוֹנוֹת wagon, streetcar; railroad car

קָרוּעַ, ת״ז, קְרוּעָה, ת״נ torn, tattered
קָרוּץ, ת״ז, קְרוּצָה, ת״נ fashioned, formed, made
קֵרוּר, ז׳ refrigeration, cooling
קָרוּשׁ, ת״ז, קְרוּשָׁה, ת״נ coagulated, jellied; clotted, congealed, curdled
קִרְזוּל, ז׳ conglomeration
קָרַח, פ״י to shear closely; to be bald
קֵרֵחַ, ת״ז, קֵרַחַת, ת״נ bald
קֶרַח, ז׳ ice, frost; baldness
קָרְחָה, נ׳ baldness; tonsure
קַרְחוֹן, ז׳, ר׳, ־נִים iceberg; glacier
קַרְחָן, ז׳, ר׳, ־נִים iceman
קָרַחַת, נ׳, ר׳, ־רָחוֹת baldness; bare patch
קֹרֶט, ז׳, ר׳, קְרָטִים drop, particle
קָרָט, ז׳, ר׳, ־טִים carat
קִרְטוֹן, ז׳, ר׳, ־נִים chalk
קַרְטוֹן, ז׳, ר׳, ־נִים carton
קִרְטֵעַ, פ״ע to jerk, struggle, jump
קְרִי, קֶרִי, ז׳, ר׳, קְרָיִים opposition; contrariness; nocturnal pollution
קְרֵי, ז׳, ר׳, קְרֵיִין text of Scriptures as read
קָרִיא, ת״ז, קְרִיאָה, ת״נ called, invited; legible
קְרִיאָה, נ׳, ר׳, ־אוֹת proclamation; reading; call
סִימַן קְרִיאָה exclamation point (!)
קִרְיָה, נ׳, ר׳, קְרִיּוֹת, ־רָיוֹת town; center
קַרְיָן, ז׳, ר׳, ־נִים reader; announcer
קְרִינָה, נ׳, ר׳, ־נוֹת radiation
קְרִיעָה, נ׳, ר׳, ־עוֹת rending
קְרִיצָה, נ׳, ר׳, ־צוֹת gesticulation
קָרִיר, ת״ז, קְרִירָה, ת״נ cool
קְרִירוּת, נ׳ coolness
קָרִישׁ, ז׳, ר׳, קְרִישִׁים jellied food, jello

קְרִישָׁה, נ׳ freezing; coagulation, clot
קָרַם, פ״ע to cover with skin, form crust
קָרַן, פ״ע to radiate, beam; to have horns
קֶרֶן, נ׳, ר׳, קַרְנַיִם, קְרָנַיִם, קְרָנוֹת horn; corner; capital; fund; ray
קֶרֶן זָוִית corner
קֶרֶן קַיֶּמֶת לְיִשְׂרָאֵל Jewish National Fund
קַרְנְזוֹל, ז׳ intermittent line
קַרְנִי, ת״ז, ־נִית, ת״נ horny
קַרְנִית, נ׳, ר׳, ־יוֹת cornea
קַרְנַף, ז׳, ר׳, ־פִּים rhinoceros
קָרַס, פ״ע to bow, bend
קֶרֶס, ז׳, ר׳, קְרָסִים hook, clasp
צְלַב הַקֶּרֶס swastika
קַרְסֹל, ז׳, ר׳, ־סֻלַּיִם, ־סֻלּוֹת ankle; joint
קִרְסֵם, פ״י to nibble; to tear off
קָרַע, פ״י to rend, tear
קֶרַע, ז׳, ר׳, קְרָעִים tear; rag, tatter
קַרְפִּיוֹן, ז׳, ר׳, ־נִים carp
קָרַץ, פ״י to wink; to gesticulate; to slice, cut
קֶרֶץ, ז׳ destruction; sharp wind
קִרְצוּף, ז׳ currying
קַרְצִית, נ׳, ר׳, ־יוֹת tick
קִרְצֵף, פ״י to curry
קָרַק, ז׳ raven's call
קָרְקְבָן, קֻרְקְבָן, ז׳, ר׳, ־נִים gizzard, stomach (of birds, men)
קִרְקוּר, ז׳, ר׳, ־רִים croaking, cackling
קַרְקַע, ז׳, ר׳, ־קָעוֹת ground, soil; bottom
קַרְקָעִית, נ׳, ר׳, ־יוֹת bottom
קִרְקֵף, פ״י to scalp

קַרְקֶפֶת, נ׳, ר׳, ־קָפוֹת head, skull
קִרְקֵר, פעו״י to quack; to cackle; to croak; to destroy
קַרְקַרְת, נ׳, ר׳, ־קָרוֹת bottom (of vessel)
קַרְקָשׁ, ז׳, ר׳, ־שִׁים bell, rattle, clapper
קִרְקֵשׁ, פעו״י to ring, rattle
קֵרַר, פ״י to cool
הִתְקָרֵר, פ״ח to catch cold
נִתְקָרְרָה דַּעְתּוֹ to be calm, at ease, quiet
קָרַשׁ, פ״ע to coagulate, congeal, clot
קֶרֶשׁ, ז׳, ר׳, קְרָשִׁים plank, board
קֶרֶת, נ׳, ר׳, קְרָתוֹת (small) town
קַרְתָּנוּת, נ׳ provincialism
קַרְתָּנִי, ת״ז, ־נִית, ת״נ provincial
קַשׁ, ז׳, ר׳, ־שִׁים straw
קָשׁ, פ״י, ע׳ [יקשׁ, קושׁ] to lay snares
קָשַׁב, פ״ע to hearken, listen
הִקְשִׁיב, פ״ע to pay attention
קַשָּׁב, ת״ז, קַשֶּׁבֶת, ת״נ attentive
קֶשֶׁב, ז׳ attentiveness, attention; hearing
קָשָׁה, פ״ע to be hard, stiff; to be difficult
הִקְשָׁה, פעו״י to harden, make difficult; to ask difficult question
הִתְקַשָּׁה, פ״ע to become hard; to be perplexed
קָשֶׁה, ת״ז, קָשָׁה, ת״נ hard; difficult; severe
קִשּׁוּא, ז׳, ר׳, ־אִים cucumber
קַשּׁוּב, ת״ז, ־בָה, ת״נ attentive
קַשְׂוָה, נ׳, ר׳, קְשָׂווֹת vessel, cup
קָשׁוּחַ, ת״ז, קְשׁוּחָה, ת״נ hard, severe, cruel

קִשּׁוּט, קִישׁוּט, ז׳, ר׳, ־טִים ornament, adornment
קִשּׁוּר, קִישׁוּר, ז׳, ר׳, ־רִים binding; ribbon, sash
קָשׁוּר, ת״ז, קְשׁוּרָה, ת״נ bound; vigorous
קִשּׁוּת, נ׳, ר׳, ־שׁוּאִים pumpkin
קַשְׁיוּת, נ׳ obduracy; severity
[קשח] הִקְשִׁיחַ, פ״י to harden; to treat harshly
קִשֵּׁט, פ״י to adorn, decorate
קַשָּׁט, ז׳, ר׳, ־טִים decorator
קֹשֶׁט, קֻשְׁטְ, ז׳ truth; straightforwardness; pineapple
קֹשִׁי, קוֹשִׁי, ז׳, ר׳, קְשָׁיִים difficulty, hardness
בְּקֹשִׁי, תה״פ with difficulty
קְשִׁי־עֹרֶף obstinacy, cruelty
קֻשְׁיָה, קוּשְׁיָה, נ׳, ר׳, ־יוֹת problem; objection
קְשִׁירָה, נ׳, ר׳, ־רוֹת binding, dressing
קָשִׁישׁ, ת״ז, קְשִׁישָׁה, ת״נ old, senior
קַשִּׁית, נ׳, ר׳, ־יוֹת straw (soda)
קִשְׁקוּשׁ, ז׳, ר׳, ־שִׁים rattling; ringing; chattering
קִשְׁקֵשׁ, פ״ע to rattle; to ring; to chatter
קַשְׁקָשׁ, ז׳, ר׳, ־שִׁים stubble
קַשְׂקַשׂ, ז׳, קַשְׂקֶשֶׂת, נ׳, ר׳, ־שִׂים, ־קָשׂוֹת scale (fish)
קַשְׁקְשָׁן, ז׳, ־נִית, ת״נ prattler
קָשַׁר, פ״י to bind, tie; to conspire
הִתְקַשֵּׁר, פ״ח to become attached; to get in touch with
קֶשֶׁר, ז׳, ר׳, קְשָׁרִים knot; contact; plot, mutiny; connection, tie
קָשַׁשׁ, פעו״י to gather straw, twigs

קַשָּׁת, ז׳, ר׳, ־תִים archer
קֶשֶׁת, נ׳, ר׳, קְשָׁתוֹת bow; rainbow
קַשְׁתִּי, ת״ז, ־תִּית, ת״נ bow-shaped
קַשְׁתִּית, נ׳, ר׳, ־יוֹת iris (of eye)
קַת, נ׳, ר׳, ־תּוֹת handle of ax; butt of gun
קָתֶדְרָה, נ׳, ר׳, ־רוֹת, ־אוֹת professor's chair
קֹתֶל, ז׳, ר׳, קְתָלִים bacon
קָתוֹלִי, ת״ז, ־לִית, ת״נ Catholic
קָתוֹלִיּוּת, נ׳ Catholicism
קַתְרוֹס, ז׳, ר׳, ־סִים guitar

ר

ר Resh, twentieth letter of Hebrew alphabet; two hundred
רָאָה, פ״י to see, observe, perceive, consider
נִרְאָה, פ״ע to appear
הֶרְאָה, פ״י to show
הִתְרָאָה, פ״ח to meet; to show oneself; to see one another
כְּנִרְאֶה apparently
לְהִתְרָאוֹת, מ״ק au revoir
רָאָה, נ׳, ר׳, ־אוֹת vulture
רֵאָה, רֵיאָה, נ׳, ר׳, ־אוֹת lung
רַאֲוָה, נ׳ sight
חַלּוֹן רַאֲוָה show window
רָאוּי, ת״ז, רְאוּיָה, ת״נ worthy, apt, suitable
כָּרָאוּי, תה״פ fittingly, properly
רְאוּת, נ׳ look
נְקֻדַּת רְאוּת viewpoint
קְצַר רְאוּת shortsighted, nearsighted
רְאוּתִי, ת״ז, ־תִית, ת״נ visual
רֳאִי, ז׳ look, sight; countenance, complexion; excrement
רְאִי, ז׳, ר׳, רְאָיִים mirror, aspect; appearance
רְאָיָה, רַאֲיָה, נ׳, ר׳, ־יוֹת proof, evidence
רְאִיָּה, נ׳, ר׳, ־יוֹת seeing, glance
רַאָיוֹן, ז׳, ר׳, רַאֲיוֹנוֹת appointment, interview
רְאִינוֹעַ, ז׳, ר׳, ־עִים motion picture, film
רְאֵם, ז׳, ר׳, ־מִים bison; wild ox; reindeer
רָאמָה, נ׳, ר׳, ־מוֹת coral
רֹאשׁ, ז׳, ר׳, רָאשִׁים head, summit; cape; beginning; leader; poison
רֹאשׁ חֹדֶשׁ new moon, first of the month
רֹאשׁ הַשָּׁנָה New Year
מֵרֹאשׁ to start with
רָאשֵׁי תֵבוֹת initials, abbreviation
רֹאשׁ, ת״ז, ־שָׁה, ת״נ principal, main
רִאשׁוֹן, ת״ז, ־נָה, ת״נ first, superior; previous, former
בָּרִאשׁוֹנָה, לָרִאשׁוֹנָה at first
רִאשׁוֹנוּת, נ׳ primitiveness
רִאשׁוֹנִי, ת״ז, ־נִית, ת״נ first; previous, former; primitive
מִסְפָּר רִאשׁוֹנִי prime number
רָאשׁוּת, נ׳ authority
רָאשִׁי, ת״ז, ־שִׁית, ת״נ principal, main, cardinal
מַאֲמָר רָאשִׁי editorial
רֵאשִׁית, נ׳ beginning
בְּרֵאשִׁית Genesis
רֹאשָׁן, ז׳, ר׳, ־נִים tadpole

רָב, פ"ע, ע' [ריב] to quarrel; to plead; to strive

רַב, רָב, ת"ז, רַבָּה, ת"נ much, many; great

בְּרַבִּים publicly

רַבִּים plural; majority; many

רַב, ז', ר', ־בָּנִים, ־בִּים master, lord, chief; rabbi; archer

רַב־אַלּוּף general

רב־חוֹבֵל ship's captain

רַב־טוּרַאי corporal

רַב־מֶכֶר best seller

רַב־סַמָּל sergeant major

רַב־סֶרֶן major

רַבּוֹתַי gentlemen

רֹב, רוֹב, ז', ר', רֻבִּים multitude, majority

לָרֹב, תה"פ often

עַל פִּי רֹב generally

רָבַב, פעו"י to be numerous; to multiply, increase; to be large; to shoot

רְבָב, ז' grease, fat (stain)

רְבָבָה, נ', ר', ־בוֹת myriad, ten thousand

רְבָבִית, נ', ר', ־יוֹת one ten-thousandth

רַבְגּוֹנִי, ת"ז, ־נִית, ת"נ variegated

רַבְגּוֹנִיּוּת, נ' variegation

רָבַד, פ"י to spread; to make bed

רֶבֶד, ז', ר', רְבָדִים layer; stratum

רָבָה, פ"ע to increase

רִבָּה, פ"י to rear children; to multiply

רִבָּה, נ', ר', ־בּוֹת jam, preserves

רִבּוֹ, רִבּוֹא, נ', ר', ־בּוֹת, ־אוֹת ten thousand

רִבּוּי, ז', ר', ־יִים increase; extension; plural (*gram.*)

רִבּוֹן, ז' lord, master; God

רִבּוֹנוֹ שֶׁל עוֹלָם God; oh, God

רִבּוֹנוּת, נ' sovereignty

רִבּוֹנִי, ת"ז, ־נִית, ת"נ sovereign

רָבוּעַ, ת"ז, רְבוּעָה, ת"נ square, four-sided

רִבּוּעַ, ז', ר', ־עִים square

רְבוּתָה, נ', ר', ־תוֹת feat, great thing, extraordinary achievement

רַבִּי, ז', ר', ־יִים rabbi, teacher

רָבִיב, ז', ר', רְבִיבִים shower, showers

רְבִיגָה, נ' promiscuity

רָבִיד, ז', ר', רְבִידִים chain, necklace

רְבִיָּה, נ', ר', ־יּוֹת increase

פְּרִיָּה וּרְבִיָּה propagation

רְבִיעַ, ז', ר', ־עִים one-fourth, quarter

רְבִיעָה, נ', ר', ־עוֹת coupling; rainy season

רְבִיעִי, ת"ז ־עִית, ת"נ fourth

יוֹם רְבִיעִי Wednesday

רְבִיעִיָּה, נ', ר', ־יּוֹת quartet

רְבִיעִית, נ', ר', ־עִיּוֹת fourth, quarter; quart

רְבִיצָה, נ' lying down (animals)

רִבִּית, נ', ר', ־בִּיּוֹת interest on money

רִבִּית דְּרִבִּית compound interest

[רבך] הֻרְבַּךְ, פ"ע to be well mixed

רַבָּן, ז', ר', ־נִים great rabbi, teacher; sports champion

רַבָּנָאוּת, נ' championship

רַבָּנוּת, נ' authority; office of rabbi

רַבָּנִי, ת"ז, ־נִית, ת"נ rabbinical, theological

רַבָּנִית, נ׳, ר׳, ־נִיּוֹת — rabbi's wife

רַבָּנָן, ז״ר — sages

רָבַע, פ״ע — to couple; to lie with; to copulate

רִבַּע, פ״י — to square; to quarter

רֶבַע, ז׳, ר׳, רְבָעִים — fourth, quarter

רֹבַע, ז׳, ר׳, רְבָעִים — quarter (city)

רִבֵּעַ, ז׳, ר׳, ־עִים — fourth generation

רִבְעוֹן, ז׳, ר׳, ־נִים — a quarterly (publication)

רָבַץ, פ״ע — to lie down; to brood

רִבֵּץ, פ״י — to sprinkle; to spread knowledge

הִרְבִּיץ, פ״י — to flay, strike; to spread knowledge; to sprinkle

רֵבֶץ, ז׳ — resting place

רַבְצְדָדִי, ת״ז, ־דִית, ת״נ — many-sided

רִבְצָל, ז׳, ר׳, ־לִים — phial, vial

רִבְרֵב, פ״י — to ordain as rabbi

הִתְרַבְרֵב, פ״ח — to swagger, assume superiority

רַבְרְבָן, ז׳, ר׳, ־נִים — braggart

רַבְרְבָנוּת, נ׳ — boasting, bullying

רַבַּת, תה״פ — much, too much

רַבָּתִי, ת״ז, ־תִית, ת״נ — great, greater; metropolitan

רֶגֶב, ז׳, ר׳, רְגָבִים — clod, lump

רָגוּז, ת״ז, רְגוּזָה, ת״נ — angry, mad, enraged

רָגוּל, ת״ז, רְגוּלָה, ת״נ — tied by hind legs

רִגּוּל, ז׳ — spying, espionage; habit

רָגוּשׁ, ת״ז, רְגוּשָׁה, ת״נ — moved; sensitive

רָגַז, פ״ע — to be agitated; to tremble

הִרְגִּיז, פ״י — to alarm; to enrage

רַגָּז, ת״ז, רַגֶּזֶת, ת״נ — quivering, quaking

רֹגֶז, ז׳ — excitement; raging

רָגְזָה, נ׳ — trembling, agitation

רַגְזָן, ז׳, ר׳, ־נִים — irritated, quarrelsome person

רַגְזָנוּת, נ׳ — irritability

רָגִיל, ת״ז, רְגִילָה, ת״נ — usual, normal, habitual

כָּרָגִיל, תה״פ — as usual

רְגִילָה, נ׳ — purslane

רְגִילוּת, נ׳ — wont, habit

רְגִימָה, נ׳, ר׳, ־מוֹת — stoning

רְגִיעָה, נ׳, ר׳, ־עוֹת — repose, rest

רָגִישׁ, ת״ז, רְגִישָׁה, ת״נ — sensitive

רָגַל, פ״ע — to slander, defame

רִגֵּל, פ״י — to explore; to spy

הִרְגִּיל, פ״י — to accustom; to lead

תִּרְגֵּל, פ״י — to teach to walk; to drill, exercise

הִתְרַגֵּל, פ״ח — to become accustomed

רֶגֶל, נ׳, ר׳, רַגְלַיִם, רְגָלִים — foot, leg; foot (*metrical*); time; festival

לְרֶגֶל, תה״פ — for the sake of

רַגְלִי, ז׳, ר׳, ־לִים; תה״פ — infantryman; on foot

חֵיל רַגְלִים — infantry

רָגַם, פ״י — to stone

רִגֵּם, פ״י — to shell

רָגַן, פ״ע — to grumble; to rebel; to quarrel

רָגַע, פעו״י — to set in motion, disturb; to be at rest

רָגֵעַ, ת״ז, רְגֵעָה, ת״נ — quiet

רֶגַע, ז׳, ר׳, רְגָעִים — (a) moment, (a) minute

בֶּן־רֶגַע, תה״פ — at once

רִגְעִי, ת״ז, ־עִית, ת״נ — momentary

רָגַשׁ, פ״ע — to be excited, agitated

הִרְגִּישׁ, פ״י — to notice, feel

הִתְרַגֵּשׁ, פ"ח — to flock together; to become excited
רֶגֶשׁ, ז', ר', רְגָשִׁים, רְגָשׁוֹת — feeling, sense; throng
רִגְשָׁה, נ', ר', רְגָשׁוֹת — throng, tumult
רִגְשִׁי, ת"ז, ־שִׁית, ת"נ — emotional
רַגְשָׁן, ת"ז, ־נִית, ת"נ — excitable
רַגְשָׁנוּת, נ' — excitability, sentimentality
רָד, פ"ע, ע' [רוד] — to roam
רָד, פ"ע, ע' [ריד] — to scream, wail; to sigh
רָדַד, פ"י — to flatten, stamp, beat
רָדָה, פיו"ע — to rule, oppress, enslave; to take out, draw out (honey, bread)
רָדוּד, ת"ז, רְדוּדָה, ת"נ — overlaid
רִדּוּי, ז', ר', ־יִים — conquest, suppression
רָדוּם, ת"ז, רְדוּמָה, ת"נ — slumbering
רָדוּף, ת"ז, רְדוּפָה, ת"נ — oppressed; given to, enthused
רְדִיד, ז', ר', ־דִים — shawl; veil
רְדִיפָה, נ', ר', ־פוֹת — persecution; pursuit
[רדם] נִרְדַּם, פ"ע — to fall asleep
הִרְדִּים, פ"י — to anesthetize
רַדֶּמֶת, נ' — lethargy; sleeping sickness
רָדַף, פ"י — to pursue, hunt; to persecute
רַהַב, ז', ר', רְהָבִים — pride, arrogance
רָהַב, פ"ע — to boast; to be haughty
הִרְהִיב, פ"י — to exalt; to dare; to confuse
רֹהַב, ז' — pride, greatness; defiance
רָהָה, פ"ע — to tremble, fear
רָהוּט, ת"ז, רְהוּטָה, ת"נ — fluent, quick
רִהוּט, ז', ר', ־טִים — furnishing; fluency
רַהַט, ז', ר', רְהָטִים — trough

רִהֵט, פ"י — to furnish
רָהִיט, ז', ר', ־טִים, רְהִיטִים — furniture
רְהִיטוּת, נ' — haste; fluency (speech)
[רהן] הִרְהִין, פ"י — to pawn, pledge
רוֹאֶה, ז', ר', ־אִים — seer, prophet
רוֹאֵה חֶשְׁבּוֹן — accountant
רוֹב, רֹב, ז', ר', רֻבִּים — multitude, majority
רוֹבֶה, ז', ר', ־בִים — rifle
רוֹבֵה־צַיִד — shotgun
רוֹגֵז, ת"ז, ־גֶזֶת, ת"נ — angry
[רוד] רָד, רַד, פ"ע — to roam
רוֹדָן, ז', ר', ־נִים — tyrant, dictator
רוֹדָנִי, ת"ז, ־נִית, ת"נ — tyrannical
רָוָה, פ"ע — to drink one's fill; to quench thirst
רִוָּה, פ"י — to saturate
רָוֶה, ת"ז, רָוָה, ת"נ — well-watered; sated
רָווּחַ, ת"ז, רְווּחָה, ת"נ — wide, spacious
רָווּי, ת"ז, רְווּיָה, ת"נ — saturated
רוֹזֵן, ז', ר', ־זְנִים — ruler, lord
רָוַח, פ"ע — to become wide; to spread
רֻוַּח, פ"ע — to be spacious
הִרְוִיחַ, פ"י — to gain, earn, profit; to give relief
רֶוַח, ז', ר', רְוָחִים — space, interval; gain, profit
רוּחַ, זו"נ, ר', רוּחוֹת — wind; spirit, ghost; disposition
אֶרֶךְ־רוּחַ — patience
רוּחַ הַחַיָּה — moving spirit
רוּחַ־הַקֹּדֶשׁ — Holy Spirit
רוּחַ פְּרָצִים — draft
רוּחַ קָדִים — east wind
אִישׁ־רוּחַ — intellectual
מַדָּעֵי־הָרוּחַ — humanities
מַחֲלַת־רוּחַ — insanity
מַצַּב־רוּחַ — mood

נַחַת־רוּחַ — pleasure
קֹצֶר־רוּחַ — impatience
קַר־רוּחַ — cold-blooded
רְוָחָה, נ׳ — width; relief, ease
רְוָחִים, ז״ר — interest rates; income; gains
רוּחָנִי, ת״ז, ־נִית, ת״נ — spiritual
רוּחָנִיּוּת, נ׳ — spirituality
רְוָיָה, נ׳ — plenty, satiety
רוֹכֵב, ז׳, ר׳, ־כְבִים — horseman
רוֹכֵל, ז׳, ר׳, ־כְלִים — peddler, hawker
רוֹכְלוּת, נ׳ — peddling
רוֹכְסָן, ז׳, ר׳, ־נִים — zipper
[רום] רָם, פ״ע — to rise, be high
רוֹמֵם, פ״י — to raise, lift; to exalt
הֵרִים, פ״י — to raise, erect
רוּם, ז׳ — loftiness; pride; apex
רוֹם, ז׳ — height
רוֹמָה, תה״פ — haughtily
רוֹמִי, ת״ז, ־מִית, ת״נ — Roman
רוֹמֵם, פ״י, ע׳ [רום] — to raise, lift, exalt
רוֹמֵם, ת״ז, ־מָה ת״נ — raised, uplifted
רוֹמֵמוּת, נ׳, ר׳, ־מוֹת — prominence; high spirit
[רוע] הֵרִיעַ, פ״ע — to shout, cry out, sound a signal
הִתְרוֹעֵעַ, פ״ח — to shout in triumph
רוֹעֶה, ז׳, ר׳, ־עִים — shepherd
רוֹעַ, ז׳ — impediment; calamity
רוֹעֵשׁ, ת״ז, ־עֶשֶׁת, ת״נ — noisy
רוֹפֵא, ז׳, ר׳, ־פְאִים — physician, surgeon
רוֹפֵף, ת״ז, ־פֶפֶת, ת״נ — soft; loose; vacillating
[רוץ] רָץ, פ״ע — to run, race
רוֹצֵץ, פ״ע — to run back and forth
הֵרִיץ, פ״י — to bring quickly; to make run

רוֹצֵחַ, ז׳, ר׳, ־חִים — murderer
רוֹצֵץ, פ״ע, ע׳ [רוץ] — to run back and forth
רַוָּק, ז׳, ר׳, ־קִים — bachelor
רַוָּקָה, נ׳, ר׳, ־קוֹת — spinster
רוֹקֵחַ, ז׳, ר׳, ־קְחִים — druggist, apothecary
רוֹקֵם, ז׳, ר׳, ־קְמִים — embroiderer
רוֹקֵן, פ״י — to empty
רוֹשׁ, רֹאשׁ, ז׳ — poison, venom
רוֹשֶׁם, רֹשֶׁם, ז׳, ר׳, רְשָׁמִים — mark, impression
רוֹשֵׁשׁ, פ״י — to impoverish
רוֹתֵחַ, ת״ז, רוֹתַחַת, ת״נ — boiling; enraged
רָז, ז׳, ר׳, ־זִים — secret
רָזָה, פ״ע — to grow thin, become lean
רָזֶה, ת״ז, רָזָה, ת״נ — thin, lean
רָזוֹן, ז׳, ר׳, רוֹזְנִים — leanness, thinness; ruler, prince
רָזִי, ת״ז, ־זִית, ת״נ; מ״ק — secret; woe! alas!
רָזִי לִי — woe is me!
רְזִיָּה, נ׳ — leanness
רָזַם, פ״ע — to wink; to indicate; to hint
רָחַב, פ״ע — to be wide, large
הִרְחִיב, פ״י — to widen, extend, enlarge
רָחָב, ת״ז, רְחָבָה, ת״נ — wide, spacious
רְחַב יָדַיִם — generous; spacious
רְחַב נֶפֶשׁ — greedy
רֹחַב, ז׳ — width, breadth; latitude
רֹחַב לֵב — generosity, kindness; broad-mindedness
רַחַב, ז׳, ר׳, רְחָבִים — breadth, width
רְחָבָה, נ׳, ר׳, ־בוֹת — open place; square
רְחוֹב, ז׳, ר׳, ־בוֹת — street

רַחוּם, ת״ז	merciful
רִחוּף, ז׳	soaring, hovering
רָחוּץ, ת״ז, רְחוּצָה, ת״נ	washing, washed
רָחוֹק, ת״ז, רְחוֹקָה, ת״נ	far, distant; unlikely
מֵרָחוֹק	from afar
רִחוּק, ז׳	remoteness, distance; separation
בְּרִחוּק מָקוֹם	at a distance
רִחוּשׁ, ז׳, ר׳, ־שִׁים	lip movement
רֵחַיִם, רֵיחַיִם, ז״ז	hand mill; millstone; pair of grinding stones
רְחִיצָה, נ׳, ר׳, ־צוֹת	washing, bathing
רְחִישָׁה, נ׳, ר׳, ־שׁוֹת	movement, stirring; crawling
רָחֵל, רְחֵלָה, נ׳, ר׳, רְחֵלִים, ־לוֹת	ewe
רָחַם, פ״י	to love
רִחֵם, פ״י	to have pity
רֶחֶם, רַחַם, ז׳, רַחֲמָה, נ׳ ר׳, רְחָמִים, רַחֲמָתַיִם	womb
מֵרֶחֶם אִמּוֹ	from childhood
בֵּית הָרֶחֶם	vagina
פֶּטֶר רֶחֶם	first-born
רָחָם, ז׳, ר׳, רְחָמִים	vulture
רַחֲמִים, ז״ר	pity, compassion
רַחֲמָן, ת״ז, ־נִית, ־נִיָּה, ת״נ	merciful
רַחֲמָנוּת, נ׳	mercifulness
רָחַף, פ״ע	to shake, tremble
רִחֵף, פ״ע	to hover; to soar
רַחַף, ז׳	soaring; trembling
רָחַץ, פעו״י	to wash, bathe
רַחַץ, ז׳	washing
רַחְצָה, נ׳	washroom
רָחַק, פ״ע	to be distant
רִחֵק, הִרְחִיק, פ״י	to remove
הִתְרַחֵק, פ״ח	to withdraw
רֹחַק, ז׳, ר׳, רְחָקִים	distance, dimension
רָחֵק, ת״ז, רְחֵקָה, ת״נ	dimensional
רָחַשׁ, פעו״י	to whisper; to feel; to investigate
הִתְרַחֵשׁ, פ״ח	to happen, occur
רַחַשׁ, ז׳, ר׳, רְחָשִׁים	thought; emotion
רַחֲשׁוּשׁ, ז׳, ר׳, ־שִׁים	emotion (of heart)
רַחַת, נ׳, ר׳, רְחָתוֹת	winnowing fork; tennis racket
רָטַב, פעו״י	to moisten, be moist
רָטֹב, ת״ז, רְטֻבָּה, ת״נ	moist, wet, juicy
רֹטֶב, ז׳, ר׳, רְטָבִים	sauce, gravy
רָטָה, פ״י	to surrender; to extradite
רָטוֹב, ז׳ ר׳, ־בִים	decoy, trap
רָטוּשׁ, ת״ז, רְטוּשָׁה, ת״נ	disemboweled, gutted, eviscerated
רְטוּת, נ׳	vibration
רַטָּט, ז׳, ר׳, ־טִים	vibrator
רֶטֶט, ז׳	vibrating; thrill
רִטֵּט, פ״ע	to vibrate
הִרְטִיט, פ״י	to terrorize
רְטִיבוּת, נ׳	moisture
רְטִיָּה, נ׳, ר׳, ־יּוֹת	plaster, emollient
רָטַן, פ״ע	to grumble, murmur
רֶטֶן, ז׳, ר׳, רְטָנִים	grumble
רַטְנָן, ז׳, ר׳, ־נִים	grumbler
רֻטֲפַשׁ, פ״ע	to be fat; to be strong; to be fresh
רִטֵּשׁ, פ״י	to shatter; to eviscerate, disembowel; to burst open
רֵיאָה, רֵאָה, נ׳, ר׳, ־אוֹת	lung
[ריב] רָב, פ״ע	to quarrel; to plead; to strive

רִיב, ז׳, ר׳, ־בוֹת, ־בִים quarrel, dispute
רִיבָה, נ׳, ר׳, ־בוֹת maiden
רִיבּוּי, רִבּוּי, ז׳, ר׳, ־יִים increase; extension; plural (*gram.*)
[ריד] רָד, פ״ע to scream, wail; to sigh
רֵיחַ, ז׳, ר׳, ־חוֹת smell, scent
[ריח] הֵרִיחַ, פ״י to smell, scent
רִיחָה, נ׳ sense of smell
רֵיחַיִם, רֵחַיִם, ז״ז hand mill; millstone, pair of grinding stones
רֵיחָנִי, ת״ז, ־נִית, ת״נ fragrant, odorous
רִיס, ז׳, ר׳, ־סִים eyelash; arena, stadium
רֵיעַ, רֵעַ, ז׳, ר׳, ־עִים friend, comrade, acquaintance; purpose
רִיפָה, נ׳, ר׳, ־פוֹת crushed corn
רִיצָה, נ׳ running
[ריק] הֵרִיק, פ״י to empty, pour out
רִיק, ז׳ emptiness
לָרִיק, לְרִיק in vain
רֵיק, ת״ז, ־קָה, ת״נ empty
רֵיקָה, רֵיקָא good for nothing!
רֵיקָם, תה״פ empty handed; in vain
רֵיקָן, ת״ז, ־נִית, ת״נ empty
רֵיקָנוּת, נ׳ emptiness; stupidity
רִיר, ז׳ saliva; mucus
[ריר] רָר, פ״י to run (nose)
[ריש] רָשׁ, פ״ע to be impoverished
רִישׁ, רֵישׁ, ז׳ poverty; Resh, name of twentieth letter of Hebrew alphabet
רֵישָׁה, נ׳, ר׳, ־שׁוֹת first part
רַךְ, ת״ז, רַכָּה, ת״נ soft; timid; tender
רַךְ לֵב, רַךְ לֵבָב coward
רַךְ, פ״ע, ע׳ [רכך] to be soft, delicate
רֹךְ, ז׳ tenderness, softness
רָכַב, פ״ע to ride

הִרְכִּיב, פ״י to compose, compound to combine; to graft; to inoculate
רַכָּב, ז׳, ר׳, ־בִים driver, coachman; rider
רֶכֶב, ז׳, ר׳, רְכָבִים chariot; wagon; upper millstone; branch for grafting
רִכְבָּה, רְכִיבָה, נ׳ riding
רְכֻבָּה, נ׳, ר׳, ־בּוֹת stirrup
רַכֶּבֶת, נ׳, ר׳, ־כָּבוֹת train, railway
רְכוּב, ז׳ vehicle
רָכוּב, ת״ז, רְכוּבָה, ת״נ riding
רִכּוּז, ז׳, ר׳, ־זִים concentration
רִכּוּךְ, ז׳, ר׳, ־כִים softening
רְכוּלָה, רְכֻלָּה, נ׳ merchandise, goods
רָכוּן, ת״ז, רְכוּנָה, ת״נ bowed
רָכוּס, ת״ז, רְכוּסָה, ת״נ buttoned; tied
רְכוּשׁ, ז׳ property; capital
רְכוּשָׁן, ז׳, ר׳, ־נִים capitalist
רְכוּשָׁנִי, ת״ז, ־נִית, ת״נ capitalistic
רַכּוּת, נ׳ softness, tenderness
רִכֵּז, פ״י to concentrate, co-ordinate
רַכָּז, ז׳, ר׳, ־זִים co-ordinator
רַכֶּזֶת, נ׳, ר׳, ־כָּזוֹת switchboard
רְכִיב, ז׳, ר׳, ־בִים component
רְכִיבָה, נ׳, ר׳, ־בוֹת riding
רָכִיל, רְכִילַאי, ז׳, ר׳, ־לִים, ־לָאִים gossiper, slanderer
רְכִילוּת, נ׳, ר׳, ־לֻיּוֹת gossip, slander
רְכִישָׁה, נ׳ acquisition
רַכִּית, נ׳ rickets
[רכך] רַךְ, פ״ע to be soft, delicate
רַךְ לִבּוֹ to be afraid
[רכל] הִרְכִּיל, פ״י to spy; to denounce

רְכֻלָּה, רְכוּלָה, נ' merchandise, goods
[רכן] הִרְכִּין, פ"י to bow down; to nod; to love
רָכַס, פ"י to tie; to button up; to stamp
רֹכֶס, רֶכֶס, ז', ר', רְכָסִים chain of mountains; intrigue, conspiracy
רִכְפָּה, נ', ר', רְכָפוֹת dyer's weed; reseda
רָכַשׁ, פ"י to acquire
רֶכֶשׁ, ז', ר', רְכָשִׁים fast mount, steed
רָם, פ"ע, ע' [רום] to rise, be high
רָם, ת"ז, ־מָה, ת"נ high, exalted
רַם, פ"י, ע' [רמם] to be worm-eaten; to decay
רַמָּאוּת, נ' fraud, deceit
רַמַּאי, רַמַּאי, ז', ר', ־אִים swindler
רָמָה, פ"י to throw; to shoot
רִמָּה, פ"י to cheat, deceive
רָמָה, נ', ר', ־מוֹת hill, height
רִמָּה, נ' worms; vermin
רָמוּז, ת"ז, רְמוּזָה, ת"נ hinted
רִמּוֹן, ז', ר', ־נִים pomegranate; hand grenade
רָמוּס, ת"ז, רְמוּסָה, ת"נ trampled
רָמוּת, נ' pride, haughtiness; height, tallness
רָמַז, פ"ע to wink, indicate; to allude
רֶמֶז, ז', ר', רְמָזִים hint, indication
רַמְזוֹר, ז', ר', ־רִים traffic light
רֹמַח, ז', ר', רְמָחִים lance, spear
רְמִיָּה, נ' deceit
רְמִיזָה, נ' hinting; winking
רְמִיסָה, נ' trampling
רַמָּךְ, ז', ר', ־כִים race horse
[רמם] רַם, פ"י to be wormy
רַמָּן, ז', ר', ־נִים grenadier, grenade-thrower

רָמַס, פ"י to tread
רֶמֶץ, ז' embers, hot ashes
רַמְקוֹל, ז', ר', ־לִים loud-speaker
רָמַשׂ, פ"ע to creep, crawl; to teem with vermin
רֶמֶשׂ, ז', ר', רְמָשִׂים reptile
רַמְשִׁית, נ', ר', ־שִׁיּוֹת serenade
רַן, פ"ע, ע' [רנן] to jubilate; to sing
רֹן, ז', ר', רָנִּים singing; jubilation
רִנָּה, נ', ר', ־נּוֹת singing; rumor
רִנּוּן, ז', ר', ־נִים song; gossip, slander
[רנן] רָן, פ"ע to jubilate; to sing
רִנֵּן, פ"ע to gossip, slander
רְנָנָה, נ', ר', ־נוֹת exultation
רִסּוּן, ז' bridling
רִסּוּס, ז', ר', ־סִים spraying; grinding; atomization
רָסוּק, ת"ז, רְסוּקָה, ת"נ broken, crushed
רָסִיס, ז', ר', רְסִיסִים fragment; shrapnel
רֶסֶן, ז', ר', רְסָנִים bridle, halter
רִסֵּן, פ"י to restrain
רֶסֶס, ז', ר', רְסָסִים shot, pellet
רִסֵּס, פ"י to spray, sprinkle
רִסֵּק, פ"י to crush; to chop
רֶסֶק, ז' mash, hash; sauce
רַע, רָע, ת"ז, רָעָה, ת"נ; ז' bad, evil; wickedness; calamity
יֵצֶר הָרָע evil inclination, impulse
לְשׁוֹן הָרָע slander, calumny
רַע־עַיִן envious
רַע, פעו"י, ע' [רעע] to be bad; to break
רֵעַ, רֵיעַ, ז', ר', ־עִים friend, comrade, acquaintance; purpose
רֹעַ, ז' vice, wickedness
רָעָב, ז' hunger, famine, scarcity

רָעַב, פ"ע to be hungry
רָעֵב, ת"ז, רְעֵבָה, ת"נ starved
רְעָבוֹן, ז' starvation, hunger
רַעַבְתָּן, ת"ז, ־נִית, ת"נ voracious
רַעַבְתָּנוּת, נ' voracity, greed
רָעַד, פ"ע to tremble, quake
רַעַד, ז', רְעָדָה, נ', ר', ־דוֹת trembling, tremor
רָעָה, פעו"י to pasture, graze; to join; to befriend
רָעָה, נ', ר', ־עוֹת misfortune
רֵעֶה, ז', רַעָה, נ', ר', ־עִים, ־עוֹת friend
רָעוּל, ת"ז, רְעוּלָה, ת"נ masked, veiled
רָעוּעַ, ת"ז, רְעוּעָה, ת"נ dilapidated, tottering
רִעוּף, ז' shingling; tiling
רַעוּת, נ' friendship
רְעוּת, נ', ר', רֵעוֹת friend, neighbor
רְעוּת־רוּחַ, נ' vanity
רְעִי, ז', ר', רְעָיִים pasture; excrement
רְעִידָה, נ' trembling
רְעִידַת־אֲדָמָה earthquake
רַעֲיָה, רַעְיָה, נ', ר', רְעָיוֹת beloved; wife; friend
רְעִיָּה, נ' pasturing, grazing
רַעְיוֹן, ז', ר', ־נוֹת idea
רַעְיוֹנִי, ת"ז, ־נִית, ת"נ ideal
רְעִימָה, נ', ר', ־מוֹת thundering, roar
[רעל] הִרְעִיל, פ"י to poison
רַעַל, ז', ר', רְעָלוֹת poison
רְעָלָה, נ', ר', ־לוֹת veil
רָעַם, פ"ע to rave, rage; to roar
הִרְעִים, פ"י to thunder
הִתְרַעֵם, פ"ח to complain
רַעַם, ז', ר', רְעָמִים thunder
רַעְמָה, נ', ר', רְעָמוֹת mane

רַעֲנָן, ת"ז, ־נָה, ת"נ fresh; juicy
רְעֲנֵן, פ"י to be fresh
רַעֲנַנּוּת, נ' freshness
[רעע] רַע, פעו"י to be, become bad; to break
הִתְרוֹעֵעַ, פ"ח to become friendly
רָעַף, פ"ע to drop, drip
רַעַף, ז', ר', רְעָפִים shingle, slate, tile
רָעַץ, פעו"י to shatter; to fear
רָעַשׁ, פ"ע to tremble
הִרְעִישׁ, פ"י to bombard, shell; to make noise
רַעַשׁ, ז', ר', רְעָשִׁים noise; commotion; earthquake
רַעֲשָׁן, ז', ר', ־נִים rattle
רַף, ז', ר', ־פִּים shelf
רָפָא, פעו"י to heal, cure
רִפְאוּת, נ' healing
רְפָאִים, ז"ר giants; ghosts
רָפַד, פ"י to unfold
רִפֵּד, פ"י to spread, make bed; to upholster
רַפָּד, ז', ר', ־דִים upholsterer
רֶפֶד, ז' fabric; spread
רָפָה, פ"ע to be weak; to be loose; to sink
רִפָּה, פ"י to weaken, lessen
רָפֶה, ת"ז, רָפָה, ת"נ slack, loose; weak
רְפוּאָה, נ', ר', ־אוֹת medicine, remedy
רִפּוּד, ז', ר', ־דִים upholstering
רִפּוּי, ז' curing, healing
רָפוּי, ת"ז, רְפוּיָה, ת"נ loose, unsteady
רִפֵּט, פ"י to wear out
רְפִידָה, נ', ר', ־דוֹת spreading, spread
רִפְיוֹן, ז' laxity; weakness

רָפַס, פ״י to trample; to be weak

הִתְרַפֵּס, פ״ח to humiliate oneself

רַפְסוֹדָה, רַפְסֹדֶת, נ׳, ר׳, ־דוֹת raft, float

רָפַף, פ״ע to tremble; to vacillate

רַפָּף, ז׳, ר׳, ־פִּים laxative

רְפָפָה, נ׳, ר׳, ־פוֹת blind; shutter

[רפק] הִתְרַפֵּק, פ״ח to lean upon; to long for

רִפְרוּף, ז׳ fluttering; hovering

רִפְרֵף, פעו״, ע׳ [רפף] to blink; to move, flutter

רַפְרֶפֶת, נ׳, ר׳, ־רָפוֹת pudding

רֶפֶשׁ, ז׳ mud, dirt, mire

רִפֵּשׁ, פ״י to make filthy, dirty

רָפַשׂ, פ״י to trample; to foul, pollute

רֶפֶת, נ׳, ר׳, רְפָתִים, ־תוֹת cowshed, stable

רַפְתָּן, ז׳, ר׳, ־נִים dairyman

רַפְתָּנוּת, נ׳ dairying

רָץ, ז׳, ר׳, ־צִים runner; bishop (chess)

רַץ, ז׳, ר׳, ־צִּים bar (metal)

רָצָא, פ״ע to run

רִצֵּד, פ״ע to lurk; to leap

רָצָה, פ״י to wish, desire, like; to accept

רִצָּה, פ״י to appease

הִרְצָה, פ״י to lecture; to count; to satisfy; to pay

רָצוּי, ת״ז, רְצוּיָה, ת״נ worthwhile; desirable

רִצּוּי, ז׳ appeasement; satisfaction

רָצוֹן, ז׳, ר׳, ־נוֹת will, wish, desire; favor

כִּרְצוֹנְךָ as you like

רְצוֹנִי, ת״ז, ־נִית, ת״נ voluntary

רְצוּעָה, נ׳, ר׳, ־עוֹת strap, strip

רָצוּף, ת״ז, רְצוּפָה, ת״נ successive; attached, joined; tiled

רִצּוּף, ז׳ tiling

רָצוּץ, ת״ז, רְצוּצָה, ת״נ crushed, dejected

רָצַח, פ״י to murder, assassinate

רֶצַח, ז׳ murder

רְצִיחָה, נ׳, ר׳, ־חוֹת murdering

רְצִינוּת, נ׳ seriousness

רְצִינִי, ת״ז, ־נִית, ת״נ serious

רָצִיף, ז׳, ר׳, רְצִיפִים platform; quay, dock

רְצִיפוּת, נ׳ consecutiveness

רְצִיצָה, נ׳, ר׳, ־צוֹת crushing

[רצן] הִרְצִין, פ״ע to become serious

רָצַע, פ״י to lash, flog; pierce, perforate

רַצְעָן, ז׳, ר׳, ־נִים saddler, shoemaker

רָצַף, פ״י to join closely; to arrange in order; to pave

רַצָּף, ז׳, ר׳, ־פִּים tiler

רֶצֶף, ז׳, ר׳, רְצָפִים burning coal

רִצְפָּה, נ׳, ר׳, רְצָפוֹת floor; pavement; burning coal

רָצַץ, פ״י to shatter; to oppress

הִתְרוֹצֵץ, פ״ח to struggle together, push one another

רַק, תה״פ; רַק, ת״ז, רַקָּה, ת״נ only, except; thin, lean

רֹק, ז׳, ר׳, רֻקִּים saliva

רָקַב, פ״ע to rot, decay

רָקָב, ז׳ humus; rot (*med.*), decay

רְקָב, ז׳ rottenness, decay

רַקְבּוּבִית, נ׳ decayed part

רִקָּבוֹן, ז׳ putrefaction, rottenness

רָקַד, פ״ע to dance

רִקֵּד, פ״י to dance; to winnow, sift

רַקְדָן, ז׳, ־נִית, ז׳, ר׳, ־נִים, ־נִיּוֹת dancer

רַקָּה, נ׳, ר׳, ־קּוֹת temple (forehead)
רָקוּב, ת״ז, רְקוּבָה, ת״נ rotten, decayed
רִקּוּד, ז׳, ר׳, ־דִים dance
רִקּוּחַ, ז׳, ר׳, ־חִים salve, ointment
רִקּוּם, ז׳, ר׳, ־מִים embroidering; embryo
רִקּוּעַ, ז׳, ר׳, ־עִים beaten plate (metal); foil
רָקַח, פ״י to mix; to distill perfume
רַקָּח, ז׳, ר׳, ־חִים perfumer
רֶקַח, לֶקַח, ז׳, ר׳, רְקָחִים spice
רְקִידָה, נ׳, ר׳, ־דוֹת dancing
רְקִימָה, נ׳, ר׳, ־מוֹת embroidery
רָקִיעַ, ז׳, ר׳, רְקִיעִים firmament, heaven
רְקִיעִי, ת״ז, ־עִית, ת״נ heavenly; spherical
רָקִיק, ז׳, ר׳, רְקִיקִים biscuit
רְקִיקָה, נ׳, ר׳, ־קוֹת spitting
רָקַם, פ״י to embroider; to variegate
רִקֵּם, פ״י to shape, form
רִקְמָה, נ׳, ר׳, רְקָמוֹת embroidery
רָקַע, פער״י to stamp, beat; to spread, stretch
רִקַּע, פ״י to overlay
רֶקַע, ז׳ background
רַקֶּפֶת, נ׳, ר׳, ־קָּפוֹת cyclamen
רָקַק, פ״י to spit
רְקָק, ז׳ swamp, mire
רְקָקִית, נ׳, ר׳, ־יּוֹת spittoon
רָר, פ״ע, ע׳ [ריר] to run (nose)
רָשׁ, פ״ע, ע׳ [ריש] to be impoverished
רָשׁ, ז׳, ר׳, ־שִׁים poor man
רַשַּׁאי, ת״ז, רַשָּׁאִית, רַשָּׁאָה, ת״נ authorized, permitted
[רשה] הִרְשָׁה, פ״י to authorize, permit

רִשּׁוּל, ז׳ indolence; neglect
רִשּׁוּם, ז׳, ר׳, ־מִים registration; mark, sign, trace, impression
רָשׁוּם, ת״ז, רְשׁוּמָה, ת״נ noted; inscribed; registered
מִכְתָּב רָשׁוּם registered letter
רָשׁוּת, נ׳, ר׳, ־שֻׁיּוֹת authority, control, power
רְשׁוּת, נ׳, ר׳, ־שֻׁיּוֹת permission; option; possession
רִשּׁוּת, ז׳ screening
רִשְׁיוֹן, רִשָּׁיוֹן, ז׳, ר׳, ־נוֹת permit, license
רְשִׁימָה, נ׳, ר׳, ־מוֹת list, register; note; article
רִשֵּׁל, פ״י to weaken; to loosen
הִתְרַשֵּׁל, פ״ח to be lax
רַשְׁלָן, ז׳, ר׳, ־נִים sluggard
רַשְׁלָנוּת, נ׳ carelessness
רַשְׁלָנִי, ת״ז, ־נִית, ת״נ careless
רָשַׁם, פ״י to note; to draw, mark
הִתְרַשֵּׁם, פ״ח to be impressed
רַשָּׁם, ז׳, ר׳, ־מִים draftsman; registrar
רֹשֶׁם, ז׳, ר׳, רְשָׁמִים impression
רִשְׁמִי, ת״ז, ־מִית, ת״נ official
רִשְׁמִיּוּת, נ׳ officialism
רָשַׁע, פ״ע to do wrong; to commit crimes
הִרְשִׁיעַ, פ״י to condemn; to convict
רָשָׁע, ת״ז, רְשָׁעָה, ־עִית, ת״נ wicked; guilty
רֶשַׁע, ז׳ wickedness, injustice
רִשְׁעָה, נ׳ sin
רִשְׁעוּת, נ׳, ר׳, ־עֻיּוֹת cruelty
רָשַׁף, פ״י to burn, spark

רֶשֶׁף, ז׳, ר׳, רְשָׁפִים flame; spark; fever
רִשְׁרוּשׁ, ז׳, ר׳, ־שִׁים rustling
רִשְׁרֵשׁ, פ״י to rustle
רֻשַּׁשׁ, פ״י to be beaten down; to be destroyed
רִשֵּׁת, פ״י to make (lay) net(s); to screen
רֶשֶׁת, נ׳, ר׳, רְשָׁתוֹת net, snare; bait
רִשְׁתִּית, נ׳, ר׳, ־יּוֹת retina
רָתוּחַ, ת״ז, רְתוּחָה, ת״נ boiling
רִתּוּךְ, ז׳ welding
רָתוּם, ת״ז, רְתוּמָה, ת״נ harnessed; hitched
רְתוּקָה, רַתּוּקָה, נ׳, ר׳, ־קוֹת chain
רָתַח, פ״ע to boil; to be angry, irate
רֶתַח, ז׳, ר׳, רְתָחִים boiling
רַתְחָן, ת״ז, ־נִית, ת״נ irascible
רַתְחָנוּת, נ׳ irascibility
רְתִיחָה, נ׳, ר׳, ־חוֹת boiling; anger; foaming; effervescence
רְתִימָה, נ׳, ר׳, ־מוֹת harnessing
רִתֵּךְ, פ״י to smelt, weld
רַתָּךְ, ז׳, ר׳, ־כִים welder
רָתַם, פ״י to harness
רֹתֶם, ז׳, ר׳, רְתָמִים broombush
רִתְמָה, נ׳, ר׳, רְתָמוֹת harness
[רתע] נִרְתַּע, פ״ע to be startled; to recoil
רֶתַע, ז׳, רְתִיעָה, נ׳, ־עוֹת retreat
רִתֵּף, פ״י to store (in cellar)
רִתֵּק, פ״י to join, link; to spellbind
רָתַת, פ״ע to tremble, shake
רֶתֶת, ז׳ trembling
רְתָתָה, נ׳ awe, terror

ש W

שׁ, שׂ Shin, Sin, twenty-first letter of Hebrew alphabet; three hundred
שֶׁ־ who, which, that; because
שָׁאַב, פ״י to draw, pump (water); to absorb
שַׁאֲבָק, ז׳ vacuum cleaner
שָׁאַג, פ״ע to roar (lion)
שְׁאָגָה, נ׳, ר׳, ־גוֹת roar; cry
שָׁאָה, פ״ע to lay waste, devastate
הִשְׁתָּאָה, פ״ח to be astonished; to gaze
שֵׁאָה, שׁוֹאָה, נ׳, ר׳, ־אוֹת calamity, devastation, ruin
שָׁאוּב, ז׳, ר׳, ־בִים trough, bucket
שְׁאוֹל, זו״נ hell, hades; grave
שָׁאוּל, ת״ז, שְׁאוּלָה, ת״נ borrowed
שָׁאוֹן, ז׳, ר׳, שְׁאוֹנִים noise, uproar
שְׂאוֹר, ז׳ leaven, yeast; fermentation
שְׁאָט, ז׳ שְׁאָט נֶפֶשׁ contempt
שָׁאַט, פ״י to despise
שְׁאִיבָה, נ׳, ר׳, ־בוֹת drawing (water), pumping; absorption
שְׁאִיָּה, נ׳ ruin, desolation
שְׁאִילָה, נ׳, ר׳, ־לוֹת borrowing; asking
שְׁאִילְתָּה, שְׁאֵלְתָּה, נ׳, ר׳, ־תּוֹת official query
שְׁאִיפָה, נ׳, ר׳, ־פוֹת inhalation, breathing; aspiration, ambition
שָׁאִיר, ז׳, ר׳, שְׁאִירִים survivor
שָׁאַל, פ״י to ask; to borrow
שָׁאַל לְשָׁלוֹם to greet
שִׁאֵל, פ״י to beg, go begging
הִשְׁאִיל, פ״י to lend

שְׁאֵלָה, נ', ר', ־לוֹת question; problem; loan; inquiry
שְׁאֵלוֹן, ז', ר', ־נִים questionnaire
שְׁאֵלְתָּה, שְׁאִילְתָּה, נ', ר', ־תּוֹת official query
שָׁאַן, פ"ע to make noise
שַׁאֲנַן, פ"ע to be at ease; to be secure
שַׁאֲנָן, ת"ז, ־נַנָּה, ת"נ tranquil; secure
שַׁאֲנַנּוּת, נ' tranquillity; security
שָׁאַף, פ"י to gasp, pant; to long for, aspire, strive; to trample upon
שַׁאֲפָן, ת"ז, ־נִית, ת"נ ambitious
שַׁאֲפָנוּת, נ' ambition
שָׁאַר, פ"ע to remain, be remaining
נִשְׁאַר, פ"ע to be left, remaining
הִשְׁאִיר, פ"י to leave (remaining), spare
שְׁאָר, ז' remainder, rest, remnant
בֵּין הַשְּׁאָר among other things
שְׁאָר־רוּחַ inspiration
שְׁאֵר, ז', ר', ־רִים meat, flesh; food
שְׁאֵר־בָּשָׂר relative
שַׁאֲרָה, נ', ר', שְׁאָרוֹת blood relation
שְׁאֵרִית, נ', ר', ־רִיּוֹת remnant, remainder, remains
שֵׁאת, נ' calamity
שְׂאֵת, נ' exaltation; dignity; swelling; eruption (skin), sore
שַׁב, ז' vitriol; alum
שָׂב, ת"ז, בָה, ־ת"נ gray, old
שָׂב, ז', ר', ־בִים old man
שָׁב, פ"ע, ע' [שוב] to return, come back, go back; to do again; to repent; to turn away
שָׂב, פ"ע, ע' [שיב] to grow old, turn gray
שַׁבַּאי, ז', ר', ־בָּאִים captor

שָׁבָב, ז', ר', שְׁבָבִים splinter, fragment (wood)
שָׁבָה, פ"י to take captive, capture
שְׁבוֹ, ז' agate, precious stone
שְׁבּוּט, ז', ר', ־טִים flounder, plaice, sole
שָׁבוּי, ת"ז, שְׁבוּיָה, ת"נ captive
שִׁבּוֹלֶת, שִׁבֹּלֶת, נ', ר', שִׁבֳּלִים, ־בּוֹלוֹת ear of corn; current of river; shibboleth, watchword, password
שָׁבוּעַ, ז', ר', ־עוֹת, שְׁבוּעַיִם week; heptad (weeks or years)
שְׁבוּעָה, נ', ר', ־עוֹת curse; oath
שְׁבוּעַת שָׁוְא false oath
שָׁבוּעוֹן, ז', ר', ־נִים weekly journal
דּוּ־שָׁבוּעוֹן biweekly publication
שָׁבוּעוֹת, חַג הַשָּׁבוּעוֹת, ז' Pentecost, Feast of Weeks
שְׁבוּעִי, ת"ז, ־עִית, ת"נ weekly
דּוּ־שָׁבוּעִי biweekly
שָׁבוּר, ת"ז, שְׁבוּרָה, ת"נ broken, split
שִׁבּוּשׁ, ז', ר', ־שִׁים error, blunder
שְׁבוּת, נ' rest, abstention from work (on Sabbath and festivals); captivity; return, repatriation
חֹק הַשְּׁבוּת law of repatriation (to Israel)
שָׁבַח, פ"ע to grow in value; to improve
שִׁבַּח, פ"י to calm; to praise, glorify
הִשְׁתַּבַּח, פ"ח to praise oneself, boast
שֶׁבַח, ז', ר', שְׁבָחִים; שְׁבָחָה, נ', ר', ־חוֹת praise; improvement; gain
שֵׁבֶט, ז', ר', שְׁבָטִים staff, rod; birch, whip; scepter; tribe
שְׁבָט, ז' Shebat, eleventh month of Hebrew calendar

חֲמִשָּׁה עָשָׂר (ט"ו) בִּשְׁבָט	Arbor Day, New Year of the Trees
שְׁבִי, שֶׁבִי, ז', שִׁבְיָה, נ'	captivity
שָׁבִיב, ז', ר', שְׁבִיבִים	flame, spark
שָׁבִיט, ז', ר', שְׁבִיטִים	comet
שְׁבִיל, ז', ר', ־לִים	lane, path
שְׁבִיל הַזָּהָב	golden path, middle course
שְׁבִיל הֶחָלָב	Milky Way
בִּשְׁבִיל, מ"י	for, for the sake of
בִּשְׁבִיל שֶׁ־	in order that
שָׁבִיס, ז', ר', שְׁבִיסִים	front band; hairnet
שְׂבִיעָה, נ'	having one's fill, satiety
שְׂבִיעַת רָצוֹן	satisfaction
שְׁבִיעִי, ת"ז, ־עִית, ת"נ	seventh
שְׁבִיעִיָּה, נ'	septet(te)
שְׁבִיעִית, נ', ר', ־עִיוֹת	one-seventh; sabbatical year
שָׁבִיר, ת"ז, שְׁבִירָה, ת"נ	fragile, breakable
שְׁבִירָה, נ', ר', ־רוֹת	breaking
שְׁבִיתָה, נ', ר', ־תוֹת	resting (on Sabbath); strike
שְׁבִיתַת־רָעָב	hunger strike
שְׁבִיתַת נֶשֶׁק	armistice, truce
שְׁבִיתַת שֶׁבֶת	sit-down strike
שֹׁבֶךְ, שׁוֹבָךְ, ז', ר', שׁוֹבָכִים	dovecot
שְׂבָכָה, נ', ר', ־כוֹת	latticework, woven net; trellis
שֹׁבֶל, ז'	train, edge of skirt; ship's trail
שַׁבְּלוּל, ז', ר', ־לִים	snail, shrimp; oyster
שִׁבֹּלֶת, שִׁבּוֹלֶת, נ', ר', שִׁבֳּלִים, ־בּוֹלוֹת	ear of corn; current of river; shibboleth, watchword, password
שִׁבֹּלֶת־שׁוּעָל	oats
[שבע] נִשְׁבַּע, פ"ע	to swear, take an oath
שָׂבַע, פ"ע	to be satisfied, sated
שָׂבֵעַ, ת"ז, שְׂבֵעָה, ת"נ	satisfied, satiated
שָׂבָע, שֹׂבַע, ז', שָׂבְעָה, נ'	plenty, abundance
שִׁבְעָה, ש"מ, ז', שֶׁבַע, נ'	seven
יָשַׁב שִׁבְעָה	to mourn
שִׁבְעָה עָשָׂר, ש"מ, ז'	seventeen
שְׁבַע עֶשְׂרֵה, ש"מ, נ'	seventeen
שִׁבְעִים, ש"מ, זו"נ	seventy
שִׁבְעָתַיִם, ש"מ	seven times
שִׁבֵּץ, פ"י	to set (precious stone); to weave in checkerwork
שָׁבָץ, ז'	cramp; stroke
שָׁבַק, פ"י	to leave
שָׁבַק חַיִּים (לְכָל חַי)	to die
שָׁבַר, פ"י	to break; to buy grain
שִׁבֵּר, פ"י	to break in pieces
הִשְׁבִּיר, פ"י	to cause to break; to sell grain
שֶׁבֶר, ז', ר', שְׁבָרִים	breaking, break; calamity; interpretation (of dream); grain, provisions; fraction
שֵׂבֶר, סֵבֶר, ז'	hope
שָׂבַר, פ"ע	to inspect, examine
שִׂבֵּר, פ"ע	to wait; to hope
שִׁבָּרוֹן, ז'	breaking; trade in grain
שַׁבְרִיר, ז', ר', ־רִים	splinter; ray
שִׁבֵּשׁ, פ"י	to do a thing faultily; to make mistakes
שַׁבְשֶׁבֶת, נ', ר', ־שָׁבוֹת	weather vane
שָׁבַת, פ"ע	to desist, rest, stop work, keep Sabbath
הִשְׁבִּית, פ"י	to fire, lay off from work

שַׁבָּת, נ׳, ר׳, ־תוֹת day of rest; Sabbath; week
שֶׁבֶת, נ׳ seat; rest; cessation; idleness; dill
שַׁבְּתַאי, ז׳ Saturn
שַׁבְתָּה, נ׳ meningitis
שַׁבָּתוֹן, ז׳ complete rest; general strike
שָׂגָא, פ״ע to grow, prosper
שֶׂגֶא, ז׳ loftiness
שָׂגַב, פ״ע to be strong; to be exalted; to be unattainable
שֶׂגֶב, ז׳ sublimity, loftiness
שָׁגַג, פ״ע to err, sin unintentionally
שְׁגָגָה, נ׳, ר׳, ־גוֹת error, mistake; inadvertence
בִּשְׁגָגָה, תה״פ inadvertently
שָׁגָה, פ״ע to stray; to err; to be enticed; to be attracted
שָׂגָה, פ״ע to grow great, increase
שָׁגוּר, ת״ז, שְׁגוּרָה, ת״נ fluent; familiar
[שגח] הִשְׁגִּיחַ, פ״ע to observe; to care for; to supervise
שַׂגִּיא, ת״ז, ־אָה, ת״נ great, exalted
שְׁגִיאָה, נ׳, ר׳, ־אוֹת error, mistake
שֵׁגָל, נ׳ king's concubine, consort
שִׁגָּיוֹן, ז׳, ר׳, שִׁגְיוֹנוֹת craze, caprice; hobby; idée fixe
שְׁגִירוּת, נ׳, ר׳, ־רִיּוֹת fluency; familiarity
שִׁגֵּם, פ״י to join with hinge
שֶׁגֶם, ז׳, ר׳, שְׁגָמִים hinge; tongue; striker
שִׁגַּע, פ״י to make mad; to bewilder
שִׁגָּעוֹן, ז׳, ר׳, שִׁגְעוֹנוֹת madness; nonsense
שִׁגְעוֹנִי, ת״ז, ־נִית, ת״נ maddening
שִׁגֵּר, פ״י to send; to flow; to speak fluently

שֶׁגֶר, ז׳, ר׳, שְׁגָרִים offspring of animals
שִׁגְרָה, נ׳ habit, routine; fluency
שִׁגָּרוֹן, ז׳ rheumatism
שַׁגְרִיר, ז׳, ר׳, ־רִים delegate, ambassador
שַׁגְרִירוּת, נ׳ embassy
שִׂגְשֵׂג, פ״ע to grow, blossom
שָׂד, פ״י, ע׳ [שיד] to whitewash
שָׁד, שַׁד, ז׳, ר׳, שָׁדַיִם breast
שָׁד, פ״י, ע׳ [שוד] to ravage, despoil
שֵׁד, ז׳, ר׳, שֵׁדִים devil
שֹׁד, שׁוֹד, ז׳ violence; ruin; robbery, plunder
שָׁדַד, פ״י to plunder, despoil; to assault
שִׂדֵּד, פ״י to harrow
שִׁדָּה, נ׳, ר׳, ־דּוֹת chest of drawers
שָׂדֶה, שָׂדַי, זו״נ, ר׳, שָׂדוֹת field, land
שְׂדֵה אִילָן plantation
שְׂדֵה בּוּר fallow land
שְׂדֵה מוֹקְשִׁים minefield
שְׂדֵה (קֶטֶל) קְרָב battlefield
שְׂדֵה רְאִיָּה field of vision
שְׂדֵה תְּעוּפָה airfield
שָׁדוּד, ת״ז, שְׁדוּדָה, ת״נ plundered; assaulted
שִׂדּוּד, ז׳, ר׳, ־דִים harrowing
שִׁדּוּךְ, ז׳, ר׳, ־כִים proposal of marriage; mutual agreement
שִׁדּוּל, ז׳, ר׳, ־לִים persuasion
שֵׁדוֹן, ז׳, ר׳, ־נִים rascal
שָׁדוּף, ת״ז, שְׁדוּפָה, ת״נ wind-blasted, blighted
שִׁדּוּר, ז׳, ר׳, ־רִים broadcasting
שַׁדַּי, ז׳ the Almighty
שִׁדֵּךְ, פ״י to negotiate a marriage (an agreement)
הִשְׁתַּדֵּךְ, פ״ע to negotiate (for marriage), arrange a marriage

שַׁדְכָן, ז׳, ר׳, ־נִים — marriage broker
שַׁדְכָנוּת, נ׳ — marriage agency
שִׁדֵּל, פ״י — to persuade
הִשְׁתַּדֵּל, פ״ח — to be persuaded; to strive; to endeavor
שְׁדֵמָה, נ׳, ר׳, ־מוֹת — vineyard; field
שָׁדַף, פ״י — to blight, blast
שְׁדֵפָה, נ׳ — blighted crops
שִׁדָּפוֹן, ז׳, ר׳, שִׁדְפוֹנוֹת — blight of crops
שִׁדֵּר, פ״י — to broadcast
שֶׁדֶר, ז׳, ר׳, שְׁדָרִים — spine, backbone
שְׂדֵרָה, נ׳, ר׳, ־רוֹת — row (of men, soldiers); avenue, boulevard
שִׁדְרָה, נ׳, ר׳, ־רָאוֹת, שְׁדָרוֹת,
עַמּוּד־הַשִּׁדְרָה — spinal column
חוּט־הַשִּׁדְרָה — spinal cord
שֶׂה, זו״נ, ר׳, שֵׂיִים, שֵׂיוֹת — lamb; kid
שָׂהֵד, ז׳, ר׳, שָׂהֲדִים — witness
שָׁהָה, פ״ע — to tarry, delay; to remain, dwell
שִׁהוּק, ז׳, ר׳, ־קִים — hiccup
שָׁהוּת, נ׳ — spare time; delay
שְׁהִיָּה, נ׳, ר׳, ־יוֹת — delaying, delay; stay
שֹׁהַם, שׁוֹהַם, ז׳, ר׳, שְׁהָמִים — onyx
שִׁהֵק, פ״ע — to hiccup
שַׂהֲרוֹן, סַהֲרוֹן, ז׳, ר׳, ־נִים — crescent-shaped ornament
שָׁוְא, ז׳ — vanity; nothingness; falsehood
לַשָּׁוְא, תה״פ — in vain
שְׁוָא, ז׳, ר׳, ־אִים, (ְ) — sheva, vowel sign
(שׁוֹאֵבָה), בֵּית־הַשּׁוֹאֵבָה, ז׳ — well; pump house
שׁוֹאָה, שֹׁאָה, נ׳, ר׳, ־אוֹת — calamity; devastation, ruin

[שוב] שָׁב, פ״ע — to return, come back, go back; to do again; to repent; to turn away
שׁוֹבֵב, פ״י — to bring back, restore; to lead away; to apostatize
הִשְׁתּוֹבֵב, פ״ח — to be naughty; to be wild; to be playful
שׁוּב, תה״פ — again
שׁוֹבָב, ת״ז, ־בֵבָה, ־בִית, ת״נ — naughty; wild
שׁוֹבְבוּת, נ׳ — wildness, unruliness
שׁוּבָה, נ׳ — rest, peacefulness; retirement
שׁוֹבָךְ, שֹׁבֶךְ, ז׳, ר׳, ־בַכִּים — dovecot
שׁוֹבֵר, ז׳, ר׳, ־רִים, ־רוֹת — receipt
שׁוֹבֵר־גַּלִּים, ז׳, ר׳, שׁוֹבְרֵי גַּלִּים — breakwater
[שוג] נָשׁוֹג, פ״ע — to turn back, recede
שׁוֹגֵג, ת״ז, ־גֶגֶת, ת״נ — inadvertent, unintentional
בְּשׁוֹגֵג, תה״פ — unintentionally
[שוד] שָׁד, פ״י — to ravage, despoil
שׁוֹד, שֹׁד, ז׳ — violence; ruin; robbery, plunder
שׁוֹדֵד, ז׳, ר׳, ־דְדִים — robber
שָׁוָה, פ״ע — to be equivalent to, resemble; to be worthwhile
הִשְׁוָה, פ״י — to compare; to smooth, level
שָׁוֶה, ת״ז, שָׁוָה, ת״נ — equal; worth
שָׁוֵה, ז׳ — plain
שִׁוּוּי, ז׳, ר׳, ־יִים — equality
שִׁוּוּי־זְכֻיּוֹת — equal rights
שִׁוּוּי־מִשְׁקָל — equilibrium
שׁוֹהַם, שֹׁהַם, ז׳, ר׳, שְׁהָמִים — onyx
[שוח] שָׁח, פ״ע — to sink, bow down
[שוח] שָׂח, פ״ע — to stroll, take a walk
שׁוֹחַד, שֹׁחַד, ז׳ — bribe
שׁוּחָה, נ׳, ר׳, ־חוֹת — pit

שׁוֹחֵט, ז׳, ר׳, שׁוֹחֲטִים ritual slaughterer
שׂוֹחֵק, ת״ז, ־חֶקֶת, ת״נ happy, radiant, joyful
שׁוֹחֵר, ז׳, ר׳, ־חֲרִים loyal friend; seeker
שׁוֹט, ז׳, ר׳, ־טִים whip
[שוט] שָׁט, פ״ע to swerve, turn aside
[שוט] שָׁט, פ״ע to go about, roam, hike; to float; to row
שׁוֹטֶה, ז׳, ר׳, ־טִים idiot, fool, madman
שׁוֹטֶה, ת״ז, ־טָה, ת״נ mad, crazy
כַּדּוּר שׁוֹטֶה stray bullet
כֶּלֶב שׁוֹטֶה hydrophobic (mad) dog
שׁוֹטֵט, ז׳, ר׳, ־טְטִים scourge; hiker
שׁוֹטְטוּת, נ׳ hiking
שׁוֹטֵף, ת״ז, ־טֶפֶת, ת״נ bursting forth, flooding
שׁוֹטֵר, ז׳, ר׳, ־רִים policeman
שׁוֹטֵר חֶרֶשׁ detective
שָׁוִי, שְׁוִי, ז׳ equivalent; price, worth
שִׁוְיוֹן, ז׳, ר׳, ־נוֹת equality
שִׁוְיוֹן־נֶפֶשׁ apathy
[שוך] שָׂךְ, פ״י to hedge about, fence up
שׂוֹךְ, ז׳, ר׳, ־כִים; שׂוֹכָה, נ׳, ר׳, ־כוֹת branch
שׁוּלְחָן, שֻׁלְחָן, ז׳, ר׳, ־נוֹת table
שׁוּלְיָה, ז׳, ר׳, ־יוֹת apprentice
שׁוּלַיִם, ז״ז rim, margin; hem
שׁוֹלָל, ת״ז stripped, naked; barefoot
שׁוּם, ז׳, ר׳, ־מִים garlic; name, title; valuation, estimate
שׁוּם דָּבָר nothing, anything
בְּשׁוּם אֹפֶן not at all
[שום] שָׂם, פ״י to value, estimate

שׁוּמָה, נ׳, ר׳, ־מוֹת assessment, estimate; birthmark, wart, mole
שׁוֹמֵם, פעו״, ע׳ [שמם] to terrify, cause horror; to be terrified
שׁוֹמֵם, ת״ז, ־מָה, ת״נ desolate, alone
שׁוֹמְמָה, נ׳, ר׳, ־מוֹת desolate place
שׁוּמָן, שֻׁמָּן, ז׳, ר׳, ־נִים fat
שׁוֹמֵר, ז׳, ר׳, ־רִים watchman
שׁוֹמֵרָה, נ׳, ר׳, ־רוֹת watchman's hut
שׁוֹמְרוֹנִי, ת״ז, ־נִית, ת״נ Samaritan
שׂוֹנֵא, ז׳, ר׳, ־נְאִים foe, enemy
שׁוֹנֶה, ת״ז, ־נָה, ת״נ different
שׁוּנִית, נ׳, ר׳, ־יוֹת cliff
שׁוֹעַ, ז׳, ר׳, ־עִים nobleman; wealthy person
שֶׁוַע, ז׳, שַׁוְעָה, נ׳, ר׳, שְׁוָעוֹת hue and cry
שִׁוַּע, פ״ע to cry for help
שׁוּעָל, ז׳, ר׳, ־לִים fox
שׁוֹעֵר, ז׳, ר׳, ־עֲרִים gatekeeper; goalie
[שוף] שָׁף, פ״י to bruise; to crush, grind (grain); to rub, polish
שׁוֹפֵט, ז׳, ר׳, ־פְטִים judge; referee
שׁוּפִי, שְׁפִי, ז׳ ease
שׁוֹפִין, ז׳, ר׳, ־נִים file
שׁוֹפְכִים, שׁוֹפְכִין, ז״ר waste water
שׁוֹפָר, ז׳, ר׳, ־רוֹת, ־רִים shophar, ram's horn
שׁוּפְרָא, שֻׁפְרָא, ז׳ beauty; goodliness
שׁוֹק, נ׳, ר׳, ־קַיִם leg, foreleg; leg (of triangle)
שׁוּק, ז׳, ר׳, שְׁוָקִים market
[שוק] שׁוֹקֵק, פ״י to water; to make abundant
הִשְׁתּוֹקֵק, פ״ח to long for, desire
שִׁוֵּק, פ״י to market
שׁוֹקֵק, ת״ז, ־קָה, ת״נ longing (for water), thirsty

שׁוֹקֵק, פ״י, ע׳ [שוק] to water; to make abundant
שׁוֹקֶת, שֹׁקֶת, נ׳, ר׳, שְׁקָתוֹת watering trough
שׁוֹר, ז׳, ר׳, שְׁוָרִים ox, bullock
שׁוּר, ז׳, ר׳, ־רִים wall; enemy
[שור] שָׁר, פ״ע to behold, see, observe
[שור] שָׂר, פ״ע to turn aside; to depart; to wrestle; to tumble
שַׁוָּר, ז׳, ר׳, ־רִים acrobat, tumbler
שׁוּרָה, נ׳, ר׳, ־רוֹת line, row
שׂוֹרֵק, ז׳, ר׳, ־רְקִים, שׂוֹרֵקָה, נ׳, ר׳, ־רְקוֹת choice vine
שׁוּרֻק, ז׳, ר׳, ־קִים shooruk, name of Hebrew vowel ("וּ")
שׁוֹרֵר, פ״י, ע׳ [שיר] to sing, chant; to poetize
שׁוֹרֵר, ז׳, ר׳, ־רְרִים enemy, adversary
שׁוֹרֶשׁ, שֹׁרֶשׁ, ז׳, ר׳, שָׁרָשִׁים root
שׁוּשׁ, ז׳, ר׳, ־שִׁים licorice
[שוש] שָׂשׂ, פ״ע to be happy, rejoice
שׁוֹשְׁבִין, ז׳, ־נָה, נ׳ ר׳, ־נִים, ־נוֹת best man; bridesmaid
שׁוֹשֶׁלֶת, נ׳, ר׳, ־שָׁלוֹת chain; dynasty
שׁוֹשָׁן, שׁוּשַׁן, ז׳, ר׳, ־נִּים lily; rose
שׁוֹשַׁנָּה, נ׳, ר׳, ־נּוֹת, ־נִים lily; rose; head of nail; erysipelas; roseola
שׁוֹשֶׁנֶת, נ׳, ר׳, ־שָׁנוֹת rosette
שׁוּתָּף, שֻׁתָּף, ז׳, ר׳, ־פִים associate, partner
שׁוּתָּפוּת, שֻׁתָּפוּת, נ׳, ר׳, ־פֻיּוֹת partnership, association
שָׁזוּף, ת״ז, שְׁזוּפָה, ת״נ sunburned
שִׁזּוּף, ז׳ sunburn, sun tan
שָׁזִיף, ז׳, ר׳, שְׁזִיפִים plum; prune
שְׁזִיפָה, נ׳, ר׳, ־פוֹת sun tanning
שְׁזִירָה, נ׳, ר׳, ־רוֹת interweaving

שָׁזַף, פ״י to behold; to burn, sunburn
שָׁזַר, פ״י to twist; to interweave
שִׁזְרָה, נ׳, ר׳, שְׁזָרוֹת spine, backbone
שַׁח, ת״ז, שָׁחָה, ת״נ bowed, bent down
שָׁח, פ״ע, ע׳ [שוח] to sink, bow down
שֵׂחַ, ז׳ conversation; thought
שָׁח, פ״ע, ע׳ [שוח] to stroll, take a walk
שָׂח, פ״ע, ע׳ [שיח] to talk, relate
שָׂח־רָחוֹק, ז׳ telephone
שִׁחֵד, פ״י to bribe
שֹׁחַד, שׁוֹחַד, ז׳ bribe
שָׁחָה, פ״ע to bow down
הִשְׁתַּחֲוָה, פ״ח to prostrate oneself
שָׂחָה, פ״ע to swim
שָׂחוּ, ז׳ deep waters; swimming
שָׁחוּז, ת״ז, שְׁחוּזָה, ת״נ sharpened
שְׁחוֹחַ, תה״פ bent down
שָׁחוּחַ, ת״ז, שְׁחוּחָה, ת״נ bent down, bent over
שָׁחוּט, ת״ז, שְׁחוּטָה slaughtered; sharpened; hammered, beaten
שָׁחוּם, שָׁחֹם, ת״ז, שְׁחֻמָּה, ת״נ dark brown
שָׁחוּן, ת״ז, שְׁחוּנָה, ת״נ hot, dry
שָׁחוּף, ת״ז, שְׁחוּפָה, ת״נ tubercular
שָׁחוּק, ת״ז, שְׁחוּקָה ת״נ crushed, pulverized; ragged, worn out (clothes)
שְׂחוֹק, ז׳ laughter; jest; derision
שְׁחוֹר, ז׳ blackness
שָׁחוֹר, ת״ז, שְׁחוֹרָה, ת״נ black
שְׁחוּת, נ׳, ר׳, ־תוֹת pit
[שחז] הִשְׁחִיז, פ״י to sharpen
שִׁחְזֵר, פ״י to charge (battery); to restore
שָׁחַח, פ״ע to stoop, bend; to be bowed down, humbled

שָׁחַט, פ״י to slaughter

שֶׁחִי, שֶׁחִי, ז׳, בֵּית הַשֶּׁחִי, ר׳, שְׁחָיִים armpit

שְׂחִיָּה, נ׳, ר׳, ־יּוֹת swimming

שְׁחִיטָה, נ׳, ר׳, ־טוֹת slaughtering

שְׁחִין, ז׳, ר׳, ־נִים boil, sore

שַׂחְיָן, ז׳, ר׳, ־נִים swimmer

שָׁחִיס, ז׳, ר׳, ־סִים natural after-growth from fallen seeds

שָׁחִיף, ז׳, ר׳, שְׁחִיפִים thin branch, twig; toothpick

שְׁחִיקָה, נ׳, ר׳, ־קוֹת pounding

שְׁחִית, נ׳, ר׳, ־תוֹת ditch, pit

שַׁחַל, ז׳, ר׳, שְׁחָלִים lion

[שחל] הִשְׁחִיל, פ״י to thread needle

שַׁחְלָב, סַחְלָב, ז׳, ר׳, ־בִים orchid

שַׁחֲלָה, נ׳, ר׳, שְׁחָלוֹת ovary; clip, magazine (gun)

שַׁחַם, ז׳ granite

שָׁחֹם, שָׁחוֹם, ת״ז, שְׁחֻמָּה, ת״נ dark brown

[שחם] הִשְׁחִים, פ״י to paint brown, make brown

שַׁחְמָט, ז׳, ר׳, ־טִים chess

שַׁחְמְטַאי, ז׳, ר׳, ־טָאִים chess player

שַׁחַף, ז׳, ר׳, שְׁחָפִים seagull

[שחף] נִשְׁחַף, פ״ע to become tubercular; to become weak

שַׁחֲפָן, ז׳, ר׳, ־נִים tubercular person

שַׁחֶפֶת, נ׳ tuberculosis

שַׁחַץ, ז׳ pride, arrogance; disgrace

[שחץ] הִשְׁתַּחֵץ, פ״ע to be proud, arrogant

שַׁחְצָן, ת״ז, ־נִית, ת״נ proud, conceited

שַׁחְצָנוּת, שַׁחֲצוּת, נ׳ vanity, pride

שָׁחַק, פ״ע to rub away; to grind; to beat fine

שַׁחַק, ז׳, ר׳, שְׁחָקִים fine dust; cloud; heaven

שָׂחַק, פ״ע to laugh; to sport, play

שַׂחֲקָן, ז׳, ר׳, ־נִים actor, player

שָׁחַר, פעו״י to search for; to seek; to rise early; to become black

שָׁחֹר, שָׁחוֹר, ת״ז, שְׁחֹרָה, ת״נ black, dark

שַׁחַר, ז׳, ר׳, שְׁחָרִים early morning, dawn; light

שִׁחְרוּר, ז׳, ר׳, ־רִים liberation; independence

שַׁחֲרוּר, ז׳, ר׳, שַׁחְרוּרִים blackbird

שַׁחֲרוּת, נ׳ prime of life; youth

שְׁחַרְחֹר, ת״ז, ־חֹרֶת, ת״נ sunburned, tanned; brunette

שַׁחֲרִית, נ׳, ר׳, ־רִיּוֹת early morning; morning prayer

פַּת־שַׁחֲרִית breakfast

שִׁחְרֵר, פ״י to set free, emancipate

שִׁחֵת, פ״י to ruin; to do harm, pervert, corrupt; to destroy

שַׁחַת, נ׳, ר׳, שְׁחָתוֹת pit, grave; corn grass, green fodder

שָׂט, פ״ע, ע׳ [שוט] to swerve, turn aside

שָׁט, פ״ע, ע׳ [שוט] to go about, roam, hike; to float; to row

שֵׂט, ז׳, ר׳, ־טִים rebel

[שטה] הִשְׁתַּטָּה, פ״ח to become mad

שָׂטָה, פ״ע to turn aside; to be unfaithful

שִׁטָּה, ז׳, ר׳, ־טִים acacia tree, acacia wood

שִׁטָּה, שִׁיטָה, נ׳, ר׳, ־טוֹת row, line; theory, system

שָׁטוּחַ, ת״ז, שְׁטוּחָה, ת״נ flat; stretched out; shallow

שָׁטוּף, ת״ז, שְׁטוּפָה, ת״נ carried away; dissolute; washed
שְׁטוּת, נ׳, ר׳, שְׁטֻיּוֹת madness; foolishness, silliness, nonsense
שְׁטוּתִי, ת״ז, ־תִית, ת״נ foolish, stupid
שָׁטַח, פ״י to spread, stretch out
שֶׁטַח, ז׳, ר׳, שְׁטָחִים extent, surface, area
שִׁטְחִי, ת״ז, ־חִית, ת״נ superficial
שִׁטְחִיּוּת, נ׳ superficiality
שַׁטְיָה, נ׳, ר׳, ־יוֹת foolish woman, silly woman
שָׁטִיחַ, ז׳, ר׳, שְׁטִיחִים rug, carpet
שְׁטִיפָה, נ׳, ר׳, ־פוֹת flooding; mopping; rinsing
שָׂטַם, פ״י to hate, bear a grudge
שָׂטָן, ז׳, ר׳, שְׂטָנִים adversary; accuser; Satan
שָׂטַן, פ״י to act as an adversary; to accuse; to persecute
שִׂטְנָה, נ׳ accusation
שָׁטַף, פ״י to rinse, wash off; to overflow, flood, flow, run; to burst forth
שֶׁטֶף, ז׳ stream; washing, rinsing; speed; fluency
שִׁטָּפוֹן, ז׳, ר׳, ־נוֹת flood, deluge, inundation
שְׁטָר, ז׳ ,ר׳, ־רוֹת writ, document, deed; bond, bill
שַׁי, ז׳, ר׳, שַׁיִּים gift, tribute, present
שִׂיא, ז׳, ר׳, ־אִים loftiness; summit; climax
[שיב] שָׁב, פ״ע to grow old, turn gray
שֵׂיב, ז׳ old age
שִׁיבָה, נ׳, ר׳, ־בוֹת returning, restoration
שֵׂיבָה, נ׳, ר׳, ־בוֹת gray hair, old age

שִׂיג, ז׳ dealing, business
שִׂיד, ז׳, ר׳, ־דִים lime, whitewash
[שיד] שָׂד, פ״י to whitewash
שִׁיּוּר, ז׳, ר׳, ־רִים remainder, rest
[שיח] שָׂח, פ״ע to talk, relate
שִׂיחַ, ז׳, ר׳, ־חִים bush, shrub; musing; anxiety; talk
דּוּ־שִׂיחַ dialogue
שִׂיחָה, נ׳, ר׳, ־חוֹת conversation, talk, discussion
שִׁיחָה, נ׳, ר׳, ־חוֹת pit
שִׂיחוֹן, ז׳, ר׳, ־נִים conversational guidebook
שַׁיָּט, ז׳, ר׳, ־טִים boatsman, rower
שַׁיִט, ז׳ boating, rowing
שִׁיטָה, שִׁטָּה, נ׳, ר׳, ־טוֹת row, line; system, theory
שַׁיֶּטֶת, נ׳, ר׳, שַׁיָּטוֹת fleet (ships)
שִׁיטָתִי, ת״ז, ־תִית, ת״נ systematic
שִׁיֵּךְ, פ״י to relate to, associate with
הִשְׁתַּיֵּךְ, פ״ח to belong to; to be related to
שַׁיָּךְ, ת״ז, שַׁיֶּכֶת, ת״נ belonging to, appertaining to
שֵׁיךְ, ז׳, ר׳, ־כִים Sheik, Arab chief
שַׁיָּכוּת, נ׳ relation; belonging, connection; nearness; pertinence
[שים] שָׂם to put, lay, set; to appoint; to establish; to make, form, fashion
שָׂם לְאַל to annul, make void
שָׂם לֵב to pay attention
שָׂם עַיִן to supervise
שָׂם קֵץ to end, stop
שִׂימָה, נ׳, ר׳, ־מוֹת placing, resting, laying; making, appointing
שִׁין, שִׂין, נ׳, ר׳, ־נִין Shin, Sin, name of twenty-first letter of the Hebrew alphabet

שִׁיפָה, נ׳, ר׳, ־פוֹת inner bark
שִׁיפוֹן, שִׁפּוֹן, ז׳ rye
[שיר] שָׁר, שׁוֹרֵר, פעו״י to sing, chant; to poetize
שִׁיר, ז׳, ר׳, ־רִים song; singing; chant; poem
שִׁיר־זָהָב sonnet
שִׁיר־לֶכֶת march
שִׁיר־עֶרֶשׂ lullaby
שִׁיֵּר, פ״י to leave over, reserve
הִשְׁתַּיֵּר, פ״ע to be left over
(שְׁיָר), שְׁיָרִים, ז״ר remainder, remains, leftovers
שִׁירָה, נ׳, ר׳, ־רוֹת poem, song; poetry
שִׁירַת־הַבַּרְבּוּר swan song
שְׁיָרָה, נ׳, ר׳, ־רוֹת caravan
שִׁירוֹן, ז׳ songbook
שִׁירִי, ת״ז, ־רִית, ת״נ poetic
שַׁיִשׁ, ז׳ marble; alabaster
[שיש] שָׂשׂ, פ״ע to be happy, to exult, rejoice
[שית] שָׁת, פ״י to put, place, set, station; to constitute, make
שִׁית, ז׳ garment; veil; foundation
שַׁיִת, ז׳ thorny bush
שָׂךְ, פ״י, ע׳ [שוך] to hedge about, fence up
שֵׂךְ, ז׳, ר׳, שִׂכִּים thorn
שֹׂךְ, ז׳, ר׳, שְׂכִּים booth; pavilion
שָׁכַב, פ״ע to lie, lie down; to sleep
שָׁכַב עִם אֲבוֹתָיו to die
שֶׁכֶב, ז׳, ר׳, שְׁכָבִים lower millstone
שְׁכָבָה, שִׁכְבָה, נ׳, ר׳, ־בוֹת layer; social class; stratum
שִׁכְבַת־זֶרַע semen
שְׁכֹבֶת, נ׳ copulation
שֻׂכָּה, נ׳, ר׳, ־כּוֹת barb, thorn; spear

שָׁכוּחַ, ת״ז, שְׁכוּחָה, ת״נ forgotten
שֶׂכְוִי, ז׳, ר׳, ־וִים cock, rooster
שְׁכוֹל, שְׁכֹל, שִׁכּוּל, ז׳ bereavement; loss of children
שַׁכּוּל, ת״ז, ־לָה, ת״נ, שָׁכוּל, ת״ז, שְׁכוּלָה, ת״נ bereaved of children, childless
שִׂכּוּל, ז׳ reversing; crossing (legs), folding (arms)
שִׁכּוּן, ז׳, ר׳, ־נִים housing; housing development
שָׁכוּן, ת״ז, שְׁכוּנָה, ת״נ dwelling, living
שְׁכוּנָה, נ׳, ר׳, ־נוֹת settlement, colony, neighborhood, quarter (of town)
שָׁכוּר, ת״ז, שְׁכוּרָה, ת״נ intoxicated, drunk
שִׁכּוֹר, ז׳, ר׳, ־רִים drunkard
שָׂכוּר, ת״ז, שְׂכוּרָה, ת״נ hired
שָׁכַח, פ״י to forget
הִשְׁתַּכַּח, פ״ח to be forgotten
שָׁכֵחַ, ת״ז, שְׁכֵחָה, ת״נ forgetful, forgetting
שִׁכְחָה, נ׳ forgetfulness; forgotten sheaf
שִׁכָּחוֹן, ז׳ amnesia
שַׁכְחָן, ז׳, ר׳, ־נִים forgetful person
שְׁכִיבָה, נ׳, ר׳, ־בוֹת lying down
שְׂכִיָּה, נ׳ imagery
שָׁכִיחַ, ת״ז, שְׁכִיחָה, ת״נ frequent
שְׁכִיחוּת, נ׳, ר׳, ־חֻיּוֹת frequency
שַׂכִּין, זו״נ, ר׳, ־נִים knife
שְׁכִינָה, נ׳ Divine Presence
שָׂכִיר, ז׳, ר׳, שְׂכִירִים hired laborer
שְׂכִירָה, נ׳, ר׳, ־רוֹת hiring
שְׂכִירוּת, נ׳ wages, salary; rent
שָׁכַךְ, פ״ע to abate, become calm
שָׂכַל, פ״ע to be successful; to be wise
שִׂכֵּל, פ״י to lay crosswise

הִשְׂכִּיל, פעו״י	to be wise, acquire sense; to succeed; to cause to understand; to cause to prosper
שֵׂכֶל, שֶׂכֶל, ז׳, ר׳, שְׂכָלִים	prudence, good sense; understanding
שָׁכֹל, שָׁכַל, פ״י	to be bereaved of
שְׁכֹל, שְׁכוֹל, שִׁכּוּל, ז׳	bereavement; loss of children
שִׁכְלוּל, ז׳, ר׳, ־לִים	completion, perfection
שִׂכְלוּת, נ׳, ר׳, ־לֻיוֹת	folly, foolishness
שִׂכְלִי, ת״ז, ־לִית, ת״נ	intellectual, intelligent
שִׁכְלֵל, פ״י	to complete, perfect; to equip; to decorate
שִׂכְלְתָן, ז׳, ר׳, ־נִים	rationalist
שִׂכְלְתָנוּת, נ׳	rationalism
[שכם] הִשְׁכִּים, פ״ע	to rise early, start early
שֶׁכֶם, שְׁכֶם, ז׳, ר׳, שְׁכָמִים	shoulder; back
שִׁכְמִיָּה, נ׳, ר׳, ־מִיּוֹת	cape, wrap
שָׁכַן, פ״ע	to abide, dwell; to settle down
שֶׁכֶן, ז׳, ר׳, שְׁכָנִים	dwelling
שָׁכֵן, ז׳, ר׳, שְׁכֵנִים, שְׁכֵנָה, נ׳, ר׳, ־נוֹת	neighbor; tenant
שִׁכְנוּעַ, ז׳, ר׳, ־עִים	conviction
שְׁכֵנוּת, נ׳	neighborliness
שִׁכְנַע, פ״י	to convince
שָׁכַר, פ״ע	to be drunk
הִשְׁתַּכֵּר, פ״ח	to become intoxicated
שָׂכַר, פ״י	to hire
נִשְׂכַּר, פ״ע	to be hired; to profit
הִשְׂכִּיר, פ״י	to hire out, rent
הִשְׂתַּכֵּר, פ״ח	to earn wages; to make profit
שֵׁכָר, ז׳	intoxicating drink; beer
שָׂכָר, ז׳	hire; reward; profit
שִׁכָּרוֹן, ז׳, שִׁכְרוּת, נ׳	intoxication, drunkenness
שִׁכְשׁוּךְ, ז׳	shaking, moving about; dabbling
שִׁכְשֵׁךְ, פ״י	to move about; to dabble
שֶׁל, מ״י	of, belonging to; made out of; designated for
שַׁל, ז׳	error; offense
שַׁלְאֲנָן, ת״ז, ־נַנָּה, ת״נ	at ease, secure
שִׁלֵּב, פ״י	to join; to insert, fit together
שָׁלָב, ז׳, ר׳, שְׁלַבִּים	joining, joint; rundle, rung of a ladder
[שלג] הִשְׁלִיג, פ״י	to snow; to cover with snow
שֶׁלֶג, ז׳, ר׳, שְׁלָגִים	snow
שִׁלְגּוֹן, ז׳, ר׳, ־נִים	snowfall, avalanche
שַׁלְגִּיָּה, נ׳, ר׳, ־יּוֹת	snowdrop (flower)
שַׁלְגִּית, נ׳, ר׳, ־גִּיּוֹת	sleigh, toboggan
שֶׁלֶד, זו״נ, ר׳, שְׁלָדִים, שְׁלָדוֹת	skeleton; core
שַׁלְדָּג, ז׳, ר׳, ־גִים	pelican
שָׁלָה, פ״ע	to be at ease; to draw out, pull out
נִשְׁלָה, פ״ע	to be at ease; to be drawn out (of water)
הִשְׁלָה, פ״י	to mislead
שִׁלְהֵב, פ״י	to inflame, kindle; to enthuse
שַׁלְהָבִית, נ׳, ר׳, ־יּוֹת	timothy grass
שַׁלְהֶבֶת, נ׳, ר׳, ־הָבוֹת	flame
שַׁלְהֶבֶתְיָה, נ׳	terrific flame
שֶׁלֶו, ז׳	ease; peace, quiet
שָׁלַו, פ״ע	to be at ease
שָׁלֵו, ת״ז, שְׁלֵוָה, ת״נ	at ease; quiet, peaceful

שְׂלָו, ז׳, ר׳, שַׂלְוִים — quail

שָׁלוּב, ת״ז, שְׁלוּבָה, ת״נ — joined; inserted

שַׁלְוָה, נ׳ — ease; peace, quiet

שָׁלוּחַ, ת״ז, שְׁלוּחָה, ת״נ — sent; extended

שָׁלוּחַ, ז׳, ר׳, שְׁלוּחִים — messenger; delegate

שִׁלּוּחַ, ז׳, ר׳, ־חִים — sending; dismissal

שְׁלוּחָה, נ׳, ר׳, ־חוֹת — shoot, branch

שִׁלּוּחִים, ז״ר — dowry

שְׁלוּלִית, נ׳, ר׳, ־יּוֹת — pool, pond

שָׁלוֹם, ז׳, ר׳, שְׁלוֹמִים, ־מוֹת — peace, tranquillity; welfare; greeting, hello, good-by

שָׁלוּם, ת״ז, שְׁלוּמָה, ת״נ — complete, finished

שִׁלּוּם, ז׳, שִׁלּוּמָה, נ׳, ר׳, ־מִים, ־מוֹת — retribution, reparation; reward; bribe

שָׁלוּף, ת״ז, שְׁלוּפָה, ת״נ — taken out, drawn

שָׁלוּק, ת״ז, שְׁלוּקָה, ת״נ — boiled

שִׁלּוּשׁ, ז׳ — triangularity; Trinity

שָׁלוֹשׁ, שָׁלֹשׁ, ש״מ, נ׳ — three

שְׁלוֹשָׁה, שְׁלֹשָׁה, ש״מ, ז׳ — three

שְׁלוֹשִׁים, שְׁלֹשִׁים, ש״מ, זו״נ — thirty

שָׁלַח, פ״י — to send; to extend

שִׁלַּח, פ״י — to send away, send forth, send off; to set free; to extend

הִשְׁלִיחַ, פ״י — to send (plague, famine)

שֶׁלַח, ז׳, ר׳, שְׁלָחִים — weapon (sword, bayonet), untanned skin, hide; shoot

שְׂדֵה־שְׁלָחִין — irrigated field

שַׁלְחוּפִית, שַׁלְפּוּחִית נ׳, ר׳, ־יּוֹת — balloon; womb; bladder

שֻׁלְחָן, שׁוּלְחָן, ז׳, ר׳, ־נוֹת — table

שֻׁלְחָנוּת, נ׳ — money changing; banking

שֻׁלְחָנִי, ז׳, ר׳, ־נִים — money-changer; banker

שָׁלַט, פ״ע — to rule, domineer; to have power

הִשְׁלִיט, פ״י — to cause to rule; to cause to have power; to put into effect

הִשְׁתַּלֵּט, פ״ח — to have control over, rule, be master of

שֶׁלֶט, ז׳, ר׳, שְׁלָטִים — shield; arms; sign

שִׁלְטוֹן, ז׳, ר׳, ־נוֹת — rule, authority; power; government

שַׁלֶּטֶת, נ׳, ר׳, שַׁלִּיטוֹת — domineering woman

שְׁלִי, שֶׁלִי, ז׳ — quietness, unconcern

שְׁלִיבָה, נ׳, ר׳, ־בוֹת — bow, knot; rung, rundle

שִׁלְיָה, נ׳, ר׳, שְׁלָיוֹת — afterbirth, placenta

שָׁלִיחַ, ז׳, ר׳, שְׁלִיחִים — messenger; envoy; deputy

שְׁלִיחוּת, נ׳, ר׳, ־חֻיּוֹת — mission, errand

שַׁלִּיט, ז׳, ר׳, ־טִים — ruler

שְׁלִיטָה, נ׳, ר׳, ־טוֹת — dominion, power, control

שָׁלִיל, שְׁלִיל, ז׳, ר׳, ־לִים — embryo

שְׁלִילָה, נ׳, ר׳, ־לוֹת — negation

שְׁלִילִי, ת״ז, ־לִית, ת״נ — negative

שְׁלִילִיּוּת, נ׳ — negativity, negativeness

שָׁלִיף, ז׳, ר׳, שְׁלִיפִים — knapsack; feedbag; saddle

שְׁלִיפָה, נ׳ — slipping off; taking off

שְׁלִיקָה, נ׳, ר׳, ־קוֹת — boiling, scalding

שָׁלִישׁ, ז׳, ר׳, ־שִׁים — officer; adjutant; third of measure; triangle (musical instrument); depositary; third party

third part, one-third שְׁלִישׁ, ז׳, ר׳, ־שִׁים

third שְׁלִישִׁי, ת״ז, ־שִׁית, ־שִׁיָּה, ת״נ

third person (*gram.*) גּוּף שְׁלִישִׁי

set of three, triplets; Trinity; trio שְׁלִישִׁיָּה, נ׳, ר׳, ־שִׁיּוֹת

one third, third part שְׁלִישִׁית, נ׳, ר׳, ־שִׁיּוֹת

to throw, cast; to cast down; to cast away [שלך] הִשְׁלִיךְ, פ״י

cormorant שָׁלָךְ, ז׳, ר׳, שְׁלָכִים

Indian summer; fallen leaves שַׁלֶּכֶת, נ׳

to negate; to take away, remove; to plunder; to baste שָׁלַל, פ״י

to run wild; to act senselessly הִשְׁתּוֹלֵל, פ״ח

loose stitch, baste שְׁלָל, ז׳

spoil, booty; gain שָׁלָל, ז׳

diversity of colors, variegation שְׁלַל צְבָעִים

whole, full; complete, sound, safe; healthy שָׁלֵם, ת״ז, שְׁלֵמָה, ת״נ

to be complete; finished; to be safe; to be at peace שָׁלַם, פ״ע

to finish, complete; to pay שִׁלֵּם, פ״י

to complete; to make peace הִשְׁלִים, פ״י

to be completed; to complete an education; to be profitable הִשְׁתַּלֵּם, פ״ח

peace offering שֶׁלֶם, ז׳, ר׳, שְׁלָמִים

recompense, retribution שִׁלֵּם, ז׳

paymaster שַׁלָּם, ז׳, ר׳, ־מִים

outer garment שַׂלְמָה, נ׳, ר׳, שְׂלָמוֹת

payment; bribe, payola שַׁלְמוֹן, ז׳, ר׳, ־נִים

completeness, perfection שְׁלֵמוּת, נ׳, ר׳, ־מֻיּוֹת

to draw out (sword); to draw off (shoe) שָׁלַף, פ״י

stubble field שֶׁלֶף, ז׳, ר׳, שְׁלָפִים

שַׁלְפּוּחִית, שַׁלְחוּפִית, נ׳, ר׳, ־חִיּוֹת balloon; womb; bladder

to boil, scald שָׁלַק, פ״י

to divide into three parts; to do a third time; to multiply by three שִׁלֵּשׁ, פ״י

to deposit with a third party הִשְׁלִישׁ, פ״י

one of third generation, great-grandchild שִׁלֵּשׁ, ז׳, ר׳, ־שִׁים

שְׁלֹשָׁה, שְׁלוֹשָׁה, ש״מ, ז׳, שָׁלֹשׁ,

three שָׁלוֹשׁ, נ׳

thirteen שְׁלֹשׁ עֶשְׂרֵה, ש״מ, נ׳

thirteen שְׁלֹשָׁה עָשָׂר, ש״מ, ז׳

snail; worm; lowering; diarrhea שִׁלְשׁוּל, ז׳, ר׳, ־לִים

the day before yesterday שִׁלְשׁוֹם, שִׁלְשֹׁם, תה״פ

trisetum (*bot.*) שִׁלָּשׁוֹן ,ז׳, ר׳, שִׁלְשׁוֹנִים

three year old; tripartite שְׁלָשִׁי, ת״ז, ־שִׁית, ת״נ

thirty שְׁלשִׁים, שְׁלוֹשִׁים, ש״מ, זו״נ

trio שְׁלָשִׁית, נ׳, ר׳, ־שִׁיּוֹת

to let down, lower; to loosen (bowels); to drop (letter in mailbox) שִׁלְשֵׁל, פ״י

to be let down, be lowered; to be evolved, developed הִשְׁתַּלְשֵׁל, פ״ח

שַׁלְשֶׁלֶת, נ׳, ר׳, ־שְׁלָאוֹת, ־שָׁלוֹת chain; chain of development

genealogy שַׁלְשֶׁלֶת־יֻחֲסִין

the day before yesterday שִׁלְשֹׁם, שִׁלְשׁוֹם, תה״פ

to value, estimate שָׁם, פ״י, ע׳ [שום]

שֵׁם, ז׳, ר׳, שֵׁמוֹת name, title; noun; fame, reputation; category
בְּשֵׁם in the name of
לְשֵׁם for the sake of
עַל שֵׁם because
יָד וָשֵׁם memorial
שֵׁם הַגּוּף pronoun
שֵׁם הַפֹּעַל infinitive
שֵׁם מִסְפָּר numeral
שֵׁם מְשֻׁתָּף homonym
שֵׁם נִרְדָּף synonym
שֵׁם עֶצֶם noun
שֵׁם תֹּאַר adjective
הַשֵּׁם God
שֵׁם הַמְפֹרָשׁ Tetragrammaton
שֵׁמוֹת torn, separated papers from Holy Writ
שְׁמוֹת (Book of) Exodus
שָׂם, פ״י, ע׳ [שים] to put, lay, set; to appoint; to establish; to make, form, fashion
שָׁם, שָׁמָּה, תה״פ there, thither
שֶׁמָּא, תה״פ if, lest; perhaps
שַׁמַּאי, ז׳, ר׳, שַׁמָּאִים valuer, assessor
[שמאל] הִשְׂמְאִיל, הִשְׂמִיל, פ״ע to go (turn) to the left; to use the left hand
שְׂמֹאל, ז׳ left, left hand; left wing
שְׂמָאלִי, ת״ז, ־לִית, ת״נ left, left-handed
[שמד] נִשְׁמַד, פ״ע to be destroyed
שִׁמֵּד, פ״י to force to convert
הִשְׁמִיד, פ״י to destroy, exterminate
הִשְׁתַּמֵּד, פ״ח to convert, apostatize
שְׁמָד, ז׳, ר׳, ־דוֹת religious persecution; apostacy
שַׁמָּה, נ׳, ר׳, שַׁמּוֹת waste, desolation, destruction
שָׁמָּה, שָׁם, תה״פ there, thither
שָׁמוּט, ת״ז, שְׁמוּטָה, ת״נ moved, slipped, dislocated
שִׁמּוּן, ז׳ lubrication
שְׁמוֹנָה, ש״מ, ז׳ שְׁמוֹנֶה, נ׳ eight
שְׁמוֹנָה עָשָׂר, ש״מ, ז׳ eighteen
שְׁמוֹנֶה עֶשְׂרֵה, ש״מ, נ׳ eighteen
שְׁמוֹנִים, ש״מ, זו״נ eighty
שְׁמוּעָה, נ׳, ר׳, ־עוֹת report, tidings, rumor; tradition
שָׁמוּר, ת״ז, שְׁמוּרָה, ת״נ watched, preserved, guarded
שִׁמּוּר, ז׳, ר׳, ־רִים watching, preserving
לֵיל־שִׁמּוּרִים sleepless night
שְׁמוּרָה, נ׳, ר׳, ־רוֹת eyelid; trigger guard
שִׁמּוּשׁ, ז׳, ר׳, ־שִׁים service; use, usage
בֵּית־שִׁמּוּשׁ toilet, w.c.
נְיַר־שִׁמּוּשׁ toilet paper
שִׁמּוּשִׁי, ת״ז, ־שִׁית, ת״נ practical, useful, applied
שָׂמַח, פ״ע to rejoice, be glad
שִׂמַּח, פ״י to gladden, cause to rejoice
שָׂמֵחַ, ת״ז, שְׂמֵחָה, ת״נ happy, glad
שִׂמְחָה, נ׳, ר׳, שְׂמָחוֹת joy, gladness; festive occasion
שָׁמַט, פעו״י to let drop, let fall; to leave
נִשְׁמַט, פ״ע to be dropped; to be detached; to be omitted
שִׁמֵּט, פ״י to release, remit
הִשְׁתַּמֵּט, פ״ח to evade, shun
שְׁמִטָּה, שְׁמִיטָה, נ׳, ר׳, ־טּוֹת, ־טִּין remitting; sabbatical year
שֵׁמִי, ת״ז, ־מִית, ת״נ nominal; Semitic
שֵׁמִיּוּת, נ׳ Semitism

שְׂמִיכָה, נ׳, ר׳, ־כוֹת blanket
שָׁמַיִם, ז״ר sky, heaven
שְׁמֵימִי, שְׁמַיְמִי, ת״ז, ־מִית, ת״נ ethereal, heavenly
שְׁמִינִי, ת״ז, ־נִית, ת״נ eighth
שְׁמִינִיָּה, נ׳, ר׳, ־נִיּוֹת octave, group of eight
שְׁמִינִית, נ׳, ר׳, ־נִיּוֹת one-eighth, eighth part
שְׁמִיעָה, נ׳, ר׳, ־עוֹת hearing, sense of hearing
שְׁמִיעָתִי, ת״ז, ־תִית, ת״נ aural
שָׁמִיר, ז׳, ר׳, שְׁמִירִים thistle; diamond, shamir; flint; emery
נְיָר־שָׁמִיר emery paper
שְׁמִירָה, נ׳, ר׳, ־רוֹת watching, guarding
שִׂמְלָה, נ׳, ר׳, שְׂמָלוֹת dress
שִׂמְלָנִית, נ׳, ר׳, ־נִיּוֹת skirt
שָׁמֵם, פ״ע to be desolate; to be appalled
נָשַׁם, פ״ע to be destroyed; to be appalled
שׁוֹמֵם, פעו״י to terrify, cause horror; to be terrified
הֵשֵׁם, הֵשִׁים, הִשְׁמִים, פ״י to ravage; to terrify
הִשְׁתּוֹמֵם, פ״ח to be astounded
שְׁמָמָה, שִׁמְמָה, נ׳, ר׳, ־מוֹת waste, desolation; horror
שִׁמָּמוֹן, ז׳ horror, appallment
שְׂמָמִית, נ׳, ר׳, ־מִיּוֹת lizard; spider
שָׁמַן, פ״ע to grow fat
שִׁמֵּן, פ״י to oil, grease
הִשְׁמִין, פ״י to fatten, grow fat
שָׁמֵן, ת״ז, שְׁמֵנָה, ת״נ fat, robust
שֶׁמֶן, ז׳, ר׳, שְׁמָנִים oil, olive oil; fat
שֶׁמֶן־אֲדָמָה petroleum
שֶׁמֶן־קִיק castor oil
שֹׁמֶן, ז׳ fatness
שֻׁמָּן, שׁוּמָן, ז׳, ר׳, ־נִים fat
שַׁמְנוּנִי, ת״ז, ־נִית, ת״נ containing a little fat
שַׁמְנוּנִית, נ׳ fat substance, fatness
שַׁמְנִי, ת״ז, ־נִית, ת״נ oily, fatty
שְׁמַנְמַן, ת״ז, ־מֶנֶת, ת״נ fattish
שַׁמֶּנֶת, נ׳ cream
שָׁמַע, פ״י to hear, understand; to obey
נִשְׁמַע, פ״ע to be heard, understood; to obey
שִׁמַּע, פ״י to announce; to assemble
הִשְׁמִיעַ, פ״י to proclaim; to summon
שֵׁמַע, שֹׁמַע, ז׳ hearing, report; fame; sound
שְׁמַע, ז׳ Shema, confession of God's unity
שֶׁמֶץ, ז׳ particle, little; derision
[שמץ] הִשְׁמִיץ, פ״י to revile, deride
שִׁמְצָה, נ׳ derision
שָׁמַר, פ״י to keep, guard, watch; to preserve; to observe; to wait for
נִשְׁמַר, פ״ע to be guarded; to be on one's guard
הִשְׁתַּמֵּר, פ״ח to be on one's guard; to be guarded
שֶׁמֶר, ז׳, ר׳, שְׁמָרִים yeast; dregs
שֻׁמָּר, ז׳, ר׳, ־רִים fennel
שְׁמַרְחֹם, ז׳, ר׳, ־חֻמִּים Thermos (trademark)
שַׁמְרָן, ז׳, ר׳, ־נִים conservative person
שַׁמְרָנוּת, נ׳ conservatism
שֶׁמֶשׁ, זו״נ, ר׳, שְׁמָשׁוֹת sun
בֵּין הַשְּׁמָשׁוֹת twilight
שִׁמֵּשׁ, פ״י to serve, minister, officiate; to function

to use, make use of הִשְׁתַּמֵּשׁ, פ"ח
attendant, sexton; שַׁמָּשׁ, ז', ר', ־שִׁים
foremost Hanukkah candle
windowpane שִׁמְשָׁה, נ', ר', שְׁמָשׁוֹת
שֻׁמְשׁוֹם, שֻׁמְשֹׁם, ז', ר', שֻׁמְשְׁמִין
sesame, sesame seed
sunflower, helianthus שִׁמְשׁוֹן, ז', ר', ־נִים
umbrella, parasol שִׁמְשִׁיָּה, נ', ר', ־שִׁיּוֹת
tooth; ivory שֵׁן, נ', ר', שִׁנַּיִם
cliff שֵׁן סֶלַע
artificial tooth שֵׁן תּוֹתֶבֶת
incisors שִׁנַּיִם חוֹתְכוֹת
molars שִׁנַּיִם טוֹחֲנוֹת
to hate שָׂנֵא, פ"י
transformer שַׁנַּאי, ז', ר', ־נָּאִים
hatred, hate שִׂנְאָה, נ'
angel שִׁנְאָן, ז', ר', ־נִים
year שָׁנָה, נ', ר', שָׁנִים
sleep שֵׁנָה, נ', ר', שֵׁנוֹת
to repeat; to teach; to study; to change, be different שָׁנָה, פיו"ע
to be repeated; to be taught נִשְׁנָה, פ"ע
to change שִׁנָּה, פ"י
to change oneself; to be changed, be different הִשְׁתַּנָּה, פ"ח
ivory שֶׁנְהָב, ז', ר', ־הַבִּים
elephantiasis שַׁנְהֶבֶת, נ'
hated שָׂנוּא, שָׂנוּי, ת"ז, שְׂנוּאָה, ת"נ
change שִׁנּוּי, ז', ר', ־יִּים
learned; repeated שָׁנוּי, ת"ז, שְׁנוּיָה, ת"נ
sharp, acute; keen שָׁנוּן, ת"ז, שְׁנוּנָה, ת"נ
repetition; continuous study; sharpening שִׁנּוּן, ז'
bluff, cliff שְׁנוּנִית, נ', ר', ־נִיּוֹת

scarlet, crimson שָׁנִי, ז'
second שֵׁנִי, ת"ז, שְׁנִיָּה, שֵׁנִית, ת"נ
two (in construct state) שְׁנֵי . . . .
a second שְׁנִיָּה, נ', ר', ־יּוֹת
dualism שְׁנִיּוּת, נ'
two שְׁנַיִם, ש"מ, ז'
twelve שְׁנֵים־עָשָׂר, ש"מ, ז'
sharp word, taunt שְׁנִינָה, נ', ר', ־נוֹת
sharpness, wit שְׁנִינוּת, נ'
scarlet fever שָׁנִית, נ'
second time, secondly שֵׁנִית, תה"פ
to sharpen שָׁנַן, פ"י
to sharpen; to teach diligently שִׁנֵּן, פ"י
to be pierced הִשְׁתּוֹנֵן, פ"ח
dental technician שַׁנָּן, ז', ר', ־נִים
to gird up שִׁנֵּס, פ"י
vanilla שֶׁנֶף, ז', ר', שְׁנָפִים
strap שֶׁנֶץ, ז', ר', שְׁנָצוֹת, ־צִים
to gird up, wrap tightly שָׁנַץ, פ"י
to strangle שָׁנַק, פ"י
to strangle oneself הִשְׁתַּנֵּק, פ"ח
notch, mark שֶׁנֶת, נ', ר', שְׁנָתוֹת
sleep שְׁנָת, נ'
yearbook, annual publication שְׁנָתוֹן, ז', ר', ־נִים, שְׁנָתוֹנִים
yearly, annual שְׁנָתִי, ת"ז, ־תִית, ת"נ
instigator שַׁסַּאי, ז', ר', שַׁסָּאִים
to spoil, plunder שָׁסָה, פ"י
to incite, set on שִׁסָּה, פ"י
plundered שָׁסוּי, ת"ז, שְׁסוּיָה, ת"נ
incitement, instigation שִׁסּוּי, ז', ר', ־יִים
split, cleft שָׁסוּעַ, ת"ז, שְׁסוּעָה, ת"נ
splitting, cleaving; interpellation שִׁסּוּעַ, ז'
harelip שְׁסִיעָה, נ', ר', ־עוֹת
to spoil, plunder שָׁסַס, פ"י

to be plundered נָשַׁס, פ״ע
to divide, cleave (the hoof) שָׁסַע, פ״י
to interpellate שִׁסַּע, פ״י
cleft שֶׁסַע, ז׳, ר׳, שְׁסָעִים
schizophrenia שַׁסַּעַת, נ׳
to hew in pieces שִׁסֵּף, פ״י
medlar; Erioblotrya שֶׁסֶק, ז׳, ר׳, שְׁסָקִים
valve שַׁסְתּוֹם, ז׳, ר׳, ־מִים
to subject; to enslave; to mortgage שִׁעְבֵּד, פ״י
to be enslaved הִשְׁתַּעְבֵּד, פ״ח
servitude, subjection; mortgage שִׁעְבּוּד, ז׳, ר׳, ־דִים
to gaze, regard; to turn שָׁעָה, פ״ע
to gaze about הִשְׁתָּעָה, פ״ח
hour; time שָׁעָה, נ׳, ר׳, שָׁעוֹת
moment שָׁעָה קַלָּה
wax שַׁעֲוָה, נ׳
cough שִׁעוּל, ז׳
clock, watch שָׁעוֹן, ז׳, ר׳, שְׁעוֹנִים
stencil שַׁעֲוָנִיָּה, נ׳, ר׳, ־נִיּוֹת
passionflower שְׁעוֹנִית, נ׳, ר׳, ־נִיּוֹת
kidney bean; string bean שְׁעוּעִית, נ׳, ר׳, ־עִים
lesson; measure, proportion; installment; estimate שִׁעוּר, ז׳, ר׳, ־רִים
barley; sty שְׂעוֹרָה, שְׂעֹרָה, נ׳, ר׳, ־רִים
to stamp; to trot שָׁעַט, פ״י
stamping (of hoofs); trot שְׁעָטָה, נ׳, ר׳, ־טוֹת
mixed fabric (wool and flax) שַׁעַטְנֵז, ז׳
hairy שָׂעִיר, ת״ז, שְׂעִירָה, ת״נ
he-goat; demon שָׂעִיר, ז׳, ר׳, שְׂעִירִים
she-goat שְׂעִירָה, נ׳, ר׳, ־רוֹת
light rain שְׂעִירִים, ז״ר
to cough [שעל] הִשְׁתַּעֵל, פ״ח
handful שֹׁעַל, ז׳, ר׳, שְׁעָלִים

step שַׁעַל, ז׳, ר׳, שְׁעָלִים
whooping cough שַׁעֶלֶת, נ׳
cork, cork tree שַׁעַם, ז׳
dullness; boredom; melancholy שִׁעֲמוּם, ז׳
to bore שִׁעֲמֵם, פ״י
to become bored; to become melancholic הִשְׁתַּעֲמֵם, פ״ח
linoleum שַׁעֲמָנִית, נ׳, ר׳, ־נִיּוֹת
to support שָׁעַן, פ״י
to lean; to be close to; to rely upon נִשְׁעַן, פ״ע
watchmaker שָׁעָן, ז׳, ר׳, שָׁעָנִים
to shut, blind (eyes); to look away, ignore [שעע] הֵשַׁע, פ״י
thought שָׂעִף, ז׳, ר׳, שְׂעִפִּים
gate; market; price, value; measure; title page שַׁעַר, ז׳, ר׳, שְׁעָרִים
to calculate, measure, reckon, estimate; to suppose, imagine שִׁעֵר, פ״י
unedible, rotten שֹׁעָר, ת״ז, שֹׁעֶרֶת, ת״נ
to storm; to sweep away; to shudder שָׂעַר, פעו״י
to take by storm, attack violently הִשְׂתָּעֵר, פ״ח
storm, tempest שַׂעַר, ז׳
hair שֵׂעָר, ז׳
single hair, hair שַׂעֲרָה, נ׳, ר׳, שְׂעָרוֹת
barley; sty שְׂעֹרָה, שְׂעוֹרָה, נ׳, ר׳, ־רִים
scandal, outrage שַׁעֲרוּרָה, שַׁעֲרוּרִיָּה, נ׳, ר׳, ־רִיּוֹת
scandalmonger שַׁעֲרוּרָן, ז׳, ר׳, ־נִים
to cause a scandal שִׁעֲרֵר, פ״י
delight, pleasure; toy שַׁעֲשׁוּעַ, ז׳, ר׳, ־עִים
to delight, give pleasure; to have pleasure שִׁעֲשַׁע, פעו״י

הִשְׁתַּעֲשַׁע, פ"ע to play, take delight, enjoy pleasure

שָׁף, פ"י, ע' [שוף] to bruise; crush, grind (grain); rub, polish, plaster

שִׁפֵּד, פ"י to put on spit, skewer

שָׁפָה, פ"י to incline, tilt; to be at ease

שִׁפָּה, פ"י to rub, smooth, plane

נִשְׁתַּפָּה, פ"ח to become sane, conscious

שָׂפָה, נ', ר', שְׂפָתַיִם, שָׂפוֹת, שְׂפָתוֹת lip; language; rim, edge; shore

שַׁפּוּד, שְׁפוּד, ז', ר', ־דִים spit, skewer

שִׁפּוּט, ז', ר', ־טִים judging; power of judgment

שָׁפוּי, ת"ז, שְׁפוּיָה, ת"נ clear, sane, quiet

שָׁפוּךְ, ת"ז, שְׁפוּכָה, ת"נ poured

שְׁפוּלִים, ז"ר lower parts; bottom

שָׁפוּן, ת"ז, שְׁפוּנָה, ת"נ; ז' hidden; secret

שִׁפּוֹן, שִׁיפוֹן, ז' rye

שִׁפּוּעַ, ז', ר', ־עִים slant, slope

שְׁפוֹפֶרֶת, נ', ר', ־פָרוֹת tube; mouthpiece

שִׁפּוּר, ז', ר', ־רִים improvement

שִׂפַּח, פ"י to smite with scab; to cause severe suffering

שִׁפְחָה, נ', ר', שְׁפָחוֹת maidservant

שָׁפַט, פ"י to judge; to execute punishment

שֶׁפֶט, ז', ר', שְׁפָטִים judgment, punishment

שְׁפִי, שׁוּפִי, ז' ease

שְׁפִי, שֶׁפִי, ז', ר', שְׁפָיִים hill, height

שֶׁפִי, תה"פ peacefully

שְׁפִיכָה, נ', ר', ־כוֹת; שְׁפִיכוּת, נ' pouring

שְׁפִיפוֹן, ז', ר', ־נִים horned snake

שָׁפִיר, ז', ר', שְׁפִירִים amnion, fetus's sac

שַׁפִּיר, ת"ז handsome; elegant, fine; good

שָׁפַךְ, פ"י to pour; to empty

שֶׁפֶךְ, ז', ר', שְׁפָכִים pouring out, place of pouring

שָׁפְכָה, נ', ר', שְׁפָכוֹת penis

שָׁפֵל, פ"ע to become low, be humiliated

שָׁפָל, ת"ז, שְׁפָלָה, ת"נ low, lowly

שֵׁפֶל, ז' lowliness; ebb tide; depression

שְׁפֵלָה, נ', ר', ־לוֹת lowland

שִׁפְלוּת, נ' baseness, lowliness

שָׂפָם, ז' mustache

שָׁפָן, ז', ר', שְׁפַנִּים rock badger; rabbit

שָׁפַע, פיר"ע to flow; to be abundant; to slope

הִשְׁפִּיעַ, פ"י to make slant; to make abundant; to influence

שֶׁפַע, ז', שִׁפְעָה, נ', ר', שְׁפָעִים abundance, overflow

שַׁפַּעַת, נ' influenza, grippe

שִׁפֵּץ, פ"י to repair, renovate

שָׂפַק, פעו"י to clap hands; to suffice

שֶׂפֶק, ז' sufficiency

שָׁפַר, פ"ע to be good, pleasing

שִׁפֵּר, פ"י to improve; to beautify

הִשְׁתַּפֵּר, פ"ח to improve, become better

שֶׁפֶר, שִׁפְרָא, שׁוּפְרָא, ז' beauty; goodliness

שַׁפְרִיר, ז', ר', ־רִים canopy

שִׁפְשׁוּף, ז', ר', ־פִים rubbing, polishing

שִׁפְשֵׁף, פ״י to rub, polish
שַׁפְשֶׁפֶת, נ׳, ר׳, ־שָׁפוֹת weather vane; door mat
שָׁפַת, פ״י to set pot on fire place
שְׂפָתוֹן, ז׳, ר׳, שְׂפָתוֹנִים lipstick
שְׁפַתַּיִם, ז״ז pegs, hooks; sheep folds
שָׁצַף, פ״ע to be angry, mad
שֶׁצֶף, ז׳ flow, flood
שַׂק, ז׳, ר׳, שַׂקִּים sack, sackcloth
שָׁקַד, פ״ע to be awake; to be diligent
שָׁקֵד, פ״ע to be almond-shaped
שָׁקֵד, ז׳, ר׳, שְׁקֵדִים almond, almond tree; tonsil
שֶׁקֶד, ז׳, שְׁקִידָה, שַׁקְדָנוּת, נ׳ diligence
שְׁקֵדִיָּה, נ׳, ר׳, ־יּוֹת almond tree
שַׁקְדָן, ת״ז, ־נִית, ת״נ diligent
[שקה] הִשְׁקָה, פ״י to water, irrigate; to give to drink
שָׁקוּד, ת״ז, שְׁקוּדָה, ת״נ diligent
שִׁקּוּי, ז׳, ר׳, ־יִים drink
שָׁקוּל, ת״ז, שְׁקוּלָה, ת״נ evenly balanced; weighed, measured; undecided
שִׁקּוּל, ז׳, ר׳, ־לִים weighing; balancing
שִׁקּוּם, ז׳ rehabilitation
שִׁקּוּעַ, ז׳, ר׳, ־עִים submersion, sinking; depression
שָׁקוּעַ, ת״ז, שְׁקוּעָה, ת״נ submerged; set into; settled; deep in thought
שָׁקוּף, ת״ז, שְׁקוּפָה, ת״נ translucent, transparent, clear
שִׁקּוּף, ז׳, ר׳, ־פִים clarification; X-raying
שִׁקּוּץ, ז׳, ר׳, ־צִים abomination
שִׁקּוּק, ז׳ bear's growling
שִׁקּוּר, ז׳ perjury, lying; false dealing
שִׁקּוּר, ז׳ ogling

שָׁקַט, פ״ע to be calm; to be inactive
שָׁקֵט, ת״ז, שְׁקֵטָה, ת״נ quiet, calm
שֶׁקֶט, ז׳ quietness, quiet
שְׁקִידָה, שַׁקְדָנוּת, נ׳ diligence
שְׁקִיטָן, ז׳, ר׳, ־נִים flamingo
שְׁקִיעָה, נ׳, ר׳, ־עוֹת submersion, sinking; setting (of sun)
שְׁקִיפוּת, נ׳ transparence, clearness
שַׂקִּיק, ז׳, שַׂקִּית, נ׳, ר׳, ־קִים, ־יּוֹת small bag, sack
שְׁקִיקוּת, נ׳ greed, lust
שָׁקַל, פ״י to weigh; to balance; to ponder
שֶׁקֶל, ז׳, ר׳, שְׁקָלִים weight; coin; shekel; Zionist tax
שִׁקֵּם, פ״י to rehabilitate
שִׁקְמָה, נ׳, ־מִים, ־מוֹת sycamore tree
שַׁקְנַאי, ז׳, ר׳, ־נָאִים pelican
שָׁקַע, פ״י to sink, decline; to set (sun)
שִׁקַּע, פ״י to set in, insert
הִשְׁקִיעַ, פ״י to cause to sink; to lower; to insert; to invest
הִשְׁתַּקַּע, פ״ח to be settled; to be forgotten; to settle down
שֶׁקַע, ז׳, ר׳, שְׁקָעִים dent, depression, sunken place; socket
שְׁקַעֲרוּרָה, נ׳, ר׳, ־רוֹת dent, sunken place, concavity
שְׁקַעֲרוּרִי, ת״ז, ־רִית, ת״נ concave
[שקף] נִשְׁקַף, פ״ע to look out, to face; to be seen; to be imminent
שִׁקֵּף, פ״י to cause to be seen; to depict; to portray; to X-ray
הִשְׁקִיף, פ״י to observe, contemplate
הִשְׁתַּקֵּף, פ״ע to be seen through, X-rayed; to be reflected
שֶׁקֶף, ז׳, ר׳, שְׁקָפִים casing, framework

שִׁקֵּץ, פ״י to detest

שֶׁקֶץ, ז׳, ר׳, שְׁקָצִים detestable thing; unclean animal

שָׁקַק, פ״ע to rush about; to long for

הִשְׁתּוֹקֵק, פ״ח to long for, desire

שִׁקֵּר, פ״י to ogle

שָׁקַר, פ״ע to deal falsely; to lie

שֶׁקֶר, ז׳, ר׳, שְׁקָרִים lie, deceit

שַׁקְרָן, ז׳, ר׳, ־נִים liar

שַׁקְרָנוּת, נ׳ lying

שִׁקְשֵׁק, פ״י to make much noise

הִשְׁתַּקְשֵׁק, פ״ח to rush to and fro

שֹׁקֶת, שׁוֹקֶת, נ׳, ר׳, שְׁקָתוֹת watering trough

שֹׁר, שֹׁרֶר, ז׳ navel, umbilical cord

שָׁר, פ״ע, ע׳ [שור] to behold, see, observe

שָׁר, פעו״י, ע׳ [שיר] to sing, chant; to poetize

שַׂר, ז׳, ר׳, שָׂרִים chief, leader; captain; minister; ruler

שָׂר, פ״ע, ע׳ [שור] to turn aside, depart; to wrestle; to tumble

[שרב] הִשְׁתָּרֵב, פ״ח to be overcome by heat

שָׁרָב, ז׳, ר׳, שְׁרָבִים burning heat; parched ground; mirage

שִׁרְבֵּב, פ״י to prolong; to let hang; to insert in wrong place

שַׁרְבִיט, ז׳, ר׳, ־טִים scepter; baton; shoot, twig

שַׁרְבִיטַאי, ז׳, ־טָאִים drum major

שְׁרַבְרַב, ז׳, ר׳, ־רָבִים plumber

שְׁרַבְרָבוּת, נ׳ plumbing, installation

שֵׂרַג, פ״י to intertwine

שָׂרַד, פ״ע to escape; to leave over

שְׂרָד, ז׳, בִּגְדֵי־שְׂרָד ceremonial wear, uniforms

שֶׂרֶד, ז׳, ר׳, שְׂרָדִים marking tool, stylus

שָׁרָה, פעו״י to soak; to dwell

שָׂרָה, פ״ע to struggle; to persist, persevere

שָׂרָה, נ׳, ר׳, שָׂרוֹת princess; noble lady; ambassadress, lady minister

שֵׁרָה, נ׳, ר׳, שֵׁרוֹת necklace; bracelet

שַׁרְווּל, שַׁרְוָל, ז׳, ר׳, ־לִים, ז״ז, ־לַיִם sleeve

שַׁרְווּלִית, נ׳, ר׳, ־לִיּוֹת cuff

שָׁרוּי, ת״ז, שְׁרוּיָה, ת״נ soaked; steeped

שְׂרוֹךְ, ז׳, ר׳, ־כִים lace; thong

שָׂרוּעַ, ת״ז, שְׂרוּעָה, ת״נ stretched out; extended; long-limbed

שָׂרוּף, ת״ז, שְׂרוּפָה, ת״נ burnt

שֵׁרוּת, ז׳, ר׳, ־תִים service, function

שָׂרַט, פ״י to scratch

שֶׂרֶט, ז׳, ר׳, שְׂרָטִים, שָׂרֶטֶת, נ׳, ר׳, שָׂרָטוֹת scratch, incision

שִׂרְטוּט, ז׳, ר׳, ־טִים drawing lines, ruling

שִׂרְטוֹן, ז׳, ר׳, ־נוֹת sandbank

שִׂרְטֵט, פ״י to rule, draw lines

שָׂרִיג, ז׳, ר׳, ־גִים tendril; twig

שָׂרִיד, ז׳, ר׳, שְׂרִידִים survivor; remnant

שְׁרִיָּה, נ׳ soaking; resting

שִׁרְיוֹן, שִׁרְיָן, ז׳, ר׳, ־נִים, ־נוֹת armor; armored unit

שָׂרִיק, ת״ז, שְׂרִיקָה, ת״נ combed, carded

שְׁרִיקָה, נ׳, ר׳, ־קוֹת hissing; whistling

שָׁרִיר, ז׳, ר׳, שְׁרִירִים muscle

שָׁרִיר, ת״ז, שְׁרִירָה, ת״נ strong; reliable, valid

שְׁרִירוּת, שְׁרִירוּת לֵב נ׳ stubbornness, obstinacy

שֵׂרֵךְ, פ״י — to entangle; to pervert
שָׂרָךְ, ז׳, ר׳, ־כִים — fern; brake
[שרע] הִשְׂתָּרַע, פ״ח — to stretch oneself out
שַׂרְעָף, ז׳, ר׳, ־עַפִּים — thought; troublesome thought
שָׂרַף, פ״י — to burn
שָׂרָף, ז׳, ר׳, שְׂרָפִים — fiery serpent; angel, seraph
שְׂרָף, ז׳, ר׳, ־פִים — gum, resin
שְׂרֵפָה, נ׳, ר׳, ־פוֹת — burning; fire, conflagration
שְׂרַפְרַף, ז׳, ר׳, ־רַפִּים — footstool
שָׁרַץ, פיו״ע — to swarm, swarm with
שֶׁרֶץ, ז׳, ר׳, שְׁרָצִים — reptile
שְׂרֹק, ת״ז, שְׂרֻקָּה, ת״נ — reddish
שָׁרַק, פ״ע — to hiss; to whistle
שְׁרֵקָה, נ׳, ר׳, ־קוֹת — hissing, derision
שַׁרְקָן, ז׳, ר׳, ־נִים — whistler
שְׁרַקְרַק, ז׳, ר׳, ־רַקִּים — bee eater; woodpecker
שָׂרַר, פ״ע — to rule; to prevail
הִשְׂתָּרֵר, פ״ח — to dominate, have control over; to prevail
שֹׁרֶר, שֹׁר, ז׳ — navel, umbilical cord
שְׂרָרָה, נ׳, ר׳, ־רוֹת — dominion, rulership
שֵׁרֵשׁ, פ״י — to uproot
הִשְׁרִישׁ, פ״י — to strike root; to implant
הִשְׁתָּרֵשׁ, פ״ח — to strike root, to be implanted
שֹׁרֶשׁ, שׁוֹרֶשׁ, ז׳, ר׳, שָׁרָשִׁים — root; stem (*gram.*)
שָׁרְשִׁי, ת״ז, ־שִׁית, ת״נ — basic, fundamental, radical
שַׁרְשֶׁרֶת, שַׁרְשְׁרָה, נ׳, ר׳, ־שְׁרוֹת — chain
שֵׁרֵת, פ״י — to serve, minister

שָׁרֵת, ז׳ — service, ministry
שָׂשׂ, פ״ע, ע׳ [שיש] — to be happy; to exult, rejoice
שֵׁשׁ, ז׳ — marble; fine linen
שִׁשָּׁא, פ״י — to lead on
שִׁשָּׁה, ש״מ, ז׳, שֵׁשׁ, נ׳ — six
שִׁשָּׁה עָשָׂר, ש״מ, ז׳ — sixteen
שֵׁשׁ עֶשְׂרֵה, ש״מ, נ׳ — sixteen
שָׂשׂוֹן, ז׳, ר׳, שְׂשׂוֹנִים — rejoicing
שִׁשִּׁי, ת״ז, שִׁשִּׁית, ת״נ — sixth
שִׁשִּׁיָּה, נ׳ — sextet
שִׁשִּׁים, ש״מ, זו״נ — sixty
שִׁשִּׁית, נ׳, ר׳, ־שִּׁיּוֹת — one-sixth, sixth part
שָׁשַׁר, ז׳ — red color, vermillion
שָׁת, פ״י, ע׳ [שית] — to put, place, set, station; to constitute, make
שָׁת, ז׳, ר׳, שָׁתוֹת — foundation, basis
שֵׁת, ז׳, ר׳, שֵׁתוֹת — buttock, bottom
שְׁתַדְּלָן, ז׳, ר׳, ־נִים — interceder
שְׁתַדְּלָנוּת, נ׳ — intercession
שָׁתָה, פ״י — to drink
שָׁתוּי, ת״ז, שְׁתוּיָה, ת״נ — drunk, intoxicated
שָׁתוּל, ת״ז, שְׁתוּלָה, ת״נ — planted
שָׁתוּם, ת״ז, שְׁתוּמָה, ת״נ — open; penetrating (eye)
שִׁתּוּף, ז׳, ר׳, ־פִים — participation, partnership
שִׁתּוּפִי, ת״ז, ־פִית, ת״נ — co-operative, collective
שִׁתּוּק, ז׳ — paralysis; silence
שָׁתוּק, ת״ז, שְׁתוּקָה, ת״נ — silent
שְׁתִי, ז׳ — warp
שְׁתִי־וָעֵרֶב — warp and woof, crosswise, cross
חֲקִירַת שְׁתִי־וָעֵרֶב — cross-examination

שְׁתִיָּה, נ', ר', ־יּוֹת	drinking; drunkenness; foundation
אֶבֶן־שְׁתִיָּה	foundation stone
שָׁתִיל, ז', ר', שְׁתִילִים	shoot; sapling
שְׁתִילָה, נ', ר', ־לוֹת	planting; transplanting
שְׁתַּיִם, ש"מ, נ'	two
שְׁתֵּים עֶשְׂרֵה, ש"מ, נ'	twelve
שְׁתִימָה, נ'	opening, uncorking
שַׁתְיָן, ז', ר', ־נִים	heavy drinker; drunkard
שְׁתִיקָה, נ', ר', ־קוֹת	silence
שִׁתֵּךְ, פער"י	to make (get) rusty
שָׁתַל, פ"י	to plant; to transplant
שַׁתְלָן, ז', ר', ־נִים	planter
שָׁתַם, פ"י	to unseal, open, uncork
[שתן] הִשְׁתִּין, פ"ע	to urinate
שֶׁתֶן, ז'	urine
שִׁתֵּף, פ"י	to join; to join in partnership
הִשְׁתַּתֵּף, פ"ח	to participate
שֻׁתָּף, שׁוּתָּף, ז', ר', ־פִים	associate, partner
שֻׁתָּפוּת, שׁוּתָּפוּת, נ', ר', ־פֻיּוֹת	partnership, association
שָׁתַק, פ"ע	to be silent, quiet
הִשְׁתַּתֵּק, פ"ח	to become silent, dumb; to be paralyzed
שַׁתְקָן, ז', ר', ־נִים	silent, taciturn person
שַׁתְקָנוּת, נ'	taciturnity
[שתר] נִשְׁתַּר, פ"ע	to break out, burst open
שָׁתַת, פער"י	to flow; to drip; to place
הִשְׁתִּית, פ"י	to base; to found

ת X, t

ת, ת	Tav, twenty-second letter of Hebrew alphabet; 400
תָּא, ז', ר', תָּאִים, תָּאוֹת	chamber, cell; cabin
תָּאַב, פ"ע	to desire, long for, have an appetite
תֵּאֵב, פ"י	to loathe, abhor
תָּאֵב, ת"ז, תְּאֵבָה, ת"נ	desirous, longing for
תֵּאָבוֹן, ז'	desire, appetite
תֵּאָה, פ"י	to mark out (boundary)
תְּאוֹ, ז', ר', תְּאוֹיִם, תְּאוֹיִים	antelope
תַּאֲוָה, נ', ר', ־ווֹת	lust; boundary
תֵּאוּם, ז'	agreement, conformity, harmony
תְּאוֹם, ז', תְּאוֹמָה, נ', ר', ־מִים, ־מוֹת	twin
תְּאוֹמִים, ז"ר	twins; Gemini
תָּאוֹן, ז'	cellulose
תְּאוּנָה, נ', ר', ־נוֹת	accident
תְּאוּנִים, ז"ר	complaint, grumble; toil, trouble, pains
תְּאוּצָה, נ', ר', ־צוֹת	acceleration
תֵּאוּר, ז', ר', ־רִים	description
תְּאוּרָה, נ'	illumination, lighting
תֵּאוּרִי, ת"ז, ־רִית, ת"נ	descriptive, figurative
תַּאַוְתָן, ז', ר', ־נִים	lascivious person
תַּאַוְתָנוּת, נ'	lasciviousness
תַּאֲזוּנָה, נ'	equilibrium
תַּאֲחִיזָה, נ'	cohesion
תֵּאַטְרוֹן, ז', ר', ־רוֹנִים, ־רָאוֹת	theater
תְּאִימוּת, נ'	symmetry
תָּאִית, נ'	cellulose

תַּאֲלָה, נ׳ curse

תָּאַם, פ״ע to join; to combine

הִתְאִים, פיו״ע to be similar; to be like twins; to co-ordinate

תֹּאַם, ז׳ symmetry, co-ordination

תַּאֲנָה, נ׳ rut, heat

תְּאֵנָה, נ׳, ר׳, ־נוֹת fig tree

תְּאֵנַת־חַוָּה banana

תְּאֵנָה, נ׳, ר׳, ־נִים fig

תֹּאֲנָה, תּוֹאֲנָה, נ׳, ר׳, ־נוֹת pretext; occasion

תַּאֲנִיָּה, נ׳, ר׳, ־יּוֹת mourning, lamentation

תֹּאַר, ז׳, ר׳, תְּאָרִים form, appearance; attribute; quality; title; degree (college)

תֹּאַר הַפֹּעַל adverb

שֵׁם הַתֹּאַר, תֹּאַר הַשֵּׁם adjective

תָּאַר, פ״י to mark out (boundary); to shape

תֵּאֵר, פ״י to draw, trace out; to describe

תַּאֲרִיךְ, ז׳, ר׳, ־רִים date (in time)

תְּאַשּׁוּר, ז׳, ר׳, ־רִים larch

תֵּבָה, תֵּיבָה, נ׳, ר׳, ־בוֹת ark, chest, box; word (written, printed)

תֵּבַת־דֹּאַר post-office box

תֵּבַת־מִכְתָּבִים mail box

רָאשֵׁי־תֵבוֹת initials

תְּבוּאָה, נ׳, ר׳, ־אוֹת grain produce; yield, income

תִּבּוּל, ז׳ spicing, flavoring, seasoning

תְּבוּנָה, נ׳, ר׳, ־נוֹת understanding, intelligence

תְּבוּסָה, נ׳, ר׳, ־סוֹת defeat, ruin; treading down

תְּבוּסָן, ז׳, ר׳, ־נִים defeatist

תְּבוּסָנוּת, נ׳ defeatism

תַּבְחִין, ז׳ test, experiment; criterion

תְּבִיעָה, נ׳, ר׳, ־עוֹת demand, claim

תֵּבֵל, נ׳ world

תֶּבֶל, ז׳, ר׳, תְּבָלִים, תַּבְלִין spice, seasoning; confusion; lewdness

תִּבֵּל, פ״י to spice, season, flavor

תְּבַלּוּל, ז׳, ר׳, ־לִים mixture, blending; cataract

תַּבְלִיט, ז׳, ר׳, ־טִים bas-relief

תֶּבֶן, ז׳ straw, chaff

תַּבְנִית, נ׳, ר׳, ־נִיּוֹת construction; shape, model, pattern, image

תָּבַע, פ״י to demand, claim, summon

תַּבְעֵרָה, נ׳, ר׳, ־רוֹת burning, conflagration

תַּבְקִישׁ, ז׳, ר׳, ־שִׁים application blank, entry form

תַּבְרֹגֶת, נ׳, תַּבְרִיג, ז׳, ר׳, ־רוּגוֹת, ־גִים screw thread

תַּבְרוּאָה, נ׳ sanitation, hygiene

תַּבְרוּאִי, ת״ז, ־אִית, ת״נ sanitary, hygienic

תַּבְשִׁיל, ז׳, ־לִים cooked food, dish

תָּג, ז׳, ר׳, תָּגִים crownlet on letters

תִּגְבֹּרֶת, נ׳, ר׳, ־בּוֹרוֹת increase; reinforcement(s)

תְּגוּבָה, נ׳, ר׳, ־בוֹת reaction

תִּגְלַחַת, נ׳, ר׳, ־לָחוֹת shaving

תַּגְלִית, נ׳, ־יוֹת discovery

תַּגְמוּל, ז׳, ר׳, ־לִים benefit, recompense

תִּגֵּר, פ״י to trade, bargain, haggle

תַּגָּר, ז׳, ר׳, ־רִים merchant, dealer

תִּגָּר, ז׳ complaint

תִּגְרָה, נ׳, ר׳, ־רוֹת strife, contention, conflict

תַּגְרָן, ז׳, ר׳, ־נִים haggler, trafficker

haggling, trafficking, bargaining תַּגְרָנוּת, נ׳

exemplification, demonstration תַּדְגִּים, ז׳, ר׳, ־מִים

incubation תְּדְגֹּרֶת, נ׳

ash tree תִּדְהָר, ז׳, ר׳, ־רִים

moratorium תַּדְחִית, נ׳, ר׳, ־חִיּוֹת

frequent, constant תָּדִיר, ת״ז, תְּדִירָה, ת״נ

frequency תְּדִירוּת, נ׳, ר׳, ־רֻיּוֹת

reprint תַּדְפִּיס, ז׳, ר׳, ־סִים

briefing (*mil.*) תַּדְרִיךְ, ז׳, ר׳, ־כִים

tea תֵּה, ז׳

to be astonished; to regret תָּהָה, פ״ע

emptiness, nothingness, waste תֹּהוּ, ז׳

chaos תֹּהוּ וָבֹהוּ

resonance תְּהוּדָה, נ׳, ר׳, ־דוֹת

abyss; deep, primeval ocean תְּהוֹם, זו״נ, ר׳, תְּהוֹמוֹת

abysmal, infinite, endless תְּהוֹמִי, ת״ז, ־מִית, ת״נ

regret, astonishment תְּהִיָּה, נ׳, ר׳, ־יּוֹת

praise, song of praise, psalm תְּהִלָּה, נ׳, ר׳, ־לּוֹת, ־לִּים

Book of Psalms, Psalms תְּהִלִּים, תִּלִּים, ז״ר

error, folly תָּהֳלָה, נ׳, ר׳, ־לוֹת

procession, parade תַּהֲלוּכָה, נ׳, ר׳, ־כוֹת

process; progress תַּהֲלִיךְ, ז׳, ר׳, ־כִים

perversity תַּהְפּוּכָה, נ׳, ר׳, ־כוֹת

mark, sign; musical note; postage stamp; Tav, name of twenty-second letter of Hebrew alphabet תָּו, ז׳, ר׳, תָּוִים

pretext; occasion תּוֹאֲנָה, תֹּאֲנָה, נ׳, ר׳, ־נוֹת

transport, transportation תּוֹבָלָה, נ׳

claimant, plaintiff, prosecutor תּוֹבֵעַ, ז׳, ר׳, ־בְעִים

public prosecutor תּוֹבֵעַ כְּלָלִי

grief, sorrow תּוּגָה, נ׳

tragedy מַחֲזֶה־תּוּגָה

thanksgiving, thanks offering, thanks; confession, avowal תּוֹדָה נ׳, ר׳, ־דוֹת

many thanks תּוֹדָה רַבָּה

consciousness, recognition תּוֹדָעָה, נ׳

to mark, make marks תִּוָּה, פ״י

to set a mark; to outline הִתְוָה, פ״י

mediation, intervention תִּוּוּךְ, ז׳, ר׳, ־כִים

hope, expectation תּוֹחֶלֶת, נ׳

tag, label תָּוִית, נ׳, ר׳, ־יוֹת

midst, middle; inside, interior תָּוֶךְ, תּוֹךְ, ז׳

within, in the midst of, among בְּתוֹךְ־

from within, from the midst of, through מִתּוֹךְ־

to mediate, act as intermediary; to intervene; to halve תִּוֵּךְ, פ״י

punishment, retribution תּוֹכֵחָה, נ׳, ר׳, ־חוֹת

תּוֹכָחָה, תּוֹכַחַת, נ׳, ר׳, ־כָחוֹת
rebuke, reproof, chastisement

intrinsic תּוֹכִי, ת״ז, ־כִית, ת״נ

parrot תּוּכִּי, תֻּכִּי, ז׳, ר׳, ־כִּיִּים

astronomer תּוֹכֵן, ז׳, ר׳, ־כְנִים

measurement; content תּוֹכֶן, תֹּכֶן, ז׳, ר׳, תְּכָנִים

offspring; subsidiary, secondary nature תּוֹלָדָה, תּוֹלֶדֶת נ׳, ר׳, ־דוֹת

generations, descent, history תּוֹלְדוֹת, נ״ר

תּוֹלָל, ז׳, ר׳, ־לִים — tormentor
תּוֹלָע, ז׳, תּוֹלֵעָה, תּוֹלַעַת, נ׳, ר׳, ־לָעִים — worm; scarlet-dyed cloth, yarn
תּוֹלַעַת־מֶשִׁי — silkworm
תּוֹלַעְנָה, נ׳ — mahogany
תּוּמִים, תֻּמִּים, ז״ר, ע׳ אוּרִים — Thummim, oracles
תּוֹמֵךְ, ז׳, ר׳, ־כִים — supporter
תּוֹסָפָה, תּוֹסֶפֶת, נ׳, ר׳, ־סָפוֹת — addition, increase, supplement
תּוֹסָפוֹת, נ״ר — Tosaphot, annotations to the Talmud
תּוֹסֶפְתָּא, נ׳ — Tosephta, a supplement to the Mishnah
תּוֹסֶפְתָּן, ז׳ — appendix
תּוֹעֵבָה, נ׳, ר׳, ־בוֹת — abomination; outrage
תּוֹעָה, נ׳ — error; confusion
תּוֹעֶה, ת״ז, ־עָה, ת״נ — erring, straying
תּוֹעֶלֶת, תּוֹעָלָה, נ׳, ר׳, ־עָלוֹת, ־עֲלִיּוֹת — profit, benefit; use
תּוֹעַלְתִּי, ת״ז, ־תִּית, ת״נ — beneficial, profitable; practical
תּוֹעָפָה, תּוֹעֶפֶת, נ׳, ר׳, ־עָפוֹת — eminence; heights; strength
תּוֹף, תֹּף, ז׳, ר׳, תֻּפִּים — drum
תּוֹפֵף, פ״י, ע׳ [תפף] — to beat drum
תּוּפִין, ז׳, ר׳, ־נִים — pastry, cake, biscuit
תּוֹפָעָה, נ׳, ר׳, ־עוֹת — phenomenon, appearance, apparition
תּוֹפֵר, ז׳, תּוֹפֶרֶת, נ׳, ר׳, ־פְרִים, ־פְרוֹת — tailor; seamstress
תּוֹצָאָה, נ׳, ר׳, ־אוֹת — result, consequence, conclusion; extremity
תּוֹצָר, ז׳, ר׳, ־רִים — product
תּוֹצֶרֶת, נ׳ — production
תּוֹקְפָן, ז׳, ר׳, ־נִים — violent person; powerful person; aggressor
תּוֹקְפָנוּת, נ׳ — aggression
תּוֹר, ז׳, ר׳, ־רִים — turtledove; circlet; line, row; turn
[תור] תָּר, פ״י — to tour, explore; to spy out; to seek out
תּוּרְגְּמָן, תֻּרְגְּמָן, ז׳, ר׳, ־נִים — interpreter, translator
תּוֹרָה, נ׳, ר׳, ־רוֹת — the Mosaic law, Pentateuch; teaching; law; science; theory
תּוֹרָה שֶׁבִּכְתָב — written law (Scriptures)
תּוֹרָה שֶׁבְּעַל־פֶּה — oral law (Talmud)
תּוֹרֶן, תֹּרֶן, ז׳, ר׳, תְּרָנִים — mast, pole
תּוֹרָן, ז׳, ר׳, ־נִים — monitor, person on duty
תּוֹרָנוּת, נ׳, ר׳, ־נֻיּוֹת — monitorship, being on duty
תּוּרְפָּה, תֻּרְפָּה, נ׳, ר׳, ־פּוֹת — shame; obscenity; weakness; pudenda
תּוֹרָשָׁה, נ׳ — heredity
תּוֹרַשְׁתִּי, ת״ז, ־תִּית, ת״נ — hereditary
תּוֹשָׁב, ז׳, ר׳, ־בִים — inhabitant, settler
תּוֹשֶׁבֶת, נ׳, ר׳, ־שָׁבוֹת — basis, foundation, pedestal
תּוּשִׁיָּה, נ׳ — wisdom; counsel
תּוּת, ז׳, ר׳, ־תִים — berry; mulberry; mulberry tree
תּוּת־שָׂדֶה — strawberry
תּוֹתָב, ת״ז, ־תֶבֶת, ת״נ — inserted; artificial (tooth, eye)
תּוֹתָח, ז׳, ר׳, ־חִים — cannon
תּוֹתְחָן, ז׳, ר׳, ־נִים — gunner, artilleryman

תַּזְגִּיג, ז׳ enamel
תְּזוּזָה, נ׳, ר׳, ־זוֹת motion, vibration
תְּזוּנָה, נ׳, ר׳, ־נוֹת nourishment, nutrition
[תזז] הֵתֵז, פ״י to cut, strike off
תְּזָזִית, רוּחַ תְּזָזִית, נ׳ perturbation; restlessness; madness
תַּזְכִּיר, ז׳, ר׳, ־רִים, תִּזְכֹּרֶת, נ׳, ר׳, ־רוֹת memorandum
תִּזְמוּר, ז׳ orchestration
תִּזְמֹנֶת, נ׳ synchronization
תִּזְמֹרֶת, נ׳, ר׳, ־רוֹת orchestra
תַּזְנוּת, נ׳ whoredom
תַּזְרִיק, ז׳, ר׳, ־קִים serum
תָּחַב, פ״י to insert, stick in; to tuck in
תַּחְבּוּלָה, נ׳, ר׳, ־לוֹת device, contrivance, trick
תַּחְבּוּרָה, נ׳ communication
תַּחְבִּיב, ז׳, ר׳, ־בִים hobby
תַּחְבִּיר, ז׳ syntax
תַּחְבְּלָן, ז׳, ר׳, ־נִים trickster
תַּחְבֹּשֶׁת, נ׳, ר׳, ־בּוֹשׁוֹת bandage
תְּחִנָּה, נ׳, ר׳, ־גּוֹת festival
תָּחוּחַ, ת״ז, תְּחוּחָה, ת״נ loose (soil)
תְּחוּם, ז׳, ר׳, ־מִים boundary, limit; area, district
תְּחוּקָה, נ׳, ר׳, ־קוֹת, תְּחִקָּה, נ׳, ר׳, ־קוֹת legislation
תְּחוּשָׁה, נ׳, ר׳, ־שׁוֹת perception, feeling
תַּחֲזִית, נ׳, ר׳, ־זִיּוֹת spectrum; prediction
תִּחַח, פ״י to loosen soil (by plowing); to harrow
תְּחִיָּה, נ׳ revival, resurrection
[תחל] הִתְחִיל, פיו״ע to begin, commence

תְּחִלָּה, נ׳, ר׳, ־לּוֹת beginning, commencement
תְּחִלָּה, תה״פ at first, in the first place
לְכַתְּחִלָּה at the start, at first, a priori
תַּחֲלוּא, ז׳, ר׳, ־אִים disease, sickness
תַּחֲלוּאָה, נ׳ epidemic
תַּחֲלוּם, ז׳, ר׳, ־מִים daydream, hallucination
תַּחֲלִיב, ז׳, ר׳, ־בִים emulsion
תַּחֲלִיף, ז׳, ר׳, ־פִים substitute; successor
תְּחִלִּית, נ׳, ר׳, ־לִּיּוֹת prefix
תָּחַם, פ״י to mark limits, limit; to set landmarks
תַּחְמִיץ, ז׳, ר׳, ־צִים silage
תַּחְמָס, ז׳, ר׳, ־סִים bird of prey, falcon; nighthawk
תַּחְמֹשֶׁת, נ׳ armament, ammunition
תְּחִנָּה, נ׳, ר׳, ־נּוֹת supplication, mercy, favor
תַּחֲנָה, נ׳, ר׳, ־נוֹת station, place of encampment; stopping place
תַּחֲנוּן, ז׳, ר׳, ־נִים supplication; mercy, favor; prayer
תַּחֲנִית, נ׳, ר׳, ־נִיּוֹת garage
תִּחְפֵּשׂ, פ״י to disguise, mask
תַּחְפֹּשֶׂת, נ׳, ר׳, ־פּוֹשׂוֹת mask, masquerade costume
תְּחִקָּה, נ׳, ר׳, ־קּוֹת legislation
תִּחֵר, תַּחֲרָה, פ״ע to rival, compete with
תַּחְרָא, נ׳, ר׳, ־רוֹת corselet; habergeon
תַּחֲרוּת, נ׳, ר׳, ־רֻיּוֹת rivalry, competition
תַּחְרִיט, ז׳, ר׳, ־טִים etching
תַּחְרִים, ז׳, ר׳, ־מִים lace

תַּחַשׁ, ז׳, ר׳, תְּחָשִׁים — badger; dolphin

תַּחְשִׁיב, ז׳, ר׳, ־בִים — calculation, computation

תַּחַת, מ״י — under, below; in place of, instead of; in return for

תַּחַת אֲשֶׁר — instead of; because

מִתַּחַת לְ־ — beneath

תַּחְתּוֹן, ת״ז, ־נָה, ת״נ — lower; lowest

תַּחְתּוֹנִים — underpants, underwear

תַּחְתּוֹנָה, נ׳, ר׳, ־נוֹת — petticoat, slip (garment)

תַּחְתּוֹנִיּוֹת, נ״ר — piles

תַּחְתִּי, ת״ז, ־תִּית, ת״נ — lower, lowest

תַּחְתִּית, נ׳, ר׳, ־תִּיּוֹת — subway; bottom; foot; saucer

תִּיאָה, נ׳, ר׳, ־אוֹת — crowfoot

תֵּיבָה, תֵּבָה, נ׳, ר׳, ־בוֹת — ark, chest, box; word (written, printed)

תַּיֵּג, פ״י — to make crownlets, ornamentations; to tag

תֵּיוֹן, ז׳, ר׳, ־נִים — teapot

תִּיּוּק, ז׳ — filing (documents)

תִּיּוּר, ז׳, ר׳, ־רִים — touring, tour

תִּיכוֹן, ת״ז, ־נָה, ת״נ — inner, central

בֵּית־סֵפֶר תִּיכוֹן — high school, secondary school

הַיָּם הַתִּיכוֹן — Mediterranean

תִּיכוֹנִי, ת״ז, ־נִית, ת״נ — secondary

תֵּיכֶף, תֵּכֶף, תה״פ — immediately, soon

תַּיִל, ז׳, ר׳, תְּיָלִים — wire

תִּימַהּ, תְּמַהּ, ז׳, ר׳, תְּמָהִים — wonder, astonishment

תֵּימָן, ז׳ — south; south wind; Yemen

תֵּימָנִי, ת״ז, ־נִיָּה, ת״נ — Yemenite, person from the South

תִּימָרָה, נ׳, ר׳, ־רוֹת — column (of smoke)

תִּינוֹק, ז׳, תִּינֹקֶת, נ׳, ר׳, ־קוֹת — baby, child

תִּינוֹקִי, ת״ז, ־קִית, ת״נ — babyish, childish

תִּיק, ז׳, ר׳, ־קִים — brief case, case, portfolio, satchel

תַּיֵּק, פ״י — to file (documents)

תֵּיקוּ, ז׳ — undecided argument, stalemate

תִּיקִיָּה, נ׳, ר׳, ־קִיּוֹת — file

תִּיקָן, ז׳, ר׳, ־נִים — roach

תַּיָּר, ז׳, ר׳, ־רִים — tourist

תַּיֵּר, פ״ע — to tour

תִּירוֹשׁ, ז׳ — new wine, grape juice

תַּיָּרוּת, נ׳ — tourism

תִּירָס, ז׳ — corn

תַּיִשׁ, ז׳, ר׳, תְּיָשִׁים — he-goat

תֹּךְ, ז׳, ר׳, תְּכָכִים — intrigue; extortion

תִּכְבֹּסֶת, נ׳, ר׳, ־בּוֹסוֹת — washing (of clothes)

תַּכְבָּר, ז׳ — barbecue

תְּכוֹל, ז׳ — violet blue

תְּכוּנָה, נ׳, ר׳, ־נוֹת — characteristic, attribute, quality; astronomy; preparation

תָּכוּף, ת״ז, תְּכוּפָה, ת״נ — immediate, urgent

תְּכוּפוֹת, תה״פ — often

תֻּכִּי, תּוּכִּי, ז׳, ר׳, ־כִּיִּים — parrot;

תְּכִיפוּת, נ׳, ר׳, ־פֻיּוֹת — immediacy, urgency

תָּכֹל, ז׳, ר׳, תְּכֻלִּים — sky-blue

תִּכְלָה, נ׳ — purpose, end

תַּכְלִית, נ׳, ר׳, ־לִיּוֹת — end, purpose, aim, object; completeness, perfection

תַּכְלִיתִי, ת״ז, ־תִית, ת״נ — purposeful

תְּכַלְכַּל, ת״ז, ־כֶּלֶת, ת״נ pale blue, bluish
תְּכֵלֶת, נ׳ violet-blue, sky-blue (thread, wool)
תָּכַן, פ״י to regulate, measure; to formulate program, estimate
יִתָּכֵן, פ״ע to be likely, probable
תִּכֵּן, פ״י to regulate, measure out
תֹּכֶן, תּוֹכֶן, ז׳, ר׳, תְּכָנִים measurement; content
תֹּכֶן הָעִנְיָנִים table of contents
תִּכְנוּן, ז׳ formulation of program
תָּכְנִית, נ׳, ר׳, ־נִיּוֹת measurement; plan, program
תִּכְנֵן, פ״י to formulate program; to plan
תַּכְסִיס, ז׳, ר׳, ־סִים strategy, tactics; tact
תַּכְסִיסִי, ת״ז, ־סִית, ת״נ strategic, tactical; tactful
תַּכְסִיסָן, ז׳, ר׳, ־נִים strategist, tactician
תִּכְסֵס, פ״י to use strategy
תֵּכֶף, תֵּיכֶף, תה״פ immediately, soon
תֵּכֶף וּמִיָּד at once
תָּכַף, פעו״י to follow immediately; to follow in close order
תַּכְרִיךְ, ז׳, ר׳, ־כִים bundle, roll; wrap
תַּכְרִיכִים, ז״ר shrouds
תַּכְשִׁיט, ז׳, ר׳, ־טִים jewel, ornament; rascal, scoundrel
תַּכְשִׁיר, ז׳, ר׳, ־רִים specimen; preparation
תַּכְתִּיב, ז׳, ר׳, ־בִים dictation
תֵּל, ז׳, ר׳, תִּלִּים mound, hill, heap
תְּלָאָה, נ׳, ר׳, ־אוֹת weariness; hardship, trouble

תַּלְאוּבָה, נ׳, ר׳, ־בוֹת drought
תִּלְבּוֹשֶׁת, תִּלְבֹּשֶׁת, נ׳, ר׳, ־בּוֹשׁוֹת dress, clothing, costume
תָּלָה, פ״י to hang, hang up, attach, affix; to leave in suspense, leave in doubt
תָּלוּא, ת״ז doubtful, insecure
תָּלוּי, ת״ז, תְּלוּיָה, ת״נ dependent; suspended; doubtful; hung, hanged
תְּלוּי, ז׳, ר׳, ־יִים hanger, handle
תָּלוּל, ת״ז, תְּלוּלָה, ת״נ sloping; steep; lofty
תְּלוּלִית, נ׳, ר׳, ־לִיּוֹת little mound, hillock
תִּלּוּם, ז׳ furrowing
תְּלוּנָה, תְּלֻנָּה, נ׳, ר׳, ־נוֹת complaint, murmuring
תָּלוּשׁ, ת״ז, תְּלוּשָׁה, ת״נ detached, plucked, loose
תְּלוּשׁ, ז׳, ר׳, ־שִׁים coupon, check
תְּלוּת, ז׳ dependence
תְּלִי, ז׳, ר׳, תְּלָיִים quiver; clothes hanger
תְּלִיָּה, נ׳, ר׳, ־לִיּוֹת hanging; gallows
תַּלְיָן, ז׳, ר׳, ־נִים hangman, executioner
תְּלִישָׁה, נ׳, ר׳, ־שׁוֹת tearing up, plucking
תְּלִישָׁה, תְּלִישָׁא, נ׳ musical note
תְּלִישׁוּת, נ׳ detachment
תִּלֵּל, פ״י to pile, heap up
הֵתֵל, פ״י to mock, trifle with, deceive
תַּלֶּלֶת, נ׳ tuberculosis
תֶּלֶם, ז׳, ר׳, תְּלָמִים furrow, ridge; garden bed
תִּלֵּם, פ״י to plow up furrows

תַּלְמוּד, ז׳, ר׳, ־דִים, ־דוֹת teaching; learning; Talmud

תַּלְמוּדִי, ת״ז, ־דִית, ת״נ Talmudic; expert in the Talmud

תַּלְמִיד, ז׳, ר׳, ־דִים student, disciple

תַּלְמִיד חָכָם scholar

תְּלֻנָּה, תְּלוּנָה, נ׳, ר׳, ־נּוֹת complaint, murmuring

תִּלַּע, פ״י to remove worms; to make red

תֻּלַּע, פ״ע to be filled with worms; to be freed from worms; to be dressed in scarlet

הִתְלִיעַ, פ״ע to be worm-eaten

תַּלְפִּיָּה, נ׳, ר׳, ־יּוֹת stronghold; turret

תָּלַשׁ, פ״י to pluck up, tear out

תְּלָת, ש״מ three

תְּלַת־אוֹפַן tricycle

תַּלְתּוּל, ז׳, ר׳, ־לִים curling; wart

תַּלְתַּל, ז׳, ר׳, ־תַּלִּים lock, curl (of hair)

תִּלְתֵּל, פ״י to curl

תִּלְתָּן, ז׳ clover, fenugreek

תַּם, פ״ע, ע׳ [תמם] to be finished, perfect; to be destroyed; to be spent; to cease

תָּם, ת״ז, תַּמָּה, ת״נ complete, perfect, whole; innocent, simple, artless

כְּתִיבָה תַּמָּה calligraphy

תֹּם, ז׳ innocence, simplicity; completeness, perfection

תֶּמֶד, תְּמָד, תָּמָד, ז׳ inferior wine

תִּמֵּד, פ״י to make inferior wine

הִתְמִיד, פעו״י to be diligent; to cause to be constant

תָּמַהּ, פ״ע to be astounded, amazed; to be in doubt, wonder

הִתְמִיהַּ, פיו״ע to cause amazement; to be amazed

תֵּמַהּ, תֵּימַהּ, ז׳, ר׳, תְּמָהִים wonder, astonishment

תְּמָהּ, נ׳ innocence, integrity

תִּמָּהוֹן, ז׳ amazement, bewilderment

תָּמוּהַּ, ת״ז, תְּמוּהָה, ת״נ amazing

תַּמּוּז, ז׳ Tammuz, fourth month of Hebrew calendar; Babylonian god

תְּמוּטָה, נ׳ collapse

תְּמוֹל, תה״פ, ז׳ yesterday; formerly

כִּתְמוֹל שִׁלְשׁוֹם as heretofore

מִתְּמוֹל שִׁלְשׁוֹם thence, thereafter

תְּמוּנָה, נ׳, ר׳, ־נוֹת image, picture

תִּמּוּר, ז׳ rising (column of smoke)

תְּמוּרָה, נ׳, ר׳, ־רוֹת exchange, substitution; apposition (*gram.*)

תְּמוּתָה, נ׳, ר׳, ־תוֹת death, dying; mortality; death rate

בֶּן־תְּמוּתָה mortal

תַּמְחוּי, ז׳, ר׳, ־יִים charity food

בֵּית־תַּמְחוּי soup kitchen

תָּמִיד, תה״פ, ז׳ always; continuity; daily burnt offering

תְּמִידוּת, נ׳ continuity

תְּמִידִי, ת״ז, ־דִית, ת״נ continuous

תְּמִיהָה, נ׳, ר׳, ־הוֹת astonishment

תְּמִיכָה, נ׳, ר׳, ־כוֹת support

תָּמִים, ת״ז, תְּמִימָה, ת״נ complete; innocent; faultless

תֻּמִּים, תּוּמִּים, ז״ר, ע׳ אוּרִים Thummim, oracles

תְּמִימוּת, נ׳ integrity; innocence

תְּמִיסָה, תְּמִסָּה, ר׳, ־סוֹת dissolving, solution

תָּמִיר, ת״ז, תְּמִירָה, ת״נ upright, tall

תָּמַךְ, פ״י to support, hold up, maintain; to rely upon; to rest upon

תַּמְלוּג, ז׳, ר׳, ־גִים royalties

[תמם] תַּם, פ״ע to be finished, perfect; to cease; to be spent; to be destroyed

הֵתַם, פ״י to finish, make perfect; to cease doing

הִתַּמֵּם, פ״ח to be innocent; to feign simplicity

תֶּמֶס, ז׳ liquefaction

תְּמִסָּה, תְּמִיסָה, נ׳, ר׳, ־סוֹת dissolving, solution

תְּמָנוּן, ז׳, ר׳, ־נִים octopus

תִּמְנוּעַ, ז׳ prophylaxis

תִּמְסָח, ז׳, ר׳, ־חִים crocodile

תַּמְצִית, נ׳, ר׳, ־צִיּוֹת essence, summary; extract, juice

תָּמָר, ז׳, ר׳, תְּמָרִים palm tree; date

תֹּמֶר, ז׳, ר׳, תְּמָרִים palm tree

תִּמֵּר, פ״ע to rise straight up (smoke)

תְּמָרָה, נ׳, ר׳, ־רוֹת palm tree; date; berry

תִּמְרוֹן, ז׳, ר׳, ־נִים maneuver, stratagem

תַּמְרוּק, ז׳, ר׳, ־קִים cosmetic; perfume

תַּמְרוּקִיָּה, נ׳, ר׳, ־קִיּוֹת perfumery, cosmetic shop

תַּמְרוּר, ז׳, ר׳, ־רִים signpost; bitterness

תַּן, ז׳, ר׳, תַּנִּים jackal

תַּנָּא, ז׳, ר׳, ־אִים Tanna, teacher of the Mishnah

תְּנַאי, ז׳, ר׳, תְּנָאִים, תְּנָיִים condition, stipulation

תְּנָאִים, ז״ר betrothal

תִּנָּה, פ״י to recount; to mourn

הִתְנָה, פ״י to stipulate, make a condition

תְּנוּאָה, נ׳, ר׳, ־אוֹת oppositon; reluctance; occasion; pretext

תְּנוּבָה, נ׳, ר׳, ־בוֹת fruit, produce

תְּנוּדָה, נ׳, ר׳, ־דוֹת motion, vibration, fluctuation; migration

תְּנוּחָה, נ׳, ר׳, ־חוֹת repose; resting place

תְּנוּךְ, ז׳, תְּנוּךְ אֹזֶן lobe (of ear)

תְּנוּמָה, נ׳, ר׳, ־מוֹת slumber

תְּנוּעָה, נ׳, ר׳, ־עוֹת motion, movement; vowel

תְּנוּפָה, נ׳, ר׳, ־פוֹת swinging, waving, shaking

תַּנּוּר, ז׳, ר׳, ־רִים stove, oven

תַּנְחוּם, ז׳, ר׳, ־מִים, ־מוֹת consolation, comfort

תַּנִּים, תַּנִּין, ז׳, ר׳, ־נִים serpent, sea monster; crocodile

תַּנַ"ךְ, ז׳ Bible: Pentateuch, Prophets, Writings (Hagiographa)

[תנע] הִתְנִיעַ, פ״י to set in motion, to start (engine)

תִּנְשֶׁמֶת, נ׳, ר׳, ־שָׁמוֹת owl; chameleon

תַּסְבִּיךְ, ז׳, ר׳, ־כִים complex

תִּסְבֹּכֶת, תִּסְבּוֹכֶת, נ׳, ר׳, ־כוֹת complexity, complication

תְּסוּגָה, נ׳, ר׳, ־גוֹת retreat

תָּסִיל, ז׳, ר׳, ־תְּסָלִים squab

תְּסִיסָה, נ׳, ר׳, ־סוֹת fermentation, bubbling, effervescence

תַּסְכִּית, ז׳, ר׳, ־תִים prospectus

תֹּסֶס, ז׳, ר׳, תְּסָסִים ferment; enzyme

תָּסַס, פ״ע to ferment, bubble, effervesce

תִּסְפֹּרֶת, נ׳, ר׳, ־פּוֹרוֹת haircut

תִּסְקֹרֶת, נ׳, ר׳, ־רוֹת review, vaudeville

תִּסְרֹקֶת, נ׳, ר׳, ־רוֹקוֹת combing of hair, hair dressing, coiffure, hair-do
תִּעֵב, פ״י to loathe; to make loathsome
תַּעֲבוּרָה, נ׳ transportation
תִּעֵד, פ״י to classify documents
תָּעָה, פ״ע to err, go astray
תְּעוּדָה, נ׳, ר׳, ־דוֹת testimony; document, certificate; mission
תְּעוּדַת־בַּגְרוּת high-school diploma
תְּעוּדַת־זֶהוּת identity card
תִּעוּל, ז׳ canalization; sewerage
תְּעוּפָה, נ׳, ר׳, ־פוֹת flight, aviation
שְׂדֵה־תְּעוּפָה airport, airfield
תְּעוּרָה, נ׳ wakefulness, arousement
תִּעוּשׁ, ז׳ industrialization
תְּעִיָּה, נ׳, ר׳, ־יוֹת wandering, erring
תִּעֵל, פ״י to canalize; to drain
תְּעָלָה, נ׳, ר׳, ־לוֹת trench, canal; healing, cure
תַּעֲלוּל, ז׳, ר׳, ־לִים mischievousness; wantonness; naughty boy
תַּעֲלוּמָה, נ׳, ר׳, ־מוֹת secret, hidden thing
תַּעֲמוּלָה, נ׳ propaganda
תַּעַמְלָן, ז׳, ר׳, ־נִים propagandist
תַּעֲנוּג, ז׳, ר׳, ־גִים, ־גוֹת enjoyment, pleasure, delight
תַּעֲנִית, נ׳, ר׳, ־נִיּוֹת fast, fasting
תַּעֲסוּקָה, נ׳ employment
תַּעֲצוּמָה, נ׳, ר׳, ־מוֹת might
תַּעַר, ז׳ ר׳, תְּעָרִים razor; sheath, scabbard
תַּעֲרֹבֶת, נ׳, ר׳, ־רוֹבוֹת mixture, alloy
תַּעֲרוּבָה, נ׳, ר׳, ־בוֹת pledge
בֶּן תַּעֲרוּבוֹת hostage
תַּעֲרוּכָה, נ׳, ר׳, ־כוֹת exhibition, exposition
תַּעֲרִיף, ז׳, ר׳, ־פִים price list; tariff
תִּעֵשׂ, פ״י to industrialize
תַּעֲשִׂיָּה, נ׳, ר׳, ־שִׂיּוֹת industry, manufacture
תַּעֲשִׂיָּן, ז׳, ר׳, ־נִים manufacturer, industrialist
תַּעְתּוּעַ, ז׳, ר׳, ־עִים mockery
תַּעְתִּיק, ז׳, ר׳, ־קִים transliteration
תִּעְתַּע, פ״י to mock, trifle
תִּעְתֵּק, פ״י to transliterate
תֹּף, תּוֹף, ז׳, ר׳, תֻּפִּים drum
תֹּף־מִרְיָם tambourine
תַּפְאוּרָה, נ׳, ר׳, ־רוֹת decoration; theatrical setting
תִּפְאָרָה, תִּפְאֶרֶת, נ׳ beauty, glory
תַּפּוּז, ז׳, ר׳, ־זִים orange
תַּפּוּחַ, ז׳, ר׳, ־חִים apple; apple tree; pile
תַּפּוּחַ־אֲדָמָה potato
תַּפּוּחַ־זָהָב, ע׳ תַּפּוּז orange
תָּפוּחַ, ת״ז, תְּפוּחָה, ת״נ swollen
תְּפוּנָה, נ׳ doubt
תְּפוּס, ז׳, ר׳, ־סִים pommel
תָּפוּס, ת״ז, תְּפוּסָה, ת״נ taken, occupied
תְּפוּסָה, נ׳, ר׳, ־סוֹת violated woman
תְּפוּצָה, נ׳, ר׳, ־צוֹת dispersion, diaspora; distribution, sale
תְּפוּקָה, נ׳ production
תִּפּוּר, ז׳ sewing
תָּפוּשׂ, ת״ז, תְּפוּשָׂה, ת״נ taken, occupied
תָּפֹז, ת״ז, תְּפֻזָּה, ת״נ orange (color)
תָּפַח, פ״ע to swell
תֶּפַח, ז׳ swelling
תְּפִילָה, תְּפִלָּה, נ׳, ר׳, ־לוֹת prayer; phylactery

תְּפִילִין, תְּפִלִּין, נ"ר phylacteries
תְּפִיסָה, תְּפִישָׂה, נ', ר', ־סוֹת seizing, taking hold; grasp, comprehension; prison
תְּפִירָה, נ', ר', ־רוֹת sewing
תָּפֵל, ת"ז, תְּפֵלָה, ת"נ unsalted, tasteless, insipid
תָּפַל, פ"י to be silly, talk nonsense
תִּפְלָה, נ', תִּפְלוּת, נ' unsavoriness; impropriety, obscenity
תְּפִלָּה, תְּפִילָה, נ', ר', ־לּוֹת prayer; phylactery
תְּפִלִּין, תְּפִילִין, נ"ר phylacteries
תְּפֵלוּת, נ', ר', ־לֻיּוֹת tastelessness, insipidity
תַּפְלִיט, ז' transpiration
תִּפְלֶצֶת, נ', ר', ־לָצוֹת shuddering, horror
תַּפְנוּק, ז', ר', ־קִים delicacy; enjoyment; comfort
תַּפְנִית, נ', ר', ־נִיּוֹת turning, direction, tendency
תָּפַס, פ"י to seize, grasp, take hold
תָּפַף, פ"י to beat the drum
תּוֹפֵף, פ"י to beat, drum
תִּפְקֵד, פ"י to execute, command
תַּפְקִיד, ז', ר', ־דִים role, function; command, charge
תָּפַר, פ"י to sew; to sew together
תֶּפֶר, ז', ר', תְּפָרִים stitch, seam
תִּפְרַחַת, נ', ר', ־רָחוֹת blossoming; skin rash
תַּפְרִיט, ז', ר', ־טִים menu
תָּפַשׂ, פ"י to seize, grasp, take hold
תִּפֵּשׂ, פ"י to take hold of; to climb
תֹּפֶת, נ' תָּפְתֶּה, ז' place of burning; inferno, hell

מְכוֹנַת־תֹּפֶת time bomb
תְּצוּגָה, נ', ר', ־גוֹת display
תְּצוּרָה, נ', ר', ־רוֹת formation
תַּצְלוּם, ז', ר', ־מִים photograph
תַּצְפִּית, נ', ר', ־פִּיּוֹת observation
תִּצְרֹכֶת, נ' consumption of necessities
תַּקְבּוּל, ז', ר', ־לִים receipt (money)
תַּקְבֹּלֶת, נ', ר', ־בּוֹלוֹת parallelism
תַּקְדִּים, ז', ר', ־מִים precedent
תִּקְוָה, נ', ר', ־ווֹת hope; cord, strap
תְּקוּמָה, נ', ר', ־מוֹת standing up, rising; restoration
תִּקּוּן, ז', ר', ־נִים repair, improvement; reform; emendation
תָּקוֹעַ, ז', ר', ־עוֹת trumpet, blast instrument
תָּקוּעַ, ת"ז, תְּקוּעָה, ת"נ stuck in
תְּקוּפָה, נ', ר', ־פוֹת circuit, cycle; period, era
תְּקוּפוֹן, ז', ר', ־נִים periodical
תָּקִין, ת"ז, תְּקִינָה, ת"נ regular, normal
תְּקִינוּת, נ' regularity, normality
תְּקִיעָה, נ', ר', ־עוֹת blast, blowing of horn; driving in, sticking in
תְּקִיעַת־כַּף handshake
תַּקִּיף, ת"ז, ־פָה, ת"נ mighty, strong; hard, severe
תְּקִיפָה, נ', ר', ־פוֹת attack
תַּקִּיפוּת, נ' might; strength; severity
[תקל] נִתְקַל, פ"ע to stumble; to strike against
תַּקָּלָה, תְּקָלָה, נ', ר', ־לוֹת stumbling; stumbling block
תַּקְלִיט, ז', ר', ־טִים phonograph record
תָּקַן, פ"ע to be straight
תִּקֵּן, פ"י to make straight; to repair; to reform

הִתְקִין, פ"י to prepare; to ordain, establish

תֶּקֶן, ז', ר', תְּקָנִים normality; norm, standard

תַּקָּנָה, נ', ר', ־נוֹת repair; reform; amendment

תַּקָּנוֹן, ז', ר', תַּקְנוֹנִים bylaws, constitution

תָּקַע, פ"י to blow (horn); to thrust; to stick in, drive in; to strike, slap

תֵּקַע, ז' blast (of horn)

תֶּקַע, ז', ר', תְּקָעִים plug

תָּקַף, פ"י to attack, assail

תֹּקֶף, ז' strength, power; validity

תַּקְצִיב, ז', ר', ־בִים budget

תַּקְצִיבִי, ת"ז, ־בִית, ת"נ budgetary

תַּקְצִיר, ז', ר', ־רִים synopsis, résumé

תִּקְרֹבֶת, נ', ר', ־רוֹבוֹת refreshments

תִּקְרָה, נ', ר', ־רוֹת ceiling; roofing

תִּקְתּוּק, ז', ר', ־קִים clicking, ticking; typewriting

תִּקְתֵּק, פעו"י to tick, click; to typewrite

תָּר, פ"י, ע' [תור] to tour, explore; to spy out, seek out

תַּרְבּוּת, נ', ר', ־בֻּיּוֹת culture; education, rearing, manners; increase, growth

תַּרְבּוּתִי, ת"ז, ־תִית, ת"נ cultured

תַּרְבִּיךְ, ז' stew

תַּרְבֵּץ, ז', ר', ־צִים garden; academy

תַּרְבִּית, נ', ר', ־בִּיּוֹת interest, usury; growth

תָּרֹג, ת"ז, תְּרֻגָּה, ת"נ greenish-yellow

תִּרְגּוּל, ז', ר', ־לִים drilling, exercising

תַּרְגּוּם, ז', ר', ־מִים translation

תִּרְגּוּם, ז', ר', ־מִים translating

תַּרְגִּיל, ז', ר', ־לִים exercise, drill

תִּרְגֵּל, פעו"י to teach to walk; to drill

תִּרְגֵּם, פ"י to translate, interpret

תֻּרְגְּמָן, ז', תּוּרְגְּמָן, ר', ־נִים translator, interpreter

תֶּרֶד, ז', ר', תְּרָדִים beetroot; spinach

תַּרְדֵּמָה, נ', ר', ־מוֹת deep sleep, trance

[תרה] הִתְרָה, פ"י to warn, forewarn

תַּרְוָד, ז', ר', ־וָדוֹת, ־וָדִים ladle

תָּרוּט, ת"ז, תְּרוּטָה, ת"נ straight-lined

תְּרוּמָה, נ', ר', ־מוֹת contribution; offering; choice

תְּרוּעָה, נ', ר', ־עוֹת shout of joy; war cry; alarm; blast (of trumpet)

תְּרוּפָה, נ', ר', ־פוֹת healing; remedy, cure; medicine

תֵּרוּץ, ז', ר', ־צִים answer, solution (to problem); excuse

[תרז] הִתְרִיז, פ"ע to excrete

תִּרְזָה, נ', ר', תְּרָזוֹת lime tree, linden tree

תְּרֵי, ש"מ two

תַּרְיַ"ג (מִצְוֹת) 613; 613 commandments listed in the Bible

תְּרִיס, ז', ר', ־סִים shutter, blind; shield

תְּרֵיסַר, ש"מ twelve, dozen

תְּרֵיסַרְיוֹן, ז' duodenum

תִּרְכֹּבֶת, נ', ר', ־כּוֹבוֹת compound

תַּרְכִּיב, ז', ר', ־בִים serum, vaccine

תָּרַם, פ"י to contribute; to remove (ashes from altar)

תָּרְמָה, נ' deceit, treachery

תֻּרְמוֹס, ז', ר', ־סִים lupine

תַּרְמִיל, ז׳, ר׳, ־לִים knapsack, bag; seed bag, pod; capsule
תַּרְמִית, נ׳ deceitfulness
תִּרְמֵל, פ״ע to form pods; to put into capsules; to carry a knapsack
תֹּרֶן, ז׳, ר׳, תְּרָנִים mast, pole
תַּרְנְגוֹל, ז׳, תַּרְנְגֹלֶת, נ׳, ר׳, ־לִים, ־לוֹת cock, rooster; hen
תַּרְנְגוֹל־הֹדּוּ, תַּרְנְהוֹד turkey
[תרס] הִתְרִיס, פ״ע to shield; to resist, defy, challenge
[תרע] הִתְרִיעַ, פ״ע to blow trumpet, sound alarm
תַּרְעוּמָן, ז׳, ר׳, ־נִים grudging person
תַּרְעֵלָה, נ׳, ר׳, ־לוֹת poison
תַּרְעֹמֶת, נ׳, ר׳, ־עוּמוֹת murmur, complaint; grudge
תָּרְפָּה, תּוּרְפָּה, נ׳, ר׳, ־פּוֹת shame; obscenity; weakness; pudenda
תְּרָפִים, ז״ר household gods, idols, teraphim
תְּרַפְיוֹן, ז׳, ר׳, ־נִים laxative
תֵּרֵץ, פ״י to answer, solve (difficulty)
תַּרְשִׁים, ז׳, ר׳, ־מִים sketch, plan
תַּרְשִׁישׁ, ז׳, ר׳, ־שִׁים chrysolite, precious stone
תַּרְתֵּי, ש״מ, נ׳ two
תִּשְׁבָּחָה, נ׳, ר׳, ־חוֹת praise
תַּשְׁבֵּץ, ז׳, ר׳, ־בְּצִים checkered work; crossword puzzle
תִּשְׁבֹּרֶת, נ׳ fractions; geometry
תִּשְׁדֹּרֶת, נ׳, ר׳, ־דּוֹרוֹת urgent dispatch (radio)
תְּשׁוּאָה, נ׳, ר׳, ־אוֹת noise, shout, roar; applause
תְּשׁוּבָה, נ׳, ר׳, ־בוֹת answer, reply; return; repentance
בַּעַל־תְּשׁוּבָה repenter
תְּשׂוּמָה, נ׳ putting, placing
תְּשׂוּמֶת יָד deposit, pledge, security
תְּשׂוּמֶת לֵב attention
תְּשׁוּעָה, נ׳, ר׳, ־עוֹת deliverance, salvation; victory
תְּשׁוּקָה, נ׳, ר׳, ־קוֹת longing, desire
תְּשׁוּרָה, נ׳, ר׳, ־רוֹת present, gift
תָּשׁוּשׁ, ת״ז, תְּשׁוּשָׁה, ת״נ weak
תִּשְׁחֹרֶת, נ׳ youth, early manhood
תְּשִׁיעִי, ת״ז, ־עִית, ת״נ ninth
תְּשִׁיעִית, נ׳, ר׳, ־עִיּוֹת one-ninth, ninth part
תְּשִׁישׁוּת, נ׳ weakness, feebleness
תִּשְׁלֹבֶת, נ׳ gearing, meshing
תַּשְׁלוּם, ז׳, ר׳, ־מִים, ־מוֹת payment, indemnity
תַּשְׁמִישׁ, ז׳, ר׳, ־שִׁים use; utensil, article; sexual intercourse
תַּשְׁמִישֵׁי־קְדֻשָּׁה religious articles
תַּשְׁנוּק, תַּשְׁנִיק, ז׳ strangulation
תֵּשַׁע, ש״מ, נ׳ nine
תְּשַׁע־עֶשְׂרֵה, ש״מ, נ׳ nineteen
תִּשַּׁע, פ״י to divide, multiply by nine
תִּשְׁעָה, ש״מ, ז׳ nine
תִּשְׁעָה־עָשָׂר, ש״מ, ז׳ nineteen
תִּשְׁעִים, ש״מ, זו״נ ninety
תְּשַׁר, ז׳ present, gift
תִּשֵּׁר, פ״י to give a gift; to present
תִּשְׁרִי, ז׳ Tishri, seventh month of Hebrew calendar
תָּשַׁשׁ, פ״ע to be weak, feeble
תַּשְׁתִּית, נ׳, ר׳, ־תִּיּוֹת subsoil; substructure

תַּת, תה"פ	under, sub-
תַּת־יֶדַע, תַּת־הַכָּרָה	subconscience
תַּת־יַמִּי	subaqueous, submarine
תַּת־מֵימִי	underwater
תַּת־מִקְלָע	submachine gun
תַּת־שַׂר	deputy minister
תִּתּוֹרָה, נ', ר', ־רוֹת	brim (hat)
תַּתְרָן, ת"ז, ־נִית, ת"נ	having no sense of smell
תַּתְרָנוּת, נ'	lack of sense of smell